上海市知识青年历史文化研究会 ｜ 江西省档案馆 ｜ 江西省社会科学院 ｜ 编

上海知青在江西
档案史料选编

（上　册）

金大陆　金光耀　主　编

方丽萍　汤水清　副主编

社会科学文献出版社

SOCIAL SCIENCES ACADEMIC PRESS (CHINA)

国家社会科学基金重大项目"知识青年上山下乡史料的搜集、整理和研究"（批准号15ZDB051）中期成果

主编简介

金大陆　上海社会科学院历史研究所研究员。主要从事"文革"社会经济史和知青史研究。相关著述有《苦难与风流——"老三届人"的道路》《世运与命运——"老三届人"的生存与发展》《非常与正常——上海"文革"时期的社会生活》等，在《读书》《社会科学》《中共党史研究》《史林》等学术期刊发表论文数十篇。主编《上海青年志》。多次主持国家社科基金和上海市社科基金项目。

金光耀　复旦大学历史系教授。主要从事中国近代对外关系史和当代中国史的研究与教学。著有《顾维钧传》、《中华民国史》（第十卷，合著）等，编有《顾维钧与中国外交》、《中国新方志·知识青年上山下乡史料辑录》（合编）等，在《中国社会科学》《历史研究》《中共党史研究》等学术期刊发表《国民政府与联合国的创建》《国民党在美国的游说活动——以顾维钧为中心的讨论》《后知青时代的知青历史书写》等论文数十篇。目前主持国家社科基金重大项目"知识青年上山下乡史料的搜集、整理和研究"（15ZDB051）。

序

　　上海市社会科学界联合会所属上海市知识青年历史文化研究会和江西省档案馆、江西省社会科学院携手合作，由上海社会科学院历史研究所金大陆研究员和复旦大学历史学系金光耀教授主编的《上海知青在江西档案史料选编》出版在即。我平时鲜有作序，但面对第一部知青档案史料选，作为一名在江西插队十一年、经历上山下乡运动全过程的老知青，我欣然从命了。

　　转眼间，知识青年上山下乡运动已过去半个世纪。作为"文革"后特殊历史时期的产物，在中国特色社会主义建设的新时代，上山下乡运动已不可再现，但也不可由此否定那一代风华少年的中国梦。20世纪60年代后期，当北京的知识青年毅然决然地奔赴革命圣地延安时，上海的知识青年则义无反顾地走向红土地井冈山插队落户，拉开了影响整整一代人人生道路的上山下乡运动序幕。《习近平的七年知青岁月》就是这代人家国情怀的生动写照。

　　据史料记载，1968年4月始，上海几批中学毕业生自愿报名，编成与中国农村基层组织公社、大队、生产队对应的连、排、班组织形式，到井冈山地区（现吉安市）新干、峡江两县插队落户。为此，上海举行了欢送仪式，《解放日报》以"到革命圣地井冈山去插队落户"为题做了详细报道。从时间记录看，这应该是上山下乡运动中第一批成建制的插队落户。

　　自1968年到1978年，上海赴江西插队落户的知青有118805人之多。在这片红土地上，在雨雪泥水中，在日月星光下，上海知青和广大农民融为一体，育秧耕田，修建水库，办学育人，在用知识改变农村的同时，也在磨砺自己，几乎所有需要知识的岗位上，都有知青活跃的身影。以1974年10月井冈山地区知青代表会议材料为例，当地有45人入党，625人入团，214人参加了县社队各级领导班子。习近平总书记在2013年纪念五四青年节时说，"选择吃苦也就选择了收获，选择奉献也就选择了高尚"。事实证明，数以千万的知青在近十年的历练中，懂得了国情民意，思想和意志得到了锤炼，能力和才华得到了施展。历史的舞台是为有准备的人搭建的，正是在改革开放的春天里，大批知青成长为共和国各行各业的中坚力量和栋梁之材，包括干部、企业家、专家学者、技术人才。是他们，筚路蓝缕、艰苦卓绝地推动了十年改革开放的进程。知青这一代人与共和国同命运，他们的青春年华，献给了共和国的昨天、今天乃至未来。

无论在中国的革命时期还是建设时期，知识分子与工农相结合应该是永恒的话题。唯此，知识分子才能接地气，才能明事理，才能成为敢担当有作为的人。当年的上山下乡运动不可再现，但一代知青的中国梦仍在传承。当下我们看到，在江西，在祖国各地，当年的老知青怀着初心，带着资金与技术，反哺第二故乡；我们更欣喜地看到，各类青年人才下农村创业渐成风尚。前不久，我在江西考察时，见到一位北大博士毕业、在农村成家立业的女孩子，一起拍了一张她称之为"新老两代知青"的合影……我相信，在中国特色社会主义建设新时代，天地广阔，依然可以大有作为。

是为序。

上海市社会科学界联合会主席　王　战

凡　例

一、本书主要收录 20 世纪 60—70 年代上海赴江西省上山下乡知识青年的相关史料。该史料来源为江西省档案馆及各市、县档案馆馆藏。

二、本书按内容分为"人口、经费与安置""生产劳动与学习生活""来自上海的慰问与援助""抽调、回城与善后"及"综合"，共五编。第一编按省、地区、县的顺序编排（地区、县以 20 世纪 60 年代江西省行政区划为准），同一行政区划下以时间为序编排。其余各编先分主题，在各主题下按第一编方式编排。另设附录"上海青年垦荒队"，按时间编排。

三、本书收入的各类档案均按原件式样排印。各类表格中出现的计算错误按原样保留，不作改动。个别文件中出现的同类错误、社队名等前后不一处及文句不通处亦按原样，不作改动。

四、对部分档案中冗长空泛的字句做适当删节，删节处以省略号标示。对档案中部分数据进行了同类合并，或汇合成综合数据呈现。

五、少量档案如往来信函、基层会议记录原无标题，编选中按内容设定相应标题。

六、凡档案中涉及个人隐私，均隐去相关地名（一般情况下，隐去大队和小队的名称）和人名（全部隐去还是保留姓氏视情况而定），以"×"标示。

七、档案中的繁体字、不规范字以规范简体字呈现，错别字及其他显见的错误则直接改正，均不另做说明。无法辨识的字以"□"代替。

八、档案中阿拉伯数字和汉字数字常混用，现除表格外，日期统一使用汉字。

九、档案中标点符号不规范处，均予改正。

十、档案中地区与专区均有出现，除在目录中统一使用地区外，其余均按原文照录。

目　　录

第一编　人口、经费与安置

第一编
人口、经费与安置

一　省级

关于上海四十名知识青年到
井冈山插队落户的函

上海市陆行中学和六十一中学有 40 名知识青年多次要求到井冈山落户。经请示领导，同意在你区井冈山拿山公社小通大队插队落户，作为插队试点工作，以便总结经验。对于安置具体事宜已由上海市劳动局与井冈山革委会共同研究解决。

特函告。

抄送：上海市劳动局革委会、井冈山革委会

江西省革命委员会

一九六八年七月五日

附　　　　　　**抄告单**（第 203 号）①

（一九六八年七月二十日来文，编号：沪劳革办 93）

单位：市劳动局革委会

内容摘要：关于陆行、六十一中学部分学生去井冈山插队落户问题

正文：

市革委会领导成员意见：

学生去外地与上海脱离关系。安置费由上海拨交当地。

---

① 此附系上海档案馆所藏档案，对江西档案可作补充，特附上。——编者注

分送：市劳动局革委会、市革会财贸组、工交组、教卫组、下乡上山办公室

上海市革命委员会办公室

一九六八年八月十五日

上海市劳动局革命委员会

（沪劳革〔68〕办字第 93 号）

市革会下乡上山领导小组并报市革会：

关于本市陆行、六十一中学部分学生去井冈山拿山公社小通大队插队落户问题，江西井冈山革委会已来电报同意这些学生由我们审查后送去。安置费按国家标准由本市汇去，学生本人除蚊帐、棉被需本市考虑外，其余生活、生产等有关问题全部由井冈山解决。我们意见所需安置费按规定每人二百三十元，四十人合计九千二百元，请财政局革委会暂予垫款支付；学生出发所需要的蚊帐请财贸部门免收布票供应。

以上意见妥否，请指示。

附：井冈山革委会来电原文

上海市劳革会

一九六八年七月二十日

抄送：市革会财贸组、工交组、教卫组

附件　　　　　　　　**井冈山革委会来电原文**

市劳动局：

来电悉，目前我山宣传接待工作忙，抽不出人来上海。请你们做好政审、体检工作，并请派专人将同学档案、粮油户口随同来山。安置费按国家标准全部汇井冈山革委会。同时学生要求解决棉织品，也请你们解决。其它住房、生产工具、粮油补助等问题，由我山解决，何时来山请先电告。

井革委会

七月十九日

关于城镇知识青年和社会闲散劳动力安置
经费使用问题的通知

（赣发〔69〕21号）

各专、市、县革委会：

……

现就安置经费中的有关问题通知如下：

一、安置经费定额

根据伟大领袖毛主席"财政的支出，应该根据节省的方针"的教导，在中央没有下达新的指示前，暂定：成户下乡插队的，平均每人一百元；单身下乡插队的，平均每人一百五十元；回乡参加农业生产的，平均每人四十元；投亲靠友的，可根据具体情况，分别按成户、单身插队或回乡标准计算。

安置经费一律不发给本人，由县按人数、定额直接拨至人民公社生产队。社、队要妥善地安排好下乡人员的生产、住房和生活。

下放人员的旅运费由专区汇总，按支农标准，报省核销。

二、安置经费发放范围

1. 安置经费主要用于家居城镇上山下乡的应届毕业生、社会知识青年和社会闲散劳动力。

2. 凡家居城镇的临时工、合同工、代课教师等下乡参加农业生产的，原单位按规定发给的补助费低于安置经费标准者，可从下乡安置经费中补足。随同下乡的家属，可按成户下乡标准发给安置费。

3. 集体所有制单位（如合作商店、手工业合作社等）下乡人员（包括其家属），应从原单位公共积累和股金中，按人员比例提取应得部分经费作为安置费。如有的单位因公共积累和股金总额所限，平均每人所提取的经费低于安置经费定额，可从下乡安置经费中解决。

4. 家居城镇的社会上的地、富、反、坏、右分子，被勒令下乡监督劳动者，一律不发安置费。随同五类分子下乡的家属（本人不是五类分子）子女，原则上可按成户插队标准发给安置费。

5. 凡属人民公社集镇下乡插队人员，不发安置费。

6. 家居农村的城镇毕业生或退学回家的学生，国家机关、企业、事业单位带工资下放的干部、职工及他们供养的亲属，一律不发安置费。

三、加强安置经费的使用管理

根据伟大领袖毛主席"力求节省，用较少的钱办较多的事"的教导，各县、社、队领导，必须把安置经费的使用管理当作一项重要工作来抓，并认真抓紧、管好。各地对过去安置经费的使用情况，应进行一次检查，如发现不符合发放范围规定，而已挪作它用的，要迅速追回。今后必须保证安置经费专款专用，不得挪作它用。

江西省革命委员会

一九六九年二月十日

关于下拨上海知识青年安置经费的通知

（〔69〕赣部内字第 012 号）

各专区革委会抓革命促生产指挥部：

三月份上海知识青年将陆续来我省农村安家落户，各地必须高举毛泽东思想伟大红旗，突出无产阶级政治，认真贯彻执行毛主席关于"知识青年到农村去，接受贫下中农的再教育"的最新指示，切实做好安置工作。现将安置经费拨给你区（见附表），以解决他们生产、生活、住房等方面的经费开支。此项经费列入一九六九年支出预算。各地应遵照毛主席"要节约闹革命"的指示和自力更生、艰苦奋斗的精神，进行妥善安排，做到计划开支，节约使用。

附件：上海知识青年安置经费分配表

江西省革命委员会抓革命促生产指挥部（章）

一九六九年二月二十七日

抄送：本部财贸组、内务组，省财政局，省人民银行

上海知识青年安置经费分配表

地区	金额（万元）
井冈山专区	105
赣州专区	75
宜春专区	75
上饶专区	75
抚州专区	67.5
九江专区	52.5

拨付上海来我省插队落户知识青年的旅运费的函

（〔69〕内安安第46号）

上海市革命委员会上山下乡办公室：

你室十月十五日沪革乡办〔69〕第135号函和十二月十五日电报均收悉。

今年你市来我省农村插队落户的知识青年的旅运费，共计人民币柒拾壹万捌仟柒佰柒拾陆元肆角捌分。现按指定的地点和帐号（中国人民银行上海分行静安区办0733288）拨付。

江西省革委会办公室内务组（章）

一九六九年十二月十六日

批转分宜县"五·七"大军领导小组"关于认真做好上海知识青年插队、安置工作意见"

（赣办〔70〕21号）

分宜县革委会对接待、安置上海知识青年的工作非常重视，他们批发的县"五·七"大军领导小组"关于认真做好上海知识青年来我县插队落户接待、安置工作意见"很好，现印发给你们，望结合各地情况，参照执行。

江西省革命委员会办公室

一九七〇年二月二十三日

关于认真做好上海知识青年
来我县插队落户接待、安置工作的意见

......

一、政治思想落实

政治思想落实，就是要高举毛泽东思想伟大红旗，突出无产阶级政治，认真落实毛主席的最新指示，做到"三满意"、"三主动"，即：广大贫下中农满意，主动进行再教育；下放干部满意，主动争取带队；知识青年满意，主动接受再教育。

为了做到"三满意"、"三主动"要办好三个学习班，开好三个会。三个学习班就是各级革委会成员的学习班、带队干部学习班、贫下中农学习班。他们都要共同学习毛主席的最新指示和有关文件，针对不同对象的活思想，提高认识，端正态度，勇敢地挑起再教育的重担。

开好三个会就是欢迎会、忆苦会和讲用会。通过三个会，使知识青年能够受到一次深刻的阶级教育，为今后接受再教育打下初步基础。

二、组织制度落实

组织制度落实，就是要做到"三有"，即政治上有人抓，劳动上有人教，生活上有人管。

（1）以生产队为单位编班，每班十人左右，指定正副班长、学习组长、劳动组长和生活组长，从一开始就要培养训练骨干和自己管理自己的能力。

（2）配好下放干部和贫下中农带队。每个班应有一名下放干部或教师、一至二名贫下中农带队。

（3）建立和健全再教育小组的领导。凡有知识青年插队的大队和生产队都要对再教育小组的工作进行一次检查，建立和健全会议工作制度，加强对下放知识青年的领导。

（4）公社"五·七"大军办公室应有人专管上山下乡知识青年的工作。

（5）县革委会定于二月二十七日到三月一日召开下放知识青年的工作会议，参加会议的有：公社"五·七"大军办公室干部、带队的干部和带队的贫下中农各来一人。

三、生活安排落实

生活安排落实，就是要贯彻"勤俭节约"和"自力更生"的方针，做到：有学习场所和必要的学习材料；居住不漏风、雨，不睡地铺；劳动有基本的生产工具；吃饭能够吃饱，不吃生的，不吃冷的，有和贫下中农同等的蔬菜。为此：

（1）安排好集体宿舍，因陋就简，不漏风、雨，便于学习和集体活动。

（2）搞好床铺和桌凳。

（3）砌好锅灶，买好炊具，准备必要的柴、米、油、盐，临时指定人员帮助做饭，保证来后能吃上饭。

（4）确定好菜地，指定专人帮助他们准备菜种菜秧，在适当季节种好菜，最好能拨一点已种好的集体菜地，解决目前的吃菜问题。

（5）准备好当前急需的生产工具，使其到队后便能参加集体生产劳动。

（6）县计划每人预拨安置费三十元。这笔款要专款专用，单独开具清单以便单独结算。北乡公社每十五人由县拨一个立方米木材，以便添置必要的生产、生活用具。

下放知识青年的接待、安置工作是一项十分艰巨而光荣的任务，各级革委会必须高度重视，由公社主管"五·七"大军工作的副主任抓这项工作，以严肃认真的态度对待，只能做好，不能马虎。希望接此意见后各地立即行动，把工作做得好上加好，迎接上海知识青年的到来！

分宜县革命委员会"五·七"大军领导小组

一九七〇年二月十日

主送：各专、市、县革委会

抄送：省革委会各部、室，省军区，各有关公社革委会

江西省革命委员会办公室印发　　　　一九七〇年二月二十四日

共印一八〇〇份

关于转发德安县
《接待、安置上海知识青年报告》的通知
（赣办〔70〕38 号）

各专、县革委会办公室并"五·七"大军领导小组：

德安县"五·七"大军领导小组关于《接待、安置上海知识青年的报告》很好，现转发各地，望结合本地区情况，对接待和安置上海知识青年的工作进行一次检查，并认真总结本地区的经验，加以推广，切实做好上海知识青年的接待、安置和巩固工作。

江西省革命委员会办公室（章）

一九七〇年四月二十日

接待、安置上海知识青年的报告

今年三月下旬，我们迎来了五百名上海知识青年（百分之六十应届毕业生，百分之四十社会青年）。现在，他们已分别在八个公社、四十个大队、七十六个生产队插队落户。他们中绝大多数很快就安定了情绪，精神振奋，意气风发，许多新战士下来的第二天就和贫下中农一道参加生产劳动，在毛主席指引的"五·七"光辉大道上迈出了可喜的一步。

我们的做法和体会是：

一、办好学习班，用毛泽东思想统一认识，这是搞好接待、安置工作的根本。

开始对接受上海知识青年认识不一致。多数认为，从上海这个具有光荣革命传统城市来的知识青年，应该热情欢迎，但也有的认为这些知识青年不好带，来多了，具体问题多，增加负担，针对这些活思想，我们遵照毛主席"办学习班，是个好办法，很多问题可以在学习班得到解决"的伟大教导，各级革委会大办各种类型的毛泽东思想学习班。队队都分别举办了干部学习班，贫下中农学习班，"五·七"战士学习班，重新学习了毛主席"知识青年到农村去……各地农村的同志应当欢迎他们去"的最新指示，总结知识青年下农村一年多来的成果，使大家进一步认识到知识青年到农村插队落户，是关系到毛主席的最新指示在基层落实的大问题，是培养和造就无产阶

级革命事业接班人的需要，是中国革命和世界革命的需要，从而统一了思想，并表示要认真做好上海知识青年的接待安置工作。

二、加强领导，充分做好准备，是搞好接待安置工作的重要因素。

为了加强领导，县、社革委会都成立了接待领导小组，在知识青年来到之前和落户以后，县、社革委都派出了检查组，逐社逐队进行检查落实，并帮助解决一些具体问题。对于安置有困难而准备工作落实不了的生产队，进行了调整，过细地作好接待安置工作。么西公社么西五队的新战士到来一个多月前，就为知识青年准备了伟大领袖毛主席的画像和"老三篇"以及生产、生活用具。公社革委会在这个队及时召开了现场会，推广他们的经验，县革委会又及时转发了这个经验，进一步推动了全县的接待准备工作。因此，各社队的准备工作基本上做到了："学习有'老三篇'，放下包袱能煮饭，打开铺盖可睡觉，拿起工具可下田。"这样上海知识青年来到后，很快就得到妥善的安置。他们下车的当天，就把五百多名新战士及二千多件行李直接送到生产队。许多新战士说："这里的一切，比我们原来想像的好得多"。"贫下中农这样关心我们，如果不很好接受贫下中农的再教育，真对不起毛主席，对不起贫下中农。"

三、抓好阶级教育，提高阶级觉悟，这是教育新战士安心农村，扎根在农村的根本。

遵照毛主席关于"青年，即使是青年工人，因为没有受过旧社会的苦，更应该加强阶级教育，提高他们的思想觉悟"的伟大领导，各级革委会和贫下中农把对上海知识青年进行阶级教育作为一门主课来抓。上海知识青年到生产队后的第一课就是介绍本地的阶级斗争情况，讲"三史"，请苦大仇深的老贫农忆苦思甜。第一餐饭，就是忆苦饭。这样对大家教育很深，他们激动地说："我们要永远不忘阶级苦，牢记血泪仇，紧跟毛主席，干一辈子革命，走一辈子'五·七'道路。"

深刻生动的阶级教育，帮助大家进一步提高了阶级觉悟，加深了同贫下中农的感情，坚定了同贫下中农结合的信心，决心扎根农村，彻底闹革命。

四、坚定地依靠贫下中农，人人做思想工作，这是教育新战士安心农村扎根农村的主要方法。

贫下中农必须掌好对知识青年的再教育大权，这是前提。每个班都有一名贫下中农当政治班长，负责抓政治思想工作；并指定贫下中农帮他们管生活，带生产。同时，每个班都配有一二名下放干部和几名原来下乡知识青年骨干，插到新建的班中，带好新战士。这样就从组织上加强领导，做到了政治上人人抓，生产上人人教，生活上人人管。

为做好思想工作，针对性地解决思想问题，我们采用勤访、勤问、勤听、勤看、勤谈的办法，及时掌握他们的活思想，热情地进行帮助，组织他们和贫下中农一起办毛泽东思想学习班，开讲用会，参加贫下中农家庭讲用会，从中受教育，还有的请"四好"排介绍政治建班的经验，请下放老战士畅谈接受贫下中农再教育的体会。开展"一帮一，一对红"活动，新战士与贫下中农结对子，新战士与老战士结对子。继续开展革命大批判，狠批刘少奇反革命修正主义路线，对准活靶子，批斗破坏精简下放的阶级敌人，也批判我们内部的一些不正确的思想和行为。从而提高了大家的阶级斗争和路线斗争觉悟，有些过去表现不好的知识青年，主动检讨了错误。爱民公社永红七队六个新战士，不安心在农村，有一度曾外出搞串连，经过教育后，认识了错误，敲锣打鼓把保证书送到生产队革委。现在这些新战士一直表现很好。

从整个情况看，今年的安置工作比往年抓得实，抓得细，安置得好，稳定得快。但是，少数生产队再教育小组尚未建立，个别队的住房、用具安排不落实，有的还没有安排好带学生的干部。我们决心进一步做好工作，尽快解决这些问题，把这支队伍带好，使他们沿着毛主席的"五·七"光辉大道阔步前进。

德安县革委会"五·七"大军领导小组

一九七〇年四月十一日

共印三〇〇份

关于上报历年知识青年安置经费使用
情况的紧急通知

（赣财行〔1973〕123 号）

各地、市、县财政局，农建师后勤部，省劳改局，省农业局，省林垦局，农建师所属一、二、六、七、八、九、十、十一团，省劳改局所属珠湖、成新、珠港农场，省农业局所属双金园艺场、南昌蚕桑场、良种示范场，省林垦局所属红星、云山、八一、大茅山、黄岗山、蚕桑、井冈山综合垦殖场：

为了坚决贯彻执行中共中央〔1973〕21 号文件，对我省知识青年安置经费的使用情况，认真进行检查。要求各地、市、县财政局、农建师、省劳改局、省农业局、省林垦局及所属各团、各农（林）场后勤财务部门立即对一九六八年以来，历年拨给的知识青年安置经费的数额、用途和效果，进行统计，列表上报（附表式），各县（市）团、农（林）场的统计表应在六月二十三日以前报地区（市）、农建师、省劳改局、省农业局、省林垦局，各地区（市）、农建师、省劳改局、省农业局、省林垦局汇总的统计表应在六月二十七日以前报送我局。对于安置经费使用中存在的严重问题包括贪污、挪用、使用不当等情况，要求如实反映，另写书面材料上报，并同时抄送我局一份。特此紧急通知。

江西省财政局（章）

一九七三年六月十六日

抄报：省革委财办

抄送：上山下乡知识青年安置办公室

历年知识青年安置经费使用情况表

编报单位：　（公章）　　　　　　　　　　　　　　金额单位：元

年度　　科目	上级拨入数	实际拨出数	实际开支数						实有安置人数	备注
			合计	生活费	生产工具	住房修建	困难补助	其它		
1968 年										修建房屋
1969 年										修建房屋
1970 年										修建房屋
1971 年										修建房屋
1972 年										修建房屋
1973 年										修建房屋
合计										

表说明：1. 本表各栏数字要认真填写清楚。2."上级拨入费"是指上级拨给的经费，"实际拨出数"是指拨给使用单位的经费，1973 年填截至 5 月底数。3. 实际开支数是指决算数。各栏应按实际开支分别填入各有关科目内，各细目相加要等于总数。1973 年填 1 至 5 月实支数。4. 实有人数，各年按当年 12 月实有人数，包括原有数和当年增加数，1973 年填 5 月底实有数。5. 实际开支数"其它"栏的开支要详加说明，如挪用贪污等。

负责人　　　　　　　　　　制表人　　　　　　　1973 年　　　月　　　日

关于上报历年知识青年安置经费使用情况的
紧急通知的补充通知

（赣财行〔1973〕124 号）

各地、市、县财政局，农建师后勤部：

我局赣财行〔1973〕123 号文件已发，现将"上报历年知识青年安置经费表"改为"上报历年城市人口下乡安置经费表"（附表式），请按此表列报：

各县（市）单位上报地、市财政部门和主管部门一式两份，地、市财政局、主管部门除汇总表报送我局外，另附各县、市、各单位的报表各一份。

上报时间和检查材料的报送均按 123 号文件规定办理。

江西省财政局（章）

一九七三年六月十八日

关于清理历年上山下乡知识青年安置经费，
抓紧解决以前上山下乡青年急需
解决的实际问题的通知

（赣乡办发〔1973〕7 号、赣财行〔1973〕329 号）

各地、市、县财政局，农建师后勤部：

我省上山下乡知识青年安置经费的使用管理，在各级党委的重视下，总的情况是好的。根据一些地区的报告和我们对几个县的调查材料，大部分安置经费做到专款专用和及时使用。但是，也有不少地方，在经费使用上无人负责，放松管理，存在很多问题，各地、市、县各有关部门和单位，应根据最近召开的全省知识青年上山下乡工作会议总结提出的要求，严肃认真地对安置经费的使用情况进行全面的检查、清理，抓紧解决以前上山下乡青年急需解决的实际问题。

现将检查、清理安置经费的几点要求通知如下：

一、各地（市）县、省农建师以及所属各团、各有关农（林）场及主管部门，对一九六八年以来的上山下乡知识青年安置经费的数额、用途、使用效果、资金结存等情况要全面进行检查，切实查清每年用于知识青年身上的经费数字，实际解决了多少知识青年的生活问题、住房问题和其它问题。

二、对于以前上山下乡青年的住房、生活等目前急需解决的实际问题，要抓紧解决。要求各地迅速将没有解决住房和生活不能自给的人数落实上报，由省核定补助经费数额。各地现有结余的安置经费，如有不足由省拨补；如有多余应抵顶今年新下乡知识青年的经费。

三、各地一九六八年以来的知识青年安置经费，凡是无帐的，一律重新补帐，过去与城镇人口下乡安置经费合在一起的，必须分开立帐，财政部门与有关部门互相之间、上下之间的经费数字，必须进行核对，取得一致。对于实际开支的安置经费要进行清理审查，凡是不符合规定的开支，一律不予报销。

四、对于贪污安置经费的，必须严肃处理，并追回全部赃款；挪用安置经费的，挪用单位必须深刻检查。并限期如数归还挪用的资金，如不归还，由财政、银行扣款；不符合规定的开支也应追回。要坚决执行财政纪律，保证安置经费完全按照国家的规定使用。

五、各地、市、县检查清理情况，由县级乡办和财政局共同逐级汇总上报。各地、市和省级主管部门、农建师汇总的材料应在十月底以前报省。

附件：城市人口下乡安置经费使用情况表

江西省财政局（章）

一九七三年九月二十八日

15

历年城市人口下乡安置经费使用表

金额单位：元

科目 年度	上级拨入数	实际拨出数	实际开支数						实有安置人数				
			合计	生活费	生产工具	住房修建	困难补助	其它	单身插队人数		成户插队人数	家居城镇回乡落户户人数	修建房屋面积（平方米）
									小计	其中知识青年			
1968年													
1969年													
1970年													
1971年													
1972年													
1973年													
合计													

说明：1. 本表各栏数字要认真填写清楚。2. "上级拨入数"是指上级拨给的经费。"实际拨出数"是指拨给使用单位的经费，1973 年填截至 5 月底数。3. "实际开支数"是指决算数。各栏应按实际开支各有关科目内，各细目相加要等于细目总数。1973 年填 1 至 5 月支数。4. 实有安置人数，各年按当年 12 月实有人数，1973 年填 5 月底实有数。5. "实际开支数"、"其它"栏的开支要详加说明，如挪用贪污等。包括原有人数，包括原有数和当年增加数。

负责人　　　　　　　　　　　　制表人　　　　　　　　　　　　1973 年　　月　　日

城市人口下乡安置经费使用表

编报单位：（公章）

金额单位：元

项目＼年度	拨入经费数 (1)	经费支出数 (4)+(11)+(12) (2)	安置人数 (3)	知识青年安置费 安置费支出合计 (5)+(7)+(8)+(9) (4)	生活费 (5)	住房修建费 平方米 (6)	住房修建费 金额 (7)	农具家具费 (8)	其它开支 (9)	城镇居民安置费 当年安置人数 (10)	城镇居民安置费 支出金额 (11)	贪污、挪用和其它不符合规定的开支 (12)	经费结存 (1)-(2) (13)	备注
1968 年														
1969 年														
1970 年														
1971 年														
1972 年														
1973 年 1—9 月														
合计														
1973 年 9 月底实有人数														
其中：没有住房人数														
生活不能自给人数														年收入不满100元的

注：第（1）栏按上级拨款或分配的预算指标填列，只列本年数，不要包括上年结转数。

第（3）（10）栏按当年接收安置人数填列。

第（6）栏填住房面积。

第（12）栏应另附材料详细说明贪污、挪用和不符合规定开支的具体内容和金额。

各县、市和各场（团）编制的本表应报送地（市）和主管部门三份，各地（市）和主管部门汇总表应送省乡办和省财政局，并附所属单位各一份。

负责人：（签章）　制表人：（签章）　1973年　月　日

关于动员安置一九七三年城镇知识青年上山下乡的通知

（赣革发〔1973〕100 号）

各地、市、县革命委员会，省革委会各部、室、委，省直各局：

遵照伟大领袖毛主席关于"知识青年到农村去，接受贫下中农的再教育，很有必要"的教导，今年，全省有七万名本省和上海的城镇知识青年上山下乡，接受贫下中农的再教育，建设社会主义新农村。知识青年上山下乡，是社会主义革命和社会主义建设中的一件大事。各地要以十大文件为指针，以批林整风为纲，认真贯彻中发〔1973〕21 号、30 号和赣发〔1973〕131 号文件精神，坚持知识青年上山下乡的正确方向，切实做好动员、安置工作。

一、今年城镇知识青年上山下乡的对象，系指符合上山下乡条件的城镇、铁路、工矿（包括三线厂）、劳改农场（厂、矿）等中学的应届高中毕业生和未升学的应届初中毕业生，从城镇招收的共大分校应届毕业生，以及一九六八年以来应下乡未下乡的中学毕业生、中途退学的学生（包括共大分校）和城镇社会青年。

吃农业粮的高中毕业生和未升学的初中毕业生，坚持社来社去，回原地参加生产劳动。

二、……

各有关单位，要认真做好思想政治工作。宣传部门要加强对知识青年上山下乡的宣传报导，表彰先进，大造革命舆论。城镇要采取学校包学生，单位包职工，街道包居民，人人做政治思想工作的方法，造成送子务农、下乡光荣的新风尚。有安置任务的社队，要把这一工作作为毛主席交给的光荣政治任务来完成，把知识青年看成是农村社会主义革命和社会主义建设的一部分最积极最有生气的力量，满腔热情地欢迎他们去。

知识青年上山下乡时，城乡要在节约的原则下，组织热烈的欢送和欢迎，充分表达党和人民对下乡青年的殷切期望和热情关怀。

三、要继续抓紧做好知识青年上山下乡的各项物质准备工作。有关部门要保证供应下乡青年建房所需的木材、元钉等基本材料。安置单位要以积极主动的态度，采取腾公房、借私房、积极主动建新房等办法，解决下乡青年的住房问题，为青年购置生产工具和生活用具，使知识青年到达后，能够生活和生产。商业部门要作好下乡青年所需棉花、棉布、蚊帐等生活必需品的供应。交通部门要及时安排好车船运输。城乡要密切配合，有关部门要积极支持。

四、今年城镇知识青年下乡，时间紧，任务重，各地要切实加强领导。县、市要在党委的统一领导下，组织有关部门成立临时办事机构，积极做好这项工作。工作成熟一批走一批，全省要在十二月底前基本结束。

要坚持群众路线的工作方法，用党的政策发动群众，依靠群众，做好工作。确定应下乡、不下乡、缓下乡名单时，要经过群众评议，坚决纠正和杜绝"走后门"等不正之风。

要提高革命警惕，对于阶级敌人的破坏活动，必须及时揭露，坚决打击；属于人民内部认识上的问题，要坚持说服教育。对那些暂时思想不通的要做耐心细致的工作，要严格区分两类不同性质的矛盾，严防各种事故的发生。

领导干部要以身作则，带头把自己应下乡的子女送到乡下去，作执行和捍卫毛主席革命路线的带头人。

做好知识青年上山下乡的工作，根本是路线，关键在领导，望各级革命委员会把这项工作切实抓紧抓好。

江西省革命委员会

一九七三年十月三十一日

抄送：省军区、省总工会、共青团省委、省妇联

江西省革命委员会办公室印发　　　　　　一九七三年十一月十日

关于增拨一九七三年知识青年上山下乡经费的通知

（赣乡办〔1974〕2号、赣财行〔1974〕2号）

各地、市知识青年上山下乡办公室，财政局：

为了进一步做好一九七三年知识青年上山下乡安置工作，现根据你地区（市）所报的人数，再增拨给你区（市）一九七三年下乡青年建房补助费、生活补助费和农、家具购置费等，如附表，请列入一九七四年"城镇知识青年下乡补助费"预算。望根据一九七三年安置计划的执行情况，分期分批下拨到县，落实到接受一九七三年下乡知识青年的基层，专户存储使用。开支标准和使用范围，按省《关于知识青年上山下乡若干问题的试行规定》

执行，并希迅速编报一九七三年下乡知识青年补助费预算，以便按人数和开支标准核拨全部经费。对于历年上山下乡知识青年安置经费的清理工作，各地（市）应按一九七三年九月二十八日赣乡办发〔1973〕7 号、赣财行〔1973〕329 号通知和十二月三日赣财行〔1973〕429 号通知的规定，加紧进行，并将清理结果，迅速报省。特此通知。

江西省财政局（章）
一九七四年元月十四日

附件：增拨一九七三年知识青年上山下乡经费表
抄送：中国人民银行江西省分行，各地、市支行

增拨 1973 年知识青年上山下乡经费表

地区	增拨经费（万元）
赣州地区	160
井冈山地区	150
上饶地区	220
宜春地区	200
抚州地区	120
九江地区	20
南昌市	40
萍乡市	40
景德镇市	50
合计	1000

关于一九七二年以前城镇人口下乡经费清理
情况和有关问题的报告
（赣知青办〔74〕55 号、〔74〕赣财行字 140 号）

国务院知青办、财政部：

为了认真贯彻中发〔1973〕30 号文件精神，统筹解决好城镇上山下乡知识青年生活中的实际问题，我省从去年九月开始，对一九七二年以前城镇人口下乡经费，逐级地进行了一次全面的清理，现将清理情况报告如下：

一、去年九月，我省结合贯彻中发〔1973〕30 号文件，省知青办、财政

局联合下发了《关于清理历年上山下乡知识青年安置经费，抓紧解决以前上山下乡青年急需解决的实际问题的通知》。在清理过程中，基本上做到了边清理、边宣传党的方针政策，边解决下乡青年的住房和生活困难，边改进工作、健全制度、加强管理。据不完全的统计，一年多来，为一九七二年以前下乡青年新建了住房约20万平方米，已解决约2万人的住房。通过清理，初步查出了贪污挪用安置经费117万余元，并已责成有关单位，进行严肃处理和退赔。今年八月，召开了各地、市和部分县知青办财会工作会议，交流了经验，表扬了先进。最近，省知青办、财政局联合下发了《城镇知识青年上山下乡经费管理使用的暂行规定》，进一步建立和健全了经费管理制度。

二、财政部一九六八年至一九七二年已拨给我省城镇人口下乡经费14600万元。迄至一九七三年九月底止，实际支出了10740.8万元（其中一九六八年至一九七二年支出9918万元。一九七三年一——九月支出822.8万元），财政结余3859.2万元。一九六八年至一九七二年共安置知识青年392118人，城镇其它人员443697人。按规定标准计算，安置知识青年392118人，应领经费9245.5万元，减去实际支出6972.1万元，标准内节余经费2273.4万元；安置居民302214人和其它人员19208人，按规定标准计算，应领经费5142.7万元（下放集体经济人员122275人，国家规定可以酌情补助，但没有规定补助标准，故未计算应领经费），减去实际支出3768.7万元，标准内节余1374万元。以上两项按标准应领经费14388.2万元。财政部已拨14600万元，即多拨211.8万元。

三、我省现有一九六二年至一九七二年上山下乡知识青年327009人，其中没有建房的226031人，按规定每人应给建房补助费200元，需款4520.6万元；生活不能自给的197565人，按规定每人应给生活补助费100元，需款1975.7万元，两项共需补助费6496.3万元。

我省现有插入国营农场、兵团的知识青年42914人，过去每人只拨给220元安置费，按中发〔1973〕30号文件附件规定，国营农场、兵团的知识青年的住房问题，应在过去拨付的安置经费中解决。鉴于过去我省未按规定标准拨足，因此，每人应按规定400元的标准，再补拨180元，共需款772.5万元，以解决他们的住房问题。另外，我省现有一九六二年至一九七三年的插队、回乡和插入集体场队的知识青年284095人，过去，各地解决他们的医药、学习、上访和死亡等特殊困难的所需经费，均在结余的知识青年安置经费内开支。中发〔1973〕30号文件，只规定了一九七三年起下乡青年的上述费用标准和来源，对以前下乡青年的这类经费未予明确。鉴于一九七二年以前下乡青年这方面的问题，天天都存在，经费天天都要开支。其迫切程度，超过了一九七三年以后下乡的知识青年。为了解决这一问题，中共江西省委已发了赣发〔1973〕131 号文件，对于这部分下乡青年，每人补助医药费 10 元、学习材料费 10 元和用于他们的特殊开支 15 元，合计 35 元，需款 994.3 万元，我省地方财政，实在无力解决，请中央财政给予帮助。上述两项费用共需款 1766.8 万元，请批准在我省标准内节余的知识青年安置费中留用。剩余的知青安置费节余款 506.6 万元，全部抵拨一九七二年以前下乡青年的建房补助费和生活补助费。此外，尚差建房补助费和生活补助费 5989.7 万元，请中央一次拨清，以便归还我省垫付的上述款额。

四、城市居民安置经费标准内节余 1364 万元，需继续按规定标准补发给在乡的下放居民。集体经济人员下放农村的安置费由原单位解决有困难的，根据国家规定，可予酌情补助。我省一九七三年已占用了安置经费结余款 600 万元（不包括以上开支数中）。据省落实集体经济政策办公室调查，为了解决留农村的下放城镇人员的住房和生活问题，还需 2000 万元。这两项经费 2600 万元，我们意见，以财政部按知青和居民标准计算多拨的 211.8 万元和一九六七年结余的安置经费 373 万元，抵充一部分，尚差 2015 万元，恳请财政部一次拨清。

五、财政部〔74〕财事字第 238 号《关于一九七三年城镇知识青年下乡经费决算的复函》，中央应补拨我省一九七三年下乡知识青年经费 759.7 万元；我省一九七四年计划动员安置上山下乡知识青年五万人，按标准计算，需款 2400 万元，两项共计 3159.7 万元，亦请中央一并拨给我们，以便做好这方面的工作。

以上报告，请审查批复。

附件：1. 江西省一九六八年至一九七二年城镇人口下乡经费结算表

　　　2. 江西省一九七二年以前城镇下乡人员建房、生活补助费申请拨款计算表

江西省知识青年上山下乡安置工作办公室（章）

江西省财政局（章）

一九七四年一月二十四日

抄报：省委、陈昌奉书记、黄先副主任、刘俊秀同志、杨尚奎副主任、省革委财办

江西省 1968 年至 1972 年城镇人口下乡经费结算表

项目	顺序号	单位	总计	城镇知识青年				合计	城镇其它人员		
				合计	插队	回乡	插入国营农场兵团		居民	集体所有制人员	其它人员
一、实际安置人数		人	835815	392118	266392	60980	64746	443697	302214	122275	19208
其中:本省的		人		280208	167397	60980	51831				
外省的		人		111910	98995		12915				160
二、平均补助标准		元									
其中:本省的		元			230	50	400		160		
外省的		元			250		420				
三、应拨经费数		万元	14388.2	9245.5	6325	304.9	2615.6	5142.7	4835.4		307.3
本省的		万元		6228.2	3850.1	304.9	2073.2				
外省的		万元		3017.3	2474.9		542.4				
四、中央财政拨付经费数		万元	14600								
五、银行支出数		万元	10740.8	6972.1				3768.7			
1968—1972 年		万元	9918	6357				3561			
1973 年 1—9 月开支 1972 年以前下乡人员安置费		万元	822.8	615.1				207.7			
六、财政结余数		万元	3859.2								
1.实际下乡人数标准内节余		万元	3647.4	2273.4				1374			
2.超过人数标准多拨		万元	211.8								
七、1967 年底经费结转数		万元	373								
八、主管单位实际支出		万元	10711.5								
九、主管单位结存数		万元	29.3								

说明：一、我省清理安置经费工作，从 1973 年 9 月份开始进行。当时考虑到 1972 年动员下乡的知识青年，1973 年仍在陆续下到农村，他们的安置经费是按每人 230 元的标准计发的。因此，我省规定清理期限截至 1973 年 9 月底为止。其中包括了 1972 年动员下乡青年的安置经费共计 615.1 万元。1973 年 1 至 9 月开支的下乡青年安置费和在同期内开支 1972 年下乡青年安置经费的知识青年 4797 人，包括了 1973 年 9 月底以前下乡青年的安置经费。

二、集体所有制人员未计算经费。根据国家规定，对由集体单位负担安置费有困难的，已给予了补助，数额分布不清楚，1973 年省委决定拨给建房补助费 600 万元。绝大部分是在 9 月份以后开支的，不包括在本表所列数字内。

江西省 1972 年以前城镇下乡人员建房、生活补助费申请拨款计算表

项目	人数（人）	标准（元）	金额（万元）	节余经费抵拨（万元）	请求补拨经费（万元）	备注
一、下乡知识青年补助费			8263.1	2273.4	5989.7	
1. 1973 年 9 月实有在乡人数	327009					
插队、回乡	284095					
国营农场、兵团	42914					
2. 建房、生活补助费			6496.3			
没有建房的	226031	200	4520.6			指 1972 年以前下乡知识青年在乡人数
生活不能自给的	197565	100	1975.7			
3. 补国营农场兵团经费	42914	180	772.5			
4. 1972 年以前下乡知青医药	284095	35	994.3			
学习、其它费用						
二、下乡城镇其它人员补助费			3974	1958.8	2015.2	
1. 应按标准补发数			1374	1374		
2. 1973 年已拨建房补助款			600		600	
3. 今后尚需补助款			2000	584.8	1415.2	抵拨经费包括 67 年以前结余 373 万元，财政部多拨 211.8 万元

关于转发财政部《加强知识青年上山下乡经费
管理的暂行办法》的通知

（〔74〕赣财行字 9 号）

各地、市、县革委会抓革命促生产指挥部、知识青年上山下乡办公室、财政局，省军区农建师，省农业局、林垦局、劳改局：

财政部〔73〕财事字第 288 号文件颁发了《关于加强城镇知识青年上山下乡经费管理的暂行办法》，现原文转发，请按照执行。

附件：如文

江西省财政局（章）

一九七四年二月十一日

抄报：省革委会办公室、财贸办公室，省知识青年上山下乡办公室

关于印发《加强城镇知识青年上山下乡经费管理的暂行办法》的通知

（〔73〕财事字第 288 号）

各省、市、自治区革命委员会生产指挥组、知识青年上山下乡办公室、财政（财金）局：

根据中共中央中发〔1973〕30 号文件的精神，我们拟定了《关于加强城镇知识青年上山下乡经费管理的暂行办法》，这个办法业经国务院知识青年上山下乡工作办公室研究同意，现在印发给你们，希参照执行。在执行中有什么问题和意见，望及时告诉我们。

附件：如文

中华人民共和国财政部（章）

一九七三年十一月二十四日

抄送：国家计委、国务院知识青年上山下乡工作办公室（五份），中国人民银行各省、市、自治区分行

关于加强城镇知识青年上山下乡经费管理的暂行办法

知识青年上山下乡经费，是国家为了支持城镇知识青年上山下乡，建设社会主义新农村的专项补助费。各地区必须认真贯彻执行毛主席的革命路线和政策，坚持勤俭办一切事业的方针，切实管好用好。遵照一九七三年八月四日《中共中央转发国务院关于全国知识青年上山下乡工作会议的报告》的精神，现对这项经费的管理作如下规定：

一、专款专用，讲究实效。国家拨付的下乡经费，必须切实用于解决下乡知识青年的住房和生活等项的补助，不准挪作它用。除按中央规定留给地方主管部门的"其它费用"外，不得层层扣留。在国家规定的标准内，各地可以根据不同情况，因地制宜，规定不同的补助标准。超过国家规定开支

标准的，所需经费由地方自行解决。

二、建立和健全预、决算制度。下乡经费的拨付和使用，要做到年初有预算，花钱按计划，年终有决算。年度的预、决算，应由各级主管单位编制，经同级财政部门会审后，联合逐级上报审批。

年度预算，应当根据计划下乡人数的规定的补助标准编制。有计划组织跨省、区的上山下乡知识青年，所需经费应列入安置地区预算，动员地区垫付的旅运费可向安置省、区结算。零星跨省、区回乡落户的，旅运费由动员地区开支，其它经费由安置地区按当地标准开支。各省、市、自治区申请拨款时，应报送国务院知识青年上山下乡工作办公室和财政部审批拨付。

年度决算，要反映本年度实际下乡人数、建房进度和各项经费的开支情况。基层单位向县报送的决算，应附有上山下乡知识青年的名册。各地对每年下乡经费的使用情况，要结合年度决算，进行一次认真清理，总结经验，改进工作。结余的下乡经费，应区别不同情况处理：（一）在实际下乡人数和国家规定补助标准范围内的结余，留归地方继续使用；（二）超过实际下乡人数而多拨的经费，应交回中央财政；（三）下乡知识青年调离社队不再返回原地而结余的经费，原则上应当抵顶下年经费。

各省、市、自治区的年度预算应于当年一月底、年度决算应于下年第一季度终了前报送国务院知识青年上山下乡工作办公室和财政部。

三、依靠群众，民主理财。基层单位对下乡经费的管理使用，要做到领导、群众和财会人员"三结合"。要组织贫下中农代表和下乡知识青年参加财务管理，共同管好财务。计划要经他们讨论，花钱要同他们商量，并定期向群众公布经费使用的情况。

四、加强财产管理。国家为下乡知识青年所建的房屋，购置的农具家具，归他们长期使用，并由所在的社队和下乡知识青年共同管理，不得私自转让或者变卖。要建立必要的财产保管制度。下乡知识青年调离社队后，他们的住房和某些农具家具，原则上应当留给新下乡知识青年使用，并抵顶部分经费。

五、各级知识青年上山下乡领导小组，应定期研究下乡经费管理使用情况。县以上各级主管部门要有专人管理下乡经费，社队也要有人负责。要建立和健全下乡经费帐目，及时清算。财金部门要与主管部门共同做好下乡经费管理工作。此项经费要在银行设立专户，并尽可能实行转帐结算。有关部门要定期检查，加强监督，防止贪污挪用。对贪污挪用的要严肃处理。

六、各省、市、自治区可以根据上述规定，结合当地实际情况，制定本地区的具体实施办法。

中华人民共和国财政部
一九七三年十一月二十四日

关于迅速清理上报一九七二年以前下乡知识青年安置经费并增拨建房补助和生活补助费的通知

（赣知青办发〔1974〕9 号、〔74〕赣财行字 26 号）

上饶、抚州、宜春、九江、井冈山、赣州地区知青办、财政局：

一、关于清理一九七二年以前历年上山下乡知识青年安置经费的问题，目前，已有景德镇市、赣州地区将清理情况按规定内容上报；井冈山、九江地区和萍乡市也已初步清理上报；其它地、市则尚未清完上报。要求各地按照一九七三年九月二十八日赣乡办 7 号、赣财行 329 号通知的规定，加紧进行认真的清理，将清理结果迅速报省，并派人来省知青办汇报。

二、由于大部分地区清理情况未按规定内容及时上报，影响了此项经费的结算、拨款。考虑到一九七二年以前下乡知识青年的住房和生活困难问题急需用款，现根据你们的实际情况，拨给一九七二年以前下乡知识青年的建房补助费和生活补助费，如附表。请列入一九七四年"城镇知识青年下乡补助费"预算。此款，应遵照中共中央〔1973〕30 号文件和省委〔1973〕131 号文件的有关规定掌握使用，分期分批下拨到基层，切实解决上述困难问题。同时，应与一九七三年下乡知识青年的安置经费分开使用，不得混淆。

特此通知。

附：增拨一九七二年以前下乡知识青年建房补助费和生活补助费明细表

江西省知识青年上山下乡安置工作办公室（章）
江西省财政局（章）
一九七四年三月廿二日

省、市、自治区 1972 年城镇知识青年下乡经费支出决算表

单位：千元

项目	顺序号	实际安置人数（人）	应拨经费数	财政拨款数	上年结转经费数	银行支出数	财政结余数	主管单位实际支出数							主管单位结存数	建房数（千平方米）	
								合计	建房补助费	生活补助费	跨省区路费	探亲路费	冬装补助费	其它		应建数	已建数
	1	2	3	4	5	6	7	8	9	10	11	12	13				
合计																	
一、当年下乡部分																	
（一）本省区内安置																	
1. 插队																	
2. 回乡																	
3. 集体场队																	
4. 国营农场、兵团																	
（二）跨省区安置																	
1. 插队																	
2. 回乡																	
3. 集体场队																	
4. 国营农场、兵团																	
二、补上年部分																	
1. ……																	
2. ……																	
3. ……																	

　　抄报：省委、省革委财办、省计委、陈昌奉书记、杨尚奎副主任

　　抄送：中国人民银行江西省分行，上饶、抚州、宜春、九江、井冈山、赣州地区支行

增拨 1972 年以前下乡知识青年建房补助费和生活补助费明细表

地区	经费数额（万元）
上饶地区	60
抚州地区	60
宜春地区	50
九江地区	60
井冈山地区	70
赣州地区	200
合计	500

关于一九七二年以前下乡知识青年每人增加的补助费
暂不支付问题，请补发文件以便各地执行的报告

（〔74〕赣财行字 30 号）

省委：

　　关于一九七二年以前下乡插队知识青年的补助费问题，省委赣发〔1973〕131 号文件批转《全省知识青年上山下乡工作会议纪要》附件一第三条规定：除中央〔1973〕30 号文件规定的生活补助和建房补助外，每人补助医药费 10 元，学习费 10 元，用于知识青年的特殊开支 15 元，即每人增加补助费 35 元。这笔经费已上报国务院乡办和财政部，要求国家增加拨款。

　　由于这笔经费在国务院乡办和财政部未批复之前，没有资金来源，经省革委常委一九七三年十二月二十九日办公会议讨论决定，对一九七二年以前下乡插队知识青年每人增加的补助费 35 元暂不支付，并电话通知各地照办。

　　据各地陆续反映：省委〔1973〕131 号文件早已传达到基层执行，增加的补助费都在开支，省委关于暂不支付的决定，没有省委的文件贯彻不下

去。为此，我们意见，请省委就此问题补发一个文件，以便各地按照执行。以后如何支付，待中央批复后，请省委另行通知。

江西省财政局（章）

一九七四年三月二十九日

抄报：省革委财办、省知识青年上山下乡办公室

关于核批九江地区一九七二年以前城市
人口下乡安置经费的复函
（省知青办〔74〕17 号、〔74〕赣财行字 56 号）

九江地区知青办、财政局：

根据你们四月二十九日编报的一九七二年以前城市人口下乡安置经费使用情况表，审核批复如下：

一、核定你区一九六八年至一九七三年九月的一九七二年以前城市人口下乡安置费预算 12438276 元，决算 11705381 元，决算结余 732895 元。

二、你区一九七二年以前下乡青年没有建房的 17935 人，需建房补助费 3587000 元，生活不能自给的 16213 人，需生活补助费 1621300 元，合计 5208300 元。除应由结余抵拨 732895 元和今年三月已增拨你区 60 万元外，现全部结清补拨 3875405 元，列入你区一九七四年预算，专款专用，切实解决一九七二年以前下乡青年的住房和生活困难问题。

三、已查明你区安置经费被贪污、挪用的 41659 元，必须责成有关单位和人员彻底退赔，并依靠群众继续进行清理。

特此批复。

附件：九江地区一九七二年以前城市人口下乡安置费结算表

一九七四年六月七日

抄送：省革委财办，中国人民银行江西省分行、九江地区支行

九江地区 1972 年以前城市人口下乡安置费结算表

项目	金额(元)	说明
一、1968—1973 年 9 月预算数	12438276	包括 1967 年结转 136907 元,不包括集体经济下放补助费
1968—1973 年 9 月支出数	11705381	地区知青办、财政局联合上报数,已扣除贪污、挪用 41659 元
1. 知识青年安置费	8666120	安置 54083 人,建房 47856 平方米
2. 居民安置费	3039261	安置 71809 人
1973 年 9 月底结余	732895	
二、按规定需补拨知识青年经费	5208300	1973 年 9 月实有 23851 人
1. 建房补助费	3587000	17935 人没有住房
2. 生活补助费	1621300	16213 人生活不能自给
三、追加知青补助费预算	4475405	
原已追加	600000	
此次追加	3875405	

关于核批景德镇市一九七二年以前城市人口下乡安置经费的复函

(省知青办〔74〕18 号、〔74〕赣财行字 54 号)

景德镇市知青办、财政局:

根据你们五月十日编报的一九七二年以前城市人口下乡安置经费使用情况表,审核批复如下:

一、核定你市一九六八年至一九七三年九月的一九七二年以前城市人口下乡安置费预算 3426510 元,决算 2916748 元,决算结余 509762 元。

二、你市一九七二年以前没有建房的 5585 人,需建房补助费 1117000 元,生活不能自给的 4466 人,需生活补助费 446600 元,合计 1563600 元。除应由结余抵拨 509762 元和今年两次共增拨 70 万元外,现全部结清补拨 353338 元,列入你市一九七四年预算,专款专用,切实解决一九七二年以前下乡青年的住房和生活困难问题。

三、你市福港公社光明大队挪用 1000 元,必须责成他们如数退赔,不得拖欠，并应依靠群众继续进行清理。

特此批复。

附件：景德镇市一九七二年以前城市人口下乡安置费结算表

江西省知识青年上山下乡安置工作办公室

江西省财政局

一九七四年六月七日

抄送：省革委财办、中国人民银行江西省分行、景德镇市支行

景德镇市 1972 年以前城市人口下乡安置费结算表

项目	金额（元）	说明
一、1968—1973 年 9 月预算数	3426510	不包括集体经济下放人员补助费
1968—1973 年 9 月支出数	2916748	市知青办、财政局联合上报数
1. 知识青年安置费	1697338	安置 10340 人，建房 10050 平方米
2. 居民安置费	1219410	安置 7173 人
1973 年 9 月底结余	509762	
二、按规定需补拨知青经费	1563600	1973 年 9 月底确实有 7558 人
1. 建房补助费	1117000	5585 人没有住房
2. 生活补助费	446600	4466 人生活不能自给
三、追加知识青年补助费预算	1053838	
原已追加	700000	
此次追加	353838	

关于结算一九七三年度城镇知识青年下乡
补助费的通知

（赣知青办〔74〕第 23 号、〔74〕赣财行字 79 号）

各地、市知青办、财政局、省农业局、农垦局、农建师：

为了使一九七三年度下乡青年的安置工作告一段落，以便做好一九七四年度的安置工作准备，经研究决定，对一九七三年度城镇知识青年下乡补助费进行一次结算，现将有关事项通知如下：

一、各地应本着对国家负责，对人民负责的精神，积极、认真地做好结算工作。要严格财政纪律，防止虚报冒领，接收知识青年人数必须由县、市

知青办根据掌握的名册逐个核实，各项结算数字要做到查之有据。

二、计算一九七三年度知识青年上山下乡人数的期限，定为从一九七三年七月一日起至一九七四年六月三十日止。一九七四年七月一日以后接收的知识青年，作为一九七四年度知识青年上山下乡的人数。

三、经费标准，按省委〔73〕131号文件规定计算。此外，省里决定，在省掌握的其它费用（特殊费用）每人十五元内，拨付五元给地、市掌握使用。外省零星来我省回乡落户的知识青年，旅运费由动员地区开支，其它经费由安置地区按标准列报；我省零星去外省落户的知识青年的旅运费，由地、市知青办审核报销，地、市知青办据实列表报省知青办（不附发票）；由上海集体组织到我省农建师和到各地、市上山下乡知识青年的旅运费，一律暂不结算，我省规定的十元旅运费也暂不拨付，待以后与上海知青办商榷之后，另行通知处理。

四、单身留农村的城镇下乡居民子女，一律不列入一九七三年安置经费结算范围。对于他们之中，生活不能自给和没有建房的，按一九七二年以前下乡知青同等待遇，如在清理结算一九六八年至一九七二年安置经费报表中未包括进去，各地、市可另行据实向省知青办、省财政局补报。

五、省里预拨给各地、市的一九七三年城镇知识青年下乡补助费，通过这次结算，少拨的由省拨足，多拨的转为一九七四年度知识青年上山下乡补助费拨款。

六、省农业局、省农垦局、省农建师应凭动员单位的介绍信和填制结算表（参照附表）一式三份，于七月二十日以前，来省知青办进行结算。各地、市应抓紧对县社进行结算，并按附表式样，认真编造一式三份结算表，连同各县（市）结算表一份，由地、市知青办会计，准时于七月三十日带到省知青办审核结帐和研究财会工作（一星期左右）。

附：一九七三年度城镇知识青年下乡补助费结算表

江西省知识青年上山下乡安置工作办公室（章）
江西省财政局（章）
一九七四年七月九日

抄送：省革委财办，中国人民银行江西省分行、各地市支行

1973 年度城镇知识青年下乡补助费结算表

编制单位：　　　　　　　　　　1974 年 7 月　　日填制　　　　　　　　　　单位：元、人

项目		实际人数	经费标准	应拨经费数	上级财政已拨经费	上级财政多拨（＋）少拨（－）	备注	省审核意见
总计								
一、地、市接收部分合计								
1. 插队	小计							
	安置本地市知青		470					
	安置外地市知青		460					
	安置外省（市）知青		460					
2. 回乡	小计							
	安置本地市知青		470					
	安置外地市知青		460					
	安置外省（市）知青		460					
3. 集体场队	小计							
	安置本地市知青		470					
	安置外地市知青		460					
	安置外省（市）知青		460					
4. 国营农林场	小计							
	安置本地市知青		400					
	安置外地市知青		390					
	安置外省（市）知青		390					

续表

项目	实际人数	经费标准	应拨经费数	上级财政已拨经费	上级财政多拨（＋）少拨（－）	备注	省审核意见
二、省属农场、农建师接收部分		390					
三、地、市动员部分合计							
1. 动员到外地市旅运费		10					
2. 动员到省属农场、农建师旅运费		10					
3. 动员到外省旅运费		据实列报					

单位负责人： 制表人： 省审核单位负责人： 审核：

说明：（1）"回乡"系指城镇户口吃商品粮回老家的，不是赶来社去的；（2）留农村的从业人员子女不列入此表结算；（3）"省属农场、农建师接收部分"，只供省农垦局、省农业局、省农建师填报；（4）经费标准已包括拨交地，市掌握的其它费用。

关于批复一九七二年以前城镇人口下乡安置费清理
情况和增拨经费的通知

（省知青办〔74〕25 号、〔74〕赣财行字 81 号）

井冈山、上饶地区知青办、财政局：

你地区报来一九七二年以前城镇人口下乡安置经费使用情况，经审核批复如下：

一、上饶地区列报的"拨入经费"比省下拨数（按一九六八——一九七二年财政决算支出加上一九七二年底结余计划，应为 20349981 元）少 55 万多元，请更正。

二、南昌市革委曾于一九六八——一九六九年直接汇拨安置经费给井冈山地区各县 64 万元，上饶地区各县 51 万元，此款不在省下拨数内，但你区支出数是否包括？包括多少？请查明补报，以便结算全部费。

三、上饶地区一九七三年——九月支出 175 万余元，比全年决算数 155 万余元还多 20 万元，明显是错误的，请查明更正。

四、一九七二年以前下乡知识青年安置费的标准每人 220 元，而井冈山地区平均每人实支 254 元（扣除一九六八年以前的人数计算），上饶地区平均每人实支 249 元（如果将南昌市直接拨给的经费加上，每人平均实支数就更大），超过了开支标准，必须进一步核实，凡是实际有结存而以拨款作支出或以领代报的，都必须核减。确实超支的，应将造成超支的原因报省研究。

五、安置人数中，须分别本省的、外省的，分别插队的、回乡的、进国营农场的，请将分类人数补充上报。

六、为了解决一九七二年以前下乡知识青年建房补助和生活补助费的急需用款，现增拨井冈山地区 300 万元，上饶地区 300 万元，列入一九七四年财政预算。此款应与一九七三年下乡知识青年的补助费分别立帐以免混淆。

江西省知识青年上山下乡安置工作办公室（章）

江西省财政局（章）

一九七四年七月十七日

关于核批宜春地区一九七二年以前城市
人口下乡安置经费的复函

（赣知青办〔1974〕36 号、

〔74〕赣财行字 117 号）

宜春地区知青办、财政局：

根据你们八月二日编报的一九七二年以前城市人口下乡安置经费使用情况表，审核批复如下：

一、核定你区一九六八年至一九七三年九月的一九七二年以前城市人口下乡安置经费预算 15232998 元，决算 13081826 元，结余 2151172 元。另外，南昌市直接汇拨你地区所属各县安置费 272 万余元未包括在内，其使用情况还必须继续进行清理。

二、你区一九七二年以前下乡青年没有建房的 26784 人，需建房补助费 5356800 元，生活不能自给的 23222 人，需生活补助费 2322200 元，合计 7679000 元。除应由结余抵拨 2151172 元和今年两次共增拨你区 2500000 元外，现全部结清补拨 3027828 元，列入你区一九七四年预算，专款专用，切实解决一九七二年以前下乡青年的住房和生活困难问题。

三、已查明你区安置经费被贪污、挪用的 101384 元，必须责成有关单位和个人彻底退赔，并依靠群众继续进行清查处理。

此复。

附件：如文

江西省知识青年上山下乡安置工作办公室（章）

江西省财政局（章）

一九七四年九月十二日

抄送：省财办，中国人民银行江西省分行、宜春地区支行

宜春地区 1972 年以前城市人口下乡安置费结算表

项目	金额（元）	说明
一、1968—1973 年 9 月预算数	15232998	按 68—72 年支出决算 11971901 元加上 72 年底结余 3261097 元算地区知青办、财政局联合上报数,已扣除贪污挪用 101384 元
1968—1973 年 9 月支出数	13081826	
1. 知识青年安置费	7364706	安置 41808 人
2. 居民安置费	5717120	安置 73039 人
1973 年 9 月底结余	2151172	
二、按规定需补拨知识青年经费	7679000	1973 年 9 月底实有 32595 人
1. 建房补助费	5356800	26784 人没有住房
2. 生活补助费	2322200	23222 人生活不能自给
三、追加知识青年补助费预算	5527828	
原已追加	2500000	
此次追加	3027828	

关于核批南昌市一九七二年以前城市人口
下乡安置经费的复函

（赣知青办〔1974〕37 号、〔74〕赣财行字 115 号）

南昌市知青办、财政局：

根据你们七月十六日送来的一九七二年以前城市人口下乡安置经费使用情况表，审核批复如下：

一、核定你市一九六八年至一九七三年九月的一九七二年以前城市人口下乡安置经费预算 10132678 元，支出 9692369 元，经费结余 440309 元。

二、你市一九七二年以前下乡青年没有建房的 6661 人，需建房补助费 1332200 元，生活不能自给的 4151 人，需生活补助费 415100 元，国营农林场现有人数 1732 人，按标准每人应拨足 400 元，需款 692800 元，减除过去已拨的 230476 元，尚需补拨 462324 元，以上三项经费合计 2209624 元。除应由结余抵拨 440309 元外，现全部结清补拨 1769315 元，列入你市一九七四年预算，专款专用，切实解决一九七二年以前下乡青年的住房和生活困难问题。

三、对于一九七二年以前的下乡青年安置经费，要依靠群众继续进行清理，如查明有贪污、挪用的，要责成有关单位和人员彻底退赔。

此复。

附件：南昌市一九七二年以前城市人口下乡安置费结算表

江西省知识青年上山下乡安置工作办公室（章）

江西省财政局（章）

一九七四年九月十二日

抄送：省财办，中国人民银行江西省分行、南昌市支行

南昌市 1972 年以前城市人口下乡安置费结算表

项目	金额（元）	说明
一、1968—1973 年 9 月预算数	10132678	包括调入集体单位资金 59 万元，1968—1972 年预算 9542678 元
1968—1973 年 9 月支出数	9692369	
1. 知青安置费	1426080	安置 11884 人
2. 居民安置费	3084753	安置 31842 人
3. 拨外县安置费	5181536	
1973 年 9 月底结余	440309	按 73 年底财政结余 440309 元计算
二、按规定需补拨知识青年经费	2209624	1973 年 9 月实有 10501 人
1. 建房补助费	1332200	6661 人没有住房
2. 生活补助费	415100	4151 人生活不能自给
3. 补国营农场部分	462324	现有 1732 人
三、追加知青补助费	1769315	

关于核批井冈山地区一九七二年以前城市人口下乡安置经费的复函

（赣知青办〔1974〕38 号、〔74〕赣财行字 116 号）

井冈山地区知青办、财政局：

根据你们六月二十一日编报的一九七二年以前城市人口下乡安置经费使用情况表，审核批复如下：

一、核定你区一九六八年至一九七三年九月的一九七二年以前城市人口下乡安置费预算14593700元，支出11865647元，结余2728053元。（南昌市等地直接汇款给你地区所属县市的安置费不在内，应另行结算）

二、你区一九七二年以前下乡青年没有建房的27503人，需建房补助费5500600元，生活不能自给的26470人，需生活补助费2647000元，插入国营农林场现未解决住房的知识青年211人，同意每人补拨180元（原每人只拨220元）计37980元，合计8185580元。除应由结余抵拨2728053元和今年已两次增拨370万元外，现全部结清补拨1757527元，列入你区一九七四年预算，专款专用，切实解决一九七二年以前下乡青年的住房和生活困难问题。

三、已查明你区安置经费被贪污、挪用的171224元，必须责成有关单位和个人彻底退赔，并应依靠群众继续进行清查处理。

四、一九六七年以前下乡知青和留农村从业人员子女现在实有人数以及其中未解决住房的人数和生活不能自给的人数各有多少？请分项目补报，以便转报国务院乡办和财政部批准后，另拨经费。

特此批复。

附件：井冈山地区一九七二年以前城市人口下乡安置费结算表

江西省知识青年上山下乡安置工作办公室（章）

江西省财政局（章）

代印

一九七四年九月十二日

抄送：省革委财办，中国人民银行江西省分行、井冈山地区支行

井冈山地区 1972 年以前城市人口下乡安置费结算表

项目	金额（元）	说明
一、1968—1973 年 9 月预算数	14593700	不包括集体经济下放人员补助费
1968—1973 年 9 月支出数	11865647	地区知青办、财政局联合上报数，已扣除贪污挪用 171224 元
1. 知识青年安置费	7442517	安置 37715 人，不包括 67 年以前安置人数

续表

项目	金额（元）	说明
2. 居民安置费	4423130	安置 31705 人
1973 年 9 月底结余	2728053	
二、按规定需补拨知识青年经费	8185580	1973 年 9 月底实有 33815 人
1. 建房补助费	5500600	27503 人没有住房
2. 生活补助费	2647000	26470 人生活不能自给
3. 补国营农场知青经费	37980	211 人没有住房每人补助 180 元
三、追加知识青年补助费预算	5457527	
原已追加	3700000	
此次追加	1757527	

关于预拨一九七四年城镇知识青年下乡补助费的通知

（赣知青办〔1974〕39 号、〔74〕赣财行字第 112 号）

各地（市）知青办、财政局：

为了做好一九七四年知识青年上山下乡动员、安置工作，现根据各地、市一九七四年的动员、安置任务和一九七三年安置经费因计划未完成尚有一部分结余的情况，预拨给你地、市一九七四年城镇知识青年下乡补助费（如附表），请列入你地、市一九七四年预算。望迅速分配到县，落实到基层。经费开支标准和使用范围按省委〔1973〕131 号文件附件一执行。希各级知青办、财政局切实掌握，对于建房补助费必须按照施工进度分期拨款，房屋竣工验收后按补助标准结算付清。

附件：预拨一九七四年城镇知识青年下乡补助费表

江西省知识青年上山下乡安置工作办公室（章）

江西省财政局（章）

一九七四年九月十二日

抄送：中国人民银行江西省分行，各地、市支行

预拨 1974 年城镇知识青年下乡补助费表

地区	预拨经费（万元）
赣州地区	300
宜春地区	200
上饶地区	150
井冈山地区	全部以 1973 年下乡经费计划结余抵拨
九江地区	280
抚州地区	80
南昌市	80
景德镇市	50
萍乡	60
合计	1200

关于核批上饶地区一九七二年以前城市人口
下乡安置经费的复函

（赣知青办〔74〕字第 41 号、〔74〕赣财行字 118 号）

上饶地区知青办、财政局：

　　根据你们八月五日编报的一九七二年以前城市人口下乡安置经费使用情况表，审核批复如下：

　　一、核定你区一九六八年至一九七三年九月的一九七二年以前城市人口下乡安置费预算 20349981 元，决算 18028632 元，结余 2321349 元。另外，南昌市直接汇拨你地区所属各县安置费 46 万余元未包括在内，其使用情况，还必须继续进行清理。

　　二、你区一九六八年至一九七二年下乡青年没有建房的 26084 人，需建房补助费 5216800 元，生活不能自给的 24395 人，需生活补助费 2439500 元，合计 7556300 元。除应由结余抵拨 2321349 元和今年两次共增拨你们 3600000 元外，现补拨 1734951 元，列入你区一九七四年预算，专款专用，切实解决一九七二年以前下乡青年的住房和生活困难问题。

　　三、你区八月五日补报的一九六七年以前下乡青年数字的说明表，未经财政局盖章，加上国营农场的人数，未分开需建房的人数等原因，故暂不核批经费，待你们补报后，再行审批。

四、你区已查明安置经费被贪污、挪用的 223959 元，必须责成有关单位和人员彻底退赔，并依靠群众继续进行清查处理。

此复

附件：上饶地区一九七二年以前城市人口下乡安置结算表

江西省知识青年上山下乡安置工作办公室（章）

江西省财政局（章）

一九七四年九月廿四日

抄送：省财办，中国人民银行江西省分行、上饶地区支行

上饶地区 1972 年以前城市人口下乡安置经费结算表

项目	金额	说明
一、1968—1973 年 9 月预算数	20349981	包括 1967 年结转数，不包括集体经济下放人员补助费
1968—1973 年 9 月支出数	18028632	地区知青办、财政局联合上报数，已扣除贪污、挪用 223959 元
1. 知识青年安置费	8639060	安置 44256 人
2. 居民安置费	9389572	安置 96913 人
1973 年 9 月底结余	2321349	
二、按规定需补拨知识青年经费	7656300	1973 年 9 月底实有人数 37531 人
1. 建房补助费	5216800	26084 人没有住房
2. 生活补助费	2439500	24395 人生活不能自给
三、追加知识青年补助费预算	5334951	
原已追加	3600000	
此次追加	1734951	

关于下发《城镇知识青年上山下乡经费管理
使用的暂行规定》的通知

（赣知青办〔1974〕40 号、〔74〕赣财行字 130 号）

各地、市、县（市）知青办、财政局：

现将《城镇知识青年上山下乡经费管理使用的暂行规定》发给你们，希认真研究试行，并希望各地市知青办、财政局于十一月底前将修改意见汇集报省。

特此通知。

江西省知识青年上山下乡安置办公室（章）

江西省财政局（章）

一九七四年十月五日

抄报：陈昌奉书记、黄先付主任、杨尚奎副主任、省财办

抄送：人民银行省分行，各地市、县支行

城镇知识青年上山下乡经费管理
使用的暂行规定

知识青年上山下乡经费，是国家为了支持城镇知识青年上山下乡，建设社会主义新农村的专项补助费。各地必须认真贯彻执行毛主席的革命路线和政策，坚持自力更生，艰苦奋斗，勤俭办一切事业的方针，切实管好用好。

坚持专款专用

一、国家拨付的上山下乡经费，必须切实用于上山下乡知识青年住房和生活等方面，不准挪作它用。除按中央规定留给主管部门"其它费用"外，不得层层扣留。超过国家规定开支标准的，所需经费由各地自行解决。

二、经费标准和使用范围。

到农建师和国营农、林、牧、渔场的知识青年每人补助四百元。扣除旅运费十元由动员城市掌握外，实为三百九十元，具体开支项目由本单位自行规定。

回农村老家落户、到农村插队和建立集体所有制队、场的知识青年，每人补助四百八十元。其中：

1. 建房补助费二百二十元。主要用于木材、砖瓦等基本材料开支，平均每人建八至十平方米坚固适用的房屋。各地、市可根据本地区各县（市）间建筑造价的差异，下拨到县（市），由县（市）根据具体情况落实到每个需要建房的下乡青年点。

2. 生活补助费一百六十元。下乡头一年补助八十元左右，其余的由县（市）统一掌握，用于下乡青年在正常出勤情况下收入低或因病等特殊困难，生活不能自给的补助。

3. 农具家具费五十五元。用于购置小农具、雨具、床和必需的炊具，由县或公社掌握使用。

4. 学习材料费十元。用于下乡青年购买学习材料，由县市统一掌握使用。

5. 医疗补助费十元。由县（市）统一掌握，用于下乡作医疗和重大疾病的补助开支。

患重大疾病需要住院治疗，医药费原则上由本人自理。本人确实负担不起的，可提出申请（附住院证明、单据），社队签署审批，酌情给予补助。属医疗减免范围的由卫生部门按有……

6. 旅运费十元。由动员县、市掌握，用于下乡青年从动员县、市到达安置地点所需的车船费、行李运费、住宿费。结余的旅费付知识青年的其它开支。到外省落户的知识青年，旅运费由动员县、市核实垫付，在年终决算时，逐级列表报省核销。经批准迁户下乡青年，旅运费原则上由本人自理，本人自理确有困难的给予补助。下乡青年当兵、上学、进厂的旅运费，由有关部门解决，不在知识青年经费内开支。

7. 其它费用十五元。其中：省掌握十元，地、市掌握五元，用于下乡青年丧葬等特殊开支。下乡青年死亡的殓埋费，一般不超过一百元，最多不超过一百五十元，凭据在地、市掌握的"其它费用"实报实销。

各级知青办的业务活动费，列入各级地方财政预算，不在知识青年经费内开支。

建立健全预、决算制度

三、上山下乡经费的拨付和使用，要做到年初有预算，花钱按计划，年终有决算。年度的预、决算应由各级知青办会同财政局联合编报和审批。

1. 预算（附表一）。根据当年计划下乡人数和规定的补助标准以及计划补发以前年度上山下乡经费数额编制。县（市）应于年度开始以前，报达地、市知青办和财政局各一式二份；地、市审核汇编全区的预算，应于当年元月十五日前报达省知青办和财政局各一式二份。

有计划组织跨省的上山下乡知识青年，所需经费应列入安置县、市预算。零星跨省、跨县回老家落户的，除旅运费由动员地区开支外，其它经费由安置县、市按当地标准，列入预算开支。

2. 拨款。财政局和知青办要在上级核定的年度预算内，根据知识青年下乡进度，切实掌握拨付资金，既要保证资金的及时供应，又要避免多拨、超拨造成资金的积压等情况。社、场按季或按月向县（市）知青办编送用款计划。县（市）知青办向财政局编造用款计划（表式由县、市自订）。拨款程序：县（市）财政局拨给县（市）知青办，由知青办转拨给社、场使用。

对于建房补助费，要由负责建房的社队，根据接收知识青年的人数，选定地点，确定面积，落实材料，安排劳力，提出建房工程计划（表式由县、市自订），经公社审查同意后，报县（市）知青办批准，按建房进度分次拨款。最后，由负责建房单位填报"建房验收报告表"（附表二），送县（市）知青办审核备查，并按建房补助费标准，拨足应拨的经费。

对于生活补助费，上山下乡青年头一年，要由青年点按月编报请领经费的花名册向公社领款，公社核实人数按标准发放生活补助费，青年点发给每个知识青年的生活补助费，应由本人在花名册上签章，一般不许代领。留作第二年以后的生活补助费，应该做到细水长流切实用于确有困难的下乡青年身上，要凭本人的领据并经公社和知青办批准后，才能发放生活补助费。

3. 决算（附表三）。要准确地反映本年度动员实际人数，按规定标准应领经费数、拨款数和各项有关的效果与资料。拨款数少于应领经费数的应抵作下年度的预算拨款。各级编制的决算，要同时报上级知青办和财政局各一式二份。上报时间，按财政部门的规定办理。

统一会计核算

四、地、市、县知青办和公社对上山下乡经费都要进行会计核算。下乡经费要在银行设立专户存取，并尽可能实行转帐结算。财会人员要坚持按政策按规定及时供应和使用资金，发挥资金作用，做到手续严密清楚，数字有根有据，帐表准确及时，情况真实可靠，反对铺张浪费，防止贪污挪用。会计核算方法按附件规定办理。

加强财产管理

五、国家为下乡青年所建的房屋，购买的床铺、桌凳等，应按下乡青年点为单位造册登记（表式由县自订），报县（市）知青办备查，由所在社、队和下乡知识青年共同管理，不得私自转让或变卖。

六、下乡知识青年调离社队，留下的住房和农具家具，原则上应给新下乡知识青年使用，折抵部分经费。暂时无下乡青年的，由社、队负责维修，妥善保管，留作新下乡青年使用。

切实加强领导

七、各级知青办，应定期研究下乡经费管理使用情况，县以上各级知青办要有专人管理下乡经费，区、社会计要兼管下乡经费。财务人员要相对稳定，不要随便抽调。工作调动时，也必须办理好交接手续。财政部门要与主管部门共同做好下乡经费管理工作。要注意抓好典型，总结经验，对管得好用得好的单位，要及时总结推广他们的先进经验，对问题严重的，要及时调查处理。

八、加强监督，定期检查。区或公社每个季度或接收安置一批下乡青年后，都要全面检查一次下乡经费的管理使用情况，县每半年组织一次检查。对不符合规定的开支，银行有权拒绝付款。对贪污、挪用和虚报冒领经费的，要严肃处理，必须如数追回，财政部门和人民银行对挪用经费的单位有权扣款，对铺张浪费的也要追究责任。

九、依靠群众，民主理财。社、队对下乡经费的管理使用，领导群众和财会人员"三结合"。要组织贫下中农代表和下乡青年代表参加财务管理，共同管好财务。用钱计划要民主讨论，定期向群众公布经费使用情况。

关于印发"城镇知识青年上山下乡基本情况年报表"的通知

（赣知青办〔1974〕48 号）

各地、市革委会知识青年上山下乡办公室，省农建师、省农垦局、省农业局、省劳改局：

为了掌握知识青年上山下乡的基本情况，根据国务院知青办的要求，经与省计委统计处商定，现制定"城镇知识青年上山下乡基本情况年报表"印发给你们，请按时填报。

附件：城镇知识青年上山下乡基本情况年报表

江西省知识青年上山下乡安置工作办公室/（章）
一九七四年十月八日

抄送：省计委、省财政局

197 年城镇知识青年上山下乡基本情况年报表

填报单位： 地（市）知青办 填报日期：19 年 月 日

项目	数量
※一、本年安置人数（包括从外省、市、区和本省其它地、市接收的）合计	
1. 插队	
2. 回乡	
3. 集体所有制场、队	
4. 国营农、林、牧、渔场和农建师	
合计中：从外省、市、区接收的人数	
从本省其他地、市接收的人数	
※二、本年安置到外省、市、区的人数	
本年安置到本省其它地、市的人数	
三、本年调离农村的上山下乡知识青年人数	
1. 招生	
2. 征兵	
3. 招工	
4. 提拔国家干部	
5. 其它	
四、年底在农村实有上山下乡知识青年人数	
1. 插队人数	
分布的：公社数	
大队数	
生产队数	
其中：下乡青年不足 5 人的生产队数	
插队人数中生活不能自给的人数	
2. 回乡人数	
其中：生活不能自给的人数	
3. 集体所有制场、队人数	
集体所有制场、队数	

项目	数量
其中:生活不能自给的人数	
4. 国营农、林、牧、渔场和农建师人数	
五、年底在农村实有上山下乡知识青年中:	
1. 本地(市)青年人数	
2. 上海市青年人数	
3. 南昌青年人数	
4. 萍乡青年人数	
5. 其它	
六、年底在农村实有上山下乡知识青年中:	
1. 共产党员数	
2. 共青团员数	
3. 参加各级领导班子人数	
其中:省级	
地级	
县级	
公社级	
4. 先进集体数	
先进个人数	
其中:省级先进集体	
先进个人	
地级先进集体	
先进个人	
县级先进集体	
先进个人	
5. 担任几大员的人数	
其中:理论辅导员和宣传员	
赤脚医生	
赤脚老师	
会计保管	
6. 年底实有在农村已婚人数	
七、本年发生破坏知识青年上山下乡案件件数	
1. 奸污	
其中:强奸	
2. 殴打	
3. 陷害	
4. 诱婚、逼婚	

续表

项目	数量
以上案件已处理件数	
八、上山下乡知识青年在本年死亡人数	
其中：非正常死亡人数	
九、上山下乡知识青年住房情况	
1. 本年国家实际供应木材数（立方米）	
2. 本年新建住房间数	
合平方米数	
3. 年底尚未建房人数	
其中：插队	
回乡	
集体所有制场队	
国营农、林、牧、渔场和农建师	
十、下年度上山下乡计划	
1. 城镇中学应届毕业生人数	
其中：高中毕业生人数	
2. 计划上山下乡人数	
其中：（一）历届毕业生应走未走人数	
（二）动员去外地区的人数	
（三）安置在省属国营农、林、牧、渔场和农建师的人数	
十一、本年年底实有带队干部数	

注：1. 表中第六项第 3 条"参加各级领导班子人数"是指从生产队副队长一级算起。

2. 表中第九项第 3 条"年底尚未建房人数"是指下乡知识青年调离农村后的空闲住房抵顶后尚未建房的人数。

3. 本表上报时间为下一年 1 月 30 日以前。

4. 表中带有※符号的项目，要在本年 7 月 15 日以前加报一次上半年的数字。

5. 表中第一项和第四项的 4 条"国营农、林、牧、渔场和农建师人数"是指地（市）县所属国营农、林、牧、渔场的下乡知识青年人数，不包括省属国营农、林、牧、渔场和农建师的下乡知识青年人数。

关于城镇人口下乡经费清理和知青
下乡补助费的复函

（〔74〕财事字第 300 号）

江西省革命委员会财贸办：

赣知青办〔74〕55 号、〔74〕赣财行字 140 号报告悉。经与国务院知青办研究，对你省一九七二年前插队知青的住房、生活困难等补助费核付 5260 万元，并抵补一九七三年城镇知青下乡经费 990 万元，合计为 6250 万元。此项经费，除从你省一九七二年底城镇人口下乡经费结余中抵支 4350 万元外，现再补拨 1900 万元。对城镇下乡居民的困难补助问题，请从一九七二年底城镇居民下乡经费结余 851 万元中统筹调剂解决。

附：关于一九七二年前插队知青补助费表

关于增补一九七二年前插队知青补助费说明

财政部

一九七四年十一月十二日

抄送：国务院知青办，江西省财政局、知青办

关于一九七二年以前下乡知识青年"三项"补助费问题的通知

（赣革发〔1974〕81 号）

各地、市、县革命委员会：

省委赣发〔1973〕131 号文件批转《全省知识青年上山下乡工作会议纪要》附件一曾规定：对一九七二年以前下乡插队知识青年，除生活不能自给的每人补助一百元，没有建房的每人补助二百元以外，每人增加三项补助费三十五元（医药费十元，学习材料费十元，特殊开支十五元），并专文报请国务院知青办和财政部帮助解决。财政部已答复，除中央规定的生活困难补助费和建房补助费以外，增加的经费由地方自行解决。为此，省委重新作了研究，鉴于当前我省财政收不抵支的情况，决定对赣发〔1973〕131 号文件附件一关于增加"三项"补助费的规定停止执行。在此以前各地已实际开支的或将来需要开支的这"三项"费用，一律在已核定的生活不能自给补助一百元经费项下统筹解决。希遵照执行。

江西省革命委员会

一九七四年十一月十八日

抄送：财政部，国务院知青办，省革委会各部、室、委，省军区，省直

各局，省知青办，省农建师，省总工会，团省委，省妇联

  江西省革命委员会办公室印发　　　　一九七四年十一月二十七日

  　　　　　　　　　　　　　　　　　　　共印一六五〇份

关于江西省一九七五年知青安置费
预算的请审批函

  我省一九七五年城镇知识青年下乡安置人数计划八万七千人，按国家规定补助费标准计算共需经费四千一百零六万四千元，现编报一九七五年预算（附表），请审查批复。并请先预拨二千万元解决急需用款。

  　　　　　　　　　　　　　　　　　　　三月十三日

  　　　　　　　　　　江西省财政局

签发：		核稿：	
财政局	知青办	知青办	财政局
□□□	拟发，请省财政局核发	主办单位和拟稿人：	
75.3.14		李锡荣 3.13.	

事由：上报 1975 年城镇知识青年下乡补助费预算

主送：国务院知青办、财政部

抄报：省委、陈、杨书记

抄送：省计委、省财办、省农办

附件：1975 年城镇知识青年下乡补助费预算表

赣知青乡办发〔75〕第 6 号　1975 年 3 月 14 日　〔75〕赣财行字 12 号　□□□□

关于拨付一九七五年城镇知识青年下乡补助费的通知

（〔75〕财事字第 68 号）

江西省、市财金（财政）局、知青办：

  根据你省（市）今年城镇知识青年下乡计划和目前已动员下乡情况，

经与国务院知青办研究，现拨付一九七五年城镇知识青年下乡补助费五百万元。请在国家规定的开支标准范围内，妥善安排，节约使用。

中华人民共和国财政部（章）

一九七五年三月二十四日

抄送：国务院知青办

关于黎川县要求补拨一九七二年以前下乡青年
建房补助费报告的复函

（赣知青办〔1975〕7号、〔75〕赣财行字32号）

抚州地区知青办、财政局：

你们送来关于黎川县要求补拨一九七二年以前下乡青年建房补助费的报告悉。经研究，答复如下：

黎川县在一九七三年九月中旬作出决定，在安置经费中，拨出十万元为四百名一九七二年以前的下乡青年建房。此后，根据中央〔73〕30号文件和省委〔73〕131号文件，对未建房的知青拨款解决住房问题时，故未计算这四百人。但上述决定拨出的十万元，未能在一九七三年九月底以前及时下拨，而已列入九月底结余的安置费，按规定全部抵拨了该县一九七二年以前下乡青年的建房和生活补助费，致使这四百人的建房补助费没有着落。这一情况经我们派人到黎川县调查了解属实，同意按每人二百元的标准补拨一九七二年以前下乡青年四百人的建房补助费八万元，列入一九七五年预算，请转拨给黎川，切实解决知识青年的住房问题。

此复。

江西省革命委员会知识青年上山下乡办公室（章）

江西省财政局（章）

一九七五年五月八日

抄报：省财办

抄送：抚州地区人民银行，黎川县知青办、财政局、人民银行

报一九七四年城镇知识青年下乡补助费决算

（〔75〕赣知青字第 11 号、〔75〕赣财行字第 46 号）

国务院知青办、财政部：

根据财政部〔73〕财事字 288 号文件的规定，现将我省一九七四年城镇知识青年下乡经费支出决算汇总上报（附决算表），请审批。有关问题说明如下：

一、我省一九七四年度城镇知识青年上山下乡计划 82372 人，迄至一九七四年底实际安置 33567 人。此次上报决算是按截至一九七四年底的人数和经费数编制的，不包括一九七五年陆续安置的一九七四年下乡知识青年人数和经费数。

二、一九七四年实际安置到农村集体单位的 29113 人，每人补助 480 元，安置到国营农场和农建师的 9454 人，每人补助 400 元，合计应补助 1775.6 万元，加上我省知青到外省插队落户 437 人的实际支出旅运费 1.8 万元和上海青年到我省上山下乡 3833 人垫付的旅运费 9.6 万元，总计应领补助费 1787 万元。一九七四年财政部实际拨给我省知青下乡补助费 1000 万元，两抵，尚需补拨我省 787 万元。

此外，一九七五年一至五月，我省又有 25000 名知青上山下乡，需补助费 1200 万元，财政部今年只拨给我省 500 万元，尚差 700 万元。上述两项经费共计 1487 万元，均是我省垫付，请财政部尽早核拨经费。

今年下半年，我省将有数万名知青上山下乡（已报预算），需要拨款给各地筹建住房和购置农、家具，我省财政目前资金周转有些困难，特请财政部预拨 2000 万元，以应急需。

附件：江西省一九七四年城镇知识青年下乡补助费决算表

江西省革命委员会知识青年上山下乡办公室（章）

江西省财政局（章）

一九七五年七月二日

抄报：江西省革命委员会

江西省1974年城镇知识青年下乡经费支出决算表

单位：千元

顺序号 乙	项目 甲	实际安置人数 1	应拨经费数 2	财政部拨款数 3	上年结转经费数 4	银行支出数 5	财政结余数 6	主管单位实际支出数 合计 7	建房 8	生活 9	跨省路费 10	探亲路费 11	其它 12	主管单位结存数 13	建房数 应建（千平方） 14	建房数 未建（千平方） 15
1	知识青年下乡经费支出		17370	34000	22196	23729	32467	23330	14554	5571	114		3091			
2	一、当年下乡部分	38567	17756	10000												
3	（一）本省区内安置		17756													
4	1. 插乡	7912	3798													
5	2. 回乡	1904	914													
6	3. 集体场队	19297	9263													
7	4. 国营农场兵团	9454	3781													
8	（二）跨省区安置	437	18													
9	旅运费	437	18													
10	（三）其它		96													
11	上海知青旅运费	3833	96													
12				24000												
13	二、补上年部分															
14																
15	合计			34000	22196	23720	32467	23330	14554	5571	114		3091	399		542

注：1. “其它”：包括农具家具费1800千元，医疗补助费205千元，学习材料费288千元，旅运费198千元，其它600千元。
2. 实际支出数包括当年部分和补上年部分，无法分开。

拨付一九七五年城镇知识青年下乡补助费的通知

（〔75〕财事字第 194 号）

江西省（区）财政局（财金局）、知青办：

根据你省（区）今年城镇知识青年下乡计划和目前实际动员情况，经与国务院知青办公室研究，现拨付一九七五年城镇知识青年下乡补助费1500 万元。请按国家规定的开支标准，妥善安排，节约使用。

附：拨付一九七五年知青下乡补助费表（主送单位无附件）

中华人民共和国财政部（章）

一九七五年七月十八日

抄送：国务院知青办公室

关于预拨一九七五年城镇知识青年上山
下乡补助费的通知

（〔75〕赣财行字 66 号、知青办〔1975〕第 17 号）

各地、市知青办、财政局：

为了做好一九七五年知识青年上山下乡动员、安置工作，现根据各地、市一九七五年的动员、安置计划增拨你地、市一九七五年城镇知识青年下乡补助费（如附表），请列入你地、市一九七五年预算。望根据动员、安置知识青年的进度，结合以前所拨经费结存情况，迅速分配到县，落实到基层。经费开支标准和使用范围按省知青办、财政局一九七四年十月五日《城镇知识青年上山下乡经费管理使用的暂行规定》执行。

特此通知。

附件：增拨一九七五年城镇知识青年下乡补助费表

抄送：中国人民银行江西省分行各地、市支行

江西省革命委员会知识青年上山下乡办公室（章）

江西省财政局（章）

一九七五年八月一日

增拨 1975 年城镇知识青年下乡补助费表

单位：万元

地区	金额	备注
南昌市	150	
景德镇市	20	
萍乡市	20	
赣州	80	
宜春	200	
上饶	100	
井冈山	60	
九江	200	
抚州	170	
合　计	1000	

关于一九七四年城镇知识青年下乡补助费支出决算的复函

（〔75〕财事字第 265 号）

江西省财政局、知青办：

〔75〕赣知青字第 11 号、〔75〕赣财行字第 46 号函悉。关于一九七四年城镇知识青年下乡补助费支出决算，同意赣列应拨经费一千七百八十七万元。当年财政已拨款一千万元，不足的七百八十七万元，现予补拨。

中华人民共和国财政部（章）

一九七五年十月十五日

抄送：国务院知青办

关于增拨一九七五年城镇知识青年
下乡补助费的通知

（〔75〕知青办第 36 号、〔75〕赣财行字 124 号）

南昌市知青办、财政局：

根据你市所报一九七五年城镇知识青年上山下乡的进度以及安置经费的开支情况，同意增拨你市城镇知识青年下乡补助费一百万元，请列入一九七五年预算，并按经费使用范围的规定切实解决下乡青年的建房和生活补助问题。

特此通知。

江西省革命委员会知识青年上山下乡办公室（章）

江西省财政局（章）

一九七五年十一月廿五日

江西省交通局关于请垫付下乡知识
青年安置费的通知

（〔75〕赣交办字第 24 号）

三局二厂并航道管理处：

根据一九七五年十月二十一日局办公会议精神，归口我局下乡知识青年的安置费，在省知青办未拨下来之前，为不影响知青点的基本建设，请你们按下列金额先行垫付。

汽运局：12000 元；

航运局：8000 元；

公路局：3000 元；

航道处：4000 元；

江西船厂：6000 元；

客车厂：2000 元。

垫付款请速汇：中国人民银行高安县杨公圩服务所，省交通局"五·七"

干校，帐号为 89013。

特此通知。

江西省交通局（章）

一九七五年十一月廿八日

抄送：局"五·七"干校

核批一九七三年十月至一九七四年十二月
知识青年上山下乡补助费决算

（赣知青办发〔1975〕第 34 号、

〔75〕赣财行字 116 号）

各地、市革委会知青办、财政局，省农业局、林垦局，农建师：

我省一九七三年和一九七四年知识青年上山下乡补助费决算，已经财政部〔74〕财事字第 238 号、第 300 号，〔75〕财事字第 265 号文件批复。根据财政部核定数，其中一九七三年一至九月份经费已在清理历年安置经费时进行了结算，现核定你　　一九七三年十月至一九七四年十二月安置上山下乡知识青年　　人；应领补助费　　万元。按省财政已拨一九七三、一九七四年两年的上山下乡知青经费　　万元结算，现补拨　　万元，列入你地区（市）一九七五年预算。已多拨的　　万元，转为对你地区（市）一九七五年上山下乡知识青年补助费（各地区明细数字附后）。

江西省革命委员会知识青年上山下乡办公室（章）

江西省财政局（章）

一九七五年十二月二日

附件：如文

1973 年 10 月至 1974 年 12 月知青上山下乡补助费明细表

地区：

项目	知青人数	补助经费		备注
		标准	金额	
集体单位（插队、回乡、集体场、队）安置				
本地知青		470 元	元	每人 10 元特殊费由省掌握
外地知青		460 元	元	每人 10 元旅运费由外地开支
国营农场安置				
本地知青		400 元	元	
外地知青		390 元	元	旅运费由外地开支
去省内其它地区安置		10 元	元	旅运费
去外省安置				旅运费据实报支
合计（本地安置）			元	
扣回：			元	
实际应领经费			万元	
省财政已拨经费			万元	
补拨经费			万元	
转为 1975 年上山下乡知青经费			万元	

表一　1973、1974年知青上山下乡经费核定、分配情况表

经费单位：万元

项目	财政部核定数				合计		省直农场和各地应领经费	省知青办掌握的旅运费和特殊费	待分配经费	备注
	1973年决算		1974年决算							
	人数	经费	人数	经费	人数	经费				
集体单位安置	23338	1120.3	29113	1397.4	52451	2517.7	2462.5	52.5		
插队	10100	484.8	7912	379.8	18012	864.6				
回乡	1499	72.0	1904	91.4	3403	163.4				
集体场、队	11739	563.5	19297	926.2	31036	1489.7				
国营农场安置	3486	139.4	9454	378.2	12940	517.6	510.5			上海等知青3917人旅运费由省知青办掌握
跨省、地安置的省内旅运费					(9791)		3.9	3.9	2.0	
上海知青来省旅运费				9.6	(3833)	9.6		9.6		由省开支
去外省知青旅运费				1.8	(437)	1.8	1.8			
财政部拨款尾差		0.3				0.3			0.3	根据财政部〔74〕财字第300号文件
扣回老知青经费结余							-21.8	-29.3	29.3	
扣回南昌市农场知青经费									21.8	
合计	26824	1260.0	38567	1787.0	65391	3047.0	2956.9	36.7	53.4	
补1973年1至9月经费	4800	230.0								补73年1—9月经识青年经费已并入老知青运费结算下拨
总计	31624	1490.0								

表二 各地区1973年10月至1974年12月知识青年上山下乡补助费结算表

项目	合计	省直农场	地区小计	南昌	萍乡	景德镇	赣州	宜春	上饶	井冈山	九江	抚州
本地区安置知青总人数(人)	65391	6483	58908	1911	2574	1713	11083	11282	8834	4601	10441	6469
集体单位安置本地知青人数	49795		49795	1747	2261	1500	10307	9801	6823	3549	8366	5441
按每人470元应领经费	23403650		23403650	821090	1062670	705000	4844290	4606470	3206810	1668030	3932020	2557270
集体单位安置外地知青人数	2656		2656	33	34	4	76	595	309	74	1403	128
按每人460元应领经费	1221760		1221760	15180	15640	1840	34960	273700	142140	34040	645380	58880
国营农场安置本地知青人数	5805		5805	131	269	209	700	858	1098	978	663	899
按每人400元应领经费	2322000		2322000	52400	107600	83600	280000	343200	439200	391200	265200	359600
国营农场安置外地知青人数	7135	6483	652		10		28	604		9	1	
按每人390元应领经费	2782650	2528370	254280		3900		10920	235560		3510	390	
省内跨地区安置知青人数	3959		3959	3535	21	8	80	23	17	39	29	207
按每人10元应领旅运费	39590		39590	35350	210	80	800	230	170	390	290	2070
去外省安置知青人数	437		437	38	2	5	191	60	33	22	13	73
实支旅运费	17845		17845	1520	14	238	9471	1888	1576	930	218	1990
经费合计(元)	29787495	2528370	27259125	925540	1190034	790758	5169521	5236408	4025456	2094590	4844618	2980200
扣除南昌市农场知青多拨经费	218210		218210	218210								
应领经费(万元)	2956.9	252.8	2704.1	70.7	119.0	79.1	517.0	523.6	402.5	209.5	484.7	298.0
省财政已拨经费(万元)	3443.5	243.5	3200.0	180.0	140.0	150.0	600.0	550.0	530.0	290.0	420.0	340.0
补拨经费数(万元)	74.0	9.3	64.7					64.7				
转为1975年知青经费数(万元)	560.6		560.6	109.3	21.0	70.9	83.0	26.4	127.5	80.5		42.0

注:省国营农场包括:农建师5475人,应领经费2135250元,已拨清;农业局524人,应领经费204360元,已拨18万元,林垦局484人,应领经费188760元,已拨12万元,补拨24360元;林垦局484人,应领经费68760元。

报一九七六年城镇知识青年下乡补助费预算

（赣知青办〔76〕5号、赣财行字〔76〕43号）

国务院知青办、财政部：

我省一九七六年城镇知识青年下乡安置人数计划 54623 人，按国家规定补助费标准计算共需经费 25779040 元，现编报一九七六年预算，请审批，并请预拨 1500 万元解决急需用款。

江西省革命委员会知识青年上山下乡办公室（章）

江西省财政局（章）

一九七六年五月十五日

附件：一九七六年城镇知识青年下乡补助费预算表

1976 年城镇知识青年下乡补助费预算表

单位：人、元

科目编号			科目名称	计划安置人数	经费标准	预算金额	备注
款	项	节					
49			城镇知识青年下乡补助费	54623		25779040	
	1		插队补助费	49123	480	23579040	
		1	建房补助费		220	10807060	
		2	生活补助费		160	6859680	
		3	农具补助费		55	2701765	
		4	学习材料费		10	491230	
		5	医疗补助费		10	491230	
		6	旅 运 费		10	491230	
		7	其 它 费 用		15	736845	
	3		插入国营农场补助费	5500	400	2200000	

关于拨付一九七六年城镇知识青年
下乡补助费的通知

（〔76〕财农字第 72 号）

江西省财政（财金）局、知青办公室：

　　根据你省今年城镇知识青年下乡计划和当前实际下乡情况，经与国务院知青办公室研究，现拨付一九七六年城镇知识青年下乡补助费一千万元。请按国家的规定，妥善安排，节约使用。

中华人民共和国财政部（章）
一九七六年六月十八日

　　抄送：国务院知青办公室

关于一九七五年城镇知识青年下乡补助费
支出决算的复函

（〔76〕财农字第 74 号）

江西省财政局、知青办公室：

　　〔76〕赣知青办第 6 号、〔76〕赣财行字 44 号报告悉。关于你省一九七五年城镇知识青年下乡补助费支出决算，经研究，应拨经费同意列三千三百三十二万元。此项经费，当年中央财政实拨二千万元，不足的一千三百三十二万元，现予补拨。

财政部
一九七六年□月□□日

　　抄送：国务院知青办公室

预拨知青下乡补助费

（赣知青办〔1976〕11 号、〔76〕赣财行字 95 号）

各地、市知青办、财政局：

　　根据财政部〔76〕财农字 72 号文件，预拨了我省一九七六年知识青年上山下乡补助费。现按各地今年知青上山下乡动员、安置工作计划和进度，将此项补助费转拨各地 800 万元，其中南昌市 100 万元，景德镇市 40 万元，萍乡市 60 万元，赣州地区 100 万元，宜春地区 100 万元，上饶地区 100 万元，井冈山地区 100 万元，九江地区 100 万元，抚州地区 100 万元。请分配落实到所属县市和基层，列入一九七六年预算。经费开支标准和使用范围按省知青办、省财政局一九七四年十月五日通知的《城镇知识青年上山下乡经费管理使用的暂行规定》执行。

江西省革命委员会知识青年上山下乡办公室（章）

一九七六年七月十九日

关于拨付一九七六年城镇知识青年下乡补助费的通知

（〔76〕财农字第 106 号）

江西省财政（财金）局、知青办公室：

　　根据你省今年城镇知识青年下乡计划和当前动员知青下乡情况，以及各地经费结余情况，经与国务院知青办公室研究，现拨付一九七六年城镇知识青年下乡补助费八百万元。请按国家规定的开支范围和标准妥善安排，节约使用。

中华人民共和国财政部（章）

一九七六年八月二十一日

　　抄送：国务院知青办公室

关于拨付扶助知青队、场经费的通知

（省厅函〔76〕48 号）

省知青办、省财政局：

经九月二十三日省委常委会研究同意从省机动财力中拨一百万元，扶助知识青年队、场发展生产。希专款专用。

省委办公厅／（章）

一九七六年九月二十四日

抄：省计委、省财贸办

关于追减知青补助费预算的通知

（赣知青〔1976〕23 号、
赣财行字〔1976〕146 号）

九江地区知青办、财政局：

最近，省知青办派员会同地区知青办干部在核对知识青年在乡人数时，查明地区知青办一九七二年知青经费清理情况报表中，多报需要建房人数682 人，多领建房补助费 136000 元。经研究决定，此款应予收回，特追减你区一九七六年城镇知识青年下乡补助费支出预算 136000 元。

希你们进一步查清县（市）在乡知青人数和经费领用情况，并将结果告诉我们。

特此通知。

江西省革命委员会知识青年上山下乡办公室（章）

江西省财政局（章）

一九七六年十月十三日

抄报：省革命委员会

抄送：九江地区革委会

关于处理井冈山地区冒领知青补助费的处理意见

（赣知青〔1976〕25 号）

省革命委员会：

　　省革委办公室秘书处十月七日转来井冈山地区革委会九月二十九日给省革委会的电报悉。

　　关于井冈山地区虚报冒领城镇知识青年上山下乡补助费 248 万元的问题，经与省财政局研究，我们认为，应当严肃处理。现将复井冈山地区革委会的代拟电报稿连同"电报"一并呈上，请能尽快审核下达为盼。

　　附件：《代拟电报稿》、《井冈山地区革委会电报》

江西省革命委员会知识青年上山下乡办公室

一九七六年十月二十九日

核批一九七五年知识青年上山下乡补助费决算

（赣知青〔1976〕27 号、〔76〕赣财行字 155 号）

各地、市革委会知青办、财政局，省农业局、农林垦殖局、民政局：

　　我省一九七五年知识青年上山下乡补助费决算，已经财政部〔1976〕财农字第 74 号文件批复。现根据财政部核定数，分别核定各地、市和省直一九七五年知青下乡补助费决算：你地区（市、局）一九七五年安置知识青年　　人，应领补助费（包括去外地安置知青的旅运费和补发三种人员留农村子女的建房补助和生活补助费）　　万元。按省财政局已拨此项经费　　万元结算，现补拨经费　　万元，追加一九七六年财政支出预算。明细数字附表。

　　附件：如文

江西省革命委员会知识青年上山下乡办公室（章）

江西省财政局（章）

一九七六年十一月六日

各地市 1975 年城镇知青下乡补助费决算核定表

项目	合计	赣州地区	宜春地区	上饶地区	井冈山地区	抚州地区	九江地区	南昌市	萍乡市	景德镇市
一、安置知青总人数	60229	7438	8894	9019	5408	6170	5826	11618	2759	3097
（一）集体单位安置人数	53817	6767	8433	7947	4895	5376	5273	10041	2596	2489
1. 本地知青人数	44822	5823	5913	6673	3896	3824	4253	9900	2470	2071
应领经费（每人 470 元）	21066340	2736810	2779110	3136310	1830550	1797280	1998910	4653000	1160900	973371
2. 三种人员下放干部留农子女	4015	880	420	781	462	793	202	20	61	396
应领经费（每人 460 元）	1846900	404800	193200	359260	212520	364780	92920	9200	28060	182160
3. 外地知青人数	4980	64	2100	493	538	759	818	121	65	22
应领经费（每人 460 元）	2290800	29440	996000	226780	247480	349140	376280	55660	29900	10120
（二）国营农、林、场安置人数	6412	671	461	1072	51	794	553	1577	163	608
1. 本地知青人数	6290	670	461	1020	465	777	552	1574	163	608
应领经费（每人 400 元）	2516000	268000	184400	408000	186000	310800	220800	629600	65200	243200
2. 三种人员下放干部留农子女	11			5		6				
应领经费（每人 390 元）	4290			1950		2340				
3. 外地知青人数	111	1		47	48	11	1	3		
应领经费（每人 390 元）	43290	390		18330	18720	4290	390	1170		
二、动员去外地安置人数	9895	374	324	162	56	423	68	7619	794	75
1. 省内跨地区安置人数	9115	119	238	75	32	294	21	7499	776	61
应领旅运费（每人 10 元）	91150	1190	2380	750	320	2940	210	74990	7760	610
2. 去外省外地安置人数	780	255	86	87	24	123	47	120	18	14

续表

项目	合计	赣州地区	宜春地区	上饶地区	井冈山地区	抚州地区	九江地区	南昌市	萍乡市	景德镇市
应领旅运费（实支数）	31886	11020	3675	5254	1295	2065	1229	5000	578	769
三、三种人员留农子女补助人数	6919	1162	1300	928	491	79□	426	1689	54	75
1. 建房补助人数	6717	1105	1270	928	438	739	426	4683	54	68
应领经费（每人200元）	1343400	221000	254000	185600	87600	147800	85200	337800	10800	13600
2. 生活补助人数	6167	1043	1228	767	392	535	413	1689	25	75
应领经费（每人100元）	616700	104300	122800	76700	39200	53500	41300	168910	2500	7500
应领经费合计（万元）	2985.3	377.7	450.6	441.9	232.4	303.5	281.8	593.5	130.6	143.2
省财政已拨经费（万元）	2120.6	223	286.4	287.5	179.5	272	260	459.3	61	100.9
补拨经费（万元）	864.7	154.7	164.2	154.4	91.9	31.5	21.8	134.3	69.6	42.3

1976年知青下乡补助费决算核定表

1976 年 11 月　日

金额单位：万元

省核定 1975 年决算

项目	财政部核定定数 人数	财政部核定定数 金额	各地市 人数	各地市 金额	省直农场 人数	省直农场 金额	省级掌握 特殊费	省级掌握 旅运费	待分配 金额	合计 人数	合计 金额	备注
一、安置知青人数和经费	70635	3328.3	67148	2981.9	1364	53.2	53.8	10.9	179.8	68512	3279.6	
（一）集体单位安置	62859	3017.2	53817	2520.4			53.8	4	5	53817	2583.2	
插队	21406	1027.5										
回乡	5165	247.9										
集体场队	36288	1741.8										
1. 本地知青			44822	2106.6			44.8					
2. 外地知青			4980	229.1			5					
3. 三种人员留农子女			4015	184.7			4		5			
（二）国营农、林、场安置	7776	311.1	6412	256.4	1364	53.2		4	1.5	7776	311.1	
1. 本地知青			6290	251.6	1364	53.2						
2. 外地知青			111	4.4					1.5			
3. 三种人员留农子女			11	0.4								
（三）三种人员留农子女补助			6919	196				6.9	182.4	6919	385.3	
1. 建房补助			6717	134.3								
2. 生活补助			6167	61.7								
（四）省内跨地区旅运费				9.1					-9.1			
二、动员到外省安置旅运费	(780)	3.2	(780)	3.2						(2123)	3.2	南昌市上报
三、待核定数		0.5		0.2					48.7		48.7	待核
四、拨款尾数									0.3		0.5	
合计	70635	3332	67148	2985.3	1364	53.2	53.8	10.9	228.8	68512	3332	

关于一九七六年城镇知识青年下乡
补助费支出决算的复函

（〔77〕财农字第 116 号）

江西省财政局、知青办：

赣知青〔1977〕20 号、赣财行字〔1977〕103 号函悉。关于你省一九七六年城镇知识青年下乡补助费支出决算，经与国务院知青办研究，同意应拨经费为一千一百三十五万五千元，当年中央财政已拨款一千八百万元，多拨的六百六十四万五千元，转为一九七七年拨款使用。

中华人民共和国财政部（章）

一九七七年十一月八日

抄送：国务院知青办公室

核定一九七六年知识青年下乡补助费决算

（赣知青〔1977〕22 号、

〔77〕赣财行字 134 号）

各地、市知青办、财政局，省农业局、农垦局、民政局：

我省一九七六年知识青年上山下乡补助费决算，已经财政部〔77〕财农字第 116 号文件批复。现根据财政部核定数，分别核定各地、市和省直一九七六年知青下乡补助费决算。你地区（市、局）核定数如下：

（地区、市、局）安置知青总人数   人。

集体单位安置本地知青   人，每人 475 元，计   元；

集体单位安置外地知青   人，每人 465 元，计   元；

下放干部、三种人员留农子女   人，每人 465 元，计   元；

国营农场安置本地知青   人，每人 400 元，计   元；

国营农场安置外地知青   人，每人 390 元，计   元；

省内跨地区旅运费　　　　　　　　　　人，每人 10 元，计　　　元；

跨省旅运费　　　　　　　　　　　　　人，实际开支　　　　　元；

补拨三种人员留农子女建房补助费　　　人，计　　　　　　　元；

补拨三种人员留农子女生活补助费　　　人，计　　　　　　　元。

　　以上核定经费决算　　　万元，按省财政已拨一九七六年经费　　　万元结算，现补拨经费　　　　万元。增列你地区一九七七年财政预算。已超拨经费　　　　万元，应转为预拨你地区一九七七年知青补助费。

　　井冈山、庐山的决算数仍按当年财政预算体制，分别包括在井冈山地区和九江地区决算数内，请双方进行决算，其中列入两个山一九七七年财政预算的部分，包括历年结转到一九七七年的部分，要从地区预算内划出，希共同报省财政局划转预算。

江西省革命委员会知识青年上山下乡办公室（章）

江西省财政局（章）

一九七七年十二月十六日

江西省1976年知识青年下乡补助费决算核定情况表

金额单位：万元

项目	财政部核定数 人数	金额	省核定数 各地市 人数	金额	省直农场 人数	金额	省知青办 特殊费	旅运费	旅运费 余额	合计 人数	金额	备注
一、本省安置的知青	24149	1133.6	23521	1094.9	628	24.5	10.5	1.7	2.0	24149	1133.6	一、集体单位每人480元，其中旅运费10元由动员地区掌握，特殊费5元由省掌握。三种人员子女旅运费10元由省掌握。
（一）集体单位安置	20955	1005.8	20955	991.5			10.5	1.7	2.1	20955	1005.8	
1. 本地知青			17090	811.8			8.5			17090	820.3	
2. 外地知青			2163	100.6			1.1		2.1	2163	103.8	
3. 三种人员留农子女			1702	79.1			0.9	1.7		1702	81.7	二、国营单位每人400元，其中旅运费10元由动员地区掌握。
（二）国营农林场安置	3194	127.8	2566	102.6	628	24.5			0.7	3194	127.8	
1. 本地知青			2475	99.0						2475	99.0	三、各地和省安置外地知青2882人的旅运费，其中地区开支0.8万元，省结余2.8万元，省知青办0.2万元，结余1.8万元。
2. 外地知青			91	3.6	628	24.5			0.7	719	28.8	
（三）省内跨地区旅运费			845	0.8					-0.8			
二、跨省旅运费	430	1.9	430	1.9				0.2	-0.2	430	1.9	四、三种人员留农子女补助费44.4万元由历年结转的待分配经费解决。
三种人员留农子女补助费				44.4				1.9	1.8		1135.5	
总计		1135.5		1141.2		24.5	10.5					

注：1. 省农场628人中，农业局所属农场141人，经费54990元，农垦局属农场481人，经费187590元，农林局所属农场6人，经费2340元，民政局农场⋯⋯扣回南昌市自办水果基地安置知青经费71万元，均列入待分配的经费指标。

2. 除上列数外，补拨1972年前经费34.3万元（景德镇19.4万，余江14.9万），均列入待分配指标。

各地市1976年知青补助费决算汇总表

项目	合计	南昌	萍乡	景德镇	赣州	宜春	上饶	井冈山（包括山上）	九江（包括庐山）	抚州
一、安置知青总人数	23521	1735	934	444	3759	4073	3794	2150	4121	2511
（一）集体单位安置人数	20955	1529	791	396	3237	3796	3416	1791	3775	2224
1. 本地知青人数	17090	1424	720	387	2767	2683	2830	1264	2989	2026
经费（每人475元）	8117750	676400	342000	183825	1314325	1274425	1344250	600400	1419775	962350
2. 下放干部、三种人员留农子女	1702	68	32	—	433	130	417	325	168	129
经费（每人465元）	791430	31620	14880		201345	60450	193905	151125	78120	59985
3. 外地知青人数	2163	37	39	9	37	983	169	202	618	69
经费（每人465元）	1005795	17205	18135	4185	17205	457095	78585	93930	287370	32085
（二）国营农林场安置人数	2566	206	143	48	522	277	378	359	346	287
1. 本地知青人数	2475	206	140	41	522	277	303	357	342	287
经费（每人400元）	990000	82400	56000	16400	208800	110800	121200	142800	136800	114800
2. 外地知青人数	91	—	3	7	—	—	75	2	4	—
经费（每人390元）	35490		1170	2730			29250	780	1560	
二、动员去外地安置人数	1275	232	363	15	231	88	77	115	17	137
1. 省内跨地区人数	845	174	352	3	95	44	21	82	3	71
旅运费（每人10元）	8450	1740	3520	30	950	440	210	820	30	710
2. 跨省人数	430	58	11	12	136	44	56	33	14	66
旅运费	18378	2891	708	892	6533	1500	2132	1250	483	1989

续表

项目	合计	南昌	萍乡	景德镇	赣州	宜春	上饶	井冈山（包括山上）	九江（包括庐山）	抚州
三、两种人员留农子女补助										
1. 建房补助人数	1541	39	62	11	488	276	132	8	107	418
经费（每人200元）	308200	7800	12400	2200	97600	55200	26400	1600	21400	83600
2. 生活补助人数	1362	25	37	7	484	248	139	8	107	307
经费（每人100元）	136200	2500	3700	700	48400	24800	13900	800	10700	30700
一、二、三项经费合计（万元）	1141.2	82.2	45.3	21.1	189.5	198.5	181.0	99.4	195.6	128.6
四、补拨1972年经费（万元）	34.3			19.4			14.9			
五、扣回自办水果基地安置知青经费	-71.0	-71.0								
以上应拨经费（万元）	1104.5	11.2	45.3	40.5	189.5	198.5	195.9	99.4	195.6	128.6
省财政已拨经费（万元）	800	100	60	40	100	100	100	100	100	100
结算：补拨经费（万元）	408.6	88.8	14.7	0.5	89.5	98.5	95.9		95.6	28.6
转为1977年拨款（万元）	104.1							0.6		

说明：井冈山地区包括井冈山，九江地区包括庐山。扣回南昌市经费71万元，其中1975年1375人64.6万元，1976年135人6.4万元。

抄送：井冈山、庐山知青办、财政局

关于一九七七年城镇知识青年下乡补助费决算的报告

（〔1978〕赣知青 11 号、〔78〕赣财行字 61 号）

国务院知青办、财政部：

现将我省一九七七年城镇知识青年下乡补助费支出决算报上，请审批。

全省一九七七年实际安置下乡知识青年 30464 人，其中安置到农村集体单位的 26597 人，每人补助 480 元，共计 1276.7 万元，安置到国营农、林场的 3867 人，每人补助 400 元，共计 154.7 万元；另外动员去外省安置知识青年 605 人，实际开支旅运费 2.3 万元。以上合计应拨经费 1433.7 万元，除了以一九七六年多拨的经费抵拨 664.5 万元外，一九七七年应拨 769.2 万元，财政部已拨款 1700 万元，多拨 930.8 万元，请转为预拨一九七八年知青下乡补助费。

附件：江西省一九七七年城镇知识青年下乡经费支出决算表

江西省财政局（章）

一九七八年六月八日

江西省1977年城镇知识青年下乡经费支出决算表

单位：人，千元，千平方米

项目	顺序号	实际安置人数	应拨经费数	财政部拨款数	上年结转经费数	银行支出数	财政结余数	主管单位实际支出数 合计	建房费	生活费	跨省路费	其它	主管单位结余	建房面积 应建	建房面积 已建
甲	乙	1	2	3	4	5	6	7	8	9	10	11	12	13	14
一、当年下乡部分	1		14337												
（一）本省内安置	2	30464	14314	17000											
1.插队	3	4924	2364												
2.回乡	4	3191	1532												
3.集体场队	5	18482	8871												
4.国营农场	6	3867	1547												
（二）跨省安置	7	605	23												
旅运费	8														
其它	9														
	10														
二、补上年部分	11		-6645												
	12														
合计	13		7692	17000	49876	18992	47884	18336	7710	4994	23	5639	2966	304	177

注：一　本表所列数字不包括知青工作业务费和居民下乡费。

二　补上年部分-6645千元。是1976年决算时，财政部多拨的经费转为1977年的拨款数。

三　1976年决算结转经费为49829千元，本表上年结转数49876千元，支出47千元，为各地调整预算数。

四　财政部拨款数比应拨经费数多出9308千元，请转为1978年拨款。

五　财政结余47884千元包括财政部多拨款9308千元，实有结余38576千元。

关于预拨一九七八年城镇知青下乡补助费的通知

（赣知青〔1978〕13 号、赣财行字〔1978〕77 号）

各地、市知青办、财政局：

根据你地（市）今年一至五月城镇知识青年实际上山下乡人数，现预拨你地（市）一九七八年城镇知青下乡补助费（如附表），请列入一九七八年预算。并望你们按我省规定的开支范围和标准妥善安排使用。

附件：预拨一九七八年城镇知青下乡补助费表

江西省革命委员会知识青年上山下乡办公室（章）

江西省财政局（章）

一九七八年六月二十九日

预拨 1978 年城镇知青下乡补助费表

单位	金额（万元）
赣州地区	30
宜春地区	60
井冈山地区	20
上饶地区	20
抚州地区	20
九江地区	50
南昌市	140
景德镇市	20
萍乡市	20
省直	20
合计	400

关于江西省一九七七年知青补助费的决算

（〔78〕赣财行字 166 号、〔78〕赣知青 17 号）

我省一九七七年城镇知识青年上山下乡补助费决算，已经财政部〔78〕财农字第 185 号文件批复。现根据财政部核定数，分别核定各地、市、山和省直一九七七年知青下乡补助费决算。你地区（市、山、局）核定数如下：

安置知青总人数：　　　　　人。

集体单位安置本地知青　　　　　人，每人475元，计　　　　　元；安置外地知青　　　　人，每人465元，计　　　　元；三种人员和下放干部留农子女　　　　人，每人465元，计　　　　元。

国营农场安置本地知青　　　　　人，每人400元，计　　　　元；安置外地知青（含留农子女）　　　人，每人390元，计　　　元。

省内跨地区旅运费　　　　人，每人10元，计　　　　元；跨省旅运费　　　　人，实际开支　　　　元。

补拨三种人员留农子女建房补助费　　　人，计　　　　元；生活补助费　　　人，计　　　元。

以上核定经费决算　　　万元，按省财政局已拨一九七七年经费　　　万元结算，现补拨经费　　　万元，增列你地区一九七八年预算。已超拨经费　　　万元，应转为你地区一九七八年知青补助费预算拨款。

江西省革命委员会知识青年上山下乡办公室（章）

江西省财政局（章）

一九七八年九月二十九日

关于一九七八年城镇知识青年
下乡补助费决算的报告

（〔1979〕赣知青4号、

〔79〕赣财农字97号）

国务院知青办、财政部：

现将我省一九七八年城镇知识青年下乡补助费支出决算报上，请审批。

全省一九七八年实际安置下乡知识青年13604人，其中安置到农村集体单位的11997人，每人补助480元，共计575.9万元，安置到国营农场的1607人，每人补助400元，共计64.3万元；另外动员去外省安置知识青年208人，实际开支旅运费1万元。以上合计应拨经费641.2万元。财政部一九七七年多拨经费转作一九七八年拨款 930.8 万元，一九七八年当年拨款 700 万元，合计 1630.8 万元，扣除应拨经费 641.2 万元，扶持生产资金 750 万元，实际多拨 239.6 万元，请转为预拨一九七九年知青下乡补助费。

附件：江西省一九七八年城镇知识青年下乡经费支出决算表

江西省革命委员会知识青年上山下乡办公室（章）

江西省财政局（章）

一九七九年八月二十四日

江西省 1978 年城镇知识青年下乡经费支出决算表

单位：人，千元，千平方米

项目		省内安置			跨省安置旅运费	其它	合计
		合计	集体单位	国营农场			
实际安置人数		13604	11997	1607	208		
应拨经费数		6402	5759	643	10		6412
财政部拨款数							7000
上年结转经费数							47884
银行支出数							12845
财政结余数							42039
主管单位实际支出数	合计						13301
	建房费						4279
	生活费						3061
	跨省路费						10
	其它						5951
建房面积	应建						136
	已建						89

注：1. 本表所列数字不包括知青工作业务费和居民下乡补助费。

2. 财政结余 42039 千元包括财政部多拨款 9896 千元，实有结余 32143 千元。

转发国务院知青办、财政部《关于知青经费管理使用的暂行规定》的通知

（赣知青〔1979〕5 号、

〔79〕赣财农字 112 号）

各地、市、山、县知青办、财政局：

现将国务院知青办、财政部〔79〕国青办字第 9 号、〔79〕财农字第 60 号联合通知颁发的《关于知青经费管理使用的暂行规定》转发给你们，希认真研究，贯彻执行。

附件：如文

江西省革命委员会知识青年上山下乡办公室（章）

江西省财政局（章）

一九七九年十月五日

颁发《关于知青经费管理使用的暂行规定》的通知

（〔79〕国青办字第 9 号、

〔79〕财农字第 60 号）

各省、市、自治区知青办、财政局：

现发去《国务院知青办、财政部关于知青经费管理使用的暂行规定》，望结合实际情况，认真贯彻执行。

附：国务院知青办、财政部关于知青经费管理使用的暂行规定

国务院知青办财政部

一九七九年四月二十三日

国务院知青办、财政部关于知青经费管理
使用的暂行规定

根据中共中央〔1978〕74 号文件发出的《国务院关于知识青年上山下乡若干问题的试行规定》，现对知青经费管理使用办法规定如下：

一、知青经费（包括安置费、扶持生产资金和业务费）是国家用于安置城镇上山下乡知识青年的专项拨款，必须专户存储，专款专用，管好用好。

知青部门是知青经费的主管部门。各级知青部门和财政部门，要对知青经费认真加强管理，银行要根据批准的预算和用款计划严格监督拨付，提高资金使用效果。

二、列入上山下乡范围的城市和县，知识青年上山下乡并转为农业户粮关系的，按照规定的标准拨给安置费；到山区绿化造林连续一年以上，因特殊情况不宜转为农业户粮关系的，经省、市、自治区知青部门批准，可以按照到国营农、林、牧、渔场的标准拨给安置费。不列入上山下乡范围的矿山、林区、分布在农村有安置条件的企事业单位和城镇的非农业户口的中学毕业生，自行安置，不拨给安置费。

从一九七九年起，知青经费中的安置费，按下列标准拨付：

1. 到国营农、林、牧、渔场和到机关、学校、部队、企事业单位举办的农、林、牧、副、渔业基地的，每人补助四百元，由单位包干使用。

2. 到集体所有制知青场、队和知青点的，南方各省每人补助五百八十元，北方各省（包括皖北、苏北）每人补助六百元；到牧区的每人补助八百元，主要用于补助知青的建房、农具、家具、生活、医疗、学习材料以及旅运费和其它费用。

3. 下乡到单程超过五百公里地区的集体所有制知青场、队、知青点和分散插队的知识青年，未婚的每二年国家补助一次探亲路费，已婚的国家共补助三次探望父母的路费，由安置地区列报。

4. 跨省、区下乡的知识青年，从动员城市到达安置地点的车船费，到高寒地区每人四十元的冬装补助费，由动员地区列报。

5. 在农村集体所有制知青场、队、知青点和分散插队的结婚安家的下乡知识青年，其住房没有解决的，应尽量先从知青空房中调剂解决，确实解决不了的，按每人补助建房三百元的标准，由知青部门统一掌握使用，在安

置地区列报。

三、知青经费中的扶持生产资金，用于扶持独立核算的集体所有制知青场、队发展生产。办独立核算的集体所有制知青场、队，要从实际出发，有计划地进行，并经县以上知青领导小组批准，要充分利用原有的知青点，一般不建新点。

独立核算的知青场、队，应自力更生，勤俭办场。必需的生产基建资金，分别从主办单位或地方的支农资金中解决，银行可给予贷款，也要从知青经费的扶持生产资金中给予扶持。

扶持生产资金的安排，应通盘规划，不要平均分配。重点扶持继续安置下乡知青，有发展前途，具备独立经营生产活动条件，能迅速收到经济效果，资金来源确实困难的知青场、队。主要用于购置农机具、工副业生产设备。严禁用于非生产性开支和收益分配。

扶持生产资金属于周转性质，由县以上知青部门向需要扶持的场、队及其主办单位，采取签订合同的形式，办理借款手续，并抄送同级财政部门和农业银行核备。知青场、队有收益后，原则上要逐步偿还，偿还的款不上交国家财政，留给各省、市、自治区继续用于扶持独立核算的知青场、队。少数单位确因特殊情况，无力偿还，需要免收的，要报经省、市、自治区知青部门批准。

各省、市、自治区结余的知青经费（包括财政部门结存的知青经费），一般不上交国家财政，仍留给知青部门使用，根据可能和需要，也可以拿出一部分作为扶持生产资金。

四、知青经费中的业务费，是补助县以上知青行政部门开展知青业务活动的经费。其使用范围包括：

1. 会议费：指县以上知青行政部门召开以知青为主的专业会议费。各级党委和革委会召开的知识青年工作会议，仍由行政经费开支。

2. 宣传教育费：指对在乡知识青年进行宣传教育工作的开支。如，编印宣传材料和印刷知识青年登记表，举办小型先进事迹展览和报告会等费用。

3. 培训费：指培训知识青年骨干、社队主管知青工作人员和带队干部的短期培训费。

4. 公社知青财会人员生活补助费：指在乡知青达二百人以上的公社，没有知青专职财会人员，经县以上知青行政部门批准，抽调一名下乡知青管理经费的生活补助费。

业务费不得挪作修建房屋、购置车辆和行政事业费等开支。

下乡知青的业余教育、技术培训以及文体活动等费用，均由主办部门按其有关经费开支规定办理。

五、为下乡知识青年所建的房屋和购置的各种物品，要建立、健全必要的管理制度，任何单位和个人不得任意占用。下乡知识青年离开社、队，原来国家给他们所建的房屋和尚未用完的经费，应留给新下乡的知识青年使用，并抵顶有关经费。闲置的房屋和物品，由县知青部门统一调配给下乡知识青年使用；剩余的房屋和物品，经县知青领导小组批准，按国家投资部分适当折价处理，由县知青部门收回。

知青财产变价收入，留给县知青部门用于解决下乡知识青年的生产、生活困难。没有新的安置任务和下乡知青已经基本作了妥善安排的地区，其剩余的变价收入，一部分留县、社使用，一部分交回上级知青部门。知青财产的变价收入和使用，要在年度决算表中专项列报。

六、在集体所有制知青场、队、知青点和分散插队的知青，患严重疾病，开支医疗费用较大，合作医疗确实负担不了的，以及因公负伤，其医疗费用和治疗期间的生活费，由所在单位负担，确有困难的，可从知青的安置费中酌情补助。因病死亡的丧葬费，每人不超过一百五十元，从知青安置费中开支。其它原因死亡的，视其情况，区别处理。其余病、残、伤、亡的处理，按《国务院关于知识青年上山下乡若干问题试行规定》办理。

在集体所有制知青场、队、知青点和分散插队的老知青，积极参加集体生产劳动，生活确有困难时，可根据困难大小，经县知青办批准，酌情给以补助。补助款从调离社队知青抵顶下来的经费、知青财产变价收入和过去结余的安置费中解决。

转点的下乡知识青年不再另拨安置费。原发给的生活费未用完部分，应予带走。

七、各级知青部门应按照预算管理的要求，在年度开始前，认真编制预算。国务院知青办根据安置下乡知识青年的计划和知青场、队发展生产的需要，匡算全年经费预算指标，经批准列入国家预算后，提出分配方案，和财政部联合下达各省、市、自治区知青部门和财政部门，抄送农业银行。

八、地方各级知青部门，根据下达的年度预算指标和经费结余情况，编制季度用款计划，送同级财政部门审核后，抄送当地农业银行监督拨付。知青部门要严格按照规定的标准和要求掌握使用。省、市、自治区知青部门和财政部门，于当年七月底以前，编制"上半年经费使用情况表"，报送国务院知青办和财政部，并抄送同级农业银行。

九、知青部门在年度终了时，要认真清理知青经费，编制年度决算经同级财政部门审核后，联合逐级上报审批。省、市、自治区知青部门和财政部门，应在下年的第一季度内将上年度汇总决算报送国务院知青办和财政部审批。

知青经费的年终结余，结转下年继续使用。没有新的安置任务和下乡知青已经基本作了妥善安排的地区，要彻底结清帐目，其经费结余（包括财政部门结存的知青经费），应缴回上级知青部门和财政部门，仍作为知青经费管理使用，由当地农业银行督促上交。

十、各级知青部门要建立财务机构，配备必要的财会人员。各级财政部门也要有人管知青经费，并配合知青部门建立、健全财务会计制度。知青部门、财政部门和农业银行要及时检查知青经费使用情况，严格财经纪律。严禁挥霍浪费、贪污盗窃、侵占挪用，对贪污盗窃、侵占挪用的款项，要坚决追回，对有关人员要严肃处理，情节严重的应依法惩处。

十一、知青场、队和知青点要设置财会人员，建立财会制度，加强财会工作。要做到收支入帐，日清月结；开支要按计划，要严格的审批手续；要勤俭办事，民主理财，定期公布帐目。独立核算的知青场、队要认真进行经济核算，搞好收益分配，定期编制会计报表，报送主办单位、知青部门和农业银行。

十二、省、市、自治区知青部门和财政部门，可根据本规定，结合本地区实际情况，制定具体实施办法，报国务院知青办和财政部备案。知青经费会计制度，可参照《行政事业单位会计制度》办理。过去的规定，凡与本规定有抵触的，均以本规定为准。

一九七九年四月二十五日

关于一九七八年城镇知识青年下乡补助
经费决算的复函

（〔79〕国青办财字第 17 号、〔78〕财农字第 308 号）

江西省知青办、财政局：

你省一九七八年城镇知识青年下乡补助经费决算收悉。经审核，同意应拨经费为六百四十一万二千元，当年中央财政拨款七百万元，多拨五十八万八千元，加一九七七年多拨经费九百三十万零八千元，共计多拨九百八十九万六千元，转抵一九七九年拨款，请按规定的经费开支标准使用。

国务院知识青年上山下乡领导小组／（章）

中华人民共和国财政部／（章）

一九七九年十一月七日

分配一九七九年城镇知识青年
下乡安置费的通知

（〔79〕财农字第 316 号、〔79〕国青办字第 40 号）

江西省财政局：

　　根据你省今年城镇知识青年下乡情况，现分配一九七九年城镇知识青年下乡安置费一千五百万元。请按照现行有关规定的开支范围和标准，安排使用，不得挪用。

　　城镇下乡知识青年安置到原有的知青场队或知青点，要尽量利用现有知青住房，一般不要再拨给建房补助费，抵顶下来的此项资金，可由地方集中掌握，节约使用。

中华人民共和国财政部（章）

国务院知识青年上山下乡领导小组办公室（章）

一九七九年十一月十四日

贯彻执行国务院知青办、财政部《知青经费管理
使用的暂行规定》的补充规定

（赣知青〔1979〕12 号、〔79〕赣财农字 155 号）

各地、市、山、县知青办、财政局：

　　根据国务院知青办、财政部《关于知青经费管理使用的暂行规定》，结

合我省的实际情况，现对有关问题作如下补充规定：

一、从一九七九年起，知青经费中的安置费，按下列标准拨付：

1. 到国营农、林、牧、渔场和到机关、学校、部队、企事业单位举办的农、林、牧、副、渔业基地的，每人补助四百元。除旅运费十元由动员城市掌握外，实为三百九十元，由安置单位包干使用。到国营农、林、牧、渔场的分别由省、地、县列报；到机关、学校、部队、企事业单位举办的农、林、牧、副、渔业基地的由动员城市列报。

2. 到集体所有制的知青场、队和农工商联合企业的，每人补助五百八十元。其中：

（1）建房费三百元，由安置县、市拨给场、队和联合企业，主要用于补助知青建房购买木材、砖瓦等材料。

安置到原有的知青场队或知青点，要尽量利用现有知青住房，一般不要再拨给建房补助费，抵顶下来的此项资金可由县（市）集中掌握，节约使用。

（2）生活费一百二十元，用于下乡知青头一年的生活补助，由安置县、市拨给场队和联合企业掌握使用。

（3）旅运费十元，由动员城市掌握，用于下乡青年从动员单位到达安置地点所需的车船费、行李运费。

（4）其它费用一百五十元，主要用于补助知青的农具、家具、医疗、学习材料和生活困难补助等开支。其中，省、地、县各掌握五元作为知青的特殊开支；县、市掌握五元作为知青学习材料费用；其余一百三十元由县、市拨给知青场、队和联合公司掌握使用。

二、下乡到单程超过五百公里地区的集体所有制知青场、队，知青点和分散插队的知识青年，未婚的每二年国家补助一次探亲的往返车船费，已婚的国家共补助三次探望父母的往返车船费，凭单据由安置县、市报销，年终决算时，逐级列表结算。上述探亲的知青，需向县、市知青办批假。报销车船费，只限知青本人的火车硬座和轮船统舱票价，其它费用一概自理，从一九七九年一月一日起执行。

下乡到国营农、林、牧、渔场的已婚知青距父母住地单程超过五百公里的，共享受三次公费探亲假，由所在国营农、林、牧、渔场报销。在批准探望父母的假期内不扣工资。

三、在农村结婚安家的下乡青年（不包括国营单位的知青），其住房确实解决不了的，按每人补助建房费三百元的标准，由县、市知青办统一掌握使用，一个一个地解决。年终决算时，附花名册，逐级列表报省结算。

四、因特殊原因要求转点的知青，需经转出、接收两地县（市）知青办同意，其路费由本人自理，未用完的头一年生活费，准予带到新点。

五、扶持生产资金的借款单位，包括集体所有制的农工商联合企业。

六、下乡青年受迫害而发生伤、病时，其医疗、生活等费用，应由当事单位或当事人按国家和地方有关部门规定解决。

下乡知青患严重疾病，其医疗费属于减免范围的，由卫生部门按有关规定解决。

七、知青经费中的业务费，年终结余不上缴，可跨年度使用。

江西省革命委员会知识青年上山下乡办公室（章）

江西省财政局（章）

一九七九年十一月二十九日

抄报：国务院知青办、财政部

抄送：省农业银行

关于一九七八年城镇知识青年
下乡补助费决算的复函

（〔79〕赣财农字 161 号、

赣知青〔1979〕13 号）

财政局、知青办：

我省一九七八年城镇知识青年上山下乡补助费决算，已经国务院知青办〔79〕国青办财字第 17 号、财政部〔79〕财农字第 308 号文件批复。现根据财政部核定数，分别核定各地、市、山和省直一九七八年知青下乡补助费决算。你地区（市、山、局）核定数如下：

安置知青总人数： 人。

集体单位安置本地知青 人，每人 475 元，计 元；安置外地知青 人，每人 465 元，计 元；三种人员和下放干部留农子女 人，每人 465 元，计 元。

　　国营农场安置本地知青　　　　　人，每人 400 元，计　　　　　元；安置外地知青（含留农子女）　　　　　人，每人 390 元，计　　　　　元。

　　省内跨地区旅运费　　　　　人，每人 10 元，计　　　　　元；跨省旅运费　　　　　人，实际开支　　　　　元。

　　补拨三种人员留农子女建房补助费　　　　　人，计　　　　　元；生活补助费　　　　　人，计　　　　　元。

　　以上核定经费决算　　　　　万元，按省财政局已拨一九七八年经费　　　　　万元结算，再补付　　　　　人的安置费计　　　　　万元，扣除　　　　　多领安置费　　　　　万元，现补拨经费　　　　　万元，增列你地区一九七九年预算。已超拨经费　　　　　万元，应转为你地区一九七九年知青补助费预算拨款。

　　　　　　　　江西省革命委员会知识青年上山下乡办公室（章）

　　　　　　　　　　　　　　江西省财政局（章）

　　　　　　　　　　　　　　一九七九年十二月三日

各地、市、山1978年城镇知青下乡补助费决算总表（一）①

计算单位：人，元

项目	合计	赣州地区	宜春地区	吉安地区	上饶地区	抚州地区	九江地区	南昌市	景德镇市	萍乡市	庐山	井冈山
一、安置知青总人数	13281	1878	2316	901	1115	749	1127	3981	441	751	20	2
（一）集体单位安置人数	11996	1784	2178	676	988	711	957	3618	371	696	15	2
1. 本地知青人数	10421	1706	1606	453	734	616	808	3421	370	690	15	2
经费（每人475元）	4949975	810350	762850	215175	348650	292600	383800	1624975	175750	327750	7125	950
2. 下放干部、三种人员留农子女	880	69	104	190	183	42	106	186	1	6		
经费（每人465元）	409200	32085	48360	88350	85095	19530	49290	86490	465	2790		
3. 外地知青人数	695	9	468	33	71	53	43	11				
经费（每人465元）	323175	4185	217620	15345	33015	24645	19995	5115				
（二）国营农林场安置人数	1285	94	138	225	127	38	170	363	70	55	5	
1. 本地知青人数	1225	94	137	219	98	38	147	362	70	55	5	
经费（每人400元）	490000	37600	54800	87600	39200	15200	58800	144800	28000	22000	2000	
2. 外地知青人数	25		1		1		22	1				
经费（每人390元）	9750		390		390		8580	390				
3. 下放干部、三种人员留农子女	35			6	28		1					
经费（每人390元）	13650			2340	10920		390					
二、动员去外地安置人数	1595	66	47	22	26	11	21	1164	7	231		
（一）省内跨地市人数	1387	24	10	9	5		2	1110	3	224		
旅运费（每人10元）	13870	240	100	90	50		20	11100	30	2240		

①原件缺页。——编者注

江西省1978年城镇知识青年下乡补助费核定情况总表

单位：万元

项目	财政部核定数		各地、市、山		省直农场		省知青办		旅运费余差	合计	
	人数	金额	人数	金额	人数	金额	特殊费	旅运费	余差	人数	金额
一、本省安置的知青	13604	640.2	13281	620.9	323	12.7	6	1	-0.4	13604	640.2
（一）集体单位安置	11997	575.9	11996	568.2	1	0.1	6	1	0.6	11997	575.9
1. 本地知青			10421	495			5.2		0.6	10421	500.2
2. 外地知青			695	32.3			0.4	0.1		695	33.4
3. 留农子女			880	40.9	1	0.1	0.4	0.9	0.4	881	42.3
（二）国营农林场安置	1607	64.3	1285	51.3	322	12.6			0.4	1607	64.3
1. 本地知青			1225	49						1225	49
2. 外地知青			60	2.3	322	12.6			0.4	382	15.3
二、省内跨区旅运费	208	1	1387	1				1	-1.4	208	1
合计		641.2		621.9		12.7	6	1	-0.4		641.2
补发三种人员留农子女补助费			1506	42.7	12	0.4					43.1
补南昌市青年果园场安置费			1510	71							71
扣回赣州地区、抚州市多领安置费				104.9							104.9
总计		650.7		630.7		13.1	6	1	-0.4		650.4

备注：1. 集体单位每人480元，国营单位每人400元，旅运费10元由省掌握。其中，旅运费10元由动员地区掌握。集体单位特殊费由省掌握。

2. 留农子女881人和外省来我省插队26人，每人10元旅运费由省掌握。

3. 补发三种人员留农子女补助费43.1万元由原存在待分配经费内解决。

4. 补南昌市青年果园场安置费71万元，在原存在待分配经费内还清。

5. 扣回赣州地区、抚州市多领安置费104.9万元，存入待分配经费内。

6. 省直农场323人中，抚州市153人59670元；省农垦局168人（含集体1人）和补发三种人员留农子女（集体）12人共68730元以及省民政局2人780元由省知青办结算。

7. 财政部拨款与应付款相差4000元尾数，在待分配款之内。

8. 知青工作业务费不包括在此决算之内。

批转省知青办、省财政厅《关于清理知青经费、 物资的请示报告》

（赣政发〔1980〕183 号）

各行政公署，各市、县革委会（人民政府），井冈山革委会，省人民政府各直属单位：

省人民政府同意省知青办、省财政厅《关于清理知青经费、物资的请示报告》，现转发给你们，望加强领导，贯彻执行。

江西省人民政府（章）

一九八〇年八月九日

请批转《关于清理知青经费、 物资的意见》的报告

（赣知青〔1980〕22 号、 〔80〕赣财农字 73 号）

江西省人民政府：

经省人民政府批准，我们于六月十九日至二十五日在南昌召开了全省知青经费工作座谈会，传达了国务院知青办、财政部在成都召开的全国知青经费工作座谈会的精神，总结和交流了经验。通过这次会议，我们拟就了《关于清理知青经费、物资的意见》，特此呈报。如无不当，请批转各地贯彻执行。

江西省人民政府知识青年上山下乡办公室（章）

江西省财政厅（章）

一九八〇年七月九日

关于清理知青经费、物资的请示报告

省人民政府：

一九六二年以来，我省有六十二万多名城镇知识青年上山下乡，国家和地方为安置下乡知识青年拨出了大量的经费和物资。据一九六八年至一九七九年的统计，全省由国家拨出知青经费二亿四千七百多万元，木材指标十五万立方米；为插队知青建住房十万余间，办独立核算的集体所有制知青场、队三千四百多个，购置机器设备四千多台（套）和大量的农、家具，保证了下乡知青生产、生活的需要，促进了生产的发展。

随着知青政策的调整，上山下乡的知青少了，大批插队知青安排就业，农村闲置的知青房屋、物资越来越多，知青经费也有结余。从各地清理工作试点反映的情况看，有的地方由于放松了对知青经费、物资的管理，知青经费被贪污、挪用，知青房屋、物资被侵占，损坏的问题还是比较严重的。为使知青财产免遭损失，进一步健全知青财、物管理制度，对我省知青经费、物资的使用情况，进行一次全面清理是很必要的。

遵照中央〔1978〕74 号、省委〔1979〕66 号文件的有关规定和今年三月国务院知青办、财政部联合在成都召开的全国知青经费工作座谈会的精神，结合我省实际情况，现就清理知青经费、物资问题提出如下意见：

一、加强领导。清理知青经费和物资是一项牵涉面广、工作量大、政策性强的工作，因此，各级政府必须加强领导，要指定一位领导同志负责这项工作，制定开展清理工作方案，对有关重大问题要经研究决定。为使工作顺利开展，可从知青、财政、银行等部门抽调干部组成临时清理工作队伍，人员不足时，还可适当吸收带队干部、知青骨干和能力强、身体好的退休财会人员参加，所需经费从本级知青工作业务费中开支。

二、统一思想认识。从试点情况看，大多数干部、群众对清理工作是赞成的，但也有部分同志存在一些不同的思想认识。他们有的认为清理工作没有什么必要，认为变价处理房屋是"小气"；有的强调工作忙，清理工作量大，有畏难情绪，想敷衍了事，不打算进行认真清理；有的社、队认为，知青走了，留下房屋、物资归他们是应该的；少数经济手续不清、犯有这样那样错误的人，思想顾虑重重，害怕清理，个别的甚至多方刁难，抵制清理工作的进行等等。因此，各地在布置清理工作时，要从统一思想认识做起，采取多种形式，反复向干群宣传党的政策，讲清清理知青经费、财产和变价处理闲置房屋、物资的重要性和必要性，摆出清与不清的好处和坏处，做深入细致的思想工作，提高认识，端正态度，为搞好清理工作打下良好的思想基础。

三、明确范围、做法和要求。这次是对我省的知青经费、物资进行一次全面的清理，从省、地、市、山、县到安置过知青的公社、大队、生产队和知青场、队都要清。主要清理知青安置费、业务费、各级机动财力补助款、上海无息贷款等，以及用这些经费建（购）的房屋和购置的物资。

清理工作开始前，要组织参加清理工作人员进行学习，明确做法和要求。县（市）的清理工作，应是自上而下，先易后难，由点到面，逐步推开；单位的清理工作，则先清经费、财产，后处理闲置房屋、物资和收回经费。

通过清理，要查清经费的上拨下收是否对口，收、支、余数是否一致，帐、据、款、物是否相符，经费、物资的管理、使用上有无问题。对知青财产要登记造册。对闲置房屋、物资要分别不同情况，作出恰当处理。

全部清查、处理工作，要求在今年十二月中旬前结束。地、市、山知青办、财政局要向省知青办、财政厅报送清理工作总结，同时，选送一、两个县（市）的总结。

四、按照政策处理有关财物。要兼顾国家、集体、个人的利益，正确处理三者之间的关系。处理闲置的知青房屋、物资时，要与有关单位协商，属于厂社挂钩知青场、队的，一定要征得动员单位的同意。闲置房屋、物资，知青场、队需要使用的，可由县知青办调拨给他们使用、维修。在农村结婚安家而没有住房的插队知青，可根据他们的要求，酌情调剂一些空闲房屋归他们使用、维修。坐落适宜、质量较好的空闲房屋，拟留今后安置下乡知青备用的，由县知青办研究决定，可暂交社、队保管、使用、维修。其余的闲置房屋、物资，应变价处理。变价处理的空闲房屋，应按质作价，按国家、社队、动员单位的投资比例分款。国家投资部分，百分之五十由县（市）知青办收回，其余归社、队所得。闲置物资的变价收入，属国家投资的，由县（市）知青办全部收回。

在清理中发现的贪污、盗窃案件，要认真追查，严肃处理。财物要全部退赔，对情节严重的有关人员，应依法惩处。挪用知青经费，占用知青房屋、物资的，要坚决追回。

清理中，遇到有关债权债务的问题，应按谁放谁收、谁欠谁还的原则处理。知青场、队集体欠债，情况较为复杂，要调查研究，根据不同情况分别处理。

社、队结余的知青经费，要上交到县（市）知青办。今后，需使用知青经费的统由县（市）办理借款和报销手续。县（市）收回社、队结余的知青经费和处理闲置房屋、物资的变价款，列为知青专款，不能挪作他用。

通过对知青经费、物资的清理，要进一步健全知青财、物管理制度，改进经费管理工作，做到专款专用，使知青经费、物资发挥更好的效益。

以上报告，如无不当，请批转各地贯彻执行。

江西省知青办

江西省财政厅

一九八〇年七月十六日

抄送：省委各部门，省人大常委会办公厅，省军区，省政协，省法院，省检察院，群众团体，新闻单位

江西省人民政府办公厅　　　　　　一九八〇年八月十四日印发

关于批复一九七九年知青
经费决算的通知

（赣知青〔1980〕35号、

〔80〕赣财农字133号）

各地、市、山财政局、知青办：

现将一九七九年知青经费决算批复给你们（如附表），并对有关几个问题通知如下：

一、核定一九七九年知青经费决算应拨给各地、市的经费，现予补拨，请增列一九八〇年预算。多拨给井冈山、庐山的知青经费，因其不列为知青上山下乡范围，应速退回省财政，冲减拨款数。

二、已婚知青建房补助费，系根据各地上报的一九七九年年报中的已婚知青人数（不含国营农、林场知青），按百分之七十，每人补助三百元核定的。一次包给各地、市、山掌握使用，经费如有多余，转作知青经费结余，如有不足，由各地知青经费结余补拨。此项经费，应按标准发给确实在农村安家而缺少住房的已婚知青（不含国营农、林场的知青）。

三、从一九八〇年起，插队知青按规定应享受的探亲路费和补办下乡知青关系的留农子女的建房补助费、生活补助费以及在农村安家的已婚知青的建房补助费，省里不再拨付经费。其所需费用，均应在各地、市、县历年结余的知青经费和房产、物资变价收入中，统筹解决。

特此通知。

附件：全省一九七九年知青经费决算核定表

江西省人民政府知识青年上山下乡办公室（章）

江西省财政厅（章）

一九八〇年十一月十九日

抄报：财政部，国务院知青办

抄送：省农业银行，各地、市、山农业银行

全省1979年知青经费决算核定表

项目	总计	省知青办	赣州地区	宜春地区	吉安地区	上饶地区	抚州地区	九江地区	南昌市	景德镇市	萍乡市	庐山	井冈山
一、安置知青总人数	3884		444	396	1082	424	288	368	496	386			
1. 集体单位安置人数	3331		396	393	818	376	268	368	492	220			
应领安置费(元)	1893685		225680	222055	464390	212500	152460	211600	278500	126500			
2. 国营单位安置人数	553		48	3	264	48	20		4	166			
应领安置费(元)	220900		19200	1200	105590	19100	7810		1600	66400			
二、动员到外地安置的知青人数	34		7		18	5	2			2			
应领旅运费(元)	1290		877		210	50	63			90			
三、结婚知青需建房的人数	17027		4260	1586	1840	3068	1853	1651	1751	422	578	18	
应领建房补助费(元)	5108100		1278000	475800	552000	920400	555900	495300	525300	126600	173400	5400	
四、知青探亲路费报销数(元)	62070		5694	10425	17260	15450	10272	2289		680			
五、补发儿种人员留农子女经费人数	2634		413	601	139	312	386	557	226				
1. 应领建房补助费(元)	477200		82600	120200	27800	62400	60200	111400		12600			
2. 应领生活困难补助费(元)	260800		41300	60100	13100	29900	38100	55700		22600			
六、省知青办应提特殊费(元)	38000	38000											
七、应领经费总计(万元)	806.2	3.8	165.3	89	118	126	82.5	87.6	80.5	35.6	17.3	0.6	
八、1980年省财政厅已拨经费(万元)	431.4	3.8	66.1	20	40	40	40	40	40	100	40	3.2	2.1
九、应补拨经费数(万元)	466.6	3.8	99.2	69	78	86	42.5	47.6	40.5	64.4	22.7	2.6	2.1
十、转为1980年经费拨款(万元)	91.8												

二 南昌市

江西生产建设兵团上海学生名册·九团一营
（黄浦、静安）①

黄浦区知识青年下乡上山插队落户名册

到江西省南昌市　县　生产建设兵团　公社＿＿＿大队　出发日期：1970 年 4 月 16 日

编号	学校（街革会）	姓名	性别		家庭成份	团员	届别		编队	家庭地址	备注
			男	女			高中	初中	连、排、班		

上海市静安区知识青年下乡上山名册

省　专区　县　公社　大队　分场　团部　　出发日期：　年 月 日

生产队	姓名	性别	校名	届别		家庭出身	党团员	编队	家庭地址	所属街道	备注
				高中	初中			连排班			

---

　　① 本件系九团一营的名册，共 490 人，男 267 人，女 223 人。来自黄浦和静安两区，名册有两种表头形式。家庭出身：工人 346 人，小贩 14 人，革命 8 人，资产 9 人，店员 13 人，小业主 18 人，职员 46 人，城市贫民 1 人，反革命 1 人，干部 2 人，个体 5 人，旧警 2 人，烈士 1 人，贫农 1 人，市贫 2 人，手工业 1 人，小商 1 人，刑满释放 1 人，职工 5 人，空白未填 13 人。无党团员。均为初中生。——编者

江西生产建设兵团上海学生名册·九团二营（黄浦）①

黄浦区知识青年下乡上山插队落户名册

到江西省南昌市____县 生产建设兵团 公社____大队　　出发日期：1970 年 4 月 16 日

编号	学校（街革会）	姓名	性别		家庭成份	团员	届别		编队	家庭地址	备注
			男	女			高中	初中	连、排、班		

江西生产建设兵团上海学生名册·九团三营（静安、黄浦）②

上海市静安区知识青年下乡上山名册

____省____专区____县____公社/农场____大队____分场____团部

　　　　　　　　　　　　　　　　　出发日期：____年____月____日

生产队	姓名	性别	校名	届别		家庭出身	党团员	编队	家庭地址	所属街道	备注
				高中	初中			连排班			

黄浦区知识青年下乡上山插队落户名册

到江西省南昌市____县 生产建设兵团 公社____大队　　出发日期：1970 年 4 月 16 日

编号	学校（街革会）	姓名	性别		家庭成份	团员	届别		编队	家庭地址	备注
			男	女			高中	初中	连、排、班		

---

① 本件编制于 1970 年，系 453 名黄浦区知识青年的名册，均为是 69 届初中生，无党团员。其中男性 248 名，女性 205 名，分别来自十余所中学。家庭出身：工人 213 人，农民、贫农 8 人，中农 1 人，职员 65 人，小贩 2 人，店员 22 人，摊贩 15 人，学生 2 人，革干 7 人，摊主 2 人，船工、船民 2 人，小业主 10 人，个体劳动 2 人，资产阶级 6 人，革命军人 1 人，教师 1 人，小手工业者 1 人，业主 5 人，未填 88 人。——编者

② 本件系九团三营的名册，共 588 人，男 305 人，女 283 人。来自黄浦和静安两区，名册表头有两种形式。无党团员，均为初中生（除了打钩的以外，填写的都是 69 届），毕业于十余所中学。家庭出身：非劳动 3 人，个体劳动 2 人，劳动 51 人，店员 5 人，干部 9 人，工人 325 人，农民、贫农 5 人，摊贩 25 人，小业主 27 人，职员 101 人，刑满释放 2 人，游民 4 人，资方 7 人，资本家 16 人，贫民 1 人，未填 5 人。——编者

江西生产建设兵团上海学生名册·九团四营（黄浦）①

黄浦区知识青年下乡上山插队落户名册

到江西省南昌市　　县　　生产建设兵团　　公社＿＿＿大队　　出发日期：1970年4月　日

| 编号 | 学校（街革会） | 姓名 | 性别 | | 家庭成份 | 团员 | 届别 | | 编队 | 家庭地址 | 备注 |
			男	女			高中	初中	连、排、班		

江西生产建设兵团上海学生名册·九团团直（黄浦、静安）②

黄浦区知识青年下乡上山插队落户名册

到江西省南昌市　　县　　生产建设兵团　　公社＿＿＿＿大队　　出发日期：1970年4月　日

| 编号 | 学校（街革会） | 姓名 | 性别 | | 家庭成份 | 团员 | 届别 | | 编队 | 家庭地址 | 备注 |
			男	女			高中	初中	连、排、班		

---

① 本件系九团四营的名册，共514人，男286人，女228人。家庭出身：革军1人，干部2人，工人252人，资产15人，店员42人，职工115人，摊贩21人，（小）业主34人，（小）手工业者4人，自由职业4人，伪警1人，革干1人，商人4人，贫民3人，贫农2人，私企1人，个体1人，办公室1人，未填10人。无党团员，绝大部分是69届初中生，出现个别"69届高中生"，经查核原件，确有"69届高中生"，据知青研究资料中心江老师（上海赴吉林延边知青）的妹妹回忆：当年初中3年学业完成后，继续上高中，高中只上了1年，没有毕业即上山下乡了，也算作高中学历。——编者

② 本件系九团团直的名册，共220人，男117人，女103人。无党团员，均为初中生（除了打钩的以外，填写的都是69届），毕业于上海十余所中学。家庭出身：革命干部1人，包工头1人，店员3人，个体劳动1人，皮匠1人，贫民1人，中农1人，贫农4人，手工业1人，小业主5人，小贩4人，职工3人，资产1人，职员5人，工人187人，未填1人。——编者

江西生产建设兵团上海学生名册·九团二、三、四、五营（黄浦区）①

江西生产建设兵团上海学生名册·九团二、三、四、五营（黄浦区）

到江西省生产建设兵团 农建师 九团__县（农场）____公社（分场）____大队（营）

出发日期：1974 年 2 月 27 日

编号	单位	姓名	性别		出生		家庭出身	政治面貌	届别			生产队或连排班	家庭地址	所属		备注（包括何处转来）
			男	女	年	月			高中	初中	社青			街道	里委	

① 本件涉及二、三、四、五营 185 人，男 90 人，女 95 人。分别被安置在一排一班、一排二班、一排三班、一排四班、二排五班、二排六班、二排七班、二排八班、三排九班、三排十班、三排十一班、三排十二班、四排十三班、四排十四班、四排十五班、四排十六班、五排十七班、五排十八班。其中，登记死亡 1 人，迁出 3 人。1951 年出生 5 人，1952 年出生 16 人，1953 年出生 11 人，1954 年出生 46 人，1955 年出生 54 人，1956 年出生 51 人，1957 年出生 2 人。主体为 73 届初中毕业生，73 届初中 86 人，72 届初中 11 人，70 届初中 1 人，73 届高中 1 人，72 届高中 2 人，70 届高中 3 人，81 人在高中一栏打钩，但未填写年份。出现 1950 年以后出生的" 届高中生"，经查核原件，确有 50 年以后出生的" 届高中生"。家庭出身：革命军人 2 人，雇农 1 人，贫农 2 人，教师 1 人，自由职业 1 人，个体劳动 1 人，资产 1 人，职员 17 人，小业主 3 人，工人 131 人，店员 7 人，船民 1 人，城市贫民 1 人，摊贩 15 人，未填 1 人。红卫兵 32 人，团员 27 人，其余为群众或未填。备注一栏均填写"户口、粮油随档"。落款为"上海市黄浦区革命委员会下乡上山办公室"。——编者

三　宜春地区

地区

关于下拨一九七〇年城镇下乡、回乡人员安置经费和运输费的通知

（宜革办字〔70〕22号）

各县革命委员会：

遵照伟大领袖毛主席"知识青年到农村去……"和"备战、备荒、为人民"的教导，我区各县今年又安置了一批城镇下乡、回乡人员，应享受安置费的有17566人。现将各县安置经费作一年终结算，经费全部下拨（见附表），希各县从严掌握，节约使用，专款专用。

铜鼓、宜丰、高安、奉新四县因分配今冬接收安置的一批上海知识青年，大部分未来，所以预拨款超过了应拨经费。鉴于这笔超拨经费已部分或大部分都用于安置准备工作上去了，故不扣回，转作一九七一年预拨安置经费。

宜春专区革命委员会办公室

一九七〇年十二月二十七日

抄送：专区革委会抓促部、专区财政金融局、各县财政金融局、本室内务组，存

1970 年城镇下乡、回乡人员安置经费及运输费结算、下拨表

单位：元

县别	单身插队	成户插队	回乡	应拨经费	已拨经费	尚差经费	运输费	现实拨费	多拨经费
丰城	1116	84	138	241320	223920	17400	1922	19322	
清江	585	124	19	136360	125660	10700	9050	19750	
新余	1089	89		231150	223600	7550	2879	10429	
分宜	2534	25		506800	406800	100000	11478	111478	
宜春	1190	20	1	241750	240550	1200	5450	6650	
靖安	899	12	16	182840	180440	2400	589	2989	
安义	536	8		109640	102800	6840	1200	8040	
万载	726	96		146400	144300	2100	1040	3140	
上高	833	70	31	182240	167250	14990	2140	17130	
高安	1743	81		359100	453000		2282		91618
宜丰	1169	81		245950	477250		970		230330
铜鼓	1060	35		217250	463250		460		245540
奉新	3137	100		642400	686550		671		43479

关于抓紧做好上海知识青年返队接待安置工作的通知

（〔72〕民乡字第 02 号）

各县乡办：

为进一步贯彻落实伟大领袖毛主席亲自批示"照办"的中发〔1970〕26 号文件，巩固和发展上山下乡工作成果，进一步做好下乡知识青年工作，最近我区组织赴沪慰问学习团，去上海市对下乡知识青年进行家访、慰问学习，动员回上海的下乡知识青年返回各地农村。据悉，慰问学习团到上海后，受到上海市各级党组织、革委会和知识青年家长的热情欢迎，得到他们的大力支持，使这项工作进展顺利，出现了全党重视，书记动员，家长支持，知识青年积极行动的局面。回沪下乡知识青年即将陆续返回各地农村，为了进一步做好接待、安置工作，特作如下通知：

一、各地乡办要以批林整风为纲，深入进行路线教育，配合有关部门在党委的统一领导下，组织广大干部群众广泛、深入地开展对中发〔1970〕26 号文件的再学习、再宣传，使文件精神家喻户晓，人人皆知。并对贯彻落实情况进行一次认真的检查，总结经验，落实政策，认真解决存在问题，及时交流经验，加强上下联系和请示汇报。

二、进一步落实毛主席关于"各地农村的同志应当欢迎他们去"的伟大指示，对上海动员返回各地农村的下乡知识青年，各级组织，应热情欢迎和接待，妥善安置，切实解决他们的住房、口粮等生产、生活中的实际困难，纠正个别地区因生产队规模调整，下乡知识青年落户问题尚未落实等偏向。

三、狠抓阶级斗争，坚决打击阶级敌人的破坏活动。对破坏上山下乡的案件，各地要坚决按照中发〔1970〕26 号文件的有关指示精神，进行严肃认真的处理。对过去的积案，应在党委的统一领导下主动会同有关部门进行全面清理，尽快作出恰当的处理。坚决打击阶级敌人的破坏活动，教育广大群众，保护革命青年。

四、进一步加强对知识青年上山下乡工作的领导。各地乡办，要认真贯彻执行党的方针政策，积极做好工作，加强调查研究，及时把工作情况向党委和主管部门请示汇报，取得党委对这项工作的重视。要进一步清算和批判林彪、程世清干扰和破坏上山下乡的罪行，不断提高认识，从思想上、政治上、组织上切实加强对下乡上山工作的领导，把知识青年下乡上山工作做细、做好。

以上通知，希迅速研究，贯彻执行。

江西省宜春地区知识青年上山下乡安置工作办公室（章）

一九七三年五月十三日

报：省乡办、地区革委会、地区政法领导小组

关于下拨知识青年上山下乡安置经费的通知

（宜地乡办字第4号、春地财预字第9号）

各县知识青年上山下乡办公室、财政局：

最近，省预拨我区一九七三年下乡青年建房补助和农具家具等购置费用一百五十万元，现分拨各县（见附表一），望迅速落实到接受一九七三年下乡知识青年的单位。另外将地区以前结余的安置经费八十三万元下拨各县（见附表二），用于以前下乡插队青年的生活和建房补助以及学习、医药等费用。以上经费均列入你县预算，在银行开立机关团体预算存款，下乡知识青年经费专户存储使用。开支标准和使用范围，按省《关于知识青年上山下乡若干问题的试行规定》执行。各县应按安置人数编造知识青年上山下乡安置经费预算报地区，除将以前结余的安置经费抵拨和本通知拨的经费外，不足部分将另行追加。各地用于一九七三年下乡知识青年的安置经费必须与过去的经费分开立帐，最后按实际安置人数结算。

特此通知。

江西省宜春地区知识青年上山下乡安置工作办公室（章）

江西省宜春地区财政局（章）

一九七三年十月十二日

抄送：中国人民银行宜春地区支行、各县支行

附件：安置经费分配表

预拨 1973 年安置经费表（一）

县别	预拨经费（万元）	县别	预拨经费（万元）
宜春	17	奉新	3.5
分宜	9	高安	13
新新余	18	上高	16
清江	20	宜丰	12
丰城	13	铜鼓	4.5
安义	7.5	万载	9
靖安	7.5	合计	150

补拨以前知识青年建房生活补助等经费表（二）

县别	补拨经费（万元）	县别	补拨经费（万元）
宜春	3	上高	4
新余	10	宜丰	4
清江	4	铜鼓	3
丰城	4	万鼓	2
安义	5	光华山	2
靖安	3	分宜	14
奉新	20	合计	83
高安	5		

一九七三——九八〇年外省外市城镇知识青年安排分配表

1973—1980 年外省外市城镇知识青年安排分配表

1973 年 10 月 25 日

县 别	1973—1980 年			南昌市	萍乡市	说明
	小计	上海市				
			其中 73 年			
宜春						1974 年后的分年数字逐年下达
分宜	1500		300			

县别	1973—1980 年					说明
	小计	上海市		南昌市	萍乡市	
			其中 73 年			
新余	3800					
清江	6000		600			
丰城	11000		300			
万载	2000		150			
上高	6500		600			
宜丰	6200		600			
铜鼓	800		200			
高安	10000		600			
奉新	2400		150			
靖安	1000		200			
安义	2800		300			
合计	54000		4000			

关于新余县一九六八——一九七三年知青安置费的使用情况

宜春地区上山下乡办公室：

根据宜地乡办〔1974〕4 号文七四年三月六日通知，所需要统计数字，现报告如下：

①一九六八——一九七三年九月底共收拨款 858241 元（地区拨款）。

②一九六八——一九七三年九月底共用去安置费 852904.98 元，结余 5336.02 元，都是安置费青年款。

③一九六八——一九七二年底下乡知青在队的 1831 名，到七三年九月底按省〔1973〕131 号文规定生活不能自给 1712 名，没建房屋需要国家补助 1743 名。

④落实城镇政策后转为下乡知识青年 63 人，其中按省 131 号文生活不能自给 63 名。住房有困难需要公家补助 63 名。

⑤一九六八年以前下乡在队知识青年 220 名，其中生活困难 110 名，住房有困难 110 名。需要国家补助。

⑥一九七四年二月底下乡知识青年实际存款多少？其中一九七三年下乡

青年经费多少？

答：没有存款了，还欠公社一收款未拨给。

地区乡办，财政局七四年一月十八日来文增拨七三年知青款 16 万，尚未进帐。

特此汇报，请查收。

新余县知识青年上山下乡安置工作办公室（章）

一九七四年四月五日

关于下拨一九七二年以前下乡知青补助费的通知

（宜地知青办〔1978〕4 号、宜地财预字〔1978〕第 97 号）

各县知青办、财政局：

一九七五年宜地知青办〔1975〕5 号、〔75〕宜地财预字第 107 号函，对一九七二年以前下乡知青补助经费进行了结算，各县尚有一部分经费存在地区。现根据各县存款数字，共下拨经费一百万元（详见附表），希列入一九七八年预算，加强经费管理，做到专款专用。

江西省宜春地区革命委员会知识青年上山下乡办公室（章）

江西省宜春地区财政局（章）

一九七八年六月二十六日

下拨 1972 年以前下乡知青补助经费表

单位：万元

县别	金额	县别	金额
丰城	8	上高	8
高安	10	宜丰	12
清江	9	分宜	11
新余	7	安义	3
宜春	2	靖安	6
奉新	14	铜鼓	7
万载	3	合计	100

萍乡市

关于核批萍乡市一九七二年以前城市人口下乡安置经费的复函

（赣知青办〔1974〕15 号、〔74〕赣财行字 35 号）

萍乡市知青办、财政局：

根据你们三月七日编报的一九七二年以前城市人口下乡安置费使用情况表，审核批复如下：

一、核定你市一九六八年至一九七三年九月的一九七二年以前城市人口下乡安置费预算4009172 元，决算 3477658 元，结余 531514 元。

二、你市一九七二年以前下乡青年，没有建房的 5197 人，需建房补助费 1039400 元，生活不能自给的 3006 人，需生活补助费 300600 元，合计 1340000 元。除应由结余抵拨 531514 元外，现全部结清补拨 808486 元，列入你区一九七四年预算专款专用，切实解决一九七二年以前下乡青年的住房和生活困难问题。

三、你市挪用的安置经费 314342 元，必须责令挪用单位限期如数追回，保证用于下乡知识青年的建房和生活补助方面，不得拖欠。

一九七四年四月十七日

附件：萍乡市一九七二年以前城市人口下乡安置费结算表
抄送：省革委财办，中国人民银行江西省分行、萍乡市支行

萍乡市 1972 年以前城市人口下乡安置费结算表

项目	金额（元）	说明
一、1968—1973 年 9 月预算数	4009172	不包括集体经济下放人员补助费
1968—1973 年 9 月支出数	3477658	市乡办、财政局联合上报数
1. 知识青年安置费	840558	安置 7000 人建房 5400 平方
2. 居民安置费	2637100	安置 24344 人
1973 年 9 月结余	531514	其中被挪用 314342 元
二、按规定需补拨知识青年经费	1340000	1973 年 9 月尚有 5612 人
住房补助费	1039400	5197 人没有住房

续表

项目	金额（元）	说明
生活补助费	300600	3006 人生活不能自给
三、追加知青下乡补助费预算	808486	
原已追加		
此次追加	808486	

万载县

关于加强青年队财产管理，制止私分，无偿
调用知青集体财产的通知

（万革发〔1979〕125 号）

各公社、镇、场革委，县直有关单位：

近年来，由于招工、升学、病退以及上海青年回沪等原因，我县农村知识青年离队人数较多，有的青年点全部或大部分人都走了。在这种情况下，部分地方出现了私分、无偿调用青年队集体财产的现象，为了加强青年队的财产管理，特作如下规定：

一、属于青年队自有的和挂钩单位支援的以及上海青年队的物资财产，除了发给青年的箱子、洗澡桶以及被褥、蚊帐以外，其它各种生产、生活用品（包括床、锄头、宿舍用桌等），一律不准私分带走，任何单位也不准收回或无偿占用，已拿走的要追回。

二、粮食、农副产品、现金等，即按照政策进行分配，不准违反政策，分光吃光用光。上调、回城的青年，一定要结清帐目，欠款的要全部还清，无故不还的，公社、大队可以缓办上调、回城手续，个别人有特殊困难的，由当地组织研究，适当处理。

三、青年队已空出的住房、仓库、猪牛栏等，任何单位、个人不准占用，属于临时借用的，需经公社同意，但以后青年队要用，或者调剂给已婚青年使用时，借用单位必须及时空出归还。

四、各公社、镇、场知青办，立即组织各青年队进行一次财产清理登记，造具清册，一式四份，分别报送大队、公社和县知青办备案。财产清理以后，

要指定专人保管，听候统一处理。

上述通知请立即贯彻执行。

万载县革命委员会

一九七九年七月三十一日

抄送：县知青办

万载县革命委员会办公室印发　　　　　　一九七九年八月一日

共印八〇份

转发万载县知青办《关于社办知青厂（店）安排在乡知青的情况》

（宜党办发〔1979〕25号）

各县委，地委各部门，行署各办、委、局党组（党委、总支或支部）：

万载县三个公社开办以在乡知青为主体的独立核算、自负盈亏的知青厂（店），组织在乡知识青年发展生产和服务性行业，已经取得初步成绩。现将万载县知青办《关于社办知青厂（店）安排在乡知青的情况》转发给各县和地直各部门，供学习参考。

中共宜春地委办公室

一九七九年十月二十三日

关于社办知青厂（店）安排在乡知青的情况

遵照中央〔1978〕74号文件精神，为了妥善安排在乡知青，我县三个公社开办了四个以在乡知青为主体独立核算的知青厂（店）。

四个社办知青厂（店）是：株潭公社知青花爆厂和知青饮食店、鹅峰公社知青花爆厂及康乐镇知青花爆厂。四个社办知青厂（店）共安置在乡知青七十一人，占三个公社在乡知青总数的百分之七十一。株潭与鹅峰三个厂（店）属公社直接领导，康乐镇花爆厂属县镇合办的工农商联合公司的下属单位。

　　四个社办知青厂（店）经办不久，已初见成效。到今年九月二十五日止，株潭公社知青花爆厂已销售花爆四百六十箱，产值五万九千八百元，除去成本、工资和一切费用，纯利八千余元，免税一万九千七百零四元（税率百分之三十五），实际获利二万七千七百余元；鹅峰公社知青花爆厂，销售花爆二十五箱，纯利二百二十八元，免税一千零九十六元，实际获利一千三百余元；康乐镇知青花爆厂生产出花爆三十箱，产值三千九百元。株潭公社知青饮食店，由于资金不足，住宿部尚未搞起来，稍有盈利。

　　由于社办知青厂获利较大，安置在厂里的知青个人收入普遍比在知青队时要高。以株潭公社知青花爆厂为例，三个月学徒期满后，实行按件计酬，每人工资最高的达六十元，最少的三十余元，平均每人月工资四十元左右。知青饮食店知青，每月也有二十八元左右的固定收入。知青在厂（店）都比较安心，生产的积极性也高。

　　社办知青厂（店）安排在乡知青有四个方面的好处：

　　一、社办知青厂（店），可以充分调动公社在安置知青方面的主动性、积极性，比较容易解决当前在安置知青方面的一些实际问题。第一，公社可以因地制宜地考虑办什么厂、开什么店，做到"靠山吃山，靠水吃水"，办厂不盲从，产供销有把握。第二，公社可以派出干部去加强领导，切实把厂办好，株潭公社派出一名镇长兼任知青饮食店经理，派一名公社干部兼任花爆厂厂长，派一名大队长和一名综合厂的副主任担任专职副厂长。第三，公社可以充分挖掘潜力，从人力、物力、财力方面，支持和扶助知青厂（店），同时，还可调动社办企业的积极性，做到老厂带新厂，大厂帮小厂。知青花爆厂的师傅，都是公社从老厂调来的，办厂（店）的资金也是公社解决的。如株潭公社给知青花爆厂投资九千元，给知青饮食店投资六千元，拨给该店稻谷二万斤以作周转。鹅峰公社资金有困难，则从老厂中先借出一些半成品给知青加工。第四，知青的口粮问题容易得到统筹解决。康乐镇知青花爆厂知青吃自产粮，只是部分在统销粮中解决。株潭公社经与有关大队商量，同意在厂的知青继续在原来落户的大队用粮，鹅峰公社给厂里的知青安排了社办粮。

　　二、社办知青厂（店），可以数量较大地、速度较快地安置一批在乡知青，由于大集体招工、顶班补员、升学、参军等原因走了一部分知青后，造成知青人员变动很大，全县五十五个知青队，五人以下的有二十二个，县里要一下子把这些分散零星的知青都集中安排，是有困难的，而社办知青厂（店）却能很快地把本社分散的知青吸收进厂，同时，还可以安排一部分七二年前下乡的老知青，解决他们生活中的实际困难。

三、社办知青厂（店），可以就地取材，因陋就简，投资较小，见效较快。三个社办知青花爆厂，厂房都是非常简陋的，有的发动知青自己动手建厂房，有的向老厂先借些工具，有的向老厂借些半成品加工。由于国家"三不政策"，他们在短期内都得到不少利润，知青的工资水平也不低，办厂的干劲都很足。

四、社办知青厂（店），可以为公社积累支农资金，也可以为今后逐步安排留城待业青年创造条件。如株潭公社知青花爆厂办厂一百三十天，获利二万七千余元，随着办厂时间越长，积累资金越多。因此，公社可以拿出一部分资金用来支农，也可以拿出一部分资金扩大知青厂（店），打好扎实基础，为逐步安排留城待业青年创造条件。

万载县知青办

一九七九年九月二十五日

抄送：万载县知青办
　　中共宜春地委办公室印发

一九七九年十月三十日

共印一三八份

靖安县

关于上山下乡知识青年建房补助费第一期拨款通知

（〔72〕靖革学第 89 号）

各公社、双溪镇革委会：

为了贯彻落实省、地关于给上山下乡知识青年建房的指示精神，县革委前已发出通知。最近，各公社已根据县革委的通知，对本社知识青年建房进行了摸底，并作出了规划。现根据各公社具体情况，同意第一批建房计划，并下拨第一期建房补助费（附后）。各公社接此通知后，按规划地区，迅速进行落实，保质保量地在今冬明春把第一批知识青年住房建起来。

各公社要成立一个建房领导班子，公社革委会要有人负责（可靠几名"五·七"战士专门负责）知识青年的建房工作。

下拨的建房补助费要专款专用，由各公社"五·七"大军连部掌握。

各地在建房过程中有什么经验，发现什么问题，请及时向县革委"五·七"办公室报告。

附：各公社第一批建房计划及下拨第一期建房补助分配表

江西省靖安县革命委员会（章）

一九七一年十一月二十八日

抄送：各公社"五·七"大军连部

县革委各部、室、财政局、林业局、商业局、自存

附　各公社第一批建房计划及下拨第一期建房补助分配表

双溪镇：农科所，26 人，□旧房 1 幢，修理住房、厨房，4000 元。

香田公社：龟山队，7 人，70 平方米；破江队，11 人，94 平方米；
蔡家队，6 人，70 平方米；团结队，5 人，52 平方米；
茶山队，7 人，70 平方米。共建 5 幢，356 平方米，9000 元。

仁首公社：白石队，10 人，120 平方米；水垅队，10 人，120 平方米；
项坊队，8 人，100 平方米；农科所，20 人，140 平方米；
林场，15 人，120 平方米。共建 5 幢，600 平方米，14400 元。

周坊公社：太阳山林场场部，10 人，80 平方米；鹿沅队，20 人，120 平方米；坪山队，7 人，80 平方米；清潭队，5 人，70 平方米；洋螺队，5 人，70 平方米；宝莲队，14 人，130 平方米。共建 6 幢，550 平方米，华坊农科所修理 1 幢，11600 元。

水口公社：东仑大队，10 人，94 平方米；团结队，11 人，112 平方米。下街队，10 人，82 平方米。共建 3 幢，280 平方米，5760 元。

高湖公社：西头五队，5 人，60 平方米；永丰四队，8 人，60 平方米；
永丰一队，7 人，60 平方米；农科所，21 人，108 平方米。

共建 4 幢，290 平方米，九洞口修 1 幢，6500 元。

砂都公社：农科所，20 人，200 平方米；黄埔队，8 人，80 平方米；
月角队，5 人，70 平方米。共建 3 幢，350 平方米，7000
元。

官应公社：河背队，6 人，74 平方米；四房队，6 人，74 四平方米；
芦溪六、七队，7 人，80 平方米；沙洲大队，12 人，110 平
方米。共建 4 幢，338 平方米，6760 元。

东沉公社：300 平方米，6000 元。

上高县

关于预拨第二批上海下放知识青年安置费的通知

（〔70〕上部内字第 010 号）

各公社（镇）革委会：

在毛主席"知识青年到农村去，接受贫下中农的再教育"的光辉指示指引下，第二批上海知识青年即将奔赴我县农村插队落户。为了进一步认真落实毛主席的最新指示，配合各地做好知识青年插队落户的接待安置准备工作，经研究决定，预拨一批安置费给有接收任务的生产队，用作添置一些必要的生产、生活用具、房屋修理和知识青年下来后的短期生活补助费。此经费必须专款专用，今后在知识青年的安置费内统一结算。希各地高举毛泽东思想伟大红旗，突出无产阶级政治，狠抓接待安置准备工作中的阶级斗争，遵照毛主席"勤俭节俭"、"自力更生"的伟大领导，参照分宜县"五·七"大军领导小组《关于认真做好上海知识青年插队接待安置工作意见》，迅速作到政治思想、组织制度、生活安排三落实。

江西省上高县革命委员会抓革命促生产指挥部（章）

一九七〇年三月二日

抄送：县财政局、本部各组，存

（一九七〇年三月三日发出）

经费分配表

单位：元

公社	人数	经费
墨山	80	2400
南港	50	1500
界埠	60	1800
锦江	50	1500
江口	45	1350
上甘山	50	1500
汗堂	50	1500
徐市	80	2400
田心	100	3000
敖山	70	2100
蒙山	100	3000
泗溪	65	1950
合计	800	24000

关于要求拨给今年下放上海知识青年添置用具专用木材的报告
（〔70〕上部内字第 011 号）

宜春专区抓革命促生产指挥部：

我县遵照伟大领袖毛主席"知识青年到农村去，接受贫下中农的再教育，很有必要……各地农村的同志应当欢迎他们去"的伟大教导，去年我县分别接受上海、南昌下放知识青年 1600 余人（本县下放 400 余人除外），今年又分给我县 800 人的安置任务。去年下放的知识青年所使用的家具，除购置一部分新的外，其余都是贫下中农所筹集和没收地富分子的，而今年就需全部购置。从最近我们检查安置落实工作的情况看，绝大多数公社都反映无法解决修理住房，添置床铺、水桶、尿桶等木器家具。我县是一个缺乏木材的县城，今年上级拨给我县木材指标，又均已用于小农具维修、添置方面，无法挤出用于安置下放青年。

按照今年接受 800 人的任务，每人以一张单人床、每四人一担水桶和一担尿桶计算，共需木材 100 立方米（按每立方米木材制单人床 10 张、做水桶 20 担计算），除各公社调剂解决部分外，拟请专区拨给 80 个立方米木材，专门用于解决下放知识青年床铺等木器家具。

江西省上高县革命委员会抓革命促生产指挥部（章）

一九七〇年三月二十日

抄送：宜春专区精简办公室，县农林局、内务组、"五·七"办公室

关于下拨第二批（即七〇年度）上海和本县
下放知识青年安置费的通知
（〔70〕上部内字第 017 号）

各公社（镇）革委会：

为了响应伟大领袖毛主席"知识青年到农村去"的伟大号召，第二批上海和本县知识青年已先后在我县插队落户，接受贫下中农再教育。现就有关安置经费问题作如下通知：

一、必须高举毛泽东思想伟大红旗，突出无产阶级政治，做好政治思想工作，实现人的思想革命化，发挥他们艰苦创业的革命精神，走自力更生的道路。

二、安置经费的标准，按规定每人 150 元，目前每人下拨 70 元（包括〔70〕上革部内字第 010 号文件预拨的 30 元在内）。本县七〇年下放知识青年，上次没有预拨经费，这次按每人 70 元拨给各公社（见附表）。

三、必须加强领导，妥善安排好知识青年安置费，应由大队生产队掌握使用，公社负责检查，坚决杜绝贪污挪用和防止铺张浪费等不合理的开支。

江西省上高县革命委员会抓革命促生产指挥部（章）

一九七〇年五月二十七日

抄送：财政局、本部内务组计划组、"五·七"办公室，存

经费分配表

单位	人数	每人下拨70元（元）	金额	扣除预拨金额（元）	实际下拨金额（元）
田心	100	70	7000	3000	4000
末山	81	70	5670	2400	3270
徐家渡	79	70	5540	2400	3140
锦江	57	70	3990	1500	2490
江口	57	70	3990	1350	2640
汗堂	52	70	3640	1500	2140
南港	51	70	3570	1500	2070
蒙山	107	70	7490	3000	4490
界埠	60	70	4200	1800	2400
泗溪	67	70	4690	1950	2740
敖山	69	70	4830	2100	2730
上甘山	50	70	3500	1500	1990
合计	830		58110	24000	34110

关于下拨今年上海和本县下放知识青年安置费的通知

（〔70〕上部内字第 022 号）

各公社革委会：

现将今年下放知识青年第三批安置费下拨给你们，每人四十元，分配数详见附表。

希你们遵照毛主席亲自批示"照办"的中发〔70〕26 号文件精神，加强领导，妥善安排好知识青年的生活，督促各大队、生产队根据"节约闹革命"的原则，切实掌握使用好知识青年的安置费，做到专款专用，严防贪污挪用和浪费。

江西省上高县革命委员会抓革命促生产指挥部（章）

一九七〇年七月二十九日

抄送：县财政局，本部内务组、计划组，"五·七"办公室，存

70 年度第三批安置费分配表

公社	人数	下拨金额合计（元）	备注
田心	100	4000	
末山	81	3240	
徐市	79	3160	南港公社：
锦江	55	2200	遵县核心小组指示，蒋××自
江口	57	2280	7 月份分配你社插队落户，除
汗堂	52	2080	这次拨款 40 元外，补拨第一
南港	51	2070	批安置费 30 元。
蒙山	108	4390	蒙山公社：
界埠	60	2400	遵县核心小组指示，杨××分
泗溪	67	2680	配你社插队落户，除这次拨款
敖山	69	2760	40 元外，补拨一、二批安置费
上甘山	50	2000	70 元。
总计	829	33260	

关于下拨今年上海和本县下乡知识青年最后一批安置费的通知

（〔70〕上部内字第 033 号）

各公社革委会：

现将今年下乡知识青年最后一批安置费下拨给你们，每人 40 元（分配数详见附表）。

希望你们加强领导，妥善安排好知识青年的生活，督促大队、生产队根据"要节约闹革命"的原则，切实做到专款专用，严防贪污、挪用和浪费。

今年下拨的安置费要逐级结帐，十二月二十日以前，公社要与大队、生产队结好帐。十二月底公社要与县结好帐。

江西省上高县革命委员会抓革命促生产指挥部（章）

一九七〇年十二月十二日

抄送：县财政局、计划组"抓办"、"五·七"办公室，自存

70 年度最后一批安置费分配表

公社	人数	合计下拨金额	备注
田心	99	3960	谢忠祥未拨
末山	81	3240	
徐家渡	78	3120	奚雪芳 40 元拨赣县
锦江	55	2200	
江口	58	2350	其中:丁三初下拨 70 元
汗堂	52	2080	
南港	49	2030	其中:陈长胜下拨 110 元。徐、余、王等 3 人因调县文艺宣传队未拨
蒙山	108	4320	
界埠	59	2360	陈牛扣未拨
泗溪	67	2680	
敖山	68	2720	闻爱宝 40 元拨新余县
上甘山	49	1960	苏梅林 40 元拨吉安县
合计	823	33020	

关于加强下乡知识青年安置经费使用管理的意见

各公社（场、镇）革委会：

为了更好地贯彻中共中央〔1973〕21 号、30 号文件，以高度的革命责任感，满腔热情地认真做好下乡知识青年安置经费的使用管理工作，切实解决知识青年的住房、生活等问题，让他们安心扎根农村，为我国社会主义革命和社会主义建设作出应有的贡献，现根据《江西省关于知识青年上山下乡若干问题的试行规定》，结合我县具体情况，就有关加强下乡知识青年安置经费的使用管理问题提出如下意见：

一、使用原则：

1. 安置经费的分配和使用，必须坚持无产阶级政治挂帅，认真贯彻执行毛主席的革命路线和政策，要发动广大知识青年同贫下中农一起，自力更生，艰苦奋斗，发展生产，增加收入，勤俭过日子。

2. 安置经费必须严格按照规定的开支范围，坚持专款专用，定期检查，经常监督，严禁贪污、挪用。贪污了的，要追回全部赃款并严加惩处；挪用了的要检讨并如数归还。国家拨给的建房材料，不准挪作其它用途。

需要有计划地安排使用，精打细算，厉行节约，防止浪费，讲究实效。对建房材料等物资，要积极与有关部门联系，做到钱物结合。对下乡头一年的生活补助费，应当按照补助标准和补助的期限，做到及时发放，不得积压或任意克扣。

二、开支标准和使用范围：

下乡知识青年安置经费的开支标准和使用范围按《江西省关于知识青年上山下乡若干问题的试行规定》中的有关规定执行。

三、财务管理：

1. 上山下乡知识青年安置经费从一九七三年十一月一日起改由各级安置办公室作为专案经费统一管理，转拨各安置单位专款专用。

各营业所要为安置经费开立专户存储，监督使用，并尽可能做到款随物走，转帐结算，少用现金。

2. 严格安置经费的财务手续，实行计划用款，建立报帐制度。所有开支都要根据原始凭证审核报销，不得以领代报，不符合规定的，不得报销。

建房补助费的开支，建房要因地制宜，就地取材，瞻前顾后，依靠和发动群众，事先编制计划，报经公社革委会讨论批准后兴建。房屋建成后，由公社乡办负责验收，安排知识青年居住并编制竣工报表，经带队干部和知识青年代表签证，分别报公社乡办办理财务报销手续和县乡办备案。

生活补助费、农具家具费等开支，每月终了，安置单位应将发放的生活费名册（领取人签名盖章）、发票等原始凭证检送公社乡办审核报销。

3. 安置经费要单独立帐，公社设置"拨入安置经费"、"拨出安置经费"、"安置经费"、"银行存款"、"往来款项"等会计科目，并按不同的使用对象（七三年下放青年和七三年以前下放青年）设置若干明细科目进行记帐、算帐、报帐，坚决克服那种帐目不清、乱支乱用的现象。

对安置人数、建房面积等主要效果数字要有登记。

4. 各公社（场、镇）安置办公室年终要编制安置经费决算。对安置经费结余，按实际接收人数和标准结算，属多拨的和知识青年因升学、招工、调做其它工作或经批准迁移而离开安置单位的，其安置经费尚未用完部分，应在年终前逐级上缴县财政，抵作新的知识青年下乡安置经费；在按实际接收人数和规定的经费标准范围内的结余，归单位继续使用。

5. 加强财产管理。国家给下乡青年所建的房屋，购置的农具、家具，由下乡知识青年长期使用，并由所在地的社队和下乡青年共同管理，不得私自转让或变卖，要建立必要的财产登记和保管制度。下乡知识青年被调走后，他们的住房、农具、家具等由安置办公室指定单位保管，留作新下乡的青年使用，并相应抵顶有关经费。

6. 按时编送会计报表。公社于每月终了后五天内，编制安置经费的报表，报县安置办公室、县安置办公室于每月终了后七天内汇总所需总数安置经费月报表送县财政局。

7. 依靠群众民主理财。公社要成立由贫下中农、带队干部和下放知识青年参加的财务管理小组，计划要经他们讨论，花钱要同他们商量，决算要经他们审查。安置经费的领入、拨出和使用情况，要按月向群众公布。

8. 加强领导，充实财务人员。各公社（场、镇）安置办公室要指定专人管理安置经费。经办安置经费的人员工作调动时，一定要有人接替，必须做好财务、会计的移交和交接手续。

四、一九七三年十一月份以前由县财政局拨给各公社的安置经费，各公社应组织一定的力量进行一次清理，贪污的要全部退赔，挪用的要如数归还。支出情况仍由各公社办公室按月向县财政局报送支出月报表和办理年终决算。

江西省上高县财政局／（章）

江西省上高县知识青年上山下乡安置工作领导小组办公社／（章）

一九七三年十一月十二日

报送：县抓促部、财办

抄送：各公社知识青年上山下乡办公室，人民银行、各营业所

关于预拨各国营农、林场一九七三年下乡知识青年安置经费的通知

（上革发〔1973〕136 号）

敖山、末山垦殖场，上甘山、蒙山、九峰林场革委会：

遵照中共中央〔73〕30 号文件和省委 131 号文件的有关规定，根据我县对各国营农、林场安置今年城镇知识青年的计划，现预拨各场第一批安置经费（见附表）。这次预拨款暂按计划人数每人预拨二百元。

根据规定，到国营农、林、牧、渔场的每人安置费四百元，其中：省扣除旅运费十元，县扣除学习材料费十元，实为每人三百八十元。省委在131号文件附件中提出："国营农、林、渔、牧场，应当用国家拨付的安置经费解决青年的住房问题"。同时指出："其经费开支，由本单位自行规定。"望根据以上精神合理安排，严密管理，并单独立帐。

今年安置到国营林场、垦殖场的上高城镇知识青年，即将分配下场。望各场尽先腾让现有公房并作好其它物质准备工作，使青年一来，就住有房，睡有床，劳动有工具，学习有书报。

上高县革命委员会／（章）

一九七三年十一月十五日

抄送：县财政局、县计划组、县知识青年上山下乡安置工作领导小组办公室、县农林垦殖局

上高县革命委员会办公室印发　　　　　　　一九七三年十一月十五日

1973 年度第一批预拨各国营农、林场下乡知识青年安置经费分配表

单位	计划安置人数	预拨金额
敖山垦殖场	50	10000
末山垦殖场	50	10000
上甘山林场	50	10000
蒙山林场	30	6000
九峰林场	20	4000
合计	200	40000

丰城县

关于接待安置上海知识青年到我县插队落户的情况汇报

省、专革命委员会：

三月二十五日，上海知识青年 1005 人，一清早就安全到达我县，当日即分别接送到董家、泉港、圳头、石溪、老圩、淘沙、秀市、洛市、石江、

焦坑、荷湖等 11 个公社的 72 个大队、159 个生产队集体插队落户。

这次接待安置上海下放知识青年工作，总的来说是顺利的。从筹备到接待安置前后仅仅一个月左右，时间不长，工作做得比较细，因而欢迎接待安置声势大，行动快，热情高，效果好。层层都能认真落实毛主席指示，各级革委会、贫下中农、"五·七"大军和上海下放知识青年几方面都比较满意。

各级革委会和广大贫下中农，对这次接待安置工作比较重视。他们遵照伟大领袖毛主席"各地农村的同志应当欢迎他们去"的教导，对这项工作提得高，看得重，抓得紧，做得细。把做好这项工作提到忠于毛主席、忠于毛泽东思想的高度；把对待下放知识青年看成是培养和造就无产阶级革命事业接班人的重大政治任务。从县社到大队、生产队的主要领导同志亲自抓这项工作，多次举办基层干部、贫下中农、"五·七"大军带队干部的毛泽东思想学习班。大宣传大落实毛主席的指示，端正认识，统一思想；细致地安排检查欢迎接待安置工作；亲自带队欢迎；亲自逐队逐人深入慰问。广大贫下中农以深厚的阶级感情迎接安置下放知识青年，欢迎接待的盛况是空前的，政治上关怀是备至的，生产上教导是耐心的，生活上照顾是热情的。出现了许多动人的事迹，例如让出队里最好的房子给知识青年，生产队主任亲自为知识青年挑水，妇女主任帮知识青年做饭，队里破例挖春笋给知识青年做菜，贫下中农送菜送蛋送柴，早晚三次看望知识青年，老贫农给知识青年上阶级教育课等等，特别是淘沙公社中社大队中社生产队有个女知识青年下车后晕倒在泥地上，生产队主任黄炳根同志不顾她满身是泥亲自把她抬到自己床上，一直到她苏醒，下放知识青年深受感动，他们纷纷写信给家里，称赞"老革命根据地江西的贫下中农比我们在上海想象的还要好"；"贫下中农待我们胜过父母"。

上海下放知识青年满怀革命豪情，热烈响应伟大领袖毛主席的号召，来到我县插队落户。大多数同志决心很大，表现很好。落户的第三天就比较普遍地参加了劳动。他们中有的放下行李，就坚持天天背诵"老三篇"，活学活用毛泽东思想；有的自愿报名到山区到偏远地区，提出"越是艰险越向前"的口号；有的不向生产队伸手，决心"自力更生创新业"；有的马上自己动手学挑水做饭，说是"不知焦饭苦，哪来熟饭香"；有的劳动不怕苦，不怕累，不怕脏，早上四五点钟起床赶早工，劳动中手起血泡不下阵，脚破肩肿坚持干，挑牛粪，捡猪屎，学育秧，学□□，自觉地闯劳动关，为

"跨纲要，超千斤，对人类作出较大贡献"而战；有的积极参加政治活动，不去当街赶集，而主动要求参加对敌斗争会、春耕誓师大会；有的一到不是先找住房，而是先问阶级情况，先访军烈属、五保户，向军烈属赠送毛主席像章，为五保户挑水；有的还带了理发工具、针灸器械，为贫下中农理发、治病。他们决心"扎根在农村，滚一身泥巴，干一辈子革命"，表示"人虽在城市长大，心却要在农村炼红！"

革命不可能风平浪静，接待安置的过程，同样存在着两个阶级、两条路线的激烈斗争。阶级敌人千方百计破坏下放，这一小撮人煽妖风点鬼火，挑拨贫下中农与知识青年的关系，采取拉拢腐蚀的手段，和我们争夺下放知识青年；混进上海下放知识青年中的极少数流窜犯、盗窃犯、流氓阿飞也趁机捣乱，煽动调队离队，静坐、闹事、偷窃、破坏，对于这些坏蛋，我们及时地把他们揪了出来，进行了批斗，有的交群众管制，有的送县审查，分别情况，进行了处理，从而打击了歪风邪气，擦亮了下放知识青年的眼睛，加快了安置工作的进程。同时，由于叛徒、内奸、工贼刘少奇反革命修正主义的长期毒害，在下放知识青年中两种思想、两条路线的斗争也严重存在。"下乡镀金论"、"读书做官论"、"重工轻农"思想有相当的市场，有的说什么"一年靠国家，二年靠父母，三年靠自己，四年对不起（要走的意思）"，有的"走路怕远，生活怕苦，劳动怕累"，有的甚至发牢骚，讲怪话，泄怨气。对此，我们组织了他们学习毛主席著作，开展了革命大批判；请贫下中农讲家史、村史；组织原先下放知识青年中的先进积极分子给他们讲用；利用广播、黑板报等大力宣传上海知识青年中的好人好事，进行正面教育；□□领导同志、"五·七"大军干部、带队干部、贫下中农对他们进行细致的思想教育工作，取得了很好的收效。

四月一日，我们召集了有关公社的"五·七"大军负责干部和上海带队干部会议，对一个月的准备、欢迎、安置情况进行了分析研究，并布置了今后工作。现在上海下放知识青年已落户到队，情绪一般比较好。目前主要的问题，一方面还有一些同志对毛主席的指示认识不够，理解不深，缺乏长期打算，艰苦奋斗的思想准备不足，思想改造的自觉性不强，少数同志还有回生反□，个别的沾染一些不良习气时有发作；另一方面，少数生产队安置工作还不够落实，有的把知识青年看成"负担"，不愿担担子。因此，今后一段时期，这项工作还要继续抓紧，我们计划再以一个月左右的时间，认真做好稳定巩固工作。

这次安置工作做得比较顺利，上海市革委高举毛泽东思想伟大红旗，认真落实毛主席指示，做了很多过细的工作，是个重要的因素。上海市革委派来护送和带队的同志任劳任怨，跋山涉水，披星戴月，做了很多工作。

丰城县革命委员会

一九七〇年四月四日

清江县

对《关于要求增拨知识青年建房补助的报告》的批复

（清乡办发〔73〕字第 003 号）

台山林场革委会：

根据你们四月十八日《关于要求增拨知识青年建房补助的报告》，经研究并请示领导同意，增拨你场下乡青年建房补助费五千元，不足部分请你场自行安排。

特此批复。

清江县知识青年上山下乡安置工作办公室（章）

一九七三年四月二十一日

抄送：县革委会办公室总务组、县财金局

知青办会议纪要

时：73. 9. 5　　　　　　人：樊、刘、孙、黄

地：办公室　　　　　　主持：樊

一、七三年下乡安置任务分配意见

动员总人数：本县 885

上海 600

合计 1485

……

二、经费分配

现存（五月份）	137428 元
拟拨回合作商店	30000 元
已下拨昌付	1800 元
实存	105628 元

……

三、木材分配

现存指标	120m³
预拨数	120m³

……

四、其它

……

5. 几个病退的：

陈××：左眼 1000°，右 1050°

周××：心律 150/1 分

同意病退，发函与上海虹口区联系。可用便函联系。

吴××：左肘关节损伤性关节炎，去便函联系征求上海意见。

卢××：患小儿麻痹症造成歪颈子、患尿结石，现经常病倒。因目前是内病退如何处理尚不明确，待省委下达正式规定后再定，先请公社解决治病问题。

6. 市文化馆拟拍摄一批上山下乡知青先进单位、个人照片，需经费 226.8 元。

处理意见：同意开支，请示万文生同志后定。

关于分配一九七三年上山下乡知识青年安置经费和建房木材指标的通知

（〔74〕清乡办发字第 005 号）

大桥、洋湖、张家山、樟树镇、合山垦殖场革委会：

经研究决定：现将一九七三年上山下乡知识青年安置经费和建房木材指

标分别下达各地，望迅速落实到接收安置了一九七三年上山下乡的知识青年点，现将有关事项通知如下：

一、下拨一九七三年上山下乡知识青年的安置经费和建房木材指标，是按各地一九七四年二月二日以前实际接收安置的人数计算的（包括下放干部子女转知识青年的人数在内），下拨安置费的标准是按每人355元计算（生活补助费80元，建房费220元，农、家、炊、雨具补助费55元），下拨木材按每人0.5立方米计算。在下拨这次总指标时，安置经费扣除了四次预拨的指标，木材扣除了二次预拨的指标（具体分配数字见附表）。

二、以上安置经费和建房木材，必须做到专款专用，专材专用，不得挪用，在使用时希各地按省委〔1973〕131号文件附件20条规定严格控制开支，只准节余，不得超支。

三、安置经费：现由银行统一拨至各公社，木材指标由公社派人来县领取券票。

特此通知。

一九七四年二月八日

抄送：县财政局、县人民银行

安置经费、建房木材指标分配表

单位	接收人数	计算标准		已预拨		现补拨	
		金额（元）	木材（立方米）	金额（元）	木材（立方米）	金额（元）	木材（立方米）
合山	52	355	0—5	11500		6960	26
大桥	22	355	同上	4710	10	3100	1
洋湖	38	355	同上	7240	13	6250	6
张家山	38	355	同上	6990	15	6500	4
樟树镇	1	355	同上	70		285	0.5
合计				30510	38	23095	37.5

关于结算一九七五年下乡知识青年补助费的通知

（〔76〕清知青办发字2号）

各公社（镇、场）：

我县一九七四年七月一日至一九七五年六月三十一日，接收安置上山下乡知识青年828名的安置经费，已于七五年七月九日以清知青办发〔75〕字015号通知与各地结算清楚。根据省知青办、省财政局要求从七五年起安置经费的决算均以本年度一月一日至十二月三十一日已实现的数字为准，为此现将一九七五年下乡知青的补助费进行一次结算，就有关事项，作如下通知：

一、计算七五年下乡人数的期限，从一九七五年七月一日起至一九七五年十二月三十一日止。

二、结算补助费的标准：建房补助费220元，头年生活补助费80元，农、雨、炊家具费55元，医药费5元，学习费3元，共363元。每人就按363元补助费标准下拨，望各公社与安置点进行一次结算。

三、对未拨足的经费指标，随文下达以便结算；原下拨经费超过了应拨经费，超过部分转作一九七六年度知青下乡补助费预算指标。

四、随文附来补助费结算表，望各公社迅速核对结算，按核对内容编造一式二份并附一张花名单，于元月二十日前报县乡办。

一九七六年元月十三日

清江县 1975 年下半年下乡知青补助经费结算表

公社名称	接收安置人数	应拨补助费（每人按363元）	已拨经费			不足部分	超拨部分	选留回城人数（补助没算）
			合计	其中				
				75年预拨	74年结余转75年使用			
义成	35	12705	31700	15000	16700		18995	7
黄岗	36	13068	8785	8785		4283		12
中洲	13	4719	6500	6500			1781	2
山前	240	87120	81352	70000	11352	5768		18

续表

公社名称	接收安置人数	应拨补助费（每人按363元）	已拨经费			不足部分	超拨部分	选留回城人数（补助没算）
			合计	其中				
				75年预拨	74年结余转75年使用			
昌傅	60	21780	19175	19175		2605		6
临江	46	16698	18310	18000	310		1612	35
洲上	10	3630	4669	4669			1039	1
三桥	35	12705	32322.5	20000	12322.5		19617.5	27
经楼	68	24684	20000	20000		4684		8
张家山	38	13794	7800	7800		5994		20
大桥	53	19239	10400	10400		8339		4
洋湖	41	14883	15000	15000			117	16
永太	25	9075	9000	9000		75		7
观上	42	15246	13000	13000		2246		11
树槐	89	32307	23000	23000		9307		26
合山	1	363				363		
樟树镇	5	1815	1065	1065		750		
合计	837	303831	302078.5	261394	40684.5	44914	43161.5	200

清江县1975年7月1日至12月31日下乡知识青年补助结算核对表

单位：编制单位

项目		实际安置接收人数	经费标准	应拨经费	已拨经费	结算后		核对情况
						多拨	少拨	
总计			363元					
其中	回乡							
	插队							
	知青队							
	户口到队劳动在场							

负责人　　　　　　　　　　　　　　　　　制表

各公社知青分布情况

清江县各公社知青分布情况

年月	中州	义城	山前	昌付	三桥	经楼	树槐	临江	黄岗	张加山	大桥	观上	洋河	洲上	樟树镇	总人数
75.12	35	51	77	60	73	49	23	6	5	4	3	3	1	1	1	392
76.4.22	31－1	48	73	54	69	44	22	4	3	4	3	3	1	1	1	361
5.21	30	47	71	53	66	44	21	4	3	4	3	3	1	1	1	352
5.30	30－1－1	47－2	71－1	52	66－1	44	21	4	2	4	3	3	1	0	1	349
7.5	28	45	70－1	52－1－1	64－1	44－1	21	4	2	4	3	3	1	0	1	342
9.5	28－1－1	45－1	69－1	50	63－1－1+2	43－1	21	4	2	4	3	3＋1	1	0	1	337
12.21	26＋1	44	68	50	59－3	42	21	4	2	4	3	4	1	0	1	329
77.4.20	22＋1	40	61－2	47	56－1	36	20	4	2	3	3	3	1	0	0	298
4.21	23	40－1	59	47	55	36	20	4	2	3	3	3	1	0	0	296
4.25	23	39	59	47	55	36	20	4	2	3	3	3	1	0	0	295

上海慰问团清江小组经办人　陆根元

新余县

关于知青情况的记事摘要

元月十八日晚上八时许，专区内务组电话传达了省革委及文副政委关于"五·七"大军工作的指示。

……

专区内务组意见：上海知识青年在原有 500 人的基础上再加 500 人，共有 1000 人。要做好落实。

……

杨主任意见：上海来的 1000 人要热烈欢迎，来多少安排多少，这是上级的战略部署。

沙土公社乡办老彭同志汇报：

……

在乡知识青年 132 人，其中上海 24 人。

……

泗溪公社胡金根书记汇报：

全社共有下乡知青 231，减去 36 人，实有 195 人，现有 195 人。减去人员中，顶职 19 人，参军 3 人，升学 4 人，迁出 6 人，病退 1 人，特殊困难回城 3 人。现有 195 人中，上海知青 34 人，本地知青 161 人。

……

去年生产、自给情况，除新下来的知青，按 157 人统计，达到自给 134 人，占总人数的85.4%，不能自给的 23 人，占人数 14.6%。自给人员中进款 100 元以上的有 50 人，200 元以上的有 2 人，23 个不能自给的人中，长期不在队的有 11 人，真正不能自给的有 12 个，占8%。

上海知青现在社的有 17 人，占上海知青 50%，未到的，因病 1 人，5 人因家庭困难，在队里 17 人中，有 16 人能自给，本地知青不能自给的 5 人。

……

珠坑青年队座谈会纪要：

一九六八年来收 54 名，目前 2 个班，上海班还有 8 人，准备到林场。大队经常议，对知青进行思想再教育工作，是七年八年斗出来的，开头当作包袱（上海知青影响）有担心。插队到生产队，社员怕影响口粮分配。通过公社、大队工作，社员思想有了转变，种不好庄稼是一季，教育不好知青是一代。1. 抓典型；2. 抓苗头；3. 抓关键。几年来培养 4 名入党，9 名团员。劳动上有人教、生活上有人帮，有信心把新生事物搞好。

……

一、基本情况：

北岗公社现有下乡知识青年 22 名，其中：公社农科站 10 人，公社林场 3 人、上海知青 7 人；回乡 2 人。1 个班，2 个队、场。

……

马洪公社现有下乡知识青年 121 人，其中上海 39 人，南昌 2 人，回老家插队的 6 人，本地 74 人。男青年 71 人，女青年 50 人。

……

有的六八年由南昌来的，有七〇年上海来的。

朱山公社情况：

老班 4 个班、29 人（已走 13 个，余 16 人）。

新班 3 个班、31 人，上海班 2 个、28 人，其余为新□钢青年。

上海的，生活困难 18 个人，其中有病的一人，其余 17 个人分值低（0.50 元），两年劳动不够吃饭。

一月十七日上午专区内务组李占一同志来电：

分配我县六九级毕业生 500 人（上海）插队落户。

向张、杨主任汇报后，表示欢迎。

需要问清楚的几个事：

①上海学生来乡青年，采取什么形式？是 500 人集体插队，还是分散插队？如分散插队，他们自己是不是编好班、排，多少人一班或排？

②大概什么时间来，来之前，他们有不有人来联系？

关于做好安置接待上海知青工作的通知

各公社革委会：

　　来我县插队落户的上海知识青年即将到来，县革委会"五·七"办公室已派专人前往上海迎接。各地应切实抓紧做好安置、接待工作。

　　现每人预拨安置费50元，本着节约精神开支，专款专用。

　　特此通知。

新余县革委会抓促部

一九七〇三月十日

抄送：县财政局、县"五·七"办公室

上海插队知识青年安置费分配表

公社	安排学生（人）	安置费（元）	公社	安排学生（人）	安置费（元）
姚墟	300	15000	马洪	80	4000
罗坊	150	7500	下村	60	3000
泗溪	50	2500	观巢	80	4000
水西	80	4000	珠珊	20	1000
水北	80	4000	合计	1000	50000
鹄山	100	5000			

上海知识青年安置费结算分配表

公社	插队人数	安置费标准（元）	预拨安置费（元）	补拨安置费（元）	合计（元）	备注
姚墟	302	150	24000	21300	45300	
罗坊	152	150	12000	10800	22800	
泗溪	49	150	3970	3380	7350	
水西	81	150	6430	5720	12150	
水北	78	150	6370	5330	11700	
马洪	81	150	6430	5720	12150	
下村	62	150	4830	4470	9300	

公社	插队人数	安置费标准（元）	预拨安置费（元）	补拨安置费（元）	合计（元）	备注
观巢	83	150	6460	5990	12450	
珠珊	24	150	1660	1940	3600	
鹄山	99	150	7970	6880	14850	
总计	1011		80120	71530	151650	

关于上海知识青年安置费结算的通知

（〔70〕新革办字第 028 号）

各公社革委会：

　　上海知识青年响应伟大领袖毛主席"知识青年到农村去，接受贫下中农的再教育"的号召，来我县插队落户干革命。为了及时解决他们在生产和生活上的实际问题，我们于三月十日、四月二十日先后两次预拨每人安置费 80 元。现按每人标准 150 元结算，每人补拨安置费 70 元。希本着节约闹革命的原则，专款专用。

江西省新余县革命委员会办公室（章）

一九七○年七月五日

　　抄送：县革委会会计室、县革委会"五·七"办公室

关于下拨一九七○年一——八月上海知识青年安置经费的通知

（〔70〕新革办字第 032 号）

各公社革命委员会：

　　遵照伟大领袖毛主席"备战、备荒、为人民"和"知识青年到农村去，接受贫下中农的再教育，很有必要"的伟大教导，各公社上半年接收安置了一批上海知识青年。为了及时做好今年的安置准备工作，县曾三次预拨了

壹拾伍万贰仟捌佰伍十元。上海知识青年安置经费标准（包括生活费、修建住房、添置生产生活工具、个别困难补助等），每人贰佰元。现根据各公社接收人数全部拨足，由公社掌握，包干使用（详见附表）。

各公社对下拨的安置费，要遵照伟大领袖毛主席"要节约闹革命"的教导，计划开支，节约使用，专款专用。要求各公社对过去已经拨下使用的安置经费，进行一次检查，总结经验，发现问题，及时解决，防止贪污挪用，铺张浪费。并望将检查结果于九月二十日以前书面报告我们。

附件：一九七〇年——八月上海知识青年经费分配表

江西省新余县革命委员会办公室（章）

一九七〇年九月二日

抄送：县革委会"五·七"办公室、会计室

1970 年 1—8 月接收上海知识青年安置经费分配表

公社	插队人数	应拨安置经费	已预拨安置经费	现实拨安置经费	备注
九龙	1	200		200	
姚墟	303	60600	45300	15300	
罗坊	155	31000	23100	7900	
泗溪	49	9800	7350	2450	
水西	81	16200	12150	4050	
水北	78	15600	11700	3900	
马洪	81	16200	12150	4050	
下村	62	12400	9300	3100	
观巢	83	16400	12450	3950	
珠珊	30	6000	4500	1500	
鹄山	99	19800	14850	4950	
良山	3	600		600	
合计	1023	204600	152860	51750	

上海知识青年安置费结算分配表

公社	插队人数	安置费标准（元）	预拨安置费（元）	补拨安置费（元）	合计(元)	备注
姚墟	303	150	24000	21300	45300	
罗坊	152	150	12000	10800	22800	
泗溪	49	150	3970	3380	7350	
水西	81	150	6430	5720	12150	
水北	78	150	6370	5330	11700	
马洪	81	150	6430	5720	12150	
下村	62	150	4830	4470	9300	
观巢	83	150	6460	5990	12450	
珠珊	24	150	1660	1940	3600	
鹄山	99	150	7970	6880	14850	张××调峡江□□公社，由县委付安置费150元
总计	1011		80120	71530	151650	
实际	1013			150	151800	

办公室工作研究

一九七一年七月九日晚上

一、上海学生安置任务

重点：良山300人，河下、水北、夫山、罗坊、观巢、姚圩。

马洪、水西等为一般，新余镇、南英不去，朱山、沙土少去。报接受人数、木材、资金多少？下一指标通知下去；病的人员统计，困难补助总人数2000人。

二、下放人员的骨干培养

下半年搞一至二轮（带班□□），"双抢"后秋收前办一轮，秋收后办一轮，各200人。

三、开展一次检查

八月十日开一次"五·七"干部会，落实任务（上海），并通告检查任务、要求，八月二十日开展一次大检查。

四、先进事迹图片展览，结合巡回讲用，搞5个人左右，工作人员八月十日报到。

讲用人：朱慧丽……

知青计划分配情况表

单位	上海学生	本省学生	合计	分配数
水西	80	27	107	4
姚墟	308	42	342	20
水北	80	16	96	6
马洪	80	15	95	8
罗坊	150	26	176	10
鹄山	100	14	114	12
泗溪	50	23	73	5
观巢	80	34	114	6
珠珊	20	22	42	2
沙土		9	9	
良山		53	53	2
河下		18	18	10
下村	61	21	82	7
合计			1320	89

□计划组分配下通知（按上海人员分的）

71年12月2日分配

鹄山公社"五·七"大军人数统计表

知识青年：原73人，其中男33，女40。

进工厂22人，其中上海3人，本地19人。

死亡1人，迁出2人。

现有48，男22人，女26人；上海26人（原下放上海29人），男11人，女15人。

鹄山公社"五·七"大军历年人数统计表

分类	项目 人数	小计（个）	迁入（个）	迁出（个）	上调（个）	实有人数 （个）
68年	本省知青	56	/	/	/	56
	下放干部	117	/	/	/	117
69年	本省知青	56	3	6	/	53
	下放干部	117	9	2	1 自杀1	122
70年	本省知青	53	/	3	16	34
	上海知青	100	/	2	/	98
	下放干部	122	5	2	10	115
71年	本省知青	34	/	3	10	21
	上海知青	98	1	2	1	96
	下放干部	115	4	3	9	107
72年 （3月底）	本省知青	21	/	/	5	16
	上海知青	96	/	1	13	82
	下放干部	107	/	/	9	98
合计	学生		4	17	45	98
	干部		13	7	29	98

年　月　日

马洪公社下放知识青年情况

下放知识青年情况

项目			总计	新余下放	南昌下放	上海下放	备注
下放总人数			128	3	42	83	
减少数	其中	小计					
		进厂矿	33	3	23	7	
		回原籍	5		5		
		病退	1			1	
		调外公社落户	1			1	

续表

	项目		总计	新余下放	南昌下放	上海下放	备注
现有人数		小计	88		14	74	
	其中	广播员					
		教师	2			2	
		队里劳动	86		14	72	
入党		小计					
	其中	已调出					
		现在实有					
入团		小计	11			11	
	其中	已调出	4			4	
		现在实有	7			7	

下放干部情况：

下放总数145；

减少数34，1971年末实有数111。

72 年 4 月 18 日

关于一九七三年上山下乡知识青年
安置费的结算通知

（〔74〕新乡办字第 03 号）

各公社：

一九七三年度上山下乡知识青年安置费先后几次预拨款。为了各公社更好地安排掌握使用，同时做到一年一次结算，现将一九七三年安置费结算有关事项通知如下：

（1）结算方法：一九七三年安置费是按各公社实际到队知识青年人数，根据省委〔73〕131 号文件规定指标，和我县实际情况按每人 377 元计算结算拨款。具体项目标准是：

生活费：暂按每月每人 8 元以 12 月计算为 96 元。

建房费：按每人 220 元下拨。

医药费：暂按 4 元计算下拨，其余 6 元待后安排。

学习费：暂按每人 2 元计算，其余 8 元待后安排。

农具、炊具费：按每人 55 元全部下拨。

旅运费：由县掌握，不拨公社。

每人合计共 377 元，按照这个标准计算扣除〔73〕新知青字第 02 号文件和 04 号文件预拨款。

（2）加强领导，具体管理。请公社党委加强对这一工作的领导，乡办负责同志具体管理，使用范围仍按省委〔73〕131 号文件规定办理。

总的要求做到专款专用，勤俭办事，统筹安排，切实解决知识青年生产、生活、住房的实际问题。采取按规定项目拨一笔款，办一件事，检查一次使用效果，使有限资金发挥更大作用。因此，各公社、生产队要健全帐簿，健全审批制度，定期报出经费使用报表，特别是公社，行政费和企业资金不要与知识青年经费混在一起，根据中央、省的指示，另开一个存款户。（帐簿处理在公社一套帐本内另列科目管理）。

（3）在结算中有出入或不明确的地方，可以电话联系或来人到县乡办当面结算均可以。

新余县知识青年上山下乡安置工作办公室

一九七四年五月十日

抄送：县抓促部、财政局、银行政治部办公室，存

1973 年下乡青年安置费结算表

单位：元

公社	73 年下乡青年			扣除预拨款			补拨款	超拨款
	人数	标准	金额	73 年预拨	74 年预拨	合计		
水北	54	377	20358	15700			4658	
鹄山	17		6409	4600			1809	
仁和	14		5278	5700				422
下村	14		5278	7500				2222
马洪	26		9802	6000	2000		1802	
北岗	33		12441	9000			3441	
沙土	11		4147	1500	3000			353
观巢	17		6409	7300				891

续表

公社	73 年下乡青年			扣除预拨款			补拨款	超拨款
	人数	标准	金额	73 年预拨	74 年预拨	合计		
欧里	15		5655	5000			655	
界水	22		8294	9200				906
河下	46		17342	14200			3142	
良山	73		27521	19600			7921	
珠珊	3		1131	3300				2160
水西	22		8294	6500			1794	
罗坊	57		21489	13000			8489	
东边	1		377	5000				4623
姚圩	48		18096	14700			3396	
泗溪	39		14703	14200			503	
九龙	45		16965	13700			3265	
南港	15		5655	8000				2345
合计	572		215644	183700	5000	188700	40875	13931

城市人口下乡安置经费使用情况表

城市人口下乡安置经费使用情况表

编报单位：（公章）新余县乡办、财政局　　　　　　　金额单位：元

项目 ＼ 年度		1968 年	1969 年	1970 年	1971 年	1972 年	1973 年 9 月（1—9 日）	合计	1973 年 9 月底实有人数
拨入经费数	1	122986	315252	234029		187960		860227	1831
经费支出数（4＋11＋12）	2	43260	197553	416742	14734	112960	69642	854891	其中:没有住房人数
知识青年安置费	安置人数 3	1216	2023	1111	24	524		4898	
	安置费支出合计（5＋7＋8＋9）4	40860	179653	305942	14334	112960	60780	714529	1743
	生活费 5	35116	156281	224467	3354	59480	19100	497798	

续表

项目＼年度			1968年	1969年	1970年	1971年	1972年	1973年9月（1—9日）	合计	1973年9月底实有人数
知识青年安置费	住房修建费	平方米	6				800		800	生活不能自给人数
		金额	7		15495		35960	5130	56585	
	农具家具费		8	5744	23372	65980	660	15720		111476	1712
	其它开支		9				10320	1800	36550	48670	
城镇居民安置费	当年安置人数		10	54	329	1358	4			1745	
	支出金额		11	2400	17900	110800	400		8862	140362	
贪污、挪用和其它不合规定的开支			12								
经费结存（1－2）			13							5336	
备注											

负责人：（签章）　　　　　制表人（章）　　　　填报日期 1974年6月29日

说明：本表拨款数，经地区乡办电话核对，我们原报表多列75000元，已查明是同报一笔上年结转数，此表已调整，以此表为准。

支出数因先拨款后做帐，所以时间有所□动。

住房修建日，包括借用社员房屋修理和当年安置装电灯经费。建新房800平方米造价16000元。

南昌拨给我县47605元安置费，财政局只作往来拨付，本表拨入和支出都未计算在内（68年11月24日拨13000元；69年1月拨3400元，3月拨4205元，8月拨23000元）

一九七四至一九八〇年全县上山下乡规划表

1974—1980年全县知识青年上山下乡规划（草案）

1974.7.16

公社	安置单位情况												原规划73—80安置总数	原规划73年已安置	74—80年安置规划								调整后73—80安置总数	备注
	总耕地（亩）	现有人口	总山林面积（亩）			现有每人平均耕地	每人平均山林	到80年			动员单位	现有在乡人数			74	75	76	77	78	79	80	总计		
			有林山地	荒山荒地	合计			总人口	每生产队安置人数	每人平均耕地														
水北	74885	39774	42200	31674	73874	2.0	1.83	42854	4.7	1.8	新钢	135	1100	50	130	150	150	150	150	150	150	1030	1084	1. 本规划不包括当地任务及公社省地任务另行分配
河下	27271	15767	62819	48321	111100	1.8	7.35	16036	8.3	1.7	新钢	92	500	50	117	117	117	117	117	117	117	819	869	
观集	33281	15725	46153	11945	58696	1.8	3.50	19402	6.0	1.7	新钢	126	700	19	100	100	100	100	100	100	100	700	719	
沙土	26744	21620	36656	6262	42918	1.2	1.98	21775	1.5	1.2	新钢	62	100	15	20	20	20	20	20	20	20	140	155	
泗溪	28865	12504	12896	4601	17497	2.2	1.39	13015	6.5	2.1	铁路	119	800	41	66	80	80	80	80	80	80	506	507	
姚圩	40760	24420	19008	15562	33570	1.6	1.27	24916	4.2	1.6	铁路	134	500	56	70	70	70	70	70	70	70	490	546	
罗坊	71633	45428	21196	7987	29153	1.6	0.60	46066	2.3	1.5	铁路	134	600	62	80	70	70	70	70	70	70	500	562	
南港	36328	10596	55377	50120	105497	3.4	9.95	11596	10.5	3.1	江铜林业	260	1000	30	130	170	180	180	180	180	180	1200	1230	
东边	16714	4782	28125	17833	45918	3.5	9.11	5783	10.3	3.0	江铜	164	500	1	80	70	70	70	70	70	70	500	501	
水西	62835	42582	30684	25999	56483	1.4	1.32	3157	2.7	1.2	江铜	149	500	25	70	80	80	80	80	80	80	550	575	
九龙	9414	5163	61625	17092	78727	2.8	1.5	4081	9.0	2.1	手管局、江铜其它	90	300	45	50	50	50	50	50	50	50	350	395	

续表

公社	总耕地（亩）	现有人口	总山林面积（亩）			现每人平均有		到80年			动员单位	现有在乡人数	73—80安置总数	原规划 73年已安置	74—80年安置规划								调整后 73—80安置总数	备注
			有林山地	荒山荒地	合计	耕地	山林	总人口	每生产队安置人数	每人平均耕地					74	75	76	77	78	79	80	总计		
仁和	28354	12980	16664	38274	55038	2.2	4.25	13335	4.7	2.1	工化重机	55	600	15	40	50	60	70	80	80	80	460	475	2. 本规划中80年县知识青年总数，人口自然增长率不包括在内，良山、沙土、九龙、珠珊□□□
欧里	18544	13417	27401	25472	55873	1.3	4.56	13573	2.2	1.0	新纺	53	250	16	20	20	20	20	20	20	20	140	156	
马洪	24507	18925	51920	17230	69150	1.0	3.12	19374	3.8	1.2	商业□	94	800	29	60	60	60	60	60	60	60	420	449	
鹄山	25389	12793	5806	18113	23919	2.0	1.87	13230	5.8	1.9	文教卫生、新余电厂	59	600	17	60	60	60	60	60	60	60	420	437	
下村	52083	32418	53737	45757	10494	1.6	0.32	32999	2.8	1.5	□□□□	102	700	14	80	80	80	80	80	80	80	560	574	
界水	19584	10728	42474	20633	63107	1.8	5.38	11172	5.8	1.7	工业局、江口电厂、轻工局	46	600	24	60	60	60	60	60	60	60	420	404	
北岗	19296	10903	29482	8241	37723	1.8	3.42	11363	6.0	1.7	农业□□□□	45	500	33	58	58	58	58	58	58	58	406	439	
良山	32332	13054	138726	45842	180568	2.0	14.12	16394	15.0	2.2	其它	247	1450	80	180	180	180	180	180	180	180	1260	1303	
珠珊	32654	25588	19065	15272	36337	1.3	1.25	25780	1.5	1.2	□西供电局	71	100	16	20	20	20	20	20	20	20	140	156	
总计			801964	473320	1275188							2237	12700	602	1691	1565	1585	1595	1605	1605	1605	11051	11693	

74—80 年安置下乡规划表

公社	73 年底在乡人数	年度安置人数								总计
		74	75	76	77	78	79	80	合计	
水北	135	119	100	92	100	88	104	139	742	877
河下	92	170	60	62	57	58	109	109	575	667
观巢	126	78	83	65	64	55	89	94	528	654
沙土	62	60	21	75	5	10	50	20	191	253
泗溪	119	61	100	95	95	20	90	70	531	650
姚圩	134	59	50	50	51	20	70	60	360	494
罗坊	134	59	70	55	60	20	77	65	406	540
南港	260	46	257	186	235	163	300	350	1487	1747
东边	164	74	80	60	60	70	110	90	544	708
水西	149	99	70	60	60	50	90	44	473	622
九龙	90	89	66	55	12	6	11	11	250	340
欧里	53	12	20	27	25	36	98	89	307	360
马洪	94	47	110	83	58	87	89	67	541	635
鹄山	59	24	42	63	49	62	60	60	360	419
下村	102	124	40	72	105	81	71	121	614	716
界水	46	52	100	79	46	57	121	113	568	614
北岗	45	5	58	48	77	64	60	46	352	397
良山	247	121	134	144	178	175	174	237	1163	1410
珠珊	71	27	21	26	26	56	53	63	272	343
南英		16							16	
仁和	55	9	30	37	35	41	183	142	472	532
合计	2237	1301	1509	1381	1398	1219	2009	1940	10757	12994

关于拨给一九七三年下乡青年木材指标和预拨七四年下乡青年 安置经费及木材指标的通知

（新乡办字第 005 号）

各公社（场、镇）乡办：

......

　　我县今年下乡知识青年任务较重，为了作好接收安置准备工作，预拨各公社（场）安置经费123000元，木材指标352立方米（分配见附表）。

　　对一九七三年城镇上山下乡知识青年的建房木材指标，省、地也已下达到县，平均每人木材0.5立方米，建房8—10平方米。按七三年已下乡知识青年人数（包括留农村子女），建房木材指标同时拨给各公社（场、镇）（附表），现将有关事项通知如下：

　　1. 建房要求按县乡办知青字〔73〕001号文件规定不变。会同挂钩单位先选好点再建房。

　　2. 按分配木材指标，由公社（场、镇）到县林业局提货。产材公社，木材自行解决。

　　3. 留农村子女建房木材，上级尚没有下拨指标，根据地区乡办〔74〕宜地乡办6号文件《关于结算一九七三年度城镇知识青年下乡补助费的通知》第四条："单身留农村的城镇下乡居民子女，一律不列一九七三年安置经费结算范围。对于他们之中生活不能自给和没有建房的，按一九七二年以前下乡知青同等待遇……"的规定，现在拨的留农村子女的建房用材，主要用于集体班（队）的留农村子女建房用材，在原籍落户的留农村子女，确实没有住房的，由各公社（场、镇）酌情解决，但最多不能超过每人平均的木材指标。

　　4. 七三年下乡青年安置费和木材指标，结算后超拨部分，转为七四年下乡青年的预拨安置和预拨建房木材指标，以后统一结算。

　　5. 积极做好七四年下乡青年的接收安置准备工作。拨给下乡青年的安置费和建房木材，必须专材专款专用，请各公社（场、镇）严格检查，掌握使用。

　　　　　　　　　　　新余县知识青年上山下乡安置工作办公室（章）
　　　　　　　　　　　一九七四年八月十日

　　抄送：县计委、财政局、林业局，县革委会二部一室

1973 年下乡知青建房木材指标分配表

单位：人、立方米

公社	73 年下乡青年		应拨木材	拨给建房木材指标			超拨	备注
	合计	其中留农子女		已拨	现拨	合计		
水北	55	1	27.5	8	19.5	27.5		
鹄山	17		8.5	3.5	2	8.5		
仁和	16	1	8	5	3	8		
下村	15		7.5	3	4.5	7.5		
马洪	32	4	16	10	6	16		
北岗	33	1	16.5	9	7.5	16.5		
沙土	15	4	7.5	2	5.5	7.5		
观巢	19	2	9.5	3	6.5	9.5		
欧里	16	1	8	9		9	1	
界水	24	1	12	5	7	12		
珠珊	16	6	8	3	5	8		
河下	51	5						
良山	82	6						
水西	28	6	14	6	8	14		
罗坊	67	10	33.5	10	23.5	33.5		
东边	1		0.5	3		3	2.5	
姚圩	56	8	28	11.5	16.5	28		
泗溪	42	3	21	16	5	21		
九龙	46	1						
南港	30	3	15		15	15		
新余镇	3	3	1.5		1.5	1.5		
合计	664	66	242.5	110	136	246	3.5	

预拨 1974 年下乡知识青年安置费和建房木材指标

单位：元、立方米

公社	74 年下乡预拨款	73 年结算超拨款	实际预拨款	74 年下乡预拨木材	73 年结算超拨木材	实际预拨木材指标	说明
水北	10000		10000	30		30	
鹄山	5000		5000	22		22	
仁和	3000	45	2955	12		12	扣除73年经费结算超支和建房木材超支指标抵作74年下乡知青预拨安置费和建房木材指标
下村	6000	1845	4155	23		23	
马洪	5000		5000	22		22	
北岗	5000		5000	22		22	
沙土	2000	353	1647	7		7	
观巢	8000	891	7109	27		27	
界水	5000	529	4471	22		22	
珠珊	2000		2000	7		7	

续表

公社	74年下乡预拨款	73年结算超拨款	实际预拨款	74年下乡预拨木材	73年结算超拨木材	实际预拨木材指标	说明
河下	9000		9000				
良山	14000		14000				
水西	5000		5000	22		22	
罗坊	6000		6000	22		22	
东边	7000	4623	2377	23	2.5	20.5	
姚圩	6000		6000	22		22	
泗溪	5000		5000	22		22	
九龙	4000		4000				
南港	10000		10000	30		30	
欧里	2000		2000	7	1	6	
南英	4000		4000	10		10	
合计	123000	8286	114714	352	3.5	348.5	

1973 年下乡青年安置人员经费核对后结算拨款表

1974 年 8 月 8 日止　　　　　　　　单位：元

公社	73年下乡青年			扣除预拨款			补拨	超拨
	人数	标准	金额	73年预拨	74年预拨	合计		
水北	54	377	20358	15700			4658	
鹄山	17		6409	4600			1809	
仁和	15		5655	5700				45
下村	15		5655	7500				1846
马洪	28		10556	6000	2000		2566	
北岗	33		12441	9000			3441	
沙土	11		4147	1500	3000			353
观巢	17		6409	7300				891
欧里	15		5655	5000			655	
界水	23		8671	9200				529
河下	46		17342	14200			3142	
良山	76		28652	19600			9052	
珠珊	10		3770	3300			470	
水西	22		8294	6500			1794	
罗坊	57		21489	13000			8489	
东边	1		377	5000				4623
姚圩	48		18096	14700			3396	
泗溪	39		14703	14200			503	
九龙	45		16965	13700			3265	
南港	27		10178	8000			2179	
合计	599		225888	188700	5000	188700	45409	8286

说明：此表知青人数已多次核对，拨款金额到 8 月 8 日为止，留农村子女在外；此表请附在〔74〕新乡办字第 03 号文后面，原文附表作废。

上山下乡知青 73 年结算和 74 年预拨木材分配

公社	73—74 年分配			73 年已给杉	74 年应拨			超给	说明
	计	杉	松		计	杉	松		
水北	57.5	28.75	28.75	8		20.75	28.75		①73—74 年分
鹄山	30.5	15.25	15.25	6.5		8.75	15.25		配指标数是
仁和	20	10	10	5		5	10		根据〔74〕新
下村	30.50	15.25	15.25	3		12.25	15.25		乡办 05 号
马洪	38	19	19	10		9	19		二个表合计
北岗	38.5	19.25	19.25	9		10.25	19.25		数。
沙土	14.5	7.25	7.25	2		5.25	7.25		②73 年已拨数
观巢	36.5	18.25	18.25	3		15.25	18.25		是林业局实
欧里	15	7.5	7.5	9			7.5	1.5	际发货数。
界水	34	17	17	5		12	17		③74 年应拨款
朱山	15	7.5	7.5	3		4.5	7.5		是结余指
新余镇	1.5	0.75	0.75			0.75	0.25		标。
水西	36	18	18	6		12	18		④拨 600m³ 指
罗坊	55.5	27.75	27.75	10		17.75	27.75		标结存杉木
东边	23.5	11.75	11.75	3		8.75	11.75		1.25m³，林
姚圩	50	25	25	11.5		13.50	25		木 2.75m³。
泗溪	43	21.5	21.5	10		11.5	21.5		⑤请林业局写
南港	45	22.5	22.5			22.5	22.52		介绍信（公
南英	10	5	5			5	5		社）直接付
合计	594.5	297.25	297.25	104		194.75	297.25	1.5	给木材松杉
									请按比例分
									配。

74.9.30

75 年 8 月 29 日抄自林业局

关于一九七三年下乡知青安置经费第二次结算补拨款的通知

（〔75〕新知青办字第 01 号）

各公社知青办：

　　一九七三年下乡知青安置费，根据省委〔73〕131 号文件规定标准，每人
450 元结算。一九七四年五月十日，以〔74〕新乡办字第 03 号文每人按 377 元，
已结算拨款，本次下乡人数按每人 73 元结算拨款 57293 元。具体结算为：

　　生活费每人 160 元，减除已拨 96 元，本次补拨 64 元。

医药费每人 10 元，减除已拨 4 元，本次补拨 6 元。

学习费每人 10 元，减除已拨 2 元，县留 5 元，补拨 3 元。

每人合计补拨 73 元。

通过这次结算，每人 450 元安置费全部拨清（包括公社之间调整点人数）。

请各地要加强领导，管好、用好，切实做到专款专用，手续健全，同时要求各地对下拨安置费分年度下乡知青指标从严掌握使用。

新余县知识青年上山下乡安置办公室（章）

一九七五年二月二日

抄送：县革委政治部、办公室，县财政局，存

1973 年下乡知青安置费第二次结算补拨款

公社	1973 年下乡知青				调整下乡点				说明
	人数	其中留农子女	标准	应补拨款	调入人数	标准	应拨金额	合计应拨	
水北	55	1	73	4015	2	354	708	4723	北岗水电局调入 2 人
鹄山	17			1241	10	299	2990	4231	仁和重机调入 10 人
仁和	7	2		511				511	调出 10 人
下村	15			1095				1095	
马洪	32	4		2336				2336	
北岗	6		73	438				438	调出 26 人
沙土	13	2		949				949	
观巢	17			1241				1241	
欧里	16	1		1168				1168	
界水	24	1		1752				1752	
河下	49	3		3577	1	354	354	3931	北岗招待所调入 1 人
良山	78	2		5694	4	354	1316	7010	北岗城建房产调入 4 人

续表

公社	1973年下乡知青				调整下乡点				说明
	人数	其中留农子女	标准	应补拨款	调入人数	标准	应拨金额	合计应拨	
珠珊	15	5		1095				1095	
水西	28	6		2044				2044	
罗坊	62	5		4526				4526	
东边	1			73				73	
姚圩	57	9		4538				4538	增补1人留农子女
泗溪	43	4		3139				3139	
九龙	46	1		3358				3358	
南港	30	3		2190	18	354	6726	8916	北岗林业局调入19人
新余镇	3	3		219				219	
合计	614	52		45199	36		12094	57293	

关于预拨一九七五年度知识青年上山下乡安置经费和木材指标的通知

（〔75〕知青办04号）

各公社（场、镇）：

为做好一九七五年的知识青年上山下乡动员安置工作，现预拨七五年知青补助经费302000元，木材指标476立方米（详见附表）。希各公社要紧密配合动员单位迅速定好点，抓紧建房等安置准备工作，并做到专款专用，专材专用。木材提货手续，由公社开具证明，直接向林业局联系提货。

新余县知识青年上山下乡安置办公室

一九七五年八月八日

抄送：县林业局、财政局

1975 年知青下乡木材、经费预拨

公社	预拨经费	预拨木材	说明
水北	7000	12	
河下	10000	15	
观巢	10000	20	
沙土	5000	8	
泗溪	30000	30	
姚圩	9000	15	
罗坊	13000	20	
南港	100000	180	包括新□□10 万元、木头 170 立方
东边	15000	25	
水西	11000	20	
九龙	6000		
仁和	5000	10	
欧里	4000	8	
马洪	12000	20	包括南岭新点
鹄山	8000	15	
下村	18000	30	
界水	20000	30	
北岗	6000	10	
良山	18000		
珠珊	5000	8	
合计	302000	476	

关于结算一九七四年度下乡知青木材、安置经费的通知

（〔75〕新知青办字第 06 号）

各公社知青办：

一九七四年下乡的知青（即一九七四年九月至一九七五年七月止）下乡总人数 1356 人应给经费 607.650 元，应给木材 741.5 立方米（其中包括分给已婚知青和青年队生产用建房 144 立方米），根据省委〔73〕131 号文件规定作一次年度结算，同时对已婚知青住房有困难的和青年队（场）生产建房的也分配了少数木材适当补助解决。并通知如下：

1. 木材每人按 0.5 立方米。

2. 经费建房每人 220 元，生活费每人 160 元，农雨具每人 55 元，医药费每人 10 元，学习费每人 10 元（县留 5 元），合计每人 450 元。

3. 南英垦殖场下乡人数，根据省劳动局〔74〕赣劳计第 603 号文件精

神，七十三届初、高中毕业生的可作下乡知青待遇结算。

4. 各公社原来写报告要求解决木材不足（包括已婚青年）在这次分配指标中，自行安排解决。

5. 本县各公社知青过去协商互助调点（包括已婚青年调点）的安置费，各地凡是没有用完的安置费、生活费，必须将结余经费由调出公社，拨给调入公社队和安置。

6. 表列扣除预拨木材、经费，请查阅七四年八月十日〔74〕新乡办 05号文和七四年十一月二十六号〔74〕新革发字第 134 号文。

各地对安置费和木材，要严格遵守专款专用、专材专用的原则，切实管好用好。

过去通知分配的木材指标，没有提货的，要抓紧办理提货手续。

县拨各地安置费凡是正当开支的，要及时督促使用，检查使用效果，并按月按季，向县办理报销表以利核销。

以上通知希各地切实研究办理。

江西省新余县革命委员会知识青年上山下乡办公室（章）

一九七五年十一月二十六日

抄送：县财政局、林业局

74 年木材结算和已婚知青、青年队补助用材指标分配表

公社	74 年下乡人数	北岗调点	74 年下乡木材	已婚和青年队补助	合计应给木材	扣除			本次结算	
						〔74〕05号文拨	75 年开票	〔74〕134号文拨	补拨	超拨
水北	129	2	65.5	14	79.5	30		25	24.5	
鹄山	26	10	18	6	19	22		2		5
仁和	9		4.5	5	9.5	12				2.5
下村	133		66.5	13	79.5	23		45	11.5	
马洪	52		26	8	32	22	3	1	6	
北岗	5		2.5	3	5.5	22				16.5
沙土	75		37.5	12	49.5	7		10	32.5	
观巢	87		43.5	1.2	55.5	27		21	7.5	
欧里	12		6	4	10	7		1	2	
界水	52		26	5	31	22		1	8	

续表

公社	74年下乡人数	北岗调点	74年下乡木材	已婚和青年队补助	合计应给木材	扣除			本次结算	
						〔74〕05号文拨	75年开票	〔74〕134号文拨	补拨	超拨
珠珊	31		15.5	6	21.5	7		1	13.5	
河下	122	1	61.5	7	68.5		26	35	7.5	
良山	123	4								
水西	103		51.5	9	60.5	22	4	16	18.5	
罗坊	67		33.5	6	39.5	22		13	4.5	
东边	78		39	9	47	23		11	13	
姚圩	59		29.5	8	37.5	22		11	4.5	
泗溪	66		33	8	41	22		11	8	
九龙	64									
南港	27	19	23	9	32	30		2		
南英	33		16.5		16.5	10			6.5	
新余镇	1		0.5		0.5				0.5	
合计	1354	36	599.5	144	735.5	352	33	206	168.5	24

1974 年下乡知青安置费结算表

公社	74年下乡人数	标准	应拨经费	扣除预拨			本次补拨	超拨
				〔74〕05号文拨	〔74〕134号文拨	知青借支		
水北	129	450	58050	10000	23000	30.70	25019.30	
鹄山	26		11700	5000	5800		900	
仁和	9		4050	3000	3900			2850
下村	133		59850	6000	32400		21450	
马洪	52		23400	5000	8500		9900	
北岗	5		2250	5000				2750
沙土	75		33750	2000	8200		23550	
观巢	87		39150	8000	20500	5	10645	
欧里	12		5400	2000	2500		900	
界水	52		23400	5000	8800		9600	
珠珊	31		13950	2000	5500		6450	
河下	122		54900	9000	27000		18900	
良山	123		55350	14000	17500		23850	
水西	103		46350	5000	17500		23850	
罗坊	67		30150	6000	15000		9150	
东边	78		35100	7000	131000	20	14980	
姚圩	59		26550	6000	13800		6750	
泗溪	66		29700	5000	14500		10200	
九龙	64		28800	4000	5000		19800	
南港	27		12150	10000	23900	50		21800
新余镇	1		450				450	
南英	33	400	13200	4000			9200	
合计	1354		607650	123000	266400	105.70	245544	27400

关于结算一九七五年下乡知青安置经费
和建房木材指标的通知

（〔76〕新知青办字第 26 号）

各公社（场、镇）知青办：

一九七五年下乡知青安置费，根据省委〔73〕131 号文件规定，按照实际下乡知青人数和落实政策留农村子女，及七二年以前漏报的，统一按七五年下乡知青待遇作一次结算。全年下乡人数 903 人，其中留农村子女和七二年以前的 133 人，顶替招工的 110 人。总共结算应拨安置费 393390 元，扣除原预拨，本次补拨 93940 元；木材总共结算应拨 423.5 立方米，扣除原预拨和七四年下乡结算超拨数，本次补拨 59.5 立方米。现就结算事项通知如下：

（一）七五年下乡知青是指七五年元月至十二月止下乡知青人数。

（二）留农村子女和七二年以前知青漏报补报的统一按七五年下乡知青标准待遇结算和使用。

（三）安置费每人按 450 元，其中：建房费 220 元，生活费 160 元，医药费 10 元，学习费 5 元（县留 5 元），农雨具 55 元。凡属七五年结算名册中已经顶替招工的经费结算，同样按七五年已下在乡知青标准，每人按 450 元结算。凡属下乡到国营垦殖场的，每人按 390 元结算。

（四）木材指标每人按 0.5 立方米结算。

（五）结算表内扣除七五年预拨经费和木材，请查阅七五年八月八日〔75〕新知青办 04 号文件。扣除七四年超拨经费和木材，请查阅七五年十一月二十六日〔75〕新知青办 05 号文件。本次结算超拨部分，将在七六年下乡知青结算中扣除。

（六）本次通知中补拨木材指标提货手续，由公社开出证明，直接向林业局办理开票提货。

各地过去分配的木材指标没提货的，要认真清理，限期在今年年底提完，个别地方因什木指标不要的，可函告我办，以便互相调剂，给需要什木单位。

（七）各地要以阶段斗争为纲，加强对安置费的管理和使用，切实做到专款专用，专材专用。

以上几点，希各地认真研究办理。

新余县知识青年上山下乡安置办公室

一九七六年十月二十八日

抄送：县林业局、财政局，存

附件：经费、木材结算表

1975 年下乡知青经费结算表

单位：元

公社	75 年下乡人数 合计	其中 72 年前留农	其中 已顶替	应给安置费	扣　除 75 年预拨	扣　除 74 年结算超拨	本次结算 补拨	本次结算 超拨
水北	18	9		8100	7000		1100	
鹄山	20		3	9000	8000		1000	
仁和	3	1		1350	5000	2850		6500
下村	26	7	7	11700	18000			6300
马洪	33	2	12	14850	12000		2860	
北岗	4	2		1800	6000	2750		6950
沙土	37	3	7	16650	5000		11650	-4000
观巢	18	13		8100	10000	8600		1900
欧里	28	24		12600	4000		8600	-300
界水	43	4	2	19350	20000			650
珠珊	28	4	5	12600	5000		7600	
河下	43	3	11	19350	10000		9350	
良山	45	6	6	20250	18000		2250	
水西	29	4	1	13050	11000		2050	
罗坊	71	15	7	31950	13000		18950	
东边	25	4		11250	15000			3750
姚圩	24	5	4	10800	9000		1800	
泗溪	65	24	1	29250	20000		9250	
九龙山	11	1	3	4950	6000			1050
南港	287	2	40	129150	100000	21800	7350	
南英	26			10140			10140	
林业局	19		1	7410	7410			
合计	903	133	110	403650	309410	36000	93940	35700

157

1975 年下乡知青木材结算表

单位：立方米

公社	75 年下乡人数			应给木材	扣　除		本次结算		说　　明
	合计	其　中			75 年预拨	74 年结算超拨	补拨	超拨	
		72 年前留农	已顶替						
水北	18	9		9	12			3	
鸪山	20		3	10	15			5	
仁和	3	1		1.5	10	2.5		11	
下村	26	7	7	13	30			17	
马洪	33	2	12	16.5	20			3.5	
北岗	4	2		2	10	16.5		24.5	
沙土	37	3	7	18.5	8		10.5		
观巢	18	13		9	20			11	
欧里	28	24		14	8		6		
界水	43	4	2	21.5	30			8.5	
珠珊	28	4	5	14	8		6.5		
河下	43	3	11	21.5	15		6.5		
良山	45	6	6						
水西	29	4	1	14.5	20			5.5	
罗坊	71	15	7	35.5	20		15.6		
东边	25	4		12.5	25			12.5	
姚圩	24	5	4	12	15			3	
泗溪	65	24	1	32.5	30		2.5		
九龙山	11	1	3						
南港	287	2	40	143.5	180			36.5	
南英	26			13	10		3		
林业局	19		1	9.5			9.5		
合计	903	133	110	423.5	486	19	59.5	141	

一九七三年至一九七六年城镇知识青年下乡补助费结算表

1973 年度城镇知识青年下乡补助费结算表

1974 年 7 月 29 日

编制单位：新余县知识青年上山下乡安置工作办公室

单位：元、人

项目	实际人数	经费标准	应拨经费	上级财政已拨经费	上级财政多拨（+）少拨（-）	备注	地审核意见
总　　计			343079.74	160000	（-）183079.74		
一、县接受部分合计	750		342900	180000	补3100		
一　插队 小　计							
安置本县知青	280	465	130200				
安置本省外县知青		455					
安置外省（市）知青		455					
二　回乡 小　计							
安置本县知青	11	465	5115				
安置本省外县知青		455					
安置外省（市）知青		455					
三　集体场队 小　计							
安置本县知青	369	465	171585				
安置本省外县知青		455					
安置外省（市）知青		455					

续表

项　目	实际人数	经费标准	应拨经费	上级财政已拨经费	上级财政多拨（+）少拨（-）	备　注	地审核意见
四　国营农林场　安置本县知青	90	400	36000				
安置本省外县知青		290					
安置外省（市）知青		390					
二、地属农场接受部分							
三、县动员部分合计							
1. 动员到外县方面运费							
2. 动员到省属农场、农建师方面运费							
3. 动员到外省方面运费	14	据实列报	179.74				

单位负责人　　　　制表人　　　　地审单位负责人　　　　审核

1974年知识青年下乡补助费决算表

新余县知识青年上山下乡安置工作办公室
江西省新余县财政局　地区市县知青办、财政局盖章

1971年10月至1974年底实际安置人数和经费标准结算　（包括1974年第四季度下乡知青经费结算）　1974年财政支出决算

金额单位：元　　1975年1月23日编报

项目①	实际安置人数 15个月合计②	其中:74年7—12月③	经费标准④	应拨经费⑤	上级财政已拨经费⑥	多拨(+)或少拨(-)经费⑦
接收地点的安置费合计	1758	1008		812158	693100	119058
1. 接收插队的	420	140	465	195300		
本县（市）下乡知青	420	140	465	195300		
本地区其它县（市）下乡知青						
外地区（市）下乡知青						
外省（市）下乡知青						
2. 接收回乡的	44	33	465	20460		
本县（市）下乡知青	44	33	465	20460		
本地区其它县（市）下乡知青						
外地区（市）下乡知青						
外省（市）下乡知青						
3. 接收到集体场队的	1204	835	465	559860		
本县（市）下乡知青	1204	835	465	559860		
本地区其它县（市）下乡知青						

项目⑧	合计⑨	用于当年下乡知青经费⑩	用于以前年度下乡知青经费⑪
1. 上年财政结转经费			
2. 当年财政预算指标	825100	493100	332000
3. 财政部门拨出经费	480000		
4. 银行实际支出数	480000	460000	20000
5. 实际支出数	467792.08	459692.08	8100
建房补助费	296900	289300	2600
建房面积	10700 平方米	8200 平方米	2500 平方米
生活补助费	92000	92000	
补助人数	1607 人	1607 人	人
农具家具费	54667.50	54667.50	
医疗补助费	20141.54	19641.54	500
补助人数	1758 人	1758 人	10 人
学习材料费	3016.89	3016.89	统一发给
旅运费	538	538	

续表

1971 年 10 月至 1974 年底实际安置人数和经费标准结算

项 目	实际安置人数 15 个月合计	其中:74 年 7—12 月	经费标准	应拨经费	上级财政已拨经费	多拨（＋）或少拨（－）经费
外地区（市）下乡知青						
外省（市）下乡知青						
4. 接收到地市县国营农林场	90	90	400	36000		
本县（市）下乡知青						
本地区其它县（市）下乡知青						
外地区（市）下乡知青						
外省（市）下乡知青						
5. 省属单位接收的						
动员城镇的旅运费合计						
到本县市的						
到本地区其它县（市）的						
到外地区的						
到省属单位的						
到外省的	16	14		538		
总计						

1974 年财政支出决算

项 目	合 计	用于当年下乡知青经费	用于以前年度下乡知青经费
其它费用	528.15	528.15	528.15
6. 财政结余（1＋2－4）	345100		
7. 单位结存经费（3－5）	12208		

资 料

项 目	年末实有数	说明
历年建购知青房屋总面积	17341 平方米	690 间
集体所有制知青场、队	48 个	
历年安置的下乡知青总人数	3034 人	
插队人数	1676 人	
回乡人数	73 人	
集体场队人数	1195 人	
地市县国营农林场人数	90 人	
省国营农林场人数	人	
农建师人数	人	

知青办、财政局负责人签章：　　　　　知青办、财政局制表人签章：

162

1975 年城镇知识青年下乡补助费决算表

（从 1975 年 1 月 1 日起至 12 月 31 日止）

新余县知青办、财政局

决算表之一

金额单位：元

结算部分						决算部分		备注
项目	实际人数	经费标准	应拨经费	上级财政已拨经费	多拨（+）或少拨（-）经费	项目	合计	
①	②	③	④	⑤	⑥	⑦	⑧	⑨
总　计			684822.21	540000	144822.21	1. 上年结转预算指标数	345100	
一、接收地点的安置费合计	1405		670195			2. 本年预算指标数	659058	
1. 接收插队、回老家和到青年场队的			651775			3. 银行支出数	603089	
"三种人员"和下放干部留农村子女	153	455	69615			4. 实际支出数	658116	
本县（市）下乡知青	1252	465	582180			建房补助费	374100	
本地区跨县（市）下乡知青						建房面积：平方米数	11229	本年建房数
本省跨地、市（区）下乡知青						生活补助费	173683	
外省（市、区）下乡知青						农具家具费	94986	
2. 接收到地、市、县国营农、林、牧、渔场的			18400			医疗补助费	1773	
"三种人员"和下放干部留农村子女		390				学习材料费	10140	
本县（市）下乡知青	46	400	18400			旅运费	1627.21	
本地区跨县（市）下乡知青								

续表

结算部分						决算部分		备注
项　目	实际人数	经费标准	应拨经费	上级财政已拨经费	多拨（+）或少拨（-）经费	项　目	合计	备　注
本省跨地、市下乡知青		390				其它费用（特殊费）	1807	□□□
外省（市、区）下乡知青		390				拨付国营农、林、牧、渔场经营		
3. 省属国营农、林、牧、渔场接收的		390				建房面积：平方米数		
二、动员城镇的旅运费合计						5. 年底预算指标结余数（1+2-3）	401069	
1. 到本地区跨县（市）的		10				6. 年底社队银行存款数	289525	
2. 到本省跨地、市的		10						
3. 到省属国营农、林、牧、渔场的		10						
4. 到外省（市、区）	35	实报实销	1627.21					
三、补发"三种人员"留农村子女补助费								
其中：需要建房的	50	200	10000					
生活不能自给的	30	100	3000					

注：结算部分由知青办填写，决算部分由财政局填写，各种数字两家要互相核对清楚。

1976年城镇知识青年下乡补助费决算表

（从1976年1月1日起至12月31日止）

新余县知青办、财政局

决算表之一

金额单位：元

项目	结算部分 实际人数	经费标准	应拨经费	上级财政已拨经费	多拨(+)或少拨(-)经费	决算部分 项目	合计	备注
总　计	475		235434	100000	135434	1. 上年结转预算指标数	401069	1. 1976年"上海支援我省拨款"无息贷款人数：17000元；已下拨到社队。元。地市县尚无指标：元。
一、接受地点的安置费合计						2. 本年预算指标数	242500	
1. 接收插队、回老家和到青年场队的	455	465	211575			其中：知青工作业务费	19000	2. 无息贷款地区已拨到县，县因银行不同意暂存银行，因此项行没动用。指标分配到青年队、青场。
三种人员和下放干部留农村子女	13					3. 银行支出数	423314	
本县(市)下乡知青	455	465	211575			其中：知青工作业务费	19000	
本地区跨县(市)下乡知青						4. 实际支出数	443422.67	
本省跨地、市下乡知青						建房补助费	104500	
外省(市、区)下乡知青						建房面积：平方米数	9013	
2. 接受到地、市、县国营农、林、牧、渔的	20					生活补助费	229017.56	
三种人员和下放干部留农村子女						农具家具费	23750	
本县(市)下乡知青	20	400	8000			医疗补助费	4750	
本地区跨县(市)下乡知青						学习材料费	1596.17	
本省跨地、市下乡知青						旅运费	359	
外省(市、区)下乡知青						其它费用(特殊费)：打井补助	10170	
3. 省属国营农、林、牧、渔场接收的		300				拨付国营农、林、牧、渔场经费	50280	

续表

结算部分						决算部分		备注
项　目	实际人数	经费标准	应拨经费	上级财政已拨经费	多拨（＋）或少拨（一）经费	项　目	合计	备注
二、动员城镇的旅运费合计						建房面积:平方米数	900	
1. 到本地区县（市）的		10				知青工作业务费	19000	
2. 到本省跨地、市的		10				①会议费	13606.40	
3. 到省属国营农、林、牧、渔场的		10				知青代表会和经验交流会人数	850	
4. 到外省（市、区）		实报实销	359			②宣传教育费	3103.60	
三、补发三种人员留农村子女补助费						③培训费	2290	
其中:需要建房的	55	200	11000			培训知青人数	320	
生活不能自给的	45	100	4500			5. 年底预算指标结转数	220255	
						6. 年底社、队银行存款数	355606.65	

注：结算部分由知青办填写，决算部分由财政局填写，各种数字两处要互相核对清楚。

城镇知识青年上山下乡基本情况年报表

1975年城镇知识青年上山下乡基本情况年报表

决算表之三

新余县知青办

项目	合计	插队	回老家	青年场队	国营农、林、牧、渔场
一、上年底实有知青人数	3286	1522	117	1518	129
二、本年安置知青人数（包括留农子女）	1405	473	72	414	84
1. 接收本县（市）的	1385	470	69	800	46
2. 接收本地区跨县（市）的	4	1		3	
3. 接收本省跨地、市的	13	1		10	
4. 接收外省（市、区）的	3	1	1	1	
三、本年调离农村的知青人数	365	177	2	181	5
1. 招生	109	92		15	2
2. 征兵	4	4			
3. 招工	159	40	2	115	2
4. 提拔国家干部					
5. 其它（不包括农村之间转点的）	93	41		51	13
四、本年知青农村之间转进转出来的					
1. 从本地区其它县（市）转进来的	12	7		5	
2. 从本省其它地、市转进来的	9	5		4	
3. 从外省（市、区）转进来的	2	1		1	

续表

项　目	合计	插队	回老家	青年场队	国营农、林、牧、渔场
五、本年知青农村之间转点转出去的	47	38		9	
1. 转住本地区其它县（市）的	16	12		4	
2. 转住本省其它地、市的	8	6		2	
3. 转往外省（市、区）的	23	20		3	
六、本年知青死亡人数					
其中：非正常死亡					
七、年底实有下乡知青人数	4291	1787	187	2147	170
其中：上海市的	721	653		67	
南昌市的	32	25	1	6	
萍乡市的					
八、全年劳动收入未满100元的知青人数	800	388	17	395	

项　目	合计
九、年底有知青的国营农、林、牧、渔场场数	4
十、年底实有青年场、队数	85
其中：粮食跨"纲要"的场、队数	1
粮食超千斤的场、队数	1
向国家贡献粮食每人平均千斤以上的场、队	
十一、年底有集体插队（不含回老家）青年点个数	182
其中：知青不足5人的青年点点数	40
分散居住的知青人数	368
十二、年底知青人数中有	
1. 共产党员	23
2. 共青团员	1266

项　目	合计
3. 参加领导班子——指担任党支部委员、生产队长、副队长以上——的人数（身兼多职的，只填其一）	181
其中：生产队正、副队长人数	25
大队正、副党支书和正、副队长人数	
4. 在农村担任儿大员（一人只填一种）的人数；	242
其中：理论辅导员和宣传员	25
赤脚老师	143
赤脚医生	115
5. 评为县级以上先进集体个数	28
先进个人数	101
6. 已婚人数	201

续表

项　目	合计	项　目	合计	项　目	合计
其中:国营农、林、牧、渔场已婚人数	95	尚未处理的案件起数	5	十六、本年已办留城手续的人数	1182
年底实有带队干部人数	103	十五、下乡知青住房情况		其中:因病、残留城的人数	130
十四、本年发生破坏知青上山下乡案件起数		1. 年底共建、购知青住房间数	1199	十七、下乡城镇中学初中毕业人数	251
1. 奸污	3	其中:本年建、购住房间数	430	高中毕业人数	1225
2. 捆、打、绑、吊		年底共建、购知青住房平方米数	33319	十八、下年1—12月计划下乡人数(不包括计划留城的)	1531
3. 陷害	1	其中:本年建、购住房平方米数	11229	其中:历年应下未下的人数	55
4. 逼婚或诱婚	1	2. 年底已解决住房的总人数	3736	安置到地、市县国营农、林场人数	
本年已处理的案件起数		尚未解决住房的总人数("抵顶"除外,不含国营农、林场人数)	426	需要由省安排的人数	592

注:上年底实有知青人数中,应包括补发"三种人员"留农村子女的建房补助费和生活补助费人数在内。
(一)加(二)减(三)加(四)减(五)减(六)应等于(七)。

决算表之三

1976年城镇知识青年上山下乡基本情况资料表

编报单位：新余县知青办

项目	合计	插队	回老家	青年场队	国营农、林、牧、渔场
一、上年年底实有下乡知青人数	4291	1787	187	2147	170
二、本年安置知青人数（含"三种人员"留农子女）	475	46	25	385	19
三、本年调离农村的知青人数	410	105	12	291	2
四、本年知青在农村之间转点转进来的	11	3	3	5	
1. 从本地区其它县（市）转进来的	10				
2. 从本省其它地、市转进来的					
3. 从外省（市、区）转进来的	1				
4. "三种人员"留农子女转点转进来的					
五、本年知青在农村之间转点转出去的	49	11	2	17	
1. 转往本地区其它县（市）的	4				
2. 转往本省其它地、市的					
3. 转往外省（市、区）的	45			2	
六、本年下乡知青死亡人数	2				
七、本年底实有下乡知青人数	4316	1720	182	2227	187
其中：上海市的	624	481		143	
八、全年劳动收入不满100元的知青人数	835				
九、本年底实有带队干部人数	100				

项目	合计
十、年底实有青年队、场数	96
1. 大队办的队、场数	74
2. 公社办的队、场数	22
3. 县（市）办的队、场数	
十一、年底实有青年队、场数中有：	
1. 单独核算的队、场数	71
2. 厂社机构的队、场数	75
十二、青年队、场共有：水田苗数	3836
□□□□□山、□□□	1942
十三、青年队、场经营方式和生产情况：	
已□□□□□□、□□□	15690
1. 以农（茶、果）为主的队、场数	57
2. 以林（茶、果）为主的队、场数	39
3. 粮食亩产"跨纲要"的队、场数	12
4. 粮食亩产超千斤的队、场数	1
5. 粮、棉、油、肉全自给的队、场数	26
6. 向国家贡献粮平均每人斤以上的队、场数	1

续表

项　目	合计	项　目	合计
7.向国家贡献粮食平均每人二千斤以上的队、场数		十六、历年来共建、购知青住房间同数	1297
8.青年队、场全年粮食总产量斤数	1858193	历年来共建、购知青住房平方米数	32298
9.青年队、场全年生产总收入（元）	153200	历年以来已解决住房的知青总人数	4099
10.青年队、场年底生猪存栏数（头）	1005	尚未解决住房的总人数（"抵顶"除外，不含国营农场）	5
十四、在农村担任理论辅导员和宣传员人数	169	十七、本年已办留城手续的人数	652
文化教师人数	175	其中：因病残留城的人数	22
赤脚医生人数	35	十八、本年有多少个地、市，县召开知青代表会	1
会计、保管员人数	185	十九、年底实有下乡知青人数中属73年前下乡的	1838
十五、评为县级以上先进集体数	63	其中：插队的	1245
先进个人数	101	青年队场的	593

注："三种人员"留农子女□□□□□□补办知青手续，补发建房补助费和生活补助费（200元或100元）的人数；

（一）加（二）减（三）加（四）减（五）减（六）减（七）应等于（七）。

关于知青经费、财产清理工作情况的汇报

县委：

根据省、地有关文件精神，我县知青经费的清理及财产的变价处理工作于今年二月份开始……

（一）

自知识青年上山下乡工作开展以来，我县用于知青工作的专项经费达200万元……

从已清理的13个公社看，总的情况是好的。自七三年以来，国家历年拨款1382100万元，目前尚有结余知青经费73100万元，大部分都做到了专款专用，帐目基本清楚，与上级拨款基本相符。收回财产变价款37000万元……

通过"双清"，也查出了几起贪污案件，合计贪污1520元，最多550元，最少30多元。这几起案件，多半采取搞假收据冒领等手段达到贪污目的，如界水公社乡办干部×××同志，自己假造收据，冒充别人签字，贪污现金550元。欧里公社黄华大队×××采取类似手段贪污375元，等等。现在已做了相应的处理，并退回赃款1120元。

另外，还查出挪用知青经费48400元，错帐漏帐等7800元。还追回了一些散失的物资，如水西宠江大队原有县支援的缝纫机一台，经查，已据为私人所有，这次也办了欠款手续。

……

（二）

通过前段"双清"，也发现各地存在不少问题。

1. 思想认识问题尚未完全解决，特别是有些领导干部认为："'双清'可搞可不搞，是上面斤斤计较。"因此，对财产变价处理讨价还价……

2. 有的青年队，人走帐毁，无从查对，如沙土公社青年队上级拨款达五万元，但多年的帐目连一页也找不到，还有的地方，帐目混乱不堪，残缺不全，使已发现的线索中途断掉，无法追查下去。

3. 据初步统计，各青年队欠国家贷款计达47000万元，现在人已走光，形成"队无人，债无主"的状态，无法偿还这笔贷款。

4. 不少地方青年队撤销时，没有采取必要的措施，财产损失严重，如沙土公社青年队，撤销后移交公社农科所，责任不明确，致使原有的 2 部手拖、收割机、打谷机、插秧机、碾米机、抽水机等全部损坏，各种零件丢的满地都是，移交时有 60 多张床，现在只剩 19 张。水西顾家青年队的财产已全部丢光，只有一幢二层楼的房子也堆放稻草、关牛，会议室和食堂后墙已被拆毁，群众看了都非常痛心。

……

（三）

……

5. 社队挪用的知青经费要限期归还。贪污的知青经费必须退赔，并视情节轻重做适当处理。

……

县知青办

八〇年八月十四日

分宜县

关于安置上海知青预拨经费的通知

县财税局领导小组：

据分革〔70〕23 号文件批示，为了做好上海市来我县插队落户知识青年的接待安置工作，请从下放安置费中，按每人叁拾元预拨给各公社使用，待上海市拨款后，统一结算。

县"五·七"大军领导小组办公室

一九七〇年二月十七日

附：金额分配表如下：

安置上海知识青年预拨安置费分配数

界桥公社	142 人	按人 30 元计算	共计 4260 元
凤阳公社	162 人	按人 30 元计算	共计 4860 元
洋江公社	150 人	按人 30 元计算	共计 4500 元
杨桥公社	200 人	按人 30 元计算	共计 6000 元
高岚公社	120 人	按人 30 元计算	共计 3600 元
抄场公社	150 人	按人 30 元计算	共计 4500 元
松山公社	150 人	按人 30 元计算	共计 4500 元
双林公社	50 人	按人 30 元计算	共计 1500 元
新祉公社	50 人	按人 30 元计算	共计 1500 元
苑坑公社	200 人	按人 30 元计算	共计 6000 元
大岗山公社	200 人	按人 30 元计算	共计 6000 元
洞村公社	50 人	按人 30 元计算	共计 1500 元

共计肆万捌仟柒佰贰拾元

关于下拨知识青年临时困难补助经费的联合通知

各公社"五·七"大军领导小组：

为了适当解决知识青年中的一些实际困难，经研究决定，在一九七〇年以前，拨给各公社一笔临时困难补助经费；这笔经费在每人 150 元安置费以外支拨。拨款金额按各公社知识青年实有人数以每人 5 元计算。（见附表）现将经费使用范围和办法通知如下：

一、开支使用范围

（1）知识青年发生较重、较急的疾病，医药费较多而本人家庭确有困难无法全部负担者，可给予适当补助。（知识青年参加合作医疗的费用在150 元安置费以内开支）

（2）知识青年其它方面产生的特殊困难。

（3）每个知识青年班每月 1 元的宣传费用。

二、开支办法和手续

……

县"五·七"大军办公室、财金局革委会

一九七〇年七月十三日

知识青年临时困难补助经费拨款分配表

单　位	人数	金　额	备　注
界　桥	159	795.00	
凤　阳	167	835.00	
双　林	60	300.00	
洞　村	91	455.00	
杨　桥	202	1010.00	
高　岚	124	620.00	
抄　场	157	785.00	
洋　江	150	750.00	
新　祉	59	295.00	
松　山	188	940.00	
大岗山	225	1125.00	
苑　坑	229	1145.00	
合　计	1811	9055.00	

关于下拨有关安置费的通知

（〔71〕分革办字第 01 号）

各公社革命委员会：

……

　　经研究下拨"插队落户知识青年的房屋修建费"、"插队落户知识青年一九七一年的活动经费"和"不带工资下放人员、老知识青年的生活困难补助费"等三项经费。对插队落户知识青年房屋修建费，是根据上海来县插队落户人数每人 50 元计拨的，插队落户知识青年的活动经费是用于一九七一年全年下放知识青年的报纸、宣传、困难补助等，其经费是按现在实有人数计拨的。不带工资下放人员、老知识青年困难补助费，是根据各公社摸底情况计拨的。房屋修建费和不带工资下放人员、老知识青年生活困难补助费，使用方法，仍按县革委"五·七"大军领导小组有关经费开支几点意见的通知办理。

　　鉴于松山原计划分配知识青年 250 名，实到 182 人，预拨款已部分购买了生产、生活用具，暂不能收回此款，故再增拨 1600 元。

江西省分宜县革命委员会办公室（章）

一九七一年元月八日

关于清理下放知识青年建房经费的通知

（〔72〕分革办字第 005 号）

各公社革委会：

遵照伟大领袖毛主席亲自批发的中央〔1972〕26 号文件关于"知识青年住房问题一定要抓紧解决"的指示精神，我县一九七〇年以来在各级党委的领导和重视下，广大革命群众的支持下，坚持以生产队主办，国家补助，全面规划，就地取材原则，充分发挥了下拨建房经费的作用，迅速地为下乡知识青年兴建了大批住房，为青年扎根农村干革命创造了必要的条件。

……

但，由于林贼及其在江西的代理人程世清竭力推行的反革命修正主义路线的干扰和破坏，致使有少数地方兴建进度非常缓慢，有的至今尚未动工兴建；个别地方甚至出现将兴建住房经费随意动用，或私人挪用等现象，类似问题如不从速解决，必将带来不良后果。为了进一步落实中央 26 号文件精神，有计划地解决下乡知识青年住房问题，特作如下通知：

1. 各公社革委会必须立即指派专人对一九七〇年下拨各地的下乡青年建房经费的使用情况，进行一次全面的清查。对已建住房要进行验收，造册登记，宣布房产为大队、生产队所有，知识青年使用，任何人不得侵占。对至今还没有准备材料或已准备好材料尚未动工兴建的，应抓紧秋后有利时机动工兴建，对已动用或挪用了建房经费的集体或个人应限期归还，如发现有贪污行为的，在查清情况后，按照情节轻重进行严肃处理。在建房中，还必须注意到青年人数的多少，生活、生产的便利，以及今后婚姻等的需要，不得借兴建下乡青年住房之名，行其它用房之实。

2. 对至今还占用贫下中农的住房，而又迫切要求归还的队仍坚持生产队为主，国家补助为辅的建房原则，按照各地人数每人增拨建房费二十元。由所在青年班的生产队申请，公社审批，报县备案拨款，建成后公社派人验收登记。

以上两点，希各地认真研究，立即进行安排，并将贯彻情况于十二月底报县。

江西省分宜县革命委员会（章）

一九七二年十一月二十七日

抄送：县财金局，存

六八年至七四年二月底安置经费情况统计表

分宜县知识青年上山下乡办公室 74.4.15

68年至74年2月底安置经费情况统计表

68年至73年9月底拨经费			68年至74年2月底		其中（68年至73年9月底）				68年至72年知青在队人数多少
总拨入经费多少	地区拨多少	外县（市）拨多少	共用安置费多少	结余经费多少	贪污	挪用	实存现金	实存现款安置费	
932631	2315	23	814260	118371	1624.65	2681.50			2873

至73年9月底		落实城镇政策转来知青多少	68年以前下乡在队知青多少			74年2月底			73年下乡知青经费多少
生活不能自给多少	没有住房			生活不能自给多少	没有住房	经费存款多少	生活不能自给	没有住房	
2359	2315	23	123	23	23	113504.29	79	79	35040

68年至72年下乡知青在队数，不包括落实城镇政策转来的知青和68年以前下乡知青数。三者总和3019人。

四　九江地区

地区

关于下拨安置经费的通知

（〔69〕赣北部字第 132 号）

各县（市）革命委员会抓革命促生产指挥部：

我区广大下放干部、知识青年和城镇居民，紧跟毛主席的伟大战略部署，在党的"九大"团结、胜利的旗帜指引下，在农村和贫下中农一起遵照伟大领袖毛主席"团结起来，争取更大的胜利"的教导，狠抓革命，猛促生产，在建设社会主义新农村中起了积极作用，同时在接受贫下中农再教育，改造主观世界方面，也取得了一定收获。

为了进一步巩固下放成果，各级革命委员会要进一步高举毛泽东思想伟大红旗，突出无产阶级政治，做好下乡人员的政治思想工作。为了解决他们在生产和生活上存在的一些实际问题，现将省革委下拨我区一九六九年度安置经费全部核拨各地（见附表），请列入一九六九年支出预算，并就有关问题通知如下：

一、安置经费使用范围按省革委赣发〔69〕21 号文件规定执行，所分指标，应按下乡人数、定额标准直接拨给有安置任务的社、队，不准挪用，挪用了的要如数归还，发现贪污安置经费的要严肃处理。经费使用不受时间限制，直到用完为止。

二、这次核拨各地的安置经费，是根据各县（市）精简办公室汇总上报的安置人数，按成户、单身插队及回乡标准计算的〔其中集体所有制下乡人员的经费，是按成户标准以各县（市）上报集体所有制下乡人数的百分之十预拨的，用于解决各地从集体所有制单位所提取经费数不足部分〕。各地和基层结算时，应认真核实下乡人数和安置形式。要注意节约闹革命。

三、这次核拨的安置经费，要从严掌握，计划使用，切实解决下乡人员的实际困难。除适当安排部分经费作为下乡人员的生活补助外，主要帮助解决下乡人员的住房和部分小农具的购置，以利"抓革命，促生产"。

四、核拨各地的安置费，包括施运费在内。六八年下拨原庐山地区的安置经费和安置人数均未包括计算在这次下达的经费内，请庐山镇革委会直接向省革委内务组上报安置人数、形式等有关数字，核报经费。

五、各县（市）之间下乡人员相互调查，安置经费应随同人员带交新安置地点，不得重新领报经费。

附件：安置经费分配表

一九六九年七月二十九日

抄送：专革委办公室，本部内务组、财贸组，专区财政组，专区中心支行

精简安置经费分配表

单位：元

地　区	应拨经费	已拨经费	现在实拨经费	备　注
九江市	326540	212480	114060	
修　水	904750	594340	310410	
武　宁	672550	501150	171410	
永　修	691650	473460	218190	
德　安	640510	184880	455630	
瑞　昌	369800	200970	168330	
都　昌	667100	301980	365120	
湖　口	320570	166680	153890	
彭　泽	485010	285420	199590	
星　子	211500	111340	100160	
九江县	296160	244740	51420	

关于预拨一九七〇年度安置经费的通知

（浔办〔70〕001 号）

各县（市）革命委员会：

遵照伟大领袖毛主席"知识青年到农村去，接受贫下中农的再教育，很有必要"的教导，和省革委《关于一九六九年、一九七〇年中等专业学校毕业生分配问题的通知》精神，今年全区各城镇六九届毕业生约有四千人上山下乡，插队落户；上海六九届毕业生七千人到我区农村参加劳动，接受贫下中农的再教育。为及时做好安置和再教育准备工作，现预拨你地安置经费（见附表）。请遵照毛主席"要节约闹革命"的教导，专款专用，节约使用。

上述经费，列入一九七〇年度安置经费预算。

一九七〇年三月二日

附：预拨一九七〇年安置经费表

1970 年安置经费表

单位：万元

修水县	27	湖口县	1.5
武宁县	3	彭泽县	3.5
永修县	3	星子县	1.5
德安县	4.5	九江市	9
瑞昌县	8	九江县	1
都昌县	8		

抄送：专区财政金融局

九江专区革命委员会办公室　　　　　　　一九七〇年三月三日印发

共印三〇份

湖口县

关于城镇下放居民和知识青年安置情况的调查报告

县委、县革委：

......

180

自一九六八年以来，先后由省、专、县（市）下放我县的城镇居民有396 户、1267 人，其中：九江 24 户、79 人，湖口 148 户、502 人，其它 7 户、23 人，在这些居民中随同带薪人员下放的家属有 277 户、663 人。知识青年 1005 人，其中，上海青年 389 人，九江 222 人，湖口 94 人，分布在全县 15 个公社（场）、99 个大队、422 个生产队，编成了 15 个连队、66 个排、121 个班，在农村插队落户。

流芳公社红山林场，把下放青年的安置经费 220 元和七〇年的劳动报酬，仅得 60 元工具费和一年的生活费，其余长期不给。江桥公社知识青年过于分散，全公社有 28 名下放青年，分布 9 处居住，其中，2 人一队的有 5 处，给这些青年在劳动、学习、生活等方面都带来了很大的困难。最近上海青年邵陆葵，从八月至年底只给了 190 斤稻谷，现在已经断粮三天，到处借米度日，连队要求大队及时给予解决，他说："要粮拿钱到粮站买回供粮，队里口粮不多。"采取一种推出去的办法。

……

舜德公社石岑大队林场，给青年的劳动工分，每天 6.5 分，青年们提意见，有的社员说："你们是来接受贫下中农再教育的，不是来争工分的"同时该场既无贫下中农，又无带班干部。8 名上海青年 4 男 4 女，单间独户，有时大部分青年上水利，剩下一男一女在家，一次深夜出现坏人撬门，这类事情尚未引起当地领导重视。

……

以上报告，如无不当，请批转各地研究执行。

县革委会办公室

一九七二年一月十五日

关于下拨知识青年医药费的通知

各公社革委会：

为贯彻落实中发〔1973〕21、30 号文件精神，根据省《关于知识青年上山下乡若干问题的试行规定》第三条，对以前下乡插队青年每人补助医药费十元。现经研究确定，从现在起对其药费（县掌握 30%，公社 70%）已按现有下乡青年数按规定予以拨给。望公社必须做到专款专用，从严掌握，特此通知。

药费分配如下：

流泗	112	高桥	553
大龙	126	舜德	294
凰村	182	城山	175
张青	196	江桥	147
马影	273	三里	126
付龙	406	五里	476
文桥	238	棉种场	49
流芳	742	合计	4095

湖口县知识青年上山下乡领导小组办公室

一九七三年十月十五日

抄送：县财政局、银行

关于解决一九六八年以来下乡知识青年住房问题意见的通知

……

现就有关问题和经费木材指标，作如下通知：

1. 六八年以来下乡知识青年（包括随同父母下放年满十六周岁留在农村的），尚未解决住房的，按规定平均每人补助建房经费 200 元、木材□立方米，建 8—10 个平方米坚固适用的房屋。

2. 每个青年点集中每人建 8—10 平方米房屋，应包括住房、厨房、仓库、厕所、猪栏。而住房、仓库要求建得质量更好些。

3. 原建有房屋，但从长远和全局考虑，经公社慎重研究，个别青年点需要调整变动时，原建房屋，能拆迁就拆迁，如拆迁不便的，应协商作价卖给当地大队、生产队或个人，并给一定的材料指标。

4. 个别青年点过去建的房屋不坚固，有倒塌危险的，要及时进行修补。

5. 历年拨给建房经费、木材未用或挪用的，应结合这次拨付的经费、材料统一安排使用。

6. 少数青年与当地贫下中农子女结了婚或即将结婚的，其本人要求把房屋建在生产队或爱人家一起，应当允许和支持，经费、材料同青年点集中建房一样拨付，由公社掌握，不能一次付给个人。

7. 青年点建房首先要选好点，建后巩固不变。

8. 建房经费、材料由县一次或多次拨给公社，由公社根据知识青年点原有房屋情况，经研究分期分批拨付。

9. 按缺房每人补助建房经费 200 元，主要是用于购置砖、瓦、木料基本材料之用。

10. 有建房任务的知识青年点，都要建立有干部、青年、贫下中农三结合建房领导小组，加强具体领导管理。房屋结构形式，都要通盘考虑，既要考虑目前单身青年住房方便，又要着眼将来青年结婚后住房的方便。

11. 在规划建房工作中，从始至终要坚持发动依靠群众，自力更生，精打细算，节约开支，做到少花钱，多办事，办好事。

12. 根据上级指示精神，各公社乡办应在所在地银行，设立知识青年安置经费存款专户。下拨的经费和材料，按专款专材使用，超支的没有补，严禁借支挪用，贪污盗窃的从严惩处。

附：分配经费材料表于后

县知青办

一九七三年十一月三日

分配经费材料表

公　社	木材指标（立方米）		预拨经费	
流　泗	5		2000	
大　垅	4		1200	
凰　村	5		1600	
马　影	10		3200	
三　里	12		3000	
文　桥	5	包括做匦架 2 立方米	800	
付　垅	3		2500	（包括凰山渔场、农科所修理扩建）
五　里	11		4000	
江　桥	5		1500	

续表

公　　社	木材指标 （立方米）		预拨经费	
城　　山	4		1300	
舜　　德	6		3000	（包括棉湖场水 淹倒房屋修理）
高　　桥	8		3000	
流　　芳	12.8		4400	
张　　青	4		1200	
	94.8		32700	

关于分配下乡知识青年建房木材的通知

为解决下乡知识青年住房问题，现将国家今年分配我县下乡青年的木材一次分给各公社，由公社再分到需要建房的各青年点做到专材专用，请接通知后于十二月十五日前持公社证明，到县乡取木竹供货通知单到县□□。过期不予供应（杉、杂木按四比六供应）。

分配指标

流泗	5 立方米	江桥	5 立方米
大垅	4 立方米	城山	4 立方米
凰村	5 立方米	舜德	6 立方米
马影	10 立方米	高桥	8 立方米
三里	12 立方米	流芳	12.8 立方米
文桥	5 立方米 （内做匾架 2 立方米）	张青	4 立方米
付垅	3 立方米	合计	94.8 立方米
五里	11 立方米		

湖口县知识青年上山下乡办公室

一九七三年十一月三日

抄送：县林业局

关于清理历年上山下乡知识青年安置经费的意见

（湖乡办字第〔73〕001 号、湖财字第〔73〕044 号）

各公社革委会：

……

根据省乡办、省财政局九月二十八日乡办发字〔1973〕7 号、财行字〔1973〕329 号的联合通知精神，请各公社、大队结合当前党的基本路线教育，严肃认真地对安置经费的使用情况，进行一次全面检查清理。

……

二、对一九六八年以来到今年九月底止共五年来的安置经费数额、用途、效果、资金结存等情况进行全面检查，切实查明每年用于知识青年身上的数字，切实解决了知识青年的生活问题、住房问题和其它问题（附见表）。

……

四、对贪污安置经费的，必须严肃处理，并追回全部赃款，严重的，要追究刑事责任。挪用、借支的，要限期全部归还。

五、要求在一九七三年底清理完毕，将清查情况总结报送我两处各一份。

湖口县知青办

湖口县财政局

一九七三年十一月二十八日

关于下拨七三年下乡知识青年安置费通知

各公社革委会：

根据省委 131 号文件精神规定，对七三年上山下乡知识青年的安置经费按计划分配高桥、舜德、城山、江桥、文桥、付垅、凰村、流泗公社各接受十名知识青年任务，现予拨下乡知识青年费用款 1000 元，使用于购买工具、家具、雨具、炊具和生活补助费。如今年青年未按分配任务交齐，此款即抵老知识青年缺房、建房补助费。款项已由银行汇去，望公社切实做到专款专用，从严掌握。

特此通知。

湖口县知识青年上山下乡安置办公室

一九七四年元月十四日

安置经费清理情况明细表

填报单位：

拨入经费				安置经费的去向							安置费去向总计	说　明
				用于知识青年安置					用于城镇居民	贪污挪用部分		
年	月	日	什么钱	金额	生活费	建房费	农具费	其它	合计				

星子县

安置经费拨付使用情况

星子县安置经费拨付使用情况

拨款单位	1969 年			1970 年			说明
	拨款	支出	结余	拨款	支出	结余	
东风公社	7662.00	5342.43	2319.57	4000.00			
五里公社	5100.00	3050	2050	1500	870	630	
温泉公社	9430	9430	—	2000	2000		
隘口公社	13890			10850	5229.70	5620.30	
蓼花公社	1850	2871		980			
花桥公社	11100	11100		3250			
蛟塘公社	7720	5475	2245	2000			
琴南公社	1625	1550	75	750			
朝阳公社	3350	3840	—	5500	2700	2800	
永红公社	6250	4410	1840	7810	6477.06	1332.94	
县革委	12000	12060.28	—	2980	890	2090	
五七场	500	500	50	2150	2150	—	
东牯山场	1500	1500	—	4850	4850	—	
沙湖山	2750	2750	—	300	300	—	
园艺场	450	450	—	1750	1750	—	
涂山	500	500	—	400	400	—	

拨款单位	1968 年			1969 年			1970 年			说明
	拨款	支出	结余	拨款	支出	结余	拨款	支出	结余	
蚌湖场				1500	1500	—	400	400	—	
茶林场				1950	1950	—	4800	4800	—	
合　计				89130			56270			
县财政局						89635	15000		48365	

要求将子女调入星子县插队的申请报告

经研究同意呈报　七月三日

星子县革委会、内务局负责同志：

　　兹有我女儿陈××系六十九届初中毕业生，于一九七〇年三月由上海市下乡上山指挥部，分配在江西省宁都县插队落户。

　　我本人在大江工作，父女南北相隔千里。另外，原来在宁都县肖田公社务农的任××同学，是我女儿的朋友，本可互相照应，但在去年底，她亦已由宁都调来星子县五里公社红卫猪场务农。因此，我女儿现一人在宁都，路途甚远，在思想上和生活上都觉照顾教育不便，为使与子女有相互照顾的便利，同时也为了能使子女更好地受到督促和加强教育，为此要求你们领导将陈××由宁都调来星子县五里公社红卫猪场务农，希领导给予照顾，同意调来。

　　此致

革命敬礼！

　　注：陈××现插队在江西省宁都县肖田公社××大队×××队。

申请人：陈××

工作单位：新民机械厂

一九七二年五月六日

史主任、程主任同意的。

劳峰开会讲。七二年七月三日

去五里。

上海下乡插队知识青年情况调查表

星子县

公社	分布情况 大队	分布情况 小队	原有人数	招工	升学	参军	迁调	死亡	病退	判刑在押	其它原因	现有人数 男	现有人数 女	入党数 人数	入党数 已上调	入团数 人数	入团数 已上调	参加社队班子数 社	参加社队班子数 大队	参加社队班子数 小队	口粮自给 人数	口粮自给 百分比	全自给 人数	全自给 百分比
永红	1	1	26	16								7	3			2				1	8	80%	2	20%
蚌湖	1	6	10		1		6					1	2			1					3	100%	1	34%
隘口	5	6	24	6	1							9	8			4	1		1		12	70%	3	12%
东风镇	2	2	5	2								1	2								2	70%	—	—
东佑山	3	5	14	6	1						1	5	1	1	1	3	2	1		1	6	100%	5	88%
五里	2	2	19	4								7	8	1		3					12	80%	3	20%
温泉	2	2	10	7				1				1	1						1		2	100%	1	50%
蛟塘	1	1	9	8									1											
花桥	3	3	55	52	1						2													
蔓花	1	1	1										1								1	100%		
养猪场	1	1	1									1												

关于新建知识青年住房和厨房的报告

上山下乡知识青年领导小组：

　　……

　　近年来，我大队落户的知识青年较多，现在在我大队的 14 名知识青年，仅只有 6 间住屋，没有厨房，所以有的知识青年只得到贫下中农家借屋住，为了更好地安排知识青年的生活，为了有利于人员的增加，经大队党支部、革委会讨论同意新建住屋 6 间、厨房 1 间，据仔细核帐，确需资金叁仟贰佰肆拾元，特呈此报告。请批复。详细情况见附表。

礼

红阳大队

一九七三年五月七日

同意。□□上山下乡办公室批准。

一九七三年五月八日

附表

品　名	数　量	单　价	金　额
青　砖	15000 块	60.00	900.00
□　子	12 方	30.00	360.00
□　料	184 根（15 方）		600.00
□	1 立方米		100.00
□	40000	18.00	720.00
泥　工	70	1.80	126.00
木工、锯工	130		234.00
铁钉石灰等			200.00
合　计			3240.00 元

　　注：凡做□用的木工、土砖等由大队自己负担。

关于红阳大队林场新建知识青年住房的批复

朝阳公社：

　　兹有红阳大队林场报来建新知识青年住房的报告，经报请知识青年上山下乡领导小组批准同意该大队报来计划，但木材由公社大队自行解决，在建房前曾报来三总结领导小组（公社、大队、知识青年）负责等工作，另将新建房屋图寄来以便拨款，在筹建房屋中希本着节约原则尽量做到少花钱多办事，把房屋建好，拨给知识青年使用。

特此批复。

江西省星子县革命委员会政治部"五·七"大军办公室

一九七三年五月十六日

历年知识青年安置经费拨款统计表

历年知识青年安置经费拨款统计表

单　位	财政拨款							县革委转拨			
	68 年	69 年	70 年	71 年	72 年	73 年5 月止	合 计	68 年	69 年	72 年	合 计
东风镇			4200	2550	2820	2950	12520			600	600
五　里		5100	6150	1250	10170	5400	28070	1835	400		2235
温　泉		9430	4500	500	750	250	15430	470	1300		1770
隘　口	13898	24290	1800	6150	4540		50678	9117	500		9619
朝　阳		3350	15700	2000	350	3200	24600	8008	500		8508
永　红		6250	28560	1400	1920	1657	39787	1900	500		2400
沙湖山		2750	300	3400	200	150	6800	1451.20	500		1951.20
蛟　塘		7720	2000	1312	800	350	12182	4000	1000		5000
横　塘						300	300				
花　桥		11100	3600	500	350		15550		1400		1400
琴　南		1625	750	520		50	2945	1109	1400		2509
蚌　湖		1500	400	200	3000	100	5200	259			259
蓼　花		1850	980	100		150	3080	3203	500		3703
东牯山		1500	5750	300			7550	359			359
涂　山		500	400				900	2992			2992
农科所								418			418
商业局										15760	15760
农业局					300		300				
劳动局	5000						5000				
县革委	36838	11895	5980	1500	18214	1200	75627				
东风公社		10662	12700				23362				
合　计	41838	89130	116260	17332	45024	20297	329881	35121.20	8000	16360	59481.20

注明：县革委转拨数已包括在财政拨款之内，统计全县总数时，不应重复。

安置经费拨款通知单

（编号：49）

蚌湖公社革委会：

　　根据省革委〔73〕131 号文件精神，下放在你社享受安置费的知识青年有　　人。我们十二月廿日从银行汇给下放知识青年安置费柒佰肆拾壹元，请你们查实，按规定发放使用。

　　此致

　　注：建房费 660 元、农、家具 45 元、学习、医药费 36 元。

星子县革委会乡办

一九七三年十二月二十日

抄送：县财政编

一九七一年、一九七二年知识青年班建房情况统计

知识青年班建房情况统计表

星子县（市）　　　　　　　　　　　　　　　　　　71 年 12 月 17 日

项目 数目 公社	建房情况				计划建房				备注
	已　　建			使用经费 （元）	幢数	间数	平方米	所需经费 （元）	
	幢数	间数	平方米						
永红公社	7	30	860	10400	7	37	1800	15000	
其中:青山排	4	20	600	6400	3	15	450	6400	
红心排	1	5	140	2000	1	5	150	2000	
燎原排	2	5	120	2000	1	5	150	2000	
攀忠排					1	6	180	2300	
三忠排					1	6	180	2300	
温泉公社	1	10	140	2500					

请在本月 7—8 号以前报来我室，以便 20 号报九江地区。

知识青年班建房情况统计表

星子县（市）　　　　　　　　　　　　　　　　　　　　　1971 年 12 月 18 日

项目 数目 公社	建房情况				计划建房				备注
	已　　建			使用经费 （元）	幢数	间数	平方米	所需经费 （元）	
	幢数	间数	平方米						
五里公社	1	12	250	2500	—	—	—	—	
东风镇公社	—	—	—	—	1	6	100	1000	
温泉公社	1	12	250	2500	—	—	—	—	
隘口公社	5	60	1200	1200	—	—	—	—	
朝阳公社	4	48	1000	10000	—	—	—	—	
永红公社	6	72	1500	15000	—	—	—	—	
	17	204	4200	42000					

知识青年班建房情况统计表

＿＿＿县（市）　　　　　　　　　　　　　　　　　　　　72 年　　月　　日底统计

项目 数目 公社	建房情况				计划建房				备　注 为 73 年 下放知青 建房拨款
	已　　建			使用经费 （元）	幢数	间数	平方米	所需经费 （元）	
	幢数	间数	平方米						
隘　口	11	69	1501						10900 元
朝　阳	3	18	600	12000					8000 元
永　红	9	59	934	15000					13000 元
五　里	2	28	460	15500	2		3000		3300 元
温　泉	2	10	100	2500	1		400		3080 元
东风镇	2	6	175	6300	1	8	230		220 元
蛟　塘									2967 元
琴　南									2200 元
花　桥									4400 元
横　塘									2200 元
蓼　花									3300 元
沙湖山									10760 元
蚌　湖									660 元
合　计				3770			570M		

74 年 4 月 9 日上报是 340M，少报 3230M，为 73 年下乡青年新建只报 1140M。

武宁县

关于下拨七二年以前上山下乡知识青年建房补助款的通知

各公社（场）革委会：

省委〔1974〕24 号、浔发〔1974〕43 号文件指出："一九七二年以前下乡青年没有住房的，应在今冬明春加以解决。"为了迅速采取措施，认真落实，县委根据省、地委指示精神，优先在财政预算中拨付七二年以前下乡知识青年建房补助款一部分，经研究决定，这次拨款 41700 元，分给各公社掌握使用（详见附表）。

……建房要有全面规划，下乡青年居住分散的，要适当调整集中。要保证建房质量，坚固适用，对原先建房要进行一次清理检查，质量差的要进行修理或重建。对建房经费的使用，必须做到安排得当，管理严密，节约使用。建房用工，实行队建公助，发动贫下中农和知识青年共同解决。为知识青年所建房屋要造册登记，建立严格管理制度，任何单位和个人不得擅自占用。全面规划建房情况，各地应向县汇报一次。

特此通知。

武宁县革命委员会

一九七四年十月十一日

抄送略

1972 年以前上山下乡知识青年建房经费分配表

地 区	预拨金额	备 注	地 区	预拨金额	备 注
石门公社	4000		干楼公社	1000	
罗溪公社	5000		清江公社	4000	
黄段公社	7000		石渡公社	2000	
船滩公社	3500		宋溪公社	2000	
涅溪公社	3000		罗坪公社	1500	

地 区	预拨金额	备 注	地 区	预拨金额	备 注
莲花公社	2000		南岳公社	200	
大洞公社	700		东林公社	200	
路口公社	2000		严阳公社	400	
横路公社	1500		安乐林	200	
新宁镇	1500		合 计	41700 元	

关于知青经费、房产清理情况的报告

县委、县革委：

根据上级指示，经县委领导同意，我们组织了七人三清小组，于三月底起至六月中旬止，用了 80 天时间，除东林、南岳、温汤、伊山、严阳公社外，对全县 20 个公社（场、所）的知青经费和房屋财产，进行了一次全面系统的清理。现将清理情况和处理意见报告如下：

（一）

……

首先，查清了知青经费。清经费，我们采取查帐目，对单据，逐年查，逐项对，查清了七三年十月以来至七九年底止，全县共下拨各项知青经费 784506.43 元（其中七三年十月前财政下拨知青经费转入 39414.12 元），共支出 733940.94 元（其中建房补助 333354.39 元，生活补助 259115.95 元，农家具补助 49082.08 元，其它费用 88993.79 元），共结余 50565.49 元。到今年五月底止，还结余知青经费 37346.28 元。除新宁镇公社外，其余均有结余，结余最多的涅溪公社有 6901.97 元。大多数公社帐目清楚，手续齐全……杨洲、黄段、船滩等公社还实行了分户建帐，单独管理。知青经费大都做到了专人管、专项用。罗溪公社先后有 6 名既不属集体插队，又不属回农村老家的下乡知青，曾多次要求补发建房费，公社党委和知青办坚决按照上级文件精神办事，坚持不予补助，杜绝了这笔不合理的开支。

其次，摸清了知青房产。在清理知青经费的同时，对知青房屋财产，我们采取内查外调，看一栋，查一栋，登一栋，做到了一栋不漏，一栋不错。全县共查登了知青房屋 157 栋、1143 间，计 25424m²，共投资 520967.71 元，其中知青建房补助费投资 308371.95 元，知青移民建房费 79071.70 元。建房最多、投资最多的黄段公社有 30 栋，投资达 94612 元。知青房屋质量多数都比较好，将近一半砖木结构，还有一部分土砖结构。质量最好的幸福公社，7 栋知青房屋全部砖木结构。质量最差的船滩公社，17 栋知青房屋，有 15 栋干打垒平房，有 14 栋半空房。对这些知青空房，公社已组织力量，分别进行了作价处理。他们采取有现款的收现款，无现款的向公社打欠条，作计划，分期归还，或从退库粮款中扣回房款的办法。他们已处理 10 栋半，收回现金 1900 元。到现在止，有船滩、黄段、石门、石渡、幸福五个公社处理了一些空房，共处理 20 栋半，收回卖房款 10250 元。

……

（二）

工作中，发现知青经费和财产管理上也存在一些问题，主要是：

1. 空房较多，多数尚未及时处理。在已清理的 157 栋房屋中，尚有 83 栋无知青居住，无人管理。有的门窗楼板被撬；有的上漏下湿，破烂不堪；有的多年失修，还有倒塌危险，如不及时处理，给国家造成损失不堪设想；有的想买但无钱；有的说，知青走后欠我们队里钱，我们不买你也搬不走；有的质量差没人要，无人过问，等待上级处理。

2. 擅自拆毁知青房屋。据调查，有幸福、杨洲、宋溪、干楼公社以及罗溪公社坪港大队和莲花公社湖边一队，未经主管部门批准和同意，将知青房屋 11 栋拆毁，换取材料和改建公社职工宿舍、电站、学校和仓库，房屋价款分文未交付给国家。

3. 贪污挪用。三清中，发现贪污知青经费案二起，金额 157 元。石渡公社原下放干部彭××以少报多，贪污知青移民经费 90 元。船滩、石渡、杨洲、大洞、罗坪公社以及个别公社干部，长期挪用知青经费 3099.03 元。如船滩公社挪用知青经费 1757.10 元，垫付公社机动粮款和广播器材款。还有七个公社干部借支知青经费 131.64 元。大洞公社帐面结存知青经费 676.95 元，银行存款分文未有，长期被社办企业占用。杨洲公社有三个干部利用工作之便，未经批准长期借用知青经费 160 元，其中知青工作干部一人就长期借用知青经费 100 元。

4. 不合理开支和任意扩大开支范围。幸福公社七六至七七年两年期间，召开知青会议七次，开支吃喝经费 1637.18 元，其中一次知青家长会就用去吃喝经费 972.92 元。罗溪公社在今年二月份将 2000 元知青经费，拨给梅山茶场作七九年社员年终分配开支。干楼公社在今年拿出知青经费 780 元，开支以前年度带班贫下中农师傅工资。据统计，出现不合理开支共有五个公社，金额达 3120.33 元。

......

（三）

......

武宁县知青办

武宁县财政局

一九八〇年六月十四日

抄送略

五 上饶地区

地区

关于做好上海知识青年安置工作的通知

（〔69〕饶生教字第085号）

各县（市、镇）、社（场）革委会：

在伟大领袖毛主席最新指示号召下，一月风暴的策源地、英雄的上海市应届初、高中毕业生（包括半工半读）5000人，将于三月七号至二十号先后到达我区各地插队、安家落户。各级革委会，各地贫下中农和革命群众，必须按照省革委会抓革命促生产指挥部〔69〕赣部内字第8号文件指示，抓紧作好安置准备工作，并组织热烈欢迎。现将有关事项通知如下：

一、学生在上海出发日期及下火车地点（列表）

接收县	学生人数	上海出发日期	下车地点
婺　源	600	3月15日	浙江巨县
德　兴	400	3月20日	上饶市
波　阳	600	未　定	未定
万　年	500	3月11日	鹰潭
余　江	500	3月7日	余江
余　干	400	3月11日	鹰潭
贵　溪	400	3月7日	贵溪
弋　阳	500	3月20日	弋阳
乐　平	400	3月15日	弋阳
横　峰	200	3月17日	横峰
铅　山	300	3月20日	横峰
上饶县	200	3月20日	上饶市

上海出发时间可能有变动，到时另行电话通知。

下放学生下火车时的欢迎接待和转运时的欢送活动。不管是下放到本县的或外县的，一律由所在地革委会组织欢迎欢送。接收县应派领导干部组织转送工作。

三、下放学生下火车后的转运安排

婺源县由浙江巨县派出汽车运送。（待联系确定）

德兴县、上饶县由上饶市与各县共同组织汽车转送，请县市自行联系。余干县、万年县，由鹰潭镇和各县共同组织汽车转送，请县、镇自行联系。

乐平县及其它铁路沿线各县的转运车辆均自行安排解决。

波阳县待定。

铅山县若自己解决运输有困难，由运输局协助解决。

四、在下放学生到达以前，各接收单位应作好生活安排，如房子、床铺等，并积极做好开办学习班的各项准备工作，应指定下放干部与贫下中农共同负责办好下放学生到队后的毛泽东思想学习班，同时尽快作好下放学生参加劳动生产的安排。

江西省上饶专区革命委员会抓革命促生产指挥部（章）

一九六九年二月二十四日

抄送：省革委会、上海市杨浦区革委会

关于下拨上海知识青年安置经费的通知

（〔69〕饶生教字第047号）

各县革命委员会抓革命促生产指挥部：

上海知识青年三月份将陆续来我区农村安家落户，这是贯彻执行毛主席"备战、备荒、为人民"的伟大方针，落实毛主席一系列最新指示，夺取无产阶级文化大革命全面胜利的重要内容，也是一项光荣艰巨的政治任务。各级革命委员会必须高举毛泽东思想伟大红旗，突出无产阶级政治，切实把这项工作做好。现将安置经费拨给你县（见附表），以解决他们生产、生活、住房等各方面的经费开支。此项经费列入一九六九年支出预算。各地应遵照毛主席"要节约闹革命"的指示和自力更生、艰苦奋斗的精神，进行妥善安排，做到计划开支，节约使用。

　　附件：上海知识青年安置经费分配表

　　　　江西省上饶专区革命委员会抓革命促生产指挥部（章）
　　　　　　　　　　　　　　　　　一九六九年三月十二日

　　抄报：省革委会抓革命促生产指挥部、内务组、财贸组

　　抄送：本部财贸组、教卫内务组，专区财政局，专区人民银行，各县革委会精简领导小组办公室

上海知识青年安置经费分配表

县别	金额（万元）
上饶县(200人)	3.0
横峰县(200人)	3.0
铅山县(300人)	4.5
弋阳县(500人)	7.5
贵溪县(400人)	6.0
余江县(500人)	7.5
余干县(400人)	6.0
万年县(500人)	7.5
乐平县(400人)	6.0
波阳县(600人)	9.0
德兴县(400人)	6.0
婺源县(600人)	9.0
	（如有后加任务的县，另再拨款）
合计(5000人)	75.00

关于分配上海知识青年插队落户的通知

（饶发〔70〕59号）

德兴、弋阳、贵溪、婺源、铅山、玉山、横峰县革委会：

　　遵照伟大领袖毛主席的教导，今年一月十六日省革委会分配我区安置上海市知识青年10000名，专区革委会于一月十七日分配到六个县（即：波阳2500名，乐平2000名，余干1000名，万年2000名，余江2000名，德兴

500 名）插队落户，各级革委会在接待、安置上海知识青年的工作中非常重视，使全区安置工作于四月十八日胜利地完成了任务。

为了认真贯彻执行伟大领袖毛主席"知识青年到农村去，接受贫下中农的再教育"的指示，省革委会又于八月十五日分配我区安置上海知识青年 4000 名，经研究决定分配去德兴 600 名，婺源 800 名，贵溪 1000 名，弋阳 1000 名，铅山 200 名，玉山 200 名，横峰 200 名。其中贵溪县预留 100 名机动数，以便照顾去这次非安置县插队落户；弋阳县预留 100 名机动数，以便安置非我区的接收区的上海青年。希婺源等 7 个安置县迅速将任务落实到公社、大队、生产队，并将落实到社、队的人数在九月五日前报专区革委会办公室内务组一式两份。为了做好接待、安置上海知识青年的工作，必须做好政治思想、组织制度、生活安排等落实工作，有关接待、安置的工作办法，可参照一九七○年二月二十日省革委会赣办〔70〕21 号文件执行。赴上海接收日期另行通知。为了做到"五统一"，凡是没有分配安置上海知识青年任务的县，未经专区革委会同意，不能自行接收、安置。

以上通知，希各地认真贯彻执行。

江西省上饶专区革命委员会（章）

一九七○年八月十八日

抄报：省革委会内务组、"五·七"大军领导小组办公室
抄送：各县（市、镇）革委会、上海市革委会下乡上山办公室
上饶专区革命委员会办公室印发　　　　一九七○年八月十九日

关于预拨接收安置上海知识青年四千名安置经费的通知
（饶办〔70〕22 号）

婺源、德兴、弋阳、贵溪、玉山、铅山、横峰县革委会办公室：

遵照伟大领袖毛主席关于"知识青年到农村去，接受贫下中农的再教育，很有必要"的伟大教导，最近将有一批上海知识青年分配去你县插队落户，接受贫下中农的再教育。为了及时解决安置工作中的实际问题，现预拨给你们部分安置经费（详见附表），希遵照毛主席"要节约闹革命"的教导，专款专用，节约使用。

201

此外，我室三月十一日饶办〔70〕4号文预拨婺源县安置上饶市69届毕业生安置经费4500元，因学生未去，对于这笔经费可并入这次接收安置上海800名知识青年的安置经费内使用。

上述经费，列入一九七〇年度安置经费预算。

附：预拨安置经费表

上饶专区革委会办公室

一九七〇年九月十五日

抄送：专区财金局，婺源、德兴、贵溪、弋阳、横峰、铅山、玉山县财政局

预拨安置经费分配表

单位：万元

地区	人数	经费
婺源	800	8
德兴	600	6
弋阳	1000	10
贵溪	1000	10
玉山	200	2
铅山	200	2
横峰	200	2
合计	4000	40

关于增拨插队落户人员安置经费的通知

（饶办〔70〕24号）

各县（市、镇）革委会办公室：

遵照伟大领袖毛主席关于"知识青年到农村去，接受贫下中农的再教育，很有必要"的伟大教导，今年从上海等地来了几批知识青年在我区农村插队落户，接受贫下中农再教育。为了切实解决插队知识青年和城镇居民在安置中的实际问题，曾预拨各地一部分安置经费。现根据各地报来的下放

人数，经我们核实，按今年实际到各县插队落户人数，扣除预拨金额，再增拨各地部分安置经费（详见附表），希各地按照中共中央 26 号文件第七条精神，加强安置经费的管理，做到专款专用，节约使用。

此外，希各地将几年来安置经费使用情况进行一次全面检查、清理，于七一年元月十日前将检查结果和安置经费的支出，余额报考专区安置"五·七"大军办公室。

附：安置经费分配表

上饶专区革委会办公室

一九七〇年十二月二十四日

抄送：专区财金局、各县"五·七"大军办公室

插队落户人员安置经费分配表

单位：元

县　　别	69 年度插队知识青年		70 年度插队知识青年		城乡居民		1970年度已预拨金额	这次下拨金额	说　　明
	单身	回乡	单身	回乡	单身	城户			
波阳县			2525				450000	55600	
万年县			2006				360000	41200	1. 这次下拨金额是根据各县已报来的插队落户人员名单扣除预拨数等于这次下拨。上海知识青年大部分县未报名单，根据在上海出发到各县的数字计算。
余干县			1014				180000	22800	
余江县			2012				360000	42400	
横峰县			208				20000	21600	
玉山县			203				20000	20600	
鹰潭县			97	19				20160	2. 知识青年成户插队的，列入城市居民成户内。
婺源县			350				84500		3. 12 月 10 号上海来我区插队的知识青年已计算在内。
德兴县	311		1158		17	76	150000	181550	
贵溪县	31		843	11		11	100000	74790	4. 插队知识青年安置经费计算标准：1968、1969 年度安置的每人 150 元，1970 年度安置的每人 200 元，回乡的 40 元，城镇居民 100 元。
弋阳县	88		899				113600	78200	
广丰县		3						120	
上饶县		9	25					5360	
上饶市	66	3						10020	
铅山县	101		199				23900	21050	
乐平县			2109				360000	61800	
合　计	589	15	385	30	17	87	22320000	613250	

续表

项目 县别	今年下乡人数				预拨经费 （元）	注　明
	本　县	上　海	上　饶	小　计		
婺源县	388	700		1088	95000	
鹰潭镇	626			626	50000	
五府山		200	100	300		经费已预拨
武夷山		200	100	300		经费已预拨
合　计	6488	5000	1000	12488	1000000	

关于增拨一九七三年度下乡知识青年安置经费的通知

（饶乡办〔1974〕009 号、〔74〕饶财预字第 021 号）

各县（市、镇、场）乡办、财政局：

经研究增拨一九七三年度下乡知识青年安置经费七十七万五千元（详细分配见附表），该项经费列为今年度预算计划之内。这次下拨经费中扣除了部分县在去年购买拖拉机的欠款（请见附表中说明），请你们迅速追回购拖拉机的生产单位的欠款，保证安置经费的专款专用。

同时，请各县将一九七三年度下乡知识青年的人数进行一次统计，并编造下乡知识青年花名册，及为七三年下乡知识青年多建房面积（以平方计算）、金额和添置家具件数、金额，于四月中旬上报地区，以便结算。

江西省上饶地区革命委员会知识青年上山下乡办公室（章）
江西省上饶地区财政金融局（章）
一九七四年四月六日

抄报：省乡办、财政局

关于预拨住房补助款的意见函

省革委会知青办、省财政局：

我区六八年前直接下放到地、县级国营农、林场现有人数 1213 人。六八年至七二年直接下放到地、县级国营农、林场的现有人数2313人（上海直接安置到场的664人），其中目前尚未解决住房的有1446人。以上数字是最近报上未核实的，请省给予拨给补助款。

特此报告

上饶地区革委会知青办／（章）

上饶地区财政金融局

一九七四年九月十四日

上饶地区 1972 年以前城市人口下乡安置经费结算表

项　　　目	金　　额	说　　　明
一、1968—1973 年 9 月预算数	20349981	包括 1967 年结转数，不包括集体经济下放人员补助费
1968—1973 年 9 月支出数	18028632	地区知青办、财政局联合上报数，已扣除贪污、挪用 223959 元
1. 知识青年安置费	8639060	安置 44256 人
2. 居民安置费	9389572	安置 96913 人
1973 年 9 月底结余	2321349	
二、按规定需补拨知识青年经费	7656300	1973 年 9 月底实有人数 37531 人
1. 建房补助费	5216800	26084 人没有住房
2. 生活补助费	2439500	24395 人生活不能自给
三、追加知识青年补助费预算	5334951	
原已追加	3600000	
此次追加	1734951	

关于结算一九七二年以前城市人口下乡安置经费的通知

（饶乡办〔1974〕25 号、〔74〕财预字第 113 号）

鹰潭各县（市、镇）知青办、财政局：

根据你们编报的一九七二年以前城市人口下乡安置经费使用情况表，审核批复如下：

一、你县一九六八年至一九七三年九月底止，属于一九七二年以前城市人口下乡安置费结余款－971 元，其中知识青年安置费结余－1671

元，居民安置费结余 700 元。结余款均按你县财政局八月底函告的数字
为准。

二、你县一九六八年至一九七二年下乡知识青年没有住房的有 656 人，
需建房补助费 131200 元，生活不能自给的有 363 人，需生活补助费 36300
元，合计 167500 元。经审查研究决定，此项补助费除应由你县安置费结余
1671 元，和七四年已追加的 108000 元（属七二年以前的知识青年安置费）
抵拨外，再扣除你县贪污挪用款　　元、代垫购拖拉机款 171.69 元，此次实
际增拨你县知识青年安置费 60999 元，列入你县（市、镇）一九七四年预
算，专款专用，切实用于解决一九七二年以前下乡青年的住房和生活困难问
题。

三、根据与省结算情况，凡原编报未建房人数和生活不能自给人数超过
总人数 60% 以上的，这次结算均按总人数的 60% 核算，编报低于总人数
60% 的，仍按原报数为准。

四、你县已查明安置经费被贪污、挪用的　　元，必须责成有关单位和人
员彻底退赔，并依靠群众继续进行清查处理。

此复。

江西省上饶地区革命委员会知识青年上山下乡办公室（章）

江西省上饶地区财政金融局（章）

一九七四年十一月二十日

附件：各县（市、镇）一九七二年以前城市人口下乡安置费结算表

铅山县

关于知青安置工作的会议纪要

工作会

时间：十一月十八日上午

会议内容：

新安青马大队叶家桥上海知青 6 人，经过与当地研究，每人按 12 个平
方计划做房间，要树 $3m^3$，钉 10 斤，需用经费 2500 元（石木工资 400 元）。

研究决定：同意拨款 2000 元，树 3m³、钉 10 斤。

新安洲上大队知青 14 名（包括落实政策子女 2 人），建房大小 130 个平方米，建房需用经费 3761 元，杉木 2.5m³、杂木 3m³、瓦 1 万块、石木工资 750 元

研究决定：同意拨款 3200 元，杉木 2.5m³、杂木 3m³、元钉 25 斤。

陈坊荆林大队知青 7 人（另外两个住石村）。

研究决定：拨款 2500 元，木头不要，钉 20 斤。

石塘、港背、卢里知青（上海）4 人，其中已婚 2 人，余 2 人，□□四间。

研究决定：拨款 1500 元，杉木 2m³、钉 10 斤。

石塘梁店上海知青 4 人。

需用建房材料：杉木 2m³、钉子 20 斤、石灰 6000 斤、瓦 6000 块、石木、工资 150 元，总共 1100 元。

研究决定：拨款 1000 元，杉木 2m³、钉 10 斤。

以上共计需要拨款 10200 元。

地区下拨的树木指标中，我们打算要 100 个 m³ 下拨，余留待明年。七四年十一月二十九日已向余××副书记、办公室李主任作了汇报。汇报之后，余副书记表示同意拨款，以便解决下乡青年住房问题。

……

13. 邱××，下放高安县村□公社，上海知识青年，要求来铅山县畜牧良种繁殖场。该场已同意。

研究决定：据说余××书记答应的，请示以后再定。

14. 余××，上海知识青年，下放在万安县罗塘公社村背大队，要求迁入□□落户。

研究决定：暂不同意迁入。

工作会议

时间：一九七三年十月二十四日下午

地点：办公室

会议内容：

徐××同志：上海来的 200 个学生如何分法？

篁碧：上饶学生 25 人。

天柱山：按原来分的，不变。

港东：上饶学生 25 人。

永平：上海学生 20 人。

八都：上饶学生 25 人，上海学生 25 人。

石塘：上海学生 25 人，上饶学生 25 人。

紫溪：上饶 15 人，上海 25 人。

石溪：上海学生 20 人。

鹅湖：上海学生 25 人。

福惠：铅山学生 19 人，上饶学生 25 人。

上海学生 20 人。

新滩：上饶学生 20 人。

新安：上海学生 20 人，上饶 30 人。

汪二：上海学生 20 人，上饶学生 30 人。

湖坊：上饶学生 40 人。

陈坊：上饶学生 20 人。

汪二场：上饶学生 20 人。

以上上饶学生 300 人，上海学生 200 人。

工作会议

七三年十月二十八日上午

这次下乡青年总数 827 人，其中本县女 152 人，男 327 人，余为上海、上饶等。

……

上海 200 人，分九处：永平社 25、八都 25、福惠 20、新安 25、汪二 25、□英 10、□□□

上饶 300 人：其中篁碧 25、港东 25、八都 25、石塘 25、石溪 15、福惠 25、新滩 20、新安 30、汪二 25、湖坊 40、陈坊 20、汪二场 25。

带队干部，县里面下去的学生是 320 多人，每 25 人中有一个干部，分配 13 个干部。

经费问题：按实有每人拨安置费 100 元（包括原下拨的安置费 50 元）。

贵溪县

关于下拨上海知识青年安置经费的通知

各公社（场）革委会：

上海知识青年已于三月上旬来我县农村安家落户……现将安置经费拨给你社、场（见附表），以解决他们生产、生活、住房等方面的经费开支。与此，并希望你们遵照毛主席"要节约闹革命"的指示和自力更生，艰苦奋斗的精神，进行妥善安排，做到计划开支，合理使用。

附：上海知识青年安置经费分配表

贵溪县革命委员会精简安置办公室（章）

一九六九年四月十一日

抄送：县抓革命促生产指挥部、县财政金融革委会

上海知识青年安置经费分配表

社(场)别	金额(元)	备 考
耳口公社(54人)	8100	
上清公社(49人)	7350	
余家公社(50人)	7500	
文坊公社(50人)	7500	
塘湾公社(39人)	5350	
罗塘公社(28人)	4200	
雄石公社(10人)	1500	
志光公社(30人)	4500	
泗沥公社(30人)	4500	
河潭公社(30人)	4500	
周坊公社(30人)	4500	
合　计	60000	

注：如有后加任务的社（场），另再拨款。

关于分配上海知识青年插队落户的通知

（贵发〔70〕88 号）

各公社、场革命委员会：

为了认真贯彻执行伟大领袖毛主席"知识青年到农村去，接受贫下中农的再教育，很有必要"的指示，专区革命委员会又于八月十八日分配我县安置上海知识青年 1000 名的任务。现经研究决定分配：周坊公社 130 名，泗沥公社 120 名，河潭公社 150 名，志光公社 100 名，上清公社 100 名，耳口公社 100 名，塘湾公社 90 名，文坊公社 50 名，余家公社 50 名，白田公社 50 名，东方红林场 30 名，上清林场 30 名，希望上述有安置任务的社、场迅速将任务落实到大队、生产队，并将（原件缺失）

关于上海知识青年安置经费使用意见的通知

各公社（场）革委会"五·七"大军办公室：

……

最近，又有七百六十多名上海知识青年，满怀革命豪情来到了我县农村插队落户……根据中央〔70〕26 号文件中的"国家拨给的安置经费必须确实用在下乡知识青年的生产、生活上面"的精神，特对这次新下放的上海知识青年安置经费使用的问题提出如下意见：

1. 安置经费的标准按上级规定仍为每人 150 元，由县按人数、定额拨给公社"五·七"大军办公室掌握，分期下拨至生产队三结合（即贫下中农代表、带班干部、知识青年代表）再教育小组具体管理使用，做到细水长流，计划安排，经济民主，要杜绝随便挪用、克扣、任意挥霍浪费，甚至贪污等不良现象发生。

2. 下放在集体单位的知识青年从到达生产队时起后 10 个月内，其生活费用从下拨的 150 元安置经费中开支，以每人每月 11 元，其中 9 元作为集体生活经费，2 元发给个人零用。其余主要用于为知识青年修建住房、添置生产和生活用具。在此 10 个月内，知识青年的劳动收入归其自己所有，作为他们今后达到生活上三自给的必要积累。

3. 下放在全民单位的知识青年，其生活费用按每人每月 16 元发给（发放办法：一是直接全部发给本人由他们自行支配使用；也可以采用扣除基本伙食费后再发给其零用经费），其劳动收入归单位所有。一年后的工资待遇由所在单位按上级政策规定办理。

4. 按照中央〔70〕26 号文件规定，知识青年的口粮标准应当不低于当地单身劳力的实际吃粮水平。他们的菜地、烧柴和疾病治疗等问题，应该与当地社员同样对待。

以上通知，希研究贯彻执行。

县"五·七"大军办公室/（章）

一九七〇年十一月十三日

关于接待、安置第二批上海知识青年情况汇报

县常委，并省、专"五·七"大军办公室：

遵照伟大领袖毛主席关于"知识青年到农村去，接受贫下中农的再教育，很有必要……各地农村的同志应当欢迎他们去"的教导，我们于十月二十一日接来了第二批上海知识青年 765 名（其中：男 327，女 438），并于当天全部送到了各公社、大队、生产队。

这次来的 765 名知识青年，主要是上海市卢湾区的六六、六七、六八、六九届初中、高中毕业生。年龄最大的二十五岁，最小的十七岁。765 名知识青年共编为 112 个班（其中：新设班 71 个，新老结合班 41 个），分别安置在我县的周坊、志光、泗沥、白田、河沄、上清、耳口、余家、圹湾、文坊、东方红场、上清林场等 12 个社（场）。

由于上海市各级党组织和革委会动员知识青年上山下乡做了大量的政治思想工作，给我们这次接待、安置工作打下了良好的思想基础。

（一）

这次接待、安置工作成绩是主要的，基本上做到了四满意（领导满意、贫下中农满意，护送人员满意，知识青年满意）。能够取得这样的成绩，主要是：

1. 狠抓根本，用毛主席的最新指示和中发〔70〕26 号文件武装头脑，提高再教育工作的自觉性。第二批上海知识青年来我县插队落户的通知下达后，我们自始至终狠抓了毛主席最新指示和〔70〕26 号文件的落实。九月十日至十八日，在县革委会的主持下，在泗沥公社召开了"全县落实中央

213

〔70〕26 号文件现场讲用会"，大造了革命舆论，交流了经验，树立了落实毛主席最新指示和〔70〕26 号文件，做好知识青年工作的典型。会后，各公社、大队相继举办了学习班，召开了讲用会，组织现场参观，反复宣传、落实毛主席关于"知识青年到农村去……各地农村的同志应当欢迎他们去"的最新指示和〔70〕26 号文件精神，使各级领导和贫下中农认识到：知识青年到农村去，接受贫下中农的再教育，是毛主席的伟大战略部署，是搞好城乡斗、批、改，建设社会主义新农村的需要，是反修防修、巩固无产阶级专政、培养无产阶级革命事业接班人的百年大计、千年大计、万年大计，从而大大提高了广大干部和贫下中农的阶级斗争和路线斗争觉悟，提高了做好再教育工作的自觉性，推动了接待、安置工作。泗沥公社赤石大队胡家生产队广大干部和贫下中农学习毛主席最新指示和〔70〕26 号文件……克服了"怕麻烦、增负担"等错误思想，调动了干部和群众的积极性，在很短的时间内就做好了全部接待安置工作。他们说："知识青年来插队，这是毛主席他老人家对我们贫下中农的最大信任，我们一定要挑起再教育重担，为革命培养和造就千百万无产阶级革命事业接班人！"

2. 领导重视，亲自抓。伟大领袖毛主席教导我们："政治路线确定之后，干部就是决定的因素。"我县各级党组织和革委会对这次接待、安置工作非常重视，做到了"一把手亲自抓，分管同志具体抓，其它委员结合抓，有关部门配合抓"。县革委会常委两次开会专门研究这项接待、安置工作，还派了由内务组负责人吴××同志带队的 10 人小分队赴上海搞接收工作。各公社也多次召开常委会和大队、生产队干部会，研究接待和安置工作。白田公社召开了三次常委会，几次电话会；泗沥公社通过抓安置工作典型，推动了全公社的接待、安置工作；圹湾公社革委会主任在县里开会，听到上海知识青年二十一日要来，连夜打电话给家里的常委，要求把被水冲垮的金屯桥修通，公社接电话后，连夜组织了二百多人抢修，保证了第二天载知识青年的汽车顺利通行；河浒公社革委会副主任陈××同志亲自给知识青年挑行李，各大队、生产队革委会负责人都亲自接待，亲自挑行李；周坊公社、耳口公社还把上海知识青年接到公社办了二天学习班，反复学习、宣传毛主席的"五·七"指示，大讲农村的大好形势和远景，请贫下中农讲"三史"，上阶级教育课，请老战士介绍接受贫下中农再教育的体会，收到了很好的效果。志光公社革委会，多次开会，检查接待、安置落实情况。由于领导重视，层层有人抓，事事有人管，使这次接待、安置工作做得深入、扎实，给上海知识青年鞭策鼓舞也很大。

3. 发动群众，依靠群众。毛主席教导说："什么工作都要搞群众路线运动，没有群众运动是不行的。"我们这次接待、安置工作之所以做得深入细致，有成效，其重要原因之一，就是发动群众、依靠群众、大搞群众运动的结果。我们通过办学习班、开讲用会、抓典型等方法，在群众中大力宣传毛主席关于"知识青年到农村去"这一最新指示的意义，激发了广大干部和贫下中农对毛主席的深厚无产阶级感情，提高了做好再教育工作的自觉性，增强了责任感。广大贫下中农把接待、安置工作看成是毛主席交给的一项光荣任务，勇敢地挑起了再教育工作的重担。从组织领导到具体分工负责，从住房问题到柴米油盐问题，从敲锣打鼓迎接到深入细微的政治思想工作，贫下中农都按照毛主席的指示，一样一样落实，一字一句照办，在各方面做了全面的、充分的准备。志光公社塔桥大队白坂生产队党支部书记带领贫下中农起早摸黑为知识青年修理房屋，并亲自到上饶、上清、圹湾、文坊等地购置生产和生活用具。许多生产队贫下中农争着给知识青年送柴、送菜，关怀备至，使知识青年感到革命大家庭的温暖，坚定了在农村干革命的信心。女青年徐××原来担心自己身体差，适应不了农村生活，思想一度比较紧张，到圹湾公社大圹大队后，受到贫下中农热情接待，很受感动，连夜写信给父亲，要父亲放心，并表示要好好接受贫下中农再教育，在农村滚一身泥巴，炼一颗红心。

4. 做好必要的物质准备，采取有效的组织措施。我县各级革委会和广大贫下中农在节约闹革命的原则下，发扬"自力更生"、"艰苦奋斗"的精神，为接待、安置这批上海知识青年做了大量的物质准备。许多生产队很早就上山砍木头，修理房屋，添置生产和生活用具。白田公社汪陈万生产队，付出了很大代价，在很短的时间内，给知识青年盖了 7 幢新房。文坊公社草坪生产队，也给知识青年盖了新房屋。余家公社罗湾大队小背生产队为迎接上海知识青年，专门召开了贫下中农会，一项一项工作研究落实，一件一件东西计划添置，从学习材料到日常生活用品，共落实了 42 件。各新设知识青年点普遍置齐了各种生活、劳动工具。在组织方面，普遍建立了贫下中农再教育小组，配备了带班干部，派老战士带新战士，从而做到了政治上有人抓，劳动上有人带，生活上有人管，使上海知识青年很快走上了正轨。上海护送人员对此表示满意，他们说："把知识青年交给你们，我们很放心。"

（二）

十月二十八日，县"五·七"大军办公室召开了有安置任务的各公社

（场）"五·七"大军负责人会议，用毛主席关于"一分为二"的观点，总结这次接待安置工作，肯定成绩，找出差距，提出了今后的打算。到会同志认为，这次接待工作成绩是主要的。存在的问题：个别生产队个别人对知识青年到农村接受贫下中农再教育的意义还认识不足，担心女的多了会"添麻烦"、"背包袱"；有的停留在物质的帮助上，思想工作没有跟上去，个别地方还发现阶级敌人破坏活动等。

为了发扬成绩，克服缺点，巩固和发展接待、安置工作的成果，各公社（场）打算：

1. 十一月底召开一次新来的上海知识青年学习班（或讲用会，现场会），表扬先进，帮助后进，及时总结经验，把政治思想工作一抓到底。

2. 加强对知识青年的阶级教育，用忆苦思甜，讲家史、村史、革命斗争史和参观等方式，帮助他们上好阶级斗争这门主课，以提高三大觉悟，培养无产阶级感情。

3. 加强对知识青年的"自力更生"、"艰苦奋斗"的教育，团结和纪律的教育。在这项工作中，除组织学习、参观一些先进单位的先进事迹外，还必须努力发现和培养新典型，并且根据具体情况，订出政治学习制度、生活管理制度等，定期检查执行情况。

江西省贵溪县革命委员会"五·七"大军领导小组办公室（章）

一九七〇年十一月十五日

关于将圳上上海知识青年划归集体单独核算的报告的批复

县农林垦殖局：

你局七三年五月十六日报告收悉，经研究同意你局的意见，不能列入林业职工，可以集体性办，并请"五·七"大军办公室同你局共同前去做好工作。特此批复。

贵溪县革命委员会

一九七三年六月十日

抄送：县革委会五七大军办公室

省分配一九七四年安置上海下乡青年建房情况统计表

省分配1974年安置上海下乡青年建房情况统计表

1978.10.21

县社队名称	计划安置人数	实建住房平方米数	实际安置上海青年数	历年利用空房平方米数	还可以利用空房平方米数	无法利用空房平方米数	备注
塘湾公社	25	250		100		150	建在生产队，后又建了队无人去
大塘公社　兴无大队店上队	10	100				100	路远无人去，后又建了知青队
高公大队高公队	15	156				150	
文坊公社票上大队	25	250		200	50		
上清公社浙浦大队	25	250		150	100		
西窑林场阳山大队	25	300				300	山区路远，无人去
双圳林场梨树洋队	25	9		250			
冷水林场	25		1				

续表

县社队名称	计划安置人数	实建房平方米数	实际安置上海青年	还可以利用空房平方米数	历年利用空房平方米数	无法利用空房平方米数	备注
雄石公社	25	250					
河潭社场	50	500	40		250		
泗沥公社 尹家大队尹家队	10	100				100	建在生产队，以后另外建知青队就无人去了
朱岺大队圳胡队	15	150				150	同上
白田公社 港黄大队排底队	10	100				100	以后该大队在另外地方建了
港黄大队甘苏一、二队	15	150				150	同上
三县岑场	25	250	21		250		
周坊公社 库桥大队丁家坊大队	15	160				160	以后另外建丁青年队，就无法去生产队
农科所	10	110			110		
黄柏公社 付家大队郑家队	10	100				100	以后另外建丁青年队，该房无法利用
黄创知青队	15	160			160		
志光公社 樟槎大队猪场	25	250		200	50		
新田公社 愚公林场	25	250		250	250		
罗塘公社	25	250		250	250		
鱼塘公社 龙虎大队蔡坊队	12	130				130	76年上半年被洪水冲倒
龙虎大队肖家队	13	140				140	76年上半年被洪水冲倒
合　计	500	3300	62	1050	2520	1730	

江西省贵溪县革命委员会上山下乡办公室（章）

鹰潭镇

关于下拨七二年插队知识青年安置费的通知

各公社（场）革委会"五·七"办公室：

现将七二年插队知识青年的安置费，按实到生产队人数，每人 200 元，如数拨来（见附表）。安置费的使用：100 元用于建房子，此款由公社统一掌握，暂不下拨，待各大队做好了建房计划再拨。100 元用于购置生产工具、生活用具以及安排生活。安置费必须专款专用，不准挪作它用，希各地要妥善安排，严格管理。

（附表如后）

镇革委会"五·七"大军办公室

一九七二年四月六日

抄送：镇财金局

1972 年插队知识青年安置经费分配表

数目 项目 社(场)别	插队青年数	经费（元）			备　注
		应拨	已预拨	现拨	
夏埠垦殖场	78 人	15600	780	14820	
白露公社	180 人	36000	1820	34180	
童家公社	168 人	33600	1730	31870	
合　计	426 人	85200	4330	80870	

关于预拨住房补助款的审批函

镇财金局：

根据地区革委会办公室饶办发〔72〕26 号文件精神，为尽快解决部分上山下乡青年的住房困难。现决定第一批下拨建房费 21000 元，请按附表办理转拨手续。

江西省鹰潭镇革命委员会"五·七"大军办公室

知识青年建房经费表

单　　　位	应拨经费数	扣除木杉数	实拨经费数
童家公社	8750 元	1020. 18	7729.82 元
白露公社	8400	881.39	7518.61 元
夏埠公社	3850	298.24	3551.76
合　　　计	21000	2199.81	18800.19

关于分拨下乡知识青年住房修建经费的通知

（鹰乡办〔73〕02 号）

各公社、大队：

　　去冬以来，各大队都重视了修建下乡知识青年住房的问题。但有的大队只向上报大计划，多要经费、木材，对建房抓得也不够紧；有的社、队甚至挪用建房专用款、专用材，这一错误倾向应在今后工作中坚决克服纠正。为了解决建房经费方面的实际困难，最近地区拨给我镇建房经费 15000 元已拨至各公社，专用材 30 立方米（分配数字见附表）。希各社、队认真执行中共中央〔70〕26 号文件指示，"要发扬'干打垒'的精神，就地取材，因陋就简"，发动群众，自力更生，艰苦奋斗，在国家的扶助下，抓紧解决下乡知识青年住房问题。今年二月份分拨给各公社建房经费尚留 30% 的余款，这次也一并拨下，要保证专款专用，专材专用。请各公社迅速研究落实到大队，并督促尽快动工修建。同时请你们对今年下拨的住房修建经费、木材以及历年拨下的安置经费进行一次认真的检查。

　　抄送：抓促部计划组、财金局

江西省鹰潭镇革命委员会知识青年上山下乡办公室（章）
一九七三年八月廿五日

下乡知识青年修建住房专用款专用材分配表

项目 \ 金额(元) \ 单位	童家公社	白露公社	夏埠公社	合 计
本次已拨给数	6000 元	6000 元	3000 元	15000 元
本次拨给木材	12 立方米	12 立方米	6 立方米	30 立方米
2 月份应拨给数	12500 元	12000 元	5500 元	30000 元
已拨给数	7729.82 元	7518.61 元	3551.76	18800.19 元
代购木材款	1275.38 元	1034.85 元	298.24 元	2608.47 元
尚需拨给数	3494.80 元	3446.54 元	1650.00 元	8591.34 元
备 注				

一九七二年以前城市人口下乡安置费结算表

1972 年以前城市人口下乡安置费结算表

项 目	金额	说 明
一、68 年至 73 年 9 月底结余	−1671	不包括居民安置费结余
二、按规定需补拨知识青年经费	167500	
1. 建房补助费	131200	656 人没有住房
2. 生活补助费	36300	363 人生活不能自给
三、追加知识青年补助预算	169171	
1. 原已追加	108000	
2. 扣除贪污挪用		
3. 扣除拖拉机款	17169	
4. 此次追加	60999	
5.		
6.		

注：此表一式四份，发给县乡办，县财政局各一份，留底两份。

关于下拨上山下乡知识青年建房木材、元钉的通知

（鹰乡办字〔73〕第 03 号）

各公社：

为了做好上山下乡知识青年的安置工作，最近地区拨给我镇木材 40 立方米、元钉 15 箱，专用于上山下乡知识青年建房，不准挪作它用。该项元钉和木材凭各公社上山下乡办公室介绍信在公社分配数内供应，请各公社及时把指标落实到需要建房的大队，抓紧时间解决下乡知识青年住房。现随文把数字分配如下：

单位	元钉（箱）	杉木（立方米）	杂木（立方米）	备注
童家公社	6	3.5	13	
白露公社	6	3	13	
夏埠公社	3	1.5	6	
合计	15	8	32	

鹰潭镇革委会知识青年上山下乡办公室

一九七三年十二月五日

抄送：镇商业局、计划组、木材站、五金公司

出席：侯××、严××、曾××、袁××、姚××、刘××、郑××

内容如下：

1. 带队干部毛×，初步意见负责官山，住官山村。

2. 带队干部李□□，意见负责联系上桂，住上桂村。

3. 同意田××来我镇统一分配下乡。

4. 同意段××来我镇白露公社落户。

5. 同意林××来我镇童家公社落户。

6. 元钉分配如下：

夏埠公社 3 箱，

童家公社 6 箱，

白露公社 6 箱，

计 15 箱。

7. 木材分配如下：

杉木：夏埠 1.5 立方米，

童家 3.5 立方米，

白露 3 立方米；

杂木：夏埠 6 立方米，

童家 13 立方米，

白露 13 立方米。

下乡知识青年建房木材分配表

下乡知识青年建房木材分配表

单位：立方米

单　位		童家公社	白露公社	夏埠公社	垦殖场	总　计
现有下乡人数		481	541	204	17	1216
按规定应分配木材	每人	0.5	0.5	0.5	0.5	0.5
	合计	241	257	102	9	609
至 74 年 2 月止已分配木材		100	100	50		250
尚欠木材		141	157	52	9	359
这次分配木材	杉木	29	30	11	2	72
	杂木	112	127	41	8	288
	合计	141	157	52	10	360
备　注		这次分配的杉木为 20%				

江西省鹰潭镇革命委员会知识青年上山下乡办公室（章）

七四年十二月十四日

关于分配木材指标的通知

（鹰乡办字〔75〕02 号）

各公社知青办：

今年地区拨给我镇一九七二年以前知识青年建房木材杂木 300 立方米，现把指标分配如下，请把指标迅速落实到需要建房的大队，并在最近抓紧时间到镇木材站提取。

童家公社　　120　立方米

白露公社　　120　立方米

夏埠公社　　 60　立方米

合　　计　　300　立方米

江西省鹰潭镇革命委员会知识青年上山下乡办公室（章）

一九七五年六月廿六日

抄送：镇木材站、镇计划组

余江县

关于落实安置上海二千名知识青年来我县插队
落户准备工作的情况报告

上饶专区革委会内务组：

接专区革委会电报指示，分配 2000 名上海下放知识青年来我县插队落户，这对我县是个莫大的鼓舞。为了充分做好准备，热烈欢迎上海知识青年的到来，县革委会常委非常重视，接电报后立即召开了在家常委会议进行研究。当晚即召开了各公社、农（垦）场革委主任参加的电话会议，分配任务，提出要求，具体布置。为了慎重具体研究、具体落实这项工作，次日又召开了各公社、农（垦）场办公室主任紧急会议，层层进行贯彻落实。现将落实情况报告如下：

一、组织落实。为了加强领导，切实抓好这项工作，经县革委会常委研究确定，组成县安置接待领导小组。领导小组由县革委副主任童××、支左部队负责人洪××、县革委办公室负责人周××等三同志组成。各公社、农（垦）场相应地由社（场）革委副主任、办公室主任、"五·七"大军领导小组负责人组成安置接待小组。分配了安置任务的大队、生产队都相应地成立了由革委副主任、贫下中农、"五·七"大军负责人组成的安置接待小组，具体负责搞好这项工作。

二、思想落实。遵照毛主席"办学习班，是个好办法"的伟大教导，层层举办不同类型的毛泽东思想学习班。以毛主席"知识青年到农村去，接受贫下中农的再教育，很有必要……各地农村的同志应当欢迎他们去"的教导为指导思想，以元旦社论为动力，以阶级斗争为纲，以"老三篇"为武器，用毛泽东思想武装各级领导班子和群众头头。从而充分认识到：广大知识青年下放农村插队落户，是造就千百万无产阶级革命事业接班人的大问题，是落实伟大领袖毛主席"备战、备荒、为人民"的伟大战略方针的重要问题，也是我们日常工作中一项重要政治任务。各级革委表示："要更高地举起毛泽东思想伟大红旗，胸怀全局，立足本职，用毛泽东思想统帅接待、教育、安置工作。"为热烈欢迎上海青年的来到，作好了思想上、工作上、物质上的准备。

三、任务落实。根据上级分配我县 2000 名任务，层层进行了落实，分别落实到 10 个公社、两个农（垦）场，计 99 个大队、303 个生产队。接受安置人数，最多的是 300 名，最少的也有 20 名。在落实人员的基础上，我们还落实了住房 447 间、床铺 749 床，如红色公社，在床铺不足的情况下，积极地设法添制，以利备用。广大贫下中农思想境界很高，不少人通过学习班学习，自动让出房间、床铺，作为下放学生住宿用。

四、物质上的落实。各公社接到了安置分配任务后，行动十分之快，以"只争朝夕"的革命精神，具体落实安置工作上的各项任务。如黄庄公社不仅准备好住房和床铺，家具、用具、锅、碗、筷等都落了实，随到随用，并且把菜地都留好了，种上了疏菜。贫下中农从生活上为他们想得很周到。

五、组织检查。县革委常委遵照毛主席"要过细地做工作"的教导，全县组织了 25 名干部，分赴公社生产队进行检查。在检查中，发现问题，及时就地处理解决，使安置工作进一步得到落实。

以上报告，若有不当之处，请批评指正。

余江县革委会内务组

一九七〇年一月二十八日

关于下拨下乡知识青年生活补助费的通知

（〔73〕余乡字第 02 号）

各公社（场）乡办：

根据中发〔1973〕31 号文件精神，为切实解决下乡知识青年生活上的实际困难，进一步做好下乡知识青年工作，经县委同意，在安置费内划拨一万元，作为下乡知识青年生活补助费。经研究，现将补助费下拨至各公社（场），分配数字详见附表 1。

这批补助费，主要用于解决受水灾地区下乡知识青年生活上的实际困难和患病下乡知识青年生活上的实际困难。发放办法：由大队根据实际情况，征求下乡青年、生产队意见确定补助名单，并提出补助理由，报公社审批。望各地严格执行党的方针政策，认真做好补助费的发放工作。一定要做到专款专用，严禁挪用。要防止发放时平均摊派的现象。

特此通知。

附：分配表

江西省余江县革命委员会知识青年上山下乡安置办公室（章）

一九七三年七月十八日

抄送：县财政局

关于下拨给洪湖公社路底大队下乡知识青年生活补助费的通知

（〔73〕余乡字第 06 号）

洪湖公社革委会乡办：

经我室研究，同意在安置费中拨伍佰元整，作为你社路底大队下乡知识青年生活补助费。这笔生活补助费望你们一定要做到专款专用，严防挪用。

特此通知。

江西省余江县革命委员会知识青年上山下乡安置办公室（章）

一九七三年八月一日

关于下拨青年农场下乡知识青年购买拖拉机款的通知

（〔73〕余乡字第 07 号）

余江县青年农场革委会：

经我室研究，今拨给你场壹万肆仟叁佰伍拾元，作为下乡知识青年购买东方红拖拉机之用。请你们接款后，速与县物资局联系，将此款转汇给他们。（物资局帐号：45001 号）

特此通知。

江西省余江县革命委员会知识青年上山下乡安置办公室（章）

七三年八月九日

抄送：县财政局

关于清理历年上山下乡知识青年安置经费的通知

（余乡字〔73〕第 09 号、余财行〔73〕第 04 号）

各社（场）乡办：

接赣乡办发〔1973〕7 号、赣财行〔1973〕329 号文件中关于清理历年上山下乡知识青年安置经费的通知，对我县如何清理提出以下几点意见：

一、我县上山下乡知识青年安置经费使用、管理，在各级党组织和革委会的重视下，总的情况是好的，大部分安置经费做到专款专用和及时使用。但是，也有些地方，对经费管理不严，使用不合理，存在不少问题。因此，要认真检查、清理，这是加强经费管理、做好上山下乡知识青年工作的需要。因此，各社（场）、各有关部门和单位，要根据县委最近批转的《全县知识青年上山下乡工作会议纪要》提出的要求，严

227

肃认真地对六八年以来下拨的安置经费的使用情况进行全面的检查、清理。

二、对于贪污安置经费的，必须严肃处理，并坚决追回全部赃款，情节严重的要给予纪律处分；挪用安置经费的，挪用单位必须深刻检讨，并限期如数归还挪用的资金，如不归还，由财政、银行扣款；不符合规定的开支也应追回。对错领、多领安置费的要督促他们迅速归还。

三、各地一九六八年以来的知识青年安置经费，凡是无帐的，一律重新补帐；过去与城镇人口下乡安置经费合在一起的，通过清理，必须分开立帐。乡办的帐目与财政部门和有关部门互相之间、上下之间的经费数字，必须进行核对，取得一致，对于实际开支的安置经费要进行审查，凡是不符合规定的开支，一律不予报销。

四、各社（场），要加强安置经费的管理，县以上乡办要配备专职财务人员，建立和健全财务制度。公社以下要在银行单独开户，由银行监督拨付，专款专用，严禁贪污、挪用和浪费。

五、各社（场）检查清理情况，认真填好城市人口下乡安置经费使用情况表，一式三份，自存一份，于十一月十五日前上报县乡办、财政局各一份，并写出书面材料及时上报。

附：城市人口下乡安置经费使用情况表

江西省余江县革命委员会知识青年上山下乡安置办公室（章）
江西省余江县财政局（章）
一九七三年十月廿日

波阳县

关于下拨上海知识青年安置经费的通知
（〔69〕波精简字第 023 号）

各公社（场）革命委员会：

上海知识青年三月份将陆续来我县农村安家落户，这是贯彻执行毛主席"备战、备荒、为人民"的伟大方针，落实毛主席一系列最新指示，夺取无产阶级文化大革命全面胜利的重要内容，也是一项光荣艰巨的政治任务。各级革命委员会必须高举毛泽东思想伟大红旗，突出无产阶级政治，切实把这项工作做好。现根据县安置经费暂定标准拨给你社（场）（见附表），以解决他们生产、生活、住房等方面的经费开支。此项经费列入一九六九年支出预算。各地应遵照毛主席"要节约闹革命"的指示和自力更生、艰苦奋斗的精神，进行妥善安排，做到计划开支，节约使用。

附件：上海知识青年安置经费分配表

江西省波阳县革命委员会精兵简政领导小组（章）

一九六九年三月十八日

抄报：上饶专区革委会抓革命促生产指挥部、内务组、财贸组

抄送：各部室、组，县财政管理站，县人民银行

上海知识青年安置经费分配表

公社、场	分配人数	安置经费金额	说　明
古县渡公社	40 人	4000 元	
黑岗公社	40 人	4000 元	
河立公社	70 人	7000 元	后增加 20 人
田坂公社	30 人	3000 元	
金盘岭公社	70 人	7000 元	
谢滩公社	60 人	6000 元	
响水滩公社	50 人	5000 元	后增加 20 人
油墩街公社	80 人	8000 元	后增加 20 人
高家岑公社	40 人	4000 元	
鸦雀湖农场	70 人	7000 元	
莲花山公社	70 人	7000 元	
合　计	620 人	62000 元	

关于重新调拨上海知识青年安置经费的通知

（〔69〕波精简字第 013 号）

各公社（场）革命委员会：

上海知识青年积极响应伟大领袖毛主席"知识青年到农村去"号召，已分别到我县各地农村安家落户……

为使上海知识青年迅速投入春耕生产，及时解决他们生产、生活、住房等方面经费开支，鉴于已到我县农村落户的上海知识青年数超过原分配人数，各地接受人数与原分配数也有较大的变动的情况，特收回〔69〕波精简字第 023 号《关于下拨知识青年安置经费的通知》，重新调拨上海知识青年安置经费。现根据县安置经费暂定标准重新调拨给你社（场）（见附表），此项经费列入一九六九年支出预算。各地应遵照毛主席"要节约闹革命"的指示和自力更生、艰苦奋斗精神，进行妥善安排，做到计划开支，节约使用。

附：重新调拨上海知识青年安置经费分配表

波阳县革命委员会精兵简政领导小组

一九六九年三月二十七日

抄报：上饶专区革委会抓革命促生产指挥部内务组、财贸组

重新调拨上海知识青年安置经费分配表

公社、场	分配人数	安置经费金额	说　明
蒋　山	51	5100 元	
荷　塘	55	5500 元	
田　坂	37	3700 元	
金盘岭	70	7000 元	
莲花山	78	7800 元	
谢　滩	62	6200 元	
响水滩	30	3000 元	
油墩街	65	6500 元	
鸦　昱	75	7500 元	
高家岭	45	4500 元	
皇　岗	40	4000 元	
古县渡	45	4500 元	
合　计	653	65300 元	

关于预拨七〇年上海知识青年安置经费的通知

（〔70〕波革五七字第 3 号）

各有关公社革委会：

遵照伟大领袖毛主席"知识青年到农村去"和"备战、备荒、为人民"的伟大指示，经专区革委会内务组最后确定分配 2500 名上海知识青年来我县插队落户，接受贫下中农再教育，建设社会主义新农村。为及时解决他们生产、生活、住房等方面经费开支，根据上级指示，每人暂予拨安置经费 30 元，由生产队按照节约的原则掌握使用。这笔款要专款专用，单独开具清单，以便单独结算。

特此通知。

江西省波阳县革命委员会五七大军领导小组（章）

一九七〇年三月五日

附：预拨安置经费分配金额

预拨安置经费分配金额

单　　位	分配人数	暂分配安置费金额
金盘岭公社	540 人	16200 元
莲花山公社	540 人	16200 元
石门街公社	180 人	5400 元
谢家滩公社	360 人	10800 元
响水滩公社	350 人	10500 元
田坂街公社	350 人	10500 元
荷塘公社	180 人	5400 元
合　　计	2500 人	75000 元

关于补拨一九七〇年上海知识青年安置经费的通知

（〔71〕波革五七字第 002 号）

公社（场）革委会"五·七"大军领导小组：

根据上级规定，七〇年面向我县插队落户的上海知识青年安置经费标准，每人是二百元，其中一百五十元作为安置经费使用，五十元是用于房屋修理。在七〇年我们先后每人已预拨一百二十元，现补拨每人安置经费八十元（详见附表）。

遵照伟大领袖毛主席"要节约闹革命"的教导，各地对下拨的安置经费要分期分批地拨到生产队去，要计划开支，专款专用，对原下拨的安置经费使用情况，要进行一次检查，并向知识青年全面公布，防止虚报冒领，贪污浪费，并望检查结果报我室。

特此通知。

附：补拨上海知识青年安置经费分配表

江西省波阳县革命委员会五七大军领导小组（章）

一九七一年四月二日

补拨上海知识青年安置经费分配表

单　　位	分配人数	补拨金额	备　　注
金盘岭	540 人	43200 元	包括去年 11 月分配 2 人在内，除了丁××、李××、沈××、洪××、阮××
莲花山	525 人	42000 元	包括去年 11 月分配 2 人在内
"五·七"林场	18 人	1440 元	
石门街	178 人	14240 元	除×××、裘××2 人
谢家滩	363 人	29040 元	包括去年 11 月分配 2 人在内
响水滩	351 人	28080 元	
荷　塘	184 人	14720 元	包括去年 11 月分配 1 人在内
古县渡	1 人	80 元	
油墩街	1 人	80 元	
田坂街	352 人	28160 元	包括去年 11 月分配 2 人在内，除了纪××
合　计	2513 人	201040 元	

说明：凡转出县的 70 年来我县插队落户的上海知识青年，其结余安置经费，由各公社（场）负责转到接受的县去。

婺源县

关于认真做好上海初、高中毕业生、浙江移民和
城镇居民安置工作的通知

（〔69〕婺革生字第 026 号）

各公社（场）革委会：

在伟大领袖毛主席一系列最新指示的指引下，在伟大的斗、批、改的群众运动中，为了进一步落实毛主席关于干部下放劳动和知识青年到农村去的伟大指示，最近省、专革委会分配我县安置浙江省移民 2000 人，上海市初、高中毕业生 600 人，城镇闲散居民 720 人（详见附表），现将有关问题通知如下：

一、……要大办各种类型的毛泽东思想学习班，进一步落实毛主席一系列最新最高指示，充分发动群众，依靠各级革委会，切实做好学生和移民安置工作。

二、分配有上海初、高中毕业生的公社应迅速落实到大队、生产队，做好各项准备工作，迎接他们落户，在二月底三月初完成。

城镇公社应派出干部到有安置居民任务的公社做好安排，做到成熟一户，下去一户，在"双抢"前完成。

三、分配有浙江省移民的公社必须迅速落实好迁移地点，在因地制宜和有利发展农业生产的原则下，经双方贫下中农协商，可以采取单独建队或分散插队的方法。预计移民将在今年"双抢"到年底完成。

（1）国家拨给的移民安置经费，平均每人 500 元，用于修建房屋、运输、生产投资、机动等方面。住房以县为单位平均每人约 12 平方米（地、富、反、坏、右要低于贫下中农待遇），集体公共房屋（仓库，猪、牛栏）平均每人 1 平方米，房屋结构应就地取材，以泥木结构瓦顶为宜，每平方米造价控制在 22 元以内，新房未盖好前，临时借用住房有困难的，可搞些临时性草棚，搭棚费平均每人控制在 2 元以内；国家用于扶助移民生产的经费，平均每人 50 元，用于发展集体生产，安置移民拨出有农作物的土地，经双方协商，适当折价，折价款可作安置地区生产队当年生产投资；移民运输费，每人暂按 100 元之内使用；行政管理和预备费按每个移民 5 元计算，用于移民干部办公费、旅差费、移民代表开办毛泽东思想学习班等。

（2）移民口粮、棉布供应：复收前迁入的，口粮由浙江安排供应到八

月十五日止，为了移民搬家方便起见，移民可自己带足一个月的口粮，迁入一月后，由安置地区按浙江核定的标准和定量负责供应。八月十五日后由安置地区安排留粮，国家不再供应。粮食部门应将浙江移民的口粮专项报省，由省报请中央顶抵粮食上调任务。夏收后迁入的移民口粮，另外协商解决。

棉布供应由迁出地区解决。

（3）移民迁出队的公共财产（耕牛、农具及其它生产资料）、公共积累等，应全部带往安置地区。

（4）移民及生产队欠国家的贷款，由迁出县、社、队负责处理。

（5）移民单独建队的地方，当地大队、生产队和社员群众要合理地划给移民一定数量的山林、土地，数量、质量应与当地贫下中农大致接近，以增强社员之间的团结，有力地促进生产。

四、有移民安置任务的社队应有一名革委会的负责同志抓这项工作，在安置工作中一定要高举毛泽东思想伟大红旗，突出无产阶级政治，狠抓阶级斗争，切实做好安置工作，使他们来得愉快，住得安心。

婺源县革命委员会抓革命促生产指挥部（章）

一九六九年二月四日

附表

单　位	上海市下放学生	浙江省移民		城镇居民下放		备　　注
		人　数	户　数	人　数	户　数	
西坑公社	70			40	10	
许村公社	180	400	100	40	10	户是估计
珍珠山社	100	250	65	60	15	
思口公社	100	100	25	60	15	
秋口公社	100			80	20	
阜田公社	100					
太白公社		800	200	80	20	
中云公社		450	110	40	10	
赋春公社				120	30	
城镇公社				200	50	下放原武口公社为主
合　　计	600	2000	450	720	180	

关于安置上海十二名知青的往来函件

（沪革杨乡办 004〔70〕）

婺源县革委会安置办公室负责同志：

　　你们遵循伟大领袖毛主席"知识青年到农村去，接受贫下中农的再教育，很有必要"的教导，在去年三月热情地接待和认真负责地安置了我区六六、六七、六八三届607名知识青年，在你们的教育下，在广大贫下中农的培育下，在广阔的天地里，他们正在茁壮成长。现在，他们的弟妹（六九届初中毕业生）业已进入分配阶段，他们已响应伟大领袖毛主席号召，决心走与工农相结合的道路，坚决要求来在你县插队的兄姐处落户，现将名册（附表，一式两份）送上。因今年你们没有接收任务，所以现送上的名册可否作为是去年接收的知识青年名册的补充，仍作为由国家统一分配，享受知识青年安置的待遇，如何，请你们研究，并请速给予复函。急盼。

　　此致
革命敬礼！

　　共祝
毛主席万寿无疆！

上海市杨浦区革委会下乡上山办公室（章）

一九七〇年三月二十日

上海市杨浦区知识青年下乡上山补充名册

编号	校名	姓名	性别	年龄	届别	称呼	已在你处知青姓名	落户地点			备注（家庭地址）
								公社	大队	生产队	
1	××中学	周××	女	17	69	兄妹	周××	西坑	西坑	张家队	
2	××中学	黄×××	女	18	69	兄妹	黄×××	思口	思口	王村	
3	××中学	方××	男	18	69	姐妹	方××	许村	周溪		
4	××中学	刘×××	女	17	68	姐妹	刘×××	车田	坑口	坑一队	
5	××中学	丁×××	男	21	66	兄妹	丁×××	车田	坑口	坑一队	
6	××中学	刘×××	女	17	69	姐妹	刘×××	珍珠山	黄沙	三队	
7	××中学	刘×××	男	17	69	姐弟	刘×××	西坑	杨溪	坦底队	
8	××中学	周×××	女	18	69	兄妹	周×××	许村	董加山	港头村	
9	××中学	董×	男	17	69	兄弟	董×	珍珠山	董加山	坪头村	
10	××中学	孙×××	男	18	69	兄弟	孙×××	思口	思口	梅田许	
11	××中学	朱×××	男	19	69	姐弟	朱×××	珍珠山	游山	七队	
12	××中学	蔡×××	女	19	68	兄妹	周××	车田	坑口	第三队	

上海市杨浦区革委会下乡上山办公室

婺源县革命委员会公文处理单

上海市杨浦区革委 下乡上山办公室	归档字号	字第　　号		性 质	便 函
	收文字号	内字第 2 号 70 年 3 月 29 日			
领 导 批 示				月　　日	
承 办 意 见	上海市杨浦区革委下乡上山办公室来函联系六九届初中毕业生周××等 12 人来我县插队兄姐处落户,是否行?请老陶同志并国庆同志阅示,以便复函。 　　　　　　　　　　　　　　　　　　　　　　××　3 月 29 日				
阅 者 签 字	接上饶专区革委内务组刘同志来电,告我们不能直接接收,如抵上饶的指标是可以的。 　　今后不开证明。 　　　　　　　　　　　　　　　　　　　陶××　3 月 29 日				
处 理 情 况				月　　日	
代 转 公 文	此件共收　　份,代转发下列机关: 　　　　　　　　　　　　　　　　　　　　　　　　　月　　日				
备注					

上海市杨浦区革委会下乡上山办公室:

　　接你室沪革杨乡办 004 号一函,关于你市六九届初中毕业生周××等十二名,来我县兄姐处插队落户的问题,我们经研究请示,今年上海来江西插队落户的知识青年,已作了统一分配,同时,我们上饶专区革委会已派出汇报团赴上海市(住在上海市锦江饭店 366 号),请你们直接与他们联系,如果他们同意并列入今年分配上饶地区计划之内,我们欢迎。如何,请再给予复函,以便作好接待准备。

　　致

礼

　　　　　　　　　　江西婺源县革委会"五·七"大军办公室

　　　　　　　　　　　　　一九七〇年三月三十日

关于杨浦区知识青年插队落户问题的函复

（〔70〕饶内字第 08 号）

杨浦区革委会下乡上山办公室：

　　三月二十八日接你室沪革杨乡办〔70〕第 12 号函件，要我们接收安置一批知识青年。我们意见：目前正在上海市接收一万名知识青年来我区插队落户，其中就有八千五百名是在你区接收的，请你室在这个指标内统筹解决，优先安排照顾有兄姐在我区插队落户的学生前来落户；表示欢迎他们来上饶专区插队落户干革命，一定热情接待，妥善安置。至于今年没有安置任务的县，也可以去，但不能"作为是去年接收的知识青年名册的补充"，应从今年在你区有接收任务的余江、德兴、余干、波阳、乐平和万年等六县的指标中扣除名额，以便在全专区范围内调整安置。如果超过了上海市革委会分配你区的八千五百名指标数，我们不另行接收安置。

　　特此函复。

上饶专区革委会办公室内务组

一九七〇年四月一日

　　抄报：江西省革委会内务组

　　抄送：上海市革委会，各县革委会内务组、五七大军办公室

关于分配上海知识青年插队落户的通知

（婺发〔1970〕087 号）

中云、赋春、清华、思口、许村、珍珠山、西坑、江湾、秋口、阜田公社革委会：

　　为了认真贯彻执行伟大领袖毛主席"知识青年到农村去，接受贫下中农的再教育……各地农村的同志应当欢迎他们去"的指示，专区革委会饶发〔70〕59 号文件的通知，分配我县安置上海知识青年八百名，经县革委

研究决定分配在：中云公社一百五十名，赋春公社一百五十名，清华公社一百名，思口公社五十名，珍珠山公社五十名，许村公社一百名，西坑公社五十名，江湾公社五十名，秋口公社五十名，阜田公社五十名。中云等十个安置公社，迅速将任务落实到大队、生产队，并将落实到大队、生产队的人数在九月二日前报县革委会"五·七"大军办公室，一式三份。为了做好接待、安置上海知识青年的工作，必须指定专人做好政治思想、组织制度、生活安排（特别是住房和吃菜问题，要认真抓实）等落实工作。有关接待、安置的一些具体事项，由县革委会"五·七"大军办公室召集安置的公社革委会"五·七"大军办公室研究。接收日期另行通知。

以上通知，望各地认真研究贯彻执行。

江西省婺源县革命委员会（章）

一九七〇年八月二十三日

抄报：专区革委会、"五·七"大军领导小组办公室

抄送：县财政金融局革委会，存档

关于全县"五·七"大军的基本情况综合

（一）全县一九六八年以来安置人员情况

上海、上饶、本县共下放安置七千三百五十四人，其中：下放干部（包括医务人员、教师、文艺工作者）一千三百二十二人，插队知识青年二千零六十人，其余城镇下乡居民、随同干部家属。

（二）下放干部、插队知识青年分地区情况

1. 下放干部一千三百二十二人，其中：上饶专区干部二百四十人，上饶市干部一百零四人，七一三矿干部六十二人；本县障山、珍珠山垦殖场干部二百零三人，本县林业系统干部九十四人，其余县、社行政和企业干部。

2. 插队知识青年二千零六十人，其中：上海九百零一人，上饶九百一十六人，其余属本县下放或回乡人员。

（三）下放干部、插队青年调动情况

1. 下放干部调用分配了工作的有三百一十七人，其中：上饶地区调用

工人，本县调用三百一十五人，分配：赋春工业群四十人，公社二十二人，公社农科所二十七人，港电二十一人，县城工业群十一人，县直属机关三十六人，各中小学一百五十八人。

县借用下放干部六十二人，其中：港电七人，物资局三人，气象站一人，钢铁厂二十人，化肥厂十人，茶中二人，移民办公室五人，硫黄矿二人，修配厂一人，化纤厂二人，县宣传队二人，林场二人，其它五人，如地区"五·七"大军办公室借二人等。

以上数字，截止三月底统计，并与组织组核对。

2. 插队知识青年调动情况，调去三线工厂四十九人，参军二十七人，港电一百九十八人，工业大会战二百人，调整劳动地点（调出县）二百九十人。

（四）现有"五·七"大军的分布情况

除调用的下放干部、插队的知识青年数外，所在农村有：下放干部九百四十人，其中：垦殖场下放的干部二百零三人，林业系统下放的干部九十四人，茶厂工业下放车间的干部三十人。插队的知识青年一千六百零五人，其中：上海七百四十八人，上饶六百三十三人，本县二百二十二人。另外，港电、工业知识青年共三百九十八人。全县"五·七"战士分布在每个公社、场、厂，八十五个大队、五百三十四个生产队。共组成二百零七个"五·七"班，集体养猪一百八十八头。

全县"五·七"战士中，发展党员四名、团员六十二名。

婺源县革委会"五·七"大军办公室整理

发至：县委常委、有关同志

（机密数字，注意保存）

加强党的领导，抓好路线教育，巩固和发展走"五·七"道路的伟大成果

——全县一九七一年"五·七"大军工作总结报告

......

从一九六八年十月以来，先后有 7441 人到我县插队落户。其中地县社

下放干部 1058 人，下放医务人员、教师、文艺工作者 440 人，上海知识青年 825 人，上饶知识青年 1098 人，本县知识青年 367 人，上饶、婺源城镇居民 3653 人，他们分插在全县 18 个公社、65 个大队、225 个生产队……到一九七一年底止，"五·七"战士中有 216 名知识青年加入中国共产党和共青团，77 名结合进各级班子，31 名参加了中国人民解放军，634 名被输送到工矿和其它企业部门，61 名下放干部和教师调到了新的工作岗位。大部分知识青年和城镇居民达到了生活自给或自给有余。

……

关于分配选调插队知识青年
参加茶叶生产的通知

（婺革发〔1972〕026 号）

各公社、武口茶场革委会：

为了适应我县茶叶生产发展的需要，县委常委研究决定，从我县"五·七"大军中，选调二百名女性插队知识青年（附表于后）到武口茶场从事茶叶生产，现将有关事项通知如下：

一、选调条件：努力学习马克思主义、列宁主义、毛泽东思想，政治历史清楚，表现较好，身体健康（由公社医院检查证明），经过劳动锻炼两年以上的插队知识青年。

凡符合上述条件的插队知识青年中，结合年纪大小、家庭生活情况等，予以适当照顾。

二、审批手续：必须坚持由贫下中农推荐和"五·七"战士评议，并填写"招收插队知识青年审批表"一式贰份，逐级上报，大队革委会审查，公社革委会批准，然后由县革委会"五·七"大军办公室审定和填发介绍信，通知武口茶场革委会接收、办理户口登记、粮油转移供应等手续。今后，武口茶场革委会指定专人负责，抓好知识青年的教育工作。

三、各地党组织和革委会，必须从坚持走"五·七"道路，巩固和发展插队落户成果出发，对广大知识青年进行一次思想和政治路线方面的教育，提高执行毛主席革命路线的自觉性，认真做好选调工作，使知识青年真正认识到当工人，当农民都是革命的需要，调者愉快留者安心。

四、各公社、武口茶场接此通知后，要认真地贯彻执行毛主席革命路线和政策，要认真地过细地做好政治思想工作，要认真地做好输送和接收的一切准备工作，保质保量地在三月底以前完成任务。

婺源县革命委员会/（章）

一九七二年二月十三日

抄送：县委常委、县革委计划组、各公社"五·七"大军办公室，存档

婺源县革命委员会办公室　　　　　一九七二年二月十九日印发

共印四〇份

各公社名额分配

秋口公社	25 名	思口公社	17 名
清华公社	4 名	中云公社	22 名
赋春公社	28 名	许村公社	27 名
珍珠山公社	22 名	太白公社	28 名
车田公社	14 名	西坑公社	9 名
城镇公社	4 名		

表1

上海上山下乡知识青年基本情况综合分析（一九七三年）

上海上山下乡知识青年基本情况综合分析

江西婺源县

公社	下乡青年总数	已上调人数（包括招工、升学、参军、提干等）	其它原因减少的人数（包括外转、病退、死亡、判刑等）	现有人数				其中今年新下乡的73届知识青年数			安置形式								婚姻情况					
				合计	男	女	其中返沪一年以上未回农村的人数	小计	男	女	青年点		青年队		国营农、林场人数	集体农、林场人数	一人一户分散插队人数	自搞人数	已婚人数			其中		
											班（排）数	人数	队数	人数					小计	男	女	与当地人结婚数	知青间结婚数	与外省、市人结婚数
	1	2	3	4	5	6	7	8	9	10	11	12	13	14	15	16	17	18	19	20	21	22	23	24
秋口公社	169	21	50	99	53	46		40	18	22	6	66	2	30				3	3	1	2	1	2	24
清华公社	82	3	11	68	26	42	5	1	1		1	14	4	52				2	1		1	1	2	
思口公社	144	50	28	66	24	42	5				7	44	2	17		5			2		2	1		1
中云公社	65	3	16	46	22	24	4				9	37				6	3		4		4	3	1	
赋春公社	61	2	9	50	20	30	2				7	48				2								
镇头公社	28	1	5	22	12	10	1				3	22												
许村公社	101	11	15	75	37	38					5	28	5	43		4			3		3	3		
车田公社	101	29	18	54	32	22	3				7	39	1	15					1					
西坑公社	73	34	9	30	13	17	3				5	30							3		3	3		1

续表

公社	下乡青年总数	已上调人数（包括招工、升学、参军、提干等）	其它原因减少的人数（包括外转、病退、死亡、判刑等）	现有人数 合计	现有人数 男	现有人数 女	其中返沪一年以上未回农村的人数	73届知识青年数 小计	73届 男	73届 女	青年点 班(排)数	青年点 人数	青年队 队数	青年队 人数	国营农、林场人数	集体农、林场人数	一人一户分散插队人数	自插人数	已婚人数 小计	已婚 男	已婚 女	与当地人结婚数	知青同结婚数	与外省、市人入结婚数
城镇公社	1			2		2											2							
高砂公社	2			2	2													2						
浙源公社	8			8	5	3												8	1		1	1		
太白公社	3			3		3												3	1	1		1		
珍珠山垦殖场	99	28	19	52	21	31	4	1	1		5		1	1	51			3	5	1	4	3	2	
小沱林场				7	7						1				7									
浙源林场				11	8	3	2				1				11									
太白青年林场				6	4	2							1	1		6	4							
中洲林场	33	11	4	24	14	10	2				2	4	1	10	6				4	1	3	2	2	
武口茶场	1			15		15		1		1	1					15			1		1			1
港口电站				26	14	12					1	26							3		3		3	
合计	971	192	84	666	314	352	26	43	20	23	61	358	17	67	75	39	9	18	32	4	28	19	10	3

说明：一、此表（包括表1至表4）从已普访过的公社了解到的数字来填写，一式二份，一份送总团，一份送县再进行汇总。分团要按县汇总，一份送分团。目前一月 日。

二、自插下乡知青如已参加青年点、青年队，可分别统计在青年点、青年队一栏中。

三、婚姻情况其中一栏中，"知青同结婚数"，指上海男女知青的结婚数。

注：外转数其中72人转入本县各社（场）。

上海上山下乡知识青年基本情况综合分析

表 2

江西婺源县

公社	培养使用情况										评为劳模、先进集体、先进个人的情况										备注
	入党人数	入团人数	参加各级班子人数							担任赤脚教师、赤脚医生、广播员、保管员等人数	青年队（班）数	集体				个人					
			小计	其中								其中				人数	其中				
				省	地	县	公社	大队	生产队			省	地	县	社		省	地	县	社	
	25	26	27	28	29	30	31	32	33	34	35	36	37	38	39	40	41	42	43	44	
秋口公社	4	29	12	1				3	8	12	3	1	1		1	13		1		12	
清华公社	1	33	10				1	6	3	5	1		1			1	1				
思口公社		29	3						3	11	2		2					1			
中云公社	1	16	3					2	1	7	2		1			5		2		3	
赋春公社		9	1					1		8	1					5		1		3	
镇头公社		2	2					1	1	8						1					
许村公社	1	23	4					1	3	20	1					3		1		3	
车田公社	1	15	3				1		1	7	1					2	1	1		1	
西坑公社		7	2				1		1	8	1		1		1	9		1	1	7	
城镇公社										1						1				1	
高砂公社																					
浙源公社										2											
大白公社										2											
珍珠山垦殖场	1	12	3			1			2	13	1				1	7	1	1		5	
小沱林场		1	1																		
浙源林场		2	1																		
太白青年林场		3																			
中洲林场		5							1	9											
武口茶场		7	5				1	1	1												
港口电站	4	15	5				2	1	2	7											
合计	12	208	50	1		1	5	16	27	122	13	1	6		6	42	1	8	1	32	

说明：参加各级班子人数包括参加党、团、革委会和妇、共青团、民兵等群众组织的班子人数。

上海上山下乡知识青年基本情况综合分析

表3

江西婺源县

公社	发生数(45)	已处理数(起)(46)	虽处理但还有问题的(47)	强奸 发生数(48)	强奸 已处数(49)	诱奸 发生数(50)	诱奸 已处数(51)	逼婚 发生数(52)	逼婚 已处数(53)	捆打 发生数(54)	捆打 已处数(55)	政治迫害 发生数(56)	政治迫害 已处数(57)	其它 发生数(58)	其它 已处数(59)	发生数(60)	已处理数(起)(61)	虽处理但还有问题的(62)	强奸 发生数(63)	强奸 已处数(64)	诱奸 发生数(65)	诱奸 已处数(66)	逼婚 发生数(67)	逼婚 已处数(68)	捆打 发生数(69)	捆打 已处数(70)	政治迫害 发生数(71)	政治迫害 已处数(72)	其它 发生数(73)	其它 已处数(74)	小计(75)	生产队以上干部(76)	知识青年(77)	五类分子(78)	其它(79)
秋口公社																2	1				2	1									2				2
清华公社																																			
思口公社	2	2				1	1							1	1																4	1	3		
中云公社																1													1		1		1		
赋春公社																																			
镇头公社																																			
许村公社																																			
车田公社	3	3				1	1			2	2																				3	3			
西坑公社	2	2				1	1			1	1																				2	1			
城镇公社																																			
高砂公社																																			
浙源公社																																			
太白公社																																			

续表

公社	中共中央30号文件下达前的案件发生处理情况			强奸		诱奸		通婚		捆打		政治迫害		其它		中共中央30号文件下达后的案件发生处理情况			强奸		诱奸		通婚		捆打		政治迫害		其它		作案对象分析				
	发生数	已处理数（起）	虽处理但还有问题的	发生数	已处数	发生数	已处数	发生数	已处数	发生数	已处数	发生数	已处数	发生数	已处数	发生数	已处理数（起）	虽处理但还有问题的	发生数	已处数	发生数	已处数	发生数	已处数	发生数	已处数	发生数	已处数	发生数	已处数	小计	生产队以上干部	知识青年	五类分子	其它
珍珠山垦殖场	2	2				1				1	1		1																		2	1			1
小沱林场																																			
浙源林场																																			
太白青年林场																																			
中洲林场																																			
武口茶场																																			
港口电站																	1												1						
合计	9	9				4	4			4	4			1	1	3	1				2	1							1		14	6	4		4

说明："虽处理但还有问题的"一栏，指重罪轻判或处理明显不当的。

表4

上海上山下乡知识青年基本情况综合分析

江西婺源县

公社	住房 已住新房的(80)	借住生产队公房的(81)	借住社员私房目前尚无困难的(82)	住房有严重困难急需解决的 人数(83)	其中 年内可以解决的(84)	还没有安排的(85)	医疗卫生 有合作医疗的人数(86)	没有合作医疗的人数(87)	生活自给程度 收入130元以上(88)	收入101—130元(89)	收入81—100元(90)	收入80元以下(91)	劳动工分情况 500分以下人数(92)	500—1000分人数(93)	1000—1500分人数(94)	1500—2000分人数(95)	2000—3000分人数(96)	3000分以上人数(97)	口粮 600斤以上人数(98)	600斤以下人数(99)	5斤以上人数(100)	5斤以下人数(101)	吃油 基本未供应的人数(102)	底分情况 5分以下 女(103)	男(104)	5—6分 男(105)	女(106)	6—7分(107)	7—8分(108)	8—9分(109)	9—10分(110)	10分以上(111)	未评
秋口公社	97		2				99		23	12	4	20	10	8	8	10	12	11	99		16	83					1	24	22	21	13		5
清华公社	68	27					68		9	6	3	49	24	18	12	7	2	4	54			68					11	32	3	17	4	13	
思口公社	31	3	8				66		16	5	8	37	21	6	15	7	13	4	52	14		66					6	2	34	2	22		
中云公社	32	27	3	8	8		46		6	6	7	27	18	9	10	3	2	1	46	14		46						21	5	14	6		4
赋春公社	23	7					50		3	1	4	42	23	18	5	2	1		50			50						14	21	4	7		
镇头公社		21	7	8	8		22		5	2	3	12	11	2	7				22			22						13	2	7			
许村公社	52	12	2				75		13	13	7	42	21	10	13	12	18	1	75			75				1		1			25		
车田公社	41	7	1				54		3	5	3	44	28	14	7	4	1		54			54					6	16	37	12	7		
西坑公社	23	1					30		7	4	3	15	14	5	3	5			30			30				1	2	13	12	12	2		
城镇公社			1				2		1			1	1						2	2		2						2	7	6			
高砂公社	1	1	1				2		1			1		1			1	1	1			2									1		1
太白公社		2					3		1	2	2	1	1		1		2		2	2		1	2										
浙源公社	2	6	6				8		4			2	1		1	4			8	8		8						3		6			2

续表

公社	目前尚无困难的			住房有严重困难需急解决的	其中		医疗卫生		生活自给程度				劳动工分情况						口粮				吃油情况	底分情况									
	已住新房的	借住生产队公房的	借住社员私房的	人数	年内可以解决的	还没有安排的	有合作医疗的人数	没有合作医疗的人数	收入80元以下	收入81—100元	收入101—130元	收入130元以上	500分以下人数	500—1000分人数	1000—1500分人数	1500—2000分人数	2000—3000分人数	3000分以上人数	600斤以上人数	600斤以下人数	5斤以上人数	5斤以下人数	基本不供应的人数	5分以下男	5分以下女	5—6分男	5—6分女	6—7分	7—8分	8—9分	9—10分	10分以上	未评
珍珠山垦殖场	41	10	1				52		22	4	8	17	14	11	6	6	10	4	52			52				1		22	8	12	4		5
小沱林场	6		1				7		2	1	2	2	2	1	2	2	2		7			7							2	4		1	
浙源林场	11						11		1			9	2				9		11			11						3	8				
大白青年林场	6							6	2			2			2		1			6		6									6		
中洲林场	7	11	2	4	4		24		10		7	7	9		1	2	8	4	24			24						6		12	6		
武口茶场	15		2	4				15				14				14			15			15						13					
港口电站	26						26					26						26	26			26										26	
合计	480	130	36	20	4	16	645	21	331	51	72	169	200	104	92	87	84	56	620	46	16	648	2	2		27		185	161	129	103	39	

注：生活自给与劳动工分情况栏内有 74 年新下乡知青 43 人数。

关于选调下乡知识青年参加县办青年林场的通知

（〔74〕婺乡办字第1号）

公社革委会知识青年上山下乡办公室：

根据中央〔1973〕30号文件的指示精神，县委已决定在本县太白西坑坞创办县青年林场。为了发挥下乡知识青年在建设社会主义新农村中的作用，经研究确定在你公社选调下乡知识青年（附名单）参加县办青年林场。接此通知后，望做好被选调青年的政治思想工作，准时自带行李、劳动工具和办好粮、油（至一九七四年七月底）、户口关系，于二月一日来县乡办报到。来县报到时，要做到热情欢送。

特此通知。

婺源县革委会知识青年上山下乡办公室/（章）

一九七四年一月十日

抄送：县青年林场、王政委，存档

选调青年到县林场名单

汪××　　　　　　　　　　√

中云：王××（婺源，男）　　√

清华：马×（上海，女）　　△回上海

秋口：蔡××（上海，男）　　△

　　　张××（上海，男）　　√

镇头：余××（婺源，男）　　√

中洲：吴××（上饶，男）　　√

西坑：王×（上海，女）　　　○

赋春：张××（上饶，男）　　○

　　　李××（上饶，男）　　△

　　　戚××（上海，女）　　○写信□

　　　王×

　　　王×（婺源、男）　　　√

高砂：范××（上饶、男）

珍珠山：沈××（上海、女）

太白：陈××（上饶、女）　　✓

　　　华××（上饶、男）　　✓

　　　黄××（上饶、男）　　✓

　　　汪××（上饶、男）　　✓

许村：黄××（婺源、男）　　○

　　　汪××（婺源、男）　　✓

　　　荣××（上饶、男）　　△眼睛不行，不能干重活，怕□□□□

　　　　　　　　　　　　　　□□□□□□

思口：倪××（上海、女）　　✓

　　　赵××（上海、男）　　✓

车田：夏××（上饶、女）　　○待做？

　　　夏××（上饶、男）　　○

　　　徐××（婺源、女）

　　　程××（婺源、女）

关于欢迎上海知青的通知

县直单位、厂、校、车田公社、武口茶场：

　　在毛主席关于"知识青年到农村去"的伟大号召指引下，在深入批林批孔的伟大斗争中，上海市又有一批知识青年满怀革命豪情，以实际行动投入批林批孔运动，走与工农相结合的道路，来到我县农村插队落户干革命。希各机关单位于本月二十八日上午十时组织干部和职工，敲锣打鼓、擎标语牌到星江大桥热烈欢迎。现发以下标语，请于二十七日下午用红横幅书写出。

婺源县革命委员会办公室

一九七四年三月二十三日

附：标语口号

1. 热烈欢迎上海知识青年上山下乡干革命！

2. 向上海上山下乡知识青年学习！致敬！

3. 坚决走与工农相结合的道路！

4. 知识青年到农村去，接受贫下中农的再教育，很有必要。

5. 把批林批孔的斗争进行到底！

6. 伟大的中国共产党万岁！

7. 伟大的领袖毛主席万岁！万万岁！

知识青年上山下乡几项基本数字

一、六八年以来先后接收安置上海、上饶、本县等地下乡知青 3138 人。

七三年以前接收安置 2468 人（上海知青 961 人，上饶知青 1321 人，本县知青 186 人）。

七三年以后接收安置 670 人（本县知青 495 人，外地知青 175 人）。

其中：七三年本县下乡 146 人。

七四年本县下乡 96 人，外地 52 人，共 148 人。

七五年本县下乡 122 人，外地 78 人，共 200 人。

七六年本县下乡 68 人，外地 22 人，共 90 人。

七七年本县下乡 63 人，外地 23 人，共 86 人。

以上五年合计本县下乡知青 495 人，外地 175 人，共 670 人。

二、现有知青 1595 人。

其中：七三年以前下乡的 1006 人。

七三年以后下乡的 589 人。

七三年以前下乡的知青已调离我县的 1462 人。

七三年以后下乡的知青已调离我县的 81 人。

现有知青中男知青 809 人，女知青 786 人。

分动员地区是：上海知青 445 人。

上饶知青 300 人。

婺源知青 513 人。

其它地方 337 人。

三、现有知青 1595 人分别安置在：

国营农业单位的 239 人。

社办企业（不包括农业单位）225 人。

青年队、场 392 人。

大队、生产队担任各种工作的 206 人。

生产队参加农业劳动的 533 人。

四、六八年以来下乡知青中发展党员 71 人，团员 1015 人。

五、现有知青中：

党员 29 人。

团员 451 人。

参加公社领导班子的 8 人，其中参加党委的 3 人。

参加大队领导班子的 27 人，其中正副支书 6 人。

担任生产队正副队长的 45 人。

六、下乡知青已婚的 264 人。

七、现有知青队、场 25 个。

在青年队、场中的知青 392 人。

其中：党员 13 人，团员 171 人。

在青年队、场中的贫下中农 301 人，其中党员 39 人。

青年队、场共有水田 1055 亩。

茶叶 3626 亩，其中可采 1313 亩。

油茶 3810 亩。

杉树 550 亩。

青年队、场粮食产量七六年总产 914059 斤，平均亩产 866 斤。其中亩产超千斤的 8 个，跨纲要的 16 个。

青年队、场茶叶产量七六年总产 74800 斤。

七七年总产 89660 斤，比上年增长 20%。

青年队、场已办养猪场 7 个，现有生猪存栏数 163 头，其中种猪 44 头。

已办养鸡场 3 个，养鸡 214 只。

已办小化工厂 1 个，七八年预计年产值 7 万元。

已办小笔杆厂 1 个，七八年预计年产值 2 万元。

青年队、场七六年交售给国家粮食 35 万斤、茶叶 7.4 万斤。

以上基本数字于一九七七年十月份统计，供领导参考。

婺源县革委会知识青年上山下乡办公室

七七年十月六日

德兴县

关于分配安置上海插队知青的通知

（德发〔70〕014 号）

各公社革委会：

接专区革委会通知，分配上海六九级毕业生 500 名，来我县插队落户，遵照毛主席"知识青年到农村去"的教导，经县革委研究，分配如表。希各有分配了任务的公社从速分配到队，并要充分发动群众，做好三落实工作（任务落实、带队干部落实、住房落实）。接运学生地点时间另行通知，到时，希派员做好接运工作。

特此通知。

附：上海六九级毕业生分配表

江西省德兴县革命委员会（章）

一九七〇年元月二十六日

上海 69 级毕业学生分配表

新岗山公社	150 名
李宅公社	100 名
皈大公社	100 名
潭埠公社	70 名
花桥公社	50 名
龙头山公社	30 名
共　　计	500 名

关于分配上海知识青年插队
落户的通知

（德发〔70〕95号）

万村、界田、龙头山、新岗山、潭埠、香屯、李宅、新营公社革委会：

遵照伟大领袖毛主席"各地农村的同志应当欢迎他们去"的伟大教导，今年上半年，按照专区革委会分配的500名上海知识青年任务，有关公社、大队革委会认真地进行了接待、安置，使任务及时胜利地完成了。

为了进一步落实毛主席关于"知识青年到农村去"的伟大教导，最近专区革委会又分配600名上海知识青年来我县农村插队落户，经研究决定分配：

万村公社110名、界田公社70名、新营公社50名、潭埠公社50名、李宅公社120名、龙头山公社50名、新岗山公社100名、香屯公社50名。

希望上述公社迅速将任务落实到公社、大队、生产队，并将落实情况填表造册（一式三份），于九月二日前上报县革委会"五·七"大军办公室。为了做好接待、安置工作，要以两个"决议"为武器，突出无产阶级政治，参照一九七〇年二月二十日省革委会赣办〔70〕21号文件精神和县八月二十八日举办的公社"五·七"大军办公人员毛泽东思想学习班的要求，切实做好政治思想、组织制度、生活安排等方面的落实工作，并要求于九月上旬，以公社为单位组织一次至二次检查。凡未分配的社（场），不能自行接收、安置。

以上通知，希各地认真贯彻执行。

江西省德兴县革命委员会（章）

一九七〇年八月二十九日

抄报：专区革委会内务组、"五·七"大军办公室

抄送：各公社（场）革委会、"五·七"大军办公室

关于预拨第三批上海下乡
知识青年安置费的通知

（德办〔70〕11号）

香屯、新营、潭埠、万村、界田、李宅、龙头山、新岗山公社革委会：

遵照伟大领袖毛主席关于"知识青年到农村去，接受贫下中农的再教育，很有必要"的伟大教导，省、专革委会分配我县接收上海下乡知识青年600名来县插队落户，接受贫下中农的再教育，预拨安置经费7万元，以便各地及时解决安置工作中的经费问题。现按各公社接收安置名额分配下达数额（见附表），由县人民银行汇去，希遵照毛主席"要节约闹革命"的精神，专款专用，节约使用。

江西省德兴县革命委员会办公室（章）

一九七〇年九月三十日

抄送：县财金局

预拨第三批上海下乡知识青年安置费分配表

公　　社	人数	安置费	公　　社	人数	安置费
香屯公社	50 人	5000	龙头山公社	50 人	5000
新营公社	50 人	5000	新岗山公社	100 人	10000
潭埠公社	50 人	5000			
万村公社	110 人	11000			
界田公社	70 人	7000			
李宅公社	120 人	12000	合　　计	600 人	60000

六　抚州地区

抚州地区

关于分配上海来我区农村插队落户知识青年的通知

（抚革办〔70〕第3号）

各县（市）革委会：

为认真贯彻执行伟大领袖毛主席"知识青年到农村去，接受贫下中农再教育"的最新指示，省革委分配我区接受上海一九六九年应届毕业生一万人，到农村插队落户。经研究分配你县　人。请速分配到公社大队，落实到过去没有安插知识青年的社、队。社、队应遵照毛主席"各地农村的同志应当欢迎他们去"的教导，充分发动群众，做好"三落实"，落实队干部，落实住房，落实工作。各县应将落实到社、队的人数于元月二十五日和二月三日前报专区革委会精简办公室一式二份。

江西省抚州专区革命委员会（章）

一九七〇年一月二十二日

关于下达一九七三年到一九八〇年知识
青年上山下乡规划的通知

（抚党发〔73〕74号）

各县（市）委：

遵照毛主席关于"知识青年到农村去，接受贫下中农的再教育，很有必要"的教导和全国、全省知识青年上山下乡工作会议的精神，现将一九七三年到一九八〇年知识青年上山下乡规划及一九七三年城镇知识青年上山下乡安置任务，通知如下：

一、一九七三年到一九八〇年，全区城镇知识青年要上山下乡的和上海市、南昌市来我区下乡的知识青年，约有十一万人，平均每年约有一万四千人。其中属于地区安排的有六万九千人，即上海市三万人，南昌市二万四千人，抚州市一万五千人。这些人，初步安排到：乐安县、金溪县各一万人（上海市各四千人，南昌市各三千人，抚州市各三千人）；宜黄县、黎川县各八千人（上海市各三千人，南昌市各五千人）；南丰县八千人（上海市五千人，抚州市三千人）；崇仁县六千人（上海市、南昌市、抚州市各二千人）；南城县五千人（上海市二千人，抚州市三千人）；进贤、东乡县各四千人（上海市各二千人，南昌市各二千人）；临川县三千人（上海市二千人，抚州市一千人）；资溪县三千人（上海市一千人，南昌市二千人）。

二、一九七三年全区城镇知识青年上山下乡和上海市来我区下乡的知识青年共有八千四百余人，其中属于地区安排的有五千二百人，即上海市四千五百人，抚州市七百人。这些人分配到：乐安县八百人（上海市六百人，抚州市二百人）；金溪县七百人（上海市六百人，抚州市一百人）；宜黄县七百人（全部上海青年）；南丰县六百人（上海市五百人，抚州市一百人）；黎川县六百人（全部上海青年）；崇仁县五百人（上海市三百人，抚州市二百人）；南城县三百人（上海市二百人，抚州市一百人）；进贤、东乡县各三百人（全部上海青年）；临川、资溪县各二百人（全部上海青年）。

三、各县（市）可根据地区的安排，连同本县（市）自行安置的知识青年上山下乡数，和大办农业、大办粮食、建设社会主义新农村的规划结合起来，作出八年规划。对于一九七三年的安置任务，则要求迅速落实到社到队；要选择土地较多、人口较少、生产潜力较大、工作基础较好的地方，力求适当集中；有条件的地方，要积极试办知识青年、贫下中农、带队干部三结合的集体所有制的青年队，实行单独核算。

四、知识青年上山下乡，是一场伟大的社会主义革命，在这场革命中，充满着两个阶级、两条路线、两种思想的激烈斗争。各级党委必须按照党的十大确定的政治路线，以批林整风为纲，以中共中央〔1973〕21号、30号文件为动力，按照省委批转《全省知识青年上山下乡工作会议纪要》的精神，坚持无产阶级政治挂帅，继续进行思想和政治路线方面的教育。要组织广大党员、干部、群众和下乡青年，认真学习马克思主义、列宁主义、毛泽东思想，批判修正主义，批判资产阶级世界观，结合批林整风，坚决纠正"走后门"之类的不正之风。要严格区分和正确处理两类不同性质的矛盾，对于以法西斯手段残酷迫害知识青年和强奸女青年的犯罪分子，要按其罪行，依法惩办，狠狠打击，切实保护青年一代的健康成长。要进一步加强领导，组织党、政、军、民、学各方面的力量，认真地做好这项工作。当前，要紧急行动起来，做好今年城镇知识青年上山下乡的动员和安置工作，教育部门要对应届中学毕业生进行深入细致的思想教育，动员他们上山下乡干革命；工厂、企业、机关、街道，要做好知识青年家长的思想工作，动员他们积极支持与鼓励自己的子女到农村去，走与工农相结合的道路；有安置任务的社队，要发动基层干部和贫下中农，为知识青年修建好住房，添置好农具、家具，种好蔬菜，以满腔的热情，迎接知识青年到农村来扎根落户；各级领导干部，要以身作则，带头送子女下乡务农，作贯彻执行毛主席革命路线的带头人。

以上通知，希认真贯彻执行。

中国共产党抚州地区委员会（章）

一九七三年十月十八日

抄报：省委

抄送：省乡办、上海市乡办、中共南昌市委、抚州军分区党委

发至：地区各部、室、组、局党组织

关于核批抚州地区一九七二年以前
城市人口下乡安置经费的复函

（省知青办〔74〕19号、〔74〕赣财行字55号）

抚州地区知青办、财政局：

根据你们五月十六日编报的一九七二年以前城市人口下乡安置经费使用情况表，审核批复如下：

一、核定你区一九六八年至一九七三年九月的一九七三年以前城市人口

下乡安置费预算 10890362 元，决算 9218209 元，决算结余 1672153 元。

二、你区一九七二年以前下乡青年没有建房的 21555 元，需建房补助费 4311000 元，生活不能自给的 18902 人，需生活补助费 1890200 元，合计 6201200 元。除应由结余抵拨 1672153 元和今年三月已增拨你区 60 万元外，现全部结清补拨 3929047 元，列入你区一九七四年预算，专款专用，切实解决一九七二年以前下乡青年的住房和生活困难问题。

三、已查明你区安置经费被贪污、挪用的 13754 元必须责成有关单位和个人彻底退赔，并应依靠群众继续进行清理。

特此批复。

附件：抚州地区一九七二年以前城市人口下乡安置费结算表

江西省知识青年上山下乡安置工作办公室（章）

江西省财政厅（章）

一九七四年六月七日

抄送：省革委财办，中国人民银行江西省分行、抚州地区支行

抚州地区 1972 年以前城市人口下乡安置费结算表

项　　目	金额（元）	说　　　　明
一、1968—1973 年 9 月预算数	10890362	包括 1967 年结转 118640 元,不包括集体经济下放人员补助费
1968—1973 年 9 月支出数	9218209	地区知青办、财政局联合上报数,已扣除贪污挪用 13754 元
1. 知识青年安置费	5616523	安置 30301 人,建房 33704 平方米
2. 居民安置费	3601686	安置 43881 人
1973 年 9 月底结余	1672153	
二、按规定需补拨知识青年经费	6201200	1973 年 9 月底实有 26007 人
1. 建房补助费	4311000	21555 人没有住房
2. 生活补助费	1890200	18902 人生活不能自给
三、追加知识青年补助费预算	4529047	
原已追加	600000	
此次追加	3929047	

金溪县

一九六八年八月一日起至一九七〇年
十二月卅一日止下乡人员统计表

金溪县从一九六八年八月一日起至一九七〇年十二月卅一日止下乡人员统计表

单位：人

数　　项 目目 分 类	下乡知识青年数		下乡居民数		回乡数		新建场（队）		备　注
	学生	社会青年	带工资下放人员家属	城镇居民	成户	单个	场数（队）	人数	
外县（市）	4			20					70年下乡人数请按表内项目另报一份
本县城	308	167	646	1008	218				
公社集镇				506					
上海市来赣插队人数	1801								
外省市来赣投亲靠友数									
南昌市	415	105		28					
抚州市	135			30					
总　计	2663	272	646	1592	218				

1970 年 3 月 17 日填报

下放、下乡人员培养使用情况统计表

金溪县下放、下乡人员培养使用情况统计表

单位：人

项目\分类	入党	入团	参加三结合数				进工厂	升学	参军	赤脚医生	赤脚教师	会计保管记工员	驾驶汽车拖拉机	开柴油机发电机等	广播气象科研员	手工业	70年参加积代会				70年评为四好、五好	
			县	社	大队	生产队											省	专	县	社	四好班排	五好战士
带薪下放人员	2			2	24		10			52	176	19	2	1		1	1	2	17	40		30
本省下乡知识青年	3	5	1	2	10	12	18	23	41	8	59	29			1	4	2	2	45	77	17	352
上海市下乡知识青年	2	2			7	3				6	6	5		2			2	1	35	46	18	243
城镇			1		1	1		1	2	6	4	2				14				2		4
总计	5	7	1	4	42	16	28	24	43	66	245	55	2	3	1	19	5	5	97	165	35	629
备注	现有五·七大军连、排、班数，其中有下放干部带队的连、排、班数各多少，请在表内注明																					

一九七〇年三月十七日填报

关于安置、接待上海知识青年的情况报告

专区革委会：

我县安置上海知识青年的任务为 1200 名，实际接收 1212 人。这些同学已于四月十五日全部安全到达我县 8 个公社、70 个大队、209 个生产队。

为了做好这批知识青年的接待安置准备工作，早在今年一月底，我们即已将接待任务分配至各个公社，并提出了对安置准备工作的要求：政治思想工作方面，一是层层举办毛泽东思想学习班，反复学习、坚决贯彻毛主席关于"知识青年到农村去"的伟大指示，充分认识知识青年上山下乡的伟大意义，破除怕麻烦、怕增加负担、怕不好领导的思想；二是制定好对上海知识青年进行再教育的计划和措施，以便上海同学一到，就能迅速地、有计划地对他们开展工作。组织工作方面，也要求着重做好两项工作，一是建立与健全各级"五·七"大军领导小组和贫下中农再教育小组，为上海知识青年配备贫下中农班长；二是确定带队干部，安排下放国家工作人员协助社队做好对上海知识青年的再教育工作。在生活安排方面，我们狠抓了住房、床铺、锅灶、菜地、生活用品的腾借、修缮、购置等工作。据此，各公社、大队、生产队的广大干部、贫下中农、"五·七"战士做了大量的工作，县革委会和各公社革委会除了逢会必讲以外，还专门派人多次下到各大队，逐队检查安置准备工作，就地解决发现的问题，使准备工作于三月下旬基本就绪。

上海知识青年到达我县后，受到农村广大干部、贫下中农、"五·七"战士的热烈欢迎和热情接待。村村队队敲锣打鼓，走出十几里，甚至几十里去迎接上海知识青年，正在大战春耕的干部、社员不顾疲劳，连夜为上海知识青年搬运行李，安排饭菜，安排住宿。浒湾公社中洲大队红星生产队的妇女主任自己的孩子发高烧近 40℃，但她一直帮助同学铺床挂帐，累得浑身是汗，直到安排妥帖，才抱自己的孩子去看病。流璃公社蒲塘大队的干部深夜提着马灯走遍上海知识青年居住的三个生产队，看望知识青年，他们听说上海同学喜欢吃竹笋，第二天一早，又上山拔了许多小笋，分别送给上海同学。石门公社靖思大队的"五·七"大军带队干部莫颂尧同志，了解到安置在涂岭生产队的青年嫌那里山高林密，不愿去时，当晚八点多钟，步行十多里泥泞陡峭的山路，赶上山去，连夜对同学们做细致

耐心的思想工作，通夜未眠。分配到流璃公社波源大队澳塘生产队的几个女同学，初来不习惯，情绪郁闷，一位贫农老婆婆，晚上就主动地找她们谈心，介绍农村的大好形势，白天带着女青年到贫下中农家中去串门，让他们时刻生活在贫下中农的热情关注和温暖的阶级友情中，很快安定了情绪，愉快地参加了劳动，她们说："我们真正体会到了'离家远了，离毛主席革命路线更近了，和贫下中农更亲了'这句话的深刻含义。"浒湾公社山下大队的几位青年刚来时嫌房子不好，心里不高兴，但是当他们得知这是全村最好的房子，贫农社员徐香莲，为了接待上海青年主动把这房子腾出来而宁愿自己住进又破又漏的放禾草的秆间时，同学们十分感动，很快地搬进了原来安排的房屋。目前，各个大队均已陆续举办了毛泽东思想学习班，对上海青年进行扎根农村的教育。

在接待和安置上海知识青年的过程中，上海市革委会派来的护送干部和公社干部在一起深入大队、生产队检查、了解安置工作情况，看望上海知识青年，及时解决各种问题，协助我们做了许多工作，受到了普遍赞扬。

由于各级革委会加强了领导，从政治上关心知识青年，生活上照顾知识青年，生产上适当安排，使绝大多数同学迅速安定下来，自觉投入了目前紧张进行的春耕生产。许多社队的知识青年来到后第二天就纷纷要求出工，石门公社后车大队一位上海知识青年一参加劳动就跟着老农学习犁田，只用了半天时间就基本上学会了这项农活。浒湾公社双家大队王家生产队的上海青年，贫下中农照顾他们干轻活，分配他们看山、看圩栏门（防止猪鸡出村进田），同学们坚决不干，一致要求到七八里路以外的浒湾镇去挑肥料。许多上海知识青年已经自己安排生活，自己砍柴种菜，积极参加集体生产劳动，下决心要将自己的班排建设成四好班排。

我们虽在安置工作中取得了上述成就，但在安置工作中发展还不够平衡，还存在着一些问题。这主要表现在：有少数大队生产队的领导班子、带队干部还不够落实，有个别生产队干部思想认识上不够正确，他们有的借口生产忙，不沾上海知识青年的边，甚至有个别人故意夸大本队的困难，企图把知识青年吓跑。有一个生产队有大房间不肯腾出，队长还说："要房子可以，拿1000元钱来"，由于这种情况致使目前还有少数几个生产队的同学一直未安定下来。在生活上，少数队以前也未做好充分准备，以致房屋条件不好，床铺比较挤，不能全部做到一人一床，个别队厨房还未落实，有的用具比较缺，这些都需要我们继续做好工作，迅速予以解决。另外，由于我们的工作做得不够深入细致，目前还有少数上海知识青年要求调队，有的东走西串，有的心神不定，情绪不高，有的不够团结，这些问题也有待我们认真做好工作，尽快地使他们安定下来。

上海知识青年来农村是落实毛主席伟大指示的实际行动，也是一场深刻的政治大革命，阶级敌人必然会进行破坏和捣乱。目前我们已经发现一些阶级敌人活动的迹象，如珊城公社米家大队许家生产队的知识青年住房，虽然上了锁，却几次发现有人进去翻箱倒柜，厅堂墙上还贴着一些"中外名菜谱"之类的东西。双塘公社合市大队斛塘生产队有人竟说同学们住的房子有鬼，以此吓唬青年学生。前进公社有一个生产队有人向上海青年的住房丢石头，打破了脸盆和痰盂等器皿。在上海知识青年内部我们也清查出一个有流氓作风和习气的学生掩护一个来路不明的人，从上海冒名前来我县，企图指挥一部分人做坏事（已将此人交由上海护送干部带回上海处理）。这些情况已引起我们严重注意，并在认真追查中。

根据以上各种情况，为了进一步做好对上海知识青年的再教育工作，我们于四月二十二日召开了各公社负责"五·七"大军工作的副主任和上海护送干部联席会议，汇报了各公社安置工作的情况与问题，交流了经验，并对今后的工作做了研究和部署。

我们打算在最近着重抓好以下几项工作：

一、调整健全"五·七"大军的各级领导班子，加强组织领导，配备好贫下中农班长和带队干部，保证确有专人做好"五·七"大军，特别是上海知识青年的工作。

二、突出无产阶级政治，认真做好对上海知识青年的政治思想工作。根据省革委会政治部赣政〔70〕27号文件精神，我们打算：

第一，认真办好毛泽东思想学习班，用毛主席"知识青年到农村去"的最新指示和《青年运动的方向》、《在中国共产党全国宣传工作会议上的讲话》等光辉文件武装上海知识青年的头脑，帮助他们进一步认识插队落户、接受贫下中农再教育的深远意义，进一步坚定他们走与工农相结合的光辉道路的信心，进一步树立志在农村，红在农村，一辈子在农村干革命的雄心壮志。

第二，开展"两忆三查"新式整军运动，狠抓阶级斗争，深入持久开展革命大批判，对上海知识青年进行阶级和阶级斗争教育、路线斗争教育和继续革命的教育。

第三，坚持四个第一，大兴三八作风，开展四好连队、五好战士活动，建立经常性的学习制度、民主生活制度、生活制度和请假制度等，加强组织纪律性，建设一支革命化、劳动化的"五·七"大军队伍。

第四，抓好典型，树立样板，坚持以正面教育为主，及时表扬好人好事，造成一个赛革命、赛团结、赛进步的热潮。

第五，进一步发动基层干部、贫下中农、"五·七"大军老战士群策群力，认真做好对上海知识青年的深入细致的思想工作。

第六，积极组织上海知识青年投入"一打三反"对敌斗争高潮，投入春耕插秧战斗，让他们在三大革命运动的风口浪头上经风雨，见世面。

三、狠抓三落实，认真总结安置接待工作经验，更好地做到：政治上有人抓，劳动上有人教，生活上有人管，在劳动上适当照顾知识青年的情况，由易到难，逐步锻炼，工分上一般的女不低于五分，男不低于六分，生活上继续解决好住房、生产工具、生活用具、蔬菜、计划物资供应、粮油供应等具体问题，当前要特别注意帮助同学种好夏菜，帮助他们安排好生活。

以上报告妥否，请指示。

江西省金溪县革命委员会（章）

一九七〇年四月二十五日

突出政治，狠抓落实，认真做好
上海知识青年的安置巩固工作

石门公社革委会

今年初，县革委会分配我社安置 140 名上海知识青年。

……

在伟大领袖毛主席"五·七"指示的光辉照耀下，在上级革委会的正确领导下，在各级干部、贫下中农、"五·七"战士的共同努力下，我社安置接待工作基本上做到了贫下中农热情欢迎，上海知识青年安心、愉快。上海知识青年来到我社虽然只有一个月时间，但已普遍安下心来，没有要求调队的，没有东走西串的，没有到公社吵闹的；他们的学习、劳动和生活均已初步走上正轨。他们在贫下中农和带队干部的帮助下，天天坚持学习毛主席著作，天天参加集体生产劳动，自己动手种蔬菜、饲鸡豕、做饭食，好人好事层出不穷。贫下中农普遍反映，上海知识青年来后有三快，即思想安定得快，参加集体生产劳动快，独立生活快。

我们在安置、巩固上海知识青年的工作中，之所以取得一些成效，主要是狠抓了以下几项工作：

第一，抓班子。

我们在做好上海知识青年的安置、巩固工作中，首先狠抓各级领导班子对待这一工作的态度，将能否做好这一工作提高到对毛主席忠不忠，对毛主席的伟大战略部署紧跟不紧跟的高度去对待，因此社、队各级革委会的同志对这一工作是重视的，态度是积极的。

首先，公社革委会常委、核心领导小组就把这项工作列入了自己的议事日程，上海知识青年来到之前，公社革委会和公社核心领导小组都曾三次开会，专门研究这一工作，并且两次派出专人深入有接待任务的23个生产队逐队检查安置准备工作的情况。与此同时，公社革委会还专门举办了两期有大队干部、下放国家工作人员参加的毛泽东思想学习班，反复从思想上、组织上、生活上落实接待准备工作。公社几个主要负责同志下乡时，均要检查这一工作的进展情况，发现问题，及时解决。上海知识青年来到时，有80多人随带300多件行李要在公社过夜，公社全体干部在主任、副主任的带领下，扛行李，安排青年的住宿，给青年们送饭送水，问寒问暖，一直忙到深夜两三点钟。上海知识青年到达后的第二天公社就指派专人，会同上海护送干部前往各地看望知识青年，公社负责同志以及分片驻队指挥春耕的公社干部也都纷纷前去看望知识青年，帮助他们解决各种问题。

在公社的带动下，各大队、生产队的干部也勇敢挑起对知识青年进行再教育的重担，热情关心上海知识青年。江坊大队党总支书记饶仁甫同志，在栽禾大忙时节到严坊生产队看望知识青年，发现青年们的住房还不太好，就马上调人重新修理；看见同学的菜地没有种好，又亲自上大树砍枝桠，钻丛林砍荆棘，帮助同学围好菜园，然后带着同学挖地、平土、种菜；看到同学们住得比较挤，又马上派人往返八十余里运回早已定做的竹床……

各级革委会对上海知识青年这样关心，使他们深受感动，他们说："我们来后最满意的，首先就是各级领导对我们这么关心！"

第二，抓队伍。

……

我们在进行上海知识青年的安置和巩固工作时，组织了三支队伍：一支是由贫下中农组成的进行再教育的队伍；一支是由下放国家工作人员组成的协助贫下中农进行再教育的队伍；另一支是由上海知识青年中的积极分子组成的接受再教育的骨干队伍。此外，上海市革命委员会还选派了优秀的护送干部，大力协助我们做好安置、巩固工作，给我们很大的帮助和促进。

贫下中农担任上海知识青年的政治班、排长，领导对知识青年进行再教育的工作，贫下中农是讲师，对青年反复进行阶级和阶级斗争教育、形势教育、艰苦奋斗教育和农村远景教育；贫下中农又是师傅，在劳动中从磨刀、砍柴、种菜，直至犁田、栽禾、耘禾，样样把着手教；他们也像知识青年的父母兄弟，在生活上无微不至地关心知识青年。清江大队的几位知识青年，有一次想把一盆隔夜煮的剩饭倒掉。但是，他们猛然想起头天晚上，苦大仇深的老贫农向他们诉说的旧社会的苦难家史，使他们感到粒粒白米，来之不易，于是将剩饭烧热，大家争着吃掉了。汤家大队的 17 名上海知识青年，下放不到 20 天，就学当地群众的样子，清早做好全天的饭，然后全体出工，参加劳动。靖思大队有位老婆婆何其英，负责帮青年煮饭，开始，有几个女青年不习惯，吃不下饭，何其英也急得吃不下饭，日夜陪着女青年，对她们进行教育，冲糖水给她们喝。不久，同学们情绪安定了，参加劳动了，饭量也大了，她也非常高兴，跑回家去把自己家的一窝小鸡捉来十只，送给上海知识青年，鼓励她们继续前进，在农村安家落户，干一辈子革命。青年们激动地说："何妈妈真比我们的亲人还要亲！"

下放国家工作人员担任了大队、生产队的带队干部，为了工作方便，我们将这些同志调整到上海知识青年所在的生产队去落户，让他们能更好地协助贫下中农进行再教育。这些同志有一定的政治水平和工作经验，与上海青年在语言上没有什么障碍，特别是作为老"五·七"战士，对青年们初到农村可能遇到的问题有过切身的体会，更便于设身处地地替知识青年着想，主动为他们解决各种问题，因此，由他们来协助贫下中农进行工作，就能将工作做得更深入、细致。

上海知识青年中的积极分子，一般都是出身好，觉悟较高，来农村的决心大，能吃苦耐劳的好同志，他们一到农村就用自己的模范行动团结和带动自己周围的同志虚心接受贫下中农的再教育，起了很好的作用。汤家大队上海知识青年徐锡聪，担任排长，他在栽禾时手部擦伤，后因细菌感染而引起整个手臂发炎、化脓，痛得他睡不好觉，吃不下饭，但他仍然要求出工，说："我手不能下水，但可以拿耙子耘禾"。在他的带动下，他所在的班一直表现很好。

上述三股力量拧成一股绳，在各级革委会的领导下开展工作，力量很大，作用不小。最近，我们又举办了这三方面同志参加的学习班，总结了成绩，交流了经验，研究了今后工作。

第三，抓苗头。

我们努力狠抓活思想，及时地进行针对性的教育，迅速地解决问题。

我们发现上海知识青年初来时容易出现的问题，一是不习惯农村生活，想家；二是不满意落户队的条件，想调；三是不熟悉同来的伙伴，有碍团结；四是不熟悉周围环境，东游西串。我们就根据这些规律，及时发现苗头，把工作做早、做好、做在前头。靖思大队的涂岭生产队坐落在高山上，去那里落户的七个青年从未见过这么高的山，心里七上八下，不得安宁，从山下走到山上，休息了四次才到生产队，一到那里就要求调队，铺盖都不肯打开。大队干部和"五·七"大军带队干部闻讯连夜赶上山去，在灯下给青年们讲涂岭山区是红军战斗过的地方，革命青年应该发扬革命传统，争取更大光荣。他们耐心地同青年们谈心，使青年们渐渐定下心来。深夜，青年们和衣躺下休息了，我们的同志又将自己的衣服脱下来，盖在他们身上，守在他们身边，彻夜不眠。第二天又一个一个地找知识青年谈心，针对每一个人的活思想，有的放矢地宣传毛泽东思想。公社负责"五·七"大军工作的副主任和上海护送干部也前往涂岭生产队做工作。经过耐心、细致的思想工作，终于使青年们下定决心要在涂岭山上扎下根来，将老红军战斗过的地方，建设成为社会主义的新农村。他们说："革命前辈能在这里战斗，我们也能在这里战斗；贫下中农能在这里住下去，我们也能在这里扎下根来。"

我们这里，还有三位知识青年，在来江西的火车上就几次三番要求调队，有的甚至下了火车，临上汽车时还在要求调队，否则就要跟车回上海。但是由于我们及时做了思想工作，这三位同学到达驻地不久就完全安下心来，其中有一位女青年有心脏病，又是平脚板，仍然坚持下水田劳动，她说："贫下中农对我们这样好，我们只有好好接受贫下中农的再教育，才对得起毛主席，才对得起贫下中农。"

第四，抓典型。

我们在对知识青年进行工作的过程中，坚持以正面教育为主，大力表扬好人好事，充分调动和发挥青年们积极上进的主导方面，热情鼓励他们沿着毛主席的"五·七"指示的光辉大道奋勇前进。据统计，自上海知识青年来到后，我公社广播站自办节目的 40% 的稿件是表扬上海知识青年中涌现的大量好人好事的。各大队、各生产队也经常组织新老"五·七"战士共同举办学习班，开展各种再教育活动和四好班排、五好战士活动，同时也利用各种场合，及时表扬上海知识青年中的好人好事，对他们鼓舞很大。汤家大队邬家生产队的知识青年在受到贫下中农的表扬后说："领导和贫下中农说我们好，是说我们响应毛主席的伟大号召，到农村来，这第一步走得好！是希望我们能继续走下去，认真接受贫下中农的再教育，在'好'字上走下去，走到底！我们一定不辜负贫下中农的期望！"

第五，抓落实。

就是说将工作抓紧、抓细，务求落实。比如上海知识青年的住房安排，我们就曾逐间地进行检查，该修的马上修，该换的当时换。后车大队要修房子，抽不出木工，公社主要负责同志亲自下决心，将检修农具的木工抽出来，突击五天，修好了房屋；横源大队曾坊生产队原来安排的房屋是比较好的，只是在检查中发现周围卫生环境还不理想，就马上与生产队研究，另外调换了一栋更好的住房。

由于我们狠抓落实，所以上海青年一到，不仅政治上有人抓，劳动上有人教，生活上有人管，而且生活方面的安排，都使他们比较满意。这对促使他们很快安下心来也起了很好的作用。不少上海知识青年反映："这里的情况比我们在上海设想的艰苦条件好得多，我们很满意。"

……

一九七〇年五月十日

关于发放《突出政治狠抓落实》的材料通知

各公社革委会：

现将石门公社革委会送来的《突出政治狠抓落实》的材料印发给你们。石门公社革委会遵照毛主席"要过细地做工作"的教导，紧跟伟大领袖毛主席的战略部署，把接待、安置上海知识青年的工作当成落实毛主席一系列最新指示的重大工作来抓，工作做得很细，因此上海青年到后，贫下中农热情接待，上海青年安心满意。他们的做法，可供各地参考。

当前对上海青年的安置工作，还有不少事情需要我们进一步抓细、抓落实。希各公社继续高举毛泽东思想伟大红旗，认真做好安置工作，并希将你们的好经验，好做法，及时告诉我们。

金溪县革命委员会精简办公室

一九七〇年五月十八日

关于分配上海来我县农村插队落户知识青年的通知
（金办〔70〕07 号）

各公社革委会：

专区革委会分配我县接受上海一九六九年应届毕业生 1200 人，到农村插队落户。经研究分配到各个公社（见附表），迅速分配到大队、生产队。社、队应遵照毛主席"各地农村的同志应当欢迎他们去"的教导，充分发动群众，分好"三落实"工作，落实带队干部，落实住房，落实工作。要根据下列□□□和进行分配：1. 分配去田多人少的地方；2. 分配到原来知识青年去的少的地方；3.5—7 人集中在一起。各公社应将落实到大队、生产队的人集于二月五日前报县革委会精简办公室。

附件：上海知识青年去农村插队落户人员分配表

江西省金溪县革命委员会办公室（章）

一九七〇年九月二十五日

上海知识青年去农村插队落户人数分配表

何源	170 人	前进	200 人
陆坊	130 人	双塘	120 人
流璃	200 人	浒湾	80 人
酒城	160 人	石门	140 人
合计			1200 人

黎川县

关于进一步做好我县知识青年安置工作的意见

（黎发〔79〕5.2号）

各公社（场）党委、县直各单位党组织：

……

我县自一九六八年以来，有组织有计划地动员了大批城镇知识青年上山下乡。与此同时，并接收了一批上海、南昌、抚州等外省外县的城市知识青年，来到我县广大农村插队落户，参加社会主义建设。到一九七八年春，全县上山下乡的知识青年共达四千三百多人，其中上海知青占了一半，除因招工、升学、参军离开农村一千五百六十人，病退回城一千六百五十人外，目前留在农村的知青，还有一千零二十四人。其中：安置在国营农林水系统一百七十三人，知青农林队（场）一百人，社队企业五十人，分散插队七百人。

……

一、对有困难的下乡知青的统筹安排问题

……

我县现有在农村的下乡知青，除已安置在国营农林水系统的以外，还有七百三十七人。其中一九七二年前下乡的有三百九十二人，这些知青绝大多数是分散插队的，困难较多，年龄大都近三十岁了。根据中发〔1978〕74号文件精神，和当前我县知青工作的实际情况，一是，可在全民和大集体企事业单位安排一部分，最近即可在地区分拨我县三百五十个大集体增员指标中，解决一百五十人左右；二是，华山垦殖场安排一百至一百五十人，社苹陶瓷厂安排五十人。已在农村结婚成家的，应就近安排到所在公社的社队企业和农村其它企事业单位。个别就地安排确有困难的，根据可能情况，也可以回城安排。抚州等外地一九七二年前下乡确有困难的未婚插队知青，根据赣发〔1979〕66号文件精神，由动员地区和安置地区共同研究商定。

……

二、城镇待业知青的安排问题

……

三、加强党对知青工作的领导问题

……

要切实保护上山下乡的知识青年，对迫害下乡知青的事件要及时进行严肃处理，对破坏知青上山下乡的犯罪分子，要坚决进行打击。

为了加强对上山下乡知青和安置工作的领导，各公社（场）党委，要有一名书记负责主管知青工作，公社知青办要配备一名公社干部专管，以便切实抓好这项工作。

一九七九年十一月十二日

抄送：县委，县革委各部、室、委、办，县人武部，县工、青、妇

中共黎川县委办公室　　　　　　　一九七九年十一月廿七日印发

共印八〇份

<h2 align="center">崇仁县</h2>

<h3 align="center">关于预拨一九七〇年第二批安置经费的通知</h3>

（〔70〕崇革安办字第11号）

革委会：

我县今年接受六九届上海知识青年和我县初中毕业生及部分城镇社会闲散劳动力的安置工作。为了进一步把安置工作更好地做到三落实，使下乡知识青年立志在农村扎根一辈子，干一辈子革命，做一辈子新式农民，现根据抚州专区革委会办公室预拨我县七〇年第二批安置经费总额，经研究拨给你社　　　　元。希各地遵照伟大领袖毛主席"要节约闹革命"的伟大教导，对此经费，计划开支，专款专用，杜绝贪污浪费，做到花钱少，多办事，办好事。并结合当前"一打三反"运动，对已经下拨使用的安置费，组织人

员，进行一次全面检查，对虚报冒领、贪污浪费、挪用者根据情节轻重，给予批评教育，手段恶劣者给予必要的处分。望各地将检查结果于六月中旬报我部办公室，以便汇集上报。

特此通知。

崇仁县革委会精简安置指挥部

一九七〇年五月二十二日

抄送：县财政局、银行，县革委会总务室

预拨各公社第二批安置费

沙堤公社	201 人	20100 元
凤岗公社	199 人	19900 元
礼陂公社	152 人	15200 元
郭圩公社	79 人	7900 元
官山公社	110 人	11000 元
马安公社	123 人	12300 元
河上公社	110 人	11000 元
合　　计	974 人	97400 元

关于预拨第三批上海知识青年安置经费的通知

（〔70〕崇精安字第 20 号）

官山、沙堤、航埠、郭圩、礼陂、凤岗、河上、马安公社革委会：

为了进一步落实毛主席"知识青年到农村去"的伟大教导，搞好知识青年安置工作，经研究决定，预拨公社安置经费16000元，官山150名，3000元；沙堤50名，1000元；航埠50名，1000元；郭圩100名，2000元；礼陂150名，3000元；凤岗100名，2000元；河上100名，2000元；马安100名，2000元。此经费用于修理房子和购置用具，希各公社要做到专款专用，不准挪用。

特此通知。

崇仁县革委会精简安置指挥部

一九七〇年八月二十八日

转发《关于认真做好上山下乡知识青年场、队贷款工作的通知》

（〔73〕崇银农字第 5 号）

各营业所：

现将省分行赣银农〔1973〕218 号《关于认真做好上山下乡知识青年场、队贷款工作的通知》转发给你们。希各所按照通知要求，认真做好上山下乡知识青年的贷款工作，并把工作中的主要情况和经验，及时告诉支行农金组。

附件：如文

中国人民银行崇仁县支行

一九七三年十一月二十三日

抄送：县生产指挥部

抄送：县知识青年上山下乡办公室、信用社

关于认真做好上山下乡知识青年场、队贷款工作的通知

（赣银农〔73〕218 号）

……

为了做好上山下乡知识青年场、队的贷款工作，根据省委九月召开的全省知识青年上山下乡工作会议和《全省知识青年上山下乡工作会议纪要》的精神。现将有关事项通知如下：

一、要以批林整风为纲，认真学习十大文件和中发〔1973〕21 号、30 号，省委赣发〔73〕131 号文件。深入开展革命批判，狠批林彪及其在江西的代理人程世清推行反革命修正主义路线破坏知识青年上山下乡的罪行，不断提高做好上山下乡知识青年场、队贷款工作的自觉性，各级银行和信用社

要把做好上山下乡知识青年场、队的贷款工作列入议事日程，经常研究，做到思想重视。资金优先□□满腔热情地支持知识青年上山下乡。

二、各级银行和信用社要根据当地知识青年建场、建队的□□在党委的领导下，配合有关部门，深入调查研究。努力促进□□知识青年场、队发展农业生产。对于生产所需资金，要贯彻"自力更生为主，国家支援为辅"的方针，统筹安排，资金安排的次序是：先用自有资金（即安置经费用于生产的部分），后用国家支援人民公社机械化投资和小型农田水利补助费，再用预购定金和农贷。银行对知识青年场、队贷款要按照《中国人民银行农村人民公社贷款办法（试行草案)》和省分行《关于中国人民银行农村人民公社贷款办法（试行草案）暂行实施细则》办理，知识青年场、队贷款指标是否要从社队贷款指标中单独划出来，由各县支行请示县委研究决定。

三、要协助主管部门做好安置经费的管理和监督支付工作，各级人民银行和信用社对安置经费要设立专户管理，专款专用，凡不符合规定的开支，银行有权拒绝支付，并及时向上反映。对历年拨付的安置经费，要积极配合主管部门进行清理，对贪污挪用安置经费的，要及时向党委反映。

四、要积极帮助知识青年场、队培训财会人员。建场、建队初期就要协助选拔和培训财会人员，建立帐目和财务管理制度，实行由领导、财会人员、知识青年代表参加的"三结合"民主理财小组，实行民主理财。各地开展的财会辅导网组活动，要吸收知识青年场、队财会人员参加，不断提高场、队财会人员政治思想和业务水平。

各地做好上山下乡知识青年贷款工作的主要情况和经验，请及时告诉省分行农金处。

中国人民银行江西省分行

一九七三年十月三十一日

抄报：略

抄送：略

关于动员安置一九七三年城镇知识青年上山下乡的通知

（〔73〕崇发字第 44 号）

各公社（镇）党委：

遵照毛主席关于"知识青年到农村去，接受贫下中农的再教育，很有必要"的教导和全国、全省知识青年上山下乡工作会议的精神，现将动员安置一九七三年城镇知识青年上山下乡通知如下：

一、一九七三年全县城镇知识青年上山下乡和上海市、抚州市来我县下乡的青年共有九百六十三人，其中安排建立以青年为主的集体所有制青年队的有六百五十人，即上海市三百人，抚州市二百人，本县一百五十人（其余的安排插队、回老家），这些人分配到：沙堤、大塘、三山各三十人（全部上海青年），航埠、孙坊各三十人（全部抚州青年），石庄、白陂、桃源各六十人（上海、本县各三十人），河上六十人（全部抚州青年），马安五十人，（全部抚州青年），郭圩六十人（全部上海青年），礼陂三十人（全部本县青年），许坊六十人（抚州、本县各三十人），凤岗六十人（全部上海青年）。

二、安排知识青年上山下乡要和大办农业、大办粮食、建设社会主义新农村的规划结合起来，要选择土地较多、人口较少、生产潜力较大、工作基础较好的地方，建立知识青年、贫下中农、带队干部三结合的集体所有制的青年队，实行单独核算。

三、知识青年上山下乡，是一场伟大的社会主义革命，在这场革命中，充满两个阶级、两条路线、两种思想的激烈斗争。各级党委必须按照党的十大确定的政治路线，以批林整风为纲，以中共中央〔73〕21 号、30 号文件为动力，按照省委批转《全省知识青年上山下乡工作会议纪要》的精神，坚持无产阶级政治挂帅，继续进行思想和政治路线方面的教育。要组织广大党员、干部、群众和下乡青年，认真学习马克思主义、列宁主义、毛泽东思想，批判资产阶级世界观，结合批林整风，坚决纠正"走后门"之类的不正之风。要严格区分和正确处理两类不同性质的矛盾，对于以法西斯手段残酷迫害知识青年和奸污女青年的犯罪分子，要按其罪行，依法惩办，狠狠打击，切实保护青年一代的健康成长。要进一步加强领导，组织党、政、军、民、学各方面的力量，认真地做好这项工作。当前要紧急行动起来，做好今

277

年城镇知识青年上山下乡的动员和安置工作，教育部门要对应届中学毕业生进行深入细致的思想教育，动员他们上山下乡干革命；工厂、企业、机关、街道，要做好知识青年家长的思想工作，动员他们积极支持与鼓励自己的子女到农村去，走与工农相结合的道路；有安置任务的社队，要发动基层干部和贫下中农，为知识青年修建好住房，添置好农具、家具，种好蔬菜，以满腔的热情，迎接知识青年到农村来扎根落户；各级领导干部，要以身作则，带头送子女下乡务农，做贯彻执行毛主席革命路线的带头人。

以上通知希认真贯彻执行。

一九七三年十一月二十四日

抄报：抚州地委
抄送：地区乡办、永胜、星火、□□、南钢厂党委
发至：县革委各部（室）、组、局党组织

关于分拨一九七二年以前下乡知青
困难补助费的通知
（〔76〕崇乡办字第 02 号）

各公社（镇）革委会：

为了进一步巩固和发展知识青年上山下乡的胜利成果，根据上级有关文件，对一九七二年以前下乡插队的知识青年，凡生活不能自给的，国家按不能自给的人数，每人补助 100 元计算，由县统一掌握使用的精神，现将上级拨给我县的此项困难补助费余额 45300 元，按各公社现有七二年以前下乡老知青人数及不能自给等情况，全部分拨给各公社（其中拨给　　　　公社　　元）；并将有关事项通知如下：

（一）中央拨给七二年以前下乡插队知青的生活困难补助费，是落实毛主席关于"统筹解决"的指标的有力措施，它体现了毛主席、党中央对广大下乡青年的亲切关怀。总的说来，我县各级党组织在发放补助款工作中，都能把补助的过程，作为进行路线教育的过程；把对青年的补助，看成是对领导的补课，对每个知青该不该补和该补多少，都有调查、有分析、有根

据，钱花在点子上，从而对他们坚持乡村干革命起了促进作用。但也有个别社队，对这项工作的重大政治意义认识不够，"光管要钱发钱，不管花钱用钱"；有的不论实际困难大小，一律平均发放；有的硬性克扣补助款归还超支；个别知识青年，将得来的补助款，大请其客，大吃大喝，挥霍浪费，造成不良影响。类此情况，应当引起各地注意。

为了切实做好补助款的评议、发放工作，各公社（镇）知青下乡工作领导小组，必须以阶级斗争为纲，坚持党的基本路线，认真检查这项经费的管理和使用状况，总结前两年的经验教训，依靠群众，民主理财，专款专用，讲究实效。这次下拨的是最后一次困难补助款，各公社（镇）在掌握使用上应当细水长流，留有余地，要着重帮助老知青解决一些特殊困难；要留下适当数额作为七七年以后的困难补助之用，而不要在本年内全部用光。

（二）补助范围：凡七二年以前下乡知青，正常出勤而生活不能自给的；因病生活不能自给的；婚后成家，生育小孩，生活有困难的；均可给予补助。老知青集并建场后，在举办集体福利设施方面经费有困难的，也可予以补助，但一般应控制在此次下拨数的百分之三十左右。

补助方法：对个人的补助，应由本人申请，知识青年民主评议，征求贫下中农或带队干部意见，经大队（场）审查，公社批准发给，对集并农场举办集体福利设施的补助，应由场管委会提出使用理由、金额，交全社知青讨论，公社审查，报县知青办同意后方可使用。上述补助款，在评议审批时，必须防止发生按人数将指标分到大队，平均使用的情况。对已由社、队安排担任一定工作、拿工资的知青，对倒流回城半年以上或虽在队（场）而不愿正常出勤的知青，均不应给予补助，此项补助款之结算，由公社（镇）知青办和财会部门，于十二月底以前会同填表（附表式一、二）上报县知青办查核。

希各公社（镇）革委会和知青工作领导小组，结合当前反击右倾翻案风的大好形势，对知识青年进行一次深入细致的政治思想教育，集中火力深入批邓；继续狠批"下乡镀金"、"读书做官"、"变相劳改"、"物质刺激"、"高中毕业直接进大学"等等反动谬论，在提倡扎根乡村、铁心务农的前提下，实事求是地搞好困难补助费的评议、审批和发放工作，把整个知青下乡工作做得更好。

特此通知。

崇仁县上山下乡领导小组/（章）

一九七六年六月五日

抄报：地区知青办

抄送：县财政局、县支行

南丰县

上海知青安排情况统计表

江西省抚州专区南丰县对上海 1000 名知识青年下放安排如下：

三溪公社 214 名：

三溪大队 12 名，南堡大队 30 名，云山大队 14 名，上晒大队 12 名，再坛大队 12 名，军革大队 34 名，坪上大队 50 名，黄重山大队 50 名。

洽村公社 214 名：

洽村大队 20 名，瞿村大队 37 名，上古大队 30 名，明阳大队 40 名，西溪大队 10 名，黄砂大队 22 名，朱坊大队 25 名，藕圹大队 30 名。

白舍公社 125 名：

三坑大队 20 名，上甘大队 20 名，茅坪大队 10 名，周沅大队 10 名，际下大队 15 名，精宛大队 10 名，园山大队 15 名，际明大队 15 名，坊坑大队 10 名。

付坊公社 214 名：

付坊大队 14 名，前坊大队 20 名，前村大队 14 名，革溪大队 14 名，店前大队 14 名，石咀大队 20 名，杨溪大队 14 名，港下大队 14 名，樟坊大队 14 名，下洋大队 14 名，太和大队 20 名，林前大队 14 名，再阳大队 13 名，康都大队 15 名。

古城公社 83 名：

路头大队 43 名，其中：坪上生产队 7 名，永吉生产队 7 名，舍坑生产队 5 名，王□生产队 4 名，背生产队 5 名，拓沅生产队 5 名，东堡生产队 5 名，王□山生产队 5 名；

大沅大队 15 名，其中：邬坑生产队 4 名，王渡沅生产队 4 名，际上生产队 4 名，沅头生产队 3 名；

元科大队 15 名，其中：白际生产队 4 名，沙坑生产队 4 名，东堡湾生产队 3 名，上坪生产队 4 名；

西沅大队 10 名，其中：早月山生产队 10 名。

洽湾公社 150 名：

东坪大队 22 名，其中：王田生产队 6 名，邓□田生产队 5 名，竹沅生产队 5 名，际上生产队 6 名；

田溪大队 14 名，其中：甘泉生产队 8 名，上王田生产队 6 名；

坦坊大队 30 名，其中：水角生产队 5 名，罗坑生产队 5 名，下南州生产队 5 名，更竹生产队 5 名，密西山生产队 5 名，岩□山生产队 5 名；

朱沅大队 18 名，其中：望田生产队 6 名，牛角湾生产队 6 名，西淋生产队 6 名；

上游大队 24 名，其中：外甘坊生产队 6 名，王坊生产队 6 名，老虎窠生产队 6 名，茅竹山生产队 6 名；

西坪大队 24 名，其中：坑里生产队 8 名，下陈生产队 8 名，石际生产队 8 名；

洽湾大队 18 名，其中：官昌生产队 8 名，上店生产队 5 名，姜坑生产队 5 名。

宜黄县

宜黄县一九七三年知识青年上山下乡的安置计划

根据中央〔73〕30 号文件和全省知识青年上山下乡工作会议精神，结合我县具体情况，初步计划：

一、七三年接收上海青年 500 人；接收本县城镇应届和历届应下未下的中学毕业生、中途退学的学生约 100 人，共计 600 人。

这些人，安置到田多人少，收入分值水平一般，交通比较方便，历年知识青年上调、转走的多，按照比例和照顾特殊的办法的分配原则，安排到凤岗 60、桃陂 80、梨溪 63、长水 40、新丰 30、圳口 40、神岗 40、棠阳 37、二都 50、黄陂 30、东陂公社 30 人，黄柏垦殖场 50 人。

二、七三年安置知识青年上山下乡的形式：1. 以插队、适当集中，建立青年点为主。2. 积极试办集体所有制的青年队，在各公社现有的农科所、场的基础上扩充建队。3. 在国营黄柏垦殖场，建立一个集体所有制的青年林业队；4. 在土地多、人口少、劳力不足、生产潜力较大、工作基础较好的棠阳公社河里大队，建立一个青年农业队；5. 在新丰公社建立一个青年农、林、牧科学试验队。

三、建立青年队需要解决的几个问题。根据我们初步讨论，建立一个30名青年规模的集体所有制的青年队，需要解决的问题是：

1. 土地、山林补偿费。土地 60 亩和堤田的山林，以土地每亩 70 元计算，需要补偿费 4200 元。

2. 大型农机器□费，共需 6700 元，其中：耕牛 3 头、手扶拖拉机 1 台、眠耙 4 张、插耙 4 张、犁 6 张、打谷机 2 台、谷箩 45 担、晒垫 20 床、禾斛 4 个。

3. 建房建设费，约需 6000 元。

4. 其它设备费，约需 2000 元。

5. 当年生产投资，约需 1500 元，包括种子 3000 斤，花草子 180 斤，化肥 1 吨，农药、喷雾器 4 台，其它等。

（1）种子，3000 斤（包括复种面积），450 元；

（2）花草子，180 斤，270 元；

（3）化肥，1 吨，350 元；

（4）农药；

（5）喷雾器 4 台，120 元；

（6）机油、柴油和其它等，310 元。

这项费用，需投资 1500 元，可向银行贷款解决。

四、教育和管理

1. 加强党的领导，成立党支部，建立团支部、民兵、妇女等组织，在党的一元化领导下，建立"三结合"领导小组，抓好队的政治思想、生产等工作。

2. 队是人民公社的基层单位，实行单独核算，搞好劳动管理和财务管理工作。

3. 建立健全的学习制度，抓好党的基本路线教育。

关于贯彻中央〔73〕30 号文件的情况反映

层层深入宣传、学习、贯彻中央 21 号文件，发动群众，教育干部，提高了路线斗争觉悟，检举揭发了奸污、逼害、捆绑吊打、行凶杀人各类案件三十五起和不正之风等，狠狠地打击阶级敌人的破坏活动，进一步落实党的各项政策，解决了下乡知识青年急需解决的学习、生活、劳动等具体问题，推动了知识青年上山下乡工作。

中央30号文件下达到县、县委常委，在各公社乡办负责人会议上，及时进行传达、学习，并就如何贯彻，提出了要求。现在，全县正在全面深入宣传、贯彻。

一、召开了会议，层层组织贯彻。各公社党委都召开了会议，进行了认真传达、学习、研究。白竹公社党委八月十七日接到文件后，立即召开了党委会，组织了学习，研究了贯彻办法，并初步规划在嵊排大队横沅生产队建立青年队。神岗公社召开了全体下乡知识青年和贫下中农再教育小组长会议，传达、学习、贯彻中央30号文件，采取三条措施，一是学文件，深入开展革命大批判；二是总结交流经验，表扬先进；三是落实政策，讨论解决具体问题的办法。黄陂的□岗、桃陂等公社，以大队为单位，先组织生产队以上干部集中传达、学习，后逐队传达到群众中去。

二、通过传达文件，问题越揭越深。一致反映：中央30号文件，是传达毛主席的声音，是贯彻中央21号文件的继续，对做好上山下乡知识青年工作明确了方向，增添了信心。群众来信检举揭发的更多。□岗镇公社群众揭发原下放河东大队干部孙××（现在精密铸造厂）奸污下乡女知识青年三名。新丰公社群众来信检举县交通局汽车队主任徐××与下乡知识青年陈××多次发生两性关系。桃陂公社群众检举公社医院医师戴××奸污下乡知识青年褚××。还有知识青年家长和下乡知识青年不断来信来访反映有关政策问题。

三、几种模糊认识。

1. 怕走不了。长水公社鹿岗大队上海知识青年班在学习讨论中说："中央30号文件讲办青年队、场，就是要我们在农村一辈子，今后走不了。"还有的说："调又调不了，回又回不去，今年回家，明年不来。"

2. 靠贫下中农好。神岗公社党口大队上海知青陈××说："一人一灶好，高兴就做，不高兴就不做，饭总有吃。从长远利益讲，还是一人一灶好。"神岗大队上海知识青年班在讨论中说："办集体农场好，种菜、养猪有贫下中农管，回家探亲也放心"。

3. 靠国家。□岗、二都公社有的知识青年说：到农场、兵团好，不能去，就不动，搞青年队、集体农场，都是拿工分，不劳不得，还是现在插队好。神岗公社芦坊大队大山生产队金××说："要我们扎根，首先要解决经济问题，每月没有二十块钱，就解决不了扎根问题。"

4. 随大流。东陂、新丰、神岗公社有的下乡知识青年说：不管中央21号、30号文件，中心是要我们一辈子在农村，横直不是我个人，国家能做到，我也能做到。

四、几个问题。

1. 有的公社提出，中央30号文件的贯彻，没见县委部署，下面怎么办？

2. □岗镇有部分下乡知识青年家长，不断来访，找出种种困难，有的要求把子女迁回吃商品粮，有的要求疾退回家。

3. 各公社反映：建知青住房收不到钉子，要求商业部门帮助解决。

县乡办

一九三七年八月二十五日

情况汇报

抚州地乡办：

接五月廿八日电话通知，现将需要的几个数字汇报如下：

一、六七年以前上山下乡知识青年实有人数321人，住房没有解决。生活收入不满100元，且连年超支的有217人。

二、省委〔73〕131号文件下达后，七二年以前下乡青年中开支的几项费用数字：

1. 学习费：开支1084.61元，主要用于购买批林批孔材料、知识青年通俗读物等。

2. 医药费：到七四年五月止，共开支2919.42元，主要用于重病急病，入院者68人，现举例说明：

徐××	神经病	416元	（仍在南昌治疗）
张××	心脏病	167.65元	（仍在南昌治疗）
林××	心脏病	240.65元	（仍在南昌治疗）
吴××	肝　炎	114.01元	
汪××	乙型脑炎	141元	

陆×× 　　　 胃出血 　　　 199.81 元

3. 安葬费：已死 1 人，包括急救医药共开支 560 元。

4. 来访费：来访人次 32 人，87 元。

三、下放干部、教师留在农村插队的年满 17 周岁的子女 14 人，需要解决插队安置费。

上述几项开支了的费用，请帮助解决。

江西省宜黄县革命委员会（章）

一九七四年六月

乐安县

关于预拨六九届上海知识青年
安置费的通知

（〔70〕乐部政字第 07 号）

供坊、戴坊、牛田、湖坪、敖溪镇革委会：

为了做好上海知识青年安置工作，现预拨安置费 27000 元，具体分配于后。这笔款着重解决上海知识青年修理住房，添制床铺、家具、炊具、生产工具等费用。各地要严格掌握，节约使用，控制在每人 30 元之内。要发动群众自力更生地解决安置工作中遇到的问题，群策群力，克服困难。要防止挪用、不合理使用以及提高添制价格等不良现象，做到不用钱能办事，少用钱多办事。

公社	金额
供坊	4500 元
戴坊	6000 元
牛田	4500 元
湖坪	6000 元
敖溪	6000 元

江西省乐安县革命委员会政治部（章）

一九七〇年二月二十六日

抄送：县"五·七"大军办公室，供坊、戴坊、牛田、湖坪、敖溪公社"五·七"大军办公室，县革委会财会室、财税局，存档

关于下拨七〇年插队知识青年
安置费用的通知
（〔70〕乐部精字第 02 号）

各公社（镇）革委会：

现预拨七〇年下放知识青年安置费 21170 元（按每人 20 计算，投亲的 50 元），希各地掌握合理使用。具体分配是：

敖溪镇	5200 元（包括县下放 4 人）
牛田公社	3000 元
湖坪公社	4520 元
戴坊公社	4440 元
龚坊公社	3060 元
增田公社	250 元
南村公社	500 元
谷岗公社	50 元
招携公社	150 元

乐安县革命委员会精简办公室

一九七〇年四月二十二日

抄送：县财金局、"五·七"大军办公室

关于湖坪公社安置上海下乡知识青年工作的调查报告

按照中共中央 1970 年 5 月 12 日中发〔1970〕26 号文件精神，乐安县革委会于六月十二日组成六个检查组，分赴六个公社了解考察"五·七"大军工作及上海下乡知识青年落实安置情况……现将湖坪公社安置上海下乡

知识青年的调查情况报告如下。

湖坪公社各级革委会……年初以积极慎重的态度，制订了首次接待上海知识青年的计划，原定接收200名，后又增至250名，实际接收227名，其中有一学生，因肠结核复发，退回上海外，现有知识青年226名分布在8个大队、27个生产队。

公社对今年安置上海知识青年工作是重视的，在知识青年到达以前进行了大量的宣传教育工作，动员贫下中农腾房子、借家具、借锅灶，敬请了毛主席宝像，张贴了宣传标语，形成了一个落实毛主席一二·二一指示的高潮。四月十二日知识青年集体抵达后，各级领导干部，亲临欢迎，现场调度贫下中农冒雨搬运行李，陪同青年到达住地。这批满怀革命豪情，决心滚一身泥巴炼一颗红心，紧跟伟大领袖毛主席，插队落户干一辈子革命的革命小将深受感动，克服了各种困难，很快地安下心来，有些第二天就集体开伙，要求立即参加生产；有些一时思想上跟不上，情绪上有波动的，在贫下中农的教育帮助下，也很快地打开铺盖安下心来了。总的看来今年下乡插队的知识青年，接受再教育的意志是坚定的，无产阶级的思想境界是高的，内部团结是好的，这是毛泽东思想的伟大胜利，是毛主席的无产阶级革命路线的胜利，是无产阶级文化大革命的伟大胜利。

"大海航行靠舵手，干革命靠毛泽东思想"，二个月来公社各级革委会把知识青年的再教育工作放在一定的位置上，列入了革委会的重要议程，坚持政治挂帅，狠抓根本不转向，经常地组织青年活学活用毛泽东思想，举办了各种学习班，各大队请三老讲三史，组织青年落户的抚州知识青年讲用锻炼成长的经验，哪里有问题，就在哪里办学习班，带着问题学习毛主席的教导，对照检查斗私批修，公社在三月下旬，分二批集中举办了四天一期的上海知识青年学习班，总结经验，发扬先进，开展革命大批判，批臭资产阶级的歪风邪气，动员知识青年找差距自觉斗私批修。通过学习班，评出"四好"先进集体6个班、"五好"战士69名，在斗私批修中，有6人交了从上海带来的凶器8件，14人检查了打架闹事25次，13人交待了偷摸9起，30余人唱黄色歌曲，有一人交出反动的《知青之歌》和《离别》手抄本，并交待了其来源。学习班以后，各班学习毛主席著作的空气浓了，学习制度逐步地健全起来，现有27个班中坚持学习的有18个班，占三分之二；内部团结加强了，团结得好的和比较好的有14个班，占52%，一般的10个班，占37%，尚有杏园四队、八队、丰林林场等生产队少数班，问题比较突出，现正进行工作中；组织纪律加强了，目前基本上做到出队探亲访友事先请假，小病在大队就近医疗，当街上饭馆按价付钱，不侵占群众利益，聚众流窜寻衅闹事的歪风已刹住；劳动出勤率提高了，参加田间劳动的人数增多，除少数因病休息外，二个月来最高已达 400 多工时，一般都在 200 工时以上，不少知识青年都是带病干、冒雨干、早晚干，有的白天劳动，晚上学习，有的还同贫下中农一起在晚间开展革命的大批判，参加文艺小分队排练节目……

公社各级革委会、各级干部"五·七"大军成员遵照毛主席的教导狠抓了知识青年的生活问题，知识青年到达的第二天，公社副主任宋××同志即带领"五·七"大军办公室人员、上海护送工作人员逐队检查安置情况，发现问题，立即采取措施。报纸已于六月份起，每班订阅《江西日报》一份，劳动工具购置了一些，在生活上广大贫下中农也很关心，初到时送菜送柴，帮助集体开伙，生产队拨给菜地一分（每个同学），指导他们耕种，有少数班已吃上自己种的蔬菜，集体开伙情况尚好，一般能做到伙食有专人管理，轮流烧饭，住房除有 8 间尚未检漏外，大部分已达到小雨不漏，完全需要改大或加开的尚有 10 间，一人一床的有 171 人，占 75.7%，96% 已挂上蚊帐，劳动工具已部分解决，生活用具基本备妥（参阅附件一）。

但是一小撮阶级敌人不甘心于自己的灭亡，妄图制造混乱，进行破坏，城乡资本主义势力和封建残余势力也在争夺年青一代。五月下旬连续发生案件数起：贺立大队五七农场知识青年于三月廿一日从学习班集体回队时，发现门锁已被撬开，被窃现金 17 元 7 角，尼龙袜 2 双，短裤 1 条，香皂 9 块，毛巾 3 条，火柴 26 盒等。许场、古井、相山生产队发生"闹鬼"事件，山下生产队一个木匠乘机唆使老坊生产队知识青年搞迷信活动，当时该队部分社员也正在大搞迷信。贺立大队听到谣传盐丰大队一知识青年被淹死，古井生产队××同志的家长在上海听到传说××已从湖坪逃跑，还专门写信到同学处来查询，而实际上并无此事。此外部分知识青年反映信件常有遗失。这些案件尚未破案。

毛主席的批示和中央文件下达后，公社核心领导小组、"五·七"大军领导小组及时地进行传达，组织学习，对照检查，公社、大队二级"五·七"大军领导小组都已充实了成员，吸收上海知识青年代表参加，绝大部分大队也确定了各生产队的三结合再教育小组名单〈附件二〉，在县检查组到达期间，贺立大队、杏园大队和相山大队的山下、相山生产队又一次举办了学习班，学习讨论，对照检查，解决了一些团结问题和生活上的实际问题，其它各队也正在继续落实中央文件精神中。

湖坪公社各级领导和贫下中农对毛主席伟大战略部署，跟随是紧的，执行是认真的，做到了对下乡知识青年政治上有人抓，劳动上有人教，生活上有人管。但是由于公社是首次安置上海下乡的知识青年，工作量大，经验不足，又值春耕大忙季节，各项工作一时跟不上去，也有少数领导干部对该项工作抓得不紧，有些拖拉，以致部分知识青年意见较大。例如部分房屋未检漏，小房未调整，床铺未补齐，凳桌未安排，生活费未及时拨交，劳动工具、生活用具及雨具尚不齐等。

为了认真落实毛主席的批示和中央文件精神，做好知识青年下乡工作，公社革委会拟在"双抢"之前，再举办一次全公社下乡知识青年学习班，贯彻全省德兴会议精神，总结经验，推广先进经验，掀起一个学先进、赶先进的高潮，充分调动知识青年的积极因素，为"双抢"战斗奠定良好的思想基础，同时继续督促各队迅速解决一批余留下来的实际问题。

目前湖坪公社正在贯彻中共中央 34 号文件，以整党建党为中心，狠抓革命，猛促生产，加强田间管理，做好"双抢"准备，为实现早稻丰收而奋斗，任务是艰巨而又繁重的。在"双抢"准备工作中，我们认为进一步做好下乡知识青年工作是一个重要方面，工作做得好，做得细，做得及时，在"双抢"中知识青年必然会发挥出更大的作用，作出更大的贡献。为此提出几点建议，请公社革委会参考研究。

一、加强对再教育小组的领导，充分发挥贫下中农对知识青年进行再教育的作用。按照中央文件精神，在党支部和革委会的领导下，建立的三结合再教育小组应依靠贫下中农，做到政治上有人抓，生产上有人教，生活上有人管。目前少数大队、生产队有单纯依靠下放干部带班和过分强调知识青年自己教育自己的现象，致使再教育小组未能发挥组织作用，贫下中农干着急，为此建议社队革委会和"五·七"大军领导小组加强对再教育小组的领导，发动贫下中农共同做好对知识青年的再教育工作。当前应……建立会议制度，定期交流情况，总结经验，制订规划。盐丰、相山大队采用贫下中农和知识青年一带一、结成对子的办法很好，不少生产队采用邀请一二个政治上好、生产经验丰富的贫下中农，分工负责带领知识青年参加田间管理和搞好菜地，这种各项工作落实到人的办法也很好。这些安置知识青年的生产队，大部分是首批接待，工作经验不足，因此希望各级"五·七"大军领导小组对再教育小组多加帮助，及时总结经验，交流经验，使再教育小组在较短时间内能正常开展工作。

二、生产、生活上的实际问题需要迅速解决。毛主席教导我们："不要等问题成了堆，闹出了许多乱子，然后才去解决，领导一定要走在运动的前面，不要落在它的后面。"虽然目前这些实际问题基本解决了，但是还有些生产队解决得不及时，特别是随着天气转热"双抢"即将来临的时刻，新的问题会很快产生。目前我们已觉察到的是：①知识青年缺菜问题比较严重，据青年反映，经常是盐水下饭，一般是十几天未吃到蔬菜，个别有廿余天的。②体力消耗较大，生活管理缺乏经验，营养不足，卫生不重视，加以气候变化大，冷热不注意，有些学生慢性病复发，发高烧、泻肚子的情况也增多。③必要的劳动工具不足，少数生产队发了锄头没有柄，耘稻无禾耙，"双抢"时需要的镰刀大部分未安排。④缺少碗柜纱罩，剩饭剩菜放在面盆里、抽斗内发酸变质。⑤女青年夏季洗澡无澡盆，有个别地方住房较紧，墙板门缝很大，无洗澡场所，还有一些生产队现用的桌、凳都是向贫下中农借的，有些贫下中农自己也有需要，几次向知识青年要求归还，关系比较紧张。这些问题希望迅速抓一下，争取在最近期内得到解决。

三、今年下乡知识青年的安置费，除由县拨下每人50元已分二批及时拨给各队外，第三批下拨的100元才拨到公社，公社即将拨到大队。为了弄清安置费使用情况，建议由大队"五·七"大军领导小组，组织一个以干部为主，贫下中农、知识青年参加的三结合小组，到各生产队去检查一次安置费使用情况，所有购置的家具、劳动工具、生活用具同生产队的知识青年核对一次，看一看作价是否合理，票证是否齐全，每月发给知识青年的伙食费及零用钱也结算一次，少了就补，用亏的按情况一次或分几次扣还。

四、"双抢"大忙在即，在此关键时刻，必须高度警惕阶级敌人从各方面进行破坏，除已发案件须抓紧时间，发动群众进行追查处理外，在适当时间对知识青年普遍进行一次阶级教育和战备教育。

一九七〇年六月二十五日

关于下拨安置经费的通知

为了更好地做好下乡知识青年的安置工作，巩固下放成果，从生活上关心他们，帮助他们解决生活上的实际困难，决定下拨一批安置费。对这次分配的安置费必须严格掌握使用，不能层层分配下达，由公社统一掌握，在使用安置费时，应该突出政治，本着节约的原则，对分值低、体弱、因病和某些特殊原因生活不能自给的，应给予个别的适当补助。必需要给以补助的，原则上要通过班、排民主评定，大队签注意见，公社"五·七"大军领导小组审查，报县"五·七"大军领导小组批准。

（安置经费下拨数见附表）

乐安县革命委员会精简办公室

一九七〇年十二月二十四日

主　送：各公社革委会、"五·七"大军办公室

抄送：县财金局、革委财会室

安置经费下拨表

公社	拨款数（元）
敖溪镇	10000
公溪镇	200
谷岗公社	10000
南村公社	9000
金竹公社	20000
增田公社	8000
湖坪公社	12000
牛田公社	9000
供坊公社	11000
合计	99200

历年知识青年安置经费使用情况表

编填单位：（公章）　　　　　　　　　　　　　　　　　　　　　　金额单位：元

数字 年度	实际安置人数（公章）						上级拨入款数	实际下拨款数	合计	住房修建		实际支出					非法开支			备注
科目	合计	集体插队	成户插队	插入国营农、林场	新建队(场)	回乡				金额	面积平方(米)	生活费	生产、生活用具购置费	学习、宣传用费	旅运费	其它开支	贪污	挪用	浪费	
1968年		319	47				158129	54900	54900			43920	9780		1200					
1969年		1401	3312				450000	365740	356740			292192	41548	5500	15000	2500		9000		
1970年		1114					205600	393600	393600			287000	63000	15000	12000	16600				
1971年							3441													
1972年		50					9100	11000	11000			9500	1500							
1973年								82930	80000	80000										
合计		2884	3359				908170	908170	896240	80000		632612	115828	20500	28200	19100		9000		

说　明
1. 本表各栏要认真填写清楚，在参加省上山下乡工作会时一并带来。
2. 实际开支款指决算款。
3. 1973年填写截到5月底款。

七　井冈山地区

地区

关于召开接收安置上海知识青年工作座谈会纪要

遵照伟大领袖毛主席"知识青年到农村去"的伟大教导，为了切实做好接收安置上海知识青年的工作，专区革委会精简办公室在二月二十五日召开了十个县的精简办公室、"五·七"大军领导小组负责人参加的座谈会（永丰、吉水、峡江、新干、安福、永新、吉安、遂川、太和、万安等十个县）。本着"精兵简政"的精神，会议开了一天，首先由吴灼华同志传达了省精简办公室召开的座谈会议精神和龙标桂同志的指示，最后由专区革委会常委委员、政治部副主任张伯荣同志到会作了指示。

（一）

会议反复学习了毛主席"知识青年到农村去"的伟大指示，畅谈做好接收安置知识青年工作的伟大意义，从而统一了思想，提高了认识。一致认为：知识青年到农村去，是毛主席的伟大号召，是毛主席的伟大战略部署，是毛主席的无产阶级革命路线，是无产阶级文化大革命斗、批、改的重要内容，是反修防修、巩固无产阶级专政、培养无产阶级革命事业接班人，保证我们的党和国家永不变颜色的一项重大措施。做好这项工作，对于落实毛主席"备战、备荒、为人民"的伟大战略方针，对于缩小城乡"三个差别"，建设共产主义都具有极其深远的意义。这是党的大事，国家的大事，阶级的大事，人民的大事，是一项重要的政治任务。这项工作做得好坏，就是检验我们对毛主席、毛泽东思想、毛主席革命路线忠不忠的根本态度问题。同时大家还认识到，做好接收安置知识青年的工作，是伟大领袖毛主席交给我们的光荣任务，是对我们的最大信任、最大鼓舞。那种把接收安置知识青年的工作看成是"包袱"、

"负担"的思想是极端错误的，必须进行批判。我们保证做到：毛主席指示我照办，毛主席挥手我前进！以最大的决心，最高的热情，最快的速度，扎扎实实地做好接收安置知识青年的工作，为毛主席争气，为毛主席争光。

（二）

会议在统一思想、提高认识的基础上，对如何做好接收安置上海知识青年的工作提出了如下意见：

一、必须高举毛泽东思想伟大红旗，突出无产阶级政治，狠抓政治思想工作的落实。"大海航行靠舵手，干革命靠毛泽东思想。"做好接收安置知识青年的工作，尽管有千条万绪，用毛泽东思想武装群众是最根本的一条。伟大领袖毛主席教导我们："办学习班，是个好办法"，凡是有接收安置上海知识青年任务的社、队，都要办好三个学习班，即大队、生产队干部，贫下中农，下放干部学习班。反复学习毛主席"知识青年到农村去"和"五·七"光辉指示，提高他们对知识青年到农村去的伟大意义的认识，自觉地执行毛主席的革命路线，增强他们对做好再教育工作的光荣感、责任感，主动地挑起再教育的重担，为中国革命和世界革命作出新的贡献，为伟大的社会主义祖国争光，为伟大领袖毛主席争光。

在上海知识青年到来时，要组织广大群众热情接待，造成一种热烈欢迎和插队落户、劳动光荣的革命气氛。凡是有接收任务的社、队都要开好三个会，即：欢迎会、忆苦思甜会、忆苦思权会，讲用会；进行六个教育，即：革命传统教育，阶级教育，形势、战备教育，"三视"教育，三大纪律、八项注意教育，艰苦奋斗的教育，不断提高知识青年的政权观念、战备观念、阶级斗争观念和阶级斗争、路线斗争、继续革命的觉悟，积极地、迅速地投入到三大革命斗争和当前"一打三反"运动中去。

以后要不断地用毛泽东思想对知识青年进行再教育，组织他们活学活用毛泽东思想，定期开讲用会。狠抓阶级斗争，及时揭露、打击阶级敌人破坏插队落户的阴谋。抓紧革命大批判，狠批叛徒、内奸、工贼刘少奇"读书做官论"、"学而优则仕论"、"读书无用论"、"下乡镀金论"，肃清反革命修正主义的余毒。开展创"四好"、"五好"运动，不断地表扬好人好事，及时推广他们活学活用毛泽东思想的好经验。

二、必须狠抓组织制度的落实。要求做到政治思想有人抓，生产有人教，生活有人管。根据两年来的经验，应该做好如下几点：

（1）以生产队建班的形式最好。一个队六七人或七八人，最多不超过十人，过分集中，不利于教育管理；过于分散，又不便于组织他们学习和生活。

（2）有接收任务的生产队，要立即选择三至五名政治思想好的贫下中农，组成再教育小组，分工负责抓好知识青年的思想、生产、生活工作。

（3）每个知识青年班，都要配备一名比较好的下放干部或教师，负责带好知识青年。有下放医生的地方，还可配备一名医生，给他们看病。

（4）公社"五·七"大军办公室要有人专门负责抓知识青年的工作。大队和生产队要有一名副主任负责教育管理知识青年的工作。

三、坚决贯彻"节约闹革命"的方针，充分发动和坚决依靠广大贫下中农，进一步安排好知识青年的生活。第一，住宿问题，必须迅速落实，要求不透风雨，不睡地铺，便于活动，便于学习，最好要有三人以上住在一起，不要单独一人分在群众家里，特别注意不要把女青年单独分在群众家里。第二，必要的生产工具，如粪箕、锄头、柴刀、斗笠等要立即准备好。第三，帮助知识青年准备好锅、灶、炊具、用具，如碗筷、菜刀、锅铲、床铺、板凳等。第四，准备好菜地，帮助他们整好菜土，打好菜秧，按季节种好菜。第五，给每个知识青年准备好七至十天的油盐柴米菜。总之，要使上海知识青年一到，就能睡好、吃饱，立即参加生产，感到很温暖。

关于购置炊具、用具的经费问题，各县可按每人三十元钱的标准，预拨到有安置任务的社队，要专款专用。

（三）

会议认为，今年做好接收安置上海知识青年的工作，虽然任务比去年大（全区一万人），但有利条件很多。最根本的，是有我们伟大领袖毛主席"知识青年到农村去"的伟大指示作武器，还有各级革委会的重视，有广大干部和群众两年来进行再教育的实践经验，有许许多多接受再教育的好的活样板。只要我们充分利用这些有利条件，做好这个工作，是充满胜利信心的。革命在发展，人民在前进。我们要求要在去年的基础上做得更好。

为此，要求各级革委会要进一步加强对这一工作的领导，凡是有接收任务的县、社、队都要指定一名副主任或常委负责这项工作，成立接收安置上海知识青年领导小组，及时讨论、布置、检查、解决接收安置工作中存在的一些困难问题。

井冈山专区精简办公室/（章）

一九七〇年三月一日

关于分配一批上海知识青年到农村插队
落户的通知
（井办〔70〕13 号）

永丰县革命委员会：

省革委决定接收一批上海知识青年到农村插队落户，并分给我区 9000人。经专区革委会常委研究决定，分配你县 1000 人。为有利于巩固工作，这批知识青年到农村去，一般可不重新建班，把他们安插到原来人少的班、组去，以老带新，互相促进，共同提高（如安排原班、组确有困难，亦可考虑重新建班）。望速落实，并于八月二十五日前将落实情况造表报专区内务组。预计在九月下旬开始接收。

江西省井冈山专区革命委员会办公室（章）

一九七〇年八月十五日

关于上报一九七一年接受安置知识青年计划

省革委"五·七"大军办公室：

根据省"五·七"大军领导小组的通知精神，经我室与各县联系协商，在一九七一年我区可接收安置知识青年 15000 名。其中：吉安县 1000 名，吉水 800 名，永丰 1000 名，泰和 5000 名，万安 500 名，安福 500 名，永新200 名，莲花 500 名，宁冈 5000 名，井冈山 500 名，还有峡江、新干、遂川三县因农村住房有困难，县革委意见，在今年内不再接收安置知识青年，是否可行，请省决定。

特此报告。

井冈山地区革委"五·七"大军办公室/（章）

一九七一年六月二十九日

批转峡江县革委会"五·七"大军办公室
关于《新陂大队做好知识青年建房
工作的调查报告》
（井办〔1971〕08 号）

各县（市）、井冈山革委会：

峡江县仁和公社新陂大队关于做好知识青年建房工作的调查报告，很好。

这个材料充分证明，新陂大队党总支和革委会……把为知识青年建房工作，当作执行和捍卫毛主席的革命路线的大事来抓，当作巩固和发展上山下乡伟大成果来对待。在建房工作中，党总支和革委会……教育大家发扬自力更生、勤俭节约、因陋就简、就地取材的革命精神，为知识青年建起了 21间住房，节约经费 6891 元，同时又正确地解决了建房工作中的一些具体问题。

现把这个材料转发给你们，望各地根据地委〔1971〕12 号文件精神，参照新陂大队的经验，结合本地具体情况，有计划地把知识青年的建房工作搞好。

井冈山地区革委会办公室

一九七一年十一月四日

一九六八——一九七一年安置经费数额表

省拨给井冈山地区安置经费数额

68 年 2 月至 71 年 11 月止

	省拨经费时间及文件字号	金额（万元）	说　　明
68年度	2 月 9 日〔68〕赣部财字第 30 号	8	
	8 月 13 日〔68〕赣部内字第 67 号	35	
	10 月 30 日〔68〕赣部内字第 95 号	70	
	12 月 24 日〔68〕赣部内字第 110 号	65	
	小　　计	178	
69年度	2 月 27 日〔69〕赣部内字第 12 号	105	
	3 月 12 日〔69〕赣部内字第 17 号	90	
	6 月 16 日〔69〕赣部内字第 42 号	321.6	包括住房修建款
	9 月 29 日省拨车运费	32.6311	
	12 月 11 日〔69〕赣办字第 41 号	226.455	生活补助款
	小　　计	775.6861	
70年度	2 月 24 日〔70〕赣办字第 20 号	80	
	8 月 30 日〔70〕赣办字第 40 号	324.74	
	9 月 12 日〔70〕赣办字第 65 号	80	
	小　　计	484.74	
	省拨经费总额	1438.4261	
	68 年 3 月 7 日至 70 年 9 月 16 日止地区下拨款	1237.3261	各县数字详见后表
	68 年地区支用经费	0.3	68 年冻结 1.4 万元
	70 年地区支用经费	2.4	69 年结余 15 万元
	71 年地区支用经费	2	70 年结余 184.7 万元
	71 年 11 月 5 日止结余安置经费	195	

井冈山地区下拨各县安置经费数额（一）

1968 年 3 月 7 日至 1971 年 11 月 5 日止　　单位：万元

县市别	1968　年　度					说　　明
	68 年 3 月 7 日〔68〕井部内字第 26 号	68 年 8 月 20 日〔68〕井部内字第 140 号	68 年 9 月 11 日〔68〕井部内字第 148 号	68 年 11 月 5 日〔68〕井部内字第 171 号	小　计	
总　计	8.00	28.91	4.69	70.0	111.60	68 年井部内字第 140 号下拨经费地直场（所）86000 元，包括武功山垦殖场 15000 元，金坪垦殖场 16000 元，东固垦殖场 28000 元，良种场 13000 元，林科所 10000 元，农科所 4000 元在内
吉安市	0.80	0.10	0.25	3.0	4.15	
吉安县	0.80	1.68		8.2	10.68	
吉水县	0.30	1.05		7.5	8.85	
峡江县	0.65	0.50		4.0	5.15	
新干县	0.75	0.75		0.3	1.80	
永丰县	0.70	1.98		5.0	7.68	
泰和县	0.55	3.78		11.5	15.83	
遂川县	0.85	1.50		7.0	9.35	
万安县	0.40	0.86	1.44	7.8	10.50	
安福县	0.40	1.90	3.00	8.5	13.80	
永新县	0.80	1.60		4.5	6.90	
莲花县	0.50	0.15		0.2	0.85	
宁冈县	0.50	0.46		1.5	2.46	
井冈山		4.00		1.0	5.00	
地直场所		8.60			8.60	

井冈山地区下拨各县市安置经费数额（二）

1968 年 3 月 7 日至 1971 年 11 月 5 日止　　单位：万元

县市别	1969　年　度						小　计
	69 年 1 月 16 日〔69〕井部内字第 4 号	69 年 3 月 18 日〔69〕井部内字第 13 号	69 年 6 月 3 日〔69〕井部内字第 32 号	69 年 7 月 22 日〔69〕井部内字第 72 号	69 年 11 月 8 日〔69〕井部内字第 98 号	69 年 12 月 24 日〔69〕井办字第 4 号	
总　计	65.0	150.0	45.00	221.600	117.6311	226.455	825.6861
吉安市			0.77	4.589		3.455	8.814
吉安县	11.0	15.0	6.32	55.391	18.0000	35.000	140.711
吉水县	8.0	12.0	3.15	8.500	7.0000	13.000	51.650
峡江县	1.0	26.5	4.35	36.270	18.0000	26.000	112.120
新干县	1.0	21.0	4.20	12.723	10.0000	15.000	63.923
永丰县	8.0	20.0	3.40	13.606	10.0000	18.000	73.006

续表

县市别	1969 年 度						
	69 年 1 月 16 日〔69〕井部内字第 4 号	69 年 3 月 18 日〔69〕井部内字第 13 号	69 年 6 月 3 日〔69〕井部内字第 32 号	69 年 7 月 22 日〔69〕井部内字第 72 号	69 年 11 月 8 日〔69〕井部内字第 98 号	69 年 12 月 24 日〔69〕井办字第 4 号	小 计
泰和县	3.5	9.2	5.47	9.631	10.0000	21.000	58.801
遂川县	6.0		2.65	18.908	5.0000	16.000	48.558
万安县	9.0	11.0	4.50	8.126	10.0000	23.000	65.626
安福县	13.0	12.3	4.90	18.199	15.0000	25.000	88.399
永新县	2.5	8.0	2.60	19.931	5.0000	17.000	55.031
莲花县	0.5		0.65	2.565	1.0000	1.0000	5.715
宁冈县	0.5	7.0	1.04	3.849	4.0000	6.000	22.389
井冈山	1.0	8.0	1.00	9.312	4.6311	7.000	30.9431

井冈山地区下拨各县民政经费数额（三）

1968 年 3 月 7 日至 1971 年 11 月 5 日止　　单位：万元

县市别	1970 年 度									
	7 月 10 日〔70〕井办字 10 号	7 月 13 日〔70〕井发字第 60 号	8 月 21 日〔70〕井办字第 13 号	9 月 23 日〔70〕井办字第 19 号	9 月 26 日〔70〕井办字第 20 号	11 月 21 日〔70〕赣办字第 70 号	12 月 1 日〔70〕井办字第 23 号	12 月 2 日〔70〕井办字第 22 号	12 月 26 日〔70〕井办字第 27 号	小计
总　计	2.8	223	31.0	8.48	1	5	1	16.32	5.0	293.60
吉安市	2.0	19	2.0	5.80				11.52		40.32
吉安县		28	3.0	0.35						31.35
吉水县	0.5	20	2.0	0.40					1.2	24.10
峡江县		9	0.5							9.50
新干县	0.3	9	0.5	0.30			0.5		0.8	11.40
永丰县		17	3.0	0.10					1.5	21.60
泰和县		22	3.5	0.75					1.5	27.75
遂川县		15	4.0		1	5				25.00
万安县		15	3.0							18.00
安福县		12	3.0	0.23						15.23
永新县		32	3.0	0.55				4.8		40.36
莲花县		15	2.0							17.00
宁冈县		6	1.0				0.5			7.50
井冈山		4	0.5							4.50

井冈山地区下拨各县安置经费数额（三）

1968 年 3 月 7 日至 1971 年 11 月 5 日止　　　单位：万元

县市别	1970 年 度					总 计	说 明
	70 年 2 月 27 日〔70〕井办字第 4 号	70 年 5 月 18 日〔70〕井办字第 9 号	70 年 5 月 18 日〔70〕井办字第 9 号	70 年 9 月 16 日〔70〕井办字第 18 号	小计		
总　计	80	21.74	118.3	80	300.04	1237.3261	1.69 年井部内字第 72 号下拨经费是知识青年住房修建款 2.69 年井办字第 4 号下拨经费是下放人员生活困难补助款
吉安市		0.54			0.54	13.504	
吉安县	9	2.70	11.1	10	32.80	184.191	
吉水县	10	2.30	16.0	10	33.30	98.800	
峡江县	9	2.60	11.4	10	33.00	150.270	
新干县	4	1.90	6.6	10	22.50	88.223	
永丰县	12	2.00	18.1	10	42.10	122.786	
泰和县	9	2.10	15.1	15	41.20	115.831	
遂川县	4	5.50	6.0		15.50	73.408	
万安县	10	0.70	16.0	10	36.70	112.826	
安福县	9	0.90	12.0	5	26.90	129.099	
永新县	4	0.50	6.0		10.50	72.431	
莲花县						6.565	
宁冈县						24.849	
井冈山						35.9431	
地直场所						8.600	

转发吉水县革委会"五・七"大军办公室
《关于清理安置经费的情况报告》

（井发〔1971〕56 号）

县（市）、井冈山革委会：

现将吉水县革委会"五・七"大军办公室《关于清理安置经费的情况报告》转发给你们，希认真研究执行。

吉水县革委会对安置经费清理工作抓得紧，取得了一定成绩。报告反映的问题是严重的，各地是否存在类似问题？请在最近期间进行一次彻底清理，并将检查处理情况写一报告给地区。

国家拨给的安置经费必须确实用在下乡知识青年的生产、生活上面。要加强管理，"力求节省，用较少的钱办较多的事"。各级财金部门要加强监督，随便挪用、克扣，任意挥霍浪费，甚至贪污，这是绝对不能容许的，必须坚决纠正，限期退赔和归还。情节严重的要给予严肃处理。

井冈山地区革委会

一九七一年十一月十八日

关于下拨下乡知识青年建房补助费的通知

（井革发〔1972〕65 号）

各县（市）、井冈山革委会：

为了认真贯彻执行伟大领袖毛主席亲自批示"照办"的〔1970〕26 号文件精神，切实解决下乡知识青年的住房问题，经研究拨给你县（市）下乡知识青年建房补助专用经费（见附表）。为了做好下乡知识青年的建房工作，现通知如下：

一、要加强对建房工作的领导。知识青年上山下乡，这是革命的大方向，是长期的任务。帮助下乡知识青年建房，是落实中央 26 号文件精神，促进知识青年安心农村干革命，巩固上山下乡成果的大事。因此，各地必须以路线斗争为纲，加强对建房工作的领导，深入调查研究，抓好试点，总结经验，作好规划，在今冬明春为下乡知识青年建好一批住房。

二、要发扬自力更生精神，坚持队办公助原则。要根据社、队的实际情况，做到合理安排，就地取材，因陋就简，队办公助，有计划有步骤，分别轻重缓急，防止盲目施工造成浪费。有关部门要给予支持，木材特别困难的地方，在县指标中适当解决。

三、要认真抓好建房工作中的"五定"。一"定补助"，分清哪些项目队办、哪些项目补助，确定补助金额；二"定规模"，定房间的间数和面积，并考虑下乡知识青年婚后的需要；三"定质量"，规定房屋的质量和结构；四"定地点"，选点要有长远规划，选择领导力量强、群众建房热情高。田多人少、今后可继续接受安置任务的生产队，建房地点要有利安全，有利生产，有利接近群众；五"定时间"，明确完工日期。

四、要严格执行申请、审核、验收制度。确实需要建房的，由大队或生产队提出申请，县社审核，完工后由县上山下乡办公室验收。在建房工作中，要注意发动群众，依靠贫下中农，大搞群众运动，要注意勤俭节约，防止贪大求洋和铺张浪费。

五、这次下拨的建房经费由县掌握，不要层层下拨。对过去下拨的建房经费，要进行一次清理，房子没有完工的，要抓紧完工，拨了经费没有动工的，要抓紧动工，对于贪污、挪用建房经费的要检查处理，限期归还，情节严重的要给予处分。

此款请列入一九七二年财政预算。

井冈山地区革命委员会/（章）

一九七二年十一月二日

抄报：省革委会

抄送：地区革委各部、室，地区财政金融局，地区商业局，地区林业局

1972 年下拨知识青年建房补助费

县（市）别	知识青年数	建房补助经费（元）	备　　注
总　计	21749	90 万	
吉安市	371	1 万	
吉安县	2105	10 万	
吉水县	1919	9 万	
峡江县	3576	15 万	
新天县	2482	12 万	
永丰县	2825	12 万	
泰和县	1362	6 万	
遂川县	897	3 万	
万安县	2175	8 万	
安福县	2634	10 万	
永新县	644	2 万	
宁冈县	337	1 万	
井冈山	404	1 万	

关于分配上山下乡知识青年的通知

（井革发〔1973〕89 号）

各县（市）、山革委会：

根据全省知识青年上山下乡工作会议精神和全省八年规划，我区今年将安置上山下乡知识青年 6000 名，现分配你县（　　　　）名，望根据中发〔1973〕30 号文件精神，从速作好准备。各县城镇和省、地厂矿的下乡知识青年，由各县统一安排。

井冈山地区革命委员会

一九七三年九月二十二日

井冈山地区革委会办公室印发

关于分配下乡知识青年
建房专用元钉的通知

（井地乡办〔1974〕3 号、
〔74〕井地五业字第 13 号）

各县（市）、井冈山革委会上山下乡办公室，地区农科所、良种场、东固山垦殖场，各县（市）、井冈山百货公司、万安生资公司：

现将省乡办、省五交化公司下达我区下乡知识青年建房及农家具需用元钉分配给你们（见附表），请根据各地安置下乡青年情况，落实到各建房的下乡青年点，要做到专材专用，保证供应，不得挪作它用。

江西省井冈山地区革命委员会上山下乡办公室（章）

江西省五金交电化工公司井冈山地区分公司（章）

一九七四年三月十八日

下乡知识青年建房用元钉分配表

县　　别	元钉数（吨）
合　　计	23
吉　安　市	0.5
吉　安　县	2.5
吉　水　县	2.0
峡　江　县	3.0
新　干　县	2.5
永　丰　县	2.5
泰　和　县	2.0
遂　川　县	1.2
万　安　县	2.0
安　福　县	2.6
永　新　县	0.8
莲　花　县	0.8
宁　冈　县	0.8
井　冈　山	0.5
东固山垦殖场	0.2
地区农科所	0.1
地区良种场	0.1

关于增拨一九七二年以前下乡知识青年建房
补助费和生活费的通知

（井地乡办〔1974〕4 号、〔74〕井地财予字第 22 号）

各县（市）、井冈山乡办、财政局：

　　一、关于清理一九七二年以前历年上山下乡知识青年安置经费的问题，各县虽已初步清理上报，但多数未按照规定内容进行清理。要求各县按照一九七三年九月二十八日赣乡办 7 号、赣财行 329 号通知的规定，继续加紧进行认真的清理，并于五月十日前上报地区。

　　二、由于大部分地方清理情况未按规定内容上报，影响了此项经费的结算、拨款，考虑到一九七二年以前下乡知识青年的住房和生活困难急需用款，现根据你们的实际情况，拨给一九七二年以前下乡知识青年的建房补助费和生活补助费（如附表）。请列入一九七四年"城镇知识青年下乡补助费"预算。此款。应遵照中共中央〔1973〕30号文件和省委〔1973〕131号文件的有关规定掌握使用，做到专款专用，不得挪作它用，切实解决上述困难问题。同时，应与一九七三年下乡知识青年的安置经费分开使用，不得混淆。

特此通知。

附：增拨一九七二年以前下乡知识青年建房补助费和生活补助费分配表

江西省井冈山地区革命委员会上山下乡办公室（章）

江西省井冈山地区财政局（章）

一九七四年四月廿二日

抄送：地区中心支行、各县支行

关于城镇知识青年上山下乡安置地点调整的通知

（井革发〔1974〕46号）

各县（市）、井冈山革命委员会：

根据赣发〔73〕131号、〔74〕24号文件精神和株洲市厂社挂钩、集体安置知识青年的经验，在一九八〇年内，做到有计划地安置城镇上山下乡知识青年，现将安置地点作如下调整：

一、在一九八〇年以内，上海知识青年主要安置到吉水、峡江、新干、永丰、安福等县，一部分安置到万安和宁冈县；萍乡市知识青年安置到莲花和永新县；吉安市知识青年主要安置到吉安和泰和两县，一部分安置到遂川县和井冈山。

二、一九七四年安置计划：上海知识青年按一九七三年计划继续执行（其中吉安县的任务调整给其它县）；萍乡市知识青年安置到莲花县；吉安市知识青年二千名，安置到吉安县八百名，泰和县六百名，遂川县一百七十名，井冈山八十名，东固垦殖场五十名，金坪垦殖场一百五十名，地区农科所五十名，地区林科所五十名，地区良种场五十名。

三、各县和井冈山的知识青年（包括在各县的省、地属厂矿和三线厂），由各县、井冈山统一安排上山下乡。

四、今年安置上山下乡知识青年的做法，各地要认真学习和大力推广株洲市厂社挂钩、集体安置知识青年的经验。

江西省井冈山地区革命委员会（章）

一九七四年八月十三日

抄报：省革委会

抄送：省知青办，地革委各部、室、委，地区商业局、财政局、粮食局、运输局、农业局、文教局、农垦局、中心支行，地区知青办

井冈山地区革委会办公室印发　　　　　一九七四年八月十四日

共印五〇份

关于解决一九七二年以前知识青年建房
用材的补充通知

（井计〔1974〕172 号）

各县、市、井冈山革委会计委（生产指挥部）：

我委以井计〔1974〕164 号文件下达了《关于增加木材上调、分配计划的通知》。现将木材材种计划随文下达（见附表）给你们。希认真贯彻执行。

江西省井冈山地区革命委员会计划委员会（章）

一九七四年十一月四日

抄报：省计委、省农垦局、省乡办

抄送：地区农垦局、乡办，各县农垦局、乡办

307

1974 年增加生产、上山下乡分配知识青年建房用材计划表

单位：立方米

县（市）别	增加生产任务	其中：杉木	分配 1972 年以前知青建房用材调出数						备注
			小计	其　中		小计	其　中		
				杉木	松杂木		杉木	松杂木	
总　计	15000	10000	7800	6050	1750	8970	6770	2200	
吉安市			300	300					
吉安县	1400	1000	700	500	200	700	400	300	
吉水县	600	200	720	500	220				
峡江县	450	200	1000	800	200				
新干县	800	400	1000	800	200				
永丰县	700	400	900	700	200				
泰和县	1300	300	500	350	150	800	500	300	
遂川县	3400	3000	300	200	100	3100	2600	500	
万安县	450	200	800	600	200				
安福县	2700	2000	1000	300	200	1700	1400	300	
永新县	1700	1200	240	200	40	1460	1100	360	
莲花县	400	200	50	50		350	150	200	
宁冈县	300	200	120	100	20	180	100	80	
井冈山	800	700	120	100	20	680	520	160	
金坪垦殖场			20	20					
地区农科所			10	10					
地区良种场			10	10					
地区林科所			10	10					

注：1. 地区□省 7200 立方米，其中：杉木 5000 立方米，松杂木 200 立方米。2. 参考各县库存材种情况作的。

吉水县

关于清理安置经费的情况报告

县革委并报地革委：

根据县革委指示，我们在深入开展增产节约、清产核资运动中，紧密结合"一打三反"，狠抓经济领域里的阶级斗争。最近，对十一个公社的九十九个大队、三百七十五个生产队下乡知识青年安置经费进行了一次清理。

醪桥公社党委把下乡知识青年工作列入了议事日程，对安置经费的使用抓得紧，专款专用，为知识青年全部建起了房子，每个班的农具齐全，家具完备，住房安适，并结余了经费，未有贪污挪用。在去年年底，该公社就组

织了清算小组，对安置有下乡知识青年的四十八个生产队的安置经费进行了清理，所购置的用具造册登记，贫下中农、知识青年、清理人员签名盖章。丁江、富滩、水南等公社的多数生产队做到了安置费专人管理，单独登帐，专款专用，开支合理，使领导、贫下中农、知识青年三满意。

然而，在安置经费的清理中，也发现一些问题，主要是：

一、长期挪用。从清理中发现有九十七个生产队（占被清理的百分之二十五点九）长期挪用安置经费达三万零三百五十三元九角七分，仅文峰公社三十个生产队就挪用一万零五百八十三元四角。丁江土屋生产队挪用五百元给社员分红。八都公社东村大队将知识青年一百七十元建房费挪用做大队礼堂，大井大队在六九年挪用一千九百元建房费买拖拉机，至今不还。而知识青年的住房却十分困难，上田坑生产队三个青年住在破烂的祠堂里，一女青年则住祠堂走廊下；冻边生产队二个男青年一直无房住，与社员搭铺，东一晚，西一夜，二个女青年被安排住在地主婆的屋里，连房门也没有。

二、贪污安置经费达四千八百余元。原水田公社"五·七"办公室干部王贵德，采取仿领款人笔迹签字及重盖领款人私章等手段，贪污二百二十五元八角七分。水南公社义富二队副主任肖至河采取多领少报、以少报多等手段，贪污一百八十五元三角二分，并对揭发他贪污罪行的知识青年进行殴打报复。

三、无帐可查，弄虚作假。冠山公社周坑生产队将安置费都给知识青年自己掌握使用，不加管理，没有帐目。水南公社山下大队一、二小队和金城大队坝背小队，知识青年所用安置费无据无帐。富滩公社施家边大队第一小队保管胡发贵，故意毁掉发票，搞乱帐目，逃避检查。八都公社陈家生产队以给知识青年买建房材料之名假造二百九十八元的单据向公社报帐。白沙公社沙滩生产队领取知识青年建房费六百元，从中克扣，仅用去二百七十元，却伪造五百四十元的发票报帐。

四、作价偏高，开支不合理。文峰公社花树下生产队请木工为青年做用具，然后作价卖给青年，木工每天工资一元六角，补助伙食九角，即每天算二元五角工资。白沙公社土围前生产队原买一栋房子五百九十元，倒手转卖给知识青年作价七百元。乌江公社淮头生产队有的知识青年用安置费买高统套鞋，胡家生产队刘毛仔买樟木箱，王家队每年从安置费中扣八元作房租。还有的用安置费买广播铁丝、毛毯，报销旅馆费、糖果、糕点、欢迎知识青年所用的鞭爆、红纸及寄包裹等费用。丁江公社汉背队的仓库基建所顾锯匠的工资也在安置费中报销了。

五、生活费超支，私分安置费。冠山公社十个生产队的知识青年超支生活费补助标准二千四百二十七元。最多的是陂上生产队超支五百余元。乌江公社墩上生产队六个知识青年一次分掉四□元安置费。来村生产队的青年把所有钱分光，并毁掉发票。有的队□每人一百五十元安置费全交给青年自己去花。

六、财产管理不善。冠山公社上东营大队六小队，将为上海下乡青年所准备的床铺借给学校，把整套生产、生活用具借给移民。有的调走了的青年，把用安置费购置的用具私自出售或带走。乌江公社库下生产队七名吉安青年，用安置费买了七张双人床放在吉安用。

为此，特提出如下意见：

一、加强领导。还未进行安置费清理的生产队、公社应组织力量彻底进行清理，认真解决问题，防止走过场。

二、狠抓经济领域里的阶级斗争，严肃处理贪污安置费案件。贪污者，要受批评教育，作出深刻检讨，全部退赔钱财，情节严重的应给予纪律处分。知识青年私分安置费及下放干部家属不应领取而领取安置费的，应予追回。挪用安置费的要限期归还。

三、遵照毛主席关于"财政的支出，应该根据节省的方针"的伟大教导，实行经济公开，民主理财，专款专用，合理开支。建立财会制度，财产造册登记。

四、县七〇年预拨的第三批上海知识青年（未来）的安置费（每□三十元），已购置的用具，应造册登记，集中起来指定专人保管，借出去的应一律归还，损坏或遗失了要赔偿。预拨经费剩余部分办理□收手续，暂存公社"五·七"办公室，不准动用。调走或转迁的知识青年用具（安置费购置的），不得变卖、转送或带走，应由公社收回，调查给用具不足的下乡知识青年使用。

以上报告当否，请批示。

吉水县革委会"五·七"大军办公室

一九七一年十月二十八日

抄报：省革委会

抄送：省革委"五·七"大军办公室，地革委"五·七"大军办公室，地区财金局，地区增产节约清产核资办公室，地革委各部、室，各县革委会"五·七"大军办公室，各公社革委会、"五·七"大军办公室

新干县

接收上海第四批下放知识青年安置情况统计表

新干县接收上海第四批下放知识青年安置情况统计表

公社	大队	分配名额	安置落实在何生产队队和名额（人数）																		
			队名	插班	建班是	队名	插班	建班是	队名	插班	建班是	队名	插班	建班是	队名	插班	建班是	队名	插班	建班是
	南边	30	澄湖		7	下南边		8	大下十一队		5	大下十二队		5						
	秋南	15	庙上四队		7	故林五队		8												
	竹溪	10	大桥六队		10															
	城上	15	大背一队		8	李家三队		7												
	丰禾	18	窗前一队		6	槐四坡五队		6	七队		6									
七琴	江上	14	同泉六队		7	九队		7												
	龙文	15	社下三队		5	五队		10												
	东郭	21	一队	2		三队	2		四队	2		五队	3		六队	3		七、八队	7	
	沙坑	10	张家巷四队		10															
	田东	12	冷坡		5															
小计	10个大队	160		2	60		2	53		2	16		2	5		3	5		7	

续表

安置落实在何生产队和名额（人数）

公社	大队	分配名额	队名	插班	是建班	队名	插班	是建班	队名	插班	是建班	队名	插班	是建班	队名	插班	是建班
鸡丰	麦市	15	天上		7	息江		5	中学	3							
	鸡丰	15	裴泉		5	原坑		5	林头		5						
	楼丰	10	桃草		5	烙下		5									
	洋团	10	二队	4		三队	3		四队	3							
	城镇	10	林梅		5	下汀		5									
	池岸	10	垃裴四		5	田南		5									
小计	6个大队	70		4	27		3	25		6	5						
胜利	黄宿	3	黄宿	3													
	前进	6	洋桥		6												
	长江	7	魏泉		7												
	杭桥	10	下老		10												
	十里	9	郭泉		4	上辛江		5									
	瓦桥	8	刘泉	4		楼前	4										
	碣溪	7	城头		5	观溪	2										
	大古山	18	大古山	1		大坊岑		5	中圩岑		5	下圩岑		5	戴浚咀	2	
	跃进	7	力上		7												
	向东	9	沂江	3		水背	3		古溪	3							
	胜利	6	路口		6												
	大洲	4	下商林坊	4													
	水西江	6	水白江	3		孟炉江	3	5									
小计	13个大队	100		18	45		12	10		3	5			5		2	

安置落实在何生产队和名额（人数）

公社	大队	分配名额	队名	插班	建班	队名	插班	建班	队名	插班	建班	队名	插班	建班	队名	插班	建班
荷蒲	曾泉	13	六队		8	三队		5										
	东方红	12	二队		6	三队		6										
	烙坊	5	二队		5													
小计	3个大队	30			19			11										
大洋洲	洽家坊	30	一队		6	五队		6	六队		6	十队		6	十二队		6
	甘泉	20	六队		7	七队		7	十一队		6						
	下圩	15	二队		5	三队		5	六队		5						
	湖头	5	三队		5												
	刘墩	15	二队		5	十一队		5	六队		5						
	杨泉	15	三队		8	十一队		7									
小计	6个大队	100			36			30			22			6			6
桃溪	徐家	18	一队		9	三队		9									
	岑背	22	一队		6	七队		8	八队		8						
	城头	16	三队		8	六队		8									
	桃溪	14	一队		14												
	横江	14	四队		6	六队		8									
	板埠	16	五队		8	三、四队		8									
小计	6个大队	100			51			41			8						

续表

安置落实在何生产队和名额（人数）

公社	大队	分配名额	队名	插班	建班	队名	插班	建班	队名	插班	建班	队名	插班	建班	队名	插班	建班	队名	插班	建班	队名	插班	建班
坛坑	南山	20	一队	2		四队		4	三队	3		五队	2		六队	2		七队	3		八队		4
	双溪	10	胡家		4	小简		3	刘家		3												
	中州	15	一队	2		三队	5		四队	1		五队	3		六队	2		七队	2				
	金峯	25	乌圹	5		湖边	5		蔡家	3	6	石溪	3		峯谷		6						
	溜陂	15	湖尾	3		松山	5		五队	5		大队	2		七队	2							
	严山	15	四队	5		玉队	7		大队	6											三队	3	
	红旗	20	马田	7		肖家	2		朱林														
小计	7个大队	120		24	4		24	7		18	9		10			6	6		5			3	4
洋湖	桥头	22	水缆		7	湖头		10	视头	10													
	罗家坊	12	后坑		7	易坑	5																
	龙上	5	田海	5																			
	松溪	13	何家栅		7	松溪	6																
	湖田	12	新塔里		7	洋里	5																
	樟树下	25	京田		10	大圣		10	路头		7												
	玉桥	31	姚家		7	李家		7				玉桥	5	7	窝里	5							
小计	7个大队	120		5	45		16	27		10	7		5	7		5							

续表

公社	大队	分配名额	安置落实在何生产队和名额（人数）								
			队名	是 插班	是 建班	队名	是 插班	是 建班	队名	是 插班	是 建班
界埠	坑口	5	山里		5	山门		5			
	红星	10	邓家		5	三队		4	四队		4
	田港	12	扩头		4	一队		6	敖家坑		4
	长排	11	四队		5	竹家排		4	后房		4
	田北	15	雪头		7	前房		4			
	遵扩	13	四队		5	店上		5			
	郡家	7	郡家	2		长坑		4			
	北溪	10	胡家老		6	金竹		4			
	溜口	12	下肖岑		8						
	方坪	5	南院		5						
小计	10个大队	100		2	50		2	36			12
力江	庄里	20	一队		7	十四队		7	后队		6
	沧州	14	上湖		7	南桥		7			
	黎溪	12	城山		6	山下		6			
	胜利	12	新石下		6	扩家		6			
	桃湾	18	白路口		9	城堆		9			
	溪边	10	溪边		10						
	王山	7	上王山		7						
	石口	7	石口二队		7						
小计	8个大队	100			59			35			6

备注：专区分配第四批接收任务是 1000 名，我们分配在 10 个公社，76 个大队，187 个生产队，其中：插班的有 59 个队，新建班的有 128 个队。上述安置绝大多数生产队已经落实，但也有个别生产队由于没有房屋居住和没有下放班等客观原因，可能有点变动，现正在研究确定。

知识青年调动情况汇报表

知识青年调动情况汇报表

填报单位：　　　　　　　　　　　　　　　　　　　　1972 年 4 月 19 日

姓名	性别	成份	籍贯	何时插队	落户地点	是否党团	何时迁出	迁往何处	备考
王××	男	工人	上海	1969.10		/	71.11	江苏盐城	
孙××	女	工人	上海	1969.3		/	71.7	造纸厂	
徐××	女	工人	上海	1969.3		/	71.7	造纸厂	
陈××	女	工人	上海	1969.3	桃湾七队	/	71.5	57 化工厂	
成　×	女	工人	上海	1969.3		团员	71.5	县农机厂	
汤××	女	工人	上海	1969.3		/	71.5	县农机厂	
马　×	男	工人	上海	1969.3		/	71.8	造纸厂	
朱××	男	工人	上海	1969.3		/	70.8	江苏淮安	
吴××	男	工人	上海	1969.3		/	71.3	江苏丹阳	
陈××	女	工人	上海	1969.3		/	70.1	安徽辰县	
赵××	女	工人	上海	1969.3		/	71.8	□□公社	
邱　×	女	工人	上海	1968.11	沧州大队	/	71.3	新建号	

原有知识青年总数：　　　　　　　　　　　　　　　　现有知识青年总数：

知识青年调动情况汇报表

填报单位：　　　　　　　　　　　　　　　　　　　　1972 年 4 月 19 日

姓名	性别	成份	籍贯	何时插队	落户地点	是否党团	何时迁出	迁往何处	备考
傅××	女	工人	南昌	68.10.16	水光大队	/	70.12	县皮革厂	
孙××	女	工人	上海	69.3.14	池峯大队	/	71.9	湖北 5761 厂	
王××	女	工人	上海	69.3.14	池峯大队	/	70.1	县防化工厂	
冯××	女	小业主	上海	69.3.14	池峯大队	/	70.7	九江建设兵团	
陶　×	男	工人	上海	69.3.14	城□大队	/	71.8	县农机厂	
胡××	男	小业主	上海	69.3.14	城□大队	/	71.12	省基建工团	
冯××	男	工人	上海	69.3.14	麦市大队	/	71.12	省运输工团	
蔡××	男	工人	上海	69.3.14	麦市大队	/	71.12	省运输工团	
范××	女	小业主	上海	69.3.14	麦市大队	/	71.1	县造纸厂	
吕××	男	工人	上海	69.3.14	麦市大队	/	72.2	省地方铁路	
康××	男	工人	上海	68.10	麦市大队	/	71.3	迁本县坛圩	
李××	女	职员	上海	69.3.14	沧州大队	/	69.8	县磷肥厂	

原有知识青年总数：495　　　　　　　　　　　　　现有知识青年总数：446

知识青年调动情况汇报表

填报单位：坛垆　　　　　　　　　　　　　　　　　　1972 年 4 月 30 日

姓名	性别	成份	籍贯	何时插队	落户地点	是否党团	何时迁出	迁往何处	备考
王××	女	工人	上海	68.11	□□	团	70.10	□□□□	
汪××	女	职干	上海	69.3	□□	/	70.10	造纸厂	
马××	女	手工业	上海	68.11	□□	/	70.10	化工厂	
严××	男	职工	上海	68.11	润陂	/	70.10	化工厂	已死
张××	男	工人	上海	69.3	润陂	/	70.10	化工厂	
陈××	男	工人	上海	68.11	严山	团	71.9	南昌	
郑××	男	职工	上海	68.11	严山	/	72.4	□□□□	
张××	女	工人	上海	68.11	严山	团	70.12	县机械厂	
陈××	男	小业主	上海	68.11	严山	/	71.12	南拖	
史××	男	工人	上海	68.11	严山	/	70.9	坛垆中学	
张××	男	□□	新干	68.11	严山	/	71.12	南拖	
闫××	男	革干	上海	68.11	红旗	团	71.1	参军	

原有知识青年总数：271　　　　　　　　　　　现有知识青年总数：235

知识青年调动情况汇报表

填报单位：　　　　　　　　　　　　　　　　　　　　1972 年 4 月 30 日

姓名	性别	成份	籍贯	何时插队	落户地点	是否党团	何时迁出	迁往何处	备考
江××	女	店员	上海	69.3.14	梅丰大队	/	71.12	省基建工团	
张××	女	工人	上海	69.3.14	高贵大队	/	69.6	县农机厂	
钱××	男	贫农	上海	68.11	梅丰大队	/	70.10	□□□	
李××	男	革干	上海	68.11	梅丰大队	/	71.6	□□□	
潘××	男	工人	上海	68.11	梅丰大队	/	71.10	县农药厂	
曹××	女	职员	上海	68.11	梅丰大队	/	70.12	□□□	
宋××	女	工人	上海	68.11	梅丰大队	/	72.1	迁浙江	
曹××	男	工人	上海	68.11	梅丰大队	/	70.12	□□□	
蔡××	男	工人	上海	69.3	梅丰大队	/	70.10	迁考交	
江××	男	中农	江西	68.10	梅丰大队	/	70.12	参军	
洪××	女	中农	江西	68.10	梅丰大队	/	70.8	迁平湖	
姚××	男	□□	上海	68.10	附团大队	/	71.12	县造纸厂	

原有知识青年总数：　　　　　　　　　　　　现有知识青年总数：

下乡知识青年住房情况统计表

表3 下乡知识青年住房情况统计表

（1972年4月30日止）

县（市）：新干县　　　　　　　　　　　　　　　　72年5月25日填

公社	班数	人数	新建住房 上海青年班 栋	同	住人数	本省及混合班 栋	同	住人数	建房金额	国家补助	计划建住房 上海青年班 栋	同	住人数	本省及混合班 栋	同	住人数	预算金额	国家补助	住公房 栋	同	住人数	借民房 栋	同	住人数
桃溪	45	299									31	226	260				65000	26000	26	69	131	38	75	168
鸡丰	64	450	6	20	79				10800	5000	17	67	129				45000	12000	25	60	169	54	88	201
大洋洲	26	118									修	理	现	有	住	房	2000	2000	8	19	40	17	29	78
坛坵	43	235	1	3	6				1500	500	21	61	137				29000	16000	12		77	29	40	152
力江	45	284									19	104	151	4	19	18	34050	30000	19	63	136	33	73	148
七琴	52	262	2	9	11				9500	1800	3	12	15	1	4	6	6000	4000	40	86	210	12	27	52
胜利	51	243									6	18	60	6	18	70	12000	8000	40		190	11		53
界埠	34	151									2	11	11				2000	2000	21	50	82	10	25	52
荷浦	14	74	1	6	6				1000	1000	4	16	24				8000	4584	6	14	34	8	16	40
洋湖	53	376	6	20	55				15000	7000	23	85	194				65000	29000	16	61	95	42	128	226
合计																		15684元						

下乡知识青年情况统计表

新干县下乡知识青年情况统计表

（1972 年 4 月 30 日止）

72 年 5 月 30 日填

原籍	现有人数（不包含回乡的）								入党				入团				参军	教育作用				参加领导班子				赤脚医生	赤脚教师	其它
	合计	党员	团员	男	女	学生	社会青年	其它	69年	70年	71年	72年	69年	70年	71年	72年		外省大学	本省大学	中专	进工矿等	县	社	大队	小队			
上海	2223	6	230	1272	1096	2176	47			1	4	1		10	95	20	3	2	5	5	101		2	9	53	34	75	45
本省	242	5	23	143	99	222	20			3	2			1	21	2	20		1	6	70				6	3	16	7
新干	17			11	6	17											2										1	
合计	2482	11	253	1281	1201	2415	67			4	6	1		11	116	22	25	2	6	11	171		2	9	59	37	92	52

附注：下乡知识青年分布在 10 个公社、83 个大队，384 个生产队，共 389 个青年班，其中上海的 368 个班。

一九七四年知识青年上山下乡基本情况年报表

1974 年知识青年上山下乡基本情况年报表

填报单位：坛垱公社知青办　　　　　　填报日期：1974 年 12 月　　日

项目	数量
一、本年安置人数(包括从外省、市、区和本省本县其它地方接收的)合计	30
1. 插队	30
2. 回乡	无
3. 集体所有制场、队	无
合计中：从外省、市、区接收的人数	无
从本省本县其它地方接收的人数	30
二、本年调离农村的上山下乡知识青年人数	20
1. 招生	7
2. 征兵	1
3. 招工	无
4. 提拔国家干部	无
5. 其它	12
三、年底在农村实有上山下乡知识青年人数	231
1. 插队人数	278
分布的公社数	
大队数	13
生产队数	51
其中：下乡青年不足 5 人的生产队数	26
插队人数中生活不能自给的人数	
2. 回乡人数	
其中：生活不能自给的人数	
3. 集体所有制场、队人数	3
其中：生活不能自给的人数	无
4. 国营农、林、牧、渔场人数	1
四、年底在农村实有上山下乡知识青年中	231
1. 本县青年人数	32
2. 上海青年人数	199
3. 南昌青年数	
4. 其它	
五、年底在农村实有上山下乡知识青年中	
1. 共产党员数	1
2. 共青团员数	51
3. 参加各级领导班子人数	7

项目	数量
其中:省级	
地级	
县级	
公社级	
4. 先进集体数	2
先进个人数	4
其中:省级先进集体	
先进个人	
地级先进集体	2
先进个人	4
县级先进集体	2
先进个人	9
5. 担任几大员的人数	27
其中:理论辅导员和宣传员	19
赤脚医生	2
赤脚教师	16
会计、保管	27
6. 已婚人数	5
六、本年发生破坏知识青年上山下乡案件件数	1
1. 奸污	1
其中:强奸	无
2. 殴打	无
3. 陷害	无
4. 诱婚、逼婚	无
本年处理案件件数	1
其中:处理上年移下案件件数	无
七、上山下乡知识青年在本年死亡人数	无
其中:非正常死亡人数	无
八、上山下乡知识青年住房情况	
1. 本年国家实际供应木材数(立方米)	
2. 本年新建住房间数	305
合平方米	915
3. 年底尚未建房人数	6
其中:插队	6
回乡	
集体所有制场、队	
国营农、林、牧、渔场	
九、本年年底实有带队干部人数	
十、下年度上山下乡计划	
1. 城镇中学应届毕业生人数	

续表

项目	数量
其中：高中毕业生人数	
2. 计划上山下乡人数	2
其中：（一）历届毕业生应走未走人数	2
（二）动员去外地区的人数	
（三）安置在国营农、林、牧、渔场的人数	
3. 计划派带队干部人数	

注：1. 表中第五项第 3 条"参加各级领导班子人数"是指从生产队副队长一级算起；

2. 表中第八项第 3 条"年底尚未建房人数"是指下乡知识青年调离农村后的空闲住房抵顶后尚未建房的人数。

1974 年知识青年上山下乡基本情况年报表

填报单位：域上公社知青办　　　　　　　填报日期：1974 年 12 月 30 日

项目	数量
一、本年安置人数（包括从外省、市、区和本省本县其它地方接收的）合计	1
1. 插队	1
2. 回乡	
3. 集体所有制场、队	
合计中：从外省、市、区接收的人数	
从本省本县其它地方接收的人数	
二、本年调离农村的上山下乡知识青年人数	
1. 招生	2
2. 征兵	
3. 招工	
4. 提拔国家干部	
5. 其它	1
三、年底在农村实有上山下乡知识青年人数	22
1. 插队人数	22
分布的公社数	
大队数	7
生产队数	17
其中下乡青年不足 5 人的生产队数	17
插队人数中生活不能自给的人数	6
2. 回乡人数	
其中：生活不能自给的人数	
3. 集体所有制场、队人数	3
其中：生活不能自给的人数	无
4. 国营农、林、牧、渔场人数	1
四、年底在农村实有上山下乡知识青年中：	22
1. 本县青年人数	2

项目	数量
2. 上海青年人数	9
3. 南昌青年数	10
4. 其它	1
五、年底在农村实有上山下乡知识青年中：	22
1. 共产党员数	
2. 共青团员数	7
3. 参加各级领导班子人数	
其中：省级	
地级	
县级	
公社级	
4. 先进集体数	1
先进个人数	2
其中：省级先进集体	
先进个人	
地级先进集体	
先进个人	1
县级先进集体	1
先进个人	1
5. 担任几大员的人数	9
其中：理论辅导员和宣传员	3
赤脚医生	
赤脚教师	6
会计、保管	
6. 已婚人数	6
六、本年发生破坏知识青年上山下乡案件件数	
1. 奸污	
其中：强奸	
2. 殴打	
3. 陷害	
4. 诱婚、逼婚	
本年处理案件件数	
其中：处理上年移下案件件数	
七、上山下乡知识青年在本年死亡人数	
其中：非正常死亡人数	
八、上山下乡知识青年住房情况	
1. 本年国家实际供应木材数（立方米）	20
2. 本年新建住房间数	10 栋
合平方米	800
3. 年底尚未建房人数	

续表

项目	数量
其中：插队	4
回乡	
集体所有制场、队	
国营农、林、牧、渔场	
九、本年年底实有带队干部人数	
十、下年度上山下乡计划	
1. 城镇中学应届毕业生人数	
其中：高中毕业生人数	
2. 计划上山下乡人数	
其中：（一）历届毕业生应走未走人数	2
（二）动员去外地区的人数	
（三）安置在国营农、林、牧、渔场的人数	
3. 计划派带队干部人数	

注：1. 表中第五项第 3 条"参加各级领导班子人数"是指从生产队副队长一级算起；
　　2. 表中第八项第 3 条"年底尚未建房人数"是指下乡知识青年调离农村后的空闲住房抵顶后尚未建房的人数。

1974 年知识青年上山下乡基本情况年报表

填报单位：七琴公社知青办　　　　　　填报日期：1974 年 12 月 31 日

项目	数量
一、本年安置人数（包括从外省、市、区和本省本县其它地方接收的）合计	9
1. 插队	
2. 回乡	2
3. 集体所有制场、队	7
合计中：从外省、市、区接收的人数	
从本省本县其它地方接收的人数	9
二、本年调离农村的上山下乡知识青年人数	6
1. 招生	6
2. 征兵	
3. 招工	
4. 提拔国家干部	
5. 其它	
三、年底在农村实有上山下乡知识青年人数	160
1. 插队人数	151
分布的公社数	
大队数	16
生产队数	55
其中下乡青年不足 5 人的生产队数	15

项目	数量
插队人数中生活不能自给的人数	45
2. 回乡人数	2
其中:生活不能自给的人数	本月才回乡的
3. 集体所有制场、队人数	7
其中:生活不能自给的人数	无
4. 国营农、林、牧、渔场人数	11 月到场的
四、年底在农村实有上山下乡知识青年中:	160
1. 本县青年人数	9
2. 上海青年人数	143
3. 南昌青年数	8
4. 其它	
五、年底在农村实有上山下乡知识青年中:	
1. 共产党员数	
2. 共青团员数	38
3. 参加各级领导班子人数	4
其中:省级	
地级	
县级	
公社级	
4. 先进集体数	1
先进个人数	18
其中:省级先进集体	
先进个人	
地级先进集体	
先进个人	4
县级先进集体	1
先进个人	14
5. 担任几大员的人数	76
其中:理论辅导员和宣传员	20
赤脚医生	
赤脚教师	25
会计、保管	21
6. 已婚人数	6
六、本年发生破坏知识青年上山下乡案件件数	
1. 奸污	
其中:强奸	
2. 殴打	
3. 陷害	
4. 诱婚、逼婚	
本年处理案件件数	

续表

项目	数量
其中:处理上年移下案件件数	
七、上山下乡知识青年在本年死亡人数	1
其中:非正常死亡人数	1
八、上山下乡知识青年住房情况	
1. 本年国家实际供应木材数(立方米)	
2. 本年新建住房间数	3
合平方米	180
3. 年底尚未建房人数	47
其中:插队	38
回乡	2
集体所有制场、队	7
国营农、林、牧、渔场	
九、本年年底实有带队干部人数	
十、下年度上山下乡计划	4
1. 城镇中学应届毕业生人数	2
其中:高中毕业生人数	2
2. 计划上山下乡人数	
其中:(一)历届毕业生应走未走人数	
(二)动员去外地区的人数	
(三)安置在国营农、林、牧、渔场的人数	
3. 计划派带队干部人数	

注：1. 表中第五项第 3 条"参加各级领导班子人数"是指从生产队副队长一级算起；

  2. 表中第八项第 3 条"年底尚未建房人数"是指下乡知识青年调离农村后的空闲住房抵顶后尚未建房的人数。

1974 年知识青年上山下乡基本情况年报表

填报单位：力江公社知青办   填报日期：1974 年 12 月 31 日

项目	数量
一、本年安置人数(包括从外省、市、区和本省本县其它地方接收的)合计	21
1. 插队	
2. 回乡	
3. 集体所有制场、队	21
合计中:从外省、市、区接收的人数	
从本省本县其它地方接收的人数	21
二、本年调离农村的上山下乡知识青年人数	
1. 招生	8
2. 征兵	
3. 招工	
4. 提拔国家干部	

项目	数量
5. 其它	
三、年底在农村实有上山下乡知识青年人数	231
1. 插队人数	210
分布的公社数	1
大队数	10
生产队数	65
其中下乡青年不足 5 人的生产队数	24
插队人数中生活不能自给的人数	129
2. 回乡人数	
其中：生活不能自给的人数	
3. 集体所有制场、队人数	21
其中：生活不能自给的人数	无
4. 国营农、林、牧、渔场人数	
四、年底在农村实有上山下乡知识青年中：	231
1. 本县青年人数	29
2. 上海青年人数	194
3. 南昌青年数	8
4. 其它	
五、年底在农村实有上山下乡知识青年中：	
1. 共产党员数	1
2. 共青团员数	49
3. 参加各级领导班子人数	3
其中：省级	
地级	
县级	
公社级	1
4. 先进集体数	2
先进个人数	27
其中：省级先进集体	
先进个人	
地级先进集体	1
先进个人	5
县级先进集体	1
先进个人	22
5. 担任几大员的人数	40
其中：理论辅导员和宣传员	9
赤脚医生	
赤脚教师	4
会计、保管	
6. 已婚人数	1

续表

项目	数量
六、本年发生破坏知识青年上山下乡案件件数	
1. 奸污	
其中：强奸	
2. 殴打	
3. 陷害	
4. 诱婚、逼婚	
本年处理案件件数	
其中：处理上年移下案件件数	
七、上山下乡知识青年在本年死亡人数	
其中：非正常死亡人数	
八、上山下乡知识青年住房情况	
1. 本年国家实际供应木材数（立方米）	
2. 本年新建住房间数	50
合平方米	350
3. 年底尚未建房人数	137
其中：插队	116
回乡	
集体所有制场、队	21
国营农、林、牧、渔场	
九、本年年底实有带队干部人数	
十、下年度上山下乡计划	
1. 城镇中学应届毕业生人数	1
其中：高中毕业生人数	
2. 计划上山下乡人数	
其中：（一）历届毕业生应走未走人数	
（二）动员去外地区的人数	
（三）安置在国营农、林、牧、渔场的人数	
3. 计划派带队干部人数	

注：1. 表中第五项第 3 条"参加各级领导班子人数"是指从生产队副队长一级算起；

　　2. 表中第八项第 3 条"年底尚未建房人数"是指下乡知识青年调离农村后的空闲住房抵顶后尚未建房的人数。

1974 年知识青年上山下乡基本情况年报表

填报单位：鸡丰公社知青办　　　　　　　填报日期：1975 年 1 月　　日

项目	数量
一、本年安置人数（包括从外省、市、区和本省本县其它地方接收的）合计	25
1. 插队	7
2. 回老家	3
3. 集体所有制场、队	15

项目	数量
合计中:从外省、市、区接收的人数	6
从本省本县其它地方接收的人数	19
二、本年调离农村的上山下乡知识青年人数	37
1. 招生	11
2. 征兵	
3. 招工	1
4. 转迁、病退	21
5. 其它	4
三、年底在农村实有上山下乡知识青年人数	405
1. 插队人数	327
分布的公社数	
大队数	15
生产队数	71
其中下乡青年不足 5 人的生产队数	20
插队人数中生活不能自给的人数	
2. 回乡人数	
其中:生活不能自给的人数	
3. 集体所有制场、队人数	78
其中:生活不能自给的人数	
4. 国营农、林、牧、渔场人数	
四、年底在农村实有上山下乡知识青年中:	405
1. 本县青年人数	64
2. 上海青年人数	340
3. 南昌青年数	
4. 其它	1
五、年底在农村实有上山下乡知识青年中:	
1. 共产党员数	6
2. 共青团员数	141
3. 参加各级领导班子人数	12
其中:省级	
地级	
县级	
公社级	1
4. 先进集体数	9
先进个人数	37
其中:省级先进集体	1
先进个人	2
地级先进集体	4
先进个人	15
县级先进集体	4

续表

项目	数量
先进个人	20
5. 担任几大员的人数	
其中：理论辅导员和宣传员	56
赤脚医生	5
赤脚教师	40
会计、保管	28
6. 已婚人数	23
六、本年发生破坏知识青年上山下乡案件件数	
1. 奸污	
其中：强奸	
2. 殴打	
3. 陷害	
4. 诱婚、逼婚	
本年处理案件件数	
其中：处理上年移下案件件数	
七、上山下乡知识青年在本年死亡人数	
其中：非正常死亡人数	
八、上山下乡知识青年住房情况	
1. 本年国家实际供应木材数（立方米）	
2. 本年新建住房间数	6栋大间
合平方米	
3. 年底尚未建房人数	123
其中：插队	69
回乡	
集体所有制场、队	55
国营农、林、牧、渔场	
九、本年年底实有带队干部人数	
十、下年度上山下乡计划	
1. 城镇中学应届毕业生人数	
其中：高中毕业生人数	
2. 计划上山下乡人数	
其中：（一）历届毕业生应走未走人数	
（二）动员去外地区的人数	
（三）安置在国营农、林、牧、渔场的人数	
3. 计划派带队干部人数	

注：1. 表中第五项第 3 条"参加各级领导班子人数"是指从生产队副队长一级算起；

2. 表中第八项第 3 条"年底尚未建房人数"是指下乡知识青年调离农村后的空闲住房抵顶后尚未建房的人数。

1974 年知识青年上山下乡基本情况年报表

填报单位：荷浦公社知青办　　　　　　　填报日期：1975 年 1 月 2 日

项目	数量
一、本年安置人数（包括从外省、市、区和本省本县其它地方接收的）合计	6
1. 插队	
2. 回乡	6
3. 集体所有制场、队	
合计中：从外省、市、区接收的人数	3
从本省本县其它地方接收的人数	3
二、本年调离农村的上山下乡知识青年人数	5
1. 招生	4
2. 征兵	
3. 招工	
4. 提拔国家干部	
5. 其它（代编教师）	1
三、年底在农村实有上山下乡知识青年人数	65
1. 插队人数	58
分布的公社数	1
大队数	5
生产队数	22
其中下乡青年不足 5 人的生产队数	22
插队人数中生活不能自给的人数	53
2. 回乡人数	7
其中：生活不能自给的人数	7
3. 集体所有制场、队人数	
其中：生活不能自给的人数	
4. 国营农、林、牧、渔场人数	
四、年底在农村实有上山下乡知识青年中：	65
1. 本县青年人数	4
2. 上海青年人数	57
3. 南昌青年数	
4. 其它	4
五、年底在农村实有上山下乡知识青年中：	
1. 共产党员数	1
2. 共青团员数	25
3. 参加各级领导班子人数	2
其中：省级	
地级	
县级	
公社级	

续表

项目	数量
4. 先进集体数	1
先进个人数	4
其中：省级先进集体	
先进个人	
地级先进集体	1
先进个人	1
县级先进集体	1
先进个人	4
5. 担任几大员的人数	
其中：理论辅导员和宣传员	1
赤脚医生	
赤脚教师	4
会计、保管	
6. 已婚人数	
六、本年发生破坏知识青年上山下乡案件件数	
1. 奸污	
其中：强奸	
2. 殴打	
3. 陷害	
4. 诱婚、逼婚	
本年处理案件件数	
其中：处理上年移下案件件数	
七、上山下乡知识青年在本年死亡人数	
其中：非正常死亡人数	
八、上山下乡知识青年住房情况	
1. 本年国家实际供应木材数（立方米）	
2. 本年新建住房间数	4 间
合平方米	32 平方
3. 年底尚未建房人数	36 人
其中：插队	29 人
回乡	7 人
集体所有制场、队	
国营农、林、牧、渔场	
九、本年年底实有带队干部人数	
十、下年度上山下乡计划	
1. 城镇中学应届毕业生人数	
其中：高中毕业生人数	

续表

项目	数量
2. 计划上山下乡人数	
其中：(一) 历届毕业生应走未走人数	
(二) 动员去外地区的人数	
(三) 安置在国营农、林、牧、渔场的人数	
3. 计划派带队干部人数	

注：1. 表中第五项第 3 条"参加各级领导班子人数"是指从生产队副队长一级算起；
　　2. 表中第八项第 3 条"年底尚未建房人数"是指下乡知识青年调离农村后的空闲住房抵顶
　　　后尚未建房的人数。

1974 年知识青年上山下乡基本情况年报表

填报单位：大洋洲公社知青办　　　　　　　填报日期：1975 年 1 月 3 日

项目	数量
一、本年安置人数(包括从外省、市、区和本省本县其它地方接收的)合计	15
1. 插队	4
2. 回乡	2
3. 集体所有制场、队	6
合计中：从外省、市、区接收的人数	1
从本省本县其它地方接收的人数	2
二、本年调离农村的上山下乡知识青年人数	10
1. 招生	2
2. 征兵	
3. 招工	
4. 提拔国家干部	
5. 其它	9
三、年底在农村实有上山下乡知识青年人数	103
1. 插队人数	
分布的公社数	
大队数	9
生产队数	22
其中下乡青年不足 5 人的生产队数	18
插队人数中生活不能自给的人数	78
2. 回乡人数	3
其中：生活不能自给的人数	3
3. 集体所有制场、队人数	25
其中：生活不能自给的人数	25
4. 国营农、林、牧、渔场人数	

续表

项目	数量
四、年底在农村实有上山下乡知识青年中：	103
1. 本县青年人数	4
2. 上海青年人数	84
3. 南昌青年数	2
4. 其它	13
五、年底在农村实有上山下乡知识青年中：	
1. 共产党员数	1
2. 共青团员数	31
3. 参加各级领导班子人数	4
其中：省级	
地级	
县级	
公社级	
4. 先进集体数	
先进个人数	
其中：省级先进集体	
先进个人	
地级先进集体	
先进个人	1
县级先进集体	2
先进个人	3
5. 担任几大员的人数	
其中：理论辅导员和宣传员	3
赤脚医生	
赤脚教师	9
会计、保管	2
6. 已婚人数	2
六、本年发生破坏知识青年上山下乡案件件数	
1. 奸污	
其中：强奸	
2. 殴打	
3. 陷害	
4. 诱婚、逼婚	
本年处理案件件数	1
其中：处理上年移下案件件数	1
七、上山下乡知识青年在本年死亡人数	

项目	数量
其中：非正常死亡人数	
八、上山下乡知识青年住房情况	
1. 本年国家实际供应木材数（立方米）	10
2. 本年新建住房间数	31
合平方米	360
3. 年底尚未建房人数	67
其中：插队	51
回乡	5
集体所有制场、队	16
国营农、林、牧、渔场	
九、本年年底实有带队干部人数	
十、下年度上山下乡计划	
1. 城镇中学应届毕业生人数	
其中：高中毕业生人数	
2. 计划上山下乡人数	
其中：（一）历届毕业生应走未走人数	
（二）动员去外地区的人数	
（三）安置在国营农、林、牧、渔场的人数	
3. 计划派带队干部人数	

注：1. 表中第五项第 3 条"参加各级领导班子人数"是指从生产队副队长一级算起；

　　2. 表中第八项第 3 条"年底尚未建房人数"是指下乡知识青年调离农村后的空闲住房抵顶
　　　后尚未建房的人数。

1974 年知识青年上山下乡基本情况年报表

填报单位：新干县知青办　　　　　　填报日期：1975 年 1 月 20 日

项目	数量
一、本年安置人数（包括从外省、市、区和本省本县其它地方接收的）合计	243
1. 插队	86
2. 回乡	23
3. 集体所有制场、队	79
合计中：从外省、市、区接收的人数	7
从本省本县其它地方接收的人数	1
二、本年调离农村的上山下乡知识青年人数	194
1. 招生	66
2. 征兵	1
3. 招工	2
4. 提拔国家干部	

续表

项目	数量
5. 其它	125
三、年底在农村实有上山下乡知识青年人数	2116
1. 插队人数	1861
分布的公社数	13
大队数	129
生产队数	519
其中下乡青年不足 5 人的生产队数	278
插队人数中生活不能自给的人数	1057
3. 集体所有制场、队人数	216
其中：生活不能自给的人数	82
4. 国营农、林、牧、渔场人数	5
四、年底在农村实有上山下乡知识青年中：	2116
1. 本县青年人数	211
2. 上海青年人数	1752
3. 南昌青年数	121
4. 其它	23
五、年底在农村实有上山下乡知识青年中：	2107
1. 共产党员数	17
2. 共青团员数	529
3. 参加各级领导班子人数	39
其中：省级	
地级	
县级	
公社级	2
4. 先进集体数	36
先进个人数	108
其中：省级先进集体	
先进个人	
地级先进集体	10
先进个人	13
县级先进集体	26
先进个人	95
5. 担任几大员的人数	408
其中：理论辅导员和宣传员	188
赤脚医生	17
赤脚教师	203

项目	数量
会计、保管	151
6. 已婚人数	84
六、本年发生破坏知识青年上山下乡案件件数	3
1. 奸污	3
其中:强奸	
2. 殴打	
3. 陷害	
4. 诱婚、逼婚	
本年处理案件件数	3
其中:处理上年移下案件件数	1
七、上山下乡知识青年在本年死亡人数	3
其中:非正常死亡人数	
八、上山下乡知识青年住房情况	
1. 本年国家实际供应木材数(立方米)	50
2. 本年新建住房间数	705
合平方米	
3. 年底尚未建房人数	870
其中:插队	685
回乡	24
集体所有制场、队	161
国营农、林、牧、渔场	
九、本年年底实有带队干部人数	3
十、下年度上山下乡计划	59
1. 城镇中学应届毕业生人数	130
其中:高中毕业生人数	50
2. 计划上山下乡人数	59
其中:(一)历届毕业生应走未走人数	4
(二)动员去外地区的人数	
(三)安置在国营农、林、牧、渔场的人数	
3. 计划派带队干部人数	2

注:1. 表中第五项第 3 条"参加各级领导班子人数"是指从生产队副队长一级算起;

    2. 表中第八项第 3 条"年底尚未建房人数"是指下乡知识青年调离农村后的空闲住房抵顶后尚未建房的人数。

峡江县

加强党的领导，放手发动群众，搞好知识青年的建房工作

——新陂大队做好知识青年建房工作的调查报告

一九六八年十月以来，在毛主席无产阶级革命路线指引下，新陂大队先后安置了一百九十五名上海、南昌知识青年插队落户，他们分为十四个班，安置在六个老队。三年来，大队党总支、革委会……自力更生，就地取材，积极做好知识青年的建房工作，从而巩固和发展了插队落户成果。目前应建房的十个班中，有七个班已盖起了新房，计二十一间；另有三个班的九间房子正在动工兴建。知识青年住上了新房，心情无比激动，他们说："新房宽敞又明亮，党的光辉暖胸房，扎根农村志不移，赤胆忠心永向阳。"

在建房工作中，新陂大队党总支……正确地解决了建房工作中的一些问题。

一破"无关紧要论"，提高班子成员的路线觉悟，加强对建房工作的领导。

去年，县社革委指示我们要认真解决知识青年的住房问题，同时又拨来一批建房补助费……但是，有的干部认为知识青年在农村待不长，建不建房无关重要，因此对建房工作抓得不紧，措施不力，行动不快。

针对这些问题，大队党总支专门召开了几次会议……围绕如何做好知识青年的建房工作展开了热烈的讨论……从根本上来说，建不建房子的问题，就是对知识青年究竟是教育一辈子还是只管一阵子的问题，是举什么旗、走什么路的问题。在会上，原来对建房工作认识不足的同志受到了深刻的教育，他们说："我们过去认为知识青年建不建房无关紧要，这是……'下乡镀金论'的余毒没有肃清的反映，是路线觉悟不高的表现。"通过学习，提高了认识，统一了思想，把建房工作提到了议事日程，党总支成员还分片负责，帮助生产队解决建房中的具体问题。

二破"建房吃亏论"，调动干部、贫下中农和知识青年三方面的积极性，大搞群众运动。

建房刚开始，群众也存在一些思想顾虑，有的担心"知识青年建新房，队里贴工贴钱又贴粮，社员收入要减少，年终分配受影响。"少数知识青年

也认为"建房好是好，就是苦和累，将来若上调，确实划不来。"因而，他们对建房劲头不大，抱着被动应付的态度。

党总支发现这一情况，举办了毛泽东思想学习班，在干部、贫下中农和知识青年中开展"学、想、看、查"活动……大家坚定地说："毛主席指示我照办! 不管有多大困难，我们也要把房子建起来，让知识青年安心抓革命，促生产。"就这样，一个为知识青年建造住房的群众运动在全大队蓬勃开展起来了。

广大干部在建房中吃苦在前，一马当先，哪里艰苦就往哪里冲。大队革委会副主任、"五·七"大军领导小组组长刘生和年老体弱，但他不辞劳苦，每天起早摸黑，带领群众上山砍树捐料。燕窝仔生产队主任艾又新砌墙时被土砖打在背上，他忍着疼痛坚持战斗。一天深夜突然下起大雨，他又带几个社员冒雨用稻草把墙盖好。贫下中农为建房人人出力，个个参战，造计划，搞图样，心往一处想；上高山，砍木料，汗往一处流；挑土砖，砌土墙，劲往一处使。没有上磴，贫下中农千方百计找得来；没有钉子，贫下中农把仅存的一些钉子拿出来。燕窝仔生产队贫农社员廖秋根看到土砖未干，就把自己准备建房的干土砖借给队里用。知识青年建房热情高涨，干劲大，他们早出晚归，常常忙得二顿饭并做一顿吃。下城班十六名知识青年从节余的生活费中每人自愿拿出十元作为建房费。上北岭班知识青年中生病的较多，但大家发扬"一不怕苦，二不怕死"的革命精神，在贫下中农带领下仅几天时间就砍了木料一百多根。

三破"钱少难办论"，自力更生，就地取材，发扬"干打垒"的精神。

建房中遇到的一个突出问题是经费问题。公社拨给大队的建房补助费有限，但是要求很高，需要建房三十间，经费不够怎么办? 有些人主张拨多少钱造多少房，要么就写报告要上面增拨经费。大队党总支认为：是向上伸手，还是自己动手，一字之差，反映了两条路线的尖锐斗争。这不仅仅是建几间房子的问题，而是一场捍卫毛主席革命路线的战斗。只要……发扬"干打垒"的精神，就能克服一切困难，做到少花钱多办事，解决建房问题。于是总支委员分别深入到各生产队，和贫下中农、知识青年一道……从房子的式样、建房地点和经费开支都本着"勤俭节约"的精神，进行反复讨论，反复修改。乌石坑，燕窝仔、塘下等生产队除请□匠木工外，其余都是自己动手。泥工，贫下中农顶；零工，每个劳动力都是。没有砖，就发动群众挖旧砖；没有杉树，就上山砍杂木；没有铁钉，就用竹钉代替。由于坚持了自力更生，就地取材，因陋就简，从而大大节约了建房经费，保证了建房工作的顺利进行。全大队已经建成的二十一间房子，为国家节约建房经费共六千八百九十一元。

峡江县仁和公社革委会"五·七"大军办公室调查组

一九七一年十月二十日

永丰县

关于对插队青年安置教育工作的意见

在国际国内一派大好形势下，在伟大领袖毛主席一系列最新指示的鼓舞下，全国各地城镇广大知识青年，热烈响应伟大领袖毛主席"知识青年到农村去"的伟大号召，纷纷奔赴农业第一线，到农村安家落户，为建设社会主义新农村贡献自己的力量。先后到我县农村安家落户的上海、南昌、吉安和本县的知识青年一千多人……各地农村的贫下中农，同样的遵照了毛主席"各地农村的同志应当欢迎他们去"的伟大教导，把这些青年当作是毛主席的客人，热情接待，妥善安置，细心照顾，耐心教育，做了许多工作，取得了很大成绩，并总结了许多宝贵的经验。为了更好地完成毛主席交给贫下中农对知识青年进行再教育的光荣任务，发扬成绩，克服缺点，进一步做好插队青年的安置教育工作，现就有关的一些问题，提出如下意见：

一、继续宣传"知识青年到农村去"的伟大意义……安置和教育好知识青年是毛主席给予我们农村干部和贫下中农的光荣任务。认不认真地去做好这项工作，是忠不忠于毛主席的重大问题，各地同志要主动地、热情地、积极地帮助插队青年，解决各方面的实际困难，同他们进行经常性的政治思想教育、阶级斗争教育、生产知识教育。要把对待知识青年是热情帮助还是讥笑，是看他们的大方向还是专找他们的小缺点，提高到两条路线斗争上来看待。通过宣传，提高认识，使知识青年和各地农村的同志，共同更好地落实毛主席这一最新指示。

二、加强政治思想领导，坚持四个第一。毛主席教导我们："办学习班是个好办法，很多问题可以在学习班得到解决。"要求各地以大队（人数多的可由一个生产队或几个生产队合并举办）为单位普遍地开办一次毛泽东思想学习班，时间一般三至七天，学习时间，可采取白天劳动，晚上办学习班，或上午劳动，早、晚、下午学习的方法。学习班必须要有贫下中农参加。学习内容应以毛主席一系列最新指示为教材，以阶级斗争为纲，以"老三篇"为武器，以活思想为靶子，开展革命的大批判。大批……"读书当官论"、"下乡镀金论"，树立在农村干一辈子革命的思想。要活学活用，在提高认识的基础上进行自觉地斗私批修，要开展谈、找、订活动。谈，就是要大谈知识青年到农村接受贫下中农再教育的伟大意义和必要性，以及到农村后的收获和体会；找，就是要找出到农村后接受贫下中农再教育中各方面的差距；订，就是要订出今后在农村接受贫下中农再教育的措施，要经常开活学活用毛泽东思想的讲用会，广泛地开展三忠于活动，抓好先进，树立典型，推动全面。生产队的干部要给青年介绍队里的生产情况、阶级斗争情况，以及其它各方面的情况，要组织老红军、老民兵、老农给青年讲革命斗争史，讲村史、家史，对犯有错误的青年，应坚持正面教育，进行耐心细致的政治思想教育工作。对极个别性质较严重，累教不改的人，贫下中农和知识青年又要求批判的，必要时可组织贫下中农和知识青年进行批判。批判必须要充分说理，不准搞非法斗争。

三、健全组织领导。毛主席教导我们："政治路线确定之后，干部就是决定的因素。"因此，各公社、大队、生产队都要有专人负责插队青年的政治、生产、生活等工作。公社"五·七"大军领导小组要有一名副主任或常委参加；大队要有一名副主任负责管理插队青年的教育管理工作；生产队要有一名副队长负责插队青年的政治思想教育、生产知识教育和生活安排等工作，并应同插队青年一块学习，一块劳动。下放干部的所在生产队如有插队青年，下放干部要负责带队，并应同插队青年同学习，同劳动，同斗私批修。单身插队的干部还要求与插队青年同吃，必要时，公社、大队可以把下放干部调整去带学生……

四、妥善解决插队青年生产、生活上的一些实际问题。毛主席教导我们："群众生产，群众利益，群众经验，群众情绪，这些都是领导干部们应时刻注意的。"少数地方生产工具和生活用具尚未解决，大队和生产队应根据实际需要迅速帮助添置。住房应因陋就简解决，但一定要解决好。房间要有门窗，不能太挤，光线要较充足。房子不足的地方，冬季农闲时，都应以生产队为单位，集体做些房子。床铺要及早解决，在四月底前每人搞好一张小床。粮食要重新评定，一般每月最低不少于 36 斤，最高不超过 45 斤，除原定标准超过的部分，如大队、公社确不能解决，速报县研究解决。茶油应按当地社员实际用油标准，超过国家供应标准的部分由生产队、大队解决。上海的学生八月份已在上海领了粮票，因此，每人应拿出22斤粮票交生产队，以便购粮，从四月份起，由生产队拿学生的粮、油供应证明，统一同粮食部门转办购粮手续。如果生产队的征购任务早已完成，离粮站近的地方，学生自己可以去挑一点，远的地方，由生产队换种子或用储备粮抵六九年度征购任务等办法与粮站联系解决。吃菜问题，目前正是菜荒季节，菜源不足，许多地方采取由生产队贫下中农轮流送菜、统一作价的办法解决。这个办法很好，各地要大力推广，作价不能按照目前菜荒时节的市价，可按照去冬的菜价由大队或生产队统一规定，由生产队在插队青年当月的生活费内付款。今后吃菜问题，没有实行集体种菜的生产队，可给社员同等数量的菜地给插队青年种菜。插队青年的生活费（即伙食费、零用钱），要在他们的安置费中按月付给。治病问题，按当地贫下中农同等待遇，参加合作医疗，目前尚未办起合作医疗的社、队，应自己付钱，个别因重病用钱过多，一时确拿不出时，经生产队批准也可在生产队预借些劳动报酬，待预分时扣还。

五、建立必要的制度。毛主席教导我们说："在这个制度下，人民享受着广泛的民主和自由；同时又必须用社会主义的纪律约束自己。"因此，插队青年应在大队贫下中农、革命委员会的领导下，建立学习、劳动、请假、民主生活等项制度。学习应以晚上集体学习为主，或者利用不能出工的雨天等进行集体学习。要建立基本劳动日制度，每人每月参加集体生产劳动的天数，一般不要少于20天。外出一定要请假。至少半个月要开一次民主生活会，开展批评和自我批评，一周一次讲用会。

六、充分发挥知识青年建设社会主义的积极作用。毛主席教导我们："青年是整个社会力量的一部分最积极最有生气的力量。他们最肯学习，最少保守思想，在社会主义时代尤其是这样。希望各地的党组织，协同青年团组织，注意研究如何特别发挥青年人的力量，不要将他们一般看待，抹杀他们的特点。"各社、队革委会和贫下中农，要充分发挥插队青年建设社会主义新农村的积极作用，积极支持他们的一切革命行动和革命设想。插队青年必须向老年和成年的贫下中农学习……要求每个插队青年做好三员：毛泽东思想宣传员、对敌斗争战斗员、人民公社好社员。

七、提高警惕，严防敌人破坏。毛主席教导我们："千万不要忘记阶级斗争。"广大知识青年到农村安家落户，阶级敌人必然会进行破坏活动，或者制造恐惧，吓唬青年学生；或者挑拨离间、制造分裂；或者盗窃学生的东西，给同学们生活上制造困难；或者半夜敲女同学的门等等花招，都必须擦亮眼睛，及时识破，及时揭发，及时批判斗争。

八、几个具体问题：

1. 插队青年的工分，要坚决贯彻男女同工同酬，反对压低妇女工分，反对轻政治重技术，坚持评政治工分。

2. 男女青年都要互相搭配。在一个生产队里完全是女同学不好，完全是男同学也不好。公社、大队革委会可根据情况在做思想工作的基础上进行适当调整，批判重男轻女或重女轻男的思想。

3. 各生产队至少要订一份《江西日报》，有上海青年的生产队最好增订一份《文汇报》。公社要配备半工半农的邮递员，并应在公路旁增设邮箱，大队设立邮票代售点。

4. 各地帮插队青年接挑行李，布置住房，购买生产、生活工具的力资费，均不得在插队青年的安置费中开支线，可由生产队记工分。

5. 插队青年因公外出，如到公社、县开会、参观等，均应按当地社员同等情况记给工分。

永丰县革命委员会精简下放安置办公室（章）

一九六九年四月一日

关于结算下放人员安置经费的有关通知

（永部〔39〕107号）

各公社、垦殖场、林场革委会：

……在高举毛泽东思想伟大红旗，突出无产阶级政治，贯彻自力更生、勤俭节约的原则下，省、专革委会已按规定拨给了我县的安置经费。为了把各公社的安置费结算清楚，特作如下通知：

一、安置经费的使用，一定要按照县革委会三月四日永发〔69〕023号文转发省革委会二月十日赣发〔69〕21号文规定办理。

按照省革委会赣发〔69〕21号文规定："家居城镇的社会上的地、富、反、坏、右分子，被勒令下乡监督劳动者，一律不发安置费。"但南昌市下到我县的六类分子本人，南昌市革委会根据省革委会、省军区十二月十四日赣发〔69〕388 号文批复："由所在单位酌情给予安置费"。现南昌市已从分子本人的原单位收缴了一笔经费（不叫安置费），并已拨到我县，即单人勒令下乡的每人 100 元；带家属下乡的，其分子本人 80 元。此项经费各公社可根据南昌下放到你社的六类人员数向县结算，由县连同其它下放人员安置费一并拨至公社。

　　……

　　二、安置费的结算方法。由公社根据城镇（上海、南昌、吉安、县城）已下放到你社各大队的实际人数，分别单身插队（每人 150 元）、成户插队（每人 100 元）、回乡生产（每人 40 元）和南昌市的六类分子本人（单身 100 元、成户 80 元）标准计算（原均开了名单给公社），除去有的在原单位已得了一年半个月的生活补助费和公社已拨给大队的经费后，实际还应补给大队经费，逐个大队结算清楚，由公社汇总，再除去公社现结存的安置费，还需县增拨多少经费于七月底前报县革委会安置办公室，以便在八月初全部拨给公社，过期不报，县不予拨款。

　　三、对于原来已调走的学生，其结余的安置费一律抵作现有人员的安置费指标。有些至今还未转拨安置费到对方的，应速将已开支和结余的数字在月底前报县，由县汇去，过期未报来的，均由调出公社直接汇去。今后学生、居民的调整问题，一般均由公社根据省革委会精简领导小组六八年十二月十一日通知规定，由公社处理。结余的安置费，除了是跟带工资下放干部在一起不带走外，其余应由公社直接拨去。

　　　　　　　　江西省永丰县革命委员会抓革命促生产指挥部（章）

　　　　　　　　　　　　　　　　　一九六九年七月十九日

　　抄送：本委各部、室，财政局、商业公司革委会

关于分配安置经费的通知

（永部〔39〕207 号）

江口、鹿冈、古县、七都、石马、沙溪、龙冈、铁元公社革委会：

根据井冈山专区革委会抓革命促生产指挥部〔69〕井部内字第 098 号文分配给我县一部分安置经费，经研究，分配给你社 元。

为了进一步巩固下放成果，做好"五·七"大军的政治思想工作，真正做到政治思想有人抓，生产劳动有人教，日常生活有人管，所以，此项经费应用于基建下放知识青年的住房，不得用于解决知识青年吃饭的问题。

住房的基建可利用集体的旧房重修或新建。方法上可由知识青年自己动手，社员助工，经费主要是用于购买原材料和泥木工工资。修建后的住房，只能用于安排知识青年居住。

各公社革委会要高举毛泽东思想伟大红旗，突出无产阶级政治，从严掌握经费的使用，并坚持专款专用，重点使用，严防平均分配和挪作它用。

江西省永丰县革命委员会抓革命促生产指挥部（章）

一九六九年十二月十七日

抄送：财政局、银行革委会

经费分配表

社别	金额（元）
江口	32000
鹿冈	24000
古县	8000
七都	7000
石马	7000
沙溪	14000
龙冈	6000
铁元	2000
合计	100000

关于分配一批上海知识青年到农村
插队落户的通知

石马公社革命委员会：

专区革委常委会决定，分配我县一千名上海知识青年到农村插队落户。现分配你社接收安置上海知识青年一百五十人。望速落实，并于八月二十五日前将落实情况造表报县革委内务组，预计在九月下旬开始接收。

江西省永丰县革命委员会办公室（章）

一九七〇年八月十八日

注：其它通知省略。

藤田公社"五·七"大军办公室介绍信

永丰县"五·七"办公室：

在我公社城上大队第一生产队上海插队知识青年罗××同学（男或女）前往吉林省延吉县三道公社中心五队其兄处插队。

请接洽。

（另附鉴定表壹张）

江西省永丰县藤田公社"五·七"大军办公室/（章）

一九七一年十月廿三日

关于收回第三批上海青年安置经费的通知

佐龙、富溪、石马、龙冈公社革委会：

一九七〇年八月，地区革委会分配我县接受安置上海知识青年1000名，拨给了安置经费 10 万元。县革委会立即进行了研究，于八月十九日下达了通知，分配佐龙公社接受 500 名、富溪公社 250 名、石马公社 150 名、龙冈公社 100 名。同时拨给了佐龙公社安置费 50000 元、富溪公社安置费 25000 元、石马公社安置费 15000 元、龙冈公社安置费 10000 元。

各社、队党组织、革委会为了迎接上海知识青年，做了大量的准备工作，但由于情况的变化，故未来成。地区革委会指示，要把这项经费清理上交，经研究，特作如下通知：

一、这项经费，各社、队除了在去年作准备工作时所购置青年的生产工具和生活用具（每人 30 元之内）开支的外（凭发票），其结余经费一律在十一月底前上缴县财金局，不得借故不缴。

二、对于所购置的生产工具和生活用具，凭开支单据逐项登记造册，由大队或生产队指定专人负责保管好，听后处理。登记册要一式三份，大队、公社各存一份，上交一份给县"五·七"大军办公室，以便备查。

三、公社应指定"五·七"大军办公室派人深入到原定接受大队进行督促检查，及时做好此项工作，并将情况向县汇报。

永丰县革委会办公室/（章）

一九七一年十一月一日

抄送：财金局革委会

下乡知识青年住房情况统计表

下乡知识青年住房情况统计表 （一）

项目\公社	新建房屋			计划新建房屋			住公房		住民房		居住情况（人）			班的个数					
	幢数	间数	平方米	幢数	间数	平方米	间数	人数	间数	人数	1人一村	2人一村	3人以上	1人成班	2人成班	3人成班	4人成班	5人以上	合计
佐龙	2	16		3	5		10	10	27	42				2	3	6	3	4	18
坑田				22	150		1	7	22	136					3		2	21	23
富溪							4	7	3	3				3	1			1	5
八江				7	64		8	15	15	38				1	3	2	2	5	13
江口	23	63		8	48		41	84						15	17	10	15	8	
增城	5	29		2	7		16	64	22	67						12	1	43	56
鹿冈	21	155		15	124														
七都	6	34					13	14	16	18				5	6	6	2	1	25
古县	10	28		15	75		28	59	58	105				11	10	9	10	6	46
迂元	6	24		8	28		24	39	31	67				7	2	5	5	10	29
沙溪	5	32																	
合计	78	381		360	1800		323	864	934	1103									

下乡知识青年住房情况统计表（二）

项目\公社	新建房屋 幢数	间数	平方米	计划新建房屋 幢数	间数	平方米	住公房 间数	人数	住民房 间数	人数	居住情况（人）1人一村	2人一村	3人以上	班的个数 1人成班	2人成班	3人成班	4人成班	5人以上	合计
瑶田				10	40		25	85	50	148					1	5	10	6	22
藤田				20	240		56	144	132	276				4	30	40	32	17	123
陶塘				3	12		55	152	35	77							14		14
石马							2	8	21	81				3	1	1			5
上溪		32					4	4	6	4									
沙溪	5						31	42	86	94				9	18	22	4	1	54
下庄																			
潭头							5	5	1	1						2			2
龙冈									6	6									5
上固																			
合计																			

下乡知识青年住房情况统计表

（1972年4月30日止）

县（市）：永丰县　　　　72年5月18日填

公社	班数	人数	新建住房 上海青年班 栋	间	住人数	本省及混合班 栋	间	住人数	国家补助	建房金额	计划建住房 上海青年班 栋	间	住人数	本省及混合班 栋	间	住人数	国家补助	预算金额	住公房 栋	间	住人数	借民房 栋	间	住人数
13	530	2825	50	198	330	8	29	60	51135	72395	307	1364	1845	10	47	62	350000	428240	128	284	612	325	842	1509
			357	1564	2004																	375	1042	1823

349

下乡知识青年情况统计表

表二 下乡知识青年情况统计表

（1972 年 4 月 30 日止）

县（市）：永丰县　　　　　　　　　　　　　　　　　72 年 5 月 18 日填

原属	现有人数（不包含回乡的）								入党				入团				参军	教育使用			进工矿等	参加领导班子				赤脚		其它
	合计	党员	团员	男	女	学生	社会青年	其它	69年	70年	71年	72年	69年	70年	71年	72年		外省大学	本省大学	中专		县	社	大队	小队	医生	教师	
上海	2334	7	139	1243	1091	2268	66			2	6	2	3	1	87	26	2	4	2	3	154	1	3	26	168	2	6	10
本省	491	11	18	271	220	303	78	20		2	1	2	1	2	16		12	2	4	7	134		1	2	6	1	31	20
合计	2825	18	157	1514	1211	2661	144	20		4	7	2	3	3	103	26	14	6	6	10	288	1	4	28	174	3	127	30
上海	2302	7	139	1223	1079	2236	66			2	6	2	3	1	87	26	2	4	2	3	154	1	3	26	168	2	96	10
本省	328	11	18	163	165	230	78	20		2	1	2	1	2	16		12	2	4	7	134		1	2	6	1	31	20
合计	2630	18	157	1386	1244	2466	144	20		4	7	2	3	3	103	26	14	6	6	10	288	1	4	28	174	3	127	30

附注：下乡知识青年分布在 13 个公社 119 个大队 509 个生产队，共 530 个青年班（其中上海的 433 个班）。

编者注：以上两表原文件形式相同，但数据略有不同。

下乡知识青年情况统计表

下乡知识青年情况统计表（一）

佐龙公社　（1972 年 12 月 31 日止）

项目	地区	上海	南昌	吉安	本地	投亲靠友	合计
1968 年以来插队人数	68 年		396	108	256	4	764
	69 年	1034			101	3	1138
	70 年	1515			12		1527
	71 年	5			64	5	74
	72 年				18	3	21
	合计	2554	396	108	451	15	3524
在队人数	68 年						
	69 年						
	70 年						
	71 年						
	72 年	2122	31	51	276	9	2489
	合计	2122	31	51	276	9	2489
入党	68—71 年	11	2	1	1		15
	72 年	4					4
	合计	15	2	1	1		19
入团	68—71 年	108	12	7	11		138
	72 年	82	1		3		86
	合计	190	13	7	14		224
参军	68—71 年		8		6		14
	72 年	12			11	1	24
	合计	12	8		17	1	38
升学		15	2	4	15	2	38
进厂矿		216	126	7	76	3	428
企事业单位		27	3	3	11		44
外迁		134	218	40	54		556
病退		22	7	2	1		32
参加各级三结合	地委委员						
	县委委员	1					1
	公社党委委员	2		1			3
	大队干部	38	2	3	1		44
	生产队干部	166	15	3	10		194
	合计	207	17	7	11		242

351

续表

项　目　＼　地　区		上海	南昌	吉安	本地	投亲靠友	合计
赤脚医生		4		1			5
赤脚教师		115	2	14	24	3	158
死亡	病故	3	1	1			5
	淹死	3			1		4
	被坏人打（杀）死						
	自杀						

下乡知识青年情况统计表

坑田公社　　　　（1972 年 12 月 31 日止）

项　目　＼　地　区		上海	南昌	吉安	本地	投亲靠友	合计
1968 年以来插队人数	68 年				14	4	18
	69 年						
	70 年	136					136
	71 年						
	72 年						
	合计	136			14		154
在队人数	68 年						2
	69 年						
	70 年	129					129
	71 年				5		5
	72 年				5		5
	合计	129			10	2	141
入党	68—71 年						
	72 年	1					1
	合计	1					1
入团	68—71 年	1					1
	72 年	3					3
	合计	4					4
参军	68—71 年				1		1
	72 年	2					2
	合计	2			1		3
升学						2	2
进厂矿		1			1		2

续表

项　目　＼　地　区		上海	南昌	吉安	本地	投亲靠友	合计
企事业单位							
外迁		4			2		
病退							
参加各级三结合	地委委员						
	县委委员						
	公社党委委员						
	大队干部	2					2
	生产队干部						
	合计	2					
赤脚医生							
赤脚教师		9			3		12
死亡	病故						
	淹死						
	被坏人打（杀）死						
	自杀						

下乡知识青年情况统计表

（1972 年 12 月 31 日止）

富溪公社

项　目　＼　地　区		上海	南昌	吉安	本地	投亲靠友	合计
1968 年以来插队人数	68 年				11		
	69 年						
	70 年						
	71 年	1			3		
	72 年				5		
	合计	1			19		
在队人数	68 年				8		
	69 年						
	70 年						
	71 年	1			1		
	72 年						
	合计	1			9		10
入党	68—71 年						
	72 年						
	合计						

续表

项　目	地　区	上海	南昌	吉安	本地	投亲靠友	合计
入团	68—71年				5		
	72年						
	合计				5		
参军	68—71年						
	72年			1	1		
	合计			1	1		
升学							
进厂矿							
企事业单位							
外迁					7		
病退							
参加各级三结合	地委委员						
	县委委员						
	公社党委委员						
	大队干部						
	生产队干部						
	合计						
赤脚医生							
赤脚教师		1					
死亡	病故						
	淹死						
	被坏人打（杀）死						
	自杀						

<h3 align="center">下乡知识青年情况统计表</h3>
<h3 align="center">（1972年12月31日止）</h3>

八江公社

项　目	地　区	上海	南昌	吉安	本地	投亲靠友	合计
1968年以来插队人数	68年				16		16
	69年			1	5		6
	70年	50			2		52
	71年						
	72年				1		1
	合计	50		1	23		74

项　　目	地　　区	上海	南昌	吉安	本地	投亲靠友	合计
在队人数	68 年				16		16
	69 年			1	21		22
	70 年	50			11		61
	71 年	48			12		50
	72 年	45			11		56
	合 计	45			11		56
入党	68—71 年						
	72 年						
	合 计						
入团	68—71 年						
	72 年	2					2
	合 计	2					2
参军	68—71 年						
	72 年						
	合 计						
升学					1		1
进厂矿				1	7		8
企事业单位							
外迁		4			2		6
病退		1			1		2
参加各级三结合	地委委员						
	县委委员						
	公社党委委员						
	大队干部						
	生产队干部						
	合 计						
赤脚医生							
赤脚教师		2			4		6
死亡	病故						
	淹死						
	被坏人打（杀）死						
	自杀						

下乡知识青年情况统计表

江口公社　　　　　　　　　　　　（1972 年 12 月 31 日止）

项　目	地区	上海	南昌	吉安	本地	投亲靠友	合计
1968 年以来插队人数	68 年				34		34
	69 年	416					416
	70 年						
	71 年	2			4	4	10
	72 年						
	合计						460
在队人数	68 年				34		34
	69 年	416					416
	70 年						
	71 年	373			22	4	399
	72 年	174			14	1	190
	合计						189
入党	68—71 年	2					2
	72 年						
	合计	2					2
入团	68—71 年	16			1		17
	72 年	7			1		8
	合计	23			2		25
参军	68—71 年						
	72 年				1		1
	合计				1		1
升学		3					3
进厂矿		63			2		65
企事业单位		3			1		4
外迁		43					43
病退		4					4
参加各级三结合	地委委员						
	县委委员						
	公社党委委员						
	大队干部	3					3
	生产队干部	11					11
	合计						
赤脚医生							
赤脚教师		19					19

项目 地区		上海	南昌	吉安	本地	投亲靠友	合计
死亡	病故						
	淹死	1					1
	被坏人打（杀）死						
	自杀						

下乡知识青年情况统计表

（1972 年 12 月 31 日止）

增城公社

项目 地区		上海	南昌	吉安	本地	投亲靠友	合计
1968 年以来插队人数	68 年						
	69 年	124					124
	70 年	35			1		36
	71 年	2			1		3
	72 年						
	合计	161			2		163
在队人数	68 年						
	69 年	124					124
	70 年	131			1		139
	71 年	131			2		133
	72 年	129			2		131
	合计	129			2		131
入党	68—71 年						
	72 年						
	合计						
入团	68—71 年	10					10
	72 年	8					8
	合计	18					18
参军	68—71 年						
	72 年						
	合计						
升学		1					1
进厂矿		19					19
企事业单位		3					3

续表

项　　目 ＼ 地　区	上海	南昌	吉安	本地	投亲靠友	合计
外迁	4					4
病退	5					5
参加各级三结合　地委委员						
参加各级三结合　县委委员						
参加各级三结合　公社党委委员						
参加各级三结合　大队干部						
参加各级三结合　生产队干部	6					6
参加各级三结合　合计	6					6
赤脚医生						
赤脚教师	12			1		13
死亡　病故						
死亡　淹死						
死亡　被坏人打(杀)死						
死亡　自杀						

下乡知识青年情况统计表

鹿冈公社　　　　　　　　（1972 年 12 月 31 日止）

项　　目 ＼ 地　区	上海	南昌	吉安	本地	投亲靠友	合计
1968 年以来插队人数　68 年						
1968 年以来插队人数　69 年	356			77		433
1968 年以来插队人数　70 年						
1968 年以来插队人数　71 年						
1968 年以来插队人数　72 年						
1968 年以来插队人数　合计	356			77		433
在队人数　68 年						
在队人数　69 年						
在队人数　70 年						
在队人数　71 年						
在队人数　72 年	258			9		267
在队人数　合计	258			9		267
入党　68—71 年	4					4
入党　72 年	1					1
入党　合计	5					5

续表

项　目 ＼ 地　区		上海	南昌	吉安	本地	投亲靠友	合计
入团	68—71 年	18					18
	72 年	36					36
	合计	54					54
参军	68—71 年						
	72 年	1			4		5
	合计	1			4		5
升学		4					4
进厂矿		66			5		71
企事业单位							
外迁		78					78
病退		5					5
参加各级 三结合	地委委员						
	县委委员						
	公社党委委员	1					1
	大队干部	7					7
	生产队干部	74					74
	合计	82					82
赤脚医生		3					3
赤脚教师		32					32
死亡	病故	1					1
	淹死	1			1		2
	被坏人打(杀)死						
	自杀						

下乡知识青年情况统计表

古县公社　　　　　　　　　　　（1972 年 12 月 31 日止）

项　目 ＼ 地　区		上海	南昌	吉安	本地	投亲靠友	合计
1968 年以来 插队人数	68 年						
	69 年		1		6		7
	70 年	171					171
	71 年						
	72 年						
	合计	171	1		6		178

项　　目	地　区	上海	南昌	吉安	本地	投亲靠友	合计
在队人数	68 年						
	69 年						
	70 年						
	71 年						
	72 年	158			6		164
	合　计						
入党	68—71 年						
	72 年	1					1
	合　计						
入团	68—71 年	11					11
	72 年	6					6
	合　计	17					17
参军	68—71 年						
	72 年						
	合　计						
升学							
进厂矿		5	1				6
企事业单位		2					2
外迁		6					6
病退		1					1
参加各级三结合	地委委员						
	县委委员						
	公社党委委员	公社妇女委员 1					1
	大队干部	3					3
	生产队干部	8			5		13
	合　计	12			5		17
赤脚医生							
赤脚教师		12					12
死亡	病故						
	淹死						
	被坏人打（杀）死						
	自杀						

下乡知识青年情况统计表

迁元公社　　　　　　　　　　　　　（1972 年 12 月 31 日止）

项　目	地　区	上海	南昌	吉安	本地	投亲靠友	合计
1968 年以来插队人数	68 年		70		37		107
	69 年						
	70 年	80					80
	71 年						
	72 年						
	合计	80	70		37		187
在队人数	68 年		70		37		107
	69 年		54		32		86
	70 年	80	45		27		152
	71 年	80	30		19		129
	72 年	79	12		15		106
	合计						
入党	68—71 年				1		1
	72 年	1					1
	合计	1			1		2
入团	68—71 年	4			4		8
	72 年	1					1
	合计	5			4		9
参军	68—71 年		1				1
	72 年						
	合计		1				1
升学					4		4
进厂矿			6		6		12
企事业单位			2		2		4
外迁		1	46		10		59
病退			2				2
参加各级三结合	地委委员						
	县委委员						
	公社党委委员						
	大队干部	1					1
	生产队干部	19	15		3		37
	合计	20	15		3		38
赤脚医生							
赤脚教师		2	5		2		9

续表

项 目	地 区	上海	南昌	吉安	本地	投亲靠友	合计
死亡	病故		1				1
	淹死						
	被坏人打（杀）死						
	自杀						

下乡知识青年情况统计表
（1972 年 12 月 31 日止）

瑶田公社

项 目	地 区	上海	南昌	吉安	本地	投亲靠友	合计
1968 年以来插队人数	68 年						
	69 年						
	70 年	274			3		277
	71 年						
	72 年						
	合计	274			3		277
在队人数	68 年						
	69 年						
	70 年						
	71 年						
	72 年	230			3		233
	合计	230			3		233
入党	68—71 年						
	72 年						
	合计						
入团	68—71 年						
	72 年	1					1
	合计	1					1
参军	68—71 年						
	72 年	3					3
	合计	3					3
升学		1					
进厂矿		7					
企事业单位							

项 目	地 区	上海	南昌	吉安	本地	投亲靠友	合计
	外迁	33					
	病退	3					
参加各级 三结合	地委委员						
	县委委员						
	公社党委委员						
	大队干部						
	生产队干部						
	合计						
	赤脚医生						
	赤脚教师	4					
死亡	病故						
	淹死	1					
	被坏人打（杀）死						
	自杀						

下乡知识青年情况统计表

荇田公社 （1972 年 12 月 31 日止）

项 目	地 区	上海	南昌	吉安	本地	投亲靠友	合计
1968 年以来 插队人数	68 年						
	69 年						
	70 年	472					472
	71 年		1		2		3
	72 年					1	1
	合计	472	1		2		476
在队人数	68 年						
	69 年						
	70 年	472					472
	71 年	443	1		2		446
	72 年	418					419
	合计	418	1		2		422
入党	68—71 年						
	72 年						
	合计						

续表

项 目\地 区		上海	南昌	吉安	本地	投亲靠友	合计
入团	68—71 年	11					11
	72 年	7					7
	合计	18					18
参军	68—71 年						
	72 年	3			1		4
	合计	3			1		4
升学		1					1
进厂矿		17					17
企事业单位		3					3
外迁		26					26
病退		4					4
参加各级三结合	地委委员						
	县委委员						
	公社党委委员						
	大队干部	13					13
	生产队干部	12					12
	合计	25					25
赤脚医生							
赤脚教师		6					6
死亡	病故	1					1
	淹死						
	被坏人打(杀)死						
	自杀						

下乡知识青年情况统计表

陶塘公社　　　　　　　　（1972 年 12 月 31 日止）

项 目\地 区		上海	南昌	吉安	本地	投亲靠友	合计
1968 年以来插队人数	68 年						
	69 年						
	70 年	266					
	71 年						
	72 年						
	合计	266					

项　　目	地　区	上海	南昌	吉安	本地	投亲靠友	合计
在队人数	68 年						
	69 年						
	70 年	266					
	71 年						
	72 年	228					
	合　计						
入党	68—71 年						
	72 年						
	合　计						
入团	68—71 年						
	72 年	7					
	合　计						
参军	68—71 年						
	72 年	1					
	合　计	1					
	升学	1					
	进厂矿	1					
	企事业单位	5					
	外迁	16					
	病退	2					
参加各级三结合	地委委员						
	县委委员						
	公社党委委员						
	大队干部						
	生产队干部						
	合　计						
	赤脚医生	1					
	赤脚教师	4					
死亡	病故						
	淹死						
	被坏人打（杀）死						
	自杀						
		1					
		1					

下乡知识青年情况统计表

沙溪公社

（1972 年 12 月 31 日止）

项目	地区	上海	南昌	吉安	本地	投亲靠友	合计
1968 年以来插队人数	68 年						
	69 年	164			13	1	178
	70 年						
	71 年						
	72 年						
	合计	164			13	1	178
在队人数	68 年						
	69 年	124			11	1	136
	70 年						
	71 年						
	72 年						
	合计	124			11	1	136
入党	68—71 年	4					
	72 年						
	合计	4					4
入团	68—71 年	28					28
	72 年						
	合计	28					28
参军	68—71 年						
	72 年						
	合计						
升学		1					1
进厂矿		13			1		14
企事业单位		7					717
外迁		16			1		2
病退		2					
参加各级三结合	地委委员						
	县委委员						
	公社党委委员						
	大队干部	9					9
	生产队干部	35			2		37
	合计	44			2		46
赤脚医生							
赤脚教师		7			1		8

续表

项目 \ 地区	上海	南昌	吉安	本地	投亲靠友	合计
死亡　病故	1					1
淹死						
被坏人打（杀）死						
自杀						

下乡知识青年情况统计表

潭头公社　　　　　　（1972 年 12 月 31 日止）

项目 \ 地区	上海	南昌	吉安	本地	投亲靠友	合计
1968 年以来插队人数　68 年				19		19
69 年	1					1
70 年				1		1
71 年						
72 年						
合计	1			20		21
在队人数　68 年						
69 年	1					
70 年						
71 年						
72 年				7		
合计	1			7		8
入党　68—71 年						
72 年						
合计						
入团　68—71 年						
72 年						
合计						
参军　68—71 年				2		2
72 年						
合计				2		2
升学				1		
进厂矿				4		
企事业单位				2		

项　　目＼地　区		上海	南昌	吉安	本地	投亲靠友	合计
外迁					4		
病退							
参加各级三结合	地委委员						
	县委委员						
	公社党委委员						
	大队干部				1		
	生产队干部						
	合计				1		
赤脚医生							
赤脚教师					4		
死亡	病故						
	淹死						
	被坏人打（杀）死						
	自杀						

下乡知识青年情况统计表（二）

（1972 年 12 月 31 日止）

项目	地区	佐龙	坑田	富溪	八江	江口	增城	鹿冈	七都	古县	迋元	瑶田	苀田	陶塘	石马	上溪	沙溪	下庄	潭头	龙冈	上固	君埠	合计
1968年以来插队人数	68年	54				416	124	356															1034
	69年	63	136		50		35			171	80	274	472	266			164	87	1				1515
	70年			1		2	2																5
	71年																						
	72年																						
	合计	117	136	1	50	418	161	356		171	80	274	472	266			164	87	1				2554
在队人数	68年																						
	69年																						
	70年																						
	71年																						
	72年	73	129	1	45	174	129	258		158	79	230	418	228			124	75	1				2122
	合计	73	129	1	45	174	129	258		158	79	230	418	228			124	75	1				2122
入党	68—71年	1	1	1		2		4		1	1												11
	72年																4						4
	合计	1	1	1		2		4		1	1						4						15

续表

项目 \ 地区	佐龙	坑田	富溪	八江	江口	增城	鹿冈	七都	古县	汪元	窑田	荇田	陶塘	石马	上溪	沙溪	下庄	潭头	龙冈	上固	君埠	合计
人团 68—71年	9	1			16	10	18		11	4		11				28						108
人团 72年	4	3		2	7	8	36		6	1	1	7	7									82
人团 合计	13	4		2	23	18	54		17	5	1	18	7			28						190
参军 68—71年																						
参军 72年		2					1				3	3	1				2					12
参军 合计		2					1				3	3	1				2					12
升学	3				3	1	4				1	1	1			1						15
进厂（矿）	19	1			53	19	66		5		7	17	5			13	5					216
企事业单位	4				3	3			2			3	5			7						27
外迁	10	4		4	43	4	78		6	1	33	26	16			16	3					244
病退	1			1	4	5	5		1		3	4	2			2	2					30

续表

项目	地区	佐龙	坑田	富溪	八江	江口	增坡	鹿冈	七都	古县	迁元	瑶田	苻田	陶塘	石马	上溪	沙溪	下庄	潭头	龙冈	上固	君埠	合计
参加各级三结合	地委委员	1																					1
	县委委员		1																				2
	公社党委委员							1															
	大队干部	2				3		7		3	1		13				9						38
	生产队干部	1				11	6	74		8	19		12				35						166
	合计	3	2		2	14	6	82		11	20		25				44						207
赤脚医生								3						1									4
赤脚教师		5	9	1	2	19	12	32		12	2	4	6	4			7						115
死亡	病故					1		1									1						3
	淹死																						
	被坏人打（杀）死										1	1	1										3
	自杀																						

关于第三批上海知识青年安置经费移作
今年应届毕业生安置经费的通知

（永革办〔73〕字第 2 号）

佐龙、富溪、石马、龙冈公社革委会：

一九七〇年八月，地区革委会分配我县接受安置上海知识青年 1000 名，同时拨安置费十万元。县革委会于同年八月十九日下达通知，分配原佐龙公社接受五百名，安置经费五万元；富溪公社接受二百五十名，安置经费二万五千元；石马公社接受一百五十名，安置经费一万五千元；龙冈公社接受一百名，安置经费一万元。有关社、队党组织、革委会为了迎接上海知识青年，做了大量的准备工作。但由于情况的变化，故未来成。一九七一年十一月一日，县革委办公室根据地区革委的指示，下达了《关于收回第三批上海知识青年安置经费的通知》。通知中指出："这项经费，各社、队除了在去年作准备工作时所购置青年的生产工具和生活用具（每人三十元之内）开支的外（凭发票），其结余经费一律在十一月底前上缴县财金局，不得借故不缴。"但是，时间已过去一年多了，上述经费仍未上缴。

最近，地区革委又指出，第三批上海知识青年的安置经费凡未上缴的，要移作今年应届毕业生的安置费。因此，希各地对此项经费再进行认真清理，所购置的生产工具和生活用具，凭开支单据逐项登记造册，由大队或生产队指定专人负责保管好，以便插队青年使用。登记册要一式三份，大队、公社各存一份，上交一份给县上山下乡办公室，以便备查。

目前，公社应指定人员深入到原定接受大队进行督促检查和清理，并将情况及时向县汇报。

江西省永丰县革命委员会办公室（章）

一九七三年三月八日

抄送：县革委各部室，县人武部、财金局、内务组、上山下乡办公室

上海上山下乡知识青年基本情况综合分析

表 1　上海上山下乡知识青年基本情况综合分析①

永丰县

公社	下乡青年总数	已上调人数（包括招工、升学、参军、提干等）	其它原因减少的人数（包括外转、病退、死亡、判刑等）	合计	男	女	其中返沪一年以上未回农村的人数	今年新下乡的73届知青小计	男	女	青年点班（排）数	青年点人数	青年队队数	青年队人数	国营农、林场人数	集体农、林场人数	一人一户分散插队人数	自插人数	已婚小计	男	女	与当地人结婚数	知青间结婚数	与外省、市人结婚数	备注
	1	2	3	4	5	6	7	8	9	10	11	12	13	14	15	16	17	18	19	20	21	22	23	24	
沙溪	168	28	34	106	56	50	26				30	87				2	17		7	1	6	5	2		
下庄	84	18	22	44	25	19	13				12	36				1	7		2	1	1		2		
苈田	471	35	63	366	199	167	155	7			105	321			31		14		5	1	4	3	2		
陶塘	258	11	36	203	101	102	90	8			47	158	1	28	5		12		5	1	4	2	3		
瑶田	274	25	46	193	97	96	71	10			59	181			5	5			1		1	1			
古县	171	7	26	138	71	67	40				26	137			1				4	1	3	2	2		
迂元	80	3	6	71	35	36	40				17	69					2		2		2	2			
八江	51	1	10	40	27	13	7				8	37			3				4	2	2		4		

① 表1至表4均未见编制时间，根据相关材料，推断编制时间同为1973—1974年。——编者注

续表

公社	人数变化情况										安置形式								婚姻情况						备注
	下乡青年总人数	已上调人数（包括招工、升学参军、提干等）	其它原因减少的人数（包括外转、病退、死亡、判刑等）	现有人数			其中返沪一年以上未回农村的人数	其中今年新下乡的73届知识青年数			青年点		青年队		国营农、林场人数	集体农、林场人数	一人一户分散插队人数	自插人数	已婚人数			其中			
				合计	男	女		小计	男	女	班(排)数	人数	队数	人数					小计	男	女	与当地人结婚数	知青同结婚数	与外省市人结婚数	
鹿冈	366	77	80	208	97	111	50	1			43	155	2	32		21			1		1	1			
江口	241	34	54	150	81	69	46	3			43	134				2	14		15	5	10	5	10		
佐龙	95	27	7	61	29	32	14				9	31	2	26		2	2		4	1	3	2	2		
增城	159	27	21	111	61	50	40				38	97				2	12		2		2	2			
坑田	135	7	13	115	57	58	31				23	104	1			1	10		1		1	1			
富溪				1		1												1							
罗坊	2			2	1	1											2								
潭头	1			1		1												1							
白水门农场	/			29	24	5							1	29											
合计	2557	300	418	1839	971	878	623				460	1547	6	115		76	101		53	13	40	26	27		

说明：一、此表（包括表1至表4）从已普访过的公社了解了解的数字来填写，一式二份，一份送总团，一份送分团。分团要按县再进行汇总。目前，在　月　日前一份送总团，一份送分团。

二、自插下乡知青如已参加青年点、青年队、集体农场，可分别统计在青年点、青年队一栏中。

三、婚姻情况一栏中："知青同结婚数"，指上海男女知青的结婚数。

表2 上海上山下乡知识青年基本情况综合分析

永丰县

公社	原下乡人数	迁进人数	现有人数 合计	上学	参军	进工矿	提干	转点	病退	特困回沪	死亡	判刑	其它	合计	其中 男	其中 女	一年以上未在队人数	户口在社人在白水门知青农场	备注
	1	2	3	4	5	6	7	8	9	10	11	12	13	14	15	16	17		
沙溪	167		81	9	1	22	1	35	7	5	1			86	51	35	9		
下庄	83	1	39	1	2	13		14	6	2	1			45	25	20	2		
荇田	471	1	166	23	6	24		83	16	13	1			299	174	125	30	7	
陶塘	258		106	21	2	5		55	13	8	2			144	76	68	22	8	
瑶田	274		114	24	4	17		49	9	9	1	1		153	78	75	35	7	
古县	171		59	10	2	6		32	5	4				112	60	52	10		
辽元	80		25	8	2	1		9	1	3	1			55	25	30	3		
八江	51		16	3				8	2	3				35	24	11	7		
鹿冈	367	3	209	24	4	65	1	63	36	14	2			159	81	78	12	2	
江口	239	1	120	16		33	1	47	17	5		1		118	66	52	27	2	
佐龙	93	3	46	12		22		8	1	2	1			50	24	26	4		
增城	159		75	15		21		23	9	6		1		84	43	41	15		
坑田	135	1	45	19	3	3		8	7	5				91	42	49	25		
富溪		1												0	0	0			
罗坊		2	1	1										2	1	1			
白水门														26	19	7			
合计	2548	13	1102	186	26	232	3	434	129	79	10	3		1459	789	670	201		

注：填报范围包括插队、国营农林场的全部下乡青年。以县、团、场为单位填写。

表3 上海上山下乡知识青年基本情况综合分析

永丰县

公社	公社（营、分场）	大队	分布情况 生产队（连队）队数	生产队（连队）人数	独立核算青年队 队数	独立核算青年队 人数	劳动在场分配在队 场数	劳动在场分配在队 人数	社队办农林场、企业 个数	社队办农林场、企业 人数	县办国营农林场等 个数	县办国营农林场等 人数	住房状况 已住新房的	借住队里公房的	借住社员私房的	住房有严重困难的	婚姻情况 已婚人数	其中 男	其中 女	其中 知青同结婚数	与社员结婚数	与其它人结婚数	备注
	18	19	20	21	22	23	24	25	26	27	28	29	30	31	32	33	34	35	36	37	38	39	
沙溪		11	43	85						1			10	21	54		8	2	6	2	5	1	
下庄		5	19	41						4			3	25	17		5	2	3	4		1	
荇田		13	98	239	1		4	53		7			34	149	116		9	1	8	4	4	1	
陶塘		8	50	121		21				2			21	75	48		10	3	7	7	2	1	
瑶田		10	59	130			2	20		3			29	110	10		1		1	1			
古县		10	29	111						1			60	29	23		6	1	5	3	1	3	
迂元		8	19	55									23	32			2	1	1	1	1		
八江		2	7	33					2	2			22	13			4	2	2	4			
鹿冈		11	44	113	3	44	1	6	2	2			131	24	3		2	1	1	2	1		
江口		14	53	116	2	14			2	2			38	35	41		22	7	15	13	2	7	
佐龙		7	16	34						2			22	24	4		4	1	3	2	2		
増城		10	43	79						5			31	29	24		2	1	1	1	1		
坑田		12	46	85					1	6			36	45	10		3	1	2		1	2	
罗坊		1	2	2	1	26								2									
白水门														26									
合计		122	528	1256	7	105	8	95		29			456	639	341		78	23	55	43	18	17	
				1238	7		7	79		37			458	653	348								

表 4 上海上山下乡知识青年基本情况综合分析

永丰县

公社	现有		参加各级班子人数							各类专业人员人数									
	党员数	团员数	小计	其中						小计	赤脚教师	赤脚医生	合计	广播员	农技员	气象员	拖拉机手	理论辅导员	其它
				省	地	县	公社	大队	生产队										
	40	41	42	43	44	45	46	47	48	49	50	51	52	53	54	55	56	57	58
沙溪		29	4						4	16	12			1			2		1
下庄	1	11	3					3		9	7		1						1
茗田	1	68	14					4	10	38	18	3					3		8
陶塘		32	13					4	9	21	11	2	1	4			3		
瑶田		32	2					2		23	15	2					1		5
古县		46	3					2	1	19	16							1	
迂元	1	10	2					2		11	10								
八江		8								7	4								
鹿冈	4	67	13				1	2	10	37	26	2	3	1			4	1	2
江口		16								3	2			1					1

泰和县

转发禾市公社《关于接待安置上海知识青年的几点具体要求》的通知

各公社革命委员会：

现将禾市公社革委会《关于接待安置上海知识青年的几点具体要求》略加修改印发你们参考。

各公社革委应遵照毛主席"要认真总结经验"的伟大教导，认真总结经验，有所发明，有所创造，不断前进。

泰和县革命委员会"五·七"大军领导小组
一九七〇年四月五日

禾市公社革委会关于接待安置上海知识青年的几点具体要求（摘要）

一、政治思想有人抓，要求做到：

1. 切实加强领导，大队革委会要有一名副主任、生产队要一名队长专管知识青年的工作，负责抓好"五·七"大军的政治思想工作和日常具体工作，帮助他们解决问题。

2. 生产队要成立再教育小组，名额 5—7 名，由大队主管"五·七"大军的副主任、生产队政治队长、贫下中农代表、带班的干部组成，由政治队长兼任组长。还要选拔 1—2 名妇女干部参加再教育小组，以便管理女知识青年的工作。

3. 狠抓阶级教育。经常组织老贫农给知识青年讲家史、村史、阶级斗争史、忆苦思甜等教育，不断提高他们的三个觉悟。

4. 帮助知识青年建好班委会，选举正副班长、保管、财务、会计各一名，使他们逐步做到自己管理自己。

5. 帮助知识青年建立和健全各项制度，如学习制度、生活制度、请假制度、财经制度等。

二、生产有人教，要求做到：

1. 生产队要挑选一批"三忠于"的贫下中农教会知识青年的基本生产知识，如犁耙、莳田、割禾、种菜等等。主动与知识青年结成"一对忠"，互教互学。

2. 知识青年的劳动报酬，要贯彻同工同酬的原则，要政治评分，工分要按县革委指示办事，第一年女青年 5—7 分，男青年 7—9 分。物资分配要和社员一视同仁。

3. 要帮助知识青年集体饲养一些家禽家畜。各地要安排一个猪栏给知识青年养猪，帮助他们养好猪。猪本由大队或生产队暂时垫付，待养大出售后归还队里。

4. 为了解决知识青年的零用钱问题，各地可以有组织、有领导、有计划、有时间性的组织知识青年集体搞些副业。收入归集体，主要用于解决知识青年的订报纸、搞宣传、用煤油、参加合作医疗费及发展养猪的资金以及生产工具、生活用具的修补添置问题。

三、生活有人管，要求做到：

1. 各地要派一个政治思想好的贫下中农教会知识青年煮饭、炒菜，帮助他们做一二个月的饭，保证教会。

2. 知识青年的菜地，要按当地社员标准给足，要给好田、近田。

3. 要动员贫下中农发挥阶级友爱精神，动员每户送一点菜，以解决初来时的吃菜问题。同时现在就要派人帮助知识青年种好蔬菜，使他们来时能见到青苗。来以前要准备好 10 天以上的油、盐、柴、米、菜。

4. 知识青年的农具、炊具及日常用具问题，现在就要准备好，均在安置费 30 元之内开支。要贯彻节约闹革命的原则，精打细算，节约开支。

禾市公社革命委员会

一九七〇年四月二日

关于下拨部分安置经费的通知

（〔70〕泰革办内字第 27 号）

各公社革委会：

为了解决上海插队知识青年的劳动工具不足和适当的办公费用，经研究决定，每个上海知识青年增拨 5 元钱安置经费。请各地在节约的原则下认真掌握使用。

此款由县拨至公社，公社按各班的实际人数直接拨至班集体，严禁分给个人，一定要用在班集体事业上面。

另外，各公社革委、"五·七"大军领导小组对原拨的每人 30 元安置经费要认真检查一次使用情况。现发现有的生产队把安置经费挪作它用，目前有的青年生产工具都没有添置，影响出工。同时，还有多报冒领的现象，对此情况必须批评教育，并将款退回。希各公社要指定专人检查安置经费的使用情况向县汇报一次。

附件：分配表

泰和县革命委员会经费安置办公室（章）

一九七〇年七月二十四日

抄送：县"五·七"大军领导小组、各公社"五·七"大军领导小组

上海插队知识青年集体班补助款

单位：每人 5 元

碧　汲	90	450
桥　头	71	355
禾　市	120	600
三　都	91	455
马　市	122	610
沿　汲	91	455
万　合	100	500
苑　前	79	400
灌　汲	101	500
中　龙	52	260

续表

老云盘	41	205
水　槎	52	260
高　陇	50	250
冠　朝	70	350
塘　州	69	350
上　田	20	100
合　计	1204	

1970.7.25

关于下拨第二轮上海插队知识青年安置经费的通知

（〔70〕泰革办内字第 34 号）

各公社革命委员会：

　　根据伟大领袖毛主席"备战、备荒、为人民"的伟大战略方针，专区革委决定今年秋季再安置 1500 名上海知识青年到我县农村插队落户，接受贫下中农的再教育，为了及时妥善安置好上海知识青年，允拨给每人 30 元安置经费（如附表）。希各公社在节约的原则上，严格掌握使用，现将有关事项通知如下：

　　一、各地必须高举毛泽东思想伟大红旗，抓紧时间，切实做好接收安置的准备工作，要求各地在十月十日前要把房子、所有用具全部准备好。

　　二、此款必须专款专用，做到安排得当，管理严密，节约使用，讲究实效。尽力用较少的钱，办较多的事，严防贪污挪用、挥霍浪费和其它一切不合理开支的发生。

　　三、各地必须将安置经费使用情况及时上报。

　　附：安置经费分配表

泰和县革命委员会办公室内务组

一九七〇年九月二十三日

抄送：县、社"五·七"大军办公室

公　　社	分配安置任务	安置经费	备　注
碧　　汲	120	3600	
桥　　头	80	2400	
禾　　市	80	2400	
三　　都	60	1800	
马　　市	200	6000	
上　　田	30	900	
沿　　汲	80	2400	
万　　合	120	3600	
苑　　前	120	3600	
灌　　汲	200	6000	
中　　龙	60	1800	
老云盘	40	1200	
水　　槎	40	1200	
高　　陇	50	1500	
冠　　朝	160	4800	
塘　　洲	60	1800	
合　　计	1500	45000	

遂川县

关于下拨集体插队知识青年建房经费的通知

（遂办〔70〕038 号）

公社革委会：

为了解决集体插队知识青年（包括上海知识青年）的住房困难，经研究确定你公社兴建民房　　栋，每栋造价 1200 元，面积 140 平方米，要建楼房，现共拨给兴建经费　　　元，希接通知后，立即着手兴建。现将有关事项通知如下：

1. 各公社革委会、"五·七"大军领导小组，必须高举毛泽东思想伟大红旗，突出无产阶级政治，加强对这项工作的领导，迅速选择地点，落实计划，并指定专人负责。把做好这项工作看作是进一步落实毛主席"五·七"指示，贯彻中央 26 号文件的实际行动。

2. 在兴建时一定要遵照毛主席"勤俭办一切其它事业"的教导，按规定的要求办事，经费由公社统一掌握使用，不得超支，不得跨年度，并做到经济、美观、经久耐用。

3. 基建地点的选择，既要有长远打算，又要便于加强领导，便于知识青年参加集体生产劳动，同时还要充分利用老屋迹、荒土、荒地，不要占用水田。

4. 有的公社认为需要一分为二的，即做小一点，将一栋分建两栋也是可以的，但需与内务组联系，在取得同意之后方能动工。

特此通知。

江西省遂川县革命委员会办公室（章）

一九七〇年九月十六日

抄送：县财政金融局革委会、县"五·七"大军领导小组。

一九七〇年九月十八日印发

遂川县革命委员会办公室　　　　　　　　　　　共印二五份

关于修建下放知识青年住房经费的批复

（遂革办〔71〕017号）

各有关公社革委会：

你公社　　　大队关于兴建、修理知识青年住房报告收悉。经研究决定，同意你公社　　　大队"五·七"青年班兴建（修理）知识青年住房壹栋，现拨来兴建（修理）款计　　　元。希接通知后，请按照县革委会办公室遂办字〔70〕038号文件精神立即着手施工，一定要做到专款专用，力争在本年度前完成任务。

特此批复。

江西省遂川县革命委员会办公室（章）

一九七一年十一月一日

抄送：县财金局革委会、县"五·七"大军办公室

遂川县革命委员会办公室　　　　　　　一九七一年十一月三日印发

共印三〇份

下放知识青年兴建住房经费分配表

单位：元

公　社	青年班	拨款数	备　注
汤湖公社	调治青年班	200	帖拨
汤湖公社	平洒青年班	200	帖拨
高坪公社	平下青年班	1200	新建
中石公社	南坟青年班	1200	新建
南江公社	扬秀青年班	900	帖拨
于田公社	江背青年班	1200	新建
共　计		4900	

关于兴建上山下乡知识青年住房的批复

（遂革办〔73〕字第07号）

公社革委会：

你社报来兴建上山下乡知识青年住房的报告收悉。经研究同意你公社
　大队　　班兴建住房壹栋，拨给建房补助费　　元。并请注意如下事项：

1. 要遵照伟大领袖毛主席"勤俭办一切事业"的教导，发扬"干打
垒"的精神，贯彻"队办公助"的原则，充分依靠广大干群建好住房。

2. 住房的要求是：每栋有4个房间1个厅（楼房），面积为110平方米
（12.7米×3.7米）。建房要离贫下中农居住近的地方，以有利于上山下乡
知识青年接受再教育。

3. 要加强领导，严格财政纪律，坚持专款专用，不准挪作它用。兴建
厨房、厕所、猪栏、洗澡间的费用，也应在上述拨款内统一支付，不再另行
拨款。

江西省遂川县革命委员会办公室（章）

一九七三年三月十二日

抄送：县财金局

遂川县革命委员会办公室印发　　　　　　　　　　　　共印一五份

安福县

上海市下放知识青年名单统计表

上海市下放在安福县知识青年名单统计表[①]

序号	姓名	性别	下放时间	原家庭住址	序号	姓名	性别	下放时间	原家庭住址

横龙农场下乡知青安置花名册

安福县横龙农场下乡知青安置花名册[②]

县　　　　公社　　　　队（场）下乡知青安置花名册

姓名	性别	出生年月	籍贯	家庭出身	党团员	文化程度	何年何月在何学校毕业	现在家庭住址或单位	家长姓名	下乡年月	安置形式	插队地点	备考

---

① 本件的编制年月没有标明，据知青下放时间推断在 1970 年 4 月之后。包含了 1196 名下放到安福县的上海知青的信息，基本上来自虹口区。其中，男 655 人，女 541 人。大部分人下放时间为 1969 年 3、4 月份，个别人下放时间为 1970 年 3、4 月份。——编者注

② 本件是安置到横龙农场的知识青年人员登记表，根据表格信息统计，安置在安福县横龙农场的知青共 467 人，其中可以明确为上海知青的为 417 人，绝大部分来自普陀区。在 417 名上海知青中，男 201 人，女 216 人。1947 年出生 1 人，1948 年出生 1 人，1949 年出生 2 人，1950 年出生 12 人，1951 年出生 21 人，1952 年出生 78 人，1953 年出生 159 人，1954 年出生 41 人，1955 年出生 42 人，1956 年出生 52 人，1958 年出生 1 人，未填 7 人。家庭出身：工人 317 人，农民 35 人，职员、店员 20 人，小商贩 14 人，小业主 9 人，资本家 3 人，贫民 2 人，小地主 1 人，干部 1 人，自由职业 1 人，个体户 1 人，手工业者 1 人，未填 12 人。党员 17 人，团员 168 人。初中学历 314 人，高中学历 97 人，未填 6 人。63 届 1 人，68 届 1 人，69 届 49 人，70 届 134 人，73 届 52 人，74 届 4 人，76 届 1 人，175 人未填。70 年下乡 275 人，71 年下乡 1 人，73 年下乡 1 人，74 年下乡 123 人，17 人未填；备考一栏填写迁出的有 59 人。——编者注

八 赣州地区

地区

关于加强知青安置经费管理使用的意见

（〔73〕乡办字第 12 号、〔73〕赣财预字第 53 号）

各县（市）上山下乡办公室、财政局：

几年来各地对安置经费管理使用总的情况是好的，从而保证了全区十余万上山下乡人员的生产和生活安排，这对于巩固上山下乡伟大成果起了一定的积极作用。但也存在一些问题，主要是制度不健全管理不严，使用混乱，个别地区还发现有贪污挪用等严重现象，这些问题如不纠正势必影响上山下乡成果的巩固。

为了坚决贯彻执行中共中央〔73〕21 号文件，切实把安置经费管好、用好，为了总结经验，吸取教训，有必要对前一段工作进行总结，因而要求各地对一九六八年以来历年拨给的城市人口下乡安置费的使用情况进行认真的检查，首先财政部门要和知识青年上山下乡办公室对清楚帐，其次对拨出的经费的使用情况和存在的问题，如贪污、挪用使用不当等情况要如实反映以及请示县委采取措施纠正的情况，并于八月中旬携带检查材料来地区汇报（具体时间另行通知）。省财政局赣财行〔73〕124 号通知要报的"历年城市人口下乡安置经费使用情况表"未报的县和已报来但内容不全的要速补报。

江西省赣州地区知识青年上山下乡工作办公室（章）

江西省赣州地区财政金融局（章）

一九七三年七月十七日

抄报：省上山下乡办公室、省财政局

关于分配下放人员建房木材的通知

南康、兴国、赣县、于都县乡办、落办:

地区计委于七三年六月一日以〔73〕赣计字第 89 号关于下达一九七三年国民经济计划（草案）的通知，附件之八，分配下放人员建房专用木材指标 2800 立方米，分配如下:

单 位	知识青年上山下乡办公室	落实城镇政策办公室	合 计
南 康	300	1020	1320
兴 国	250	390	640
赣 县	220	280	500
于 都	130	210	340
合 计	900	1900	2800

江西省赣州地区知识青年上山下乡工作办公室（章）

赣州地区革命委员会城镇集体所有制下放人员政策办公室（章）

一九七三年七月廿四日

关于预拨一九七三年知识青年上山下乡经费的通知

（〔73〕赣乡办字第 021 号、〔73〕赣财预字第 114 号）

各县（市）财政局、知识青年上山下乡办公室:

根据省委《关于知识青年上山下乡若干问题的试行规定》，为了有利于工作的开展，做好安置准备，现预拨给你县（市）一九七三年下乡青年安置经费（如附表），列入你县（市）一九七三年预算，由县根据基层接受的人数分期下拨，在银行开机关团体预算存款，下乡知识青年经费专户存储使用。使用范围，按省委《关于知识青年上山下乡若干问题的试行规定》执行。各县（市）应按安置人数编造知识青年上山下乡安置经费预算报地区，汇总报省，各县（市）除将以前结余的安置经费抵拨，和本通知预拨的经费外，不足部分另行追加。各县（市）用一九七三年下乡知识青年的经费必须与过去下拨的安置经费分开立帐，最后按实际安置人数结算。特此通知。

　　附件：预拨各县（市）一九七三年知识青年上山下乡经费表

　　　　　　　　　江西省赣州地区知识青年上山下乡工作办公室（章）

　　　　　　　　　　　江西省赣州地区财政金融局（章）

　　　　　　　　　　　　一九七三年十月三十一日

抄报：省财政局、省知识青年上山下乡安置工作办公室

抄送：中国人民银行各县（市）支行

县（市）别	预拨经费(元)	
总　计	1400000	
赣州市	15000	
赣　县	80000	
南　康	60000	
信　丰	140000	
大　余	110000	
上　犹	40000	
崇　义	40000	
安　远	120000	
龙　南	80000	
定　南	40000	
全　南	120000	
宁　都	140000	
于　都	80000	
兴　国	60000	
瑞　金	90000	
会　昌	50000	
寻　乌	15000	
石　城	50000	
广　昌	70000	

关于知识青年上山下乡安置经费在
银行单独开户的通知

（〔73〕乡办字第 31 号、〔73〕赣财预字第 128 号）

各县（市）人民银行、乡办、财政局：

为了加强对上山下乡知识青年安置经费的管理，保证专款专用，根据省委〔1973〕131 号批转《全省知识青年上山下乡工作会议纪要》规定，"公社以下要在银行单独开户，由银行监督拨付，专款专用，严禁贪污、挪用和浪费"。因此，各县社对安置经费应在县支行、营业所给予单独开户并监督拨付，希转知营业所按照执行。

江西省赣州地区知识青年上山下乡工作办公室（章）

江西省赣州地区财政金融局（章）

一九七三年十一月二十日

关于印发《加强安置经费管理使用的
补充意见》的通知

（〔73〕赣财预字第 134 号、〔73〕赣乡办字第 33 号）

各县（市）财政金融局、知识青年上山下乡工作办公室：

知识青年上山下乡，是我国社会主义革命社会主义建设中的一件大事。国家下拨的安置经费，是解决下乡知识青年吃、住、用、医等方面问题，巩固上山下乡成果的重要保证。为了进一步把安置经费管好用好，各地要以批林整风为纲，认真学习毛主席、党中央关于上山下乡工作的指示，认真贯彻执行中央 21 号、10 号和省委 131 号文件，深刻理解这场伟大的社会主义革命的重大意义。要继续抓好安置经费的清理工作，挪用的要坚决退还，贪污的一定要追回，并作出严肃处理。要建立和健全安置经费管理制度，严格财金纪律。各级财政、银行要加强对安置经费的监督，保证按计划开支，专款专用。财务人员要敢于坚持原则，敢于向错误的思想和行为作斗争。要注意总结经验，提高财务管理水平。

现将《关于加强安置经费管理使用的补充意见》印发于后，望认真执行。

赣州地区财政局

赣州地区知识青年上山下乡工作办公室

一九七三年十一月三十日

关于加强安置经费管理使用的补充意见

（〔73〕赣乡办字第 033 号、〔73〕赣财预字第 134 号）

根据省颁发的《关于知识青年安置经费使用管理的若干规定》（讨论稿），结合本地区实际情况，提出如下补充意见：

一、关于一九七三年以后安置经费标准和使用范围

1. 生活补助费一百六十元。下乡头一年每人补助八十元左右，第二年、第三年要根据青年在农村发生的实际困难大小，区别情况酌情补助，不能以超支多少为依据。两三年内做到生活自给。补助费要坚持凭户口迁移，人到队按月发给。尚未到队或不经请假擅自脱离岗位的，其离开时间，应予停发。回队参加集体劳动后，其停发部分可逐日发给，但不能一次补发。

医疗补助费应是在落户地点发生的危急疾病，须住院治疗，其本人及家庭负担医疗费用仍有困难的，可酌情补助。但回家治疗的，原则不予补助。

2. 建房补助费，根据省委赣发〔73〕131 号文件的规定，地区作如下调整：南康、兴国每人平均二百三十五元；于都、赣县每人平均二百二十五元；其它各县每人平均二百一十五元。各县根据具体情况落实每个需要建房的下乡青年点，采取分批拨款办法。

3. 农具、雨具费每人二十元左右，家具、炊具费每人三十五元左右，学习材料费每人十元，医疗费每人十元，旅运费赣州市每人一十三元，其它各县每人九元，实行包干使用。

到国营农、林、牧、渔场的每人补助四百元，扣除十元旅运费，实为三百九十元。

以上各项安置费，除按月生活补助费、困难补助费、医疗补助费外，其余一律不准以现金发给下乡知识青年本人。

二、以前下乡青年补助经费管理和使用范围

根据省委赣发〔73〕131号文件精神，凡是七二年度劳动总收入达不到一百元的，按每人补助一百元计算，由县掌握。经下乡知识青年和贫下中农评议，生产队和带队干部签署意见，公社批准，据实给予补助。没有建房的，按每人补助二百元计算，统由县掌握。按社、队和知识青年班（队）的实际情况，经县批准，由县适当给予所需材料费的补助。

三、健全制度

1. 县乡办每年根据安置任务，按项目、标准编造预决算，会同财政部门上报地区，以便汇总上报省。按实际下乡人数编造决算时，并附"报销名册"（表1），送地区进行结算。经费指标按季分批下达到县。

2. 县乡办在季度前十五天，编制下季度开支预算报地区乡办审拨。各级财政部门，要加强对安置经费的监督，保证计划开支，做到专款专用。

3. 县乡办每月终十天内，按开支项目编制"安置经费支出报销表"（表2），报地区乡办。县财政局规定县乡办报送的报表同时抄送一份地区乡办。

县对公社的经费审批手续、报表报送时间，由县自行规定。

四、有关其它几项事项

1. 下乡知识青年回老家农村劳动，跨县的，由迁出县乡办根据实际需要支付旅运费，填写"下乡知识青年回原籍农村证明信"（表3），按标准通过银行将应得安置经费汇给接收县乡办。安置县凭证明信列入下乡知识青年范围，享受下乡知识青年待遇。

跨省回老家的旅运费，各县乡办可按照国家规定标准支付，但行李重量最多不得超过调干标准。县支付旅运费可作"经费暂付"列帐，据实向省乡办报销。

2. 下乡青年要求调整劳动地点，县外要经接收地点县以上乡办的准迁证，方可办理转迁手续。原安置县乡办填写"下乡知识青年转迁证明信"（表4），按标准通过银行将剩余安置费汇给接收县乡办，接收地点凭证明信列入下乡青年范围，享受其待遇。

3. 凡是下乡知识青年调离农村的，尚未发完的生活费不能再发，结余部分由地区抵作新下乡青年的经费。

4. 凡是下乡知识青年升学、参军、进工厂等发生的旅运费，不能在安置经费中开支。凡是回家探亲、治病的旅运费应由本人自理，一律不准在安置经费中报销。经组织批准病退和迁回城镇落户的旅运费，可在安置费困难补助费项目内列支。

5. 下乡知识青年调离农村，所购置的农具、家具、炊具，不准当私人财物变卖、带走、送人，更不准毁坏，要造册登记，交给当地公社保管，留给新下乡的青年使用。

6. 通过组织手续招进国营企事业单位的下乡知识青年，招收后又被退回农村的，不再列入下乡知识青年，由招收单位负责安置。知识青年犯罪刑满释放后，不再享受下乡知识青年待遇。

下乡知识青年参军复员回原接收社、队，仍享受下乡知识青年待遇。

7. 除省委赣发〔73〕131号文件附件一规定的开支范围外，其它任何费用均不得在安置费中开支。

赣州地区知识青年上山下乡工作办公室赣州地区财政局

安置经费报销名册（表1）

姓　名	性别	年龄	文化程度	原单位	下乡地点	下乡时间	备　注

填表人：

安置经费支出报销表（表2）

编制单位　　　　　　　　　年　　月份

预算科目			科　　目	本月支出	累计支出	备　　注
款	项	目				
			安置经费支出			
	1		生活补助费			
		1	生活补贴			
		2	困难补助			
	2		建房补助费			
		1	新建房补助			
		2	购买房屋费			
		3	维修补贴			
	3		农、雨具补助费			
	4		家炊具补助费			
	5		学习材料费			
	6		医药补助费			
	7		旅运费			
	8		其它费用			补充资料：
						拨入经费
						经费暂存
						银行存款
						库存现金
						经费暂付

单位负责：　　　　　　会计：　　　　　　　制表：

197　年　月　日报

关于增拨一九七三年知识青年上山下乡经费的通知

（〔74〕赣地乡字第05号、〔74〕赣财预字第09号）

各县知识青年上山下乡工作办公室、财政局：

为了进一步做好一九七三年知识青年上山下乡安置工作，现根据你县报

393

来的实际人数，再增拨给你县一九七三年下乡青年建房补助费、生活补助费和农、家具购置费等（如附表），请列入一九七四年"城镇知识青年下乡补助费"预算。开支标准和使用范围，按地区乡办、地区财金局一九七三年十二月六日通知执行。

　　特此通知。

江西省赣州地区知识青年上山下乡工作办公室（章）

江西省赣州地区财政金融局（章）

一九七四年二月十五日

抄送：中国人民银行各县支行

增拨 1973 年知识青年上山下乡经费

总　　计	600000	
赣州市	/	
赣　县	150000	
南　康	40000	
信　丰	50000	
大　余	/	
上　犹	/	
崇　义	/	
安　远	40000	
龙　南	30000	
定　南	25000	
全　南	/	
宁　都	110000	
于　都	/	
兴　国	25000	
瑞　金	/	
会　昌	20000	
寻　乌	20000	
石　城	/	
广　昌	90000	

关于下达下乡知识青年建房专用元钉的通知

（赣地乡字〔74〕7号、赣五计字〔74〕第003号）

各县五金交电化工公司，龙南、赣县百货公司，知识青年上山下乡工作办公室：

现将省分配我区下乡知识青年建房专用元钉，分配下达给你们（分配数字见附表）。

上述元钉直接分配到各县五交化、百货公司，由各县知识青年上山下乡工作办公室具体落实到各下乡知识青年建房点，一定要做到专材专用，不准挪作它用。

江西省五金交电化工公司赣州分公司（章）

江西省赣州地区知识青年上山下乡工作办公室（章）

一九七四年三月一日

下乡知识青年建房专用元钉分配表

县　别	元钉数（公斤）
赣　县	950
南　康	700
信　丰	1000
大　余	1250（包括池江园艺场青年农场）
上　犹	750
崇　义	550
安　远	650
龙　南	450
全　南	750
定　南	500
宁　都	1500（包括琳池青年农场）
于　都	550
兴　国	500
瑞　金	1100
会　昌	750
寻　乌	500
石　城	600
广　昌	950

关于下拨一九七二年以前下乡知识青年
建房补助费和生活补助费的通知

（赣地乡〔74〕11号、〔74〕赣财预字第33号）

各县（市）财政局、知青办：

为了切实解决一九七二年以前下乡知识青年生活有困难、没有解决住房的，经结算，预拨经费（附表），列入一九七四年"城镇知识青年下乡安置费"预算。尚未拨足经费，待省下达后再行分配。此款，应遵照中共中央〔1973〕30号文件和省委〔1973〕131号文件的有关规定掌握使用。县乡办造用款计划交县财政、银行加强监督，保证专款专用。同时，应与一九七三年下乡知识青年的安置经费分开列帐，不得混淆。

特此通知。

附：一九七二年以前下乡知识青年建房补助费和生活补助费分配明细表

江西省赣州地区知识青年上山下乡工作办公室（章）

江西省赣州地区财政金融局（章）

一九七四年四月十五日

抄报：省财政局、知青办，地区革命委员会，地区计委

抄送：中国人民银行各县（市）支行

1972年以前下乡知识青年建房补助费和生活补助费分配明细表

金额：元

县（市）别	1973年9月底 县（市）财政结转 使用金额	这次分配 预算数	二项可用 资金合计
总　计	1841124	2000000	3841124
赣州市	15509	34891	50400
赣　县	57322	167885	225207
南　康	95929	85771	181700

续表

县（市）别	1973年9月底 县（市）财政结转 使用金额	这次分配 预算数	二项可用 资金合计
信　丰	84971	120000	204971
大　余	370135	31265	401400
上　犹	50000	85907	135907
崇　义	46670	150000	196670
安　远	30981	78639	109620
龙　南	175951		175951
定　南	34900	158600	193500
全　南	185393	100000	285393
宁　都	170579	318494	489073
于　都	69092	88858	157950
兴　国	34601	91199	125800
瑞　金	110689	51411	162100
会　昌	59450	126493	185943
寻　乌	196452	49148	245600
石　城	51900	106339	158239
广　昌	600	155100	155700

关于核批赣州地区一九七二年以前城市
人口下乡安置经费的复函

（赣知青办〔1974〕14号、〔74〕赣财行字34号）

赣州地区知青办、财政局：

根据你们三月五日编报的一九七二年以前城市人口下乡安置经费使用情况表，审核批复如下：

一、核定你区一九六八年至一九七三年九月的一九七二年以前城市人口下乡安置费预算 15091463 元，决算 12589696 元，决算结余 2501767 元。

二、你区一九七二年以前下乡青年，没有建房的 24377 人，需建房补助费4875400元，生活不能自给的20539人，需生活补助费2053900元，合计6989300元。除应由结余抵拨2501767元和今年三月已增拨你区200万元外，现全部结清补拨2427533元，列入你区一九七四年预算，专款专用，切实解决一九七二年以前下乡青年的住房和生活困难问题。

　　三、你区安置经费被贪污、挪用和不合规定开支的304427元，必须责令有关单位和人员限期如数追回和退赔，保证用于下乡知识青年的建房和生活补助方面，不得拖欠。

江西省财政局（章）

一九七四年四月十七日

附件：赣州地区一九七二年以前城市人口下乡安置费结算表
抄送：省革委财办，中国人民银行江西省分行、赣州地区支行

赣州地区 1972 年以前城市人口下乡安置结算表

项　　目	金　额(元)	说　　明
一、1968—1973 年 9 月预算数	15091463	包括 67 年结转 393826 元,不包括集体经济下放人员补助费
1968—1973 年 9 月支出数	12589696	地区乡办、财政局联合上报数
1. 知识青年安置费	8591178	安置 41680 人,建房 41280 平方
2. 居民安置费	3998518	安置 43780 人
1973 年 9 月底结余	2501767	其中贪污、挪用不合规定的开支 304427 元
二、按规定需补拨知识青年经费	6929300	1973 年 9 月尚有 28505 人
住房补助费	4875400	24377 人没有住房
生活补助费	2053900	20539 人生活不能自给
三、追加知青下乡补助费预算	4427533	
原已追加	2000000	
此次追加	2427533	

关于下达一九七四年下乡知识青年建房专用元钉的通知

（〔74〕赣地乡字第 018 号、〔74〕赣五计字第 012 号）

各县（市）知识青年上山下乡工作办公室，各县五金交电化工公司，赣州市、赣县、龙南百货公司：

现将省分配我区下乡知识青年建房专用元钉，分配下达给你们（分配数见附表）。

专用元钉直接分配到各县（市）五交化公司和兼营五交化商品的百货公司，由各县（市）知识青年上山下乡工作办公室具体落实到各下乡知识青年建房点，做到专材专用，保证供应，不得挪作它用。

江西省赣州地区知识青年上山下乡工作办公室（章）

江西省五金交电化工公司赣州分公司（章）

一九七四年九月二十四日

下乡知识青年建房专用元钉分配表

单位 \ 项目	元钉数（公斤）	
总　计	19500	
赣州市	250	
赣　县	1500	
南　康	1100	
信　丰	1250	
大　余	1600	（包括池江农场 100 公斤）
上　犹	750	
崇　义	750	
安　远	750	
龙　南	900	
定　南	750	
全　南	1100	
宁　都	2050	（包括淋池农场 50 公斤）

续表

项目 单位	元钉数 （公斤）	
于　都	850	
兴　国	1000	
瑞　金	1250	
会　昌	1150	
寻　乌	750	
石　城	750	
广　昌	1000	
待分配	1000	

关于下达一九七二年以前下乡知识青年
建房专用元钉的通知

（〔74〕赣地乡字第 020 号、〔74〕赣五计字第 015 号）

各县五交化公司，龙南、赣县百货公司，各县知识青年上山下乡工作办公室：

为了贯彻省委有关指示精神，省五交化公司分配我区一九七二年以前下乡知识青年建房专用元钉 21.3 吨，经研究，分配各县数字如后（见附表）。

上述元钉由各县知识青年上山下乡工作办公室，根据各地具体情况分配落实到青年建房点，由各县五交化公司或兼营五交化商品的百货公司组织供应，一定要做到专材专用，不准挪作它用。

江西省赣州地区知识青年上山下乡工作办公室（章）

江西省五金交电化工公司赣州分公司（章）

一九七四年十月廿六日

抄报：省知识青年上山下乡办公室、省五交化公司

1972 年以前下乡青年建房元钉分配表

地 区	分配元钉数（公斤）	
总 计	22300	
赣州市		
赣 县	1700	
南 康	1300	
信 丰	1450	
大 余	1700	（包括池江农场 100 公斤）
上 犹	1150	（包括犹江林场 300 公斤）
崇 义	850	
安 远	850	
龙 南	1300	（包括九连山垦殖场 300 公斤）
定 南	850	
全 南	1200	
宁 都	2300	（包括淋池农场 100 公斤）
于 都	950	
兴 国	1100	
瑞 金	1450	
会 昌	1250	
寻 乌	850	
石 城	850	
广 昌	1200	

关于整顿安置经费、物资管理使用问题的调查报告

根据国务院知青办的汇报提纲和省委知青工作会议的精神，我们到宁都县，会同县知青办的同志对宁都县自一九六八年以来安置经费的管理、使用和物资财产管理的办法，进行了全面的调查总结，现分述如下：

一、提高认识，全面清查

……

宁都县的安置经费管理、使用上，由于林彪、"四人帮"的干扰破坏，曾经走过一段弯路，出现过一些问题。当时，资金无专户存放，县、社都没有专职财会人员，不设专帐。县对公社以拨代报，款拨出去就了事。社对大队、生产队以领代报，钱领了就报销了。因此，造成下面克扣、挪用、挥

霍浪费、个别贪污等现象……

在此基础上，县委于一九七二年底用四十余天的时间，抽调一百四十七人，对二十四个公社的安置经费进行了全面的检查和清理，清出贪污、挪用和各种不合理开支等经费共一十一万零六百零五元。其中：用于招待费六百八十四元，购买球衣、自行车、收音机等公社用品、社办企业职工生活补贴等八千八百二十五元，个人贪污六百二十三元八角，社、队挪用六万元转入公社暂收款四万零四百七十二元……

二、健全制度，加强领导

在全县大检查的基础上，县委决定安置经费专户存储，县、社单独立帐，县知青办配备专职会计，公社知青专干和会计各负其责，共同管理安置经费，县、社以知青办为主，财政、银行紧密配合，制定安置经费管理制度。

建立知青人事档案制。通过大检查核实在乡知青人数的基础上，逐人登记造具花名册，县、社各存一份，分人设立活动卡片……县、社在知青变动后，及时变动卡片和花名册，随时查清在乡人数，县知青办随时掌握全县知青变动情况，公社发生知青增减情况，公社即向县填报"知青增减变动月终报表"（附知青登记卡片、知青花名册）。

单独核算制。县、社在银行把安置经费，专户存储，按财政部试行办法，单独设帐，县分科目核算，公社按人建立明细帐，解决了资金混乱的局面（附分户明细帐）。

指标到社，资金在县，预算拨款制……

检据报帐制……

检查验收制……

交接制……

三、采取措施，保证落实

……

四、顶抵经费，统筹安排

……

江西省赣州地区革命委员会知识青年上山下乡办公室（章）

一九七八年三月二十九日

上海插队知青登记表

赣州地区上海插队知青登记表（1981年编制）[①]

上海插队知青登记表

姓名		性别		出生年月		籍贯		
家庭出身		是否党团员		结婚时间		身体状况		文化程度
动员单位				下乡时间				
落户地点		县　　公社（知青队）　　大队（知青队、场）　　生产队						
现在单位		作何工作		月收入（元）				户粮性质

个人主要简历	年　月　日　至　年　月　日		在何地方何单位		工作或职务	

家庭成员情况	姓名	性别	年龄	称呼	现在单位或住址	职业	户粮性质

[①]　从本件的内容来看，其编制日期在"大回城"开始以后的1981年前后，以"一人一表"形式提供了168名上海知识青年的基本情况，包括结婚成家后的家庭成员等内容。经对有效数据汇总后得出如下统计信息：此批知青合计168人，其中男性53人，女性115人。文化程度以初中为主，有154人。1948年出生1人，1949年出生9人，1950年出生23名，1951年出生31人，1952年出生53人，1953年出生31人，1954年出生2人。家庭出身工人的占多数，达98人，其次为职员，有25人。下乡时间为1969年3月和1970年5月两批。此批知青已婚134人，未婚34人，离婚8人。其中已婚知青结婚时间多为1974、1975和1976年，分别为21人、23人和14人。在有婚姻史知青中，有18人未育孩子，其他均有生育，其中育1个孩子41人，2个孩子56人，3个孩子17人，4个孩子2人。——编者注

续表

上海插队知青登记表

备注	

上海插队知青每人填写 4 份,于 3 月 10 日前报省、地、(市)知青办各一份

赣县

上海市静安区知识青年下乡上山名册

上海市静安区知识青年下乡上山名册 (1970 年编)[①]

江西省赣州专区赣县田村公社（农场）____大队____分场____团部

生产队	姓名	性别	校名	届别		家庭出身	党、团员	编队	家庭住址	所属街道	备注
				初中	高中			班、排、连			

---

① 本件提供了 1970 年 5 月静安区以 68 届、69 届中学生为主体的 421 名知青的信息。他们分别被安排在 6 个公社 31 个大队 67 个生产队,其中男性 200 名,女性 221 名,分别来自 56 个学校。其中初中 66 届学生 14 名,67 届 53 名,68 届 128 名,69 届 176 名;高中 66 届 6 名,67 届 4 名,68 届 31 名,69 届 1 名。家庭出身主要为工人、职员和小业主,分别为 182 名、118 名和 44 名。——编者注

上海上山下乡知识青年基本情况综合分析

上海上山下乡知识青年基本情况综合分析（填表日期：74-11-14）

	公社		白路	三溪	南塘	田村	小坪	韩坊	长洛	大埠	梅林镇	沙石	五云	茅店	沙河	江口	沙河
人数变化情况	下乡青年总数		36	33	48	43	32	67	79	81	7	2	3	3	1	1	3
	已上调人数（包括两招一征、提干等）		4	5	4	5	2	6	1	6	1						
	其它原因减少的人数（包括外转、病退、死亡、判刑等）		8	9	8	8	5	19	17	17	0						
	现有人数	合计	24	19	36	30	25	42	61	58	6	2	3	3	1	1	3
		男	15	6	19	12	12	17	38	19	2	1	2	1			
		女	9	13	17	18	13	25	23	39	4	1	1	2	1		3
		其中返沪一年以上未回农村的人数	4	3	9	8	8	7	15	27	2						
		其中今年新下乡的73届知识青年数　小计															
		男															
		女															
安置形式	青年点	班（排）数	9	7	15	8	6	10	13	15	2			1			
		人数	22	18	31	19	18	30	61	56	4			2			
	青年队	队数												1			
		人数												1			
	国营农、林场人数																
	集体农、林场人数									9							
	一人一户分散插队人数		2	1	5	11	7	3	0	2	2						
	自插人数											2	1	2	1	1	3
婚姻情况	已婚人数	小计					2									1	2
		男					1										
		女					1									1	2

405

			公社	白路	三溪	南塘	田村	小坪	韩坊	长洛	大埠	梅林镇	沙石	五云	茅店	沙河	江口	沙河
婚姻情况	其中		与当地人结婚														1	2
			知青间结婚					2										
			与外省市人结婚															
培养使用情况			入党人数							1								
			入团人数	2	6	3	4	6	9	14	14	3			1			
	参加各级班子人数		小计				2		1	2	2							
		其中	省															
			地															
			县							1								
			公社						1		2							
			大队				2			1								
			生产队															
	担任赤脚教师、赤脚医生、广播员、会计、保管员等人数			1	1	3	4	2	5	8	6	2	1	1	1		1	
评为劳模、先进集体、先进个人情况	集体		青年队（班）数							1	1							
		其中	省															
			地							1								
			县							1								
			社															
	个人		人数	4	4	7	4	6	9	13	7	1	1					
		其中	省															
			地		1		1	1	1	1	1							
			县	4	3	7		5	8	12	6		1	1				
			社															
各类案件发生处理情况	中央30号文件下达前的案件发生处理情况		发生数						2	1	4	2			1			
			已处理数						2	1	4	2			1			
			虽处理但还有问题															
		强奸	发生数								1				1			
			已处数								1				1			
		诱奸	发生数						2	1								
			已处数						2	1								

续表

公社				白路	三溪	南塘	田村	小坪	韩坊	长洛	大埠	梅林镇	沙石	五云	茅店	沙河	江口	沙河
各类案件发生处理情况	中央30号文件下达前的案件发生处理情况	逼婚	发生数															
			已处数															
		捆打	发生数															
			已处数															
		政治迫害	发生数															
			已处数															
		其它	发生数															
			已处数															
	作案对象分析	小计						2	1	4	2				1			
		生产队以上干部						2		2	1				1			
		知识青年								2								
		五类分子																
		其它							1		1							
生活上的实际问题解决情况	住房	已住新房的		4	0	8	0	8	18	26	13				1			
		借住生产队公房的		8	7	24	12	5	12	33	17		2				1	
		借住社员私房目前尚无困难的		12	12	4	18	12	12	2	28			3	2			
		住房有严重困难急需解决的	人数		6	1	5					6			1			
			其中 年内可以解决的															
			其中 还没有安排的															
	医疗卫生	有合作医疗的人数										6						
		没有合作医疗的人数			6	1	5								1			
	生活自给程度	收入130元以上			2				3	3	1	2	2	1	1		1	1
		收入101—130元		1			2			2		2			1			
		收入81—100元			1	1	3	1		3	1				1			2
		收入80元以下		23	16	35	25	24	39	53	56	3			1			

407

续表

公社			白路	三溪	南塘	田村	小坪	韩坊	长洛	大埠	梅林镇	沙石	五云	茅店	沙河	江口	沙河
生活上的实际问题解决情况	劳动工分情况	500 分以下人数	21	18	26	27	19	34	54	56	4		1				
		500—1000 分人数	2		10	3	3	4	4				2				
		1000—1500 分人数	1	1			3	4	2	2							
		1500—2000 分人数							1								
		2000—3000 分人数															
		3000 分以上人数															
	口粮	600 斤以上人数															
		600 斤以下人数															
	吃油情况	5 斤以上人数															
		5 斤以下人数															
		基本不供应人数															
	底分情况	5 分以下 男															
		5 分以下 女															
		5 分至 6 分 男							2								
		5 分至 6 分 女							1								
		6—7 分	19	12	31	27	11	24	18	39			1				
		7—8 分		7	5	3	7	6	24	1	1		2				
		8—9 分	5				2	8	2	2							
		9—10 分							5	1		3					
		10 分以上															

408

上海上山下乡知识青年基本情况综合分析

上海上山下乡知识青年基本情况综合分析（统计截止到 1975 年 11 月 30 日）

公社	白路	田村	三溪	南塘	小坪	韩坊	长洛	大埠	梅林镇	五云	茅店	沙石	沙地	江口	沙河	湖边	县□□林场	县养猪场	其它
原下乡人数	36	43	33	48	32	66	79	81	7	2	3	4	2	1	1	1	2	1	
迁进下乡人数						1				1									
减少人数 合计	20	19	22	20	11	33	30	40	4		1								
上学	6	8	11	6	4	10	3	8	1		1								
参军	1			1				2											
进工矿	1	1		1		1													
提干									2										
转点	7	8	5	9	7	15	19	26											
病退	4	1	2			3	4	2											
特困回沪	1	2	4	3		3	3	2	1										
死刑																			
判刑						1													
其它							1												
现有人数 合计	16	24	11	28	21	34	49	41	3	3	2	4	2	1	1	1	2	1	
其中 男	9	12	3	15	10	16	33	15	1	2	2	1	2	1	1	1			
女	7	12	8	13	11	18	16	26	2	1		3							
一年以上未在队人数	4	7	5	12	10	9	12	10			1								

续表

公社(营,分场)		白路	田村	三溪	南塘	小坪	韩坊	长洛	大埠	梅林镇	五云	茅店	沙石	沙地	江口	沙河	湖边	县□□林场	县养猪场	其它
分布情况	大队 队数	4	4	5	7	4	6	6	6	3	2	1	3	1	1	1	1			
	生产队 队数	6	14	8	15	12	11	12	12	3	2	1	4	1	1	1	1			
	生产队 人数	16	20	10	27	21	21	44	26	3	3	1	4	1	1	1	1			
	独立核算青年队 队数																			
	独立核算青年队 人数																			
	劳动在场 场数																			
	分配在队 人数																			
	社队办社林场,企业 个数		1	1	1	1	1	1	1			1								
	社队办社林场,企业 人数		4	1	1	5	9	5	15			1								
	县办国营农林场等 个数																			
	县办国营农林场等 人数																			
住房状况	已住新房的	2		1	5	6	20	20	28											
	借住队里公房的	12	24	1	23		14	29	13	3	3									
	借住社员私房的	2		9		15														
	住房有严重困难的																			
婚姻情况	已婚人数	1	1			4					1									
	其中 男					1														
	其中 女	1	1			3					1									
	其中 知青同结婚					2														
	与社员结婚		1			1					1									
	与其它人结婚	1				1														

续表

公社	白路	田村	三溪	南塘	小坪	韩坊	长洛	大埠	梅林镇	五云	茅店	沙石	沙地	江口	沙河	湖边	县□□林场	县养猪场	其它
党员数																			
团员数	10	3	2	7	7	10	12	13		2	1						2		
参加各级班子人数 小计						1	5												
其中 省																			
其中 地																			
其中 县						1	1												
其中 公社																			
其中 大队							1												
其中 生产队							3												
各类专业人员人数 小计	5	6	3	4	2	6	11	4	2	2	1	1		1					
赤脚教师	2	3	2	1	2	5	4	3	1	2	1								
赤脚医生							1		1			1		1					
会计																			
广播员	1		1	1			1												
农技员																			
气象员																			
拖拉机手				1		1													
理论辅导员																			
其它	2							1											
生活自给程度 150元以上	5	3				3	5	2											
131至149元		4	4	3	3	3	9												
101至130元	1	1	1	1	3	1	1												6

续表

项目		白路	田村	三溪	南塘	小坪	韩坊	长洛	大埠	梅林镇	五云	茅店	沙石	沙地	江口	沙河	潮边	县口口林场	县养猪场	其它
生活自给程度	81至100元	1	1		1	1	1	2												1
	80元以下	4	9	2	6	3	6	14	12											3
全年出工情况	250天以上	4	3	4	2	2	3	6	9											6
	200至249天					1		2	1											
	150至199天	4	2		1	1	3	5	3											
	100至149天	3	2		2		1	7	3											
	99天以下	8	8	2	6	3	7	6	9											4
底分情况	8分以上	5	5		1	5	8	10	3											
	6至7.9分	3	10	3	8	2	2	6	8											
	5.9分以下			2				1												
十个工分的分值	1元以上	3	4		3															
	0.8至0.99元	2	9		3	5	4		7											
	0.6至0.79元	3	2	3	3	2	4	17	4											
	0.4至0.59元			2	3	2	4												10	
	0.39元以下																			
备注	其中 已 一年以上不在队	5	9	5	17	14	20	23	16										1	
	病退		1	2	4		2	2	5											
	招工、生				2	2	2	3												8
	迁出	1			2	4	4	4	2											

上海下乡青年（插队）名册

上海下乡青年（插队）名册（1977 年 4 月编）[①]

赣县＿＿＿公社＿＿＿大队＿＿＿队

姓名	性别	出生年月	家庭出身	何时入党（团）	何时在何校（高、初中）毕业	何时插队	上海家庭住址	受过何种奖励荣誉名称	现在任何种职务	健康状况	73 年		
											出工天数	工分总数	总收入

兴国县

知青建房用木材申请函

地区上山下乡办公室：

根据地区在本月初各县乡办主任会议通知，要县报建房木材数字，现根据我县实际情况绝大部分生产队都是非常缺乏木材，建房有很大的困难，而我县今年需要建房 50 幢，每幢按 16M³ 木材计算，需要木材 800M³，请地区研究解决。

此报

兴国县革命委员会办公室"五·七"大军办公室
兴国县上山下乡办公室
一九七三年六月九日

补助 640 立方米，包括城镇居民在内。
六月二十五日

---

① 本件系 1977 年编制，反映了上山下乡运动后期的情况，提供了静安区 155 名知青的信息，他们均为 1970 年下乡。其中男性 78 名，女性 77 名，党员 2 人，团员 39 人，分别来自于 43 所中学，年龄最长为 1944 年出生，最小为 1954 年出生。家庭出身以工人、职员、业主为主，分别为 59 人、30 人及 24 人。——编者注

宁都县

上海知识青年名册

宁都县上海知识青年名册（1970 年编制）[①]

江西省赣州专区宁都县＿＿＿公社（农场）＿＿＿大队＿＿＿分场＿＿＿团部

生产队	姓名	性别	校名	届别		家庭出身	党、团员	编队连、排、班	家庭住址	所属街道	备注
				高中	初中						

静安区知识青年下乡上山名册

宁都县静安区知识青年下乡上山名册（1970 年编制）[②]

江西省赣州专区宁都县＿＿＿公社（农场）＿＿＿大队＿＿＿分场＿＿＿团部

生产队	姓名	性别	校名	届别		家庭出身	党、团员	编队连、排、班	家庭住址	所属街道	备注
				高中	初中						

广昌县

关于预拨一九七〇年上海知识青年安置费的通知
（〔70〕广革字第 13 号）

各公社革委会：

一九七〇年上海第一批下乡知识青年即将来到我县，为了迅速做好接

---

① 本件编制于 1970 年，系 1195 名静安区知识青年的名册，主体为 68 届和 69 届中学生。根据表格有效数据统计，插队知青中男性 649 名，女性 546 名，分别来自 100 余所中学。其家庭出身以工人、职员和小业主为主，分别有 469 人、341 人和 86 人。——编者注

② 本件为宁都县东韶、洛口 1969 年 3 月和 1970 年 3 月安置上海知青的分配表，包括 275 名静安区知识青年，来自 12 所中学。他们分布于 4 个公社的 11 个大队、50 个生产队。其中男性 119 名，女性 155 名。家庭出身主要是工人、职员和小业主，分别为 75 人、35 人和 17 人。——编者注

待、安置工作，现根据专区革委电话会议指示精神，按每人先预拨 30 元安置费，添置必要的生活用具，希接该款后，迅速予以添置。在生活安排上，总的应贯彻"勤俭节约，艰苦奋斗"的原则，但必要的生活用具也要予以保证，房屋要不漏风雨，必要的用具，除添置外，还可以采取临时借用等办法解决。

特此通知。

江西省广昌县革命委员会（章）

一九七〇年二月二十五日

抄送：县革委内务组，县、社"五·七"办公室

预拨 70 年上海知识青年安置费用清单

公　社	知识青年安置数	每人预拨金额	总预拨金额（元）	备　　注
城　郊	100	30	3000	
长　桥	50	30	1500	
塘　坊	30	30	900	
尖　峰	50	30	1500	
甘　竹	120	30	3600	
头　陂	100	30	3000	
驿　前	70	30	2100	
赤　水	120	30	3600	
古　竹	160	30	4800	
合　计	800	30	24000	

关于转发县安置办公室《关于清理下乡人员安置经费使用情况的报告》

（〔73〕广革字第 7 号）

各公社（场、镇）革委会：

现将县安置办公室《关于清理下乡人员安置经费使用情况的报告》转

发给你们，希认真研究贯彻执行。对于挪用、虚报多领、转为集体资金的安置经费，应抓紧退回，对贪污安置经费的应立即追回赃款，并严肃处理。今后，各级革委会应加强对安置经费使用的监督管理工作，严格财金纪律，做到专款专用，从而进一步做好下乡人员安置工作。

特此通知。

江西省广昌县革命委员会（章）

一九七三年九月二十五日

抄送：县民政局、安置办公室、财金局

关于清理下乡人员安置经费使用情况的报告

县委、县革委：

遵照县委、县革委的指示，从九月份开始，我们抽调了下放干部 12 名，深入到全县各社、队，对下乡人员安置经费进行了一次全面清理。通过四个月自上而下逐级清查，核对帐目，调查落实，基本上搞清了全县安置经费的使用和管理情况。现报告如下：

一九六八年以前各公社帐面结余安置经费 9847.49 元，自一九六八年至一九七二年十月底止县下拨各公社下放人员安置和生活补助费共 611569.14 元，其它单位直接汇拨的共 4608.46 元，总计拨款 626025.09 元。实际支付 570049.77 元，十月底止，帐面结余 55975.32 元。

几年来，各级党委、革委会执行了毛主席的革命路线和无产阶级政策，对安置费的使用，基本上做到发放及时，使用合理，使全县 4600 多名下乡人员得到了适当的安排和照顾，对巩固上山下乡的伟大成果，起到了一定的作用，使他们安心农村，参加生产。各级财会人员大多数能严格执行财务管理制度，做到帐目清楚，凭证齐全。如头陂公社各大队都把安置经费列入了会计帐上核算，尖峰公社沙背、小坑、东坪大队，塘坊公社枧坑等大队，会计上不仅设立专户核算，而且有下乡青年和居民的分户明细帐。尖峰公社观前大队党总支和广大贫下中农遵照毛主席关于"知识青年到农村去……各地农村的同志应当欢迎他们去"的教导，除对下乡知识青年做好再教育工作外，对他们的生活也很关心，为下乡青年做的生活用具全部送给他们，不在安置费内开支。但也发现了一些问题，主要是：

一、违犯财经制度，长期挪用安置费。尖峰公社历年来帐面结余安置费共 10908.16 元，但全部被公社挪用购买拖拉机了；古竹垦殖场修建公路，挪用安置费 5263.71 元；甘竹公社帐面上结余安置费 10540.78元，除银行存款尚有 3521.71 元外，至少挪用了 7000 余元。对此，公社财会人员既未严格执行上级专款专用的规定，当地银行亦未起到监督作用。

二、重报下乡人员名额，多领安置费。

古竹垦殖场塘背、前山两大队，原属头陂公社，并入古竹垦殖场时，重报多领安置费 4318.40 元；此外，塘坊公社下乡青年谭迎军多领了安置费 60元。

三、制度不严，手续不健全，造成贪污漏洞。

有些大队对安置经费的领取、发放，没有指定专人负责，谁领、谁发、谁经管，会计也不做帐，造成贪污漏洞，有的人就乘机进行贪污。贯桥公社贯桥大队会计邱梦辉贪污 114.17 元；水南公社张坊大队前保管杨金声贪污130 元；古竹垦殖场古竹大队前保管郭广福贪污 139 元；城郊公社北门大队保管章伦富贪污 180 元。至今还有结存在大小队干部和下放干部手中的安置费共 643.17 元，没有上缴。

四、将国家专项使用的安置经费转为集体资金。

尖峰公社拨给东营大队修理下乡人员住房的安置费 1150 元，一直未曾使用，全部转入大队公益金内；头陂公社羡地大队从结余安置费中转入该大队公益金内 580 元；赤水公社章甫大队也将安置费 382.78 元全部转入公益金内；驿前公社将安置费采工户内结余 1001 元全部转为公社预算外收入帐内。

五、滥用安置费，任意开支报销。

有些地方滥用安置经费，任意开支报销。如下放干部生活困难补助费、公社食堂亏损、外出人员旅差费、扩社并队的搬运费等共 337.35 元都不应在安置费内开支，而却放在安置费内报销。

这些问题的产生，主要是受林贼及其在江西的代理人程世清推行反革命修正主义路线的干扰，某些干部和财务工作人员对捍卫和执行毛主席革命路线的自觉性不高，对安置费管理使用的作用和意义认识不足，执行财经制度不严，县五·七办公室缺乏经常检查所致。

根据赣州地区革委会办公室赣办发〔1972〕30号文件《关于加强下乡知识青年安置经费管理工作的通知》的精神，考虑我县安置经费的使用情况，今后对安置经费必须加强管理，做到专户存款、专户专用、专人负责，严防挪用和贪污浪费。为处理好安置经费当前存在的问题和加强管理工作，提出以下几点意见：

一、通过批修整风，要求对各级干部深入进行思想政治和路线教育，深入揭发批判林贼破坏"上山下乡"的罪行，提高对"上山下乡"的伟大意义的认识，提高执行毛主席革命路线的自觉性，总结经验，汲取教训，克服缺点，纠正不正之风，管好用好安置费，以利于巩固"上山下乡"的伟大成果。

二、尖峰、古竹、甘竹等公社挪用的安置费，应根据专款专用的原则，由公社作出计划，分期归还。

三、凡转入集体资金和滥用的安置费，应由公社负责追回上缴。

四、凡结存在经手领发人手中的安置费，由公社负责通知各经手人员全部交回入帐。对贪污安置经费的，应立即追回赃款，并根据情节给予严肃处理。

五、各级结余的安置经费，按照一九七二年十二月底帐面结余额于一九七三年二月底以前逐级上缴县安置办公室。

六、预拨第三批上海下放知识青年的安置费，凡已购买了部分用具的生产队、大队，可凭发票向公社列报，结余现金上缴公社，所购置的用具，造具清单连同实物送交公社集中保管，并造清单一份报县安置办公室备查。

七、建立和健全安置经费管理制度。

必须建立和健全安置经费管理制度，加强财务管理。安置经费由县安置办公室集中掌握，县社两级核算，大队不建帐。大队领款凭单据向公社报帐，公社按季造预算报安置办公室领款，按季造表报安置办公室核销。使用安置经费必须做到专款专用，银行进行认真的监督。

以上报告如无不当，请批发各地。

广昌县革委会安置办公室（章）

一九七二年十二月二十八日

转发贯桥公社《关于上山下乡知识青年居住调整的方案》

（〔73〕广革发字第 79 号）

各公社（场、镇）革委会：

现将贯桥公社《关于上山下乡知识青年居住调整方案》转发给你们。我们认为，贯桥公社党委能认真贯彻中央〔1973〕21、30 号文件和中央、省上山下乡知识青年工作会议的精神，从培养无产阶级革命事业接班人的高度出发，积极地、细致地调整居住分散的下乡知识青年，以利于他们安心农村扎根成长。贯桥公社能办到，其它公社亦能办到。望你们参照贯桥公社的方案，做出本地区的调整方案。

附件：贯桥公社《关于上山下乡知识青年居住调整的方案》

江西省广昌县革命委员会（章）

一九七三年十月三日

抄报：赣州地区革委会乡办

抄送：县委常委、人武部、本会各部室、公安局、法院、团委、妇联

贯桥公社关于上山下乡知识青年居住调整的方案

一九六八年毛主席发出了"知识青年到农村去"的伟大号召后，我社先后接待了上海、赣州和本县下乡青年一百五十名，分别安置在庄下、麻坑、贯桥、中寺、西港、下坪等六个大队的二十个生产队和岳坑林场。农村党组织和贫下中农遵照毛主席"应当欢迎他们去"的教导，对下乡知识青年做了大量的教育安置工作，使他们在三大革命运动中茁壮成长，成为我社社会主义革命和建设中的一支生气勃勃的力量。但随着形势的发展和革命的需要，我社知识青年参军、招工、招生、外迁等变动较大，使知识青年居住较分散，出现了一班多灶、一人一灶及一人一队的现象，这样不利于加强党的领导，不利于对下乡青年进行再教育，不利于对下乡青年的生活管理，不利于下乡青年的学习和劳动，影响下乡青年在农村扎根干

革命。

根据中央〔1973〕21、30 号文件和中央、省上山下乡知识青年工作会议精神，为了更好地培养和造就无产阶级革命事业接班人，使知识青年扎根农村，走一辈子与工农相结合的道路，经公社党委研究决定，将现有的八十名（上海六十一名，赣州十四名，本县五名）下乡青年作一次调整，提出如下意见：

一、安置形式

1. 办集体所有制林场。

岳坑社办林场二十四人（男十三人，女十一人），其中上海二十人，赣州二人，本县二人。

2. 办集体所有制青年队。

中寺岳坑青年生产队十四人（男十人，女四人），其中上海八人、赣州六人。

3. 知识青年点三个。

庄下大队黄石坑生产队青年点十人（男五人，女五人），均是上海知识青年。

贯桥大队中舍生产队青年点五人（男三人，女二人），均是上海知识青年。

西港大队赤岭下生产队青年点十四人（男十一人，女三人），均是上海知识青年。

4. 全社对十一名担任了赤脚教师、赤脚医生、广播员、公社农技员及二名随家下放的下乡青年，暂不作调整。

上述场、队、点的选择，是具有思想基础较好、生产潜力较大的条件，这有利于下乡青年做到自食其力，有利于扎根农村成长。

二、具体做法

1. 加强党的领导，保证调整工作的顺利进行。由公社党委书记汪细员同志、副书记赖学生同志、副主任张树椿同志及公社干部杨衍煜同志组成领导小组，负责调整中的思想教育、政策落实、财务审批等项工作，并由杨衍煜同志具体负责抓好这项工作。各大队要有一名副书记或副队长具体负责，有调整任务的队、场要作出具体规划，提出实施办法。

2. 要认真做好调整中的思想教育工作。进一步认真学习中央〔1973〕21、30 号文件，开好干部、贫下中农、知识青年座谈会，宣传调整工作的重要意义，广泛征求意见，做耐心细致的说服教育工作，做到调出的队，高兴地让知识青年走；调进的队热情地欢迎知识青年来。

3. 社办林场、青年队的山林、土地的划分以及耕牛、农具的调拨、七三年的年终分配、口粮、食油等问题，要从关心下乡青年出发，按照党的政策，认真地妥善解决。

4. 场、队、点的房屋兴建问题，要本着"自力更生"、"艰苦奋斗"的精神，发动知识青年；贫下中农投工，材料力求自筹，国家给予适当补助。要着眼当前，考虑长远，留有余地。屋场选择要干燥、坐北朝南。房子要坚固适用。

5. "要抓紧"，争取主动。调整工作（包括基建等）力争在七四年元旦前基本结束。

贯桥公社革命委员会

一九七三年九月二十八日

石城县

上海知青名单

石城县上海知青名单（1970年编制）[①]

生产队	性别	校名	届别		家庭出身	党、团员	编队	家庭住址	所属街道	备注
			高中	初中			连、排、班			

---

① 本件无编制年份，从内容来看，是静安区 422 名知识青年的名单，绝大部分为 69 届初中生，可以推断为 1970 年编制。他们分别分布于 72 个生产队，其中男性 224 名，女性 187 名，其余未标明性别。家庭出身主要是工人和职员，分别为 210 人和 77 人。"备注"栏注明了 404 人的"出路"情况，其中返沪 174 人，外迁 111 人，招工 45 人，升学 40 人，转点 24 人，病退 19 人。——编者注

下乡知识青年基本情况统计表

下乡知识青年基本情况统计表

县别：石城县　　　　　　　　　　　　　　　　　　　　72.5.31

项目 分类	下乡青年总数	变动情况								迁入	现有人数	使用情况							入党入团		现有党团员		党建对象
		升学	参军	进工厂	领国家工资脱产干部	病退	外迁	死亡	小计			社办企事业领工资人员	民办教师	赤脚医师	大队干部	小队干部	农技员	在集体所有制单位	入党人	入团人	党员	团员	
总计	1673	8	14	217	11	1	363	2	616	15	1072	13	82	3	22	105	1		4	251	1	234	
上海下乡青年	978	4		72	4	1	51	1	133	4	849	10	52	2	19	91			4	198	1	188	
本省下乡青年	695	4	14	145	7		312	1	483	11	223	3	30	1	3	14	1			53		46	
外省下乡青年																							

兴建下乡知识青年住房申请、审批表

兴建下乡知识青年住房申请、审批表

197　　年　　月　　日

建户地点		洋地公社上塘大队□□生产队新仓库边					
规　格	每间	1.5 长（5）米×宽（4.40）米＝（4）米²					
	全栋	12.9 长（43）米×宽（7.8）米＝（26）米²					
建房居住青年班人数	男　4	平房或楼房	楼	间数	□	结构（土木或砖墙）	土墙
	女						
造　价		多间造价工资 503 元					
其中：需公助经费		1582.3 元（具体项目附表）					
需建房的主要原因		有上海下放青年 4 人因我队没有公房可修无法住，青年现准备重新建造住房 3 间					
申请单位		江西石城洋地□、□□□□生产队青年					
公社意见		同意造□房二间人民币 500 元　　　　　　　　　　　　　　　　1973.□.□					
县审批意见		（盖章）					
备　注		1972 年 6 月份上级拨给我队青年建房经费 200 元现在还没有动用，因经费太少，无法动工，准备建房地点还需要水田 1 分					
说　明		凡建房一处，需填报此表两份，送县革委"五·七"办公室					

石城县洋地公社革命委员会（章）

建房工程项目明细表　　（公助部分）

编号	名　称	规　格	单位	数量	单价	金额
1	木　材		m³	19	21.50	408.5
	其中：楼梁		m³			
	48 根瓦梁	棚	m³	5	21.50	107.5
	角　子	16.35	m³	5	21.50	107.5
	楼　板	18	m³	6	21.50	129.0
	门　窗	21.0	m³	3	21.50	64.50
2	青　瓦		块	21000	12.00	252
3	石　砖		块	450	4.03	18
4	元　钉		斤	18	0.84	15.12
5	马　钉		斤	2	0.84	1.68
6	玻　璃		m²			
7	外雇木工工资		元	204	2.00 元	408

续表

编号	名　称	规格	单位	数量	单价	金额
8	外雇泥工工资		元	240 天	2.00 元	480
9						
10						

下（回）乡知识青年个建（修）房屋申请补助表

下（回）乡知识青年个建（修）房屋申请补助表

79 年 6 月 10 日填

青年姓名	黄××	性别		女	出生年月	1953.1	27 周岁	现职务	家务
家长现住址				上海(市)静安区武定路××					
何时何校毕业或肄业		1968 年 7 月上海十一中学毕业					文化程度		初中
何时从何城镇怎样下乡		69.3 从上海毕业安排下放							
原插队地点		江西省石城县××公社岩岭大队第二生产队						青年队(班)	
何时因何情况离开原插队地点		72 年 2 月由堂下调上柏任民办教师					曾否建过住房		没有
现插队地点		石城县岩岭公社××大队××生产队××村							

	姓　名	性别	年龄	与本人关系	工作单位	是否下乡青年	是否吃农业粮
同居人员名单	熊××	男	26	夫	长甫村小教师	不是	是
	熊××	男	6	子		不是	是
	熊××	女	4	女		不是	是
	熊××	男	49	父	耕田	不是	是
	熊××	女	50	母	家务	不是	是

申请建(修)房屋间数	楼上	2 间	房屋结构		建(修)房屋地点	××大队××生产队
	楼下	2 间				

建(修)房屋面积	全幢:长　　米×宽　　米 =　　平方米

申请建(修)房屋补助理由及补助金额	本人自下放以来,从没有建修房屋,现居住的是父母以前的老屋,仅楼上楼下各一间,居住较拥挤。本人下放至今还没有安排工作,生活较困难,要求补助建房费 300 元,望审批为盼!
	申请人黄××(盖章)

注: 此面表各栏由申请人用钢笔认真负责地填写清楚,否则不予审批。

424

续表

地平面示意图(要表明长宽尺寸)		楼平面示意图	
生产队意见	情况属实,是生产队同意,她在本生产队,故请上级按规定发给补助款。(章)	大队意见	情况属实,同意生产队意见。按上级规定补助。 79.6.20(章)
公社意见	该同志人多劳少,生活困难,住房紧张,同意其本人申请。 79.6.24(章)	县审批意见	 (章)
说明	1. 各意见栏必须写明审查情况和补助金额,生产队还应写明协助修建的意见。 2. 已婚下乡青年、回乡青年需单独建(修)或买房屋者,均需填报此表一份。 3. 建房标准按一个青年建 24 平方米、二个青年建 40 平方米、三个青年建 50 平方米验收,归下乡青年使用。青年无权出卖建房标准内的房屋。		

上海插队知青登记表

石城县上海插队知青登记表（1981 年编制）①

公社名							
姓名		性别		出生年月		文化程度		家庭出身	
何时从何城镇下乡				何时认定为知青			
原下乡安置地点				何时迁点			
现在落户地点				吃什么粮			

---

① 从本件的内容来看,其编制日期在"大回城"开始以后的 1981 年前后,以"一人一表"形式提供了 22 人上海知识青年的基本情况,包括结婚成家后的家庭成员等内容。其中男性 3 人,女性 19 人,文化程度均为初中,1950 年出生 1 名,1951 年出生 4 人,1952 年出生 12 人,1953 年出生 4 人。家庭出身中工人 12 人,职员 4 人。下乡时间分别为 1969 年 3 月和 1970 年 5 月。这些知青均为已婚,有 1 至 2 个子女。

现在何单位任何职务			住房情况	已领建房补助款（　），建房楼上下共（　）间		
				自有房屋（　）间，或住社队公房（　）间		
				租私人房屋（　）间，每年租金（　）元		

父母情况（已婚女知青填男方父母）	姓名	年龄	现在何单位工作（或劳动）及职务	吃什么粮	工资收入

爱人情况	姓名		年龄		吃什么粮	
	现在工作单位及职务				每月工资收入	

本人简历（7岁起）	从何年何月至何年何月	在何地何单位读书、劳动、工作

1978年劳动收入情况	本人劳动底分		生产队劳动分值		全年劳动工分	
	每月固定工资收入		全年家庭副业收入		本人负担义务工分	
	年终分配进度、超支			本人每月口粮		

兄弟姐妹情况（已婚女知青包括娘家父母）	称呼	姓名	年龄	现在何地何单位工作或劳动	吃什么粮	备注

子女情况	称呼	姓名	年龄	落户地点	吃什么粮	备注

本人意见要求	
大队或单位意见	
公社意见	

于都县

知青建房用木材申请函

赣州地区乡办：

根据我县知识青年的分布情况，目前县已决定在全县知识青年比较集中的生产队、大队建造新房，共计 83 栋，现已作好 11 栋，还有 72 栋未建，有的公社因无木料，无法开工。根据计算，每栋房子需要木料 3 立方米，共计需要木料 216 立方米，请批示。

江西省于都县革命委员会"五·七"大军办公室（章）

一九七三年六月七日

分配补助 340 立方米，包括城镇居民在内。

六月二十五日

城镇知识青年上山下乡基本情况年报表

197　年城镇知识青年上山下乡基本情况年报表

填报单位：于都乡办　　　　　　　　　　　填报日期：1975 年 3 月 7 日

项　　目	数量	项　　目	数量
一、本年安置人数（包括从外省、市、区和本省其它地、市、县接收的）合计	387	本年安置到本地区其它县的人数	11
1. 插队	157	三、本年调离农村的上山下乡知识青年人数	108
2. 回乡	75	1. 招生	32
3. 集体所有制场、队	155	2. 征兵	4
4. 国营农、林、牧、渔场和农建师		3. 招工	1
合计中：从外省、市、区接收的人数	2	4. 提拔国家干部	
从本省其它地、市接收的人数	15	5. 其它	72
从本地区其它县接收的人数	96	四、年底在农村实有上山下乡知识青年人数	1646
二、本年安置到外省、市、区的人数	24	1. 插队人数	889
本年安置到本省其它地、市的人数	7	分布的：公社数	25

项　　目	数量	项　　目	数量
大队数	184	2. 共青团员数	326
生产队数	526	3. 参加各级领导班子人数	82
其中:下乡青年不足 5 人的生产队数	142	其中:省级	
插队人数中生活不能自给的人数	494	地级	
2. 回乡人数	325	县级	
其中:生活不能自给的人数	135	公社级（生产队副队长一级以上）	82
3. 集体所有制场、队人数	432	4. 先进集体数	8
集体所有制场、队数	25	先进个人数	95
其中:集体所有制场、队人数中生活不能自给的人数	302	其中:省级先进集体	
4. 国营农、林、牧、渔场和农建师人数		先进个人	
五、年底在农村实有上山下乡知识青年中:	1646	地级先进集体	
1. 本县青年人数	1251	先进个人	3
2. 上海青年数	206	县级先进集体	4
3. 南昌青年数	2	先进个人	34
4. 赣州市青年数	123	5. 担任几大员的人数	371
5. 本地区其它县青年数	43	其中:理论辅导员和宣传员	191
6. 其它	21	赤脚医生	20
六、年底在农村实有上山下乡知识青年中:	1646	赤脚教师	76
1. 共产党员数	4	会计、保管、出纳	84

会昌县

关于现有上海市下乡知青的安排意见

县委：

　　我县于一九六九年和一九七〇年，先后安置上海下乡知识青年 1232 人。十年来，因招工、招生、参军等原因，每年都有一批上海知青走向新的工作岗位。一九七八年以来，上海市调整政策，放宽病退、特困范围，又一大批上海知青回城就业。目前我县实有上海知青 29 人，其中，男 5 人，女 24 人。这些青年分布在永隆、洞头、西江、右水、门岭、长岭、城郊富城、站塘、中村、洛口、高排、凤凰等 13 个公社。永隆公社最多，有 11 人，占

36%，其次是洞头公社4人，占13%，其余11个公社不超过2人。

现有上海知青中，有8人长期倒流城市（其中申请去香港2人），1个判刑劳改，真正在队的20人。按婚姻情况分类，已婚21人（男2，女19），未婚8人。其中与农业户口结婚的2人，与外省、外县干职工结婚的2人，与本县干部、职工结婚的14人，知青之间结婚的3人。

中共中央〔1978〕74号文件规定："有困难的已婚插队知青，要分别情况，尽量就近就地安排到社队企业，本地的农、林、牧、渔场，或工交、财贸、文教企事业中去。"按照中央的指示，已婚的上海知青应列入我县的安排范围，上海市有关单位也分别来函，要求我们给这部分知青安排适当的、有固定工资收入的工作。

为了正确地贯彻中央〔1978〕74号文件，分别情况，做好这部分知青的安排工作，最近知青办的干部分别到永隆、门岭等公社调查研究，对照中央有关规定，结合各人的不同情况，提出了具体处理意见：

一、长期倒流回城的，暂不作安排。名单：×××、×××、×××、×××、×××，合计5人。

二、已申请去香港的，先不列入安排。名单：×××、×××。

三、劳改人员不作安排，刑满后应留场就业。名单：×××。

四、与农业户口人员结婚的，先转吃商品粮，由落户公社安排在社队企业工作。名单：×××（门岭公社安排）、×××（永隆公社安排），合计2人。

五、与外省、外县职工结婚的，先解决商品粮，然后转迁其爱人所在地给予研究安排。名单：×××（迁安徽淮南）、×××（迁赣州市），合计2人。

六、知青之间结婚的，要求劳动部门招工时，在规定招收下乡知青比例外，增加名额，从财贸系统指标中解决。具体安排意见：×××（转商品粮，公社安排）、×××（长岭供销社安排）、×××（城郊供销社安排），合计3人。

七、与本县非农业户口干、职工结婚的，要求劳动部门招工时，在规定招收下乡知青比例外，增加名额，由其爱人所在单位或劳动局另行分配的指标中解决。名单：×××（卫生局安排）、×××（电影院安排）、×××（城镇公社安排）、×××（二轻局安排）、×××（粮食局安排）、×××（农业局安排）、×××、×××（林业局安排）、×××、×××、×××、×××（劳动局另行指标安排），合计14人。

以上意见当否，请县委批示。

附：详细名单

中共会昌县委知青领导小组

一九七九年七月五日

安远县

请增拨下乡知识青年建房补助的报告

（〔73〕安财字第 003 号、〔73〕安乡字第 001 号）

赣州地区上山下乡办公室：

我县现有下乡插队落户知识青年 719 人，预计今年共大和高中应届毕业生下乡插队知识青年为 450 人，共计 1169 人。这批知识青年下到农村后，绝大部分都是借用群众的民房居住，随着农村人口的逐年增加，有些群众自用的房屋已显得困难了，提出要求取回原让给知识青年居住的房屋，这就为上山下乡工作在客观上造成了一定的困难。为了妥善解决这一问题。在上级党委的关怀和有关部门的大力支持下，从一九七二年冬起，根据上级指示精神，我们着手为下乡知识青年新建和修建房屋 344 间，总面积为 3984 平方米，补助建房经费 62090 元。同时下拨给城镇下放居民建房补助 40000 元。至此，我县历年结余的安置经费 100271 元已全部安排完毕。

根据现有房屋和新建增加的用房，尚不能解决下乡知识青年居住的问题，必须继续新建房屋 720 间，以每间补助 200 元计算，仍需补助 144000 元，特请求上级给予增加下乡知识青年建房补助 144000 元。

江西省安远县财政局（章）

江西省安远县革命委员会上山下乡办公室（章）

一九七三年四月二十三日

抄送：地区财政局、民政局，县革委生产指挥部

下乡青年住房情况统计表

1973 年 4 月 23 日

项　　目		新建房屋	计划新建房屋	住公房	住社员房屋	备　　注
数目	间　数	220	720	103	496	
	平方米	26400	86400	1572	59520	

说明：我县现有下乡插队落户知识青年 719 人，要基本解决知识青年住房问题，还要 499 间，其中 73 年我县两所共大和高中毕业生 450 人，共缺少知识青年住房 720 间。计划最低限度每间补助 200 元，共需要补助人民币 144000 元。我县现有经费可拿出 12000 元，还缺少人民币 132000 元，还需要上级拨款给予解决。

一九七三年到一九八〇年知识青年上山下乡规划

一、一九七三年到一九八〇年，全省城镇知识青年要动员上山下乡的约有五十二万人。加上上海市来我省下乡知识青年十二万人，八年内，全省上山下乡知识青年共约六十四万人，平均每年约八万人。

二、全省上山下乡知识青年，分别由省、地、市、县三级作出安排。其中，由省安排的二十四万人（上海市十二万人，南昌市十一万人，萍乡市一万人）。

初步计划，安排到宜春地区五万四千人（上海二万人，南昌二万八千人，萍乡六千人）；井冈山地区五万四千人（上海三万人，南昌二万四千人）；抚州地区五万四千人（上海三万人，南昌三万四千人）；上饶地区三万人（上海青年）；九江地区一万人（南昌青年）；省农建师二万人（上海、南昌各半）；省农办所属国营农、林、牧、渔场等单位一万八千人（南昌一万四千人，萍乡四千人）。

一九七三年，分配上饶地区上海青年五千人，抚州地区上海青年四千五百人，井冈山地区上海青年四千人，宜春地区上海青年四千人，九江地区南昌青年一千五百人，省农建师上海青年二千五百人，南昌青年二千五百人，省农办所属国营农、林、牧、渔场等单位南昌青年一千人。

一九七四年后的分年数字逐年下达。

三、各地、市、县八年内自行安排的上山下乡知识青年约有四十万人，要连同省下达的任务，作出具体规划。

四、安排知识青年上山下乡，要同大办农业、大办粮食、建设社会主义新农村的规划结合起来，要选择土地较多、人口较少、生产能力较大、工作基础较好的地方，力求适当集中。

城镇知识青年上山下乡的四种形式，在目前情况下，要积极发展第二种形式。

五、知识青年上山下乡，无论是插队或办集体所有制队、场，主要是依靠当地党组织，建立和健全生产大队、生产队的贫下中农、知识青年和基层干部"三结合"领导小组，加强领导，动员城镇还要派干部带领。

带队干部，由动员城镇的党委，从党、政、群机关和企事业单位统一抽调，按每二十五人至三十人派一名路线觉悟较高、政策观念较强、思想作风好的国家干部，其中要有五分之一的女干部。对下乡青年人数较多的系统和单位，也可以按系统、单位划分安置地点，抽调干部，包干负责。

带队干部要分别参加县、社、队的领导班子，积极负责地把上山下乡知识青年工作搞好，根据工作情况，一到二年轮换一次，作为在职干部轮流下放劳动锻炼的一种形式。

六、办集体所有制青年队、场，在开垦荒地、兴修水利、发展生产等方面，都要坚持艰苦创业的精神，以自力更生为主，国家给予必要的支援。所需支援的机械设备和资金，由省知识青年上山下乡办公室提出计划，报省计委安排供应。

各地、市、县在自己可能动员的财力、物力内，认真作出□□，积极组织实施。

七、城镇中学教育，要在政治思想、文化科学和体育方面，为上山下乡做必要的准备。教育、科研部门，要组织有关单位，把上山下乡知识青年作为重要培养对象，大力开展业余教育、函授教育，有组织、有计划地开展科学实验，普及农业科学知识。要积极为社、队培养水利、土壤、农机、电力、育种、植保、园林、兽医、会计等各种人材。根据这一要求，省文教办公室要另行拟订具体规划和实施办法。

一九七三年九月

抄送：省军区，省农建师，省总工会，团省委，省妇联，各地、市、县乡办

江西省革命委员会办公室印发　　　　　　一九七三年十月七日

共印三四二〇份

公社知青变化情况统计表

1980年元月

年别	安置人数					调离人数					调离去向								青年在乡人数				
	上海	赣州	本县	其它	小计	上海	赣州	本县	其它	小计	招工	招生	外迁	参军	病退	判刑	死亡	小计	上海	赣州	本县	其它	小计
72年	750	30	308		1088					317	174	20	109	2	9		3	317					571
73年		114	115		229					74		28	30		15	1		74					726
74年		123	253		376					51		24	14		11	2		51					1051
75年		228	131		359					70		32	11	4	20	2	1	70	365	495	480		1340
76年		64	102	23	189					336	140	56	95	16	27	2		336	300	441	485	18	1244
77年		115	136		251					234	82	38	65	21	28			234	232	497	474		1223
78年		109	75	11	195	158	169	147		474	101	99	45	62	165		2	474	74	437	433		944
79年		10			10	54	314	216	22	606	526	5	18	8	47		2	606	3	146	129	90	368
80年																							

备注：1. 79年招工数中包括提干 1 名。
2. 79年外迁数中包括其它在内。

县（市）历年安置经费结算情况表

单位：　　　　　　　　　　　　　　　　　　　　填表日期：81 年 6 月 30 日

年　份	当年上山下乡知识青年数（个）	当年应拨知青经费（元）	上年结转经费（元） 多拨（＋）	上年结转经费（元） 少拨（－）	累计应拨经费（元）	已拨经费（元）	当年结算经费（元） 多拨（＋）	当年结算经费（元） 少拨（－）	其它
1	2	3	4	5	6	7	8	9	10
1973 年 10 月—1974 年	540	160000	85639		245639				
1975 年	359	181196			426935				
1976 年	184	85375			12210				12000
1977 年	166	99365			611675				12000
1978 年	180	81600			613175				11000
1979 年	21	11920			705145				11000
1980 年	8	4480			709625				8000
1981 年									3000

说明：当年应拨知青经费，已全部拨清。

注："其它"栏，如知青业务费扶持生产资金等。

1973 年 10 月至 1979 年 10 月各项经费收支表

安远县革委知青办

项　　　目	应领经费	经费收入	实际支出	经费结余
1. 按标准计算的知青安置费	859010	611575	480792	130783
2. 每人 200 元的房屋补助费	×	103600	103600	/
3. 每人 100 元的生活补助费	×	61300	61300	/
4. 省级机动财力补助款	×	10500	10500	/
5. 知青工作业务费	×	45000	36428	8572
6. 上海无息贷款	×	62000	62000	/
7. 省拨扶助生产资金	×	15000	15000	/
合　　计		908975	769620	139355

关于预拨知识青年队生活经费的通知

（安乡领〔74〕第 01 号）

各有关公社（场）革委会：

为了进一步做好下乡知识青年的生活、生产安排，巩固上山下乡的伟大成果，经县知识青年上山下乡领导小组研究，预拨下乡知识青年生活费用和补足部分青年队的生产、炊具经费。现将有关事项通知如下：

一、下乡知识青年的生活经费，第一季度以每人每月十元计算；第二季度以每人每月八元计算；第三、四季度以每人每月七元计算。希计划安排，合理使用，专款专用。

二、下乡知识青年的生活补助费用，以下乡之日开始，按实到人数发给，以后向县乡办核实报帐，多退少补。按实到青年人数发给生活补助费不得超过，节约归己。

三、下乡知识青年的生活补助费，现下拨第一季度生活费用（见附表），以后分期分批下拨到各青年队。

四、孔田公社的山东背岗、狮公坪和镇岗公社三百山青年队，由于应到人数全部到齐，生产、炊具费用全部拨完。请全面考虑，合理使用。

特此通知。

安远县知识青年上山下乡领导小组

一九七四年元月二日

抄送：财政局、各营业所

七二年前知青建房、生活补贴经费开支预算

□邑乡办：

经我县乡办会计为地区乡办陈会计估算，七二年前建房、生活补贴共计需 164900 元，其中：生活补贴 61300 元，建房 103600 元。

除：扣财政结余 30981 元，人行存款 2100 元，挪用款 3180 元外，实际所支付经费为 128639 元。

请速拨付为□。

安远县乡办

一九七四年四月二十二日

关于下拨一九七二年以前下乡知识青年
建房补助费和生活补助费的通知

（安乡领字〔74〕第04号）

各公社（场、镇）革委会：

为了切实解决一九七二年以前下乡知识青年生活有困难、没有解决住房的，按各地上报七二年前知识青年调查登记表计算，经县委常委研究同意下拨各地掌握使用，现将第一批经费60000元预拨各地（附表）。尚未拨足的经费，待地区下达后再行分配。此款，应遵照中共中央〔1973〕30号文件和省委〔1973〕131号文件的有关规定掌握使用。经请示地区乡办，除建房费人平均200元专用建房外，对生活补助费的使用范围是：生活困难补助；农、家、炊具费补助；严重疾病医药费补助；学习材料费补助；特殊旅运费补助；其它特需补助等。各地要保证专款专用。同时应与一九七三年下乡知识青年的安置经费分开列帐，不得混淆。

附一九七二年以前下乡知识青年建房、生活补助费分配明细表。

安远县知识青年上山下乡领导小组

一九七四年五月七日

关于七二年前下乡知识青年建房、生活
补助费开支预算的报告

赣州地区乡办：

七二年前下乡知识青年的经费开支，经预算需建房补助费35000元，生活补助费15000元，共计50000元。

请速拨付为略。

安远县知识青年上山下乡工作办公室

一九七四年八月三十日

申请困难补助费报告

安远县政治部、林主任：

我队是一九七五年元月份新建队的，有上海青年九人，现在学习定南县和株洲集并青年的先进经验，把一人一队、一人一灶居住分散的青年统统集并起来，有利于管理和教育青年……

我队的知识青年是六八届、六九届……从上海来到双芫公社安家落户的，今有五六年了，他们的安置费、补助费都用光了，劳动工具也钝了。现在集并起来，生产上的投资，农具、工具、家具等和生活上的买油、买盐、买米、买煤油……等开支都没有钱支付。初建队第一年，条件差，没有基础、白手成家，既要搞生产，又要搞建设，又要管生活，的确生活甚为困难。现在全部集并起来，生产上、生活上，更为困难，为厨房、膳厅问题、厨房用具、农具、工具、家具等都有困难。

为了使青年们集并起来，既来之，则安之，一进队里来就感到舒服、愉快、温暖、事事方便，就能安心农村，扎根农村，为此，呈请上级给予生活困难补助费150元，新建厨房、膳厅经费1303.6元，添置农具经费504元，厨房用具经费200.5元，合计经费2159.1元整。请上级研究给予解决为盼。

此致

附：预算表一份

安远县双芫公社农、林、茶场知识青年队

七五年六月二十四日

□□□□请上级给予解决。

双芫公社农、林、茶场知青办

安远县双芫人民公社革命委员会（章）

给知青办的一份也签署意见（林主任），已退回公社乡办。

七五年七月七日

定南县

关于预拨上海知青安置经费的意见函

定南县财税工商管理站革委会：

上海知识青年积极响应毛主席"下乡上山"的伟大号召，来到我县安家落户，建设社会主义新农村。为了上海知识青年抓革命、促生产和生活安排等，希你站暂预拨四百名实到上海知识青年安置经费壹万贰仟元整（见下表）。

（注：每人每月生活费拾元，每人生产、生活用具费拾元）

社 别	人数（人）	4、5 月（元）	购生产、生活用具费（元）	总 计（元）
东 风	80	1600.00	800.00	2400.00
卫 东	54	1080.00	540.00	1620.00
东方红	46	920.00	460.00	1380.00
径 脑	36	720.00	360.00	1080.00
新 城	26	520.00	260.00	780.00
月 子	101	2020.00	1010.00	3030.00
前 进	57	1140.00	570.00	1710.00
合 计	400	8000.00	4000.00	12000.00

特此通知。

定南县革命委员会大中学校毕业生分配安置办公室（章）

一九六九年三月二日

抄报：县革委会

关于预拨东风公社上海知青安置经费的通知

东风公社：

上海知识青年积极响应毛主席"下乡上山"的伟大号召，于上月廿二日胜利到达我县安家落户，建设社会主义新农村。为了有利上海知识青年抓革命、促生产和生活安排等，现预拨你社八十名实到上海知识青年安置经费（照花名册的总数，每人每月预拨生活费十元，其中：饮食费八元，零用二元），先预拨四、五两个月份，共计一千六百元。并每人暂预拨十元，购置主要生产、生活用具费（如锄头、镢头等），希公社切实做好上海知识青年的政治思想和生活安排等工作。

总计暂拨你社贰仟肆佰零拾零元零角整。

特此通知。

定南县安置办公室
一九六九年四月二日

关于预拨前进公社上海知青安置经费的通知

前进公社：

上海知识青年积极响应毛主席"下乡上山"的伟大号召，于上月廿二日胜利到达我县安家落户，建设社会主义新农村。为了有利上海知识青年抓革命促生产和生活安排等，现预拨你社五十七名实到上海知识青年安置经费（照花名册的总数，每人每月预拨生活费拾元，其中：饮食费捌元，零用贰元），先预拨四、五两个月份，共计壹仟壹佰肆拾元（逐月发给）。并每人暂预拨拾元购置主要生产、生活用具费（如锄头、镢头等），希公社切实做好上海知识青年的政治思想和生活安排等工作。

总计暂预拨你社壹仟柒佰壹拾零元零角整。

特此通知。

定南县安置办公室
一九六九年四月二日

关于预拨月子公社上海知青安置经费的通知

月子公社：

上海知识青年积极响应毛主席"下乡上山"的伟大号召，于上月廿二日胜利到达我县安家落户，建设社会主义新农村。为了有利上海知识青年抓革命促生产和生活安排等，现预拨你社壹佰零壹名实到上海知识青年安置经费（照花名册的总数，每人每月预拨生活费拾元，其中：饮食费捌元，零用贰元），先预拨四、五两个月份，共计贰仟零贰拾元（逐月发给）。并每人暂预拨拾元购置主要生产、生活用具费（如锄头、镬头等），希公社切实做好上海知识青年的政治思想和生活安排等工作。

　　总计暂预拨你社叁仟零佰叁拾零元零角整。

　　特此通知。

定南县安置办公室

一九六九年四月二日

关于补拨上海知青安置经费的意见函

定南县财税工商管理站革委会：

　　上海知识青年积极响应毛主席"下乡上山"的伟大号召，来到我县插队，建设社会主义新农村。为更好地抓革命、促生产，解决生活上的问题，现请你站预拨第二次经费，叁佰玖拾陆人，币壹万玖仟捌佰元整（其中每人肆拾元生活费，购生活、生产工具壹拾元）。详见下表：

社　别	人数	6—9月	购生活生产工具费	总计金额	备　　注
东　风	80	3200	800.00	4000	
卫　东	52	2080	520.00	2600	
东方红	46	1840	460.00	2300	
径　脑	36	1440	360.00	1800	
新　城	26	1040	260.00	1300	夏粉娣、王岱玉已拨去了
月　子	100	4000	1000.00	5000	
前　进	56	2240	560.00	2800	来□□□未拨
合　计	396	15840	3960	19800	

定南县革命委员会大中学校毕业生分配安置办公室（章）

一九六九年五月十九日

主送：财税工商管理站

抄送：定南县革委会

关于补拨上海知青安置经费的通知

月子公社：

上海知识青年积极响应伟大领袖毛主席"下乡上山"的伟大号召，来到我县建设社会主义新农村，为了有利抓革命促生产和安排生活等，现第二次预拨你社壹佰名（×××的未拨）每人每月拾元生活费（六月至九月底止），四个月共计肆仟元（逐月发给，不能一次全部发给个人）。每人增拨生产、生活用具费拾元。希公社切实做好上海知识青年的政治思想和生活安排等工作。

第二次暂预拨你社　仟　佰　拾　元整。

特此通知。

定南县安办室

一九六九年五月十九日

关于下拨上海知青王××安置经费的通知

定南县财税站：

请拨捌拾元国家安置费给下放东风公社上海知识青年王××同志。其中贰拾元生活、生产工具费，陆拾元生活费（每月拾元，从四月至九月止）。

此致

定南县革命委员会大中学校毕业生分配安置办公室（章）

一九六九年五月三十日

关于下拨上海知青疾病治疗费的通知

定南县财税管理站革委会：

　　兹有上海知识青年×××、××二同志，下放月子、径脑公社，患有重病，请财税站支取现金壹佰元整，以便及时转赣州治疗。

定南县安置办公室/（章）

六九年六月二十七日

关于转拨上海知青安置经费的通知

定南县财税站：

　　兹有上海知识青年×××原下放在前进公社南丰大队，现已转到江西省余干县信河公社永兴大队插队落户。在我县时除已用去的安置经费还剩余人民币柒拾元。经研究，将×××同志的经费柒拾元，转寄到江西余干县信河公社去，再由信河公社转给×××同志，作生活、生产费用。

　　此致

江西省定南县革命委员会"五·七"大军领导小组办公室（章）

一九六九年八月十五日

关于第三次预拨上海知青安置经费的意见函

定南县财税工商管理站革委会：

　　上海知识青年积极响应毛主席"下乡上山"的伟大号召，来到我县插队，建设社会主义新农村。为更好地抓革命、促生产，解决生活上的问题，请你站预拨第三次经费，叁佰玖拾叁人，币壹万壹仟柒佰玖拾元整（其中每人叁拾元）。详见下表：

社　别	人数	10—12月	生活费	总计金额	备　注
东　风	79	2370	2370	2370	
卫　东	52	1560	1560	1560	
东方红	45	1350	1350	1350	
径　脑	36	1080	1080	1080	
新　城	27	810	810	810	
月　子	99	2970	2970	2970	
前　进	55	1650	1650	1650	
合　计	393	11790	11790	11790	

主送：财税工商管理站

抄送：定南县革委会

江西省定南县革命委员会"五·七"大军领导小组办公室（章）

一九六九年九月六日

关于补拨新城公社、东风公社上海知青安置经费的通知

定南县财税站革委会：

上海知识青年积极响应毛主席"下乡上山"的伟大号召，来到我县插队，建设社会主义新农村。为更好地抓革命、促生产，解决生活上的问题，请财税站补拨如下人数及款额。

新城公社：夏××、王××两人，计币捌拾元，从九月份起至十二月底止，每月每人壹拾元由公社转发。

东风公社：王××壹人，计币叁拾元，从十月至十二月份止。

以上补拨两个公社，计币壹佰壹拾元整。

此致

定南县"五·七"大军办公室

六九年九月十八日

关于转拨上海知青全××安置经费的通知

定南县财税站：

兹有上海知识青年全××同志，原下放在新城公社砂头大队，现转到江西省黎川县德胜公社东山大队落户。现我县除已用去的安置费，还剩余肆拾元转到江西黎川县德胜公社去，再由德胜公社转给全××同志作生活、生产费用。

此致

江西省定南县革命委员会"五·七"大军领导小组办公室（章）
一九六九年十一月一日

关于转拨上海知青孙××安置经费的函

江西省高安县田南公社革委会：

兹有下放知识青年孙××同志，原从上海下放我县东方红公社红州大队。因她要求和她表姐（在你县插队）一起，经你县抓指部研究同意孙××到你县　社　大队插队。我县于一九六九年十一月十一日已办理手续迁入到你县　社　大队落户。现将剩余肆拾元安置经费转到你社，请你社再转给孙××同志作生活、生产费用（注：档案连同寄来）。请收后复信。

此致
革命敬礼

江西省定南县革命委员会"五·七"大军领导小组办公室（章）
一九六九年十一月十一日

抄送：孙××同志

定南县财税站：

兹有上海知识青年孙××，原下放在东方红公社红州大队，现已转到江西省高安县田南公社建设大队落户。现我县除已用去的安置费还剩余肆拾元转到江西高安县田南公社去，再由田南公社转给孙××同志作生活、生产费用。

此致

江西省定南县革命委员会"五·七"大军领导小组办公室（章）

一九六九年十一月十一日

关于预拨上海知青生活费的意见函

县财税站革委会：

该按照下列分配数，拨给上海插队知识青年生活费，此款是一九七〇年一至三月份的预拨数，望从速办理。

附表如下：

公　社	插队青年数	预拨 1970 年 1—3 月生活费	追加补助生活费	总计金额（元）
东　风	79	2370.00		2370.00
卫　东	52	1560.00		1560.00
东方红	44	1320.00		1320.00
径　脑	36	1080.00		1080.00
新　城	29	870.00	追补和顺大队张××60.00 元	930.00
月　子	99	2970.00		2970.00
前　进	53	1590.00		1590.00
合　计	392	11760.00	60.00 元	11820.00

县"五·七"大军办公室/（章）

六九年十二月十日

抄送：各插队青年所在公社

知识青年致"五·七"大军领导小组负责人函

定南县"五·七"大军领导小组负责同志：

您好！您的来信我已收到，并且按您信中所讲的，公社、大队、小队的接收关系搞好（证明与您上次给我的来信都附信中），因为了办理这些手续，原想自己到县里来的，因路远等缘故，所以至今才写信给您，请原谅！

我写此信不是为别事，而是来麻烦您二件事，最好请您都帮我办好。一是上封您来信说县革会同意我弟弟（上海南昌中学金××）到我这里来插队入户，现请您把定南县革委会同意接收我弟弟来的证明开到，并附信速寄来，连公社、大队、小队证明也寄来，上海也需用这些证明，请帮我办好为盼！万分感谢！谢谢！

又一事，也是我的一个要求。现在我县、公社、大队、小队，有许多下放知识青年，没得到组织许可，私自离开生产岗位，到原家乡探亲，这种行为是大错特错，是无革命组织纪律性的表现。现在根据我的特殊情况：我弟弟到这里来插队入户，我弟年幼，不懂事，脑子较笨，又没出过远门，叫他一个人到这里来是非常困难，家里不放心，我也不安心。为此，我向组织上要求：能不能同意我这次回家接我弟弟来我这里接受贫下中农再教育，请组织上郑重考虑，并来信答复。

以上二件事都是现急需要解决的，请组织上快速办好为盼！切勿拖延！

致以无产阶级革命敬礼！

江西省定南县东风公社××大队×××生产队

下放知识青年×××上

一九七〇年一月二十三日晚上

已批复他本人同意迁来，不同意他本人回上海去。

何办。

七〇年二月十日

关于做好安置上海插队知识青年来我社
插队劳动准备工作的通知

（〔70〕城发字节 011 号）

黄砂、乐德大队革委会：

上海市革命青年三十名积极响应毛主席"知识青年到农村去"的伟大

号召，来我社农村插队落户，参加集体生产劳动，建设社会主义新农村。现将任务分给各地（见附表），预计二月中旬到达我社，希速做好安置接待的准备工作：

一、要高举毛泽东思想伟大红旗，突出无产阶级政治。凡分配有插队青年的大队、生产队，要办好干部、社员、"五·七"大军毛泽东思想学习班……

二、要过细地做工作。有安置任务的大队、生产队应即指定得力干部，对插队青年的住房、厨房、蔬菜地、各项农具、用具及其它应该准备的事项，在青年来之前要一一落实好。要做好宣传工作，如张贴标语，大队、生产队都要开欢迎会、进行三史教育的座谈会。并准备好人员搬行李，使插队青年一到就感到农村最可爱，贫下中农最可亲。

三、充分发挥下放干部带青年的积极作用。这次分来插队落户青年，要指定下放干部带队，指定带队下放干部要满腔热情地带好插队青年。

四、安置经费。每人每月生活费十元，每人工具费二十元（工具费由指定带队下放干部领去买好工具，专款专用。

五、千万不要忘记阶级斗争。在落实下放青年的工作中，要百倍提高革命警惕，严厉打击阶级敌人的破坏活动。

以上几点，希贯彻执行。

定南县老城革命委员会

一九七〇年一月廿五日

接收安置上海知识青年任务分配表

大　　队	生 产 队	知识青年队	带队人姓名	备　　考
黄　砂	火　□	5—7		
黄　砂	中　坡	5—7		
黄　砂	下　山	5—7		
黄　砂	鹿　湖	5—7		
乐　德	□　古	5—7		
乐　德	社　角	5—7		

关于做好安置上海插队知识青年来我社
插队劳动准备工作的通知

各大队党支部、革命委员会、"五·七"大军班：

在全国亿万军民认真学习、全面落实伟大领袖毛主席最新指示和元旦社论的热潮中，上海市革命青年积极响应毛主席"知识青年到农村去"的伟大号召，根据祖国的需要，分配 100 名来我社插队落户，参加集体生产劳动，建设社会主义新农村。现将任务分配给各大队（详见附表），预计二月中旬到达我社，希即做好安置接待的准备工作。

一、要高举毛泽东思想伟大红旗，突出无产阶级政治。凡分配有插队落户青年的大队、生产队，要办好干部、社员、"五·七"大军和下放知识青年毛泽东思想学习班，认真落实毛主席最新指示和元旦社论精神以及毛主席关于"知识青年到农村去……各地农村的同志应当欢迎他们去"的伟大指示，使广大革命干部、贫下中农深刻领会到知识青年到农村安家落户，是反修防修的百年大计，是落实毛主席"备战、备荒、为人民"的伟大战略方针的具体行动，是加速农村斗、批、改，促进我省"四反"运动和"两个突破"的有力措施。

二、要过细地做工作。有安置任务的大队、生产队应立即指定得力干部对知识青年的住房、厨房、蔬菜地、各项农具、用具及其它应该准备的事项，青年到来之前要一一落实好。做好宣传工作，张贴标语，编演文艺节目，各大队要开欢迎会、进行三史教育座谈会、下放知识青年活学活用毛泽东思想讲用会，并派好人员搬运行李，使插队青年一到就感到农村最可爱，贫下中农最可亲。

三、充分发挥下放干部带青年的积极作用。这次分来的插队青年，各大队"五·七"大军班要认真研究，进行安排，每个下放干部要带 3—5 名，分配任务落实到人，每个下放干部都应满腔热情地带好插队青年。

四、安置经费。暂由财税站垫付每人一个月生活费 10 元，计 1000 元，每人工具费 20 元，计 2000 元，待上级拨款后补返财税站。

五、千万不要忘记阶级斗争。在安置下放知识青年的工作中，要百倍提高革命警惕，严厉打击阶级敌人的破坏活动。

六、各大队党支部、革委会、"五·七"大军班，一定要把安置工作做好，要当成一项重大的政治任务来完成，尽速做好安置工作，只能搞好不许搞坏。

以上各点希立即贯彻执行。

分配表附后。

定南县卫东公社革命委员会（章）

七〇年一月二十六日

插队青年人数分配表

队　　别	插队青年人数	备　　注
田　　心	11	
水　　邦	10	
白　　沙	10	
镇　　田	10	
木　　湖	15	
莲　　塘	10	
岸　　田	4	
木　　杨	10	
大　　赛	5	
高　　湖	4	
留　　坑	5	
大　　风	8	

关于上海知青庄××转插的往来函件

贵州省长顺县革委精简办公室：

贵县改尧公社猛昌大队干坝生产队，有一名六八届上海下放知识青年庄××，因她哥哥在我县矿山工作，要求将他妹妹庄××迁往我县农村安家落户，你们是否同意？如同意的话，请函告我县"五·七"大军办公室（即江西省定南县革委"五·七"大军办公室）为盼。

此致

敬礼

江西省定南县"五·七"大军办公室

一九七〇年二月廿一日

庄××同志：

你要求你妹妹庄××迁来本县插队落户一事，经我们与贵州省长顺县革委联系，他们同意迁出，要我们县办"准许迁入证"，但迁来的一切费用，由庄××本人负责。我们已安排在月子公社大屋大队。"准许迁入证"我们已寄出贵州长顺去了。

致

礼

江西省定南县"五·七"大军办公室

一九七〇年三月十二日

贵州省长顺县上山下乡安置办公室：

兹有上海下放知识青年庄××，原下放贵县改尧公社猛昌大队干坝生产队插队落户。现要求来我县，经我县社队研究，同意迁来定南县月子公社大屋大队插队落户。如果你们同意，请给予办理户口迁移粮油等手续。

此致

江西省定南县"五·七"大军办公室

一九七〇年三月二十八日

联系介绍信

（长革知安字第 0004 号）

江西省定南县革委会"五·七"大军领导小组办公室：

兹有我县改尧公社猛昌大队干坝生产队知识青年庄××同学因其哥在你

处矿山工作要求迁你处投亲落户，一切费用自理。请你们研究，如果你们同意，请开具接收证，以便办理正式手续。

共祝毛主席万寿无疆！

贵州省长顺县革命委员会安置办公室
七〇年三月六日

（有效期限　　　天）

关于安置好上海和赣州知识
青年的紧急通知

大队革委会、排部：

为了进一步落实好毛主席关于"知识青年到农村去"的伟大指示，及上海和赣州知识青年的安置工作，根据白副主任在电话会议的讲话，我们对原来分配100名上海知识青年和25名赣州知识青年，重新进行调整，现列表如下。希各接收单位，按照白副主任提出的要求，以及□□□同志提出对插队知识青年要在"政治上付出心血，经济上付出代价"的指示，加速地不折不扣地做好各项安置工作，及时准备好住房、铺板、生产工具、生活用具。

上海、赣州知识青年和定南居民分配表

大　队	生产队	人　数			备　　注
		上海	赣州	居民	
联　村	朝　阳	6名			
	前　进	8名			
	油　坑	6名			
	瑶　塘		2名		
	朱　坑		2名		
	围　进		2名		
	小湾口			2户	

续表

大 队	生产队	人 数			备 注
		上海	赣州	居民	
东 风	龙 学	6名			
	咸 昌	6名			
	红 卫	6名			
	吉 坑	6名			
	永 红		2名		
	羊 角		3名		
三 忠	九 队	6名			
	六 队	7名			
	七 队	7名			
	四 队		3名		
	八 队		3名		
长 征	六 队	6名			
	十四队	6名			
	四 队		4名		
	七 队		4名		
桃 西	樟 联	6名			
	桃 西	6名			
宾 光	中红阳	6名			
东 山	王 忠	6名			

定南县东风人民公社革命委员会（章）

一九七〇年二月二十八日

关于预拨上海知青生活费意见函

县财税站革委会：

请按照下列分配数，拨给上海插队知识青年生活费，此款是七〇年四月份预拨数，应从速办理。

附表如下：

公 社	插队青年数	预拨70年4月生活费	应加补助生活费	总计金额
东 风	78	780.00		780.00
卫 东	52	520.00		520.00
东方红	44	440.00		440.00
径 脑	36	360.00		360.00
新 城	27	270.00		270.00
月 子	100	1000.00	应补姚××生活费60.00	1060.00
前 进	55	550.00	应补前进公社2名生活费60.00	610.00
合 计	392	3920.00	120.00	4040.000

县"五·七"大军办公室/（章）

一九七〇年三月十三日

抄送：各插队青年所在公社

关于支取费用的通知

县财税站革委会：

请你站在常年安置费中支取现金叁佰元整。赴上海汇报慰问团，待回来后按发票报帐。

此致

县"五·七"大军办公室/（章）

一九七〇年三月十四日

存底。

经手人：廖××

一九七〇年三月十六日

关于查询王××生活费有否转到崇文县去，
和三个月口粮如何处理的函

定南县革命委员会"五·七"大军办公室：

我是王××的家长，王××原系上海市卢湾区××中学六八届的毕业生，去年三月分配在你县东风公社××大队××生产队插队落户的，去年十二月承你们的照顾，同意将她调到崇文县上保公社××大队××生产队她姐姐那里一起插队落户，对此，我们表示衷心的感谢。但最近接她们来信，有二个问题，还要请你们协助解决的。

1. 关于国家贴补的生活费问题。据她们来信说，今年一到三月王××的生活费还没有转到崇文县上保公社去。因此，她还没有拿到。（按：她姐姐叫王××，是六七届高中毕业去年分配到上保插队落户的，因此，王××调到××县还是插队落户性质，不是自找出路的）

2. 关于口粮问题。王××调到××时，××生产队给了她六个月的口粮，并说，今后如果国家再补发三个月粮食的话，就得要把三个月的口粮，退还给××生产队。现在她们来信说，最近国家是□发了三个月的口粮，照理，就应当退给××生产队三个月的口粮了，但××县××大队要十月份才吃明年的新粮，正好也相差三个月，那里的意见，这三个月的口粮不退了。我们也吃不准。所以想请你们研究一下怎样好？能不退顶好，如该退的，还是应该退，如果得退的话，还得请你们和崇文县上保公社联系一下，得××解决。总之，不要使我女儿王××三个月的口粮落空就好了。

以上二点，请你们研究解决一下，并给我们一个答复为感。致以无产阶级文化大革命的战斗敬礼！

王××家长王××

一九七○年三月二十二日

关于做好接待、安置上海知识青年
来我县插队落户的通知

县属各单位，各公社、大队革委会：

上海六九届来我县插队落户的知识青年已定五月七日由上海出发，九日早晨可到大坑口。对这批青年我们应按照毛主席"各地农村的同志应当欢迎他们去"的教导，满腔热情地欢迎他们并认真做好接待、安置工作。现就有关接待、安置工作问题作如下通知：

一、各公社应指派二名负责接待安置的干部（三亨、老城公社可来一名），于五月六日来县集中，准备七日到大坑口接待，从大坑口带领青年直接到达落户的社、队（除卫东公社在县城住一晚外，其余全部当日到达）。各大队应组织青年落户的生产队的贫下中农到公社指定地点迎接并帮挑行李。

二、各单位，各社、队要热情地做好对青年的欢迎接待工作。县属单位在五月八日下午应写出欢迎标语（另发），同时在插队青年到达我县时应组织欢迎队伍，听候广播站通知到车站至新华书店沿路两旁进行迎接。各公社、队应同样张贴欢迎标语，组织社属单位职工和就地贫下中农欢迎。

三、各地应认真贯彻江西省革命委员会政治部《关于做好上海知识青年来我省插队落户政治思想工作的通知》，继续做好各项安置落实工作。

特此通知。

定南县革命委员会"五·七"大军领导小组

一九七○年四月二十七日

关于认真做好迎接上海知识青年到我社插队落户的通知

各大队革委会、"五·七"大军排：

在伟大领袖毛主席"知识青年到农村去"伟大号令鼓舞下，上海110名知识青年即将来到我社各大队、生产队插队落户。各级革委会和广大贫下中农、"五·七"大军对接待、安置上海知识青年都做了大量的工作，取得了很大的成绩，但是，也有的队对接待、安置知识青年工作不够重视，还存在一定的差距。为了更进一步地加强政治思想工作，做好接待、安置知识青年的工作，特作如下通知：

一、……热情做好知识青年的政治思想工作，大造插队落户光荣的革命舆论和劳动光荣的思想，使他（她）们立志在农村扎根一辈子，干一辈子革命，做一辈子新式农民。

二、继续做好知识青年接待、安置工作，对于知识青年住房、生产工具、蔬菜、柴等问题再进行一次全面的检查，对于存在的问题要妥善解决，真正做到从政治上、思想上、组织上插队落户，在政治上要有人抓，劳动上要有人教，生活上要有人管，使他（她）们一来，就能安心于农村，参加劳动。

三、狠抓阶级斗争，对于破坏插队落户的阶级敌人，要充分发动群众把他们批倒批臭，坚决打击阶级敌人的破坏活动，巩固下放成果。

四、他（她）们来到后，有领导、有组织、有计划地在知识青年中上好阶级教育第一课，组织苦大仇深的老贫农讲村史、家史、翻身史，开展忆苦思甜、忆苦思权活动，从而使他（她）们树立爱憎分明的阶级立场，提高阶级斗争和继续革命的觉悟。同时，要深入开展革命大批判……从而使他（她）们提高接受再教育的自觉性和两条路线斗争的觉悟。

五、抓好典型树立榜样，认真总结各生产队原来插队落户知识青年的先进典型，组织优秀的知识青年，可进行大会、小会讲用，传经送宝，大讲在农村活学活用毛主席著作的经验，改造世界观的过程，大谈接受贫下中农再教育的体会，大传贫下中农"一不怕苦，二不怕死"、战天斗地的革命精神和勤劳朴实的高贵品质，使他（她）们更好地互相学习、互相帮助、共同提高，在三大革命运动第一线锻炼成长。

六、下放干部一定要带好知识青年，要用自己的模范行动带好他（她）们，要从各方面帮助和关心他（她）们，树立学习和其它各项制度，使他（她）们团结紧张、严肃活泼，有正规的生活。

东方红公社革委会/（章）

七〇年四月二十八日

关于支取费用用于接运上海知青的通知

县财税站革委会（财政金融局）：

上海六九届知识青年第一批在最近几天由沪出发，请你站（局）在常年安置费项下支取现金共计伍佰元整，供赴大坑口搞接运工作同志用，待回来后按发票报销。

此致

敬礼

定南县革委会"五·七"大军办公室/（章）

一九七〇年五月十二日

经手人：胡××

此款其中冷×同志带 300.00 元去。

（已报销）。

×××

关于做好欢迎第一批上海青年来我县的通知

县属各单位：

上海六九届来我县插队落户的知识青年第一批三百人，已定五月十三日由上海出发，十五日早晨可到大坑口，预计当天抵县。对这批青年我们应按照毛主席"各地农村的同志应当欢迎他们去"的教导，满腔热情地欢迎他们的到来。为此，希县属各单位于五月十四日下午至十五日上午写出欢迎标语（标语口号另发），在插队青年到达我县时应组织好欢迎队伍，听候县广播站通知，到车站至新华书店沿路（街）两旁进行迎接工作。

特此通知。

江西省定南县革命委员会"五·七"大军领导小组（章）

一九七〇年五月十三日

关于做好欢迎第二批上海青年来我县的通知

月子、卫东、三亨、老城、东方红公社，县属各单位：

□□□□月上海第一批插队知识青年来县后，第二批上海插队知识青年300 人已定五月廿三日从上海出发，廿五日早晨到达大坑口，预计当天抵县，除卫东公社有近百人在县城住宿一晚外，其余各公社直接当天到达社队。对这批插队青年我们应遵照伟大领袖毛主席"各地农村的同志应当欢迎他们去"的教导，满腔热情地欢迎他们的到来。为此，各地（单位）应在插队青年到来的前一天写出欢迎标语、口号（同欢迎第一批青年标语），在插队知识青年到达我县时应组织好欢迎队伍，县城各单位听候广播站通知，到车站至新华书店沿路（街）两旁进行迎接，各公社由公社统一组织附近大队贫下中农、社属单位进行迎接，并组织好接收插队青年的生产队贫下中农帮挑（运）行李等工作。

特此通知。

江西省定南县革命委员会"五·七"大军领导小组（章）

一九七〇年五月二十一日

关于转拨上海知青马××生活补助费的意见函

县财政金融局：

前进公社××大队上海插队知识青年马××同志的报告一份，公社转来我室，经研究同意补助现金陆拾元整。请你局应在青年居民生活困难补助费中，拨去前进公社（由前进公社"五·七"大军办公室收），以便转拨给本人。

此致

江西省定南县革命委员会"五·七"大军领导小组办公室（章）

一九七〇年七月二十日

抄送：前进公社"五·七"大军办公室

关于预拨第三批上海知青生活补助费的意见函

县财政金融局：

根据专区指示精神，上海第三批知识青年在九月底或者十月初就要到我县农村插队落户。按上级规定预先每人预拨生产、生活工具购置费每人20元，以便及时购买好。现请你局按如下款额拨给公社"五·七"大军办公室掌握和使用。

附公社如下数字：

天花公社：25人，拨款500元（其中第二批有5名漏拨，现包括在其中）。

龙塘公社：50 人，拨款 1000 元。

以上二个公社共计 1500 元。

此致

江西省定南县革命委员会"五·七"大军领导小组办公室（章）

一九七〇年七月二十一日

抄送：天花、龙塘"五·七"大军办公室

关于转拨上海知青夏××、苏××生活补助费的意见函

江西省峡江县革委精简办公室：

兹有六九届上海下放知识青年夏××、苏××两同志原下放我县东方红公社××大队插队落户。因他两人要求迁入你县巴丘公社××大队插队落户，与他兄弟一起生活，经你公社队同意接收，我县于一九七〇年八月廿三日办理迁入到你县社队落户。

现将其两人剩余的安置经费款各人柒拾元，共计壹佰四拾元整，由我县财政金融局转给你县革委精简办公室，由你县转去巴丘公社，由公社发给其本人，以便解决生活、生产费用。

另外，他两人的档案材料，我室一起附来，请收后复报我室。

此致
革命敬礼

江西省定南县革命委员会"五·七"大军领导小组办公室（章）

一九七〇年八月二十四日

抄送：本人

关于拨给上海知青×××生活费的意见函

县财政金融局：

兹有上海六九届知识青年下放在志城公社乐德大队，现因病回沪。请你局给予七〇年十一至十二月份的生活费共计贰拾元整，请拨给其本人。

此致

江西省定南县革命委员会"五·七"大军领导小组办公室（章）

一九七〇年九月二十六日

关于拨给上海知青生活费的意见函

县财政金融局革委会：

根据省革委〔69〕第 21 号文件精神，请拨给七〇年插队上海知识青年生活费。请按如下公社拨款数。

附　公社款额：

新城公社（90 人）6300.00 元

志城公社（28 人）1960.00 元（刘××的生活费不在此内）

三亨公社（29 人）2030.00 元

天花公社（105 人）7350.00 元

龙圹公社（105 人）7350.00 元

鹅公公社（99 人）6930.00 元

月子公社（110 人）7700.00 元

径脑公社（1 人）70.00 元

合计（567 人）39690.00 元

与上请拨各公社"五·七"办公室，由公社逐月发给本人。

县革委"五·七"大军领导小组办公室/（章）

一九七〇年十月八日

抄送：各公社"五·七"办公室

关于拨给上海知青朱××生活补助费的意见函

县财金局：

现有上海市南市区乡办的介绍，照顾兄妹关系的上海知识青年朱××，前来我县鹅公公社××大队××生产队插队落户，根据上级规定应作集体插队处理。请拨给鹅公公社"五·七"大军办公室知识青年安置经费150.00元。

此致

江西省定南县革命委员会"五·七"大军领导小组办公室（章）

一九七〇年十一月六日

抄送：鹅公公社"五·七"大军办公室

定南县接受安置上海六九届毕业生落实表

定南县接收安置上海 **69** 届毕业生落实表（**1970** 年编）①

_____公社

大队	生产队	带队干部	人数	住屋	厨房	备注

知青家长曹××关于其子女转插事宜的函

江西省定南县知识青年安置办公室负责同志：

在我们伟大领袖毛主席"知识青年到农村去，接受贫下中农的再教育，很有必要"的伟大号召下，在上海市革会和你省、县、公社的关怀下，我

---

① 根据该表信息统计，定南县共接收69届上海知青770人，分别安置在9个公社、50个大队、125个生产队，其中带队干部120人。

送六九届毕业的孩子曹××于去年五月份到你县插队落户，被安置在东方红公社××大队××生产队。短短几个月来，在你县和当地贫下中农的教育下，有很多提高，这次已来上海探亲。

现在我做家长的向你县领导上提出一点要求。因我另有女儿曹××去年也去安徽省石台县莘田公社插队落户，曹××也要求能与其姐姐调在一起插队落户。这对于我做家长来说，姐弟能在一起，生活可以照顾，使孩子们更安心在农村，接受再教育。这次石台县有赴沪代表团来上海时，我已提出过这一要求。现向你县领导提出请求，是否能给曹××办理转至石台县插队的手续。请即回复为感。

此致

无产阶级文化大革命的敬礼！

上海知识青年曹××的家长曹××

住上海市南市区×××路×××号

一九七一年一月十八日

上海知青家长陈××关于其女转插的函

定南县"五·七"办公室负责同志：

上次我们给你们写了一封信，过了不久，收到了你们的回信。我们根据我们目前的情况，××（我的女儿）在上海已没能回江西，假期已大大超过了，我们的经济情况也不能及时地让她返回江西。同时，我们给天长县革委会去了信，得到了他们的支援，并托人给我们转来了安置到天长县的介绍信。我们希望定南县也能给我们创造条件，使他们兄妹能在一起。

我们一家六口人，××是我唯一的女儿。她父亲在兰州，支援内地建设，每月七十多元的汇款要养活这个五口之家，经济上的困难很大，平均每人的生活费用在十四元左右，这样的生活费用在上海是属于低一类的。最近几年，××和他哥哥同时插队落户，一先一后，我们经济上压力更是大。加上××在江西身体很不适应，体质也差，××插队到江西后，她哥哥即回江苏老家插队落户，给我们在经济上造成的困难就更大了。

为了他们兄妹的事情，她父亲在兰州厂里工作也操心，我们在上海也操心，他们二个弟弟也是中学生，这次到底怎样分配目前还不知去向。对于××是否回江西的问题，我们的意见是让她回江苏老家，和她哥哥在一起，这样兄妹俩能互相关心，互相帮助，我们做父母的也能放心。我们想江西的贫下中农和我们江苏的贫下中农，对××的再教育也是一样的，农村里的干部也都是一样的，他们会很好地担负起对芳芳的再教育的。

××去年下半年由江西返沪探亲后就一直未回江西，一来就是你们信中所提及的回老家；二来到江西一趟办理迁转手续这一趟火车、汽车的旅途费用，我们也负担不下来。所以我们就写信给你们，希望你们能帮助我们解决一下。同时，我们附上天长县革委会的介绍信、证明。在办理这些手续的时候，我们就谈这些。

我们急切地希望你们能给我们早点办理好。

此致

革命敬礼！

陈××上
七一年一月十七日

不符合外迁条件，不同意迁出。

何

七一年一月二十四日

关于上海知青王××转插事宜的往来函件

办公室负责同志：

我是定南县月子公社××大队插队落户的上海知识青年王××的母亲。四个多月前由于王××来信说患有心脏病（经医生检查得出的结论），为了对子女负责，不使国家遭受麻烦，所以我长途跋涉地到定南县，和当地的负责同志一起商量研究，决定我将王××带回上海治疗。王××在××大队时受到当地领导的亲切关怀，在生活上思想上受到无微不至的照顾，使我们做家长的非常感激，更深切地认识到将子女交给党和国家这是最大的放心。

到上海经过医生的诊断得出的结论和定南县人民医院一样，是心跳过速，不适宜于体力劳动和登山，经过治疗休养后，病情稍有好转，但医生说这是慢性病，要彻底的痊愈不是一二个月的事，需要很长时间。但我们觉得，王××是应该到农村去接受贫下中农再教育的，如果长时间地在家养病，这对一个青年的进步将会受到影响，而且医生说可以做些轻体力的工作，所以想和负责同志商量，如果当地能照顾轻体力工作的话，我们准备尽快地让王××去接受再教育，如实在安排不出轻体力的工作，我们有这样的想法，想和领导同志商量下，就是淮北现在也招收上海插队落户的知识青年，那里都是平原，对王××的病情有帮助。为了关怀下一代的成长，为了对青年负责，也为了更好地响应毛主席关于知识青年到农村去接受贫下中农再教育的号召，我准备让王××到淮北插队落户去。如果领导上同意的话，就请将王××的户口关系寄到上海。请负责同志慎重研究，给我们答复。

此致

敬礼

王××的家长周××

一九七一年一月三十一日

周××家长：

你的来信收函，关于王××回上海养病，在你的精心照顾，病情有了好转，我们表示高兴与祝贺。

信中提到要安排轻体力劳动问题，你应当相信贫下中农对下放插队落户的青年是会照毛主席的指示办事，是会从政治上生活上关心青年成长的，请你放心。同时关于外迁的问题，根据我省革委会有关文件的规定精神，是不符合外迁条件的，为此不能迁往淮北。望你加强对王××同学的政治思想教育，提高贯彻执行毛主席革命路线的自觉性，在三大革命运动中锻炼成长为无产阶级革命事业的接班人，同时督促其女早返回岗位，抓革命促生产，在新的一年里为中国革命和世界革命作出新的贡献。特此答复。

致

礼

一九七一年二月十三日

江西省定南县革委会下乡上山办公室：

你县月子公社××大队××生产队下放知识青年王××，其哥系我市下放青年，因有实际困难，要求调整下放地区，来我市郊区任圩公社陈庄大队插队落户。我们同意接收，如你同意，请给其办理手续，并把档案材料和节余经费转来我室是荷！

此致

敬礼

安徽省淮北市革命委员会"五·七"办公室（章）

一九七一年八月六日

经研究同意迁出。已办。

七二年一月十九日

何同志：您好！

我是定南县月子公社××大队××生产队的插队知识青年。今写信给您，以迫切的心情，希望您能尽快地帮我解决调迁问题，使我能够早一天更好地落实毛主席的伟大指示，更好地接受贫下中农的再教育。

我在去年五月份响应毛主席的伟大号召，来到定南县插队落户，得到了你们和贫下中农的热烈欢迎，与无微不至的关心爱护，尤其是在政治上的帮助，使我在思想感情上起着深刻的变化，思想认识上有了很大的进步，使我在实践中进一步体会到毛主席教导的英明正确，而更坚定了我决心在农村扎根，紧跟毛主席干一辈子革命。

由于我体质较差，并患有严重的心动过速症，来到四面环山的山区后，劳动上、生活上非常不适应。首先不能爬山，第二不能参加过重的体力劳动（在山区，不爬山是不可能的），所以在各方面造成了许许多多难以克服的困难，同时也给贫下中农增添了很多麻烦，对革命工作来说也带来了一定的损失。为此，我感到非常焦急，最主要的是不能很好地接受贫下中农的再教育，成为我最最迫切希望解决的问题。

因为我在江西有病，不能参加劳动，我母亲特赶到定南将我带回上海看病。在这件事上，我为了能使病快些看好，重返战斗岗位，因为回上海各方面条件如治疗、照顾等都对我身体很有利，而多次向公社"五·七"大军负责同志要求，时间达一个月左右，但他们坚持不同意，要我就地治疗。如果我不回上海，就地治疗，困难一定很大，在这种情况下，我随我母亲在没有得到批准的情况下离开了定南，而在知识青年当中造成了很不好的影响，使你们工作难做，我觉得非常对不起你们。在此，向全体"五·七"大军同志、贫下中农斗私批修。

自一回沪后，我就不断地上医院检查、治疗，经过再三地治疗、诊断下来，医生说这种病不能够短期里看好，需要长期的休养，并不能参加重体力劳动，也不能适应山区生活，所有这些情况，我母亲已在春节后去信与××公社"五·七"大军同志商量，要求把我调到平原地区插队落户。公社的同志也来信表示支持，但他们的意见是：他们不去联系，要我自己找关系联系，如联系好就将接收证交给他们，他们协助解决。我母亲自接到回信后，为了能让我更好地接受贫下中农再教育，考虑到安徽淮北我哥哥插队地方是平原地区，不用爬山，对我的身体很适应，并且调在一起，我们兄妹之间也能互相照顾。经过上海上山下乡办公室的大力帮助，和我哥哥的申请要求，安徽淮北"五·七"办公室研究后，表示支持我们解决困难，同意我从江西迁到安徽××插队落户，并已在七一年八月六日由安徽省淮北市"五·七"办公室写信与定南县"五·七"办公室联系，并有接收证一同寄来，证明编号是：淮革政"五·七"字第120号。在这不久，为了能使我早一天再走上与贫下中农相结合的道路，定南县月子公社"五·七"办公室联系。我在上海得知消息后也接连写了两封信给县、公社，希望协助解决。在九月中旬后又写了一封信给公社。我哥哥在淮北也写了两封信给县、公社"五·七"办公室，要求给予批准与答复。但到如今，不仅淮北，上海也没有接到任何答复，不知是工作忙？还是其它原因？

何同志，我再次以焦急的心情，迫切希望你尽快地帮我解决调迁问题，万分感谢您。我现在离开贫下中农们已经有一年的时间了，已经落后了一年了，我多么盼望能让我早一天再和贫下中农生活在一起、战斗在一起，那是我最大的愿望。现在我真是坐立不安，焦急万分。本来我原准备自己来定南办调迁手续，无奈家里经济相当紧，这路上来去的盘费实在无法解决，请千万原谅。现在，我要求调迁的安徽淮北，在生活条件方面比江西要艰苦得多，但我很清楚地认识到，我们知识青年响应毛主席伟大号召，到农村接受贫下中农的再教育，是为了恭恭敬敬地向贫下中农学习，认真改造世界观，刻苦锻炼自己，使自己能"成为有社会主义觉悟、有文化的劳动者"，所以就不能讲究条件，不能怕艰苦，越是艰苦的地方，才越能锻炼自己。何同志，这也是我的思想情况向您汇报汇报。最后望何同志接信后，与月子公社"五·七"同志联系一下，尽快协助我解决困难，并望接信后千万回信！在此向您表示忠心的感谢。

致以最崇高的革命敬礼！

另外附寄一张邮票。

月子公社××大队××生产队知识青年　王××

"五·七"大军负责同志：您们好！

在毛主席"一二·二一"指示光辉指引下，全国掀起了一片轰轰烈烈的上山下乡高潮，我和革命的青年一样，在这场伟大的运动中，响应毛主席的伟大号召，胸怀壮志，来到山区插队落户，立志扎根农村干一辈子革命。

来到农村后，受到了当地贫下中农和革命干部的热烈欢迎，得到了你们无微不至的关怀，尤其是在政治上的帮助，使我在思想感情上起着深刻的变化，在实践中进一步体会到毛主席教导的英明正确，像我们从旧教育制度下毕业出来的青年，到农村去接受贫下中农的再教育，很有必要。

可是，由于我体质差，患有严重的心动过速症，来到四面环山的山区后，不能适应，在各方面造成了许许多多难以克服的困难，对贫下中农、革命工作带来了一定的麻烦和损失。为这事我母亲曾不辞劳苦来到定南，并和月子公社的负责同志多次协商和要求，能调动环境。当时月子公社的负责同志的意见是：如把我转回上海重新安排不符合政策，要你们给我安排，江西都是山区，也难以解决，一定要我自己找关系，并答应只要对方能出接收证，你们是可以协助解决的。

我在去年于八月底回上海后，经过不断的检查与治疗，身体仍不见显著好转，但这样长期在家疗养也不是长久之计，将会使我不能很好地落实毛主席"一二·二一"的光辉指示。为这事，我现在是在家整天坐立不安，焦急万分，盼望能和贫下中农战斗、生活在一起，是我最最迫切的愿望。所以我就积极地想办法，总想能尽快地走上战斗岗位。我哥哥王××插队落户在××（安徽省），那里是平原，对我的身体很适应，再说我调到哥哥那里，兄妹也能互相照应。本来调迁问题比较困难，没有具体困难是难以解决的，但是××我哥哥那里的同志从我具体情况出发，得到生产队、大队、公社的同意并给予证明，经过市"五·七"办公室研究，表示支持我解决困难，同意接收，并已在七一年八月六号由市"五·七"办公室发接收证明给定南县革委会处联系。

我离开生产队已有一年时间了，也就是落后了一年，请你们根据我的要求及我的具体情况能尽快地帮我解决调迁问题，使我能早一天走上与贫下中农相结合的道路。

本来我也准备亲自出来办理调迁手续，但无奈路途太远，经济上有困难，而不能前来江西。但我相信你们也是能支持我的，望你们尽快地给予批准!!!望来信答复。

致以最崇高的革命敬礼！

定南县月子公社××大队××小队

知识青年　王××

于七一年九月十七日

尊敬的"五·七"负责同志：您好！

我是下放在您县月子公社××大队××生产队的上海知识青年王××的哥哥，我现已下放在安徽省淮北市任圩公社××大队××生产队插队落户，正在刻苦地锻炼自己，认真地接受贫下中农的再教育。

我妹王××于七〇年五月二十三日赴您县月子公社插队落户，因体质较差，胆量较小，对于四面环山的山区生活不能适应，困难不小，要求调动环境。为这事我母亲曾不辞劳苦来到贵处进行商议并再三要求，当时您们的意见是：把王××转回上海重新安排不符合政策，一定要有其它农村从生产队→大队→公社→县革委会同意接收，并出接收证明，给予考虑。

我妹于去年九月初回上海后，经过不断地治疗与检查，身体仍不见有显著好转，但长久在家疗养也不是个长久之计，这样将会妨碍她很好地落实毛主席"一二·二一"光辉指示。

为迅速地使王××落实毛主席"一二·二一"光辉指示，能很好地得到贫下中农再教育，根据我们淮北平原情况，只要给予适当照顾，王××的身体还是可以适应我们淮北农村的劳动的。王××本人整天在家也急得很，坐立不安，精神不振，对身体疗养反而不利。根据王××本人要求，愿意到我们淮北农村插队落户，继续接受贫下中农的再教育。

我在我们淮北农村从生产队→大队→公社→市"五·七"办公室，一级一级要求上去，现已全部同意接收，并由市"五·七"办公室于七一年八月六日发接收证明信给您县革命委员会，证明编号是：淮革政"五·七"字第

120 号，现望您们得知此事后，能根据王××的具体情况给予同意调整。

调整过来以后，我们兄妹俩在一起，生活上可以相互得到照顾，经济上可以节省开支，精神思想上可以互相鼓励，劳动积极性可以得到更充分地发挥与调动。

还有另一重要原因就是我母亲是个老年工人，现已光荣退休在家，为积极响应伟大领袖毛主席"备战、备荒、为人民"的号召，配合城市疏散人口，决定投靠子女到我们淮北农村来，这样将给我安心于淮北农村干一辈子革命奠定了精神基础与物质基础。

现特此向您们提出要求，万望根据我家庭实际情况，同意将我妹王××调整过来，并恳切希望尽快地将王××的户口、油粮及一切关系转寄来淮北，急切盼予以批准及答复。

致以最崇高的革命敬礼！

要求人：王××哥哥王××

于安徽省淮北市任圩公社××二队

七一年九月廿八日

王××同学：

你多次寄给月子公社"五·七"大军办公室和县"五·七"大军办公室的信和寄来的"接收证"，我们都收到了，情况也基本上清楚。你响应我们伟大领袖毛主席关于"知识青年到农村去"的号召，来到定南插队落户干革命，这是很好的。但是来了不久，即回沪去了，一直不见你回来。你要求转迁安徽淮北的问题，根据上级有关指示和当地情况，经研究不同意迁出，我们于今年十月八日答复了淮北市革委会"五·七"办公室。所以，还是请你及早回到定南来，与贫下中农一道抓革命、促生产，接受贫下中农的再教育，"身体有病，不宜山区劳动"等情，回后我们再酌情考虑。

此复。敬礼

抄给：月子公社"五·七"大军办公室

七一年十月二十七日

县"五·七"大军领导小组全体同志们：您们好！

收到您们十月二十七日的关于不同意王××迁出的来信，使我非常失望，我们为了解决困难，花了很大的劲，就给您们这简单的几句话就给解决了，给孩子（××）的打击也很大，我不得不写封信把情况向您们谈一谈。

王××于七〇年五月二十三日响应毛主席关于"知识青年到农村去"的伟大号召，赴您们江西定南插队落户。当时上海的上山下乡办公室的负责同志在动员时，只说明定南气候如何温和，物产丰实，没有突出山区的生活特点，这是对王××的身体不利的。也由于我们缺乏对定南情况的了解，关于定南当地情况一无所知，也忽略了山区生活特点的艰苦性，在匆忙的三天时间中借了一笔经费为××准备了行李，送她走上了与工农相结合的道路。

××走后，通过她的不断来信中才知道她是生活在一个开门见山的重叠的山区中，不论做什么都要翻山。由于她从小体质较弱，对于这样的环境非常不适应，而使心脏慢慢地有了病变，而且越来越沉重了。得知这些情况后，我心中很焦急，我抱着对领导绝对信任的态度去信给大队"五·七"大军负责同志钟××及生产队主任，询问关于王××的病情，信中附了邮票，但始终不见回信。在此情况下，我左等右盼了一个月多，才决定借了路费赶到定南县来了，时间是七〇年八月初。

在定南的近一月中承蒙你们各级领导的热情接待，在此表示感谢。我一到定南后，看到××的确病情沉重，不能参加生产劳动，稍一爬山或做点较重的活就心跳、气喘、头眩无力，常常不得不睡在床上。在四面环山的山区里，对一个有心脏病的人来说，有很大的危害性，发展下去很难设想，所以我就决定带××回上海治疗，原意是想让病早日医好，让她更好地接受贫下中农的再教育。我向生产队、大队请了假，贫下中农也同意，大队主任还出了一张证明。得到了贫下中农同意，我又翻山越岭来到公社，李主任、钟副主任和王指导员都接待了我。我向他们详尽地说明了情况，并提出了要求回上海治疗。因为回上海一方面治病方便，医疗条件好，另一方面能有人照顾，从各方面来看，对病早日治疗都有利，但他们不同意，要××就地治疗。但××的病不是小病，就地治疗有困难，使病的好转可能性也很小。为此，我还是三番五次地要求，但他们仍然坚持不同意。在不同意让××回上海看病的情况下，我们只能要求暂时能先照顾比较轻便的工作，能避免翻山，可以不使病情恶化，但又没有得到妥善安排。钟××副主任曾对××说："在山区哪能不爬山，要照顾不翻山的工作没有办法，环境是这样的。"后来××又要求：你们实在无法照顾，那么还是让我回上海治疗，钟××副主任说："你要走，你就走吧！证明我们不出。"

既然这样，我经过一个月来三番五次地要求，无效，不得已在没有公社的证明的情况下，带了××回到了上海，这也并不是出于我们的本意。

因为我来到定南后，水土不服，脚溃烂不能多走路，由一个贫下中农送我们上路，没有上公社告别，在此表示歉意。

回到上海后，××连着上医院检查、治疗，经过诊断是心脏病，医生说这种病不能短期看好，需要一个较长时期的治疗、休养，并不能从事重体力劳动，对山区生活也不适应。所有这些情况我都写信告月子公社，一方面反映××身体情况，一方面要求照顾及调动，希望能根据她的实际情况妥善地安排，总这样在家里也不是长久之计，"一二·二一"最新指示还是要落实的。在七一年二月十九日收到了公社的一封回信，信中一点都不肯照顾。他们的意思是："我们决定，王××还是在石方队插队。"至于要调到平原地区去插队的事，他们的意见是："我们表示同意，但我们不去联系，要你们自己去联系，如联系好就将证明、接收证等证件交给我们后协助解决。"我们接了这封信后，信以为真，就积极地想方设法。

××的二哥原是中专技校毕业生，分配方案是四个面向，重点是外地工矿。但经过了解，"知识青年到农村去"这个运动以来，党的政策是照顾兄弟姐妹调在一起的，是允许调迁的，这样对国家对个人都是有利的，这样事例很多，就在江西也不少。为了能让××调到平原地区去，她哥哥才在七一年四月十九日到安徽淮北插队落户，并提了申请报告，后来经过了多少领导的审查和批准，的确承认了我们的困难及要求，而且这种要求是符合党的政策的，是党的政策所允许的，终于在七一年八月六日发接收证明给您们。从这以后我们是一再地来信要求，满怀希望的心情等待着你们的回音。

万万想不到会等到你们不同意迁出的回信，实是打击太大。我们在你们有言在先的情况下，花了很大的精力，麻烦了很多领导同志才打出了这份接收证明，真想不到就给您们这样马虎简单地作废了，实在是想不通。我们对您们信中不同意迁出的理由："根据上级有关指示和当地情况"很不理解。上级的指示如何？当地到底又是什么样的情况？我们始终认为知识青年到农村去主要是接受贫下中农的再教育，是不能纯粹当作劳动力来看待使用的。再加上王××体弱有病，不宜山区劳动，这是个特殊困难。再讲我们要求到淮北去，又不是进工矿或是进城市，还是同样到农村接受贫下中农的再教育，有哪一点不符合"上级指示"，实在不能理解。如果说不符合政策，不符合主席教导，那么淮北肯定是不会出接收证明的。希望你们郑重对待这件事，不能马虎从事。

如果这次要送××回定南，她不能参加劳动，对山区又不适应，病情要转化，经费我也的确有困难，无能为力。××到定南，不能经常参加劳动，就没有工分，没有工分生活就无一点来源，就不能自力更生，就需要我的补贴，这要贴到哪年哪月为止？还有生病没有劳保，医药费要自理，这又要我来补贴，又要贴到什么时候？我年纪已这样大了，退休在家享毛主席老人家的福，每月拿有限的退休工资。叫我没有限制地负担她的生活，我是不能保证。我是实在无力来保障她的生活。

我原想安徽淮北是平原地区，不用翻山，能解决主要问题，能使××的身体在这样环境下，经过慢慢地锻炼，能使她更好地接受贫下中农的再教育，生活上也能够慢慢达到自力更生。他们兄妹调在一起，生活也能互相照顾，也帮我解决了经济困难。这一切问题，我请求你们领导上也为我考虑考虑，这是实际问题，我希望你们领导带着负责的精神，给我想想办法，这件事到底如何解决？

××目前在家里艰苦些生活，注意休息，病也不常发，所以生活上暂时还能马虎过去，但是长期下去，也不能解决。总之，××只要在生活上能自力更生，不管她上哪里，我是大力支持的。若是每月要我贴补，这是我没有能力办到。为了××的事，我们也不知费了多少心血，花了多少精力，但却一点得不到你们做领导的关怀和照顾，使我感到遗憾。

收到了您们这封信，我觉得有很多话要同您们谈，为了能使事情得到妥善的安排，就我的愿望来说也恨不得亲自来定南一次，但无奈经济条件达不够，只有来这封信将困难和情况向您们一述个大概，恳切希望您们以负责的态度慎重地考虑。

如果您们坚持这样的态度，那我也无能为力，就让这样的现象存在下去吧！

祝您们身体健康！

王××的家长周××上

七一年十一月五日

周××家长：

你的来信，我们收悉。关于王××要求外迁的问题，以前公社已给你答复过，但××还有意见。最近根据上级指示和我县的具体情况，目前插队落户的"五·七"大军是巩固、稳定。经我们研究，为巩固下放成果，不能外迁。希家长要做好她的政治思想工作，使她能安心在我县继续接受贫下中农的再教育，在三大革命运动中做出新成绩。为此，特此函复。

致

定南县"五·七"大军办公室
一九七一年十一月十四日

江西省革委会下乡上山办公室负责同志：您们好！

我以万分感谢的心情感谢您们能及时地给我回信答复，您们在百忙的工作中能抽空复信给我，对知识青年的困难能如此关心，对工作又做到了极端的负责任，我从内心深深地感谢您们。

我在无奈的情况下，再次向您们写出这封信，恳切地要求领导上帮助我解决一些实际困难，使我在农村这个广阔的天地里更好地干革命。

我原是上海市的知识青年，从小就有心脏病。我怀着建设农村的革命热情，响应伟大领袖毛主席关于"知识青年到农村去，接受贫下中农的再教育"的教导，于一九七〇年五月二十三日赴您省定南县月子公社××大队××生产队插队落户。在学校动员下乡上山时，我想要在艰苦的地方锻炼自己，但是，我对山区能否适应我的身体情况心中无数。我总认为，在山区总有适合我患有心脏病人的劳动条件，但是客观的实践，完全说明了我的想法是主观的，是出乎所料的，对山区的插队实在是力不从心。我插队之初，我还自信自己能上山劳动，可是稍稍翻山，就心跳加剧、气喘、头晕无力，常常病倒在床上。

在插队的三个月中，贫下中农对我非常关心和爱护，使我内心分外感谢，见有时我病发起，就主动叫我休息，但是我内心是何等地不安啊！所以，劳动常常是两天晒网，三天打鱼，而且心脏病渐渐更加严重，在公社医生检查结果是："心脏有吹风样杂音"。一些贫下中农吃惊而关心地问我："像你这样的毛病，怎么也分配到我们山区里来啊？"由于我的病况发展，我年迈的母亲只得去年九月间从上海赶到山区接我返沪治病。我原想治疗后重返山区战斗岗位，但经过多次的检查与治疗，上海的医生认为我这病和生理特点，不适应山区劳动，在平原地区可能好一些。我想，作为一个革命的青年，山区劳动条件对自己身体不适应，也应当在平原地区劳动锻炼，为此，我在今年三月份左右曾写信给我插队的公社"五·七"办公室，说明情况，要求调到平原地区插队落户。当时，公社的答复："对你的意见我们表示同意，但是去哪能里我们不能去联系，你们自己联系好后将证明、接收证件交给我们，考虑后给予答复。"根据公社的意见，我们就与安徽淮北我哥哥插队的地方联系。当时我想，就淮北的生活条件讲要比江西艰苦，但是平原地区适应我的身体条件，又可以在那里得到锻炼。同时，我哥哥又在那里，万一我的心脏病发起，可以得到照顾。经与淮北有关部门领导说明情况，他们同意我去插队落户，并在今年八月六日将接收证寄给定南，并去信联系。当我反复去信给大队、公社时，开始迟迟不给答复，经多次要求，却又改口说："根据上级指示，不能调出。"这一当头一棒，使我内心十分不安。究竟是什么指示呢？我一无所知。我认为，事情总得要具体分析、区别对待。毛主席教导我们："没有区别就没有政策。"我提出从山区调到平原地区插队落户，完全是由于自己生理毛病所决定的，这是一种特殊情况。如果我提出要求调到工矿，那说明我对农村插队落户缺乏正确认识，我要求调平原地区插队落户，这是为了在适应身体的情况下，更好地得到锻炼。据了解，在我插队的那个县，有几个青年且不是心脏病，也已调到其它地方插队落户，我的要求并非先例，更不影响什么"稳定插队青年"。因我身体有病，不能在山区劳动，又不同意调到平原地区，这种"挂名"的稳定是没有实在意义的。何况我仍然是从农村到农村，仍然是插队落户，从这点来说，我仍然是属稳定范围，从插队到插队为什么是"不稳定"呢？

由于我长期治病，不能为山区劳动，又不同意我调出去，因此，我在沪的生活也发生了困难，口粮也成了很大的问题。

我要求领导上将我的特殊困难，慎重考虑，把我调到淮北插队落户，如果江西需要我，我希望把我调到江西平原地区插队落户，以便在适应我身体条件的地区更好地锻炼自己。

我殷切地希望省革会下乡上山办公室的领导同志能照顾我的实际困难，给予满意的答复。

致以革命的敬礼

王××

七一年十二月十一日

县革委会"五·七"大军领导小组负责同志：您们好！

今年十月间，我先后两次接到你们的来信，对我要求调迁安徽插队的事，你们表示了不同意的态度，说："根据上级指示和当地情况，经研究，不同意迁出……"我对领导上的这种态度，感到十分意外和不安，也实在不能够理解。

我不了解上级对知识青年调迁究竟有什么指示，但是据江西来上海的修水县慰问团的有关同志和我说，对于这点问题，省委和省革会没有具体指示，而且像我这种特殊的困难是可以考虑转迁的。所以我对你们所说的上级"指示"十分不理解，是否是省委直接向你们下达的。但是，据了解，省革会有关部门的意见是："知识青年一般不调动，如有特殊困难，由县一级组织与对方县联系，双方县同意即可。"这就说明，调迁的事并非停止，有特殊困难是完全应该给解决的。而且据了解，定南县也有几个人迁出外县，我的要求也并非先例。

我插队在你县××大队××生产队虽只有三个月的时间，但是根据我的身体状况，继续在山区插队确实是力不从心。由于我从没体验过山区生活，在插队后，总自信还能上山劳动的，但是我从小就有心脏病，所以稍一翻山，就心跳加剧、气喘、头晕无力，在插队的三个月中，几乎没有很好地劳动过。在我病发时，贫下中农也对我非常关心和爱护，使我内心感到非常感激和不安。他们对我这种病状的人在山区插队也认为不妥，有的贫下中农对我说："小王，像你这样的毛病，怎么也分配我们山区里来啊？"由于这样的环境，使我的病情日益加重，我年迈的母亲不得不赶到江西接我回上海治病，这也完全是对革命事业负责的态度。当然，我当时的毛病还没有发展到江西医生无法治疗地步，但是，作为我的母亲，见孩子有病，内心是十分焦急的，总希望回上海把我的病早日治好。由于这样，和公社的某些干部发生了意见分歧，这也是可以理解的事情，如果因为这样在我调迁的事上而意气用事，扭住不放，我认为这也是不符合毛主席关于关心人民生活和没有区别就没有政策的教导的，也是不负责任的态度。不过这是我个人的看法，说得不对的地方，请谅解。

我的病在沪治疗后，也没有什么显著的好转，而且医生也认为这样的病不适应山区劳动，在平原地区还可能好一些。作为一个革命的青年，我认为，山区劳动条件对我身体不适应，也应当争取在平原地区劳动锻炼。这些情况我也向公社作了汇报，并要求调迁平原地区插队落户，希望能在适应身体条件的情况下，得到更好的锻炼，也能更好地接受贫下中农的再教育。也由于得到了领导的同意，要我自己去联系，才设法与淮北我哥的插队地方联系的。这也完全是有组织有领导的，得到了淮北有关领导的支持同意照顾我转迁淮北，并也打出了接收证明，这也完全符合你们的手续要求。可是你们来信又说什么"上级的指示"、"稳定"知识青年，如果上级确有新的指示，我应当很好地学习这些指示，但是上级对于这问题没有什么具体指示不能调，就是有指示，也是江西省革委会有关领导部门所指示的："如有特殊困难，由县一级组织与对方县联系，双方县同意即可。"一个有心脏病的人经医生治疗认为不能适合山区劳动，是不是特殊困难？难道要我完全丧失了劳动力后才算特殊困难吗？

关于"稳定"知识青年，我认为，在山区是插队，转迁平原也仍是插队，这对稳定知识青年在农村的大方向是完全一致的，都在农村这个广阔的天地里，从插队到插队又有什么不"稳定"呢？我知道我插的那个队很需要青年，但是需要和可能应当结合起来。光是需要，没有可能，这种需要是空的，需要决不是抽象的，需要是要有实在内容的。像我这样一个不适合山区劳动的人硬要放在山区，不仅与真正需要不相适应，反而是增加了贫下中农的负担，对需要没有实在的意义。

话已谈了不少，我的情况你们也大致上知道，我还是恳切地希望领导能从我的具体情况出发，帮助我解决实际困难。盼望给予满意的答复。

此致

革命敬礼

王××

七一年十二月二十日

待后研究处理。

七一年十二月二十九日

关于上海知青陆××转迁的往来函件

申请报告

月子公社"五·七"大军办公室：

　　我名陆××，于七〇年五月来江西省定南县月子公社车步大队背带圫生产队插队落户，因为我哥哥原是安徽省合肥市直属机关干部，现下放在安徽省凤台县插队落户，为此我要求领导能将我的下放关系转到安徽省凤台县，恳请领导批准。

　　此致
无产阶级革命敬礼！

申请人：上海下放青年陆××
七一年二月十三日

我们意见同意迁出，请县办核准。
定南县月子公社革命委员会"五·七"大军领导小组办公室（章）
二月十四日

凤台县革委"五·七"办公室：

　　兹有你县下放干部陆××同志，要求将下放在我县的知识青年、其妹陆××迁入你县古沟公社插队落户，但只有公社印，未经你县签署意见，为此我们不好办理转迁手续，现来信联系，是否同意，请复信为盼。

　　（附：陆××申请）

　　致

礼

一九七一年二月十六日

定南县革委会"五·七"办公室：

　　上海下放你县月子公社的知识青年陆××要求调到我县古沟公社落户，我们同意接收，因其哥哥是干部下放在这个公社。如你们同意的话，请给办理手续介绍前来是荷。

477

此致

敬礼

（剩余经费汇来）

> 凤台县革命委员会"五·七"办公室（章）
> 一九七一年二月十九日
> 七一年三月十一日补函

江西省定南县革委会"五·七"办公室领导同志：

我叫陆××，是下放在安徽省凤台县古沟公社的下放干部。我妹妹陆××，六八届上海知识青年，七〇年五月下放去你县月子公社插队落户。因我下放在凤台县，要求照顾将我妹妹转到安徽凤台县插队，凤台县"五·七"办公室于七一年二月根据我的报告，同意接收，并出了接收证明。我妹妹在三月初在得到月子公社和你们办公室的同意，在月子公社转了户口和粮油关系，在三月十日左右到你们办公室转介绍信，当时你们办公室的同志收下了凤台县"五·七"办公室的接收证明和月子公社的介绍信后，并对我妹妹讲：户口、粮油关系自己带走，转队介绍信由定南"五·七"办公室直接邮寄凤台县"五·七"办公室。现已二十多天了，这里至今没有收到定南"五·七"办公室寄来陆××转队的介绍信，无法安置。今特来信，请你们速将陆××的下放学生关系、介绍来凤台的介绍信寄到凤台"五·七"办公室，以便这里可以安置。如若有其它情况，也请函告，以便及时与你们联系。恳请你们务必及时办理为盼。

此致

革命敬礼

> 合肥市下放凤台县干部陆××
> 一九七一年四月二日

凤台县革委"五·七"办公室：

根据你室一九七一年二月十九日来函，同意接受我县上海青年陆××同学到你县古沟公社落户，为此，我县于一九七一年三月十一日已开介绍信迁来，现收其兄陆××四月二日来信，说无介绍信，你县不好安排，是否事实，请查对安排，并寄来陆××档案一份请查收。

致

礼

一九七一年四月八日

陆××同志：

你的来信收到，关于陆××的迁出手续，介绍信我们已给你妹自己带来的（是一九七一年三月十一日定"五·七"字第17号），我们县办理外迁的也只开这个介绍信就可以，并没有其它什么介绍信了。当时给你妹说的是档案材料由我们这里直接寄（已寄去）。特此答复。

致

礼

一九七一年四月八日

关于上海知青庄××转点的往来函件

报　　告

我妹庄××是一九六八年上海初中毕业生，毕业后积极响应毛主席"知识青年到农村去"的伟大号召，要求到外地插队落户，由于组织上考虑，我家只有一个女孩子给予适当照顾，故分配到我工作处定南县月子公社××大队××生产队落户。现我矿山转移新余良山铁矿，我全家都已迁往良山，而只留我妹一人在定南，在各方面带来一定的困难和负担，故呈请领导照顾我兄妹关系和方便今后工作和生活，调我妹庄××来良山地区农村插队落户为荷。望领导指示。

致

敬礼

良山铁矿木修厂庄××
一九七一年二月二十三日

479

情况属实。新余钢铁厂良山铁矿革命委员会（章）

经研究不同意迁出，仍在月子劳动。
七一年三月二十五日

良山铁矿革委会：

你厂一九七一年二月二十四日签署木修厂庄××同志要求照顾将其妹庄××迁到良山地区插队落户的报告，根据地区革委最近召开的"五·七"工作会议精神，经研究不同意迁来。特此，函复。

致

礼

一九七一年三月二十六日

关于张××其子女转插事宜的往来函件

定南县革命委员会"五·七"大军负责同志鉴：

我是张××的家长。我的大男孩张××现在新疆农一师（六五年去）。我的养女李××（另有关系证明）现在修水县赤水公社××大队×小队插队落户。我的二子张××现在月子公社××大队××小队插队落户。

只因子女三人分居三处，路途相距较远，再因养女李××患过急性盲肠炎穿孔，转为腹膜炎，经医手术开刀急救治愈，愈后体质较差，为此奉函请求领导照顾。

现请求将张××调到修水县何市公社，同其姐关琴调到一处，借便可以相互有个照应。今特此请求领导考虑照顾，实为切盼。

此致
敬礼

附注：有关关系证明，前已另函寄去。

请求人　张××敬上
七一年二月二十八日

张××家长：

来信收悉。关于你子要求迁到修水县的意见，根据我省革委会有关文件精神，不属照顾范围，不能迁往修水县。望加强子女的政治思想教育，树立祖国山河寸寸好，贫下中农个个亲的思想，安心地接受贫下中农的教育，在抓革命、搞生产的运动中立新功。

致

礼

一九七一年三月五日

上海知青俞××要求转插的函

已复信来信人。

礼茂

七一年十月七日

办公室同志好：

前因关于迁移的事没给我圆满的答复，放心不下，现在我再把我急需要调的原因说一遍，请办公室同志给予照顾。要调的原因如下：

（1）我本身有病，胸骨断过，右手也断过，不能很好地参加体力劳动，调到我兄这里，兄弟有照顾。

（2）我家先后支援国家社会主义建设，奔赴外地走了四个，东南西北各一方，我父母年纪已上，总不免心里牵挂，还有现在家里哥哥、妹妹，都在分配的时候，我父母更会有不安之心的，这样也有所影响他们抓革命，促生产。当然支援国家，走"五·七"道路，这谁都应该，不过组织应该适当地照顾，因为这样对国家，益处更大，以上望办公室同志适当照顾。专等回音，特此。

革命敬礼

"五·七"战士　俞××

七一年八月二十七日

481

如同意证明寄来，如不同意请把原因说明。

定南县"五·七"办公室：

我是老城公社××大队××生产队的一名知识青年俞××，前次我也为迁移而来过县里求您们谈过，并且以后也同样来过信，未知办公室一点回音也没有，所以，本月七日我又来过一次，可惜办公室同志下乡去了，没找到，但我并不为此而失望，所以再写此信，来表示一下我的迫切要求，望办公室同志予以协助办好此事。

我下乡一年多来，贫下中农对我的无微不至的关怀，和公社各级领导对我们的思想改造，促进很大，使我收获不小。因此，我再次感谢毛主席的英明领导，为此让我们共同敬祝毛主席万寿无疆！这一年多来，贫下中农对我的教育培养是主要的，同时，确实存在一些具体问题，我想跟办公室领导同志汇报一下。我家姊妹共八个，我是第五个，大哥就在甘肃省张掖县上秦公社的大队担任教育工作（也就是我要迁到那的大兄），大姐在西安工作，二哥在上海养病（肺病），三哥在广州空军部队服役，排下就是我，在定南落户，还有三个弟妹在上学读书。我由于少年时期不慎，曾折断右胸骨二根，同时右臂骨也断过一次，身体很不好，经常作痛，我父母为此不安心，我大哥对我这样的身体也不放心。虽说党组织和贫下中农对我的关怀是无微不至的，但贫下中农抓革命、促生产工作很忙，这样也肯定加重了贫下中农的负担，同时公社领导同志也工作很忙。因为这我父母和大哥他们经过再三考虑，和我的要求，想只有把我迁到我大哥这里安家落户，一方面可以减轻各级领导和贫下中农的负担，另一方面，我哥也在农村，我到他那里落户同样也能接受贫下中农对我的再教育，因此，望办公室的领导同志，是否按中央369号文件中社来社往的原则办给迁移手续。同时我哥哥也跟他当地公社党委谈了，县革委、民政局和新××公社革委也同意我迁往甘肃张掖县××公社××大队插队落户，并且我哥哥也给他当地县保卫部谈了上叙情况，他那里保卫部说，因为农村迁往农村可以根据中央369号文件办理，并不是农村迁往城市，全国都一样。因此我请愿县"五·七"办公室，把我迁往甘肃张掖××公社落户，按农村对农村的手续办理。我写此信也就是请办公室领导同志能协助办理，把我粮户关系迁往甘肃省张掖县××公社××大队落户。老城公社说，县"五·七"办公室如能同意，那公社马上就可办理。最后望办公室负责同志协助办理。

致
无产阶级革命的礼

知识青年俞××

一九七一年九月十八日

知青家长张××关于其子转插事宜的函

已复信来信人，不能外迁。

礼茂

七一年十月八日

定南县革委会：

我第二个儿子张××现插队你县东方红公社××大队××生产队干革命，一年多来，在毛主席革命路线指引下，在各级领导和贫下中农关怀下，张××各方面表现都得到提高，与县委、县革会的直接教育分不开，本人深表谢意，并致革命敬礼。

张××的弟弟张××也于去年插队在安徽霍山县干革命，因年幼缺乏知识，为了能使其兄弟有照顾，本人也更可放心，让其兄弟安心地在农村劳动，更好地接受贫下中农的再教育，同时也可减轻本人负担起见，要求将张××调到其弟安徽霍山县，这样对各方面都有好处。今特函请你县同意本人的要求，请予函复或给予证明，以便向霍山办理手续。

此致
革命敬礼

上海市马当路×××号

张××

一九七一年八月二十八日

483

关于上海知青金××转插事宜的往来函件

定南县"五·七"办公室负责同志：

金××是六九届学生，在您县插队落户，接受贫下中农再教育，她姐姐是六七届学生，在安徽省滁县腰铺公社腰铺大队古楼生产队插队落户。金××身体较弱，想调往姐姐处，我们也认为如姐妹二人能在一起更好照顾一些。为此，特请您处予以考虑，并请函告有关调动手续事宜。盼复！

致

革命敬礼

金××家长

金××同志：

来信收悉，关于金××要求迁往安徽插队落户的意见，根据上级的指示精神，为巩固下放成果，现在是稳定、巩固、提高，为此，经研究不能外迁，特此函复，并望家长做好政治思想工作，使××在我县接受贫下中农的再教育，在三大革命运动中立新功。

致

礼

同学 张××

一九七一年十月九日

上海知青丁××关于其转插事宜的函

县"五·七"大军同志：

您们好！

我是上海知识青年丁××，插队在您们定南县，有一件事请示您们一下。上次我没有回上海，在定南，发生的一件失火事情，不知您们现在怎么办。我这一次□跑回上海是有种种原因造成的。第一，因为失火，烧掉了蚊帐、枕头、被子、衣服、棉衣等等，在定南又不能睡觉，两个多月我克制下来了。再加上身体上发作了皮肤病，又不能参加劳动。第二，妈妈在上海生了一种"肠癌"病，目前来讲是无法医治好的。第三，姐姐要分配了。所以，我在这样情况下我就只好自己跑回上海来了。在现在的情况下请您们看我怎么办好。

我回上海后不久，姐姐就奔赴黑龙江大兴安岭干革命去了。我现在想通过您们帮助办好一个手续，这就是我要跟我姐一起到黑龙江去，我姐虽已走了，但还有第二批。我也已经到上海市南市区上山下乡办公室去问过，负责同志讲：可以是可以，但你必须从定南把户口迁回来，就可以了。这样重要的事应该我自己来办这一手续，但因为姐姐刚走借了一笔钱，我妈妈又生这么样的病，长期病假在家，这样给我带来了不少麻烦和经济上的困难，所以我没法自己来办这一手续，不知是否批证。时间很紧，希望您们早日同意和批证。如批证连把我的一切关系，转送给上海市南市区上山下乡办公室去就好，请您们事先通知我一声。

要去的原因，第一，我不适合南方天气，身体上要发皮肤病。第二，姐姐与弟弟两个人在一起有照顾地，再有两个人在一起，用钱也比较少，这样减轻了我妈妈的经济负担，又可以使她身体早日恢复健康。第三，您们县也知道我在公社时不太多参加下地劳动，因为是身体上的皮肤病，天天上卫生所去看仍然无效，还是老样子，如果再一下地劳动，身体上更加难受。这些事情您们县"五·七"办公室一点也是不知道的，只知道我不参加劳动，不知是为什么。现在请你们相信我，给予帮助。

上述所讲的一切，如您不肯把关系转回上海，那既是对我一个损失又是国家损失，因我回定南仍然不可以参加劳动，回来了等于不回来，反而影响不好，给别人看坏习惯。希望您们再三讨论下，适当给我考虑！并希望您们早日批证，使我安心和愉快地奔黑龙江干革命去！如写的不符合毛泽东思想方面请回信中指教。

致
革命敬礼！
工作学习上进！

丁××

于一九七一年十月十七日

已复信其本人。

485

七一年十一月九日

参××

上海知青柯××的家长关于其女转插的函

赣州专区革委会"五·七"大军办公室负责同志并转定南县委"五·七"大军办公室：

我的女儿柯××原于一九六九年三月二十九日去江西省定南县××公社××大队插队落户，后因经常患病（气喘病、肾脏病），其表姐系在上绕专区余干县××公社××大队插队，通过双方提出要求，经同意于一九六九年七月二十日经定南县同意办妥户口迁移手续后，动身迁到××公社与其表姐一起继续插队。当离定南时，县革会讲："有关档案材料和剩余的安置费会转××县的。"后约在八月份该安置费确已寄来交本人（计70元）收存，当时认为档案材料也一定转来了（现其表姐已上调分配）。因其姑父母在×××，经联系后于一九七二年五月办妥手续，柯××再转到××继续插队（以便有所照顾）。但在××县办理迁移手续时，"五·七"大军办公室称：有关档案材料定南县××公社一直未曾转来，后经多次去信定南县和××公社，请转××县"五·七"大军办公室，却一直未获回音。现已半年过去了，内心非常焦急。恳请定南县和××公社速把柯××的档案材料，寄××县"五·七"大军办公室，以便××县尽早再寄×××为盼！顺致革命敬礼！

柯××家长　柯××

（住：上海×××路×××弄××号）

关于上海知青张××转插的往来函件

定南县安办负责同志：

感谢你处八月十六日的来信，我收到后立即向陕西省凤翔县安办进行联系，现已得到该县安办的通知，言及他处同意给办理准迁手续，但为节省时间简化手续，叫我把寄往你处的证明寄回我处，我再把这证明送到××县安办，待其办妥后，再寄呈你处办理。以上烦请贵处大力协助，予以寄回，实为感谢。此致
革命敬礼

西安信号工厂

张××

一九七三年九月八日

定南县上山下乡办公室：

你室来函收到，关于张××转我县插队问题，经我们研究他的直属亲属不在我县，应继续在你县插队较好。特此函复。

××县下放办/（章）

七三年九月十四日

已复信。

复信给张××同志。

七三年九月二十二日

老顾、老何、老参同志：

你们好！

好长时间没见了，可能你们对我还不熟悉，首先向你们革命干部问好，并祝你们身体健康，工作顺利！

我是六九届毕业生，七〇年下放××公社插队落户的，我叫张××，这次回上海我是五月底回来的。我有个哥哥在西安铁路局信号工厂工作，早在上海工作，但由于工作需要，加上自己又是党员，就积极报名到陕西工作。现我父母年纪很老，又退休了，想把我调到我哥哥附近的农村去插队，但调动地方，手续非常麻烦，我哥哥不知托了多少人，现总算搞好了。事情非常不巧，我又回到上海来了，我哥哥把证明早寄给了老何，老何同志而且也写了信给我哥哥，说证明已收到了，但还少一张县革委证明，直到现在为止还不知怎样。我西安哥哥在想办法开出一张县革委证

487

明，西安县里说要上次出的那张证明给寄回西安去看一下，才能出县里证明，所以希望老何、老顾、老参你们三位同志，能帮我把收到的那张证明再寄回西安去，以便办理，表示感谢。你们是革命干部，一定会把这些事放在心上的。可能信在老何那里，如老何同志不在，你们能想办法，帮助找一下，再帮寄到西安去，如是不见的话，那就比较难搞了，但你们也给我来一封，免得我急等，我家里对这件事是非常不安的。但由于水平有限，不能把我的心情都能表达在信纸上，所以尽量能帮我办理。我本来也请丁××帮我去问过，她这次回上海来说，县里干部说未收到过，我的心情是非常不安，不知到底怎样好。希望能"急快"给我回信。好了，余言下次再谈吧！

　　祝
你们身体健康！

同学　张××

七三年九月十七日

上海知青王××的哥哥询问档案材料寄送情况的函

办公室负责同志：

　　你们好！今有一事麻烦你们。因我弟王××同志原在贵县龙塘公社××大队××生产队插队落户的，又因亲戚关系通过你处同意，已由你县插队迁移到安徽省无为县长安公社××大队××生产队插队，在今年七月份其本人亲自来贵县办理户口迁移证明及粮油证明和贵县"五·七"政治办公室的介绍信，随身携带前去无为县去报到了。但据其本人来信说，无为县长安公社至今还没有收到王××其本人的档案，所以我弟王××特来信叫我询问一下贵县是否把他的档案寄出去了，如果说寄出去，到底寄给了什么地方，请贵县协助查一遍，并把档案到底下落如何请给予答复，表示衷心感谢。最后向你们致无产阶级革命

敬礼

　　来信请寄

上海××××革委会
王××收

王××的哥哥王××写
一九七三年十月三十一日

南康县

关于调拨知青建房所需木材的申请

赣州地区革命委员会知识青年上山下乡安置工作办公室：

目前，我县各公社正在筹建上山下乡知识青年住房，一个突出问题是缺木材，特报请解决。

据统计，全县现有下乡知识青年计 585 人，除去任队干部、民办教师和投亲靠友等不集中外，根据"四个"有利，对 448 个下乡青年，坚持集体插队形式，即每组 3—8 人。以每人 1 间住房，共 448 间，每间按 1.5 立方米计算，共需 672 个立方米木材，请给予解决。

南康县知识青年上山下乡安置工作办公室
一九七三年六月十三日

补助 1.320 立方米，包括城镇居民在内。

六月二十五日

一九七三年城镇知识青年下乡经费支出决算表

1973 年城镇知识青年下乡经费支出决算表

单位：元

项目	实际安置人数（人）	应拨经费数（按标准）	上级财政拨款数	上年银行结转数	行政支出数	财政结余数	主管单位实际支出数				主管单位结存数	其它	建房面积（平方米）	
							合计	建房补助费	生活补助费	旅运费			应建数	已建数
一、1973 年下乡部分		95790	60000				79797	45825	18620	352		15000	1696	525
（1）本地区知识青年														
1. 插队														
2. 回乡	206													
3. 集体场队														
4. 国营农场、兵团														
（2）外地区知识青年														
1. 插队														
2. 回乡	6													
3. 集体场队														
4. 国营农场、兵团														
（3）上海和外省青年														
1. 插队														
2. 回乡														
3. 集体场队														

续表

项　目	实际安置人数（人）	应拨经费数（按标准）	上级财政拨款数	上年结转数	银行支出数	财政结余数	主管单位实际支出数 合计	建房补助费	生活补助费	旅运费	其它	主管单位结存数	建房面积（平方米）应建数	已建数
4. 国营农场、兵团														
二、1972年以前下乡部分														
1. 生活不能自给	885													
2. 补助建房	1198													
3.														
合　计		95790	60000				79797	45825	18620	352	15000		1696	525

南康县知识青年上山下乡安置工作办公室（章）

491

城市人口下乡安置经费使用情况表

编报单位：（公章）　　　　　　　　　　　　　　　　　　　　　　　　　金额单位：元

城市人口下乡安置经费使用情况表

项目 年度	拨入经费数 (1)	经费支出数 (4)+(11)+(12) (2)	安置人数 (3)	知识青年安置费					
				安置费支出合计 (10)+(7)+(8)+(9) (4)	生活费 (5)	住房修建费		农具家具费 (8)	其它开支 (9)
						平方米 (6)	金额 (7)		
1968 年	361402	78542.98		27075.41	8912.62		10076.72	2682.35	5403.28
1969 年	401187.81	586033.25		331982.92	118210.72		184516.41	26235.79	3070
1970 年	96095	51963.18		75467.98	11670.54		11454.64	1824.61	418.19
1971 年	200	40188.94		28340.29	8356.18		13451.59	6000.52	
1972 年	81195	23090.72		10786.54	7576.86		2574.87	634.81	
1973 年 1—9 月	8860	36499.56		74598.47	9567.46		5031.01		
合　计	954939.81	816319.23		43825.67	57905.38		727104.24	37378.08	8853.97
1973 年 9 月底实有人数	1518								
其中：没有住房人数	1198								
生活不能自给人数	885								

492

续表

项目	城镇居民安置费				备注
年度	当年安置人数 (10)	支出金额 (11)	贪污、挪用和其它不符合规定的开支 (12)	经费结存 (1)-(2) (13)	
1968 年		51467.51		282859.02	
1969 年		254050.33	30579.97	-184845.44	
1970 年		26495.80	5021.06	44131.22	
1971 年		11848.65	3275.48	-39488.94	
1972 年		12304.18	8060	63604.28	
1973 年 1—9 月		21901.09		-27639.56	
合　计		378067.56	43661.23	94959.34	
1973 年 9 月底实有人数					
其中：没有住房人数					年收入不满 100 元的

注：第（1）栏按上级拨款或分配的预算指标填列，只列本年数，不要包括上年结转数。
　　第（3）、（10）栏按当年接受安置人数填列。
　　第（6）栏填住房面积。
　　第（12）栏应另编材料详细说明贪污、挪用不符合规定的具体内容和金额。
　　各县市和各场（团）编制的本表应报送地（市）和主管部门三份，各地（市）和主管部门汇总表应报送省乡办和省财政局，并附所属单位表各一份。

负责人（签章）　　　　　　制表人（签章）

1973 年 12 月 31 日

上海市知识青年历史文化研究会 ｜ 江西省档案馆 ｜ 江西省社会科学院 ｜ 编

上海知青在江西
档案史料选编

（中　册）

金大陆　金光耀　主　编

方丽萍　汤水清　副主编

社会科学文献出版社

SOCIAL SCIENCES ACADEMIC PRESS (CHINA)

目　　录

第二编　生产劳动与学习生活

第三编　　来自上海的慰问与援助

第二编
生产劳动与学习生活

一　综合情况

省级

在全省知识青年上山下乡工作会议上的讲话

刘仲侯

同志们：

这次全省知识青年上山下乡工作会议，是在我们进一步贯彻党的十一届三中全会精神和五届全国人大二次会议精神，把工作着重点转移到社会主义现代化建设上来，集中精力搞好经济工作，聚精会神搞好四化建设的大好形势下召开的。在我们这次会议召开的前几天，华国锋同志以及党和国家其它领导人亲切接见了出席部分省、市、自治区上山下乡知识青年先进代表座谈会的全体代表。华国锋同志作了重要讲话，阐述了知青上山下乡的深远意义，指出知识青年走上山下乡这条路是正确的，广大知识青年到农村去是可以大有作为的。华国锋同志说："同志们响应党的号召，在农村作出了显著成绩，你们应当受到表扬和鼓励！"李先念同志在讲话中，勉励到会青年坚持上山下乡这一方针，而且要带领更多的人坚持这一方针。王震、秋里、耀邦同志也都讲了话，肯定农村是青年献身四化的广阔天地，勉励青年发奋图强，大有作为。这充分说明了党对知青上山下乡这项事业的高度重视，体现了党对青年一代的亲切关怀。党和国家领导人的重要讲话，对开好我们这次会议，进一步做好知识青年上山下乡工作，具有巨大的指导意义。我们这次会议的主要任务是：学习华国锋同志以及党和国家其它领导人的重要讲话和中央〔1978〕74号文件，坚决贯彻全国知青工作会议精神，动员全省各级党组织进一步加强对知青工作的领导，坚持"四个面向"，统筹解决知青问题，以巩固和发展安定团结的政治局面，充分调动广大知识青年的社会主义积极性，为加快四化建设而奋斗。这次会议，还要讨论和草拟省委关于进一步做好知识青年上山下乡工作的意见，希望大家解放思想，发扬民主，集思广益，以便能形成一个比较切合我省实际的统筹解决好知青问题的文件。

现在，我先讲四个问题，作为同志们学习和讨论时参考。

一、正确认识我省知识青年上山下乡工作的成绩和问题

知识青年上山下乡，是党中央、毛泽东同志的伟大号召，是在周恩来同志、朱德同志等老一辈革命家的亲切关怀下发展起来的。千千万万知识青年的这一伟大实践，证明了知识青年上山下乡这条道路是正确的，是符合我国社会主义革命和社会主义建设事业的客观实际的。今天要坚持走这条路，今后还要沿着这条路坚定不移地走下去。

早在五十年代，我省就有不少城市知识青年到农村去，并接收了兄弟省、市来我省参加建设社会主义新农村的一批知识青年。德安县共青垦殖场，就是在一九五六年上海知识青年垦荒队的基础上发展起来的。一九六二年，我省开始有计划有组织地动员城镇知识青年上山下乡。一九六八年以来，我省广大城镇知识青年，热烈响应毛泽东同志关于"知识青年到农村去"的号召，纷纷奔赴农村，走向山区，参加社会主义建设，形成了上山下乡热潮。到一九七八年，全省共有六十二万多名城镇知识青年上山下乡。除历年招工、升学、参军等原因离开农村的以外，目前在农村的知青还有二十五万多人。其中安置在国营农场五万多人，独立核算的知青场队七万多人，社队企业一万多人，分散插队十二万多人。

广大知识青年上山下乡，在农村三大革命运动中，经受了锻炼，提高了觉悟，增长了才干，作出了贡献。他们努力学习马列和毛主席著作，同贫下中农一起顶着林彪、"四人帮"刮起的妖风，坚持农业学大寨。他们把文化科学知识带到了农村，在普及农村教育，实行科学种田，推广农业机械，大办社队企业，发展农林牧副渔各业中，发挥了积极作用。他们向农村社员学习，学到了不少从书本上、课堂里学不到的知识，初步掌握了农业生产技术，提高了独立生活和工作的能力，培养了艰苦奋斗的革命精神。他们移风易俗，破除了轻视农业、轻视劳动的旧思想，促进了社会风气的进步。目前在农村的下乡知青中，已有三千多人入党，五万四千多人入团，六千五百多人参加各级领导班子，成为农村社会主义建设事业的一支重要力量。一大批下乡知识青年根据国家的需要，走上其它劳动和工作岗位，受到各方面的赞扬和欢迎。

在农村的广阔天地里，广大知识青年苗壮成长，涌现了不少先进人物，谱写了许多英雄业绩。原任婺源县太白公社潘村大队党支部书记张徽炎，下乡八年，努力学习，积极劳动，扎根农村，艰苦奋斗，和社员群众一道大干社会主义，为建设新农村献出了年轻的生命。信丰县崇仙公社寨下大队上海女知青陈俊美，认真学习马列主义、毛泽东思想，刻苦改造世界观，被评为全省青年学习雷锋的标兵，荣获模范共青团员的称号。她在一次意外的交通事故中，因公殉职。彭泽县棉船公社新州大队下乡知青陈春林，在一次翻船事故中奋不顾身，舍己救人，被群众誉为"活雷锋"。很多知识青年不留城，不回城，自觉抵制回城风，扎根农村干革命，永修县上海下乡知青、共产党员高康良，就是其中的突出代表。他一九六九年来虬津公社插队，带领上海下乡知青，创建沪光队，改造低产田，做出了显著的成绩。一九七八年每个整劳动力收入五百多元。近几年来，他多次放弃当工人、上大学的机会，坚持务农。高康良的未婚妻熊玉莲，一九七三年被推荐上大学，毕业后分配到公社中学当教师，与高康良结了婚。去年，知青队里其它上海知青都回去了，高康良坚决不动摇，仍然留在农村干革命，决心为农业的现代化而奋斗。乐平县下乡知青程立标，一九七四年大学毕业后，主动要求当农民。五年多来，他任凭风浪起，扎根志不移，坚持在农村和社员群众一起战天斗地，为改变当地的生产落后面貌作出了贡献。有一批下乡知识青年，已经成为向科学进军道路上的突击力量。其中有立志攀登天文科学高峰，坚持业余研究天文，十几年如一日，成为我国第一个用目视观测发现新星的宁都县竹笮公社下乡知青段元星；有努力学习科学技术知识，大搞科学试验，为发展渔业生产作出了成绩的上海下乡知青刘根伟；有克服重重困难，试验成功水稻宽窄行沟灌湿润栽培法，在冷浆田里夺高产的婺源县许村公社下乡知青江安中；有一心想农业机械化，试验成功了十多种电子、电器设备，显著提高了农作物产量，被称赞为"电子迷"的德兴县下乡知青黄伯洪；还有下乡十年，忠诚党的农村教育事业，全心全意为社员群众服务，为培养教育下一代付出了心血的下乡知青、民办教师张彩芳等。

在农业学大寨运动中，各地还涌现出一大批生产好、贡献大、知青安心的先进场队。南昌县八一公社钱溪大队知青队，是江西制药厂一九七三年底实行厂社挂钩办的知青点，现有知青六十三人。经过几年的艰苦努力，粮食产量一九七八年亩产达到一千一百五十斤，工副业收入净盈余七万二千多元，还添置了汽车、拖拉机等一批农业机械。一九七八年每个知青平均收入三百九十元，最高达四百五十元。全队有储备粮七万六千多斤，公共积累五万余元。永修县白槎公社共有下乡知青三百一十五人，在社队企业工作的四十三人，担任民办教师、赤脚医生等工作的十二人，还有二百六十人安排在六个独立核算的知青场队。这些场队年年增产，队队增收，粮食自给有余。每人年平均收入三百六十元，最高的达五百多元。知青家长普遍反映："原来拿钱下乡买口粮，现在拿钱回家存银行。"一九七三年以来，这批来自上海、南昌、九江等市的知青没有一人长期倒流，知青家长说："子女在农村安心，我们在城里也放心！"信丰县西牛知青林场是一九七三年创建的，六十五名知青，在党支部的教育下，树立了以场为家、务农光荣的思想。五年多来，他们贡献给国家粮食二十二万七千斤，烤烟八千多斤，生猪五十六头……

我们还应当看到，继续动员一部分知识青年到农村去，也是三年国民经济调整的需要。为了解决国民经济的比例失调，这次调整，要关、停、并、转一批企业，停建、缓建一批基建项目。无论是全民还是集体企事业都不可能大量增人。现在摆在面前的有三笔帐：（一）全省现有在乡知青二十万（不包括安置在国营农场的五万知青），其中一九七二年以前插队的十万零九千；（二）历年来按政策留城的知青八万四千，城镇闲散劳动力八万六千；（三）到一九八五年城镇（包括县以下城镇和应动员下乡的）高中毕业生六十二万人，每年平均七万人。据劳动部门统计，三年调整期间有五十一万人需要安排，平均每年要安排十七万人。这就必须千方百计想办法，从城乡广开门路，逐步地把他们妥善安排好。从城市来说，目前要积极发展集体所有制的轻工业、手工业、修理业、商业、服务业、饮食业、建筑业、运输业、文教卫生事业，等等。这些方面还有不小的安排潜力，是大有可为的，但从另一方面看，发展这些事业都受到其它各方面条件的制约，也是有一定限度的……

分宜县

转发县"五·七"大军领导小组《关于进一步加强"五·七"大军工作的报告》

（分革〔71〕006号）

各公社（场）、粮油处、商业局、财金局党组织、革委会：

县"五·七"大军领导小组《关于进一步加强"五·七"大军工作的

报告》很好，措施也是可行的，现批转给你们。希望你们根据报告中提出的问题，联系本地区的工作，把它提到各级党组织和革委会的议事日程，认真讨论，切实解决工作中存在的问题，并加强对"五·七"大军工作的领导，教育广大党员、干部和贫下中农一道挑起再教育的重担，为培养造就千百万无产阶级革命事业接班人作出更大的贡献！

江西省分宜县革命委员会（章）

一九七一年元月九日

关于进一步加强"五·七"大军工作的报告

县革委党的核心小组：

一九七〇年以来，全县各级党组织、革委会广泛深入地贯彻执行了中央26号文件，接待安置了二千五百余名上海知识青年插队落户，领导全县下放干部开展了"一打三反"运动和鉴定工作，广大"五·七"战士在贫下中农的耐心教育下正在茁壮成长。但是必须看到，当前两个阶级、两条路线的斗争在"五·七"大军工作和"五·七"大军内部的反映仍然十分激烈。阶级敌人从政治上、思想上、经济上腐蚀拉拢"五·七"战士，排挤、打击、陷害知识青年，贪污挪用安置经费，引诱乱搞两性关系等等；少数干部仍然把"五·七"大军工作当作"临时任务"、"额外负担"，想"卸包袱"、"撂担子"；部分"五·七"战士由于受"劳动惩罚论"、"下乡镀金论"等反革命修正主义路线的影响，对长期扎根农村产生新的动摇。一九七一年是无产阶级文化大革命斗、批、改运动更加深入的一年，是我县知识青年开始实现三自给的头一年，因此进一步加强对"五·七"大军工作的领导，坚持用毛泽东思想教育人、改造人，是摆在各级党组织、革委会面前的一项十分光荣艰巨的任务。我们建议：

一、狠抓路线教育，提高继续革命觉悟

元旦社论指出："要根据毛主席的指示，在全党进行一次思想和政治路线方面的教育"。各地要以公社为单位，举办有基层干部、贫下中农和"五·七"战士参加的毛泽东思想学习班，狠抓路线教育，提高继续革命觉悟。

1. 以"老三篇"为武器，反复学习毛主席《关于纠正党内的错误思

7

想》、《青年运动方向》等光辉著作，以实际行动贯彻落实"知识青年到农村去"和"广大干部下放劳动"两个伟大指示，从思想上解决三个问题：一、听毛主席的话，不听社会上的流言蜚语；二、朝气蓬勃地干革命，不消极等待；三、一辈子走与工农相结合的道路，不是"一年干，两年看，三年等轮换"和"两年农村干，三年进工矿"。行动上做到：听到流言蜚语不松动，遇到八级台风不动摇，坚定地、无条件地扎根农村干革命，为建设社会主义新农村贡献毕生的精力。

2. 深入开展革命大批判。狠批林彪"劳动惩罚论"、"下乡镀金论"的反革命修正主义黑货，做到结合实际深入批，联系思想反复批。坚决克服"重工轻农"、"重城市轻农村"的思想，肃清"黑六论"的余毒，树立完全彻底为人民的思想。

3. 认真学习、贯彻、落实中央 26 号文件，使广大干部和贫下中农在思想上明确认识"五·七"战士是农村三大革命运动的财富，不是"包袱"，是培养无产阶级革命事业接班人的百年大计，千年大计，不是"权宜之计"。在行动上要勇于挑重担，不是想"卸担"。对破坏知识青年上山下乡的阶级敌人，要狠狠打击，毫不留情，对阻挠、刁难"五·七"大军工作的人要进行教育，严肃处理，使"五·七"大军这支队伍沿着毛主席的革命路线健康成长。

二、切实加强"五·七"战士的教育管理

目前在"五·七"战士的教育管理上，一般来说，强调接受再教育多一些，进行再教育少一些；强调改造客观世界多一些，强调改造主观世界少一些；强调工作多一些，强调劳动少一些，少数同志对知识青年产生了厌恶情绪，想"卸包袱"、"撂担子"，为此：

1. 坚持活学活用毛主席著作的制度。必须按照中央规定，下放干部每月坚持学习四天，成为雷打不动的制度。知识青年每周学习二次，每次不少于二小时。坚持天天读，提倡人人写学习心得笔记。

2. 坚决把好劳动关。要认真执行省革委关于"下放干部参加集体生产劳动一年不得少于二百天，知识青年和社员一样出勤"的规定，下放干部尽量做到立足生产队，工作不出大队。既劳动，又工作；既改造主观世界，又改造客观世界。要认真执行省革委"借用下放干部一年不超过二个月"的规定。

3. 使用干部和教育干部要紧密结合。在使用上必须坚决贯彻毛主席一系列的干部政策，做到有成份论，不唯成份论，重在政治表现，目前长期借用的下放干部、教师达五百余人，对这些同志的工作、生活、劳动要作出妥善安排。党组织、革委会要指派专人分管下放干部的工作，做到全面教育、重点考查，有计划地安排使用。

4. 建议县革委在元月中旬召开一次公社主管"五·七"大军工作的副主任会议，认真解决对"五·七"大军工作的领导思想问题。春插前召开全县第三次"五·七"大军接受贫下中农再教育和"四好"、"五好"代表会议，总结经验，树立旗帜，表彰先进，推动工作。

三、妥善安排好"五·七"战士的生产和生活

毛主席教导我们："一切实际生活问题，都是我们应当注意的问题"。"五·七"战士的房屋漏雨一定要及时检修，知识青年的菜地要按当地社员的标准，数量给足，质量要好，贫下中农的带班老师要帮助栽培管好蔬菜。知识青年的工分，既要注意不过多地增加贫下中农的负担，又要防止压低工分的偏向，原则上不低于五分。七〇年年终分配除留足四个月生活费外，多余的应发给本人。对安置经费要进行一次清理，发现贪污挪用要严肃处理。春节前县、社要组织慰问团对"五·七"战士进行慰问，春节期间对"五·七"战士的物资供应、文体活动都应关心和照顾。

四、健全组织领导

公社应健全"五·七"大军领导小组和连部，实行两块牌子一套人马，在领导小组中选出正副连长，正副指导员。公社"五·七"大军办公室应配备二至五人，并应做到专职专用，大队设再教育小组和排。有三个以上知识青年班级的大队应有专人抓知识青年工作。除苑坑公社确有困难外，其余每个班都应配备下放干部或教师带班，所有知识青年班都应由所在生产队一名副主任直接领导。县革委每两月应讨论一次"五·七"大军工作。组长以上干部下基层，要了解"五·七"大军工作，看望"五·七"战士；回机关要汇报"五·七"大军情况。

以上报告如无不当，请批转执行。

分宜县革命委员会"五·七"大军领导小组

一九七一年元月四日

武宁县

批转《武宁县知识青年上山下乡工作会议纪要》

（武发〔1973〕29 号）

各公社（场）党委：

县委同意《武宁县知识青年上山下乡工作会议纪要》，现批转给你们。望各地认真研究贯彻执行。

知识青年到农村去，是毛主席的伟大号召，是一项长期的政治任务。各级党组织，要根据中共中央〔1970〕26 号文件精神，认真落实党的政策，切实抓好这项工作，充分发挥广大下乡青年在农业学大寨群众运动中的作用，为建设社会主义新农村作出自己应有的贡献。

中共武宁县委／（章）

一九七三年四月十八日

武宁县知识青年上山下乡工作会议纪要

四月五日至七日，召开了全县知识青年上山下乡工作会议。会议以批林整风为纲，传达了省、地上山下乡工作会议精神，初步总结交流了经验，研究了今后工作。

会议期间，县委常委对知识青年上山下乡工作进行了讨论研究。县委书记董乐辛同志在县委工作会议上就如何加强对知识青年上山下乡工作的领导问题讲了话。到会同志认为：这次会议开得很好，很及时。对进一步做好我县知识青年上山下乡工作，将会起到积极的作用。县委常委胡著安同志代表县委就上山下乡工作会议作了总结发言。

现将这次会议讨论研究的几个问题纪要如下：

一、关于认识问题。

中共中央〔1970〕26 号文件指出："知识青年上山下乡是一场伟大的社会主义革命。它对于培养无产阶级革命事业接班人，巩固无产阶级专政，防止资本主义复辟，促进城乡斗、批、改，建设社会主义新农村，必将产生深远的影响。"会议认为：知识青年到农村去，是毛主席的伟大号召，农村是广阔的天地，广大知识青年到农村大有作为。要结合批林整风，进一步提高对知识青年上山下乡伟大意义的认识，鼓励广大知识青年到农村去，只有解决认识问题，做好这项工作才有思想基础。要深刻认识知识青年上山下乡的工作，从长远观点来看，是一项基础工作。它不是权宜之计，也不是临时措施，更不是哪一个部门的事，而是全党的工作，是一项长期的政治任务，是世世代代的事业。要正确对待上山下乡知识青年，把他们看作是建设社会主义新农村的"财富"，不应当把他们当作是"包袱"。这是一个路线问题，也是一个阶级感情的问题。因此，认真做好知识青年上山下乡的工作，对于培养无产阶级革命事业接班人，巩固无产阶级专政都有重大的意义。

二、关于领导问题。

加强党的领导，是做好知识青年上山下乡工作的重要保证。各级党组织要切实加强对知识青年上山下乡工作的领导。当前，首先要在上山下乡知识青年中认真抓好批林整风这个头等大事……二是，要进一步建立与健全知识青年上山下乡的领导机构，切实加强对这一工作的具体领导。县、社都要成立知识青年上山下乡安置工作领导小组，县委由一名常委负责，下设办公室（简称乡办）；凡有下乡知识青年的公社，应有一名副书记或副主任主管这项工作，公社也要成立乡办，配备一至二名干部；有下乡知识青年的大、小队，要建立和健全再教育工作领导小组，并发挥作用。各级党组织要经常组织上山下乡知识青年，学习政治理论，学习军事知识，学习时事文化。帮助他们搞好劳动管理、生活管理，从政治上、思想上、组织上加强领导。关心他们的进步，要注意在他们中培养和发展党、团员。共青团、妇女组织要加强对他们的教育和帮助。充分发挥上山下乡知识青年在三大革命运动中的作用。三是，要以公社为单位，办好上山下乡青年学习班。春插大忙过后，各公社要举办一次下乡青年学习班。对回城和外流的要采取一切办法，动员他们尽快地回乡，与广大贫下中农一道，抓革命，促生产……凡在下乡青年中招工招生，都要经过计划、教育、乡办共同商量，经过当地贫下中农和下乡青年评选、推荐，由基层组织审定，坚决纠正"走后门"的不正之风。四是，抓好典型，总结经验。各级领导要亲自抓好典型，今后要求每个季度抓一次，及时总结经验，做好这项工作。

三、认真落实党的政策。

会议认为，毛主席亲自批示"照办"的中共中央〔70〕26号文件是做好知识青年上山下乡工作的重要文件，要认真贯彻执行，并按照这个文件精神，认真检查、落实有关知识青年上山下乡工作的各项政策，要一个单位一个单位、一个问题一个问题、一个人一个人地认真抓好落实。进一步调动下乡青年的积极性，巩固知识青年上山下乡工作成果。为了落实好中央〔70〕26 号文件的精神，春插后，组织一定的力量，搞好试点，取得经验，然后全面铺开。当前要认真做好以下几件事：

1. 要坚持集体插队形式。对一人一队、一人一灶的现象，要尽快地扭转，把他（她）们编成班，每班人数以五至七或七至十人为宜，最少也不能少于三人。

2. 要选好带班的教师。各级党组织要教育带班的贫下中农，对下乡青年要热情地帮，耐心教育，用毛泽东思想、无产阶级立场、贫下中农的本色去教育、培养他们，认真挑起再教育的重担。

3. 要妥善解决下乡青年的粮、油、菜等问题。口粮标准，不能低于当地单身劳力的吃粮水平；吃油要适当给予照顾；菜地、饲料地要按《六十条》规定给足。对他们的疾病治疗问题，应与当地社员同等对待。

4. 要合理安排下乡知识青年的农活，贯彻同工同酬、按劳取酬的政策。下乡知识青年的底分，不分男女青年，都应该同生产队的贫下中农一样。不合理的要适当调整。

5. 住房问题。对下乡青年的住房，要抓紧解决。没有住处的要有计划新建，或住社、队公房，或向社员暂借等办法解决。房子破漏的要修理。国家拨给下乡知识青年的建房经费和建房木材，要专款专用、专材专用。

四、做好应届毕业生上山下乡动员和安置工作。

……

五、狠抓阶级斗争，坚决打击一小撮阶级敌人的破坏活动。

会议认为，当前在大好形势下，阶级斗争仍然是尖锐的、复杂的。一小撮阶级敌人总是千方百计地进行破坏，城乡资本主义势力和封建残余势力也在拼命地同我们争夺下一代。斗争的焦点是：腐蚀与反腐蚀、倒流与反倒流、复辟与反复辟的斗争。一小撮阶级敌人有的利用资产阶级的人性论，腐蚀、毒害下乡知识青年；有的煽动一些不明真相的人，挑拨贫下中农同下乡知识青年之间的关系；甚至有的奸污、诱侮下乡女青年，摧残女青年的身心健康。对这些问题，要高度警惕，认真对待，严肃处理，坚决打击一小撮阶级敌人的破坏活动，保卫和发展上山下乡的成果。

县知识青年上山下乡工作安置领导小组

一九七三年四月八日

武宁县革命委员会办公室印发　　　　一九七三年四月二十日

关于传达贯彻中发〔73〕21 号文件的通知

（武发〔1973〕46 号）

各公社党委、革委会：

中共中央〔73〕21 号文件，转发了伟大领袖毛主席一九七三年四月二十五日对李庆霖同志的来信的重要答复，和李庆霖同志写给毛主席的信。县委常委认真地进行了学习，一致认为，毛主席亲自给群众复信，意义非常深远。毛主席的信，是对人民群众和青年一代的亲切关怀；是对我们有力的鞭策和教育。县委常委研究决定：在省、地委未专门布置之前，先将中央文件发给你们。请迅速召开党委会或党委扩大会，认真进行学习，深刻领会毛主席的复信的精神，在提高思想认识的基础上，严格地对知识青年上山下乡工作进行一次全面检查，发现问题，及时解决。当前，应着重解决如下几个一些急待解决的问题：

1. 吃粮问题。下乡青年的口粮标准，"应当不低于当地单身劳力的实际吃粮水平"。口粮不足的，首先由社队调剂解决，社队调剂后仍有困难的，由各地在回销粮中给予解决。不准克扣知识青年的口粮。

2. 知识青年班吃油问题。在节约的前提下，确有困难的，社队应积极地帮助解决。

3. 住房问题。知识青年没有住处的，要迅速设法解决；房屋破漏的，要积极予以修理；凡是下乡知识青年迁建费和"队建公助"为下乡青年所建的房屋，任何单位或个人不能占用，占用了的要迅速退还。

4. 宋溪、杨洲两个公社的"五·七"农场，要认真总结经验，不断提高，对一些问题要妥善帮助解决，切实加强对"五·七"农场的领导。

5. 对知识青年的疾病治疗和菜地、烧柴等问题，应该与当地社员同等对待。疾病治疗确有困难的，应认真地予以解决。

6. 要坚决贯彻男女同工同酬、按劳取酬的分配政策，底分不到五分以上的要立即纠正，年终分红要兑现。

7. 坚决纠正一人一队、一人一灶的现象。石门公社要积极地逐步地解决这个问题。集体食堂的炊事用具，要认真地加以解决。

8. 对破坏上山下乡的违法乱纪行为，应及时组织力量，认真查清，区别性质，严肃地及时上报处理，属于阶级敌人有意破坏，要坚决予以打击。

遵照毛主席提出要"统筹解决"的精神，县委准备召开专门会议，进行具体研究与部署。各公社（场）党委接到中央〔73〕21 号文件后，对照毛主席这封信，对知识青年上山下乡工作要严格检查，加强领导，总结经验，并将检查情况及时向县委报告。

以上通知，希认真贯彻执行。

中国共产党武宁县委员会（章）

一九七三年六月二十二日

贵溪县

关于上海知识青年基本情况

一、上海知识青年下放我社 95 人，其中男生 47 人，女生 48 人。

1. 上调提干 1 人。

2. 进工厂 7 人。

3. 外迁有 5 人。

4. 现在生产队 82 人，其中男 39 人，女 43 人，分别住相五队 5 人、新屋 8 人、小贝 21 人、邓家 14 人、陈坊 7 人、祝家 10 人、刘桥 9 人、滑石厂 5 人、孟青 3 人。

二、口粮标准。

男生最高 900 斤谷，最低 850 斤谷；女生最高 800 斤谷，最低 750 斤谷。2 分（底分）男生最高 10 分，最低 6.4 分；女生最高 7.5—6.2 分，最低 5—5.2 分。

三、上海知识青年单独建班 7 个班，联合建班 2 个班（陈坊、滑石厂）。

四、住房情况。

1. 计 9 栋屋、64 个间，其中借用修理房屋 3 栋。

2. 借用生产队房屋 5 栋。

3. 新建新房 1 栋 16 间。

五、结婚情况：（没有）。

六、三自给情况。

1. 最高出工数 25 天。

2. 最低出工数 9.2 天。

3. 年终收入数最高全年收入 270 元、158 元；最低收入 10.14 元。

4. 办食堂 9 个。

5. 解决吃等问题：9 个班有蔬菜基地，4 个班达到全自给……

七、身体情况：有病人数 15 人，近视 9 人。

1. 下放时有病人数 12 人，下放后有病人数 3 人

……

八、组织纪律情况。

大部分来到农村很好，能服从组织分配，但有个别对下乡劳动认识不足，组织纪律性较差……

有部分同志对请假制度遵守不严，请一个月假、超假三四个月人数较多。有的不经请假回上海的……

九、党团组织情况。

发展党员现没有，建党对象有 6 人。

发展团员男 1 人、女 6 人。

十、典型情况。

七一年被评为先进个人的有 33 人。

主要先进事迹：

①宣传毛泽东思想好，学习毛主席著作好。

②安心农村，接受贫下中农再教育好，虚心向贫下中农学习。

③能坚持学习制度，开展革命大批判，参加农村三大革命斗争。

④能搞好团结，自我教育好，和贫下中农打成一片。

⑤积极参加集体生产劳动。

⑥遵守纪律，分配工作，能起模范作用。

……

十一、存在什么问题？在单位解决不了的，需要向上级报的请示解决：长期有病人员不能务农，长期在上海治疗；要求上级妥善安排的人员有×××、×××、×××、×××、×××。

以上人员是否可以照顾回沪，本人曾多次申请退回上海，我社意见，同意其本人意见，照顾回上海，以利工作。

贵溪县余家公社革命委员会"五·七"大军领导小组办公室（章）

七二年四月一日

泗沥公社王湾、赤石生产大队上海知青情况调查报告

为了更好落实毛主席党中央关于知识青年上山下乡的一系列指示，进一步巩固和发展上山下乡的胜利成果，在全国革命人民批判邓小平，反击右倾翻案风，追查反革命的新高潮中，为迎接全国知青工作会议的召开，我们根据上级指示，在县委、乡办统一领导下，我小组全体同志认真学习毛主席的有关指示，明确调查目的意义，在提高认识的基础上，选择了泗沥公社王湾、赤石两个大队为点，于五月二十二日至三十日，对下乡青年扎根农村情况进行调查分析。

泗沥公社位于县城北部，于一九六九年和七〇年先后接收二批上海下放知识青年，以往对知青工作是十分重视的，安置工作做得较好，于一九七一年全县在该公社召开了贯彻落实中发〔70〕26号文件现场会议，推广了他们的先进经验。一九七三年被评为上饶地区上山下乡知识青年代表会议的先进单位，一九七四年又被评为贵溪县上山下乡知青代表会议的先进集体。知识青年到农村来，受到贫下中农的关怀和热烈欢迎，各组织也很重视并做了大量工作。由于形势在发展、革命在前进，党中央对知青工作有了更高更新要求，近二年来与兄弟公社相比，相形之下，前进步伐迈得不大，新经验不多，跟不上形势的发展。现将该公社所属王湾、赤石两个大队上海知青调查情况综合简报如下：

一、两个大队基本情况。〔略〕

二、上海知青概况。

王湾大队七〇年共接收上海知青 20 人，男 9 人，女 11 人，后由外地转来上海男知青 1 人，共 21 人，分别插队在上裴、三郑、永红三个生产队。几年来除招工、招生、外迁、病亡外，目前大队尚有上海知青 13 人，男 6 人，女 7 人，分别插队在上裴 7 人，三郑 6 人，于今年四月份已集并在王湾大队创业队。

赤石大队共安置上海知青 30 人（男 14 人、女 16 人），分布在赤石、里杨、翁家、胡家 9 个青年点、5 个生产队，目前尚有知青 17 名（男 6 人、女 11 人），分别插队在赤石 3 人，杨一 3 人，杨二 3 人，胡家 6 人，翁家 2 人。到目前为止，赤石大队仍无新的计划打算。

三、落实政策情况。

由于各级组织重视，贫下中农热情关怀，知青在住房、口粮，同工同酬等方面，在生产队落实是好的，贯彻了中发〔73〕30 号和江西省委〔73〕131 号文件精神，知青反映也较好……

做到了"吃有粮、住有房"，创造了较好的生活环境与生活条件，为青年安心农村、扎根农村干革命打下了较好的基础。

四、知青生活自给程度。

知识青年经过几年的农村生活，虚心接受贫下中农的再教育，在三大革命运动中刻苦磨炼自己，大部分青年掌握了一定的农业生产劳动技能，改变了以往"肩不能挑担，手不能提篮"的状况，与贫下中农建立了较深的无产阶级感情，能热爱农村，积极投入农业学大寨运动，在广阔天地里茁壮成长，生活自给程度也逐年提高，如赤石大队现有 17 名插队青年中，七五年总收入在 130 元以上约有 9 人，占在队知青的 53%，其中赤脚教师 5 人，任公社电工 1 人，直接农田劳动 3 人。其原因在于：①这些青年能虚心接受贫下中农再教育，热爱农村、能刻苦磨炼、热爱劳动……②本人身体健康、家长要求严格，支援较少。③同工同酬较好，男女底分接近合理，分值较高，收入多……

生活不能自给的（指在 130 元以下），赤石大队有 8 人，除长期在沪 2 人外尚有 6 人，占大队知青的 35%；王湾大队 13 人，除长期在沪 4 人外占留队知青 30.8%。主要原因：①政治思想工作薄弱，对扎根农村认识不足，不安心于农业生产。②自幼生长在城市，体质、劳动技能均不及当地社员。

③依靠家庭来源，怕过艰苦生活，很少参加劳动……④体质较差，有各种疾病或患慢性病，不能坚持正常农业劳动。两大队在队知青30人，患病青年即有16人，占在队青年的53.3%。⑤探亲时间过长，不能及时返回农村参加劳动。⑥由于分值低或分散插队，一人一灶忙于烧饭、种菜，影响出工和收入……

务农生活不能自给的知青中女青年所占比例较大……

通过二个大队对知青生活自给的调查，反映泗沥公社党委、大队党支部直到贫下中农，对执行毛主席"知识青年到农村去，接受贫下中农的再教育，很有必要"的指示，做了大量工作，而且取得了一定的成绩。为使这项工作做得更好，我们认为：

①进一步加强组织领导，加强对知青的政治思想工作。从我们所接触的公社、大队、生产队干部以及贫下中农、知识青年，包括参加该大队路线教育队的同志一致反映，近二年来公社、大队对知青再教育工作有所放松，组织领导也不能健全，好的学习制度也没有很好坚持，如以往每月规定要组织知青集中学习二次，但近年来学习基本无人抓。据反映，毛主席亲自发动和领导的反击右倾翻案风运动开展以来，公社至今还没有很好组织青年在一起学习过、批判过。没有很好发挥青年的作用。赤石大队分管知青的支部书记，因分管其它工作去了，半年以来，青年工作无人过问。青年既分散，又无报纸阅读……

②认真贯彻上饶地区七六年弋阳会议精神，尽快把分散知青组织起来，建立青年队（场），巩固上山下乡伟大成果……

五、青年婚姻状况。

王湾大队13名知青中，符合晚婚年龄（男27周岁，女25周岁）有2名，占15%；赤石大队17名知青中，有9名女知青符合晚婚年龄，占该大队知青人数的53%，其中汤××、刘××已达30岁，尚未有对象，只有王××、葛××这一对上海知青结了婚成了家，占总数的12%。

在婚姻问题上，不少青年说："想也不敢想"，他们等待观望，等待中央会议有新的政策规定，顾虑婚后生育，抚养不起子女，生活造成更大困难，也顾虑失去招工、招生的上调机会和失去病退条件。有的男青年年龄已大，当地女知青同等年龄差不多均已结婚，不易找到，上海女知青考虑地方今后生活困难又不愿意。小葛、小王这一对青年，他俩在同一个青年班，同学习，共劳动，产生了感情，怀了孕，但还不想结婚，由于公社、大队领导做了大量政治思想工作，贫下中农热情支持，他俩于七三年结了婚，但遭到女方家长反对，相当长时间母女关系紧张、疏远，至不往来。近年来，通过各方面工作，家长见到这对小夫妻感情确实很好，热爱劳动，勤俭持家，思想逐步有所转变，在物质上、经济上给予适当支持，并将外孙女留沪帮助抚养。

在这一对青年婚姻问题上，公社、生产队是关心的，贫下中农是欢迎的，做了不少工作，并解决了他们婚后生活存在的一些实际困难。

二名青年原均务农，小王体质较弱，收入低，考虑婚后抚育子女生活有困难，队里给她安排当赤脚教师，每月收入近22元（一年10个月），七六年开始以工分计，相应提高了他们的生活自给程度。

在住房方面，这个青年点原安排5名知青，有两间寝室……由于调走了3名，空出一间屋，他们就把两间打通，队里又为他们造了一间厨房，又自己动手搭了一个猪栏，目前住房基本得到解决，室内的用具，由队里支持一点杂木，帮助做了一张双人自坯木床（据知青反映，这床是队里财产，可用你不可带走），利用原来知青点桌凳，自己动手又添置了一些零星杂物，基本够用。

在生活方面，原来这个点上的几厘菜地，队里仍照顾给他们种植，原有四分半自留田，一分饲料地，除种蔬菜、饲料外，还可以种一些粮食作物，他俩目前自养了一头猪、二只鸭、八只鸡，还孵了小鸡，口粮男吃900斤，女吃700斤，小孩吃200斤。由于队里口粮紧，去年只发半年口粮，其余均购回供粮，增加了一些不必要的开支。口粮指标虽有，但往往发不足，要根据粮食增产情况，向贫下中农一样按比例减免，给知青也增加了困难。

经济收入，由于他们积极劳动，男在七五年做了249工分，得187元，扣除往来帐和一家半年口粮，按理可进51元，由于扣除前几年队里欠款，实际未拿到现金。女当教师一年可得250元（未扣除半年口粮款），合计全年劳动收入为437元，看来收入还可以，但扣除全年口粮、欠款，以及生活必要开支外，生活仍很困难。公社、上海打浦街道均给予适当补助。目前他们尚欠队款100元，主要由于小王体质较弱，患肾炎（时），到县城看病，往来车费、住宿费、医药费等开支较大，小孩寄养在上海父母处，一年一次探亲路费要二三十元，再捎买些小孩零星用物，实际小孩生活费、穿戴等还全靠父母负担。

知青婚后在抚养子女方面，问题较多，困难较大，若亲自带领小孩，影响出工、出勤，托别人捎带，又付不出寄托费。

由于婚后女方身体欠佳、小孩抚养等原因，扎根思想仍不牢固，如小王提出："现在我们可以离婚吗？"从双方感情来讲，非本意，但反映一种思想。今年五月女方提出病退，因上海市乡办规定：已婚知青不能病退，县乡办未予办理。最近小葛又提出特困（独苗），要求男女同时办理退沪手续，县乡办和慰问小组根据其实际困难，经研究同意报上海市乡办办理病退，待批。

通过青年婚姻问题的解决，反映当地贫下中农是欢迎有志青年扎根农村安家落户干一辈子革命的，但一些实际问题有碍青年的恋爱婚姻进展，须有待合理解决，如婚后不允许招工、招生、病退，我们认为并不完全合理，容易造成部分青年先同居即使怀孕也不愿结婚的现象。同时要创造一定条件，使青年方能比较安心，如婚后住房问题，要添置双人床铺以及一些必要的家具、卧具等，经济、木材指标、票证等上级均无明确规定，对青年婚姻问题也带来一定影响。根据知青年龄越来越大，建议中央应作出明确规定，统筹解决。当然，婚后青年的巩固工作，各级组织更应进一步加强，只有抓路线，帮助已婚青年继续搞好学习、生产劳动和生活，才能进一步促进他们坚持乡村，巩固无产阶级专政。对已达晚婚年龄和年龄较大青年，各级组织也应把知青婚姻问题放在党委的议事日程上，要关心知识青年的恋爱婚姻问题，这不是生活小事，不光是知识青年个人的事。恩格斯指出：婚姻是政治的联姻。我们要从巩固无产阶级专政的高度去认识，去关心知青的婚姻问题，革命家长同样要做社会主义新生事物的促进派。

六、培养使用情况。

几年来，王湾大队发展知青党员 1 名，占 14.2％，团员 5 名，占 24％，提拔任生产队副队长 1 人。赤石大队发展团员 7 名，占 41％，生产队妇女主任 1 人，5 名青年担任了赤脚教师，1 名担任公社电工。

……王湾大队这方面工作抓得较好，至今还给青年订阅报纸，关心他们学习。赤石大队青年较分散，青年既无报纸看，大队又很少组织他们学习……连公社乡办干部也说："这个大队工作做得较差"。知青和路线教育工作队同志向我们反映：目前还有少数干部存在"外地人、会调走、用不久"等错误认识，将青年单纯当作劳动力使用或看作是接受再教育的对象，忽视了对他们的培养和使用……

七、招工、招生情况。

数年来，王湾大队有 2 人被招工，占 9.5％，招生 1 名，占 4.7％，外迁 3 名，病亡 1 人。赤石大队仅有 2 人升学，占全队知青的 7%，外迁 3 人。

在这方面，县委乡办各级领导对上海知青是比较照顾的。如七五年，大学招生 74 名，其中上海知青就有 54 名，占 73%，招工 20 名，上海知青占 16 名，占 80%。当地贫下中农各级组织对于上级下达指标均很认真研究，招工招生对象均经贫下中农评议推荐，组织复审上报，都将优秀青年推荐出去，留队青年一般没有什么反映。

在招工、招生条件掌握上，根据往年情况，我们认为年龄、男女比例应放宽一些，对于已婚青年也应一视同仁，对于"可教育好的子女"或者家庭中有一点这样或那样问题的青年，不应影响他们的进步。当年国家建委上饶建筑运输处招工时，除强调政治、体质、文化、年龄等条件外，据反映还要有一定特长，如会打球、文娱爱好等，贫下中农、知青有一定反映。

由于上海、江西二地在某些政策方面不一，如江西父母退职退休病亡等，子女可顶职上调，对上海青年也有影响。据反映，王湾大队本省下放知青 8 人，先后很快走掉 6 人，另 2 名户口虽在队，但人也是长年不来生产队的，在上海青年中产生了看法，议论较多。建议这方面中央也应有一个统一政策，减少城市和安置地区的矛盾。

八、病残青年。

几年来，知青随着年龄的增长，由于各种原因，青年体质普遍下降，病残增多，两大队共有上海下放知青 50 人，已病退回沪的有 6 人，占 12%，已同意病退正在联系或正式提出病退 11 人，占 22%，还有 6 人未提出病退或不符合病退条件，但患有慢性病，不能坚持正常生产。

对于患病青年，贫下中农均很关心，各级领导均较重视，一般在工作方面都给予适当照顾，如当赤脚教师，担任大队植保员或照顾看山，提高他们生活自给程度……

病残原因甚多，有的原来在沪就已发现，由于积极响应毛主席上山下乡伟大号召，被上山下乡的革命洪流所推动，带着接受"再教育很有必要"，建设新农村的雄心壮志而来到农村，现逐年加重，不能坚持；有的缺乏锻炼又得不到及时治疗或被传染，劳动不当心造成外伤等；还有的由于分散插队，一人一灶，生活上不会料理，一天紧张的劳动下来，不做不吃，或用水冲一点冷饭等躺倒上床，也是其中原因之一。

对他们除予以适当照顾、合理安排、加强政治思想教育外，我们认为相对集中并因地制宜地办些小作坊，像王湾大队一样组织起来，对于有慢性病而分散一人一灶的青年来说，将是有益的。

贵溪小组

一九七六年六月十四日

余江县

关于上海知识青年来余江安家落户接受
贫下中农再教育的情况汇报

县精简办

……为了认真地做好上海知识青年的安置工作，根据专区革委电报和县革委常委的指示精神，我室派出了两名干部于 3 月 28 日—4 月 11 日先后到 8 个公社、21 个大队、36 个生产队对上海知识青年安家落户的情况进行了调查了解。

一、……上海 506 名知识青年分赴在我县 8 个公社 38 个大队 69 个生产队安家落户……

一个月来，各级革委会和广大贫下中农，高举毛泽东思想伟大红旗，突出无产阶级政治，开展了"工业学大庆，农业学大寨，全国学人民解放军"的群众运动，做出了榜样。政治思想工作开展好的有黄庄、马荃、洪湖、潢溪等公社，特别是黄庄、马荃等公社的各级革委会都有一名副主任来兼管"五·七"大军教育管理工作，并开办了各种类型的毛泽东思想学习班，狠抓了阶级教育，开展了回忆对比、忆苦思甜的教育，讲村史、家史等……马荃公社新店大队大池源王家生产队的 4 名上海知识青年，四月一日深夜收听了中国共产党第九次全国代表大会隆重开幕的特大喜讯后，同"五·七"大军、贫下中农及时热烈欢呼游行。黄庄公社马源大队程坊生产队 10 名上海知识青年投入了"抓革命，促生产"运动，生产队贫下中农发现陈伟福、董云富、陈小妹等三同志与贫下中农同吃同住，同劳动，同学习，参加集体劳动，不怕苦，不怕累，主动找苦吃，及时用大字报表扬他们冒着风雨修公路……潢溪公社水产场的上海知识青年陈珍珠等三位同志发扬高度的共产主义风格，自己有些医疗知识，边学边实践，看到一名孤儿生急性肺炎昏倒在地下，将自己从上海带来的药品采取了急救打针治疗，使这个孤儿的病治好了，还给有病的贫下中农治疗……红色公社黎明大队的 10 名上海知识青年，在劳动中虚心请教贫下中农，从不东跑西走。洪湖公社苏家大队的 16 名上海知识青年……与贫下中农互相关心……除参加集体劳动外，还帮 4 户五保户担水，洗衣服，搞环境卫生……

二、事情都是一分为二的……上海来的知识青年大多数是好的、比较好的，他们由大城市到农村，由校门到贫下中农门，他们由不习惯到习惯。可是他们在头脑里，存在着无产阶级和资产阶级思想斗争、公与私的斗争。从调查了解情况来看，凡是突出无产阶级政治，安置工作就做得好，他们就安心，否则问题就多。这里主要是有的公社、大队、生产队革委会没有确定专人兼管这项工作，在政治上没有开办毛泽东思想学习班，在生产生活上安置经费没有及时下拨，有的积压在公社，有的在大队，使生产队添置小农具、小家具没有得到及时解决，在生活上安排不当，有的房子没有落实，有的知识青年天天找生产队干部解决问题……有的上海知识青年对"知识青年到农村去，接受贫下中农的再教育"的认识不足，不安心于农村，劳动不积极，生活散漫，整天东跑西跑，有的甚至擅自返回上海或到其它县去。如红色公社就有 5 名知识青年于三月二十七日返回了上海市，云峰公社东风大队有 2 名于三月二十二日跑到贵州去。有的带着资产阶级的派性，互相排斥，情绪不高，影响团结，影响了抓革命促生产。

……

以上情况汇报当否，请批评指正。

一九六九年四月十三日

婺源县

关于组织赴上海调查和家访的报告

县委：

为了更好地培养使用上海下乡知识青年，但由于原有知青档案很不清楚，给培养使用造成很多困难，因此，我们打算在春节后组织人员赴上海进行一次外调并家访。1. 外调对象是入党和结合到公社大队的对象，全县预计 50 至 60 人，已发表至各公社（场）填报。2. 参加调查人员是上海知青比较多的公社（场）乡办干部 9 人、县乡办 1 人。3. 时间约半个月左右，计划在二月二十日出发。

为了更好地做好知青工作，在上海调查的同时进行一些家访工作，由于时间短不可能全面进行，打算对各公社（场）一些先进对象和长期回沪（包括因病因事回沪）的知青家长进行家访。

以上报告当否，请批示。

江西省婺源县革命委员会知识青年上山下乡办公室

一九七五年一月十日

请王政委审批。

我同意赴上海搞家访，县知青办家访小组 5 人为好。至于调查须另外组织，时间可于前三五天。

王××

关于赴沪家访情况的汇报

县委：

根据县委的指示，我们赴沪家访小组，于二月十八日出发，三月八日回县，在上海 15 天，召开了家长座谈会，听取 52 个家长的反映，上门家访 163 户，其中 26 户是长期在沪的，经动员有 18 人三月底回队，接待来访家长 37 人，调查 9 名知识青年的档案材料，并参观了一些工厂，到嘉定县医院看望了思口公社乡办干部胡盛恺同志。通过这次家访我们受教育很深，收获很大。现将家访情况作如下汇报：

受到热情欢迎。

……

听取一些反映。

家长对我县的工作总的是满意的，但也反映出一些问题来，主要是要求当地党组织从政治上加强对下乡知识青年的教育、培养使用，生活上帮助他们尽快地实现自给。

1. 政治上关心问题……

2. 生活上自给问题。多数家长希望青年在农村尽快地实现生活自给。车田公社奚××母亲俞××说："女孩子26岁了，在农村劳动一天只有五分多（5.6分），每天只有三角多钱，她不安心，我也有点不放心。"……

3. 婚姻问题。这也是家长普遍关心的问题，他们怕孩子年龄大了，容易出问题，特别是女青年家长更为担心……

4. 病的问题。这是比较复杂的问题，有要求病退的，有要求适当安排工作的，有要求解决医药费的……

5. 其它问题……

要做好几项工作。

……

这次家访中反映出的问题，我们认为是有代表性的，也是我们需要加强工作的几个主要方面，为此对当前工作提出几点意见：

1. 从政治上关怀下乡知识青年的成长……

2. 尽快地帮助下乡知识青年实现生活自给……

3. 关心下乡知识青年的婚姻……

4. 关心下乡知识青年的身体健康……

5. 一年赴沪家访一次，可形成制度……

婺源县赴沪家访小组

一九七五年三月二十日

金溪县

关于赴沪家访学习情况的汇报

县委：

为了进一步落实毛主席关于"知识青年到农村去"的伟大指示，坚持上山下乡的正确方向，根据省乡办的指示和上海市委的邀请，抚州地区组成了赴沪家访学习团。学习团由26位同志组成，赴沪前夕，在抚州学习一天，于四月二十七日至五月二十六日对留沪青年和革命家长进行家访学习。根据各县插队青年的分布情况，下分三个大组，赴普陀区组由进贤、崇仁、宜黄、乐安、临川、东乡六县组成，赴长宁区组由南丰、南城、黎川、资溪四县组成，赴卢湾区组由金溪县组成。学习团在上海市委、区委的统一领导下，在市区乡办的直接指导下，在街道干部的大力协助下，对留沪青年和他们的家长进行了座谈访问。学习团在沪受到市委、区委、市区乡办的热情接待和亲切关怀，并组织我们参观了中国共产党第一次全国代表大会会址，参观了伟大工程黄浦江地下隧道。

（一）

……

这次家访学习，时间紧，任务重，仅二十多天时间对 3 个区 27 个街道 482 名知识青年和他们的家长进行了座谈见面。自五月四日统计，我县留沪青年有 482 人（其中：卢湾区 231 人，普陀区 169 人，长宁区 82 人），到五月二十二日止，已动员归队 295 人，最近陆续在走的 66 人，两项合计 361 人，占我县留沪青年总数的 74%，大部分青年已回县抓革命、促生产。

……通过家访座谈，增强了家长对江西的了解，增强了对自己子女的了解，密切了江西贫下中农与上海工人阶级血肉相连的关系……

我县留沪青年已大部分归队了，但还有一部分仍在上海，据初步统计，目前留沪青年尚有 121 人，占在我县上海青年总数的 70%，因种种原因暂不回来（其中：有思想问题的 25 人，患病需要在沪治疗的 52 人，家长有病要人照料的 24 人，家庭经济困难的 14 人，其它 6 人）。

几年来，我县知识青年工作，在各级党组织的领导下，取得了很大成绩，但有的地方，有的单位，有的时候，出现了这样那样的问题，这主要是林彪及其在江西的代理人程世清破坏、干扰，他们的反革命修正主义路线要进一步肃清。

再一个原因是我们工作上的缺点，再教育工作出现了前紧后松的状况，政治学习抓得不紧，生活管理放松了，也是今年知识青年回沪数量多、回沪时间早又长的原因之一。

此外，家长和青年中也存在一些问题，主要是对毛主席指示的伟大意义认识不足。有的家长担心子女在农村艰苦，政治上关心少，生活上关心多，以及对子女扎根农村一辈子，缺乏思想准备，影响子女在农村锻炼成长；有的青年受反革命修正主义路线"变相劳改"、"镀金回城"的影响，思想上存在一年干、二年看、三年盼上调的思想，说什么安徽上调的多，江西上调的少，不愿回江西；有部分家长认为江西农村生产水平低，一天劳动赚不到几角钱，寄钱到江西养活子女倒不如留子女在上海家里，说什么"养得起，用得着"。

还有一些具体问题影响青年归队，如青年患病，不能回农村的 52 人……有的因工分低或分值低不想回来

在座谈和家访中，知识青年和家长对我县知识青年工作的成绩给予了肯定，但也向我们反映一些问题与要求，例如：

1. 多数知识青年和家长反映，现在知识青年的工作，政治上、生产上、生活上抓得不够，管得不严，平常很少组织他们开会学习。

2. 有的地方知识青年同工同酬的政策还不够落实，劳动安排不当。有的家长反映，子女下乡三年多，还是拿 5 分、6 分，甚至有的还降了底分……特别对一些女青年和体弱的，不考虑各个人的具体情况，劳动安排一个样。

3. 有的地方对知识青年的住房未安排好……

4. 有些知识青年的家长，对女儿不放心，怕出问题，再三要求我们要做好工作，要求对奸污、调戏女青年的案件作出严肃认真的处理。

还反映了下乡知识青年的吃油问题、医药费问题、长期在沪治病吃粮问题、女青年一人一队的问题等等。

上述问题，我们有的给予了解释，澄清了家长对一些问题的不正确看法，有的问题有待调查、解决。

（二）

……根据这次赴沪家访学习，知识青年和革命家长反映的问题与要求，对我县知识青年今后工作，提出如下要求：

一、抓好组织落实，加强党的领导……

1. 知识青年工作能不能搞好，关键在领导……

2. 要整顿和健全再教育组织……

3. 狠抓知识青年工作中的两个阶级、两条路线的斗争……

4. 认真做好下乡知识青年同工同酬工作……

二、以批修整风为纲，继续深入进行思想和政治路线方面的教育……

1. 要建立和健全学习制度，定期举办学习班……

2. 加强政策和纪律教育，组织下乡知识青年学好、唱好《国际歌》、《三大纪律八项注意》两首革命歌曲，要求做到人人会唱，个个照办。

3. 大力开展向知识青年的好榜样——朱克家同志学习的活动，并要与写革命日记、红色家信和革命大批判文章紧密地结合起来，形成浓厚的政治空气，做到人人写大批判文章，个个有革命日记或学习笔记。

4. 认真做好下乡知识青年中的少数后进青年的思想教育工作……

三、大搞调查研究，认真抓好典型。

毛主席教导我们："一定要抓好典型，面上的工作要抓好三分之一"。典型引路是抓好知识青年工作的一项重要措施。要有目的、有计划地开展调查研究工作，及时发现先进典型，及时进行总结推广，县、社、大队都要有先进典型。典型要从多方面抓，既要有接受再教育的，又有进行再教育的；既有集体的，又有个人的；既有男的，又有女的。特别是在下乡知识青年中，要积极、慎重地开展建党、建团的工作，把那些符合入党、入团条件的优秀分子，及时吸收到党团组织中来。

四、整顿、调整班、排组织，大力培养下乡知识青年中的带班骨干……

五、加强上下联系，互通情报……

六、要认真做好七二年应届毕业生和中途退学的学生以及社会青年下乡插队劳动的思想准备和安置工作……

七、要认真抓好知识青年的建房工作……

八、我们打算在今年下半年召开全县下乡知识青年工作代表会议，希各公社做好会议材料的准备工作。

九、积极配合有关部门做好今年高等学校招生工作，认真选拔符合条件的下乡知识青年考大学，杜绝"走后门"不正之风。

金溪县革命委员会精兵简政办公室（章）

一九七三年六月十日

南丰县

关于丹阳大队上海知青的情况调查

丹阳大队是江西省南丰县农业学大寨的先进典型单位之一，该大队地处南（丰）建（宁）公路旁，兼有丘陵、平原，计有稻田 3440 亩、山林 5000 亩，全大队划分 13 个生产队，人口有 1980 余人，共有劳动力 920 人，七五年全大队水稻亩产达 961 斤，超了纲要，七五年总产量是 3302840 斤。该大队以种植水稻为主，其它副业很少，由于地多人少，粮食产量高，所以各生产队的工分价值也较高，全大队平均每个 10 工分值，有 1 元左右，因此，当地社员生活水平也比较富裕。

上海知识青年七〇年八月首批来到该大队插队落户，刚来时共计23人，七年来由于社会主义革命和社会主义建设的需要以及其它各种原因已走了8人；其中升学2人，招工2人，独苗按政策返回上海2人，病退回上海1人，通过转点外迁1人。到目前还有上海知识青年15人。

上海知识青年安排分布在该大队的4个生产队参加各种劳动，目前已有5名知识青年（男3名、女2名）担任大队完小以及各村校的赤脚教师，有1名上海知识青年担任大队赤脚医生，安排在大队林场2名，公社粮站长期借用1名，共计安排了上海知识青年9人，占留在该大队上海知识青年总数的70%，在安排的人员中基本上都能做到自给，并略有结余。另外6名未安排的青年，有2名全年农业劳动收入超过250元。在上述11名能做到自给的青年中，有9名能做到生活自给外，还能支付探亲旅费。在未能自给5人中，有3人身体有病长期在沪，另有1名能做到口粮自给，还有1名，不但不能自给，并超支了29.91元。七五年上海知识青年劳动收入情况见附表。

丹阳大队的知识青年目前大体情况如下：

一、青年的安排使用较好。

上海知识青年遵照伟大领袖毛主席"知识青年到农村去，接受贫下中农再教育"的指示，以上山下乡的革命行动批判了林彪"读书做官论"反动观点，走与工农相结合的金光大道。几年来在各级党组织的领导下，在贫下中农的教育下，战斗在农村这个广阔天地里，战天斗地学大寨，出现了不少先进人物和先进事迹，例如施××、陆××、李××。同时由于知识青年从小生长在城市，缺少体力劳动的锻炼，因此在农业生产劳动的过程中暴露一些弱点和困难，例如青年劳动所得的自给程度低。对知识青年工作中出现的问题，大队党支部及时开会作了研究安排，他们认识到知识青年到农村来是伟大领袖毛主席的号召，是无产阶级文化大革命中涌现出来的新生事物，做好知识青年的巩固教育工作是大队党支部的一项经常性工作，是关系培养和造就千百万无产阶级革命事业接班人的大事，提高青年的自给水平不单是增加知识青年一些收入问题，而且是落实毛主席关于知识青年工作的重要方面。他们根据知识青年的特点，认为年青有文化，结合普及小学教育这一重大措施，在各生产队办起了村校，安排知识青年担任村校教师，这样对普及文化科学知识起了很大作用，使大队的学龄儿童入学率显著增加，同时也发挥了知识青年大有作为的作用，更进一步促进了知识青年安心农村，接受贫下中农再教育。

二、下乡知识青年的自给标准问题。

关于上海知识青年的生活自给标准问题，市乡办、总团已明确为130元界限。我们根据这次分团的布置，为了便于领导掌握各方面情况，对上海知识青年生活费作了大体了解。我们召开了一些不同类型的座谈会，并对知识青年进行个别了解，征求社队干部的意见，征求贫下中农的意见。大家认为：上海知识青年的衣着全由上海家长做，由于这衣着方面质量品种的好坏，直接涉及费用的高低，因此这一方面很不平均，但是一致认为知青单身生活水准比较起社员一家平均数要高，具体原因是知青一人开伙，用燃料所耗费用高（因没时间砍柴故买炭烧），一人一个电灯。根据这样情况，我们对知识青年的生活自给标准初步意见是：男知青因口粮高于女知青，所以定为180元，女知青为150元（不包括回家旅费）。测算标准如下：

男知青每年生活费用(元)	女知青每年生活费用(元)
日用品 10	日用品 10
盐、油、柴、菜 50	盐、油、柴、菜 40
零用 24	零用 24
粮食 80	粮食 60
衣着 26	衣着 26
累计 180	累计 150

三、青年与社员男女同工同酬问题。

丹阳大队的上海知识青年，历年来从底分到早工分，几年来逐步提高，目前知青中最高底分已达9.5分，最低为5分，基本上做到社员与知识青年实行同工同酬。但是男女之间，不能同工同酬（包括社员也如此），当地规定女社员底分最高5分，大队要求各生产队安排上海女知青底分时，也全部按当地妇女最高底分。

四、部分知青不能自给的原因。

在丹阳大队××生产队插队的上海知青应××，由于家庭经济情况较好，每月从上海寄给她10元钱，使她在生活上有了依靠。本人由于对参加农业生产劳动观念不强，不安心农村务农，每年大约有半年左右时间在上海，在农村的半年中也很少参加劳动，去年她所得的62.5分，大都是大队、公社召开知青学习会议所得2分，由于她近几年来对农村越来越不安心，对政治学习也逐渐放松，和一些沾有流飞习气的男知青来来往往，并根据大队、公社分管知青工作的干部反映和一名上海男知青经常同居，在当地造成很不好的影响。根据上面谈到的该大队生活条件和地理条件，我们分析认为，她造成不能自给的主要原因是本人思想不稳定，另外在客观上有一些原因，患有湿性型慢性荨麻疹，一下水田参加劳动就要发生烂脚，几年来一直没有见好转，但她安排参加旱地劳动也不愿意。这次我们也向大队反映是否能安排教书，大队干部谈到由于她每年返上海探亲时间太长，怕影响教学，所以不敢安排，另外由于本人表现太差劲，贫下中农不愿把孩子送来给她教。

五、知青的结婚与未婚同居问题。

我们在丹阳大队调查生活自给问题的同时，对知识青年的结婚与未婚同居问题作了摸底了解，情况大体如下：×××生产队的上海知识青年孔××（女）在一九七五年与本队社员发生了关系并怀了孕，他们两人本来就属恋爱相好（当地干部、社员都知道），但孔××怀孕后就写信回家，征求父母意见是否同意结婚，父母来信告诉她不要结婚，因为男方是一位普通社员，生怕女儿与社员结了婚后，离不开农村，并觉得与社员结了婚后在上海亲戚面前讲起来不光彩，为此孔××的姐姐特地从湖北赶来，做妹妹思想工作。孔××在她父母不同意以及姐姐来做工作后本人发生动摇，表示不同意结婚，最后由公社出具了证明去县人民医院堕了胎，目前相互之间关系断裂。我们还对该大队知青中不愿结婚问题进行了调查，大致归纳以下几点：

①怕走不掉。招工招生中历年来都有一条规定：凡是已婚的都不能报名，因此怕结婚后招工招生就不能走。因此不愿意结婚。

②怕负担重。本来通过这几年的锻炼提高，生活自给程度刚有逐渐提高，但如果一结婚，必然要增加负担，有了小孩后其中有一人就不能出工，（农村没有托儿所），这样势必减少收入增加支出，造成生活上的困难，因此不愿意结婚。

③上海家长不同意。认为子女在农村结了婚，就一辈子走不了（指招工招生），并且会进一步加重家长的负担，所以家长不同意自己子女在农村成家。

④社会上旧思想、旧习惯总影响着一些人的头脑。我们了解到青年们流传一句："没有结婚是朵迎春花，结了婚后就是苦菜花"。

六、医疗问题。

丹阳大队整个大队都实行了合作医疗，因此知识青年都参加了合作医疗，凡是知识青年中生了病，只要付5分钱的挂号费就能在大队就诊，享受合作医疗，如果病情较重或需要转往公社及县人民医院门诊就诊时，知识青年就需自己负担医疗费用，大队不能报销。如果知识青年因病情严重，县人民医院医师认为要住院治疗，县乡办可以出具证明住入该院（公社不行），医疗费用由县乡办付出（在生活困难补助款中开支）。因此这方面在这里处理得比较好。

七、培养使用问题。

丹阳大队的上海知识青年七年来，在大队党支部的正确领导下一直坚持知识青年的学习制度，每逢十五日和三十日二天下午规定为知识青年的学习时间，并有大队支委中分管知青工作的同志掌握学习。在大队党支部的培养教育下，在贫下中农的再教育下，几年来有 5 名青年入了团，其中有 1 人担任大队团支部副书记，并已提出了入党申请，有 3 名青年提出了入团申请，还有不少知识青年担任生产队的政治夜校辅导员，以及负责大队、生产队的大批判园地。这里每个生产队均订阅了《江西日报》、《红旗》杂志各一份，大队没有广播，由于最近线路发生故障暂时不通，但是不少知识青年都自备了半导体，因此一般知识青年都能看到报纸与听到广播。

八、知识青年的住房、吃油、吃菜问题。

丹阳大队的知识青年分布在 4 个生产队，按照当地知青建房精神（满 5 人以上建房），几年来各级乡办和大队、生产队领导为青年筹建了房子 3 栋。目前住公房（新房）的 8 人，住大队生产队公房的 5 人，借住社员住房的 2 人。游家堡生产队所筹建的青年房，因几年来招工招生迁调了 3 人，目前仅有 2 人居住。由于 2 人不在生产队劳动，在大队林场劳动，所以整栋房子锁着。由于无人居住，生产队在青年房办起了村校，另一栋建在排上生产队，也同样因招生走了人，有空着房间，大队打算把个别分散插队的知识青年集并在一起，可是生产队借口分配问题上社员有意见，不同意迁入该生产队，因此无法解决个别插队的房子问题。还有一个生产队建了房，因知青全迁，所以知青房只能全部空关。

在口粮方面该大队由于产量高，口粮相对来讲比较宽裕，所以知识青年所分得的口粮也较宽裕，男知青一般都可分得 800 斤，女知青可分得 600 斤，如果不够，像李××、李××他们，大队从超产部分补助给他们，可吃到口粮 1300 斤（谷）。在吃油方面，由于该大队没有种植油料作物，加上社员都习惯吃猪油，所以大队也不能解决知识青年的吃素油问题，但是大队要求每个生产队，在杀猪时候分给知识青年的猪肉和猪肉的水平，不低于每年约 15—20 斤左右，这样基本上解决了吃油问题。在吃菜方面，该大队的知青目前均是赶集时买蔬菜吃，原因是二个方面：

（1）刚下乡时，因知青人数多，并有班、排组织，所以在劳动、生活等各方面均有分工，因此蔬菜有人种，大家吃菜问题不大，有时候还能有结余送给老乡们吃。但现在多数是一人一灶，要照顾出工，参加社会活动，在种菜时间上很少，所以自留地逐渐荒废，生产队看到田荒了就收回生产队。

（2）种植蔬菜不像种植粮食，它需要一定的人畜肥料，由于知青肥料没有，所以他们就不种了。

以上是我们小组在丹阳大队调查研究的工作汇报，供领导参考。

江西抚州南丰太和公社①

一九七六年六月十六日

丹阳大队上海知青 75 年收入情况附表

队名	姓名	性别	劳动底分	总工分	总收入	超支数	党团	安排情况
游家堡	李××	男	8.5	2408	233 元		团	大队林场
	郑××	男	8	2460	238 元		团	大队林场
	孔××	女	5	1800	198 元			教书
	陆××	女	5	1019	98.86 元			赤脚医生
	周××	女	5					因病在沪
排上	李××	男	9.5	3690	380 元			
	朱××	男	9	2532	260 元			
	刘××	女	5	1500	154 元			教书
	许××	男	8.5					生肝炎在沪
坪上	陆××	男	8.5	2500	277.50 元			大队教师
	施××	男	8	2500	277.50 元		团	大队教师
	徐××	女	5					生病在沪
	应××	女	5	62.5		29.97 元		
丹阳	任××	男	8	2500	312.50 元		团	生产队教书
	黄××	男	工资 33 元		396 元		团	粮站

---

① 应为上海赴江西学习慰问团南丰小组。——编者注

关于店前大队上海知青的情况调查

太和公社店前大队，是丘陵平原兼有的大队，离公社约 15 里路左右，道路全是山坡公路，因不通班车，知识青年平时往来一般搭乘大队拖拉机进出，交通不太方便。全大队共有 14 个生产队，稻田 4266 亩，山林近万亩，全大队共有 390 乡户，人口 2000 左右。七五年全大队水稻亩产量为 890 斤，也上了纲要，因为地处丘陵地区，有一些山林资源（如松树、毛竹等），但是没有充分利用，仍以种水稻为主，属于地多人少地区。由于粮食产量高，各生产队的工分价值也较高，全大队平均每 10 个工分值在 1.20 元左右，因此社员的生活水平较高。

上海知识青年于六九年三月二十四日首批来到该大队插队落户，刚来时共计有 48 人，几年来由于社会主义革命和建设的需要，先后由于招生走了 2 名，招工走了 8 名，按照党的政策规定特困回上海 4 名，通过转点迁往他地的 13 名，因病退回上海的 1 名，提升国家干部 1 名，因父母均在国外申请出国探亲被批准 1 名，因姐妹关系从外县迁来 1 名，到目前为止店前大队共有上海知青 19 名。

一、生活自给情况。

根据七五年分配情况（见附表），其中全年收入在 130 元以上的有 4 人，全年收入在 100—130 元之间的有 2 人，全年收入在 100 元以下的有 7 人，全年不出工没有收入的有 6 人。现将自给程度低的原因分析为大体以下几点：

（1）阶级斗争在下乡青年中表现。

伟大领袖毛主席最近教导我们"阶级斗争是纲"，我们根据这一教导，认真分析了店前大队知识青年中存在的情况。由于店前大队的上海知识青年存在了一些思想问题，二个阶级争夺我们青年一代，也表现为特别激烈。例如上海知青袁××（女）与一名江西赣州市下放知识青年相识后未婚已经同居，并已生育小孩一名，袁××本人在未和那位赣州知青相识前，对农业生产比较轻视，平时出工较少，最近社、队领导考虑到他们两人已成事实，动员他们结婚，并同意那位男知青户口迁入该生产队。可是袁××本人表示不愿办理手续，原因主要是袁××男人最近学得烧窑手艺，成天帮附近生产队烧窑，根据当地反映，三年做下来，可以得利 1 万元左右，如果户口一旦迁入生产队后，他的烧窑所得就需按比例向生产队交公共积累，这样户口不来就可以不交了。这种小生产的"发家致富"思想使原来轻视劳动出工较少的袁××也一反常态，把小孩子专程送往上海，自己和男人一起外出烧窑。这件事充分说明小生产的习惯势力是每日每时地自发地大量地产生资本主义，腐蚀着我们年青的一代，致使部分知识青年不安心务农，影响他们接受贫下中农的再教育，像这样的情况在店前大队，不只是袁××一人。还有像男知青铙××，因为他学得了木匠的手艺，就成天外出到其它公社，甚至到邻县黎川去做木工，有时还到福建省去做零工，他讲：这样做工，既可以吃得好，又可以赚到钱，比在农田干活轻松、舒服。这种小生产习惯势力的影响，已经直接影响和破坏知识青年扎根农村的正确方向，影响知识青年积极投入农业学大寨的群众运动。这是阶级斗争在上山下乡这条战线上的一种反映，我们认为：知识青年虽然从城市到了农村，只仅仅是在上山下乡道路上迈出的第一步，如果像以上情况的产生，无一定的限制手段，那么将会严重破坏我们知识青年上山下乡的正确方向，这是应该引起各级领导注意的大事情。

（2）不安心农村劳动。

店前大队的上海知识青年中有一部分人，尤其是成年不参加劳动的，他们认为：在这里插队不是自己长久之地，想通过自己所相识的亲戚、朋友，找找门路进工矿或者转点到一些社队企业去工作。由于在这种指导思想下，他们成天坐吃，不出工，菜金钱零用钱，每月向父母要，当地贫下中农反映："如果我们动员他们下田，他们就不负责地在田里乱搞，这样我们也不叫他们出工了"。有的在上海长期在等搞病退，"寄希望于病退"。也有的终日坐等，希望有朝一日上面来个通知，把他们调走（招工招生），等等。

（3）安排使用少。

店前大队有大队办的竹器加工厂，但是，没有安排上海知青进该厂工作。在目前的 19 名上海知识青年中，安排为村校赤脚教师的有 2 人，生产队手扶拖拉机手（副手，是上海提供的物资）1 名，公社农机站会计 1 名，以上安排仅占知识青年总数的 20% 多一些。由于该大队上海知识青年安排得比较少，自给程度相对地来讲也就比较低一些。

二、知识青年的未婚同居问题。

店前大队的上海知青未婚同居情况，不仅是袁××，还有同生产队的周××（女），同一位赣州知青也同样未经办理任何手续，同居在一起，这次我们了解此事，问她：你目前已怀孕，打算如何办，该青年不但未重视该现状，反而破口大骂贫下中农说什么"乡下人吃饱饭没事瞎说八道"。我们估计她已经怀孕有七个月之久了，我们只好再向其它知青了解，得知，周×× 的男人是下放到江西广昌县苦竹公社××大队××生产队的知识青年（姓名不得知），该人作风不正，据说还是当地一个扒窃集团的案犯，他在这里如果没有钱用了，只需外出几天就有不少钱拿回来，周×× 主要是看中了那几张钱，并无本意要结婚。

三、知识青年的口粮、吃油、住房问题。

这里的知识青年分布在 5 个生产队，已有 4 个生产队建起了知青房屋，估计今年年底都能搬进使用，在吃粮问题上虽然由于这里知青出工少，超支大，知青提取口粮时，生产队部分干部有意见，但是公社仍做生产队工作并规定知青口粮，不能因超支而扣压，因此知识青年的口粮基本上都不存在问题。吃油问题：因为该生产队种植了大量茶籽树，所以每年都有 3 斤 6 两茶油，猪油猪肉在分配时，各生产队在分配给知识青年时比一般社员多，每年约 10—15 斤。

四、知识青年的医疗问题。

知识青年的医疗问题，该大队办起了合作医疗，由于每年每人要交纳 2 元钱，这里的知青仅 2 人参加，其它一些青年认为，每年自己的常见病，每次回家都带一些常用药来，如果生了大病或急病大队合作医疗也治不了，去公社看病还得自己花钱，所以就不参加大队合作医疗了。

五、知识青年的培养使用问题。

店前大队的知识青年几年来在毛主席革命路线的指引下，在贫下中农的再教育下，发展的主流是好的，成长是健康的。在与贫下中农结合的道路上迈出了可喜的一步，几年来有 1 名入了党（现提任为公社妇女主任），有 13 名青年入了团，有 1 名担任大队妇女主任。他们在农村这个广阔的天地里，发挥大有作为的作用。

以上是我们对店前大队调查研究的汇报，供领导参考，有错误请指正。

江西抚州南丰小组

一九七六年六月十六日

店前大队上海知青 75 年收入情况表

队别	姓名	性别	劳动底分	总工分	总收入（元）	超支数（元）	党、团	安排情况
中沅	高××	男	8	40		110.00		
	徐××	男	8			55.00		
	刘××	女	工资 22 元		220		团	教师
	刘××	女	6.5		60			75 年 6 月迁入
王家山	周××	男	8.5	210	25.20	80	团	
	王××	男	8	150	18	21		
	张××	男	7.5	100	12	116		
敖山上	李××	男	7	200	24	50		
	陈××	男	6	100	12	40		
	铙××	男	6.5			70		
	沈××	男	8.5	700	84	15		开手扶
	袁××	女	6			100		
	周××	女	工资 24 元		264		团	教师
大	铙××	男	8	80		70		
	盛　×	女	6	1000	121			
	牛××	女	6	1000	121			
	王××	女	6	1400	169		团	
店前	丁××	男	9	1500	210		团	

宜黄县

关于当前我县下乡知识青年情况的汇报

县委常委：

最近，我们到神岗、南沅、棠阴、黄陂、兰水、二都、东陂、桃陂等公社，对当前下乡知识青年情况作了一些调查。走访了 45 个下乡知识青年班（神岗 19 个班，二都 10 个班，桃陂 7 个班，黄陂 5 个班，南沅 2 个班，棠阴 1 个班，兰水 1 个班），参加了南沅、东陂两个公社的"五·七"战士大会，此外，听取了公社"五·七"办公室的汇报，开了一些座谈会。现将调查情况汇报如下：

全县 3238 名下乡知识青年，总的情况是好的。多数下乡知识青年生活习惯了，基本农活学会了，生活能够自给了，他们认真读马列的书，读毛主席的书，积极参加农村三大革命运动，成绩很大，进步很快。

这次，我们走访的45个下乡知识青年班，多数班都比较好。如：神岗的湖边、下龙上、洪龙、齐坊、杨坊、龙上、党口四队，二都的大塘、老甫街、上门，南沅的演上，黄陂的际上等下乡知识青年班都不错。

生活管理，"一种三养"一般都比较好，多数班做到了"四自给"或自给有余……

大多数下乡知识青年都能积极参加集体生产劳动，去年，多数都做到了自给。据棠阴公社252名上海下乡知识青年的调查结果：全年总收入300元以上的11人，占4.4%；200元以上的39人，占15.5%；100元以上的147人，占58.3%；100元以下、80元以上的42人，占16.7%；80元以下，不够口粮钱的只有13人，占5.1%。又如神岗公社下龙上班，10名上海知识青年，4名男知识青年，全年出勤都二百多天，最高的308天；6名女知识青年，5人都是二百多天，1人是131天。今年，宜黄县下放的下乡知识青年，大多数都表现很好，一下乡就参加劳动，几乎天天出工。

在农村三大革命运动中，多数下乡知识青年都能积极发挥作用，成绩很大……

几年来，广大下乡知识青年，在毛主席革命路线的指引下，在贫下中农的再教育下，在农村三大革命斗争中，经风雨，阅世面，有社会主义觉悟，有文化的劳动者——无产阶级革命事业的接班人，正在茁壮成长。如神岗公社251名下乡知识青年，有3人光荣地加入了中国共产党，50人加入了共青团，26人结合在大队、生产队的领导班子里，29人被贫下中农选送到工矿当工人，5人被挑选为国家干部和职工，2人被贫下中农推荐升大学，还有12人当赤脚教师，5人当赤脚医生。

总之，全县下乡知识青年情况很好。但是在大好形势下，出现了新的情况，产生了新的问题，主要是：部分下乡知识青年思想动荡较厉害，出现了较大的思想反复，主要表现是等、混、走。

有些下乡知识青年逃跑或长期超假不归队。据二都、风岗、力溪等公社统计：南昌下乡知识青年已逃跑或长期超假不归队的有48人，大多数是女知识青年，多数在南昌、新建找了对象，结了婚，或通过后门进了工厂，也有的在南昌市做零工或东游西荡（详细情况另有专题报告）。

有些下乡知识青年，不种菜，不养猪，不出工，东游西荡或坐在家里混日子过。黄陂公社，今年有40%的知识青年班没有养猪，友谊大队均坪生产队 7 名上海下乡知识青年，今年三月回来 5 人，回来一个多月，只做了 4 天事，春插大忙不出工，坐在家里弹琴，看旧小说。二都公社一些南昌下乡知识青年很不安心，不种菜，不养猪，也很少出工。她们说：下来四五年了，怎么办？想离开宜黄。她们认为：南昌、新建两县招工机会多，只要到南、新两县就能进工厂。因此，现在一些下乡知识青年在积极活动，千方百计找"路子"，搞证明，想迁走。兰水公社二村大队，过去是个先进排，今年，全大队 4 个班，只有 1 个班种了菜。

还有些下乡知识青年，天天等呀，盼呀，等机会进工矿，他们到处打听消息。新丰公社有些下乡知识青年，原来担任赤脚教师、赤脚医生的今年不干了，有些当会计、保管的也不干了。他们认为：当了教师、干部就走不了。

为什么今年下乡知识青年动荡较厉害呢？原因是多方面的。据我们了解，主要是：

1. 放松了领导，有的地方出现"五不管"的现象。

在大好形势下，有的地方认为"差不多了"，有的地方对做好下乡知识青年工作的重要性、长期性认识不足，因而放松了领导。

二都公社三都大队，自去年以来，有部分下乡知识青年上调进工矿以后，大队一些领导没有认识到这是国家的需要，而错误地认为：好的走了，差的留下了，他们迟早都会走，不愿管了。大队虽然有一名副主任兼管下乡知识青年工作，但很少管事。从去冬以来，大队没有召开一次会议研究下乡知识青年工作。生产队再教育小组也是有名无实，对下乡知识青年基本上是"五不管"（即：学习不学习不管，出工不出工不管，生活问题不管，思想问题不管，逃跑、长期超假不归队也不管）。这个队南昌下放的知识青年逃走三分之一，有的班全部走光了，有的班剩下 1—2 个人。三都大队大塘生产队副主任、再教育小组组长邓××，对下乡知识青年很不关心。大圹班 9 名上海知识青年，下来后一直表现很好。去年，他们种了很多菜，因菜地是在路边上，生产队的牛吃了两次。邓不但不解决，反而说：学生的菜吃了不要紧。他的儿子还把下乡知识青年种的藠头挖起来给牛吃。在生产上，下乡知识青年积极肯干，要求学犁田，平时也不让他们学。今年，他们按时回来参加春耕生产，邓不是欢迎、表扬，反而说什么：他们是为了工分。包工后，下乡知识青年"打零工"，在两个作业组做事，有时这个作业组说没事干，到那个作业组去，那个作业组又说没事干，有一次，搞得学生两边跑。

二都公社对下乡知识青年工作放松了，公社主管这项工作的同志也长期包队，蹲在一个大队，很少抓下乡知识青年工作，很多问题没有认真抓，没有很好去解决。县委批转的关于今年"五·七"大军工作的文件也没有认真传达贯彻。桃陂公社到现在为止，公社主管下乡知识青年工作的黄××同志一直在岱塘包队，他连全社有多少下乡知识青年、多少班都不清楚，他多次要求调一名同志到公社"五·七"办公室，也一直没有解决。现在，下乡知识青年工作处于无人管状态。潭坊的下乡知识青年说：我们下来四五年了，到现在，床、蓑衣都还不给我们解决，大队把我们的安置费拿去买拖拉机，叫我们怎么安心？！

2. 有些政策不够落实。

实行包工后，有些地方出现排挤下乡知识青年和压低他们工分的现象。如：二都公社二都大队普遍压低下乡知识青年的工分，去年，女知识青年的工分是 7 分到 7.5 分，今年，都压到 5 分。三都大队下乡知识青年的劳动底分也普遍下降，去年，男的是 7.5 分到 9 分，女的是 7.5 分左右，今年，男的降到 6.5 分，女的降到 5.5 分。严境大队的女青年今年降到 4 分。有的知识青年就说："反正赚不到吃，不如在家吃老米。"影响了他们的积极性。另外，现在下乡知识青年出工没有人叫，有的地方，学生出工还受排挤，怕学生争了工分。东陂公社有些生产队不叫学生做事，宣布放假三天。有的则把一些难事、工分低的事叫下放学生去做。

有的地方下乡知识青年的劳动收入不能兑现。二都公社三都大队赤脚医生鲁×，七〇年和七一年两年劳动收入 400 多元，分文未给，吃饭钱都要向别人借。黄陂公社友谊大队际上生产队，有几个上海下乡知识青年去年劳动收入到现在还没有兑现。

3. 对阶级敌人的破坏打击不力，对城乡旧传统势力的干扰，抵制和批判不够。

当前，下乡知识青年思想波动较大，其中一个原因是阶级敌人破坏和旧的习惯势力的干扰。现在有很多谣传，说外省如何如何，外县又如何如何。有些下乡知识青年路线斗争觉悟不高，分辨不清。有的造谣破坏说什么："今年四月调一批，九月份大调动，十月份全部完蛋。"妄图煽动倒流，这是阶级敌人同我们争夺青年一代的斗争。这个问题，有些地方已经引起重视，采取了措施。如南沅、东陂等公社已及时办了学习班，有的地方还没有引起足够重视。

主要是以上三条原因。此外，有些家长拉后腿，有的地方分值过低，几年不能自给，有的下乡知识青年身体有病，不能劳动，有的出身不好，思想悲观，这也是影响下乡知识青年不安心的原因。

我们认为有几个问题值得引起我们注意。

1. 学习问题。

这次我们下去调查，发现下乡知识青年的学习普遍放松了，多数班，今年以来很少学习。这是一个突出问题。根据过去的经验，抓下乡知识青年工作，主要是抓路线教育，学政治，批判资产阶级。过去订的一些学习制度要继续坚持，各公社一年要办好几次学习班，各大队要定期办，针对他们的思想，加强政治思想教育。

2. 逃跑、长期超假不归队的问题。

二都、风岗、黎溪、桃陂、风岗镇、兰水等公社都发现有些下乡知识青年逃跑或长期超假不归队，这些人，实际上已倒流回城市，目前，主要是南昌下乡知识青年，也有少数上海下乡知识青年。这个问题，如不加强思想教育，采取有效措施，任其发展下去，势必影响在队下乡知识青年的巩固。

3. 排挤和压低下乡知识青年工分问题。

我们认为：这个问题的出现，说明一些下乡知识青年没有学习好，几年了，劳动态度、劳动技术还过不得硬；同时，也说明有些贫下中农没有教好。我们一方面要教育下乡知识青年安下心来，端正劳动态度，好好学习；另一方面也要教育基层干部和贫下中农要挑好再教育的重担，把下乡知识青年教好。要把落实《六十条》同落实中发〔70〕26号文件结合起来。作业组要合理搭配下乡知识青年，不能歧视排挤，要因地、因人制宜，适当安排下乡知识青年，既要贯彻同工同酬，又要适当照顾下乡知识青年，要保持下乡知识青年的收入不致降低，并要有所增加。对于个别地方歧视排斥下乡知识青年，有意压低下乡知识青年工分的，要查明原因，认真解决。这是真欢迎还是假欢迎的问题，是两条路线的斗争。

4. 要加强对下乡知识青年的领导。

我们认为：当前下乡知识青年中出现一些这样那样的问题，关键的问题是放松了领导。事实证明，抓得紧就好一些，放松了问题就多一些。哪里党委重视，工作上抓得紧，哪里的情况就好，青年成长就快。如神岗、棠阴、南沅等公社，党委重视，工作抓得紧，那里问题就少，情况就好。二都、桃陂等公社，工作放松了，问题就多，情况就不好。

在对待下乡知识青年的工作上，始终存在着两条路线的激烈斗争，斗争的焦点是，把下乡知识青年工作看成是反修防修，培养无产阶级革命事业接班人的百年大计，还是临时措施，权宜之计。对广大知识青年到农村去，接受贫下中农再教育是真欢迎还是假欢迎。这种斗争还在继续，有些地方更激烈，更尖锐了。

以上汇报当否，请批示。

县革委"五·七"办公室

一九七二年五月二十六日

乐安县

关于一九七〇年普陀区知识青年在江西
乐安插队落户情况综合汇报

......

四月十二日，我区 820 名知识青年，手捧宝书，胸怀朝阳，带着上海 1000 万革命人民的期望，来到具有光荣革命传统的江西乐安插队落户……短短的几个月，我们以十分喜悦的心情看到一代新人正在毛泽东思想阳光雨露的哺育下茁壮地成长。

（一）

乐安县各级党组织、革委会和广大贫下中农，遵照伟大领袖毛主席"各地农村的同志应当欢迎他们去"的教导，几个月来，对知识青年做了大量的、深入细致的安置、再教育工作，基本上做到了政治上有人抓，生活上有人管，生产上有人教。

......

（二）

毛主席挥手我前进，广阔天地炼红心，我区 820 名知识青年来到乐安，在乐安县各级党组织和革命委员会的正确领导下，广大贫下中农，在三大革命运动中，坚持用毛泽东思想对他们进行再教育，短短的几个月时间，使他们对毛主席"知识青年到农村去，接受贫下中农的再教育"的这一伟大教导，有了进一步的认识，思想很快安定了下来；对农村、对劳动、对贫下中农的思想感情都起了较大的变化，在建设社会主义新农村的伟大斗争中，正在开始发挥他们的积极作用。今年"四好"、"五好"季评，90 个知识青年班有 15 个被评为大队、公社的"四好"班，820 名知识青年有 160 名被评为"五好"战士或"五好"社员。

1. "世界观的转变是个根本的转变"。这批知识青年从上海到乐安，他们是听毛主席的话来的，他们下了很大的决心，有着很高的政治热情，可是，他们对农村是不了解的，尽管都有一定的吃苦思想准备，但还是不很充分的。所以，他们一到乐安，当有的分配在山区，或离公社较远的生产队，有的看到住房等的生活条件，感到和自己想象的不完全一样，就产生了活思想："我怎么也没有想到是这么一个地方！"……贫下中农及时地对他们进行忆苦思甜的阶级教育，生活上体贴、十分关心他们，使知识青年思想上受到了很大的感动。他们说："我们是来革命的，不是来享受的。革命不怕苦，怕苦不革命。苦，正是锻炼我们的好机会。"并表示下定决心，刻苦锻炼。现在，他们打着赤脚，走在满是砂石的山道或是小路上……晒得皮肤黝黑发亮；翻山越岭，走十几里、二十里地，到粮站打粮……有的地方房子挤一点，有一段时间，吃菜困难一些，他们都情绪很好，毫无怨言……插秧手指插破了，坚持劳动；腿上皮肤炎溃烂，脓泡粘住了衣服，坚持劳动……有许许多多知识青年，就这样坚持劳动，一个月要出 25 天工……

2. 恭恭敬敬拜贫下中农为师，老老实实向贫下中农学习……这批青年刚来时，他们中间有部分人认为贫下中农"又脏又黑"、"土里土气"，有一种"瞧不起贫下中农"的错误情绪。几个月来，在三大革命运动中，通过与贫下中农无数次的实际的接触，贫下中农的形象已经在许多知识青年的心目中起了一个质的变化。贫下中农立场坚定、爱憎分明、勤劳朴实、艰苦奋斗，不怕苦、不怕死，一心为革命，无限忠于毛主席，无限忠于毛泽东思想高贵品质的实际表现，使他们很自然地看到自己的差距，看到自己原来的思想感情不对头。敖溪公社李龙英等三个女同学，说了知识青年这方面的共同体会。她们说：我们平时总是讲不怕脏、不怕臭，可是队里作晚稻肥，我们一走到牛栏门口，就犹豫了起来，想平时走路、干活，碰到牛粪还要绕开走，避避开，现在要到牛栏里，用脚括起来，挑着走……我们正望着牛粪发呆，贫下中农早就干了起来，用脚括，用手捧，这时我们想起毛主席"拿未曾改造好的知识分子和工人农民比较，就觉得知识分子不干净了，最干净的还是工人农民，尽管他们手是黑的，脚上有牛屎，还是比资产阶级和小资产阶级知识分子都干净"的这一段教导，感到脸上发烧，下定决心，走进牛栏，和贫下中农一起干了起来。她们说，"贫下中农是我们最最好的老师"，"我们怕脏、怕臭的资产阶级思想，受到了实践的批判！"

……

几个月来，牛田、供坊知识青年奋不顾身，跳下水去，捞救贫下中农小孩的事件，就有 3 起，救起了 5 个小孩。敖溪公社沙港生产队，有个贫下中农的小孩（独子）生脑膜炎，需要急送县人民医院，知识青年胡志华等 3 人，轮流抱着病孩，翻山越岭，急走 30 里，送到医院抢救，脱离了危险。

……

3. 热爱集体，关心集体，搞好集体生活……这些知识青年一般都没有出过家门，都没有集体生活的经验，刚来时，就是希望隔壁邻居，要好同学在一起，想"自己人好照应点"。经过这一段时间的共同生活，许多班的知识青年，在贫下中农的关怀和帮助下，学习了毛主席的有关教导，在他们中间，关心集体、热爱集体的思想多起来了。"关心他人比关心自己为重"的好人好事也多起来了。敖溪公社林头班知识青年，他们有了缺点、问题，不管哪个人的，都摆到桌面上来，对照毛主席教导，进行批评和帮助，并且还规定，被批评的同志可以争辩，直到最后统一思想为止……许多班、排长，都能以身作则，关心集体，关心同志，做在前，吃在后，男班长抢着挑水、干重活，女班长帮助同学洗衣服，把班里政治空气搞得浓浓的，把班里团结搞得紧紧的，把班内生活搞得好好的……在生活管理方面，许多班还摸索了一些好经验，比如定量吃饭，计划用粮；拣蔬菜留种，分工管理菜地。为了解决明年吃油吃肉问题，有的班已养了猪。有的班在一些生活制度的制定上，定得十分合情合理……

我们看到，尽管当年的发展是不平衡的，有的还会有反复，可是我们还看到，有的班比较说来，原来比较后进，现在也在找差距，赶了上来，所以，总的印象：都在进步，都在成长！

向革命小将学习，向革命小将致敬！

上海市赴江西乐安学习、宣传小分队

一九七〇年八月十五日

井冈山地区

通知

（井发〔70〕004号）

各县、市、井冈山革命委员会：

现根据省革命委员会指示精神，提出如下意见，望坚决执行。

一、最近发现有些地区对下放干部和知识青年的工作有所放松，有些知识青年有倒流现象。希望你们在最近期间，采取有力措施，集中地抓一下"五·七"大军的工作，进一步巩固下放成果。

二、关于上次专区精简工作会议上拨给各县的不带工资的下放人员生活补助费，必须抓紧尽快地落实到生产队、每一个人。此项经费一律不准另用。

三、必须坚决贯彻执行毛主席"备战、备荒、为人民"、"要准备打仗"的伟大指示，教育下放人员树立世界革命思想，多节约一斤粮，就是为埋葬帝、修、反多作出一分贡献。在作好思想工作，大力开展节约用粮、大搞代食品的前提下，对少数下放知识青年劳动少，目前仍不能解决粮食自给，如果生产队供应确有困难，影响社员口粮的，夏收以前可以继续供应商品粮。

四、"五·七"大军要和贫下中农一道欢度春节。春节期间，一般不要请假，不回城市，带头过革命化的春节。要以毛主席最新指示和元旦社论为武器，大讲国内外的大好形势，大办讲用会，忆苦思甜，办好"五·七"大军学习班，办好下放人员家庭学习班。"要进一步节约闹革命"，特别注意节约用粮，不铺张，不浪费，带头移风易俗，勤俭过节。带头搞好革命的文艺活动，在春节期间要带头把农村的政治空气搞得浓浓的。

井冈山专区革命委员会

一九七〇年一月十三日

新干县

学习慰问通讯第十九期

上海赴江西学习慰问团

切实解决插队知识青年实际问题的一项措施

——新干县鸡丰公社试办"五·七"综合厂安排患病青年情况调查

今年五月，江西省新干县鸡丰公社党委办起了一个集体所有制的"五·七"综合厂。这是公社党委为了安排一部分不能从事农业繁重劳动又有一定劳动能力和特长的患病青年而办的。这个厂吸收了上海知识青年8人，作为第一批骨干力量。其中健康青年2人，其余是肝炎1人，风湿性关节炎2人，肾炎1人，胃溃疡1人，气哮喘1人。公社党委还派了3名下放干部参加领导和辅导。经营的服务项目有照相、理发、缝纫，修理喷雾器、打火机、套鞋以及竹木业手工，包括编斗笠，加工家具，农具，装电灯电线用的槽板、垫园木等。这些服务项目深受群众欢迎，营业额逐月上升，六月份213元，七月份360元，八月份440元。除了生产生活费用外每月都有盈余。对青年的工作、学习、生活作了妥善安排，每月每人还发了15元生活费（从九月份起已实行按劳取酬的办法）。他们的政治觉悟也有了一定的提高，有的还入了团，有的还在争取入党。

为什么要办厂。

江西省新干县鸡丰公社从一九六八年以来共安置上海知识青年479名。他们满怀革命豪情来到农村，接受贫下中农的再教育，进步很快，成为农村三大革命运动中一支很有生气的力量。但是，由于过去受了刘少奇反革命修正主义教育路线的毒害，脱离劳动，缺少锻炼，加上农村体力劳动强度较高，又没有很好注意生活管理，部分青年体质有所下降，得了各种比较严重的疾病。在现有422名上海知识青年中统计，患有比较严重疾病的64人，占15.1%。

鸡丰公社党委遵照毛主席关于"一切群众的实际生活问题，都是我们应当注意的问题"的教导，比较注意解决知识青年中的实际生活问题，每年总要拨款补助患病青年。可是青年不甘心吃"救济粮"、拿"补助款"，他们说："我们也有两只手，不能闲着吃白饭！"

公社党委意识到，这是知识青年上山下乡运动中出现的新问题，必须认真解决。后来，公社党委进行了调查研究，征求了干部和贫下中农、知识青年意见，决定试办"五·七"综合厂，解决患病青年安排问题，让他们做一些力所能及的工作，既解决生活上的实际困难，又能尽他们的力量为国家创造财富，为建设社会主义新农村作出贡献。

办厂要坚持方向。

筹厂初期，可以说他们一无所有，连水缸、餐具、板凳都没有一样。在这种情况下，是艰苦创业，还是样样伸手？

有的同志觉得，厂里的基本力量是病号，既然作为安排的，国家就应当多拨些钱，于是造了一个计划，要求拨 1000 元，600 元购置生产设备，400 元添置生活用品。公社党委看了这个计划，觉得这样办厂不符合自力更生精神，讨论以后，决定向县革委会申请调拨 450 元添置急需的生产设备，生活用品基本上靠自己解决。通过讨论，大家提高了对"艰苦创业"、"自力更生"的认识，处处注意勤俭节约。他们没有板凳、桌子，就自己用木板敲敲钉钉；没有照相洗印设备，公社同意调拨 120 元给他们添置，他们没有要，就自己动手做烘相箱、修相箱；没有上光机，他们用木料做了一只架子，花了 16.89 元买了一块上光板，制成了上光机。做木工的工具没有，知识青年自己拿出来。他们的设备中，只用上级调拨的钱买了一台旧缝纫机和一架照相机。

办厂要坚持自力更生的革命精神，为谁服务，也有一个方向问题。对于这个问题，公社党委组织青年们进行了认真讨论，确定了办厂的方向：坚持社会主义方向，为农业生产和贫下中农服务。他们在这指导思想下，经过了调查研究，又确定了服务项目。在服务过程中，又主动把方便送给群众，因此深受群众的欢迎。

照相，广大社员十分喜爱，但县城只有一家照相馆，要照个相，非要到县城去不可，来回一天，花了车钱，影响了生产。现在，青年们翻山越岭，到山沟里、偏僻的小乡里主动上门照相，把方便带给群众。有一次，他们到高岭大队去，山沟里欢腾起来，男女老少换上了新衣裳，像过节日一样排着队等着照相。又有一次，到城溪大队去，有一个五保户老贫农有生以来第一次照相。这天他特别高兴，照相以后他回忆了旧社会的痛苦，新社会的幸福，说："没有毛主席，就没有我今天的好日子。"对青年是一堂生动的阶级教育课。

这个公社竹木资源比较丰富，他们就地取材，加工农业生产和群众需要的产品。最近，他们接收了一批加工安装电灯用的槽板，虽然劳动强度高些（完全靠手工操作，把面盆粗的木头锯成一条条 2 寸宽、2 米长、当中两条槽的槽板），但想到能为社会主义建设尽一分力量也很心甘情愿。

他们的理发、修补业务也是背箱下乡，串村走庄，上门服务的。

办厂中的几点体会。

经过三个月来的实践，综合厂的同志对前途的发展充满信心。这个厂所以能办好，他们总结了几条体会。

第一，党委领导重视和关心。公社党委给他们定方向、定服务项目、定经营管理、定人员，并和搞"五·七"工作的同志经常到综合厂去了解情况，问寒问暖，帮助解决困难。公社党委书记头发长了，他不到公社旁边的理发店去，而走七里路到综合厂去理发，衣服破了，也送到综合厂去补。他以这种实际行动来支持综合厂发展。七月二十九日，井冈山地区革委会副主任刘永胜同志和新干县革委会副主任王显峰同志下乡时也到综合厂去看望知识青年，帮助他们进一步明确办厂的社会主义方向，鼓励他们把厂办好，对青年鼓舞很大。

第二，办厂要坚持社会主义方向。服务项目，一定要为农业生产和贫下中农需要服务，离开了这一点就脱纲离线，同时在服务态度上要树立全心全意为人民服务的思想，做人民的勤务员。

第三，要认真学习马列的书、毛主席著作，加强路线斗争学习，在改造客观世界的同时，努力改造主观世界。

第四，针对"病号"特点，搞好生活管理。每天有一定的作息制度。他们十分注意锻炼身体，每天早晨做广播操，适当参加体育文娱活动。他们自己开荒种菜，还养了 2 头猪、17 只鸡、2 只鹅，伙食越办越好。

公社党委决心进一步发展综合厂，争取在一个不长时间内基本解决"病号"安排问题。目前打算，进一步落实服务项目的内容，到年底，人员将增加到 20 人。还准备把公社饲养场的 70 亩地划给"五·七"综合厂亦工亦农，发展农副业生产，解决粮食自给问题，同时也积极设法逐步向半机械化进军。

新干县革委会"五·七"办公室
井　冈　山　分　团　　联合调查

一九七三年全县知识青年上山下乡工作总结

（一）

……

中央〔73〕21号、30号文件下达后，各级党的组织和贫下中农闻风而动，认真学习，坚决贯彻。在传达贯彻中，县委先后召开了几次扩大会议，进行了专门研究和部署，并发出了通知和指示，要求进一步做好上山下乡工作。县委领导同志亲自带头学习，带头宣讲，做到逢会必讲，县委书记贾福荣同志亲自深入社队、青年点，向群众和青年宣读21号、30号文件，并和群众一起座谈，领会文件精神，提高认识。七月中旬，为了狠抓落实，县委组织了一次55人为期半个多月的上山下乡工作大检查，并由县委常委亲自带领，深入社队，发现问题，解决问题。九月中旬，根据中央、省上山下乡工作会议精神，县委又专门召开了一次全县上山下乡工作会议，以批林整风为纲，以毛主席有关知识青年上山下乡的教导和给李庆霖同志的重要复信为指针，总结检查研究了上山下乡工作，再一次掀起了学习、宣传、落实21号、30号文件的热潮。特别是党的十大以来，各级党组织通过学习十大文件，进一步加深了对毛主席关于"知识青年到农村去"等一系列指示的理解，坚决执行毛主席的革命路线，把做好知识青年上山下乡工作当做社会主义革命和社会主义建设中一件大事来抓，列入党的重要议事日程，认真落实党的政策，采取措施，切实加强党的领导，使我县知识青年上山下乡运动健康地向前发展。

……

经过几年斗争的锻炼，全县已有27名知识青年参加了中国共产党，400名参加了共青团，48名上了大学，68名被选进了领导班子，还有一批知识青年担任了赤脚医生、民办教师、拖拉机手和农技员等，不少人还有所革新和创造。这些事实充分地证明了毛泽东思想哺育起来的青年一代，在农村这个广阔的天地里，大有作为，已成为农村三大革命运动中一支新生力量。

（二）

回顾一年来，我们遵照毛主席的伟大教导，对上山下乡知识青年做了一些工作。我们的体会是：

一、提高认识，加强对上山下乡工作的领导。

……

认识提高后，县委和各级党的组织在批林整风运动的推动下，自觉地把上山下乡工作列入党的重要议事日程，召开各种会议，经常进行研究，总结交流经验，统筹解决知识青年在前进中遇到的问题。今年以来，县、社两级上山下乡机构，先后进行了两次调整，县由县委常委、县革委副主任亲自抓。12个有知识青年的公社，都配备了党委委员和副主任担任领导小组长，并配有1—2名乡办专职干部，从而充实了力量，加强了领导。大队和生产队的再教育小组也作了必要的调整，使之更为健全。县委领导同志对知识青年工作很重视，不仅把它列入县委重要议事日程进行研究，分口抓片的常委同志还经常深入青年点，和青年促膝谈心，帮助解决问题，关心青年成长。县委书记贾福荣同志对这项工作向来很重视，他每次下乡都要到青年班去看看，对青年十分关心。去冬今春，为了抓好青年建房工作，他亲自在鸡丰公社云庄等大队召开干部、贫下中农、知识青年三结合的会议，共同研究部署建房问题，使我县青年建房工作大大加快。

……

二、热情关怀，抓紧对知识青年进行思想和政治路线方面的教育。

……

一九六八年由上海步行八百里来到鸡丰公社小坑大队乐门生产队的第一批青年，风吹浪打志不移，和贫下中农一道战天斗地，在三大革命中发挥了生力军作用。入秋以来，他们在十大精神的鼓舞下，在各级党组织和贫下中农的大力支持下，更加精神振奋，斗志昂扬，自愿地组织了一个17人的青年创业队。在建队中，他们发扬了"自力更生、艰苦奋斗"的革命精神，没有工具自己造，没有牛棚自己建。他们冒着严寒，踏着冰霜，在没膝的泥水里劈山开圳，经过一个多月的奋战，终于把四条长达十多华里的环山圳开了出来，为明年农业争产创造了有利条件。现在他们豪迈地说："革命的需要就是我们的理想，毛主席指引的路就有前途，建立青年队是我们的愿望，我们要在农村这个广阔的天地里作出更大贡献。"七琴公社东郭大队上海知识青年石建雄，在当地党组织和贫下中农的培养教育下，经过几年的斗争实践，他爱上了农村，决心在农村扎根成长。今年十二月，他和当地一个贫下中农女青年结了婚，并在大队党支部和贫下中农的大力支持下，用自己的劳动收入盖了一栋新房子。婚后，生活安排得很好，蔬菜自给有余，猪鸡鹅鸭样样有，革命和生产劲头更大了，和贫下中农的无产阶级感情更浓厚了，扎根农村干革命的思想更牢了。他在自己的新屋厅堂上写道："新屋落成，扎根千年牢；主席领导，幸福万年长"。"贫下中农极大关怀，社会主义无比优越"。表示永远走毛主席指引的与工农相结合的道路，扎根农村，革命到底。

……

洋湖公社樟树下大队后坊生产队 350 亩耕地，过去除 50 亩以外，大多数是冷浆田，多数只能种一季晚稻，产量很低。一九六八年 11 名上海知识青年来到这里安家落户，他们在大队党支部的领导下，同贫下中农一起改天换地，劈山开渠，奋战低产坑，改造冷浆田，并种上绿肥，现在有 87% 的耕地由一季变成了双季稻，产量年年上升，今年每户向国家贡献万斤粮，被评为全省农业学大寨的先进单位。

三、积极引导，充分发挥知识青年在三大革命中的作用。

……

认真开展科学试验。知识青年有一定的科学知识，他们敢想、敢干、敢于实践，为建设社会主义新农村贡献了力量。鸡丰公社阳团大队知识青年任远、劳持平，为革命观风云，为增产管好天。她们在党支部和贫下中农的帮助下，四年如一日地办气象哨，搞天气预报，为今年全大队增产 30 多万斤粮食提供了有利条件，为发展农业生产作出了积极贡献。为了使天气预报和虫情测报结合起来，最近，她们又利用探亲机会到上海有关单位学习虫情测报知识，更好地为农业生产服务。这个大队的孙德周、林宏、廖一先、蒋青等知识青年，还在党支部的领导下，大搞科学实验，培育了二十多种水稻良种，摸索出一套育秧规律，并根据山区特点，大胆地进行了珍贵药品艮耳的栽培试验，获得了成功。

协助社、队开展医疗卫生工作。知识青年为群众防病治病做了许多工作。插队在鸡丰公社小坑大队大水坪生产队的知识青年姚林根，一心为贫下中农着想，在大队党支部的领导下，办起了合作医疗，当了赤脚医生。为了给贫下中农治病，他刻苦学习医疗技术，风里来，雨里去，不辞辛苦，全心全意地为人民服务，受到了贫下中农的好评。

……

四、落实政策，切实解决知识青年在前进中遇到的问题。

……

（1）积极培养和使用知识青年。全县 21 号文件贯彻以来，先后发展了党员 7 名，团员 183 名，参加各级领导班子 10 名。县委为了充分发挥知识青年的作用，最近由贫下中农推荐了 18 名知识青年作为选青对象，参加党的基本路线教育。许多社队为了积极培养使用青年，还专门发出了函调材料，对知识青年进行全面了解，并主动把他们推到三大革命斗争第一线去经受锻炼和考验，从而发挥他们在三大革命斗争中的积极作用。

（2）狠抓了对破坏上山下乡案件的检查处理。全县在深入贯彻落实中央 21 号、30 号文件，发动群众揭矛盾，摆问题中，县委对这一工作很重视，及时从公安、法院、纪检、乡办等部门抽调了 8 名干部，组织了专案组内查外调，对过去的案件进行了检查清理，对未处理的案件，进行了分类排队，逐个处理。全县自 21 号文件贯彻后，处理了破坏上山下乡案件 4 起，其中：奸污 2 起，吊打 2 起。通过案件处理，狠狠地打击了阶级敌人的破坏，有力地保护了知识青年的健康成长。

（3）对知识青年中劳动底分较普遍地进行了调整。原来有些地方给知识青年评工分，存在偏低现象。通过贯彻中央两个文件，全县先后进行了几次调整，现在男的一般是八九分，高的达 10 分，女的一般是六七分。如溧江公社王山大队上王山班 7 个青年，六九年插队以来，男青年一直老 7 分，女青年老 5 分，文件贯彻后，普遍都进行了调整。通过调整，大大地激发了知识青年的集体生产积极性。

（4）认真帮助知识青年解决了一部分住房问题。一年来，全县先后建了新房 135 栋，其中贯彻 21 号文件建了 113 栋，占几年来建房总数的83.7%，并对旧房较普遍地进行了调整和检修。建房较多的鸡丰、洋湖等公社，目前约有四分之一的青年住进了新房，青年很满意。一些缺材地区对知识青年的建房也很重视，如荷蒲公社，由于领导对建房工作抓得紧，群众大力支持，仅今年内就建房 4 栋。这个公社的曾家大队金坊生产队干部和群众，听说帮知识青年建房，都自动把自己准备好做房的土砖献给青年建房。队长曾清根还亲自带领群众到远离村庄十多里路的塔下搬运木料，积极为知识青年建房，对知识青年关心备至。

（5）对知识青年的患病治疗引起了重视。许多社队领导同志，只要一听到知识青年生病，都要亲自去探望和安慰，关心青年成长。胜利公社革委主任黄发龙同志，对知识青年向来很关心。今年上半年突然有一个知识青年患病，他在乡下得知这个消息后，亲自打电话和医院联系，嗣后又特地赶到医院看望，使这个青年很受感动。潭坵公社南山大队知识青年王美芽生肝炎，大队副主任亲自送到县医院住院，治疗一段时间后，又派一名知识青年护送上海治疗，并主动帮助解决了护送人员的工分和路费，知识青年和家长都很满意。鸡丰公社"五·七"综合厂，自去年五月开办以来，生产能力逐步发展，经济收入不断增加，体弱患病青年由原来8人扩大到25人，他们在厂内既能够做一些力所能及的事情，又基本上解决了生活自给问题，体质也随着增强了，受到了越来越多的知识青年的欢迎。

（三）

各级党组织和革委会在领导、教育和管理知识青年上山下乡工作方面，做了许多工作，取得了一定的成绩，但离中央、省、地委的要求还很远，我们的工作还存在不少问题。当前主要是：

一、有些领导同志对中央21号、30号文件学习不够，理解不深，贯彻不力，对毛主席指示"全国此类事甚多，容当统筹解决"的普遍意义和深远意义认识不足，甚至片面地认为文件下达后，问题暴露多了，青年要求高了，工作更难搞了。对知识青年工作，不是满腔热情，而是碰到问题绕道走，怕负责任，怕担风险，抱着多管事不如少管事的态度，使工作开展不起来。

二、有的地方对下乡青年的住房问题没有认真解决，对同工同酬、分配兑现、培养使用等方面的政策落实不够，对知识青年中的一些问题，能够解决的没有及时帮助解决。

三、患病青年较多。全县据不完全统计，患各种疾病的青年达363人。他们中有的一两年在沪，有的长期不能参加农业劳动，以致不能生活自给。对他们的历年超支、医疗费和粮食问题，越来越感到突出。

四、少数地方对接受新青年的安置工作重视不够，抓得不紧，没有作到县里提出的按照"六有"要求作准备，有的到现在还毫无动静，甚至连任务也没有落实下去，根本不打算接受新青年。

以上这些问题，反映在下面，责任在上面。只要继续贯彻十大精神和元旦社论，加强领导，采取措施，落实政策，抓大事，抓路线，抓政治思想工作，把知识青年上山下乡工作作到列入党的重要议事日程，抓紧、抓好，我县知识青年上山下乡工作就一定能够沿着毛主席的无产阶级革命路线胜利前进！

新干县革委会上山下乡办公室
一九七四年一月十八日

万安县

赴沪工作组工作情况汇报

县委、县革会，并报井冈山地区革委会"五·七"大军办公室、闸北区革会乡办：

遵照伟大领袖毛主席于一九七〇年亲自批示"照办"的中共中央 26 号文件，关于"安置地区与动员城市，要密切配合，相互支持，共同努力，做好工作"的精神，县委派我们 12 位同志到上海，其任务：一是学习，学习上海市各级下乡上山办公室（以下简称乡办）以及革命家长贯彻落实毛主席一二·二一光辉指示和中央 26 号文件的经验；二是汇报，向上海市各级乡办和革命家长，汇报我县接待、安置、教育知识青年工作，以及知识青年锻炼成长情况，征求乡办和家长对我们工作的意见；三是政审，为进一步加强对知识青年的培养和教育，对部分知识青年家庭的政治情况作些调查。

我们于三月一日到达上海，四月八日结束。一个多月来，在上海市闸北区乡办的正确指导和大力支持下，工作进行得很顺利，基本上完成了县委交给我们的三项任务。首先要感谢区乡办的领导和支持，他们不仅热情地接待我们，而且从政治上关心我们，组织学习中央 12 号文件，安排参观了几个先进工厂；在生活上也很关怀，乡办四位领导同志，在百忙中亲临饭店看望我们，在工作上给了许多方便，并指派一个同志全面陪同。县委和各公社党委，对我们去上海很重视，县委领导和几位公社书记，都去信指示和鼓励我们的工作。这都是我们在上海开展工作的有利条件……

现将家访、政审以及给我们的启示汇报如下：

一、家访情况

我们这次去上海，对革命家长震动很大，许多家长听说我们到上海，都纷纷来饭店看望我们，很迫切要知道自己子女去农村接受贫下中农再教育的情况。由于这次赴沪的任务，不是单纯地搞家访，不能逐户地访问。为了使更多的家长知道知识青年在农村三大革命运动中锻炼成长的情况，区乡办安排以我们公社为单位，召开向革命家长汇报会。参加汇报会的家长有 1330 名，占总数的 70%（当时上海正在传达学习中央 4 号文件）。家访 436 户，接待来访 278 户，两者合计 714 户，占总数的 37.5%。知识青年中后进的、比较先进的，以及病残人员的家，是我们家访的重点。

在向革命家长汇报时，都是根据贫下中农三级考核意见，如实反映知识青年的好坏表现。知识青年表现不同，家长的心情也有所不同。表现好的和比较好的知识青年家长，都从内心感谢当地党组织和贫下中农的再教育，许多家长都以自己子女成长的事迹，热情歌颂毛主席革命路线……

上海街道和里弄的党组织，对知识青年很关心，经常开办学习班，组织回沪青年学习中央 4 号和 12 号文件，向我们了解他们在农村的好、坏表现，并向我们介绍他们在上海的表现，以及家长对自己子女教育情况，不仅使我们对知识青年有较全面的了解，而且对家长的情况也有所了解。

这次家长向我们反映的问题和提出的要求很多，综合有：

共同的要求：1. 要求当地党组织和贫下中农，进一步加强知识青年的政治思想教育，搞好全班的团结，特别是后进知识青年的家长，要求更为强烈，希望当地采取有力的措施，严格制止流窜、打架、偷窃等现象；2. 要求贫下中农切实抓好他们的学习、劳动和生活管理，使他们尽快地实现生活自给，不再增加贫下中农的负担，不再依靠家庭经济支援；3. 要求当地党组织和革委会，加强对家长的通信联系，及时告诉知识青年接受贫下中农再教育的情况，以便家长能针对性进行教育。

反映的问题：1. 去年超支，今年口粮款怎么办？2. 病退问题，如果生病人员不能返回上海，要求当地照顾，安排力所能及的工作；3. 要求解决知识青年的医药费；4. 关心自己子女的出路，有的公开提出什么能不能安排工作；5. 病假、超假期间的口粮，是否按定量补发；6. 被损东西的退赔问题；7. 房屋破烂不堪，有的漏雨，有的快要倒塌，要解决住房；8. 粮、油定量不够吃，要求当地妥善解决；9. 年终分配，拿不到现金；10. 婚姻问题，家长普遍担心青年人谈恋爱出问题，要求当地大力宣传晚婚，以免影响□□身体健康……

二、政审情况

……

这次带去的政审材料 518 份，通过一个多月的调查了解，除父母调去外地工作的外，调查了 492 份，家庭政历问题，基本上搞清楚了。

（一）家庭出身：知识青年的原档案中，有的有时填工人，有时填中农，有的档案与本人填的出入很大，有的表上是空白。通过查阅父亲的档案，都搞清楚了……

（二）父母的政历问题：知识青年的原档案中，有的写"特嫌"，有的写"历史反革命"，有的写"揪斗未解放"，还有的写"正在审查"等等，具体内容都未说明。通过调查，除个别案情复杂尚未结论外，多数作了肯定或否定的结论……

（三）父母的现实表现……

（四）社会关系：我们认为，通过查阅父母的档案，多数仍然不够清楚，干部登记表中的亲属亲戚，只有姓名和住址，没有说明解放前后的政治面貌，组织上也未表态。作为入党和参军的政审材料是不够的，有待以后进一步调查清楚。

三、给我们的启示

我们12位同志，多数是第一次到上海，启示和教育更为深刻。上海知识青年，离开城市和父母，走毛主席亲手开辟的"五·七"光辉大道，确实是一场伟大的社会主义革命；他们在短短的二三年中，锻炼成长得这样快，确实是了不起的进步。虽然现在他们还存在这样或那样的问题，我们没有理由去指责，应该多看他们的长处和进步，耐心细致地去做好他们的工作。上海市各级乡办的同志，为我们做出了很好的榜样。他们的动员和巩固工作，是做得非常深入、细致、扎实。他们在党的一元化领导下，突出无产阶级政治，相信和依靠群众，狠抓阶级斗争，工作成效是非常显著的。与此对比，我们的差距是很大的，必须努力赶上。

通过这次学习和家访，使我们进一步认识到做好知识青年工作的重要性。我们工作好坏与否，不仅关系到培养和造就千百万无产阶级革命事业接班人的大问题，而且会直接影响着革命家长抓革命促生产的积极性，提到原则高度上来看，是个工农联盟的大问题。因而我们确实感到责任重大、任务光荣又艰巨。革命家长响应伟大领袖毛主席号召，把自己的子女送去农村，接受贫下中农的再教育，从事这项工作的同志……值得我们学习。

通过这次赴沪工作，使我们进一步认识到，在一定的时候，进行一次家访，是很有必要的，不仅是工作上的需要，也是革命家长的强烈要求。

我们在上海期间，受到各个方面的教育和鼓励，我们只有做好工作，来报答领导和革命家长。

汇报有不当之处，请批评指正。

万安县革委会赴沪工作组

一九七二年四月十日

石城县

关于长期回沪知识青年的一些情况

今年五月，我县知青办干部到上海协助处理一桩奸污女知识青年的案件。在沪期间，曾抽出十天时间了解了一些长期回沪知识青年的情况。

据不完全统计，当时我县回沪的上海下乡知识青年有一百三十四名，占上海知青总数的百分之二十七，其中回沪五年左右的八名；回沪四年左右的三十二名；回沪三年左右的二十三名；回沪一年左右的四十八名。通过访问街道、里弄干部、知识青年及其家长和召开调查会、座谈会等，了解了其中六十三名回沪知青的情况。在这些人当中：

一、已确定日期和准备回农村的有八名。

二、本人有病或家庭有实际困难，短期内确实不能返农村的有九名。
……

三、在沪犯罪，被扣押的有两名……

四、缺乏坚持乡村干革命的思想，不愿返农村的有四十四名。他们共同的特点是好逸恶劳，轻视乡村，以种种借口来掩盖自己的真实思想，具体表现出来的有这么四种：

第一种，无病叫有病，小病要病退。属这类的有二十名……从目前看，要求病退的与日俱增，据统计，近一年多来，申请病退的达六十名（其中批准病退的三十二名），占知青总数的百分之十四，其中罗家公社十九名下乡青年，要求病退的有十名。凡是在沪要求病退的，即使复查通知了不合条件病退，也没有一个肯返农村的……

第二种，讲交换条件，要组织服从个人。岩岭公社的过××，一九七三年与当地农村一个男青年结婚，婚后感情一直很好。一九七四年回沪探亲后，经常书信来往，互相关心，互相鼓励，一九七五年七月四日的一封信中还对丈夫说要"用我的感情感化你"。但在父母的影响下，时隔十天，却在信中提出要离婚，并对我们说，不批准她离婚，就不返农村。小松公社的郑××，其父母认为因她在农村结了婚，错过了调回上海的机会，在父母的压力之下于一九七五年被迫离了婚，现在又提出要我去农村，必须调出石城……

第三种，责怪农村苦、条件差，受不了。持这种情绪的有十七人。观下公社的夏××，回沪三年，去年秋动员她返农村，并补助了三十五元作路费。她一到公社就提出水土不服，不能下水田。公社安排她到公社林场去，又嫌路远了。公社便改安排到一个离县城五华里的青年点去。她到那里住了一天，因在房子里被蚊虫咬了几口，叫苦连天，连田里什么样子都没有去看看，便不告而别，溜回上海去了。愚园街道金鹏里委的一个姓龚的家长，公开对我县知青干部说："你们石城很艰苦，我的孩子吃不消，不会让她去了。"有不少的家长把孩子不安心农村，归之于因为江西招工少。洋地公社的李××，去年五月赶来公社，一看上学推荐没她的名，八月份又跑回上海了。特别是有少数知识青年为了给自己长期蹲在城市找"合理"根据，故意歪曲事实，说什么"一个月只吃得到二十来斤谷子，肚子吃不饱"，"劳动一天只给三个工分"，"累死了连口粮都赚不到"等等，借以骗取里弄一些干部对他们的同情。在愚园街道金鹏里委召开的一次座谈会上，有三个知识青年在生产队几年来几乎没有出工，却大提意见说，他们在队里拼命劳动，得不到报酬。我县知青办干部当场公布他们的劳动出勤等情况，进行批评教育，该里委干部说，要有了解知青实际情况的人来做动员，才能动员得好。

第四种，要钱不要线，搞单干副业。我们发现有两名知识青年长期在沪，给私人做家具，每日三元工资。

从回沪知青反映的一些情况看，我们安置工作中确实存在一些问题。个别社、队对知识青年存在的一些实际困难，本来可以解决的而没有去认真解决。个别地方仍在发生阶级敌人和犯罪分子迫害、奸污女知识青年的案件，影响知识青年在农村安不下心，扎不了根。这都是值得我们注意的。

江西省石城县知识青年办公室（章）

一九七六年七月二日

会昌县

会昌县一九七三年知识青年上山下乡工作总结

（一）

一年来，我县知识青年上山下乡工作，在各级党组织、革委会的正确领导下，以毛主席亲自批发的中共中央〔1973〕第21号、第30号文件为指针，以批林整风为纲，以落实全国、全省知识青年上山下乡工作会议精神为内容，做好知识青年上山下乡工作，取得较好的成绩。总的情况是：加强了领导，狠抓了路线教育，打击了阶级敌人的破坏活动，落实了党的政策，进一步解决了吃、住、医方面的困难。广大下乡青年在广阔天地里认真读马、列的书，读毛主席著作，积极参加三大革命实践，阶级斗争、路线斗争和继续革命的觉悟不断提高，为建设社会主义新农村作出了新贡献。

中共中央〔1973〕第21号、第30号文件下达后，各级党组织进一步加强了知识青年上山下乡工作的领导，全县组成了124个宣讲组，分赴231个大队进行宣讲中央文件，检查下乡青年工作。全县19个农村人民公社普遍健全和充实了领导机构，做到了书记挂帅，全党动手，真正把知识青年上山下乡工作摆到党委议事日程上，当作大事来抓。

……广大下乡青年在三大革命运动中做出了新成绩，有9名光荣加入中国共产党，122名加入共青团，195名担任基层领导工作。

从便于管理教育，有利于发挥青年作用，改变农村面貌，有利于组织学习和开展科学实验等方面出发，做好了下乡青年的集中定点工作。青年点由原来分布155个大队421个生产队，确定集中到153个大队165个生产队153班，建立了以青年为主的农、林场11处。目前正在落实之中，这个计划实现后，除结婚成家和社队企业插入人员外，基本上消除了一人一队、一人一灶的分散情况，为加强下乡青年的管理教育工作创造了条件。

生产、生活方面，做了认真细致的工作，初步解决了一些问题。几年来新建青年住房28幢229间，发放困难补助款3657元，开支医药费546元，全县下乡青年的劳动底分进行了调整，有相应提高，生活自给和基本自给人数不断上升。

……

对一九六八年以前上山下乡知识青年进行了调查、登记工作，对原漏编的 355 名青年完成了造册登记。一九七三年底我县下乡青年总人数为 1845 人，其中上海青年 939 人，本县下乡青年 736 人，外省下乡青年 6 人，赣州市下乡青年 164 人。

（二）

总结一年的实践，我们在工作中有如下体会：

一、加强党的领导，是做好知识青年上山下乡工作的根本保证……

二、深入开展批修整风，进行党的基本路线方面的教育，是知识青年上山下乡工作的首要任务……周田公社上海下乡青年钱新洪把扎根农村干革命当成一生的幸福，为亲自参加建设社会主义新农村，当第一代新农民感到无上光荣，他关心集体，关心贫下中农，在劳动中发现山区人少田多，耕作粗放，去年以来就提出研制收割机的设想，但缺乏物理、制图及工艺等知识。面对困难，小钱以共产党员"越是困难越向前"的精神，鼓励自己，下苦功攻读科技资料，上厂参加劳动向工人请教，请中学教员协助计算，并广泛征求贫下中农的意见，终于设计成轻巧灵便、适应山区小田坵使用的剪式手推收割机，现由县农机厂试制成一台，待今年早稻试用，看来稍加修改，将可推广，为山区农业机械化闯开了新路……

三、抓阶级斗争，严厉打击阶级敌人破坏知识青年上山下乡的罪恶活动，是巩固上山下乡成果，发展大好形势的关键。我县在知识青年上山下乡中的阶级斗争显得很尖锐，阶级敌人和蜕化分子摧残迫害青年很突出，有的随意捆绑、吊打下乡青年，有的利用职权引诱、奸污女青年，造成青年不安心，家长不放心，贫下中农也有意见……全县一年来共揭发各种案件 15 起，其中属捆绑、吊打政治迫害的 3 起，奸污、调戏摧残下乡青年的 12 起，这些案件已经有 11 件作了处理，逮捕法办 2 人（尚未判刑），撤职 2 人，开除工作 2 人，严厉打击了阶级敌人的破坏活动，巩固了上山下乡的伟大成果。……

一九七四年元月十七日

安远县

关于上海知识青年下放我县插队落户的情况汇报

我们遵照毛主席"必须善于学习"的伟大教导，受县革命委员会的委托，来到富有革命传统的上海市学习、慰问，受到了你们的热情接待和大力支持，在这共同欢庆元旦的喜日里，请让我代表学习团全体同志表示感谢，并致以崇高的革命敬礼！

上海市静安、黄浦、长宁区四百九十六名革命的知识青年响应毛主席"知识青年到农村去"的伟大号召，于今年三月中旬，手捧宝书，满怀革命豪情，奔赴我县插队落户，接受贫下中农的再教育。十个月来，在毛泽东思想的光辉照耀下，在各级革委会的正确领导下，在广大贫下中农的热情关怀和帮助下，这批有志的革命青年，学习在农村，战斗在农村，生活在农村，沿着毛主席指引的革命化、劳动化的革命航道，迈出了矫健的步伐，取得了可喜的成绩……

这些知识青年，能够从城市到农村，从家门、校门进入与工农相结合的大门，到了农村又能够放下架子，虚心接受贫下中农的再教育，志在农村，专在农村，红在农村，愿为建设社会主义新农村贡献自己的青春，决心和贫下中农团结在一起，战斗在一起，胜利在一起，是与上海市各级革命委员会对他们的关怀、培养和下放我县的上海知识青年家属同志以及上海市广大革命干部、革命职工、革命居民同志的耐心教育、大力支持分不开的。在此，我代表县革命委员会和全县十七万军民向上海市各级革命委员会和广大军民，表示亲切的慰问！并向你们学习！向你们致敬！

现在就下放我县的四百九十六名上海知识青年插队落户，接受贫下中农的再教育，在毛泽东思想哺育下，不断得到茁壮成长的情况作如下汇报，如有不当之处，请批评指正。

一、基本情况。

我们安远县地处革命摇篮——井冈山的南部。是个边缘山区，总人口十七万六千人，总面积二千三百二十二平方公里。山林面积二百八十七万二千五百六十六亩，耕地面积二十三万二千四百九十二亩。全县十四个公社（镇、场）、一百五十九个生产大队、一千二百一十八个生产队。是个山多、田多、人稀的县。在第二次国内革命战争时期，一九二九年初毛主席亲自率领红四军从井冈山茨坪出发，向赣南闽西进军，曾在我县四次进行革命实践活动。于是，我县又是一个革命老红区。

……

二、以毛泽东思想为统帅，做好对知识青年的再教育。

在伟大领袖毛主席"知识青年到农村去"的号召下，今年三月间，有四百九十六名上海知识青年到我县安家落户。我县广大革命干部和贫下中农遵照毛主席"各地农村的同志应当欢迎他们去"的教导，满怀深厚的无产阶级感情，像迎接亲人一样，对下放到本队的知识青年，给予了他们热情的接待和安置，把他们分布在我县十一个公社、五十六个大队、一百四十一个生产队……至于我们是怎样对知识青年进行管理教育的，我们深切的体会是：坚持用毛泽东思想为统帅，认真做好对知识青年的再教育。主要是从四个方面加强对他们的管理、教育的。

1. 从政治思想上对他们做好过细的教育。

突出通过大办各种类型的毛泽东思想学习班和开展个别谈心活动，经常性地向青年灌输五个方面的教育：

（1）进行毛泽东思想教育。组织知识青年学习毛主席两条最新指示的教育和关于走与工农相结合道路的论述，达到进一步认识和树立"接受贫下中农的再教育"，走与贫下中农相结合道路的必要性、坚定性。

（2）进行战备教育。向他们加强对毛主席"提高警惕，保卫祖国"；"要准备打仗"的伟大指示的教育，积极投入战备教育运动，进一步落实毛主席"备战、备荒、为人民"的战略方针，做好一切准备，随时参军参战，在埋葬帝、修、反的战斗中贡献出自己的一切。

（3）进行革命传统教育。采取走出去，请进来，由革命老同志、老贫农讲毛主席的伟大革命实践活动、革命传统和"三史"，提高他们的阶级斗争、路线斗争和继续革命的觉悟。

（4）进行阶级斗争教育。组织他们参加对敌斗争和革命大批判，参加访贫问苦、忆苦思甜等政治活动。如农村"四查"运动和最近开展的"四反"运动吸收了一批阶级立场坚定的知识青年参加"贫宣队"、"妇女造反队"，让他们在大风大浪中经受锻炼和考验。

（5）进行艰苦奋斗教育。组织知识青年学习毛主席关于自力更生、艰苦奋斗的教导，学习贫下中农艰苦朴素、勤劳勇敢的好思想好作风，培养他们吃大苦，耐大劳的精神。

通过五个教育，以毛泽东思想为武器，自觉斗私批修，狠抓自己的活思想，狠斗头脑中的"私"字，狠批刘少奇"读书做官论"、"下乡镀金论"的流毒，扫除接受再教育的思想障碍，在改造世界观上狠下功夫，不断促进知识青年的思想革命化。塘村公社各级革委会和贫下中农由于加强了对十九名上海知识青年的再教育，突出了"五个教育"，使他们思想觉悟提高很快。经过十个月来的磨炼，炼红了思想，学到了过硬本领，长结实了身体，尤其令人满意，为了革命需要，战备需要，他们一直坚守战斗岗位，到现在没有一个返回城市的现象出现。

2. 从组织上加强对他们的管理。

主要是通过四方面做好对下放知识青年的管理教育工作。

（1）建立与健全再教育组织机构，加强对知识青年进行再教育的领导。我们县社都建立了以革委会领导干部、贫下中农代表、"五·七"战士代表组成的三结合"五·七"大军领导小组，队队设立以贫下中农为主体的再教育小组，以做到政治思想有人抓，劳动上有人带，生活上有人管。

（2）发动贫下中农群众肩负再教育担子，积极做好对知识青年的帮助和教育。方法是由生产队选拔一至二名得力的基层干部或贫下中农实行包户包人对知识青年予以经常性的再教育；采取和知识青年结对子，经常开展"一帮一，一对红"活动。

（3）依靠知识青年自己管理自己。以生产队或连队为单位，把知识青年组织一个或若干班、排，选出负责人，建立与健全各种制度，定期开展活动，以利自己管理自己，自己教育自己。

（4）组织下放干部带好知识青年。广大下放干部有一定的政治水平和斗争经验。因此，组织下放干部带好知识青年是很有必要。知识青年来后不久，我们为了加强再教育工作，就从下放干部中选拔了一批表现较好的，分配到知识青年住的地方，和知识青年同学习、同劳动、同斗私批修、同接受贫下中农再教育，帮助他们过好思想、劳动、生活关。龙布公社上林大队九名女上海知识青年由于公社、大队革委会领导重视，贫下中农热情帮助和下放干部积极带动，她们都表现很好，很受贫下中农欢迎。版石公社河西大队有五个知识青年有时闹不团结，公社革委会主任廖光新同志，一发现便亲自深入实地，耐心地做思想教育工作，基本上克服了不团结的现象。从组织上给予培养使用，现在有好些知识青年被各级革委会和贫下中农选上了当广播员、会计员、教员、饲养员、保管员。

3. 从劳动上认真对他们进行帮助。

用毛泽东思想武装头脑，又注重言教和身教去影响和带动知识青年，这是我们在管理、教育知识青年中深切的体验。对知识青年传授生产技术，采取口头上传，亲自示范，做出样子，手把手教，使青年看得见，懂得到，跟得上，做得像。通过参加集体生产劳动的磨炼，许多知识青年用汗水洗掉了私心杂念，用锄头挖去了修根，思想更红，手茧更厚，肩膀更健，脚板更硬。十个月来，不仅学会了干农活的基本功，遵照毛主席"自己动手，丰衣足食"，"自力更生"的伟大教导，还学会了种菜、打柴、做米、煮饭、喂猪、养鸡等等自己管理自己的劳动，克服了过去在城市那种饭来张口、衣来伸手的现象。版石公社河西大队官背生产队一个贫下中农女社员一次帮队里五位知识青年种菜、浇菜被蛇咬伤了，半个月不能出勤，她毫无怨言地说："没有关系，帮知识青年做点事，这是我们贫下中农应做的事。"五位知识青年在这位贫下中农深厚的无产阶级感情影响下，她们和贫下中农心连心，为贫下中农大做好事，个个积极参加集体生产劳动，有的达一千四百个小时。在这次"两个突破"运动中，她们表现积极，奋战在水利建设上，还为队里建设水轮泵投资一百一十元，人平二十二元。下放在龙布公社上林大队、长河大队的知识青年不仅经常参加队里劳动，她们还喂了猪、养了鸡。天心公社径口大队上海知识青年张文文，在贫下中农的热心教育和帮助下，他自下放到现在参加集体生产劳动达一千二百多个工分，达到了自给。

4. 从生活上切实对他们予以关怀。

上海知识青年，下到农村的初期，对农村生活，特别是生活在边缘的深山丛林地区，感到不习惯。于是，我们便注意了在生活上对他们予以关怀和照顾。他们刚下来时，为了妥善安排他们的生活，使其感到大家庭的温暖，队里的贫下中农都把他们当做自己的亲人接待，空出房子，打扫卫生，布置环境，送床板、送菜、送柴草，无微不至地关怀他们。敲锣打鼓喜迎亲人，有的跑几十里路去迎接，挑行李，天心公社竹湖大队竹芫生产队派了很多人接挑行李。有的知识青年行走山坡斜路不便，贫下中农怕他们摔跤，非常关切他们，宁愿自己多辛苦一点，扶着他们走。版石公社蔡坊大队大屋生产队，住在这个队里的大队革委会副主任张东记同志，听到有几个上海知识青年要来自己队里落户，主动空出了几间新做的房间让给知识青年住。知识青年身体患了疾病，公社、大队、生产队革委会干部和贫下中农关心他们像关心自己的子女，送医院、叫医生及时进行治疗，有的帮助蒸药、送药、洒茶、倒水，经常问寒问暖。下放在版石公社的上海知识青年蒋××，因患癫痫病，县、公社几次派人护送县医院、专区医院治疗，最后还派专人亲自护送韶关上火车回上海医治。下放在车头公社的上海知识青年李××患了神经病，方××、周×患肾炎病，因患肝炎病，下放在版石公社的上海知识青年任××因患肾炎病，金××患肺结核等病，县、公社将他（她）们送往县、专区医院住院治疗。光上海知识青年治病的医药费，国家负担达几千元。双芫、鹤仔公社革委会对下放知识青年明年的口粮油问题，深入到生产队，亲自落实、安排。车头公社长沙大队三弯生产队革委会和贫下中农对下放在队里的四名上海知识青年，生活上安排得妥帖，不仅留足了明年上半年吃的粮食，社员有分配的物资，队里一视同仁，给她们分配了九十多斤黄豆，还给了她们二瓶菜籽油和其它杂粮。他们非常感激地说："革委会关怀我们，贫下中农爱护我们，我们一定听毛主席的话，安心农村干一辈子革命，扎根在农村，为贫下中农服务一辈子。"

三、胸怀全局为人民，革命征途赛贡献。

上海市下放我县插队落户的四百九十六名革命知识青年，是毛泽东思想武装起来的无产阶级革命好后代。他们决心在农村干一辈子革命，为贫下中农服务一辈子，以高昂的革命气魄发出了"胸怀全局为人民，革命征途赛贡献"的豪言壮语。十个月来，他们说到做到，在广阔的天地里和贫下中农同吃、同住、同学习、同劳动、同战斗，在改造主观世界的同时改造客观世界立下了丰功伟绩，是建设社会主义新农村的有生力量，深受广大革命干部和贫下中农的欢迎和赞扬。

1. 热情宣传毛泽东思想。

贫下中农说："上海知识青年既是队里的新社员，又是毛泽东思想的宣传员。"他们一到生产队，就挨家挨户给贫下中农送毛主席像、毛主席像章和毛主席著作，热情宣传毛泽东思想。在各级革命委员会的领导下，帮助生产队建立与健全学习毛主席著作制度，开办各种不同类型的毛泽东思想学习班。在队里，在田头，在工地，他们坚持和贫下中农一起学习毛主席著作，教唱革命歌曲，宣传落实毛主席的最新指示。许多知识青年还登门上户，帮助小孩多的女社员和年老的贫下中农学习《毛主席语录》、毛主席光辉著作"老三篇"。每当毛主席的最新指示发表，上海知识青年总是不分白天黑夜，不管刮风下雨，闻风而动，雷厉风行地传播毛主席的声音。有的为了不过夜地把毛主席的最新指示送到边缘、偏僻地区贫下中农中去，不怕路远，跑遍全村，通宵达旦。塘村公社塘村大队六个上海知识青年在"九大"胜利开幕消息传来时，她们奔走相告，当夜和毛泽东思想宣传队一起深入全大队和临近大队传播特大喜讯，彻夜不眠，第二天继续坚持和社员一起下田劳动。版石公社河西大队和龙布公社上林大队的上海知识青年，每当毛主席最新指示发表后，立即油印好，敲锣打鼓送到贫下中农中去学习、宣传，并编写宣传材料，用文艺宣传的形式深入到街头、田头、屋场宣传。

上海知识青年还为农村普及小学教育，向贫下中农传播文化知识，办起了不少的政治夜校，在组织青少年和成年社员学习毛泽东思想、学习文化知识等方面做了不少的工作，取得了很大的成绩。

2. 站在阶级斗争的最前线。

上海知识青年牢记毛主席"千万不要忘记阶级斗争"的伟大教导，来到农村，不问吃，不问穿，首先就问谁是贫下中农，谁是地主、富农、反革命、坏分子、右派分子。通过贫下中农的再教育，阶级觉悟和路线斗争觉悟有了进一步的提高，阶级路线分明，立场坚定，在阶级斗争大风大浪中敢于和贫下中农一起冲锋陷阵，坚决站在对敌斗争的最前线。贫下中农称他们：天不怕，地不怕，神不怕，鬼不怕，是阶级斗争的战斗员。

（1）积极参加各种政治运动。

在"四查"运动和"四反"运动中吸收一大批上海知识青年参加"贫宣队"、"妇女造反队"，有的还当上了妇女造反队副队长，在运动中表现非常坚决、勇敢，和贫下中农一起查敌情，破阻力，斗敌人。版石公社湘洲大队上海知识青年于根娣在"四反"运动中坚决站在无产阶级的立场上，和贫下中农一道打击了在农村复辟资本主义的歪风邪气，批斗了专搞买卖婚姻的坏家伙，树立了社会主义新风尚。

（2）誓做农村斗、批、改的闯将。

富有"对反动派造反有理"的彻底革命精神的上海市红卫兵革命小将，到了农村，始终站在贫下中农一边，把农村斗、批、改的群众运动推向新的高潮。和贫下中农一道学习毛主席"认真搞好斗、批、改"的伟大教导，抓紧革命大批判，狠批刘少奇"阶级斗争熄灭论"、"三自一包"、"四大自由"、"物质刺激"、"工分挂帅"以及"读书做官论"、"下乡镀金论"、"劳动惩罚论"等反革命修正主义黑货，为进一步肃清刘少奇余毒，保卫无产阶级专政，巩固并队成果，坚持走社会主义道路，发扬了敢揭、敢批、敢斗的彻底革命精神。下放在塘村公社塘村大队的包裕梅等三位上海知识青年，积极投入了队里召开的批判大会，在会上狠批了热衷搞单干，一心企图复辟资本主义的阶级敌人，刹住了农副业单干风，巩固了集体经济，大长了贫下中农的志气，大灭了阶级敌人的威风。

（3）为革命站好岗，放好哨。

遵照毛主席"提高警惕，保卫祖国"的伟大教导，许多上海知识青年，为了警防帝国主义和苏修的突然袭击，以及阶级敌人的造谣破坏，主动承担站岗放哨的任务，和民兵一道严管五类分子，强化无产阶级专政，随时准备打击一切来犯的侵略和破坏活动。

3. 在艰苦的劳动中磨炼自己。

广大的上海知识青年到农村后，立志要在农村滚一身泥巴，磨一手老茧，练一身骨气，铸一颗红心。要把理想变为现实，就是要经过长期的甚至痛苦的磨炼。他们一到农村就牢记毛主席"知识青年到农村去，接受贫下中农的再教育，很有必要"的谆谆教导，放下了架子，甘当贫下中农的小学生，虚心接受贫下中农的再教育。通过十个月来在劳动中的刻苦磨炼，许多同学，思想感情发生了根本的变化，对农村的一草一木都觉得可爱，贫下中农亲爱。由于在城市读了几年书，受刘少奇反革命修正主义教育路线的毒害，变得手不能提，肩不能挑，到农村和贫下中农接触，通过劳动锻炼，不仅手能提得起，肩能挑得住，还学会了许多粗工细活，如拔秧、插秧、耘田、耖田、割禾、打禾、做土，甚至犁田、耙田等样样能干，有的还成了生产能手。天心公社径口大队上海知识青年张文文自下放以来参加队里劳动一百六十余天，而且能肩挑一百多斤的重担。鹤仔公社棉地大队上海知识青年许惠林在秋收冬种的战斗中，主动抢重活干，踩打谷机，脚肿了，手破了皮，不叫苦，不下火线，一直坚持收获完毕。贫下中农称赞说："小许吃得苦，耐得劳，做起工来真像样，是我们的好后生。"有的不怕脏，不怕臭，还当上了队里的饲养员，精心饲养生猪。

4. 全心全意为贫下中农服务。

上海知识青年以"老三篇"三个英雄为光辉榜样，自到农村插队落户后，和贫下中农建立了深厚的无产阶级感情，急贫下中农之所急，帮贫下中农之所需，处处为贫下中农着想，替贫下中农服务。如长沙公社光明大队知识青年王振南写信回家寄衣袜解决队里贫下中农缺衣少袜的困难；版石公社河西大队毛湘和、孙乃文自己买药给贫下中农社员治病；正光、版石公社的知识青年义务给社员理发；还有很多知识青年将自己节约下来的钱和粮，借给贫下中农，帮助社员解决了不少问题。

5."独立自主，自力更生"的道路越走越宽广。

知识青年刚下来时，菜、柴由贫下中农送，水由贫下中农挑，饭要贫下中农做。现在他们通过一个学习和锻炼的过程，菜由自己种，柴由自己打，水由自己挑，饭由自己做，什么都由自己干。许多地方的知识青年不仅种上了几种或十几种蔬菜，而且还养了鸡，喂了猪；不仅能自给，还有菜送给贫下中农吃，帮五保户打柴、挑水；不仅能妥帖料理生活，还能积极参加队里集体生产劳动。生活过得既有意义，又非常痛快。

四、团结起来，争取更大的胜利。

我们受县革委会的委托，来上海的主要任务是：向上海市革命委员会和广大军民学习、取经；汇报上海市下放我县上海知识青年插队落户的情况；动员与组织返回城市的知识青年到农村继续接受再教育。

我们恳切地要求上海市静安区、长宁区、黄浦区革命委员会和革命家属、革命干部、革命职工给予大力支持和帮助。

同志们！让我们在毛主席"团结起来，争取更大的胜利"的伟大指示指引下，为全面落实毛主席"备战、备荒、为人民"的战略方针，为巩固精简下放成果，在新的一年里作出新的更大的贡献而阔步前进！

安远县革委会赴沪学习汇报团

关于安远县下乡青年有关几个问题的调查报告

一九六八年以来，为贯彻落实毛主席关于"知识青年到农村去，接受贫下中农的再教育，很有必要……各地农村的同志应当欢迎他们去"的指示，安远县先后安置了上海、赣州和本县下乡知识青年2324人，除进工厂、升学、参军、提干和转迁的外，截到今年九月底止，在乡人数1076人。知青队、场35个（其中安置本县青年的8个，赣州市的16个，上海的11个），在场人数679人，占63.1%。

……当前，学习文化知识，开展科学试验的人越来越多，总的形势是好的，但也存在着一些有待于急需解决的问题。现就有关知青工作的几个问题，报告如下：

一、关于把知识青年培养成为生力军的问题。

英明领袖华主席在党的十一大和五届人大的报告中指出：把知识青年培养成为建设社会主义现代化强国的生力军。几年来，安远县采取一些行之有效措施，县委党校培训了下乡青年中的理论骨干150人次，并通过他们去辅导广大下乡青年、基层干部学习马列著作和毛主席著作；文教、卫生、农林等有关部门举办短期学习班，挑选部分下乡青年进行培训220多人，为社队培养技术人才。去年招生改革后，又采取参加就近中学听课复习和能者为师进行辅导，效果较好。去年下乡青年考取大学、中专28人。今年升学64人……

组织下乡青年参加党的基本路线教育工作队。几年来，全县共抽调下乡青年90多名，使他们在阶级斗争中得到锻炼，按照接班人五项条件，积极培养和大胆使用下乡青年，把他们推向各级领导岗位，压担子，现担任县委常委1人，公社党委副书记、革委会副主任4人，大队党支部委员、生产队长23人，已成为农村三大革命运动的骨干。

二、关于安置下乡知识青年的形式问题。

……

三、关于下乡青年的婚姻问题。

全县已婚青年183名，占在乡青年17%；年满25周岁以上未婚青年316人（男211人、女105人），占在乡青年25.85%。到晚婚年龄青年不愿结婚原因是：现行政策规定招工、招生都是未婚的，怕结了婚离不开农村；农村收入低，有的还要依靠家庭支援，结婚后生孩子养不起……

四、关于落实有关知识青年政策问题。

1. 下乡青年病退回城的问题。国务院〔1977〕140号文件规定："上山下乡知识青年，因病残或家庭有特殊困难，符合国家规定，需要返回市、镇家中的，经市、县知识青年上山下乡办公室审查同意，准予落户。"省委〔1973〕131号文件规定：下乡青年因病残不能参加农业劳动，"在农村确实无法独立生活，城镇有亲属照顾的，经安置县和动员城镇乡办同意后，可迁回动员城市，公安部门应予落户，粮食部门要供应粮油。"省知青办〔1975〕27号文件规定："知识青年下乡后，其家庭情况发生了变化，办理病退时，应当是回到与本人关系最密切的亲属处。"上述政策虽已明确规定，但有的尚未执行。我们意见：在动员安置工作告一段落时，应办理病残青年的回城。

2. 下乡青年的治病医疗费问题。省卫生局、财政局、民政局一九七四年十二月五日联合通知规定：下乡知识青年"患病医疗费，应自己负担，确因生活困难，无力负担医疗费者，由社队适当补助，社队解决有困难时，民政部门酌情救济。"经了解，知识青年很少得过这种待遇，重病医疗费多少，都是由知青办负担，共用去 6498 元……

3. 下乡青年子女落户问题。全县已婚青年 183 人，占在乡人数 17%。下乡青年反映，有的女青年与城镇职工结婚后生的子女所在地不让落户，长期靠买高价粮生活。对于这个问题的处理，省委〔1974〕24 号文件规定："已婚下乡青年所生子女，所在单位要准予上户口，供应口粮。"地委〔1975〕14 号文件再次强调："青年婚后生的子女，所在地应予落户并供应粮油。"我们认为，下乡青年的子女，应和所在地贫下中农的子女一视同仁，尽快解决他们的子女落户问题。

4. 下乡青年生活不能自给的补助问题。据去年年终统计，全年人平收入 150 元以上 244 人，占参加分配人数的 23.28%；80 元至 150 元 342 人，占 32.63%；80 元以下 462 人，占 44.09%。其中分值最高碛面知青队 1.07 元，最低的风山公社猪嘴石知青队 0.05 元。鉴此，根据我县农村收入水平的实际情况和参照上海市的经验，我们意见：男青年全年出勤 280 天以上，女青年全年出勤 250 天以上的，全年收入不到 180 元的，应由有关部门补给其差额。补助款的来源：由知青父母所在单位集体福利费解决，父母无工作的，由兄弟姐妹所在单位集体福利费解决，全家无工作的，由民政局在社会救济款中给予补助。

5. 下乡青年中的招工问题……近两年来，对招生、征兵的政策执行是好的。安远县数年来对招工的工作做得也是比较好的，在下乡青年中共招收 488 人。但据反映，对已婚青年招的少，特别是招工单位不愿要已婚女青年，造成已到晚婚年龄的青年不敢结婚。也有的单位不问青年的表现好坏，指名要人，引起青年和家长的强烈反映。为了正确处理这个问题，今后不论是国营还是集体招工，劳动部门要与县知青办共同研究，按政策规定确定在下乡青年（包括已婚青年）中的招工比例，并优先照顾下乡多年和无兄弟姐妹参加工作的下乡青年。

6. 下乡青年不属动员对象收回的问题……

赣州地区安远县知青办调查组

一九七八年十月二十四日

定南县

卫东公社"五·七"大军当前工作的汇报

县"五·七"大军领导小组:

......

在各级革委会的一元化领导下,我社"五·七"大军高举毛泽东思想伟大红旗,在广阔的天地——农村,在"三大"革命斗争实践中,在接受贫下中农再教育的路途上,在世界观的改造等方面都迈开了可喜的一步,出现了许许多多的好人好事,好典型,同时也存在不少问题和个别的坏典型。

一、好人好事,好典型

......

5. 下放在早禾大队东风生产队的上海知识青年赵留红、杨妹妹、徐惠莉,在各级革委会关怀下,通过活学活用毛泽东思想,接受贫下中农再教育,现在思想安定,群众关系好,生活艰苦朴素,在劳动中"一不怕苦,二不怕死"。到目前为止劳动了80多天。贫下中农满意地说:"你们是毛主席的好青年。"

6. 下放在港口大队的施瑞芬、王筱芳、包秀菊等上海知识青年,认真读毛主席的书,听毛主席的话,照毛主席的指示办事,争做毛主席的好青年。她们思想安定,决心在农村干一辈子革命,生活上艰苦朴素,劳动不怕苦和累,在夏收夏种中,坚持天天上班劳动,到目前止已经劳动390多天,贫下中农都感到很满意。

二、存在的问题及个别坏典型

1. 由于我们工作做得不细致,毛泽东思想伟大红旗举得不高,因此近阶段来在"五·七"大军部分战士中有无政府主义思潮,组织纪律性松懈,各种制度不健全,部分同志思想不安定,少数干部、知识青年对广大干部下放劳动、"知识青年到农村去"的最新指示的伟大意义还认识不足。

2. 有部分生产队或大队因个别上海知识青年思想不安,表现不好,有的不劳动等原因为借口,产生政治上无人抓、生活上无人管、生产上无人教的状态。

……

6. 下放在早禾新村大队的知识青年黄××思想糊涂，不安，表现极坏，去赴北田圩打老表，在知识青年内部打张××、俞××，并扬言说："谁要讲我的坏话，叫我劳动，现在我小打，以后要中打、大打。"……

7. 有倒流现象。到目前为止已经走了四名上海知识青年，其中包括一名请假的……

8. 下放在大凤大队的赵××，高傲自大、目空无人，喜欢打击别人抬高自己，在大凤干群中说："我对你们是很尊重的，对公社干部就要严格，公社干部就是官僚主义。"一次因大凤发生了虫灾 50 多亩，公社□主任在大队主任下放干部班长会上点了大凤大队要引起注意，而赵听了后立即起来顶，回去后在干群中说："□主任就是官僚主义，我给他起个外号叫□官僚。"

……

特此汇报。

致

礼

卫东公社"五·七"大军领导小组

一九六九年八月十五日

关于召开上海下放知识青年座谈会议后的情况汇报

老城公社"五·七"大军办公室遵照老城公社革委会指示：在一九七〇年五月二十七日至二十八日召开了上海下放知识青年座谈会。会期二天。到会青年 26 人、带班的下放干部 3 人。缺席的青年 3 人（因病）、带班的下放干部 1 人（料理患病青年）。会上，首先由王运球同志讲了话，指出了这次会议的开法，及目的意义。接着学习了下列文件：1. 改造世界观社论。2. 全世界人民团结起来，打败美国侵略者及其一切走狗。3. 中共中央转发国家计委军代表关于进一步做好知识青年下乡工作的报告。继由张锦海副主任做了关于老城公社基本情况、远景规划及大好形势讲话。会议中，组织了青年座谈讨论，讲对下放的认识及提意见建议等……最后会议结束时，张副主任对会议作了总结，指出了下放青年今后必须沿着"五·七"指示的光辉道路奋勇前进，对于下放青年今后在农村的前途去向，以及怎样接受贫下中农的再教育等方面，也作了较详尽的具体部署。

会议是开得朝气蓬勃的，青年们个个心情舒畅。由于当地各级革委的重视与大力支持，五月二十七日晚上，公社革委还举行了文娱晚会，会上有"五·七"中学、小学革命师生及上海青年演出了好几个文娱节目。

在会议讨论当中，发言大胆，有啥说啥，谈了认识，提了意见和建议。现将小组讨论情况，归纳如下：

有的说：他们住的房子太小了，阳光不充足，要求一人一铺的单人床。步古生产队下放青年还要求玩水，不玩不行。有的说：无桌凳、无扫把、无饭厅。总之，对生活上的不便之处，都提了意见建议，经过讨论之后，逐步已求得解决。有的感到不习惯，远离乡井，不见爹娘，例如鹿湖队下放青年张×、中墩下放青年张××，在五月二十六日那天，还哭起来了，流了泪，红了眼。经过解释教育之后，她们又笑了起来。同时也提了一些意见，例如鹿湖生产队，安排到女青年住楼下，男青年住楼上，她们则说：农村重男轻女。有的说：灯油、伙食、治疗问题如何解决？总之，思想是复杂的，说什么的都有。例如：步古下放青年到了生产队以后，还打听生产队的生活、收入水平，问社员说：自己能得多少工分？又问是否同工同酬？（中墩）乐清青年说：自己做不到吃怎么办？粮食不够怎么办？目前生活怎么办？

好人好事层出不穷，乐清队下放青年思想较安定，大队还用黑板报表扬了他们，步古队还订出了学习毛著的制度。中墩队、步古队下放青年在五月二十六日下午，还要求出工。这次会议以后，下放青年很早就回去了，要求早点散会，回去处理好行李之后，才好参加劳动等等。

目前也存在有些问题。例如：乐清下放青年楼××说：他掉了人民币10元。个别的被蚊虫咬伤之后，则大肆宣扬，说什么水土不合等等。还有的嫌房子太小太脏等。

带班的下放干部也提了要求。如，有的说：带班有些困难，对情况不了解，要求上级搞个基本情况表发下来填写，又无什么组织材料，五行六合都不清楚，怎么教育呢？也有的说：县里要印些有关方面的学习材料给知识青年每人一份（唱歌、学习材料等）。

其次，行李方面，个别的较乱了一些，例如：下放乐清队沙角队的邓×

×，还有行李在定南县，五月二十六日定南发了电报。

下放鹿湖队的陈××，据吴铭说：他已到定南龙源坝公社寨下大队黄砂（沙）生产队魏明家中去玩了，他有二大包行李在老城公社放到。问题是：陈××下放地址快决定，邓××行李快寄来，以便劳动、生活。

最后，管理下放知识青年的干部，感到对此工作陌生得很，订规划，心中无底，对于工作，如何做好？缺少实践性的经验，请上级多多指导。

老城公社"五·七"办公室／（章）

一九七〇年五月二十九日

关于当前插队知识青年情况会报

县"五·七"办公室：

在毛主席光辉"五·七"指示的指引下，去冬绝大部分知识青年已回沪探亲，返回生产队后，有相当一部分知识青年比较安心于农村接受贫下中农再教育，坚持参加集体生产劳动，从而使自己在思想、学习、劳动、生活上又迈开了前进的步子。但是，从目前知识青年来看，以"一分为二"的观点看问题，存在一些很严重的问题。近来知识青年到公社的比较多，我们进行了多次的座谈，加上我们所掌握的情况，当前知识青年中存在：

（1）不够安心于农村，盼望早日请假回沪探亲。去冬绝大部分知识青年已请假回沪探亲，今年五、六月份才回生产队。有的回队后，对自己耳朵听到的小道消息，甚至是谣传很感兴趣，因为又想离开生产队，所以，不少的知识青年到公社"五·七"办公室来打听，"我们什么时候同意回上海探亲"，有的现在叫家里寄来了钱，只要一批准，马上出发。

（2）参加劳动少，整天东串西串。五产大队碌头生产队上海插队知识青年金××，去冬回沪，今年五月份回队，近四个月，没有参加过一天劳动，不仅不参加劳动，而且近有三个月不在生产队，这个插队小组住几天，那个插队小组住几天，东游西走。长桥大队第十四生产队上海插队知识青年陈××、王××从上海回队几个月也没有参加过一天劳动，整天东串西串，不听教育。当前，我们了解，有相当一部分知识青年很少参加劳动，三三两两串到别队，整日打扮得漂漂亮亮赴圩。有的贫下中农说："劳动不参加，怎么不会超支。"

（3）组织纪律性差，逃跑回上海和长期呆在上海不回队。现据我们了解，五产大队碌头生产队的刘××、新联大队新联生产队的史××、天花大队大岭生产队的何××三人，未经县、公社批准，欺骗生产队干部，已逃跑回上海。在知识青年中这些人一贯来的后进的，公社"五·七"办公室曾多次找他们耐心地进行教育，曾对他们的错误进行过批评，有的曾写过检查，但言行不一致。去冬，回沪的知识青年至今还有十一名待在上海不返生产队，我们曾给家长和知识青年本人去过信，但他就是不理你，你讲你的，我做我的。这些给知识青年和贫下中农造成了极坏的影响。

（4）打架、盗窃、乱搞两性关系、贩卖粮票。

去冬以来，我社知识青年曾发生过几次打架事件（事情已查清楚，上次已用书面专题向县汇报过），现在有的知识青年通过教育已有所好转。九月二十六日，东山大队双坑生产队郭××串到五产碌头生产队与史××等人打金××，致使金××脸上流血。八月份一人赴天花圩，史××等一伙人在天花四营商店楼上打了桃西大队桃西生产队本县插队知识青年肖××，经过教育，承认错误很差。八月份的一天赴天花圩，史××等一伙五人，盗窃赶圩人的钱包，在天花社办企业电厂街头分赃，被社办企业电厂职工看到，经过教育，死不肯承认。八月份的一天赴天花圩，刘××在天花四营商店楼上偷了老表的鸭子一只，当场被人发现，叫到公社，经过教育，承认了错误，写了检讨，但不过几天，偷偷地逃跑回了上海。东山大队石盆生产队岢美山插队知识青年×××，古历八月十四日请假回家过节，十八日回队，发现一箱子的衣服被盗，内有八件，七件裤，羊毛衣、卫生衣、卫生裤各一条，现公社大队已派员在调查之中。

××大队××生产队凌××、张××二人，去冬回沪在家，乱搞两性关系，到今为止，张××已有八个余月的怀孕，公社"五·七"办公室关心他（她）们，可他（她）们无所谓。还有××大队××生产队唐××、陆××在上海乱搞两性关系，现在陆××也有七个余月怀孕，陆还在上海，据知识青年反映，她在上海生了小孩以后再考虑回队。据知识青年反映，××大队××生产队知识青年郭××、张××乱搞两性关系，现张××已有四个余月的怀孕。

有的知识青年以超假了为借口，换到粮票不寄回上海，贩卖粮票。

（5）生活管理差。据我们了解，绝大部分插队小组今年没有种菜，要吃就向上海要，村上买。集体开膳的也少，总是一人一灶的多，特别是没有一定的制度。

以上情况，我们认为当前知识青年中存在的问题是严重的，我们虽做了一些工作，但工作没有做好，今后必须加强对知识青年的思想教育，过细地做工作，要善于及时发现苗头，及时进行教育，从而使他们更加安心于农村接受贫下中农再教育，做好知识青年工作。

从我社来看，调整队、组规模，有相当一部分生产队要调整，这就涉及知识青年的问题。我们建议，为使知识青年更好地接受贫下中农再教育，以政策为依据，从实际情况出发，在这次调整队、组规模中，上级应在知识青年问题上有所文件规定，这样使下面更好的行动。

我们建议，知识青年今年请假回沪探亲的问题，要严格控制，全县口径要统一，目前不宜放，上级要放，也要在元旦后、春节前，我们认为这样做，好处多。

以上会报，如有不当之处，请指正。

天花公社"五·七"办公室

七二年九月二十九日

二　生产劳动与收入

丰城县

关于泉港公社下放知识青年自供自给的情况报告

安、鲁政委，简木根同志并县委、县革委、政治部：

最近，我们到泉港公社对下放上海知识青年自供自给的问题，进行了重点调查。现将情况简要报告如下：

（一）

泉港公社现有下放上海知识青年 101 名，其中男 56 名，女 50 人。分布在 7 个大队（二个综合厂）15 个生产队，编为 18 个班，他们都是在一九七〇年三月来到丰城插队落户的。

他们响应伟大领袖毛主席的号召来到农村后，在毛主席"五·七指示"的光辉照耀下，在各级党组织、革委会的直接领导下，贯彻了同工同酬、按劳分配的原则。知识青年在三大革命斗争第一线，绝大多数积极参加生产劳动。从去年三月至二月止出勤 200 天以上的 34 人，占总人数 33.66%，110 天至 200 天的 55 人，占 54.44%，50 天至 100 天的 12 人，占 11.88%。工分底分今年有的在逐渐提高，评为 8 分以上的 7 人，7 分到 8 分的 27 人，5 分以上至 6 分半的 60 人，5 分的 17 人。口粮标准执行了中央、国务院〔70〕26 号文件精神，是当地单身劳动力的社员实际用粮水平，男的一般在 800 斤以上，女的一般在 700 斤以上。食油男女每人每月 1 斤。农副产品与当地社员一样分配，并有所照顾。烧柴问题基本上由生产队包下来了……他们的路线觉悟不断提高，扎根农村干革命的思想越来越巩固，绝大多数，由不安心农村到扎根农村干革命，由不积极劳动到积极劳动，劳动出勤增多，工分底分逐年提高。去年全社有 3 个班达到自给有余，五星大队第四生产队戴孝明班5名知识青年年终分配人人进款，多则七十多元，少则二十多元，有3个班基本上做到了自供自给。还有12个班不能达到人人自供自给的38人。其原因：1. 不安心农村，不愿积极参加劳动；2. 极个别的不参加劳动，到处流窜，搞偷窃活动，甚至有的破坏社会主义治安；3. 个别的严重疾病，影响出勤。全公社现有知识青年101人中，据不完全统计，已经自给有余的34人，占33.65%；能够或基本上做到了自供自给的29人，占28.7%；目前还不能自供自给的38人，占37.6%。今年通过预分可以看出，收入分配较普遍地比去年好，朝着逐年增多方面发展，今年大部分可以做到自供自给，明年力争全部自给有余。

（二）

……

一年多来，他们在自力更生、艰苦奋斗的道路上，战胜了不少困难，取得了一个接一个的胜利，他们的主要体会是：

一、学习马列主义、学习毛主席著作，自觉改造世界观，由城市到农村，由不安心农村到扎根农村，由依赖别人到自力更生，这是一场激烈的思想革命。不少知识青年为了坚持走自力更生、艰苦奋斗的道路，他们联系思想实际，即是一辈子扎根在农村干革命，还是一阵子？是自力更生，还是依赖别人？等等问题。通过认真读书学习毛主席著作，狠批刘少奇黑"四论"以及"读书做官论"、"劳动惩罚论"、"镀金进厂论"等，认识到"世界观的转变是一个根本的转变"。自力更生，艰苦奋斗，以贫下中农为榜样，决心扎根农村，走自力更生的道路。

……

东风大队第二生产队四个女知识青年，原想到农村"镀金进厂"，思想不安，劳动不积极。后来，联系自己思想，学习毛主席著作，批判刘少奇黑"四论"和"镀金进厂论"，认识到，"镀金进厂"就是余毒没有肃清的表现，决心扎根农村干一辈子革命，走自力更生的道路。由于她们的政治思想觉悟提高了，艰苦奋斗的决心更大了，生活不靠父母供养，遇有困难不向国家伸手，而靠自己双手劳动。她们在三大革命斗争中，风里来，雨里去，坚持劳动，不怕脏，不怕臭。经过一年多的劳动实践，现在能够自供自给，受到了贫下中农的称赞。

东风五队知识青年班全体同学，为了刻苦改造世界观，努力学习毛主席著作，坚持了"逢五学习"制度。通过学习、讲用，民主生活会，进行斗私批修，表彰好人好事，一月一总结的制度，对全班同学起了很大的促进作用。

二、以贫下中农为榜样，树立艰苦奋斗思想，走自力更生的道路。过去，有些知识青年对自力更生的重要意义认识不足，理解不清，认为我们是响应毛主席号召到农村插队落户的，没钱用找领导批，没粮吃找生产队要，没菜吃向贫下中农讨。由于思想没有在农村扎根，劳动不带劲，甚至有的装病不出工，东走走西荡荡，影响很不好。贫下中农看在眼里，记在心间，以自己艰苦奋斗的亲身经历教育他们，并引导他们学习毛主席著作，进一步懂得："我们国家，现在还是一个很穷的国家，并且不可能在短时期内根本改变这种状态，全靠青年和全体人民在几十年时间内团结奋斗，用自己的双手创造出一个富强的国家。"东风五队 9 个知识青年……通过学习毛主席著作，从而搞好了团结，由原来不愿种蔬菜，现在种好了蔬菜，由原来不愿参加劳动，现在都能自觉地坚持参加生产劳动。个子小，身体差的女青年徐惠芬同学，去年经常生病，不能劳动，情绪低落，而今年以来，劳动积极，身体更壮健了，现在带病坚持劳动，天天出勤，双抢战斗中与贫下中农一道坚持打晚班劳动，她深有感触地说："自力更生就是好，思想红来劳动多，不靠父母养活不向国家伸手而靠自己双手。"五星大队第四生产队知识青年班 5 个男同学，工分底分高的 8 分半，低的也是 8 分，去年出勤多的 335 天，少的也在 200 天，今年人人争出勤、出满勤。去年除口粮等开支外，人人有进款，干劲十足，一心为集体，处处事事抢先干，拣重担挑，遇事当先，先为集体打算。今年抗旱 5 个男同学抢先报名去开荒地方抢救晚田，坚持一个多月劳动，没有离开战场，发扬了"一不怕苦，二不怕死"的革命精神，在修井冈山铁路战斗中，80 多天没有一个人请假……

三、开展积极思想斗争，增强革命团结。是坚持自力更生，还是向国家伸手？这是两种思想、两条路线斗争的大问题。这个公社不少知识青年针对少数人的依赖思想，开展了积极思想斗争，坚持走自力更生、艰苦奋斗的道路。胜利大队第二生产队（大山班）知识青年，出现了二种思想斗争，一种是主张自力更生，另一种是想当伸手派。她们在民主生活会上，批评了依赖思想，表扬自力更生、艰苦劳动的好人好事。由于这个班坚持了一月三次民主生活，发现不对的思想苗头，就及时摆在桌面上解决，发现好人好事，就及时表扬，总结经验，使政治空气搞得浓浓的，团结搞得紧紧的，干劲鼓得足足的。去年，五个女青年年终分配个个有进款，人人朝气蓬勃地战斗在农村。贫下中农赞扬说："知识青年听毛主席的话，自力更生顶呱呱。"

四、关键在于加强领导。泉港公社各级党组织、革委再教育小组对知识青年的管理教育工作是重视的，绝大多数知识青年班层层做到了政治上有人抓，生产上有人教，生活上有人管……

随着他们路线斗争觉悟的提高，劳动出勤多，工效高。为了正确执行同工同酬政策，各级党组织、革委对知识青年的工分评定做到了：一看政治表现，二看劳动态度，三看全面发展，四看生活需要，教育他们树立为革命种田的思想。他们的工分底分，男的高的八分八，低的也是五分五，女的高的六分四，低的也是五分。这对于发挥他们在社会主义革命和社会主义建设中的作用，巩固与发展插队落户的伟大成果有着重要意义。

（三）

……

以上报告当否？请指正！

丰城县革委会"五·七"大军办公室
一九七一年十一月十三日

上高县

办农科站安置知识青年好

——徐家渡公社石源大队上海知识青年集中农科站情况汇报

去年八月，徐家渡公社石源大队把分散在各生产队的七名上海知识青年集中到大队农科站（全称是农业科学技术推广站），一年来的实践证明，知识青年集中到农科站是作好上山下乡安置工作的一个有效措施，农科站是培养锻炼知识青年的大课堂，是知识青年大有作为的好场所。农科站的知识青年在干部和贫下中农的带领下，发扬艰苦奋斗、自力更生的革命精神，把参加生产实践和开展农业科学试验结合起来，充分发挥了建设社会主义新农村的积极性，他们朝气蓬勃，扎根农村干革命的思想越来越巩固。今年农科站18亩水田，早稻平均每亩744斤（全大队早稻平均亩产为460斤），并为生产队培育了一千多斤早稻良种。他们制造土农药，供给各生产队除病灭虫，他们在农科站较快地学到了过去分散插队难以学到的科学知识，他们在农科站集体生活中逐步形成了一个团结战斗的集体。青年们豪迈地说：

"我们要立志扎根农村干革命，誓把农科站办成我们本大队农业学大寨、科学种田的样板，为建设社会主义新农村，为中国革命和世界革命作出较大的贡献！"

知识青年集中到农科站，是作好安置工作的一个有效措施。

石源大队把知识青年集中到农科站，是徐家渡公社党委于去年秋结合批林整风学习贯彻中央 21 号、30 号文件，作出对知识青年"适当集中，合理安排"的决定之后搞起来的。这个大队原有上海知识青年 11 名，两名安排做民办教师，两名担任生产队团支部书记和民兵排长，尚有 7 名青年分散在 4 个生产队。大队党总支根据公社党委的决定，参照兄弟大队的经验，把这 7 名青年集中安置在大队农科站。

农科站实行了三结合四集体。农科站的组织以知识青年为主体，大队指定一名副主任到农科站担任领导，直接参加生产，领导青年，并根据生产任务的需要，留了五个老农带知识青年，实行了以知识青年为主体的干部、老农三结合。这样政治上有人管，生产上有人带，又调动了知识青年的积极性。

四集体就是集体住宿、集体劳动、集体食堂和集体学习。集中后，在原有农科站用房的基础上，用大队集体的力量，在青年的亲自参加下，根据自力更生、勤俭办站的精神，很快盖起了猪牛栏、厨房，扩建了宿舍。农科站办起了集体食堂，分派一个老农做饭，附带养猪，兼顾平时的蔬菜管理，解决了青年炊事方面的一系列事务负担，为青年高出勤提供了方便条件。生活上安定下来了，学习上也就更好地搞了起来。他们学习上作到三个"有"：一有专人分管的书报等学习资料。二有学习制度，以业余自学为主，集体学习为辅。集体学习每星期一、两个晚上，每月有两个固定的学习日，学习政治，开展科技讨论，总结交流经验，过民主生活等。三有墙报，重要的学习项目都写心得体会，月月出专栏。学习由推选出来的学习辅导员负责。学习抓起来以后，青年的精神面貌变化很大。女青年沈××，在生产队时，学习不认真，劳动松松垮垮，现在她抓紧学习，坚持出勤每月 26 天以上，青年们深有体会地说："我们集中到农科站来，生活安定，思想稳定，有利于较快地提高思想觉悟，有利于坚持乡村的伟大胜利！"

农科站是培养锻炼知识青年的大课堂。

知识青年集中农科站，进一步激发了参加农业生产的热情，帮助了学习文化科学知识的积极性。过去分散在生产队时，由于生产队种田好手较多，一些带技术性的农活总不愿意安排青年人去作，知识青年往往只是跟进劳动，不担担子，农业技术知识的提高受到一定的限制。农科站人手较少，每个青年都分担一定的任务，经常独立操作，客观上为他们的进步提高创造了条件。刘浩光、叶闻春到了农科站以后，很快地学会了他们在生产队几年没有学到的一些难度较高的抄田、挟田等农活，得到了贫下中农的好评，在最近评底分时他们都评到了 10 分。

知识青年在农科站还较快地学到了科学种田的基本知识。潘高良今年五月开始担任大队的虫情测报员，他主动向有经验的干部和贫下中农请教，刻苦钻研业务，仅仅二三个月就掌握了识别病虫的初步知识，他经常定期定点到各生产队去检查，发现虫情，立即通知大队、生产队及时打药灭虫。如农科站一块田里的水稻病害严重，小潘和同志们仔细研究，找出了发病原因，是水稻晚期生长比较粗壮，阳光和空气的供给受到了影响。于是，他们采取开沟、晒田、打药等措施，在一个星期内，使禾苗恢复了正常。农技员刘浩光，在搞科学种田的过程中，虚心学习，摸索了关于怎样合理密植、合理用水、合理施肥与田间管理的一些经验。种子员叶闻春，在贫下中农的鼓励帮助下，和同志们一道进行了品种和肥料试验对比，区别哪些稻种产量高，抗病力强。他们还进行良种繁殖，建立了良种培育田，对种子进行了严格的除杂、除劣和单打、单晒、单藏，培育出了早稻良种铁昌矮一千多斤，目前已有四个生产队的农科站要求订购这种早稻良种。

农科站设置了虫情测报员、农技员、种子员等三员，都由知识青年担任，这样发挥了青年有文化知识和最肯学习……的优点，使知识青年学到更多的农业科学技术知识，为发展农业生产作出贡献。

农科站是知识青年大有作为的好场所。

农科站是大队各生产队联合举办的一个事业单位，是向各生产队推广农业科学技术的中心。农科站的土地是由生产队抽集起来的，由大队扣除生产队的粮食包产任务（每亩按 300 斤指标计算）转由农科站承担。农科站耕畜、农具和生产资金由大队副业收入和生产队上交积累中开支，知识青年在农科站参加劳动，工分由大队包，收入归大队，年终参加大队一级分配，领取大队各生产队平均分值，短缺部分由大队从生产队的管理费中抽调补足。知识青年的口粮、口油及其它一些实物分配都仍留在生产队。

石源大队知识青年集中农科站一年，他们实行"开门办站，面向大队"，在大有作为方面取得了初步成绩。他们体会到，要在农科站发挥"大有作为"的作用，必须做到四个结合：

一是科学实验和生产劳动结合。今年栽早稻，根据当地生产条件，农科站的坵坵田都进行了适当密植，人人都夸奖农科站禾苗的栽插规范好。这既给早稻夺高产创造了条件，也给生产队起了典型示范的影响。

二是革命精神与科学态度相结合。今年农科站早稻施肥，他们根据红花草腐烂需要一定时间、肥效较慢的分析，打破了当地历年来头耘撒石灰的旧习惯，采取了头耘用化肥、二耘用石灰的新措施，取得了良好的效果。

三是农科站的工作和生产队的农事相结合。今年水稻的虫情十分严重，除了虫情测报员和生产队取得经常联系以外，农科站集中制造了大量土农药，分配给生产队使用，既满足了生产队的迫切需要，又为生产队节约了农药开支。

四是田间劳动和科研相结合。通过田间劳动发现的问题，拿到学习会上讨论。这样，通过实践，讨论总结，再实践，培养了青年人学习钻研的积极性，使知识青年在大有作为作贡献的同时，不断提高，不断前进。

为了把农科站置于比较巩固的基础上，石源大队农科站知识青年和贫下中农一起，坚持自力更生、勤俭办站的方针，力争多作贡献，尽量减轻集体负担。他们除了种水田外，还种了杉苗、芝麻、花生、红薯等十多亩，另外还经常管了一个榨油厂，管理了一千多株果树的果园场，一口大鱼塘，养鱼一千多条，贯彻以农为主，以副养农的方针，力争基本自给。

最近徐家渡公社党委根据中央农业机械化预备会议精神，进一步研究加强对大队农科站的领导，于八月廿六日至廿七日召开了大队主管农业、知识青年工作的副书记以及农科站负责人会议，会上由石源大队农科站知识青年作了介绍。目前全公社 14 个大队，已创办了农科站的有 9 个大队，人员共有 85 人，其中 8 个大队农科站有上海知识青年共 38 人。公社党委重视发挥知识青年的作用，把做好知识青年上山下乡工作与农业学大寨，实现农业现代化的远大目标结合起来。这样，就将为知识青年安心农村，扎根农村，在农村大有作为闯出一条新路。

上海慰问团上高小组

徐家渡公社乡办

一九七四年八月廿九日

婺源县

上山下乡情况反映第十八期

编者按： 婺源县清华公社从多年的实践中，通过试点，全部以大队集中建立知识青年点。这种插队形式，受到当地干部、贫下中农和上山下乡知识青年的欢迎。现将清华公社《关于集中大队建青年点的汇报》刊印如后，供各地参考。

关于集中大队建青年点的汇报

一九六九年以来，先后有上海、上饶知识青年一百二十四名来我社插队落户，分散在八个大队二十多个生产队。经过几年实践，我们感到分散插队和以生产队建班的形式有一些缺点，一些实际问题也难以解决。为了解决插队形式问题，一九七一年我们在双河大队进行了集中办青年点的试点工作，一年多来，取得了很好的效果。公社党委及时总结了这方面的经验，结合农村社队规模调整，今年初将分散在各生产队的七十多名知识青年，全部以大队集中为五个青年班，平均每个点十五名下乡青年。

以大队集中后，根据各大队条件，采取了不同形式：三个点是集中在大队创办茶场和农科站，和调来带班的贫下中农同劳动、同生活、同学习，集中办食堂；另外两个点因为目前茶场还办不起来，就采取集中生活分散劳动的形式，在大队所在地建住房，在大队所在地的生产队劳动，按五人以上标准，以队建小班，这样虽然在生产队劳动，还是比分散插队分散生活好些。

集中后，农村干部和贫下中农认为这个形式好，适合于青年劳动和生活，知识青年也高兴，出勤率大大提高。

一、集中后的问题如何解决。

1. 干部认识问题。对于集中建点，生产队干部群众一致同意，但有的大队干部产生畏难情绪，认为"人多难办，管不了"；"大队收入少，负担不了"。为了解决认识问题，我们一方面大力宣传落实中央〔70〕26号文件，使他们认识到这是伟大的革命，世世代代的工作，知识青年安不安心农村，关键在再教育工作；另一方面推广双河试点的经验，用事实宣传；三是召开大队、生产队干部会，专门研究插队形式。通过学习宣传，大多数干部思想提高了，保证了并班集中的顺利进行。

2. 生产基地问题。选点是个重要问题，一般应选在有发展前途的生产基地……

3. 领导问题。集中后一个关键问题，是要有坚强的领导，健全的再教育组织，因此，每个点我们都配备一名大队总支委员或副主任专管此项工作……

4. 生活落实问题。过去在生产队分散插队，集体生活有时搞不好，砍柴、吃菜往往有困难，影响下乡青年安心农村务农。集中后，我们抓了这方面的工作：第一，口粮问题，全公社采取以大队为单位，生产队按土地等标准负担青年的口粮，口粮标准不低于大队单身劳力标准。第二，吃油问题，大队、生产队分一些，不够的国家补助。第三，食堂问题，有专人烧饭，和大队食堂合并办的，由大队负担烧饭工分，自己办的大部分参加茶场分配，有的是青年和集体各负一半。砍柴和种菜由贫下中农带，一个月两至三天，工分由大队或生产队记。第四，住房大部解决，有的准备新建。第五，治病与社员一样，严重患病需公社和县治疗住院的，公社给予必要的补助。

二、以大队建青年点有几个好处。

1. 利于加强领导……

2. 利于长期扎根……

3. 利于落实"三有"……

三、当前存在的问题。

1. 领导力量问题。农村干部一般缺少文化，给再教育工作带来一定的困难。我们认为每个点配一至二名下放干部带，更好一些。

2. 住房和资金问题。集中后，大多数是创办，一无所有，我们五个点做了四个新房，因为经费不够，尚未建好。同时，要发展生产，国家应在物资、资金上给予必要的支持，如农业机械、手扶拖拉机等。

3. 学习问题。目前，青年点上书报比较少，体育文艺活动也比较差。我们计划依靠群众，自力更生，每个点都办起图书室、文体室、理发室等。

我们在进行这项工作中，有很多缺点，正在摸索，没有什么经验，只是一个工作汇报，仅供参考。

婺源县清华公社上山下乡办公室

一九七三年七月二十五日

许村公社党委认真落实党的政策提高知识
青年生活自给程度的调查报告

自一九六九年三月份以来，许村公社接收安置了上海知识青年共 101 人。几年来，上调工矿、升学、参军和外迁的有 30 名，现有上海知识青年 71 名，其中：男青年 36 名，女青年 35 名；共青团员 29 名；已结婚青年 3 名。在公社企事业单位和生产大队、生产队担任赤脚教师、赤脚医生、保管员、手扶拖拉机手等有 32 名，其余 39 名分布在各个青年队（班）参加农业劳动。今年，在批林批孔运动的推动下，在抓革命、促生产的大好形势下，公社党委进一步加强了对知识青年工作的领导，认真落实党的政策，充分调动了知识青年的积极性，增强了广大知识青年坚持乡村、建设乡村的思想。贫下中农普遍反映：知识青年今年比往年安心，劳动出勤比往年高，是落实党的政策的成果。现在预计上海知识青年的生活自给程度与七三年相比有很大的提高。具体对比，以下列表：

自给程度	年度与比例 1974 年	占总人数比例（％）	1973 年	占总人数比例（％）
200—400 元	29 人	41	8 人	11.3
150—200 元	15 人	21	11 人	15.5
80—150 元	14 人	19.7	17 人	23.9
80 元以下	13 人	18.3	35 人	49.3

注：74 年收入 80 元以下的 13 人，其中：4 人在上海未来；73 年收入 80 元以下的 35 人，其中：7 人在上海未来。

对于知识青年的生活自给程度标准问题，我们在许村公社也作了多方面的了解和讨论分析，先后在汾水青年队、周溪青年队、朗湖青年队、许村青年队、石痕青年队和公社农科所，分别召开了有知识青年、大队和生产队干部和贫下中农座谈会，着重对生活自给标准进行了讨论，全年总收入要多少，才能达到生活自给。在讨论中，介绍了一个青年从今年一月至十月的个人生活开支日记，大家从日常生活必需的实际支出，展开了讨论和分析，认为：一个青年的生活必需品支出要 150 元左右（不包括治病、吸烟和探亲路费），大家根据具体支出情况列表如下：

项 目	支出金额	项 目	支出金额
袜子 2 双	5.00 元	鞋子 2 双	7.00 元
口粮 700 斤（谷）	67.50 元	肥皂 10 条按上海价	3.80 元
杂粮等物	7.50 元	卫生用品牙刷牙膏毛巾卫生纸	5.00 元
油盐酱醋每月 1 元	12.00 元	理发	2.50 元
肉类全年 15 斤	11.25 元	电灯或煤油	7.20 元
衣着（布及做工）	15.00 元		
合 计	148.75 元		

根据上述座谈情况，收入以 80 元以上计算，口粮自给和部分生活必需品自给；收入以 150 元以上计算生活自给；收入以 200 元以上计算生活自给有余。今年许村公社 71 名上海下乡青年生活自给的有 44 人（其中自给有余的有 29 人），占总人数 61.0%，比七三年上升了 35.2%；口粮不能自给的只有 13 人，比七三年下降了 31%。

从许村公社情况来看，各青年队（班）的劳动分值都有所提高，高低不平，但青年总的收入提高了。许村公社上海知识青年今年的生活自给程度大幅度上升，其主要原因是：

1. 切实加强了领导，公社党委把知识青年工作列入了重要议事日程来抓，经常分析研究知识青年的教育问题、培养使用问题、插队地点问题等等。如今年试办函授教育，党委书记俞呈泰同志亲自担任马列科目的兼职教师。今年来党委多次讨论知识青年上山下乡工作，以中央文件为武器，对照检查过去工作，肯定成绩，找出问题。为加强对知识青年工作的领导，有利于青年的学习，有利于青年参加集体生产劳动，有利于青年安排生活，有利于教育、培养、使用，发挥知识青年的积极作用，并根据知识青年的实际情况，将分布在十多个生产队的知识青年，从七三年以来分别集中到公社企事业单位（一个电站、一个林场、一个农科所）和大队茶林队，其中：创办了 5 个青年队，每个队（场）选派了有较高路线觉悟的贫下中农和青年一起劳动，一起学习，真正做到了政治上有人抓，生产上有人教，生活上有人管。为了使创办的青年队得到巩固和发展，公社党委要求各青年队（场）所在的大队、生产队投资，青年队（场）在经济不能单独核算之前，采取户口在队，口粮在队，分配在队，劳动在场（队）的原则，使参加青年队的人员有稳定的收入。一年来的实践证明，由于公社党委加强了对知识青年工作的领导，广大知识青年的精神面貌发生了很大变化，增强了扎根农村的信心和决心，积极参加劳动，提高了劳动出勤率。如周溪青年队原来分散在生产队，平时放松思想教育，多数人年年吃"红"字。集中到青年队以后，加强了领导，青年积极性调动起来了，今年该队15个青年，预计有13人收入都在150元以上。如原来"体弱多病"知识青年方××，年年吃"红"字，今年她劳动积极，已做工分2345分，预计收入160多元。

2. 落实了同工同酬政策，许村公社党委在知识青年中，认真贯彻同工同酬政策。原来知识青年出工少，同工同酬政策不够落实也是原因之一，有些下乡五六年了，底分还是五六分，有碍青年的劳动积极性。党委在检查工作中，听到仁洪大队一个知识青年说："我年纪这么大，个子这么高，工分还不如一个放牛娃，我懒得做事啦。"党委认识到，党的各项无产阶级政策，是毛主席革命路线的具体体现，要做好上山下乡工作，一定要认真落实党的政策，促使下乡知识青年扎根农村干革命，调动他们建设社会主义新农村的积极性。为了落实同工同酬的政策，党委决定由分管知青工作的党委同志带领一个工作组，对全公社上山下乡工作进行一次大检查，边检查边落实，教育干部和群众，从路线的高度正确对待知识青年上山下乡这个社会主义新生事物，表扬那些政策落实得好的单位，批评那些歧视甚至排斥下乡知识青年的错误思想。公社党委在加强对干部和群众进行思想教育同时，对已下乡五六年的青年的劳动底分普遍进行了一次检查，偏低的进行调整，通过调查，要求男青年一般不低于8分，女青年一般不低于7分。对于担任赤脚教师、拖拉机手……各种工作的知识青年除领固定工资的外，凡是拿工分的，应要发给相当于同等劳动力的实做工分。据在上海下乡青年中调查，男知识青年的底分都在8分以上，最高的有10分，女青年底分除一人（底分6.5分）外，都在7分以上，最高的是8.5分。如男知识青年陈×由七三年的劳动底分7.5分，现已提高到9.5分；女青年陈××七三年评为底分6分，七四年提高到7.5分。许村公社党委由于贯彻落实了同工同酬政策，调动了知识青年的劳动积极性，如过去有很多青年要到插秧以后才从上海回农村，每年国庆节前后就要回上海，并有一些人长期留在上海不来。今年的情况不大一样，在上海没有来的青年只有 4 人，其中 3 人因有慢性病在上海治疗，今年到十一月底请假回上海的仅 4 个人。有很多青年表示：今年春节不回上海，在农村和贫下中农一起过个革命化春节。如周溪青年队陈×讲："我过去有不安心农村的思想，现在看到农村大有作为，愿在农村扎根一辈子。"

3. 充分发挥知识青年作用，大胆使用知识青年。公社党委经常教育干部和群众要看到青年是整个社会力量中的一部分最积极最有生气的力量，并且根据青年的政治表现、个人特长和身体状况，给予合理安排，放手使用，做到人尽其才，各得其所，充分发挥他们在三大革命斗争中的积极作用。现在安排在社办企事业和大队、生产队担任赤脚教师、赤脚医生、手扶拖拉机手等职的有 32 名，占 71 名上海知识青年总人数的 45%。今年公社党委除让一部分下乡知识青年，特别是体弱多病的下乡知识青年安排在社办企事业外，同时对一般临时性工作，如收茶、征粮等都尽量安排知识青年参加，使他们从事力所能及的劳动，提高生活自给程度，为他们扎根农村干革命创造必要的条件。如女知识青年徐××小时候生过小儿麻痹症，一只脚残疾，在生产队劳动，口粮难于自给，公社党委把她安排在社办电站工作，现在每月 26 元工资。又如女青年吕××，因为她体弱，不适宜水稻田劳动，生产队安排她当赤脚教师。由于她工作认真负责，被评为模范教师，她现在拿相当于同等劳力的最高工分，今年4000多分，总收入 350 多元。广大知识青年由于生活自给程度提高，更有信心扎根农村干一辈子革命。许村公社党委还对很多不适宜下水田的知识青年，照顾他们到社办企事业、大队茶林场旱田劳动，调动了他们的劳动积极性。如汾水大队青年队，不少青年原来劳动出勤率很低，七三年收入 80 元以上的只有 4 人，今年收入 80 元以上的预计有9 人，其中有 3 人可在 150 元以上。

但收入在 80 元以下的 13 名知识青年的情况看，主要有以下几种原因：

1. 长期有病，身体不好，在上海治病、休息的有 4 人，如吴××，从七三年回上海治病，至今未回农村。

2. 其它各种原因，今年来农村较晚，或很早就回上海，在农村时间短，出工少的 5 人。

3. 思想上不安心农村，怕苦怕累，劳动出勤少的有 4 人。

许村公社党委对13 名生活尚不能自给的青年，准备针对不同情况，从思想教育着手，从各方面进行工作，进一步调动这部分青年的积极性，统筹安排，做好这些青年的工作。

婺源县革委会知青办

上海赴婺源慰问小组

一九七四年十二月十日

宜黄县

关于宜黄县神岗公社上海下乡知识青年
生活自给情况的调查

（一）

神岗公社是宜黄县知青工作搞得比较好的一个公社，工分值是全县的中等水平，地处边远山区，全公社有土地二万一千二百亩，人口八千四百，原有上海下乡知识青年一百八十人（男九十六人，女八十四人）。随着国家社会主义建设事业的发展，知青队伍也发生了很大变化，先后外迁减少的有八十六人（招工二十二人，升学十五人，参军四人，病退十人，转点和独苗照顾回上海三十五人）。现有知青九十四人（男四十七人，女四十七人），其中根据知青的具体情况和农村实际需要，已暂作安排的有二十九人，占百分之三十以上（赤脚教师二十人，拖拉机手二人，电话接线员一人，供销社二人，农具厂二人，电影放映员二人）；在大队劳动的有六十五人，占百分之七十不到。几年来，广大知青在毛主席"知识青年到农村去"的指示指引下，在公社党委、大队党支部和广大贫下中农的教育关怀下，在农村三大革命斗争中不断成长，他们中间有五人入了党，一百零二人入了团，有五十八人结合进各级领导班子；他们从手不能提篮、肩不能挑担的城市青年，现在各种农活都会干；不少青年依靠自力更生，辛勤劳动，基本做到了生活自给。从九十四名知青在七五年生活自给情况看，全年收入在一百三十元以上的有五十七人，占百分之六十点六四；收入在一百三十元以下的有二十四人，占百分之二十五点五三；其它长期在沪的有十三人，占百分之十三点八三。从发展趋势看，知青的生活自给程度逐年在提高，每人每年平均收入在一百三十元以上的七五年比七四年提高了百分之十五点七五；每人每年平均收入在一百三十元以下的七五年比七四年下降百分之二十九点七四（一九七四年一百一十人，一九七五年九十四人的比例计算）。以上成绩的取得，是由于各级党组织对知青的重视、关怀和广大知青发扬自力更生、艰苦奋斗的革命精神的结果。实践雄辩证明：农村是广阔天地，青年大有作为。

（二）

几年来的实践证明，只要广大知青在农村各级党组织关怀领导下，坚持以阶级斗争为纲，抓紧学习批判，认识提得高，路线搞端正，加之体质好，有艰苦创世思想和吃苦精神，又能妥善安排好生活，在这个前提下，多数知青的生活自给问题是可以解决的。如该公社罗坊大队湖边知识青年班，是个先进集体，多次出席省、地区、县、公社的"积代会"。七年来，他们遵照毛主席"认真看书学习，弄通马克思主义"的教导，在各级党组织的关怀下，以业余自学为主，坚持了每月学习两个半天和三个晚上的学习制度，攻读了《共产党宣言》、《国家与革命》、《哥达纲领批判》、《帝国主义是资本主义的最高阶段》和《青年运动方向》、《实践论》、《矛盾论》等马列和毛主席著作，有的还通读了毛主席著作四卷。在毛主席亲自发动和领导的反击右倾翻案风的斗争中，他们认真学习无产阶级专政理论，学习毛主席关于反击右倾翻案风的一系列重要指示，深入批判刘少奇、林彪、程远清散布的"读书做官"、"下乡镀金"、"变相劳改"等反动谬论。通过学习批判，使他们进一步认识到：知识青年上山下乡是缩小三大差别，反修防修，培养无产阶级革命事业接班人，巩固无产阶级专政具有深远意义的伟大事业。当一个新型的农民，同贫下中农一道战天斗地学大寨，为普及大寨县，建设社会主义新农村贡献自己的力量，感到无比光荣和自豪。他们敢于同旧的传统观念决裂，敢于同修正主义路线对着干，争当农业学大寨的促进派。由于思想认识有了新的飞跃，参加集体生产劳动的自觉性也越来越高，参加劳动的天数也比较多，男同学去年全年平均出勤二百七十一天，最高的达二百九十二天，女同学平均出勤也在二百天以上，男同学工分最高的达四千三百六十六分，女同学最高的二千多分，在分值只有八角的情况下，去年平均每人进款一百多元，多的达二百三十九元。自己还养猪、养鸡、种菜，实现了蔬菜、肉食、油脂、生活"四自给"。这个知青班学习抓得紧，政治空气浓，团结搞得好，劳动热情高，"一种三养"样样有，个个做到生活自给有余。已在农村结婚安家的龙上大队龙上生产队长、上海知青吴××和孙××，他们结婚后，继续革命不停步，学习、工作、劳动都抓得很紧，他们认为："我们都是二十五六岁的人了，在农村结了婚，安了家，不能再靠上海父母寄钱养家，主要靠自力更生，艰苦创业。"由于有了艰苦创业的思想和挑家庭生活担子的责任感，因此他们能立足自力更生，勤出工，巧安排。小吴是生产队长，处处带头，以身作则，不管炎热酷暑，还是严冬腊月，一年四季，春夏秋冬，坚持天天出工，带领社员战天斗地学大寨，得到了贫下中农的好评。小孙既当赤脚教师，又带孩子，操劳家务，"一种三养"样样干，贫下中农能做到的事，他们也基本上做到了。去年夫妻二人收入四百八十多元，扣除口粮和其它实物，还进款二百多元，买进缝纫机一架、手表一只，生活过得蛮好。又如知青施景红对知识青年上山下乡有明确的认识，有较高的思想境界，热爱农村，对农业很钻研，各种农活都拿得上手，下乡七年，年年出工在三百天以上，年年有钱进，做到生活自给有余。又如女知青陈金妹，下乡七年，每年出工二百到二百五十天，工分在一千八百分以上，底分虽低，只有六分，但年年有钱进，单去年出工就有二百三十五天，工分一千九百二十一分，收入一百三十四元四角七分，进款四十七元四角八分。我们问他们为什么能做到生活自给，他们说："毛主席号召我们知识青年到农村去是为了缩小三大差别，改造旧农村，建设社会主义新农村。自己到了农村，就要按毛主席指示办，就要安心农村，有一分热发一分光，人活在世界上就要劳动，平时间在家里感到没劲，同贫下中农一道参加大地劳动最有意义。"小施在谈到扎根农村问题时说："党叫我干啥就干啥，党叫我做工就做工，叫我种田就种田，贫下中农能在这里祖祖辈辈种田，我们为什么不能呢？自己到农村已有七年了，农村生活也习惯了，要我在农村扎根就扎根。"他们是这样说，也是这样做了，他们不愧是毛泽东时代的好青年。

但是，事物的发展是不平衡的，目前有一部分知青生活还不能做到自给，分析其原因，主要有以下几点：

一、体弱多病，不能坚持经常出工，或在队时间短，出工少，收入少，影响生活自给。

如知青丁××在七二年一次上山砍柴劳动中，不慎发生意外倒树事故，致使小丁头部受重伤，伤虽已治好，但有严重后遗症，经常头昏眼花，不能参加重体力劳动，去年全年出工只有六十八天，工分七百二十八分，收入只有四十五元一角三分，超支七十五元五角，生活发生困难。

又如女知青钱××，去年一月份回沪探亲到五月初才回农村，在上海呆了三四个月，同年十一月再次回沪探亲，直到今年三月底才回来，去年全年在队时间只有六七个月，出工一百二十天，平均每月出工二十天，全年工分九百十八分，底分六分，分值七角七分，收入只有七十元六角九分，透支五元三角。

二、同工同酬政策贯彻不够，女知青底分低，加之分值低，多数不能做到生活自给。

同工同酬问题，不仅表现在男女知青之间，还表现在当地男女劳动力之间，当地男劳动力底分一般在九分、十分，女劳动力一般在五分、六分，而对上海知青是照顾的，男知青一般底分在九分以上，女的一般六分，最高的有七分。但由于分值较低，多数女知青生活不能自给，如女知青马××，去年全年出工二百天，工分一千七百一十二分，底分六分，分值六角二分，去年收入一百零五元九角八分。又如女知青郑××，去年出工二百一十二天，工分一千八百四十五分，底分六分，分值六角二分，收入一百一十四元三角七分。这二个女知青去年出工天数在女知青中是比较高的，劳动很认真，各种农活都能干，辛辛苦苦干了一年，结果生活还是不能自给。

三、上海知青间结婚，由于女方要带孩子，管家务，不能出工，单靠男方一人劳动来维持生活，收入少，生活有困难。

在全公社上海知青间结婚六对青年中，属于这种情况的就有四对。如女知青黄××去年同男知青李××结婚后，生了一个孩子，整天蹲在家里，带孩子，管家务，全年没有出工，没有收入，一家三口，就靠小李（公社供销社营业员）每月工资二十八元五角，家庭经济发生了困难。

四、少数知青由于平时放松学习和思想改造，受到了资产阶级思想影响，轻视农业劳动，不安心农村，不愿过艰苦生活，贪图城市舒适生活。他们中有的人长期呆在上海，不愿返回农村参加劳动；有的人在农村，心在城市，不好好劳动，二天打鱼三天晒网。下乡已有七年多，但思想、生活、劳动关还未过。平时出工少，自己不种菜，不上山砍柴，说什么"种菜不如买菜，砍柴不如买柴"，他们人虽在农村，却过着"城市生活"，样样花钱买。生活上碰到困难，就一靠领导，二靠父母，就是不靠自力更生。他们的生活基本上靠上海父母寄钱养活。

（三）

这个公社的知青工作，在党委领导下，做了大量工作，取得了一定成绩，但以一分为二观点来看，也还存在问题，主要是思想认识问题，反映在二个方面。在知青方面对在农村扎根问题普遍没有解决，正如有些青年所说："要我在农村再锻炼几年，再苦再累也心甘，要我在农村扎根一辈子，我没有想过，也不敢想这个问题，越想越可怕。"有的说：我们是"一年看，二年等，三年混"。不能正确处理下放劳动几年同在农村扎根一辈子的关系。在农村方面来说，有的同志对知识青年上山下乡的伟大意义认识不足，没有把它看作是反修防修、培养无产阶级革命事业接班人的百年大计、千年大计，而是看作是"权宜之计"：缺乏长远考虑，如何更好发挥知青的作用，关心青年思想、劳动、生活不够，等等。

为了进一步贯彻落实中央〔73〕30号文件精神，使广大知青更好扎根农村干革命，针对当前知青工作中存在的问题，提出以下几点建议，供领导研究参考。

一、广泛深入地对知青进行扎根教育，帮助知青树立扎根农村干一辈子革命的思想。要紧密结合各个时期的形势和任务，结合知青的思想实际，采用举办学习班，召开座谈会，上门走访，个别谈心等多种形式，深入细致地做好扎根思想教育，在工作中要注意总结坚持乡村、艰苦创业和贫下中农一道战天斗地学大寨的先进典型，并大力宣传推广。同时，要把对知青的扎根教育同发动青年积极参加农业学大寨运动结合起来；把扎根教育同批邓、反击右倾翻案风斗争结合起来；把扎根教育同阶级教育和革命传统教育结合起来。

青年家长对子女扎根农村的认识有多高，直接关系到青年能否在农村扎下根来，因此对青年家长的思想教育工作也是非常重要的。我们建议上海有关部门、有关单位要加强对有子女跨省务农的职工教育工作，要教育职工积极支持，热情鼓励自己子女扎根农村，艰苦创业，为普及大寨县，实现农业机械化多作贡献。

二、为了使知青更好地扎根农村干革命，我们认为对现在分散插队的形式要作适当调整，以办集体所有制青年队（场）为宜。正如有的青年所说："如果以眼前分散插队的情况下，要解决我们在农村扎根问题是不行的，只有办青年队（场），搞亦农亦工，发展副业，增加收入，我们生活有了保障，才谈得上在农村扎根问题。"为此，我们建议把目前在大地劳动的男女知青（目前已暂作安排的青年可不组织，让他们在现有岗位上发挥作用）集并起来，以县或公社为单位，举办集体所有制的青年队（场），加强领导，并专门调拨一部分资金，划出一批土地和山地，办些亦农亦工的小作坊，贯彻以粮为纲，以工养农，以短养长，使农、林、牧、副、渔得到全面发展。创办这样的集体所有制的青年队（场），有利于加强领导；有利于组织知青开展学习活动，促进思想革命化；有利于组织和发动知青参加农业学大寨运动，把农业生产搞上去；有利于为知青扎根农村创造必要的物质条件。

三、贯彻执行同工同酬政策。目前农村同工同酬政策没有得到贯彻落实，是造成一部分女知青生活不能自给的一个重要原因，在当地妇女劳动力底分比较低的情况下，要提高女知青的底分是有一定困难的。我们做了这样一个统计，一个男知青要做到生活自给，必须一年出工二百天，工分一千八百分，底分九分以上，分值在八角左右，全年收入可达一百四十多元。而一个女知青则要一年出工二百五十天以上，工分一千五百分，底分六分，分值八角，收入只有一百二十元，生活还是不能自给。为此，我们建议各级党组织对农村同工同酬政策落实问题，作些研究，采取有效措施，切实加以解决。

四、为了进一步巩固和发展知识青年上山下乡的胜利成果，坚持无产阶级正确方向，支持和扶植社会主义新生事物，更好地解决知青中存在的问题，建议各级党组织切实加强对知青工作的领导，把知青工作列入党委议事日程，当作大事来抓，经常分析知青工作形势，研究存在的问题，提出解决的办法，对青年班、队真正做到政治上有人抓，生产上有人带，生活上有人管，把班、队办成毛泽东思想大学校。当前，希望对知青班、队的现状作一次认真的调查研究，对知青工作搞得好的单位要及时总结经验，组织推广；对知青工作中存在的问题，要认真研究，逐步加以解决。

此外，对体弱多病、坚持大地劳动有困难的青年，建议当地组织根据青年的具体情况和农村实际需要，作些必要的安排，使他们尽可能做到自食其力；对青年结婚后生活有困难的，也能从当地具体情况出发，适当帮助解决。

以上报告，仅是一个公社的知青工作情况，很不全面，很肤浅，如有不当之处，请领导指正。

江西省宜黄县学习慰问小组
一九七六年六月十四日

乐安县

关于一年来下放知识青年收益分配的调查报告

乐安县"五·七"大军办公室：

最近，我们结合预分，对下放知识青年预分情况作了一次全面的调查，同时也同生产队干部一起，预计了他们决分的情况。根据调查的结果，我们进行了初步的统计。现将统计表一式四份附上，同时将调查中发现的问题，报告如下：

（一）基本情况

我社有下放知识青年 89 名，其中女的有 28 名，在宜黄会议以前编为 15 个班，分散在 1 个林场和 13 个生产队。宜黄会议以后（即预分前夕）根据会议精神对学生的编班作了调整，将原来的 15 个班改成 13 个班。

（二）预分情况及估计决分情况

从预分情况看来，在预分中：

	男的		女的		计	
	人数	占男的（%）	人数	占女的（%）	人数	占总数（%）
预分进款 10 元以上	25	43.1	1	4.2	26	31.7
预分进款 10 元以下			4	16.7	4	4.8
预分超支 10 元以下	2	3.4	3	12.5	5	6.1
预分超支 10 元以上	31	53.5	16	66.6	47	57.4
	58	100	24	100	82	100

备注：西排林场班未有预分，故未统计入内。

由于预分中，各地扣款标准及项目不一，因此，我们进一步估计每一个知识青年决分的收入，再扣除十、五月的口粮款作为纯收入，以求得统一标准的估计数字，结果如下表：

	男的		女的		计	
	人数	占男的（%）	人数	占女的（%）	人数	占总数（%）
决分进款 20 元以上	35	57.4	7	25	42	47.2
决分进款 20 元以下	9	14.8	10	35.7	19	21.3

	男的		女的		计	
	人数	占男的(%)	人数	占女的(%)	人数	占总数(%)
决分超支 10 元以下	3	4.9			3	3.4
决分超支 10 元以上	14	22.9	11	39.3	25	28.1
	61	100	28	100	89	100

从上表可以看出，能自给口粮以上的占总知识青年数的 68.5%，不能自给的占 31.5%，女的自给率低于男的。从知识青年班看来，能自给的班有土山、武家、西排、濂坑、大排 5 个班，难以自给的有 5 个班，比较中等的有 4 个班。

（三）对难以自给的班及个人的原因分析

促使 31.5% 的知识青年难以自给，和促使 21% 的知识青年仅能口粮自给的原因，不外有：

1. 学生主观不努力。我们按平均底分除以预分前实做工分，作为他个人出勤的天数。计算结果是：出勤天数不足 100 天，而且又未有因搞宣传误工的人有 15 个，占 16%，突出的有：①经常回家游逛的……②倒流回抚州做小工的……③虽然不经常回家，但在生产队里经常不出工的……④杏坊班的××结了婚后，群众说她有五不出工（天热不出工、天寒不出工、落雨不出工、太阳大了也不出工、不冷不热也不出工）……

2. 宜黄会议后知识青年底分低的，还没有纠正过来，以致影响生活的，宜黄会议以后，经过贯彻会议精神，底分改变的情况是：

生产队名	原　来						现　在					
	男低于7分高于5分		男低于5分的		女低于5分的		男低于7分高于5分		男低于5分的		女低于5分的	
	人数	男占总数%	人数	男占总数%	人数	女占总数%	人数	男占总数%	人数	男占总数%	人数	女占总数%
杏坊					1	3.6					1	3.6
土山	6	9.8			2	7.1						
田下			3	4.9	1	3.6			3	4.9		
武家			3	4.9	2	7.1			3	4.9	2	7.1
沙坑			4	6.6					4	6.6		
东源			1	1.6					1	1.6		

续表

生产队名	原　　来						现　　在					
	男低于7分高于5分		男低于5分的		女低于5分的		男低于7分高于5分		男低于5分的		女低于5分的	
	人数	男占总数%	人数	男占总数%	人数	女占总数%	人数	男占总数%	人数	男占总数%	人数	女占总数%
付源	3	4.9	1	1.6	2	7.1			1	1.6		
南边	4	6.6			3	10.7	4	6.6			3	10.7
陀上	3	4.9			4	14.3	3	4.9			4	14.3
大排					3	10.7						
黄家	2	3.3	2	3.3			2	3.3	2	3.3		
濂坑	1	1.6										
罗塘	2	3.3	4	6.6			5	8.2	1	1.6		
计	21	占男总数34.4	18	占男总数29.5	18	占女总数64.3	25	占男总数40.9	4	占男总数6.6	10	占女总数35.7

备注	西排每月一评底分，另坑每季一评，比较合理，未列人。 目前男在7分以下的29人，占男总数47.5%；男在5分以下还占男总数6.6%；男女在5分以下共14人，占总数15.6%；男在7分以下，女在5分以下，共39人，占下放知识青年总数的43.8%。

经过分析，目前，底分低的人数比例还是比较大的，由于底分过低，虽然出勤天数高达135天，工分才做到610分，仍旧不能解决口粮钱，因此造成勉强应付口粮款的有男9人、女10人，由于底分低造成难以自给的有男17人、女11人。

3. 因灾减产减收，造成难以自给的，有田下班的4个人。

从上述调查情况看来，我们认为今后：

1. 必须对下放知识青年进一步加强思想教育，树立自力更生思想。

2. 必须争取知识青年家长对青年加强教育。

3. 坚决贯彻宜黄会议精神，教育生产队干群，算好政治帐，纠正底分过低现象，加强对下放知识青年的思想政治工作、生产技术教育工作及生活管理工作。

4. 灾区知识青年，主要对他们进行生产自救的教育。

以上调查报告，请审阅。

供坊公社"五·七"大军领导小组办公室／（章）

一九六九年十一月七日

井冈山地区

批转地区革委会知青办《关于巩固发展青年队（场）的报告》

（井发〔1975〕43号）

各县（市）委、井冈山党委：

地委同意地区革委会知青办《关于巩固发展青年队（场）的报告》。现转发给你们，望认真研究执行。

把下乡知识青年集中起来办集体所有制的青年队（场），是安置下乡知识青年的一种好形式，有很多优越性，是为"逐步办成现代化社会主义农业先进单位，办成亦农亦工、亦学亦兵的大学校"的新生事物。各级党委要加强对这项工作的领导，发动各行各业满腔热情地扶植这一新生事物的成长。要把办青年队（场）当作是贯彻毛主席关于"统筹解决"的有力措施，当作为逐步缩小三大差别，限制资产阶级法权，发展上山下乡成果，巩固无产阶级专政的大事来抓，使青年队（场）不断巩固和发展，成为农业学大寨的先进单位。

中共井冈山地委

一九七五年十月七日

关于巩固发展青年队（场）的报告

地委：

在毛主席革命路线指引下，在中共中央〔1973〕30号文件精神鼓舞下，一九七三年以来，我区先后办起了以下乡知识青年为主的青年队（场）一百八十七个，参加青年队（场）的下乡知识青年三千九百二十七人，带队干部一百八十六人，贫下中农九百六十一人。其中以上海知识青年为主的青年队（场）六十六个，参加队（场）的上海知识青年一千零九十一人。这是一批为"逐步办成现代化社会主义农业先进单位，办成亦农亦工、亦学亦兵的大学校"的新生事物。

这批青年队（场）在各级党委的领导下，在贫下中农的关怀下，坚持

99

无产阶级政治挂帅，发扬自力更生、艰苦奋斗的革命精神，取得了初步的成绩……多数青年队（场）达到了"一年建队，两年自给，三年作贡献"。还有一些做到了当年建队，当年自给，当年作贡献。

……

实践证明，创办青年队（场）是知识青年上山下乡的一种好形式，显示出很大的优越性和强大的生命力，受到各方面的支持和赞扬，但是，也遇到了许多阻力和困难。为了捍卫毛主席的革命路线，坚持知识青年上山下乡的正确方向，促进下乡知识青年扎根农村干革命，我们认为要认真抓好青年队（场）的巩固和发展工作。对今后上山下乡的知识青年，提倡学习株洲经验，采取厂、社挂钩的办法，集体安置知识青年；对于七二年以前下乡插队的知识青年，可采取办青年队（场）的办法，尽快地把他们集并起来，在人民公社里建立下乡青年为主的集体所有制的青年队（场）。为了搞好这项工作，我们提出如下意见：

一、提高对于办青年队（场）的认识……

二、办青年队（场）要有一个规划，要与农业学大寨、开发山区和建设新农村结合起来。目前全区已办青年队（场）一百八十七个，在队人数近四千人，仅占插队人数的百分之十八点六……

三、要注意处理和解决好青年队（场）中的问题：

1. 要有一个坚强的三结合的领导班子……

2. 办青年队（场）要有艰苦奋斗、自力更生、大干苦干的革命精神……

3. 坚持社会主义方向……

4. 要认真选点划地……

5. 青年队（场）的体制问题。青年队（场）一般的属于生产队一级，由生产大队领导；规模比较大，和几个大队有关系的，也可由公社领导。

四、要发动各行各业大力支持……

五、加强领导，积极建队……

以上报告，如无不当，请批转各地。

井冈山地区革命委员会知识青年上山下乡办公室
一九七五年十月五日

新干县

关于开展全县上山下乡工作大检查的通知

各公社党委：

为了进一步学习、宣传、贯彻、落实中发〔73〕21号文件精神，总结交流上山下乡工作中的经验，巩固和发展上山下乡工作的伟大成果，经县委研究决定，从七月十一日开始，在全县开展一次上山下乡工作大检查。现将有关事项通知如下：

一、检查时间：暂定十五天左右为一段落。

二、组织领导及片的划分：检查组由县委书记贾福荣同志亲自挂帅，县委常委同志分片负责。全县共分为四个片，即：荷蒲、界埠、胜利、沂江为一片，组长熊友香，副组长胡发英、周作义；洋湖、鸡丰为一片，组长王鹤进，副组长谢维新、原眼则、张洪根；潭坵、七琴、城上为一片，组长杨济德，副组长邓再展、肖文光；桃溪、溧江、大洋洲为一片，组长饶启文，副组长姚希文、黄竹芽。

三、检查方法是：重点和一般相结合，每个公社重点检查两至三个较好和较差的大队，并边检查，边总结经验，边发现和解决问题。检查组每到一地，各级党组织的负责人或分管上山下乡工作的党组织的负责人，都必须亲自向检查组汇报，和听取检查组检查后的情况汇报，然后对当前急待解决而又可能解决的问题迅速研究解决。

四、参加检查人员：除县委抽调的干部外，各公社□□□□上山下乡工作的领导同志和公社乡办全体干部均为检查组成员参加检查。公社参加检查的人员可以不到县集中，待县检查人员到公社后会同一块检查。

五、参加检查人员自带粮票、日用品准时报到。

特此通知。

附：检查组人员分工和检查提纲

中共新干县委

一九七三年七月九日

附：检查组人员分工（略）

附：上山下乡工作的检查提纲

这次检查，重点检查了解学习、宣传、贯彻、落实中发〔73〕21文件的情况，总结交流做好再教育工作的经验，知识青年在农村三大革命斗争中锻炼成长的情况。

一、贯彻落实中发〔73〕21文件方面：

1. 宣传、贯彻中发〔73〕21文件的作法、广度和深度怎样？是否做到家喻户晓，人人皆知？

2. 各级党的组织是怎样加强对贯彻落实中发〔73〕21文件的领导？有些什么经验？通过宣传、贯彻对上山下乡工作有哪些推动？

3. 贯彻、落实中发〔73〕21文件的效果怎样？对知识青年中吃、住、用、医等各方面存在的实际问题采取了哪些措施？进一步落实了那些政策？

二、组织领导方面：

1. 党委（支部）是否把知识青年工作列入重要议事日程，做到定期研究分析上山下乡工作形势，经常提出任务和要求的情况？

2. 公社和大小队的再教育组织是否建立和健全？有无经常活动？政治上有人抓、生产上有人教、生活上有人管做得怎样？

3. 结合社队规模调整，整顿和健全知识青年班排组织的情况？有无开展活动？

三、落实政策方面：

1. 同工同酬的政策是否落实？

2. 口粮、菜地是否按标准留足？有无克扣现象？其它农副产品的分配是否合理？

3. 住房情况解决如何？有无计划和准备？原来建的住房是否合乎要求？

4. 对破坏上山下乡的案件处理情况？

5. 安置经费的管理使用，是否做到专款专用？对贪污、挪用安置费的是否严肃处理？

6. 对可以教育好的子女的政策是否落实？

四、政治学习、培养使用、生活管理方面：

1. 组织下乡青年认真看书学习，开展革命大批判的情况，是否有学习制度？坚持怎样？

2. 经常进行阶级教育、路线教育、形势教育和革命传统教育的情况？

怎样组织知识青年开展向英雄人物学习的？有什么事例？

3. 发展了多少名知识青年入党、入团？参加各级领导班子、担任各种职务的有多少？

4. 怎样支持和发挥知识青年在三大革命运动中的积极性和创造性？知识青年在三大革命运动中发挥了那些作用？有哪些具体事例？

5. 知识青年的生活自给程度？不能自给的原因？集体食堂和"一种三养"搞得怎么样？

一九七三年七月九日

学习贯彻落实中央 30 号文件情况综合（一）

一、对"文件"的传达贯彻情况

全县各地在不断深入贯彻落实中央 21 号文件的同时，又认真传达贯彻了中发〔73〕30 号文件。文件一下达，全县各级党的组织，认真地进行学习和传达贯彻，县直单位专门拿出了一段时间，半天学习，半天工作，各公社也立即召开了知识青年班排长和大小队再教育小组长等会议进行传达学习，荷蒲公社并举办了全体知识青年学习班，认真学习和领会文件精神。许多大队和生产队在组织干部和知识青年学习的同时，还召开了群众大会进行传达，使文件很快和群众见了面，并按照文件精神，正在狠抓贯彻落实。但是，在传达贯彻中还有些社队领导重视不够，抓得不紧，传达不快，有的公社只是在党委召开的一些会议上结合传达了一下，没有认真地研究如何贯彻，有的大队举办了知识青年学习班学习，有的就把文件往生产队一送，要生产队自行去轮流学习，还有的生产队接到文件后也不及时传达，致使到目前为止还有一些地方文件没有跟知识青年和群众见面。在传达了的地方有的也没有很好组织讨论，深刻领会文件精神。据汇报反映：贯彻中央 21、30 号文件有前紧后松的现象，在贯彻 21 号文件时，各地抓得紧一些，现在贯彻 30 号文件抓得松一些。

二、对接受今年上山下乡知识青年的准备工作情况

今年我县接受上海上山下乡知识青年五百名，连同本县应届毕业生等计七百一十名。对于这些青年的安置工作，自县委于八月上旬召开的上山下乡工作会议之后，各公社和大队都相继召开了一定的会议进行研究，多数地方

将接受任务落实到了生产队。沂江公社在抓好定点的同时，已着手在筹备住房，留好菜地，做好住的床板和炊事用具等。

但从目前各地安置工作的准备情况来看，也还存在一些问题：一是有些地方抓得不够紧。如界埠公社县分配接受知识青年五十名，目前尚未落实下去。其它如鸡丰等公社也有类似情况。二是有些地方群众不愿接受。荷蒲公社曾家大队金塘生产队原有一名知识青年，这次公社打算再分五名青年去建一个班，队里不肯接受，公社通知召开会议，副队长李××走到半路原回去，说："去开接受青年的会我就不参加。"鸡丰公社高岭大队新居生产队分配五名知识青年，群众不肯接受，他们说："除非公社一定压倒我们要那就冇办法。"小坑大队烟前生产队分配五名青年，大队副主任杜××说："按照我哇，一个也不要。"城上公社有些大小队干部和群众把接受青年当作"包袱"，因此在接受任务时一般都采取平均分摊的办法。如竹溪大队的竹溪村有三个生产队，公社分配他们五名青年谁也不肯要，最后采取集中吃住、分散劳动的办法，由三个队平分了，其中二个大一点的队领两名，一个小一点的队领了一名。丰乐大队有十个生产队，公社分配十四名知识青年，他们要求平均分摊，要不然就由大队统一平均分摊口粮。三是对插老班的办法，绝大多数知识青年不同意，他们认为新来的青年不会作菜，不会做饭，跟他们合在一起划不来。

三、在贯彻文件中的几种思想认识

广大干群通过文件学习，进一步提高了思想认识，明确了方向，增强了搞好上山下乡工作的信心和决心，对知识青年不论在政治上或生活上都比过去更关心了，许多地方过去不注意知识青年的学习，现在已安排了学习时间，督促知识青年学习。对青年的培养使用也比过去加强了。在生活上对吃住用医等问题都在着手帮助解决。如荷蒲公社张家坊大队知识青年曾××生病住病，生产队及时借给了钱，大队党支书聂生根、生产队长肖炳根买了糖去看望，使青年很受感动。潭坵公社南山大队青年王××生肝炎病，大队副主任亲自送到县医院住院，治疗一段时间后，又派一名知识青年护送上海去治疗，并主动解决了护送人员的工分和路费，使青年和家长深受感动。

在知识青年中，通过学习文件，扎根农村的思想比过去更牢了。沂江公社东湖大队知识青年俞××、孙××过去劳动少，一心想离开农村，学习了中央文件后，思想安定了，劳动出勤比过去也好多了。荷蒲公社一些男青年班，向公社乡办要求今年分配知识青年时多分些女的来，说："我们都是'和尚'班，不分女的来，劳动一辈子连个老婆都没有。"但是，也有部分青年对扎根农村的思想不够牢，有的长期在上海，有的经常外出，有的想外迁，他们都说："中央 30 号文件规定可以回老家插队，我们宁愿打迁移证回家去，要劳动也不到这里劳动。"

四、几点要求

（一）下放人员的子女年满十六周岁，现在留在农村，要求和插队青年一视同仁，给予解决安置经费。

（二）已结婚和正准备结婚的知识青年要求给予一定的补助费，以便添置一些家具和用具等。

（三）知识青年新建和修理住房，需要的木材和钉子，迫切要求尽快给予解决。

（四）知识青年上山下乡的形式，现已插队的知识青年普遍反映办青年农场的形式比较好，他们说："办青年农场，政治活动好开展，生活有规律，吃住用医也好解决。"

新干县上山下乡办公室整理

一九七三年九月二日

发：县委常委、县上山下乡领导小组成员

共印三〇份

一九七三年知识青年劳动情况表

1973年知识青年劳动情况表①

界埠公社　　　　　　　　　　　　　　　　　　　　　　　　　　　1974 年 4 月 15 日

队别	性别	收入					上年往来		合计	今年往来		两 应进	抵 应出	备考
		劳动底分	劳动天数	总工分	分值	总收入	欠款	存款		口粮款	其它款			
洞口	男	7.5	107	802.5	0.84	67.41	53.17		84.80	78.28	6.52		70.56	包括在大队欠款 40 元
洞口	男	7.5					61.61		75.15	75.15			136.76	
洞口	女	5.5					13.72						13.72	
洞口	女	5.5											69	
洞口	男	8.2	28	282.2	0.98	27.23			113.70	79.80	33.90		83.28	
洞口	男	8	125	1084.4	0.98	104.65		2.19	125.62	79.80	45.82	7.17		
洞口	女	6	31	204	0.98	19.69	11.41	28.14	95.48	67.45	28.03		87.20	
洞口	女	6							88.02	67.45	20.57		87.19	
洞口	男	9	90	999.5	0.89	96.85	70.17	0.83	98.07	74.10	3.80		1.22	
洞口	男	9	45	549.3	0.69	53.23	13.14		89.23	74.10	2.09		36.10	
洞口	男	8.3		1800	0.87	140				90	49	1		
洞口	男	9		2400	0.87	192				90	49	50		
洞口	男	8.6		2600	0.87	208				90	49	48		
洞口	男	8		2300	0.87	184	35			90	49	10		
洞口	男	8.6		2700	0.87	216				90	49	48		
洞口	男	9.2		3100	0.87	248	47			90	49	91		
洞口	男	7		830.3	0.86	79.71	19.25			86.20	2.71		32.35	包括社机关补助工分
洞口	男	6.5		811.5	0.86	77.90	67.35			84.71	2.71		80.77	
洞口	男	6.5		761.6	0.86	73.11	77.05			87.11	2.6		97.44	

① 原档姓名栏字迹不清，未录。——编者注

续表

队别	性别	收入					上年往来		今年往来			两		备考
		劳动底分	劳动天数	总工分	分值	总收入	欠款	存款	合计	口粮款	其它款	应进	应出	
塘头	男	8		25.9	0.88	2.28	4.95		86.86	76.76	10.10		84.58	
塘头	男	8.5		78.8	0.86	6.79	49.75		86.96	78.28	8.61		109.92	
塘头	男	7.5		843.2	0.86	72.52	136.53		81.27	77.43	3.84		217.80	
塘头	男	8.2		753.9	0.68	64.84		43.47	0.43		0.43		0.43	
塘头	女	5.5					53.41		82.61	74.31	8.32		71.18	
长排	女	5.5											40	
长排	男	7											32	
湖田	男	9	300	3051.4	0.904	275.35		20	100.45	50.60	50.35	180		
湖田	女	6.2	290	1748.9	0.904	158.12		4	78.12	49.60	28.52	79.98		
湖田	男	8.5	17	141.4	0.904	12.78			66.77	50.60	16.17		53.99	
湖田	女												35.00	
湖田	女	6.1	270	1547	0.904	139.85	9		93.10	49.60	43.56	46.75		
湖田	男	9	300	2750	0.95	260.00			148.5			110		
北溪	女	6.5		968.1	0.706	73.19						14.21		
北溪	女	6.5		246.6	0.756	18.64			74.82	74		1.40		
北溪	女	6.5		1429.1	0.96	137.19							116.20	
北溪	男	8		592.9	0.96	56.92			227.5	76.5		62.37	170.08	
北溪	男	7.5		724.7	0.96	69.57			86.62	67			17.05	
北溪	女	6.5												

续表

队别	性别	劳动底分	收入				上年往来		今年往来			两抵		备考
			劳动天数	总工分	分值	总收入	欠款	存款	合计	口粮款	其它款	应进	应出	
北溪	女	6		174.6	1.02	178.49			42.38				42.38	
北溪	男	9		530	1.02	54.06			101.84			76.25		
北溪	女	6							106.24				52.18	
湖东	男	7	200	1631.1	7.50	122.33				77.81	24.25	20.27		
湖东	男	7.2	230	2052.3	7.50	156.17				77.81	20.25	58.11		
湖东	男	8	260	2548	7.50	191.10				77.81	28.51	64.66		
湖东	男	7	210	1744	7.50	130.80	20.07			77.81	24.47	28.52		
康圩	男	8	106	1410.1	0.60	86.45				75.53	10.91		8	
康圩	男	7	60	450	0.70	31.50	8			83.20	15		66.70	
莲塘	女	5.2		748.1	0.60	45.71	51.70		61.69	43.38	18.31		110.62	
莲塘	男													参军复员尚未回队
莲塘	男	7.5		1469.4	0.60	88.38	94.66		116.94	57.78	59.1		63.65	
莲塘	女	5		569.2	0.605	332.19	35.09		44.85	28.21	16.1		106.94	
莲塘	男	8.5		2257	0.605	136.64	96.28		106.33	84.84	21.8	30.31		
莲塘	女	6.5		369.8		22.39	107.82		30.75	27.02	3.7		116.18	
莲塘	女						30.85						30.85	
郑家	男			2530.5	0.813	205.71		158.26	98.32	75.46	22.8	107.41		
郑家	男			1074.9	0.813	87.39		32.99	98.32	75.46	22.8		10.93	
郑家	女						6.97						6.97	

续表

队别	性别	劳动底分	收入				上年往来		今年往来			两		备考
			劳动天数	总工分	分值	总收入	欠款	存款	合计	口粮款	其它款	应进	应出	
郑家	男												86	
郑家	女	6.5		1479.7	0.875	129.47			91.60	66.88	24.72	37.87		已迁走
郑家	女	6		960.19	0.922	88.71	14.73		98.21	79	19.21		24.43	
田社	女	6		950.22	0.922	87.81	24.47		88.67	79	9.67		25.33	
田社	女	6		1244.1	0.922	114.73	16.58		93.57	79	14.53	4.62		
田社	女	6.5		577.8	0.87	50.27			108.78	78.38	30.4		58.51	
田社	男	8		2655.8	0.87	231.05	37.58		158.48	78.38	80.11	34.99		
田社	女	5.5						14.79	45	45			30.21	
田社	女	6		519	0.87	45.52		19.70	85.77	45.08	40.6		20.49	
田社	男	7		701	0.87	63.23		22.03	77.71	30.62	47.0	7.55		
田社	男	7		1595	0.87	139.88		20.93	159.55	67	92.55	1.26		
田社	男	8		1265	0.87	110.94		44.75	143.47	55.02	88.4	12.22		
田社	男	9		359.6	0.723	25.28		37.02	17.01	1.50	15.5	45.29		
田社	男	8.5		327	0.703	22.71	126.80		76.47	72.94	3.5		182.8	
田社	男	8.5		1529.7	0.703	107.54		5.59	131.74	85.06	41.6		18.4	
田社	女	5.8		1201.1	0.703	84.44	15.64		96.82	78.97	17.8		28.02	
田社	女	5.8		1368	0.703	96.17		4.84	108.70	81.60	27		7.69	
田社	女	5.8		1278.6	0.703	89.89	19.08		110.89	71.76	19.6		36.08	

续表

队别	性别	收入					上年往来		今年往来			两	抵	备考
		劳动底分	劳动天数	总工分	分值	总收入	欠款	存款	合计	口粮款	其它款	应进	应出	
田社	男	8.5		1271.8	0.836	106.32			108.67	94.81	13.81		2.35	
田社	男	7		160.9	0.836	13.45	36.96		89.76	87.21	2.53		113.27	
田社	女	5.8		480.7	0.836	40.19		19	83.03	77.24	5.7		23.84	
田社	女	5.5				34.30			34.30	34.30			34.30	
梅塘	男	8.8		2937.7	0.926	272.27		63.87	210.63	76.49	134.6	61.64	89.35	
梅塘	男	8		1634.3	0.739	120.90	85.32		210.25	77.57	132.6		99.85	
梅塘	男	7.3					99.85							
梅塘	男	7.5		514.5	0.739	38.06	105.97		175.41	77.57	97.81		137.35	
梅塘	男	8		1480.5	0.715	105.86		50.82	133.68	85.50	48.1	23		
梅塘	女	5.8		917.1	0.715	65.57		2.18	17.25	17.2		50		
梅塘	女							10.19	0.40		0.4	9.79		
江上	女	5.5		274.8	0.80	18.78	86.77			39.01	7.11		114.10	

永丰县

转发内务组《关于对下放知识青年在劳动报酬等方面当前存在一些问题的处理意见》的批示

（永发〔72〕字027号）

各公社、垦殖场革委会：

　　内务组提出的《关于对下放知识青年在劳动报酬等方面当前存在一些问题的处理意见》，既反映了当前在下放知识青年教育和安置工作中存在的一些问题，也提出了解决的办法。各级党组织、革委会必须遵照伟大领袖毛主席关于"知识青年到农村去，接受贫下中农的再教育，很有必要……各地农村的同志应当欢迎他们去"的伟大教导，对下放知识青年的再教育工作进行一次全面的认真的检查和研究，针对当前存在的具体问题，按照党的方针政策，切实做好知识青年的教育和安置工作，特别是要认真解决劳动报酬和生活上的实际问题，真正做到政治上有人抓，生产上有人教，生活上有人管，使广大知识青年在农村的广阔天地里茁壮成长，培养和造就千百万无产阶级革命事业的接班人。

　　并将检查落实情况，于七月份报告县革委办公室。

江西省永丰县革命委员会（章）

一九七二年六月二十八日

关于对下放知识青年在劳动报酬等方面当前存在一些问题的处理意见

县委、县革命委员会：

　　遵照伟大领袖毛主席关于"知识青年到农村去，接受贫下中农的再教育，很有必要……各地农村的同志应当欢迎他们去"的伟大教导，我县自一九六八年以来，先后接收安置上海、南昌、吉安、本县知识青年3384名。在县委、县革委和全县各级党组织和革委会的正确领导下，广大知识青年在农村的广阔天地里，拜贫下中农为师，虚心接受贫下中农的再教育，努力改造世界观，与贫下中农一道抓阶级斗争，开展革命大批判，搞科学试验，开展农业学大寨运动，建设社会主义新农村，取得了一定成绩。贫下中农为培养无产阶级革命事业接班人当好老师、带好班，做到了政治上有人抓，生产上有人教，生活上有人管，使广大知识青年在农村的广阔天地里茁壮成长。几年来输送进工矿、机关、学校的知识青年有 310 名，参军的有 14 名，加入中国共产党的有 13 名，加入中国共产主义青年团的有 135 名。广大知识青年继续沿着伟大领袖毛主席的光辉"五·七"道路奋勇前进。

但是，也还存在着不少急待解决的问题。现将这些政策性的问题和处理意见报告如下：

一、加强党的领导。各级党的组织，应该把教育培养知识青年摆到党委的议事日程上来，党委中要有人分管，要抓青年的学习、工作、生产、生活，要抓好政策落实，要教育基层干部和广大群众，把教育培养知识青年看作是毛主席交给我们的光荣任务。只有这样才能真正地使广大知识青年在农村安心农业生产。

二、同工同酬问题。知识青年到农村都已有二三年以上，大部分青年在农活上都比较熟练，在当地社员能干的农活，知识青年也能干。

但是在贯彻按劳取酬上却存有比较严重的问题。如有的知识青年劳动态度很好，但底分很低，有的男同学只有 3—5 的底分，女同学只有 2.5 的底分。由于底分很低，不少知识青年劳动了近一年，还赚不到自己的口粮，因而使部分青年在生活问题上产生了悲观失望情绪，有的就干脆不劳动。

为了使知识青年在生活上过得去，进一步调动他们参加集体生产劳动积极性，必须坚决贯彻男女同工同酬、按劳取酬的原则，按照中共中央〔71〕82 号文件精神对照检查，对工分过低的要纠正，给予重评底分。

三、劳动报酬兑现和物质分配问题。在劳动报酬兑现问题上，不少地区不是一视同仁，当地社员的当年劳动收入当年兑现，而知识青年的劳动收入则不能当年兑现，只是记一笔帐，有的六九年的劳动收入至今尚未兑现，严重地挫伤了青年的集体劳动生产积极性，影响了青年的生活。在物质分配上也不是一视同仁，如古县、藤田等公社的部分大队在油、豆、花生等食物分配上，知识青年少分或分不到的现象比较突出。这种做法是不符合党的政策的。

在劳动报酬兑现和物质分配上，应该与当地社员享受同等待遇，决不能有任何歧视的做法。

四、口粮问题。按中发〔70〕26 号文件规定的精神，知识青年的口粮标准与当地男单身汉的口粮相同，而有的地方却偏低，尤其是上海知识青年请假回沪探亲超假的口粮，有的生产队就扣下不给，有的是属于知识青年节约的粮食，也不给补发，统由当地社员分掉。这种做法既不符合中发〔70〕26 号文件规定精神，又不符合节约归己的原则。我们意见：必须进一步贯彻执行中发〔70〕26 号文件所规定的精神，对已扣发的口粮和节约的粮食，必须如数退给青年本人。

五、住房问题。据检查发现，有部分知识青年的住房解决得是不够好的，有的住在公共场所，有的住在走廊上，衣、被等日常用品无处放，致使部分知识青年非常担心丢失东西，影响劳动出勤。这一问题，建议公社和大队对知识青年的住房普遍进行一次检查和妥善加以安置解决，对已拨建房经费的地方，应作好规划，采取公助民办的办法，迅速将房子建起来，以解决住房的困难。

六、知识青年的医病问题。目前绝大部分大队均已办起了合作医疗，而不少大队则不让知识青年参加合作医疗，享受不到合作医疗福利。有的地方即使参加了，转院治疗也内外有别，不是与当地贫下中农同等待遇。今后知识青年凡没有参加大队医疗站的应及时让其参加，享有和当地贫下中农同等医疗权利。

七、贯彻按劳取酬的原则后，临时耕作组不安排青年劳动的问题。去冬今春以来，在贯彻落实党在农村的各项政策后，比较普遍地未将知识青年编入新的临时耕作组，使他们的劳动无人管，生产上无人教，工分记不上，使部分青年呆在家里不出工。为了使知识青年能更好地接受贫下中农的再教育，知识青年应该与当地贫下中农编入同一耕作组，使之做到政治上有人帮，生活上有人管，生产上有人教，培养造就出真正的无产阶级革命事业接班人。对于知识青年的班、排也应进一步加强建设，克服那种按户、按土地、按劳力摊派知识青年的现象，使知识青年班最低不少于五人，以利于知识青年的集体学习、劳动、生活。

八、加强贫下中农再教育小组的建设问题。再教育小组多数是很起作用的，他们把教育培养知识青年作为己任。但是，也确实有些再教育小组流于形式，青年的学习、工作、生活、生产都不加过问，影响青年的苗壮成长。贫下中农再教育小组必须进一步健全起来，充分发挥贫下中农再教育小组的作用，使青年有人抓，有人教，有人管，造就一批无产阶级革命事业接班人。

九、知识青年的安置经费问题。知识青年的安置经费绝大部分是用于青年的安置上的，但也有不少地方挪用较多。据检查，全县各地挪用安置费共达 10 万余元，致使青年中一些实际问题不能得到解决。对已挪用的安置经费应迅速退还，用于知识青年的安置上。

以上报告，如无不当，请批转有知识青年的社队贯彻执行。

永丰县革委会内务组

一九七二年六月十一日

关于开办知识青年农林工综合场的请示报告

县委、公社党委：

我社自六八年以来先后接受上海知识青年四百一十六人，永丰、吉安等地知识青年四十九人，共计四百六十五人，现还有一百三十四人……至目前止已输出干部二人，工人六十五人，教师三人，升学的十三人，参军的一人。有二人已光荣地加入了中国共产党，有三十六人加入了中国共产主义青年团……

但是也还存在一些问题：

一、随着社、队规模的调整和工厂招工、学校招生，知识青年分布有较大变动，现有知识青年一百三十四人，分布在全公社的十五个大队五十几个生产队，有的只有一个，有的一男一女或二男一女共在一个队……

二、有的知识青年因病或不适合参加水田生产劳动，给生产队增加很大负担。有少数人长期离开生产岗位，到处流窜，不能解决自己的生活，也增加了其家庭和生产队的负担。还有个别知识青年由于长期在外面进行犯罪活动。……

我们打算把全社知识青年集中到现进沆农场和现勤坑知青林场，再办一所农业机械修配厂，办成知识青年农林工综合场，即有利于知识青年的生产，又便于领导，同时减少他们个人家务事的负担，使他们有更多的时间参加生产劳动和学习。

有利条件是……

请公社党委讨论，审查，报县委批示。

江口公社知青办／（章）

一九七六年

泰和县

关于成立上海知识青年垦荒队的报告

泰和县革委会、上山下乡领导办公室：

在毛主席发出知识青年到农村去接受贫下中农的再教育很有必要的伟大号召以来，我大队在一九七〇年接受上海下放知识青年一个班，除调出一名外现还有 10 名青年留在我大队，他（她）们在政治思想和农业技术水平上都大大提高，为社会主义建设作出一定的贡献。为了更进一步地搞好，召开多次座谈会都一致表示非把这个班搞好不可，所以他们要求和支部研究决定，由他们新成立一个队，走我们走过的道路，在荒地上闹革命。组织形式由党支部成员分二户参加协助工作外，领导班子队长、会计、财务、保管全部由知识青年中选举产生。生产基地由原来二个生产队划给水田 60 亩外，荒芜旱地全在罗村洲上开荒，耕牛种子及生产工具由生产队按田亩配给。现在迫切需要解决的问题，就是要建房住，目前需建住房 10 间、厨房 1 间、厕所 1 间，预计要木头 16 立方米约 960 元，火砖 40000 块计 2000 元，瓦 40000 皮计 600 元，瓦角 500 丈计 250 元，木板 20 方计 480 元，石灰 20000 斤计 360 元，泥木匠 300 工计 500 元，铅钉 60 斤计 50 元，共计需款 5200 元，其它运输费及劳动力由大队生产队帮助解决。现因为我大队经济困难，无法解决，敬请上级设法解决上述款项，以便在春节前建好住房。

特此报告。

此致

无产阶级革命敬礼

中共东华大队支部委员会／（章）

主送：泰和县革委会

经公社研究同意大队支部意见。

中国共产党泰和县冠朝人民公社委员会（章）　七三年十二月一日

插队青年建立独立核算的队，是新生事物，省、地意见"要积极慎重"。根据县委常委对今年插队青年建队原则的指示精神，我们意见到明年再看情况。

江西省泰和县革命委员会上山下乡办公室（章）

七三年十二月二十一日

定南县

老城公社下放知识青年去年年终分配情况调查表

老城公社下放知识青年去年年终分配情况调查表

1971 年 2 月 17 日

姓名	劳动天数（天）	劳动工分（分）	分值	全年总收入（元）	往来（元）	实得	71 年 6 月至 7 月 15 日口粮（斤）	
刘××	70	398.3	0.46	17.94	6.57	11.37	未记	已评等级
陈××	120.5	724.6		33.12	6.49	26.72		
俞××	50	259.1		11.5	7.10	4.40		
陈××	111	610		28.06	6.56	21.56		
马××	65	348.1		15.64	7.00	8.64		
吴××	123	732.6		33.58	6.49	27.18		
沈××	121	753		34.5	6.40	28.10		
陈××	120	745.9		34.04	6.40	27.64		
张××	57.3	270.1		12.42	6.29	6.13		
陈××	56	321.6		14.72	5.54	9.18		
张　×	100.5	630	0.4774	30.08	4.98	25.60	42	
徐××	110	660		31.51	4.48	27.03	42	
姜××	110	660		31.51	4.48	27.03	42	
吴　×	110.5	710		33.9	4.48	24.70	42	
吴××	111	720		34.37	4.48	29.89	42	
丁××	111.5	750		35.81	4.48	31.33	42	
王××	110.5	710		33.9	4.48	29.42	42	
李××	85.5	838.1		33.12	14.26	18.86	150	
骆××	76	742.8	0.4	29.71	14.26	15.45	150	
沈××	91	889		35.56	4.26	21.30	150	
楼××	92.5	871.2		34.85	14.26	20.59	150	
赵××	85	781.6		31.26	14.26	17.00	150	

姓名	劳动天数(天)	劳动工分(分)	分值	全年总收入(元)	往来(元)	实得	71年6月至7月15日口粮(斤)	
刘××	29	204		8.02				已到上海治病未扣口粮款
王××		709.5	0.6	42.57	4.19	38.38		
薛××		443.5		26.61	4.19	22.42		
黄　×		758.1		45.49	4.19	41.30		
郑××		725.7		43.54	4.19	39.35		
邵××		926.7		56.20	4.19	52.01		
胡××		777		46.62	4.19	42.43		共29个青年
	2116.5	17799.3		900.15	192.58	695.01		

定南县老城公社革命委员会"五·七"大军领导小组办公室（章）

71.2.22. 报

关于上海知识青年劳动、分配方面几项说明

1. 工分的记法是按大寨式的评工记分方法。

2. 劳动日一般在年终决分时，一个劳动日是以10分为一日。

3. 根据办公室了解，大部分同志的劳动天数在100天以上。为什么劳动日又少呢？

①去年五月下旬他们来到生产队后我们都采取劳动时间，开始一天劳动1个小时，中途2个小时，逐步增加。到了夏收期间、秋收期，一天劳动最少是8个小时，最多的达到12个小时。

②劳动日是看不出劳动天数。

4. 班里打柴、种菜、买油、米，未计算劳动日（天）。

5. 到生产队开会，大队、公社开会未计算劳动时间。

6. 每逢五、十五、二十五日集体学习也未计算劳动时间。

7. 过春节，生产队给的猪肉、鱼、油、花生、豆等物，未参加分配，是另外照顾他们的。

三亨公社"五·七"大军办公室

一九七一年二月二十六日

定南县知识青年劳动收入统计表

早禾大队知识青年劳动收入统计表

1970 年 2 月 21 日

生产队	姓名	劳动天数	底分	总工分数	分值	总收入（元）	代扣口粮款（元）	代扣杂粮油料款（元）	余款（元）	备注
沙罗圹	石 ×	146.6	7.1	1040	0.549	57.1 元		56.67	进 4.63	此表由"五·七"大军班长及时填好，于 20 号以前报办公室
沙罗圹	黄××	137.3	7.5	1030	0.549	56.55		56.33	欠 0.38	
沙罗圹	汪××	33.8	7.1	240	0.549	13.18		56.33	欠 43.15	
沙罗圹	黄××	24.3	7	170	0.549	9.33		56.67	欠 47.34	
沙罗圹	余××	89.7	6.8	610	0.549	33.49		56.51	欠 38.74	
沙罗圹	汪××	57.1	7	400	0.549	21.96			进 72.27	包括去年

早禾大队知识青年劳动收入统计表

1971 年 2 月 26 日

生产队	姓名	劳动天数	底分	总工分数	分值	总收入（元）	代扣口粮款（元）	代扣杂粮油料款（元）	余款	备注
新店	陈××		8	1613.8	0.40	62.80	46.61		进款 16.19	
	裘××		7	1444	0.40	56.00	46.61		进 9.39	
	杨××		6.5	1192	0.40	46.00	46.61		欠款 0.61	
	张××		6.5	1144.5	0.40	44.00	46.61		欠 2.61	此表由"五·七"大军班长及时填好，于 20 号以前报办公室
	张××		6.5	303	0.40	10.40	46.61		欠 36.21	
	孙××		5.5	499	0.40	19.60	15.79		进 3.81	
光头	史××	193.5	8	1550	40	62.00			余	
	罗××	197.5	8	1590	40	63.21			余	
	陈××	203.5	7.8	1590	40	63.21			余	
	俞××	190	7.8	1490	40	61.00			余	
		平 196								

高湖大队知识青年劳动收入统计表

年　　月　　日

生产队	姓名	劳动天数	底分	总工分数	分值	总收入（元）	代扣口粮款（元）	代扣杂粮油料款（元）	余款	备注
下围队	付 ×	65	7	440	0.508	22.35	36.83	8.00	欠22.48	此表由"五·七"大军班长及时填好，于20号以前报办公室
下围队	余××	47.50	7	330	0.508	16.76	39.04	8.00	30.28	
黄沙上村	陈××	85	6.5	550	0.477	26.24	31.59	6.00	11.35	

留塞大队知识青年劳动收入统计表

1971 年 2 月 18 日

生产队	姓名	劳动天数	底分	总工分数	分值	总收入（元）	代扣口粮款（元）	代扣杂粮油料款（元）	余款	备注
老屋生产队	王××	34	7	240	0.518	12.43				此表由"五·七"大军班长及时填好，于20号以前报办公室
老屋生产队	吴××	20	7	140	0.518	7.25				
老屋生产队	朱××	31	7	220	0.518	11.40				
老屋生产队	唐××	29	7	200	0.518	10.36				
老屋生产队	吴××	29	7	200	0.518	10.36				
坑里生产队	史××	61	7	430	0.507	21.81				其中在老屋大队1.5天0.52元
坑里生产队	陈××	51	7	360	0.507	18.25				
坑里生产队	姜××	38	7	270	0.518	13.70				其中在老屋大队1.5天0.52元
坑里生产队	王××	43	7	300	0.518	15.21				
坑里生产队	周××	24	7	170	0.518	8.62				
合计	10	299		2530		129.49				

填表人：陈月山

留坑大队知识青年劳动收入统计表

1971 年 2 月 18 日

生产队	姓名	劳动天数	底分	总工分数	分值	总收入（元）	代扣口粮款（元）	代扣杂粮油料款（元）	余款	备注
围上	林××	58	6	350	0.362	12.67		0.12	进 12.55	此表由"五·七"大军班长及时填好，于20号以前报办公室
围上	陈××	48.5	5.7	280		10.14		0.12	进 10.02	
围上	诸××	55.5	5.7	320		11.58		0.12	进 11.46	
围上	孙 ×	55	5.8	320		11.58		0.12	进 11.46	
围上	任××	53.5	5.9	320		11.58		0.12	进 11.46	
围上	杨××	54.5	6	330		11.95		0.12	进 11.83	
围上	董 ×	65.5	6.5	430		15.57		0.12	进 15.45	

大风大队知识青年劳动收入统计表

1971 年 2 月 18 日

生产队	姓名	劳动天数	底分	总工分数	分值	总收入（元）	代扣口粮款（元）	代扣杂粮油料款（元）	余款（元）	备注
长滩生产队	徐××	211	7.5	1582.5	81.02	81.02	24.50	2.44	余 10.51	此表由"五·七"大军班长及时填好，于20号以前报办公室
长滩生产队	付××	55	7	385	20.13	20.13		2.06	余 18.02	
埤里生产队	金××	59	7	413	30.56	30.56		9.25	余 21.31	
下屋生产队	胡××	96	7	672	34.56	34.56		2.21	余 30.26	
下屋生产队	金××	67	7	469	24.12	24.12		2.21	余 21.91	
下屋生产队	蒋××	53	7	371	19.08	19.08		2.21	余 16.82	
下屋生产队	周××	57	7	399	20.52	20.52		2.21	余 18.31	
下屋生产队	沙××	31	7	217	11.16	11.16		2.21	余 8.95	
下屋生产队	王××	58	7	406	20.88	20.88		2.21	余 18.67	
下屋生产队	毛××	55	7	385	19.80	19.80		2.21	余 17.59	
新屋下生产队	张××	102	7.5	765	36.72	36.72	29.40	7.45	欠 0.13	
新屋下生产队	韩××	70	7.5	525	25.20	25.20	29.40	7.45	欠 15.73	
新屋下生产队	朱××	210	7.5	1792.5	81.26	81.26	29.40	7.45	余 24.41	
新屋下生产队	董××	153	7.5	1227.5	57.16	57.16	29.40	7.45	余 20.31	
新屋下生产队	全××	66	7.5	495	23.76	23.76	29.40	7.45	欠 14.16	

木湖大队知识青年劳动收入统计表

1971 年 2 月 18 日

生产队	姓名	劳动天数	底分	总工分数	分值	总收入（元）	代扣口粮款（元）	代扣杂粮油料款（元）	余款	备注
瑶田	梁××	146		1270	0.324	41.15	4.78	1.60	34.77	此表由"五·七"大军班长及时填好，于20号以前报办公室
瑶田	史××	60		340	0.324	11.00	4.78	1.60	4.64	
瑶田	景××	110		750	0.324	24.30	4.78	1.60	17.92	
瑶田	张××	150		1230	0.324	39.85	4.78	1.60	33.47	
瑶田	陆××	119		840	0.324	27.22	4.78	1.60	20.84	
瑶田	陆××	84		588	0.40	23.52	/	/	23.52	在大队工作时
约会	王××	112		880	0.395	34.76	4.78	1.44	28.54	
	周××	101		810	0.395	32	4.78	1.44	25.78	
	陈××	118		93	0.395	36.74	4.78	1.44	30.52	
	沈××	101		810	0.395	32	4.78	1.44	25.78	
	喻××	121		980	0.395	38.71	4.78	1.44	32.49	

水邦大队知识青年劳动收入统计表

1971 年 2 月 20 日

生产队	姓名	劳动天数	底分	总工分数	分值（元）	总收入（元）	代扣口粮款（元）	代扣杂粮油料款（元）	余款（元）	备注
新圩	刘××	154	7	1180	0.5584	65.89		1.12	64.77	此表由"五·七"大军班长及时填好，于20号以前报办公室
新圩	周××	61	7	430	0.5584	24.01		0.86	23.15	
新圩	周××	91	7	640	0.5584	35.74		1	34.74	
新圩	卢××	114	7	800	0.5584	44.67		0.96	43.7	
新圩	凌××	67	7	470	0.5584	26.24		0.90	25.34	
新圩	徐××	73	7	230	0.5584	12.84		0.84	12	

水邮大队知识青年劳动收入统计表

1971 年 2 月 19 日

生产队	姓名	劳动天数	底分	总工分数	分值	总收入（元）	代扣口粮款（元）	代扣杂粮油料款（元）	余款（元）	备注
老围	丁××	120	7.5	1197.3	0.584	69.50	6.47	3.91	59.12	
老围	周××	97	7.5	971.8	0.584	52.74	3.40	3.91	49.34	

续表

生产队	姓名	劳动天数	底分	总工分数	分值	总收入（元）	代扣口粮款（元）	代扣杂粮油料款（元）	余款	备注
老围	谢××	109	7.5	910.2	0.584	53.14	0.1	3.91	49.13	此表由"五·七"大军班长及时填好,于20号以前报办公室
老围	张××	66	7.3	680.7	0.584	39.71	0.1	3.91	35.70	
老围	钱××	64	7.3	684.4	0.584	39.71	2.1	3.91	33.70	
老围	唐××	115	7.5	1044.8	0.584	60.74	4.12	3.91	52.71	

田心大队知识青年劳动收入统计表

1971 年 2 月 19 日

生产队	姓名	劳动天数	底分	总工分数	分值	总收入（元）	代扣口粮款（元）	代扣杂粮油料款（元）	余款（元）	备注
下光	段××	52	6.5	524		27.30	0.09	0.31	26.90	
下光	王××	53	6.5	532		27.83	0.09	0.32	27.42	
下光	沈××	50	6.5	501.5		26.25	0.09	0.31	25.85	
下光	王××	45	6.5	455		23.63	0.08	0.32	23.23	
下光	翁××	52	6.5	523	0.525	27.30	0.09	0.32	26.89	此表由"五·七"大军班长及时填好,于20号以前报办公室
下光	华××	53	6.5	538	0.525	27.83	0.09	0.32	27.42	
新围	卢××	125	7	880	0.615	53.68		3.55	49.82	
	顾××	117	7	820	0.615	50.02		2.00	47.71	
	陈××	103	7	720		43.92		0.5	43.12	
	薛××	65	7	440		26.84		2.55	24.08	
	古××	65	6	390		23.79			23.48	
	沈××	68	6	410		25.01			24.7	

龙塘公社下放知识青年、居民（七〇年）劳动工分统计表

知识青年共 187 人，其中自给 89 人，半自给 16 人，不能自给 82 人。居民共 12 户，其中自给 5 户，半自给 1 户，不能自给 6 户。

龙塘公社"五·七"大军办公室

龙塘公社下放知识青年、居民劳动工分统计表

龙塘大队   1971 年 3 月 16 日

队名	姓名	劳动天数	总工分数	劳动日分值	总金额（元）	全年定量大米	代扣		借支	实进现金	超支金额	备注
							口粮钱	其它实物折款				
老屋下	黄××		2010.6	0.66	132.70	456	49.30		35.95	47.45		自给
老屋下	彦××		1051.2	0.66	69.38	456	47.73		6.84	14.81		自给
老屋下	杨××		1661.8	0.66	109.68		49.38		70.75		10.45	上调进工厂
老屋下	张××		2382.3	0.66	157.23	456	49.29		29.38	107.94		自给
老屋下	莎××		1539.1	0.66	101.58	444	47.73		2.31	53.85		自给
老屋下	石××		1406.3	0.66	92.82	444	47.73		6.31	45.09		自给
老屋下	周××		1361.6	0.66	89.87	444	47.73		2.31	42.14		自给
老屋下	熊××		2041.9	0.66	134.77	444	47.88		13.44	86.89		自给
老屋下	张××		1440.1	0.66	95.05		48.74		8.07	38.24		上调进工厂
围塽	番××		1550.6	0.673	104.36	456	74.74		19.99	9.63		升学了
围塽	刘××		472.6	0.673	31.81	456	72.35				40.54	不能自给
丰孜	王××		1953.2	0.469	91.61	456	60.72		54.71		23.82	自给
丰孜	胡××		1823.9	0.469	85.54	456	60.72		52.46		27.64	自给
丰孜	唐××		2267.4	0.469	106.34		34.04		44.88	27.42		上调进工厂
丰孜	周××		247.3	0.469	115.98	456	60.72		63.55		8.29	自给
塽背	陈×		1856.4	0.571	106.00	456	45.16		12.21	48.63		自给
塽背	陈××		1640.6	0.571	93.68	456	48.83		12.21	37.64		自给
塽背	熊××		1662.8	0.571	94.95	456	42.50		26.86	25.59		自给
廖家坡	杜××		846.3		42.74	432	65.34		3.00		25.60	不能自给
廖家坡	黄××		985.6		49.77	432	65.34		3.00		18.57	不能自给
山下	邱××		1002.9	0.584	58.57	456	5.61		16.67	36.29		自给
山下	李××		1037.5	0.584	60.59	456	4.20		0.67	55.72		自给
山下	肖××		4823.3	0.584	281.68	456	129.69		61.21	90.78		自给
山下	肖××		4823.3	0.584	281.68	456	129.69		61.21	90.78		上调进工厂
碌下	刘××		1171.4	0.571	66.89		52.38		4.21	10.30		上调进工厂
碌下	杨××		1477.5	0.571	84.37	456	80.41			3.96		不能自给 二兄弟
碌下	杨××					456						
碌下	俞××		897.8	0.571	51.26	456	43.31			7.95		半自给
碌下	张××		714.5	0.571	40.80	456	43.56		3.48		6.24	不能自给
碌下	姜××		26.5	0.571	1.51	456	36.25		1.14		35.88	不能自给
潘屋	雷××		1982.3	0.571	102.49	456	62.72		8.00	31.77		自给
潘屋	刘××		1018.5	0.571	52.66	456	60.34		9.00		16.68	上调进工厂
甫仔	沈××		3812.9	0.584	222.67	456	62.03		47.59	113.05		自给
甫仔	曹×		1931.8	0.584	112.82	456	62.03		18.35	32.44		自给

队名	姓名	劳动天数	总工分数	劳动日分值	总金额（元）	全年定量大米	代扣		借支	实进现金	超支金额	备注
							口粮钱	其它实物折款				
黄沙坑	朱××		2338.4	0.558	130.48	432	56.56		65.81	8.11		自给
黄沙坑	彦××		2358.1	0.558	131.58	456	56.52		30.52	44.54		自给
黄沙坑	兰××		1979.7	0.558	109.47		59.38		9.73		40.36	上调进工厂
新围	罗××		2647.9	0.458	121.27	456	56.15		68.94		3.82	自给
新围	聂××		6848.9	0.458	313.68		240.08		93.91		20.31	(居民)自给
圩上	黄××		3187.5	0.638	203.36	456	88.77		27.89	86.70		(居民)自给
圩上	王××		1331.3	0.638	84.94	456	71.42		12.64	0.88		自给
圩上	肖××		1634.6	0.638	104.29	456	70.92		5.38	27.90		自给
圩上	谢××		816.5	0.638	52.09	456	4.90		17.54	29.65		自给
湖金坝	林××		1719.8	0.5916	101.74	456	76.08		29.44		3.78	自给
湖金坝	刘××		1655.4	0.5916	97.93	456	74.86		23.28		0.21	自给
湖金坝	刘××		2046.5	0.5916	121.07	456	76.61		51.89		7.43	自给
湖金坝	蔡××		1457.1	0.5916	86.20		41.55		63.75		19.10	上调进工厂
黄泥围	曾××		5453.7	0.616	335.95		196.60		85.14	54.21		(居民)自给
坡下	刘××		1800.7	0.57	102.64	456	129.06		19.33		45.75	自给
坡下	刘××		2005.7	0.57	114.32					114.32		上调进工厂
坡下	李××		1067.3	0.57	60.84	456	4.00		11.56	45.28		自给
下围	黄××		4200.4	0.60	252.02		260.26		241.67		249.91	(居民)不能自给
下围	毛××		1193.2	0.60	71.59		128.95		125.70		183.15	(居民)不能自给
下围	马××		2829.0	0.60	169.74		162.74		21.90		16.90	(居民)不能自给
下围	赖××		1998.0	0.60	119.88	456	57.08		29.61	33.19		自给
下围	赖××		1368.5	0.60	82.11	456	30.05		28.57	23.40		自给
下围	肖××		1805.1	0.60	108.31		53.08		12.98	42.25		上调进工厂
下围	李××		1798.8	0.60	107.93	456	55.24		12.43	40.26		自给
下围	何××		1684.1	0.60	101.05		54.05		1.89	45.11		上调进工厂
下围	杨××		1643.5	0.60	98.61	456	58.89		0.76	38.97		自给
下围	张××		1694.6	0.60	101.68	456	57.08		0.76	43.84		自给
下围	俞××		1586.3	0.60	95.18		54.05		0.76	40.37		上调进工厂
下围	莆××		1117.8	0.60	67.07	432	55.24		8.95	2.88		自给
下围	诸××		1100.2	0.60	66.01	432	55.24		7.92	2.85		自给

说明：请在备注栏中注明超支的主要原因（病多、劳动少、回家多）。

龙塘公社下放知识青年、居民劳动工分统计表

长付大队　　　　　　　　　　　　　　　　　　　　　　1971 年 3 月 16 日

队名	姓名	劳动天数	总工分数	劳动日分值	总金额	全年定量大米	代扣		借支	实进现金	超支金额	备注
							口粮钱	其它实物折款				
转阳	洪××		352.4	0.35	12.33	456			0.26	12.07		70 年 5 月 15 日来插队的。不能自给
转阳	胡××		22.5	0.35	0.79	456			0.63	0.16		70 年 5 月 15 日来插队的。不能自给
转阳	黄××		149.0	0.35	5.22	432			0.87	4.35		70 年 5 月 15 日来插队的。不能自给
转阳	程　×		183.3	0.35	6.42	432			0.66	5.76		70 年 5 月 15 日来插队的。不能自给
转阳	朱××		182.0	0.35	6.41	432			0.87	5.54		70 年 5 月 15 日来插队的。不能自给
转阳	朱××		183.3	0.35	6.42	432			0.66	5.76		70 年 5 月 15 日来插队的。不能自给
金竹园	李××		270.0	0.37	9.99	456		0.59		9.40		70 年 10 月份来的。不能自给
吴屋	李××		396.0	0.568	22.49	456	27.60				5.11	不能自给
吴屋	包××		21.0	0.568	1.19	456	27.60				26.41	不能自给
吴屋	徐××		49.7	0.568	2.82	456	27.60				24.78	不能自给
街上	江××		1897.0	0.54	102.44	456	89.80		13.00		0.36	半自给
街上	陈××		1897.0	0.54	102.44	456	89.80		13.00		0.36	半自给
马长	曹××		917.9	0.50	45.90	456	41.42		3.53	0.95		不能自给
马长	浦××		476.3	0.50	21.82	456	40.02		1.34		19.54	不能自给
马长	王××		250.2	0.50	12.51	456	34.00				21.49	不能自给
运嘴头	余××		702.7	0.64	46.38	456		2.86	26.12	17.40		70 年 5 月 15 日来插队落户的。自给

队名	姓名	劳动天数	总工分数	劳动日分值	总金额	全年定量大米	代扣		借支	实进现金	超支金额	备注
							口粮钱	其它实物折款				
运嘴头	方××		479.7	0.64	31.66	456		3.26		28.40		70年5月15日来插队落户的。 自给
运嘴头	陈××		270.8	0.64	17.85	432		3.30		14.55		70年5月15日来插队落户的。 不能自给
运嘴头	张 ×		350.7	0.64	23.15	432		3.26		19.89		70年5月15日来插队落户的。 不能自给
运嘴头	陈××		261.2	0.64	17.24	432		3.36		13.88		70年5月15日来插队落户的。 不能自给
运嘴头	戴××		394.8	0.64	26.06	432		3.06		23.00		70年5月15日来插队落户的。 不能自给
运嘴头	王××		246.2	0.64	16.25	432		3.26		12.99		70年5月15日来插队落户的。 不能自给
老屋下	陆××		490.0	0.60	29.40	432		2.48		26.92		70年5月15日来插队落户的。 半自给
老屋下	徐××					432						70年5月15日来插队落户的。 不能自给
老屋下	刘××					432						70年5月15日来插队落户的。 不能自给

续表

队名	姓名	劳动天数	总工分数	劳动日分值	总金额	全年定量大米	代扣		借支	实进现金	超支金额	备注
							口粮钱	其它实物折款				
大塘面	毛××	40.0			2.60	432		0.33	1.88	0.39		70年5月15日来插队的。不能自给
大塘面	许××	40.0			2.60	432		0.33	2.02	0.25		70年5月15日来插队的。不能自给
塚背	吴××	905.0	0.69	62.45	432	50.64			11.90		0.09	半自给
塚背	马××	1033.0	0.69	71.28		46.12			21.90	3.24		上调进工厂
圩上	叶××	617.0	0.617	38.07	456					38.07		70年5月15日来插队的。自给
圩上	杜××	637.0	0.617	39.30	456					39.30		70年5月15日来插队的。自给
圩上	屠××	508.0	0.617	31.56	456					31.56		70年5月15日来插队的。自给
圩上	郑××	544.0	0.617	33.56	432					33.56		70年5月15日来插队的。自给
圩上	顾××	569.0	0.617	35.11	432					35.11		70年5月15日来插队的。自给
圩上	陈××	603.0	0.617	37.21	432					37.21		70年5月15日来插队的。自给
圩上	曾××											（居民）半自给
黄鱼镇	朱××	1201.4	0.58	69.68	432	44.39	1.82	1.94		21.53		自给
双头	姚××	915.8	0.48	43.96	456	8.42		19.33	16.21			70年5月15日插队的。自给

续表

队名	姓名	劳动天数	总工分数	劳动日分值	总金额	全年定量大米	代扣		借支	实进现金	超支金额	备注
							口粮钱	其它实物折款				
双头	沈××		677.8	0.48	32.53	432	8.42		13.59	10.52		70年5月15日插队的。自给
双头	胡××		310.3	0.48	14.88	432	8.42		12.96		6.50	70年5月15日插队的。不自给
双头	洪××		264.0	0.48	12.67	432	8.42		10.60		6.35	70年5月15日插队的。不自给
双头	郑××		220.0	0.48	10.56	456	8.42		10.61		8.47	70年5月15日插队的。不自给
双头	包××		511.0	0.48	24.53	432	8.42		14.63	1.48		70年5月15日插队的。不自给
大塘面	楼××		30.0	0.65	1.95	456		0.38	7.86		6.29	70年5月15日插队的。不自给
大塘面	单××		40.0	0.65	2.60	456		0.33	14.09		11.82	70年5月15日插队的。不自给
大塘面	霍×		40.0	0.65	2.60	432		0.33	2.05	0.25		70年5月15日插队的。不自给
大塘面	冯××		5.00	0.65	3.25	432		0.33	2.44	0.48		70年5月15日插队的。不自给

龙塘公社下放知识青年、居民劳动工分统计表

湖江大队　　　　　　　　　　　　　　　　　　　1971年3月16日

队名	姓名	劳动天数	总工分	劳动日分值	总金额	全年定量大米	代扣		借支	实进现金	超支金额	备注
							口粮钱	其它实物折款				
下河背	朱××		1681.7	0.75	126.13		27.13		57.60	41.40		上调进工厂

| 队名 | 姓名 | 劳动天数 | 总工分 | 劳动日分值 | 总金额 | 全年定量大米 | 代扣 | | 借支 | 实进现金 | 超支金额 | 备注 |
							口粮钱	其它实物折款				
下河背	黄××		166.97	0.75	125.23		27.43		74.41	23.39		上调进工厂
下河背	连××		2870.8	0.75	215.31		35.52		80.75	99.04		上调进工厂
下围	邓××		791.6	0.570	45.12	432	35.62		6.14	3.36		不能自给
下围	周××		348.0	0.570	19.84	432	71.67				51.83	不能自给
石堪头	邓××		2016.3	0.51	102.83	456	34.17		47.62	21.04		上调进工厂
石堪头	郭××		2238.8	0.51	111.57	456	57.31		4.31	52.55		上调进工厂
石堪头	陈××		2410.6	0.51	112.94	456	62.67		14.78	45.49		自给
石堪头	郭××		1443.5	0.51	73.61	432	58.83		10.68	4.10		自给
石堪头	王××		1466.5	0.51	74.79	432	60.12		2.90	11.77		自给
石堪头	刘××		4656.5	0.51	237.47		219.82		175.01		157.36	（居民）不自给
上围	罗××		1903.6	0.58	110.41	456	123.57		52.42		65.58	上调
上围	罗××		2375.1	0.58	137.75	456	123.57			137.75		自给
上围	庄××		1421.0	0.58	82.42	456	61.78		8.28	12.36		自给
上寨	李××		796.4	0.43	34.25	456		7.05	0.24	26.96		70年5月15日插队的。自给
上寨	蔡××		442.3	0.43	19.02	456		5.84		13.18		70年5月15日插队的。不能自给
上寨	茅××		432.2	0.43	18.58	456		5.85		12.73		70年5月15日插队的。不能自给
上寨	夏××		424.0	0.43	18.23	456		5.81		12.42		70年5月15日插队的。不能自给
上寨	袁××		284.4	0.43	12.23	456		5.81		6.42		70年5月15日插队的。不能自给
上寨	张××		292.2	0.43	12.56	456		5.81		6.75		70年5月15日插队的。不能自给
上寨	奚××		348.4	0.43	14.98	432		5.81		9.17		70年5月15日插队的。不能自给

队名	姓名	劳动天数	总工分	劳动日分值	总金额	全年定量大米	代扣		借支	实进现金	超支金额	备注
							口粮钱	其它实物折款				
上寨	奚××		332.6	0.43	14.30	432	46.13				31.83	70年5月15日插队的。不能自给
上寨	苜××		354.6	0.43	15.25	432		5.81		9.44		70年5月15日来插队的。不自给
上寨	王××		301.6	0.43	12.97	432		5.81		7.16		70年5月15日来插队的。不自给

龙塘公社下放知识青年、居民劳动工分统计表

忠诚大队　　　　　　　　　　　　　　　　　　　　1971年3月16日

队名	姓名	劳动天数	总工分	劳动日分值	总金额	全年定量大米	代扣		借支	实进现金	超支金额	备注
							口粮钱	其它实物折款				
忠诚	朱××		759.2	0.49	37.20	432		9.35	8.59	19.26		70年5月25日来插队的。自给
忠诚	陆××		526.7	0.49	25.81	432		9.35	8.08	8.38		70年5月25日来插队的。半自给
江背	许××		870.0	0.604	52.55	456		9.73	16.05	26.77		70年5月25日来插队的。自给
江背	徐××		260.0	0.604	15.70	456		9.73	3.75	2.22		70年5月25日来插队的。不自给
江背	贺××		270.0	0.604	16.31	456		9.73	1.33	5.25		70年5月25日来插队的。不自给
江背	张××		150.0	0.604	9.06	456		9.73	1.83		2.50	70年5月25日来插队的。不自给

队名	姓名	劳动天数	总工分	劳动日分值	总金额	全年定量大米	代扣 口粮钱	代扣 其它实物折款	借支	实进现金	超支金额	备注
江背	童 ×		310.0	0.604	18.72	432		9.73	0.50	8.49		70年5月25日来插队的。不自给
江背	王××		290.0	0.604	17.52	432		9.73	0.50	7.29		70年5月25日来插队的。不自给
江背	吴××		160.0	0.604	9.66	432		1.34	1.76	6.56		已迁贵溪。不自给
高排	郭××		10883.9	0.524	570.32		367.96		161.02	41.34		（居民）自给
老屋下	陈××		1381.2	0.505	69.75	432	57.89		14.89		3.03	自给
老屋下	胡××		1123.8	0.505	56.75	456	10.08		11.26	35.41		70年5月25日来插队的。自给
老屋下	王××		691.6	0.505	34.92	456	10.08		13.94	10.90		70年5月25日来插队的。自给
老屋下	朱××		571.4	0.505	38.85	456	10.08		7.76	11.01		70年5月25日来插队的。自给
老屋下	吴××		530.4	0.505	26.78	456	10.08		7.45	9.25		70年5月25日来插队的。半自给
老屋下	张××		958.6	0.505	48.40	456	10.08		13.66	24.66		70年5月25日来插队的。自给
忠诚	刘××		919.7	0.49	45.07	456		9.72	8.31	27.04		70年5月25日来插队的。自给
忠诚	冯××		770.3	0.49	37.75	456		9.72	10.45	17.58		70年5月25日来插队的。自给
忠诚	黄××		433.7	0.49	21.25	456		9.72	5.28	6.25		70年5月25日来插队的。不自给

续表

队名	姓名	劳动天数	总工分	劳动日分值	总金额	全年定量大米	代扣		借支	实进现金	超支金额	备注
							口粮钱	其它实物折款				
忠诚	曹××		856.8	0.49	41.98	456		9.72	5.75	76.51		70年5月25日来插队的。自给
忠诚	沈××		261.4	0.49	12.81	432		9.35	3.86		0.40	70年5月25日来插队的。不自给
高排	林××		1488.2	0.524	77.98	456	62.90		36.03		20.95	自给
墩上	钱　×		451.6	0.524	26.64	456	9.43		6.00	11.21		70年5月25日来插队的。半自给
墩上	顾××		614.8	0.524	36.27	456	9.43		5.00	21.84		70年5月25日来插队的。自给
墩上	陶××		502.6	0.524	29.65	456	0.29		5.00	24.36		70年5月25日来插队的。半自给
墩上	陈××		340.2	0.524	20.07	456	9.43		5.00	5.64		70年5月25日来插队的。不自给
墩上	翁××		426.5	0.524	25.16	432	9.43		5.00	10.73		70年5月25日来插队的。不自给
墩上	何××		433.0	0.524	26.14	432	9.43		5.00	11.71		70年5月25日来插队的。不自给
墩上	严××		317.0	0.524	18.70	432	9.43		5.00	4.27		70年5月25日来插队的。不自给
老屋下	焦××		1814.1	0.505	91.61	456	59.58		20.33	11.70		自给
老屋下	欧阳××		1337.7	0.505	67.55	456	57.16		19.84	9.45		自给
老屋下	王××		801.3	0.505	40.46		57.89				17.43	调干

龙塘公社下放知识青年、居民劳动工分统计表

洪洲大队　　　　　　　　　　　　　　　　　　　　　　　　　1971 年 3 月 16 日

队名	姓名	劳动天数	总工分	劳动日分值	总金额	全年定量大米	代扣		借支	实进现金	超支金额	备注
							口粮钱	其它实物折款				
细岗	徐××		2114.0	0.555	117.33	432	62.46		28.67	26.20		自给
细岗	龚××		2136.2	0.555	118.56	432	62.46		21.68	34.42		自给
细岗	高××		2055.0	0.555	1140.5	432	61.95		17.86	34.24		自给
红联	屠××		327.0	0.50	16.35	456				16.35		70 年 5 月 25 日来插队的。不能自给
红联	董××		15.0	0.50	0.75	456				0.75		70 年 5 月 25 日来插队的。不能自给
红联	王××		51.2	0.50	2.56					2.56		已迁吉林。不能自给
红联	徐××		425.3	0.555	21.27	456				21.27		已迁吉林。不能自给
红联	时××		287.1	0.50	14.36	456				14.36		已迁吉林。不能自给
红联	施××		580.9	0.50	29.05	456				29.05		已迁吉林。半自给
下围	袁××		1645.0	0.585	96.23	456	58.02		16.77	21.44		自给
下围	郑××		1027.3	0.585	60.10	456	56.69		8.34		4.93	半自给
下围	朱××		1279.2	0.585	74.83	456	55.30		17.43	2.10		自给
下围	鲍××		1510.7	0.585	105.93	456	55.39		43.97	6.57		自给
红联	周××		11449.7	0.50	572.49		540.31		250.77		218.59	（居民）不自给

龙塘公社下放知识青年、居民劳动工分统计表

白驹大队　　　　　　　　　　　　　　　　　　　　　　　　　1971 年 3 月 16 日

队名	姓名	劳动天数	总工分	劳动日分值	总金额	全年定量大米	代扣		借支	实进现金	超支金额	备注
							口粮钱	其它实物折款				
里田尾	高××	110	720	0.4076	29.35	432	3.86	5.14	4.28	19.93		70 年 5 月 25 日来插队的。半自给

队名	姓名	劳动天数	总工分	劳动日分值	总金额	全年定量大米	代扣		借支	实进现金	超支金额	备注
							口粮钱	其它实物折款				
里田尾	高××	110	720	0.4076	29.35	432	3.86	5.14	4.28	19.93		70年5月25日来插队的。半自给
里田尾	庄××	85	550	0.4076	22.41	432	3.86	5.14	3.28	13.99		70年5月25日来插队的。不自给
里田尾	陶××	55	360	0.4076	14.67	432	3.86	5.14	4.04	5.49		70年5月25日来插队的。不自给
里田尾	孙××	45	300	0.4076	12.23	432	3.86	5.14	4.94	3.05		70年5月25日来插队的。不自给
里田尾	王××	72	470	0.4076	19.16	456	3.86	5.14	2.92	11.08		70年5月25日来插队的。不自给
里田尾	周××	71	460	0.4076	18.75	456	3.86	5.14	2.85	10.75		70年5月25日来插队的。不自给
里田尾	庄××	70	450	0.4076	18.34	456	3.86	5.14	2.40	10.79		70年5月25日来插队的。不自给
里田尾	马××	280	2410	0.4076	98.23	456	31.28	34.52	25.45	38.26		自给
里田尾	罗××	260	2230	0.4076	90.89	456	31.28	34.52	76.00		19.63	自给
杨柳坝	刘××		5850.0	0.5385	315.02		159.20		54.59	101.23		（居民）自给
杨柳坝	段××		3470	0.5385	186.89	456	59.20		44.99	82.67		自给
杨柳坝	万××		760.0	0.5385	40.93		46.78		23.96		29.81	（居民）不能自给
山星	王××		2020.0	0.4346	87.79	456	28.60	14.67	63.67		18.55	自给
山星	李××		630.0	0.4346	27.38	456	4.42	0.40		22.54		70年5月25日来插队的。半自给

队名	姓名	劳动天数	总工分	劳动日分值	总金额	全年定量大米	代扣		借支	实进现金	超支金额	备注
							口粮钱	其它实物折款				
山星	高××		360.0	0.4346	15.65	456	4.42	0.40		10.83		70年5月25日来插队的。不能自给
山星	曹××		100.0	0.4346	4.35	456	4.42	0.40			0.47	70年5月25日来插队的。不能自给
山星	余××		280.0	0.4346	12.17	456	4.42	0.40		7.35		70年5月25日来插队的。不能自给
山星	朱××		480.0	0.4346	20.86	432	4.42	0.40		16.04		70年5月25日来插队的。不能自给
山星	张××		520	0.4346	22.60	432	4.42	0.40		17.78		70年5月25日来插队的。不能自给
高坵	黄××		2510	0.6758	169.63	456	63.20	3.24	109.72		6.53	自给
高坵	张××		940	0.6758	63.53	456	62.01	3.24	22.66		24.38	半自给
高坵	钟　×		2000	0.6758	135.16	432	62.01	3.24		69.91		自给
高坵	夏　×		470	0.6758	31.76	456		1.21	16.84	13.71		70年5月25日来插队的。半自给
高坵	居××		620	0.6758	41.91	456		1.21	16.64	24.06		70年5月25日来插队的。自给
高坵	陆××		240	0.6758	16.22	456		0.67	5.65	9.90		70年5月25日来插队的。不自给
高坵	黄××		550	0.6758	37.17	456		1.21	13.02	22.94		70年5月25日来插队的。半自给
高坵	童××		420	0.6758	28.38	432		1.21	7.44	19.73		70年5月25日来插队的。半自给

续表

队名	姓名	劳动天数	总工分	劳动日分值	总金额	全年定量大米	代扣 口粮钱	代扣 其它实物折款	借支	实进现金	超支金额	备注
高圫	徐××		280	0.6758	18.92	432		1.21	14.92	2.79		70年5月25日来插队的。不自给

龙塘公社下放知识青年、居民劳动工分统计表

柏木大队 1971年3月18日

队名	姓名	劳动天数	总工分	劳动日分值	总金额	全年定量大米	代扣 口粮钱	代扣 其它实物折款	借支	实进现金	超支金额	备注
上坑	周××		861.0	0.87	72.50	456		2.55	15.00	55.54		自给70年5月到的
上坑	刘××		177.1	0.87	14.91	456		4.58		10.32		不自给
上坑	顾××		420.5	0.87	35.44	432		5.67		29.74		半自给
上坑	顾××		367.7	0.87	30.96	432		6.90		24.06		半自给
上坑	韩 ×		264.9	0.87	20.79	432		2.10		18.15		不自给
中村	宋××	186.5	882.4	0.678	59.83	456		10.67		49.16		自给
中村	沈××	148	552.6	0.678	37.47	456		8.47		29.00		自给
中村	薛××	60.5	332.3	0.678	22.53	456		5.53		17.00		半自给
中村	庄××	52.5	261.5	0.678	17.73	432		5.73		12.00		不自给
中村	陈××	59	306.5	0.678	20.78	432		5.78		15.00		不自给
中村	叶××	30	189.5	0.678	12.45	456		5.45		7.00		不自给
塆子	赵××		2332.1	0.571	134.56	456	42.32	3.60	56.50	32.14		自给
塆子	徐××		1701.5	0.571	98.18	456	42.32	3.60	30.44	21.82		自给
桂东	王××		2550.0	0.49	110.25	456	46.00	10.00	47.00		0.90	自给

龙头公社下放知识青年劳动收支登记表

下放知识青年劳动收支登记表

大队	生产队	姓名	劳动天数	总工分	分值	总收入（元）	进款（元）	超支（元）	备注
禾草	禾草	丁××	212	1892	0.49	92.71	44.1		
禾草	禾草	夏××	213	1710	0.49	83.71	35.18		

大队	生产队	姓名	劳动天数	总工分	分值	总收入（元）	进款（元）	超支（元）	备注
禾草	禾草	王××	156	1254	0.49	61.45	12.84		
禾草	禾草	蔡××	150.5	1299	0.49	59.24	10.63		
禾草	禾草	张　×	170.5	1391	0.49	68.16	17.00		
禾草	禾草	李××	179.5	1440	0.49	70.56		1.83	
禾草	禾草	潘××	149.5	1213	0.49	59.44		25.02	
禾草	牛轭潭	陈××	209.5	1922	0.51	97.92	48.55		
禾草	牛轭潭	王××	223	1959	0.51	99.91	50.44		超过
禾草	牛轭潭	周××	190.5	1787	0.51	91.10	41.73		
禾草	牛轭潭	戴　×	143.5	1204	0.51	61.40	12.13		
禾草	付有	陈××	148	1227	0.60	73.62		32.42	
禾草	付有	王××	162	1369	0.60	82.14	5.97		
禾草	付有	童××	196	1808	0.60	108.48	35.59		
禾草	付有	陈××	142	1752	0.60	105.13		27.74	
龙头	铁公坑	张××		1156.6	0.60	69.40		9.27	
龙头	铁公坑	张××		1297.8	0.60	77.87	16.86		
龙头	铁公坑	华××		1164.5	0.60	69.87	7.74		
龙头	铁公坑	吴　×		1905.3	0.60	114.32	14.55		
龙头	铁公坑	吴　×	253.5	2342.5	0.60	140.55	52.63		
龙头	铁公坑	吴　×		1144.7	0.60	60.68	4.13		
龙头	和目	邢××		1491.7	0.60	89.50	25.31		
龙头	和目	郭××		1316.1	0.60	78.97	15.22		
龙头	和目	钟××		2256.2	0.60	135.37	61.43		
龙头	和目	容××		1861.7	0.60	111.70	26.24		
龙头	长滩	樊××		1219.4	0.568	69.26	0.60		
龙头	长滩	杨××		2001.8	0.568	50.60	47.89		
龙头	长滩	周××		1461.6	0.568	83.03		3.00	
龙头	长滩	奚××		1912.7	0.568	108.60	28.08		
龙头	长滩	黄××		1748.3	0.568	99.30	11.70		
龙头	长滩	黄××		1854.5	0.568	105.30	27.70		
龙头	长滩	曾××		455.3	0.568	25.46		28.45	
南丰	新陂	容××	233.5	1643.7	0.739	121.47	3.30		
南丰	新陂	梁××		2305.1	0.739	170.35		0.52	
南丰	石劲	邱××	259.5	1948.6	0.72	140.30	34.82		

大队	生产队	姓名	劳动天数	总工分	分值	总收入（元）	进款（元）	超支（元）	备注
南丰	石劲	阮××	262	1963	0.72	141.24	47.38		
南丰	石头坑	李×	276.5	2378.8	0.655	155.81	63.30		
南丰	石头坑	朱××	253.5	1938.9	0.655	127	25.32		
南丰	养猪场	朱××	253.5	1537	0.78	120.89	5.20		
南丰	李树圳	钱×	219	1479.5	0.76	96.35	28.24		
南丰	李树圳	徐××	246	1615.7	0.76	114.80	36.69		
南丰	李树圳	唐××	125.5	776.9	0.76	51.82		14.06	
南丰	李树圳	叶××	104	593.2	0.76	39.55		25.59	
南丰	万叶	苏××		1346		122.49	22.99		
南丰	万叶	朱××		1317.8		119.92	26.42		
南丰	石劲	尹××		781.3	0.72	56.25	10.65		
蔡阳	围子	洪××	182	1570	0.75	117.75	13.72		
蔡阳	围子	金××	192.5	1720	0.75	129.00	27.43		
蔡阳	围子	侯××	183.5	1590	0.75	119.29	21.81		
蔡阳	围子	何××	162	1400	0.75	105.00	13.00		
蔡阳	商枧	陆××		1835	0.75	119.28	17.35		
蔡阳	商枧	李××	216	2160	0.65	140.40		13.51	
蔡阳	商枧	范××		2170	0.65	141.05	20.82		
蔡阳	石陂角	汪××	187	1800	0.60	108.00	25.00		
蔡阳	秀士陂	王××	189	1837	0.62	113.89	49.18		
蔡阳	秀士陂	邓××	138	1343	0.62	83.28	27.28		
蔡阳	秀士陂	郁××	118	1269	0.62	78.70	12.17		
蔡阳	艾坑	瞿××	140	1121	0.413	46.30	10.39		
蔡阳	艾坑	蒋××	167	856.9	0.346	29.65		11.50	
蔡阳	艾坑	林××	175	1400	0.346	48.44	3.65		
蔡阳	艾坑	戎××	102	816.2	0.346	28.24		27.00	
蔡阳	艾坑	方××	121	995.5	0.346	24.45		17.00	
蔡阳	圳胧	张××	150	1300	0.43	55.90		11.00	
蔡阳	圳胧	董××	106	848	0.43	36.46		16.00	
蔡阳	圳胧	戚××	183.5	1078.9	0.62	62.89	1.70		底分5.9分
蔡阳	圳胧	韩×	182	972	0.62	60.26		8.87	底分5.3分
蔡阳	羊坑	胡××	122.5	1050	0.54	56.70		8.36	

续表

大队	生产队	姓名	劳动天数	总工分	分值	总收入（元）	进款（元）	超支（元）	备注
蔡阳	羊坑	郭×	131	1130	0.54	61.02		4.68	
天堂	茶坑	肖××	173	1466.4	0.59	86.52	2.15		
天堂	茶坑	付××	192	1599.3	0.59	94.36	13.41		
天堂	茶坑	屈××		1106	0.59	65.25	10.79		
天堂	茶坑	陆××		8219	0.59	48.49		14.79	
天堂	茶坑	张××		1777	0.59	104.84	44.39		
天堂	茶坑	刘××		1410.4	0.59	83.21	26.37		
天堂	茶坑	□××		1456.4	0.59	85.93	31.16		
天堂	茶坑	马××		585.3	0.59	34.54		30.12	
天堂	茶坑	荣××		1709.6	0.59	100.87	34.63		
天堂	茶坑	郭××		1234.7	0.59	72.85	11.36		
天堂	茶坑	黄××		1783.7	0.59	105.24	47.51		
天堂	茶坑	王××		1749	0.59	103.19	38.29		
天堂	茶坑	景××		519.1	0.59	30.63		26.47	
天堂	茶坑	李××		629.7	0.59	37.15		24.35	
天堂	河口	姚××	123	1230	0.70	86.10	15.05		
天堂	河口	唐××		1280	0.70	89.60	30.48		
天堂	河口	徐×		830	0.70	58.10	1.33		
天堂	河口	袁××		1130	0.70	79.10	22.43		
天堂	河口	辛××		660	0.70	52.60		60.54	
天堂	碌下	姚××		600	0.83	49.80	1.29		
天堂	碌下	王××		490	0.83	40.67		7.84	
天堂	碌下	杨××		890	0.83	73.87	19.80		
天堂	碌下	叶××		1060	0.83	87.98	33.91		
天堂	碌下	徐××		400	0.83	33.20		11.71	

龙头公社"五·七"大军办公室/（章）

七一年四月三十日

三 物资供应与生活补助

省级

关于上海市迁移我省人员民用布票发放问题的补充通知
（〔69〕赣工总字 104 号、纺供字第 12 号）

各专、市、县（市）、镇工业品（商业）公司：

现据上海市纺织品公司革委会〔69〕市纺革业字第 401 - 199 号函称："上海市发放定量布票是三月十八日开始。因此，三月十八日以后迁出的，六九年民用定量布票都已发放，并且在户口迁移证及粮油关系迁移证都注明'一九六九年度布票已发'。"为此，请你们按上述情况审查，如没有在迁移证或粮油关系上注明"一九六九年度布票已发"字样的，应当立即给予补发，不必要迁出地证明。请即办理。

敬祝

我们伟大的领袖毛主席万寿无疆！万寿无疆！！万寿无疆！！！

江西省工业品公司（章）

一九六九年六月七日

关于下拨下乡知识青年修建住房补助费的通知
（赣办发〔1972〕15 号、赣计〔1972〕
277 号、省财办〔1972〕01 号）

各地、市、县革委会：

几年来，由于程世清竭力推行林贼形"左"实右的反革命修正主义路线，破坏知识青年上山下乡的政策，致使下乡知识青年的住房问题至今没有很好解决。长此下去，势将影响知识青年上山下乡安置巩固工作的顺利进行。为了进一步落实中发〔1970〕26号文件精神，现决定将省历年结存的安置费下拨各地（分配指标见附表），作为一九六八年到一九七二年下乡知识青年修建住房的补助费用。此指标将分期分批拨款（原一九七〇年省预拨给赣州、井冈山、宜春、抚州地区的安置费也作为下乡知识青年建房费使用）。各地可在第一次拨款后，根据施工进度、材料准备等实际情况，提出所需经费计划报省审查，以便分期拨款。

现将应注意的有关问题通知如下：

一、各地要加强对下乡知识青年建房工作的思想教育和组织领导，根据本地社、队规模调整的情况，先行试点，总结经验，作出全面规划，防止因盲目施工而造成浪费。

二、要发扬艰苦奋斗、自力更生的精神，坚持依靠群众，就地取材，因陋就简，严防贪大求洋。房舍一律采用平房设计，做到既经济又实用，并应考虑到下乡知识青年婚后的需要。建房所需材料，统由地、市、县自行调剂解决。

三、下乡知识青年修建住房的补助费，必须专款专用。

解决下乡知识青年住房问题，是安置巩固工作的一项重要任务。各地必须以路线斗争为纲，从关心青年一代的成长出发，认真采取积极措施，使下乡知识青年的住房问题得到妥善解决。

江西省革命委员会办公室

江西省革委会计划委员会

江西省革委会财贸办公室

一九七二年十月二十三日

下乡知识青年修建住房补助费分配表

单位	总分配指标 （万元）	第一次由省拨款数 （万元）	由省存地区安置费中划转 修建住房补助费(元)
南昌市	10	10	
萍乡市	20	10	
景德镇市	50	20	
井冈山地区	90		1101233
赣州地区	100		1090385

续表

单位	总分配指标 （万元）	第一次由省拨款数 （万元）	由省存地区安置费中划转 修建住房补助费（元）
宜春地区	120		1061778
上饶地区	150		
抚州地区	250	80	213078
九江地区	210	100	
合计	1000	220	3466474

关于一九七三年上山下乡知识青年所需物资的请示报告

（赣乡办发〔1973〕9号〔73〕、赣商办字第673号）

省革命委员会：

一九七三年度，我省广大知识青年热烈响应伟大领袖毛主席和党中央的号召，有五万人到农村去，连同上海来的二万人，全省将有七万名知识青年上山下乡，参加农业劳动。根据中央和省委的有关指示，要认真做好上山下乡知识青年的吃、住、生活和生产工具等各项准备工作。经我们共同研究，对于上山下乡知识青年所需要的商品、物资，有的已作了安排，有的需报请研究解决。现谨就元钉、棉花、棉布等问题，报告如下：

一、上山下乡知识青年建房需要元钉每人按一点五公斤计算，共需二百二十四吨。其中：

1. 一九七三年上山下乡的知识青年需要一百零五吨。

2. 一九六二年以来的上山下乡知识青年尚有二十三万七千三百人需要解决住房问题，按今年解决三分之一计算，需元钉一百一十九吨。

由于我省元钉货源不足，产销矛盾很大，长期脱销，商业部门无力解决此一问题。经研究，我们建议从省掌握的钢材资源中，拨出六号盘元三百吨，在省内或上海市（已与上海市洽妥）组织加工，解决上山下乡知识青年的建房问题。

二、……

以上妥否，请审查批示。

江西省知识青年上山下乡安置工作办公室（章）

江西省商业局（章）

一九七三年十月二十七日

关于一九七三年上山下乡知识青年住房
建设用木材安排的通知

（赣计〔1973〕394 号、〔1973〕赣乡办发
第 16 号、赣林垦〔1973〕198 号）

各地、市、县革委会：

经报请省委、省革委常委会议研究同意，现将今年上山下乡知识青年住房建设需用木材的分配意见和办法下发各地，请认真安排落实。

一、今年上山下乡知识青年住房建设需用木材，按目前各地落实的安置人数全省为71598 人，每人定为 0.5 立方米，则全省共需要 35812 立方米。

二、此项木材由省直接下达到需用的县、市及省属有关部门（详见附表）。其中，属产材县、市需用的木材，共 22833 立方米，由县、市直接负责安排下达，就地就近在计划外超产中予以解决，个别县在材种、流向上有困难的，由地区调剂解决；缺材县、市和省属缺材单位需用的木材，共 12979 立方米，由省分配供应，作为一九七四年木材提前预拨。

三、此项木材必须专材专用，不得挪用。各县、市应按省委批示精神，切实落实到知识青年点，并将执行结果报省备案。

四、关于一九七二年以前上山下乡知识青年尚未解决住房的，其所需木材，待各地将人数落实后，再行研究安排。

附件：一九七三年上山下乡知识青年住房建设用木材安排表

江西省革命委员会计划委员会
江西省知识青年上山下乡安置办公室
江西省农林垦殖局
一九七三年十一月二十日

1973 年上山下乡知识青年住房建设用材的安排表

地区	上山下乡人数	住房建设需用木材（m³）	其中		备注
			各地超产解决	省分配供应	
全省总计	71598	35812	22833	12979	
一、南昌市	4500	2250		2250	
新建县	1500	750		750	
南昌县	2300	1150		1150	
湾里区	550	275		275	
市国营农场	150	75		75	
二、景德镇市	2878	1439	1439		
三、萍乡市	2300	1150		1150	
四、赣州地区	9780	4894	4539	355	
赣县	700	350	350		
瑞金县	630	315	315		
南康县	380	190		190	
上犹县	335	168	168		
其中:犹江林场	250	125	125		
会昌县	350	175	175		
兴国县	330	165		165	
大余县	750	375	375		
石城县	130	65	65		
全南县	1110	555	555		
安远县	830	415	415		
于都县	520	260	260		
信丰县	1150	575	575		
寻乌县	95	48	48		
龙南县	765	383	383		
其中:九连山垦殖场	250	125	125		
崇义县	280	140	140		
广昌县	330	165	165		
宁都县	1000	500	500		
定南县	100	50	50		
五、井冈山地区	9573	4788	4738	50	
吉安县	1502	751	751		

续表

地区	上山下乡人数	住房建设需用木材（m³）	其中		备注
			各地超产解决	省分配供应	
吉水县	864	432	432		
泰和县	1000	500	500		
峡江县	1000	500	500		
永丰县	892	446	446		
安福县	1150	575	575		
永新县	690	345	345		
遂川县	380	190	190		
新干县	807	404	404		
莲花县	93	47	47		
万安县	500	250	250		
宁冈县	297	149	149		
井冈山	198	99	99		
东固山垦殖场	100	50	50		
地区农科良种场	100	50		50	
六、宜春地区	10469	5236	3043	2193	
宜春县	1233	617	617		
分宜县	600	300	300		
宜丰县	800	400	400		
上高县	1100	550		550	
铜鼓县	300	150	150		
新余县	1200	600	600		
清江县	1485	743		743	
靖安县	500	250	250		
安义县	533	267	267		
丰城县	900	450		450	
万载县	678	339	339		
高安县	900	450		450	
奉新县	240	120	120		
七、抚州地区	8412	4209	3301	908	
黎川县	855	428	428		

续表

地区	上山下乡人数	住房建设需用木材（m³）	其中		备注
			各地超产解决	省分配供应	
临川县	483	242		242	
进贤县	835	418		418	
南丰县	765	383	383		
东乡县	495	248		248	
乐安县	1256	628	628		
资溪县	376	188	188		
南城县	584	292	292		
金溪县	942	471	471		
崇仁县	963	482	482		
宜黄县	858	429	429		
八、九江地区	5063	2533	1148	1385	
九江县	653	327		327	
星子县	363	182		182	
修水县	966	483	483		
武宁县	130	65	65		
永修县	1200	600	600		
德安县	600	300		300	
都昌县	163	82		82	
湖口县	146	73		73	
彭泽县	150	75		75	
瑞昌县	610	305		305	
庐山	82	41		41	
九、上饶地区	12618	6313	4425	1888	
上饶县	577	289	289		
其中:五府山垦殖场	352	176	176		
乐平县	1249	625	625		
弋阳县	868	434	434		
广丰县	250	125	125		
婺源县	1054	527	527		
横峰县	502	251	251		
余干县	1028	514		514	

地区	上山下乡人数	住房建设需用木材（m³）	其中		备注
			各地超产解决	省分配供应	
余江县	630	315		315	
玉山县	751	376	376		
德兴县	950	475	475		
贵溪县	1215	608	608		
铅山县	1429	715	715		
其中:武夷山垦殖场	353	177	177		
波阳县	845	423		423	
万年县	710	355		355	
鹰潭镇	519	260		260	
地区农场	41	21		21	
十、农业局	520	260		260	
十一、省农垦局	480	240	200	40	
十二、省农建师	5000	2500		2500	

关于解决一九七二年以前下乡知识青年的医药、学习和其它费用的请示报告

（赣乡办发〔1974〕第 4 号、〔74〕赣财行字 8 号）

国务院知识青年上山下乡领导小组办公室、财政部：

我省一九七二年以前下乡插队知识青年有二十四万四千二百五十九人。过去，各地解决他们的医药、学习、上访和死亡等特殊困难，所需经费，均在结余的知识青年安置经费内开支。中发〔1973〕30 号文件，只规定了一九七三年起下乡青年上述费用的标准和来源，对以前下乡青年的这类经费未加明确。鉴于一九七二年以前下乡青年这方面的问题，几乎天天都有发生，经费天天都要开支，就目前的实际情况看，其迫切程度超过了一九七三年下乡的知识青年。

为了解决这一问题，我省在贯彻中发〔1973〕21 号、30 号文件和全国知识青年上山下乡工作会议精神时，遵照中央 30 号文件精神，规定一九七

二年以前下乡青年医药、学习、上访和死亡等特殊开支，按每人三十五元的标准给予补助，全省共计需要八百五十四万九千元，在过去结余的安置经费中开支，各地都已经按照执行。此后，财政部〔73〕财事字288号通知规定，"超过国家规定开支标准的，所需经费由地方财政解决。"为此，我们报告了省革委会，经省革委会研究认为这项经费是必须开支的，但省里确实无力解决。我们意见从我省过去节余的安置经费中用于一九七二年以前下乡青年医药、学习、上访和死亡等特殊开支八百五十四万九千元。

特此报告，请予批示。

一九七四年二月九日

关于调整工资和知识青年转正定级中几个具体问题答复的函

（〔74〕赣农工调字第015号）

各地、市革命委员会调整工资领导小组办公室、省军区农建师、农垦局、农业局、劳改局调整工资办公室：

七月三日至十一日在庐山召开的农业企业调整工资工作座谈会议中，各地提出了一些具体问题，现经农业企业调整工资领导小组研究，答复如下，请按照执行。

……

三、关于知识青年和职工子女弟妹转正定级中的问题

1. 农、林、水科研所，共大、林场等事业单位，凡是劳动工资纳入农林水系统管理的，一九六七年以来由上级分配的知识青年（包括共大毕业生）和一九六七年以来经场（所、校）批准安置的一贯随职工在场生活的子女、弟妹（不包括事业编制职工的子女弟妹），安置时年龄在十六周岁以上，劳动已满两年，现行工资明显低于定级工资的，也可按农场、垦殖场的同类人员有关规定办理转正定级。

2. 知识青年定级的工种工资标准、补充几种如下：

（见附表）

3. 知识青年和职工子女弟妹在一九七四年四月以后劳动或工作满四年的，其定级增加的工资可分段补发……

4. 个别单位在"三家"文件下达以前对知识青年和职工子女弟妹定了级是错误的，应宣布无效，重按"三家"文件规定定级。新定工资从批准之月份起执行，以前多拿的工资原则上应予退回。

……

江西省劳动局（代）

一九七四年八月二日

附表：

人员类别	工资标准	劳动或工作两年以上		劳动或工作四年以上	
		等级	工资额	等级	工资额
中学教员	国家机关（一）	二十七级	27.50	二十六级	30.00
畜牧兽医	国家机关（四）之三	一十八级	25.50	一十七级	28.50
电话员	国家机关（六）	十级	25.50	九级	28.50
广播员、线务员	广播线务人员	八级	25.50	七级	28.50
电影放映员	放映人员	实习级	27.50	八级	33.00
船员、水手人员	船员及引水员	十四级	29.00	十三级	33.00

关于要求解决上访的下乡知识青年粮食补助的函

（赣知青办〔1974〕30号）

省粮食局：

全省现有下乡知识青年数十万，经常有知青来省里上访，反映和要求解决问题；有时，还有部分探亲的知识青年，路过南昌，钱和粮票被扒窃，急需要求解决吃饭等问题。过去，解决上述粮票是由民政局招待所垫付的。考虑到今后类似情况时有发生，根据过去的情况估计，每月需要有补助粮票120斤，才能解决实际问题。特请你们每月按120斤数字，供应我们粮票，以便解决这些实际问题。

江西省知识青年上山下乡安置工作办公室（章）

一九七四年八月六日

关于一九七四年上山下乡知识青年所需建房
木材的请示报告

（赣知青办〔74〕第 33 号）

省委并黄先副主任：

在批林批孔运动的推动下，一九七四年度我省有八万二千人到农村去，连同上海的一万六千人，全省将有九万八千名知识青年上山下乡，走与工农相结合的道路。现在，各级党委正在广泛深入动员和组织准备工作之中，对下乡知识青年建房用木材省计委也作了部分安排。但是，按下乡知识青年每人定为零点五立方米的建房木材标准，则全省共需木材四万九千立方米，而今年省木材分配计划，只安排了二万七千立方米的当年知识青年下乡建房专项木材，尚差二万二千立方米没有安排。根据中央和省委关于下乡知识青年建房木材要保证按质按量供应的指示，经我们与省计委研究，尚差的二万二千立方米木材，拟增加今年木材砍伐计划一万五千立方米，先由库存木材垫付；并从省机动用木材指标中再解决七千立方米。

以上报告如无不当，请批转省计委和省农林垦殖局安排下达。

江西省知识青年上山下乡安置工作办公室

一九七四年八月十六日

对取消一九七二年以前下乡青年三项补助费规定的意见

（赣知青办〔74〕44 号）

省委秘书组：

关于省财政局为省委拟稿，拟取消省委赣发〔1973〕131 号文件中规定："以前下乡插队青年每人补助医药费十元，学习材料费十元和用于插队青年的特殊开支十五元"的问题，我们研究，意见如下：

今年二月，省委常委办公会议讨论，认为上述三项补助费是需要开支的。但由于目前省里财源无着，不能实现，由省知青办和省财政局向中央有关部门请示解决。根据这一精神，我们一面打电话通知各地、市知青办，除死了人要殓埋和重大疾病急需抢救者，其经费可先行垫付之外，其它费用暂不支付；一面与财政局联合报告国务院知青办和财政部要求拨款。后国务院知青办和财政部来电话说：关于一九七二年以前下乡知识青年的医药、学习和特殊开支三项补助费的问题，是全国普遍存在的问题，对于这个问题如何解决，要看全国历年安置经费结余情况如何再定，要求我们赶快向中央结帐，我们可望在十月上旬结算清楚。到时，我们将把上述三项费用一并列报，如国务院知青办和财政部认可或另有他法，这个问题也就解决。

鉴于目前这三项费用开支尚未明确规定，而在下乡青年的生活补助费内支付又不可能的情况下，为防止造成不必要的混乱，建议省委暂不行文取消，待我们向国务院知青办和财政部结帐后，再行酌定。

江西省知识青年上山下乡安置工作办公室（章）

一九七四年九月二十七日

城镇知识青年上山下乡经费管理使用的暂行规定

知识青年上山下乡经费，是国家为了支持城镇知识青年上山下乡，建设社会主义新农村的专项补助费。各地必须认真贯彻执行毛主席的革命路线和政策，坚持自力更生，艰苦奋斗，勤俭办一切事业的方针，切实管好用好。

坚持专款专用

一、国家拨付的上山下乡经费，必须切实用于上山下乡知识青年的住房和生活等方面，不准挪作它用。除按中央规定留给主管部门的"其它费用"外，不得层层扣留。超过国家规定开支标准的，所需经费由各地自行解决。

二、经费标准和使用范围。

到农建师和国营农、林、牧、渔场的知识青年每人补助四百元，扣除旅运费十元由动员城市掌握外，实为三百九十元。具体开支项目，由本单位自行规定。

回农村老家落户、到农村插队和建立集体所有制队、场的知识青年，每人补助四百八十元。其中：

1. 建房补助费二百二十元……由县（市）根据具体情况落实到每个需要建房的下乡青年点。

2. 生活补助费一百六十元。下乡头一年补助八十元左右，其余的由县（市）统一掌握……

3. 农具家具费五十五元……由县或公社掌握使用。

4. 学习材料费十元……由县（市）统一掌握使用。

5. 医疗补助费十元由县（市）统一掌握。用于下乡青年参加合作医疗和重大疾病的补助开支。

……

6. 旅运费十元。由动员县、市掌握……

7. 其它费用十五元。其中：省掌握十元，地、县（市）各掌握五元，用于下乡青年丧葬等特殊开支……

各级知青办的业务活动费，列入各级地方财政预算，不在知识青年经费内开支。

建立健全预、决算制度

三、上山下乡经费的拨付和使用，要做到年初有预算，花钱按计划，年终有决算。年度的预、决算应由各级知青办会同财政局联合编报和审批。

……

统一会计核算

四、地、市、县知青办和公社对上山下乡经费都要进行会计核算。下乡经费要在银行设立专户存取，并尽可能实行转帐结算……做到手续严密清楚，数字有根有据，帐表准确及时，情况真实可靠，反对铺张浪费，防止贪污挪用。……

加强财产管理

五、国家为下乡青年所建的房屋，购买的床铺、桌凳等，应按下乡青年点为单位造册登记（表式由县自订），报县（市）知青办备查，由所在社、队和下乡知识青年共同管理，不得私自转让或变卖。

六、下乡知识青年调离社队，留下的住房和农家具，原则上应给新下乡知识青年使用，折抵部分经费。暂时无下乡青年的，由社队负责维修，妥善保管，留作新下乡青年使用。

切实加强领导

七、各级知青办，应定期研究下乡经费管理使用情况，县以上各级知青办要有专人管理下乡经费，区、社会计要兼管下乡经费……

八、加强监督，定期检查……

九、依靠群众，民主理财。社、队对下乡经费的管理使用，要做到领导群众和财会人员"三结合"……

关于一九七四年知识青年下乡补助费决算编审工作的通知

（赣知青办〔74〕第 51 号、〔74〕赣财行字 179 号）

各地、市、县（镇）知青办、财政局，省农业局、农林垦殖局，省军区农建师：

在毛主席的革命路线指引下，在批林批孔运动的推动下，我省一九七四年知识青年上山下乡工作，取得了一定成绩，广大知识青年响应党和毛主席的伟大号召，坚持乡村，在建设社会主义新农村的战斗中，取得了新的胜利。现已年终，为了做好一九七四年知识青年下乡补助费决算编审工作，特将有关事项，通知如下：

一、各地要以路线斗争为纲，本着对国家负责、对人民负责的精神，积极、认真地做好决算工作。要严格财政纪律，防止虚报冒领。接收知识青年的人数，必须由县、市（镇）知青办根据掌握的名册逐个核实，各项结算数字和财政收入数目要做到查之有据。

二、根据财政部〔73〕财事字 288 号文件的规定和我省《城镇知识青年上山下乡经费管理使用的暂行规定》，现印发《一九七四年知识青年下乡补助费决算表》格式，各地应认真地进行研究，按照表格内容的要求，积极做好各种数据的统计准备工作。其中按人数、标准结算部分和资料部分由知青办负责填报；财政支出决算部分由财政局负责填报并与财政总决算的有关数字核对一致。正式决算表格我们将于明年初寄给知青办和省主管部门（财政局不另发表），决算表（格式二）由各地市和省主管部门自备。

三、由上海集体组织到各地上山下乡知识青年的旅运费，由上海到达我省第一站的开支，由上海市知青办统一向省结算。他们到达我省第一站以后分赴安置地点的旅运费由接收县、市（镇）按每人十元的标准列入结算，逐级上报。

四、落实政策后，年满十六周岁留农村的单身子女和过去非标准集镇的下乡青年，一律不列入结算范围。他们在住房或生活中确有困难的，应在省下拨给各地的一九七二年以前下乡青年的建房补助费和生活补助费内酌情统筹解决。

五、省预拨给各地、市一九七三年、一九七四年城镇知识青年下乡补助费，通过这次结算，少拨的由省拨足，多拨的转为一九七五年度知识青年下乡补助费拨款。

六、各县、市（镇）知青办和财政局共同编制的决算表应于一九七五年一月底以前报达各地、市知青办和财政局各二份；各地、市知青办、财政局汇总编造全区的决算表并附"分县（市）汇总表"（格式二），连同所属县、市（镇）决算表于一九七五年二月底以前分别报达省知青办、省财政局各一份。

七、省属主管单位的决算编审工作，可参照决算表格式有关内容自行布置，但要于一九七五年二月底以前，将汇总决算表并附"分单位汇总表"（格式二）一式二份，送省知青办进行结算。

特此通知。

附件：决算表格式（格式二只发地、市和省主管部门）

江西省知识青年上山下乡安置工作办公室（章）

一九七四年十二月二十八日

宜春县

关于上海下放知识青年口粮问题的情况反映

县革委、县革委"五·七"大军领导小组：

今年三月二十九日，我社已安置上海知识青年 62 名，现在这些青年普遍热情地投入了紧张的春耕生产。一般来说，他们的思想比较安定，劳动比较积极。但在口粮供应上有些问题，特反映如下：

这批青年安置以后，县里曾在上海宣传小分队会上和公社"五·七"大军负责人会上研究、布置过他们的口粮问题，当时的意见，是按原宜春下放学生和下放干部的口粮水平，即每人 38 – 42 斤，平均不超过 40 斤。根据这一精神，我社随即向已安置上海知识青年的生产队进行了传达贯彻，各队也召集了上海知识青年会，对各人的口粮进行了评定。当各队将评定口粮名册送到公社粮站领取购粮证时，粮站同志与县粮油服务站联系，县站答复每人平均只有 35 斤。对此，各队感到偏低，知识青年较普遍地反映不够。为了做到心中有底，我们特对江丰大队泊田生产队进行了调查。调查的结果是：这个队共有知识青年 10 人（其中男 5 人，女 5 人），从三月二十九日晚餐到四月九日十一天零一餐中，共用大米 172 斤，每人平均每天吃掉大米 1.5 斤。消化量大的青年，一天竟要用粮 2 斤左右，这与现在的定量标准相差很大。同时，有些队反映，1968 年宜春下放的知识青年和下放干部，每人每月吃大米 40斤，在职干部下乡每月用粮标准也是 36 斤，而上海的知识青年到我们宜春来，却只有 35 斤，也有点不大合适。

我们考虑，这批青年正处于长身体的时期，他们由城市学习生活转为农村体力劳动，又遇繁忙、紧张的季节，无论从劳动消耗和体质需要来看，现有的定量标准确实是偏低了一点。他们刚到农村，吃菜都是贫下中农送的，蔬菜淡季又将来临，要用其它食品代替就更困难了。为此，特将情况向上级反映，请考虑能否将现有定量标准调整到平均 40 斤水平。

渥江公社革委"五·七"大军领导小组

一九七〇年四月十日

关于请求解决上海下放知识青年床铺和
生活用具所需木材的报告

县革委：

原计划下放我社上海知识青年六十名，实际到我社的上海知识青年七十四人。现还有部分同学的床铺和大多数同学的木器用具尚未解决，同时前期做床的木材是借供销社等部门和贫下中农私人的木材二个立方米。信和苏木队和江丰、信南队同学们没有厨房，生产队负责做厨房，急需木材。为下放知识青年长期在农村安家落户创造条件，特报请上级批给木材五个立方米为望。

渥江人民公社"五·七"大军领导小组

宜春县渥江人民公社革命委员会（章）

一九七〇年四月二十七日

兴建上海下放青年住房的报告

我大队遵照伟大领袖毛主席的"五·七指示"，热烈欢迎上海下放青年来我队插队落户，当时贫下中农让出自己的住房给他们居住，现因该社员结婚，这房子急需归还本人，而生产队又人多屋少，再让不出房子，怎么办呢？经大队革委会研究，决定兴建三间房子。但是我大队是个穷队，森林不发达，没有木材，要求上级领导拨给杉木指标五立方米，竹子五十根，以便迅速兴建新房。

敬祝

毛主席万寿无疆！

送：芦材公社革委会
  宜春县"五·七"大军办公室

集风大队革委会 呈／（章）
一九七四年十二月二日

新余县

关于下拨插队知识青年生活困难补助费的通知
（〔69〕新革部财字第072号）

县革委会财务组、公社革委会及"五·七"大军领导小组：

在伟大领袖毛主席"知识青年到农村去，接受贫下中农的再教育"的最新指示指引下，广大知识青年胸怀朝阳，朝气蓬勃，纷纷奔向农村，接受贫下中农的再教育。一年来，在毛泽东思想哺育下，在贫下中农的再教育下，他们活学活用毛泽东思想，正在革命化、劳动化的大道上阔步前进。为了更好地培养年轻的一代，使他们锻炼成为无产阶级革命事业的接班人，各级革委会和广大贫下中农必须在政治上付出心血，在经济上付出代价，切实地做好再教育工作。为此，特下拨你社插队知识青年生活困难

补助费　元（包括所有享受安置费的知识青年在内）。这笔经费，应由公社统一掌握，合理使用。主要用于：（1）知识青年参加合作医疗的基金；（2）重病号的医疗费补助；（3）一部分知识青年目前基本生活确实尚不能自给部分的生活补助。但在补助之前，搞好斗私批修，应由该班"五·七"战士开展批评与自我批评，进行民主评定，交大队革委审查，报公社批准后，再拨给落户的生产队革委会。其它一律不能开支，望严格掌握。

特此通知。

江西省新余县革命委员会抓革命促生产指挥部（章）
一九六九年十二月十二日

下拨插队知识青年生活困难补助费分配表

1969.12

公社	插队人数	金额(元)	合计币(元)	备考
河下	71	30	2130	
观巢	85	30	2550	
沙土	17	30	510	
珠珊	47	30	1410	
良山	129	30	3870	
下村	74	30	2220	
鹄山	54	30	1620	
水北	85	30	2550	
马洪	58	30	1740	
水西	81	30	2430	
罗坊	119	30	3570	
姚圩	152	30	4560	
泗溪	93	30	2790	
合计	1065	30	31950	

此表发给内务、财贸组，"五·七"办公室，财政局，存。

上饶地区

关于结算一九七三年度城镇知识青年下乡补助费的通知

（饶乡办〔1974〕16 号、饶财预〔1974〕68 号）

各县（市、镇、场）乡办、财政局，地区农垦局：

根据省乡办〔74〕23 号、省财政局〔74〕79 号通知，对一九七三年度城镇知识青年下乡补助费要进行结算，现将有关事项通知如下：

一、各地应本着对国家、对人民负责的精神，积极认真地做好结算工作，要严格财政纪律，防止虚报冒领，接收知识青年人数必须由县（场）乡办根据掌握的名册逐个核实，各项结算数字要做到查之有据。

二、计算一九七三年度知识青年上山下乡人数的期限，定为从七三年七月一日起至七四年六月三十日止。七四年七月一日以后接收的知识青年，作为七四年度知识青年上山下乡的人数。

三、经费标准，按省委〔73〕131 号文件规定计算。省里决定，外省零星来我省回乡落户的知识青年，旅运费由动员地区开支，其它经费由安置地区按标准列报；我省零星去外省落户的知识青年的旅运费，由地、市知青办审核（附发票），据实列表报省知青办报销。由上海集体组织到我区上山下乡知识青年的旅运费，一律暂不结算，省规定的十元旅运费也暂不拨付，待省另行通知处理。

四、单身留农村的城镇下乡居民子女，一律不列入一九七三年安置经费结算范围。他们之中，生活不能自给和没有建房的，按一九七二年以前下乡知识青年同等待遇，如在清理结算一九六八年至一九七二年安置经费报表中未包括进去，各县可另行据实向地区乡办、财政局补报。

五、预拨给各县（场）的一九七三年城镇知识青年下乡补助费，通过这次结算，少拨的由地区补足，多拨的转为一九七四年度知识青年下乡补助费拨款。

六、各县（场）应抓紧对社（分场、队）进行结算，并按附表式样，认真编造一式三份，连同各社（分场）结算表一份，准时于七月二十二日前报送地区乡办审核，以利按省规定时间，准时汇总送省结算。

江西省上饶地区革命委员会知识青年上山下乡办公室（章）

江西省上饶地区财政金融局（章）

一九七四年七月十三日

1973 年度城镇知识青年下乡补助费结算表

编制单位：知青办财政局（盖章） 1974 年 7 月 20 日填制 单位：元、人

项目		实际人数	经费标准	应拨经费数	上级财政已拨经费数	上级财政多拨（＋）数少拨（－）	备注	省审核意见
总计		454		207932.57	185000	－22932.57	62 年前下乡人数 33 人	
一、地、市接收部分合计		442		207720			下乡居民留农村子女人数 5 人	
插队	小计	399		187520			合计 38 人，均为插队	
	安置本地、市知青	398	470	187060				
	安置外地、市知青	1	460	460				
	安置外省（市）知青		460					
插队	小计	2		930				
	安置本地、市知青	1	470	470				
	安置外地、市知青	1	460	460				
	安置外省（市）知青		460					
集体场队	小计	41		19270				
	安置本地、市知青	41	470	19270				
	安置外地、市知青		460					
	安置外省（市）知青		460					
回营农林场	小计							
	安置本地、市知青		400					
	安置外地、市知青		390					
	安置外省（市）知青		390					
二、省等农场、农建师接收部分			390					
三、地市动员部分合计		12		212.57				
1. 动员到外地市旅运费		7	10	70				
2. 动员到省等农场、农建师旅运费			10					
3. 动员到外省旅运费		5		142.57				

单位负责人： 制表人： 省审核单位负责人： 审核：

波阳县

关于"五·七"大军经费互审情况的报告

（〔71〕波办字第12号、〔71〕波财预字第38号）

县委、县革委：

我们于十一月二日至五日，召开了各公社（场）镇"五·七"大军财务互审会议，对今年以来九个月的"五·七"大军经费使用情况进行了互审。参加互审的有25个单位，实际受到审查帐务的只有12个单位，其它公社（场）因帐务与公社财务混合在一起及最近分开还未移交清楚未带资料没有进行审查。

到会同志认真学习了毛主席关于批修整风和做好财政经济工作的指示，学习了中央、省、地、县关于清产核资文件，以两条路线斗争为纲，进行了互审。总结了一年来财会工作成绩，找出了存在问题，交流了经验，统一了思想，明确了方向，增强了信心，一致认为，这次互审理论联系实际，促进了财会人员的思想革命化，加强了财务管理，有力地推动了当前增产节约、清产核资运动的深入开展，是进一步贯彻和落实毛主席革命路线的会议。

在毛主席"五·七"光辉指示指引下，各公社（场、镇）高举毛泽东思想伟大红旗，坚持党的方针政策，管好用好"五·七"大军各项经费，取得了很大成绩，并遵照毛主席关于"要过细地做工作"的伟大教导，大多数单位对安置经费都进行了清理核实，如芦田公社早已核实结清。下放干部欠借公款大多数单位都能按月收回上缴，如油墩街、芦田、莲花山、荷塘等已基本上还清。在记帐手续上，尽管许多同志看是新手，但抱着对革命工作的高度责任感，能做到帐目清楚，手续健全，报帐及时，为落实毛主席的"五·七"光辉指示作出了一定的贡献。

但是，从互审的12个单位来看，在财务管理和经费开支上程度不同地存在一些问题，特别是违犯财务纪律，浪费国家资金，占用"五·七"大军经费较为严重。据这次互审会议不完全统计，县下拨的安置费、福利费、不带工资下放人员困难补助费、烤火费、办公费等，用于铺张浪费、吃喝招待、会议学习班伙食补助，购买自行车、背包、水壶、客被、蚊帐、口杯、书籍、笔记本及照相等不合理开支达10440元，被其它单位和个人借用的总金额达54762.35元，具体有如下几个方面：

一、变相平均分摊福利费。油墩街公社"五·七"大军办公室使用福利费1108.4元购买背包，每个下放干部发一个，占该公社上半年县拨下放干部福利费的72.53%（如果加上用福利费购买自行车、茶叶等开支，占86%），响滩公社"五·七"大军在福利费中由每个下放干部在4元内自行选购背包、水壶、口杯、草帽等物品，共花636元。

二、铺张浪费，吃喝招待。荷塘公社有一上海知识青年死亡，除报县解决288.6元外，还在本公社不带工资下放人员困难补助费款中开支275.19元，主要用于吃喝，光酒就有42斤，香烟72包，鲜鱼46斤，鸡15斤，肉79斤半。响滩公社在不带工资困难补助款中，用于知识青年过春节补助609元，其中除每个知识青年领取1元外，其余都留在班里购买糖果、糕点、香烟等招待未回家在落户地点过春节的知识青年，又召开"五·七"大军政工会和大队负责人会议两次，吃香烟、糕点、糖果等3.44元，列在不带工资下放人员补助款中开支。东风公社下放干部讲用会也在不带工资下放人员困难补助款中开支了90.2元，用于伙食补助。还有个别地区用公款照相，如古县渡公社30个人参加积代会照相，每人洗一张共花去28.8元。

另外，已审查12个单位就有6个公社用不带工资补助款开支会议和学习班伙食补助，共达2286.97元。如金盘岭一次政工会议就开支伙食补助608元，田坂公社开支会议补助512.5元。

三、未经批准，擅自购买自行车、客被、蚊帐等物品。莲花山公社购买自行车一部175.94元，油墩街福利费购买自行车一部175.94元，田坂街在办公费中花去200元装了两部自行车。金盘岭购置棉被、蚊帐、草席各10床，共开支470.74元（其中烧火费开支225.07元，福利费开支153.39元，不带工资下放人员困难补助款中开支92.28元）。石门街用不带工资下放人员困难补助款购置棉被四床184元，又以办公费购买办公桌三张、文件橱一个，共花160元，致使办公费超支142.72元，至今无法解决，还用烤火费购买竹床两张、脚盆一只，共花16元。田坂街用福利费购蚊帐、棉被共花301.75元。

四、用公款购买物品、书籍、笔记本分发个人。仅莲湖、古县渡、红卫、游城、皇岗、石门、团林等地区购买笔记本、杂志、毛主席著作等发给个人的开支达1352元（其中用烤火费和办公费1263元，用安置费89元）。如团林用烤火费购买水壶花去366.98元，下放干部每人发一个。古县渡购买笔记本250本，每个下放干部一本。红卫用办公费为每个下放干部订阅一份《红旗》杂志，莲湖买《毛泽东选集》合订本 120 部发给每个下放干部。

五、不带工资下放人员困难补助费中用于打球、演戏、放影映等方面的开支达 1597.22 元。金盘岭仅购买电影机花去 750 元，石门街庆祝"五·七"活动，买乒乓球拍、球网，招待电影放映员，放映成本费等，费用 56.61 元。

六、"五·七"大军各项经费被其它单位和个人占用的，金额达 54762 元，仅金盘岭公社农科所占用 15795.78 元（其中宣传、演出、讲用、购耕牛肥料、误工补贴等 8148.66 元，基建农科所房屋借款 7647.22 元）。田坂街公社借用金额达 8691.57 元（其中公社借用修房子、购录音机共计 3922.77 元，五七中学借款 100 元，食堂借款 100 元），干部借支（包括旅费）4376.37元。荷塘公社占用安置费 3995 元（其中公社砖瓦厂借款 2000 元）。团林公社借用不带工资下放人员困难补助款 6140 元（其中借给大队办砖瓦厂和买抽水机 3700 元，公社买录音机、汽车等借用 1200 元，宣传队借 150 元）。古县渡公社把错发收回安置费 1099.31 元，列作其它收入，不缴财政，拨给公社良种场修建房屋 717.80 元（据说是知识青年住的），用于会议补助 300 元。

以上这些问题的出现，与会同志一致认为这是阶级斗争、路线斗争的反映……严重违犯党的方针政策，有损于革命事业，有碍于毛主席光辉"五·七"指示的进一步落实。为此我们提出：

一、要求各级党组织加强对"五·七"大军财务工作的领导，经常检查"五·七"大军经费使用情况。对以前所出现的问题，必须严肃处理。用公款买物品分给个人的要全部收回上缴。未经批准购买和私装的自行车一律上缴。凡公社和其它单位挪借的"五·七"大军经费，限十二月底前全部归还。违犯财政纪律的要认真作出检查，并将执行情况报我室、局。

二、重申财政纪律，一切经费开支必须做到专款专用，不得挪用和变相挪用。特别是安置费和不带工资下放人员困难补助及下放干部福利费，是党和毛主席对下乡落户居民、知识青年、下放干部的关怀，不准以任何方式占用和变相挪用。财务工作人员必须高举毛泽东思想伟大红旗，坚决执行党的政策，严格遵守财经纪律制度，加强财务管理，堵塞漏洞，把好财关。

三、结合当前清产核资运动，在当地党委的领导下，对安置费进行一次彻底清理，错发多发的都要及时收回，贪污挪用的要坚决兑现，并报当地党委处理。特别是错发给下放干部和在职干部家属的安置费要把数字搞清，分期收回。各公社、场须将七〇年底出差费节余全部上缴财政。

四、县下拨"五·七"大军经费不能垫付个人借支，已借出的要尽快收回，在年底前还清。对下放干部老借支（指下放前在原单位所借）要按计划按时收回，有偿还能力的要一次全部收回，将收回的借支，按月上缴财政。

五、为了进一步管好"五·七"大军经费，从七二年起，"五·七"大军经费单独建帐，单据凭证单独保管，财会人员调动一定要办理移交手续，不能马虎了事。

以上报告当否，请批示。

江西省波阳县革命委员会"五·七"大军领导小组办公室（章）

江西省波阳县财政金融局革命委员会（章）

一九七一年十一月二十日

乐安县

关于下放知识青年生活费、医疗费使用情况调查报告

县"五·七"大军领导小组：

在伟大领袖毛主席"知识青年到农村去，接受贫下中农的再教育，很有必要"的光辉指示的指引下，自去年八月、十月和今年三月以来，有乐安中学生 24 名、上海知识青年 289 名来到我社 8 个大队 36 个生产队插队落户。在毛泽东思想的哺育下，在贫下中农"抓、教、管"的再教育下，他们在思想感情上、劳动态度上、生活作风上都发生了显著的革命变化，一代新人在毛主席光辉的"五·七"航道上迈开了可喜的一步。在安置费"青黄不接"的时刻，他们怀着"三不伸手"的雄心大志，在"自力更生"的道路上经受锻炼和考验。

伟大领袖毛主席教导我们："我们应该深刻地注意群众生活的问题，从土地、劳动问题，到柴米油盐问题。"遵循伟大领袖毛主席的教导，最近，我们就知识青年的生活费、医疗费等问题，进行了调查研究和分析，存在的问题是比较严重的，如果我们放松了对于这些问题的警惕性，势必有碍知识青年在光辉的"五·七"航道上茁壮地成长。

一、从劳动情况来看

从乐安中学学生劳动一年，上海知识青年劳动九个月的工分来看，情况是这样的：东风大队知识青年最高总工分 632 分，一般 300 分，最低 105 分；杭村大队最高总工分 1000 分，一般 600 分，最低 200 分；永红大队最高总工分 750 分，一般 480 分，最低 100 分；红旗大队最高总工分 2000 分，一般 1000 分，最低 300 分；前进大队最高总工分 1100 分，一般 750 分，最低 400 分；严塘大队最高总工分 600 分，一般 300 分，最低 100 分；茶员大队最高总工分 750 分，一般 400 分，最低 120 分；青里大队最高总工分 850 分，一般 500 分，最低 200 分。全社 313 名知识青年出勤在 200 天至 250 天的有 46 人；150 天至 200 天的有 118 名；100 天至 150 天的有 86 名；50 天至 100 天的有 43 名；10 天至 50 天的有 20 名。

二、从分值情况来看

招携公社是一个山区公社，农副业收入不高，生活水平较低，从 313 名知识青年所在的 8 个大队 36 个生产队夏收预分的分值情况来看：东风大队最高分值 7 角，一般 6 角，最低 6 角；杭村大队最高分值 6 角，一般 5 角，最低 3 角；永红大队最高分值 6 角 7 分；一般 5 角 7 分，最低 4 角；红旗大队最高分值 3 角 2 分，一般 2 角 6 分，最低 1 角 3 分；前进大队最高分值 5 角，一般 4 角，最低 2 角 9 分；严塘大队最高分值 5 角，一般 4 角，最低 3 角 5 分；茶员大队最高分值 3 角 2 分，一般 3 角，最低 2 角 7 分；青里大队最高分值 5 角 4 分，一般 4 角，最低 3 角 8 分。预计这些生产队的决分分值，有的只能保持预分的分值水平，少数生产队决分的分值最多只能比预分的分值高 1 至 2 角。

三、从自力更生情况来看

思想好，觉悟高，体强力大，出勤多，分值高的生产队，能做到蔬菜、口粮自给的知识青年有 46 人。思想较好，觉悟较高，身体一般，出勤一般，分值在中等水平的生产队，能做到蔬菜、口粮半自给的有 161 人；思想较差，觉悟较低，体弱力小，分值不高的生产队，不能做到蔬菜、口粮自给的知识青年有 96 人。

四、医疗费远远超支

知识青年来到农村后，由于生活水平的降低，部分学生体格虚弱，劳动强度较大，疾病较多，特别是上海知识青年由于水土不服，原来病症又较多，因此，每月 1 元钱的医药费远远不够支付。虽然他们都纳入了合作医疗，但庞大的医药费开支对合作医疗压力很大，少数贫下中农有意见，他们说："合作医疗全部归知识青年使用，也顶不了用。"同时，知识青年中的某些较大疾病，合作医疗在药物上、技术上也无法解决，只得转院医治，截至十月十日为止，知识青年在公社医院就诊的医药费计980.98元，至今无法付款。特别是上海知识青年，回沪治病的不少，全社计15人。严塘大队知识青年供××回上海治病五个月，杭村大队上海知识青年回沪治病六个月，东风大队上海知识青年潘××回沪治病至今未回；永红大队郭××回沪治病二个月；青里大队刘××回沪治病一个月，至今未好。这些知识青年中有的用去医药费200多元，有的100多元，有的几十元。按每人花去医药费100元计，共有1500元，来回车费600元，加上公社医院的药费欠款，计3080.98元。如此庞大的超支医疗费，我们不知怎么处理，只得让他们将家庭或本人自己付出的这笔医药费单据保管待处。

五、想法和打算

我们认为，加强政治思想教育工作，坚持走"自力更生"的道路是解决知识青年生活用费的根本途径，同时，根据上级指示精神，根据他们的表现和特长，因人因地制宜地在大队、生产队范围内，安排学"三匠"，当"赤脚医生"、民办教员，养猪，担任大队、生产队能信任的工作，使其以农为主，各有其业。目前，正值"安置费青黄不接"之际以至相当一段时间内，要求他们在蔬菜自给的基础上，像红旗大队的打算那样，由生产队负担其口粮，每月发给零用钱1.5元至2.0元。

从大队和生产队来看，广大干部和贫下中农无论在政治上、思想上、劳动上、生活上对知识青年都很关心……有些生产队在安排知识青年生活费中，确实存在一些问题，然而他们说："有我们贫下中农在，只要他好好接受再教育，肯劳动，安心农村扎根落户，队里再困难，也要使他们过得去。"然而，有些生产队在安排知识青年生活费中，在经济上确实无法支出。这样的生产队，知识青年生活费怎么办，我们尚无办法。特别是分值低的生产队，加之一些知识青年表现不太好，群众关系有隔阂，从而产生了"背包袱"和"卸包袱"的思想。东风大队汗上生产队知识青年买口粮、买油盐的钱，队里不愿给予解决，这种情况在极少数队是存在的。

从知识青年本身来看……思想较差，觉悟较低，工分值低，体弱力小，出勤差的思想包袱较大，怕养不活自己。特别是分值很低的生产队的知识青年，他们感到出一天工，赚不到几个工分，分不到几分钱，越想包袱越重，包袱越重越不想参加劳动。

从全社情况看来，知识青年的安置费，除去 40 元左右的工具、家具等费用外，每月按 12 元生活费支付，有的班在十一月份就已用完，上海知识青年的生活费，有的在十一月份用完，只有少数班尚能维持十二月份的生活费支出。在此"青黄不接"之际，我们就知识青年的生活费和医疗费进行了摸底调查，有些问题，我们难以解决。故此，请示报告县"五·七"大军领导小组研究解决。

以上报告，有不当之处，请批评指正

招携公社"五·七"大军领导小组

一九六九年十二月四日

井冈山地区

关于下拨上海知青口粮的通知

（井发〔1971〕016 号）

峡江、永丰、吉水、新干、遂川、万安、永新、安福、泰和、吉安县革命委员会：

一九七〇年四月，上海有一批知识青年响应伟大领袖毛主席的号召，来到我区广大农村插队落户，接受贫下中农的再教育。他们在各级党组织、革委会的关怀和贫下中农的再教育下，表现很好，进步很快，成为农村三大革命运动的一支新生力量。这批下乡青年的商品粮供应，按规定截至今年四月，五月以后由生产队供应。但据了解，有些生产队没有留出他们的口粮，致使有些下乡青年在生活上发生困难。为了使这批下乡青年积极参加农村的"抓革命，促生产"，根据省革委会的指示精神，对一九七〇年来我区农村插队的下乡青年，如果有的生产队没有留出他们五月至七月的口粮，或供应确有困难，仍按地区革委会一九七〇年井发 004 号文件中的第三条精神办理。

井冈山地区革命委员会/（章）

一九七一年五月二十四日

峡江县

关于解决下乡知识青年回家探亲、治病期间
口粮问题的补充通知
（峡革发〔73〕44 号）

各公社革委会：

几年来，下乡知识青年回家探亲、治病期间的口粮，大多数都得到合理解决，对促进下乡知识青年长期扎根农村，巩固与发展上山下乡成果，起了很大作用。但也有少数生产队，对于经过公社批准回家探亲、治病的下乡知识青年的口粮，有的进行克扣，有的不予发给。为了切实解决这一问题，特作如下通知：

一、凡经公社批准回家探亲的下乡知识青年的口粮，生产队应按公社批准的假期，按其定量标准，将稻谷交公社粮管所兑换粮票发给本人。在探亲期间，如有特殊情况，不能按期回队的，必须取得街道或相当于公社一级组织的证明，向公社续假后，应补发续假期间的口粮。

二、凡经公社批准回家治病的下乡知识青年的口粮，生产队应按公社批准的假期，按其定量标准，如数将稻谷交公社粮管所，发给粮票。如果到期病还没有好，确需在家继续治疗，须取得街道医院或其它公立医院的证明，自公社续假后，生产队应根据公社批准的续假期，补寄续假期间的粮票。

三、凡未经公社批准，擅自离队倒流城市的，不予发给离队期间的口粮；但有的因特殊情况离队的，要具体情况具体分析，按照党的方针政策，实事求是地予以妥善解决。

四、原峡革发〔73〕39 号文件，其精神如与本文件有冲突，应按本文件执行。今后中央省委如有新的规定，则应按中央省委的规定执行。

江西省峡江县革命委员会（章）

一九七三年七月二十四日

抄送：县粮食局，县乡办，公社乡办、粮管所

遂川县

关于下拨知青医疗经费的通知

（遂办〔70〕040 号）

公社革命委员会：

为解决下放知识青年因病治疗的困难，经研究决定，按照每人（指今年下放的，包括上海青年在内）三元钱的标准，拨给你公社知识青年医疗经费　　　元，由公社统一掌握使用。

知识青年治病，应坚持草医草药、合作医疗就地治疗为主，如病情严重，非到县里治疗不可的，凭当地卫生院（所）的证明，由公社直接介绍到县医院，其经费亦由公社负责解决。县里今后不再接受知识青年治病、住院、转院等手续。

特此通知。

江西省遂川县革命委员会办公室（章）

一九七〇年九月十八日

赣州地区

关于拨给知识青年建队生产生活补助费的通知

（〔75〕赣地知字第 11 号、〔75〕赣财预字第 15 号）

各县（市）知青办、财政局：

为了支持分散知识青年集并工作，帮助解决建队部分生产、生活用具费用，经研究决定从地区特殊费用提出四万元分配各县（详细见附表），列入一九七五年城镇知识青年下乡安置经费预算，此款，请各县（市）根据集中起来的各青年队具体情况，由县掌握使用。

特此通知。

江西省赣州地区财政金融局（章）

一九七五年三月三十一日

县（市）别	预算指标（元）	县（市）别	预算指标（元）
总　计	40000	定　南	5000
赣州市	500	全　南	4000
赣　县	1000	宁　都	2500
南　康	1500	于　都	1000
信　丰	2000	兴　国	1500
大　余	1000	瑞　金	3000
上　犹	1000	会　昌	1500
崇　义	1000	寻　乌	2000
安　远	5000	石　城	3000
龙　南	2000	广　昌	1500

关于分配城镇知识青年上山下乡补助费的通知

（〔75〕赣财预字第 45 号、〔75〕赣地知字第 17 号）

各县（市）知青办、财政局：

据各县报来截至一九七四年年底的下乡知识青年人数，按规定标准已进行了结算，扣除以前陆续下拨的补助费，尚欠部分，这次除宁都、赣县只拨一部分外，其它各县、市已全部下拨。同时，对部分县预拨一九七五年补助费（详见附表）。以上两项经费列入一九七五年城镇知识青年下乡安置费预算，按省有关规定掌握使用。县财政、银行应加强监督，保证专款专用，不得挪作它用，特此通知。

附：城镇知识青年上山下乡补助费分配表

江西省赣州地区革命委员会知识青年上山下乡办公室（章）

江西省赣州地区财政金融局（章）

一九七五年六月九日

抄报：省财政局、知青办，地区计委

抄送：中国人民银行各县（市）支行

城镇知识青年上山下乡补助费分配表

单位：元

县（市）别	1974 年前知青补助费	1975 年预拨补助费	二项补助费合计
总　　计	1443994	750000	2193994
赣州市	43067	／	43067
赣　县	101130	／	101130
南　康	177760	／	177760
信　丰	170835	100000	270835
大　余	75741	100000	175741
上　犹	19331	50000	69331
崇　义	26270	50000	76270
安　远	77639	50000	127639
龙　南	77795	／	77795
定　南	14010	50000	64010
全　南	45256	50000	95256
宁　都	124279	／	124279
于　都	113636	／	113636
兴　国	2218	100000	102218
瑞　金	123739	50000	173739
会　昌	145845	／	145845
寻　乌	／	30000	30000
石　城	31987	70000	101987
广　昌	73456	50000	123456

关于下拨城镇知识青年下乡补助费的通知

（〔76〕赣地知字第 11 号、〔76〕赣财预字第 12 号）

各县（市）知青办、财政局：

据各县报来一九七五年城镇知识青年下乡补助费决算表，已汇总转报省。省尚未正式核回以前，为了解决知青所迫切需要的经费开支，经研究，现拨给各县城镇知识青年下乡补助费（详细见附表），列入一九七六年城镇知识青年下乡安置费预算。此款，待省核回决算后，再进行结算。开支范围和标准仍应遵照省委〔1973〕131 号文件有关规定掌握使用。

江西省赣州地区革命委员会知识青年上山下乡办公室（章）

江西省赣州地区财政局（章）

一九七六年五月二十七日

城镇知识青年下乡补助费分配表

单位：元

县（市）别	预算指标	县（市）别	预算指标
总　计	1220000	定　南	20000
赣州市	50000	全　南	50000
赣　县	100000	宁　都	100000
南　康	70000	于　都	150000
信　丰	100000	兴　国	60000
大　余	100000	瑞　金	100000
上　犹	/	会　昌	70000
崇　义	/	寻　乌	/
安　远	70000	石　城	50000
龙　南	50000	广　昌	80000

会昌县

关于知识青年发放布票的通知

（〔74〕乡办字第 1 号）

各公社乡办室：

一九七四年民用布票正在发放，在发放布票中对于请假回沪、治病回沪以及其它原因回沪，回家长期留在城市的下乡青年，总之凡是户口仍然在原地未予迁出的下乡青年都必须按数造册，发给布票，不得遗漏。各乡办室应关心此事，亲自过问一下，以免遗漏，给今后工作带来困难。

对于一九六八年前下乡青年，各社普遍进行了登记，根据赣州地区乡办答复，这些青年编入后，其粮、油补助及其它物资供应自七四年元月一日起享受与其它青年同等待遇，请各乡办造好名册，送交当地粮食部门及有关部门一份，以利做好此项工作。

特此通知。

会昌县知识青年上山下乡安置工作领导小组办公室（章）

一九七四年元月十七日

关于知识青年生活困难补助经费开支意见

（会知青字〔75〕第9号）

各公社知青办：

根据国务院知青办负责同志在安徽省检查工作期间，指出中央增拨的生活困难补助和建房补助费主要服务于"扎根农村，学习提高，大有作为"的精神，经请示领导同意，对中央增拨知识青年生活困难补助费的重点：

1. 知识青年遇到人力不可抗拒的灾害，如水、火、被盗等生活造成很大困难者。

2. 知识青年结婚成家，添置家具、用具有困难者。

3. 知识青年在队因大病急病治疗花钱多或因病耽误出工，生活造成很大困难者。

除上述三种对象给予补助外，其它一般困难，不开支生活困难补助费。对上述三种对象的生活困难补助按"知识青年困难补助申请审批表"办理。

一九七五年九月十八日

定南县

为第三次函请追查我女儿王××一九七〇年一一三月三个月生活费（30元）的下落情况的函

江西省、定南县革命委员会：

我女儿王××，原分配在定南县东风人民公社××大队××生产队插队落户，一九六九年十二月承你县批准，同意转到崇义县上堡人民公社××大队××生产队插队落户。为了一九七○年——三月国家贴补的三个月生活费（30元）没有转到崇义县上堡公社去，我们曾在七○年三月二十二日写信给你们，请你们代查一下。不久，曾接到你县"五·七"大军办公室的复信，表示就和东风公社去联系解决。但时隔五个多月，问题没有解决，因此，我们在七○年八月三十一日又写了一封信给你们（一份抄送东风公社）要求再查一下，但直到现在问题还没有得到解决，也没得到你们的回音，使我们很不理解。

我们想，七○年——三月国家贴补知识青年三个月的生活费，这是党对知识青年的关怀照顾，但我女儿王××直到现在这笔补助费还没有拿到，不知究竟什么原因。为此，特再函请你县追查一下这笔生活费究竟有没有转到崇义上堡去，下落究竟怎样？并请将追查结果告诉我们。不胜感激。顺致无产阶级文化大革命战斗敬礼！

家长王××

一九七一年一月三日

上海×××路××号

抄送：定南县东风人民公社
　　　崇义县上堡人民公社

转告××"五·七"办公室。
何
七一年二月十五日

上海知青李××困难补助申请书

现下二区知识青年李××，因患肝炎，住院已有两个月之久，经济比较困难，故请组织给予帮助，申请补助二十元。

此致

申请人：李××

七三年五月九日

情况属实，同意上报县上山下乡的办公室适当解决。

定南县永亨水库管理委员会（章）

七三年五月十日

人已回沪，不予考虑补助。

江西省定南县革命委员会"五·七"大军领导小组办公室（章）

七三年六月十三日

"五·七"战士刘××困难补助申请书

毛主席教导我们，"知识青年到农村去，接受贫下中农的再教育，很有必要……"

我是六九年三月份第一批来的上海青年，现插队于含湖大队枚子山生产队。在这四年多中，由于上级领导的关心，在政治、工作、生活等各方面都有很大提高，尤其在七〇年间，"双抢"后得了肝炎，领导上对我照顾很大，我衷心地感谢各位领导同志。

我所处在的这个生产队，地方偏僻，经济穷困，近年来分值都很低，加上我本人的体质不太好，时常有病，家庭经济也困难。我去年所做的工分到现时还没结分，组织上照顾的壹佰捌拾斤米也无法购买，上月跟我大队支书借了五块钱买了点粮食。这次县"五·七"大军检查工作组，我公社老陈同志之意，说实在生产队分值低、经济困难、身体不好的，可以申请一下，要求组织上照顾照顾，现请领导同志研究批示。

感谢感谢！

致以

"五·七"大军革命的敬礼

月子公社含湖大队枚子山生产队"五·七"战士

刘××

一九七三年五月十四日

同意本人申请。

请上级批示。

含湖大队／（章）

一九七三年五月二十四日

该同志经济较困难，分值低，身体不好，请县乡办研究，给予适当解决。

定南县月子公社革命委员会"五·七"大军领导小组办公室（章）

七三年五月二十九日

经研究不予补助。

江西省定南县革命委员会"五·七"大军领导小组办公室（章）

七三年六月十三日

关于上海知青励××请求补助的往来函件

李坚同志：

我是东步公社××大队×××小队插队的知识青年，叫励××，男，年二十岁，家庭出身工人，本人成份学生，原系上海××中学六九届初中毕业生，于一九七〇年五月份插队在本公社。

现因我长兄在安徽阜阳县××供销社工作，根据有关投亲插队的规定，自七四年起将户口、油粮关系转入安徽阜阳县王店公社，但因我鼻炎复发很严重，故提前回上海求医。

原来我在×××小队，劳动时，一方面身体差，而另方面出勤少，因此生活不能自给，一贯依靠父母供养，这样使家庭受到经济困难，单从来回车费来计算七十元左右。兹根据中央今年七月份会议和省会九月份会议精神，特向领导要求申请给予补助生活费及车费壹佰元整。

另外我这次从上海回江西，又从江西回沪，再从沪到安徽，全是向单位支借的。为此要求领导请及时给予解决是荷。

此致

敬礼

申请人：励××

一九七三年十一月二十六日

何、王主任同志：

现将励××同学的信转给你们，请阅示。能否解决经济上的困难？请考虑。

他是今年九至十月份迁出的。原是××大队×××小队的。

此

致

李坚

七三年十二月六日

人已迁走，不给补助。

七三年十二月十二日

四　生活状况

省级

江西省乐安、崇仁、宜黄等县上海知识青年皮炎情况调查防治报告

上海知识青年遵照毛主席"知识青年到农村去，接受贫下中民的再教育，很有必要"的伟大教导，于今年三月到江西插队落户，进一步经受三大革命的锻炼。在乐安、崇仁、宜黄三县插队落户的青年，从三月份开始陆续有大批发生皮炎，直接影响了他们的劳动和健康。在江西省各级革命委员会的亲切关怀和重视下，曾采取了一系列的防治措施，并取得一定效果。为了进一步摸清发病情况和开展防治工作，以利于今后知识青年上山下乡工作的开展，我们接受上海市革委会的派遣，于七月中旬来到江西。在短短的二个月里，我们在各级革委会的领导和当地革命医务人员的协助下，对上海知识青年的皮炎进行了初步的调查和防治工作。现将初步调查资料汇报如下：

一、发病情况

1. 我们调查了 3 个县 19 个公社 303 个生产队的 2520 名青年，发病人数和百分比如下（见表 1）。

表 1

县别	调查人数			发病人数		
	男	女	总数	男	女	总数
乐安	563	507	1070	513	491	1004
崇仁	289	222	511	256	211	467
宜黄	499	440	939	449	428	877
合计	1351	1169	2520	1218 （90.1%）	1130 （96.7%）	2348 （93.1%）

表 1 说明在检查的 2520 人中发病数为 2348，发病率 93.1%，其中男的发病率占 90.1%，女的占 96.7%。

2. 发病程度，根据病史和过去皮疹的痕迹，我们将患病的轻重程度分为"重"、"中"、"轻"三级，有几例最重的系女性，亦列入"重"内（见表 2）。

表 2

性别	轻	中	重	总数
男	130	172	74（19.7%）	376
女	90	160	129（34%）	380
合计	221	332（44%）	203（26.8%）	756

（上表是根据乐安的四个公社数字统计的）

从表 2 可见病"重"的占 26.8%，中等重的占 44%，两者加在一起占 70.8%，其中男性重的占 19.2%，女性占 34%。

3. 病期：我们将其分为小于一个月、一至二个月和大于二个月三种（见表 3）。

表 3

病　期	人　数	百分比（%）
<1 月	172	23
1—2 月	95	12.7
>2 月	480	64.2

表 3 系根据两个公社的材料统计的，说明患病二个月以上的达 64.2%。

以上三项数字来看，（1）发病率 93.1%；（2）病情重的占 26.8%，重的加中等重的达 30.8%；及（3）病期在两月以上的占 64.2%。说明上海知识青年所患皮炎是较严重的。

二、临床情况

1. 皮炎的类型：可以分原发性皮疹和继发性皮疹两大类。

（一）原发性皮疹：即皮肤在遭到虫类叮咬后第一次发生的皮疹，如红斑、丘疹、风团或水疱，主观甚痒。这种皮疹有两种发生和发展情况。

（1）在青年们刚到他们被分配的生产队的当天晚上到两星期左右的时

间内尚未出工时发病，发病率在60%左右，其特点是皮疹以发生在非暴露部位的躯干，特别以腰部为主，具有限性，即迅速消失，很少复发。

（2）在出工以后发病，发病部位主要在下肢，特别是小腿和足背，照例发展成为继发性皮疹，这就是发病率93.1%，使广大青年感受痛苦的皮疹。

（二）继发性皮疹：在皮疹瘙痒的基础上，经过搔抓、肥皂洗、热水烫的刺激而引起的糜烂、流水、化脓、结痂等称为继发性皮疹。重的尚可发生溃疡、水肿、脓肿、淋巴结肿痛等，这种皮疹痊愈较慢，常被苍蝇或蚂蟥叮咬。

2. 皮疹的反复发作性：由于不断地虫咬，经常参加下田劳动以及不断地人工刺激，特别是搔抓，就可把皮肤抓坏引起新疹及化脓流水，就会使皮疹不断遭受机械性的破坏，难以痊愈，这就造成了此病反复发作，经久不愈的情况，为知识青年带来了相当大的痛苦。

3. 皮疹的发展趋势：随天气转冷及药物治疗，皮疹高潮好转，表现为以下几方面：

（一）病情减轻。根据我们八月中下旬在两个公社的调查：（1）病重的由过去的38.6%降到现在0.5%；（2）中等重的由34.4%降到13.8%。

（二）经得起"双抢"的考验。我们原来估计，在"双抢"时期由于劳动强度高、气温和水温（在上海42℃）高，青年们的皮炎可能再来个高潮，但检查结果却相反，他们的皮炎均在好转中。

（三）经得起时间的考验。随时间的向前推移，皮炎的痊愈率逐渐增高（见表4）。

表4

公社	调查时间	痊愈率（%）
招携	7月21日至8月3日	23.3
南村	8月5日至8月13日	28.4
谷岗	8月17日至8月23日	38
坛田	8月25日至8月28日	46.1

上述好转的原因与过去的治疗、工作的变动（有时不出工）和气候的变化有一定的关系，可是最重要的可能还是由于青年们经过将近半年的劳动锻炼，对于虫类刺激的抵抗力大大增加了，对于环境的适应能力大大地提高了的结果，因此可能今年有些青年还有些小反复，痊愈还需要一些时间。据

此可以推测他们今后发病情况可能大大地少些并轻一些，以至于不再发病。

4. 其它疾病：青年们患其它疾病的也不少，如腹泻、胃痛、疟疾、感冒、肝大、月经失调等，这与一般群众的患病情况是一致的。

三、病因

1. 内因：由于每个人的体质（素质）的不同，不同的人对不同的刺激或相同的刺激其反应常不是一样的。

这次调查结果发现，一般是女性发病率稍高，病期较重，病期较长，痊愈较慢。亦可能是男的大都负担重体力劳动，做粗工作，所受劳动锻炼较多，对虫类刺激的抵抗力和对环境的适应能力较强，反之女的劳动锻炼较少，且皮肤细腻，故抵抗力和适应能力就较差些。有少数农村生长的或经常在农村活动的知识青年不发病，本地贫下中农不论男女均不发病，也证明了这一点。

2. 外因：分原发性刺激和继发性刺激两大类。

（一）原发性刺激有两小类：（1）在知识青年到达生产队的当天晚上到两个星期左右以内尚未出工时发病，皮炎主要发于腰部，当时是三月初，没有蚊子、蛛子（蛛蠓），可能是跳蚤、臭虫或其它虫类或微生物引起的；（2）发病最多而最严重的发生于下肢，特别是小腿和足背的皮炎，这些皮炎可能是蚊子、蛛子、蚂蟥或其它虫类所引起。青年们常反映说：皮炎本来好了，下水田后又发。这是因为水田内情况比较复杂，除蚂蟥外还有肥料、污泥、杂草或其它虫类，已发生的皮炎在下水田后就更加恶化了。

根据上述认识，我们认为上海知识青年所患的皮炎是由蚊、蛛、跳蚤、臭虫、蚂蟥或其它虫类刺激引起的虫咬皮炎，不存在所谓"水土不服"的问题。

（二）继发性刺激。前面已强调了继发性刺激如搔抓、热水烫、肥皂洗，特别是搔抓的严重危害性是此病反复发作、经久不愈的重要因素。有些青年患病轻而痊愈快，其很主要一点就是自己尽力克制，少抓或轻抓的结果。

四、治疗

这里我们提出一些建议，仅供参考：

1. 治疗原则：以去因为主……

2. 症状性的治疗（即对症治疗）……

3. 治疗效果：我们对化脓性皮疹均给以含有合霉素的糠馏油糊剂，或给一些苯海拉明，仅对极个别感染严重的才给以 3—4 日的抗菌素制剂。经过一周左右，在两个公社复查的结果是，痊愈的 32%—42%，好转的 49%—58%，无病的 3.5%—9.7%，复发的只有一个公社是 4.5%，疗效是比较好的。

4. 治疗的限度：由于虫类的不断叮咬，经常下水田的刺激及人为的不断搔抓，加以化脓性皮疹比较多，难于一一包扎（也不切实际）加强保护，使治疗受到一定的限制，因此疗效也是有限度的。

5. 草药的治疗：在调查中，我们注意了草药的疗效，也请教过个别草医，可是由于时间的限制，未作进一步的探查和研究。

五、小结：

1. 我们检查和治疗了乐安、崇仁、宜黄 3 县 19 个公社 303 个生产队的 2520 名上海知识青年的皮炎，初步认为他们患的是虫咬皮炎，完全与"水土不服"无关。

2. 我们认为虫咬皮炎的原发性病因是蚊、蛛、跳蚤、臭虫、蚂蟥等和一些我们不知道的虫类，其它刺激是继发性的。

3. 搔抓是此病反复发作、经久不愈的重要因素，应强调尽量避免搔抓的重要性。

4. 在调查过程中我们发现知识青年的皮炎，主要是由于将近半年的劳动锻炼对虫类刺激的抵抗力已大大增强，对环境的适应能力已大大提高，因而逐渐地好转和痊愈，因此可以推测他们今后逐渐减少以至于不发。

5. 我们建议一些治疗方法和防治措施以供参考。

上海赴江西省防治知识青年皮炎医疗队

六九年九月

关于下放知识青年享受探亲假和报销路费的请示报告

（〔73〕司务字第 002 号）

我师所属八个农业团，现有上海和本省下放知识青年学生约一万八千人，他们来师劳动锻炼均已三四年以上。原兵团规定，每年可享受一次探亲假（在家住十二天），往返路费自理。上海战士往返路费平均三十元左右。目前，由于他们的生活费每月仅十八至二十元（有的单位试行评工记分，还达不到此标准），除伙食费和零用外，多数人的衣、被等，仍得家庭负担，探亲路费自理更无能为力。因此，广大战士及其家长，迫切要求组织上给予解决这一问题。

根据国家"关于职工享受探亲假和报销路费"有关规定精神和全国兄弟兵团战士探亲假均报销路费，以及十一团原已实行两年报销路费一次等情况，经我们研究，为了鼓励广大下放知识青年继续走毛主席指引的光辉"五·七"道路，调动积极因素，合理解决他们的实际问题，建议按国家"关于职工享受探亲假和报销路费"的有关规定执行。经费开支，从企业管理费中解决。

以上报告当否，请批示。

江西省军区农业建设师/（章）
一九七三年二月十日

关于国家统一分配我师的知识青年享受探亲假规定的通知

（〔73〕司劳字第 013 号、〔73〕后财字第 007 号）

为了解决我师知识青年探亲假路费报销问题，经报省批示，凡国家统一分配我师所属各团的知识青年，在目前未正式评定工资级别以前，凡是劳动锻炼已满三年符合探亲条件的可以按照国家关于职工探亲假的有关规定执行，经费在企业管理费中列支。现将执行中的有关问题通知如下：

一、探亲假期一年一次，一般在家居住十二天，另加旅途往返所需时间。假期应包括公休假日（即星期日），但不包括法定节日（元旦、春节、五一、国庆），在探亲假期内如遇有法定假日时，可以另外补假或者延长假期。

二、探亲假所需路费，从一九七三年四月十六日起（即省〔73〕赣劳薪第 010 号批文下达之日起），由所在单位报销，按规定报销往返汽车、火车硬座和轮船统舱票价（软席、卧铺、途中伙食、市内交通费、行李票以及其它运费均由本人自理，不予报销）。今年四月十五日以前已经探过亲的，今年不再享受探亲假路费报销的规定，其路费也不予补助。

三、凡享受探亲假的职工，若无特殊原因擅自超假者，其路费一般不予报销。

四、知识青年享受职工探亲假的规定，是党组织对我师广大知识青年的关心和照顾，应积极鼓励他们扎根农村干革命，以实际行动，彻底批判刘少奇一类骗子恶毒攻击知识青年上山下乡的反动谬论，以批修整风为纲，鼓足干劲，力争上游，多快好省地在加速社会主义农业的战斗中贡献自己的力量。

江西省军区农业建设师司令部、后勤部

一九七三年四月二十日

知识青年上山下乡简报第二期

省知青办

现将国务院知识青年上山下乡领导小组办公室一九七五年一月一日《情况反映》第一期刊登的内容转载如下，供参考。希望各地认真做好坚持乡村过革命化春节及回城探亲的上山下乡知识青年的工作。

北京、上海两市接待春节回城探亲
下乡知识青年的工作情况

编者按：一九七四年春节期间，京、津、沪等地遵照中央领导同志的指示，在接待和教育回城探亲的上山下乡知识青年方面，做了大量工作，取得了很好的经验。现介绍北京、上海两市的做法，供各地参考。今年春节期间，各地应当进一步做好这方面的工作。

……

上海市，一九七四年春节回沪探亲的下乡青年不到十七万人，比上年同期减少十一万人左右。对回沪青年的工作，各级领导重视，各条战线支持，活动多样，内容丰富，工作落实，青年、家长和基层干部都感到满意。

一、组织回沪青年大讲他们在农村战天斗地、接受再教育的体会。全市有七百余名回沪青年参加了宣讲，使四十万工人、干部、教师、青少年和居民群众受到教育。黄浦区的家长谢连根听讲后，当夜写信给在新疆、黑龙江、江西、安徽插队的四个孩子，要他们立志扎根农村，建设社会主义新农村。中学应届毕业生听讲后，有的坚决要求到农村插队，要到最艰苦的地方去。很多工厂、大学、市区机关听了宣讲，表示一定要做知识青年上山下乡的促进派。

二、上门访问，做深入细致的思想工作，切实帮助解决实际困难。对未回沪青年的家庭，也普遍作了慰问。黄浦区财贸系统，组织三千一百名党政团干部，节前访问了八千一百多户职工，有些老工人感动得热泪盈眶。对有实际困难的家庭补助，普遍比往年落实的好。

三、举办各种学习班。大学为回沪青年举办了三百多次讲座和三十三个短训班；区和部分街道、工厂也办了各种类型学习班和技训班二百多个，约有十六万人次。参加学习的青年，学电工的学会了装电灯、广播器，修理电动机，学医的掌握了治疗农村常见病的知识，学写作的写出了一百多篇较好的文章。青年们说："市委为我们想得这样周到，真正从心底里感到温暖。"闸北区有五个青年，办一讲听一讲，一连听了二十六讲。许多家长感动地说："旧社会我们想读书也读不到，现在市委组织大专学校主动上门讲课，真是做梦也想不到。"再三叮嘱子女"千万不能辜负党的期望"。

四、开展各种有益活动，组织回沪青年过一个有意义的革命化的探亲假。市工人文化宫先后接待回沪青年十四万人次；市体委组织了多次专场体育表演；文化局、电影局、鲁迅纪念馆等，都给回沪青年发了很多票。普遍组织参观"一大"会址、工业展览馆和观看小分队演出，搞联欢活动等。各区还组织他们参加阶级斗争、维护社会治安、搞公益劳动和为人民服务。平凉街道有六百余人参加宣传、值班和巡逻。北站街道每天有四十多人到车站帮助维持秩序，做了很多好事，受到广大群众的赞扬。

（摘自上海市革委会知青办汇报材料）

九江地区

关于瑞昌、永修两县下乡青年婚姻状况的调查报告

近年来，已有一些下乡知识青年在农村结婚，安家落户，这是知识青年上山下乡工作的一个成果。

随着年龄的增长，下乡青年在农村结婚的人数将逐渐增加，关心和妥善

处理下乡青年的婚姻问题，就显得越来越重要与迫切。

我们在瑞昌、永修两个县，对已婚下乡知识青年进行了访问调查，报告如下：

（一）

瑞昌、永修两县现有上海下乡知识青年一千七百五十七人，其中男八百四十二人，女九百十五人。百分之九十以上都是六八、六九、七〇年三届的初中毕业生，一部分是高中毕业生。年龄二十五岁以上的二百十六人，其中男一百零五人，女一百十一人。已婚知青共四十八名，占总数的百分之二点七。其中已婚女知青三十九名，与已婚男知青的比例为四比一。结婚年龄在二十五岁以上的十六名，在二十五岁以下的三十二名。

这四十八名已婚下乡青年的配偶情况，大体有以下四种类型：

一是，男女双方都是下乡知识青年结婚的共十八名，占已婚数的百分之三十七点五。这类情况，一般结婚时，父母有阻力。婚后，由于是白手起家，新建家庭，没有家底，经济条件又差，加上双方父母不在身边，家务牵累大，尤其是女青年生下孩子后，无人照顾，往往不能坚持参加集体生产劳动，小家庭经济收入，靠男方一人劳动所得，养活三口之家，生活就比较困难。

二是，下乡女青年与当地青年社员结婚的有十二名，占已婚数的百分之二十五。这种情况结婚，一般说来，结婚时女方父母也有阻力。婚后，因男方有些家底，劳动力又强，所以经济条件较好，生活尚稳定。但由于农村里"男不治内，女不治外"的孔孟之道流毒还未肃清，女青年婚后家务担子都比较重，影响了她们参加社会政治活动和集体生产劳动，个别的还反映出受"男尊女卑"旧传统观念的影响较深。

三是，下乡女青年与当地职工结婚的有十六名，占已婚数的百分之三十三点四。此类情况，由于男方每月有固定收入，生活安定，思想也较稳定。但有一部分因男方工作单位在城镇，平时分居两地，思想就不太稳定，要求调往城镇安排工作，照顾双方居住一起。如瑞昌县有五名下乡女青年婚后擅自离开农村，经常在男方工作地居住。

四是，下乡女青年的配偶在上海的有二名，占已婚数的百分之四点一，她们婚后长期住在上海。

下乡知识青年，在农村结婚，主流是好的，有以下几个特点：

一、敢于冲破阻力，坚持乡村安家。

知青在农村结婚，遇到的阻力是很大的。主要来自一部分家庭和社会上旧传统观念的阻挠。在这四十八名已婚知青中，凡在农村结婚的一般都在不同程度上受到家庭的反对和社会舆论的讥讽。因此，这些在农村已婚知青，她（他）们在结婚前后，都有一个勇于同旧思想、旧观念实行彻底决裂的斗争过程……

二、新婚新事新办，开创社会新风。

按照当地农村的旧习惯，小两口子结婚，要送彩礼，办嫁妆，摆酒席，拜天地之类的事，这四十八个已婚青年中都没有搞过。这对当地破旧立新，婚礼从简，起了很好的宣传作用……

这些已婚知青，在婚后一般又都实行了计划生育，她们以实际行动批判了"不孝有三，无后为大"，"多子多福"这些腐朽的孔孟之道。这四十八名已婚知青中，大都有一定的计划生育的措施。他们结婚几年来，除了二名女知青已生了二个孩子外，其它全是只生了一个孩子。瑞昌县结婚三年以上的七名女青年，只有一个生了两胎，目前她正在说服公婆及爱人，打算做绝育手续，其余只生了一胎。他们一般都表示最多养两个孩子，以便集中更多精力，为建设社会主义新农村多作贡献。当地干部说：下乡知识青年婚后带头搞好计划生育，起了很好的示范作用，对改变农村旧的风俗习惯、树立新风尚是个有力的推动。

三、艰苦奋斗创业，勤俭节约持家。

下乡青年结婚以后，大都能艰苦奋斗，勤俭持家。他们说："一颗红心两只手，自力更生样样有。在正确路线指引下，凭着我们一双手，定能开拓出幸福的未来。"这反映了已婚青年对农村美好的前景与未来的生活充满着信心……

四、夫妻团结互助，不断革命前进。

下乡青年在农村结婚以后，夫妻关系一般都甚融洽，平时互相尊重，互相帮助，共同前进……

（二）

目前，对下乡知识青年的婚姻问题，已经逐步引起当地各级领导的重视与关怀。我们在调查过程中，了解到这二个县有的社队对已婚下乡知识青年从政治上关心他们继续成长，从生产劳动上鼓励他们积极出勤，从生活上帮助他们解决一些实际困难，使已婚下乡青年更好地扎根农村，继续发挥作用，坚持乡村胜利，取得了一定成效。他们的主要做法是：

一、领导重视关心，指导思想明确。（略）

二、深入摸清情况，落实具体措施。

对已婚下乡青年除了加强思想教育工作，从政治上关怀他们的成长外，还需帮助他们解决生活中遇到的一些实际问题，为扎根农村，安家落户，创造必要的条件。这二个县有的社队在帮助解决已婚下乡青年，特别是男女双方都是下乡知识青年的住房、用具等生活上实际困难时，本着自力更生的精神，按照"自己筹一点，集体帮一点，国家补一点"的原则，采取了依靠群众，因地制宜，区别情况，分别对待的办法……

三、继续培养教育，坚持大胆使用。

积极培养、大胆使用已婚下乡青年，充分发挥他们的特长，这不仅使已婚下乡青年进一步体会到农村是大有作为的，从而使他们牢固确立扎根农村的决心；同时，也鼓舞着广大未婚下乡青年，坚持前进，坚持乡村伟大胜利的决心与信心……

四、密切城乡配合，共同做好工作。

送子女务农的家长，对他们的子女在农村结婚，是支持还是反对，对下乡青年扎根农村，有直接的影响。这二个县有的社队，对下乡青年在农村结婚，一般采取了：一是直接写信与家长联系，取得家长的支持，二是向上海有关组织反映情况，请他们配合协助做好工作，三是派人走访下乡青年家庭或邀请家长来农村，共同商量办事等这三种方法，以密切城乡配合，共同做好工作……

（三）

然而，我们在访问、调查中，下乡知识青年、贫下中农和社队干部也反映了以下几个问题：

一、下乡知识青年在农村结婚，尤其是下乡女青年与下乡男青年结婚或当地社员结婚，阻力很大。阻力来自各个方面，但主要来自部分下乡青年的家庭和社会上旧传统势力的阻挠。由于刘少奇、林彪修正主义路线拼命干扰，一小撮阶级敌人竭力破坏，几千年来没落腐朽的孔孟之道流毒尚未肃清，加上客观上还存在着城乡差别，因此，反映在下乡知识青年在农村结婚问题上，干扰大、阻力大，斗争十分激烈。一些受轻视农村、轻视农业劳动的旧思想、旧观念影响较深的家长，认为"农村生活艰苦，结婚后要吃一生苦，在农村结婚后就没有出息了"，因此，不赞同和支持下乡子女在农村结婚。瑞昌县10名下乡女青年与当地青年社员结婚，其中有8名下乡青年的家长原先都不同意结婚。个别家长对子女在农村结婚，情绪抵触，竭力反对，加以阻拦，甚至强行干涉子女婚姻自由。这对下乡知识青年扎根农村、安家落户，影响很大……另外，当地的部分社员认为：下乡青年在农村是临时的，锻炼几年就要走，他（她）们心活蹲不长，劳动又不强，女青年又不会做家务，与下乡青年结婚"划不来"。特别是林彪在江西的代理人程世清竭力破坏，曾规定不准知识青年恋爱婚姻，违者惩处。当时与下乡青年恋爱结婚就遭到了打击……

二、下乡知识青年在农村结婚，生活上存在着一些实际困难。这主要是男女双方都是下乡青年结婚的生活困难较为突出。

（1）结婚住房、用具问题。已婚下乡知识青年，特别是男女双方都是下乡知识青年，生活上最迫切要解决的是住房问题。这二个县的9对下乡男女青年之间结婚户中，有1户正在建房，8户借住队里的其它房子，或在原来知青班住房里拦出一间暂住。他们必要的生活用具也不齐备，生活上有许多不便……

（2）婚后生育孩子抚养问题。目前已婚下乡女青年生育孩子后抚养方式：一是由男方老人照顾、带领。这主要是下乡女青年与当地社员结婚，男方家庭有老人可照应的。二是下乡女青年自己抚养、带领。这样，使多数已婚女青年生养孩子后，往往专事家务，带领孩子，不能坚持集体生产劳动与参加社队政治活动。有的为了争取出工，就让孩子放任自流，由于照顾不周，小孩往往多病。三是将小孩送往上海由家长抚养。这主要是下乡青年之间，结婚生育后的小家庭经济上、生活上都存在一些实际困难……

（3）婚后经济困难问题。这主要反映在下乡青年之间结婚生了孩子后，经济上困难比较突出。我们从七对已婚下乡青年中访问了解，由于他们原来生活自给程度就不高，结婚有了孩子后，女方因孩子、家务牵累，影响出工，收入减少，而小家庭却又增加了人口，这样，他们生活自给程度就相对降低，加上有了小孩后，因病和其它费用开支增加，经济上就带来更多困难。在这七户中，有五户如不依靠家长接济或国家、集体适当补助与照顾，自己难以维持小家庭生活……

（4）口粮问题。两个县的各社队掌握不一。瑞昌县南义公社社队对已婚下乡青年口粮，在三五年内仍按原来下乡知识青年口粮600斤标准照拨。但其它不少社队认为下乡青年结婚后与社员一样了，他们的口粮就改为同社员一样拨给……

三、对已婚下乡知识青年继续培养使用问题。有的社队认为：下乡知识青年结婚以后，他（她）们不属于知识青年行列了。因此，在组织下乡青年政治学习时，也不再通知他们参加，有的已婚青年打了入团报告，也无人过问。特别是已婚下乡女青年，生了孩子后，繁重的家务压在她们身上，参加政治学习及社会活动都相对减少……

四、一些已有恋爱对象的未婚下乡青年，对在农村结婚思想顾虑重重。有的下乡青年已恋爱多年，个别的甚至同居，就是不愿意办理结婚手续。永修县三角公社共有上海下乡青年十二人，其中十一人正在农村恋爱，有的条件成熟了也不愿意结婚。他（她）们反映结婚后，一是怕影响上调，二怕父母不同意，三怕婚后生了孩子生活过不去……

（四）

热情地关怀与引导下乡青年正确对待和妥善解决婚姻问题，对巩固与发展上山下乡伟大成果，鼓舞广大下乡青年坚持乡村伟大胜利，在三大革命运动中继续发挥他们作用，培养无产阶级革命事业接班人，都有着重要的意义。为了做好这一工作，我们提出以下几点建议：

一、加强领导……

二、城乡密切配合……

三、积极培养使用……

四、关心生活……

以上报告妥否，请予指示。

上海市赴江西省上山下乡学习慰问团九江分团　瑞昌县小组　联合调查
永修县小组

一九七四年十二月

铜鼓县

关于上海市下放知识青年实行轮流回家探亲的通知

（铜革〔69〕字第 81 号）

各公社（镇场）革委会：

上海市下放知识青年到我县插队落户，接受贫下中农再教育已经快到一年时间了。为了更好地开展"全家红"活动，遵照毛主席"关心群众生活，注意工作方法"的教导，决定对上海下放知识青年实行轮流回家探亲，并规定如下原则。

一、凡上海下放知识青年每一至两年内轮流回家探亲一次，并利用这个机会开展"全家红"活动。

二、每次轮流回家探亲假期为二十五天（包括途中往返时间在内），不准超假。

三、轮流回家探亲的一切费用（包括车船费、住宿和途中伙食费等），一律自备，不准向大队、生产队报销。

四、农忙季节（春插、"双抢"、秋收）期间一律不准回家探亲。每年春节也一般不回家探亲，教育青年和当地贫下中农一起过革命化的春节。

五、审批权限：知识青年民主评定，根据先来先走、后来后走的原则，由生产队、大队贫下中农适当安排，报公社革委会批准。对已经回家的（包括请假和未请假的在内）一律这期不准再回家探亲。

特此通知。

铜鼓县革命委员会
一九六九年十一月二十九日

抄报：上海黄浦区革委会上山下乡办公室，省、专革委会内务组

丰城县

敢于同旧传统观念决裂的好青年
——记丰城县老圩公社上海女知识青年王××和当地贫农青年何××结婚的故事

　　在批林批孔的胜利声中，江西省丰城县老圩公社的广大干部和贫下中农、下乡知识青年都在热情赞扬上海女知识青年王××和当地贫农青年何××恋爱结婚的喜事，都夸奖小王的革命行动好得很，是敢于同旧传统观念彻底决裂的好青年，是老圩公社批林批孔运动中涌现出来的新人新事新风尚。何××的妈妈邓××逢人便说：“我有这样的好媳妇，这都是托毛主席的福啊！”

　　一九七〇年三月，王××响应毛主席关于“知识青年到农村去”的伟大号召，从上海来到江西丰城县老圩公社前进大队何家生产队插队落户，四年多来，小王在当地党组织和贫下中农的培养教育下，刻苦攻读马列著作和毛主席著作，积极参加集体生产劳动，努力改造世界观，在农村三大革命运动中迅速成长，一九七二年光荣地加入了共青团，她决心扎根农村干一辈子革命，为建设社会主义新农村作出贡献。

　　小王和小何的恋爱结婚，通过了比较长时间的考验，有着共同的思想基础，但经历了一些曲折，冲破了旧风俗、旧传统观念的种种阻力。何××是一个贫农青年，是前进大队的团总支副书记、何家生产队团支部书记、民兵连长。小王和小何同住一个村，同在一个生产队出工劳动，同在一起参加政治夜校学习。他俩在长时间的接触中，保持着同志式的来往，相互了解，相互学习，相互关心，建立了深厚的阶级感情。直到去年，他俩在一起交谈中，小何才正式向小王提出结合的问题，小王感到自己扎根农村干革命的决心和在农村安家的革命理想，所以就乐意地表示同意了。但是双方家长是否支持，群众有些什么看法，这些都还没有把握。小何担心小王家长不会同意。小王又怕群众，特别是同来的上海青年取笑她。因此两人还只是心心相连，不敢公开“秘密”。

　　王××的父亲是上海的一位老工人，思想也进步，对小王的正当婚姻不会有阻力。问题是怕妈妈不同意，因为妈妈平时很疼爱女儿，对女儿的婚姻前途也很关心，由于受到旧传统观念的束缚，对农村的情况也不太了解，还有重工轻农，轻视农村，认为在农村没有前途的旧思想，因此总是希望女儿有机会离开农村，到城市找个城市女婿，曾经要在九江市工作的大儿子，为小王找个在九江市工作的对象。在小王和小何定下自己终身大事后，小王写信向家里叙谈过自己对扎根农村、在农村安家的打算，征求父母的意见。因为妈妈的思想一时不通，家里也就迟迟不给小王表态，后来妈妈又要小王的大哥，特地从九江到丰城老圩公社来劝说小王改变主意。但小王的大哥来后，看到老圩公社各级领导和贫下中农对小王都很关心，看到小何及他父母的淳厚朴实，热情诚恳，又听了小王对自己理想的叙述，也就改变了来意，转而支持小王的想法，并且回去还给妈妈做说服工作。但妈妈还是不放心，只是开始松了口，来信同意小王在当地找对象，但是要找个转业军人或工人。小王又写信向妈妈说明个人生活要有利于扎根农村，不同意妈妈意见。为了争取妈妈的支持，春节期间，小王回到上海当面去做妈妈的工作。

何××的妈妈邓××是生产队的妇女队长、共产党员，平时对小王很关心体贴，把小王看作是自己的女儿一样。她说："小王响应毛主席号召来我们农村，我们贫下中农应该响应毛主席'各地农村的同志应该欢迎他们去'的号召，把他们教好带好。"她也看到小王和自己的儿子××蛮好，但也看不出他们之间有什么特别的关系。有时村里人给她打趣说："××娘，你看小王和你家××那样好，将来小王肯定是你家的人了。"小何的妈妈听了还以为是别人在开玩笑。因为在她看来，这是不可能的事。她说："一个上海姑娘，能来到农村和我们一起坚持劳动，这已经是自古以来都没有过的事，哪里还会找我们作田人的儿子结婚，在农村一辈子？就是小王爱上了我家康华，小王家长也不会同意的，就是结了婚，城里来的人早晚都要走的！"所以小何的妈妈一直不敢去想这件事。但她却按当地的旧习惯去考虑小何的婚事，托亲戚为小何介绍过几个对象，看到附近漆家一个农村姑娘不错，想为小何定亲，准备了一百多元钱作礼金，养了猪，还准备筹借一笔数量不小的钱去做家具、买呢子毛料衣服、办酒席等为儿子办婚事。但一征求小何的意见，都被小何一一拒绝了。他对妈妈说："这是农村的旧习惯，只凭别人说媒，互不了解，没有思想基础，将来生活不到一块，而且又要花很多钱。我们是青年人，要做移风易俗、破旧立新的带头人。"同时小何立即写信给在上海的小王，要小王过了年赶快回来，一起向小何妈妈表示两人的心愿。小王接信后，一过春节就回到了丰城，亲自向小何妈妈说出了自己决心扎根农村的意愿和小何结婚的心事。邓××对这两个青年人的革命行动，感到内心的欢喜，并要他俩耐心做好上海家长的思想工作，免得影响双方家庭的关系。以后，小何的妈妈对小王的关心更是无微不至了，经常要小王来家吃饭打水，衣服脏了帮她洗，破了帮她补。小王把自己的房门、箱子的钥匙都交给了小何妈妈。过去都是叫"康华妈妈"，以后都亲热地叫起"妈妈"来了。小何妈妈听在耳里，看在眼里，乐在心里。

伟大的批林批孔运动，在农村广泛深入地开展了，小王和××一家积极地投入了批林批孔运动，他们和贫下中农一起狠批林彪、孔老二的"克己复礼"，狠批林彪恶毒攻击知识青年上山下乡是"变相劳改"的反动谬论，狠批孔孟之道的"女儿经"等地主资产阶级的传统观念。批林批孔运动给了小王巨大鼓舞力量，一家人越批越有劲，越批心越甜，康华妈说："毛主席处处为我们贫下中农着想，批林批孔给我们一家带来了幸福。"小王与旧传统观念决裂的行动，受到干部、贫下中农和知识青年的赞扬。今年五月小王和小何决定在批林批孔的高潮中举办婚事，并写信告诉上海的家长。小王的妈妈在批林批孔运动中受到了教育，提高了觉悟，感到女儿在毛主席的革命路线上走对了，改变了原来不同意女儿在农村结婚的态度，但还有点不放心，要来江西亲眼看看新女婿和他们的家庭情况后，再举办婚事。小王和小何商量后，为了促使妈妈同旧传统观念彻底决裂，决定在妈妈来江西之前，于六月一日举办婚礼。小王和小何为了移风易俗，破旧立新，既没有花大量的钱去做家具、买呢子毛料衣服，仅做了些随身衣服，更没有在结婚那天摆酒席，大吃大喝，铺张浪费，而是在家里堂屋中央，换上了一幅新的毛主席画像，用红纸写了革命对联，请大队、生产队干部和贫下中农的代表来参加，共同祝贺他们的喜事，以实际行动批林批孔，向地主资产阶级的旧思想、旧传统观念猛烈开火。

六月十九日小王的妈妈和九江的大哥带着祝贺女儿结婚的礼物来到了何家，才知道女儿已结了婚，虽然有点生气，但看到农业学大寨的一片社会主义新农村的欣欣向荣景象，看到小何一家勤俭持家和睦亲热，看到新女婿小何的忠厚朴实、态度诚恳，气也就消了。并高兴地说："现在你们听毛主席话，互敬互爱，一家团结和睦过日子，我也放心了。"在何家住了四天，高高兴兴地回上海了。以后小王的二哥由浙江出车到江西出差，路过丰城，顺便到老圩去看看新婚的妹妹和妹夫，在何家住了一晚，看到他们和睦亲热的一家，也很高兴。由于出差路过，未带礼物，便脱下身上的工作服送给小何，拿了十元钱给妹妹，还把自己在路上吃的一些糕点糖果送给他们，表示祝贺。

小王和小何冲破了旧的风俗习惯，冲破了旧的传统观念，结婚后共同战斗在农村三大革命斗争第一线，认真看书学习，勤奋劳动，更加坚定地沿着毛主席指引的革命道路并肩前进。

丰城县知青办

上海慰问团丰城小组

一九七四年十二月十三日

新余县

"五·七"战士投稿说明

各公社革委会"五·七"办公室：

最近接上海市革委会下乡上山办公室来信，他们为了迅速反映上海知识青年在祖国各地涌现的许多先进事迹，现正着手编写出版文艺作品集《边疆来信》（暂名），还设想编印其它形式的集子。我们县也准备不定期地编集"五·七"战士接受再教育的先进事迹的小册子，希你们踊跃投稿，和大力帮助组织"五·七"战士写稿，并有重点地帮助一个或几个比较突出的先进个人或集体写稿，使它在广大"五·七"战士中起到一定的宣传、鼓舞、教育作用。

稿子内容：

1. 写"五·七"战士在农村活学活用毛泽东思想，在三大革命运动中苗壮成长的先进事迹；

2. 写各级革委会和贫下中农是如何对"五·七"战士进行再教育的生动事例；

3. 写"五·七"战士在走与工农相结合的道路的具体感受等等。

稿子要求：内容真实，短小精悍，体裁不拘，可用通信（如向战友、母校、家长写信），日记、散文、特写、报告文学等文艺形式，从"五·七"战士自己切身的体会、感受来写。字数不限，但应以短小为主，突出的典型，三四千字、万字以上均可。

稿件请寄县"五·七"办公室。属于上海知识青年的稿件请一式两份，一份寄县"五·七"办公室，一份寄上海市出版革命组。

新余县革委会"五·七"大军领导小组办公室

一九七〇年六月二日

欢送上海护送干部座谈会

时间：1970 年 8 月 21 日

地点：县革委会议室

出席：杨副主任、黄炳福同志、李森山同志、万庚达同志

　　　上海虹口、黄浦区全体护送干部

主持人：邹佳（家）声

虹口区领队薛传博同志发言：

来九个月看到江西各级革委会、广大贫下中农无限忠于毛主席，在上山下乡工作中做了很多工作，有很多经验。

县革委很重视这项工作，给小分队很大支持。

虹口区走了 44 个班，进行学习宣传。

观巢公社一个六十多岁的老婆婆看到学生手割出血，撕破衣服来包扎。

下村岗西、观巢背炉两个班很突出。

思想上有几个问题：

一、单纯劳动，对政治关心不够；认为劳动好就是吃价，学生也认为要得到贫下中农好评就要好好劳动。

二、下乡镀金论。看到南昌学生进工厂了，波动很大。（认为）上海的学生想劳动好，可以进工厂。另一种是走的思想，反正过一二年就走。

三、个人与集体的关系。愿意多劳动，挣工分，集体的事，不想干，怕收入少，因此集体生活不太好。

水北昌下大队一个班，学生各自管束，各自弄饭，有时吃生饭。过端午节时 10 个人买了 18 斤肉、10 斤鱼、18 斤面粉、4 瓶酒、2 斤糖，还有庐山的烟。把一个月的菜钱一天花光。

鹄山公社塘下班，菜地不种，带班的把菜地交还生产队了。

四、病号问题。肠胃病、烂手烂脚比较多。

五、再教育小组带班干部的作用问题。

带班干部大部分是好的，做到三同。有的没有住在一起，情况不了解，再教育小组忙，有些地方没有真正抓起来。

观巢义家生产队带班干部几个月都不回家。

鹄山公社街里一个带班干部爱人小孩生病推着车子来，他仍参加学习班做学生工作，置家庭于度外。这个带班干部叫李文和。

△有些生产队生活落实还不够。

水北泉塘三、四队床铺还没有。

△有的生产队挪用安置费。

下村店下生产队八月份买米钱都没有。

鹄山东边大队水北金星刘家生产队学生与生产队关系紧张。

买镰刀要学生出钱。生产队干部内部有矛盾，政治班长不管，生产队长要学生每人拿一千元出来支援农业。

菜地问题。学生10人至少要5分地，结果生产队主任在中间挖了一块出来，结果不足5分。

黄埔区护送队魏培路同志发言：

泗溪公社五个班发展较平衡，卫东、团结两个队原来差一些，办了学习班后转变很大。胡主任很重视，亲自抓。

姚圩龚礼学副主任，陪护送队到各地去看，每次会议都参加，"五·七"办有四个人专职"五·七"大军工作。

罗坊公社安置工作做得比较好。领导上的重视情况不如泗溪、姚圩。

学生工作有些反复，泗溪两班差的变好了。

姚圩丰州大队匿家队学生接小牛，用衣服包小牛，雨衣盖，保护集体财产。因挑东西把手摔坏，但依然坚持劳动。

姚圩带班干部缺13个班，至今未去（现尚缺一名）。如河埠□□□等大队。

△劳动态度。有工分就干，菜地不干。如买米、买菜、挑水不干。

△劳动强度大，青年的身体保护要注意，劳动好的班，病号也多。

△计划用粮用油不够。有一个班四天吃100斤（10个人），有的班已超过用粮（裴巷）。

姚圩、泗溪、罗坊发生急性肝炎学生已有几个人，罗坊四个，泗溪三个，姚圩二三个。

痢疾更多。姚圩请假的较多。

存在普遍问题的是：

学习问题、团结问题。

泗溪把最好的留下当总支书记，最差的送工厂。结果学生说：表现好的留在农村，表现差的进工厂。

（朝阳大队）有的生产队有派性，生产队干部不团结，结果学生也分裂两派。结果学生一个班分成两个班。

类似情况有两个生产队。

安置费的使用不当，一张床就花43元（姚圩宁家生产队）。

有的买闹钟，生产队想捞一把。

挪用安置费的也有几个队。

学生出差，优先补助，烟、放炮等都在安置费开支（姚圩、罗坊都有）。有的生产队不发二元零用钱。

有的拿安置费去治病。

学习材料建议多发一些。

泗溪带班干部金××、王××反映不好。

姚圩带班干部家属不能去，有些困难，有的就不去。

姚圩有几个老班学生拉上海知青，拆伙。

杨主任讲话：

为使国家不变修，备战需要，青年去农村是继续革命的需要。

这次组织严密，审查严密，思想领先，干部又接又送，做了很多工作。上海动员好，我们安置也做得好。比以往任何一次都好。

来时有了统一认识，情绪很高。

上海市二个区的革委会重视这项工作。

护送干部不仅是送到，而且做了较长的巩固工作。

抓了典型，做了思想工作，加强了上下联系。

你们很细致、耐心、负责。你们与学生三同，是高举毛泽东思想红旗，突出了无产阶级政治。

这次的巩固工作做得比任何一次都好。

青年很好，劳动很积极。

好的典型要继续整理材料，表扬。

存在问题，进一步研究解决。

你们回去后好的要宣传，不好的要如实反映。

能有宣传队再来我们欢迎。学生来我们也欢迎。

关于珠珊公社插队知识青年林××同志
有关情况的调查汇报

县委：

林××同志，女，现年二十四岁，六九年由上海市动员上山下乡到分宜县插队，后转入我县珠珊公社垱下大队炉下生产队继续插队。

林××同志七　年　月，因同观巢公社插队知识青年李×同志恋爱，而要求转迁到珠珊公社插队的，现已生一女孩（三岁）。李×在观巢中学任民办教师。

林自在炉下生产队插队以来，据群众反映，表现一般还好，能经常参加劳动，但性情较急躁，有时会同妇女社员吵嘴，影响了和群众的关系，近两年来林多次向县知青办反映其困难情况要求给予适当解决。现根据珠珊公社知青办垱下大队干部（民兵营长）郑××、炉下二队队长丁××同志反映及在群众中调查座谈的情况，归纳汇报如下：

一、林在插队过程中遇到的困难有三：

1. 自插队以来，一直租借（租钱大队付）社员半间房子，面积不到十平方米，做饭、吃饭、睡觉、养鸡、养兔均在其内，等等。在租借时房主已说明，期限二年。至今年三月底已满期，房主多次催促林搬家，为此，经常发生口角甚至房主扬言要将林的东西全部扔出房外。而生产队里本身公房也甚紧（粮食和农药共仓），无法替林解决住房。

2. 林的丈夫李×任观巢公社民办教师，二人分居两地，特别是自林生一女孩后，困难更加突出，一是小孩无人带养，二是经济负担加重，三是住房更加拥挤。

3. 生产队个别干部和社员对知识青年上山下乡认识不足，对林的缺点不能正确看待、热情帮助，而是采取歧视、排挤的态度，有的在吵架时让林"滚"，有的社员认为林在队时增加社员负担，今后再生几个小孩，更是负担不起。据办反映，七四年和七五年生产队扣发了她160斤口粮和小孩的

3.6 斤棉籽油。

鉴于上述三个原因，林在精神上感到很大压力，又加之与家公、家婆感情不好，致使两夫妻之间也经常吵架，甚至闹到要"自杀"的地步。

二、林和队里所形成的紧张关系除了上述原因和她自己不能正确对待群众的批评之外，还有一个历史因素：林××的家公李××同志，原下放炉下生产队，为了能达到让林迁来该队与其子李×结婚的目的，据反映，他当时答应将自己的女儿嫁给原队长的儿子做媳妇，后李××调县工作，其女随同一起将户口迁至县城，推翻了原来自己答应的条件。因此，原队长和群众对他这种做法甚为不满，致使李××的爱人遭到殴打。因林是知识青年，不能随李将户口迁至新余，故留在原队。这样，有的群众便移愤在林××身上，说林"来路不明"，"不知怎么到这个队里来的"，这件事现在还有很深的影响。

三、公社、大队、生产队，要求县里将林安排工作或调到观巢公社与李×一处，其理由是：生产队无法解决住房；社员口粮不足，有半年以上吃回供粮。

如无法调离该队，生产队同意用安置费给林盖一间房子，社员可以帮工。

林××本人要求调到观巢瓷厂或安排工作，不同意集并到公社其它队去。

四、鉴于上述各方面情况；我们建议：

1. 加强教育。结合当前农业学大寨和揭批"四人帮"，教育林××同志努力改造世界观，树立扎根农村的思想，向贫下中农虚心学习，搞好群众关系，服从组织分配。教育群众提高对上山下乡的认识，热情支持新生事物，帮助林改造世界观，解决实际困难。

2. 在可能的情况下，将林调观巢瓷厂，一是解决夫妻分居两地的困难，二是解决住房问题，三是解决经济困难。

3. 如不能调观巢瓷厂，在公社乡办出安置费 300 元，木材 1 m³ 的基础上，县再适当补助一点，在炉下生产队给林建一间新房。

以上意见当否，请批示。

县知青办

七七年四月七日

上饶地区

上山下乡情况反映第十一期

地区乡办

按：下乡知识青年在农村结婚成家，这是知识青年上山下乡工作的一个成果。在下乡知识青年的婚姻问题中，不但存在着实际问题，而且有激烈的阶级斗争和思想斗争。这个问题处理得好坏，直接影响到知识青年扎根农村，继续革命的问题。因此，我们要引起重视，切实抓好，进一步促进下乡知识青年扎根农村干革命。现将弋阳县知青办《关于烈桥公社下乡知识青年婚姻情况的调查》刊印如下，供参考。该报告编者进行了适当删改。

关于烈桥公社下乡知识青年婚姻情况的调查

烈桥公社现有下乡知识青年八十三人，已在农村结婚成家的有三十六人，正在恋爱并准备结婚的有七人，这两项合计四十三人，占总数的百分之五十一点八，占已达晚婚年龄六十二人的百分之六十九点三……

通过调查我们认为，烈桥公社党委关于对下乡知识青年婚姻问题的有些做法，是比较好的：

一、时刻关心下乡知识青年的婚姻问题……对于一些正常恋爱婚姻受到干扰的，积极做好细致的思想工作，坚决支持知识青年在农村结婚安家干革命。东坑大队黄沙岭生产队上海知识青年张××，与当地社员小林恋爱，引起了社会上议论纷纷，说什么："上海姑娘在山沟里同农民结婚，太傻了。"社会上吹来一阵风，上海家里也打起了一阵浪，父母来信说："你已劳动了那么多年，表现又好，再坚持一下可以争取上调，你千万不能结婚。难道你不想回城了？"社会上的舆论和家里的压力，使小张一度产生了动摇。公社党委负责同志了解到这些情况后，不但积极支持和鼓励他们的正常恋爱，还在大会上表扬了他们的革命行动，并亲自做小张父母的工作。在公社党委的大力支持和细致的思想工作下，小张父母也转变了思想，他们在七五年初结了婚。小张正确对待在农村结婚安家问题，给全社下乡知识青年树立了一个好的榜样，从那以后又有六位知识青年相继与贫下中农结婚安家。

二、抓好下乡知识青年婚姻中的两种思想斗争……告头大队上海知青小朱与弋阳知青小周恋爱，小周的父母坚决不同意，第一次小朱和小周去父母家，她的母亲看见他俩便火冒三丈，打掉了小朱戴的眼镜，撕破了小周的衣服。公社党委负责同志和乡办干部四次走访小朱和小周，支持他们扎根农村干革命的行动，支持他们与家庭旧思想意识的斗争，做通了她父母的工作。结婚的那天，公社还为他们举行了一个革命化的婚礼，祝贺他们实行两个决裂斗争的胜利。这件事在全公社知识青年中引起很大的震动，认为有公社党委的支持，更增添了在农村结婚成家的信心和决心。

三、为下乡知识青年在农村结婚成家创造条件……

四、帮助已婚青年解决实际困难……已婚知青三十六人中，已有二十二人安排当赤脚医生、民办教师、商店营业员、社办工厂等工作，基本上做到了两个人中有一个有比较固定的收入，生活得到了基本的保证。

弋阳县革委会知青办公室

一九七六年七月九日

转发地区知青办《关于五府山等场下乡知识青年要求照顾夫妻关系和驻场单位职工子女要求下放所在场劳动的请示报告》

五府山、武夷山、刘家站垦殖场：

现将地区知识青年上山下乡办公室《关于五府山等场下乡知识青年要求照顾夫妻关系和驻场单位职工子女要求下放所在场劳动的请示报告》转发给你们，望认真执行。

江西省上饶地区革命委员会（章）

一九七八年十一月四日

关于五府山等场下乡知识青年要求照顾夫妻关系和驻场单位职工子女要求下放所在场劳动的请示报告

地区行署：

自六八年以来，地区五府山、五夷山、刘家站等场先后安置上海、南昌、上饶市、鹰潭镇的下乡知识青年。随着时间的推移，年龄的增长，有的下乡青年与外地下乡知青结婚。自去年以来，这部分知青，经常来信或上访，要求将其爱人调换到本场落户劳动，照顾夫妻关系。场知青办也来函反映，由于她（他）们分居两地，有的生了几个小孩，户口至今没有落实，粮食无法解决，生活困难；有的感情疏远，产生隔阂，甚至闹到要离婚的地步；有的思想不安，工作不积极，生产不起劲，给场里的工作和生产带来很大影响，要求我们尽快解决这一问题。

……

鉴于以上情况，为了调动下乡青年和职工的社会主义积极性，把垦殖场办好，更好地完成新时期的总任务，经与有关部门研究，我们认为，凡是要求照顾夫妻关系的（转入一方必须是下乡青年）下乡青年，必须写出申请，交场知青办研究同意，然后报地区知青办审批，最后由场知青办办理有关转移手续，享受下乡知青待遇。劳动二年后，按规定转正和定级……

上述转入和下乡青年均列入 10% 控制数内。

以上报告，如无不当，请批转。

地区知青办

一九七八年十月十三日

上海知青婚姻情况

81 年元月统计

上海已婚插队知青简要情况表

县　　别	姓名	性别	年龄①	担任何种工作	本人工资	爱人是职工或社员	爱人工资	现在家庭成员人数	备注
上饶市	郭××	女	53	务农		市仪表厂工人		女 2	未安排工作

---

① 此处为出生年月。

续表

县 别	姓名	性别	年龄	担任何种工作	本人工资	爱人是职工或社员	爱人工资	现在家庭成员人数	备注
上饶县	曾××	女	52.1	县综合厂工人	28	务农		子女2	
上饶县	张××	女	50.4	上泸电站临时工	20	上泸电站工人		子1	未安排工作
上饶县	汤××	女	50.10	前坊大队瓦厂工人	18	茶亭手联社木工		子女3	同上
上饶县	许××	女	48.8	务农		务农		子女2	同上
上饶县	许××	男	53.6	八都公社工程队工人	40	家务		子1	
上饶县	严××	女	53	计划生育员		务农		子女3	
上饶县	林××	男	49.9	县建材厂职工	36	家务		子女2	
上饶县	尤××	男	50.6	炊事员	32	家务		子女2	其中上饶市1人,上饶县8人
玉 山	陈××	女	48.1	垦殖场工人	31	江苏东台炸化厂		子女1	
玉 山	陈××	男	52.6	教师	42	民办教师		子2	
玉 山	颜××	男	49.3	知青旅社服务员	28.50	工人			
	周××	女	51.11	同上	28.50	二中教师		子女1	
玉 山	金××	女	55.3	同上	28.50				未婚
铅 山	凌××	女	52.2	营业员	34.50	务农		子女2	
铅 山	徐××	女	49.6	粮食局职工	33.50	油漆工		子女2	
铅 山	吴××	男	48.6	营业员	28.50	民办教师		子女2	
铅 山	张××	女	50.5	营业员	34.50	务农		子女2	
铅 山	祝××	女	51.9	营业员	34.50	务农		子1	
铅 山	张××	女	55.2	营业员	28.50	务农		子2	
铅 山	陈××	男	49.6	计划生育员	29.50	家务		子2	
铅 山	金×	男	51.10	同上	29.50	家务		子2	

波阳县

会议记录

会议名称：各公社"五·七"大军领导小组座谈会

会议地点："五·七"办公室

签到（略）

胡永林：

借县四级干部会召开，各"五·七"大军领导小组研究一下"五·七"大军工作，主要是研究两件事，一是汇报一下"五·七"大军一年来的情况：1. "五·七"战士的活学活用，在两个突破中的好人好事，积极作用；2. 当前对"五·七"战士的活思想；3. "五·七"大军工作中还存在什么问题。二是研究巩固发展插队落户的成果，学习省革委文件。

……

蔡其仁：

……

当前存在的问题：1. 上海学生48人中只剩13人，都未经准假跑回了上海。

2. 下放金用完了，有的已超过，上海知识青年俞××到今只有五十分，安置经费用完了。

3. 乱谈恋爱：现已发现五对，有的到游城景市去谈。

4. 部分人至今尚未适当集中，高举大队十二个学生分了五个生产队。

5. 生活安排：五星大队张家生产队六个学生还是住在堂前，公社给了三十块板，大队还拿走了十五块。

……

（油墩）徐笑林同志：

"五·七"大军全参加了大战役，莲西大队"五·七"大军人人都动了手，普及了糖化饲料养猪，27人没有一个请假，评上了15个"五好"、3个标兵。

下放在长风上海学生郑××：（1）"扫平长风，踏平油墩，围攻波阳，进攻南昌"反动口号。（2）偷了谢滩卫生院、汽车站闹钟，走到泥湾大队又偷老表的汗衫，被抓住了。

……

游城：

从总的情况来看，精神状态向好的方面发展。

……

2. 抓阶级斗争……屯田上海知识青年洪××，及时揭露地主子女诬蔑伟大领袖……

问题：

……

3. 学生不请假走的还是有，有的半个月假就一个月回去，东红的上海知识青年两男两女睡在一房，乱搞关系，有的已搞怀了孕。

4. 省话剧团万××（家属）在南昌参加投机倒把集团，并说媒，把两个上海知识青年搞走了。在生产队只住了两个月，其余时间就在南昌搞投机倒把。

……

古县渡：

下放在鸳鸯亭上海知识青年二人买了二百余张主席像送给贫下中农，该队汪家失火案是"五·七"大军破案的。

鹰潭市

关于上海知青居××转点的相关函件

兹有上海市×××路×××弄×××号居民居××，系六八届在××中学毕业，响应毛主席号召，在六九年三月去无锡县家乡××公社××大队××小队投亲插队，后在一九七六年与江西鹰潭××公社××大队社员×××结婚。特此证明居××是上山下乡知识青年。

此致

×× 里委户主　×××条

一九七九年十二月二十三日

居××，我街道知青。

上海市××区××××街道革命委员会知识青年上山下乡办公室（章）

七九年十二月二十八日

江西省鹰潭县革委会知识青年上山下乡办公室：

我县××公社××大队×××生产队知识青年居××同志〔原于一九六九年三月十六日由上海市县（城镇）下乡到我县农村〕，现因结婚之事，经你县、社同意接收，转去你县的××公社××大队×生产队，请你们根据中共中央〔1978〕74号文件精神予以办理。

此致

敬礼！

江苏省无锡县知识青年上山下乡办公室/（章）
一九八〇年六月二十一日

乐安县

批转县"五·七"办公室
《关于戴坊公社再教育工作情况的调查》

（乐政发〔73〕020号）

各公社（镇）党委：

政治部同意县"五·七"办公室《关于戴坊公社再教育工作情况的调查报告》，现转发给你们，供参考。

戴坊公社党委和广大贫下中农，在毛主席关于"知识青年到农村去，接受贫下中农的再教育，很有必要……各地农村的同志应当欢迎他们去"的教导下，几年来接受和安置下乡青年做了大量的工作，下乡青年正在茁壮成长，出现了像板安这样先进班和许多先进个人。报告中反映当前再教育工作中存在的问题，各地程度不同地存在，应当引起高度重视。应当认识到做好对知识青年的再教育工作，是关系到培养无产阶级革命事业接班人、巩固无产阶级专政、防止资本主义复辟的重要措施，各级党委一定要从路线斗争高度来认识这一工作的重要性，克服抓而不紧、管而不力、工作不细的现象，扎扎实实地搞好再教育工作。

报告中反映，戴坊公社党委对公社加强再教育工作的措施，我们认为是正确的、有力的。各级党委要把这项工作列入党委的议事日程，经常检查督促。在抓紧对知识青年进行思想政治路线教育的同时，落实党的政策，切实帮助他们解决好生产、生活方面的实际问题，把知识青年上山下乡这场伟大的社会主义革命进行到底！

江西省乐安县革命委员会政治部（章）

一九七三年三月二十日

抄报：地区知识青年上山下乡办公室

关于戴坊公社再教育工作情况的调查

戴坊公社位于我县抚乐公路之间，大华山之麓，是个丘陵地区，田多劳少，资源丰富，是我县产粮区之一。

公社党委和广大贫下中农遵照毛主席关于"知识青年到农村去，接受贫下中农的再教育很有必要……各地农村的同志应当欢迎他们去"的教导，一九六八年以来接收和安置了347名知识青年，其中：上海229人、抚州107人、本县11人，编为10个排，2个独立班，43个班，分布在12个大队45个生产队。

一、概况

在戴坊插队落户的知识青年，几年来，在毛主席革命路线指引下，在各级党委领导下，在贫下中农教育下，在"五·七"光辉大道上，茁壮成长，有72名青年加入了共青团，有7人参加了各级领导班子，有29人曾出席大队、公社、县和地区劳模大会。近两年来，根据国家建设的需要，为各条战线输送了70名人材。横江大队板安班的知识青年以农为乐，以农村为家，来到板安后，认真拜贫下中农为师，虚心向贫下中农学习，积极参加集体生产劳动，一贯表现很好。全班现有上海知识青年7人，七二年平均劳动278天，最高的达到340天，最低的都做了233天，没有一个人超支欠款，做到三不伸手五自给。插队几年来，他们和贫下中农一道战天斗地，在田多劳少产量低的情况下连年获得增产，净增稻谷九万多斤。同时，热情地为贫下中农举办政治夜校，把自己的文化知识贡献给贫下中农，坚持看书学习，用毛泽东思想武装自己的头脑，在改造客观世界的同时，加强主观世界观的改造，在接受贫下中农再教育中迈开了可喜的一步，于一九七二年光荣地出席了大队、公社、县、地区劳模会。仲溪大队界山班上海知识青年王金娣，七

207

一年七月参加大队"双抢"劳模会，听到横垅队还没有割完禾，大队号召其它队的贫下中农给予支援。王金娣同学心情激动，半夜起床，跑六七里路到自己住的地方拿工具，又往返跑十多里路，在天没亮以前就赶到横垅支援"双抢"，深受贫下中农赞扬。

在对知识青年进行再教育实践中，板安的贫下中农还摸索出一套教育好知识青年的经验：（一）针对青年特点，多表扬，少批评；（二）抓苗头，进行针对性的教育，防微杜渐；（三）抵制别队后进青年来本队串连；（四）实行师傅带徒弟，做到政治上关怀他们，生产上帮助他们，生活上关心他们，为今后全社搞好再教育工作做出了典范。

二、再教育工作中的几个具体问题的调查

（一）知识青年的分布变化情况

插队落户的知识青年，随着形势的发展和国家建设的需要，到目前为止，由原来347人减少为216人，减少人数131人占总人数的37.7%，其中上海174人，抚州38人，乐安4人。现有8个排，2个独立班，25个班，分布在12个大队41个生产队，其中22个生产队55个人，由于居住分散，没有编班、排。从目前情况来看，上海知识青年绝大部分保持了班排建制，抚州、乐安知识青年绝大部分处于无班、排状态。主要是：1.调走迁出较多；2.现有人数少；3.居住分散，无法编班、排，因而对原有组织进行适当的调整是非常必要的。

（二）再教育组织和知识青年班、排活动情况

全公社12个有知识青年的大队，在去年十一月全县再教育工作会议以后，整顿、健全配备了再教育领导小组的大队有8个，占应整顿数的66%；有4个大队尚未建立机构，占应整顿数的34%。大部分活动不经常，前紧后松，有的流于形式，根本没有活动。

（三）知识青年参加劳动的自给情况

现有在农村参加集体生产劳动的210人（不包括赤脚教师、社办企业、机关临时人员），七二年劳动在300天以上的2人，占1%；250天以上的7人，占3%；200天以上的7人，占3%；150天以上的7人，占3%；100天以上的87人，占41.55%；50天以下的87人，占41.55%；没有劳动一天的有13人，占6.9%。由于劳动少的人数较多，七二年超支的就有172人，占总人数的83%。全公社共有超支款9130.40元，最多的一个生产队有超支款611.88元，最多的一个人超支128.79元，问题比较突出，长期这

样下去，势必加重生产队和贫下中农的负担。超支的原因除了少数人因长期生病不能参加劳动外，绝大多数是因东流西窜和不积极参加劳动而造成的。从戴坊公社七二年的收入情况来看，平均都在 7 角左右一天。男同学一年劳动 130 天，女同学一年劳动 180 天，就不会超支。横江大队团结生产队 3 个女同学没有一个超支。她们底分并不高，都是 5—5.5 分，但出勤较高。劳动最多的是魏红珍同学，做了 219 个劳动日，除口粮和往来外，实进款 52.02 元。而该队 4 个男同学就有 3 个超支，他们的底分都在 7 分以上，劳动较少的×××，仅做了 42 个劳动日，全年超支 29.36 元。

（四）知识青年的口粮、底分、住房情况

从全社现有在农村的 216 名知识青年的口粮、底分来看，贯彻落实党的政策较好，偏低是少数，口粮绝大多数同学都吃劳力的一等口粮，有的还吃一等以上。前进大队山背生产队 4 个女同学用粮标准和男的一样，超过了当地妇女的口粮标准。全社吃一等以下的仅有 42 人，占 13.9%，底分一般做到同工同酬，部分生产队春插、"双抢"季节还适当提高底分，有的男同学评到 9.5—10 分，女同学也评到 5.5—6.5 分，4 分以下的是个别的。

全公社知识青年住房共 125 间，其中公房 27 间，私房 97 间。有的住得比较分散，一个班分为三四个房子，东一间西一间；有的一小间住二人，比较挤，但大部分还可以。就是古竹大队下保生产队有 5 间房子比较差，上漏下湿，四面通风。特别是小青年芦××同学住的这一间，上间就是牛栏，春天地面非常潮湿，夏秋两季臭气冲天，实在不能继续住下去了。全社住房，总的来说，房子还是比较紧。但是，多数地方又不愿意盖房子，民办公助也不愿意搞。横江大队港里生产队的知识青年住房条件很差，公社、大队决定在该队兴建一所知识青年住房，生产队长思想不通，说什么："钱也不要，房子也不盖，要住就住现在的地方。"实质是不欢迎小青年落户，怕做了房子以后陆续又有知识青年来落户，没有把他们看成是财富，而把他们当做包袱，为今后小青年继续到农村插队落户带来了很大的阻力。

（五）后进知识青年状况

据我们这次摸底，犯有经常外出流窜、聚众打架、行凶杀人、偷鸡摸狗、盗窃国家资财、乱搞男女关系等错误的有 58 人，占总人数的 27%。其中比较严重的有 13 人，占 6%，现已拘留的有 5 人，占 2.3%；经常为首聚众打架的有 19 人，占 9%。被打伤致残的有 4 人；经常偷鸡摸狗的有 28 人，占 13%。他们三五成群，身背上海铜鼓包，东游西窜，乘无人之机进行偷摸，并采取偷东村的拿到西村吃，使其不易发现，把鸡毛、鹅骨、狗皮用糖果袋或化肥袋装好，吊上石头沉到塘里和河底下；乱搞男女关系的有 16 人，占 7%，到目前止，全社已出现 4 起女知识青年和外流人口发生不正当的男女关系，与外流人口流窜在外。麦坑大队大池班的女青年×××竟和一个搞坑木的浙江外流人口搞男女关系，两人流窜到浙江时，被当地公安机关拘留起来了。倒流回城，在外流窜的有 27 人，占 12.5%，其中半年以上时间不在队里的有 15 人，一年以上不在队里的有 12 人。前进大队桐田班小青年×××，为了长期在外流窜，把被子、箱子、口粮都全部陆续卖掉，至今尚未回生产队，情况不明。又该队大总元班的×××，七一年八月回家，七二年五月回来过一次，在队里玩了一二个月，七月又跑回上海，至今未返。高价出售口粮的 3 人，界山班小青年×××，一百斤谷卖 18 元给当地群众，影响很不好。有的大搞木料和樟木箱，运回上海，据说有的是送给亲戚朋友，有的则是通过各种关系高价出售，进行投机倒把活动。有的敲诈勒索，打击进步同学。有的公开向人家要钱用要香烟抽。古竹大队塘边班小青年张××同学，参加劳动较积极，后进青年×××就恨透了他，七二年十一月间，在大队看电影，伙同后进青年×××以向他要烟抽为借口，二话不说就打人家，甚至该班小青年王××主动归还队里的欠款，也被他们视为眼中钉，说什么你有钱还帐不给老子钱用，要揍人家。有的常因出工、开会，弄得吃不上饭或关在门外无法睡觉。有的数人甚至 10 余人，成群结队，坐在那里叫人家弄好饭菜给他们吃，一吃一二天，什么都不给，吃完就走，以致有的小青年口粮不够吃。有的讲风凉话，热讽冷潮，进行打击，以致使部分原来劳动积极表现较好的小青年也因而消极下来，目的是一拉平，使他们有活动的市场，不因为自己后进干坏事而受到孤立。

后进青年较多的地方，各种乱子也出的较多，贫下中农的意见也比较大。他们虽然人数不多，但活动能力很强，影响很大，危害不小，决不能看成是一般的问题，而是两个阶级争夺青年一代斗争的大问题。因此，认真做好后进知识青年的思想转化工作，把他们引导到正确的轨道上来，是做好再教育工作的一项重要任务。

为什么后进青年的数量逐步增加，活动也比较频繁？

我们认为主要是：

1. 对毛主席"五·七"指示的深远意义认识不足，部分基层再教育组织对再教育工作的长期性、艰巨性、复杂性认识不足，缺乏做耐心细致的思想教育工作，产生前紧后松的现象。有的同志在工作中碰了钉子，产生畏难情绪，认为再教育工作难办，个别的干脆撒手不管，放任自流。在知识青年中，没有树立在农村扎根干革命的思想，存在着"一年干，二年看，三年另打算"的思想，不安心在农村，因而倒流回城，不积极劳动，坐在家里等待分配。个别的认为调走不可能，好事干不了，表扬没有分，以致好事不干，坏事多端。

2. 阶级斗争抓得不狠，歪风邪气没有得到及时的制止。对知识青年中出现的比较严重的问题，虽然作了一些处理，但没有把这些问题提高到两个阶级、两条路线斗争的高度在知识青年中进行教育，歪风邪气批判不狠，因而正气不能上升。

3. 骨干的培养教育没有跟上。随着国家建设的需要，原有的班、排干部、团员上调较多，新的骨干又没有及时抓紧培养，由于缺乏骨干，大部分班、排组织处于瘫痪状态，工作无人过问。

从调查了解的情况来看，后进青年中，除个别的出于阶级本性，一贯做坏事的外，大多数是出身于工人阶级家庭，受坏的影响而变坏的。这部分人只要我们多做些耐心细致的教育工作，政治上关心他们，生产上帮助他们，生活上照顾他们，切实认真地做好他们的思想转化工作是可以教育过来的。

三、关于加强再教育工作的几点意见

……

县"五·七"办公室调查小组

一九七三年三月六日

永丰县

关于加强对上山下乡知识青年安全教育管理的通报

（永部〔69〕114号）

各公社、垦殖场、林场革委会：

在伟大领袖毛主席"知识青年到农村去，接受贫下中农的再教育，很有必要……各地农村的同志应当欢迎他们去"的最新指示鼓舞下，在很短的时间内，全县动员和接收外地到我县农村插队落户的知识青年有二千多人，他们在毛泽东思想哺育下，在贫下中农的热情帮助下，在农村三大革命运动中迅速成长。广大贫下中农遵照毛主席"各地农村的同志应当欢迎他们去"的伟大领导，热情地担负起对知识青年进行再教育的重担，做了大量的工作，取得了很大的成绩。但是，由于我们对这些青年政治思想教育还不够，安全措施不落实，管理制度不严；再加上他们久居城市，在短时期内尚不能适应农村的环境，不熟悉农村生产、生活，不能正确对待同志之间的关系，以至在最近期间连续发生死亡事故两起，打人事件十数起。两起死亡事故均是过水（涨水），去水库洗澡不慎失事而溺水死亡的。打人事件大都是社、队对个别带有流氓习气的青年管教不严而任意打人的，有的是极个别社员缺乏教育方法，被阶级敌人挑动而打学生的。

这些事故的发生，不仅造成了知识青年不必要的伤亡，而且在部分青年和家长中造成了不良政治影响，这是血的教训，希各地引起严重注意。为了杜绝类似事件的再度发生，现请各地做好以下几项工作：

一、要加强对下乡知识青年的政治思想教育工作，教育他们读毛主席的书，听毛主席的话，照毛主席的指示办事，做毛主席的好战士。各地要结合"五·七"大军的巩固工作，对本社队的知识青年的安全和团结问题进行一次检查。安全问题，要组织知识青年广泛讨论，订出安全措施，切实贯彻执行。团结问题，要组织青年学习毛主席"团结起来，争取更大的胜利"的最新指示，自觉斗私批修，做到不利于团结的事不作，不利于团结的话不说，增强青年与青年之间、青年与贫下中农之间的团结。

二、各地应指派高举毛泽东思想伟大红旗、政治思想好、工作责任心强的社队干部（或下放干部）和贫下中农，负责知识青年的教育管理工作，要大胆管理，严格要求。

三、经常教育青年遵循毛主席"加强纪律性，革命无不胜"的领导，严格遵守制度，自觉注意安全，严禁单独去江河、水库洗澡、游泳，以防发生事故。

四、牢记毛主席"千万不要忘记阶级斗争"的教导，严防阶级敌人进行破坏。今后，对殴打"五·七"大军的打人凶手和幕后策划者要进行严肃处理，对胁从的人员也应分别情况进行处理。对外县、外社、外队来搞串连的青年，要组织他们学习，动员他们立即返回原地抓革命促生产，对其中来搞串连做了坏事的，要将情况转告其原社队进行处理。在男女青年中要提倡晚婚，对女青年进行诱婚、逼婚强奸的应坚决处理。

要用毛泽东思想统帅下乡知识青年，使他们真正成为无产阶级革命事业的接班人，在农村"抓革命，促生产"中作出应有的贡献。

江西省永丰县革命委员会抓革命促生产指挥部（章）

一九六九年七月三十一日

赣州地区

上山下乡情况反映第四期

地 区 知 青 办

关心下乡知识青年的正当恋爱和婚姻

按：伟大领袖和导师毛主席教导我们："我们要胜利，一定还要做很多的工作……解决群众的穿衣问题，吃饭问题，住房问题，柴米油盐问题，疾病卫生问题，婚姻问题。总之，一切群众的实际生活问题，都是我们应当注意的问题。"我区下乡知识青年有一部分已在农村结婚成家，这是知识青年上山下乡工作的一个成果。但在下乡青年的婚姻问题上，存在着两个阶级、两条路线、两种思想的激烈斗争。这种斗争，有的来自旧传统习惯势力的影响，一些青年的家长，他们对其子女在农村结婚成家的问题上，不是支持，而是进行各种干扰，严重地影响了知识青年扎根农村干革命。为此，对于下乡青年的正当恋爱和婚姻，应当引起我们重视，认真做好已到晚婚年龄的下乡青年的婚姻工作。对于阶级敌人的破坏，要给予打击；对于旧传统习惯的干扰，要进行必要的斗争。并为下乡青年创造必要的条件，特别要关心知识青年与知识青年之间的恋爱和婚姻，帮助解决已婚青年的一些实际问题，对于青年婚后生的子女，要按照地委〔1975〕14号文件规定，青年所在地应予落户和分给粮油，同贫下中农的子女一视同仁。

现印发驻瑞金上海慰问小组等单位供稿《政治上关心成长，工作上适当安排》、《书记登门说服教育，女方父母免除礼金》、《支持三个女儿扎根农村干革命》的三个材料，供工作中参考。

政治上关心成长　工作上适当安排
——瑞金拔英公社党委关心已婚的下乡青年

拔英公社已有六对知识青年与知识青年结婚，其中上海青年六人，除一对双方是上海青年外，其余是上海女青年同赣州、本县下乡青年结婚。已婚青年，特别是女青年并没有为结婚后或有了小孩而埋头于小家庭，影响农业学大寨的积极性，也没有因婚后经济带来困难，而影响他们坚持乡村发挥作用。他们能够坚持继续革命，主要是公社党委和大队党支部对已婚的青年十分关心。

政治上关心成长

有的青年结婚后，关心小家庭的多了。公社党委发现这个问题后，首先组织他们学习马列著作和毛主席著作，进行思想教育，鼓励他们政治上不断进步，从各方面对他们进行培养，如抽调已婚青年参加路线教育工作队，把他们推到阶级斗争第一线，增强他们的识别能力。

……

公社去年出席县知青代表大会的代表也注意已婚青年的代表名额。今年共大招生，公社党委把已婚的女青年张勇推荐上共大。群众反映，我们公社也出了一个"李金凤"。

工作上适当安排

公社党委和大队党支部十分注意已婚青年的生活问题。为使他们扎根农村，发挥作用，根据工作需要和个人的特长，对已婚青年安排一些有比较固定收入的工作。六对已婚青年中夫妻安排有固定收入的四对，安排一方的二人，其中担任民办教师四人，赤脚医生一人，拖拉机、汽车驾驶员二人，大队团支书一人，大队妇女主任一人，公社林场职工一人。由于他们有固定收入，夫妻两人一般年收入在三百元至四百元左右，有的高达六百元。

公社党委对下乡青年困难补助时，总是首先考虑已婚青年，特别是对已有小孩的家庭给予必要的照顾。已婚青年感动地说：党组织对我们这样关心，处处考虑我们的困难，我们一定要以实际行动扎根农村，在农业学大寨中作出新的贡献。（驻瑞金上海慰问小组）

安远县

关于举办业余文艺骨干学习班的通知

（安乡字第〔75〕002 号）

各公社（场、镇）知青办：

为了发展文艺革命大好形势，进一步巩固知识青年上山下乡的伟大成果，为坚持乡村的伟大胜利多作贡献，根据县政治部安政字〔74〕046 号文件精神，举办知识青年业余文艺骨干学习班一期，具体是：

一、一九七五年三月二十日到县采茶戏团报到，二十一日开办，时间三个月左右，分配名额附录。

二、学员条件：政历清楚，思想进步，喜爱文艺活动，有一定培养前途的男女下乡知识青年，由公社场党委审查推荐。

三、学员待遇：每人每月由县采茶戏团发给生活费 16 元，粮油及日常用品自置。学员在学习期间的劳动报酬，由各知青队按误工补贴办法自行规定报酬。

特此通知。

安远县知识青年上山下乡工作办公室（章）

一九七五年三月七日

定南县

上海知青包××、包××的家长的信

江西省定南县革命委员会、"五·七"大军办公室：

我是江西省定南县××公社××大队××生产队上海插队的知识青年包××、包××的家长，我的儿女在农村接受贫下中农的再教育已有一年了。在这一年里，他们在贵县直接领导和关怀下，使他们在毛泽东思想的哺育下，在贫下中农的亲切关怀和教育下，正在茁壮的成长。

一年来，他们从"吃饭开口，要钱伸手"，"四体不勤，五谷不分"，到现在基本上能独立自主，自力更生。最近，他们一封封的红色家信写来，使我们家长也受到很大的教育与鼓舞。今年春节，我的儿女都坚守农村生产岗位，女儿包××连定南的家也没回，突击着学习驾驶拖拉机；儿子包××在春节前还把帐篷搭在工地上，与贫下中农一起建水库、开公路，这种战斗的朝气蓬勃的热火朝天的生活，使我们十分激动，这才是真正的革命化的春节。对我们家长来说，这比亲眼见到自己的儿女回到父母身边更亲，比得到任何最厚的礼物还高兴，这才是最大的最高的精神安慰。只有在我们伟大的社会主义祖国，在毛泽东思想的阳光哺育下，才能把我们的儿女锻炼成工农兵所欢迎的无产阶级革命事业的接班人。这一切，都是战无不胜的毛泽东思想的伟大胜利。让我们欢欣鼓舞，满怀豪情，衷心祝愿我们伟大的导师、伟大的领袖、伟大的统帅、伟大的舵手毛主席万寿无疆！万寿无疆！

最近，贵县汇报团来沪，汇报慰问上海插队知识青年的家庭，并送来了我儿子包××被评为"五好社员"的喜报。女儿包××又被推选为大队团总支书记，并派选在县里学习驾驶拖拉机。这一切，确实使我们全家十分感动。我的儿女做得还很不够，离毛主席的教导还很远、很远，当他们稍有微小的进步的时候，你们就按照毛主席的教导，加以表扬和鼓励。在此，我们全家对贵县对我的子女的教导和培养表示万分的感谢。今后，还希望贵县领导多加教育和指导，使他们坚定不移地在革命化的大道上奋勇地前进！我们家长也要遵照毛主席的教导，教育子女放眼世界，扎根农村，紧跟毛主席干革命，并鼓励他们坚定不移地走毛主席指引的"五·七"道路，发扬一不怕苦，二不怕死的革命精神，艰苦奋斗，自力更生，为巩固和发展农村社会主义阵地，为中国革命和世界革命作出更大的贡献。

让我们再次地表示感谢，感谢贵县对我的子女的关怀、教育和培养。

敬祝

毛主席万寿无疆！

包××

一九七○年三月三日

上海知青石×的汇报信

定南县"五·七"大军办公室同志：

您们好！来信已收到。十分感谢您们办公室对我们知识青年的亲切关怀，上封信中所反映的情况已妥善处理，你们这种对革命事业极端负责任的工作态度是大大地值得我们学习。

　　现在，我们学习小组已经坚持天天学习，学习元旦社论和县"五·七"办公室下发的学习文件及其它文件材料，并在组里经常地积极地开展批评和自我批评、谈心活动。在谈心中，许多同学谈出了不少活思想：有的想早些进工厂，有的不愿在农村干一辈子，等等。遵照毛主席的教导："掌握思想教育，是团结全党进行伟大政治斗争的中心环节。"于是我们学习小组针对这个问题，学习有关文件和毛主席的三篇光辉著作。学习后，大家深深地感觉到：必须好好地向这些优秀人物学习，扎根农村，虚心接受贫下中农再教育，在农村这个广阔的天地里锤炼一颗无限忠于毛主席的红心，一生交给党安排。"外因通过内因而起作用"，思想一通，行动就有了。许多同学都积极地投入到农业学大寨和冬季积肥运动中去，为夺取七一年的大丰收作出了新的贡献。

　　在新的一年里，大家都表示：一定要发扬成绩，克服缺点，为人类作出更大的贡献。还有些同学，由于工作需要，将被贫下中农推选为大队的"赤脚教师"和"赤脚医生"、生产队队委，更好地协助生产队、大队做好各项工作。

　　最后，我代表我们学习小组对您们办公室的亲切关怀，再一次表示热烈的感谢！永远沿着毛主席所开辟的"五·七"航道奋勇前进！

　　此

革命敬礼！

上海知识青年：石×

定南县新城公社

××大队×××生产队

七一年一月二十日

　　阅。

　　何

　　二月十五日

上海知青卢××、戴××及其家长的信

老何、老古同志：你们好！

　　我们回到上海探亲已将一月，因一路上受寒着凉，又因"水土不服"，

至今身体才较正常，直拖到今天才提笔给你们写信汇报这一月来的思想，但说实话这不过是外因，主要还是我们内因没起作用，请原谅！

一到家我们就向爸妈转达了你们的问候，我们的爸妈也向你们致以革命的敬礼。

上海的革命与生产形势一片大好，目前各单位正在传达上海市第四届党代会精神以及张春桥的政治报告、姚文元的关于路线斗争学习的报告。

我们还要告诉你们一个好消息，就是据传达党代会的代表谈到的体会中讲到，上海黄浦江底下已开通了一条隧道，有五层楼那么高，并行可驶二辆汽车，步行要四十分钟（代表们已去参观过了）。只有在党的领导下，经过五年的艰巨劳动，才能取得这么辉煌的成果，我们要千遍万遍地高呼毛主席万岁！

……

时间过得真快，我们到上海已将近一个月了，我们非常想念城门的贫下中农。一个月来，我们把烂脚都医好了，每天看些报刊外，还去看了几个电影。平时在家搞些家务，也不常出去，因此经常想到在城门的生活学习和劳动的情景。

有时看到知识青年接受再教育的先进事迹，我们真感到没有像他们那样更好地活学活用毛主席的哲学思想，路线斗争觉悟不高，没有更好地在三大革命斗争中锻炼自己，改造自己的世界观。我们又回想起你们来城门帮助我们举办学习班，用主席哲学思想彻底解决团结问题，并一再嘱咐我们要坚持学习制度，这是对我们最大的关怀，最大的鞭策。我们俩现在虽然回家离开了集体，但学习仍坚持着，每天除了读报外，和弟妹每星期学习二次哲学著作，有时爸爸妈妈也参加。我们决不辜负你们对我们的期望。

我们回上海以后××也经常来信，知道他们三人最近关系尚好，仍共同煮饭和劳动。××较能听××及我们的话，所以爸爸妈妈也放心了。××春节回城门去过。你们不是答应去城门过年吗？有空的话一定要去。

春节即将来临，我们都准备过一个革命化的春节，想你们在节日中工作一定更忙。今年的汇报团几时来沪？我们多么希望在上海能看到最关怀和爱护我们的首长以及同学啊！

一切再谈。祝

新春健康！

爸爸、妈妈都向你们问好！

××"五·七"战士

卢××、卢××

戴××、戴××

一九七一年一月二十二日

已复信。

古

二月十二日

老何、老古、老令、老廖、老钟等负责同志：你们好！

自从上海回来以后，不觉已有二个多月了，弟弟戴××因肝炎回沪医治也快二个月了。最近他来信说，身体情况已比刚回去时有所好转。第一次化验时还有一项叫做什么"胆红素"的不太正常，第二次化验时基本上都已正常了。医生说再过一个月再化验一次，如各项都正常的话，就可证明痊愈了。医生说最近一时期还需要休息，但不能为外地病人开休假证明，所以弟弟托我们为他再请假一个月，请予以批准为望。小卢去年的肾炎又复发了，医生要她休息一个月，不准参加劳动。

前几天张××与李××在县里开会回来以后，传达了大会精神。对照领导上给"五·七"大军提出的六项任务，我们感到很惭愧，以前我们在队里没有能起到"五·七"大军的作用。在春耕大会战中，全体贫下中农响应农业学大寨的伟大号召，发扬了"一不怕苦，二不怕死"的革命精神，排除了各种右倾思想干扰，终于把全部田都莳上了早稻。回想二年多以来农村所起的变化，我们看到了农村无限美好的前程，我们决心安心在农村，为彻底改造农村的面貌而贡献出自己的一切。

自从你们来到城门帮助我们建立了"天天读"制度以来，算是坚持了下来。从我们回来以后，就决定通读《毛选》四卷，每天晚饭后集体读一个小时左右。在春耕大忙时，在他们去开会只有我俩在时，也坚持了这个制度。现在已差不多读完第一卷了。但与"要认真读书"这个伟大指示来对照，我们这还仅仅是流于形式的一种为读书而读书，达不到"用"的目的。在我们的思想里也知道应该针对形势，联系思想，选择重点，活学活用，但

219

就是不知道目前应该针对什么形势，联系什么思想，来选择什么重点读？不知应该把什么作为当前的主要矛盾来解决，是改造人的主观世界，还是如何搞好集体，还是如何起到"五·七"战士的作用……？我们很想及时地解决这些问题，更好地活学活用主席著作，更好地改造主观世界，更好地在农村干一辈子革命。

他们回来以后，提到大会要求大家读一些马恩列斯的书。我们在上海时，上海也正在开展这个读书运动，由于受了家长的影响，我们也曾读了《共产党宣言》、《国家与革命》、《哥达纲领批判》、《法兰西内战》等几本，而且还带了几本送给了卢明民学习。但也由于不明确目的，仅仅只能说是看过一遍。现在要学习的是哪几篇？应该如何联系《毛选》去读？应该如何联系当前形势？这些问题都是我们迫切想明确的，希望能多给我们以思想上的指导与帮助，使我们能在读的时候更深刻地领会精神。

回想二年多以来，领导上一直对我们这个集体寄予很大的希望，又给了我们以很大的荣誉。但是我们辜负了党和贫下中农对我们的期望，没有作出应有的贡献，"不进则退"，已远远地落在了后面。这使我俩深深地感到惭愧，有心要重整旗鼓，搞好团结，继续前进，但由于我俩没有学好主席著作，也因为我俩在政治还较幼稚，竟不知从何做起。张××回来后提起小组会上曾专为他和李××的团结问题办了一天多的学习班。我们希望他俩能真正地团结起来。

在回来时就听说他俩搞得很僵，我们不知道怎么办好，问了几个下放干部，有的说他们争执时你们二面糊糊，做做老好人，有的说你们做中立派，这些我们是能够做到的，前一时期也是这样做的。但这样做对于我们这个集体，对于他俩的团结都不能起到什么促进作用。对于这些，我们也是有责任的。今天听说他俩在田里劳动时不知为了什么竟打了起来，并去了公社。今后我们应取怎样的态度呢？

一直和我们比较要好的××大队、××大队的知识青年班在大踏步地前进着，全体"五·七"战士也在大踏步地前进着。为了更好地发挥我们——一个"五·七"战士应起的生力军的作用，我们多么希望我们班能真正地团结起来，在"五·七"大道上与大家一起前进，争取更大的胜利啊！

以上这些，算是我们二个多月来的一个思想汇报吧，肯定有许多地方是不符合主席思想的，望能得到批评与帮助。

×× 　　卢××

戴××

一九七一年五月二十四日

老何、老古等同志：

今天晚上的"天天读"以后，他们俩根据公社的要求在集体中作斗私批修，但结果又争了起来，互不相让，最后要我们俩表态。我们看这样继续下去只能引起更坏的结果，只得说等李××来了再解决。不知我们这样表态是否对？此事引起了很大的震动，望能迅速解决。今后我们应该怎么办？

卢××

戴××　又笔

七一年五月二十四日夜

何××、古××、老钟三位同志：

自从××、××回沪时曾写过一信，至今已二个多月未曾再写信问好。目前上海和全国各地一样形势大好，在党的九届二中全会精神的鼓舞下，各条战线都狠抓革命猛促生产，深挖"五·一六"运动正在深入开展。我们单位也都在以批修整风为纲深入开展革命大批判的基础上，进入了大揭大议的阶段，所以学习和会议较多，趁今天星期日有空，特此向你们问好。

为了落实毛主席的备战备荒为人民的指示，积极加强战备措施，各区、各单位以及街道里弄都发动群众深挖地下防空设备，我们在职职工也定期参加二天城防劳动，这也是锻炼的良好的机会。

自二月份开始，上海学校、工厂以及各单位都纷纷响应毛主席"一一·二四"有关野营训练的批示，分期分批到各郊县进行拉练12—20天，我们已经参加过，虽时间不多，但对于我们长期住在城市中的人能在三大革命实践中经受锻炼和考验，不但炼出了铁脚板，更主要的是锻炼了我们的思想。

今年五月七日是伟大领袖毛主席发表光辉的"五·七"指示的五周年，上海市各单位也都隆重庆祝或举办讲用会，特别是下放干部和知识青年畅谈了在农村接受贫下中农再教育的深刻体会。回想到卢××、戴××等到定南插队落户二年中，他们在党和县"五·七"办公室以及贫下中农的无微不至的关怀下茁壮成长，在政治思想上有了较大的提高，从他们最近的来信

221

中，知道他们能坚持天天读，并积极地参加了春播工作，感到身心很是愉快，并更密切了和贫下中农的关系，这些成绩也都和你们的教育和培养是分不开的。我们做家长的都进一步体会到毛主席的"五·七"指示的英明伟大，对他们在定南插队落户都非常放心，并对你们表示衷心的感谢。

虽然××最近又复发肾炎，但在公社医生及贫下中农的医治和照顾下，现正在恢复中，他也表示安心休养，争取早日参加劳动。这次正上因肝炎准假回沪治疗，一个多月来，经过检验和医治基本上已在好转，现正在休养期间。据医生嘱，尚须隔一个月再检查一次，以作决定，因此可能要超假一个时期，待痊愈后当立即回队。此致
革命的敬礼！

卢　×

戴××

七一年五月三十日

已复信定期回农村。

古××

六月十九日

上海知青王××、王××的家长的信

县革会"五·七"大军同志们：

你们好！我们是王××、王××的家长，在春节前夕，我两个孩子经组织批准先后返回上海探亲。两年来，在毛主席"五·七"道路的光辉指引下，在县"五·七"大军首长和贫下中农的热情关怀与帮助下，他们人长高了，身体结实了，现在挑起百来斤的东西也可以了。这与两年前相比，手不能提、肩不能挑的瘦弱身体真是大不相同，特别是我儿王××，年终被评为"五好社员"，××五个上海知识青年又光荣地被评为"五好集体"等称号，我们听了，真是万分激动，千言万语，汇成一句话：毛主席万岁！毛主席万万岁！

孩子的进步和健康地成长使我们深深感到，知识青年到农村去接受贫下中农的再教育的确很有必要，这是培养无产阶级革命事业接班人的根本途径，是巩固无产阶级文化大革命的伟大成果的有力措施！是深刻的社会大革命。

县革会"五·七"大军同志们：你们把培养无产阶级革命事业接班人作为自己重要责任，对工作在大汶卫生所的我女儿王××的劳动、生活等方面加以关心和热情的帮助，我们深表感谢，并且衷心希望：县和公社的"五·七"大军首长同志进一步加强对知识青年的思想改造，从政治上严格要求他们，把他们培养成为无产阶级革命事业的可靠接班人。

致以
革命的敬礼！

王××、王××家长：王××、张××
一九七一年二月五日

已复信。
二月十三日

与上海知青计××的家长的往来函件

何××同志：

首先让我们共同祝愿我们心中最红最红的红太阳毛主席万寿无疆！万寿无疆！！

回忆去年五月您来上海招收知识青年去定南插队落户干革命，我们曾见过面，我女儿××中学六九届毕业生计××在您的带领下去江西后被分配在××公社××大队××生产队参加劳动。由于您们省"五·七"大军、公社等长期的对计××教育和培养，不断地接受了贫下中农的再教育，使她得到了很大的进步与提高。计××在七〇年十二月被评为"五好社员"称号，这是毛泽东思想的伟大胜利，也是您们培养的成果。我们家长衷心地感谢您们对知识青年无微不至地教育与关怀。今年听说江西又要来上海招生，不知您是否来上海再招知识青年，如来上海，我们一定来拜候您们。有空希来信互通情况。

专此并致
革命敬礼

家长：许××上

一九七一年六月十九日

许××同志：

来信收悉。贵子女计××去年五月份来到我县插队落户干革命，在一年多的时间里，小计努力活学活用毛主席著作，虚心接受贫下中农的再教育，取得了一定的收获，去年年终四好评比中被评为"五好社员"。当然，这是小计活学活用毛泽东思想的结果，是贫下中农再教育的结果，也与革命家长经常的红色家信的帮助所分不开的。作为我们来说，没有做好工作，工作还不深入细致，这方面还要请革命家长多多地给我们提出宝贵意见。

根据上级指示，上海青年今后每年都会有一些到我们省插队落户的，我们县是否还有任务，现在不清楚，也可能还有。这是上海市革委、上海市工人阶级对我们的信任，我们将尽我们一切努力来接受任务，完成任务。最近上海市革会又派出电影慰问队到我县各公社进行慰问放演，受到广大贫下中农、知识青年的热烈欢迎，深感到今后一定要做好再教育工作，要更好地在农村虚心接受贫下中农的再教育，听毛主席的话，扎根农村一辈子，万匹马力拉我不回头。

去年有一次××公社办学习班时，我见到了小计，身体长得很结实，听说还学到不少定南话，我又问了公社"五·七"大军办公室的同志，小计在生产队表现是不错的，请家长放心，过些时候我还准备再到××去，看看她（他）们，向她（他）们学习。

在知识青年中有些什么活思想而我们没有掌握的，请革命家长了解的，请转告我们，"互通情报"加强联系。

此致

革命敬礼

何××
七一年六月二十六日

感谢信

定南县"五·七"办公室：

我们听说上海市革委会电影慰问队在你县慰问演出后转我县慰问演出，我们感到很高兴，我们立即请示了我们的领导，我们的领导表示一定要很好欢迎和热情接待。可是很不凑巧，本想开小车子来接的，因小车子坏了，现在广州修理。想联系个班车，又遇我县两部班车又在进厂修理。没有办法，后就决定买定南班车票，赶至定南迎接，又因连日下雨，桥梁被冲坏。由于种种原因，我们就没有很好地热情地把慰问队接到我县来，相应的还给你们增添了很多麻烦，我们感到很对你们不起，请原谅。你们代我们做了很多工作，你们帮我们找好车子，并亲自陪送慰问队到我县来，这充分体现了你们完全彻底为人民服务的精神。在此，我们表示衷心的感谢！并致以崇高的革命敬礼！

你们认真读书，活学活用毛泽东思想，毫不利己、专门利人的精神值得我学习；对工作极端的负责任，对同志对人民极端热情的风格值得我们看齐。在此，我们再向你们表示万分感谢！并向你们学习！向你们致敬！

安远县"五·七"办公室/（章）

七一年六月二十一日

关于要求上海督促长期离队人员返回原单位的函

××区下乡上山办公室：

　　……

另外，我们县××公社最近有两个知识青年没有经过请假逃回上海，请你们帮我们了解一下情况，根据生产队和公社反映，他们俩回上海都不准备回定南的。一个是胡××，原××中学六九届的，家住淮海中路×××弄×号，据反映生产队还开了证明，当然生产队、大队的证明在外省、市是不生效的，可能他会在里弄里骗一些人。还有一个是黄××，女，原××中学的，家住淮海中路×××弄×号，去年来到不久逃跑回沪，今年三月才返回生产队，上月底又逃跑了，劳动很少。上两个人请帮我们督促其及早返回生产队。

此致
革命敬礼

一九七一年十月十一日

与上海知青宋××的家长的往来函件

"五·七"大军办公室、同志们：您们好！

我儿宋××插队在××公社××大队××生产队，插队以来，将近一年半了。××在贫下中农的再教育中，表现如何？在政治思想是否对自己有严格的要求？学习是否认真？在工作的劳动态度上如何？生活作风等方面的情况，如有不足之处，请加强教育，对他要求严一点，同时也向我们如实反映，不胜感谢！××到农村这么一段时间里，当地的干部和贫下中农对××的关怀、照顾，我们表示衷心的感谢，我们共同在不同的工作岗位上为社会主义革命和建设贡献自己的力量。并请革命干部和贫下中农继续对他加强教育，希望他活学活用毛泽东思想，为巩固无产阶级专政、巩固城乡社会主义阵地而努力工作。

近来××来信较少，不知有否思想情况，还是因病误信，或是已来信遗失而我们收不到信。已有一个多月没有来信了，从九月初一信中讲起他在烂脚，后来我二次去信，没有回信，来回一信需要半个月的时间。××是第一个孩子，他不来信，很念！特别是他母亲，更念不至，夜不能眠。

麻烦您们干部，请把情况告诉我们，谢谢！

此致

革命敬礼

家长：宋××

一九七一年十月二十六日

宋××家长：

你好，十月二十六日的来信我室已收悉。你积极响应毛主席的伟大号召，把××送来我县接受贫下中农的再教育，到农村干革命，为帮助农村建设社会主义新农村。你的行动是我们学习的榜样。

××来我县插队已有一年半了，但我们没有学好毛主席著作，没有向家长汇报，请原谅。今后应当加强联系及时反映情况，现在我将××的情况简单向家长汇报如下：

××从来到我县龙圹公社××大队××生产队以来，处处严格要求自己，在学习三大革命斗争中，各方面都能起模范带头作用。

　　他在学习上很认真，他自己订了解放军报、江西报等，为自己学习之用。不但自己个人经常学习政治，学习毛主席著作，而且还帮助生产队组织贫下中农学习，经常向贫下中农讲解，使广大贫下中农都能知道国家的形势和任务。又如在阶级斗争方面，在每项运动中，能和贫下中农一道，敢于向坏人坏事作坚决的斗争。在生产劳动上，他一贯表现很好，工作认真，在劳动时不怕苦、不怕累，能和贫下中农一道说干就干，经常出工，很少往外跑，能安心在生产队。在贫下中农中影响很好，取得贫下中农的好评。由于在各方面的表现很好，××同志在上半年已评为五好社员。目前正在秋收冬种紧张季节，他又积极地投入了秋收冬种这一运动中。

　　总之，他从下来我县，能听党听毛主席的话，学习认真，能安心在农村干革命，在三大革命斗争中，能积极主动参加，在贫下中农的关系上搞得很好，通过一年多的锻炼，各方面都取得了一定的成绩。这是党和毛主席的领导、贫下中农的帮助、家长的支持所取得的成绩。

　　但是我室掌握的情况不够，只能简单地向家长汇报。

　　致

无产阶级革命敬礼

七一年十月八日

关于上海知青朱××的家长要求对其儿帮助的往来函件

定南县"五·七"大军领导小组：

　　您们好！我是朱××的家长。我儿朱××（母姓）为响应毛主席关于"知识青年到农村去，接受贫下中农的教育，很有必要"的伟大号召，于七〇年五月到江西定南县月子公社月子大队下坝生产队插队落户。去年底（十二月）经组织同意曾回沪一次。由于我二个子女（六九年、七〇年）连续去农村插队，经济受到一定影响，去冬××回沪前未寄予车费，由小队设法将××部分稻谷出售作××回沪之车费。××回沪期间承蒙领导上关怀，曾邮寄慰问信慰问，我俩很为感动。因××身患臭汗症，今春在沪动了手术，于三月二十七日匆匆动身返赣投入春耕生产。

近两个月来，××接连来信说：前欠口粮队里已扣去，而今冬粮食早已吃尽。为此我曾写信给领导上，要求领导能适当借支一部分粮食，二则叩问领导上，我儿××在赣工作、学习等表现如何，因子女远离家庭情况不最了解，但至今未见示复，使我俩难免有些不安。如××在学习、工作等各方面确实表现较差，亦望领导上费神，转知该社队领导，给予加强教育帮助，作为××的家长把子女交给党组织，使其各方面多受教育，本着是放心的。谅因××可能由于学习毛主席著作不够努力，各方面表现较差，而造成一些不良影响……使我俩难以猜测。今再次要求领导上从百忙中给予示复，使我俩对××情况能较详细地了解。

另则朱××接连来信，即欲回沪，且要我寄给回沪川资，乃因家中经济、粮食（按人定量）都有一定困难，故今又匆匆写信与领导商量，望领导上能下达些措施，给予××借支一部分粮食，以解决其暂时困难。我们定在日常生活中节约点，或向同事处讨一点粮票，然后兑成全国粮票寄上奉还。因××回沪，一则家庭经济受一定影响，更重要的，因近阶段从各地农村回沪知青较多，政治影响不好。今再次恳切要求领导上给予适当借支一部分粮食，和××表现情况从百忙中给予示复，不胜感谢。为盼。特此重托。

此顺致

革命敬礼

朱××家长：　　××× 　同启
　　　　　　　朱××

由于水平低，如有不妥之处，请批评指正。　　七二年十一月九日

待上级答复再答复本人。

七二年十一月十五日

×××
朱××　家长：

你们好！先后在十月八日、十一月九日两次来信均已收悉，未及时回信，请见谅。

据我们所悉，小朱于一九七〇年五月来到江西定南月子公社插队落户，从七〇年七一年看各方面表现均不错，努力学习，积极参加劳动，一九七一年度

年终决分是 1555.6 分，收入 70 多元，在生产队服从劳动调配，也不和一些不正派的人来往。去冬请假回沪探亲，今年三月回到生产队，情况就大不一样了，特别又是在该队有一个×××（此人今年以来干了不少坏事）由九曲电站送回生产队以来，小朱和×××在一起，东一天西一天，不学习，不参加出勤劳动，公社"五·七"办公室人员对他们进行帮助、教育，开会进行教育至今仍无转变，思想不安定。小朱三月份由沪回队里直到今年十一月十五日止劳动才 30 多天，×××七月由电站回来到十一月十五日止劳动才两天，经常与×××、×××（由县农机厂清理回生产队去的）等人天天外流，不出工，生产队干部、贫下中农也不知他们到什么地方去了。也有时将外地的知识青年一伙一伙地约到小朱处，住上三天五天，有时七八天，这样一来，贫下中农讲不听，因此也不太愿去管理了，人多了把小朱的本身口粮也吃得差不多了。本来他在生产队的口粮基本定量是 600 斤，不足原定量的由国家补足，可是现在小朱在生产队里仅还有 140 斤谷子，问题就无法解决。小朱在今年七月十五日前他在生产队的粮食是有节余的，自从今年七月十五日后至今，不出工，天天在家里，有时也出工，吃的人多，引起了严重缺粮。此情况我们转告了公社，公社办公室的同志也找了小朱进行教育，不过也请家长帮助我们做好思想教育工作。现在生产队贫下中农说，"如果总是这样下去，生产队再不给粮食了。"我们对生产队干部、贫下中农、知识青年本身都进行过教育，至今改正不大。小朱如果还是转变和去冬以前那个样子，生活完全可以自给，不需要家长从上海寄钱、粮来，我们县很多的知识青年都是做到了自给有余，这是上海慰问团的同志到我们县调查过的。最后希望革命家长从严要求自己的子女，协助我们做好思想教育工作，落实伟大领袖毛主席上山下乡的无产阶级革命路线！发展大好形势，巩固下放成果。我们的工作做得很不好，盼家长对我们提出宝贵意见。

　　此致

敬礼

　　　　　　　　　　　　　　　　一九七二年十一月廿日

　　抄转××公社"五·七"办公室一份

定南县革会"五·七"领导同志：

　　您们好！承蒙领导关怀，从百忙中给予来信收到。阅悉吾儿××自今年三月以来各方面表现很差，不闻政治，懒以出工，常与×××、×××等犯有流氓习气的人外流白相，引起生产队干部和贫下中农大为不满。据悉贵领导及公社"五·七"办公室的同志曾对生产队干部和社员做了思想工作，对××等人进行帮助教育，这是您们认真贯彻执行毛主席革命路线和政策、重视青年教育工作的具体表现，值得我俩学习的榜样。

作为××的家长，本身也是搞阶级斗争的，但自己的儿子却不能听从党组织的亲切教导，正在往歧途上滑，确实感到心神不安，如再不及时抓××的思想教育工作，就有被资产阶级拉过去的危险。这主要是家长以往管教不够和××本身平时没有很好学习毛主席著作、放松对自己世界观改造所造成的。

日前××来信对自己错误、缺点虽有所认识，表示愿意悔改，但认识程度还是不足的，今后我俩一定配合贵领导，加强对××思想上、政治上的教育。今我俩已直接写信给××，对他的错误、缺点行为作了严厉批评，指出他改正错误方向，并叫他与×××、×××等人不作无原则的调和，分清是非，靠拢组织、勤出工，认真刻苦学习毛主席著作，提高阶级斗争、路线斗争觉悟。但还需贵领导继续给予从思想上、政治上的引导教育，并请转知公社办公室的领导同志同样给予帮助教育，这是我俩最诚恳的委托。

另则我接连写信给××后，料想他定能改邪为正，此后是否会引起×××、×××等一伙人的反感，或给××来一个施加压力？为此我俩亦有顾虑。今特向贵领导提出要求，要求领导上并转知公社、大队等组织以及生产队贫下中农，给予管教和照料为感。如有不良情况务请贵领导设法给予××调个环境，一方面我们对××加强教育，增加些压力，另方面对×××、×××等人也是一个压力。当然能否这样做，请领导上慎重考虑，然后从百忙中给予示复为盼。

作为××的家长，心有余力不足，由于文化水平低，文字中难以表达我俩的心意，只有在实际工作中向贵县"五·七"领导学习那种认真贯彻执行毛主席无产阶级革命路线和政策，重视青年人的教育工作和彻底革命精神，来报答党和毛主席的恩情。特此重托。

如有不符合毛泽东思想之处请批评指正。最后

顺致

革命敬礼

朱××家长：×××同上
朱××

七二年十一月二十七日晚

关于填写上海知青成长情况表的函

定南县革命委员会下乡上山办公室、团政治处：

　　为进一步宣传毛主席关于"知识青年到农村去"的光辉指示，加强城乡配合，共同做好对下乡知识青年的再教育工作，请将在贵县（团）干革命的974名上海知识青年茁壮成长的部分情况（截至七三年五月底），填完后退给我们。

　　此致

敬礼

上海市革命委员会下乡上山办公室

一九七三年六月十日

（一）上海下乡青年分布在13个公社（营）74大队（连）181小队。

（二）入党3人，入团142人，参军11人，选送上大学21人。

（三）选拔到各级领导班子：

省委、省革委会□人；

地委、地革委会□人；

县委、县革委会5人，

公社党委、革委会21人。

（四）被评选为先进、模范的集体和个人：

省先进集体1个，先进个人6名；

地先进集体16个，先进个人100名；

县先进集体28个，先进个人293名。

填报时间：一九七三年六月二十日

江西省定南县革命委员会"五·七"大军领导小组办公室（章）

关于知识青年吴××需添制家具的情况汇报

县革委上山下乡办公室：

我社白沙大队上海知识青年吴××，原是在园墩生产队与杜××、刘××她们共住一块，因她们互不通气，今年吴从上海回来更换了插队地点，迁往了河背生产队。目前她的家具一无所有，临时搭伙在群众家中，就河背生产队资金也有困难，现需增制家具，应开支人民币叁拾元，生产大队、公社无法解决。现特写报告向你们反映，研究这是否可以解决，请县办批示为盼。

特此呈报。

定南县柱石公社/（章）
一九七三年八月十七日

无购置项目及详细金额，暂不同意报补。
七三年十二月十二日

关于恢复上海知青陈××口粮的往来函件

县乡办负责同志：

兹有我社××大队×××生产队的上海上山下乡青年陈××同志，因组织的照顾需迁回沪去。

该同志是一九七二年七月份请假回沪去的，至今回来办理迁移手续。但是生产队将该同志的口粮不肯供应，一粒不发，说什么不在队的一律不发，什么时候回队什么时候供应。

根据上述情况，我们公社的意见是，生产队的基本口粮是要供应的，否则，是不符合政策规定的，可是小队不同意我们意见。因此，现呈报县乡办提出处理意见，望及时答复为盼。

并派陈同志亲自前来请示。

此致

江西省定南县××公社革命委员会（章）

一九七四年五月四日

注：72.7.16—73.7.15 的口粮：470；

73.7.16—74.7.15 的口粮：480；

合计 950 斤整。

××公社革委：

你处今年五月四日来函称：××大队×××生产队的上海知识青年陈××是一九七二年七月份请假回沪探亲去的，至今生产队对该青年的口粮不肯供应，一粒不发！说什么不在队的一律不发！什么时候回队什么时候供应。你们公社的意见是：生产队的基本口粮是要供应的，否则，是不符合政策规定的。可是小队不同意你们意见。此函由陈××本人送交我室，经查实陈××是一九七二年七月四日离定南（假期二个月），通行证〔72〕174 号，直至今年四月二日返定。经我们对其本人教育后，关于陈的口粮的处理：①七二年组织批准假期贰个月的口粮一定要给的；②从今年返队时间的口粮直到接新粮的口粮也要给的。这二点陈××本人也同意，这是我们的意见，供你们参考。

此复。

江西省定南县革命委员会知识青年上山下乡办公室（章）

一九七四年五月六日

五　学习与接受再教育

省级

中共江西省委、江西省革命委员会给全省下放干部、下乡知识青年和城镇居民的慰问信

同志们：

在党的"九大"团结、胜利路线的指引下，全省人民满怀胜利的豪情，跨进了战斗的一九七二年。值此春节到来的时候，中共江西省委、江西省革命委员会向你们表示亲切的慰问！

当前国际国内形势一派大好。在国际上，整个世界激烈动荡，全世界人民反对帝国主义及其一切走狗的革命斗争蓬勃高涨。帝国主义阵营四分五裂。修正主义集团日趋瓦解。各国反动派惶惶不可终日。国家要独立，民族要解放，人民要革命的伟大历史潮流，正在猛烈冲击着帝国主义和一切反动派的腐朽统治。在国内，全党、全军、全国人民在以毛主席为首的党中央领导下，深入进行思想和政治路线方面的教育，进一步揭发和批判了刘少奇一类骗子里通外国，妄图改变党的路线和政策、改变社会主义制度的阴谋，巩固和发展了无产阶级文化大革命的伟大成果。我国社会主义建设欣欣向荣，国防力量更加强大，无产阶级专政空前巩固。我国的国际威望进一步提高，我们的朋友遍于全世界。我省和全国一样，形势大好。全省人民通过思想和政治路线方面的教育，反骄破满，批修整风，阶级斗争、路线斗争和无产阶级专政下继续革命的觉悟大大提高。社会主义革命和社会主义建设取得了新胜利。农业连续十年丰收，一九七一年在旱、涝、风、虫灾的情况下，粮食生产又有增长，已有三十二个县粮食产量跨过《农业发展纲要》规定的指标。工业生产发展很快，钢产量比一九七〇年增长百分之一十九点七。交通、基本建设、财贸、商业、文教卫生等各条战线都取得了很大成绩。这是

马克思主义、列宁主义、毛泽东思想的伟大胜利，是毛主席革命路线的伟大胜利。

同志们：你们遵照毛主席"广大干部下放劳动"、"知识青年到农村去"的伟大教导，在各级党委和革委会的领导下，在贫下中农的热情关怀下，认真读马、列的书，读毛主席的书，虚心接受贫下中农的再教育，努力改造世界观，在农村三大革命斗争中，发扬"一不怕苦，二不怕死"的革命精神，与贫下中农一道，改天换地，发挥了生力军作用，做出了很大成绩，涌现出许多先进集体和模范人物。一代有社会主义觉悟有文化的劳动者，正在农村这个"广阔的天地"里茁壮成长。

毛主席教导我们："我们希望我国的知识分子继续前进，在自己的工作和学习的过程中，逐步地树立共产主义的世界观，逐步地学好马克思列宁主义，逐步地与工人农民打成一片，而不要中途停顿，更不要向后倒退"。在新的一年里，希望你们更加刻苦地读马、列的书，读毛主席的书，努力改造世界观。要继续进行思想和政治路线方面的教育，进一步分清什么是毛主席的马克思列宁主义路线和政策，什么是刘少奇反马克思列宁主义的路线和政策；什么是唯物论的反映论，什么是唯心论的先验论；什么是社会主义道路，什么是资本主义道路；什么是有利于巩固党的领导，什么是摆脱或削弱党的领导。不断提高执行毛主席革命路线的自觉性。当前特别要学好中央两报一刊元旦社论；学好、唱好、执行好《国际歌》、《三大纪律八项注意》歌，不断增强党的观念，加强革命团结，遵守革命纪律。要搞好革命大批判，狠批刘少奇"读书做官论"、"下乡镀金论"等反革命修正主义谬论，肃清其流毒。要继续开展向知识青年的好榜样——谭冬幼同志学习活动，树立扎根农村干一辈子革命的思想，在农村三大革命实践中"经风雨，见世面"，真正把自己锻炼成为坚强的无产阶级革命战士。

"我们现在正处于世界革命的一个新的伟大的时代。"展望未来，豪情满怀。让我们更加紧密地团结在以毛主席为首的党中央周围，谦虚谨慎，戒骄戒躁，继续革命，为胜利完成一九七二年新的战斗任务而努力奋斗。团结起来，争取更大的胜利！

一九七二年二月

上海、江西关于举办"一九七四年上海市摄影艺术展览"的通知

省知识青年办公室、"五·七"办公室、生产建设兵团政治部：

为迎接中华人民共和国成立二十五周年，经中共上海市委、市革委批准，决定在十月一日举办"1974年上海市摄影艺术展览"。影展要求通过摄影艺术，反映毛主席革命路线的伟大胜利，反映全市人民以党的基本路线为纲，深入开展批林批孔斗争，狠批林彪效法孔老二"克己复礼"，妄图复辟资本主义的罪行，热情歌颂无产阶级文化大革命的伟大胜利，热情歌颂社会主义新生事物，热情歌颂各条战线抓革命、促生产、促工作、促战备所取得的巨大成就。

这次影展特别要求有上海百万知识青年热烈响应毛主席上山下乡的伟大号召，在祖国各地茁壮成长的照片。为此，要求你们继续大力协助，在开展群众业余摄影活动的基础上，请代将此件转发给上海知识青年比较集中的地区、县和农场、林场、牧场等有关部门，并代为征集和推荐这方面较好的作品，充分影展内容，不胜感激。

致
革命敬礼！

上海市摄影创作办公室
一九七四年四月八日

附收件办法：

1. 作品请放大 5×6 寸，并注明作者姓名、单位、作品标题。

2. 作品须送主管单位审查盖章。

3. 收件时间自即日起至八月十日（底片暂请保存）。

4. 作品寄上海黄陂北路 226 号上海市摄影创作办公室。

各地、市、县知青办：

接上海市摄影创作办公室函称：上海市决定十月一日举办"一九七四年上海市摄影艺术展览"，影展中要求有上海知识青年热烈响应毛主席上山下乡的伟大号召，在祖国各地茁壮成长的照片，因此需在各地征集这方面较

好的作品。现将原函转发给你们，请代为征集和推荐有关这方面的作品，如有这方面的作品，须送各主管单位（各县的可由县知青办审查）审查盖章后，直接寄送上海市摄影创作办公室。

江西省知识青年上山下乡安置工作办公室（章）

一九七四年六月十日

分宜县

关于组织"上海插队知识青年赴沪学习汇报团"
赴沪学习汇报的函
（分革〔70〕133号）

上海市黄浦区、虹口区革命委员会：

　　在伟大领袖毛主席"一二·二一"指示的指引下，今年，我县分两批接待了二千五百名上海知识青年来农村插队落户，接受贫下中农的再教育。由于上海市各级党组织和革命委员会、广大工人阶级和革命家长，紧跟毛主席的伟大战略部署，坚决落实毛主席伟大指示，对下乡知识青年政治上、生活上的关怀，使这些知识青年在贫下中农的再教育下，在农村三大革命运动中，经受锻炼和考验，政治思想觉悟有很大提高，精神面貌起了显著变化，涌现了一批活学活用毛泽东思想的"四好"班和"五好"战士。广大贫下中农和农村干部，对这些革命知识青年的可喜进步，倍加赞扬。但是由于我们政治思想工作没有做到家，因此有少数部分知识青年，对毛主席"一二·二一"指示理解不深，同时，头脑里"劳动惩罚论"、"读书做官论"的"刘毒"未肃清，对插队落户抱怀疑态度，因而表现在行动上贪图安逸害怕艰苦，尤其值得引起重视的是，最近相当一部分知识青年倒流上海。据不完全统计，截至十一月十八日全县有二百五十名回沪，有的逗留三四个月，不返回农村，在广大知识青年中造成了很坏的影响，贫下中农也很不满意，对上海的工作也将带来一些困难。

　　为了共同做好知识青年下乡的工作，遵照中央〔70〕26号文件指示的"安置地区和动员城市，要密切配合，互相支持，共同努力，做好工作"的精神，县革委决定，在七一年春节前，组织一个分宜县"上海插队知识青年赴沪学习汇报团"，到你区学习汇报。

一、学习汇报团，由你区上半年来我县插队知识青年代表和贫下中农代表、带班干部代表，连同县革委有关负责同志共二十二人组成。

二、学习汇报团的主要任务，遵照毛主席关于青年与工农兵相结合的一系列伟大教导，向上海各级党组织和革委会，向上海工人阶级和革命家长，汇报知识青年接受贫下中农再教育的成绩；介绍贫下中农落实毛主席指示向知识青年进行再教育的情况；宣传县革命委员会关于知识青年春节不放假与贫下中农过第一个革命化春节的决定的意见。

通过宣传、讲用和家访，以达到动员城市、安置地区革命家长和贫下中农，在毛泽东思想指引下，"密切配合，互相支持，共同努力，做好工作"的目的。并在上海各级党组织和革委会的支持下，将倒流回沪的知识青年动员回县，抓革命，促生产，与贫下中农在农村过第一个革命化的春节。

三、时间安排：我们初步确定一九七〇年十二月十九日出发，二十日到沪；在沪活动15至20天。

四、本着节省开支的原则，我们建议区革委不要为学习汇报团搞专门接待，代表住宿力求从俭。

以上安排意见，如有不妥之处，望即函告。

江西省分宜县革命委员会（章）

一九七〇年十一月二十三日

上饶地区

革命倡议书

全区的上海知识青年战友们：

首先，让我们怀着无比深厚的无产阶级感情，衷心敬祝我们心中最红最红的红太阳，我们最最敬爱的伟大领袖毛主席万寿无疆！万寿无疆！万寿无疆！

祝愿伟大领袖毛主席最亲密的战友、最好的接班人，我们永远学习的光辉榜样林副主席身体健康！永远健康！永远健康！

凯歌高奏，锣鼓喧天。在全国亿万革命人民欢庆"九大"的大喜日子里，上饶专区革委会在婺源县中云公社召开了"高举毛泽东思想伟大红旗，全面落实毛主席'五·七'光辉指示经验交流会"，这次大会的召开，是毛主席"五·七"光辉思想的伟大胜利，是毛主席无产阶级革命路线的伟大胜利。我们出席了这次大会，受到了极其深刻的教育。

为了进一步学习、落实毛主席的"五·七"光辉指示，更好地贯彻"备战、备荒、为人民"的战略方针，扎根农村干革命，建设社会主义新农村，更自觉地接受贫下中农的再教育，在三大革命运动中努力改造世界观，把自己锻炼成为无产阶级革命事业的接班人，为此我们特向全专区"五·七"大军中的上海知识青年提出倡议：

一、我们一定要学习贫下中农，无限忠于毛主席，无限忠于毛泽东思想，无限忠于毛主席的无产阶级革命路线。牢记林副主席教导："大海航行靠舵手，干革命靠毛泽东思想。"坚持早请示、晚汇报，天天坚持学习"老三篇"，学用结合，把"私"字扫地出门，使"公"字在头脑中安家落户，在农村扎根，干一辈子革命。

我们一定要特别认真学习毛主席最新指示、林副主席政治报告、新党章。热情宣传毛泽东思想，做到时时、处处突出毛泽东思想，大歌大颂毛主席的丰功伟绩，宣传最新指示不过夜，执行毛主席指示不走样。

二、我们一定要学习贫下中农，狠抓阶级斗争不转向，牢记毛主席"千万不要忘记阶级斗争"的教导，积极开展革命的大批判，狠批刘少奇"阶级斗争熄灭论"、"下乡镀金论"、"读书做官论"、"三自一包、四大自由、工分挂帅"等黑货，提高我们阶级和阶级斗争觉悟、两条路线斗争觉悟。在贫下中农的带领下，在阶级斗争第一线锤炼自己的红心。

三、我们一定学习贫下中农自力更生、艰苦创业的精神，自觉参加集体生产劳动。牢记毛主席教导："与天奋斗，其乐无穷，与地奋斗，其乐无穷"，发扬大寨精神，一不怕苦，二不怕死，用自己的双手，建设社会主义新农村，定叫山区换新貌。牢记毛主席"自力更生，丰衣足食"的教导，在政治上对自己高标准，在生活上对自己低标准，从劳动锻炼中改造思想，并尽自己最大的努力，尽早实行自给。

四、我们一定要学习贫下中农深厚的无产阶级阶级友爱感情，加强革命的团结。牢记毛主席的教导："我们都是来自五湖四海，为了一个共同的革命目标，走到一起来了……一切革命队伍的人都要互相关心，互相爱护，互相帮助。"我们要以"斗私，批修"为纲，正确对待自己，做到对己严、对人宽，把方便让给别人，把困难留给自己，和贫下中农开展"一帮一、一对红"活动，在同志间经常开展谈心活动，并且经常发扬先进，开展批评和自我批评。

同志们，战友们！让我们共同高举毛泽东思想伟大红旗，在"五·七"指示的光辉指引下，下定决心，不怕牺牲，排除万难，去争取胜利。

最后，让我们高呼：

党的"九大"胜利万岁！

坚决拥护、执行林副主席的政治报告！

坚决拥护、执行新党章！

认真接受贫下中农再教育！

向贫下中农学习！

向贫下中农致敬！

沿着"五·七"航道奋勇前进！

伟大的、光荣的、正确的中国共产党万岁！

我们伟大的领袖毛主席万岁！万岁！万万岁！

出席"上饶专区全面落实毛主席'五·七'光辉指示

经验交流会"的十九名上海知识青年

一九六九年五月十二日

关于举办下乡知识青年会计训练班的通知

（〔74〕饶乡办字第 13 号、〔74〕饶财农字第 18 号、

〔74〕饶农财字第 13 号）

各县（市、镇）乡办、人民银行、农业局：

为了热情支持社会主义新生事物，巩固知识青年上山下乡成果，并为生产队培训会计人材，以利于巩固集体经济，发展农业生产，经请示地革委批准，配合上海市对上山下乡知识青年试办业余函授教育的规划，举办一期下乡知识青年会计训练班。现将有关事项通知如下：

一、时间、地点。会计训练班定于六月十五日开办，十四日报到，时间

暂定二十天，地点放在上饶地委党校。

二、参加人员。

1. 波阳、万年、贵溪、德兴四县在报名参加生产队会计函授班的下乡知识青年中各选送四十名，共一百六十名。乐平已举办了训练班，不再参加。

2. 非函授点的县，按如下名额选送下乡知识青年前来学习：余干十名，婺源八名，铅山、玉山、弋阳、余江各七名，广丰、横峰、上饶县各四名，上饶市、鹰潭镇各一名，共六十名。

3. 县支行专职会计辅导员和营业所兼职会计辅导员，按附表所列名额，前来参加训练班。

……

三、注意事项。

1. 参加训练班的下乡知识青年应由各县乡办会同县银行选送。必须选送现在已担任或准备培养当生产队会计的下乡知识青年（不论上海市或本省下放的知识青年都可以），并适当考虑知识青年队会计，以免学非所用。

2. 参加学习班的人员一律自带蚊帐、草席、薄被、脸盆等日用物品，每人还要带一把算盘。

3. 已参加生产队会计函授的学员，应将已发的函授教材全部带来。

4. 参加训练班的知识青年每天交粮一斤五两，脱产干部交一斤二两，应带足二十天粮票，知识青年的补助工资、往返旅费等按规定由地区财金局发给。

5. 各县参加学习人员应集中到县，由县开具名单、介绍信，指定一人带队前来上饶报到。

6. 选送学员如不能足额，希及早告诉我们，以便进行调整。

特此通知，请研究办理。

江西省上饶地区革命委员会知识青年上山下乡办公室（章）

江西省上饶地区财政金融局（章）

江西省上饶地区农业局（章）

一九七四年六月六日

婺源县

决心书

最最敬爱的伟大领袖毛主席：

在伟大的斗、批、改的高潮中，我们知识青年怀着万分激动的心情，向您，我们心中最红最红的红太阳报告了振奋人心喜讯：上海知识青年奔赴农村插队落户干革命了！这是您的光辉思想的又一响彻云霄凯歌！这是以您为首、林副统帅为副的无产阶级革命路线的伟大胜利！

今天我们手擎红宝书庄严宣誓：

（一）永远忠于您，永远忠于您的光辉思想，永远忠于您的无产阶级革命路线！读您的书，听您的话，照您的指示办事，做您的好战士！

（二）更广泛地掀起一个努力活学活用您的光辉著作的群众运动，如饥似渴地认真学习、宣传、落实最高指示，做到天天读、天天用，在"用"字上狠下功夫，把您的光辉思想真正学到手，用您的光辉思想统帅一切。

（三）时刻牢记"千万不要忘记阶级斗争"的伟大教导，加强无产阶级专政，坚决打倒一切牛鬼蛇神，彻底搞好"三查"，认真做好清理阶级队伍工作，巩固新生的红色政权，誓把无产阶级文化大革命进行到底！

（四）坚决响应农业学大寨伟大号召，进一步掀起"抓革命促生产"的新高潮，虚心向贫下中农学习，拜贫下中农为师，以大寨人为榜样，用毛泽东思想不断总结经验，找差距，把自己有限的力量投入到无限的为贫下中农服务中去，为建设社会主义新农村贡献出自己毕生的力量。

（五）紧密地团结在以您为首林副主席为副的无产阶级司令部周围，大办各种类型的毛泽东思想学习班，坚持早、中、晚汇报，以最大努力锤炼一颗永远忠于您的红心！做到统一认识、统一政策、统一计划、统一指挥、统一行动。

（六）为建设社会主义新农村奋斗终身！奋斗终身！！

上海下放知识青年：陈×× 王×× 陈×× 金××

一九六九年三月二十一日

向贫下中农学习公约

首先敬祝我们心中最红最红的红太阳毛主席万寿无疆！

敬祝林副统帅身体健康！永远健康！

"红旗招展如画"。在夺取无产阶级文化大革命全面胜利的凯歌声中，在伟大的斗、批、改的高潮中，毛主席挥巨手："知识青年到农村去，接受贫下中农再教育"，我们奋勇前进！

关键的时刻到了，关键时刻献忠心，毛主席挥手我前进。忠不忠看行动。我们一致表示坚决听毛主席的话，在社会主义农村生根、开花、结果。虚心向贫下中农学习，拜贫下中农为师，恭恭敬敬地学，做贫下中农的小学生。为此我们提出以下几点保证：

（一）向贫下中农学习，必须像贫下中农那样，无限忠于毛主席，无限忠于毛泽东思想，无限忠于毛主席的革命路线。

（二）向贫下中农学习，必须像贫下中农那样，如饥似渴学习毛主席著作，反复学习，反复运用，对待无产阶级司令部的每一项战斗号令坚决执行，迅速落实。

（三）向贫下中农学习，必须像贫下中农那样，大公无私，最具革命澈底性，认真斗"私"批"修"，狠斗"私"字，猛批"修"字，用毛泽东思想统帅一切。

（四）向贫下中农学习，必须像贫下中农那样，一不怕苦，二不怕死，不怕脏，不怕臭，艰苦奋斗，几十年如一日。坚决响应毛主席伟大号召农业学大寨，树雄心，立壮志，以大寨人为光辉榜样，自力更生勤俭创业，在农村干一辈子革命，滚一身泥巴，种一辈子田，把自己毕生精力投入到建设社会主义新农村的伟大事业中去，澈底改变农村旧面貌。

（五）向贫下中农学习，必须像贫下中农那样，节约闹革命，做到精打细算，节约用钱，移风易俗，大兴无产阶级"四新"，澈底扫除封、资、修的污泥浊水。

最后我们庄严宣誓：为改变农村旧面貌，为打响春耕生产第一炮立新功而奋斗！奋斗！奋斗！以实际行动作出更大成绩迎接"九大"召开，向伟大领袖献忠心。

最后让我们高呼：

向贫下中农学习！向贫下中农致敬！

生在闹市长大，心在农村炼红！

滚一身泥巴，干一辈子革命！

不怕苦、不怕死，艰苦奋斗干革命！

坚决打响春耕生产第一炮，夺取今年更大丰收！

我们伟大领袖毛主席万岁！万岁！万万岁！

下放盘山大队庄前生产队上海知识青年

陈×× 王××

陈×× 金××

一九六九年三月二十三日

转发《接受再教育计划》的通知

各公社"五·七"大军班：

现将清华公社花园大队杨村坞生产队"五·七"班的全体"五·七"战士制订的《接受再教育计划》翻印给你们，讨论座谈。

这个班是上海市杨浦区的知识青年。今年十一月二日，他们积极响应毛主席"知识青年到农村去，接受贫下中农的再教育"的伟大号召，满怀革命豪情，来到我县插队落户，接受贫下中农的再教育。到农村后，又积极主动地制订出接受贫下中农再教育的计划，这是活学活用毛泽东思想在"用"字上狠下功夫的具体表现。望各班结合年终"四好"总评，在毛主席"五·七指示"的光辉指引下，讨论制订接受贫下中农再教育的计划，见之于行动。

婺源县革委会"五·七"大军办公室/（章）

一九七〇年十一月十八日

接受再教育计划

为了全面落实毛主席的最新指示，紧跟毛主席伟大战略部署，积极主动地接受广大贫下中农的再教育，扎根于农村，彻底改造世界观，为建设社会主义新农村作出贡献，我们清华公社花园大队杨村坞生产队"五·七"大军班全体战士订出接受贫下中农再教育计划如下：

一、学习、宣传毛泽东思想

1. 坚持天天读毛主席的著作，活学活用，立竿见影。

2. 同贫下中农一起学习毛主席哲学著作，办好政治夜校。分三班：政治班、文化班、儿童班（每周三晚）。

3. 组织三结合（贫下中农、下放干部、知识青年）的毛泽东思想宣传队（每周二晚）。

4. 全体"五·七"战士学习毛主席"五·七"光辉指示（每周一晚）。

5. 劳动前与社员一道学习毛主席语录，劳动休息时，和社员一起学习时事政策、唱革命歌曲。

6. 每月月底办一次毛泽东思想学习班（开讲用会、学习重要社论或其它文件，总结经验，找出差距等）。

二、接受贫下中农再教育

1. 下放干部、知识青年共同在贫下中农指教下，做到同吃住、同劳动、同学习、同商量。

2. 每月开一次民主生活会，请再教育小组同志参加评论。

3. 经常主动请贫下中农上阶级教育课。

4. 同贫下中农一起劳动，每月出勤 23—25 天。

5. 积极主动和贫下中农打成一片，经常为贫下中农做好事。

6. 开展"一帮一、一对红"活动，并举行"拜师会"，虚心接受贫下中农再教育，恭恭敬敬地向他们学习，拜他们做老师。

三、积极投入三大革命运动

1. 继续深入开展革命大批判，积极投入一打三反运动（每月出一次批判专栏，每月开一次批判大会）。

2. 积极投入建设社会主义新农村，协助所在队制订好远景规划和当年的生产计划，实现农村"四化"，并在贫下中农指教下改造老茶园，培植新茶苗，种植果树，改造低产田。

3. 大搞科学实验，坚持并推广糖化饲料养猪，发展养猪事业，明年争取做到一人一头猪。

4. 学习推广草医草药和新针疗法，为贫下中农服务。

四、学习解放军，坚持四个第一，大兴三八作风

1. 在毛泽东思想原则下，加强革命团结。

2. 增强组织纪律性，严格遵守请假制度，同贫下中农一起，过一个革命化的春节。

3. 发扬自力更生的精神，做到菜、油、肉自给。

4. 精打细算，节约用粮。

5. 搞好环境卫生。

清华公社花园大队杨村坞生产队全体"五·七"战士

一九七○年十一月八日

扎根农村干革命 一生交给党安排

——以实际行动迎接毛主席的光辉
"五·七指示"发表五周年的倡议

……

今年五月七日，是我们伟大领袖毛主席的光辉"五·七指示"发表五周年纪念日。我们决心以实际行动来迎接伟大领袖毛主席的光辉"五·七指示"发表五周年的纪念日，并向全县"五·七"大军战友发出倡议：

一、认真读毛主席的书，刻苦改造世界观。积极响应党的九届二中全会的号召，大学大用毛主席的光辉哲学思想，用毛主席的光辉哲学思想武装头脑。坚持做到：一读（认真读毛主席的五篇哲学著作）、二论（反复讨论和深刻理解基本观点）、三用（在三大革命斗争中学，在三大革命斗争中用）、四写（联系思想，结合实际，写心得体会）、五讲（定期召开讲用会和贫下中农讲评会），把活学活用毛泽东思想的群众运动推向新阶段，学出新水平，用出新水平。

二、牢记毛主席关于"千万不要忘记阶级斗争"的教导，狠抓阶级斗争不转向，深入持久地开展革命大批判，不断提高执行毛主席革命路线的自觉性，肃清刘少奇反革命修正主义的余毒，进一步巩固知识青年插队落户的成果，发展和提高"五·七"大军工作。

当前，社会上一小撮阶级敌人刮起了一股倒流的妖风，他们采用造

谣、偷窃、逼婚等阴谋诡计煽动一些下放人员倒流城市、奸污女知识青年等。这是阶级敌人破坏知识青年到农村插队落户的表现，我们要高度警惕和揭穿阶级敌人用糖衣裹着的炮弹对插队知识青年的袭击，坚决打击一小撮阶级敌人的破坏活动，狠批刘少奇"下乡镀金论"、"劳动惩罚论"、"阶级斗争熄灭论"、"地主、资产阶级反动的人性论"，提高阶级斗争、路线斗争和继续革命的觉悟。排除一切干扰，坚定地沿着毛主席革命路线胜利前进。

三、遵照毛主席关于"进行一次思想和政治路线方面的教育"的教导，开展反对骄傲自满、提倡谦虚谨慎的自我教育运动。有骄傲自满情绪，就不能认真落实毛主席的光辉"五·七指示"和坚决执行毛主席的革命路线，那种自以为"下农村二年多了，思想改造得差不多了"的思想，实质是刘少奇"镀金回城论"的反映，是"骄"、"松"情绪的表现，我们要从路线上找问题，世界观上找原因，不断斗私批修，改造世界观，树立谦虚谨慎的思想作风，积极主动地接受贫下中农的再教育，恭恭敬敬地学，老老实实地学，刻苦改造世界观，把立足点彻底地移到工农兵这方面来，扎根农村干一辈子革命，把一生交给党安排，全心全意地为人民服务。

四、在毛主席的光辉"五·七指示"的指引下，以农为主，兼学别样，在农村三大革命斗争第一线，充分发挥生力军的作用。我们决心遵照毛主席的"五·七指示"，以农为主，协助生产队办好政治夜校，做好民兵工作，搞好土农药、土化肥，抓革命促生产。把自己所在生产队按照毛主席的"五·七指示"办成一个红彤彤的毛泽东思想大学校，在这个大学校里，拜贫下中农为师，和贫下中农一起"学政治、学军事、学文化……"深入开展农业学大寨的群众运动，抓革命，促春耕，到春耕生产第一线去，发扬"一不怕苦、二不怕死"的革命精神，苦干实干拼命干，坚守岗位，坚决打好春耕生产第一仗，为夺取今年农业新丰收作出贡献。

五、坚持用毛泽东思想建设"五·七"班。加速思想革命化，向解放军学习，坚持四个第一，大兴三八作风，开展"四好"、"五好"运动。坚持毛主席著作天天读，天天用，坚持月讲用，季小评，半年初评，年终总评；开好忆苦思甜会、讲评会；办好活学活用栏、大批判栏、表扬栏；同贫下中农一起学习、劳动、生活、娱乐等制度，加强革命团结，把"五·七"班办成一个思想革命化、组织军事化、作风战斗化、生活工农化的战斗集体，人人争当"五好"战士。

六、遵照毛主席"自己动手、丰衣足食"的教导，认真办好"五·七"食堂，利用业余时间，在不影响集体生产的同时，人人动手，养好猪，种好菜，开展"节约一把米"活动，在今年力争实现肉、油、菜自给有余，每个"五·七"食堂为国家交售一头猪。

七、迅速掀起一个大学习、大宣传、大落实毛主席的光辉"五·七指示"的热潮，利用一切宣传工具，采用土播布、黑板报、大字报专栏和业余宣传队等各种形式，大歌大颂毛主席光辉"五·七指示"的伟大胜利，大歌大颂毛主席革命路线的伟大胜利。召开讲用会、座谈会、举办学习班等各种形式，认真总结落实"五·七指示"的经验和活学活用毛泽东思想、接受贫下中农再教育、改造世界观的经验。提高阶级斗争和路线斗争觉悟，自觉地抵制违背毛主席革命路线的各种错误倾向，坚决走毛主席指引的"五·七"光辉道路。

"五·七"大军同志们：革命在发展，人民在前进，我们现在正处于世界革命的一个新的伟大时代，任重而道远。让我们更高地举起毛泽东思想伟大红旗，坚决执行毛主席的革命路线，进一步落实毛主席的光辉"五·七指示"，谦虚谨慎，戒骄戒躁，作出新成绩，作出新贡献，以实际行动迎接毛主席的光辉"五·七指示"发表五周年，沿着毛主席指引的光辉"五·七"道路乘胜前进。

婺源县思口公社"五·七"大军连队全体插队知识青年

一九七一年三月十九日

上山下乡情况反映第四期

上饶地区乡办

编者的话：婺源县秋口公社全体下乡知识青年的倡议书，发至全区各下乡知识青年班。望大家结合学习《人民日报》三月二日社论《鼓足干劲搞好春耕》，将《倡议书》认真读一读，议一议如何响应秋口公社战友的倡议，并根据当地的实际情况，同贫下中农一起制订出自己生产队的学大寨规划。《倡议书》也给每个春节期间外出探亲至今未归的下乡知识青年寄去一份，请他们看一看，想一想，如何向雷锋同志学习，为社会主义革命和社会主义建设作出贡献。我们做上山下乡工作的同志，应像婺源县那样，紧紧围绕党在各个时期的中心任务，开展上山下乡工作。

婺源县秋口公社全体下乡知识青年倡议书

全县下乡知识青年战友们：

在国内外一派大好形势下，我们认真学习了中央两报一刊一九七三年元旦社论，最近又听取了省委关于迅速掀起春耕生产高潮，夺取今年农业生产更大丰收的电话会议精神的传达，我们进一步认清了形势，鼓舞了斗志，明确了任务，增强了信心。为了落实毛主席关于"深挖洞，广积粮，不称霸"的重要指示，进一步贯彻"备战、备荒、为人民"的伟大战略方针，巩固和发展大好形势，促进农业学大寨群众运动深入发展，我们特向大家提出如下倡议：

一、深入开展批修整风，坚定扎根农村的思想。要发扬理论联系实际的学风，刻苦攻读马列和毛主席著作，深入进行思想和政治路线方面的学习，掌握武器，对准刘少奇反革命修正主义路线的要害，抓住它的实质，把刘少奇散布的"下乡镀金"、"变相劳改"等反动谬论批深批透，肃清其流毒。要坚持写读书笔记，坚持办好革命大批判专栏，坚持办好政治夜校。戒骄戒躁，虚心接受贫下中农的再教育，努力改造世界观，坚定不移地走与工农相结合道路。

二、鼓足干劲争上游，搞好农业作贡献。立足于党在社会主义历史时期基本路线的高度，认清加强农业、办好农业的重大意义，牢固地树立以农业为基础的思想。向雷锋同志学习，"做一个永不生锈的螺丝钉"，红在农村，专在农村，艰苦奋斗在农村，为建设社会主义新农村贡献力量。各班之间开展"赛出勤、赛工效、赛学农业技术，比试验田产量"的社会主义竞赛，保证每人每月出勤二十六天以上，一亩试验田产量比当地当年平均亩产量增百分之二十左右。以大寨为榜样，树雄心，立壮志，挥铁臂，改山河，和贫下中农并肩战斗，掀起农业学大寨群众运动，誓夺今年农业大丰收，以优异的成绩，向毛主席"一二·二一"指示发表五周年献礼。

三、加强革命团结，坚持集体插队。增强党的观念，在当地党组织领导下，开展积极的思想斗争，反对资产阶级思想腐蚀，杜绝无原则纠纷，互助友爱，搞好青年班的革命团结。把青年班的各项制度健全起来，料理好班务集体生活，做到猪栏不空，菜地不荒，柴草不缺，节约粮食，办好集体伙食，以保证精力充沛、心身健康地在农村广阔天地深深扎根、茁壮成长、大显身手。

四、坚守农村战斗岗位，动员探亲战友归队。我们要牢记毛主席关于"纪律是执行路线的保证"的教导，反对无政府主义，加强组织纪律性。立即向外出探亲尚未归队的战友和他们的家长写红色书信，大造革命舆论，戳穿阶级敌人散布的种种谣言，扫除错误思想的羁绊，让探亲战友及时返回农村和贫下中农一起投入春耕生产战斗，为执行、捍卫毛主席革命路线作出更大的贡献。

同志们，战友们，党和人民对我们下乡知识青年寄予了无限的期望，让我们更加紧密地团结在毛主席为首的党中央周围，肩负着光荣而艰巨的历史任务，沿着毛主席革命路线奋勇向前！

婺源县秋口公社全体下乡知识青年

一九七三年三月一日

南丰县

简报

县"五·七"大军毛泽东思想宣传队办公室

倡议书

红旗漫天迎东风，"九大"精神贯长虹，上山下乡干革命，誓把青春献农村！

乘着"九大"强劲东风，我们古城公社元科大队下放知识青年举办了毛泽东思想学习班，再一次认真学习了林彪同志的政治报告，热烈讨论了毛主席关于在无产阶级专政条件下继续革命学说的深远历史意义，一致认识到广大知识青年下放劳动是反修防修的千年大计，是毛主席创造性地发展了马克思列宁主义关于在无产阶级专政下继续革命的学说，所提出的防止党不变修、国不变色的根本措施之一。

我们元科大队的下放知识青年，坚决做到：

一、高举毛泽东思想伟大红旗，活学活用毛泽东思想，把毛主席著作的学习放在高于一切、大于一切、先于一切的位置，坚决努力学习，热情宣传，认真贯彻，全面落实党的"九大"精神，和贫下中农一道把元科大队办成红彤彤的毛泽东思想大学校。

二、坚决遵照毛主席关于"知识青年到农村去，接受贫下中农的再教育很有必要"的教导，虚心接受贫下中农的再教育，彻底改造旧思想，放下旧架子，甘当小学生，恭恭敬敬地、老老实实地向贫下中农学习，坚决走与工农相结合的道路。

三、发扬一不怕苦、二不怕死的革命精神，积极参加集体劳动，做到劳动中不怕苦、不怕累、不怕脏，发扬自力更生、艰苦奋斗的优良传统，除管理好自己的生活外，每月坚持男出勤二十五天，女出勤二十二天，争取今年内学会全部基本农活，用抓革命促生产促工作促战备的实际行动，彻底埋葬帝、修、反。

四、牢记毛主席关于"千万不要忘记阶级斗争"的伟大教导，深入持久地开展革命大批判，狠批刘少奇在农村散布的流毒，积极投入三大革命运动，誓把无产阶级革命进行到底。

五、高举党的"九大"团结旗帜，搞好团结，开展批评与自我批评，进行积极的思想斗争，求大同，存小异，团结起来，去争取更大的胜利。

六、坚持节约闹革命，做到省吃俭用，不浪费一粒粮食。

以上是我们大队下放知识青年的决心，并提出向全县各兄弟大队下放知识青年挑战。

古城公社元科大队全体上海下放知识青年

一九六九年四月

井冈山地区

关于抓好上山下乡知识青年政治思想工作
过好革命化春节的通知
（井办〔70〕25号）

各县（市）、井冈山革委会：

在党的九届二中全会精神的鼓舞下，我区社会主义革命和社会主义建设新高潮正在蓬勃兴起，革命和生产形势一派大好。在大好形势下，一小撮阶级敌人决不甘心灭亡，千方百计寻找时机进行破坏知识青年上山下乡工作，有些地区，阶级敌人煽动知识青年离开生产队抓革命促生产，赴沪等城市过春节。这个问题，必须引起各级党组织、革委会十分的重视，切实抓紧、抓好，要做过细的政治思想工作，教育知识青年不要回城市，同当地贫下中农一道过好革命化春节。为此，现通知如下：

一、各级党组织、革委会，必须加强对上山下乡知识青年政治思想教育工作，办好各种类型的毛泽东思想学习班，认真学习毛主席关于知识青年到农村去一系列指示，抓好"四好"总评，深入开展革命大批判，彻底肃清刘少奇"下乡镀金论"、"镀金回城论"等反革命修正主义余毒，提高执行毛主席革命路线自觉性，彻底改造世界观，搞好自身的思想革命化，积极投入抓革命促生产，完成今冬明春各项任务，为实现明年农业生产更大跃进贡献力量。

二、抓好典型，宣传好人好事。对于那些活学活用毛泽东思想，积极接受贫下中农再教育，努力改造世界观，在阶级斗争、生产斗争、科学实验的革命实践中作出了贡献的知识青年，要予以鼓励，宣传他们的先进事迹，教育他们要继续努力，戒骄戒躁，不断前进，号召他们积极带头在农村过革命化春节，帮助他们搞好生活管理。少数知识青年确有特殊情况，需要回家探亲的，社队要妥善安排，经领导批准限定时间回队。对未经批准私自回家的，各地车站、码头要做耐心细致的劝说工作，教育他们回队，与贫下中农一道过革命化春节。

三、毛主席教导我们："阶级斗争，一抓就灵。"在上山下乡知识青年工作中，必须狠抓阶级斗争，对于煽动知识青年回家过春节、有意制造运输紧张的阶级敌人，要坚决打击，采取有效措施，抵制城乡资本主义势力和封建残余势力对上山下乡知识青年的侵袭和影响。要教育知识青年提高警惕，站稳立场，千万不要上阶级敌人的当。要听毛主席的话，在毛主席"五·七"光辉指示的指引下，"团结起来，争取更大的胜利。"

井冈山地区革委会办公室/（章）

一九七〇年十二月十日

代电报

各县（市）、井冈山革委会：

最近，省革委会电报指示，各地必须抓好上山下乡知识青年政治思想工作，过好革命化春节。地区革委会办公室曾下发了文件，要求各县抓好这项工作，教育下乡知识青年坚守岗位，与当地贫下中农一道过好革命化春节。各县接通知后，都认真地作了研究，有的举办了学习班、开讲用会，效果很好。吉安县兴桥公社袁塘大队南村生产队上海知识青年班提出倡议：决心"春节不回城，就地闹革命，紧跟毛主席，誓夺新胜利"。

但据内务组了解，有的县对贯彻地区革委会办公室文件不够认真，当前还存在一些问题。有的"五·七"大军组织机构不健全，虽配了干部，但却调去搞其它工作，无人办事，名存实空。少数社、队安置费管理不严，贪污挪用。比如吉水县螺田公社有的生产队安置费购买化肥。还有的乱搞两性关系。有的社、队抓得不紧，放弃领导，不少知识青年倒回城市过春节。吉水县二千七百五十七名下乡知识青年，回城过春节的达一千二百多人，占百分之四十，永丰县也回去一千一百多人。

为了加强对上山下乡知识青年的领导，各县接此电报后，要认真地进行研究，做好宣传教育工作，教育他们要听毛主席的话，坚守工作岗位，与贫下中农一起过好革命化春节。对那些积极响应党的号召的知识青年要予以鼓励，在政治上要关心他们，在生活上要照顾他们，做过细的政治思想教育工作，使他们能在无产阶级专政条件下，沿着毛主席无产阶级革命路线胜利前进。

各地贯彻情况，望及时向地区革委会内务组汇报。

井冈山地区革委会／（章）

一九七一年一月十八日

关于赴上海学习慰问的通知

（井地知青办〔74〕16 号）

各县、井冈山知青办：

最近，据反映有的县准备组织人员赴上海学习慰问。我们认为，如果各县分散前去，既不利于工作，又增加上海各级知青办接待的负担。经请示地委领导同意，最近各县不要组织人员去上海学习慰问。地区计划于明春集中组织有上海知识青年的县前往，一方面对家长和留沪知青进行慰问，另方面动员回沪知青早日返回农村抓革命、促生产。

特此通知。

井冈山地区革命委员会知识青年上山下乡办公室（章）

一九七四年十二月十一日

关于认真做好赴沪学习慰问准备工作的通知

（井地知青办〔1975〕002 号）

各县、井冈山知青办：

为了认真做好赴沪学习慰问的准备工作，请安置了上海知识青年的县（山）知青办在春节前认真做好赴沪前的材料准备工作（提要附后）。这份材料要求实事求是、旗帜鲜明、观点明确，对问题要做到有数据有分析、有建议、有措施，并请于二月八日前报地区知青办一份。

井冈山地区革命委员会知识青年上山下乡办公室（章）

一九七五年一月二十八日

地委不同意去沪慰问。

赴沪学习慰问材料提要

一、原有上海知青多少？几年来，离开农村多少？其中：升学、参军、进厂矿、提干、外迁、病退、死亡各多少？

二、上海知青参加各级领导班子多少？其中：地、县、社、队各多少？担任各种职务多少？其中：保管、会计、赤医、民教、农技员、辅导员、拖拉机手各多少？

三、上海知青入党多少、入团多少？担任大队、生产队的队长、书记、民兵连排长、团支书、妇女主任各多少？

四、一九七四年上海知青中发生的案件多少？其中：强奸、诱奸、逼婚、吊打、政治迫害各多少？已处理多少（其中各方面满意的多少）？未处理多少？是何原因？

五、长期（一年以上）在沪知青多少？其中：因病、不安心农村、受到打击迫害和其它原因各多少？

六、在沪治病或养病的知青多少？其中：重病、慢性病各多少？他们的家庭住址、政治、经济状况和我们补帮情况。

七、安置情况。口粮：六百斤以上多少、六百斤以下多少？口油：每年六斤以上多少、六斤以下多少？住房：住新房、正在建房、住公房、借民房各多少？工分：男女五分、六分、七分、八分、九分、十分各多少？生活自给：全年收入八十元以下、八十一元至一百元、一百元至一百三十元、一百三十元以上各多少？

八、上海知青中已建队多少个？有多少人参加？

九、上海知青中已结婚多少人？双方都是知青的多少？知青与当地青年的多少？

十、贯彻中央〔1973〕21、30号文件以后，干部、群众和知青的思想状况。

井冈山地区上山下乡知识青年代表会议代表事迹表（7份）

井冈山地区上山下乡知识青年代表会议代表事迹表

单位：

姓　　名	周北波	性别	男	年龄	28	籍　贯		上海
家庭出身	职员	本人成份		学生		文化程度		高中
下乡年月	68.11	入团时间				入党时间		1975
原毕业学校				家庭住址				
下乡地点		鸡峰"五·七"综合场				担任职务		副主任
主要事迹	1. 能认真学习马列著作和毛主席著作，刻苦改造世界观。 2. 工作负责肯干。 3. 能认真坚决贯彻党的路线，坚持以农为主、为农业服务思想。 4. 扎根思想牢固，能坚持上山下乡正确方向。 5. 能积极参加集体生产劳动。							
县、市知青办审查意见	同意出席会议。 　　　　江西省新干县革命委员会知识青年上山下乡办公室（章） 　　　　　　　　　　　　　　　　　　197　年　月　日							

说明：请按分配名额填写一式二份报地区知青办。

井冈山地区上山下乡知识青年代表会议代表事迹表

单位：

姓　　名	徐黎虹	性别	女	年龄	26	籍　贯		上海
家庭出身	职员	本人成份		学生		文化程度		初中
下乡年月	68.11	入团时间				入党时间		1973
原毕业学校				家庭住址				
下乡地点		云庄大队东岭背青年队				担任职务		队长
主要事迹	1. 能认真学习马列主义和毛主席著作。 2. 工作认真，负责肯干。 3. 能团结一班人，领导班子过得硬。 4. 有扎根思想，坚持毛主席指引的"五·七"光辉大道。 5. 能积极参加集体生产劳动。							
县、市知青办审查意见	同意出席会议。 　　　　江西省新干县革命委员会知识青年上山下乡办公室（章） 　　　　　　　　　　　　　　　　　　197　年　月　日							

说明：请按分配名额填写一式二份报地区知青办。

井冈山地区上山下乡知识青年代表会议代表事迹表

单位：潭坵公社大塘青年队

姓　　名	杜照明	性别	男	年龄	28	籍　　贯	上海
家庭出身	小业主	本人成份		学生		文化程度	初中
下乡年月	68.11.19	入团时间		72.5.7		入党时间	／
原毕业学校	上海市南市区求知中学		家庭住址			上海南市区××路××号	
下乡地点	新干县潭坵公社	原在严山大队海关村 现在大塘大队青年队		担任职务		青年队队长	
主 要 事 迹	建队一年来，处处以身作则。难事杂活抢在先，脚踏实地干在前。青年队人手少，农事多而杂，他不计较工作时间，不分分内分外，任劳任怨样样干，从不叫一声苦和累，为办好青年队他能挑一千斤，就不挑九百九，正如他自己说的，建办好青年队铁了心，他们克服自己土地负担重的困难，还抽出时间将自己队的拖拉机外援兄弟大队和生产队，每次援助，他都是不辞辛苦，不讲价钱地像为自己青年队打田翻耙一样认认真真，夜以继日，受到干部和贫下中农的好评。						
县、市知青办 审查意见	同意出席会议。 　　　　　　江西省新干县革命委员会知识青年上山下乡办公室（章） 　　　　　　　　　　　　　　　　　　　197　年　月　日						

说明：请按分配名额填写一式二份报地区知青办。

井冈山地区上山下乡知识青年代表会议代表事迹表

新干县桃溪公社革命委员会上山下乡办公室（章）

单位：桃溪公社知青办

姓　　名	楼依华	性别	女	年龄	30	籍　　贯	浙江
家庭出身	小业主	本人成份		学生		文化程度	高中
下乡年月	68.11.20	入团时间		62.12.19		入党时间	74.11.21
原毕业学校	上海和田中学		家庭住址			上海京江支路××弄××号	
下乡地点	新干县横江大队七四年办桃溪"五·七"综合场			担任职务		场革委副主任	
主 要 事 迹	1. 认真学习马列、毛主席著作，刻苦改造世界观，坚持扎根农村干革命。 2. 工作积极负责，以身作则，带头参加集体生产劳动并能吃苦耐劳。 3. 艰苦奋斗一个心眼办好综合场。						
县、市知青办 审查意见	同意出席会议。 　　　　　　江西省新干县革命委员会知识青年上山下乡办公室（章） 　　　　　　　　　　　　　　　　　　　197　年　月　日						

说明：请按分配名额填写一式二份报地区知青办。

井冈山地区上山下乡知识青年代表会议代表事迹表

单位：新干县七琴公社

姓　　名	石健雄	性别	男	年龄	29	籍　贯		湖南益阳桃源
家庭出身	职员	本人成份		学生		文化程度		高中
下乡年月	69年3月	入团时间		64年10月		入党时间		75年9月1日
原毕业学校	上海市和田中学		家庭住址			沪、闸、止元路××弄××号×室		
下乡地点	七琴公社东新大队十四小队					担任职务		校党支部委员
主要事迹	1. 认真学习马列主义、毛泽东思想。 2. 积极揭批"四人帮"篡党夺权的滔天罪行。 3. 严格遵守财经管理制度。 4. 积极参加集体生产劳动,完成组织交给的各项任务。							
县、市知青办审查意见	同意出席会议。 　　　　　江西省新干县革命委员会知识青年上山下乡办公室（章） 　　　　　　　　　　　　　　　　　　　197　年　月　日							

说明：请按分配名额填写一式二份报地区知青办。

井冈山地区上山下乡知识青年代表会议代表事迹表

单位：洋湖公社

姓　　名	许良荣	性别	男	年龄	26	籍　贯		上海市
家庭出身	职员	本人成份		学生		文化程度		初中
下乡年月	1968.11	入团时间				入党时间		
原毕业学校	上海市华光中学		家庭住址			上海市××路××号		
下乡地点	玉桥大队玉桥生产队					担任职务		拖拉机手
主要事迹	1. 努力学习毛主席著作,并能记读书笔记,写学习心得。 2. 作好本职司机工作,并协助大队搞好发电,在工作中认真学习农机知识,能掌握开车、修理技术。 3. 在农业学大寨运动中,干劲大,扛重活,特别在春秋"双抢"中,不分白天、夜晚耕田、耙田,超额完成生产任务。							
县、市知青办审查意见	同意出席会议。 　　　　　江西省新干县革命委员会知识青年上山下乡办公室（章） 　　　　　　　　　　　　　　　　　　　197　年　月　日							

说明：请按分配名额填写一式二份报地区知青办。

井冈山地区上山下乡知识青年代表会议代表事迹表

单位：溧江公社

姓　　名	屠雅娟	性别	女	年龄	24	籍　　贯		浙江省
家庭出身	工人	本人成份		学生		文化程度		初中
下乡年月	68.11	入团时间				入党时间		77.3
原毕业学校	井冈中学			家庭住址		南市区太平西林××号		
下乡地点	大队城生产队					担任职务		饲养员
主要事迹	1. 能刻苦攻读马列主义和毛主席著作,学习华国锋主席抓纲治国等一系列指示。 2. 积极投入深揭狠批"四人帮"的群众运动,敢于向一切坏人坏事作坚决无情的斗争。 3. 下乡几年来一贯热爱集体生产劳动,敢于拣重担子挑,在劳动中发扬了不畏艰苦的传统革命精神。她任饲养员中精心搞好养猪事业,每年为生产队提供良品猪多头,支援了国家社会主义建设,增加了社员收入。生活年年自然有余。							
县、市知青办审查意见	同意出席会议。 江西省新干县革命委员会知识青年上山下乡办公室(章) 197　年　月　日							

说明：请按分配名额填写一式二份报地区知青办。

新干县

广阔天地育新人
——记在桁桥大队雷家生产队插队落户的
五名上海女知识青年的成长
胜利公社桁桥大队雷家生产队革委会

……

（一）"五·七"大道光辉灿烂

……

贫下中农听说知识青年从上海来到我们生产队跟我们一起抓革命、促生产，都很高兴，一个月以前就把房子、床铺、厨房、锅灶都准备好了。她们来的那一天，我们贫下中农还敲锣打鼓地到大队去迎接她们。可是她们一个个板起面孔，一声不响，一路上还不停地抹眼泪，来到生产队看看房子不如意，背包也没有打开，又跑回大队，哭哭闹闹吵着要到条件好的地方去。这样一来，有个别同志就不耐烦了说："这些青年难办，走了算了。"但是大多数同志说："知识青年思想上有毛病并不奇怪，因为她们中了刘少奇反革命修正主义教育路线的流毒，正因为这样，毛主席才叫她们到农村来接受再教育，如果让她们走了算了，那就辜负了毛主席对我们贫下中农的殷切期望。"于是我们满怀对毛主席的无限热爱，第二次前往大队再次热情迎接她们，贫下中农这种深厚的无产阶级感情感动了她们，她们回到生产队住下来了。

人虽住下来了，心却不在贫下中农中间，与我们格格不入。喊她们开工，大门紧闭，装着没听见。我们收工回来，她们还睡在床上没有起来。我们给她们砍的柴烧完了也不去砍，每餐做饭前临时东拉一根、西折一根，拿贫下中农的柴烧。她们挑半担水东歪西斜的好像扭秧歌，贫下中农看了忍不住笑了，她们还骂贫下中农，后来怕难为情索性不挑水，用脸盆端水。她们不懂得珍惜粮食，贫下中农批评她们，还理直气壮地说："不要你管，粮食是我们的。"就是这样过着吃饭靠国家安置费、零用靠家里父母寄的糊涂生活。贫下中农看在眼里急在心里，更觉得再教育的责任重大，于是多次耐心地和她们谈心。大队革委和"五·七"大军领导小组及时举办了毛泽东思想学习班，引导她们深入学习毛主席关于"知识青年到农村去……"的光辉指示的伟大意义，并请苦大仇深的老贫农给她们讲家史、村史。贫下中农流着眼泪控诉旧社会地主阶级的残酷剥削和欺凌压榨，广大贫下中农过着牛马不如苦难生活，今天托毛主席的福，我们翻身做了主人，毛主席他老人家对我们贫下中农最亲。可是，你们这些青年人中了刘少奇反革命修正主义的毒太深，阶级感情模糊，和我们贫下中农格格不入，这是什么立场啊！贫下中农血泪控诉和殷切期望使她们内心十分激动和惭愧，纷纷谈出自己的心里话。有的说："我们身在福中不知福，忘记了过去贫下中农当牛马受鞭笞之苦，却误认为今天建设社会主义新农村的光荣劳动是苦。"有的说："我们受刘少奇毒害太深，缺乏对贫下中农的感情。"她们一致表示要坚定地走毛主席指引的光辉"五·七"大道，在农村这个广阔天地里，在三大革命斗争第一线锻炼成长，誓做无产阶级革命事业的接班人。

（二）千锤百炼，红心更坚

记得她们第一次下水田时，一个人被蚂蟥叮了，五个人一齐慌忙向田坎上跑，不慎撞在锄头把上，头上还撞出一个包，当回头看到贫下中农腿上有蚂蟥从容自如打下来了仍照样地干，她们有些不好意思了，仍回到田里继续劳动。她们开始担粪后，要用肥皂、刷子反复洗刷脚，但贫下中农都是用手一把一把地把牛粪撒在田里，这些明显的差别在她们思想上翻腾着，只有这时才真正理解到毛主席的教导："最干净的还是工人农民，尽管他们的手是黑的，脚上有牛尿，还是比资产阶级知识分子都干净。"正如她们自己说的，"接受贫下中农的再教育并不是只下决心就能做到的，而是要在实战斗争中经过艰苦的甚至痛苦的磨炼才能做到。"从此，也就自觉地向贫下中农学习，积极投身到艰苦的劳动中去。

春插大忙季节，她们和贫下中农一起日夜奋战，每天凌晨三四点钟开工，晚上摸黑回来，轮到做饭的同学为了不影响出工，往往两点钟、一点钟就起来做饭，甚至有时刚睡下不久就起来做饭，饭熟了再去睡觉。连续奋战两三天后，浑身酸痛，饭也不想吃，一收工就躺在床上不想动。思想斗争是很激烈的，但是她们认清了"五·七"大道是思想革命化的必由之路，她们互相鼓励，坚持战斗。为了对春插作出自己的最大贡献，更好地锻炼自己革命意志，在紧张的战斗高潮中，还参加高工效竞赛。看到她们精神面貌发生了很大的变化，我们贫下中农从内心里感到高兴。

有一天出工时天气很好，后来竟下起雨来，为了争分夺秒争取多栽禾，谁也不回去拿雨具。贫下中农怕她们受凉，几次催她们回去，但都不肯回去并且说："早栽一兜禾，对支援世界革命就是多一份力量。"五个人不约而同地齐声朗诵："下定决心，不怕牺牲，排除万难，去争取胜利。"坚持到收工。

在紧张的"双抢"战斗中，她们不但和贫下中农一样在盛暑酷热中每天坚持战斗十多个小时，而且还和贫下中农一起开展热火朝天的劳动竞赛，汗水湿透了衣服又湿透了裤子，但高昂的战斗热情更浸透了这五个女青年的心田。戴素霞的手指割破了一道大口，鲜血流个不止，她包扎一下继续干。李金华用力过猛，禾镰猛地削去手指上一块肉，眼泪都痛出来了，贫下中农很心痛，劝她回去，她想解放军同志在到战场上轻伤不下火线，自己这点小伤又算什么，她忍着痛坚持战斗。经过"双抢"战斗，她们的皮肤晒黑了，思想革命化也前进了一大步。

去年冬修水利，她们积极报名要求参加，战斗是相当紧张的，早上四点钟起床，晚上摸黑才来，睡的是地铺，吃的是咸菜，每担土百来斤，上坝要爬陡坡，肩膀压得又红又肿，手上磨起了一个个血泡，但没有一个人叫苦，贫下中农疼爱她们，让她们休息，她们说："我们向贫下中农学习就是要在火热的斗争中艰苦的劳动中刻苦锻炼。"她们是这样说的，也是这样做的。大队决定派黄佩珍担任工地广播员，她以张思德同志为榜样全心全意地工作，每天最早起来放广播让同志们起床、开工，晚上要等广播结束后才休息，白天除了广播外，还到各施工连采访好人好事，还抽空积极参加劳动，因为较长时间的劳累和睡眠不足而病倒了，饭也吃不进，仍然一声不响，带病坚持工作。她说："是贫下中农战天斗地的革命干劲感动了我，我要大力宣扬这些好人好事，虚心向他们学习。"

她们就是这样自觉地吃大苦、耐大劳，磨炼自己的革命意志，从不无故缺勤，去年出勤最多的有 315 天，最少的出勤也有 233 天，年终结算时做到自给有余。

（三）阶级斗争是最好的课堂

有个地主分子假惺惺地对她们说："我们这个地方很苦，你们从上海到这里来过得惯吗？"还偷偷摸摸送东西给她们，她们不但欣然收下，还认为这个很好，认为吃他点东西没什么，又不是和他一起干坏事。贫下中农一眼看穿了阶级敌人的阴谋诡计，及时地对她们进行阶级斗争教育，向她们揭发：解放前这家伙敲诈勒索贫下中农，无恶不作，解放后一贯不老实，笑里藏刀，他对你们"同情"是为了挑拨你们与贫下中农的关系，敌人用心最毒！活生生的阶级斗争给她们上了极其生动的一课，大大提高了她们的阶级观念和阶级斗争觉悟。以后，她们不仅经常对阶级敌人展开面对面的批斗，而且更加警惕阶级敌人的一言一行，遇事用阶级观点分析。有一次一个地主分子在劳动时向李××打听："你们昨天开了什么会？"李××看出他不怀好意，当场揭发他企图摸底、寻找对策、进行较量的阴谋，那个家伙张口结舌，不敢抬头。

（四）团结友爱、共同进步

她们初来时经常闹矛盾，集体的小菜园谁都不愿搞，担水、砍柴也斤斤计较，都觉得自己做多了，别人做少了，养鸡也单干，各养各的，菜园荒芜了，没有菜吃，就寄信给上海，有时就吃萝卜干，或者干脆吃白饭，生活不安定，思想也容易波动。

针对这种情况，贫下中农经常找她们谈心，帮助并引导她们认真学习毛主席"一切革命队伍的人都要互相关心，互相爱护，互相帮助"，启发她们斗私批修，要多看别人优点，多找自己缺点。通过多次学习和经常斗私批修，她们渐渐地认识到过去不团结主要是个人主义在作怪，克服自私狭隘，搞好团结也是改造世界观的一个方面。认识提高以后，行动就有了变化，团结搞好了，集体生活也搞好了。现在她们和贫下中农一样，种菜、砍柴均不占用出工时间，每次收工回来都带一把柴，轮到做饭的同学做饭，其它人就去搞菜园。尤其是黄佩珍同学更是克己奉公，她经常一个人不声不响地为小集体做很多事，有时收工后很累了，其它同学去休息，她仍在菜园劳动，从无怨言。她说："小集体搞好了，大家心情舒畅，我多做点事也高兴。"现在她们种的蔬菜能够达到自给。

（五）献身农村，继续革命

她们来到农村后，为农村的文化教育和政治学习作出了贡献，她们的文化知识在农村发挥了作用。目前村上办起了民办小学，知识青年担任了民办教师，使许多学龄儿童过去没有读书的机会现在可以上学了，孩子们出门就上学非常方便。贫下中农高兴地说："这是托毛主席的福，是毛主席教育她们来到农村，帮助贫下中农办学校。"她们还担任了辅导员，办起了政治夜校，使贫下中农在政治夜校中学文化、学政治、学科学知识。贫下中农说："上政治夜校学习好，阶级斗争观念增强了，政治思想提高了，为革命种好田的信心更足了。"

三年来，她们与贫下中农同学习、同劳动，朝夕相处，建立了深厚的无产阶级感情，贫下中农把她们看作自己的女儿，她们把贫下中农当作自己的爹娘。村上一位贫农老大娘病了，她们轮流给她家里做饭，给老大娘送水送药，耐心服侍，戴素霞把上海带来的面条送给老大娘吃，精心料理，直到老大娘病愈。老大娘感动地说："你真是毛主席教育的好青年。"村上另一位贫农老大娘病情严重，康小瑛为了更好照顾她，特意搬到她家去住，每天喂饭喂药达一个多月，老人家感动得热泪盈眶。她的老伴十分激动地说："毛主席'五·七'指示实在好，这些知识青年成了贫下中农的知心人。"逢年逢节，贫下中农把她们作为自己的女儿一样惦记，家家送糖饼、送粽子，请她们到家里吃饭，有人病了，贫下中农都去探望她，春节回家，贫下中农还帮助她们担东西到县城，真是河深海深不如阶级友爱深。

回顾三年来的历程，眼看这五位女知识青年在"五·七"大道上飞快成长，我们深深体会到毛主席"知识青年到农村去"的伟大指示的无比英明，无比正确，我们相信她们和广大知识青年一样，在农村这个广阔天地里，在毛泽东思想哺育下，用自己的双肩挑起中国革命和世界革命两副重担，用勤劳的双手锈出一个红彤彤的毛泽东思想新世界。

戒骄戒躁继续沿着毛主席光辉"五·七"大道奋勇前进

界埠公社红星大队三门生产队上海下放知识青年点

我们是来自上海第四批知识青年中的五个青年学生，一九七〇年十一月落户在界埠公社红星大队三门生产队接受贫下中农再教育。从大城市到农村来是一个大转变，也是我们革命生活的开端。这是伟大领袖毛主席光辉的"五·七"指示，为我们开辟了思想革命化的广阔大道，是毛主席和党对我们的无限关怀和培养。

毛主席教导我们："无产阶级革命事业的接班人，是在群众斗争中产生的，是在革命大风大浪的锻炼中成长的。"一年多来，在各级党组织、广大贫下中农和革命干部的热情关怀帮助教育下，在三大革命实践锻炼中，使我们学到了不少东西，这是在过去学校中不易得到的。我们的收获虽然尚很微小，但各级党组织和广大贫下中农却对我们的点滴成绩都给予了高度的评价，这是对我们极大的鼓舞和鞭策。我们决心要更进一步虚心向广大贫下中农老师学习，在农村这块广阔的天地里——革命的大学校、大熔炉，艰苦地磨炼，不断地改造世界观，接好无产阶级革命事业的班。

毛主席教导我们："看一个青年是不是革命的，拿什么做标准呢？拿什么去辨别它呢？只有一个标准，这就是看他愿意不愿意，并且实行不实行和广大的工农群众结合在一块。"我们既要接无产阶级革命事业的班，就要牢固地树立为工农群众服务的思想、那就首先必须懂得工人、农民，熟悉他们的生活、工作和思想。我们在未下放之前根本不了解贫下中农，甚至下来初期在感情上也有点格格不入，而只有通过较长时间和贫下中农同学习、同劳动、同斗阶级敌人，感受了贫下中农一心为集体、为革命种好田，爱憎分明，艰苦朴素、不怕脏、不怕累的好思想、好品格，因而促进了我们对贫下中农的无产阶级感情，逐步地能想他们所想、急他们所急。我们去年劳动出勤，除打柴外，我们从不任意外出，基本上做到跟贫下中农一道不畏风寒，不怕烈日，艰苦地磨炼自己。如初来不久，参加挑水利、挑塘泥，虽然又脏又累，我们都争着要去，坚持到底。如春插战斗中，陈时木肝脏有毛病吃不下饭，人也消瘦，仍然坚持战斗，到后来弯腰下去就头晕，才去医院治疗。谢嘉文拇指割破了，流了好多血，队长要他休息，他仍要求参加别的劳动，结果手未全好，就用塑料纸包着，仍然参加插秧。初冬一个阴雨天，队里要去三十里外的林场，扛树、架接电线，队长怕我们吃不消，特不通知我们，组织了十九个贫下中农去了，事后谢嘉文等才知道了，就单独赶去，结果到天黑才回队，并且淋湿了衣服，贫下中农立即烧火抢着来帮烘干。虽然天气较冷，但我们感到也为集体做了一点应做的事，而贫下中农这么关怀我们，使我们的心热乎乎的。

矛盾是客观存在的，一年多来，在我们思想上、生活中，也不断出现一些缺点和问题。我们遵循毛主席："要进行一次思想和路线方面的教育"的教导，把政治摆在首要位置，去年基本上坚持了学习制度，学习毛主席的有关教导，克服了初来不安定的情绪，有的认为农村无大奔头的错误想法。由于我们努力不够，经不起外界的影响，最近时期内曾又一度产生认为下来差不多两年了，到了两年应该分配工作，离开农村了，思想抛锚，情绪不安就出现消极等待的倾向。我们继续批判了刘少奇一伙"下乡镀金论"、"劳动惩罚论"的流毒，进一步提高了觉悟，认识到要把我们一生献给党，献给壮丽的共产主义伟大事业，就要像无数革命先辈一样，不计较个人，听从党的安排，切不能认为二年甚至三年锻炼得好了，思想改造得够了，而且应该戒骄戒躁，继续沿着毛主席指引的"五·七"光辉大道奋勇前进！

七二年五月三日

贫下中农精心培育　一代新人茁壮成长
——记胜利公社下肖生产队向上海知识青年进行再教育

在举国上下热烈欢庆伟大领袖毛主席光辉"五·七"指示发表六周年的凯歌声中，胜利公社下肖生产队知识青年班七名战士满怀激情地回顾自己走过的战斗历程，大家情不自禁地说：我们在"五·七"道路上取得的每一个进步，都是毛主席光辉思想照耀的结果，是贫下中农精心再教育的结果。光荣归于伟大领袖毛主席，归于我们的贫下中农老师。

这是毛主席的伟大号召

……

下肖生产队主任曾××同志遵照毛主席的上述教导，在七〇年"双抢"

胜利结束以后，带领几个社员为即将到来的第四批上海知识青年打扫住房、布置厅堂、打灶种菜、购置各项用具等，忙得不可开交。个别有落后思想的群众看到此情景，冷言冷语地说："这是接爷爷啊！这些人在上海享惯了福，到乡下来做得了什么，将来要这要那，还不是队里倒霉。"曾菊香同志严厉地批驳了这种论调，他说：上海学生到这里来是毛主席的号召，要不是毛主席的号召，我们用轿子也请他们不来。几句朴实的话，道出了广大贫下中农无限忠于伟大领袖毛主席的深厚感情，把一小股刚刚冒头的歪风顶了回去。

十一月八日，下肖生产队全体贫下中农喜气洋洋，热情地迎来了黄慧芳等七个上海知识青年。他们帮助同学们收拾行李，安顿住宿，把同学们一个个请到家里去吃饭。晚上，生产队举行贫下中农大会，热烈欢迎七个同学来生产队安家落户，建设社会主义新农村。贫下中农的盛情款待，给七个同学以极大鼓舞。

……

七个同学对于到农村接受贫下中农再教育虽然热情很高，但是，他们对农村的艰苦生活没有充分的思想准备，有的同学设想的农村跟上海郊区差不多；年纪最小的黄逸定同学认为在农村抓抓鱼、打打弹弓，好"白相"。当他们真正接触农村实际，看到住房阴暗潮湿，砍柴、担水、烧饭等生活事务都要自己动手，都力不从心，他们思想开始动摇。他们想家，向往上海城市生活，有的女同学甚至躲在房间里哭。

这时，个别落后群众又跑出来说风凉话："我早就说过，这些年青人哪里吃得这个苦。"但是绝大多数贫下中农却认为七个同学能够下来，这是很大的成绩。他们坚信，只要加强教育，帮助同学们解决生活和生产上的困难，七个同学终能在这里扎下根。为此，革委会主任曾菊香同志给同学们举办学习班，跟他们一道学习毛主席"知识青年到农村去，接受贫下中农再教育，很有必要"的教导，给同学们讲村史、家史，进行革命传统教育，鼓励同学们按照毛主席指引的道路走下去，跟贫下中农一道建设社会主义新农村。生产队还指定了专人带同学们上山砍柴、教会每个同学担水、煮饭、做菜。革委会的同志和社员群众每天工前工后都到同学们屋里来，跟同学们促膝谈心，问寒问暖，有的还运来蔬菜。在贫下中农的亲切关怀和耐心教育下，七个同学迅速学会了独立生活，思想逐步安定下来。

贫下中农是我们的好老师

……

七个同学开始参加劳动生产以后，处处表现出他们过去在学校受修正主义路线毒害的弱点：他们看见漫山遍野的麦子，惊呼："种这么多蔬菜啊！"在开荒时，有的同学镢头把子震断了，但是只挖了一二寸深土。真是五谷不分，四体不勤。

为了帮助同学们更快地学会生产劳动的本领，从而在生产实践中逐步转变世界观，生产队革委会决定让同学们每人拜一个贫下中农为师傅。在开荒时，贫下中农老师看见同学们累得满头大汗，个个手磨起了血泡，很心疼。他们一面用毛主席"下定决心、不怕牺牲、排除万难，去争取胜利"的教导鼓励同学们坚持锻炼，一面手把手地教同学们正确地使用工具。有个同学问老师开荒种什么，老师告诉他准备开年以后种花生，接着给他讲述种花生要求土层深，土质松，这样才耐旱，花生才结得多，长得饱满。同学们吃过不知多少次花生，但是才知道花生是长在土里，要收到花生，该付出多少辛勤的劳动。同学们第一次参加挑牛粪时，缩手缩脚，不敢上前，思想斗争很激烈，收工以后用香皂洗了又洗。贫下中农看了就给他们讲肥是农家宝、庄稼少不了的道理，在贫下中农老师言传身教之下，同学们个个争着挑牛粪，他们跟贫下中农一样赤脚进栏，跟贫下中农一样赤手撒肥，劳动人民的感情在同学们身上已开始形成。

一九七一年春节到来了，七个同学没有一个回上海，他们决定跟贫下中农一起度过这个佳节。为了让同学们过好春节，生产队给他们准备了极其丰盛的节货，贫下中农每家都给他们送来了各种礼品。春节期间，革委会曾主任等同志每天几次前来看望他们，给他们讲村史、家史，通过回忆对比，激发他们对旧社会剥削阶级的仇恨和对党对毛主席的热爱。同学们高兴地说：我们从来没有过过这样有意义的春节。

一天，同学们跟贫下中农一道正在翻耙田和作田塍。李鸿娣同志突然晕倒在田里不省人事。革委会曾主任看了两步抢上前把她扶起来，同时大声喊：大家快来啊，小李子发"晕"啊！曾主任同几个贫下中农把小李同志抬回家，并留下专人照料，有的贫下中农给小李送来了鸡蛋，小李同志苏醒以后，看见贫下中农围在身边，心里有说不尽的感激。在贫下中农的精心照料下，小李同志的身体很快恢复了健康。这件事对同学们的教育很深，当他们怀着无限深情地回忆这件事时说：贫下中农是我们的亲人，是我们最好的老师。通过与贫下中农共同劳动、共同生活，他们和贫下中农之间的感情更加密切了，他们把家里带来的药品给贫下中农治病，贫下中农亲切地称同学们为"小医生"。

到斗争中去经风雨、见世面

这个班地处县城近郊、交通要道，社会上无政府主义思潮对他们影响很大。为了抵制这种影响，革委会主任曾菊香同志经常给同学们举办学习班，发现外地的学生在班里住宿吃饭就即时抓紧教育，帮助同学们认识无政府主义思潮的实质和它的危害，同时帮助同学们建立食堂制度、请假和安全保健制度，教同学们种好蔬菜，计划节约用粮，安排好生活。七个同学在贫下中农的关心和耐心教育帮助下，思想一直比较稳定，坚持天天出工，月月都有粮食结余，到去年春插时，他们共节约粮食三百多斤。

春插就要开始了，革委会曾主任组织同学们举办学习班，学习毛主席关于抓紧季节、不违农时的教导，给同学们讲打好春插仗对于夺取全年大丰收的重要意义，鼓励同学们到艰苦的斗争中去经风雨、见世面。在贫下中农的教育下，同学们群情振奋，决心把春插战场当作向贫下中农老师学习的好课堂。七个同学第一次栽禾，一切要从头学，经贫下中农老师耐心传授，他们很快地学会扯秧、插秧。他们学习贫下中农艰苦奋斗的精神，自始至终同贫下中农一道，半夜起床扯秧，战斗到天黑才收工，每人每天插秧七—八分田。看到同学们的苦干实干的精神，贫下中农异口同声地赞扬说：这些后生仔真吃价。

在贫下中农的耐心再教育下，经过半年来的劳动实践，七个同学学会了栽、割、犁耙等主要农活，成为生产队战天斗地的一支生力军。他们的精神面貌开始了可喜的变化，他们爱上了这里的一草一木，对教育他们成长的贫下中农老师无比的崇敬，他们在生产劳动中总有使不完的干劲。特别是在麦收麦种时，同学们第一次看到自己辛勤劳动的丰硕成果，抑制不住内心的喜悦，他们向领导表示：向贫下中农学习，坚决完成队里下达的战斗任务，保证每人每天完成二百五十斤收割任务。他们说到做到，七个同学跟社员一样起早摸黑，有时甚至到晚上九点多钟完成任务才收工。贫下中农看见他们这样不分日夜地干，几个同学脚烂得很厉害也坚持不下火线，关切地说：同学们要注意适当地休息，不要累坏了。同学们坚定地回答说：贫下中农不休息我们也不休息，一定要坚持到最后胜利。

……

革委会在向同学们进行再教育的过程中，始终坚持把提高七个同学的阶级斗争和两条路线斗争觉悟放在首位。革委会主任曾菊香同志经常以自己在旧社会深受地主压迫、剥削的血泪家史，向同学们揭发控诉封建社会地主阶级的滔天罪行。同学们听了感动地流泪，他们怀着对剥削阶级的无比仇恨，狠批猛斗了队里有破坏活动的富农分子曾××。

……

永远做贫下中农的小学生

新年春节即将到来，曾菊香同志遵照伟大领袖毛主席"关心群众生活，注意工作方法"的教导，积极安排七个同学回上海看望自己的父母亲。生产队为同学们准备好了旅费，把当年收获的花生、瓜子、豆子、芝麻、糯米等分给每个同学一份。同学们万分感激贫下中农无微不至的关怀，他们表示走以前一定保质保量地完成生产队分配的各项生产任务。临行的一天，贫下中农帮同学们挑行李，把他们送到新干码头，嘱咐同学们一路小心，预祝他们春节愉快，早日赶回来参加春耕。

……

七个同学带着贫下中农老师的嘱托，满载着自己辛勤劳动的果实，回到上海。他们没有辜负贫下中农对他们期望，在欢乐的节日里寄回了一封封贺年信，表达他们对自己的老师的无比崇敬和感激。春节以后，他们即时赶回生产队，投入了夺取今年农业大丰收的备耕和春插战斗。同学们激动地说：过去的一年，我们在贫下中农老师的教育下，在各级党组织的关怀下取得了一些成绩，但是比起祖国社会主义革命和社会主义建设飞跃发展形势的要求，比起革命前辈对我们的殷切期望，我们不过是迈出了万里长征的第一步。我们决心在贫下中农老师的再教育下，在农村三大革命运动中，认真读马列著作，读毛主席的书，沿着毛主席"五·七"光辉道路，向无产阶级革命事业接班人的宏伟目标继续前进。

一九七二年五月七日

关于大洋洲公社下乡知识青年工作情况调查

（一）

……几年来，大洋洲公社接待安置了上海、吉安等地下乡插队知识青年共有 137 人（其中上海知识青年 116 人），于六九年三月，七〇年四月、十一月分为三批在潭家坊、刘陵、湖头、甘泉、夏塘等 5 个大队 27 个生产队插队落户。

到今年五月份为止，除外迁、进厂等等，现有知识青年 118 人，上海知识青年 101 人，本省知识青年 17 人，男 61 人，女 57 人（其中社会青年 13 人，"可以教育好的子女" 14 人），全公社知识青年班共 25 个，上海知识青年班 22 个，青年班人数最多的 8 人，最少的 2 人，一般是 3—5 人。

几年来，大洋洲公社各级党组织、革委会遵照毛主席关于"各地农村的同志应当欢迎他们去"的伟大教导，贯彻执行毛主席亲自批示的中共中央〔1970〕26 号文件，加强对知识青年再教育工作的领导，公社党委对"五·七"大军在政治思想、生产劳动、生活管理上都有研究、布置、检查、汇报，定期举办学习班，取得了一定的成绩，积累了不少经验。

潭家坊大队党总支副书记袁云存同志，对知识青年非常关心，经常是不避风雨，起早摸黑，深入到全大队各个班去和知识青年促膝谈心，解决实际问题，举办学习班。第九生产队知识青年砍柴有困难，他就跟生产队党支部研究拨一块山专给青年砍柴。该大队副主任杨同根同志一次为了贯彻县"五·七"大军经验交流会会议精神，还冒雨到各生产队亲自通知青年到大队办学习班。夏塘大队党支副书记白桂英同志经常深入到青年班里去和知识青年一块学习，帮助提高认识，增强班内的革命团结。她对知识青年的生活很关心。今年春节，全大队有六名知识青年没有回上海，她就把他们组织在一起集中过春节，其中一名青年不愿集中，她就请这个青年到自己家里来过年。

潭家坊第九生产队副队长李桃芳同志对知识青年关怀备至。该队知识青年虽然吃粮标准很高（男 817 斤，女 720 斤），但因劳动干劲大，饭量又大，加上没有计划用粮，所以粮食不够，而李桃芳同志一面向知识青年进行节约粮食的传统教育，一面向党支部反映，给青年班补助一千多斤粮食。他对患病青年也是十分关心，有个女青年不能下水田，他就把该青年安排在猪场旱地种菜。甘泉大队第二生产队、刘陵大队第八生产队女知识青年班因路途太远，砍柴有困难，生产队就给她们柴火烧。潭家坊大队第六生产队革委会主任今年春插时，他和女知识青年小林编在一个小组中，使小林每天工分达 16 分之多，贫下中农的高尚风格，使小林深受感动。

几年来，在毛泽东思想哺育下，在各级党组织、革委会的关怀下，在贫下中农的再教育下，全公社培养了 13 名知识青年加入共青团，出席地、县先进代表会的有 9 个先进班，8 名先进个人，共计 20 人次。由各级党组织和贫下中农推荐输送进了工厂的有 15 名，占 11%。知识青年普遍劳动出勤率高，每月出勤 20 天以上的达 65%，还有不少青年一年出勤 300 天以上，受到广大贫下中农的好评。

（二）

……各级党组织和革委会坚决执行了毛主席的伟大战略部署，取得了很大的成绩。但是，一小撮阶级敌人对毛主席的这一伟大战略部署，千方百计地进行破坏，城乡资本主义势力和封建残余势力也在拼命地同我们争夺青年一代，"读书做官论"、"下乡镀金论"等修正主义余毒尚未肃清，加上有些社队干部对"知识青年到农村去"的伟大意义认识不足，对阶级敌人的破坏活动打击不力，对下乡知识青年的政治思想工作抓得不紧，放松了领导，对他们的学习、生产和生活上的一些实际问题解决得不及时，这就使得有的下乡知识青年还不够安心，出现不少问题。

第一，再教育工作存在的问题。

（1）思想领导有所放松。

全公社有知识青年的 27 个生产队，由于对"五·七指示"的伟大意义认识不足，对中央〔70〕26 号文件理解不深，部分干群普遍存在这种"知识青年早晚要走的"思想，不抓"一辈子"，只抓"一阵子"，因此就产生"临时观点"，只作"临时安排"。而各级组织面临这种现状，思想领导却有所放松，甚至放任自流。湖头大队第六生产队下乡知识青年李××向生产队社员学犁耙。队长说："学这个干什么，你们早晚要走的。"该队下乡青年至今住房也没有得到解决，仍在群众家里住。房东说："一年交八块钱房租费，不交就搬出去。"知识青年插队二年多，该生产队未向知识青年进行过家史、村史教育。全班四个青年就有二个长期倒流一年多，生产队也没有向他们进行教育。

由于部分干群对"知识青年到农村去"的伟大意义认识不足，有的认为知识青年来了几年，再教育工作"差不多"了，知识青年也可上调了，因而放任不管；有的认为"大老粗"管不好，该卸担子了；有的看到部分知识青年不安心农村，就说，好的不要管，差的管不了。

（2）自去年下半年以来再教育工作普遍放松。

公社"五·七"大军领导小组五名成员，调走一名后，没有补充。有的成员因本身担负工作较重，而没有做"五·七"大军的实际工作。从七一年九月份到七二年五月底都没有开过领导小组会议。大队党总支、革委会自去年六月份到今年五月份也没有专门研究再教育工作，更没有摆到重要议事日程上来，这段时间基本上没有办什么学习班，开什么会议。

（3）再教育组织没有落实。

全公社有知识青年的 27 个生产队成立再教育小组的只有潭家坊大队第七生产队。而由大队指定一名副主任负责再教育工作的有 12 个生产队，其它 15 个生产队根本没有指定干部负责知识青年再教育工作。

5 个有知识青年的大队虽然有再教育领导小组，但从去年六月份以来也是空架子，有名无实，流于形式。有的大队很长时间基本上是"三无"状态：一无组织，二无人管，三无活动。

（4）"政治上有人抓，生产上有人教，生活上有人管"不够落实，培养使用知识青年既无计划，又不大胆。

知识青年到农村来"认人，认门，认阶级"，给他们讲"三史"，有些生产队一直没有进行。湖头大队第六生产队、刘陵大队第十二生产队、潭家坊大队第四生产队一直没有派人向青年专门介绍家史、村史。

潭家坊大队第七生产队知识青年住房长期漏雨，知识青年向队长反映，而队长谭××却说："我家的房子也漏。"县、社、大队通知他参加"五·七"大军工作会议，也拒不参加。知识青年班生活上的实际问题多次向他反映，他也长期不解决，反而对知识青年冷淡疏远。

这次公社贯彻县"五·七"大军经验交流会会议精神，各大队并点调整青年班，而有的生产队干部思想认识没有端正，却不愿意接受调整来的青年，认为是加了"负担"，多了"包袱"。

由于部分干群存有"知识青年在农村呆不长，培养使用了也要走"的思想，因此，既不向青年进行扎根教育，也不大胆培养使用。全公社 137 名知识青年中仅有 1 名担任生产队革委成员，其它有 1 名担任赤脚医生，2 名担任民办教师，1 名担任粮管员，4 名担任记工员。

第二，知识青年存在的问题。

（1）政治思想方面。

全公社大部分知识青年还是安心在农村插队落户干革命，但部分知识青年由于程世清一类骗子的余毒没有肃清，受社会上的思潮影响，加上对他们放松了政治思想教育工作，没有很好地组织他们好好学习马列主义、毛泽东思想……知识青年的实际困难没有及时解决，因而出现了种种思想倾向：

一种是等。

有的青年由于到农村几年来，没有认真读书，刻苦改造世界观，没有扎根农村一辈子的打算，出现等上调、盼进工矿的思潮。有些青年一碰见工作干部就问："我们怎么办？还不调哇！"潭家坊大队第八生产队女青年钱×
×因不安心在农村，呆在上海达二年之久，到处打听上调等消息。湖头大队第六生产队知识青年俞××、陈××倒流在吉安市达一年多，等上调，至今未回队。

二种是怨。

有的青年偏信谣传，说什么"江西上调少，别省上调多"，认为"路子走对了，门找错了"，有怨气，不服气。有的认为"下乡插队三年多，别人上调为什么不轮我"。潭家坊大队陈××、吴×等三名男青年由于这种思想较严重，加上得了点病，就借口说："像我们这样的人，该进厂照顾。"潭家坊十二队女知识青年张××说："我下乡插队稀里糊涂，现在听说要一辈子，我真想不通。"别人都说她是"上调迷"。

三种是悲。

有的青年认为在农村没有前途，进工矿哪怕是扫马路也行，所以呆在农村"三饱一躺"（吃饱三餐饭，躺好一夜觉）。潭家坊第×生产队五个知识青年认为生产队分值低，反正会超支，干下去没意思，今年从上海回来，就关起门来睡大觉，连插秧也不去。

政治学习：全公社除夏塘大队第九生产队知识青年班制定了学习制度，坚持每星期学习二个晚上，潭家坊大队第六生产队知识青年班坚持自学制度外，其它班都是一无学习制度，二无学习时间，三无学习笔记。

全公社25个班都没有订阅报纸，能看到报纸的只是靠近大队的4个青年班。有相当一部分知识青年班长期不学习、不看报，对国家大事关心很少。

（2）生活管理方面。

自给程度情况：

由于去年遭受特大旱灾，全公社 85 人超支，占 72%；进款 24 人，占 20%。

出勤天数 200—250 天的有 46 人超支，最多的一人超支 58 元。

出勤天数 250 天以上的有 6 人超支，最多的一人超支 35 元。

其原因有五种：

第一，分值低。全公社分值最低的生产队每天 0.31 元，最高的生产队每天 0.73 元。

分值 0.3—0.5 元的有 36 人超支。

分值 0.5—0.6 元的有 4 人超支。

第二，工分低。去年全公社知识青年底分：4—5 分的有 22 人，5—6 分的有 41 人，6—7 分的有 36 人，7 分以上的 19 人。

第三，长期倒流的有 8 人超支，最长时间的有二年多不在农村插队劳动。

第四，患严重疾病的有 5 人超支。

第五，不愿参加劳动的有 6 人超支。

生活管理情况：

其一，由于有的班团结工作搞得不好，有 7 个知识青年班分了灶吃饭，最典型的是刘陵大队第十二生产队，6 名知识青年分为 5 个灶头弄饭。

其二，"一种三养"情况基本上是"一种三不养"。

全公社今年只有一个班喂了猪。

喂鸡的只有 14 个班，占 54%。

蔬菜能自给的有 23 班，占 85%。

蔬菜自留地平均每人不及 5 厘地的有 9 个班，占 34.6%。

粮油情况：

粮食标准最低的每月 45 斤谷，最高的每月 68 斤谷，一般用粮标准每月 60—65 斤谷。

但因去年遭受严重旱灾，有 13 个生产队 54 名知识青年要向国家购买回供粮。

食油标准，个别生产队社员分油多，青年分油少。潭家坊大队第四生产队去年社员每人分茶油 3 斤，而知识青年每人只给 1 斤（国家每月还供应 4

两）。

（3）生产劳动及其它方面。

同工同酬方面：

今年全公社劳动底分最低的 4 分，最高的 8.5 分。

4—5 分的有 7 人，占 6%。

5—6 分的有 49 人，占 41%。

6—7 分的有 31 人，占 26%。

7—8 分的有 12 人，占 10%。

8 分以上的有 6 人。

特别是今年劳动底分比去年减少的有 16 人。潭家坊大队第二生产队女知识青年刘××、许××插队三年，去年劳动底分 5.6 分，今年 4 分，比去年下降了 1.6 分。

其原因有的认为知识青年下来是锻炼，又不是靠工分吃饭；还有的认为青年家在上海，超支了上海会寄钱来；有的也因不安心在农村，今年劳动出勤少，就少评了分；有的生产队认为青年劳动技能不高，矮点底分也合理。

住房状况：

全公社知识青年住房普遍较差。住公房 15 栋，住私房 10 栋；有 21 个班的住房漏雨，9 个班的房子需要修理，有 1 栋房子要重修。

健康情况：

全公社患病青年有 8 人，占青年总数 6.7%，其中患肝炎病 1 人，患肺结核病 4 人。还有 2 名知识青年长期患病，1 名患半边神经麻痹病，1 名是拐脚。

案件情况：

全公社主要有三个案件：

其一，甘泉大队××生产队插队的上海知识青年张××，男，22 岁，作案时间是七〇年至七一年在上海、杭州一带偷窃，系惯犯，现已关押在上海公安局。

其二，潭家坊大队××生产队插队的上海知识青年妙××，男，28 岁，作案时间是七〇年至七一年，在上海、新干等地诱奸同班上海女青年丁××等，该青年插队前已在上海劳教 3 年，一贯玩弄女性，现已关押在新干县保卫部。

其三，在潭家坊大队××生产队的上海女青年，24 岁，于××月××

日因乱搞两性关系而自杀，其家长曾到新干处理安葬。

（三）

根据全公社"五·七"大军调查情况，社队党组织、革委会已引起了重视，对当前存在的各种实际问题和加强做好知识青年的政治思想、生产劳动、生活管理几方面的工作，作了认真研究，采取如下几项措施：

（1）加强党的领导。

公社"五·七"大军领导小组重新调整充实，现由 7 位同志组成，每个季度召开二次工作会议，分析研究"五·七"大军工作。

大、小队再教育组织在五月底要重新建立和健全。

大队再教育领导小组由 5 人组成，每月召开一次会议，生产队再教育小组由 3 人组成，每月召开 2—3 次会议。

公社"五·七"办公室抓好一个重点班（甘泉大队第十生产队青年班）。

公社每年召开二次大型的"五·七"大军会，二次再教育工作会，经常加强向知识青年进行扎根一辈子的再教育。

（2）抓好路线教育这个根本。

"路线是个纲，纲举目张。"把开展学习中共中央〔72〕4 号、12 号文件和认真做好再教育工作紧密地结合起来，深入进行一次思想和政治路线方面的教育。全社普遍进行学习、宣传、贯彻、落实中央〔70〕26 号文件精神、把执不执行 26 号文件提到路线斗争的高度来认识，不断增强广大干群执行"五·七指示"的自觉性，为巩固无产阶级专政培养革命事业的接班人。

（3）大兴"认真看书学习，弄通马克思主义"的革命学风。

……在知识青年中把"学政治"和"批判资产阶级"放在首位，开展"认真看书学习，弄通马克思主义"的学习活动，进一步学好毛主席关于"三要三不要"的三个基本观点，深入开展革命大批判。

各大队知识青年以排为单位，每月集中学习一次（工分由大队解决）。

每个知识青年班每个月集体学习一天，班里还要建立和健全学习制度，提倡自学，办好"三栏"，并定期检查、交流经验。

凡有知识青年的生产队都要订阅报纸，知识青年班都要安装喇叭，让知识青年能看到报纸，听到广播。

（4）加强组织建设。

全公社知识青年因人员变动，部分青年进厂、外迁，根据生产队再教育情况决定撤点并班，由原来 5 个大队 27 个班并为 4 个大队 17 个班。

全公社以大队为单位成立知识青年排，以生产队为单位成立知识青年班，并在五月底选出班排长。

（5）大胆培养使用知识青年。

五月底摸好一批党、团培养对象，"七一"以前发展一批党、团员，做到每个班都有团员。

知识青年的使用，各大队要作出计划，充分发挥"五·七"大军的积极作用。

（6）迅速解决知识青年几个困难问题。

第一，贯彻男女同工同酬的政策。

立即纠正知识青年劳动底分比去年降低的现象，工分过低的，几年没有提高底分的，不合理的要重新提高、调整，做到按劳取酬。公社党委决定知识青年劳动底分男的不低于 8 分，女的不低于 6 分。

第二，迅速解决知识青年生活困难。

当前知识青年生活确实有困难，应作好调查研究，迅速解决。当前对劳动出勤 200 天以上，因底分低、分值低、患重病在生产队超支而生产队缺口粮，现在马上要用现款到粮站去购买回供粮的困难情况，给予妥善解决。

第三，知识青年的住房困难。

根据实际情况，分轻重缓急，逐步解决：

现在漏雨的住房生产队在五月底以前检修好。

需要修理的住房有 8 栋，已向县写出报告，申请补助修房费 1700 元。

（7）认真抓好知识青年的生活管理。

当前对知识青年班分灶现象要专门解决，每个班都要搞好革命团结，办好集体食堂。

对知识青年班的蔬菜自留地不够 5 厘一人的，迅速补足；养猪的青年班，按规定拨给饲料地。生产队尽快帮助青年搞好"一种三养"，解决养猪的认识问题，并帮助青年班建好猪栏，生产队或大队养猪场赊给青年班猪仔，解决猪源和经费困难问题。

（8）抓好再教育工作的落实。

公社党委决定在五月二十六日召开全公社再教育工作会议，着重解决做好再教育工作的几个认识问题，克服"差不多"的思想和"临时"观点。对照检查贯彻中央〔70〕26 号文件精神，特别对当前做好知识青年工作的上述各条措施逐条落实到大、小队。

（9）抓好"五·七"大军工作的检查、汇报制度。

公社"五·七"办公室每个月深入到各个班全面检查一次，并向县"五·七"办公室汇报。最近对知识青年的安置费使用情况普遍进行一次检查。

公社打算在六月十日左右开展一次全公社"五·七"大军工作大检查，检查五月二十六日的再教育工作会议贯彻落实情况，表彰先进，促进后进，把"五·七"大军工作提高到一个新水平。

新干县革委会"五·七"办公室调查组

一九七二年五月二十三日

认真抓　抓到底

——我们是怎样做好知识青年再教育工作的

中共新干县鸡丰公社委员会

在毛主席革命路线指引下，从一九六八年十一月起，来自上海和本县的502名知识青年（其中上海青年439名）到我们公社插队落户。

几年来，这些青年虚心接受贫下中农的再教育，在三大革命运动中，经风雨，见世面，努力改选世界观，取得了可喜的成绩。他们当中，已有2名光荣地加入了中国共产党，46人参加了共青团，38人被选入各级领导班子，28人担任大队、生产队会计、出纳、保管员，28人担任了赤脚医生、小学教师等职务，他们成为一支有生气的力量。还有28人被转送到工厂当工人，1名被贫下中农推荐上了大学……

几年来……我们深深感到，要做好知识青年工作，一定要抓好三个环节：一抓认识，二抓队伍，三抓政策落实。

抓认识　提高工作自觉性

……知识青年未来之前，广大贫下中农为他们准备了房子、床铺、锅灶碗筷，劳动工具。知识青年来了，看到他们年轻力壮、朝气蓬勃，大家像接亲人一样接到队里去。安置工作忙碌了一阵子后，认为：知识青年都安置好了，平时下去看看就可以了。可是，不久，在上海知识青年中间，这里发生打架事件，那里发生偷窃案子，一件件告到公社党委。有些同志产生一种看法，觉得教育知识青年是"额外负担"，对他们有些不放心。

这是"额外负担"，还是一场革命？实际上反映了对待毛主席革命路线的两种不同态度，当时我们针对这个问题进行了认真讨论。

……大家回忆起知识青年插队以来的表现，就看到了他们的主流。例如，一九六八年十一月步行千里来到小坑大队的一批小将，他们一到生产队，放下背包，就和贫下中农一起劳动，战天斗地，晚上还和贫下中农一起学习毛主席著作。阳团大队的知识青年在水利工地上像猛虎，很多青年争挑重担，在阶级斗争面前当闯将，敢于冲锋陷阵。梅丰大队的一部分革命小将虚心接受贫下中农的再教育，主动搬到苦大仇深的老贫农家住，学习贫下中农的好品质。这些青年在三大革命运动中努力改造世界观，对我们也是一个很好的教育。

同时，也看到青年身上的弱点和错误，例如，有些青年不爱劳动，招惹是非，甚至干出了坏事。大家感到，这些青年生在新社会，长在红旗下，由于受到反革命修正主义教育路线的影响才表现不好的。这是阶级斗争在青年中的反映，说明了我们有责任对他们进行教育，转变他们的世界观，冲涤他们受影响的污泥浊水，把他们培养成为无产阶级革命事业接班人。

……

通过讨论，我们经常把知识青年工作列入党委议事日程，布置工作时，同时布置这项工作，检查工作，也要查几条。我们除了党委书记亲自挂帅、分工由一名革委会副主任和一名常委管理以外，还配备了两名干部做"五·七"工作，专职专用。党委委员和公社干部下去分大队负责，帮助青年解决一些问题。公社党委书记陈炳根下乡工作时，总是带头到青年那里看看，和他们促膝谈心，发现问题及时解决。梅丰大队南管生产队有些知识青年不团结，他就和青年一道办学习班，提高了他们认识，增强了革命团结。党委副书记聂华春在阳团大队蹲点，协助大队党总支做知识青年工作，并热情支持青年的积极性、创造性，充分发挥青年在三大革命运动中的作用，并和青年们一起订出了改变山区面貌的三五年规划，对青年鼓舞很大。在大队党总支的支持下，这个大队青年办起了气象站，搞成了锯板机。

……

有的大队五七排，还经常出专刊，交流各班大批判的经验和体会。我们注意大批判中的典型，召开现场会议，首先介绍的也是如何开展革命大批判的内容。青年的"下乡镀金论"的思想在不同时期有不同表现，特别有招工任务的时候。我们就针对这个特点，引导青年不断开展革命大批判，哪一个班有青年被输送到工厂去，就开展一次革命大批判。小坑大队乐门青年班是一个比较先进的班，他们当中有一个青年调去了，也引起了其它一些青年的不安心。女青年吴××得了肾炎，看到人家走了，情绪低落，认为自己出身好，也不一定能上调了。后来，她学习毛主席著作，在批判会上狠批"下乡镀金论"，狠斗自己的私字，提高了路线斗争觉悟，精神面貌焕然一新。她说："决不做革命征途上的懦夫，要做工人阶级的好后代。"后来我们介绍了这个青年班开展革命大批判经验。开展批修整风以来，我们又广泛组织青年积极参加所在队的批修整风学习，使他们懂得什么是唯物论，什么是唯心论，什么是毛主席革命路线，什么是反革命修正主义路线。

积极组织青年开展怎样认识理想前途问题的讨论。最近我们八个大队都举办了学习班，开展了热烈讨论。有的大队还请老贫农回忆对比，激发知识青年建设社会主义新农村的革命积极性，树立改变山区面貌的革命理想。拿埠大队知识青年、共产党员任有华说："对于一个革命青年来说，做工种田，都是革命的需要，都有光明前途。"有的青年讲得好："什么是我们的美好前途理想？在农村干一辈子革命、实现共产主义就是我们远大的前途和理想。"这个问题在青年中很为普遍，引导他们正确认识前途和理想，可以进一步激发他们去发挥作用，有所作为。

积极组织青年上好阶级斗争教育这一课。我们经常采用三种形式来进行。一种是组织老贫农忆苦思甜，不忘阶级苦；一种是组织青年搞社会调查，让他们写村史、家史，举办阶级斗争展览；一种是组织他们参加各项政治运动，在阶级斗争中经受锻炼，让他们学到过去课堂上学不到的东西。

抓队伍　依靠贫下中农做工作

……

为了打好这个基础，我们首先从公社、大队到生产队建立了由干部、贫下中农、知识青年组成的"三结合"再教育小组，大队和生产队分别由大队革委会副主任和生产队长负责。公社经常召开再教育工作会议，研究再教育工作，总结交流工作经验，使再教育工作经常化。

我们还发动知识青年开展拜师活动，每个青年都拜一名贫农或下中农为老师，青年有老师关心，老师也增强了责任感，处处关心青年。小坑大队新居青年班知识青年温星衍，初来时不懂农活，贫农宋文庆就手把手地教他干，使他很快熟悉了农活，抄田耙田、插秧割禾成为一把手，底分评到九分半。阳团大队革委会副主任、再教育小组长邹九根，发现他的徒弟生肝炎，心里很着急，就主动把他们接到家里住，替他们煎药、烧饭，关心备至，青年深受感动。

一年二年过去了，青年产生了接受再教育差不多的情绪，再教育队伍也有一个再教育"差不多"思想，我们公社干部到高岭大队去蹲点，就发现了这个问题。有不少贫下中农讲：现在小青年上肩能挑一百斤，下地能干水田活，皮肤晒得跟我们一样黑，种田的本领和我们差不多，不用管了。这种思想带有普遍性，不仅下面有，我们公社党委一检查，自己也有一个认为知识青年接受再教育"差不多"思想，活动也少了，工作也松了。要继续做好再教育工作，就要解决"差不多"思想，而解决这种思想必须从我们公社党委开始。后来，我们召开了再教育工作会议，检查了再教育工作上的松懈情绪，大家找到一个原因，仍然是对毛主席的伟大战略部署认识不足，对"很有必要"理解不深。今年五月，我们在纪念毛主席"五·七指示"发表六周年的日子里，进一步宣传"一二·二一"指示和中央26号文件精神，各个大队又举办学习班，检查再教育工作。小坑大队党总支书记胡南生，在学习班上特别征求一部分后进青年对他的意见，还主动作自我批评，说明自己过去有一些地方有时对知识青年工作重视不够，以后要加强领导。现在，小坑大队的再教育工作又有了新的起色。青年们在党总支领导下还出版了《五七简讯》油印刊物，交流学习毛主席著作心得，接受再教育体会，贫下中农也比过去更关心知识青年了。

......

我们还注意宣传典型事例，推广先进经验，不断提高再教育水平。拿埠大队党总支副书记、老贫农艾春根同志对知识青年怀有无产阶级深厚感情，他常常说，这些青年是毛主席派来交给我们教育的，我们不做好这工作就对不起毛主席。所以他处处关心青年，他针对青年特点做工作，耐心细致，态度和气。他还善于发现青年的优点，培养使用青年。例如，这个大队艾家园生产队女知识青年陈××，害怕艰苦劳动，常常外出流窜……小陈回来后，他又把她接到家里先住几天，后来陪她到青年班一起办学习班，小陈作了斗私批修，同学们改变了态度，热情帮助了她。现在小陈在饲养场养猪，有了很大进步，受到贫下中农的称赞。

......

抓政策　使青年安心接受再教育

......

关于"可教育好子女"政策问题。我们分析到上海这大城市的历史条件，以及一部分知识青年出身的情况，感到落实"可教育好子女"政策十分重要。我们一面大力宣传党的"要注意成份，但不唯成份论，重在政治表现"的无产阶级政策，一面教育干部和贫下中农正确对待他们的出身，帮助他们进步。高岭大队上海青年中有个"可教育好子女"，在贫下中农再教育下，认真看书学习，努力改造世界观，受到贫下中农的好评。有一次，贫下中农要推荐他出席县知识青年积极分子大会。这件事，在大队领导班子中间引起了激烈争论，有的同志认为，让这个同志去，怕会犯阶级路线的错误，因此不同意。我们知道这个情况后，觉得这不只是一个出席不出席会议的问题，而是关系到党的"可教育好子女"政策落实问题。于是我们就向他们宣传党的阶级政策。经过反复学习，统一了思想，一致推荐了这个青年到县里去参加会议。这个青年看到贫下中农这样信任他，也就更虚心接受再教育了，后来不仅被推荐为大队知识青年排排长，今年还光荣地参加了共青团。

关于住房问题。中央26号文件早已指出，住房问题，一定要抓紧解决。我们在实际工作中也感到，一个青年从大城市到深山沟里来，连房子都没有解决，他怎么能安心在这里呢？我们开始也不体会，更没有提到政策观点上去看问题。后来矛盾突出了，非解决不可了。目前我们全公社新建了8栋新房，大部分"民办公助"，由大队、生产队干部具体负责，发动群众帮工。每造一栋新房，都事先由大队申请造计划，公社审查批准。根据青年人数、造房面积、用料情况，国家拨款补助，一般在600元到800元左右，不足部分由队里负责。这样一来，贯彻了勤俭节约的精神，也减轻青年的负担。虽然还有一部分生产队没有新建房屋，但也已腾出较好的房屋给青年们住。我们一年几次地派人下去检查，有危险、漏雨的房屋及时加以修理。

关于同工同酬问题。知识青年刚来时，问题不突出，二三年后，这些青年锻炼得有的比社员还强。根据变化了的情况，必须坚决落实党的政策，做到同工同酬。对于这个问题，有些干部和社员思想不通，认为青年是来锻炼的，单身汉，负担轻，生活有困难，上海爷娘会解决，因此把知识青年的工分压得比较低。我们在大队负责人和生产队长会议上多次宣传同工同酬政策，批判了种种错误思想，并根据"同工同酬"的原则，一般情况下，男青年不得低于8分，女青年不得低于6分。

由于反复抓住了政策落实，创造了较好条件，使青年们也能积极地参加集体生产劳动，大部分实现了生活或口粮自给。我们全公社现有445名青年，实现了生活自给有余的 276 人，占总数的 62%（除油粮蔬菜自给还有收入）；生活自给的 130 人，占总人数的 31%；不能自给的 39 人，占总人数的 7%（其中因长期生病不能自给的 28 人，占不能自给人数的 70%）。云庄大队东岭背生产队青年班 9 人，评十分的 2 人，九分半的 2 人，八分以上的 2 人，3 名女青年评六分。他们平均每人每班出工 260 多天，所得收入除扣去粮油款，净收入 100 元左右。

关于青年疾病问题。目前我们公社患有比较严重疾病的有 64 人，占总人数的 12%，其中肝炎 30 人，肾炎 12 人，风湿性关节炎 6 人，肺结核 2 人，肠粘连 2 人，其它严重疾病 12 人。得病的原因有多方面的，有的青年自己不注意卫生，生活没有搞好而引起的，也有我们对青年关心不够而受到影响的。青年得病后，我们曾采取了一些措施，每年拨出一笔生活补助费，补助患病的青年，同时发动广大贫下中农关心他们疾苦。

为了解决这些患病青年的安排问题，在县委和上级党组织的关心支持下，我们公社党委于今年五月试办了一所集体所有制的"五·七"综合厂。这个厂吸收了上海青年 8 人，除配备了 2 名健康的青年外，其中慢性肝炎 1 人，肾炎 1 人，风湿性关节炎 1 人，胃溃疡 1 人，哮喘 1 人。我们还安排了 3 名下放干部参与领导和辅导。我们根据坚持社会主义方向，为农业生产和贫下中农服务的办厂方针，设立了照相、竹木手工（编斗立，加工农具、家具和农村装电灯用的槽板、垫圆木）、理发、缝纫和修理电筒、喷雾器等 6 个服务项目。这些服务项目，深受广大社员欢迎，他们的服务态度也得到广大社员的赞扬。几个月来，营业额逐月上升，六月份 213 元，七月份 360 元，八月份 400 多元。每人每月发临时生活费 15 元（九月份起实现按劳取酬，最高 20 元，最低 17 元），除生产生活费用外，每月还有盈余。他们妥善地安排了工作、学习、生活，青年们心情舒畅，干劲很大。这不仅解决了这些青年的生活问题，还用他们的双手为建设社会主义新农村作出贡献。我们争取在一二年内基本解决患有严重疾病又有一定劳动能力的青年安排问题。

我们在上级党委领导下，做了一些工作，但跟毛主席、党中央对我们的要求还差得很远。我们一定以路线斗争为纲，不断加深对上山下乡这场伟大的社会主义革命的认识，为培养无产阶级革命事业接班人贡献我们的力量！

一九七二年九月二十五日

关于全县知识青年工作的检查报告

为了全面落实毛主席关于上山下乡的伟大战略部署和中央〔70〕26 号文件精神，巩固和发展上山下乡的伟大成果，根据县委指示，最近组织各公社"五·七"工作干部，在上海慰问团的协助下，自十月二十八日至十一月十七日，对全县 10 个有知识青年的公社进行一次再教育工作的大检查。我们了解了全县四十五个大队一百八十多个生产队的再教育工作和知识青年的基本情况，现向县委作如下汇报。

一

遵照毛主席关于"各地农村的同志应当欢迎他们去"的伟大教导，自一九六八年以来，我县先后接待安置了上海、南昌和本县知识青年 2536 名，除升学、进厂、参军、外迁等外，全县尚有 2216 名，分布在 10 个公社。

四年来，各级党组织、革委会坚决执行和捍卫毛主席的无产阶级革命路线，认真贯彻落实中央〔70〕26 号文件，为培养教育知识青年，做了大量的工作，取得了很大的成绩，积累了许多经验。从检查的情况来看，主要是：

（一）许多公社党委、革委对知识青年工作比较重视。对上山下乡这场伟大的社会主义革命理解较深。特别是通过学习中央〔70〕26 号文件后，进一步提高了认识，加强了领导。如鸡丰、潭坵、桃溪公社党委经常研究、检查再教育工作，把这项工作列入了党委的重要议事日程，工作做得比较扎实。有的领导同志还亲自动手，深入实际，调查研究，总结推广先进典型，推动面上的工作，热情帮助下乡青年解决学习和生产、生活上的实际问题。原鸡丰公社党委书记陈炳根同志去下乡工作时，每到一处都要去看望青年，和他们促膝谈心。为了解决患病青年的实际困难，积极帮助试办了"五·七"综合厂，发挥了体弱多病青年的作用，解决了他们的实际问题。党委副书记聂华春同志大力支持知识青年的积极性、创造性，在阳团工作时，和青年一起研究制定了改变山区面貌的"三五规划"，对青年鼓舞很大。

潭坵公社党委经常有计划有重点地抓好再教育工作，党委书记曾龙保同志在盆丰蹲点时和青年住在一起，经常找青年谈心，亲自抓转化工作，抓先进典型，推动面上的工作。桃溪公社书记带头，全党动手，抓再教育工作，取得了较显著的成效。党委书记刘友春同志，热情关心青年的政治成长，亲自培养敢于坚持毛主席革命路线的知识青年、粮食保管员邱××入党。全公社还发展了二名表现好的"可教育好的子女"入团。有一次公社召开再教育工作会议，他百忙中抽出时间，从十五里外赶回参加会议。

由于领导重视，因此大多数公社的再教育组织比较健全，而且发挥了积极作用。如洋湖公社经常召开再教育工作现场会，举办各种类型的学习班，组织青年深入开展革命大批判，进行党的基本路线教育。鸡丰公社规定知识青年每月学习二天，由大队记工分，组织青年认真学习马列主义、毛泽东思想，开展什么是理想和前途的讨论，进行前途教育。潭垆、荷蒲两公社通过召开再教育工作专门会议，认真检查政策落实，桃溪、潭垆两公社广播站还经常广播有关再教育工作的文章和知识青年中的先进典型，推动了工作。胜利公社和七琴公社对破坏上山下乡的案件能及时处理，排除了"左"右干扰，使知识青年工作不断巩固发展。

（二）许多大小队党组织、革委会和广大贫下中农为革命勇挑再教育重担，不惜政治上花心血，经济上花代价，为培养一代革命新人做了不少工作。如桃溪公社的黎山大队、洋湖公社的湖田大队、鸡丰公社的拿埠大队、潭垆公社的润陂大队、七琴公社炉村大队、溧江公社的桃湾等大队，基本上做到了"政治上热情培养，生产上耐心指导，生活上关怀备至"。

黎山大队党总支书记徐清生同志十分关心知识青年，发现青年砍柴天黑还未回来，就和贫下中农打着火把上山去找。下雨天在田里劳动，贫下中农宁愿自己受雨淋，把蓑衣、斗笠让给知识青年。青年生了病，贫下中农来回跑四十多里，把他们抬送到公社医院，使青年深受感动。鸡丰公社拿埠大队党总支副书记艾春根同志满腔热情地关怀青年的成长，他既从生产上关心青年，更从政治上关心他们的进步，大胆使用知识青年，让青年在斗争中学，在斗争中闯。全大队 31 名青年就有 21 名担任了大小队的各种职务，占 67%。潭垆公社润陂大队党总支副书记曾桂根同志，热心做好再教育工作，哪里有问题，就到哪里去解决。为了做好后进青年的转化工作，采取以好带差、调整骨干和贫下中农分工负责的办法，取得了很大效果，使这个大队的再教育工作由原来的"老大难"单位变成了先进集体。洋湖公社玉桥生产队知识青年陈××的老师、生产队党支部书记李桂英同志，把教育和培养好知识青年当作是自己的光荣职责，她经常找小陈谈心，进行阶级教育，使这个女青年成长很快，去年光荣地加入了中国共产党。桃溪公社岭背大队革委副主任罗宽口和生产队长邹万元同志，坚持用毛泽东思想做好后进青年的转化工作。该大队知识青年×××，原在桂川大队插队，一贯好逸恶劳，打架盗窃，公社把他调到岭背大队，有些干群担心管不住，都不肯接收。罗宽口和邹万元同志热情地接收了这一青年，并把他带在自己的身边，白天教他劳动，晚上谈心到深夜。过春节小×没钱买肉，队长邹万元就送给他两斤肉，使小×深受感动，翻然改正了错误，安心农村，积极参加劳动，今年劳动工分达3000余分，超过了前三年的总和，还掉前两年的超支，还进款90余元。七琴公社炉村大队政策落实较好，规定男青年的用粮标准比当地贫下中农的还高，青年烧柴、用肥料都给予照顾。洋湖公社检头生产队男青年底分最低的九分二，最高的十分，女青年底分最低的六分六，最高的七分，青年都很满意。

有的生产队对青年生活关怀备至。如七琴公社剑泉生产队队长徐贵来总是千方百计帮助青年种菜、养猪，搞好生活管理。大洋洲公社潭家坊第六队知识青年戴××，"双抢"中眼睛受伤，回上海治疗两个多月，生产队除补助小戴医疗费30元外，另外还补助了一个月的工分。

由于各级党组织、革委会和贫下中农对知识青年工作比较重视，认识较好，对再教育工作抓得较紧，措施比较得力，落实政策较好，因此，大多数知识青年的思想情绪还是安定的。据去年决分情况看，基本能自给的知识青年有1600多人，占75%。全县在民办公助的原则下建了新房27栋，为知识青年更好地扎根农村干革命创造了有利的条件。

我县知识青年在毛泽东思想的哺育下，在各级党组织、革委会和贫下中农的再教育下，通过三大革命运动锻炼改造自己，为社会主义革命和社会主义建设作出了较大的贡献。现在全县已有15名青年光荣地加入了中国共产党，272名入团，30名参军，752名担任大小队干部、会计、保管、赤脚医生、教师等十多种职务。还有35名上了大学，232名进了厂矿。1831人次出席省、地、县代表会议，涌现出许多先进集体和个人。一代有社会主义觉悟的有文化的劳动者正在我县农村广阔天地茁壮成长。

二

从检查的情况来看，几年来，我县各级党组织、革委会和贫下中农对知识青年作了大量的工作，取得了很大成绩。这是主要的，也是主流。但以"一分为二"的观点来看，当前还存在一些问题。主要是：

（一）认识问题

由于知识青年上山下乡是一项新的工作，对这场伟大的社会主义革命，在认识上还需要有个过程，加之对中央 26 号文件学习不够，理解不深，因此，有些干部和群众对再教育工作的重要性、长期性、艰巨性认识不足，对知识青年进行再教育的本身体现着两个阶级、两条道路、两条路线的斗争认识不清，对阶级敌人和我们争夺青年一代的尖锐斗争看不清，以致在认识上还存在如下几个问题：

（1）许多社、队，自去年下半年以来，对知识青年工作，都程度不同地放松了领导，不像前几年那么抓得紧了。有的没有坚持把再教育工作真正摆到党的议事日程上来，认为知识青年工作是额外负担，可有可无；有的虽然抓了，但领导不力，抓得不实。比如界埠公社当前知识青年工作情况便是这样。这个公社党委虽然分工副书记主管知识青年工作，但过问得很少，公社乡办也长期关门，无人负责。我们这次深入界埠检查，想将检查情况向党委汇报……目前这个公社的再教育工作基本上是一无组织，二无活动，三无人管，处于停顿状态。

（2）有的只看缺点，不看主流，把知识青年看成是包袱。桃溪公社岭背大队××生产队有的干部说："知识青年不来我们队里，我们可以多得工分，多分口粮，而且照样能增产。"荷蒲公社有大队干部说："知识青年没有好的，家里都有问题。现在更是一年不如一年了，又超支，又难办，确实是个包袱。"大洋洲公社夏塘大队第四生产队，最近分为三个生产队，六个青年推了好久，谁都不要，后来用检勾的办法分成三起，社员才说："不吃亏了。"潭圹公社中洲大队奇富生产队四个青年，秋收期间，天天向干部要求割禾，队里天天不安排。青年急得发哭说："今年割晚禾，就像讨饭一样。"

（3）有的抱着临时观点，对知识青年工作没有长期打算。在干部和群众中较普遍认为："知识青年早晚要走的，'兔子尾巴'长不了。"因此，只抓"一阵子"，不抓"一辈子"。界埠公社梅塘大队有的社员对青年说："你们下放三四年了，农活学得差不多了，现在该走了。"溧江公社黎溪大队知识青年董国庆，今年上半年想学抄田，副队长刘毛仔不让学，说："青年学会了犁耙也有用，你又不会长期在农村。"后来小董去邻队学了半天抄田，结果队长说："你到那边去抄田，就到那边记工分，我们队里不要你。"由于抱着临时观点，因此对培养、使用知识青年，既不积极，也不大胆。他们认为培养好了用不上，教育好了会调走。桃溪公社徐家大队革委研究要第一生产队派一名知识青年学开拖拉机，生产队不同意，说："培养好了，调走了，划不来。"洋湖公社玉桥大队章陂生产队团支部书记说："我去年花了不少心血，培养了两个青年入团，有多久，全部调走了。今后我是不培养知识青年入团了。"从而直接影响了青年的思想情绪，有的青年说："我们在生活上艰苦点不要紧，就是在政治上得不到关心，所以我们感到非常灰心。"

（4）有的地方对知识青年只管劳动，不抓政治学习。从我们检查的几十个大队一百多个知识青年班的情况来看，除少数青年班有自学外，一般的都不太愿学习。大队更是很少抓青年的学习，过去县、社规定每月不少于二天的学习制度，多数地方没有坚持，有的因为学习报酬没有落实，干脆不给青年学习时间。桃溪、荷蒲、界埠不少青年反映，过去在学校里有团课、党课，现在到农村来，除了出工、吃饭、睡觉三件事，什么政治活动都没有了，长期这样下去，头脑也要生锈了。

（二）阶级斗争比较尖锐

由于知识青年上山下乡是一场伟大的社会主义革命，一小撮阶级敌人必然要千方百计地进行破坏，城乡资本主义势力和封建残余势力也在拼命地同我们争夺青年一代。

（1）社会上的坏人拉拢腐蚀青年。如潭坵公社大塘大队下放干部龚×，经常以三黄四旧的资产阶级思想，腐蚀毒害青年，挑拨青年之间的关系，还利用物质引诱和采取各种手段先后调戏侮辱两名女青年，致使青年怕人耻笑，一直在上海不回。七琴麻坑生产队的富农分子贾××，运用物质、金钱等手段，拉拢腐蚀女青年朱××（20岁），并企图勾引该女青年同她儿子结婚，经公社制止，才未得逞。今年六月，丰城县耐火器材厂临时工朱××跑到新干县城，见大洋洲公社刘陵大队女青年王××，就冒充丰城煤矿招工干部，找到小王说："你想进工厂吗？我是下来招工的。"利用花言巧语，把小王纠缠到深夜，企图哄骗到新干饭店奸污，幸被大洋洲公社干部察觉，致使阴谋没有实现。

（2）社会上的阶级敌人，破坏知识青年上山下乡运动。如桃溪公社岭背大队富农子女公开造谣污蔑说："下放知识青年没有好的，都是犯错误的，家庭总有一点问题，没有问题不会下放。"

（3）有的公社出现捆、绑、吊打知识青年的事件。仅溧江、荷蒲两个公社的统计，几年来发生捆绑、吊打知识青年10起（16人），其中有干部在场的8起，其中有些是小偷小摸或外流打架等错误，有的是无辜受害的。

如荷蒲公社张家坊大队上海青年王××，今年八月二十八日因扒拖拉机被驾驶员污为小偷，将王毒打一顿，此案尚未处理。这个公社曾家五队上海青年戴××、尤××，因开玩笑把鞋子抛到屋上，上屋捡鞋踩破了瓦，生产队以此为由对戴、尤进行悬梁吊打，开斗争会。该队王版村知识青年张××因偷了生产队长家的一只鸡，也被绑吊悬梁。这个大队先后发生类似吊打批斗青年事件五起，最近大队革委副主任姚××还讲，这样做效果很大。

（4）阶级敌人利用封资修毒害知识青年，个别青年沾有流氓习气，到处流窜干坏事。如界埠公社××大队上海青年章××持刀杀人，现已关押。鸡丰公社××大队上海青年王××，流氓成性，今年三月曾先后二次拐骗分宜、波阳的两名下乡女青年，非法同居达两个月。××大队盗窃集团首犯王××、张××，几年来纠集乐安、进贤和本县七琴、洋湖等地青年二十多人，作案一百多起。王、张两犯还要尽流氓手段，调戏、侮辱女青年多人，经常偷听敌台广播，在青年中进行反动宣传，煽动青年离开农村，攻击伟大领袖毛主席，追随林贼，胡说："如果林贼反革命政变成功，对我们青年就有好处。"并经常唱《怀念重庆》、《上海之歌》等十多种黄色歌曲。

（三）组织不够健全

这个问题，目前比较普遍。据了解，有的公社领导小组只是一个空架子，有组长，有成员，光杆司令。有的很少开会，没有充分发挥作用。公社上山下乡办公室人员变动频繁，有的没有列入公社编内人员，调进调出，情况不明，工作不安心。有的专人不专用，不做知识青年工作。

大队、生产队再教育小组，有的有名无实，有的没有认真挑起再教育重担，有的根本不起作用。据140个生产队调查，有再教育小组的生产队100个，指定一名副主任或委员负责的18个，既没有成立再教育小组又没有指定专人负责的22个。在100个再教育小组中，活动较好的31个，活动一般的50个，没有发挥作用的19个。在指定一个人负责再教育工作的18个生产队中，对青年关心的3个，比较关心的6个，从不过问的9个。

特别是随着社、队规模调整，有些大队、生产队再教育组织没有及时跟上去，队分了，再教育组织没有了，知识青年工作也无人过问了。溧江公社黎溪大队，公社指定陈××负责，而大队却分工要王××抓，结果互相推托，公社发给这个大队知识青年的《政治学习文件》和《国际知识》，大部分知识青年都没有得到，整个大队知识青年工作长期无人过问。

（四）政策没有完全落实

（1）有的地方同工不同酬，知识青年底分一般偏低。据界埠、荷蒲、桃溪、溧江、大洋洲的部分大队和胜利公社的长江大队432人调查，五分以下的6人，五分到五分四的46人，五分五到五分九的79人，六分到六分四的70人，六分五到六分九的71人，七分到七分四的57人，七分五到七分九的41人，八分到八分四的21人，八分五到八分九的21人，九分到九分四的14人，九分五以上的6人。其中208个女青年中，五分以下的6人，五分到五分四的40人，五分到五分九的64人，六分到六分四的48人，六分五到六分九的41人，七分以上的9人。鸡丰公社大湖班女青年袁××，今年秋收担任民办教师，群众每天都是按件计酬，小袁却仍计底分，仅近一个月时间，就比同等劳力少记了200多分。洋湖公社玉桥大队张家班7个知识青年，今年以来，有6个青年底分都减了九厘。其原因：一是认为青年是来农村锻炼的，不靠工分吃饭；二是认为青年家住城市，超支了家里会寄钱来；三是认为青年不会犁耙，劳动技术不高；四是有的青年身体不好，劳动出勤少。由于同工不同酬，从而影响了知识青年的积极性。

（2）有的地方没有认真解决知识青年的住房。荷蒲公社沂上大队十一生产队6个青年，房子又小又漏，厨房和群众的猪栏在一起，住宿、烧饭都有困难，公社曾两次拨款拨木料，生产队一直未修，对青年生活漠不关心。界埠公社田北班青年，原先住社员李年根的房子，今年他儿子结婚后，天天骂青年占用了他的房子，要青年滚出去，5个青年没办法，被迫搬到队里准备作猪栏的房子里去住。现在这个房子中间虽然隔了一个几尺高的活动木板壁，一边住男的，一边住女的，居住很不适合。溧江公社黎溪大队周家坊生产队男青年住的房子原是一个富农分子的，里面全是空荡荡的，大门上原有的"剥削有罪"四个大字也不给抹掉，一直保留到现在。青年们说："反正队里说我们吃剥削，就让它剥下去好了。"这个大队何家坊班，4个青年住一栋又矮又小的土砖房，两个女的没法住，只好每天跑到相隔二里多路的田垅生产队和女社员一起住，学习、劳动极不方便，对青年的健康成长非常不利。

（3）有的青年班菜地没有留足，分给青年的菜地又远又分散。界埠公社莲塘大队桐江班4个青年，只有一畦二厘的菜地，青年几次要求增加一点，队长说：你们横直有钱买菜吃，又不会长期在这里，有一点就行了。胜利公社大洲大队，最近社队规模调整时，将青年班 6 个人分成 5 个生产队，每人给了两小块菜地，12 块菜地分布在 12 个地方，有的远达四五里路，管理很不方便，青年意见很大。

（4）有的地方青年口粮标准偏低，没有按当地单身劳动力的实际用粮水平给粮。胜利公社长江大队流坑生产队男社员最高吃 900 斤，男青年只吃 860 斤，女社员最高吃 780 斤，女青年只吃 700 斤。理由是：知识青年城市生城市长，饭量没有农民大；青年每年都要回家探亲，家里有吃，否则，就是吃双重粮。

有的还找各种借口克扣青年口粮。溧江公社黎溪大队下村生产队，去年下半年把稻谷发给青年当口粮。周家坊生产队知识青年周××因扒拖拉机跌断了脚，住在上海治疗，生产队不发口粮，小周的姐姐周××几次要求只拨口粮指标，卖谷的钱交队里，也不肯，以致小×今年口粮颗粒未称。这个队的青年反映说："我们每次称口粮都要挨骂，不是哇吃剥削，就是哇脸皮厚，真难受。"

此外，在分配其它农副产品时，有的地方对青年也有克扣现象。溧江公社黎溪大队田垅生产队今年上半年分油菜籽，社员每人 10 斤，青年一粒也没有，今年再三要求，才每人给了二斤半。这个大队的何家坊生产队，群众按人分油，知识青年也有分。由于有的地方对青年生活不关心，政策得不到落实，致使有的青年不安心农村。

三

根据上述情况，当前要求各公社按照最近地区上山下乡知识青年政治工作会议精神，切实执行 26 号文件，提高认识，落实政策，加强组织领导。

1. 提高认识……

2. 以路线斗争为纲，认真落实有关政策。

（1）同工同酬政策。坚持"各尽所能，按劳分配"的原则，真正实现同工同酬。应根据实际情况，合理安排劳力，合理评工计分。对那些借口克扣或压低下乡青年工分的现象应坚决纠正。对体弱有病的青年，应尽可能安排一些力所能及的农副业生产劳动，以便解决他们的实际困难。

（2）分配问题。首先是口粮，我县知识青年用粮标准一般较高，但要纠正有的借口青年有病、超支或回上海期间不给或少给口粮的现象。对知识青年的用粮标准一定要按 26 号文件规定执行。其它农副产品和自留地的分配也应和社员一样。原分配的自留地某些土质差、路途远的应合理调整。

（3）住房问题。各公社一定要根据上级的要求，分别轻重缓急，抓住重点，做出样板，抓紧解决。建房要坚持勤俭节约，做到既经济又适用。人少不宜建房，应适当调整，一般5—7人为宜。

（4）婚姻问题。既要提倡晚婚，又要对正当的婚姻给予关心，但要坚决反对买卖婚姻或变相的买卖婚姻。凡是强奸下乡女青年，对女青年进行逼婚、诱婚的以及干部利用职权为非作歹、包庇怂恿违法犯罪分子的，各公社应整出材料，报县处理。

（5）对破坏上山下乡的案件（包括捆绑、吊打下乡青年的案件），要严格区分两类不同性质的矛盾，给予严肃处理。凡是没有处理的，各公社要检查落实，发动群众揭发批判，情节严重的应报专政机关依法惩办。

（6）对可以教育好的子女，要全面贯彻执行"要注意成份，但不唯成份论，重在政治表现"的无产阶级政策，要热情帮助他们，教育他们，不要歧视他们。

（7）对某些贪污挪用克扣安置经费的要限期退回，情节严重的应上报处理。

3. 加强组织领导。各级党的组织和革委会，必须十分重视知识青年工作，把这项工作摆到重要议事日程上来。

（1）各公社党委分管上山下乡知识青年工作的副书记或副主任，要名副其实地做好这项工作，要抓得很紧，克服分管不挂帅、有名无实的现象。

（2）公社再教育领导小组和大队、生产队再教育小组不健全的应迅速健全起来，要建立会议、学习、汇报制度，开展活动，要防止形式主义。

（3）县和公社上山下乡办公室干部调动频繁，应很快固定下来，没有备足的要求组织部门予以备足。县上山下乡办公室要充实加强，建议配备一至两名有写作能力的干部。

4. 要认真对知识青年进行思想和政治路线方面的教育，要坚持无产阶级政治挂帅，用毛泽东思想教育人，组织青年"认真看书学习，弄通马克思主义"，教育青年坚持"三要三不要"原则，深入开展批修整风，开展革命大批判，深入批判"读书做官论"、"下乡镀金论"、"变相劳改"等反动谬论。与此同时，还要教育知识青年开展破旧立新、移风易俗的思想革命，教育知识青年同轻视农村、轻视农民、轻视农业劳动的旧的传统观念实行彻底决裂。

5. 要组织发动贫下中农做好再教育工作，支持知识青年在三大革命斗争中的创举，发扬他们敢想、敢干、敢于革命的精神，使他们在广阔天地里实现"大有作为"的愿望。

6. 建议县委在最近期间召开一次全县上山下乡政治工作会议，传达贯彻地区会议精神。

上述报告，如无不当，请批转下达。

新干县上山下乡办公室检查组

一九七二年十二月三日

关于一九七三年上山下乡工作安排

各公社革命会上山下乡领导小组：

为了认真贯彻落实毛主席关于上山下乡的伟大指示和中央〔1970〕26号文件精神，巩固上山下乡成果，根据上级指示，特作如下安排：

一、把批修整风这个头等大事抓紧抓好。

……在深入批林整风中，要组织知识青年认真看书学习，努力弄通马克思主义，准确地划清正确路线和错误路线的界限，进一步提高识别真假马克思主义的能力，增强执行毛主席革命路线的自觉性。同时，还要运用马克思主义的立场、观点和方法，帮助知识青年正确认识前途和理想，改造世界观，一辈子走与工农相结合的道路。

二、认真贯彻落实中共中央〔1970〕26号文件。

……省、地要求把宣传贯彻26号文件作为今年一项重要的政治任务来抓，地区决定立即在全区范围内对26号文件贯彻落实进行一次全面检查。根据省、地委指示精神，我们必须在全县范围迅速掀起一个学习、宣传、落实26号文件的高潮，并拟订五月下旬或六月上旬，逐社、逐队进行检查，发现问题，解决问题，总结经验，推动工作。同时，要狠抓阶级斗争，提高革命警惕，严防阶级敌人的破坏活动。对于破坏上山下乡的阶级敌人，要坚决打击，凡是对女青年进行逼婚、诱婚的，要坚决进行批判斗争，干部利用职权为非作歹的要撤职查办，包庇怂恿违法犯罪分子的要给予严肃的纪律处分。有的地方过去对这类案件处理不严肃、不认真的，要认真检查，坚决纠正，使党的各项无产阶级政策真正得到落实。

三、认真抓好毛主席"五·七指示"发表七周年的活动。

……各级党组织和革委会，要认真抓好纪念活动，在"五·七"前后，要组织下乡青年重温毛主席的"五·七指示"，社、队主要负责同志要亲自抓，并主持开好各种会议，如纪念会、座谈会等，充分运用各种宣传工具，大力宣传毛主席光辉"五·七指示"的伟大胜利，大歌大颂毛主席无产阶级革命路线的伟大胜利。县准备召开纪念毛主席"五·七指示"发表七周年大会，并准备挑选一批先进典型，利用图片、画刊等形式进行，大力表彰先进。

四、广泛深入地开展向雷锋同志学习的运动。

……

五、充分发挥知识青年在三大革命运动中的作用。

……

六、做好七三年应届中学毕业生下乡的宣传、摸底、落实工作。

七三年应届中学毕业生，省、地早已讲了，今年大部分要下到农村插队落户，任务虽然还没有下来，但要及早作好准备，把工作作在前面。我们现在要作的工作主要是：

1. 大造革命舆论，大力宣传毛主席有关上山下乡的指示，宣传上山下乡的形势和任务，造成一个下乡为荣、务农为荣的热潮。

2. 做好调查摸底，及早安排去向，一个大队一个大队、一个生产队一个生产队落实好。

3. 提高警惕，防止和打击阶级敌人的破坏活动。

七、进一步加强上山下乡工作的领导。

搞好这项工作的关键是加强党的领导，各级党组织和革命会，必须十分重视知识青年工作，把这项工作列入党委会的重要议事日程，经常地进行研究、部署、检查、总结，并要有一名主要负责同志分管这项工作，公社上山下乡领导小组和大队、生产队再教育小组不健全的要迅速健全起来，要建立会议、学习、汇报等制度，开展活动，防止流于形式。要抓好典型，巩固提高老典型和培养新典型，要求社有先进排，排有先进班，队队有典型，班班树先进。

为了总结交流落实毛主席革命路线和政策的经验，表彰先进，推动我县上山下乡工作，县计划在十月左右召开全县上山下乡工作经验交流大会，各地一定要积极作好准备，大造革命舆论，组织下乡青年开展革命竞赛，以实际行动迎接这次大会的召开。

新干县革命委员会上山下乡领导小组

一九七三年三月十三日

关于召开知识青年代表会议的通知

（干发〔74〕第 020 号）

各公社革委会：

为了进一步贯彻落实毛主席关于上山下乡工作的指示和中央〔73〕21号、30号文件精神，发展大好形势，巩固上山下乡伟大成果，坚持乡村的伟大胜利，进一步作好上山下乡工作，经县委常委研究决定，于六月中旬（具体时间另行通知）召开全县知识青年代表会议。为此，特作如下通知：

一、参加会议人员，以知识青年为主，邀请贫下中农代表和各公社主管上山下乡工作以及乡办同志参加（具体名额分配附表）。出席会议的知青代表必须是认真看书学习，积极参加三大革命运动，坚持乡村干革命的积极分子；邀请参加会议的贫下中农代表必须是政治思想好，热爱知识青年工作的同志。知青代表一定要通过贫下中农推荐，知识青年班、排评选，大队审查，公社审批。通过评选，进一步调动广大知识青年的积极性。

二、会议内容，以批林批孔为纲，认真学习毛主席有关上山下乡的指示，深入开展革命大批判；总结交流上山下乡工作经验，表彰先进，热情歌颂知识青年上山下乡这一新生事物；研究和部署今后工作。

三、各地在会议前，必须以批林批孔为纲，组织广大知识青年再一次重温毛主席关于上山下乡的指示，号召知青积极投入批林批孔，以狠抓革命，猛促生产的优异成绩，迎接全县知识青年代表会议的召开。同时，还必须组织一定力量，总结经验，抓好一批典型材料（分配见表），于本月底报县乡办。

以上通知希认真研究贯彻执行。

新干县革命委员会上山下乡领导小组

一九七三年三月十三日

代表和典型材料分配表

单位	知青代表	贫下中农代表	领导小组长	乡办人员	城镇中学应届毕业代表	学校上山下乡负责人	典型材料
大 洋 洲	10	1	1	1			2
溧 江	23	2	1	1			2
桃 溪	26	2	1	1			2
七 琴	16	2	1	1			2
城 上	3	1	1	1			1
潭 坵	21	2	1	1			3
鸡 丰	42	3	1	1			4
洋 湖	30	3	1	1			3
沂 江	5	1	1	1			1
胜 利	18	2	1	1			2
界 埠	11	1	1	1			2
荷 蒲	7	1	1	1			2
三 湖	1			1			1
城 镇			1				
新干中学					2	1	
共 大					2	1	
三湖中学					1	1	
七琴中学					1	1	
合 计	213	21	13	13	6	4	27

加强党的领导 做好扎根工作

——开展知识青年再教育工作的体会

中共新干县委

一九六八年以来，我们新干县先后接受安置了二千九百多名上山下乡知识青年……

回顾几年来的工作，我们深刻地体会到：要做好知识青年扎根农村的工作，必须从党的基本路线高度去认识这场革命，必须加强对知识青年的教育管理工作，必须让知识青年在三大革命斗争中经风雨、见世面，充分发挥他们建设社会主义新农村的生力军作用。这样，知识青年扎根农村才能扎得正、扎得深、扎得牢。

提高思想认识　创造扎根条件

……新干县各级领导的多数同志都能坚决执行毛主席的革命路线，衷心拥护这场革命，把这项工作当作巩固和发展无产阶级文化大革命伟大成果的大事来抓。但也有少数同志对这场革命还不够理解，他们认为，新干田多人少，吸收一些知识青年增加劳动力是可以的，但人多了不行，时间长了不行。总之，他们不是把知识青年上山下乡当作大事，而是当作小事；不是当作"财富"，而是当成"包袱"；不是当作培养和造就千百万无产阶级革命事业接班人的战略措施，而是当成权宜之计。针对这种情况，县委带领各级党组织反复学习毛主席关于知识青年上山下乡的指示，坚持从党的基本路线高度去认识和对待这场伟大革命。通过学习，大家进一步认识到，做好知识青年上山下乡工作，是无产阶级专政下继续革命的需要，是巩固无产阶级专政、防止资本主义复辟、建设社会主义的需要，是培养千百万无产阶级革命事业接班人的需要，是毛主席、党中央交给我们的光荣任务，是阶级托付我们的千斤重担，是历史赋予我们的崇高使命。

认识提高以后，我们县委采取了一些措施，切实加强了对知识青年上山下乡工作的领导。首先，县委自觉地把这项工作列入重要议事日程，各级书记亲自抓，切实加强领导，做到重大问题集体讨论，紧急问题及时解决。去年，为了贯彻中央21、30号文件精神，县委组织了55人为期半个月的评比检查，由县委领导亲自带队，深入到每个知识青年点，发现问题，解决问题。其次，不断充实和加强县社两级知识青年办公室的力量，12个有知识青年的公社都配备了两个专职干部，大队和生产队再教育小组也进行了必要的调整，使之更加健全。部分公社、队一度存在"一年紧，二年松，三年不关心"的现象，很快得到了克服。第三，县委领导同志下乡时，经常到知识青年点去看一看，帮助青年们解决思想、生产和生活上存在的问题。县委书记贾福荣同志前年冬天到鸡丰公社云庄大队亲自主持会议，布置建房工作，使全县建房工作大大加快。青年们高兴地说："吃有粮，住有房，劳动有工具，学习有书报，文娱活动有场所，合作医疗有保障，建设新农村，浑身添力量。"

加强扎根教育　促进扎深扎牢

……

为了帮助知识青年树立扎根农村干革命的思想，我们针对知识青年中带有普遍性和倾向性的思想问题，如怎样正确对待苦与乐、平凡劳动和革命理想、"走"与"留"等问题，进行深入细致的思想政治工作，积极组织他们认真看书学习，定期举办学习班，普遍坚持学习制度，不断提高他们的马列主义、毛泽东思想水平。同时，引导他们深入开展革命大批判，狠批孔老二、刘少奇，林彪的"读书做官"、"下乡镀金"、"变相劳改"的谬论，肃清其流毒。各级党组织还针对知识青年的特点，请老红军、老党员、老贫农讲家史、村史、两条路线斗争史，开展忆比活动，对他们进行阶级教育、路线教育和革命传统教育。通过这一系列措施，促使他们树立无产阶级的苦乐观，正确对待和处理平凡劳动与远大革命理想、"走"与"留"的关系，从而坚定了在农村干一辈子革命的决心。

知识青年上山下乡，对我们来说是一门新的课题，需要从头学起。在进行教育管理工作中，我们十分注意抓以点带面，做到手里有典型，胸中有全局。这几年来，县委一直抓鸡丰公社这个点，碰到新情况新问题就到点上去调查研究，摸索经验，再到面上去推广。针对有些知识青年体弱有病，不能参加大田劳动的情况，我们在鸡丰公社试办了"五·七"综合场，安排他们做一些力所能及的工作，使体弱有病的知识青年，照样能为建设社会主义新农村出力，同时也保证了他们在生活上做到自给有余。这样一来，使他们更加安心扎根农村干革命。在批林批孔运动的推动下，我们又在鸡丰公社小坑大队乐门生产队建立了一个青年队。经过近一年来的实践证明，这是知识青年坚持乡村干革命的一种很好形式，为今后在有条件的地方大办青年队积累了经验。

如何做好后进知识青年的思想转化工作，是我们进行教育管理工作时经常会遇到的问题。应该看到，广大知识青年的本质和主流是好的，绝大多数知识青年到农村后表现是好的。当然也有少数知识青年表现不够好，对于后进的知识青年，县委和各级党组织，怀着饱满的政治热情，耐心做好转化工作，经常和他们一起学习、谈心，出了问题不是简单粗暴地批评，而是耐心教育，引导他们自己教育自己。对于他们的点滴进步，都给予充分肯定，使他们深感到党组织的温暖和贫下中农的关怀，从而逐步克服自己的缺点错误。县委为了抓先进、促后进、带中间，每年都要开几次知识青年上山下乡经验交流会和政治工作会议，总结经验，表彰先进，推动全盘。几年来，我们先后树了各种类型的典型共二十多个，出现了公社学鸡丰，青年班学阳团，青年队学乐门，再教育工作学邹九根的热潮。这对后进知识青年来说，也是一个很大的鞭策和激励，使他们学有榜样，赶有目标，有力地促进了后进变先进的工作。

在进行管理教育工作中，我们还强调把社会教育与家庭教育配合起来，广大革命家长把孩子交给我们，是对我们的信任，他们希望我们能把孩子教育好。为了使家长及时了解孩子在农村的锻炼成长情况，我们的再教育小组经常给革命家长写信汇报情况。同时，也要求革命家长写红色家信，配合我们做好再教育工作。七琴公社炉村大队的再教育小组，几年来一直坚持每季度给知识青年家长写信汇报情况，使革命家长深受感动，他们感慨地说："贫下中农关心孩子的成长胜过我们自己，不要说一个孩子在农村，就是所有孩子在农村我们也放心。"知识青年对此也感到满意，他们高兴地说："农村就是我的家，贫下中农就是我们的亲爹妈。"

大胆放手使用　新苗苗壮成长

"青年是整个社会力量中的一部分最积极最有生气的力量"。全县各级党组织遵照毛主席的这一教导，积极为他们创造条件，使他们在接受再教育的同时，在三大革命运动中充分发挥作用。经过几年斗争锻炼，特别深入开展批林批孔运动以来，全县已有 43 名知识青年参加了中国共产党，524 名参加了共青团，84 名被选进了各级领导班子，还有一大批知识青年担任了赤脚医生、民办教师、夜校辅导员、广播员、记工员、会计员、保管员、拖拉机手和农业技术员等。不少人还有所革新和创造，20 名知识青年被评为全县农业学大寨积极分子。鸡丰公社阳团气象哨、洋湖公社后坊青年班，今年二月还光荣出席全省农业学大寨经验交流会议，被评为农业学大寨的先进单位……

但是，在这个问题上也有一个认识过程。开始有些同志存在一些模糊认识，认为知识青年迟早是要走的，等到培养得差不多了，人也就调走了；还有的担心知识青年是嫩竹子扁担，挑不起重担子。针对这些思想反映，县委反复组织各级班子成员学习毛主席的有关教导，引导大家从整个党的事业来考虑问题，而不能只想到本社、本队的局部利益，使大家认识到，为社会主义革命和建设培养、输送人材是极其光荣的。同时，使大家明确，正因为知识青年是青松翠竹，才更需要在三大革命斗争中经风雨、见世面。也只有在大风大浪中锻炼，才能造就和培养千百万无产阶级革命事业的接班人，才能使知识青年在农村广阔的天地里苗壮成长。

有了统一认识后，我们把放手使用知识青年当作再教育工作重要一环来抓，县委多次组织知识青年参加"一打三反"、党的基本路线教育、批林批孔等政治运动，让他们在阶级斗争风口浪尖上摔打，不断提高阶级斗争和路线斗争觉悟。鸡丰公社小坑大队乐门生产队知识青年吴晓兰，刚到农村只注意埋头生产，不敢大胆开展工作。公社党委和大队党支部发现后及时对她进行帮助教育，使她自觉地站在阶级斗争第一线，向坏人坏事展开斗争，受到群众好评。后来她光荣地参加了党组织，被选为公社党委委员、公社革委副主任。在斗争中，晓兰也更加热爱农村。今年，公社党委和贫下中农一致推荐她上大学，她婉言谢绝了，表示要扎根农村干一辈子革命。

在当前深入开展的批林批孔运动中，全县各级党组织也十分注意充分发挥知识青年的作用，把知识青年推到斗争的第一线……运动以来，全县共培养了258名知识青年理论辅导员，各知识青年班共写了3765篇批判稿，出了315期大批判专栏，有力地促进了批林批孔运动深入、普及、持久地开展下去。通过批林批孔，广大知识青年进一步认识了上山下乡的深远意义。鸡丰公社阳团大队知识青年、共产党员孙××坚定地表示："三大差别需要我们去消灭，农村的面貌需要我们用双手来改变，我在这里扎根定了！"

我们还注意到知识青年的科学文化知识，发挥他们的特长，积极引导知识青年在农村大有作为，为建设社会主义新农村出力。鸡丰公社阳团大队上海知识青年任远，刚下来时，感到学到的知识派不上用场，情绪比较低。以后这个队的党支部得知她懂得一些气象知识，而农业生产很需要掌握气象情况，便鼓励她办气象哨，并发动群众给她提供了二百六十多条有关气象的农谚。小任和另外一个女青年，在党支部和贫下中农支持帮助下，因陋就简地办起了简易气象哨，五年如一日地搞好天气预报，为发展农业生产作出了贡献，被群众誉为"管天姑娘"。这个大队的其它知识青年在大队党支部的领导下，大搞科学试验，成功地引进了二十多个水稻良种，摸索出了一整套科学种田的经验，全大队仅去年一年就增产了三十多万斤粮食，为农业学大寨作出了应有的贡献。

通过三大革命斗争的锻炼，特别是在批林批孔运动的推动下，我县广大知识青年更加爱上了农村，更加爱上了贫下中农，他们纷纷表示："扎根农村志不移，风吹浪打不回头。"

……

七四年十月

路线是根本　领导是关键
中共新干县鸡丰公社委员会

自一九六八年以来，先后到我们公社插队落户的知识青年有 545 名，现在还有 384 名……

提高认识　加强领导

……几年来，在上山下乡运动中，我们公社涌现了不少先进典型。公社党委调换了四名书记，但是热情关怀知识青年的传统没有变。面对着上山下乡的大好形势，公社党委有些领导成员产生了"差不多"的思想。究竟是"差不多"还是"差得多"？在批林批孔的新形势下，在对待巩固和发展无产阶级文化大革命的伟大胜利和成果的重大问题上，我们又有了新的体会。

伟大的批林批孔运动开始以后，小坑大队乐门生产队的知识青年提出了创办青年队的设想，这是他们在上山下乡的道路上迈出的新的一步。"五·七"综合厂的同志们在批林批孔运动的推动下，提出了坚持"以农为主"的方向，扩大耕地面积，希望能得到公社党委的大力支持。怎样对待这些上山下乡运动中的新生事物，是支持还是反对，这是对党委的一次新考验。有个别领导成员说："靠几个知识青年生产队不要说增产，田不荒就算不错了。"有人说："创办青年队，我们这儿还没有经验，万一搞糟了，不好收场，影响太大。"针对这种情况，我们反复学习了中央有关文件，党委会上进行了热烈的讨论……公社党委在这场斗争中是大力支持和扶植新生事物还是抱怀疑、观望甚至反对的态度，这是检验我们执行什么路线的重大问题……对于新生事物公社党委要大力支持，要敢于担风险。我们进一步认识到：上山下乡运动是培养和造就无产阶级革命事业接班人的重要途径，是巩固无产阶级专政，防止资本主义复辟的重大战略部署。抓不抓这项工作，花不花大力气抓好这项工作，是对待毛主席革命路线的态度问题，是个"要搞马克思主义，不要搞修正主义"的原则问题。公社党委讨论决定积极支持建乐门青年队，并且把公社猪场的六十多亩水田和三百多亩山地交给"五·七"综合场经营，鼓励他们"以农为主"的正确方向，为上山下乡运动作出新的贡献。

……

树立典型　以点带面

……30号文件下达后，随着上山下乡的深入发展，为了回答知识青年在农村是"大有作为"还是"无所作为"的问题，我们宣传了阳团知识青年排在党支部领导下，发扬敢想、敢说、敢干的革命精神，办气象哨，试制"4506"，坚持科学种田，成为建设社会主义新农村的一支朝气蓬勃的生力军的先进事迹，并且组织全公社知识青年班、排长到阳团大队参观学习。很多知识青年深有感触地说："阳团知识青年能做到的，我们只要认真学习，努力工作，也一定能够做到。"

……有一段时间，我们发现一部分知识青年中艰苦奋斗的精神减弱了，认为"下乡四五年，可以换换岗位了"。针对这种情况，我们反复宣传了乐门青年队坚持乡村、艰苦创业的先进事迹。数九寒天，他们冒严寒，踏冰霜，劈山开水修渠道，用自己的双手在乐门这个偏僻的小山庄画上了最新最美的一笔。他们不为名，不为利，更不图"上调"，图的是巩固和发展无产阶级文化大革命的伟大成果，坚持乡村，实现建设社会主义新农村的宏愿。在全公社知识青年参加的批林批孔大会上，在班、排长的学习讨论会上，乐门青年队对林彪、孔老二一伙轻视体力劳动，看不起农民的无耻谰言进行了有力的批判。他们"乐在农村干百年"的壮志在知识青年中引起了强大的反映。通过典型宣传，使广大知识青年学习有榜样，前进有目标，真正起到"一花引来万花开"的作用。

过去有人认为"知识青年好的不用管，坏的也管不了"，所以对少数后进青年缺乏耐心的说服教育。批林批孔运动开始以后，各级党组织从路线斗争的高度来认识做后进青年转化工作的重要意义，进一步认识到这是无产阶级同资产阶级争夺接班人的原则问题。革命就是做转化工作，教育一个可以带动一片。池岸大队知识青年×××过去由于受资产阶级思想的腐蚀，好逸恶劳，寻衅闹事是个有名的"罗汉"。这样的青年能不能转变？这在有些干部的头脑中是个大问号。今春小×从上海回来以后，公社、大队、生产队干部以及小×的贫农师傅多次找他谈心，从各方面关心他，帮助他，使他思想有了很大转变。从此，他积极参加生产队的劳动，今年上半年的劳动工分相当于过去四年劳动的总和。看到小×的转变，贫下中农和知识青年都很高兴。现在他担任了青年排排长，并且光荣地加入了共青团……

积极培养　大胆使用

几年来，到我们公社插队的384名知识青年中已有9人光荣地加入了中国共产党，124 人参加了共青团，1 人参加了公社领导班子，担任了党委委员、革委会副主任的职务，11 人参加了大队领导班子，其中有的担任了大队党支部副书记、民兵队的职务，41 人参加了生产队领导班子，他们在三大革命运动中苗壮成长，为建设社会主义新农村作出了积极的贡献。

……乐门青年队女知识青年吴晓兰担任公社党委委员、革委会副主任以后，主动要求继续留在青年队担任队长。党委考虑青年队刚建立，遇到的困难一定很多，让她继续留在队里能够在实际斗争中培养她独立工作的能力。吴晓兰在青年队里大胆领导，紧紧依靠群众，坚持参加集体生产劳动，晴天一身汗，雨天一身泥。经过八个多月的奋战，青年队夺得了早稻增产两万多斤的好收成。

阳团知识青年孙德周，入党不久就担任大队党支部副书记。有人不服气，认为知识青年缺乏农村实际斗争经验，年纪又轻，担不起这副担子。在阳团蹲点的公社上山下乡领导小组组长洪其武同志，坚持了"老中青"三结合的原则……小孙还积极当好科学实验的带头人，水稻品种试验，大田防虫灭虫他都积极参加，大胆领导，阳团大队今年早稻总产比大幅度增产的一九七三年又增产三十多万斤。

全公社 384 名知识青年中担任各种职务共 194 人，发挥了骨干作用的占知识青年总人数的 50％ 以上。很多知识青年深有体会地说："在农村真有学不完的知识，干不完的事业。"

……

七四年十月

永丰县

转发《刘永胜同志十一月九日在藤田公社上海知识青年（班长）毛泽东思想学习班上的讲话》的通知

各公社革委会：

现将县革委会主任刘永胜同志十一月九日《在藤田公社上海知识青年（班长）毛泽东思想学习班上的讲话》转发给你们，请你们认真贯彻执行。

各级革委会必须重视对知识青年的再教育的工作，认真落实伟大领袖

303

毛主席亲自批示照办的中发〔1970〕26号文件，把这项工作列入各级党组织、革委会的重要议事日程。要加强领导，坚持不懈地抓好知识青年的政治思想工作，及时总结经验，抓好典型，指导全面。要经常向青年进行阶级斗争和两条路线斗争的教育，革命传统的教育，集体生产劳动的教育，艰苦奋斗的教育，使他们在三大革命斗争的实践中，更好地活学活用毛泽东思想，改造世界观。有插队青年的社、队，对知识青年都要做到政治上有人抓，生产上有人教，生活上有人管，让这支生力军在农村这个广阔的天地里充分发挥积极作用。

永丰县革命委员会

一九七〇年十二月十二日

刘永胜同志十一月九日在藤田公社
上海知识青年（班长）毛泽东思想学习班上的讲话

（根据记录整理，未经本人审阅）

同志们：

你们一千多名知识青年到永丰来，是永丰政治生活中的一件大好事，对永丰的社会主义革命和社会主义建设事业的发展起到了良好的作用。我们非常感谢上海市革委、虹口区革委、你们的家长把你们送到江西来，把这块老革命根据地建设得更红更好。时间不长，已充分证明毛主席关于"知识青年到农村去"的指示非常英明，非常正确。

我们县、公社、大队各级革委会在这方面的工作有缺点，甚至有错误，在关心同志们的学习、生活、劳动、成长等方面还不够，出现了一些问题，应该作自我批评。在这次学习班上，大家可以对这方面的问题进行批评。

最近我到了严坊、杏塘、城上三个大队，从接触中，总的看来是比较好的，贫下中农对许多知识青年作了好评。大家从上海那样一个大城市到山区来，在生活条件上是一个很大的转变，大家转变得这样好，爱上了这个地方，安下心来，要在这里干一辈子，遵守纪律，尊重地方的风俗习惯，作了很多有益的工作，出现了许多先进集体和个人。但是必须指出，在知识青年队伍里有阶级斗争，当前的主要表现，就是社会上的阶级敌人和世界观没有改造好的坏人来腐蚀我们的队伍，从反面向知识青年进攻，你们当班长的要提高阶级斗争的警惕性。杏塘大队一个姓黄的人，有黄色小说、坏小说几十部，都是宣扬资产阶级个人主义、叛徒哲学、"左"右倾机会主义等毒素的，广为流传。有人对毛主席著作不学，看黄色小说着了迷。应该看到这是两个阶级在争夺青年一代。有些人中毒了，做了一些不应该做的事，甚至坏事，上了当。有的不请假长期还留在上海，甚至班长、排长也走了。有的劳动松弛，从"双抢"以来根本不参加劳动，不仅不参加集体劳动，自己的蔬菜地也荒了，没有菜吃。有的作风不那么正派。有的成了投机倒把的二贩子，大量抢购农副产品向上海贩运，现在主要抢购花生，这就破坏了国家的粮、棉、油计划，破坏了价格政策。不管你承认不承认，实际上为农村复辟资本主义效了劳。有的大量买樟木箱子，自己用一个两个并不限制，但是自用之外，还给这个买，给那个买，向上海贩运，长途汽车不给运还打架、行凶。这次学习班要把这些问题摆出来，认识一下是些什么问题，克服不良作风，用正气把邪气压倒。

现在提几条意见，供你们参考。

一、没经请假擅自离开劳动岗位的，"五·七"大军办公室向上海的家长发信，请他们把自己子女动员回来。再不理的话，就写信给虹口区革委上山下乡办公室。发信以后半个月再不回来，这里就停止粮油供应。希望班长同志们写信给你们的同学，说明我们的意思，动员他们回来。

经过请假的要按时回来，不要超假。超假一个月的，和没请假的一样处理。

二、请假到上海探亲，要在农村一年以上的，不足一年的没有假。平时有特殊问题可以给假，但不能凭家长的一封信、一封电报，要有组织上的信和电报。

三、一、二类物资不准抢购。大队分配自己用，如果大量抢购回上海，一律没收，邮寄花生米，要有生产队的证明，不是自己生产的要退回。

四、禁止阅读黄色小说和经过批判的小说、坏书，绝对禁止听敌台广播，那些听敌台广播，而有意扩散的人，要进行批判、斗争，不要以为自己出身工人家庭就没有问题。江口公社一个六九年来的知识青年，从听敌台广播发展到反面，定为现行反革命分子，实行了无产阶级专政。还有一个同时期的女青年已经入了党，成了江口公社党委委员。他们走上了两条不同的道路。上海到江西两千多里路，你们的父母亲是很挂心的，犯了大错误，判了刑，定了反革命，你们父母是什么心情？你这一辈子怎么办？你的家庭怎么办？这不是开玩笑的事，不能犯政治上的错误。你们是班长，要特别注意这个问题，不要在自己班里发生这样的事情。

五、结合年终"四好"总评，由贫下中农对每个知识青年做一个鉴定，用文字写出来。先自己评自己，然后由贫下中农评论，条件和"五好社员"的条件一样。结合总评，要发展一批共青团员，发扬优点，克服缺点，来个促进。

六、进行一次组织整顿，特别是班长、排长，凡是不能承担领导责任的要调换。有的排长走了几个月，就要选新排长。要把优秀的青年选到领导岗位上来。班、排干部光一个不行，要有正副班、排长。

七、现在最好不要谈恋爱，特别是不要早婚，要提倡晚婚，这是党和革委会对知识青年的关怀。不能因为谈恋爱弄得精神不振，影响劳动、工作和进步。班、排长要带头做好，起到良好的作用。

八、要节约。节约是社会主义的美德，不能乱花钱，不要向老子要钱。有特殊情况的可以要一点，如身体不好的。要树立正气，要靠自己的劳动，不能要老子的钱花。要培养勤俭节约、艰苦朴素的优良作风。

九、生活、劳动要走上集体的道路，不要单干。有的队有七个人，七个灶，整天忙着胡吃，劳动时间没多少。要坚持集体生活，一个班，一个灶。有的说别人吃得多，自己吃了亏，你们完全可以用毛泽东思想解决这个问题。每个班要选一个人负责管生活。明年你们每人养一头猪。"一人一头猪"是省革委的指示，你们不能例外。吃菜要靠自己。

十、积极参加集体生产劳动。参加集体劳动的时间，男的一年不能少于二百五十天，女的一年不能少于二百天。

你们这次学习班一定要办好，时间两天不够，就三天。

泰和县

转发《对上海知识青年到达后做好再教育工作的几点意见》的通知

各公社革委会"五·七"大军领导小组：

现将冠朝公社革委会《对上海知识青年到达后做好再教育工作的几点意见》略加修改印发给你们参考。

上海知识青年到达后，就要抓紧再教育，使他们在毛泽东思想的阳光雨露哺育下，在贫下中农的再教育下，茁壮成长，培养成为无产阶级革命事业的接班人。各地都要根据具体情况做好再教育工作的安排。

泰和县革委会"五·七"大军领导小组／（章）

一九七〇年四月九日

对上海知识青年到达后做好再教育
工作的几点意见

上海知识青年即将到我公社了。他们来了以后，各大队、生产队必须高举毛泽东思想伟大红旗，突出无产阶级政治，活学活用毛主席著作，以阶级斗争为纲，以毛主席继续革命理论为武器，以大批判为动力，不断提高知识青年的三大觉悟，使知识青年在毛泽东思想阳光雨露哺育下，茁壮地成长，成为无产阶级革命事业的红色接班人。

一、热忱接待

以大队为单位，组织欢迎队伍，张贴标语口号，大造声势，造成热烈的欢迎气氛。知识青年到达后，应细致地安排好膳宿。

二、开好三个会

1. 欢迎会。由上海知识青年所在生产队主持，大队革委会派人参加，邀请老班知识青年和下放干部参加，有各方面的代表讲话。会议要开得热忱洋溢，并在欢迎会上，赠给上海知识青年毛主席像章、毛主席著作，从政治上关心他们，鼓励他们活学活用毛泽东思想。

2. 忆苦思甜会。林副主席教导我们："不懂得什么是阶级，不懂得什么是剥削，就不懂得革命。"知识青年下来后，第一堂课，是阶级教育课，请苦大仇深、优秀的老贫农讲家史、村史，并请老红军或老干部进行革命传统教育，提高知识青年的阶级觉悟，发扬井冈山的彻底革命精神，确立在农村干一辈子革命。在进行忆苦思甜前，由生产队的干部介绍生产队的情况。忆苦思甜会的当天下午，并可安排吃一餐忆苦饭。

3. 讲用会。高举毛泽东思想伟大红旗，要开得活跃，使到会的都能畅谈活学活用毛泽东思想的心得体会。贫下中农着重讲活学活用毛主席关于

"知识青年到农村去……各地农村的同志应当欢迎他们去"的最新指示，介绍贫下中农如何做好接待安置工作的。老班知识青年，介绍一年多来，如何接受贫下中农再教育，活学活用毛泽东思想，茁壮成长的过程。上海知识青年介绍响应毛主席伟大号召，到农村安家落户的决心和信心。

时间安排：鉴于春耕生产大忙季节，这三个会应该安排在晚上开。欢迎会，可在知识青年到达后，当天晚上或第二天晚上开，忆苦思甜会安排在第三天晚上，讲用会安排在第四天晚上。白天由上海知识青年整理家务或由带队干部带领，熟悉周围环境。

三、办好三个学习班

开好三个会后，应安排上海知识青年参加春耕生产，从事力所能及的劳动，大约三天后，即举办第一期毛泽东思想学习班。这期学习班，主要是提高继续革命的觉悟，解决由城市到农村碰到的一些活思想，选学毛主席关于在无产阶级专政下继续革命的论述和学习"老三篇"，畅谈几天来在贫下中农帮助下，参加劳动的体会。对照老愚公，树立"一不怕苦，二不怕死"的革命精神，走艰苦奋斗、自力更生的道路。彻底批判刘少奇"读书做官论"、"下乡镀金论"，坚定在农村干一辈子革命的决心。

第二期毛泽东思想学习班，时间安排在第一期学习班后的第四天或第五天，这几天可以安排上海知识青年继续参加春耕生产，或半天劳动（包括家务劳动，例如种菜、打柴）半天学习。这一期学习班，学习毛主席论青年运动的方向和上山下乡的有关语录，主要解决如何接受贫下中农再教育，坚决走与工农相结合的道路，以及成立班委会，建立学习、劳动、接受贫下中农再教育、请假等各项制度。

在莳田基本结束后，由公社革委会主办第三期全体上海知识青年毛泽东思想学习班，进行形势教育和战备教育，并邀请油洲老班知识青年介绍活学活用毛主席著作，接受贫下中农再教育的经验。

对上海知识青年的安置、再教育，是一项十分艰巨而光荣的任务，各级革委会必须高度重视，在当前"一打三反"运动中，全力以赴抓好春耕生产的同时，要抓好对上海知识青年的安置、再教育。这项工作，只准做好，不能马虎。

冠朝公社革委会

一九七〇年四月七日

倡议书

县革委会"五·七"大军办公室：

当前，我们正处在一个社会主义革命和社会主义建设的新高潮中。全县三十万人民在党的九届二中全会的精神鼓舞下，大学大用毛主席的哲学思想，深入开展"一打三反"运动，狠抓阶级斗争；以大跃进的姿态，参加铁路"大会战"、国防工程和工业建设；大搞秋收冬种、兴修水利、积肥造肥运动，为明年全县跨纲要，亩产千斤粮，埋葬帝修反，为人类作出较大的贡献，在思想上、物质上积极做好准备。在这样大好形势下，三都公社匡源大队第五生产队上海下放知识青年向全县下放知识青年发出倡议：不回家过春节，在农村同贫下中农一道过革命化的春节，接受贫下中农的再教育，积极参加三大革命运动，在斗争中活学活用毛主席的哲学思想，认真改造世界观，促进思想革命化；热情宣传毛泽东思想，大破四旧，大立四新，决心做好毛泽东思想宣传员、三大革命的战斗员，为伟大领袖毛主席争光，为伟大的社会主义祖国争光。他们这一倡议，是非常有意义的，是形势发展的需要，是战备的需要，是革命化的需要。我们希望全县知识青年同志们认真学习和讨论他们的倡议，热烈响应他们的倡议，坚守岗位，同贫下中农一道，更高地举起毛泽东思想伟大红旗，进一步贯彻落实党的九届二中全会精神和省革委全委扩大会议精神，深入开展活学活用毛主席哲学思想的群众运动，在农村，在工地，以大跃进的姿态，大跃进的步伐，狠抓革命，猛促生产，出色完成各项任务，创造出更大的成绩，把思想革命化提高到一个新的境界。

倡议书

全县插队知识青年战友们：

跃进战鼓震四海，革命怒火遍五洲。

在党的九届二中全会公报的光辉指引下，在我国社会主义革命和社会主义建设的伟大高潮中，我们通过认真学习九届二中全会公报，学习毛主席光辉的"五·七"指示，总结了半年来在农村接受贫下中农再教育的收获，受到很大鼓舞，得到很大提高。

革命形势在飞速发展，战斗任务更加艰巨光荣。我们九名上海知识青年面对着这艰巨而光荣的任务，坚决响应党的九届二中全会的伟大号召，在各级党组织和革委会的领导下，继续完成党的"九大"提出的各项战斗任务，扎根在农村干一辈子，用劳动磨炼意志，用汗水洗掉私心，刻苦改造世界观，继续革命，乘胜前进。在迎接更加光辉灿烂的一九七一年到来的前夕，我们心潮澎湃，满怀革命豪情，决心在春节前后不回上海，在农村与贫下中农一道过一个革命化的春节。为此，特向全县插队知识青年战友们提出如下倡议：

一、广泛深入地开展学习毛主席哲学著作的群众运动，用毛泽东思想自觉地改造世界观。毛主席的哲学思想是我国社会主义革命和社会主义建设的指导方针，是我们走向共产主义的指路明灯。我们学习毛主席哲学著作同时结合"老三篇"来学，带着一个问题，学习一个观点，解决一个思想，用出一个成果，认真刻苦地学，自觉地改造世界观。在春节期间，与贫下中农一道搞好春节前后的各种文艺宣传活动，做一个毛泽东思想的宣传员。

二、牢记毛主席"千万不要忘记阶级斗争"的伟大教导，抓紧革命的大批判，彻底批臭刘少奇"读书做官论"、"劳动惩罚论"、"下乡镀金论"等反革命修正主义路线的余毒，扫清继续革命的思想障碍，巩固、发展插队落户的成果。在春节期间积极与贫下中农一道，狠抓农村的阶级斗争，大破资产阶级的旧思想、旧文化、旧风俗、旧习惯，大立无产阶级的新思想、新文化、新风俗、新习惯。请苦大仇深的贫下中农上阶级教育课，吃忆苦餐，进行忆苦思甜、忆苦思权的教育，不断地提高阶级斗争、路线斗争和继续革命的觉悟。

三、树立持续跃进的思想，当大跃进的促进派。我们遵照毛主席"备战、备荒、为人民"，"中国应当对于人类有较大的贡献"的伟大教导，全面贯彻执行"鼓足干劲，力争上游，多快好省地建设社会主义"的总路线，以"只争朝夕"的革命精神，与帝修反抢时间，争速度，以跃进的思想，以跃进的姿态，跃进的步伐，跃进的措施，实现新的跃进。以毛泽东思想为武器，批判和克服"差不多"、"慢慢来"、"上不去"等右倾保守思想，发扬敢想、敢干、敢闯、敢革命的大无畏的革命精神，树雄心，立壮志，"自力更生"、"艰苦奋斗"，养好家畜家禽，种好蔬菜，砍好柴茅，努力做到钱粮、肉食、蔬菜三自给，不向国家、集体和家里伸手。我们决心革命加拼命，拼命干革命，为完成县、公社革委提出的今冬明春工农生产战斗任务，实现明年早稻跨纲要，力争全年超千斤而奋斗。

四、坚定走突击无产阶级政治的道路，加强自身革命化建设。我们遵照毛主席"全国学解放军"的伟大教导，以两个"决议"为武器，以解放军为榜样，坚持"四个第一"，大兴"三八作风"，深入开展"四好"、"五好"运动，进一步加强对我班的政治思想、管理教育工作，把我班建设成为一个"思想革命化，组织军事化，作风战斗化，生活工农化"的革命队伍。

全体插队知识青年战友们：让我们更高地举起毛泽东思想伟大红旗，紧密地团结在以毛主席为首、林副主席为副的党中央的周围，活学活用毛泽东思想，迈开跃进的步伐，沿着党的九届二中全会指引的航向，乘胜前进，夺取新的胜利，为伟大领袖毛主席争光，为伟大的社会主义祖国争光！

泰和县三都公社匡源大队第五生产队上海知识青年班

一九七〇年十一月十日

遂川县

关于举办上海下放知识青年带队干部毛泽东思想学习班的通知

（〔70〕遂办字第 010 号）

各公社革委会、"五·七"大军领导小组：

......

经县革委常委研究决定于三月七日举办上海下放知识青年带队干部毛泽东思想学习班。时间三天。三月七日到县招待所报到，八日正式开学。现将有关事项通知如下：

1. 参加学习人员：有接待安置上海知识青年任务的公社，"五·七"大军领导小组正、副组长参加，各班（指上海青年班）来一名带队干部参加；没有接受任务的公社、"五·七"大军领导小组副组长参加。自带伙食费、粮票和日常用品，自带上、下旅费。

2. 根据专区革委会"各县在三月五日各派员前往上海迎接上海下放知识青年"通知精神，请各公社接此通知后，抓紧在来学习前的几天时间，切实做好如下几项工作：

一是对带队干部要进行一次全面审查：挑选能高举毛泽东思想伟大红旗，坚定走"五·七"光辉道路，政治成份较好，劳动锻炼较好，受群众欢迎的同志担任这项光荣的带队工作任务。在审查的同时进一步调整充实带队干部，确定参加学习人员，及早通知，以便准备。

二是生活安排要进行一次全面检查落实。做到居住不漏雨，睡觉有床铺；生产有工具；吃饭有桌凳，做饭有灶锅，买好炊具，准备好半个月以上的柴、米、油、盐、菜，开始要指定贫下中农帮助他们做饭；确定好与当地贫下中农同等数量的菜地，准备好种子、菜秧，适当的季节要帮助他们先好菜。

三是经费：按各公社原分配名额，每人预拨三十元，要专款专用，单独列清单，单独核算（每人预拨三十元县里立即拨来）。

四是有接受任务的生产队要建立"贫下中农再教育小组"，由贫下中农、生产队干部、带队干部三至五人组成；要选好学习、生产、生活组长，做到政治上有人抓，生产上有人教，生活上有人管。

3. 各公社"五·七"大军领导小组组长来学习时，请将下放人员生活补贴费发放的经验、问题和年终"四好"总评情况、先进集体和先进个人名单同时带来。

江西省遂川县革命委员会办公室（章）

一九七〇年二月二十八日

关于分配出席专区"五·七"大军活学活用毛泽东思想代表讲用会代表名额的通知

（遂发〔70〕027号）

各公社革委会：

根据专区革委会〔70〕28号通知精神，为了广泛地总结、交流"五·

七"大军接受贫下中农再教育和贫下中农进行再教育的经验，把"五·七"大军活学活用毛泽东思想的群众运动和接受再教育的自觉性推向一个新阶段，更充分地发挥"五·七"大军在增产节约、社会主义革命竞赛中的重大作用，专区革委会决定，于五月十日左右（具体时间另行通知）召开全区"五·七"大军活学活用毛泽东思想代表讲用会，会期七天左右。现将有关事项通知如下：

一、"五·七"大军代表讲用会的召开，是全区"五·七"大军和广大贫下中农的一件大喜事，各公社必须在"五·七"大军中开展一次大宣传、大发动、大动员，在"五·七"大军中掀起一个"三赛一比，两争光"活学活用毛泽东思想，接受再教育的新高潮。号召所有"五·七"大军战士，积极投入当前增产节约、社会主义革命竞赛的高潮中去，以新的思想境界，新的优异成绩，新的更大贡献，迎接"讲用会"的召开。

二、代表名额：经县革委会研究分配：新江、衙前、五斗江、堆子前、七岭、大汾、左安七个公社各两名，营盘圩、戴家铺、滁州、高坪、汤湖、黄坑、南江、草林、禾源、珠田、瑶厦、巾石、大坑、盆珠、碧州、枚江、于田、横岭十八个公社各一名，共计三十二名。代表范围：即下放干部（包括教师、医务人员、文艺工作者），下放知识青年（包括上海青年和回乡青年）。出席会议的代表必须是政治历史清楚，活学活用毛泽东思想，接受贫下中农再教育有显著成绩者，既要做到先进性，又要照顾代表的广泛性。

三、代表的产生方法：先以大队为单位组织讲用，在讲用的基础上每个大队推选出一名代表，然后到公社讲用，推选出席名额，由公社革委会审查签署意见，报县革委会政治部审查确定。各公社出席"讲用会"代表，都要有讲用材料（知识青年讲用的代表以先进集体为主），并按发来的表格要求，认真地逐栏填写好出席专区"五·七"大军活学活用毛泽东思想代表讲用会登记表，于四月二十五日前连同讲用材料一起签发到县。

希各公社立即研究贯彻。

特此通知。

江西省遂川县革命委员会（章）

一九七〇年四月十五日

转发专区革委会办公室《关于抓好上山下乡知识青年政治思想工作过好革命化春节的通知》的通知

（〔70〕遂办字第 046 号）

各公社（镇）革委会、"五·七"大军领导小组：

为了进一步抓好上山下乡知识青年的政治思想教育工作，过好革命化的春节，现将井冈山专区革委会办公室井办〔70〕25 号通知转发给你们，希认真研究执行。

为了让上山下乡知识青年能在农村更好地接受贫下中农的再教育，改造自己的世界观，和贫下中农打成一片，今后除特殊情况外，一般不要轻易准假。对于个别确实有困难，非回去不可的上海插队青年，应经生产队、大队贫下中农讨论，公社"五·七"大军和公社主管领导同志签署意见，然后报县"五·七"大军办公室批准。经过批准请假回家的上海知识青年，在假期的粮食、生活费公社可以给予解决，至于车船费、住宿费等一律自己负担。

特此通知。

附件：如文

江西省遂川县革命委员会办公室（章）

一九七〇年十二月十六日

于都县

情况反映第二期

县知青代表大会秘书组

在今天上午的大会上，上海市慰问知识青年代表团赣州地区分团指导员杨戟同志讲了话。他的讲话，充分体现了中共上海市委、市革委对我们于都人民和广大上山下乡知识青年的亲切关怀，带来了上海工人阶级对我们的深厚无产阶级感情，使全体代表受到很大鼓舞和教育。

杨戟同志在于都县知识青年上山下乡代表大会上的讲话

各位代表、同志们：

于都县知识青年代表大会，在县委、县革委会以及各级党组织的关怀和各级组织的关心支持下，在全县批林批孔运动深入发展的大好形势下，胜利地召开了。我怀着十分喜悦和激动的心情参加这个大会，首先让我代表上海赴江西学习慰问团赣州地区分团，向大会表示热烈的祝贺！并向代表们、同志们致以崇高的革命敬礼！

借此大会的机会，对积极安置和培养教育知识青年做了大量工作的各级干部和贫下中农转达上海市委、市革委、上海工人阶级和革命家长的衷心感谢！对战斗在农村这个广阔天地里茁壮成长的知识青年致以亲切的慰问！

我们伟大领袖毛主席亲自领导和发动的批林批孔运动，正如中共中央17号文件所提出的"冲破了种种阻力，排除了一些干扰，群众已经发动起来，运动正在深入发展"。江西批林批孔的大好形势，促进了上山下乡这个社会主义新生事物的成长，冲击着旧社会遗留下来的轻视农业劳动，看不起农民的旧思想、旧习惯。于都县知识青年代表会议的召开，是批林批孔大好形势的推动。这次大会是批林批孔的会议，是表彰先进、交流经验的会议，也是进一步落实毛主席和党中央对知识青年工作一系列指示的会议。参加这次大会，对我们上海学习慰问团的同志来说，是一次极好的学习机会。学习你们批林批孔的经验，学习革命干部满腔热情地支持新生事物的高度责任性，学习贫下中农的深厚的无产阶级感情，做好再教育工作的好经验，学习广大知识青年扎根农村干革命，艰苦奋斗的革命精神，并把你们的好思想、好作风、好经验来发扬提高我们自己，进一步做好学习慰问工作。

在毛主席的伟大号召下，全国八百万城镇知识青年上山下乡，生气勃勃地活跃在农村和边疆各条战线上。江西是毛主席亲自创建的红色革命根据地，江西人民有着光荣的革命传统。一万四千多名上海知识青年在赣南插队落户干革命，他们在各级党组织的领导和关怀下，在贫下中农的再教育下，"身在赣南田头，胸怀世界全球"，"干地里活，想天下事"，积极参加农村三大革命斗争的实践，作出积极的贡献。经过四年多来的锻炼，三大觉悟不断提高，一代有文化、有社会主义觉悟的新农民、无产阶级革命事业的接班人正在苗壮成长。曲洋公社下乡青年自力更生，艰苦创业，改造荒田变良田，发展农业生产的革命精神，罗坳公社杨梅生产队青年认真看书学习，深入批林批孔，坚持乡村的伟大胜利的先进事迹，都充分证明了于都县的下乡青年在苗壮成长。

知识青年上山下乡，是一场伟大的社会主义革命，在这场革命中，充满着两个阶级，两条路线，两种思想的激烈斗争。毛主席号召知识青年到农村去，是为了培养和造就千百万无产阶级革命事业接班人，为了加快建设社会主义新农村，这是反修防修的一项重大战略部署。刘少奇、林彪一伙，散布的"读书做官"、"下乡镀金"、"变相劳改"等反动谬论，以及他们一伙所宣扬的孔孟之道，都是破坏毛主席的革命路线，妄图复辟资本主义。程世清把下乡知识青年看作"危险阶层"，胡说什么"干不干二年看"，以及省委某些领导人，否定和推翻无产阶级文化大革命的胜利和成果。这是两个阶级、两条路线斗争在知识青年上山下乡工作上的突出反映。

毛主席教导我们："思想上政治上的路线正确与否是决定一切的。"斗争的实践证明，做好知识青年上山下乡的工作，根本在路线，领导是关键。当前批林批孔运动的深入，必将进一步推动知识青年上山下乡的工作。我们希望，上海下乡知识青年要和当地的知识青年团结在一起，在党组织的一元化领导下，认真学习和坚决贯彻党中央和毛主席关于批林批孔的一系列指示，认真学习马列和毛主席著作，深入批林批孔。联系自己在农村三大革命斗争中苗壮成长的战斗历程，狠批林彪效法孔老二"克己复礼"的反动纲领，狠批孔孟之道，坚持革命！坚持前进！坚持乡村的伟大胜利！在批林批孔中取得更大的胜利！要在改造客观世界的同时认真改造主观世界，在党组织和贫下中农的培养教育下，更加健康地成长。要以邢燕子、侯隽、朱克家等先进人物为榜样，树雄心，立壮志，在农村这个广阔天地里扎根成长、同贫下中农在一起开展农业学大寨运动，自力更生，艰苦奋斗，为社会主义革命和社会主义建设作出更大的贡献！

知识青年同志们：知识青年上山下乡工作，正如六月十二日《人民日报》短评《大有希望的事业》所指出的，只要我们深入批判林彪、程世清、孔老二鼓吹的反动谬论，坚持做好思想政治教育，坚持做好动员和安置工作，不断总结经验，这个伟大的事业一定会越来越兴旺。

最后，预祝大会胜利成功！

安远县

关于出版《真学大寨的扎根派，大有希望的新一代》
小册子的征稿通知

（安乡办字〔75〕第 10 号）

各公社乡办、各上海知青队：

最近我们接到上海市静安区知青办的通知，他们计划在今冬明春出版一本《真学大寨的扎根派，大有希望的新一代》的小册子，要求推荐一至四份静安区的下乡青年的先进集体或先进个人的典型材料。

接此通知，请各地认真组织力量采用，可以第三人称写，也可以由静安区下乡青年本人写坚持乡村的体会文章。但材料必须完全真实，有代表性，文体不拘，文字在一千字左右，事迹突出的字数不限。文章写好后，由知青队和公社乡办盖好章于十二月十五日前寄乡办统一寄上海静安区。

特此通知。

江西省安远县革命委员会知识青年上山下乡办公室（章）

一九七五年十一月廿八日

定南县

倡议书

"喜看稻菽千重浪，遍地英雄下夕烟。"当前农村一片大好形势，早稻丰收在望，伟大的七十年代第一个"双抢"季节来到了。在伟大领袖毛主席"备战、备荒、为人民"的伟大号召指引下，赣州专区革命委员会向全专区人民发出了"关于双抢大会战的动员令"，这是我们当前的一个紧迫任务。我们径脑公社大坝大队举子生产队的插队青年，为了贯彻落实省"五·七"大军接受贫下中农再教育讲用会、县"五·七"大军政工会议精神，打好七十年代第一个"双抢"战役，特邀红星、双头、富有、河界下、圩上等插队青年一起向全县"五·七"大军战友发出如下倡议：

1. "政治是统帅，是灵魂，政治工作是一切经济工作的生命线。"在"双抢"战役中，我们一定要高举毛泽东思想伟大红旗，突出无产阶级政治，做到千忙万忙，学习毛泽东思想不能忘，把活学活用毛主席著作和新党章作为每天的头等要事，把学习班办到田间，用毛泽东思想统帅灵魂，统帅整个"双抢"战斗，争做抓革命、促生产的突击队。

2. 发扬"一不怕苦，二不怕死"的彻底革命精神，把"双抢"作为我们接受贫下中农再教育，改造世界观的最好课堂。明知"双抢"很艰苦，越是艰苦越向前。发扬勇敢战斗，不怕牺牲，不怕疲劳和连续作战的作风。坚持天天出工不赴圩，不偷懒，敢于挑革命的重担，要晒脱皮，炼硬肩，以革命加拼命的精神，锤炼忠于毛主席的红心。

3. 牢记毛主席"千万不要忘记阶级斗争"的伟大教导，狠抓阶级斗争，把批判会开到田头，狠批刘少奇"阶级斗争熄灭论"和"工分挂帅"、"三自一包"、"四大自由"的黑货，并肃清其流毒。提高警惕，防止阶级敌人的破坏活动。

4. 牢记伟大领袖毛主席"中国应当对于人类有较大的贡献"的教导，按照专、县革委会对"双抢"工作的指示，收到精收细打，颗粒归仓，保证按质按量完成"双抢"任务。反对右倾保守，大搞科学实验。把"双抢"看作同帝、修、反争时间、抢速度的战斗，多收一颗粮食，就是多一颗射向帝、修、反的子弹。

5. 向解放军学习，坚持"四个第一"，大兴"三八作风"。在"双抢"战斗中发扬互相关心、互相爱护、互相帮助的阶级友爱精神，团结起来，争取早日完成"双抢"任务。

插队落户干革命，"双抢"战斗考验人。全县的"五·七"大军战友们，让我们更高地举起毛泽东思想伟大红旗，活学活用毛泽东思想，向陈波同志学习，以金训华同志为榜样，恭恭敬敬拜贫下中农为师，学习贫下中农革命加拼命、苦干加巧干的精神，为中国革命和世界革命，为彻底埋葬帝、修、反，作出更大的贡献！

让我们在广阔的天地里团结战斗，沿着毛主席"五·七指示"光辉航道奋勇前进！"下定决心，不怕牺牲，排除万难，去争取胜利！"

出席县"五·七"大军政治工作会议:

径脑公社大坝大队举子生产队上海插队青年

前进公社向阳大队红星生产队赣州插队青年代表

东方红公社解放大队圩上生产队定南插队青年代表

月子公社赤水大队河界下生产队上海插队青年代表

东风公社桃西大队樟本岭生产队六九届上海插队青年代表

新城公社新城大队上村生产队六九届上海插队青年代表

东方红公社长富大队双头生产队六九届上海插队青年代表

三宇公社西尾大队长北生产队六九届上海插队青年代表

老城公社黄砂大队鹿湖生产队六九届上海插队青年代表

卫东公社岸口大队第四生产队上海插队青年代表

前进公社禾丰大队富有生产队上海插队青年代表

县跃进林场"五·七"大军直属连代表

东风公社东山大队博下生产队上海插队青年代表

东风公社兴隆大队红旗生产队上海插队青年代表

东方红公社湖江大队石塥头生产队赣州插队青年代表

东方红公社解放大队围湾生产队定南插队青年代表

月子公社赤水大队黄砂生产队定南插队青年代表

一九七〇年七月四日

定南县"五·七"大军政工会议秘书组翻印

关于上海知青王××要求延长学习期限的来往信函

县革会"五·七"大军首长们:

您们好!

今来信前来请示首长们一事。

我原没离赣,对这次回沪探亲有个要求:利用探亲假期抓紧时间在上海东方红医院学习一段时间,将可在农村更好地全心全意为贫下中农服务。公社"五·七"大军及县"五·七"大军办公室同意我的这一要求,在离赣

319

前并开了学习证明。

我回沪后即与爸爸、妈妈商量学习之事，爸爸、妈妈认为上海医院学习虽好，但城市医院设备"太高级了"，医生治病一来化验、二来透视，这一切完全不适应农村要求，学了无用。

我的表哥、嫂嫂，下放在安徽省肥东县新河医院工作，我们与表哥、嫂嫂商量后，经上海东方红医院同意，我即前往新河医院学习，受到新河医院革委会及革命医务人员们的热情接待。为了将更好地全心全意完全彻底地为贫下中农服务，我决心抓紧时间认真学习，决不辜负党和毛主席以及贫下中农对我期望。

光阴如箭，我探亲假二个月，将在本月底结束了，但我真正在新河医院学习只一个半月不到时间。由于我基础差，自己从没经过什么卫校，在农村有时看到贫下中农患一些所谓常见病因就地处理不了，病人带病还得翻山越岭，跑三四十里路外的卫生院求医，自己感到很痛心，实在太对不起贫下中农了。为了贫下中农的身体健康，我宁可少休息，少玩一些时间。

这次来新河医院是个很好的学习机会，故今特此来信请示县"五·七"大军首长们，能否继续给我在此学习一个半月到二个月时间。请相信我，待学习结束后，我立即回赣抓革命、促生产，将更好地全心全意为贫下中农服务。

致
革命敬礼！

王××

七一年三月二十二日

王××同志：

你的来信收到。阅后，我们感到高兴，看到你活学活用毛主席著作的实际行动，树立"全心全意"为人民服务的世界观，为革命学好医术的决心，这种革命精神值得我们学习的。

来信中提出要求延长假期一事，我们认为你这个心情和愿望我们是可以理解的。但是，根据毛主席的教导，"读书是学习，使用也是学习，而且是重要的学习。从战争中学习战争——这是我们的主要方法。没有进学校机会的人，仍然可以学习战争，就是从战争中学习。革命战争是民众的事，常常不是先学好了再干，而是干起来再学习，干就是学习。"为此我们认为不要再延长假期，去专求学习。望按期返县为盼。

　　致

礼

定南县"五·七"大军

一九七一年四月一日

县革会"五·七"大军首长们：

　　你们好！

　　来信已收到，首先感谢首长们对我的关怀及帮助。我坚决服从首长们的命令，结束新河医院的学习，按期回沪返赣，与贫下中农一起，积极投入农业生产第一线。

　　致

革命战斗敬礼！

王××

七一年四月十二日

六　先进典型

省级

关于召开全省上山下乡知识青年农业学大寨
积极分子代表会议的通知
（赣发〔1976〕7号）

各地、市、县委，省委各部、厅、委、室，省革委各办、委党委，省直各局
党委或党的核心小组：

知识青年上山下乡，是一场伟大的社会主义革命。在无产阶级文化大革
命和批林批孔运动中，我省已有四十多万知识青年热烈响应毛主席的伟大号
召，满怀革命豪情奔赴农村干革命，以实际行动同旧的传统观念彻底决裂，
同几千年来剥削阶级的意识形态勇敢宣战，在农村三大革命运动中，在改天
换地普及大寨县的战斗中，发挥了生力军作用，涌现出一大批农业学大寨的
先进集体和铁心务农、扎根农村的先进个人，为社会主义革命和社会主义建
设作出了积极的贡献。为了捍卫无产阶级文化大革命和批林批孔的伟大成
果，总结交流经验，发展知识青年上山下乡的大好形势，有力地回击右倾翻
案风，省委决定在今年春插后（具体时间另行通知）召开全省上山下乡知
识青年农业学大寨积极分子代表会议。

这次会议的名额为二千人。其中下乡和回乡知识青年先进集体和先进个
人代表占百分之六十五，贫下中农、带队干部、知识青年家长以及动员、安
置单位、特邀代表占百分之二十（名额分配见附表）。各地、市、县委，省
军区，南昌铁路局主管知青工作的书记和知青办主任，省委各部、厅、委、
室，省直各局，省工、青、妇，新闻出版单位各一名负责同志，上海赴江西
上山下乡慰问团的部分同志参加会议。

为了开好这次会议，要求各地、市、县认真做好代表的推荐和典型材

料的整理工作。推选代表时，应当注意代表的先进性和代表性（女青年代表应占知青代表的百分之三十五以上）。要坚持群众路线，经过反复酝酿和民主协商，采取由县委提名，基层评论，公社党委审查，县委批准，地（市）委综合上报的办法。代表名单和先进集体、先进个人的材料，由各地（市）委审查后于一九七六年三月底以前报省知青办。代表会议拟表扬一批先进集体和个人，名单和事迹于一九七六年三月底以前同时报省知青办。

知识青年上山下乡，是缩小三大差别，限制资产阶级法权，反修防修，巩固无产阶级专政，培养和造就千百万无产阶级革命事业接班人的伟大战略措施。开好这次会议对于支持社会主义新生事物，进一步推动我省知识青年上山下乡工作，激励广大知识青年沿着毛主席指引的道路胜利前进，有着非常重大的意义。各级党委要切实加强领导，号召广大上山下乡知识青年认真学习无产阶级专政理论，坚持上山下乡的正确方向，积极投入到农业学大寨、普及大寨县的革命群众运动中去，用社会主义革命和社会主义建设的新胜利，迎接全省上山下乡知识青年农业学大寨积极分子代表会议的胜利召开。

附：代表名额分配表

中共江西省委

一九七六年二月二十日

江西省上山下乡知识青年农业学大寨积极分子代表会议名额分配表

人数 区分 单位	合计	知识青年代表（集体、个人）	贫下中农代表	安置社队代表	带队干部代表	动员单位代表	有关单位代表	知青家长代表 本省	知青家长代表 上海市	特邀代表	省直和地市县主管知青工作的负责人	地、市、县知青办主任	上海赴赣上山下乡慰问团	省、地所属县以上农、林、垦殖场负责人
上饶地区	300	207	17	16	10	5	3	5	2		17	17		1
宜春地区	275	196	14	13	8	5	3	5	2		14	14		1
赣州地区	305	198	20	19	11	5	3	6	2		20	20		1
井冈山地区	250	170	15	14	8	4	2	4	2		15	15		1
抚州地区	230	158	13	12	8	4	2	4	2		13	13		1
九江地区	235	166	11	11	8	4	2	4	2		13	13		1
南昌市	135	83	4	4	3	9	3	8			10	10		1
景德镇市	70	45	2	2	2	4	2	2			5	5		1
萍乡市	70	45	2	2	2	4	2	2			5	5		1
省农垦系统	25	19		1（场、队）							1	1		3
省农业系统	15	9		1（场、队）							1	1		3
省直	58	4	2	5	5		2				45			
其它	32									10			22	
总计	2000	1300	100	100	60	44	24	40	12	10	159	114	22	15

说明："有关单位"是指其它各行各业配合做好知青工作的先进单位。

宜春县

扎根农村干革命，志在全球一片红

寨下公社大宇大队洄溪生产队上海知青班

伟大的七十年代第一个春天，我们十名上海知识青年，坚决响应毛主席关于"知识青年到农村去，接受贫下中农的再教育，很有必要"的伟大号召，手捧宝书，胸怀朝阳，豪情满怀地来到寨下公社大宇大队洄溪生产队插队落户。近一年来，我们在战无不胜的毛泽东思想哺育下，在党组织和贫下中农热情而又耐心的再教育下，沿着光辉的"五·七"大道，迈出了第一步。

毛主席挥手我前进

伟大领袖毛主席发出关于"知识青年到农村去，接受贫下中农的再教育，很有必要"的指示后，我们在学校里反复地进行了学习和讨论。毛主席的话，我们越学方向越明，越学要求去农村插队落户越迫切，写申请，表决心，搞得非常热烈。当我们接到来江西农村插队落户的通知书时，心里有说不出的高兴。一九七〇年三月二十八日，是难忘的一天。我们离别了"一月革命"风暴发源地——上海，坐着上海知识青年去农村插队落户的专车，来到了江西。当我们踏上洄溪的土地时，展现在眼前的是一座座的高山，一片片的田垄，崎岖的道路，交通很不方便的山沟。当时，我们的心凉了半截。贫下中农敲锣打鼓热情地迎接我们，我们却表现很冷淡。晚上，贫下中农专为我们做了香喷喷的菜饭，我们也吃不下。各人点着煤油灯，只顾整理自己的行李，心里总有一股说不出的滋味。有的同学哭起来，埋怨自己不该到这个山沟里来。

我们的一举一动，贫下中农看在眼里，记在心上。第二天，大队、生产队革委会、贫下中农代表和我们办学习班，吃忆苦饭，又组织我们学习毛主席关于"知识青年到农村去，接受贫下中农的再教育，很有必要"的指示，请苦大仇深的贫下中农忆苦思甜，忆苦思权……学习班结束后，我们一副"扎根农村干革命，志在全球一片红"的对联，端端正正地贴在住屋的大门口，贫下中农看着满意地笑了。

一分为二看自己

我们的心安下来了以后，对接受贫下中农再教育，改造世界观的认识上又产生了错误看法。我们十个同学中有九个是工人的子女，认为自己出身好，根子正，没有什么要接受教育的，背上了"自来红"的包袱。出身好，是否就阶级立场稳？根子正，是否就路线斗争觉悟高？

……

广阔天地炼红心

我们在上海大城市里读书……许多同学从来没有下过农村，也没有做过农活，甚至每天吃的白米饭也不知怎样来的。劳动对我们来说，是一个严峻的考验。

开初，我们对劳动缺乏正确的认识，存在着"劳动自然改造论"，因此，每天只顾埋头生产，不问政治，劳动与改造世界观没有联系起来，走了一段弯路。贫下中农批评……使我们认识到单纯的劳动不能完全代替世界观的改造，只有结合三大革命斗争，认真读书，活学活用毛泽东思想，不断地斗私批修，才能逐步地建立起无产阶级世界观，成为无产阶级革命事业可靠的接班人。

……

扎根农村永向前

……

宜春县第二届活学活用毛泽东思想讲用代表大会秘书组印

一九七一年二月

铜鼓县

带溪公社出席县"五·七"大军接受贫下中农再教育讲用会代表登记册

带溪公社出席县"五·七"大军接受贫下中农再教育讲用会代表登记册①

1970 年 7 月

工作单位	代表类别	性别	年龄	家庭出身	个人成份	是否党团员	现任职务	备注
东源二队	个人代表	男	19	下中农	学生	/	排长	萍乡青年
东源三队	个人代表	男	20	工人	学生	/	副班长	上海青年
东源二队	集体代表	女	18	职员	学生	/	副班长	上海青年

---

① 原件姓名栏字迹不清，未录。——编者注

续表

工作单位	代表类别	性别	年龄	家庭出身	个人成份	是否党团员	现任职务	备注
东源五队	集体代表	女	18	小业主	学生	/	班长	上海青年
大群六队	个人代表	男	21	职员	学生	/		上海青年
大群六队	个人代表	女	20	职员	学生	/		上海青年
大群二队	个人代表	女	21	工人	学生	/	副班长	上海青年
大群二队	个人代表	男	20	工人	学生	/	班长	上海青年
大群六队	集体代表	女	19	工人	学生	团	副班长	上海青年
大群六队	集体代表	女	17	工人	学生	团	班长	上海青年
大群四队	个人代表	女	20	职员	学生	/	/	上海青年
大群五队	集体	女	18	职员	学生		班长	上海青年
大群实验场	个人	男	20	职员	学生		班长	上海青年
大群八队	贫下中农 个人代表	男	60	贫农	农民	/	师傅	上海青年
公社农科所	集体代表	男	21	工人	学生		班长	上海青年
公社农科所	个人代表	男	43	中农	农民		农科所 副主任	
公社农科所	个人代表	女	21	工人	学生	/	"五·七" 战士	上海青年
柳溪四队	个人代表	女	21	革干	学生	/	班长	上海青年
柳溪二队	个人代表	男	20	工人	学生	/	"五·七" 战士	上海青年
柳溪二队	集体代表	男	19	革干	学生	/	副排长	上海青年
柳溪三队	集体代表	男	19	工人	学生	/	班长	上海青年
柳溪三队	个人	男	18	职员	学生	/	"五·七" 战士	上海青年
高岭二队	集体代表	男	20	工人	学生	团员	班长	上海青年
高岭六队	集体代表	女	19	工人	学生	/	班长	上海青年
高岭四队	个人代表	女	20	工人	学生	/	班长	上海青年
高岭四队	个人代表	女	19	小业主	学生	/	"五·七" 战士	上海青年
高岭六队	个人代表	男	41	贫农	农民	党员	带队师傅	
高岭六队	个人代表	男	20	工人	学生	/	"五·七" 战士	上海青年
新丰二队	个人代表	女	18	工人	学生	/	"五·七" 战士	上海青年

续表

工作单位	代表类别	性别	年龄	家庭出身	个人成份	是否党团员	现任职务	备注
新丰一队	集体代表	女	19	工人	学生	/	"五·七"战士	上海青年
新丰一队	个人代表	男	18	工人	学生	/	"五·七"战士	上海青年
新丰三队	集体	男	22	店员	学生	/	"五·七"战士	上海青年
新丰三队	个人	女	19	小贩	学生	/	"五·七"战士	上海青年
林场三队	个人	男	19	职员	学生	/	"五·七"战士	上海青年
林场三队	个人	女	19	小业主	学生	/	"五·七"战士	上海青年
高岭八队	个人	男	19	小业主	学生	/	"五·七"战士	上海青年
永忠林场	个人	男	40		学生	/	排长	下放干部
高岭大队	个人	男	45	贫农	农民	党员未登记	排长	下放干部
农科所	个人	男	33	地主	学生	团（超）	排长	下放干部
农科所	个人	男	36	小土地出租	学生	/	排长	下放干部
医院	个人	男	31	小土地出租	学生	团（超）	公社医务站	下放干部
公社宣传小分队	个人	男	23	小商	学生	/	/	知识青年带队
公社宣传小分队	个人	男	19	职员	学生	/	/	上海青年
公社宣传小分队	列席	女	19	职员	学生	/	/	上海青年
公社宣传小分队	列席	女	20	小业主	学生	/	/	上海青年
公社宣传小分队	列席	女	18	小业主	学生	/	/	上海青年
公社宣传小分队	列席	女	19	贫农	学生	/	/	上海青年

工作单位	代表类别	性别	年龄	家庭出身	个人成份	是否党团员	现任职务	备注
公社宣传小分队	列席	女	19	职员	学生	/	/	上海青年
公社宣传小分队	列席	男	20	工人	学生	/	/	上海青年
公社宣传小分队	列席	男	21	中农	学生	/	/	上海青年
高岭八队	个人代表	男	19	工人	学生	团员	/	上海青年
大群四队	个人代表	男	18	工人	学生	/	/	上海青年
□□□□	个人代表	女	20	工人	学生	团员	/	上海青年
公社广播站	个人代表	男	21	工人	学生	/	/	上海青年
带溪公社		男	47	贫农	农民	党员	公社副主任	带队"五·七"大军指导员
带溪公社		男	30	下中农	学生	超岭团员	"五·七"办公室	负责日常工作,"五·七"大军带溪连连长
东源大队	贫下中农	男	31	下中农	农民	党员	东沉大队副主任	集体代表
"五·七"实验场	集体代表	女	20	工人	学生	/	副排长	集体代表 上海青年
第二队上海青年	集体代表	女	18	工人	学生	/	班长	集体代表 上海青年
东源一队	个人代表	女	19	父亲流氓	学生	/	班长	个人代表
"五·七"实验场	集体代表	男	20	工人	学生	/	"五·七"战士	集体代表 上海青年
	个人代表	女	18	职员	学生	/	"五·七"战士	上海青年
东源一队	个人代表	女	18	贫民	学生	/	"五·七"战士	上海青年
东源四队	个人代表	男	21	资产	学生	/	"五·七"战士	上海青年
东源二队	个人代表	女	18	工人	学生	/	"五·七"战士	上海青年

共计:65 人

公社:2 人

宣传队:10 人

正式代表:53 人

带溪公社革委会

329

县革委"五·七"大军讲用会秘书组：

我社讲用人员：

大会讲用：①东源大队革委会讲"听毛主席的话，挑起'再教育'的重担。"

讲用人：胡××、郑××、鲍××、杨××。

①东源五队上海青年班讲用人：鲍××。

②东源"五·七"实验场讲用人：郑××。

③东源三队上海青年班讲用人：杨××。

个人材料讲用：新丰一队：胡××。

　　　　　　　高岭二队：陈××。

　　　　　　　林场三队：陈××。

带溪公社革委会/（章）

一九七〇年七月六日

上高县

以路线为纲，做好知识青年的再教育工作

泗溪公社党委

一九六八年以来，我们先后接待、安置了三百多名来自上海、南昌和本县的下乡知识青年。几年来，我社各级党组织和贫下中农，遵照毛主席的教导，以路线为纲，对他们热情关怀，正确引导，坚持教育，放手使用。广大知识青年也努力实践伟大领袖毛主席关于"很有必要"和"大有作为"的英明指示，在三大革命运动中刻苦磨炼，努力学习，思想感情发生了深刻的变化，一代无产阶级新人在茁壮成长。现有一百六十多名知识青年中，有七名加入了中国共产党，六十五名加入了共青团。一九七二年，全社有六个知识青年班被评为县、社的先进集体，有八十九名知识青年被评为先进生产者。在劈山爆破的工地上，在业余文艺宣传队伍里，在教育、卫生战线上，处处都传颂着知识青年的事迹。知识青年在建设社会主义新农村中的革命作用越来越显著。

"思想上政治上的路线正确与否是决定一切的。"怎样以路线为纲，做

好知识青年的再教育工作？我们的体会是：

一、从路线高度统一"一班人"的认识。

知识青年上山下乡是一个路线问题。只有准确地划清正确路线与错误路线的界限，才能有正确的指导思想，才能以深厚的无产阶级感情对待知识青年，才能用满腔的政治热情来做好工作。几年来，我们公社党委反复学习了毛主席关于知识青年工作的一系列伟大教导，多次组织党委成员和社队干部，反复开展了几次大讨论：知识青年究竟是财富还是"包袱"，再教育工作是长期打算还是"权宜之计"，培养青年一代是影响深远还是"无关大局"，做好这项工作是满腔热情、积极主动，还是推推动动，消极应付。批判了错误路线，坚持了正确路线。在提高认识的基础上，不断加强了组织领导，公社、大队把再教育工作列入党的议事日程。去年，我们针对一部分干部对知识青年的"待客"思想和临时观点，以批修整风为纲，举办大队和生产队干部学习班，帮助干部进一步认清：知识青年上山下乡是毛主席的革命路线，是培养无产阶级革命事业接班人的必由之路；干扰和反对知识青年上山下乡，是刘少奇反革命修正主义路线，是他们妄图复辟资本主义，同我们争夺青年一代。从而认识到，我们各级党组织和贫下中农敢不敢挑起再教育的重担，是只挑一阵子还是挑一辈子，这实质上是坚持不坚持毛主席革命路线，要不要把社会主义革命进行到底的大问题。我们还从总结经验入手，从实践中反复提高"一班人"的认识。有一个党委成员开始对知识青年工作认识不足，有畏难情绪。后来他负责水利工作，在马岗水库看到了几百名知识青年在贫下中农带领下，战天斗地，苦干实干，多快好省地完成了水库冬修护坡任务的生动情景，深有启发。一九七二年，他从这批青年中抽调了一批骨干力量，组织了一支水库维修爆破的常备队伍，亲自给他们布置任务，政治上正确引导，生活上热情关怀，一年多来，这支队伍活跃在水库工地上，出色地完成各项任务。这位党委成员经常高兴地说："谁说知识青年是包袱，我看他们确实是财富，是党和国家的宝贵财富。"实践证明，抓好知识青年工作，决定在路线，关键在领导。一九七一年，我们曾深入检查了墓田、熊家两个大队的知识青年工作，这两个大队知识青年的条件相同，墓田认识正确，路线对头，成效显著，熊家认识不一样，执行的路线不一样，结果一度问题成堆，我们运用这个正反对比，引导干部从路线上找原因，对下面震动和促进都比较大。去年秋季，我们针对一些基层同志对知识青年看缺点多，看支流多的倾向，特地在大、小队干部学习班上，解剖了几个后进变先进的典型。如塘下大队的小童，原来好逸恶劳，东游西荡，大队党总支负责同志七次找他谈心，终于使他转变得比较好。张家大队的小郑，一度受社会上流氓的勾引，干坏事，打群架，曾全县闻名，大队党总支副书记李竹安对他进行忆比教育，一次不行，两次、三次，并同他同睡一张床，深入谈心，使小郑深受感动，后来在马岗水库护坡，在爆破连、在铁路工地，都成为先进生产者。大家从这些生动事实中看到，对知识青年是一个再教育的问题，是一个领导问题，即使是对少数后进青年也要"一分为二"。这样，不少大队既抓先进典型的提高，又注意抓后进的转化，全社出现了一个先进更先进、后进赶先进的新局面。

二、狠抓路线教育，让知识青年在三大革命运动中经风雨，见世面。

我们认识到，青年是我们的未来和希望，同时又是两个阶级激烈争夺的对象。社会上的阶级斗争通过各种渠道会反映到知识青年中来，知识青年从"三脱离"到与贫下中农结合，也必然要经历一个长期的甚至是痛苦的磨炼过程。因此，我们要求大、小队党组织和再教育小组，一定要在方向问题上引导对头，把坚定正确的政治方向放在第一位，反对那种以资产阶级人性论代替细致的路线教育，以简单的压服去代替说服教育。在具体做法上：（1）结合各项政治运动和批修整风，组织知识青年认真攻读马列和毛主席著作，把读书与批修结合，反复批判刘少奇"读书做官"、"下乡镀金"、"劳动惩罚"、"变相劳改"等反动谬论，打击阶级敌人破坏上山下乡的罪行，并联系实际，清流毒，反腐蚀，增强识别和抵制能力。（2）抓住阶级斗争这门主课。大、小队经常请老贫农给他们忆苦思甜，讲家史，请附近驻军讲革命传统，使他们懂得什么是阶级、什么是剥削、什么是苦、什么是甜。（3）办好一季度一次的全社上山下乡知识青年学习班，以批修整风为纲，反复进行形势教育，阶级教育，传统教育，理想前途教育，纪律教育。每次学习班力求有的放矢，生动活泼，不走过场。一九七二年，一次以反腐蚀斗争为主要内容的学习班，大摆资产阶级思想腐蚀的表现，联系实际批判了"插队落户最自由"、"插队落户无纪律论"和"小节无害论"，纠正了某些不正之风；一次以年终总结，表彰先进为中心的学习班，大摆"很有必要"和"大有作为"的心得体会，进一步明确了上山下乡的正确方向。

我们还注意教育基层干部全面贯彻"很有必要"和"大有作为"，在坚持再教育的过程中，充分发挥知识青年的革命作用。现在全社有近六十名下乡知识青年在大队、生产队分别担任了民办教师、赤脚医生、广播员、线路维修员、政治夜校辅导员、会计、保管员和拖拉机手，有的还担任了大队、生产队干部，既锻炼了知识青年，又推动了农村的各项工作，得到贫下中农的好评。有些生产队的下乡知识青年，人人不脱产地做工作，个个被评为先进生产者。

遵照革命导师马克思关于"劳动是严酷的，但能把人锻炼成钢铁的教育"的伟大指示，我们重视教育知识青年坚持参加集体生产劳动，以农为荣，以苦为乐。几年来，公社党委还有计划地组织知识青年参加定期的集中学习和劳动，从中锤炼思想，发挥作用。历年来参加冬修、护坡和爆破连的知识青年，顶着风雨上，迎着朝阳长，他们凭一双铁肩两只手，为全县最大的水利工程之一马岗水库打石护坡一万二千七百平方，挑土两万六千多方，修筑运输公路七千多米，开水圳一千米。全长五百五十米的马岗水库大坝已经盖上了一层厚三十五公分的岩石，使这个三级堤坝升为一级堤坝，受到专、县领导机关的表扬，从中涌现了一批思想红、技术精的生产能手，好人好事不断出现。现在还有一支二十余人的常备队伍在继续作战。贫下中农说："这批后生真像批了钢一样！"真是革命的小老虎！

几年来，阶级斗争的考验，艰苦劳动的磨炼，不少同学思想感情发生了革命的转变。有个同学写出了这样的战歌："谁说土屋小？容得下五洲风云；谁说灯光暗？望得见万水千山；谁说农村苦？为革命改天换地。"

三、抓好生活安排，全面关心知识青年的成长。

抓好生活安排是做好再教育工作的物质保证，也是帮助知识青年扎根农村的一个必要条件。几年来，我们始终坚持集体插队的形式。一九七二年全社一百八十几名下乡知识青年分布在三十三个点，每个点一般五个人以上，集中居住，集体生活，一个班就是一个集体户，既便于领导，便于组织学习，也便于搞好生活管理，对知识青年的口粮、食油、住房、工分报酬等问题，我们要求大、小队坚决按政策办事，公社经常进行检查，逐队、逐户地落实好。住房问题，各大队、生产队一般都给知识青年安排了较好的住房。有五个大队已经新建知识青年住房五栋，八百多平方米；正在新建的还有四个大队，建四栋六百平方米。这方面，各有关大队都在经济上付出了代价，群众也帮助了一些义务工。如墓田大队岭上生产队，国家补助建房经费两千元，建起的房子价值五千多元，充分体现了贫下中农对知识青年的亲切关怀。为了教育和鼓励知识青年扎根农村，艰苦奋斗，我们还大力号召各个知识青年班认真搞好"一种三养"，拨足菜地，由贫下中农教他们种菜养猪，现在各班基本上做到蔬菜自给或有余。凡是学习、劳动搞得好的先进集体，那里的"一种三养"也搞得很出色。在工分报酬上，我们坚决落实"同工同酬"的政策，注意纠正压低底分和某些女青年底分偏低的现象。这方面不是没有斗争的，漕港大队林峰生产队一次评定社员底分时，有的人想压低知识青年的劳动底分，队主任黎际雄同志听了就说："教育和关心下乡知识青年，是毛主席交给我们贫下中农的光荣任务，谁要歧视他们，就是歧视我们贫下中农，谁要是压低他们的工分，就是有意贬低我们贫下中农再教育的作用。"经过贫下中农讨论，给每个知识青年评定了合理的工分报酬。现在，全社男青年劳动底分一般在八分以上，女青年平均在六分以上。一九七二年全社下乡知识青年除个别长期病号外，已有百分之八十自给有余。

四、认真抓好典型，取得再教育的发言权。

为了抓典型，树样板，取得再教育的发言权，公社在知识青年中，抓了一批集体和个人的典型，不少大队、生产队又都有自己的典型。层层抓典型，项项树典型，使工作做得比较实，做得比较活，实行了生动活泼的领导。开始公社抓了墓田岭上生产队、杜家降子上生产队、熊家上蒲城生产队知识青年班等先进集体，还抓了一批个人典型。以后又涌现了爆破连、胡家大队、官桥大队的厘楼生产队、漕港大队的林峰生产队等先进典型，对大家教育很大。像官桥大队的厘楼班，十个知识青年与贫下中农紧密结合，战天斗地学大寨，越是艰苦越向前，队里感到事事离不开知识青年。又如胡家大队的知识青年班，坚持看书学习，在劳动中自觉磨炼，八个上海女同学，每人一年出勤三百天以上，去年春节回沪探亲，假期一个月，个个按时归队，有的家庭有特殊情况也不肯超假，今年她们坚持在农村过春节，有的家里几次来信也不回家。

为了认真抓好典型，几年来，公社"五·七"办公室一直配齐了专职干部，并保证专职专用。他们以很大精力放在抓好典型上，通过抓典型，我们在知识青年中培养了一支骨干队伍，这支队伍就是占知识青年总数一半以上的党团员和先进生产者，他们既模范地接受再教育，又积极协助贫下中农和再教育小组发挥作用。每次公社办学习班，都充分运用典型引路，有一批先进集体和个人畅谈接受再教育的体会，一次比一次有所提高，先进层也像滚雪球一样越滚越大，这样从另一角度丰富了再教育的内容，促进了再教育工作的发展。

一九七三年五月

新余县

谈谈我们大队的再教育工作

泗溪公社珠坑大队支部

一九六九年以来，先后有五十一名本县和上海的知识青年来我们大队插队落户。四年来，他们听毛主席的话，虚心接受贫下中农再教育，进步很快，四人光荣加入了中国共产党，十四人入团，五人参军，六人结合进大队、生产队领导班子。留下的二十四人，去年有二十二人被评为劳动模范和模范民兵。

几年来我们在再教育工作上有几点体会：

以路线为纲，提高再教育工作的自觉性

知识青年进步得快慢，同他们改造世界观的自觉性是分不开的；而他们的自觉性能不能提高，关键又在于我们的工作做得好不好。可是这个道理，我们也不是一开头就十分清楚的。

知识青年刚下来，队里的群众有一些不正确的想法。田多人少的地方，想增加劳动力，争着要，可是又有点担心不好带；有些地方怕麻烦，怕增加负担。针对这些思想，大队党支部组织干部和社员反复学习了毛主席"知识青年到农村去，接受贫下中农的再教育，很有必要……各地农村的同志应当欢迎他们去"的伟大教导。通过学习……提高了认识……贫下中农争着把自己的房屋让出来，家具、用具借出来，送茶、送菜，问寒、问暖，帮助知识青年安排好生活，教他们各种农活。知识青年也很快地安下心来，和贫下中农相处得很好。

可是后来，有些大队干部放松了再教育工作，他们认为：上有公社，下有生产队，再教育工作跟大队关系不大，没有什么工作可做。党支部再次组织大家深入学习毛主席的有关教导，使大家认识到：对知识青年的再教育，贫下中农人人有责，大队干部责任很大，要是大队不抓，光靠生产队也抓不

335

好。因此，我们大队选定五人组成大队再教育小组，十个大队干部，每人都选一个知识青年班作为自己的"联系点"，经常去走一走，看一看。平时开会，再教育工作是当然的议程，发现问题，及时加以解决，使再教育工作扎扎实实开展起来。

以路线为纲，做细致的思想工作

知识青年一个时期有一个时期的思想情况，刚下来时，干劲较大，进步也快，不到半年，学会了不少农活，他们高兴，贫下中农也喜欢。可是正在这时，劲头却松了下来。有的说："天天老一套，多么乏味。"有的说："有这点本事，够对付了。"出勤率降低了，还经常听到他们谈大城市的吃呀、穿呀的。什么原因呢？我们发现，从知识青年来说，是因为对自己要求不严，一有成绩，就沾沾自喜，因此出现"退坡"现象；从我们来说，主要是因为抓了锄头，忽视了人头；生活上关心多，思想上关心少。为了帮助他们彻底转变世界观，我们和生产队再教育小组一起，把路线教育当作再教育的重要内容，引导知识青年认真读马列的书、毛主席著作，深入开展革命大批判，不断提高阶级斗争、路线斗争和继续革命的觉悟。

从此以后，各个知青班每星期一次小组学习，每月一次集中在大队学习，成了自觉的制度……

由于工作需要，有些知青进工矿去了，留下来的部分同学，产生了思想波动：出现了不服气和泄气的倾向。不管什么"气"，都是"私"字作怪。每当发现这种苗头，我们就组织他们反复学习《青年运动的方向》、《为人民服务》等光辉著作……使他们认识到：革命工作只有分工不同，没有高低贵贱的区别，革命者必须党叫干啥就干啥，把自己的一切交给党安排。同时，我们大胆放手，把知识青年放到三大革命的风口浪尖上去经受锻炼，充分发挥他们的作用。现在，多数知识青年兼任了记工员、社队广播站的通讯员、政治夜校的辅导员、民兵干部，并积极参加各种科学实验活动，成为队里一支抓革命、促生产的朝气蓬勃的生力军……

抓好典型，以"点"带"面"

我们大队的知识青年最多的时候有五个班……我们根据各个班的特点……分别树立典型，加以培养，通过"点"上使劲，促使"面"上开花。同时，我们还在个人当中培养典型……

走群众路线，发动贫下中农都来做再教育工作

几年来，我们经常组织在旧社会苦大仇深的贫下中农，给知识青年讲家

336

史、村史；发动群众开展"带徒弟"活动，有些生产队，贫下中农跟知识青年长期建立了"师徒"关系，热心教，虚心学，互相关心，亲密无间。有一次，彭家洲班的同学上山砍柴，遇到大雨，政治班长彭梅根同志，虽然拐了一条腿，但他不顾山陡路滑，冒着大风雨，跑了十多里路，把雨具送到知识青年手里，有些青年当时感动得流下了眼泪。

……

还有许多贫下中农，主动帮助知识青年计划用钱，节约用粮，筛米醃菜，缝补洗浆。几个上海女青年，都已学会了做袜底、布鞋。

……

认真落实党的政策

为了使再教育工作做得更有成效，我们还经常注意党的政策。有一次，我们发现有个生产队对知识青年评工记分采取平均主义，男同学一律六分五，女同学一律五分五。为什么呢？一了解，原来有人错误地认为，知识青年到农村，主要是接受再教育，按"学徒"计酬就行了。还有一个生产队，农忙叫知青出工，农闲给知青放假。我们和这两个生产队的干部，一起学习了党的有关政策，提高了思想认识，又参照了别的队的好经验，从此，各个队对知识青年都按社员同等劳动力评工记分。平时，既鼓励知识青年积极劳动，安排农活时又做到留有余地、劳逸结合。这样，就促使知识青年更好地把劳动跟改造世界观结合起来……

新余县上山下乡知识青年代表大会秘书处印

一九七三年六月

分宜县

"老三篇"不断激励我们前进

大岗山垦殖场双源排上海知青班

我们双源一排的知识青年班全体同学遵照毛主席关于"知识青年到农村去，接受贫下中农的再教育，很有必要"的伟大教导，来到农村三个多月了。记得三月二十六日汽车开进大岗山，我们十三名同学看到一山又一山，一坡又一坡，相隔好远的地方才有几户人家和村庄，联想到自己离开繁华的上海城，在这偏僻的山区安家落户时，心烦意乱，闷不吭声，有的还偷偷地掉下眼泪。但是，一到目的地，看到的却是另外一种情景：贫下中农早已敲锣打鼓地站在公路旁，迎接我们的到来，鞭炮声、口号声响成一片；在我们的寝室里，贫下中农为我们添置了崭新的生活用具，他们像迎亲人一样为我们做了豆腐，摆好了饭菜。这一切，在我们每个同学的脑海中留下了深刻的印象。

第二天，我们十三名上海知识青年，围聚在一起学习了毛主席的光辉著作"老三篇"和毛主席论知识青年上山下乡的伟大教导，大家边学边想，为什么贫下中农能够祖祖辈辈在山区创业，用愚公移山的精神开天辟地，而我们为什么不能在山区过一辈子？我们也有两只手，要干，要革命。毛主席的教导激励着我们每个青年，个个表示要以金训华同志为光辉榜样，安下心来，虚心向贫下中农学习，在农村滚身泥巴，炼颗红心，干一辈子革命，并向公社表示了决心，向全县上海来的知识青年发出了倡议。

下面我着重向同志们汇报两个问题：

一、我们是怎样闯过劳动关的？

……

我们都是在大城市里长大的，对农活是一窍不通，但贫下中农耐心细致地教导，使我们初步掌握了一些劳动技能。比如搭田塍，贫下中农告诉我们怎样握住铁把的架势，又告诉我们铁把怎样下地，开始大家干了一阵子就觉得很累，但一看到贫下中农的干劲，我们就感到惭愧万分，贫下中农能干，我们也一定能干，大家默默念着毛主席"发扬勇敢战斗、不怕牺牲、不怕疲劳和连续作战（即在短期内不休息地接连打几仗）的作风"的教导，坚持劳动。在插秧劳动中，贫下中农更是耐心地握住我们的手，边教边示范，贫下中农的辛勤教导，使我们更加虚心地放下臭架子，拜贫下中农为师，恭恭敬敬、老老实实地向他们学习，从而较快地掌握了这门技术。

在七十年代第一个春插中，大家严格要求自己，不管刮风下雨，我们十三个同学和社员一道坚持战斗在春插第一线。尽管天气不好，时时有雨，同学们的衣服湿了又干，干了又湿，没有一个中途下火线。班长章秀华在劳动中划破了脚，还是一跛一拐地出勤，贫下中农感动地说，这班青年是好样的，能吃苦，我们贫下中农打心眼里高兴。

劳动对我们来说是困难不少，但有伟大的毛泽东思想，毛主席的光辉著作"老三篇"，没有战胜不了的困难。我们没有打过赤脚，开头打赤脚老是不敢走路，特别是到了田里，看到蚂蟥像豆角一样挂在脚上，害怕极了，有的吓得跳上岸来。这时，在我们的思想上展开了激烈的思想斗争，下田还是不下田，带着这个问题，我们翻开了毛主席的光辉著作《愚公移山》，大家边学边议，同学们说，老愚公能树雄心立大志，以改天换地的精神，征服两座大山，难道我们还不能战胜蚂蟥这个纸老虎吗！能，我们要向老愚公学习，重新扎起了袖管，卷起了裤腿，下田战斗了。通过劳动，现在我们每个同学都可以打着赤脚，挑起六七十斤重的秧苗，在石头乱堆里、沙石公路上大踏步地前进了，至于蚂蟥嘛，一句话，根本不放在眼下。贫下中农都说，上海青年变化真快，脚板皮磨得厚多了，泥巴也越滚越多，思想越炼越红了。

二、我们是怎样坚持天天读，做到学用结合的？

从到双源的第二天起，我们就定了天天读，这个制度如同高山之松，雷打不动，从未中断一天。在春插大忙季节里，有的同学认为农活忙，身体累，是不是可以把天天读暂时搁一搁。抓住这个活思想，我们及时批判了只抓锄头，不抓人头的错误思想，学习了毛主席的"政治工作是一切经济工作的生命线"的伟大教导，一致认为，越是农忙，越是要学。没有时间，我们就随身带毛主席语录、"老三篇"，在田头和贫下中农一起学。如今每个同学都尝到了学习毛主席著作的甜头，有的同学说：一天不吃没有关系，一天不学习毛主席著作不行，有了毛泽东思想这个锐利武器，什么困难都不怕。由于我们坚持了天天学习毛主席著作，收到了立竿见影的效果，好人好事层出不穷。

四月二日，双源排的妇女在南岸头上烧草作肥时，不料由于风太大，火苗很快地烧着了附近的野草和杉树，火势凶猛，烟雾迷漫，严重地威胁着山上的杉树、竹林和茶树。这时，我们十三名知识青年正从工地回来，火光就是命令，大家顾不得疲劳，立即飞奔上山，高声朗读："下定决心，不怕牺牲，排除万难，去争取胜利。"扑向火海。火无情地烧着了同学们的衣服，烧着了同学们的眉毛、头发，但是烧不着同学们奋战山火、抢救国家集体财产的决心，个个手拿树枝，与火英勇搏斗了半个多小时，火终于扑灭了，国家和集体财产没有受到损失……

分宜县"五·七"大军领导小组办公室印

一九七〇年七月一日

关于转发《抄场公社上海插队知识青年种"学习田"的调查报告》的通知

（分发〔71〕011 号）

各公社（场）党委、革委会，各大队、生产队党组织、革委会：

现将抄场公社上海插队知识青年种"学习田"（以后均称科学实验田）的调查报告转发给你们，希认真参照推广。

组织插队知识青年种"科学实验田"，实践证明，是再教育工作中的一种好方法。各级党组织、革委会要切实加强领导，以党的基本路线教育为纲，把"学政治"、"批判资产阶级"摆在首位，在进行再教育中充分发挥青年人的"最积极最有生气的力量"的作用。

中国共产党江西省分宜县委员会（章）

一九七一年九月二十二日

再教育的新创举

——抄场公社上海插队知识青年种"学习田"的调查报告

为了把下乡青年既作为再教育的对象，又充分发挥他们的积极作用，抄场公社创造了种"学习田"的好经验。

知识青年种"学习田"，是在生产队党支部的统一领导、统一计划下，根据各队劳力负担和知识青年的体质能力情况，由生产队划出一片田、土，在贫下中农带班老师的指导下，独立完成农业生产任务。实行这种方法虽然时间还短，却充分显示了它的强大生命力。全公社二百五十五名上海知识青年，二十五个班，共种"学习田"五百八十五亩，旱地九十七亩。今年早稻平均亩产五百零三斤，比去年增产百分之二十七，比知识青年所在生产队的平均产量，还要高百分之十四点六。有的还开展了多种经营，养鱼一万多尾，种棉花五亩多，等等。广大知识青年说："学习田"是接受再教育的好课堂，练文练武的打靶场，贡献力量的大战场。广大贫下中农眼望着这批在"学习田"里迅速成长的能文能武的新农民，无比高兴地赞扬说："学习田"

科学实验田，改天换地育新人。

两条路线斗争的产物

伟大领袖毛主席教导我们："一个新事物，它的出生，是要经过同旧事物的严重斗争才能实现的。"抄场公社知识青年种"学习田"，是在两种思想两条路线的激烈斗争中发展起来的，斗争的焦点是怎么对待下乡知识青年的态度问题。党中央〔70〕26号文件指出：既要把下乡知识青年当作"再教育"的对象，又要把他们看作是三大革命运动中"一部分最积极最有生气的力量"，充分发挥他们的积极作用。为了落实党中央这个指示，山泗大队石马生产队党支部第一个创造了种"学习田"的办法。但是这个新事物刚一出现，就受到某些人的反对，他们说：上海知识青年，生在大城市，长在温室里，肩不能挑，手不能提，来到农村，只能接受再教育，哪能单独作田！

公社党委带着这个问题到山泗大队石马生产队进行了调查。这个队的党支部为了摸索再教育的经验，在去年冬修水利中，把知识青年单独组成战斗组，由一位贫下中农带领，另外划了一片土方。几天工夫就显示了它的威力，不仅干劲大，风格高，而且任务完成好，被评为全大队冬修水利的先进集体。这件事使生产队党支部认识到：知识青年不仅有建设社会主义新农村的雄心壮志，而且有实现这个美好愿望的能力。于是因势利导，便在一九七一年春，从生产队里划出了二十一亩水田，作为知识青年接受再教育的"学习田"，在短短的一个多月里，就显示了这批青年人的巨大力量。

公社党委以石马为例，及时召开了扩大会议，展开了一场摆事实讲道理的大辩论，使大家认识到：下乡青年既是再教育的对象，又是一部分最积极最有生气的力量，这是矛盾的对立的统一。毛主席说："矛盾着的对立的双方互相斗争的结果，无不在一定的条件下互相转化"。关键就在于创造条件，做好转化工作。石马青年班的事例充分说明，只要认真做好了再教育工作，充分相信群众，依靠群众，就能最大限度地调动青年们的积极性。石马青年班能办到的事，其它青年班也一定能办到。那种认为上海知识青年只能当再教育的对象，不能发挥作用的看法，是孤立的，静止的，形而上学的观点，是刘少奇"群众落后论"的反映。认识提高以后，公社党委接着采取了一系列的措施，使这一活动很快在全公社普遍推广。

贵在四个有利

许多事实证明，知识青年班种"学习田"，它的可贵，就贵在四个有利：

（一）有利加强领导，做到再教育"三落实"。中央〔70〕26号文件指出："对下乡知识青年要做到：政治上有人抓，生产上有人教，生活上有人管"。原来，青年们虽然集体生活，但三三两两分散在各个作业组劳动，早出晚归，不便于领导，带班老师反映，抓思想不见人，教生产有责任，管生活不统一。实行种"学习田"因为有共同的生产任务，责任明确，要求具体，这就便于党支部和带班老师加强对青年的思想教育，便于教会生产技能，便于安排好生活。石马青年班种"学习田"后，贫下中农带班老师钟晚苟同志，把抓政治、教生产、管生活三者紧紧地扭在一起，使这个班建设得朝气勃勃，成为先进典型。

（二）有利于理论和实际的结合，培养能文能武的无产阶级革命接班人。毛主席说："知识分子从书本上得来的知识在没有同实际结合的时候，他们的知识是不完全的，或者是很不完全的。"种"学习田"为知识青年开创了理论与实际相结合，把不完全的知识变为完全的知识的新途径。青年们在"学习田"里，从整田、播种、育秧、栽禾到田间管理，收打进仓，都是全部亲自实践，这样就能学到在书本上难以学到的知识。许多青年经过几个月的锻炼，很快就掌握了农业生产的全过程。上松一队，有位高中毕业生，过去从书本上学过水稻分蘖的知识，但是学不懂，也不会应用。种"学习田"后，他密切联系生产实践，选择不同的典型，作对比试验，终于弄懂了为什么要增加有效分蘖和控制无效分蘖的道理，并且根据这个道理应用在晚稻田里，取得了较好的效果。

（三）有利于发挥知识青年在生产斗争中的积极性与主动性。过去许多青年在队里劳动是"出工听钟响，做事问队长"。社员说他们是吃闲饭，做闲事，大树底下好遮阴。知识青年又说："我们想做的事又不让我们做。"种了"学习田"，大家一心贴在"学习田"，胸怀朝阳争贡献。塘西五队青年班种"学习田"后，天天积肥造肥，前后三个月对比，出勤率提高了百分之三十四点六，劳动工效大大超过了同等底分劳动力的水平。

（四）有利于推广农业先进技术，开展科学实验。知识青年由于"最肯学习，最少保守思想"，对于先进的耕作技术，上级怎么说，他们就怎么做，不打半点折扣。今年，全公社绝大多数的"学习田"都做到了矮秆、密植、格子化和小苗带土移栽，与旧的耕作习惯形成了鲜明的对比，给了群众以深刻的教育，成为推广先进耕作技术的一支突击力量。

关键在于党的领导

半年多的实践证明，抄场公社知识青年种"学习田"能够不断发展壮大，关键在于各级党组织的领导。他们的亲身体会是：

（一）党组织要大力支持。知识青年种"学习田"是一种新生事物，当它刚一萌芽，公社党委就给了充分的肯定，认为它是再教育工作中的新创举。当一部分右倾保守势力进行拼命反对的时候，公社又一面组织开展革命大批判，一面派出干部深入各队，认真总结经验，发扬成绩，纠正缺点，使这个新生事物，逐步完善，不断发展。

（二）要配备得力的贫下中农带班老师。这是种好"学习田"的关键。这个带班老师必须是政治思想好，大公无私，工作认真负责，有一定的工作能力。抄场公社普遍种"学习田"后，各班都按照上述条件充实和调整了带班老师。平时他们还十分重视抓带班老师的思想工作，教育他们树立为革命带好青年的思想，帮助他们不断提高再教育工作的水平，使他们在生产队党支部的领导下，和知识青年同劳动、同学习，切实做到抓政治、教生产、管生活。

（三）要坚定不移地突出无产阶级政治。抄场公社在推广种"学习田"的过程中，终始把"学政治"、"批判资产阶级"摆在第一位。他们把种"学习田"当作劳动上的分别作业，当作科学实验基地。它的生产计划和工作安排都在生产队党支部和革委会的统一领导下进行。"学习田"的划分是根据生产队的劳力负担和青年班的能力强弱而定，并留有余地，使他们有奔头。田、土的划分尽量做到了成片，耕牛农具也没有固定太死。

（四）要切实关心生活。推广种"学习田"后，知识青年普遍热情高，干劲大。在这种情况下，抄场公社各级党组织的负责同志，都遵照毛主席的教导，十分关心知识青年的生活，"吃饭问题，住房问题，柴米油盐问题，疾病卫生问题"等，都作了比较妥善的安排。知识青年满意地说："有党和贫下中农的关怀，我们决心扎根农村一辈子，彻底改造世界观，种好'学习田'，为人类作出更大的贡献。"

分宜县革命委员会"五·七"大军办公室
抄场公社革委会"五·七"大军办公室
联合调查组

一九七一年八月三十一日

波阳县

波阳县出席省上山下乡知识青年代表大会先进个人统计表

波阳县出席省上山下乡知识青年代表大会先进个人统计表①

1976 年 4 月 13 日

性别	出生年月	文化程度	担任职务	籍贯	家庭出身	党团员	原动员单位及学校	下乡时间及地点	类型
男	1954 年 10 月	高中	保管员	江西省波阳县	小手工业	团员	波阳中学	1974 年东高大队知青班	先进个人
女	1954 年 9 月	高中	团支委	江西高安	贫农	团员	高安县大城公社杉林中学	1973 年 10 月磨刀石公社北关大队	先进个人
男	1954 年	高中	知青	江西波阳	贫民	团员	古南集镇	1975 年 3 月古南	先进个人
女	1957 年 9 月	高中毕业		江西省波阳县	小贩	团员	波阳中学	1974 年 10 月团林公社	个人
男	1954 年 11 月	高中	大队团支书	波阳县波阳镇	小富	团员	波阳中学	74 年 11 月 8 日四十里街公社暖水大队	个人
男	1952 年 5 月	初中	植保员	上海市宝山县	资产	团员	上海市洪湖中学	1969 年 3 月 21 日下放到波阳县游城公社农科所	插队
男	1955 年 9 月 18 日	高中	知青队长	黑龙江省齐齐哈尔市	贫农	团员	波阳县纽扣厂、波阳中学	1974 年 11 月 8 日到高家岭垦殖场	
女	1957 年 10 月	高中	知青班长	江西波阳	贫民	团员	波阳镇、波阳中学	1974 年 11 月 19 日	知青代表

① 原档姓名栏字迹不清，未录。——编者注

续表

性别	出生年月	文化程度	担任职务	籍贯	家庭出身	党团员	原动员单位及学校	下乡时间及地点	类型
女	1953年	初中	创业队会计	浙江鄞县	资方代理人	共青团员	上海市虎丘中学	1970年4月波阳侯岗船湾	个人
女	1952年4月15日	初中	妇女主任	江苏省兴化县周奋公社	职员	团员	上海市第五十六中学	江西波阳军民水库创业队炉下大队	个人
男	1952年2月	初中	生产队长	上海市	工人	团	上海市闸北区共和中学	1970年4月下放金盘岭公社汪桥大队	个人
男	1950年10月	初中	民兵排长	上海市	工人	党员	上海市	1970年在谢公社汪大队扩大队杨户	个人
男	1951年5月	初中	民办教师	上海市	工人	中央党员	上海市闸北中学	1970年4月8日波阳县石门街公社枫木大队	
女	1953年11月	初中	民兵副营长	上海市	工人	团员	上海市延吉中学	1970年4月18日下乡响滩公社	个人
男	1951年8月	初中	民兵排长	上海市	职员	团员	上海市闸北区海宁街道	下乡时间70年4月波阳县鱼山公社	个人
男	1936年12月	初中	车间主任	江西南昌县	贫农	党员	江西波阳船厂	1975年3月18日古县渡公社青年林场	带队干部

婺源县

婺源县出席上饶地区上山下乡知识青年代表会议代表名单

婺源县出席上饶地区上山下乡知识青年代表会议代表名单

1973 年 11 月 14 日填报

单位	先进类型	姓名	性别	年龄	家庭成份	本人出身	文化程度	是否党团员	县委审查意见是否上光荣榜	备注
秋口公社党委	集体	汪××	男	43	贫民	学徒	高小	党员	上光荣榜	
秋口公社上河青年班	个人	徐××	女	23	工人	学生	初中	团员	上光荣榜	上海知识青年
秋口公社王村青年班	集体	唐××	男	23	工人	学生	初中	团员	上光荣榜	上海知识青年
秋口公社金竹坑青年班	集体	戴××	男	22	工人	学生	初中	团员	上光荣榜	上海知识青年
秋口公社农机厂青年班	个人	马××	男	22	工人	学生	初中	团员	上光荣榜	上海知识青年
秋口公社王村大队再教育小组	个人	程××	男	46	贫农	农民	初小	党员	上光荣榜	
思口公社龙腾再教育小组	个人	程××	男	40	贫农	农民	初小	党员	上光荣榜	
思口公社延村青年班	集体	汪××	女	25	职员	学生	高中	团员	上光荣榜	上海知识青年
思口公社龙腾青年班	集体	姜××	男	21	工人	学生	初中	团员	上光荣榜	上海知识青年
清华公社东沅青年队	集体	蔡××	男	25	职员	学生	中专	—	上光荣榜	上海知识青年
清华公社双河青年班	个人	张××	女	23	独劳	学生	初中	团员	—	上海知识青年
高砂公社考水青年班	个人	郑××	男	25	小商	学生	初中	团员	—	上饶知识青年
中云公社范坞青年班	集体	朱××	女	22	工人	学生	初中	—	上光荣榜	上饶知识青年
中云公社好音岭青年班	集体	徐××	男	24	地主	农民	初中	团员	上光荣榜	上饶知识青年
中云公社范坞坑再教育小组	集体	王××	男	52	贫农	农民	文盲	—	上光荣榜	上饶知识青年

续表

单位	先进类型	姓名	性别	年龄	家庭成份	本人出身	文化程度	是否党团员	县委审查意见是否上光荣榜	备注
甲路公社胡家青年班	个人	王××	男	26	贫农	学生	高中	党员	上光荣榜	上饶知识青年
赋春公社橙坑青年班	集体	周××	女	22	工人	学生	初中	团员	上光荣榜	上海知识青年
赋春公社潘家青年班	个人	唐××	男	21	下中农	学生	初中	团员	—	上海知识青年
镇头公社游山青年班	集体	孙××	女	24	工人	学生	初中	团员	—	上海知识青年
珍珠山场坳嘛青年班	个人	贺××	女	22	工人	学生	初中	党员	上光荣榜	上海知识青年
珍珠山场黄家山青年班	个人	王××	男	22	贫农	学生	初中	团员	—	上海知识青年
许村公社仁洪大队	个人	段××	男	25	贫农	学生	高中	党员	上光荣榜	本县下乡青年
许村公社周溪青年班	集体	俞××	男	26	工人	学生	初中	团员	—	上海知识青年
中洲林场小港青年班	个人	吴××	男	25	小土地	学生	初中	团员	—	上饶知识青年
太白公社党委	集体	汪××	男	27	贫农	学生	高小	党员	上光荣榜	上饶知识青年
太白公社临河再教育小组	集体	吴××	男	49	贫农	农民	文盲	党员	上光荣榜	上饶知识青年
太白公社农科所青年班	集体	王××	女	23	小贩	学生	初中	团员	上光荣榜	上饶知识青年
太白公社新村青年班	集体	唐××	男	23	小商	学生	高中	团员	上光荣榜	上饶下乡青年
太白公社潘村大队	个人	张××	男	26	手工业	学生	高中	—	—	上海知识青年
车田公社石沅青年班	个人	黄××	女	22	工人	学生	初中	党员	上光荣榜	上海知识青年
西坑公社车田坦青年班	个人	林××	女	23	工人	学生	初中	团员	—	上海知识青年
武口茶场	个人	李××	女	21	工人	学生	初中	团员	—	上海知识青年
港口电站	个人	王××	男	24	工人	学生	初中	党员	上光荣榜	本县知识青年
城镇北队	个人	徐××	女	19	贫农	学生	高小	团员	—	家长代表
城镇三居委会	个人	朱××	女	40	贫农	务农	高中	党员	—	今年本县应届下乡青年
许村公社石痕青年班	个人	江××	男	18	贫农	学生	高小	团员	—	上海回乡青年
溪头公社	个人	江××	女	23	工人	学生	初中	—	—	上海回乡青年
浙沅公社沱口大队	个人	曹××	男	20	工人	学生	初中	—	—	上海回乡青年

崇仁县

广阔天地，大有作为

航埠公社红卫大队知青排

我们四十七名上海知识青年，在伟大领袖毛主席"知识青年到农村去，接受贫下中农的再教育，很有必要"的光辉指示指引下，于一九七〇年十月来崇仁县航埠公社红卫大队插队落户干革命。一年多来，在毛泽东思想哺育下，在各级党组织亲切关怀和贫下中农的再教育下，我们的精神面貌发生了很大的变化，在农村这个广阔天地里，正在健康地成长。

认真读书，提高路线斗争觉悟

刚来到农村时，由于世界观没有得到改造，思想上存在许多不正确的想法。看到住的简陋的土墙屋，睡的是窄小的床铺，走的是田塍小路，不由想起上海的情景，因而产生消极悲观，产生了怕苦、怕累、怕脏的思想。社、队党组织和贫下中农及时对我们进行耐心教育帮助，经常举办毛泽东思想学习班，进行思想和政治路线方面的教育，请苦大仇深的老贫农给我们忆苦思甜讲家史、村史。公社负责同志经常深入到我们排班，访问谈心，热情关怀，帮助我们解决了各种困难。四班小石同志患遗尿症，公社书记亲自为他解决急需的火篓，并四处为他寻医找药。我们同学生病，大队妇女主任陈冬金同志，日夜守护，端水送药，使我们深受感动。

在各级党组织和贫下中农的关怀下，使我们很快建立了毛主席著作"天天学"的制度，并积极参加生产队的政治夜校，认真读马列的书、读毛主席著作蔚然成风……人人坚持写学习心得体会笔记，有的写了一万多字，全排写大批判文章二百五十余篇。

通过学习，提高了路线斗争觉悟……大家都一致表示，我们知识青年到农村接受贫下中农再教育，走的是毛主席指引的康庄大道，我们一定要虚心向贫下中农学习，拜贫下中农为师，在三大革命斗争中认真学习毛主席著作，刻苦磨炼，努力改造世界观，坚决一辈子走与贫下中农相结合的道路。

勇于实践，广阔天地炼红心

……到农村不久，一小撮阶级敌人躲在阴暗的角落里，胡说什么："你们千里迢迢，从上海来到山沟，生活够苦了，既要挨管，又要受气，真可怜。"极力吹捧资产阶级生活方式，妄图拉拢知识青年，使我们走上邪路，严重地干扰、破坏毛主席最新指示的落实。在这场严重的阶级斗争面前，个别知识青年由于中了刘少奇"阶级斗争熄灭论"的流毒，看不清阶级斗争，于是学习不积极、劳动没有劲、组织纪律涣散等无政府主义现象都出现。我们知识青年及时把这些情况向党组织和贫下中农进行反映，在党组织和贫下中农带领下，我们对这一小撮阶级敌人发动了猛烈的进攻，先后组织召开四次批斗会，上挂黑主子，下抓活靶子……通过揭发批判，给我们知识青年上了一堂生动的阶级斗争课。

去年二月，我们响应县革委号召，参加全县竹木大会战，百里行军，来到深山老林……就在这个时候，一个富农分子又在群众中散布："生活太苦，工作危险，弄不好要死人。"……当时在山里，我们就和他展开了面对面的斗争。回到驻地后，我们向民兵营进行了汇报。在工地上我们和贫下中农一道，面对阶级敌人的破坏活动，开展了革命大批判，工作效率提高一倍，由原来一天扛两根毛竹到一天扛四根毛竹，胜利地完成了任务。

一年多来，我们四次向党组织汇报了阶级敌人的破坏活动，狠狠地打击了阶级敌人，深深地教育了我们自己。

同时，我们还对自己内部存在的歪风邪气、资产阶级思想进行了严肃的批判。二班有个知识青年无政府主义思想很严重，沾染了不少坏习气，整天游游逛逛，四处串联，仅一天之内跑了六个公社，煽动打群架。面对这些歪风邪气，我们先后十多次对他进行了耐心教育帮助和严肃批判，和他一起学习毛主席著作，启发他的阶级觉悟，经过一系列工作，终于使他有了很大转变，现已被批准参加了基干民兵。

五班知识青年凌永生，……刚来时吊儿郎当，但在各级党组织和贫下中农教育下，经过忆苦思甜，认真学习毛主席光辉"五·七"指示及进行思想和政治路线方面的教育，在同志们帮助下，使他认识到自己的错误，并且认真改正，去年八月光荣地加入了共青团，受到贫下中农的好评。

一年多来，我们始终坚持向贫下中农学习，拜贫下中农为老师，积极参加生产斗争实践，战天斗地改造自然，全力以赴投入到农业学大寨的运动中去，学会了犁田、耙田、耘禾、割禾等基本农活，由原来肩不能挑、手不能提到现在肩能挑百多斤走上十多里不成问题。

……

在去年兴修水利战斗中，一班五个女知识青年，牢记毛主席"发扬勇敢战斗，不怕牺牲，不怕疲劳和连续作战的作风"，坚持挑十一个月，有的病了，有的肩膀磨破了，脚肿了，从不叫苦叫累……

女知识青年傅红娣，在贫下中农支持下，大破"四旧"，坚持学犁田，很快掌握了犁田技术，打破了几千年封建旧思想认为"女人能犁田，除非太阳出西边"的旧观念。

……

一年来的实践生活，使我们和贫下中农建立了深厚的无产阶级感情。去年，不少知识青年家里父母来信来电，告诉他们家里亲人重病或有亲属自边疆返沪，但是他们都以革命利益为重，坚持和贫下中农一起抓革命，促生产。春节期间踊跃参加毛泽东思想宣传队，热情宣传毛泽东思想。七一年春节，我们全排没一个人回去，和贫下中农一起过革命化春节，并利用春节期间为贫下中农做好事，修了一条长达四十米的机耕道。

……

一年多来，我们发扬"自力更生，艰苦奋斗"的作风，做到了"自己动手，丰衣足食"。在积极参加集体劳动生产的同时，还开荒种植了各种蔬菜和油料作物，建立了饲料基地。在大力发展养猪事业中，自己动手建猪栏、鸡圈，全排共养猪五十三头猪（已宰了五头），实现了一人一猪，养鸡一百多只（有三十多只已经下蛋），实现了粮、油、蔬菜、猪肉自给，各班都有存款。我们还订立了集体生活制度，坚决反对走歪门邪道，反对分锅分灶，在"艰苦奋斗，自力更生"的基础上取得了初步的成果。

谦虚谨慎，继续革命永向前

……

一九七二年元月八日

崇仁县下乡知识青年工作现场会翻印
一九七二年元月十二日

南丰县

简报

县"五·七"大军毛泽东思想宣传队办公室

我们是怎样对下乡知识青年进行再教育的

军峰大队石头生产队革委会

今年三月底，上海知识青年一行九人遵循毛主席"知识青年到农村去，接受贫下中农的再教育，很有必要"的教导，来到我们军峰大队石头生产队插队落户。在农村这个广阔的天地里，经过近四个月来的锻炼，这批上海知识青年不论在政治思想、阶级感情和劳动技能等各方面都发生了深刻的变化。现在，他们已深深地爱上了山区，爱上了贫下中农，决心扎根在农村，与贫下中农一道共同建设红色山区。

突出政治　抓住阶级教育不放松

我们石头生产队是由两个不满十户的小自然村组成，两村相距二华里，均坐落在两条地无三尺平，出门就爬岭的小山沟里。距大队十五华里、离三溪三十华里，是全社较偏远的山村之一，交通很不方便。开初，这批知识青年看到石头是个山高村小、田多人烟少的地方，情绪很不安定，心里经常想念家庭，留恋城市，有的女同学还哭着要回上海。为了把这群知识青年管理教育好，使他们安心在农村干革命，生产队革委会遵照毛主席"各地农村的同志，都应当欢迎他们去"的教导，组织社员群众反复学习毛主席这一最新指示，使每个贫下中农从心底里感到毛主席把知识青年再教育的重担交给我们，是对贫下中农最大的信任，最大的鼓舞，从而表示要好好听毛主席的话，负起再教育的责任。生产队革委会主任饶宁仔同志在社员大会上对大家说："上海知识青年到我队插队落户，就是我们队里的社员，我们要把他们当作自己的亲人一样看待。"他看见这些青年人总是愁眉不展，就经常给他们讲述村史、家史……知识青年听了以后非常激动，一致表示："一定好好听毛主席的话，在农村扎下根来，做贫下中农的好后代，做无产阶级革命事业的接班人，使社会主义红色江山千秋万代永不变色。"从此，他们解开了思想疙瘩，心更开朗了，和我们贫下中农接近更频繁了。

身传言教　闯过劳动关

这批知识青年来到我队的时候，正遇上早稻插秧。起初，他们与社员一道出工，什么也干不来，农活没干好，每次回来倒弄得满身泥污，有的同学觉得成天与泥巴打交道，又脏又累，想改干别的什么轻活。可是，我们这个山村，除了田里的事外，没有其它副业干的。因此，他们到了田里总要在田塍上呆立很久，有时干上一阵，就要检查一遍身上有没有被泥巴沾。贫协主任江先用同志看出了他们嫌脏怕累的思想，就耐心地向他们讲种田为革命的伟大意义，讲没有粪臭，哪有饭香的道理。每次下田，贫下中农总是拣最脏最重的活干，把轻的让给他们，贫下中农的一举一动，使他们深深地感到"最干净的还是工人、农民"，从此以后，不管社里什么脏活累活，都积极参加，尽管手脚沾满泥污，再也不嫌脏了……

热情关心　生活上照顾如亲人

……

在劳动中，因为水土不适应，他们被蚊虫叮得手脚红肿发痒，用手搔烂了皮肤，有的同学双脚溃烂生疮，寸无好肉，我们立即告诉他们不要用手指搔患处，并嘱咐社员到山上采集草药，煎好水给他们擦洗，不久便治好了。

……

过细地做工作　激发立志建设山区的革命豪情

我们对待知识青年不但在政治上关心，劳动上帮助，生活上照顾，而且还经常深入到他们中间去，了解他们的活思想，解决实际问题……

几个月来，我们对下乡知识青年进行再教育做了一些工作，但是我们还感到与毛主席的教导相差很远。今后必须进一步加强政治、思想领导，用毛泽东思想武装他们，不断提高阶级斗争、两条路线斗争和继续革命的觉悟，让他们在三大革命运动中经受锻炼，在农村这个广阔的天地茁壮成长！

三溪公社

（"五·七"大军连部供稿）

乐安县

在广阔的天地里茁壮成长
——记落户在南村大队乌山村上海知识青年

雨露滋润禾苗壮。落户在乐安县南村公社南村大队南坑生产队乌山村的十二名（其中八名女同学，四名男同学）上海知识青年，在毛泽东思想阳光的哺育下，在各级革委会的领导下，经过贫下中农的再教育，在毛主席指引的与工农兵相结合的大道上迈出了可喜的第一步，取得了出色的成绩，得到了贫下中农的好评。这些平均只有十九岁的青年，在农村这个广阔的天地里，经过六个月的三大革命运动的锤炼，已胜利地闯过了思想关、劳动关、生活关，冲刷了修正主义教育黑线对他们的毒害，改变了以前四体不勤，五谷不分，衣来伸手，饭来张口的现象，精神面貌、思想感情发生了深刻的革命变化。从不愿来农村到热爱农村，扎根农村；从轻视工农到热爱贫下中农，全心全意为贫下中农服务……六个月来，除每月烧饭、砍柴、种菜、买米每人每月约需六天左右外，平均每人参加集体劳动八十八天（每天以十勤计，其中有一人请假近两个月，一人请假一个月），最多的达一百零七天半。学会了挖田、栽禾、耘禾、刈禾、打禾等多种农活，还有两个女同学、三个男同学学会了犁田、耙田。许多青年都能挑一百多斤的担子，健步如飞，有的能挑一百二十多斤。他们不但自己砍柴、做饭，而且做到了蔬菜基本自给。因而，这个班成为公社的先进集体，在"五好"初评时，有三个同学被评为"五好社员"……

狠抓两个根本，锤炼一颗红心，扎根农村干革命

在上海时，听说到江西插队落户，都是领导上照顾的，因而认为条件一定比其它地方好些。当他们到达乌山村后，看到这是只有十六户的小山村，是个他们称之为"开门见山，动脚上坡"的山沟，情绪立即波动，有的坐在行李上发呆，打算不解开行李，有的把包扎箱子的草绳留下，准备回上海时再用。

是蹲下来，还是跑回去？面对这种情况，班长夏鸿兴非常焦急，当晚就组织全班学习毛主席"越是困难的地方越是要去，这才是好同志"的教导；学习毛主席"知识青年到农村去，接受贫下中农的再教育，很有必要"的最新指示和《青年运动的方向》、"老三篇"等光辉著作……大家认识到愿不愿意在农村干一辈子革命，是忠不忠于毛主席的问题，是走什么道路，做什么样的接班人的大问题，是关系到党不变修、国不变色、人不变质的大问题，但是还没有真正树立扎根农村干一辈子革命的思想，只是抱着试试看的思想而蹲下来了。有的人说：“既来之，则安之，十二年再看。”

大队革委会对这一情况十分重视……一方面把他们放到阶级斗争的大风大浪里去接受锤炼，组织他们参加“三清”、“四查”运动，另一方面让他们去访贫问苦……使他们懂得什么是剥削，什么是阶级，什么是阶级斗争……决心扎根在农村干一辈子革命，滚一身泥巴，磨一手老茧，铸一颗红心。因此有些青年把原来准备回上海而留着包扎箱子用的草绳送给贫下中农扎豆角棚，决心一辈子留在农村干革命。有的青年不但自己决心扎根农村干一辈子革命，而且还写信给上海不愿到农村去的同学，向他们介绍了自己怎样在贫下中农的再教育下，树立一辈子扎根农村干革命的思想过程和体会，并且动员他们响应毛主席的伟大号召，到农村去，接受贫下中农的再教育。

知识青年李想，到农村以前，他的“理想”是做一个出人头地的新闻记者或文学家，因此他蓄起了和鲁迅一样的胡子，一心钻在书堆里，两耳不闻窗外事。因为到农村落户不是他的“理想”，因此来到江西之后，他人虽在农村，却念念不忘要回到城市里去实现他的“理想”。通过贫下中农的阶级教育，以及几个月来在斗争中的锻炼，阶级觉悟和思想认识都有了很大的提高……刮掉了留了几年的胡子，踏踏实实地进行劳动锻炼，认真受贫下中农再教育，改造世界观，决心一辈子扎根农村干革命。

以贫下中农为榜样，主动接受再教育，自觉改造世界观

……

他们把劳动当成向贫下中农学习，改造自己世界观的重要途径，他们和贫下中农一样，顶烈日，冒风雨，刻苦地锻炼自己。在早稻插秧前，因牛力不够，为了及时栽下早稻，青年们和社员一道用锄头挖红花草，几天以后，人人手上起了泡，多的六七个，少的二三个……现在经过几个月的锤炼，他们手上也长起了老茧。在麦收麦种中，抢种黄豆时，他们连挖几天禾蔸，手上再不起泡了……

在劳动中，他们严格要求自己，坚持和贫下中农一样，贫下中农干多久，他们也干多久；贫下中农流多少汗，他们也流多少汗。“双抢”时，全班十二人和贫下中农一道起早摸黑苦战四十天，不下火线，有三个人带病坚持劳动……

他们积极宣传毛泽东思想，在党的"九大"召开期间，人人参加文艺宣传小分队，到南村、南坑、上南等地为贫下中农多次宣传演出。毛主席"我赞成这样的口号，叫做'一不怕苦，二不怕死'"的最新指示一发表，立即组成三个宣传队，连夜到南坑、乌山、张坊等地宣传，并用红纸抄写了几十张最新指示，送给每家贫下中农。队里办了毛泽东思想大学校，在征得队革委会同意后，选派了两个青年担任文化辅导员……

他们急贫下中农所急，想贫下中农所想。六月底班长在县城参加全县"五·七"大军政治工作会议期间，适逢山洪暴发，发生几十年罕见的水灾，他不顾个人安危，在敖溪镇积极参加防洪抢险，回到班里后连夜召开会议，介绍全县受灾情况，讨论救灾……当夜全班做好了参加防洪抢险的准备，并捐献《毛泽东选集》四套，毛主席著作十本，毛主席宝像二十张，人民币二十元，粮票一百二十斤，衣物五件，肥皂十块，鞋子十双，毛巾十条，第二天一早派代表送到公社，向公社革委会要求全班参加防洪抢险，并向全公社发出救灾倡议。公社革委会表扬他们说："乌山的上海知识青年，能急贫下中农所急。我们还没想到的事，他们先想到了。"

这些活动不但对改造客观世界发挥了作用，也使他们受到了深刻的教育，从而提高了他们改造主观世界的主动性和自觉性，使主观世界得到进一步的改造。知识青年王隔香担任毛泽东思想大学校的文化辅导员后，开始积极性很高，但在教毛主席"五·七"指示的过程中，教了许多遍，她的嗓子讲哑了，有的贫下中农还没学会，就显得不耐烦了，而参加了学习的贫下中农，不论是白发苍苍的老公公、老婆婆，还是怀抱着吃奶小孩的青年妇女，都越学越劲。贫下中农认真学习毛主席著作的极其深厚阶级感情感动了她，感到自己比贫下中农矮了一截。下课后，她学习了毛主席光辉著作《为人民服务》，感到自己是半心半意为贫下中农服务，以后她用"完全"、"彻底"为人民服务要求自己，耐心地教，反复地教，直到教会为止。结果贫下中农都能读毛主席的"五·七"指示，并有百分之五十以上的人能背诵。

……

写革命家信，主动争取革命家长配合再教育

这个班的知识青年不但主动自觉地接受贫下中农的再教育，而且通过写革命家信，主动争取革命的家长——远隔千里的上海工人阶级的教育，他们经常用革命的家信，向家长亲友汇报自己接受再教育的情况和体会，介绍这里的贫下中农、各级革委会对他们进行再教育的情况，使革命家长更好地对自己进行教育，而他们的家长，了解了自己子女在这里接受贫下中农再教育的情况后，也经常写来革命家信对他们进行鼓励和教育。

……

乐安县南村公社革命委员会

上海赴江西学习慰问团第三分团

一九六九年九月七日

井冈山地区

转发《谈谈我们对知识青年进行再教育的体会》的通知

各县（市、山）革委会"五·七"办公室：

我们向大家推荐新干县大洋洲公社谭家坊大队第九生产队再教育小组对知识青年进行再教育的体会，对下乡知识青年，一定要坚持用毛泽东思想统帅再教育的全过程。希望各地遵照毛主席关于"一定要抓好典型"的教导，认真总结经验，加以推广，把"五·七"大军工作提高到一个新的水平。

井冈山地区"五·七"办公室

一九七一年三月三十日

谈谈我们对知识青年进行再教育的体会

大洋洲公社谭家坊大队第九生产队再教育小组

去年三月间，七名上海知识青年，听毛主席的话，从上海来到我们生产队插队落户。我们贫下中农热烈欢迎他们，腾出最好的房子给他们住，又专门固定人耐心教他们做饭、种菜，带他们上山砍柴。我们的热情关心，当地青年们也很感动。但一接触实际，他们还是表现得不安心，不习惯。干活嫌脏怕累，很少出工；生活不会安排，经常缺柴少菜；有的人还思爷想娘想城市。青年们这些情况的出现，我们感到很着急。怎么办呢？没有柴，我们就特意指定一个离村子最近的小山给他们劈松枝烧；菜不够吃，到集体拿，我们贫下中农送；粮食不足队里补助；重事脏事不要他们做。这样一来，青年们的情绪表面上稳定了些，问题还是不断出现。有的青年甚至把自己看成是队里的"当然照顾对象"。这种依赖思想的出现，使我们意识到对青年单纯从生活上照顾不对头。"对青年一定得加强政治思想教育"，"政治是统帅，是灵魂。"毛主席的光辉思想，给我们指明了方向，使我们认识到前段工作的确是迷了航转了向，忘记了根本。就这以后，我们坚持经常组织青年学习毛主席光辉著作"老三篇"和有关"自力更生"、"艰苦奋斗"的语录。同时开展革命大批判，狠批刘少奇"读书做官论"、"劳动惩罚论"、"活命哲学"等反革命修正主义黑货，帮助青年提高认识，纠正错误思想。通过学习，青年们都检查了自己怕苦怕累的错误思想，"当然照顾对象"的依赖思想很快也就克服了，逐步做到了"三自给"，劳动中也不怕苦不怕累。去年"双抢"中，他们和我们贫下中农一样起早摸黑地干，在火辣辣的太阳下，身上晒脱了几层皮，汗水湿透了衣裳，蚂蟥叮得脚上鲜血直流，没有一个叫声苦，女青年小方，因为水土不服，两只脚都烂了，社员劝她休息总是不肯，坚持战斗四十多天。社员群众称赞说："这班后生劳动真吃价。"

看到青年们在劳动中，经常晴天一身汗，雨天一身泥，很吃得苦，扶犁打把的一些农事也会做，大家觉得这几个青年的确很不错，有的人便感到再教育工段差不多了。这样一来，青年们更是整天埋头劳动，学习不积极，开会也不愿来参加，有时队里叫他们和社员一起读读报纸也不肯干。从这里我们又深刻认识到：在再教育工作中，单单看到青年们积极参加劳动的一个方面是非常不够的，必须按照无产阶级革命事业接班人的五个标准从各方面去锻炼提高他们。

根据这种情况，我们和他们一起举办毛泽东思想学习班，反复学习毛主席有关培养和造就无产阶级革命事业接班人的伟大教导。遵照毛主席的教导，我们首先检查了对青年们仅仅强调积极参加劳动，是单纯的"军事观点"，是刘少奇"生产第一"的反革命修正主义余毒的反映。接着，青年们也主动检查了自己不问政治、埋头劳动的错误思想根源，是受了刘少奇"下乡镀金论"余毒的影响。以后我们便处处注意从各方面严格要求他们，坚持教生产先教政治，传技术先传思想。我们克服了光看劳动，不关心政治思想的偏向，这个青年班的政治空气很快就浓厚起来了。谈政治的多了，讲吃讲穿的少了；互相谈心的多了，闹不团结的少了。个个都能"公"字当头，严格要求自己。如青年贺亭龙，去年祖母病逝，家里打电报来要他回上海，我们也同意他回去看看。可是小贺想到当时秋收很忙，硬是不肯回去。去年年终总评，他们七个人就有五个被评为"五好社员"，这个青年班也被评为公社"五·七"大军"四好"单位。

在一片赞扬声中，这些青年积极性越来越高，重事脏事抢着去做，学习开会带头参加，别人意见虚心听取，对待群众亲亲热热。看到他们这样的表现，我们贫下中农都从心眼里喜欢这班青年人。但有一次，一个社员在禾田里捉鱼，踩死了好几兜禾，有个青年就在旁边看到也不做声，毫不在意地就走了。这件事引起了我们的深思：这个青年看到损害集体的事为什么不批评？再联想到队里有些人经常表扬这些青年"和和气气"、"不乱生事"的意见，又使我们感到在再教育工作中，既要教育青年虚心接受再教育，也不能有当"老好人"的思想。"共产党的哲学就是斗争哲学"。遵照毛主席的这一伟大教导，我们便有意识把青年们推到阶级斗争最前头去经风雨、见世面，如让他们参加毛泽东思想宣传队，投入到两条路线斗争的实际中去。通过毛主席著作的学习和实际锻炼，他们的阶级斗争观念加强了，路线斗争觉悟提高了。有个青年深刻地检查了自己过去是："出工劳动最卖劲，开会学习不作声，队里'闲事'少开口，免得得罪人多将来走不了。"他说："这证明刘少奇的'下乡镀金论'和'老好人'的余毒在我的头脑中还没有肃清。今后自己一定要活学活用毛主席著作，狠抓世界观的改造。"现在，他们很多人已能够坚持原则，开展斗争了。

青年们在"五·七"大道上的不断前进，我们再教育的担子也越挑越有劲。今后我们要努力活学活用毛主席著作，不断提高再教育工作的水平，使这些青年在农村茁壮成长。

新干县

关于先进知青赴沪报告的函件

新干县革委会"五·七"办公室：

为贯彻中央上山下乡工作会议精神，并配合今年七三届毕业生动员分配工作，特邀请贵县鸡丰公社饶圩大队新居四队插队青年温星衍同志来我区宣传讲用（他们在贵县各级党委领导下接受贫下中农再教育的体会；对农村广阔天地，大有作为的认识；在农村锻炼成长的过程，等），请你们大力协助，予以支持。如果可以，请你们通知温星衍同志作好准备，于八月二十五日前回沪，并即到我办联系。

你们对我们的支持，我们表示衷心的感谢！

此致

革命敬礼！

上海市长宁区革委会乡办/（章）

一九七三年八月十五日

新干县革委会知识青年下乡上山办公室：

前承贵县派温星衍同志来我区协助搞知识青年下乡上山宣传动员工作，温星衍同志来我区后努力学习马、列和毛主席著作，积极工作，以自己亲身体会宣传下乡上山的大好形势和重大意义，对促进本区知识青年下乡上山和顺利搞好七三届毕业分配工作起了重要的作用。现在乘温星衍同志出色完成任务返回农村之际，特向你们给予我区的大力支持表示衷心的感谢！

此致

革命敬礼！

上海市长宁区下乡上山办公室/（章）

一九七三年十一月十九日

附告：温星衍同志的工分补贴自八月二十五日到十一月二十日，每天以五角计，共四十三元五角，已由本区付给。

永丰县

在"五·七"大道上阔步前进

我们十一位上海知识青年……今年三月初来到永丰县鹿冈公社村前大队村前小队插队落户，接受贫下中农的再教育。几个月来，在战无不胜的毛泽东思想哺育下，在广大贫下中农的热情教育下，在"五·七"大道上迈出了第一步。

靠毛泽东思想，大闯难关，决心在农村干一辈子革命

我们村前生产队是个偏僻的小山村。这里开门见山，出门爬岭，气寒水冷，生活是比较艰苦的。这对我们这些生在红旗下、长在蜜糖里的知识青年确实是一个严肃的考验，开始在这山区农村扎根落户，的确是经过一番艰苦的思想斗争过程的。

……

生活环境的突变、思想上的准备不够充分，而产生了"生活过不惯、烧饭做不惯、泥路走不惯、煤油灯用不惯、赤脚下田更不惯"的五不惯思想。在这个思想情绪下，一个个表面笑，内心跳，思想里的小算盘七上八下乱喳喳。贫下中农看在眼里，记在心里。浇菜要浇根，帮人要帮心。思想上转不过弯，生活不安定。于是就组织我们学习毛主席著作……另一方面帮我们解决一些实际困难问题，使我们思想上愉快多了。过了一些时候，由于水土不服，大家的皮肤上生水泡，长脓疮，手上腿上有的甚至全身都有一小块一小块的溃烂，又痒又痛，异常难受。经过治疗，效果不大，于是思想上又起了波动。皮肤病痒起来，就想家。痛起来，就想回上海。同学们坐在一起，你看我的手，我看你的腿，一个个瞪着眼睛，鼓着嘴，呆想着自己就在这儿长久下去吗？……我们就带着这个问题，办了学习班。毛主席教导我们说："知识分子要和群众结合，要为群众服务，需要一个互相认识的过程，这个过程可能而且一定会发生许多痛苦，许多摩擦，但是只要大家有决心，这些要求是能够达到的。"毛主席又教导说："我们希望我国的知识分子继续前进，在自己的工作和学习的过程中，逐步地树立共产主义的世界观，逐步地学好马克思列宁主义，逐步地同工人、农民打成一片，而不要中途停顿，更不要向后倒退，倒退是没有出路的。"毛主席的话，字字句句说到我们的心坎上。大家都表示：要以"老三篇"为动力，决不做困难面前的逃兵。心中有了"老三篇"，刀山敢上，火海敢闯，小小皮肤病，怎能把我们吓倒。同学们说得好："皮肤烂点没关系，思想烂了就危险。烂掉细皮嫩肉，可以换上钢筋铁骨，烂了思想，就会变'修'变'反'。"大家个个树雄心，决不容思想上出毛病……我们就更加深刻地认识到再也不能做温室里的花朵，誓当农村广阔天地里的闯将，扎根农村，进行脱胎换骨的改造。通过这段生活实践，我们深切地体会到走伟大领袖毛主席指出的光辉"五·七"大道的重要性和必要性。大家都说："毛主席叫我们到农村来接受贫下中农的再教育，我们就坚定不移地听毛主席话，用毛泽东思想来战胜一切。在农村当一辈子农民、干一辈子革命，建设一辈子社会主义新农村。"……思想问题解决了，大家精神面貌发生了巨大的变化，浑身发出了冲天的干劲。大家除了烧饭，坚持天天出工，从未无故停过工，打柴、种蔬菜也尽量抽业余时间搞……贫下中农都说：这才是我们贫下中农所欢迎的知识分子。

贫下中农是最好的老师，农村是最好的课堂

我们通过学习主席著作，虚心接受贫下中农的再教育，坚定了在农村落户的思想，尝到立竿见影的甜头后，就更加如饥似渴地活学活用毛主席著作，处处老老实实地拜贫下中农为师，用贫下中农艰苦朴素、勤劳勇敢的革命精神，作自己学习的榜样。向贫下中农学习，不放过思想上的一闪念。

例如，在夏热炎炎的"双抢"时季，烈日当空，其热异常。有天下午，天气阴沉沉的，欲下大雨，我们和贫下中农一起去割禾，走在路上很凉爽。有个同学随口而说："这种天真舒服。"一位贫农听见了，就说，"人是舒服了，就是没太阳晒谷子，谷子都要发芽了。"这个同学一听，顿时觉得脸上火辣辣的，觉得自己思想感情为什么与贫下中农还有很大距离，为什么贫下中农首先想到的是社会主义集体的事，而自己首先想到得是个人的舒服。他就马上抓住这个思想一闪念，带着问题学习毛主席著作。伟大领袖毛主席的"世界观的转变，是一个根本的转变"教导，就像明灯一样照得他心里亮堂堂的。原来存在差距的根本，就是自己的世界观没有得到彻底的改造……

农村对于我们这些从大城市来的学生是艰苦的，可是我们牢记主席教导："一不怕苦，二不怕死。"从不叫苦、叫累……

在春耕大忙季节里，我们许多同学都表现得非常好。插秧的时候，水土不服的一些同学，个个烂手烂脚，可是大家都毫不在乎，坚持和贫下中农一起投入紧张的插秧战斗中去。特别是有个女同学，脚背上溃烂约有铜钱大的伤口，经初春泥水浸泡后，泥巴与烂肉混在一起。贫下中农看到后，关切地劝她回去休息。可是她想：脚烂了，以后可以治疗。插秧季节耽误了，可是补不回来的啊！贫下中农对我的关心，也是对自己的鞭策。于是就毫不在意地说："这点小伤算得了啥，没关系……"就这样带伤忍痛坚持到插秧结束。

还有，在"双抢"割禾当中，由于我们没锻炼过经常不小心割破手。

我们许多同学割破手后，生怕被贫下中农看到，要我们休息，常常自己不声不响把血擦干，继续割禾。有一次，一位女同学一不小心把手割破好大一块，她还坚持像以前一样，擦掉血迹，就继续劳动。由于伤口太大，血不停地在往外流，一滴滴鲜血滴在田里。一个贫下中农发现后，心里感动极了，马上从自己衣服上撕下一条布，帮这位同学把手包扎好，并动员她回家休息。这个女同学激动地满泪盈眶地连连说："谢谢你……没关系……"马上又拿起禾刀埋头割起禾来。像这种事倒是很多的，每个同学都有这样一番经历。贫下中农一致称赞道："这些知识青年真是能吃苦。"

我们对集体的事、国家的财产非常关心，情愿自己受损失，也不让国家财产遭受损失。山区的天气变化无常，一会儿骄阳当空，一会儿倾盆大雨。一天下午，红花草籽刚刚收下来，晒在仓库前面。我们正好在种蔬菜，一看下大雨，都急忙奔回家，生怕打湿衣服。跑过仓库，看到红花草籽还在外面，就再也顾不上大雨淋湿衣服了，抢收起红花草籽来。等到把红花草籽都搬进仓库，衣服都湿透了，但看到集体财产得到了保障，心里乐呼呼的，有说不出的高兴。

……

遵照毛主席教导，走自力更生艰苦创业的道路

我们为了更好地在农村扎牢根，为革命种一辈子田，专门抽出了几个晚上办学习班，学习伟大领袖毛主席的光辉"五·七"指示和"自力更生"、"勤俭建国"等伟大教导。我们同学个个怀着愚公移山的豪情壮志，发扬"一不怕苦，二不怕死"的革命精神，投入艰苦创业的战斗。首先，我们制订了"一不占、二不伸手、三不去靠"的计划。一不向国家伸手，二不向生产队伸手。穿衣不靠父母，用钱不靠父母，吃饭不靠父母，一切困难都用自己的双手来解决。没有菜吃自己种，没有猪棚自己盖，头发长了自己理，衣服破了自己补，生了小病自己治。劳动时一齐出勤，家务事人人动手。现在我们养了猪、鸡、鸭，种的蔬菜完全能够自给。十一个同学都学会了养猪、种菜、弄饭、炒菜，开始摘掉了"三靠"父母的帽子。

发扬红卫兵的革命闯劲，狠批农村资本主义倾向

……

颗颗红心忠于党，热情宣传毛泽东思想

伟大统帅毛主席教导说："要使文艺很好地成为整个革命机器的一个组

成部分，作为团结人民、教育人民、打击敌人、消灭敌人的有力的武器，帮助人民同心同德地与敌人作斗争。"我们在上海，大多数从未搞过文艺宣传，更没有上过台表演，初来时，连开会发言都会红脸。现在我们十一个同学组成了一个业余毛泽东思想文艺宣传小分队，经常配合党的中心任务、目前形势进行了多次的文艺宣传演出，而起到了很好的效果。

在迎接我们伟大祖国成立二十周年的大喜日子里，我们抽了五个晚上，赶排出十七个节目来，大歌大颂伟大的社会主义祖国，大歌大颂伟大领袖毛主席。我们不顾劳累，以最饱满的政治热情，白天照样参加生产，晚上排练到深夜……

我们还积极主动地帮助贫下中农文艺宣传队搞好宣传工作，还把村里的红小兵组成一支儿童文艺宣传队，每到晚上农村文艺生活显得更加活跃，大人唱、小孩跳，革命歌声充满山村……

与贫下中农鱼水亲、心连心

伟大导师毛主席教导说："看一个青年是不是革命的，拿什么做标准呢？拿什么去辨别他呢？只有一个标准，这就是看他愿意不愿意，并且实行不实行和广大的工农群众结合在一块。"我们大家都表示：在农村一定要诚诚恳恳地虚心接受贫下中农的再教育，老老实实地为贫下中农服务，急贫下中农所急，恨贫下中农所恨，帮贫下中农所需，爱贫下中农所爱，与贫下中农鱼水亲、心连心。

我村有个贫下中农，在夏收夏种最繁忙的季节，因左脚溃烂，不能出工。我们同学知道后非常焦急，这对当前生产是多么不利啊！特别有两位同学，收工回家便去看望他，吃过晚饭便去照顾他，并将从上海带来的最好药品，天天去给他治疗、换药，一直到他病痊愈，使他能及时走上生产岗位。这种事情在我们那儿好多。贫下中农有病，我们同学知道后就主动上门诊治、送药上门，体贴如亲人。还帮年老体弱的老贫农担水、织毛衣。贫下中农有困难急需用钱时，我们同学就拿出钱借给贫下中农解决贫下中农的困难。总之，只要我们力所能及的事，就义不容辞地为贫下中农服务。贫下中农都称赞说："你们真是毛主席派来的好青年，我们贫下中农的知心人。"

团结就是胜利，团结就是力量

我们十一位同学牢记主席教导："我们都是来自五湖四海，为了一个共同的革命目标走到一起来了……我们的干部要关心每一个战士，一切革命队伍的人都要互相关心，互相爱护，互相帮助。"在毛泽东思想伟大红旗下团结的像一个人。在做家务事方面，男同学主动争重活累活干，女同学争不到重活累活，就主动找细活苦活干。一人有困难，十人同心帮。就将最近发生的一件事情来谈吧。在大队革委会决定要搞革命大批判漫画展览后，急需用颜料粉和纸张，而当地又没有。怎么办？一个同学首先要求负重担，奔赴县城去购买。当日往返一百多里还是小事，不巧的是当天下午下大雨。他不顾个人，而将雨具把纸张和颜料粉保护得一滴水都没沾到，自己全身则湿得像只落汤鸡一样。回到家已是晚上八点多钟了，东西刚放下，饥寒交迫，使这个同学晕倒了。十位同学看到马上动手去帮忙。男同学帮他换掉湿衣，打水又擦洗。女同学帮他煮姜汤，烧水下面条充饥。真是一人困难，十人当，个个互相爱护，人人互相帮助，把十一个人的集体、政治空气搞得浓浓的，革命大团结搞得紧紧的。由于在生活上突出了政治，家务事做到了人人动手，劳动学习和生活搞得有条有理。当我们同学之间碰到问题，碰到点摩擦时，就坐下来学习主席语录，大家共同商量、讨论，最后通过互相谅解，解决了困难、问题。有人问我们："为什么你们能团结得这样好？"我们同学回答说："团结就是胜利，团结就是力量，团结来自伟大的毛泽东思想"。

在"五·七"大道上苗壮成长，靠的是毛泽东思想

"大海航行靠舵手，干革命靠毛泽东思想。"我们能够在"五·七"大道上苗壮地成长，靠的是毛泽东思想。我们一到农村就将学习毛主席著作放在首位，农村生活的第一天就学习毛主席的光辉著作"老三篇"，劳动的第一课就学习毛主席著作《愚公移山》……除了坚持每星期三、星期日雷打不动的集体学习毛选外，每人还自觉抽出时间，天天读毛主席的书，把活学活用毛主席著作形成了自觉革命的良好学风。有个同学到农村以来，每天坚持学习毛主席著作，生产越忙越要学，后来被选为大队"五·七"战士的副排长，有时工作、开会到深夜，回家后仍然要坚持学习一篇毛主席著作。夏日夜晚蚊子多，那个同学就拿小煤油灯坐在蚊帐里学，从不间断。……

鹿冈公社村前大队村前小队全体上海知识青年

一九六九年十一月十五日

遂川县

组织青年"批林批孔"，巩固上山下乡成果

汤湖公社知青领导小组

五年前，五十名上海知识青年响应毛主席上山下乡的伟大号召，来到我公社安家落户。几年来，他们积极投身农村的三大革命运动，经过劳动锻炼和接受再教育，进步很快。现在，除部分青年参军、升学、外迁及病退外，尚有三十二名，重新编成五个班。

批林批孔运动一开始，知识青年便发扬反潮流的大无畏革命精神，向林彪修正主义路线和腐朽的孔孟之道发起猛烈进攻。我们看到这种大好形势，便有计划、有步骤地组织知识青年认真学习马列和毛主席的书，引导他们开展革命大批判。半年多来，他们写出了二百五十余篇大批判文章，召开了三十多次大小批判会，刊出了三十二期"学习与批判"专栏。这批知识青年积极投入批林批孔运动，精神面貌有了很大变化，"广阔天地炼红心，坚持乡村志不移"，已成为他们的共同誓言。

下面就谈谈我们组织知识青年搞好批林批孔运动的几点体会。

一、批林批孔与看书学习相结合，发挥知识青年在批林批孔中的生力军作用。

我们体会到，要引导知识青年积极参加批林批孔运动，必须组织知识青年认真看书学习。林彪推行修正主义路线，把孔孟之道作为他篡党夺权、复辟资本主义的反动思想武器。我们要批倒它、战胜它，就必须掌握马列主义、毛泽东思想这个革命的思想武器。有的知识青年讲得好："杀敌人要有好刀枪，批林批孔要有毛泽东思想。"

为了搞好知识青年的看书学习，除健全了切实可行的学习制度外，公社还组织了一支知识青年理论骨干队伍——"学习与批判"小组，每班选一名路线觉悟较高、学习较好的知识青年参加……

在学习方法上，我们注意把学、批、联三个环节相结合，学习马克思主义观点，批判林彪、孔孟的谬论，联系思想，提高认识……

二、批林批孔与农村现实的阶级斗争相结合，提高知识青年的阶级斗争观念。

当批林批孔运动深入发展的时候，我们还注意引导知识青年结合农村阶

级斗争的实际，深入批判林彪反革命修正主义路线和孔孟之道，批评资本主义倾向，使他们在两个阶级、两条路线、两条道路的斗争中得到锻炼，增长才干。

联系实际，批林批孔，我们主要抓了两个方面工作。首先是用贫下中农在旧社会的苦难家史，对知识青年进行阶级教育，使他们不忘阶级苦，珍惜今日甜。

……

其次，我们还让知识青年在农村的阶级斗争风浪中经受考验……

三、批林批孔与知识青年世界观的改造相结合，坚定"坚持乡村"的革命意志。

林彪继承孔孟之道，在知识青年中竭力鼓吹"学而优则仕"，恶毒污蔑"知识青年上山下乡等于变相劳改"，大肆宣扬"读好书就是一本万利"。在封、资、修的思想意识的影响下，有的知识青年身在农村，心向城市，干的庄稼活，想的是上大学，进工厂。针对青年中这种思想问题，在批林批孔运动中，我们组织他们学习毛主席的《青年运动的方向》等著作，学习中央有关文件，发动青年对孔孟的"学而优则仕"及刘少奇、林彪的"读书做官"等谬论反复展开批判。知识青年人人口诛笔伐，把"学而优则仕"、"读书做官"这些剥削阶级思想意识的反动本质揭露无余，使知识青年加深了对"坚持乡村"的伟大意义的理解，认识到上山下乡不是为了"镀金"，不是为了升学，而是一场伟大的社会主义革命，是反修防修的重大措施……

在批林批孔运动中，我们还注意发现一些不良倾向的苗头，及时开展学习和批判……

我们通过组织青年搞好批林批孔，广大知识青年三个觉悟不断提高，"坚持乡村"的革命精神不断增强，一批无产阶级革命事业的接班人茁壮成长。我公社现有上山下乡知识青年中，有三人被选为大队、生产队的领导干部，一人担任记工员，一人当上了赤脚医生，两个当上了民办教师，一个成了业余革命故事讲演员。

……

井冈山地区上山下乡知识青年代表会议秘书处印

一九七四年十月

于都县

加强党的领导，做好再教育工作

罗坳公社党委

在毛主席关于"知识青年到农村去，接受贫下中农的再教育，很有必要"的伟大号召下，七〇年以来，先后有来自上海、本省各地的知识青年共八十六名到我们公社插队落户。除招工、招生、参军和其它原因陆续调迁的以外，现仍有六十三名知识青年。五年多来，这些知识青年在毛泽东思想的哺育下，在贫下中农的关怀教育下，在火热的三大革命斗争中，在农村这个广阔的天地里茁壮成长。他们中间，有的光荣地加入了党，许多人都入了团，成为农业学大寨、建设社会主义新农村的一支生力军。贫下中农兴奋地说："读书人当新农民，开天辟地头一阵；多亏毛主席领导好，农村天天换新貌。"

我们做好下乡知识青年再教育工作的体会是：

一、统一领导认识，摆正工作位置。

对于下乡青年的再教育工作，究竟是大事还是小事，是全党的事还是部门的事，是长期的事还是一时的事？我们对这些问题的认识是在工作的实践中逐步提高的。一九七〇年以来，各地下乡知识青年先后来到我们公社二十一个生产队落户，有的同志认为知识青年来了，做到"吃有米，住有房，睡有床"，就算完成了任务，对知识青年的安置看作是临时性的事务工作。由于政治思想工作没有跟上去，有的下乡知识青年不安心农业生产，外出搞副业，自己赚钱自己花，粮食回到队里拿；有的长期倒流城市，不参加集体生产；有的甚至被资产阶级思想腐蚀，犯了严重的错误。这些问题的出现，使我们公社党委认识到：安置工作的落实只是再教育工作的开始，要做好知识青年的再教育工作，必须从路线斗争的高度来统一党委"一班人"的思想。公社党委在总结经验教训的基础上，认真学习毛主席有关指示和中央文件，抓住联系实际，对照检查……进一步认识到：知识青年上山下乡，是党在社会主义历史阶段的长期任务，是伟大领袖毛主席历来倡导的同旧的传统观念实行最彻底决裂所出现的新生事物，是无产阶级与资产阶级争夺青年一代斗争的大事，是反修、防修，坚持无产阶级专政下继续革命的百年大计。

由于在路线上分清了是非，提高了认识，我们一致认为：培养革命后代，这是毛主席交给的任务，因此八分、九分重视都不行，必须十分重视。怎样抓好下乡知识青年的再教育工作？我们采取了以下措施：首先把下乡知识青年的再教育工作列入党委的重要议事日程……其次，我们把下乡知识青年工作与党委的各项中心工作结合起来，做到统一研究，统一布置，统一检查，统一总结……

二、建立知识青年点搞好班组教育。

七三年十月份前，我们公社六十三名知识青年，分散在十个大队二十一个生产队，由于人员分散，出现了公社管不到，生产队管不了的现象。为了进一步加强对上山下乡知识青年的教育工作，我们遵照中发〔1973〕30号文件和《全省知识青年上山下乡工作会议纪要》精神，根据因人因地制宜的原则，于去年十月底，以五至七人为一班，进行了适当集中，建立了九个知识青年点，改变了过去"一人一灶遍地开花"的零散现象……半年多的实践证明，适当集中有三大好处：第一，有利于党的领导再教育……第二，有利于知识青年的学习提高……杨梅知识青年班，原来有六个上海女青年，七二年以来先后有三个青年上了大学，剩下的三个女青年思想上产生了动摇。我们发现这个问题以后，又立即请示县委从别的公社调来了三名上海女青年，同时组织她们学习了毛主席、党中央有关批林批孔的一系列指示和文件，组织她们学习了钟志民、柴春泽敢于反潮流，同旧的传统观念决裂的先进事迹……第三，有利于知识青年参加集体劳动……

三、政治上培养使用，生活上热情关怀。

……

在现有六十三名知识青年中，已培养了一名女青年入党，并担任了公社团委副书记，培养了二十四名青年入团，占下乡知识青年的百分之三十八。在现有的下乡知识青年中，当民办教师的三名，拖拉机手一名，生产队团支书四名，大小队农技员二名，公社通讯报导员四名，夜校辅导员十四名，公社乡办、批林批孔办公室也有知识青年代表参加……

……我们在抓好思想教育的同时，十分重视抓知识青年的生活安置落实工作。按照国家支持、社队帮助、自力更生的精神，已给知识青年盖好了两幢新瓦房，基本上做到，每人一间房，一张床，青年班组有厨房的要求。在劳动报酬上，每年调整一次劳动底分，现在全公社下乡知识青年，女青年的底分最少不低于七点五分，男青年最低的不少于八点五分。口粮按当地单身劳动最高标准定量，不足部分，由国家每月补足三十六斤大米，每人都有自留地……

于都县知识青年上山下乡代表大会秘书组印

一九七四年六月十四日

定南县

情报上报

县"五·七"大军领导小组：

我社现有下放干部 158 人，知识青年 38 人，其中：上海知识青年 28 人。全体"五·七"大军战士遵照伟大领袖毛主席"广大干部下放劳动"、"知识青年到农村去"的伟大教导，到农村去后，经过一年多的劳动锻炼，绝大部分同志都能积极宣传毛泽东思想，突出无产阶级政治，努力活学活用毛泽东思想，积极参加集体劳动生活，虚心接受贫下中农再教育，在改造主观世界的同时改造了客观世界，取得了一定的成绩，深受广大贫下中农的好评。

现根据贫下中农反映和我们掌握的情况，今将较好表现的人员列表上报，请予审示。

新城公社"五·七"大军办公室

一九六九年十二月十四日

附表一份。

知识青年现实表现：

集体：上海知识青年修建插队小组（共七人）；表现较好的有：杨来英　姜爱珍　郭立人　何赐光　陈克强。

1. 听毛主席话，插队落户后思想安定。

2. 突出政治，坚持学习制度。

3. 阶级斗争观念强，敢于向坏人坏事作斗争。

4. 团结互助好。

5. 参加集体生产劳动好。

6. 坚持五同，即同学习、同斗私批修、同吃、同住、同劳动，群众反映好。

其它各大队表现较好的知识青年：

庄田大队：（上海）苏银龙　周寅勇　沉山　宋荷妹；

和顺大队：（上海）张国骅　张德骅；

沙头大队：（上海）张财晓　潘存毅　尹安民　曹勇　袁美琴；

下庄大队：（本地区）廖显娣　江彩娥　王惠珍　宁矿子　廖三英　廖殿生。

在贫下中农的再教育下知识青年茁壮成长

龙头公社禾草大队全体贫下中农在大队党总支、革委会领导下，遵照伟大领袖毛主席"知识青年到农村去，接受贫下中农的再教育，很有必要……各地农村的同志应当欢迎他们去"的教导，在一九六九年三月接来了十七名上海插队知识青年。这些知识青年来到农村以后，贫下中农如何挑起再教育这副重担，在当时来说是有斗争的。有的贫下中农说："这些人都是从大城市来的，有文化、有知识，能说会道，还要我们教育他什么。"也有的说："他们是大城市来的，在我们山沟里蹲得下来吗？"有各不同的看法和认识。可是知识青年本身，刚下到这个山村里，抬头见高山，出门爬山路，夜晚无电灯，生活不方便，一切都很不习惯。思想问题也来了，有的闹着要回上海去，有的哭着鼻子，觉也睡不着，饭也吃不下，思想斗争很激烈。干部、贫下中农看在眼里急在心里，怎么办呢？还是遵照毛主席教导，"过细地做工作"，同知识青年办学习班学习毛主席著作，介绍情况，进行忆苦思甜，上阶级教育课，促膝谈心。通过一系列的教育，终于使他们安定了情绪，开始参加劳动，但是也不等于问题解决了，思想是会有反复的，旧的问题解决，新的问题又产生。因此，党总支、革命委会为了加强领导，采取分工负责，贫下中农教，下放干部带，政治上关怀，生活上关心，就这样坚持努力地做下去。知识青年也在三大革命斗争中，努力学习，积极参加集体生产劳动，锻炼自己，改造世界观，几年来收获很大。总的来说，大队、生产队干部做了很多大量细致的再教育工作。在这次生产队再教育小组座谈会上，一个老贫农、再教育小组长郭为贤说："上海青年几千里路来到我们这里插队落户，是毛主席的指示，我们一定欢迎他们，今后还要做好再教育工作，使毛主席他老人家放心，使家长满意。"

知识青年几年来成长、进步很快，贫下中农看在眼里，喜在心里。十七个知识青年有九名加入了共青团，占百分之五十三，有二名担任生产队保管，一名赤脚老师，根据革命工作的需要，有四名输送进工矿，有二名输送到县、社办企事业单位，还有十一名坚持在生产队，继续接受贫下中农的再教育。共青团员、女知识青年李如华，数年如一日，安心在生产队的养猪场工作，不怕脏，不怕臭，天天与猪打交道，切猪菜，煮饲料，喂猪。这个猪场离小李的住地，大约有二华里左右，起早摸黑，天一亮就到猪场养猪，天黑才由猪场回来，天寒地冻，刮风下雨，都坚持每天走两趟。当我们问到贫下中农时，哪个不伸出大拇指夸奖小李是一个好知识青年。小李来到龙头公社禾草大队下屋生产队已经四个年头了，因为养猪事业的需要，仅回过一次上海探亲。共青团员、知识青年童广圻，哪里需要就到哪里去，哪里艰苦哪安家。小童原来是在这个大队的富有生产队，由于他努力学习马列主义、毛主席著作，虚心接受再教育，贫下中农非常信任他，刚下来的第二年就担任了生产队的现金、实物保管，还兼任晒谷员，为了保护贫下中农的劳动成果，他宁愿一个人搬在仓库里睡。后来因教育事业的需要，贫下中农又推选他去当赤脚老师，他愉快地接受了任务，到全大队最高最远的一个生产队——牛轭潭教书，工作认真负责，积极专研，在教学工作也取得了成绩，贫下中农对自己的子女上学，感到很满意。这个大队还有丁振华、夏增威、陈华聪、古豪等同学学习、劳动、工作都很认真，成长都很快。他们都在毛主席指引的光辉"五·七"大道上昂首阔步，奋勇前进。

定南县上山下乡工作调查组

七二年七月三十日

第三编
来自上海的慰问与援助

一　上海知青慰问团

省级

上海市革命委员会赴江西省学习慰问团
关于学习慰问工作的情况汇报

江西省革命委员会上山下乡领导小组：

我团二月下旬来省后……先后对有上海青年插队的七十三个县的部分社队进行了学习慰问，共见到上海青年四万余名……现汇报如下：

（一）

……一九六八年以来，先后安置了上海知识青年近十万三千名（另建设兵团一万三千名）……

（二）

……以下几个政策性问题提请领导小组考虑和研究：

一、怎样解决下乡青年生活自给的问题。青年下乡已三年、四年，据我们初步统计上海青年去年劳动收入在八十元（一年内所需的粮、油、盐、肉款）以上的大约只有一半左右，也就是说还有一半青年不能做到基本生活自给，其中女青年占多数。生活不能自给原因：同工同酬政策不落实，青年评分普遍偏低，尤其是女青年没有合理安排农活；部分青年思想不安定，回沪时间过长或因病参加劳动少；有些生产队工分值过低，特别是边远生产队。但工分偏低是主要的，如乐安县七百三十五名男青年，去年评分不到七分者有一半，六百九十五名女青年，五分以下者占百分之六十。永丰县藤田公社九百四十名青年，五分以下者有五百九十名，占百分之六十三，女青年四百二十三名，五分以下者竟达百分之九十八，其中三分半以下的有五十五名。这个公社平均工分值九角（全省看算高的）。由于评分过低，生活不能自给占百分之七十八。宜春县竹亭公社××大队女青年郭××，去年劳动达三百〇六天，但因评分五分半，工分值三角九，总收入只有五十九元七角五分，基本生活不能自给。

事实说明，根据我省良好的地理、资源气候条件，只要领导重视，青年生活自给问题除特殊情况外经过努力是可以做到的。有些社、队已经这样做了。例如进贤县南台公社、铜鼓县古桥公社，这两个公社上海青年除因病外都能做到生活自给，甚至自给有余。他们的经验是：一抓政策落实，把党在农村的经济政策交给群众掌握，做到一视同仁，合理安排青年农活，同工同酬；二抓思想教育，在对青年进行思想政治路线教育的同时，也抓劳动纪律教育，把劳动好坏作为接受再教育的标准之一，调动青年劳动的积极性。南台公社八十名上海青年，两年多来每人每月平均出勤在二十四天至二十六天左右。三抓组织措施，古桥公社把原分配到边远山区生产队的青年，因生产队领导力量薄弱基础差、底子薄或资本主义倾向严重的，一时难以改变面貌的作了必要调整，调到生产队领导力量强、条件比较好的队。另有的社、队把青年组织起来试办以农为主的各种创业队，或安排到垦殖场去。

二、为了使青年安心在农村，对他们的住房一定要抓紧解决。目前上海青年住房情况是：新建的约百分之二十；住在队（公）房的近百分之四十；其余都借住社员房子。住公房的，有的因调整社队规模必须腾出；住私房的时间一久矛盾更加突出。有些青年住房条件很差，阴暗潮湿、破漏不堪；有的男女同住一室，中间只隔着竹篱笆；有的住在祠堂里，有时同死人住在一起（死者要在祠堂里停止若干天）。青年反映说："连个房子都没有，怎么叫我们安心在农村呀！"住房问题没有解决的原因主要是有关领导对解决好青年住房是关系到巩固上山下乡的成果认识不足，或有临时观点，以为青年迟早要走，不想盖房；同时，安置经费使用混乱，建房费用不落实，有的即使拨下建房费用，但专款不专用。

我们曾调查过宁都县建房情况。这个县有三百六十七个青年班，已新建住房有一百〇一幢计五百七十一间，今冬明春计划再建一百九十九幢一千一百九十四间，基本上可解决青年住房问题。他们的做法是：抓思想教育，提高社、队干部和社员对建房问题的认识；深入调查研究，对青年住房情况做到心中有数；清理结算安置经费，落实建房经费；做到六定（定建房计划、定经费、定规模、定质量、定地点、定时间），总结经验，逐步推广。

青年建房问题最近在省革委会上山下乡办公室的重视下，各地、县正在进行研究解决，但发展不平衡，有些地方因思想认识不足或实际困难，如建房材料等没有解决，行动得较慢。

三、在适当调整生产队规模时应注意对下乡青年的合理安排。这个问题虽然地、县领导较重视，但有的基层干部和社员有些阻力，认为青年是个"负担"，是个"包袱"，能推则推，尽量不要。有的要男的不要女的，要劳动力强的不要弱的，要老实听话的不要爱提意见或调皮的，甚至采取抽签等错误做法，青年很有意见。

宜春县三阳公社对这个问题处理得比较好。他们从有利于青年学习、劳动生活和再教育工作出发，在调整生产队规模时，在对基层干部和社员进行宣传教育的基础上，要求青年班能不变动尽量不变动；确实需要调整的也不过分分散，一般保持在五人以上；有的也可以采取集中生活分队劳动或有青年的队多分点土地。这样贫下中农、知识青年都较满意。

四、随着国家经济建设的发展，需要在下乡青年中招工招生，这是好事，但有不少单位不按党的政策办事，"开后门"很严重。如乐平维尼纶厂今年在乐平等七个县招工时，指标是九十四名，而招工人员口袋里的名单竟达一百〇七名，如表：

指　标　\　县　名	乐平	波阳	铅山	婺源	余江	余干	万年	合计
招工指标	20	30	5	9	4	6	20	94 人
照顾数字	40	20	14	20	3	6	4	107 人

再如：彭泽县和团公社荆桥大队，原有九江青年和上海青年各卅名在那里插队，目前九江青年只剩下五名，而上海青年还有廿七名，九江青年走的廿五名当中有廿二名是"开后门"走的。这样做法政治上造成了不良影响，贫下中农、知识青年及其家长都很有意见。这个问题，我们同社、队干部、贫下中农议论过，他们认为今后招工招生要坚持贫下中农推荐，上山下乡办公室配合，领导批准的原则，反对"开后门"和本位主义、排外主义倾向，防止有关部门独行其是和招工单位不切实际的做法。

五、应当把对下乡青年培养教育使用问题提到各级党组织的议事日程。目前把青年单纯当劳动力使用的现象比较普遍，有的青年反映：我们一天过"三头"（床头、灶头、田头）生活。青年是整个社会力量中一部分最积极最有生气的力量，应该把他们推到三大革命运动的第一线去锻炼培养，组织他们参加农村各项政治运动，参加农业生产建设，大搞科学试验，鼓励他们学习为贫下中农服务的本领，使他们的文化知识用到三大革命运动实践中去。同时要进一步关心青年政治上成长，把够条件的青年发展入党入团。我们初步统计十万多名上海青年中已入党的有四百五十七名，占总人数千分之四点五。在有上海青年的七十三个县中有十四个县没有发展一个上海青年入党，有七个县只发展一名。上海青年加入共青团组织的共一万三千四百廿六名，占总人数百分之十三，这同青年的政治上成长也不能适应。有不少社队共青团组织开展活动少，社员和青年得不到团组织的教育。

六、有些社队对"可以教育好的子女"和非劳动人民家庭出身以及家庭有一般政治历史问题的青年，没有认真执行党的无产阶级政策，有唯成份论倾向，因而有些青年背上包袱，积极性不高，影响他们锻炼成长。

关于上海青年家庭出身成份的划定和"可以教育好的子女"的范围，目前有许多同志认识不一致。我们认为：前者应根据一九五〇年八月四日中央人民政府政务院《关于土地改革中一些问题的决定》第十二项规定"工人的家庭是富农或地主者，工人本人及其妻、子、女依工人成份不变更，家中其它的人照地主或富农成份待遇"的精神办，但有的同志认为江西是"看三代"的，就轻率地去更改青年家庭出身。后者应根据一九六八年十二月二十六日中共中央、中央文革《关于对敌斗争中应注意掌握政策的通知》第二条所明确的敌人（即叛徒，特务，死不改悔的走资派，没有改造好的地、富、反、坏、右分子，现行反革命分子等）的子女来认定，不要把一般民族资产阶级的子女也视为"可以教育好的子女"。

有些地方对下乡青年的档案管理紊乱，没有保管、借阅、收发制度，甚至造成泄密现象，省有关部门能否对此有个统一规定。

七、对病残青年治疗和安排问题，许多县、社领导很关心，但感到棘手难办。青年下乡多年有的体质下降，有些地方肝炎、肾炎、关节炎、妇科病有所增加，这类慢性病和突发病医药费甚巨，哪里开支？自理负担不了，生产队解决也有困难，怎么办？县、社同志要求省里研究解决或请示中央。对极少数病残严重、不宜从事农业劳动的青年，县、社同志也要求省里研究解决办法。

新干县鸡峰公社组织了一些不宜从事农业劳动而又有一定劳动能力的青年，办起了一个"五·七"综合厂，让他们参加力所能及的劳动，开设竹、木、照相、理发、缝纫、修补等业务项目。这样，既能巩固上山下乡成果又能发挥这些青年作用，就地取材生产贫下中农所需要的产品，方便群众；既能减轻生产队经济负担又能做到生活自给，使病残青年安心，贫下中农高兴，青年家长放心。

（三）

……

一小撮坏蛋强奸诱奸下乡女青年，摧残女青年身心健康。据我井冈山分团所走访过的县社不完全统计，强奸上海女青年的有六起（其中轮奸一起），强奸未遂三起，诱奸廿一起，逼婚凶杀一起，共卅一起。很值得注意的是其中干部作案十八起，占百分之六十。泰和县中龙公社××生产队社员阮××，七〇年九月将女青年×××强奸后，对×的揭发采取种种打击报复手段，甚至唆使其妻两次将小×的上衣撕破，有意侮辱，气焰嚣张。此案虽经调查属实，因公社有人阻挠，至今未作处理。泰和县吉潭公社××大队××生产队女青年周××，在上海表现不错，六九年三月积极响应号召到该队落户。四月份现役军官万×（福州军区某部、已婚）回该队探亲，趁小周生病在床将她强奸。小周有思想顾虑没有揭发，只借故要求调队。到×××生产队不久，被地主儿子阮××伙同其四叔将小周骗到家里进行强奸（阮仅受批判），以至怀孕打胎。案发后公社"五·七"工作干部陈××借口调查案情，威胁利诱，将小周多次奸污。周××受到这样一而再、再而三奸污迫害，身心受到严重摧残，其遭遇是十分悲痛的。有个别女青年遭受坏人奸污迫害后，有的自寻绝路，有的逃回上海，政治上造成极坏影响。

社会上一些坏家伙利用资产阶级"三黄四旧"毒害青年，破坏上山下乡。万安县风岭公社××大队陈××，外号叫"黄老鼠"，拉拢周围三个大队十多名后进青年，唆使他们打架、偷、窃、行劫等，干了许多坏事，危害社会治安。这类案件仅万安县最近举办的七名后进青年学习班上就揭发有十四起。永丰县江口公社×××生产队社员徐××，采取种种卑劣手段腐蚀拉拢青年，把×××班搞得乌烟瘴气，还诱奸这个班一名女青年。瑞金县大柏地公社上海青年年龄一般在十九岁左右，由于看旧小说，唱黄色歌，受封资修的影响，谈情说爱的就有廿对，占该公社上海青年百分之三十，有的还搞多角恋爱，乱搞两性关系；有的流窜偷窃或聚众斗殴。

有些坏家伙煽动不明真相的群众捆绑吊打下乡青年。我井冈山分团所到过的县社不完全统计，先后发生吊打上海青年有五十一起，被打七十八人，其中有干部在场的四十五起。峡江县尤为严重，在该县四个公社十二个大队就发生三十八起，被打四十四人，有干部在场的三十四起。七一年四月马毕公社××生产队发生残酷吊打女青年张××严重事件，就是公社革委会常委、保卫组长杨××直接策划的。今年七月永丰县古县公社贺家大队在该公社的两名党委副书记、主管知识青年工作的干部、大队总支书记等干部参与下，聚集了三个生产队的百余名社员捆绑吊打七名上海青年，三个男青年被打重伤，手臂打断，四名路过女青年无辜遭受侮辱性拖打、捆绑达两三小时。他们的家长要求省里严肃处理。

由于程世清的错误路线干扰和有些地方的领导没有把打击破坏上山下乡的阶级敌人提高到捍卫毛主席的革命路线的高度去认识，有的把强奸、诱奸下乡女青年混同为一般男女关系；把混入干部队伍，利用职权为非作歹的家伙视为干部作风粗暴、犯一般错误；对混入下乡青年队伍的个别流氓犯罪分子同后进青年也不加区别。所以有些案件该判的不判或重罪轻判，处理得很不认真，很不严肃，不能有力地打击阶级敌人，保护革命青年。如泰和县上田公社××四队刘××（六十五岁，历史上奸污当地妇女十多名），在中央〔70〕26号文件下达后，多次奸污当时年仅十七的上海女青年张××。县、社要求处理，但有关部门却认为发生关系多次，女的"没有反抗"，系通奸案。

随着批林整风的深入，有些地区党委以及有关部门对上山下乡战线的阶级斗争问题，更加引起了重视。上饶、九江地区正着手处理这方面的积案，并选择典型案例，进行公开宣判，狠狠地打击阶级敌人。如波阳县有个刑满释放分子强奸、猥亵孪生姐妹案，过去扯皮了一年多不处理，九月间地委书记抓了这个案件，很快地得到严肃处理。修水县也在地、县委领导下，上个月在召开县、社、大队三级"五·七"工作会议上，狠狠地批斗了强奸犯（原县革委委员、大队总支书记）黄××和淳湖公社××大队煽动四十多名社员殴打上海青年的严重事件的策划者樊××（"四清"下台干部）、樊××（原大队团总支书记），并依法逮捕，广大干部、贫下中农和知识青年拍手叫好。

（四）

……

为了进一步加强党对下乡知识青年工作的领导，拟提出如下建议：

一、进一步提高干部的思想认识，加强党的领导。中央〔70〕26号文件指出："各级党的组织和革命委员会必须十分重视下乡青年的工作，把它摆到重要位置上来。领导干部要亲自动手，认真抓好典型，总结和推广先进经验。面上的工作，一年要抓几次，定期派人下去，进行检查。"各级党组织主管这项工作的领导，应切实抓好这项工作，做到定期研究、布置和检查，总结经验，推广先进，表彰好人好事，大造革命舆论；造成一个执行正确路线的风气。并要关心下乡知识青年政治上的成长，帮助他们解决生产和生活中的实际困难。

充实加强各级上山下乡办公室的力量，起各级党组织的参谋助手作用。目前有相当一部分公社没有专职干部；有一部分县名义上有三五名专职干部，实际工作的只有一两名，而且调动频繁，工作受到影响。过去省、地均有下过文件，要求县、社配齐干部，据说因编制不落实而落空，县、社的同志要求组织部门落实编制，配备干部。

健全充实大队、生产队的再教育组织，定期组织再教育工作经验交流，依靠贫下中农做好再教育工作。

二、进一步宣传落实中央〔70〕26号文件，做好下乡青年工作。有些基层干部、贫下中农还不知道有这个文件，能否在适当时候或者结合某种会议，组织他们学习讨论，把党的政策交给群众。在今冬明春，对中央〔70〕26号文件贯彻执行的情况，地、县两级能否组织一些力量有目的有重点地作一次检查，从而总结推广先进经验，加强薄弱环节，切切实实地解决一些主要问题。

三、狠抓阶级斗争，打击破坏上山下乡的阶级敌人。中央〔70〕26号文件指出："各地对于破坏知识青年上山下乡的阶级敌人，必须依照《中央关于打击反革命破坏活动的指示》坚决给予打击。凡是强奸下乡女青年的，都要依法严惩，对女青年进行逼婚、诱婚的，要坚决进行批判斗争。干部利用职权、为非作歹的要撤职查办，包庇怂恿违法犯罪分子的要给予严格的纪律处分。"希望各级党委和公安部门能认真贯彻执行，对过去迫害下乡青年的积案清理一下，抓住典型案例，进行公开宣判，狠狠打击破坏上山下乡的阶级敌人。

四、抓紧对下乡青年进行思想和政治路线方面的教育。组织他们学习马列主义和毛主席著作，学习毛主席关于"知识青年到农村去，接受贫下中农的再教育，很有必要"和"农村是一个广阔的天地，在那里是可以大有作为的"指示，坚持向青年进行"三史"教育、"革命传统教育"、"自力更生，艰苦奋斗"教育和革命前途理想教育，联系三大革命斗争实际和当前批林整风实际，开展革命大批判，提高路线斗争觉悟，扎根农村干革命，一生交给党安排，为建设社会主义新农村作出积极贡献。

我们在学习慰问过程中也了解到上海市在动员知识青年下乡时和配合当地工作中所存在的问题，以及有些家长教育子女的问题，拟向市委、市革委会以及有关部门汇报请示，研究解决。

今年工作结束后，我们将回上海向革命家长进行汇报，宣传江西的革命和生产大好形势和知识青年的成长情况，动员家长配合贫下中农做好子女的思想工作，为教子务农做出新的努力。

由于我们路线斗争觉悟不高，工作做得不够，作风也不深入，以上汇报和一些看法，一定会有片面性，甚至有错误，请领导批评指正。

一九七二年十二月一日

认真贯彻会议精神，努力做好学习慰问工作
——上海市赴江西学习慰问团政委刘长江同志
在全省知青工作会议上的发言

……

我们在学习慰问中，对知识青年进行普遍访问，感到一人一灶的现象不少。这种过于分散的情况给青年的学习、生活带来了不少问题，对工作也带来了一些困难，知识青年不得不把一部分时间和精力花在料理个人生活上。知识青年讲："放下锄头，就摸灶头，弄菜做饭，占满心头，端起饭碗，想起海港码头"。因此，他们学习松懈，思想改造抓得不紧，收工回来比较疲劳，就用井水泡饭，有的劳动紧张时期，十天半月不换衣服，生活不能自给的面也比较大。这些实际问题的存在，使一些家长不放心，有些青年不安心。但是，对这些问题如何来解决呢？这次省知识青年工作会议上，定南县委给我们带来了好经验，叫做"搞好知识青年相对集中，巩固上山下乡的伟大成果"。把一人一灶分散插队的青年相对地集中起来，举办农、林、茶场（队）。……他们遵照毛主席"容当统筹解决"的指示，根据中央〔73〕21号、30号文件的精神，从实际出发，因地制宜，因陋就简，采取多种形式把原来分散在二百七十一个点的知识青年集并起来，办了三十二个农、林、茶场（队），充实调整了十二个插队的青年班，为广大知识青年扎根农村干革命，提供了较好的学习、劳动生活场所，为他们坚持乡村伟大胜利创造了条件……

这次会议，我们不仅思想认识上有收获，而且更激励了我们搞好工作的信心和决心。过去我们有些同志有一种"了解问题快，解决问题难"的思想，尤其是对怎样使病弱青年坚持乡村伟大胜利，感到缺少办法。这次新干县鸡丰公社党委给了我们一个回答：不仅能，而且可以大有作为。这个地方我们也去学习了一下。原来这些病弱青年生活不能自给，年年靠父母。在党的领导下，他们办起了"五·七"综合场，为农业生产和社员生活服务，搞一些木制品加工，修理喷雾器，做杀虫用的黑光灯，照相，缝纫等等，农忙务农，农闲务工，这样就因人制宜安排了力所能及的工作。现在的综合场是一个以农为主、亦农亦工的集体单位。病弱青年经过锻炼，不但思想丰收，而且百分之八十恢复了健康，仅仅两三年来，生活自给有余，七四年储备了粮食一万多斤，还缴了光荣粮，固定资产达五万余元。青年都表示："坚持乡村伟大胜利，决不倒退回城。"从这里我们体会到，帮助青年搞小作坊，开展亦农亦工，不单纯解决病弱青年的安排和青年生活自给问题，帮助他们扎根农村，创造一定的条件，而且可以把农村社、队二级经济带动起来，有利于抵制资本主义的自发倾向。我们看到不少地区进行了试点，摸索了一些好的经验，如永丰铁锅厂、全南县大庄公社藤椅厂、抚州乐安伞骨厂等等。这些小作坊、小工厂的共同特点是以粮为纲，全面发展，立足社队，自力更生，就地取材，因陋就简，土法上马，规模小，收效快，富有强大生命力，大有发展前途。

知识青年上山下乡是一场深刻的社会大革命，要全党动手，全民动员，才能搞好。我们在学习慰问工作中，看到许多部门都是当作全党的大事，满腔热情地支持知识青年上山下乡工作，这次会上，波阳县又给我们很大教育。这个县商业、物资、农机、林业、医药卫生等部门，根据县委要求，从限制资产阶级法权，巩固无产阶级专政高度出发，满腔热情支持社会主义新生事物。对知识青年所需要物资做到了三个优先：指标优先，提货优先，调运优先。各部门把心都齐到毛主席革命路线上来，把劲用到支持新生事物、巩固文化大革命成果上来，出现了"唤起工农千百万，同心干"，人人关心一代新人成长的大好局面，使很多问题得到了解决。他们这种自觉关心知识青年成长，主动为巩固和发展上山下乡成果作贡献的精神是十分可贵的，值得我们学习。

……

一九七五年七月二十一日

关于解决上海慰问团住房等几个问题的报告

革命委员会：

文化大革命以来，上海市先后有十一万多名知识青年来到我省插队落户。根据中发〔1973〕30号文件关于"一九七三年到一九八○年知识青年上山下乡初步规划"（附件二），八年内，上海市还有十二万知识青年来到江西。为了支持社会主义新生事物，巩固上山下乡成果，上海市委从一九七一年起就开始派出赴江西上山下乡学习慰问团来到我省，协助我省做好上山下乡知识青年的安置巩固工作。他们采取定期轮换的办法，在县设慰问小组，地区设慰问分团，省设总团。几年来，已经轮换了三批，目前在省的第三期慰问团共四百一十八人（时间为两年）。他们在我省做了大量的调查研究工作，发现和宣扬了不少先进典型，在当地党委的领导下，协助处理了知识青年上山下乡工作中许多具体问题。此外，上海市委还在财力和物力上对上山下乡知识青年也给了很大的支援。到七五年为止，已提供了大小拖拉机二千六百二十五台，柴油机、电动机等农机具和小作坊设备三千二百四十五台套，提供无息贷款一百七十五万元，等等。所有这些，对知识青年扎根农村，巩固上山下乡成果起到了显著作用。

上海慰问团来我省，既不是进行一般的慰问活动，也不是临时搞几天就回去的，根据上海市委的决定和大批知识青年来我省插队落户的情况，慰问团将在一个相当长的时间内驻在我省。几年来，省委和各地、市、县对慰问团的学习和工作都给了积极支持，并提供了一些方便条件。为了进一步□□□工作，有些问题尚需加以解决。

一、办公用房问题

一九七一年，首批慰问团来我省时，总团曾设在省革委医务室二楼。一九七二年我办随民政局搬出后，慰问团就没有办公的地方，后来只好将我办陈全生同志的办公室（十多个平方米）腾出来给慰问团。而常驻南昌的慰问总团负责同志和工作人员有十多人，办公室是很不够用的。

二、食宿问题

慰问团总团设在南昌，原在省革委医务室二楼办公时，有两间房子可兼作宿舍，吃饭在省革委食堂。七二年搬出后，就一直没有宿舍，也没有吃饭的地方，只好租用民政局招待所，既办公又住宿，长期同旅客住在一起，同旅客一起排队买菜打饭。

总团的负责同志多是区委副书记、常委或局级领导同志，年纪一般都比较大。由于招待所房子也紧张，只能三四个同志挤在一间小房子里。几年来，不仅逢年过节无法改善生活，而且住房费还要拿回上海去报销。

三、来往接待问题

市委为我省插队落户的知识青年开办了二十多个科目的函授教育，扶植了一百多个青年队、场发展小作坊。上海市各大专院校的教授、讲师和有关工厂的技术人员常来我省各地讲课，还有新闻、出版、文艺创作人员□□□□□□□慰问团和我办取得联系。此外，根据工作需要，慰问总团还要召开一些会议，来往人员很多，他们来到南昌，往往在住宿问题上遇到不少困难。

由于我办平均每人只有三个平方米的办公用房，如按编制人数到齐后，将有一部分同志连放办公桌的地方都没有，目前大部分同志因无宿舍还住在招待所，更没有食堂，因此，对于上海慰问团这些问题，也就一直没有帮助解决。我们曾多次向有关部门报告，至今也没有落实。

我们建议：

一、请省革委在现有的办公楼中调整三至四间房子给慰问团办公，调整一部分住房给慰问团住宿；

二、请指定在一个招待所划出一个五至六间房子的楼面来作来往的同志住宿；

三、慰问团办公所需的办公用具和生活用具如桌、椅、床、文件柜等，由省革委解决或拨款给我办负责添置，列入我办的固定资产；

四、来往接待所需费用（如车运等），请省革委每年预拨一定的金额，由我办掌握使用，年终统一结算。

以上报告是否妥当，请批示。

江西省革命委员会知识青年上山下乡办公室

一九七六年五月二十八日

宜春县

工作汇报

在毛主席"五·七"指示光辉思想的指引下，在无产阶级文化大革命胜利的凯歌声中，上海知识青年积极响应毛主席提出"知识青年到农村去"的战斗号令，今年三月份，一千多名黄浦区的知识青年，壮志凌云，满怀革命豪情，跨上时代的骏马，踏上革命的征途，来到了革命的摇篮——江西省，老革命根据地之一的宜春县插队落户干革命已近五个月的时间。五个月来，这些知识青年在当地各级革委会的领导下，在贫下中农的再教育下，在带队干部的直接指导下，在参加三大革命斗争、改造世界观等方面，取得了可喜的成绩。现在，他们正以矫健的步伐，在农村广阔的天地里，走在与贫下中农相结合的大道上。一代有社会主义觉悟的有文化的劳动者正在茁壮成长。

一

今年安置在江西宜春县的上海知识青年共有一千零三十四人，他们是由黄浦区六校（启新、海光、东辉、东宁、洋泾、临浦）二个街道（东昌路、张家浜）通过动员报名批准来的，其中也有少数是跨区照顾来的。根据宜春县的需求情况，这一千多名知识青年安插在该县的二十个公社（全县有二十二个公社）一百多个生产队里集体落户，几乎整个县的每一个角落都有上海知识青年的足迹。离县最远的慈化公社有二百多里，最近的樟树公社只有七里路。

从知识青年来源看，有三分之二是六九届初中毕业生，这部分学生年龄较小，独立生活能力差些，体力也较弱，思想比较单纯（相对社会青年言）；另外三分之一是属三届毕业生和社会青年，一般年龄大些，生活管理能力也强些，体力较好。他们的文化程度各不相同，大部分是初中毕业，一小部分系高中生，也有极少数是文盲，连信也不会写。

总的反映：今年比去年好（无论是知识青年本身或是安置和动员工作上）。他们当中有百分之八十以上的是属于工人和劳动人民子女，表现都很不错。沾染严重流氓习气和违法乱纪的（如分在洪江公社红星生产队的启新学生袁××和周××到这里后发生不正当的两性关系；分在柏松社布里生产队的东昌街道社会青年唐××，是私生孩子的"妈妈"，来前已是第二次怀孕），是个别现象。

由于江西省在接待安置知识青年工作上十分重视，又采取了干部带队，配上医务人员和教师集体插队的办法，做到了"政治上有人抓，生产上有人教，生活上有人管"，既有思想领导，又有组织措施，因此，五个月来，这些知识青年的成长是比较快的，无论在思想上、劳动上或生活上都起了深刻的变化，精神面貌大有改观，好人好事不断涌现。据不完全统计，在各公社年中初评中有百分之三十左右的上海知识青年被评为"五好战士"，百分之三十左右的班被评为"四好班"……有二百多名代表出席了七月份全县召开的讲用会。好些优秀知识青年已被陆续选拔到不同岗位参加领导工作……此外，还有不少班长作为生产队革委成员参加工作……

根据知识青年的现状，我们初步分析，有下面三种思想状况：

第一种是好的，约占百分之三十。这部分知识青年人来心也来，思想境界比较高，能自觉改造世界观，有"滚一身泥巴，炼一颗红心"的决心。

第二种是比较好的，约占百分之六十。这部分同志能响应毛主席号召，有滚一身泥巴的思想准备，但在长期（一辈子）与短期（一阵子）、有条件还是无条件问题上，思想上没有完全解决，因此活思想比较多，常常问起"农业大学什么时候毕业？""接受再教育总有个时间吧！"这些青年"镀金回城"、"劳动进工矿"的思想比较突出。

第三种是比较后进的，约占百分之十。这部分知识青年对毛主席的伟大号召认识不足，思想境界不高，思想动机不纯，刘少奇"劳动惩罚论"流毒较深。可以说他们是随着上山下乡的洪流，出于形势所迫，大势所趋，而被迫来的。到这里来有"杭一记"的临时作客思想，极少数人沾染了严重的流氓习气。

二

……

今年三月廿九日，时代的列车满载着一千多名上海知识青年来到宜春县。这是记忆犹新可资纪念的日子。这一天，宜春县的贫下中农像迎亲人一样，敲锣打鼓，喇叭齐鸣，鞭炮高悬，村门口，人群挥舞着红色宝书，大人小孩欢喜雀跃，贴标语送喜报，一派节日气象……

宜春县的贫下中农遵照毛主席"要关怀青年一代的成长"的教导，挑起了再教育重担。这里我们着重汇报贫下中农如何给知识青年上好阶级教育、劳动、艰苦创业这几门课的，从中也可以看到知识青年的成长过程。

（一）抓阶级教育

……

（二）抓劳动教育课

……

（三）抓艰苦创业教育

……

三

我们宜春学习宣传小分队是由不同战线十五名同志组成的，其中党员六人，团员三人。有的来自文艺战线，有的来自原区级机关，有的来自高教系统，大部分都是"三门"或"二门"干部，这次到宜春是为着一个共同的革命目标走到一起来的。我们这些同志原来都没有同中学生，小青年打过交道，对于他们的特点甚感陌生，能否胜任和搞好工作，开始时把握不大，信心不足，在思想上总认为"学生难弄"，"知识青年工作难搞"。我们带着这个问题学习了毛主席有关青年工作的教导，并反复领会"知识青年到农村去""很有必要"的伟大意义……大家一致认为，能让我们同知识青年一道到老革命根据地江西来锻炼，接受贫下中农的再教育，改造自己的主观世界，也"是一种重新学习的极好机会"。

……

经过五个月的斗争实践，同志们感受很深，教育启发很大，为叙事方便，列点汇报如下：

（一）工作的几个阶段

第一阶段：三月二十九日至四月下旬。这一阶段小分队同志下去普遍跑，主要是配合各级革委会抓青年的安置落实情况（如行李、人员、用粮、住房、生产工具、生活用具、医疗、蔬菜地等），宣传艰苦创业勤俭节约思想；抓青年稳定安心工作，宣传到农村接受再教育"很有必要"的伟大意义；抓阶级教育，忆苦思甜，宣传农村发展远景；抓发动知识青年搞竞赛，表决心，提倡议，宣传当地干部和贫下中农的热情关怀。

第二阶段：四月下旬至五月下旬。主要抓二头抓三分之一。发现先进苗子，积极培养典型，总结经验，提出要求。对少数后进队配合贫下中农举办专题学习班，肯定成绩，指出问题，制止外流串联，整顿学习风气，重申组织纪律，引导青年参加集体生产劳动，订出学习劳动制度。

第三阶段：五月下旬至七月上旬。小分队同志在县革会领导下认真学习毛主席亲自批发照办的中央〔70〕26号文件，学习毛主席庄严声明，学习《改造世界观》重要社论。在初学基础上，下去配合各公社革委会举办知识青年学习班、讲用会、现场会，大力宣传落实中央九条……

第四阶段：七月中旬至八月上旬。抓小分队自身建设、本身革命化问题，组织学习《共产党员应是无产阶级先进分子》等重要文章，积极参加专区大组召开的各小分队活学活用毛泽东思想讲用会……

第五阶段：八月中下旬，此为结束阶段……

（二）虚心学习，接受教育

……

（三）抓三分之一，抓二头

小分队同志遵照毛主席"一定要抓好典型"、"面上的工作要先抓好三分之一"的教导，在五个月的工作中，用了比较多的时间，花了较多的精力，培养选择典型，树立好的榜样，传播先进事例，坚持正面教育，促进后进队的转变……

四

（一）几点体会

1. 正确处理好小分队与当地各级组织的关系……

2. 正确处理好安置落实工作和思想教育工作的关系……

3. 注意倾向，有的放矢……

4. 分片包干，实行"四同"……

（二）建议和问题

对区乡办方面：

1. 今后各学校、街道对青年进行动员工作中，应该注意突出政治，进行"一不怕苦、二不怕死"、艰苦奋斗的教育，实事求是地介绍安置地区的实际情况。个别教师、工作人员为了完成动员任务，而信口开河地说什么"生产队离车站只有几里路"、"身体不好可以搞副业"等等，这种不负责的宣传应该制止，以免青年下来时造成思想混乱。

2. 青年班的骨干选择上，应该十分慎重、负责。这次下乡前任命的班长骨干中，大部分还是好的和比较好的，但也有百分之二十左右的班长表现是差的，有的甚至带有严重流氓习气……

3. 各学校、街道在同青年家长接触中，应多鼓励家长写红色家信，从政治上关心子女成长，应尽量少寄和不寄非必需的东西，以免造成政治上的不良影响。

4. 青年下乡前的油粮关系转移中，须拨给青年到达安置地区使用的粮票，不宜交给青年本人，而应转至安置地区。这次很多青年到达生产队后，不肯交出四月上半月的全国粮票，形成初期生活上的被动。

5. 必须十分严肃地对待知识青年的人事材料。据我们了解，有的学校、街道对该项工作粗枝大叶，有的张冠李戴（将姐姐材料塞到妹妹的材料袋里），有的将出身成份搞错，把工人的写成四类分子的，造成不良的政治影响。

6. 采取像江西的插队办法，今后可以取消临时护送。

7. 知识青年插队落户这是一项严肃的政治任务，在动员安置工作中，不管是哪一级干部都必须突出政治，按政策办事，严格执行国家统配的计划。据查，现有的干部利用职权或职务上之方便，搞裙带关系，将亲友子女给予无原则的照顾，并给优先安排在条件好的公社地区，打乱统配计划，少数知识青年还洋洋得意，夸耀自己"门路多"有办法，个别的还依仗某某人的权势，在乡下表现很差。这种严重的人事"开后门"现象，是路线斗争在新形势下的反映，增加了动员和安置工作上的困难，必须予以高度重视。

对县革会方面：

1. 就整个县来说，对知识青年的安置工作是十分重视的，抓得也很紧。但发展也并不平衡，有的公社抓得比较突出，有的就较差些……

2. 生产队再教育小组有待进一步健全的必要。现在有一部分生产队的再教育小组处于有名无实状态，青年到这里五个月还不知道哪几个贫下中农是再教育小组的成员。

3. 带队干部总的来说是比较强的。大多数带队干部能以身作则，处处带头，起了表率作用，在青年中有威信。少数带队干部由于思想方法和工作方法上存在一定问题，以身作则又较差，因此与青年的矛盾也较多，开展工作也比较困难……

4. 建议再抓一下青年的生活问题，特别是吃菜问题。目前各知识青年班吃菜都较紧张，也常有吃白饭的现象，有的班连自己解决三分之一都保证不了。蔬菜所以紧张的原因，一方面由于青年本身不够重视，对集体菜地不大关心，种菜不多，又管得不好；另一方面，也有生产队拨给青年的菜地时间晚了一些（例如在麦收后），面积不足，或离住地过远，管理不便，往往有种无收……

5. 继续加强对知识青年的阶级教育，团结、作风的教育，大力宣传提倡晚婚。要注意部分干部（包括带队干部）和部分社员在评价知识青年时，常常有"劳动好什么都好"的片面看法，而忽视了政治思想的主要一面。

上海黄浦区赴宜春县学习宣传小分队

一九七〇年八月二十日

上高县

关于当前下乡知识青年工作的情况汇报

县知识青年领导小组并转县委常委：

近两个月来，我们配合上海慰问团的同志，分头到了全县十二个公社、五个场，对上海知识青年进行了一次普访（我们同时结合走访了一部分上高知识青年），听取了社、队主管同志介绍情况。上海慰问团同志对新生事物满腔热情，工作艰苦深入，对我们是一个很大的鼓舞和促进。现把这次初步了解和我们平时了解的情况作个简要汇报。

一、当前形势

在全国范围批林批孔运动的推动下，在江青同志一封信的鼓舞下，全县知识青年工作总的形势是好的。中央〔73〕30号文件的精神正在逐步落实，知识青年在前进，主要表现在以下几个方面：

（一）广大知识青年以坚持乡村的实际行动批林批孔。回队早，超假少，出勤高，一批长期在沪的知识青年陆续归队。全县统计，一千三百多名上海知识青年中，有九百三十多人参加了春插，占百分之七十一，比去年同期大有增加，锦江、泗溪，上海青年在队人数均占百分之八十以上，这两个公社除少数几个因病和特殊情况者外，基本上都归了队。原来工作基础比较差的镇渡、界埠两个公社，去年春插在队人数不到一半，今年春插镇渡回队的有百分之七十一，界埠回队的有百分之七十八。泗溪良田大队的愚公山青年队、蒙山青湖大队的新海青年队，春插"满堂红"。新海队的十三个上海青年正月归队，每人每月出勤都在二十六天以上。知识青年在今年春插中有"三多"：好人好事多，主动学犁耙的多，出满勤的多。锦江公社一百四十几个知识青年，春插积极分子有五十多个。

……

（三）上山下乡的动员安置工作取得新的进展，新下乡的青年比较巩固。全县统计，做好了房子等着接收新人的有十八个地方。江口的儒里大队在计划安置上海青年的点上预拨了菜地并种上了菜……

（四）……

二、存在问题

（一）有些地方没有把路线搞正确……在认识上有三个问题：一是"包袱"思想，有的嘴上讲欢迎，实际希望走一个少一个，把抓知青工作当"额外负担"。二是应付观点，上面抓一抓，下面动一动，抓一阵丢一阵，有的公社和有一批大队，没有真正把它列入党的议事日程。三是畏难情绪，认为"知识青年实在难管"。界埠公社有个大队干部说："宁愿管一千老表，不愿管一个知识青年。"有些基层干部在感情上同知识青年严重对立。公社、大队、生产队三级领导机构不健全。生产队的再教育小组，不少地方有名无实或无名无实，有的大队实际上无人抓。有些小队无人过问，有些大队主管这个工作的干部变动太大。汗堂公社大队四年换了三个干部：大队副书记、民兵连长、大队队委，越换越松劲。有些部门、有些同志把知识青年工作单纯看成是乡办的事情。少数省、专厂矿主要由于领导无力，至今仍未落实措施动员本厂职工子女上山下乡（江机、江专、江标这三个厂就有二十几个应下未下）。公社乡办力量配备偏弱，乡办工作比较正常、干部比较得力的只有五六个公社，有的乡办干部不称职，有的不适合作这项工作。

（二）两个阶级、两条路线的斗争有强烈的反映。最近发现两起案件：一起是蒙山公社五十多岁的生产队长利用职权，强行奸污一个上海女知识青年（犯罪分子开除党籍，逮捕法办）；一起是汗堂公社一个坏家伙腐蚀、奸污一个上高女知识青年（正在调查处理）。发生时间都在中央21号文件下达以后，都是因奸致孕而爆发出来的。

有的地方，至今仍然歧视、排挤下乡知识青年。×××公社××三队分成三个小队，那里四个知识青年没有落队，来了谁也不管，走了谁也不问。有的大队知青工作长期落后，提了不改，讲了不听，知识青年说："下来五年，提了五年，年年老样子，懒得提了！"南港公社的××大队对知识青年政治上歧视，经济上刻薄，接受十七个上海青年从未发展过一个团员，男知识青年底分也只有六分半、七分。知青住房有几处又矮又小又漏，有个女知识青年住房破篱烂壁，很不安全。这个大队××队上高女知识青年喻××，因提过该队副队长老婆和大队会计的亲属多报和错报了工分，有人怀恨在心，趁机煽动宗族派性。该队副队长竟不分青红皂白，带头对这个女青年进行围攻、辱骂和威吓，几乎造成严重后果（公社对此已作了初步处理）。个别大队在安排使用知识青年上也有路线斗争。田心公社新田大队民办小学、合作医疗、电站、代销店、果园等共有三十多人，大队干部的子女甚至大队干部老婆的一些亲属都安排了，下乡知识青年只安排了一个。贫下中农贴大字报批评大队没有坚持执行党的基本路线，"开后门"，"一人当官，全家脱产"（最近这个大队通过检查作了初步纠正，九个知识青年已安排了七个）。

（三）在知识青年工作中抓大事、抓路线、抓政治思想工作抓得不够，知识青年参加批林批孔的积极性还没有充分调动起来。广大知识青年要求上进，要求多关心他们政治上的成长，这是主流，县、社乡办协助基层党组织去发现和扶植知青中的好苗头，认真培养骨干，抓得不够（有的公社，如水口、蒙山、界埠、镇渡在知青中还没有形成一支骨干队伍）；帮助基层党组织正确对待后进青年并抓好转化工作，也没有很好抓。大队一个月两到三天的知青学习日，不少地方变成自流，有的把学习日当"休息日"，有的干脆取消，真正坚持得好，效果又好的为数不多。知识青年参加批林批孔普遍动起来了，如何持久、深入地开展下去，更紧密地同社会阶级斗争、路线斗争，同坚持乡村的斗争联系起来，还要进一步加强党的领导。从全县情况看，我们初步感到，知识青年工作中有一种倾向掩盖着另一种倾向的现象。表现在：（1）有些地方好的骨干升学，调干"拔尖"走了的多，培养"扎根"的典型注意不够。有的升学录取了才批准入党。形成有些知识青年一心望上调"拔尖"，不想"扎根"。有的调他搞路线教育不愿去。有的结合在大队也不太愿干。从领导上说，对知青骨干和党团员的培养使用上，如何给他们压担子，放手在斗争第一线进行锻炼培养，也重视不够。有些青年虽担任了一定的职务，但并没有发挥实际作用，在各级领导班子里担任实职的不多，有的是挂名的团干，挂名的委员。（2）看青年劳动表现多，重政治表现、重路线觉悟不够。有些地方只注意知识青年在生产斗争中的突击作用，不注意充分发挥他们在阶级斗争、路线斗争中的作用。有些青年埋头劳动，不关心意识形态领域的斗争，不爱提意见，不愿管"闲事"。江口的田背大队一个男知识青年，出身好，劳动也好，一人一队，不读书，不看报，最近连续出了两个问题：偷同学五十元钱（已交出）；同一个已订婚的女社员搞两性关系致孕。（3）满足于照顾生活和安排工作，政治上要求不严，思想上迁就放任，不敢大胆领导。镇渡公社建新大队过去对知青的疾苦关心不够，知青以"反潮流"为名提了些不合理的要求，大队干部怕知青"闹事"，急急忙忙处理，把十一个知青安排在只有五亩田的大队良种场里。有的人能劳动不劳动，甚至一男两女同住一间房（这次已纠正），大队干部也撒手不管。去年以来，多数地方注意对知青适当安排当教师、赤脚医生、农机员、广播员等，这是必要的。但有的地方安排后放松了教育，有的地方把表现差的也安排了，群众有意见。最近汗堂公社两个回乡知识青年来信说："有的地方对下乡知识青年单纯以安排工作来卸掉再教育的担子，来代替过细的思想政治工作，违背了毛主席的革命路线。"

（四）某些政策不够落实，吃、住、用、医等方面还有不少问题。蔬菜没有种好，吃干菜、买菜、靠送菜、家里寄菜的都有，菜未种好，加上团结不好，一点多灶的现象没有改变。界埠的三星大队三队五个女同学五只灶。汗堂公社的带源、上榄，原是全县有名的"一种三养"的点，去年下半年由于人员流动和放松领导，现在基本上垮了。住房，老知青有少数地方住房条件仍然太差。新老知青的建房补助费有的地方还在变相挪用。江口公社田背、田溪两个大队今年预拨的三百至三百七十五元安置费，大队全部挪用了。有的大队想趁机"捞一把"，建好了房子不让知青全部搬进去。界埠桐山大队建房质量太差，全是松木做料，土砖搭得歪歪斜斜，做好了房子知青不肯搬。知识青年的生产工具、生活用具不足，有些点、有些人基本上没有什么生产工具，出工就借老表的工具用。有的因安置费使用不当，连床铺都没有。水口的连山大队知识青年连张竹板床都没有，用五花八门的板子搭铺。医疗，除了一些老病号医疗费用的困难补助问题以外，还有个生活出路和适当安排的问题。界埠、蒙山、汗堂等公社，对知青安排的少，安排中没有照顾病号，有的大队病号较多也安排不了。敖山场晏家大队一个上海青年徐三成最近几次来访，说："年纪大了，身体垮了，水田下不了，病退退不了，队里又安排不了，坐着称谷吃要看人家的脸色，感到活着没意思。"这是一个很值得注意的政策性问题。

还有知青中的婚姻问题、生产自给问题、布点问题。

婚姻：随着知青年龄的增长，考虑婚姻问题的有所增加。有些二十六七岁的女青年思想苦闷，说："农村老表我不要，工厂职工不要我，怎么办？"有的男女知识青年公开同居，不肯打结婚证。有的搞两性关系要求刮宫。对已婚的知识青年普遍关心不够。没有抓好典型。有的大队有放包袱的思想，动员女知识青年同职工结婚。

生产自给问题：知青中欠款多，自给率不高，其中一个重要原因是在沪时间长，出勤少。此种现象今年以来有好转，但不少青年提出："年纪大了，越来越关心自给的问题。""过去积欠几十元，甚至一二百元。想起来是个包袱，怎么办？"（锦江打算：允许分期扣还，以鼓励知青的劳动积极性）影响自给的其它原因：一是底分偏低，特别是女知青，有的同当地女社员同工不同酬，当教师同工不同酬（泗溪的熊家大队女知青当教师比当地女教师打八折拿工分）；二是当地向来是分值过低的穷队，还没有调整插队地点。这两个问题要妥善解决，限期解决，实在不能再拖了。

班点分布问题：老点的适当集中，有几个公社实际上没有怎么动，干部、群众和知青本身都有阻力。有的盲目集中，没有一定的领导骨干已造成被动。办独立核算的青年队，方向对头，好处很多，但困难也不少。有的队土地太多（十五个人一百三十多亩土地），锦江、泗溪有的青年队四五个人种几亩土地（这不是方向）。蒙山公社青湖大队新海青年队，大队支持，青年干劲大，但经济很困难。公社已拨一千五百元建房费，四百元穷队补助款□□□生产投资□□□□都添置这些必要的农具，还得上千元的投资。看来对新办的青年队（场），经济上不付出代价是不行的。

以上汇报是否有当，请常委审阅。并请上海慰问团的同志批评指正。

上高县革委会知识青年安置工作上山下乡办公室

一九七四年五月二十三日

关于锦江公社对体弱有病的上海下乡知识青年进行合理安排的情况调查

……全公社共有病弱上海青年 35 名，除 3 名长期在沪外，其余 32 名中，已作了安排的有 28 人，占在队病弱青年数的 90%……

（一）

全社曾患有各种慢性疾病而体质较差的 35 人中，患肝炎 11 人，肾炎 10 人，皮炎 4 人，还有患心脏病、肺病、关节炎、坐骨神经痛等慢性疾病。患病原因，有的在下乡前就患有疾病，也有不少原来锻炼少，体质差，下乡后在生活上、劳动上不能适应。发病后，一般及时进行了治疗，都有不同程度的好转，还有少数没有痊愈，正在治疗之中。公社党委对这些病弱青年非常关心，中央〔73〕30 号文件下达前，安排了 10 名到社、队企事业单位工作。中央文件下达之后，在调查研究的基础上，根据需要和可能，优先照顾，又安排了 18 个病弱青年。前后共安排 28 名病弱青年，其中民办小学教师 11 人，赤脚医生 5 人，广播员 2 人，队、社企业 10 人。

（二）

病弱青年通过适当安排，发生了以下四方面的变化：

革命积极性比过去高了。×××大队孙××，一九六九年三月患了肝炎后，体质较差，重体力劳动不能适应。他思想负担重，平时精神不振，愁眉苦脸。在生产队很少出工，每年超支，三年共欠款120多元。去年八月，贯彻中央文件后，大队把他安排到副业队做保管。今年又根据工作需要，叫他当代销员。他深切体会到党的关怀，贫下中农的信任，决心努力做好工作。他坚持天天出勤，农忙时送货到田头，得到贫下中农的好评。预计今年收入可达190余元，下乡几年，今年第一次做到了自给有余。

扎根农村的决心比过去强了。已安排的28名病弱青年，绝大部分对工作认真负责，受到贫下中农的欢迎。过去不安心农村的，现在思想比较稳定；过去闹病退的，现在也表示要坚持乡村。××大队洪××，是个拐脚，以前表现不好，东流西荡，多次申请病退。在贯彻中央30号文件后，公社领导为照顾他的实际困难，安排他到公社林场劳动，现在他能正常出工。由于当地分值较高，预计今年可收入300余元。他兴奋地说："在党的关怀下，像我这样的病残青年，在农村同样有前途，我决心在农村干一辈子。"

身体的健康状况比过去好了。据了解，已安排的病弱青年，健康状况都有不同程度的好转。患肝炎、肾炎有了好转的青年，绝大多数一年来没有复发过，特别是患皮炎的，病情更有显著好转。在今年中专招生中，有二名青年经体检合格，已被输送去地区教育学校和卫生学校学习。

生活自给程度比过去高了。据统计，在队的28名病弱青年中，18名是在去年中央文件下达后作了安排的，至去年年底这些人达到了口粮自给。今年，28名青年大部分能做到生活自给和自给有余，预计年终收入80元1人，100—130元5人，130—200元15人，200元以上7人。

（三）

锦江公社党委在做好病弱青年安置教育工作中的经验和体会。

抓思想，统一认识。在以前，少数大队、生产队干部中，对安排使用知识青年问题上存在三怕：一怕，青年上大学进工矿，花了心血培养留不长；二怕，青年探亲时间长，归队不准时，安排了工作不落实；三怕，上海青年言语不通，做不好工作……

抓落实，合理安排。在提高思想、统一认识的基础上，公社根据各大队的需要和可能，对不同情况的病弱青年，作出不同的安排，发挥各人之所长，尽各人之所能……

抓教育，促前进。已作了安排的病弱青年主流是好的，但也有少数青年存在"只要照顾，不求贡献"的思想，有的"站在这山望那山高"，对本职工作不安心，有的工作不够负责，还有些青年参加劳动少了，与贫下中农接触少了。公社党委认识到，对病弱青年不仅要关心生活上的实际困难，同时还要加强思想路线教育；对病弱青年进行合理安排后，不等于"万事大吉"……

上海学习慰问团上高小组

锦江公社乡办

一九七四年十二月一日

分宜县

关于洋江公社下乡知识青年生活自给情况调查汇报

洋江公社位于分宜县西部，地处袁河、洋江两岸，是全县粮油比较丰富的公社，也是全县知识青年工作做得较好的公社之一。这个公社现有上海知识青年172名，组成18个班，2个青年队，分布在12个大队，32个生产队。自中央〔73〕21号、30号文件下达后，党委重视，书记亲自抓，措施有力，工作抓得深，因此，安置政策落实得好。口粮都不少于700斤谷，食油都在10斤以上，多的有20至30斤，住房60%是新建的，40%是较好的集体公房，青年的吃住基本生活得到了保证。

我们根据总团会议精神，结合洋江公社特点，以七三年的收入为基础，对这个公社的上海知识青年的生活自给情况，作了初步的调查分析，现将情况汇报如下：

（一）

自给的基本标准。根据13个生产队帐册登记，分配给社员、知识青年的实物计算，这个公社知识青年基本生活标准，要略高于80元口粮自给和100元基本生活自给的标准，每个青年在农村一年，最基本支出有：

397

口粮谷 700 斤	66.50 元	三大节（端午、中秋、春节）、三农忙	
食油 10 斤	9.00 元	（春插、"双抢"、秋收冬种）	
红薯 150 斤	3.60 元	吃肉 5 至 10 斤	5.00 元
豆类、芋艿、杂粮等	2.00 元	照明灯费用（以电灯计算）每人	
碾米费	3.00 元	每年	1.20 元

以上合计人民币 90.30 元。另外每年做衣（计划布票 15 尺，纤维票 3 尺，加做工）15.00 元，添鞋袜 10.00 元，其它理发等杂费用 5.00 元，共合计 120.30 元。按以上实际分配生活计算，和知识青年粮油自给要 90 元，基本生活自给要 120 元。

（二）

一九七三年的自给情况。洋江公社现有上海知识青年 172 名。一九七三年坚持农村劳动的 125 人（其中包括 6 名赤脚老师、1 名广播员），占 72%；没来农村的 47 人，占 27.3%。

根据调查和按上述标准统计，能够达到自给有余的 20 人（包括 6 名赤脚老师、1 名广播员），占在农村的人数 16%；基本生活能自给的 20 人，占 16%；仅能解决粮油自给的 10 人，占 8%；不能自给的 75 人，占 60%。能达到自给或自给有余的原因，主要有三点：

（1）接受再教育态度端正，劳动自觉性高，出勤率高；（2）分值高和农忙季节活分多；（3）部分青年工分底分略高，教师和广播员有较固定的收入。但最主要的是第一点，如塅口大队刘塘青年班 4 名青年，七三年分值只有 6 角，而能够坚持劳动，最多的出勤 219 天，少的 165 天，收入多的 133 元，少的也有 115 元，基本上都能做到生活自给。洋江大队囗前青年班，有 5 名女青年，七三年的工分底分都在 5.7 分以下（今年已调整），除 1 名身体差回队晚，另 4 名女青年坚持出勤劳动，最多的出勤 207 天，最少的出勤 190 天，全年收入多的有 122.02 元，少的也有 93.78 元，也都做到了基本自给。

不能自给的原因有四点：（1）对坚持乡村的伟大胜利还缺乏正确认识，不安心在农村，在沪时间较长。根据调查统计，172 名青年中，一九七三年全年在农村 12 名，占 7%；在沪不超过二个月的 12 名，占 7%；在沪 3 至 4 个月的 49 名，占 28.5%；在沪 5 至 11 个月的 52 名（其中 5 个月 18 人，6 个月 12 人，7 个月 9 人，8 个月 5 人，9 个月 5 人，10 个月 1 人，11 个月 2 人），占 30.2%。七三年没有来农村的 47 名（其中一年以上 1 名，二年以上 13 名，三年以上 1 名），占 27.3%。（2）劳动态度疲沓，出勤率少。根据调查统计，劳动不满 50 天的 10 人，占 5.5%；劳动 51 至 100 天的 35 人，占 20.3%；劳动 101 至 150 天的 41 人，占 23.9%；劳动 151 至 200 天 23 人，占 13.4%；劳动 201 天以上的 16 人，占 9.3%；没有来农村的 47 人，占 27.3%。（3）身体有病或体弱，坚持重劳动有困难，影响了收入。（4）少数青年家庭有特殊情况而影响了劳动和收入。上述四点原因，最主要的还是第一、二点。

（三）

知识青年在农村到底能否自给？洋江公社的基础条件是可以的。

（1）青年的劳动工分底分，根据县委"男青年不低于七分，女青年不低于六分"的规定已全部作了调整。

一九七三年的工分底分情况：男青年 81 人，平均工分底分是 7.064 分，8.9 分 1 人，8.8 分 2 人，8.7 分 1 人，8.6 分 1 人，8.5 分 4 人，8 分 7 人，7.8 分 1 人，7.6 分 1 人，7.5 分 8 人，7.4 分 1 人，7.3 分 1 人，7.2 分 1 人，7.1 分 1 人，7 分 31 人，6.8 分 2 人，6.7 分 2 人，6.5 分 11 人，6 分 3 人，5.5 分 1 人，5 分 1 人。女青年 88 人，平均工分底分 5.786 分，6.9 分 1 人，6.8 分 2 人，6.6 分 1 人，6.5 分 5 人，6.4 分 1 人，6.3 分 1 人，6.2 分 7 人，6.1 分 2 人，6 分 23 人，5.8 分 5 人，5.7 分 3 人，5.6 分 2 人，5.5 分 16 人，5.4 分 4 人，5.3 分 1 人，5.2 分 5 人，5.1 分 1 人，5 分 8 人。

一九七四年调整后的工分底分情况：男青年 74 人，平均底分 7.741 分，比七三年增加 0.677 分，计 9 分 4 人，8.7 分 1 人，8.6 分 1 人，8.5 分 11 人，8.3 分 2 人，8.2 分 1 人，8 分 14 人，7.8 分 2 人，7.7 分 1 人，7.6 分 3 人，7.5 分 7 人，7.4 分 1 人。女青年 71 人，平均底分 6.2 分，比七三年增加 0.414 分，计 7.5 分 2 人，7 分 2 人，6.8 分 4 人，6.7 分 1 人，6.6 分 5 人，6.4 分 1 人，6.3 分 3 人，6.2 分 6 人，6.1 分 2 人，6 分 44 人。

（2）工分值情况。根据调查统计，洋江公社 20 个青年班（队）七三年分布于 12 个大队 38 个生产队，工分值最高的队 1.16 元，最低的队 0.54 元，平均分值 0.7568 元。7 角以下的 11 个生产队、7 个青年班，63 人，占知青总人数 36.6%；在 7 角以上的有 27 个生产队、13 个知青班，109 人，占知青总人数 63.4%。

根据以上的基础条件，我们作了推算。要求男青年每年 10 个月在农村，每月平均出勤 25 天，一年 250 天，以 7 底分、7 角分值计算，一年 1750 分，

122.50 元，完全能解决基本生活自给。如果工分底分、分值高些或加农忙时的活分，那就能自给有余。对女青年，要求每年 10 个月在农村，每月平均出勤 22 天，一年 220 天，以 6 分底分、7 角分值计算，一年 1320 分，92.40 元，基本能解决粮油的自给。如果工分底分、分值高些，加农忙时的活分，也能做到基本生活自给或自给有余。

我们初步统计了一下，172 名青年，除 32 名身体有各种疾病或身体弱的以外，能够 10 个月坚持农村，参加实际生产劳动，则有 137 名青年是可以做到自给或自给有余，至少口粮、油能做到自给，占总人数 79.7%。

（四）

今年以来，在批林批孔运动的推动下，上山下乡形势大好。县委几次召开上山下乡工作会议。洋江公社党委对这项工作更加重视，除全面调整了青年劳动工分底分外，慰问小组访问青年时，反映的大小 38 个具体问题和困难，在公社、大队、生产队各级组织的关怀帮助下，基本上都得到了解决。为更好地落实中央和省委的政策、指示，八月下旬公社党委组织干部和青年 34 人，对全公社上山下乡工作进行了一次对口大检查，放手提拔了一批知识青年充实到大队、生产队领导班子和担任民办教师、大队出纳、电影放映员，发挥知识青年在农村的作用。目前在迎接新青年下乡的同时，公社正在抓紧网点调整工作，把原有的知青，以大队为基础，全部办林场或单独核算的青年队。现各大队正在筹建新房，礼台大队已基本建成，不少大队在测量基地，赶制砖瓦，准备材料，公社计划一九七四年底完成三分之二，明春完成三分之一。由于公社党委的重视，各级组织的关怀政策的不断落实，今年来这个公社知识青年精神面貌也有转变，思想多数比较稳定，去年没有来的 47 名青年，今年有 27 名回到了生产队，劳动出勤率普遍提高。尤其听到公社网点调整，不少青年情绪高涨，他们说："如果今年集中的话，我们春节就不回去了。"这一切都为解决青年生活自给创造了极为有利条件。

但□鼓励青年安心农村，扎根农村，真正做到生活自给，除发展生产外，关键在于教育青年。在当前批林批孔运动普及、深入、持久的大好形势下，我们决心在县委统一领导下，积极配合公社党委做好青年的思想政治工作，广泛宣传毛主席有关上山下乡的伟大指示，鼓励青年认真搞好批林批孔学习，不断提高路线觉悟，深刻认识坚持乡村胜利的伟大意义，尽可能地帮助青年解决一些生产、生活、医疗等方面的切身具体问题。同时充分发挥知青在三大革命斗争中的作用，鼓舞青年坚定扎根农村的信心，不断做到生活自给，使在建设社会主义新农村的广阔道路上作出贡献。

上海赴赣学习慰问团分宜县小组

一九七四年十月十七日

九江地区

关于五个月来学习慰问工作的情况汇报
—— 上海学习慰问团九江分团在九江地委召开的知识
青年上山下乡工作会议上的发言

我们上海市赴江西省九江地区知识青年上山下乡学习慰问团……自三月中旬分赴各县后……按照学习慰问工作要做到"班班到，人人见"的要求，到七月底为止，已走访一百八十二个公社（场）八千三百零二名上海知识青年所在的班（点），占九江地区的上海插队知识青年总数的百分之八十二点五。

与此同时，我们对农建师第一、第二、第八三个建设兵团的上海知识青年也分别进行了学习慰问。

（一）

……揭发了以下六个方面的问题：

（1）某些党组织的领导人对这件事关反修防修的大事，没有放到党委重要议事日程上，正如中央〔1973〕30号文件中指出的那样，"把这项重大战略部署当作临时措施，抓得很不认真，很不得力"。

（2）在下乡知识青年中政治思想工作很薄弱，对他们的培养、教育，使用不够重视……在部分下乡青年中对扎根农村，坚持乡村，坚定地走与工农相结合道路的思想很不稳定。有些地方原来已经树立起来的先进典型，出现了反复、倒退现象。

（3）……有些地方的知识青年也遭到打击和迫害，至今政策没有很好落实。

（4）对一小撮阶级敌人迫害、摧残下乡知识青年，破坏上山下乡的犯罪活动，处理不及时，打击不力。特别是对中共中央〔1973〕21、30号文件下达以后发生的案件没有及时查清，严肃处理。

（5）对安置工作中有关住房、食油、菜地、用具、医疗、同工同酬、分配兑现等问题，缺乏认真负责的态度，采取的措施不力。有些地方安置经费混乱，甚至贪污挪用等问题较为严重。

（6）某些领导干部对自己的子女上山下乡、扎根农村，不能以身作则当促进派，而是利用职权"走后门"，严重脱离了群众，普遍反映这是对上山下乡工作起了促退作用，产生了不良的政治影响。

……

……各地普遍反映："今年回沪探亲的上海知识青年返乡时间早、人数多，大大超过了往年。"修水县上奉公社就比去年同期多回来五十多人……德安县山湾公社红旗大队的一个青年班有十名青年，其中有七名青年一年多来长期倒流上海不回农村。在批林批孔的推动下……今年三月份除一名青年因病外，其余九名青年都返回了农村……

……

瑞昌县盆城公社。这个公社三十个知青班的住房在中共中央〔1973〕30号文件下达前，已建二十幢，30号文件下达以后又建七幢，目前还在筹建三幢，在今年内下乡青年可以全部住进新房；口粮在全公社范围内，几年来一直保持每人每月定量四十斤。红卫大队、农科所考虑到青年正在长身体时期，该大队领导上在加强对下乡青年思想教育的前提下，下乡青年的口粮以不浪费为原则，可以吃饱不定量。菜地每人都有一分左右，并且选择路近、土质好、灌溉方便的土地，这样为青年的"一种三养"创造了极为有利的条件，所以这里的多数青年班蔬菜可以做到基本满足或自给有余、对同工同酬的政策执行得也较好，因此下乡青年劳动积极性很高，每年回沪探亲绝大多数人做到按时返回。去年在受灾歉收的情况下，凡能正常出勤、坚持集体生产劳动的青年，他们全年收入，扣除口粮外，一般女青年可进钱五十至六十元，男青年可进钱七十至八十元，还有一部分青年进钱一百元以上，基本上做到没有超支。因此青年高兴地说："我们在这里插队，政治思想教育落实，住房问题基本解决，口粮供应大家满意，菜地安排地好量多，生活自给，思想安定。"又如湖口县流芳公社党委把知识青年上山下乡工作真正放到党委议事日程上来，定期听取汇报，集体讨论研究，统一思想，统一步调，有关部门协作，在中共中央〔1973〕30号文件下达以后党委采取了五条切实可行的措施：第一，从组织上充实和健全了上山下乡领导小组，由党委副书记亲自动手，分管委员、共青团、妇女、民兵共有关方面组成七人领导小组并，由一名常委专职抓具体工作，从而进一步加强了领导。第二，按照面上工作要先抓好三分之一的精神，党委有计划地派出得力干部到青年班里去蹲点，加强调查研究，一个一个帮助解决问题。如前一时期发现畜牧场问题较多，党委结合路线教育，派出干部在那里发动知识青年，揪出了一个窃据场长职务，进行大量贪污盗窃活动的犯罪分子，调整和充实了该场领导班子。第三，将原来分散插队的青年点相对集中起来，建立了以知识青年为主，由部分贫下中农参加的农、牧、林七个青年队（场），加强了政治思想工作领导，发动青年，建立与健全了学习、劳动、管理等各项制度，政治气氛比较浓厚，青年积极性大大提高，各队（场）都办了大批判专栏或学习园地，党支部还对积极分子定期上党课，青年成长较快，许多知识青年写了入党报告，已有二人入了党，百分之六十青年入了团。由于青年队（场）的主体主人翁思想大大提高，人人都感到责任重大，因此有利于促使青年更加关心集体。今年春耕插秧各队（场）提前二至三天按质按量完成了任务。有一个青年场，今年三月，由于缺少资金，无力购买化肥，副场长、知识青年宋××就带头将自己从上海带来的十七元生活费给队里购买化肥，在他的影响下，知识青年钟×将因抢救溺水的贫下中农小孩而送给他的营养品卖掉后献给场里买化肥。知青赵桂芳今年假期未到，提前返场，也主动将上海带回的生活费借给场里购买化肥。去年他们在新建场地土地分散再加上受灾不利条件下，发扬了艰苦创业精神，开荒扩种，不仅做到粮食自给，而且还向国家出售余粮一万多斤。由于场、队担子主要压在他们青年肩上，青年又是队、场的劳动力，因此，也有利于青年更快地全面熟悉掌握农业生产知识，在该场队的女青年，一般都成了插秧能手，男青年普遍可以单独犁田、耙田、抄田。第四，从领导思想上确立了依靠青年办好场、队的观念，大胆选拔了知识青年担任场、队的领导工作。现在七个场、队都成了有知识青年参加的领导班子，发挥了青年的应有作用，这有利于培养和造就青年办好场、队。第五、以农业为基础，以粮□为多种经营，公社给场、队创造条件搞好副业生产，增加收入。农科所在公社附近，公社党委就决定将镇上商业部门的货物装卸任务部包给他们，这样在不影响农业生产的前提下，每年可给农科所增加二三千元的收入。这个公社由于党委重视，虽然在木材、□□十分困难的情况下，党委千方百计使知识青年的住房全部建好，且一半以上做到一人一间，为今后扎根安家也奠定了良好基础。粮普遍在七百斤以上，食油每年一般可以吃到十至十五斤，高的达到十八斤。因此，在这里的下乡青年不仅思想稳定，而且精神面貌较好。再如修永县全丰公社碧凡大队党支部对知识青年都很重视，建立了由党支部副书记、贫下中农和知识青年组成的联合再教育小组，重视对知识青年的培养教育使用，在这个大队七名下乡青年中，已有六名加入了共青团，其中一人担任大队团委副书记、妇联副主任。在党支部和贫下中农的关心培养下，青年的生活安排得很好，全年口粮七百二十斤，蔬菜做到自给。去年平均每人出工二百天以上，春节除一人返沪探亲外，其余六人均在生产队与贫下中农一起过了一个革命化的春节。

……在彭泽、德安、瑞昌已普访过的三个县三十个公社二千零六十五名知识青年中，已有二十五人加入了中国共产党，五百七十九人入了共青团，党团员占知识青年总数的百分之二十八点七，被结合进各级领导班子的有一百一十五人，担任赤脚教师，赤脚医生、会计、保管员等职务的二百三十八人。

……

九江地区在中共中央〔1973〕30号文件前，县一级乡办共有专职干部四十二人，现在乡办干部已增加到六十五人。我们感到各县绝大多数乡办干部对知识青年工作比较热爱，责任心强，感情深，是比较得力的。

各公社的乡办专职干部也得到了进一步的充实和加强。

……下乡青年的住房、口粮等问题正在逐步解决。从现在情况看，九江地区从去年以来，由于地委的重视，专门发了文件，因此在受灾情况下，多数下乡青年的口粮一般都保持在全年六百斤以上，基本上得到解决。

住房问题，从各地情况看，大约有三种类型：

（1）住房已解决百分之六十至八十的有武宁、彭泽、湖口、星子、德安、永修、都昌等七个县。如彭泽县五月底以前已普访过的八个公社七十二个青年班中，已新建住房的四十五个班，买旧房的十个班，两者合计已解决住房五十五个班，占百分之七十六点四。尚未解决住房的十四个班中有十一个班住的生产队的公房，还有三个班分散借用私房，困难较大，问题较多。

（2）住房只解决不到百分之五十的是瑞昌县。在五月底已普访问过的七个公社一百四十一个青年班中已解决住房的只有六十七个班，占百分之四十七点五。

（3）住房解决还不到百分之三十的有修水县。

（二）

……

目前在下乡青年中，对扎根农村的思想比较混乱，有不少青年到了农村慑于生活艰苦，始终安不下心来，当看到别人因革命工作需要而调离农村时，他们的思想就波动起来，企图早日"拔根"而走，破"土"而飞。九江地区在农村周围新建的三线工厂比较多，因此，不少青年是"手捏锄头柄，心里冷冰冰；眼望大烟囱，心里热烘烘"。我们慰问团在各地都碰到知识青年这样说："这次慰问团来有特殊使命，要为金山石油化工总厂招工。"当我们进行宣告解释时，有的知识青年还不相信地问："这次慰问团来的任务到底是什么？你们出发前市委到底向你们交代了一些什么任务？"有些青年感到"上调希望少，扎根又不想，过一天算一天"。这些青年的精神状况是来了好好干，只要做到口粮够吃，回沪有车钱就行了。

少数知识青年由于下农村时就没有扎根准备，而是抱着"第一年好好干，第二年看一看，第三年再打算"。现在四年过去了，没有上调，就感到思想空虚，把自己的前途寄托在"算命"瞎子身上。修水县白岭区有的知识青年一次花一二角钱，要瞎子算算自己到底"什么时候能上调？""什么时候能交运？"等等，他们把偶然的吻合，说成是瞎子算命算准了。还有的青年见到瞎子就拦住硬要给钱算命。

造成这些混乱思想的原因，除了林彪、孔老二散布谬论的流毒甚广，阶级敌人造谣破坏是个很重要的原因外，有些地方领导对这项工作抓得很不认真，很不得力，思想政治工作薄弱，生活困难长期得不到解决，培养教育无人过问，也是个原因。瑞昌县盆城公社红卫大队党支部同志说得好："问题反映在青年身上，根子在林彪孔老二那里，责任在各级领导肩上。"情况确实如此。凡是抓紧批林批孔这个头等大事，搞好"学、批、联"的，青年思想就比较稳定，扎根观念逐步增强；反之，青年思想越来越多，问题越来越严重，个别人甚至走上犯罪道路。有些青年所以不能在农村扎下根来，往往与社会上、家庭里有些人不时地"拔根"有关。他们通过各种办法，利用写信、探亲等机会，向自己的子女或亲友进行"拔根"教育。有的千叮万嘱："下乡后好好干一阵，争取早日抽上来。"有的劝道："人家都上调了，你还在农村和泥土打交道，该想想办法早日离开。"还有的则千方百计托亲访友，拉线搭桥，把自己子女"拔"上来，供养在温室里。这一"扎"、一"拔"，反映了两种思想、两条路线的斗争，说明了旧的传统观念根深蒂固，说明要大造社会舆论。

……

第二，需要大力加强对下乡青年的培养使用。

（1）要积极重视在斗争中培养下乡知识青年的马克思主义理论队伍。批林批孔运动中，各地在下乡知识青年中涌现了一批搞革命大大批判的积极分子，在建立马克思主义理论队伍中注意培养和发挥下乡知识青年的作用，这方面修水县黄沙港区、彭泽县马干公社、瑞昌县盆城公社红卫大队，都做得较好，积累了一些经验。但是，目前有不少地方领导对组织青年攻读马列、毛主席著作有所放松，原有的制度流于形式，青年过着"三头"生活（床头、灶头、田头），多数青年点没有报纸。其原因：一是邮电部门没有指标，订不到；二是订阅报纸没有经费来源；三是已订阅的报纸因为邮电部门不送到青年点，订了也看不到。鉴于全国有一千七百多万上山下乡知识青年，青年们希望出版部门能办一个下乡知识青年的指导性读物。对上海市乡办出版的《上山下乡》刊物，希望丰富内容，增加发行量，改进现在的发放办法，能直接发到青年点上。

（2）要积极培养和吸收具备条件的青年入团、入党，参加各级领导班了。

要解决好这个问题，很重要的是从思想上要提高认识。目前在不少干部中存在着"青年迟早要走，培养了白费劲"的思想，在这种错误思想指导下，有些地方抓得很不力。修水县白岭区六个公社中至今还有五个公社没有在知识青年中发展过党员，德安县十八个公社中，有十一个公社没有在知识青年中发展过党员，磨溪公社一百二十四名知识青年中进生产队以上领导班子的只有二人。

（3）要采取积极措施，逐步做好下乡青年档案填写混乱和错误的清理工作（另有专题报告）。

（4）要认真落实中央有关出身、成份的政策。目前许多地方对下乡青年出身仍然是"看三代"定出身。中共中央〔1972〕□号文件已经明确的关于"剥削阶级家庭出身的革命干部、革命军人、革命职工的子女，凡是随其父母生活长大的，他们的家庭出身应按其父母的革命职业来定"的政策精神，对于这个精神，许多基层领导不知道。由于领导政策思想不明确，所以涉及这类出身的下乡知识青年，该使用的不敢大胆使用，该培养的不敢大胆培养，怕在组织路线上犯错误。

第三，需要尽快把各级乡办专职干部配好、配齐。

目前各县虽然都有领导小组、知青办，公社、大队有分工副书记、乡办干部，生产队有教育小组，但有些机构流于形式，有些干部不能适应这项工作，有些干部则专职不专用。乡办干部调动频繁，很不稳定，也给做好这项工作带来困难。据知识青年反映：德安县爱民公社现任的乡办干部已是第十任了，而且已离职到南昌几个月未回。

各县对乡办干部配备问题上普遍反映：按原规定只能从国家编制干部中调备，矛盾很大，无法解决。"强"一些的干部其它部门在使用不肯放；"弱"一些的调去不顶用。总之，干部没有来源，互相扯皮，久配不齐。建议能否从优秀的下乡知识青年中适当调一些进行充实加强。可否采取人在上面工作，工资落实社办企事业中。

第四，需要狠抓知识青年上山下乡中的阶级斗争，狠狠打击破坏知识青年上山下乡的犯罪活动。

目前在这方面有三个突出问题：

1. 对中共中央〔73〕21、30号文件下达后继续发生的摧残、迫害上山下乡知识青年的犯罪活动处理不及时，打击不力。例如修水县在中共中央〔73〕30号文件下达以后，共发生案件八起（其中奸污五起），到目前为止，只处理一起（判刑七年），有的案件县委领导同志批了，但公安部门以种种借口久拖不办。

2. 少数知识青年受到资产阶级思想腐蚀，好逸恶劳、到处乱窜、打架勒索。这些人在各地都有一些，虽然为数不多，但影响很坏。有的贫下中农见这些人回农村，就说："我又要遭殃了。"对这些人多数是教育问题，极少数的气恨大，罪行严重的也应进行打击，以伸张正气。

3. 流氓阿飞趁上海知识青年由上海返回农村途中结伙敲诈勒索、盗窃，甚至殴打成伤。这些事情比较集中发生在三、四、五月份，车站、码头、旅馆附近，这对返乡知青威胁较大。建议公安、运输、服务要有针对性地采取相应措施。

第五，需要认真重视切实解决好下乡知识青年目前在生活安置上存在的实际问题。

1. 生活自给程序太低。

目前自给程度较好一些，也就是说有百分之四十到五十左右的人可以达到八十元以上水平的有德安、永修、彭泽、湖口、星子、瑞昌等六个县。八十元以上水平只有百分之二十五左右的有修水、武宁、都昌三个县。例如：彭泽县除掉一年以上未回农村的六十二人外，对去年参加决分的六百零五人统计，全年收入在一百零一元以上的一百九十一人，占百分之三十一点四；八十一元至一百元的六十一人，占百分之十点一；八十元以下的二百九十二人，占百分之四十八点四；受灾无收的三十一人，占百分之五点一；无资料三十人，占百分之五。德安县十五个公社六百八十二人统计，一百零一元以上的二百一十一人，占百分之三十点九；八十元至一百元的一百六十一人，占百分之二十四；八十元以下的三百一十人，占百分之四十五点一。都昌县五百六十四人统计，一百零一元以上的九十八人，占百分之十八点八；八十一至一百元的五十二人，占百分之九点七；八十元以下的三百九十四人，占百分之七十二点五。修水县北岭区二百九十七人统计，一百零一至一百三十元以上的四十六人，占百分之十五；一百零一至一百三十元的十五人，占百分之五；八十一至一百元的十八人，占百分之六；八十元以下的二百一十八人，占百分之七十四。修水县黄坳公社二百五十九人统计，一百零一至一百三十元以上的二十一人，占百分之八点五；一百零一至一百三十元的四人，占百分之一点三；八十一至一百元的十五人，占百分之六；八十元以下的二百一十九人，占百分之八十四点二。

下乡知识青年生活自给程度普遍太低，这是当前影响青年扎根农村的一个突出问题。湖口县有的知识青年说："下乡四五年，还要家里钱。今年二十几，对象不知在哪里？"造成生活自给程度太低的原因是很复杂的。除了去年大面积受灾歉收这个因素外，初步分析大致原因有：（1）没有扎根思想，慑于农村生活艰苦，长期倒流城市或来农村后很少参加劳动。德安县八十元以下的三百一十人中，属于这种原因的有一百二十九人，占百分之四十四点八；都昌县徐埠公社八十元以下的六十一人中有二十九人，占百分之四十八。（2）生产水平不高，工分值低。德安县八十元以下的三百一十人中，属于这种原因的有六十一人，占百分之十九点七；都昌县徐埠公社八十元以下的六十一人中有二十七人，占百分之四十四。这些地方的工分值一般只有三角至四角，底分只有六至七分，所以有的全年劳动一千分，有的高达二千三百分，女青年劳动一千九百分，年终决分还得超支。（3）因患病、体弱影响出勤。德安县八十元以下的三百一十人中，属于这种原因的有一百一十五人，占百分之三十五点五。

从上述分析中可以看出，解决生活自给程度普遍太低的问题，首先，还是要不断加强对下乡青年的扎根教育，这个问题搞好了，条件再艰苦，困难再大，青年完全可以战胜。彭泽县黄岭公社农科所创办于一九六九年十二月，当时在公社党委领导下，青年们遵照毛主席"自力更生，艰苦奋斗"的伟大教导，以大寨为榜样，艰苦创业，从两间破茅屋盖起了八栋新房，从荆棘丛生的乱石堆，改造成果树成林，把"天好一块钢，天雨一包脓"的荒山建成三百亩良田。一代新人在艰苦环境中茁壮成长，先后有六人入党，四十二人入了团。当时这个所是九江地区知识青年上山下乡的先进单位，这个所的聂山班又是省的先进集体。但从一九七三年初开始，由于放松了领导，对这个新生的幼苗不热情扶植，采取了一系列倒退的做法，从这以后，农科所是"一落千丈"，政治思想教育无人过问，青年思想混乱，生产率逐年下降。一九七二年五十三人超支八人，占百分之十五点三；一九七三年四十八人中超支的上升为十八人，占百分之三十七点五。从黄岭农科所出现的反复，清楚地说明"思想上政治上的路线正确是否是决定一切的"。根本是路线，关键在领导。其次，发展农业生产要解决道路问题。目前在有些地方出现"口粮靠集体，花钱靠自己"的情况，结果是"个人富了，集体穷了"的资本主义倾向滋长。修水县南岭公社龙岸大队规定：除农忙季节外男青年可以上山砍柴搞副业。在一般情况下，每天可以砍柴三四担，收入三元左右，队里只要每人每天交八角，每月可记工分一百五十分，其余收入归个人。甚至有的为了挣钱冒着生命危险去炸鱼□，队里也不闻不问。有些则是实行工分制，为了挣工分，不顾农活质量。这些问题的存在不仅严重影响农业生产的发展，更重要的是把青年引上了资本主义邪路。应当在发展农业生产的前提下，注意运用当地资源，搞些手工业、副业生产，这样不仅可以起到以副促农，还可以把有些患病不适宜下田劳动，又不符合病退条件的青年组织起来，发挥他们应有的作用。第三，搞好合作医疗，提高青年健康水平。青年患病，不能正常出勤，这是造成生活自给程度太低的又一个重要原因。目前在下乡青年中患慢性病的逐渐增多。武宁县黄段公社一百零三名下乡青年中患有各种慢性病的十六人，占百分之十五点五。其中：肾炎八人（全部女青年），肝炎四人，心脏病一人，妇女病一人，甲状腺一人，胃出血一人。彭泽县六百六十七名上海下乡青年中患有各种慢性病的八十七人，占百分之十三。造成慢性病逐渐增多的原因：一是当年上海在动员工作中缺乏区别对待，下放了少数体弱有病的人；二是下乡后普遍食油供应不足，修水县黄沙公社二百四十七名下乡青年中有六十人常年无油，蔬菜供应又不均衡；三是有病得不到及时治疗。解决这个问题主要靠青年努力搞好"一种三养"，粮食部门对下乡青年的食油要给予一些补助供应。其次，对青年的疾病治疗要大力推广"一根针，一把草"，充分利用当地的药材资源，巩固和发展合作医疗，这是提高青年健康水平，解决疾病治疗问题的正确途径，凡是已这样做的情况就好。武宁县宋溪公社合作医疗办得较好，二十二名青年全部参加，有病及时治疗，所以青年一般体质较好，至今没有发现一个人患过慢性病的。为了搞好合作医疗，有关部门要认真重视这个新生事物，总结这方面的经验，上海有关部门可在青年回沪探亲比较集中的春节前后，为下乡青年办一些短训班，为农村培训一批赤脚医生。

2. 分配政策不落实，影响积极性。

这方面的问题带有普遍性，主要表现在以下三方面：

（1）同工同酬政策不落实。修水县白桥公社大部分男青年底分是五至六分，女青年五分，而当地男社员是十分，女社员六至七分。坪源大队知青陈××与社员一起出工，同样挑土，而记分时社员可记十分，小陈却记五分。联中大队知青张××去年在水库上劳动，按其劳力，水库工地评为五百工分，可是回到队里，生产队根据其六分底分重新计算，结果只记二百分。

（2）工分帐目不清，少记、漏记经常发生。修水县白桥公社坪源大队知青张××去年在农村六个月，而年终结算只被记价值六元的工，到小队查帐，发现小张在小队出工十二天，只被记三分半工。

由此影响了部分青年的劳动积极性。有的青年说："多出工也勿想进钱，少出工也照样有饭吃。"

（3）分配不兑现。在这个问题上有一种非常错误的论调："反正你们上海人有钱。"例如永修县虬津公社何岭大队十一队知青葛国珊兄妹三人年终结算进钱五百元，但拿到八十多元。彭泽县乐口公社马桥大队知青钱兆祺兄弟二人去年做了三千一百工分，年终结算除口粮外，可进钱一百多元，但一分钱都没拿到。

3. 建房问题仍是一个很大问题。

除了解决思想认识上的问题外，当前有三个问题需要研究解决。

（1）对现在插队的下乡青年，要根据中共中央〔73〕30号文件规定的二种形式，有计划、有组织、有领导地进行适当调整集中。一人一队、二人一队这样安置太分散的局面不解决，建房带有一定的盲目性，建了今后也会有后遗症。这个问题在修水比较突出，建议抓典型，做出样子。

（2）经费要清理，挪用要归还，纪律要严明。各地安置经费管里混乱，帐目不清程度不同，均有存在。修水县帐面拨给山口公社建房费二万二千二百五十元，而公社帐上只查到一万元。修水县四次拨白岭区建房经费三万七千五百元，但至今只有三个公社建了五幢房子，其余经费不清。修水县全丰公社县里拨下的建房经费，一幢房子都未建，却挪用购买电影放映机、拖拉机了。类似这样的事例各地都有一些。目前都昌县在组织力量清理帐目，建议有关部门要帮助总结经验，注意推广，对已查出的问题，必须按中央有关规定，严明纪律，严肃处理。

（3）建房所需的材料要落实到各公社。

第六，下乡青年的婚姻、恋爱问题需要引起重视。

目前大多数年龄较大的青年对待婚姻、恋爱的思想状况是：想恋爱不敢公开谈，想成家不敢结婚，怕恋爱，结婚后影响上调，怕结婚后有了小孩影响生活。

女知识青年廿五岁以上的很着急，与当地男社员结婚怕"受不了"——生活艰苦、男尊女卑、沉重的家务、无节制的生育等；与上海知识青年结婚，怕"过不好"——家庭安置、劳动工分值低、自给程度不高等。所以目前在一部分知识青年中想从工人、干部中找对象，情愿以后做家属。

男青年有封建残余思想作怪，不愿与当地女青年结婚。实际上当地女青年也不一定要上海男青年，因上海男青年一无所有。

当前在婚姻、恋爱问题上有三个问题值得引起注意：

1. 男尊女卑，婚后遭打。这方面的全面情况没有调查，但在江西省和九江地区敢于冲破旧习惯势力、扎根农村的几个先进典型中均发生了这类事情。瑞昌县南义公社女知识青年陈宝玉，姐弟三人响应毛主席的号召到农村落户，来农村后表现很好，陈宝玉本人入了党。贫下中农几次推荐她上大学，她以"农村更需要我"的崇高境界，主动放弃。以后与当地男青年、大队民兵副连长王兴茂结婚，婚后王就不准小陈外出参加社会活动。沉重的家务压得她透不过气来，稍不如丈夫的意就遭受毒打，甚至连公社放映电影时也不准小陈去看，自己去看电影时将小陈反锁在屋内。对这样的事情在那里不但无人指责，而且很有市场。修水县的王月仙，也有程度不同的这类遭遇。

2. 婚后生活比较困难。永修、德安二县上海知识青年到农村后已正式办理结婚手续的共有二十三对，除了七对与工人、干部结婚生活较好，五对同当地青年结婚，生活可以过去外，十一对同上海、九江、南昌知识青年结婚的，生活都比较困难。

3. 已结婚的人中，先同居后结婚的不少。永修县已结婚的十一对中，有七对是同居怀孕后才办结婚手续的。

从发展趋势来看，下乡的大部分知识青年，将来是要在农村结婚成家的。所以，现在的结婚户，对于青年在农村扎根这是一个极为重要的问题。目前的结婚户有一定数量搞得不好，这对于青年在农村扎根是不利的。而且女青年结婚后遭打这类问题，绝非家庭小事，这也是农村批林批孔运动中应当解决的问题。不解决这个问题妇女政治上怎能解放？同样会严重影响青年扎根，所以建议共青团、妇联等有关部门要深入地调查研究，抓住典型，大做"文章"。对于已婚的青年，要在政治上继续关心他们，帮助他们安排好生活，切实解决婚后住房、生活上出现的实际问题，应当把他们继续作为知识青年对待，享受知识青年可以享受的各种待遇，使他们在农村扎根，健康成长，发挥积极作用。同时要加强共产主义道德品质教育，正确对待恋爱婚姻。

（三）

在前五个月学习慰问工作的基础上，下一步的学习慰问工作要继续在当地各级党委一元化领导下，集中主要精力，积极配合各地知青办，以点带面，加强调查研究，解剖麻雀，总结经验，当好参谋，做好助手。我们初步想，就以下几个问题进行一些专题调查：

1. 如何组织下乡知识青年的马克思主义理论队伍的问题。

2. 党委如何加强对上山下乡知识青年工作的领导问题。

3. 如何解决好插队过于分散的一人一队、一人一灶的问题。

4. 对阶级敌人破坏上山下乡案件的分析。

5. 如何提高下乡知识青年生活自给程度的问题。

6. 如何办好以下乡知识青年为主的青年队（场）的问题。

7. 知识青年的恋爱婚姻问题。

8. 下乡知识青年在农村广阔天地大有作为的先进典型。

在搞好学习慰问工作的同时，我们要继续不断加强学习慰问团队伍自身思想革命化的建设，把学习慰问团办成真正的流动"五·七"干校。为此，我们衷心地希望地委、县委和各级党组织要加强对我们这支队伍的领导，更希望各地乡办的同志要加强对我们的监督和帮助，为支持社会主义的新生事物，为发展知识青年上山下乡的大好形势和为落实毛主席党中央有关知识青年上山下乡工作的一系列指示，贡献我们的力量。

以上汇报如有不当，请领导和同志们批评指正。

一九七四年八月十九日

武宁县

关于对黄段等六个公社知识青年
上山下乡工作情况的调查汇报

县委：

最近，我们和上海慰问团的同志，先后到黄段、杨洲、罗坪、宋溪、船滩、涅溪六个公社三十三个大队五十八个青年点，同社队干部、贫下中农和下乡知识青年开座谈会，对知识青年上山下乡工作的情况，进行了调查，现报告如下：

（一）

从六个公社的情况来看，知识青年上山下乡工作，总的形势是好的……黄段公社东源七队上海知识青年徐克勤、吴棕林，几年来扎根山区志不移，一心一意干革命，自力更生，艰苦奋斗，生活年年自给有余。去年他们分别做了二百八十七和二百九十二个劳动日，纯收入都在一百五十元以上，还经常帮贫下中农砍柴担水、请医送药，深受贫下中农的赞扬。

……

下乡知识青年的口粮问题，普遍落实得较好，六个公社的下乡青年，全年基本口粮都保证了六百斤，宋溪公社四新大队下乡青年基本口粮七百二十斤。船滩公社对吃油问题解决得好，保证了每个下乡青年全年六斤食油，吴湾八队插队青年吃到了十斤油。住房问题大部分解决了。六个公社应建房的有五十四个点，已建和正在兴建的有三十六个点，解决了三分之二的住房。黄段公社对建房工作抓得比较紧，进度比较快，质量也比较好，到目前为止，全公社二十一个建房点有十五个点解决了住房。船滩公社吴湾八队贫下中农为每个青年建了一间住房，做了一张桌，基本上做到了住有房，吃有粮，生产有工具，为知识青年扎根农村于革命创造了有利条件。

413

（二）

知识青年上山下乡，是社会主义新生事物。在如何支持、扶植和发展这一革命新生事物，培养和造就千百万无产阶级革命事业接班人的问题上，还不同程度地存在一些问题，有的还很严重，主要表现在：

1. 有的公社领导，对这个革命的新生事物支持、扶植不够。杨洲公社党委个别领导违背中央 30 号文件精神，随意决定解散界□大队青年"五·七"农场（现正在采取措施，做恢复、巩固工作）。黄段公社七三年应下乡对象，至今未动员下去，群众意见很大。"三结合"领导小组，有的有名无实。乡办干部配备不足，难于开展工作，六个公社应配八名乡办干部，只配五名，其中三名体弱，两名兼管其它工作。

2. 有的单位对下乡青年的政治学习关心少，很多青年点连报纸也没有。由于放松了思想和政治路线方面的教育，因而出现了闹不团结和纪律松散的现象。如黄段公社柳村大队青年点，八个人各烧各的饭，各干各的活，互不团结。长期倒流城市的现象也比较突出，船滩公社上海下乡知识青年，倒流回沪一年以上的有二十七人，占该公社上海下乡知识青年的百分之三十一点九。

3. 切实解决实际困难不够，下乡青年的生活自给程度一般都很低。黄段公社一百零三个上海知识青年中，有七十个不能自给；船滩公社百分之七十八的青年不能自给（指口粮、食油款而言）。其原因：一是劳动少，二是生病，三是工分值低。食油问题，多数都很困难，一般只有两斤左右。黄段公社东风大队青年班，一年只有四两油，有的到家里去要，不少青年长期吃白锅，影响了青年的身体健康，患慢性病的多。有的社队的下乡青年没有参加合作医疗。已建住房有一部分没有完工，不是无门无窗，就是没有天花板；有些房子质量差，土墙不结实，有的还有倒塌的危险。

（三）

怎样解决知识青年上山下乡工作中存在的问题，我们的意见是：

1. 深入批林批孔，促进上山下乡工作。批林批孔是全党、全军、全国人民的头等大事，是推动各项工作的强大动力，各公社（场）党委必须组织广大下乡知识青年，积极投入批林批孔这场伟大的政治斗争。建议县委在五月份春插基本结束后，举办有全县知识青年代表、贫下中农代表、各公社（场）主管上山下乡工作的副书记和乡办专职干部参加的批林批孔学习班，揭发批判省、地、县委某些领导人在知识青年上山下乡工作上复辟倒退的右倾思潮，肃清刘少奇、林彪反革命修正主义路线的流毒。各公社（场）也要召开这样的学习班，深入批林批孔，促进知识青年上山下乡工作。

2. 加强对上山下乡工作的领导。要把知识青年上山下乡工作列入党委议事日程，做到党委亲自抓，主管书记经常抓，乡办干部专门抓，包队干部协助抓，满腔热情地、积极地做好这项工作。"三结合"领导小组，更充分发挥作用，经常调查研究，不断总结经验，大力表扬先进，认真抓好典型。

3. 大力加强对下乡知识青年的培养教育使用。要适当安排业余时间，积极组织他们攻读马列的书、毛主席的书，学习农业技术，充分发挥他们在三大革命运动中的作用。根据他们的特长和身体状况，妥善作好安排。有计划地积极地培养和吸收具备条件的青年入团、入党，参加各级领导班子。认真落实"可以教育好的子女"的政策，做到"在一个前提下，三个一样"，即：在同反动家庭划清界限的前提下，政治上一样信任，工作上一样使用，生活上一样关心。

4. 各公社（场）党委要进一步认真检查中央〔73〕30号文件精神的落实情况，要按照党委〔1973〕131号文件，抓紧解决下乡青年在吃、住、医等方面目前急需解决的实际问题。青年全年的基本口粮要保证六百斤谷，食油不得少于五斤，生产队解决有困难的，大队要帮助调剂解决。知识青年生活确有困难的，要适当给予补助。青年住房，已建未完工的要赶快扫尾，未建的要作好计划，抓紧备料，尽快解决住房问题。有下乡青年的大队，要有计划地培养下乡青年当赤脚医生，动员他们参加合作医疗。安置经费使用情况，要定期检查和公布，对于贪污和挪用的，一律退赔，严重的给予严肃处理。

以上报告，是否有当，请批示。

武宁县知识青年上山下乡安置办公室

一九七四年四月十七日

抄报：省、地委

抄送：县革委各部、室、组，县人武部，县直各局，县委常委，县上山下乡领导小组成员

武宁县革命委员会办公室印发　　　　　　　一九七四年五月三日

共印八〇份

上饶地区

上海赴江西慰问团团长张国栋同志在上饶地委知识青年上山下乡工作会议上的讲话记录整理

同志们：

……

……上海市委研究从超产中提供 1700 万物资支持上山下乡知识青年，但这个数字很少，只能表示点心意。上海知识青年在 11 个省，重点是安徽、江西下乡青年比较多。

……

二、如何把点上的经验推广到面上去的问题。好经验推广到面上去，要做大量工作，大造舆论，积极宣传，做到大家都知道，大家都想学：

1. 关于很好宣传青年队的经验。

……

青年队要办成农业学大寨的先进单位，办成亦农亦工亦学亦兵的大学校。形式上三种形式（县、社、队），以队办为好。三种办法（独立核算、队核算、户口粮食分配在队）。总之要采取多种形式，因地制宜，不能强求一律。办队一定要有条件，条件不成熟，不能安于现状，积极创造条件，积极采取措施，办成培养基层骨干的大学校。青年队作为基地，有的采取战地培训，有的向后进队输送骨干。办青年队，从领导上来讲，有一个全面的规划，长远的规划的问题。对青年队必要的扶助，万年、波阳这样做了。我们一方面强调自力更生，艰苦创业，用自己双手创新业；另外领导上关心扶助必不可少的，有的发动群众群策群力帮助，有的国家对穷队补助款中帮助，需要各方面支持。我们向市委汇报有了拖拉机没有钱买，准备搞一些无息贷款，分五年归还，如不能还到时再商量，主要还要由当地解决、省里已召开了各部门会议，中央给江西的农贷逐年越来越多。

2. 做知识青年工作。这次会议总结了抓政治思想教育，最重要一条，当前学习无产阶级专政理论，提高上山下乡意义认识，进行扎根教育。上海在江西的原 11 万，现在插队的 7 万多，其中 10%—15% 长期在上海，比例很大。造成原因很多，有实际情况，有思想问题，相当一部分意义认识不足，不能正确对待三大差别。

3. 抓思想教育的同时切实解决好实际问题。

上饶地区比其它地区好，生活自给、同工同酬、疾病医疗、婚姻住房等问题。生活自给低就会影响安心，同工同酬知青比当地低，女的比男的低，这样女青年自给更低。疾病问题存在一个医药费。另一个要作适当安排。

……

三、学习慰问团如何配合。

一年多来在各级党委领导下，在乡办支持帮助下，开展了一些工作，但问题不少，如有的主动配合乡办不够，汇报不够，有的不尊重当地，有的作风不深，也有资产阶级作风反映。我们来江西是在党的一元化领导下，贯彻两个依靠，配合做好上海知识青年工作，要当好参谋助手。

希望各级党委加强对慰问团领导，特别政治思想领导，要作为一支力量使用，做到有事共商量，有问题共解决，把慰问团工作纳入乡办计划，经常抓汇报督促检查。我们与乡办是同一条战壕的战友同志。有了问题要批评，现在鼓励多，批评少。希望各级党委要加强对这支队伍的领导，有的问题可直接提出来，有的可向分团总团反映，向上海市委反映。

一九七五年五月廿二日

铅山县

乡办、慰问团会议记录

时间：七五年十月二十九日上午

出席人员：占堂姊　陈礼旦　谢接录　施国峰
　　　　　周林祥　罗传凤　郭云仙　张明木
　　　　　谢渭清　杜永生　沈崑年

内容：1. 知识青年代表大会问题。

　　　2. 全县成立上山下乡清退领导小组问题。

　　　3. 知识青年档案清理工作。

占主任：慰问团同志做了大量的工作，深入基层，了解情况多，相形之

417

下，我们的工作是做得不够的。

今天会议主要讨论当前的几项工作：1. 知识青年代表会议要不要开？几时开？2. 全县成立上山下乡清退工作领导小组。3. 清理知识青年档案。4. 上海市对我县机械、药品、无息贷款的分配问题。

要求我们作好出席省二千人会议的准备工作。地区有 350 名名额。我县要求搞好福惠创业队刘××同志的材料。

材料要求：①与传统观念决裂、工厂不进、大学不上的典型材料——新
　　　　　　安公社金卫；

　　　　　②知识青年同贫下中农一道改变农村面貌，胡□生；

　　　　　③再教育工作做得好的典型——刘万年；

　　　　　④赤脚老师、医师典型——熊爱龙；

　　　　　⑤带头送子务农的老红军、老干部——刘稼夫；

　　　　　⑥做好培养知青工作，充分发挥青年作用的杨村公社；

　　　　　⑦办好红专学校的□□创业队；

　　　　　⑧搞好科学实验的新滩"五·七"场；

　　　　　⑨自力更生、艰苦奋斗——新滩公社党委；

　　　　　⑩加强领导、办好青年队（场）——□□公社党委；

　　　　　⑪厂、社挂钩典型——新安煤矿。

全县知识青年代表会放在几时开较好？是在省代表会议后呢还是在前？

材料要求几时完成？写哪些方面材料？落实到人、落实到社（场）党委，一定要把材料搞好。

各种类型代表的具体对象。集体的、个人的、男的、女的各种典型要求平衡一些。

代表会议初步打算十一月二十五日左右。

材料要求十五日以前交县乡办审查，二十五日前定稿。

代表名额 400 人，知青代表 300 人，各方代表 100 人。

各公社主管知青工作的书记、乡办干部、各青年队带队干部、贫下中农、革命家长、厂社挂钩单位代表。请示县委成立知青代表会议筹备小组，着手准备大会各项工作。

上海无息贷款分配情况：

□□创业队：3000.00 元

福惠创业队：2000.00 元

新滩"五·七"场：1500.00 元

□□创业队：2500.00 元

合计：9000.00 元

补助新安公社东湖大队陈有国被窃款 50.00 元。解决新安公社走驮队金×等青年住房建造款 600.00 元。

记录人：施国峰

全县各公社（场）乡办干部会议召开日期：十一月四日，开一天。

关于物资分配问题：

□□创业队：机动打谷机一台、劳动车二台、缝纫机一台、机动喷雾器一台、潜水泵一台。

福惠创业队：手摇喷雾器一台、机动打谷机一台、缝纫机一台、手扶拖拉机一台。

新滩"五·七"场：平车一部、缝纫机一台。

石圹：手扶拖拉机一台、拖斗一辆、平板车一部、二十五瓦千伏电动机一台、潜水泵一台。

永平陈××：缝纫机一台、混流水泵一台、手扶拖拉机一台。

汪×：手扶拖拉机一台、拖斗一辆、潜水泵一台。

剩余：二十五瓦千伏电动机一台，混流水泵一台，"195"型 12 匹马力柴油机一台、铁丝 0.5 吨、玻璃一箱。

贵溪县

认真贯彻会议精神，努力做好学习慰问工作
——上海市赴江西学习慰问团贵溪小组组长顾正兴同志在全县知识青年上山下乡工作会议上的发言

各位领导、同志们：

……

我们在学习慰问中感到比较突出的一个问题，是知识青年下乡五六年来，有相当一部分生活还不能做到自给。我们对七四年收入调查了二个公

社，一个公社安置比较好，收入在 120 元以上占 54%，100 元以下占 37%，还有一个公社 130 元以上占 48%，100 元以下占 45%，二个公社□□知青 100□□□□□□□130 元以上 51 人，100 元以下 41 人。家长都比较关心。省委书记□□□同志在省知青工作报告中指出：□□省一个突出的问题，在下乡的青年中，有一部分在生活上不能自给，这个问题要引起我们高度重视，如果解决不好，就将直接影响到广大下乡□□的安置□□工作，影响上山下乡工作的深入发展。陈昌奉□□□□指出："□□□□□□□□□□这个问题当作一件大事来抓。"

国务院知青办负责同志说，毛主席提出"容当统筹解决"已经二年□□□□□我们回答这个问题，统筹解决得怎么样？他说："'容当'□理解这是毛主席给我们一个时间，也是向全国人民讲的，给一个时间解决这个问题。二年过去了，解决得怎么样？我们要严肃回答这个问题。今年要着重研究这个问题，为知识青年坚持乡村大有作为创造条件。"周总理说："我们一定要做好这个工作，不要再让毛主席操心。"国务院知青办负责同志指出："统筹解决"是一个长远的全面的方针，不仅生活问题，还有培养、教育和大有作为问题；不仅解决"应急"问题，而且要解决长远、根本性问题。在这方面已总结了不少经验，如株洲厂社挂钩、定南县将分散的知识青年集并办青年队（场）、万年县办青年创业队的经验。从我们学习慰问中看到了集体安置，组织青年队，这种安置形式效果比较好，受到了知识青年和贫下中农的欢迎。它有利于知识青年学习，有利于加强政治思想领导，有利于安排好生活，有利于培养干部，有利于科学种田大有作为，有利于限制资产阶级法权等，也是解决好生活自给的有效措施。从我们县现有青年队来看，知识青年政治上进步比较快，安置上比较落实，生活自给比较好，所以青年也比较安心，扎根思想也比较牢。我们认为这是巩固发展上山下乡成果的一项有效措施。

……

一九七五年九月十五日

波阳县

在波阳学习慰问的情况汇报

从三月上旬至六月中旬，我分团部分同志到波阳的 16 个公社 106 个大队 403 个生产队进行学习慰问，受到一次生动深刻的阶级斗争和路线斗争的教育。

……

（一）

从一九六九年到一九七〇年，共有 2556 名上海知识青年到波阳县插队落户，安置在 16 个公社 103 个大队 411 个生产队。

三年来，上海知识青年中有 562 名半工半读毕业生调入工矿，有 10 名普通中学毕业生被推荐去企业事业单位或升学，39 人迁往外省，17 人病退，因故死亡 7 名，犯罪拘留 1 名，现实有 2556 人（包括半工半读毕业生 40 人），其中男 1330 名，女 1226 名。他们同南昌、上饶、波阳等城市下乡青年（原有 2635 名，现实有 1776 名）一起，在广阔天地里迅速成长。

刘少奇一类骗子，对青年的成长十分惊恐和仇恨，伺机进行捣乱、破坏。上了贼船的程世清，极力歪曲、诽谤知识青年上山下乡运动，干扰和破坏毛主席的伟大战略部署，在波阳一些公社说什么"下放知识青年主要就是上好劳动课"，"上一年至一年半的劳动课，最多不超过二年"，"要根据实际情况，各得其所，除极少数外，都分配工作"。他还别有用心地挑拨说："农村安置城市的青年就是要花心血、付代价"，"农村干部就是要吃这个亏"……

……

由于各级党组织、广大干部和贫下中农的关心教育，插队青年积极向上，有 19 人入党，434 人入团，151 人担任了大队、生产队的各项工作。141 个青年现开展了正常的学习活动，全县下乡青年中涌现了许多先进集体和优秀青年。

……

（二）

波阳插队知识青年工作的形势是好的，但在前进道路上还有不少障碍和问题。比较突出的有：

一、组织不够健全

有的干部存在着"安置几个人，应付二三年"的思想。有的公社把知识青年安置下去之后就很少过问，有的社、队负责此工作的人员至今没有固定或专职不能专用，有的专管机构不健全或处于瘫痪状态。

目前生产队再教育组织有名无实的占三分之一。去年以来，带班干部大量调动后，不少社、队都没有及时研究加强领导，有些地方就出现了"组织无领导，青年没人管"的情况。

金盘岭茅岭大队 7 个上海青年班，只有贡岭一个青年班还有带班的老贫农。侯岗公社炉下、黄河二个大队有 7 个青年班没人管，公社说，已划给军民电站，而电站又没有去管。上面挂不上钩，下面排不上队。炉下大队党总支书记说："现在抓生产也忙不过来，哪有空来管这工作呢？还是请上面派人来管吧"。响水滩公社，没有把此工作摆上议事日程，专职人员不专用，连一份青年的分班名单也没有。现在，这个公社不少生产队的青年工作没人过问。

二、政策不够落实

1. □□□□□不合适。

插队青年的工分偏低；评工记分平均主义；分记不兑现。

在 1179 名女青年（不包括早工）底分中，四分和四分以下的 291 人，占 25%；四分一厘到五分的 596 人，占 50.56%。

在 1264 名男青年中，底分七分以下的 651 人，占 51.5%；七分一厘到八分的 498 人，占 39.4%，八分一厘至九分的 104 人，占 8.2%；九分一厘以上 11 人，占 0.9%。

在侯岗公社 241 名女青年中，底分四分的有 126 人，占 52.4%，该公社□□□大队的插队青年，男的一律六分，女的一律五分，不出早工扣去一分，逢到烧饭，还要扣分，实际工分就只有三分多了。有的干部还认为这样做"是按政策办事的"，"是合理的"。

2. 安置经费管理紊乱，使用不当。

全县范围内，社与社，一个公社里队与队之间安置费管理□□□□不少社队使用不当，有社管的，有队管的，有队长或"再教育"小组长私人保管，生产队会计不知道的；有的帐目不公布；有的被生产队长期留用；有的没有用在正当用途上。

响水滩公社前进大队但上生产队，二年多来，只用了 8 角多钱给青年修房子，其余 600 多元为生产队长期挪用，叫青年自己负担床板、炊具及第一年生活费用，造成人人负债。该公社红旗一队的安置费 710 元长期被队里挪用，却不用在青年第一年的生活补助上，致使青年不但没有进款，反而欠了债，而生产队竟将青年班养的猪捉去"抵债"。

有的公社一些生产队在经济管理上对青年班实行所谓"共收同支"的办法，青年的安置费和工分、养猪等收入，以及青年班所有开支都只有一个集体的收支帐，结果弄得工分漏记，帐目不清，致使不少青年负债，严重地挫伤了青年的劳动积极性。

以上有关政策没有很好落实的情况，是造成许多青年生活不能自给的重要原因之一。

原统计到的 2411 个青年中，全年劳动收入 120 元以上，能够解决吃、穿、零用的为 608 人，占 25.22%；收入在 75（石门街、谢家滩 85 元）—120 元，能解决□□和零用的为 930 人，占 38.57%；收入 75 元（石门街、谢家滩 85 元）以下，个人粮食款还不够的为 373 人，占 36.21%。

3. 在住房问题上缺乏长期打算。

有些社、队认为"青年在农村等不长，房子不造没关系"。迄目前为止，全县新建住房的为 41 个班，占 11.6%；住公房的 184 个班，占 45%；借住社员房屋的 172 个班，占 42.6%。至今尚有 72 个班的 491 人，分散住在 212 处，给青年的集体生活、学习带来了不少困难。

谢家滩公社七〇年就拨给永红大队插队青年（有 4 个班）建房补助费 1400 元，大队推说没有木料，将补助费积压在大队，而在七一年该大队却大兴土木，做了礼堂、会议室、6 间办公室、4 间干部宿舍，全部用砖木结构，加上天花板。贫下中农说："大队做礼堂、办公室、干部宿舍有这么多木料，为什么插队青年做住房就没有木料呢?"

三、没有很好发挥知识青年的作用

有些公社、大队没有研究和考虑发挥知识青年作用的问题，有些同志担心青年"嘴上无毛、办事不牢"。还有不少同志认为"青年迟早要走的，培养他们是竹篮打水一场空"。许多地方没有注意在青年中培养和挑选积极分子，没有把青年看成是"社会中一部分最积极、最有生气的力量"，只求青年劳动好，老实听话，不提意见，不放手让他们工作，使他们在斗争中增长才干。

七一年来，谢家滩公社党委根据贫下中农的要求和下乡青年陈××的要求，准备推荐他进入大队党总支，以便在工作中进一步培养提高他。有个大队干部却说："如果他干，我就不干。"结果，公社意见被否定。为什么有的干部不同意呢？主要原因是陈××组织全班青年，在调查研究的基础上，曾经公开揭发过一个违法乱纪、侵占贫下中农利益的大队干部，并对其它不良现象作过斗争。一些干部就认为插队青年还没有当权，就查到干部头上，让他们当上干部，办事就更不顺手了。

由于上述种种错误思想没有很好解决，全县上海插队青年参加大队领导班子的仅5人，生产队队委18人，生产队会计2人，保管21人，共46人，占1.79%，加上其它社会工作的共计197人，占7.81%。

知识青年在生产上掌握农业技术也不快，还有很多青年不会用牛，有的生产队不教也不许青年用牛，青年参加科学实验活动的更少。

事实上，贫下中农十分希望插队青年参加社队工作，为贫下中农服务，让他们在斗争中逐步培养成为无产阶级革命事业接班人的。

可见，在发挥青年作用的问题上，在怎样培养青年的问题上，存在着两种思想、两种根本对立的路线，斗争是很尖锐的。

四、对破坏上山下乡的阶级敌人打击不力

曾经二次劳改的现行反革命分子肖××，恶毒攻击上山下乡，破坏知识青年插队落户，极其恶劣地串通与其鬼混的弟媳妇王××，强奸了上海知识青年徐××，并对朱×强行殴打。案发至今一年零五个月，对肖仍未判处，经查询，才知道有关部门是以肖××的"口供"作为证词，以从犯的"交待"作为事实依据，准备作一起诱奸案处理。

侯岗公社××大队的党总支副书记贡××、××腐化堕落，七一年秋借故带上海青年张××回生产队，在路上将张强奸。×揭发后，有的干部竟为贡辩护包庇，甚至对张施加压力，说什么"培养一个党员干部不容易，如果你早给我讲事情就不会闹得这么大"；"以后定案时总是要你签字的，要手下留情"等等。有关领导对此案处理极不严肃，贡至今仍逍遥法外。

五、对严重影响青年安心农村的不良现象没有及时严肃教育处理

有人趁上海青年回沪探亲之机，将青年的农具拿去，菜地分摊，床板、地板、天花板搬走，有个别人还将青年的房门、箱子撬开，□走□物用品。

一些青年班种的菜苗被拔走，菜被偷掉，还有些生产队将青年的菜地占用，或将好的换成坏的，近的换成远的。

响水滩公社反修大队大屋青年班，去年种了三次菜，都被社员的鸡吃光了，该班青年便自己动手，筑了土围墙，第四次才把菜种好。今年生产队却把这块

菜地分给了社员，五月底青年还没有分到菜地。

一些地方把青年当成负担，出现了刁难、排挤青年的情况。□域公社龙山生产队有二个半工半读青年结婚后，生下一个小孩，一家三口的口粮却要叫他们到三个生产队去拿。

田坂街公社庆丰大队共有 10 个青年，分在两个生产队住宿和劳动，但他们的口粮和集体分给的柴草，也要按月轮流到附近 10 个生产队去挑来。

最近，有些生产队划作业组时，有人怕青年占去工分，不愿要插队青年。

更有甚者，响水滩公社反修大队下二生产队有一个叫胡××的家伙，最近竟公然无故破口大骂："上海佬，死了好，吃了我们的谷，害得我们不能打平伙"，等等，造成很恶劣的政治影响。

由于上述各项原因，加上招工、招生中大量开后门和社会上各种□思想的影响，以及上海家长工作没有跟上，当前有相当一部分青年思想颇为动荡。47%的青年班学习不够经常，17%的班没有学习；14%的班闹不团结，分了伙；51%的组今年菜地没有种好，生活、劳动不够正常。

……

上海市革命委员会赴江西省学习慰问团上饶分团

七二年七月

附件

一、人数扣分值：

1. 上海到波阳插队青年的总数为 3194 人，

　　其中普通中学毕业生 2581 人，

　　其中半工半读毕业生 613 人。

2. 几年来进入工矿、企事业单位，升学 572 人，

　　其中半工半读毕业生 562 人，

　　其中普通中学毕业生 10 人。

　　因病、残退回上海的 17 人。

　　迁至外省的农村或工矿的 39 人。

　　溺死的 6 人。

　　自杀的 1 人。

　　犯罪拘留的 1 人。

3. 现实有上海知识青年总数 2558 名（包括半工半读 48 名），

其中男青年 1330 名，

女青年 1228 名。

4. 分别安置在 16 个公社 108 个大队 411 个生产队。

二、政治成长和发挥作用：

1. 411 个上海青年班中的 401 个班的学习情况是：

经常进行学习的 141 个班，占 35.2%；

学习不够经常的 192 个班，占 47.3%；

不学习的 68 个班，占 17%。

2. 2558 名上海青年中，

已经发展入党的 19 人，占 0.74%；

已经发展入团的 452 人，占 17%。

3. 任大队党总支、革委会 5 人，0.19%；

任生产队队委、会计保管 41 人，1.6%；

任社会工作：团支委、总支委、团委 26 人，1.02%；

生产队粮食经济委员 58 人，2.35%；

民办教师 32 人，1.29%；

赤脚医生 4 人，0.15%；

其它 31 人，1.2%。

以上合计 151 人，6.01%。

三、七一年的工分、收支和生活自给：

1. 2443 名青年所评得的工分情况是：

评得分数	女青年		男青年		总　计	
	人　数	比　例	人　数	比　例	人　数	比　例
四分或四分以下	291	24.68	／	／	291	11.91
四分一厘至五分	596	56.56	9	0.72	605	24.76
五分一厘至六分	270	22.9	81	5.40	351	16.0
六分一厘至七分	15	1.27	561	44.38	576	14.37
七分一厘至八分	7	0.59	498	39.40	505	20.58
八分一厘至九分	／	／	104	8.20	104	4.26
九分一厘至十分	／	／	11	0.90	11	0.45

2. 2411 名青年劳动总收入：

在 120 元以上，基本能够解决自己吃、穿、零用的 608 人，占 25.22%；

在 75（谢家滩、石门街 85 元）至 120 元，只解决自己粮油的 930 人，占 38.57%；

在 75 元（谢家滩、石门街 85 元）以下，口粮款也不足的 873 人，占 36.21%；

3. 劳动总收入 75 元或 85 元以下的 873 人中，

男青年 336 人，占 38.49%；

女青年 537 人，占 61.51%。

原因分类如下表：

原　因　分　类	男青年		女青年	
	人　数	占%	人　数	占%
出工少□思□□□□□安置工作不落实	369	30.06	323	60.25
生病	52	15.47	71	13.22
因事	5	1.70	25	2.75
工分评值过低或工价低	9	2.58	128	23.84

4. 1504 名上海知识青年年终分配中：

扣除粮油和日常零用开支仍有分配收入的 556 人，占 36.97%；

扣除粮油和日常零用开支欠生产队的 948 人，占 63.03%。

有分配收入的人当中兑现的还不到一半，所以，这个统计中可以看出三分之二的负了债，80% 左右的人得向家庭要钱。

四、住房和生活安置：

1. 全县 403 个班的统计：

新建住房的 47 个班，占 11.6%；

用旧公房的 184 个班，占 45.59%；

借社员私人的 172 个班，占 42.6%；

其中至今分散居住 75 个班，占 403 个班的 18.6%（491 人 212 处）。

2. 据 398 个班的材料统计：

种好菜地□□□□□□自给的 128 个班，占 32.13%；

种菜不够好，只赔偿到半自给的 246 个班，占 61.81%；

现有□□□□□贫下中农支□□上海供应的 24 个班，占 0.03%。

3. 七一年□□的 169 个班，占 41.87%；

　　　□□的 122 个班，占 30.25%。

4. 据 343 个班统计：坚持集体伙食 293 个班，占 85.63%；

　　分伙的 50 个班，占 14.37%。

抚州地区

批转《上海市赴江西省上山下乡学习
慰问团抚州分团一九七四年工作安排》

（抚史〔1974〕17 号）

各县、市委：

　　现将《上海市赴江西省上山下乡学习慰问团抚州分团一九七四年工作安排》转发你们。

　　……

中国共产党抚州地区革委会（章）

一九七四年五月十日

上海市赴江西省上山下乡学习
慰问团抚州分团一九七四年工作安排

　　……

（一）

　　以党的基本路线为纲，以毛主席、党中央有关知识青年上山下乡一系列指示为指针，在党的一元化领导下，发动下乡知识青年积极投入批林批孔斗争，认真宣传和贯彻落实中发〔1970〕26 号、〔1973〕30 号文件，积极配合做好下乡知识青年的工作，进一步发展上山下乡的伟大成果。

　　一、在各级党委的统一领导下，发动和引导广大下乡知识青年积极投入批林批孔运动。认真学习中央有关批林批孔文件，认真学习马列和毛主席著作，认真学习江青同志给河南省郏县"广阔天地大有作为"人民公社下乡知识青年的信，联系现实的阶级斗争和路线斗争，狠批孔孟之道，狠批林彪"克己复礼"的反动纲领和攻击知识青年上山下乡是"变相劳改"等反动谬论，鼓励他们继续虚心接受贫下中农再教育，坚持上山下乡的正确方向，坚持乡村的伟大胜利。在批林批孔中，要把学（学马列、毛主席著作、中央有关文件）、批（批判修正主义）、联（联系阶级斗争、路线斗争实际）、促（抓革命、促生产）紧密结合起来。树立扎根农村干革命，为建设社会主义新农村多作贡献。要及时总结下乡青年在批林批孔运动中的经验，提供各级领导交流推广。

二、积极协助各级组织，满腔热情地做好对下乡青年的培养和使用工作，要充分发挥他们在农村三大革命运动中的作用。对具备入党、入团条件的青年，要建议各级党、团组织抓紧培养发展，造就和建设一支下乡知识青年的骨干队伍。特别要注意对女青年的培养使用。青年有缺点错误，要耐心说服教育，多做深入细致的政治思想工作。对"可以教育好的子女"，要落实注意成份，但不唯成份论，重在政治表现的政策。对部分下乡青年的档案填写混乱和错误的，各个县小组在五月前先选择一个公社，协助当地摸清情况，并提出清理核查的意见，然后有计划地做好下乡青年的档案清查工作。

三、依靠各级组织，对破坏知识青年上山下乡的犯罪活动要作坚决斗争。各慰问小组对所在县曾发生残害下乡知识青年的案件，该处理而未处理或明显处理不当的，要区别不同情况建议和协助当地党组织和有关部门，按中发〔1970〕26号、〔1973〕30号文件精神抓紧处理。要严格区分和正确处理两类不同性质的矛盾。对残害下乡知识青年的犯罪分子，要提议当地有关部门依法惩办，狠狠打击。对重大案件各小组应及时向总团、分团汇报。

四、遵照毛主席给李庆霖同志的复信中关于"统筹解决"的指示，协助当地各级党组织，主动关心和切实解决下乡知识青年"吃、住、用、医"等方面问题。根据各县不同情况，有重点地集中调查研究一二个专题，总结经验，研究解决办法。

五、学习慰问要做到"班班到，人人见"，在工作方法上采用以点带面，点面结合。各县小组要认真抓好一二个典型。要进一步总结、提高、推广进贤县南台公社、乐安县谷岗公社圭峰青年队等单位的先进经验。面上的工作先抓好三分之一，"跑面"普遍访问要有计划、有选择地进行，在上半年，"跑面"三分之一到三分之二，年内做到普遍学习慰问。

在学习慰问工作中，要做到"勤跑、勤问、勤讲、勤想、勤写"。接触面要广，不但要听取知识青年的反映，还要主动听取当地干部和贫下中农的反映，对反映的情况要进行客观的分析，防止片面性。对遇到的问题，凡是当地能解决的，应同当地商讨解决办法，力争就地解决。有些问题当地难以解决的，应向上级党组织请示汇报，并将情况报分团、总团。

（二）

遵照党委要抓大事、抓路线、抓政治思想工作的精神，要认真抓好学习慰问团自身的建设，把学习慰问团办成流动的"五·七"干校。

一、认真学习马列和毛主席著作，积极投入批林批孔斗争。每个同志都要自觉地认真看书学习，学习中央规定的马列著作和毛主席著作。《元旦献词》中规定的三本书要反复学，还要学习"十大"文件和中央有关文件，深入进行批林批孔斗争。必须坚持以自学为主，挤时间学习。各县小组每个月组织集中学习三天。上半年结合批林批孔运动，认真学习《哥达纲领批判》，做到有计划、有要求、有检查、有交流。六月底分团组织交流一次。

二、加强党的一元化领导，发挥党支部战斗堡垒作用。分团党支部要加强集体领导，坚持党的民主集中制，加强领导班子自身思想革命化建设。分团干部要不断提高学习自觉性，带头学、带头批；经常深入下去调查研究，总结经验；在当地党组织一元化领导下做好学习慰问工作。党内要充分发挥民主，提倡斗争哲学，经常开展批评和自我批评。各党小组要健全组织生活，原则上每月一次，检查"三大纪律，八项注意"的执行情况，总结经验，发扬先进，及时克服可能出现的倾向性问题，不断提高党组织的战斗力。要注意发挥共青团员的作用，对非党同志要经常从政治上关心他们的进步。

三、遵循"三要三不要"的基本原则，正确处理好团内上下之间、同志之间和慰问团与当地之间的关系。要搞"五湖四海"，光明正大，有意见、有问题要摆到桌面上来，按照党的原则充分开展讨论，在毛泽东思想的原则基础上统一认识、统一政策、统一计划、统一指挥、统一行动。坚持原则，加强团结，注意方法，做好工作。

四、要牢记毛主席关于"两个务必"的教导，保持谦虚谨慎、不骄不躁、艰苦奋斗的作风，虚心向贫下中农学习，向当地干部和知识青年学习，加强世界观改造，自觉抵制资产阶级不正之风。要树立阶级斗争观点，一分为二观点和实践第一的观点。工作中要坚持依靠各级组织依靠贫下中农，努力做到和知识青年实行"五同"（同学习、同战斗、同吃、同住、同劳动）。

五、要加强组织纪律和请示汇报制度。每个团员要严格执行"三大纪律，八项注意"，自觉遵守革命纪律，加强请示汇报制度。各小组工作计划、总结、调查报告，有关知识青年的先进典型和突出问题要及时向分团、总团和当地党的领导机关汇报。涉及重大政策性问题要了解确实，及时汇报。

一九七四年四月

情况简报第十四期
上海赴江西学习慰问团

抚州地区知青办关于乐安县谷岗公社圭峰、登仙桥的两个青年生产队办队情况的调查对我们很有启发，现摘要转发，供分团、小组工作参考。

总　　团

两个青年队办队情况的调查

（一）

一九七三年初，乐安县谷岗公社党委将圭峰、登仙桥二个大队的上海下乡知识青年集中起来，创办了两个单独核算的知识青年生产队，其中圭峰有知识青年十九人，贫下中农三人；登仙桥有知识青年二十三人，贫下中农六人。

圭峰青年队处在海拔一千多公尺的圭峰山顶上，是省、地、县知识青年的先进单位。登仙桥青年队居于大华山脚下，未集中以前，问题比较多。这二个青年队均属于林区，山多田少，土地贫瘠，气温较低，劳动艰苦，产量不高。建队后，圭峰青年队有水田十四亩，分散在三个山垅里，田块很小，都是梯田，共有八十六丘，面积最大的只有六分，面积最小的一把禾秧可栽两丘田。登仙桥青年队条件虽比圭峰较好一些，但三十三亩八分水田，也有一百二十多丘，最大的一丘也只有二亩。

建队一年来，在毛主席的革命路线指引下，由于各级党委加强领导，贫下中农热情支持，知识青年艰苦创业，取得了可喜的成绩，发生了巨大的变化。圭峰青年队，以大寨为榜样，努力改造低产田，获得大幅度增产，粮食单产由原来二百二十多斤提高到四百四十五斤，翻了一番。同时砍伐木材八十五个立方米，毛竹三千根，砍运废材废料一万斤，修山四百亩，农、林、牧、副各项收入四千多元，劳动工分值达一元三角，知识青年全年劳动工分平均每人一千六百四十分，较七二年增长百分之一百二十一，分配收入平均每人达一百八十五元，较七二年增加百分之一百三十一，除两人因病以外，都做到自给有余。

登仙桥青年队，一年来粮食亩产由原来三百多斤跃到五百五十六斤，口粮、种子、饲料等三留粮都实现了自给。同时砍运木材二百三十五个立方米，废材废料一十二万斤，修山育林一千三百八十亩，农、林、牧、副各项收入达一万一千三百七十二元，劳动工分值一元二角六分五厘，知识青年全年劳动工分平均每人二千一百一十分，较七二年增长百分之二百一十三，分配收入平均每人达二百五十四元，较七二年增长百分之三百一十六。这个队过去有十七人超支，欠款六百二十八元二角五分，七三年有十四人还清了旧欠。知识青年徐××、徐××二兄弟七二年分配收入二百六十六元，七三年收入达一千零四十元。女知青田××、田××两姐妹七二年分配收入八十四元，七三年收入达三百五十七元。这两个队，当年提留了公积金一千零二十一元，公益金四百七十六元，还分别筹建了竹扇、车木厂。

实践证明，以下乡知识青年为主，由带队干部和贫下中农参加，在人民公社里建立集体所有制的青年队，这是城镇知识青年上山下乡的一种较好的安置形式。建队后青年比较集中，便于公社、大队基层党组织加强领导和贫下中农教育管理；便于解决知青吃、住、用、医等问题，更好地使他们扎根农村；便于组织他们学习政治、文化、军事科学技术，能够充分发挥青年人的敢想、敢说、敢干的革命精神和他们的特长，开展农业科学实验，实行科学种田；便于合理安排劳动，能进一步贯彻落实党的同工同酬政策，调动女青年的劳动积极性，提高自给水平；便于推广使用农业先进技术和机械设备。在有条件的地方，还可以因地制宜、就地取材办些小型工业，把青年队办成现代化的社会主义农业先进单位，办成亦农、亦工、亦学、亦兵的大学校。

（二）

……

（三）

创办知识青年队，是知识青年上山下乡工作中的一项新生事物，需在前进过程中不断总结经验，他们在实践中感到以下几个主要问题需要进一步研究解决：

一、山林、土地问题。这两个青年队的土地都已划定，但山林还未落实，圭峰青年队现在砍伐木材，大队规定在各生产队的山林内轮流砍伐，而登仙桥青年队，大队则指定砍伐死亡绝户和五保户的山林。这样在砍伐木竹时，容易出现与民争利的现象，长期下去，既影响青年队与当地贫下中农的关系，又不利于森林保护和经营管理。因此，对已确定划拨给青年队的土地、山林，要进一步落实，未确定划拨的要确定下来，并按照"六十条"规定，经县革委会审查批准，正式办理划拨手续。

二、物质资金援助问题。这两个青年队在办队过程中，在物质资金上都遇到很多问题，大队、生产队满腔热情地给予支持，千方百计地帮助解决，付出了很大代价。例如登仙桥青年队是在大队林场基础上办起来的，建队共用去一万三千零三十八元，除国家拨给建房补助费四千五百元以外，大队实付出八千五百三十八元。为了办好青年队，大队可给予适当的扶助，但是也不能负担过重。因此，国家除拨给建房补助费以外，还应该以财政投资的形式，拨给一定数量的建队补助费，以利于青年队的巩固和发展。

三、保持与广大贫下中农的联系问题。青年队建成后，接触贫下中农的面没有插队时那么广泛了，为了保持与广大贫下中农的密切联系，继续接受再教育，因此，要防止出现与广大贫下中农脱钩的现象。这就要很好地创造这方面的经验。例如采取请进来走出去的办法，进行"三史"教育和作社会调查；利用业余时间组织宣传小分队，深入乡村，进行党的基本路线、方针政策的宣传；办好农村政治夜校，搞好辅导工作，帮助贫下中农学习政治、文化、科学技术等；在为贫下中农服务中，进一步接受贫下中农的再教育，继续改造世界观。

四、正确处理知识青年的恋爱婚姻问题。青年队男女青年比较集中，学习、劳动、生活都在一起，随着年龄增长，他们之间的恋爱婚姻问题就突出了，这是一种正常现象。这两个青年队，已有一对结了婚，现还有九对正在恋爱中，有的已经条件成熟，但由于考虑到婚后的住房和生活问题，不敢轻易结婚。因此，对于知识青年的恋爱婚姻问题，要作为一项议事日程来加以研究。要教育知青正确对待恋爱婚姻问题，提倡晚婚和节制生育；对于符合晚婚的青年，要支持他们在农村扎下根来，要合理安排他们的住房，要继续把他们留在青年队，不要排挤他们；对已生育的女青年，还要妥善安排她们的劳动，不使她们降低收入。

（摘自抚州地区知青办的调查报告）

乐安县

关于知识青年在用完安置费后能否自给的问题
——乐安县招携公社前进、杭村两大队上海落户青年
在用完安置费后自给情况的调查

最近，我们在乐安县学习慰问完毕后，在县、社革委会的支持和同意下，对上海落户青年在用完安置费后能否自给的问题，去招携公社前进、杭村两大队进行调查。我们为什么选择这两个大队调查呢？因为：该社、队革委会对上海知识青年的工作较为关心和重视，安置工作落实，还配备了一定的"五·七"大军中的教师带班；当地贫下中农对知识青年的关系，多数已建立了"一帮一，一对红"的师徒关系，对青年的劳动评分上比较合理；所在队的农副业生产水平、分值分配属于中等类型，既不能算高，也不能算低，今年普遍地增了产；所在的落户青年，绝大多数情绪稳定，比较安心，内部团结也好，出工情况，除生病和回沪者外，比较正常，差异不大。为解决落户青年今后生活自给问题，选择这些队为调查单位是具有一定的普遍意义。

现将我们对落户青年所在队的农副业生产、经济周转、分值分配，以及青年们安置费使用、劳动、工分、种菜等情况的调查和初步分析叙述于下：

一、情况

招携公社是一个盛产竹木的山区，矿产和水力资源相当丰富，大有开发价值，据说将兴修一座大型水库。该社有八个大队，今年三月初，都安置了上海知识青年二百八十七名。其中分布在前进大队前进生产队八名，曲港生产队十九名，午田生产队十二名；杭村大队杭村生产队十七名，坝上生产队十四名，两个大队共五个生产队七十名青年（男的三十六名，女的三十四名），分成六个班。目前这些青年享受国家安置费待遇，根据统一安排，每

人一百五十元，除作为配置生产、生活用具三十元外，一百二十元作生活费。由于各所在队配置农具、炊事用具和管理青年生活费松紧不同，使用情况也不同，如果按每月每人发给十一元的话，有三个班只能用到十一月份；有三个班能用到十二月份，即将很快用完。就目前来说，青年的劳动工具、床铺、炊事用具基本上是齐的，但四齿耙都没有，蓑衣也只有二十四人有。如果按省革会指示精神，每个生产队大体五—八个青年的话，那么还将划分一些班到别的生产队去，这样，还将添置一些农具和炊事用具，造灶修房，安置费的使用期还将缩短。因此，这些队的贫下中农和落户青年都密切关心，引起重视，在调查中，普遍地向我们提出，安置费很快用完，以后落户青年的生活能不能自给？这说明不仅是一个青年和贫下中农共同关切的问题，的确也是一个带有普遍性的现实问题，它将关系到今后巩固和提高知识青年安家落户工作极重要的一个方面。

这些生产队是公社山区的一部分，杭村生产队山洼较大、平地稍多，以种植水稻为主，占总收入的百分之九十二点五；曲港和午田两生产队，以副业为主，占总收入的百分之五十八到六十；其余各队以水稻、砍竹、伐木农副业并重。它们的耕地面积与当地劳动力相比是：

队名	总户数	总人口数	耕地总面积数	劳动情况			人口、劳力所占亩数		注
				总数	全劳力	半劳力	每人口占	每劳力占	
前进	45	204	474	114	55	59	2.34	4.15	人口、劳力包括上海青年。前进大队将上海知青中男的为全劳力，但也有为半劳力，女的作为半劳力；杭村大队则全部作半劳力统计
曲港	81	350	605	105	90	15	1.73	5.7	
午田	32	151	245	50	22	28	1.62	4.9	
杭村	54	294	620	61	32	29	2.1	10.1	
坝上	54	243	570	74	48	26	2.34	7.7	

……据了解这些生产队，因当前劳力不足，部分副业如伐木、搞松油都让湖南或浙江外来人口按低价采伐。因此，当地贫下中农对知识青年去插队落户是欢迎的，也是需要的。

由于当地条件限制，耕作技术比较落后，经营单一，劳动力没有充分挖掘和发挥，劳动效能较低，因此历年来的产量、产值都不高，社员生活水平较低，透支户达到百分之七十到八十，只有前进生产队少些，占百分之十五。这对各队的公积金、公益金被借支一空，队的经济无法周转，生产难于投资，各队普遍向国家借贷达二三千元到五六千元不等，最高的还达到一万五千元。贫下中农的吃粮标准也不高，男的每月五十二至五十九斤谷子，折米三十五至四十斤，女的每月四十斤谷子，折米二十八斤……前进、杭村两生产队是余粮队，其余三个队去年粮食自给还不够，曾向国家要回公粮，今年增了产，才达到基本自给。

这些队的收入在公社范围来说，算是好的或中等类型。今年增产，分值预算比去年都有所提高。分值以每十工分计算，前进去年是七角五分，今年可达到一元；曲港去年五角，今年七角；午田去年六角三分，今年八角；杭村去年七角五分，今年八角五分；坝上去年四角二分，今年六角五分。

这七十名落户青年，是以上海市普陀区南海中学、师大二附中为主体，也有来自南林、西康、金江、曹杨第四、昌平等中学随同自己兄弟姊妹共同落户的。多数是六八届初中毕业生，有部分高中毕业生，有极少几个是六六、六七届初中毕业生……在当地各级革委会和广大贫下中农教育和关怀下，经过六个月来的劳动锻炼，绝大多数是好的和比较好的，受到贫下中农的欢迎和普遍称赞。以前进大队来看，该大队是公社的一个先进排，四个班中有二个是四好班，三十九名青年中有十八名是五好战士，其余是好的和比较好的，只有一名沾染流氓习气于六月间不告而别逃回上海。

从这些青年自三月五日到八月卅一日止的劳动统计来看，劳动在一百小时以下的一人，占百分之一点四，是女的；二百小时以下二人，占百分之二点八，是男的；三百小时以下一人，占百分之一点四，是女的；四百小时以下七人，占百分之十，其中男的二人，女的五人；五百小时以下十人，占百分之十四点三，其中男的五人，女的五人；六百小时以下七人，占百分之十，其中男的四人，女的三人；七百小时以下，二十一人，占百分之三十，其中男的十一人，女的十人；八百小时以下十人，占百分之十四点三，其中男的三人，女的七人；九百小时以下九人，占百分之十二点八，其中男的七人，女的二人；一千小时以下二人，占百分之二点八，是男的。

从了解他们的劳动情况来说，这些青年普遍地出勤较少的是三、四、六三个月。头二个月中乃是由于初来农村，劳动、生活不甚习惯，一天有时出工几个小时；生活上砍柴、挑米、烧饭往往花时较多；有些青年因搞"九大"宣传工作没有评记工分；也有些初来劳动少又不了解记工而未向生产队报记工分。六月份则普遍地烂脚，不宜下水田。他们出勤率较高的是五、七、八三个月。因为五月是早稻栽禾，七月上旬公社举办投入"双抢"学习班，中下旬和八月上旬是"双抢"高潮，贫下中农对他们的劳动抓得紧，生活上又派人烧饭或分配到贫下中农家搭伙，割稻田间无水，烂脚的青年大部分也能出工，因而出勤普遍增高。从这些原因出发，我们认为，他们出勤在六百个工时以上算劳动表现好的，有四十二人，占百分之六十；四百小时以下算是差的，有十一人，占百分之十五点七；这两者中间是比较好的，有十七人，占百分之二十四点三。

当地贫下中农按照青年们政治思想、劳动态度，评定每月底分，所评工分较为合理。贫下中农的男劳力最高十一至十二分，女劳力五至六分，而青年头三个月里，大体幅度是，男的四至七分，女的四至五分半；后三个月里都有提高，特别省革会对青年劳动、生活、评分等五点指示下达后，普遍给予照顾和鼓励，大大鼓舞了青年们劳动积极性。有些男的评分将接近当地男劳动力的评分，女的评分则普遍超过了当地女劳动力的评分。我们将"双抢"期间在队劳动的六十五名青年所评得分数统计，男的六分半至十分，女的六分至八分。其中男的评六分半的一人，七分的一人，七分半一人，八分十人，八分半八人，九分三人，九分半七人，十分三人；女的评六分的九人，六分半四人，七分十一人，七分半二人，八分五人。

六个月来，按他们每月底分累计实得工分是：

150 分以下 5 人	占 7.1%	其中男的 2 人，女的 3 人
201—300 分 11 人	占 15.7%	其中男的 3 人，女的 8 人
301—400 分 13 人	占 18.57%	其中男的 7 人，女的 6 人
401—500 分 21 人	占 30%	其中男的 9 人，女的 14 人
501—600 分 11 人	占 15.7%	其中男的 7 人，女的 4 人
601—700 分 2 人	占 2.85%	其中男的 1 人，女的 1 人
701—800 分 6 人	占 8.57%	其中男的 6 人
800 分以上 1 人	占 1.4%	其中男的 1 人

从上述青年劳动、评分、工分的实况，我们参照了各所在生产队的预算分值进行计算，前进三个生产队统算平均每人每月所得五元四角四分，杭村二个生产队统算平均每人每月所得五元八角三分，按平均每人每月各自所得

金额是：

2 元以下 5 人，占 7.1%，其中男的 2 人，女的 3 人；

2—3 元 1 人，占 1.4%，其中女的 1 人；

3—4 元 9 人，占 12.87%，其中男的 2 人，女的 7 人；

4—5 元 11 人，占 15.7%，其中男的 6 人，女的 5 人；

5—6 元 21 人，占 30%，其中男的 11 人，女的 10 人；

6—7 元 11 人，占 15.7%，其中男的 4 人，女的 7 人；

7—8 元 5 人，占 7.1%，其中男的 4 人，女的 1 人；

8—9 元 2 人，占 2.85%，其中男的 2 人；

9 元以上 5 人，占 7.1%，其中男的 5 人。

青年们每月生活在柴、菜自给和不发零用钱的前提下，当地贫下中农给他们算了一笔最起码的帐：

谷子 60 斤连加工费：6 元	火油 1 斤：0.50 元
油 4 两：0.30 元	肥皂 1 块：0.19 元
盐 1 斤：0.17 元	理发 1 次：0.18 元
酱油 1 斤：0.34 元	
合计：7.68 元	

但是，我们了解他们在生活问题上，只有一个班养了一头猪，鸡一只也没有，另一个班既没养猪又没养鸡，只养三只狗，其它四个班都只养了十几只鸡。他们的菜田普遍种得不好，吃菜都不能自给，我们去看了他们的菜田，不但现在没有菜吃，如果秋菜管理不抓紧，恐怕今冬明春他们吃菜也很难自给。当前他们都是依靠买菜吃，或者上海寄些干菜来。他们买到菜就吃二三顿，没有菜就吃白饭，或者因为没有柴烧和柴湿不能烧就影响按时做饭和出工。即从上述帐目出发，我们把八元以上的划为基本自给，有七人，占百分之十，是男的；把四元至不足八元的划为半自给，有四十八人，占百分之六十八点六，其中男的二十五人，女的二十三人；四元以下的划为不能自给，有十五人，占百分之二十一点四，其中男的四人，女的十一人。

为什么半自给和不能自给有这么多人呢？我们逐个排队有以下五种情

况：（一）因患有肾病、肠炎、胃病、肝炎、贫血、关节炎和患有较重烂脚（占这类的半数）等慢性疾病而不能自给的有十九人。（二）因原来体质较差或者有一般疾病暂时不能适应过重的体力劳动或者烂脚常常反复出勤少而影响自给的有十四人。（三）因劳动态度上怕苦怕累，出勤一天，休息几天，身体虽好，但总的出勤少因而影响自给的有八人。（四）因体质一般，劳动上也尽了自己的努力，总的出勤在六至八百小时以上，评分也不低，所得金额在平均水平之上，有的接近自给，但所在生产队分值只有六角五分或七角，与其它队比收入相对减少有十五人；生产队分值虽在八角以上，但评分与别的青年比要低些有四人，这两种情况影响他们自给共十九人。（五）因事、因病回沪或曾较长时间回沪而不能自给的有三人。

今年到年终分配尚有四个月的时间，预料在当地干部和广大贫下中农的教育下，青年们出工情况将会好转。但是值得注意的是，这些队在"双抢"之后，农业劳动相对地少了，而砍竹、伐木的副业劳动增多了。这些副业劳动繁重，青年们大部分还达不到，只有极少男青年在学着干。目前由于副业劳动单纯，没有广开生产门路，实行多种经营，这对体弱有病和占近半数的女青年是不能适应的。现在有些贫下中农对知识青年的思想教育工作和生活安排没有像初来时抓得紧，由于日子一久，生产忙，有家务，对知识青年有些疏远，认为他们来是添麻烦，增加负担，管不了。少数"五·七"大军带班教师对青年的教育工作有畏难和敷衍情绪。因此对政治上有人抓、劳动上有人带、生活上有人管就出现了落实不够的现象，有些青年特别女的就滋长起休整和思回上海探亲等松劲情绪。而且今后出勤时间只有上下午八个工时了，评分比前要低些。如果青年们往后出勤，男的每月在二十个满工，四个月有六至七百工时，以评七至八分底分计算能达到四五百分以上，按所在队分值计算，平均每月七元到十二元以上，其中八九元以上为多数；女的平均在十五个满工，四个月有四五百小时以上，以评五至七分计算，能达到二三百分以上，同样按分值计算，平均每月四元到八元以上，其中五六元为多数。

从这些青年前六个月的实际劳动值和今后四个月的估算出发，男青年除有的患病或思想问题者外，在用完安置费的后十个月时间里，基本上能达到自给或补上以前的半自给，但女青年仍然只能半自给，少数几个可能达到基本自给。按青年现在所得劳动报酬实际上是为明年的生活累积，并对目前安置费用完有早有迟来统算结果，他们在明年一月到九月或十月的生活能达到基本自给的约占百分之三四十（其中二三个可能全年基本自给）；达到半自给的约占百分之五六十；不能自给的约百分之十五左右。

另据了解该社红旗大队，在去年八月安置了本县落户青年廿三名，他们的安置费是二百二十元和二百元，评分有的能评上十一分。一年来，他们的总工分最高的一千七百分，平均一千二百分，所在队分值约七至八角计算，平均每月每人在七至八元，全年生活多数也不能自给。

上述情况的估计，仅仅是一个分析，以作参考。如果这些队农副业生产比预算的要好些，各方面工作做得好些，青年们自己主观上更努力一些，他们的自给程度将会更加好些；相反，也可能再差一些。

二、反映

对青年们用完安置费后生活能否自给和集体办伙或分散起伙形式等问题，社、队干部和广大贫下中农以及落户青年的反映是：

公社对本县落户青年生活费用完后，采取先由生产队垫付，然后有待中央或省、县另有规定处理，但是生产队垫付不出来。最近，他们打算举办由大队、生产队带班干部和青年中的班、排长以上干部学习班，贯彻省、县会议和省批发有关文件精神，落实毛主席的指示，认真做好对落户青年政治上有人抓、劳动上有人带、生活上有人管的落实工作；还计划生产队开展集体养猪副业，布置明年种植一定面积的棉花地，以逐步解决体弱或有一般疾病青年的劳动自给问题。

前进大队干部说，为了解决青年们劳动自给和不加重生产队负担，我们已经贯彻省革会关于分散劳动的指示，把原来三个生产队四个班划分为五个班，分布在五个生产队。今后主要抓好政治思想教育，做好各方面的工作，争取百分之七十以上青年能够自给。对那些劳动表现较差的，帮助他们端正态度；对那些体质差和患有疾病还达不到自给的则分别情况，贯彻阶级路线，由贫下中农和青年共同评议，生产队同意，大队批准，由生产队予以补助和借支。但生产队干部和贫下中农说，知识青年是响应毛主席号召来到我们农村，不能自给决不会让他们饿肚皮，对具体如何解决则由大队解决或大队规定个办法下来，我们执行。如果生产队给予补助和借支，经济上是有一定困难的。

青年们有五种态度：（一）主张自力更生，靠自己双手劳动，不在农村吃闲饭。如有的说，从城市来到农村父母为自己花了钱，借了债，再也不好意思要家里寄钱，只能靠自己双手劳动自给，这种人是多数。（二）主张自力更生，但心有余力不足，担心自己不能自给。这类人主要是女青年和一些体质较差或患有疾病的人为多，他们内心更是发急。有的说，自己尽力劳动，但队里分值不高难以自给。有的说，现在我有病，这里医生看了没有药，跑了几十里路去看，用了药也不能报销，怎么办？我自己也希望治好，早些参加劳动。有的说，我不想在城市吃闲饭，现在来到农村重活不得干，有时也得呆着吃闲饭。（三）观形势随大流。这些人占一定数量，他们说，不能自给又不是我一个人，反正国家会考虑，又不会饿死我，今后终究还得补助我们一些吧。（四）抱无所谓依靠自己父母的思想。认为，不能自给，反正我上海有家，爸爸妈妈不会让我挨饿，总得养我。有的干脆说，不能自给，要父母寄钱，这部分人为数不多。据了解其家庭经济好，平时就常有钱寄来。（五）有些人仍然想进工矿。认为，长期在农村总是不能自给，经过农村锻炼几年后让我们进工厂去。也有的说，不管，安置费用完后，我就回上海去。

至于用完了安置费是集体办伙呢，还是分散起伙的问题，社、队干部和广大贫下中农都认为，集体办伙好。它可以减少矛盾，提高出勤率，有利于再教育和巩固工作，但一定要说服和帮助青年走"自力更生，艰苦奋斗"的道路，种好菜、养好猪、管理好伙食。青年们有四种态度：（一）集体办伙方向好。如果团结一致矛盾小，有利于集体劳动，有利于共同进步，有利于互相帮助，有利于互相照顾；反之分散起伙矛盾大，容易产生苦闷，生病无人照顾，分散不乐意。这是多数人的态度。（二）两者都有利弊，听从组织决定。这是少数人，主要平时互相间存在矛盾，计较他人对集体事情不关心，因而自己对集体办好伙食没有信心。（三）主张自己与亲戚一起办伙。这是个别的在一起落户亲戚的态度。（四）主张同贫下中农家搭伙。这是个别师徒关系好，据说他们之间早已商量同意了。

前进大队三十九名青年，对以上问题在这次"四好""五好"评比学习班上开展激烈的争论。最后一致认为，走"自力更生，艰苦奋斗"，"自己动手，丰衣足食"的道路，主张丢掉三依靠思想，即安置费用完后不依靠国家，不依靠集体，不依靠家长。表示："安置费用完后，继续革命志不移，我们也有两只手，改天换地炼红心。"最后向公社全体上海知识青年发出了倡议书。

至于总团峡江调查小组主张"评工记分，工分提成，互相帮助，集体起伙"的原则，我们在接触青年中，除个别身体好，劳动强，出工多而觉悟较高的表示同意外，绝大多数不同意工分提成、互相帮助的办法。有的说，我晒太阳，帮助人家出工少的，老实说，我还没有这种风格呢！有的说，我自己劳动出来，回上海的路费还不够，衣服不能添置，怎么去帮助人家呢！就是体差劳动少的也提出，别人辛勤劳动，我得到帮助，算啥？我不要。社、队干部和广大贫下中农也认为，劳动好自给有余的则归个人所得。有的干部和青年认为"工分提成、互相帮助"的办法是脱离当前群众觉悟水平，是不符合社会主义按劳分配的原则的，也是一平二调"共产风"的反映，这种办法，现在还行不通。

三、建议

（一）对知识青年将来自给的问题。各级革委会和广大贫下中农对青年必须突出无产阶级政治，狠抓革命，狠抓阶级斗争，加强思想教育，落实对知识青年政治上有人抓、劳动上有人带、生活上有人管，以促使他们思想革命化，扎根于农村干一辈子的思想。遵照毛主席的教导："掌握思想教育，是团结全党进行伟大政治斗争的中心环节……"对知识青年必须教育在用完安置费后，应当走"自力更生，艰苦奋斗"，"自己动手，丰衣足食"的道路，以毛主席的"老三篇"和最新指示为武器，经常领导他们"斗私批修"，开展革命的大批判，大破资产阶级个人主义思想，大立无产阶级思想，坚决丢掉三依靠，加强依靠自己双手艰苦奋斗，自力更生，使他们提高认识，安心于农村干一辈子革命。各级革委会必须向广大贫下中农反复说明知识青年到农村来插队落户的伟大意义，克服那些对知识青年来是添麻烦、增负担、管不了等思想，认识到自己对知识青年进行再教育的重大责任，必须在政治上花费心血，在经济上付出代价，认真地给知识青年当好老师，经常对他们抓思想、带劳动、管生活，使他们更好地成长和进步。并对带班教师加强无产阶级的政治思想教育工作，使他们消除一切私心杂念和畏难、敷衍情绪，要他们认真、负责地把知识青年的班带好，与知识青年共同接受贫下中农再教育，改造自己的旧思想。这样，才能做好知识青年的工作，使之政治有人抓、劳动有人带、生活有人管及时地落实下来，使知识青年安心于农村，争取将来逐渐达到自给。

（二）认真帮助知识青年搞好集体生活。各级革委会和广大贫下中农除了积极对知识青年进行思想教育外，还要认真管好他们的生活。对此，我们建议应由生产队派专人管理他们的生活，带他们生活，带他们砍柴、种菜，帮助他们养猪养鸡，给他们计划安排生活，一定要做到柴草有余，办好集体伙食，种好菜田，使他们一年四季蔬菜都能自给，粮食不浪费，坚决不依靠贫下中农送菜、买菜和借柴过日子，争取在安置费用完后把集体生活搞得更好。

（三）各生产队在有条件的情况下，贯彻党的"以粮为纲，大力开展多种经营"的方针，广开生产门路，大量发展多种多样化的副业生产。根据"以农为主，兼学别样，统一安排，各得其所"的原则，积极组织体弱和女青年去参加各种适应的农副业集体劳动。这样，更能让他们安下心来，争取将来达到生活自给。

（四）知识青年在安置费用完以后，除生活上可以自给的外，还有因体弱和思想问题的人，各级革委会和广大贫下中农对这些人应当积极进行教育，认真组织他们去参加各种各样适应的农副业劳动，提高出勤率，做到各得其所，经过一个时期的努力，他们是可以逐步达到生活自给的。还有些人患有一般慢性病，体质很弱，即便去参加了力所能及的各种农副业劳动，但还是不能达到生活自给的。各级革委会对这些人既不能依靠国家包下来，也不能不帮助他们克服困难，解决生活问题。我们意见对这些确实不能自给的，应区别情况，分别对待，有些困难家庭也要管，应当由他本人申请，集体评议，社、队革委会研究，由国家、社、队给予补助。

（五）关于合作医疗费上的一些具体问题。知识青年既已参加合作医疗，就应当和贫下中农一样地按合作医疗的暂时规定办法报销医药费用。少数或个别的重病药费太多，或有些特殊情况而在合作医疗的规定内难以解决，应区别情况，分别对待，有些困难家庭也要管，应采取自己申请，集体评议，由县革委会给予解决。

（六）关于知识青年将来吃粮的标准问题。在青年停止吃商品粮后，他们在生产队分配粮时，有些生产队分配标准可能低于现在青年的吃粮水平，应当照顾知识青年单身在农村的困难，由县、公社、大队或生产队革委会研究，给予适当的补助，要求不降低青年现有的吃粮水平。

以上我们所了解的情况，提出的建议，由于我们的水平有限，如有不当之处，请予批评和指正。

上海赴江西学习慰问团三、四组

一九六九年九月

赣州地区

上海赴江西学习慰问团赣州分团调查情况汇报

（原件缺失）十八人，占百分之一点五；特困退沪六十五人，占百分之一点一；死亡十五人，占百分之零点二；判刑二十二人，占百分之零点四；其它二十三人，占百分之零点四。在变动人数中，外迁人数最多，占变动人数的百分之四十六点九。

2. 插队情况：

按十五个县八十七个公社一千四百七十二个生产队（场）的四千三百零一人统计，一人一队的有三百四十九个生产队，占百分之二十三点七（其中女青年占百分之九点四）；二人一队的有三百五十一个生产队，占百分之二十三点八；三四人一队的有三百六十四个生产队，占百分之二十四点七；五人以上一队的有三百零三个生产队，占百分之二十点五；青年队（场）十三个，占百分之零点九；集体事业单位九十二个，占百分之六点三。一人一队和二人一队的队数占百分之四十七点五，人数占下乡青年数的百分之二十五。

3. 住房情况：

按三千六百二十九人统计，已住进新建房屋的五百九十六人，占百分之十六点四；住公房的八百八十九人，占百分之二十四点五；长期借住私房的有二千一百四十四人，占百分之五十九点一。住私房的人数比例较大，一般的情况是：居住面积小，六至七平方公尺；光线差，潮湿通风不好；漏雨的多；环境卫生条件差。有的住在猪圈上、牛栏旁；"三养"有困难，有的还要不断搬家。

4. 培养使用情况：

按十五个县八十七个公社四千三百零一个青年统计，担任各级领导成员和管理工作的有六百九十五人，占百分之十六点二。其中：参加生产队以上领导班子的有二百三十四人，占百分之五点五；民办教师二百一十七人，占百分之五；赤脚医生三十二人，占百分之零点七；会计三十六人，占百分之零点八；保管、广播、拖拉机手等一百七十六人，占百分之四点二。

入党人数四十一人，占百分之一（其中：30号文件下达后占百分之零点三），入团人数九百五十六人，占百分之二十二点二（其中：30号文件下达后占百分之四点九）。

5. 在队情况：

按十三个县八十二个公社三千八百四十二名下乡青年统计，从访问时间计算，在队二千二百二十人，占百分之六十一点八（按现在统计实际数要高于百分之六十一点八）；回沪半年以上的六百七十一人，占百分之十五点八；回沪一年以上的六百九十七人，占百分之十六点四；回沪二年以上的二百零四人，占百分之四点八；回沪三年以上的五十人，占百分之一点二。在队人数高的公社达百分之八十以上，低的不到百分之五十。

6. 生活自给情况：

按十二个县七十四个公社三千五百八十六名青年统计，七三年收入在八十元以下的有二千七百一十二人，占百分之七十五点八（其中包括回沪一年以上的八百四十七人，占百分之二十三点三）；八十一元到一百元的二百七十一人，占百分之七点五；一百零一元到一百四十元的二百二十七人，占百分之六点四；一百四十一元以上的三百七十六人，占百分之十点五（其中主要是脱产有补贴工分的各级干部和广播员、教师等）。

七三年劳动工分统计，五百分以下的二千零八十四人，占百分之五十八（其中包括回沪一年以上的八百四十七人，占百分之二十三点三）；五百至一千分的四百六十八人，占百分之十三；一千至一千五百分的四百三十六人，占百分之十二；一千五百至二千分的二百四十六人，占百分之六点九；二千至三千分的二百三十八人，占百分之六点六；三千分以上的一百二十四人，占百分之三点五。

七三年劳动底分统计，五分以下的占百分之零点九；五至六分的占百分之六点一；六至七分的占百分之十五；七至八分的占百分之三十三点九；八至九分的占百分之二十四点四；九至十分的占百分之十九点七。

七三年工分值统计，五角以下一千三百一十人，占百分之三十五点九；五角至七角的一千五百五十一人，占百分之四十二点五；七角至一元的七百零八人，占百分之十九点四；一元以上的八十一人，占百分之二点二。最高分值的生产队达一元一角五分（宁都县），最低分值的生产队只有一角五分（全南县）。

（二）几个主要问题的分析

一、阶级斗争情况复杂，对破坏知识青年上山下乡的犯罪活动打击不力（另有专题报告）。

二、插队分散。

赣南地区的插队比较分散，一人一队占百分之二十三点七（其中女青年占百分之九点四）有的县比例更高，如寻乌县已访问几个公社，高达百分之五十五点五；二人一队的占百分之二十三点八，有的县达百分之三十七点七，大部分青年处于一人一灶，带来了学习、劳动、生活上的种种困难。很多青年向我们反映说："我们是出门忙于田头，回家忙于灶头，很少时间学习。"一人一灶，大量时间忙于烧饭，农忙时有的只好烧一次吃三餐。有的女青年一人一队分配在深山沟里劳动，如安远长沙公社小山大队山口生产队麦××说："我一个在山沟里修豆草，一边修，一边哭，怕得要死。"赣县三溪公社大茂大队女青年李×对慰问团同志说："我最大的困难就是一人一队住一处，晚上睡是很不安心。"有的犯罪分子乘机奸污知识青年，如全南县南径公社××大队女青年许×插队在二座高山间的山沟里，被一个大队干部奸污了。就是二人一队的，由于回沪及外出开会等原因，也常有一人在一队，因此，青年的集中问题急需解决。

造成插队分散的原因：一是刘少奇修正主义路线的干扰和破坏。程世清把下乡青年视作为"危险阶层"，对下乡青年安排得越僻、越散越好。二是历年来的变动较大，减少近三分之一，原来几人一队的青年点，也变成了二人一队、一人一队。三是分社分队更分散。如赣县韩坊公社大屋大队，十四名下乡青年二个点，分队后安排在七个生产队，在分队时有的还采取抽签摸彩的办法，未摸到的说运气好，摸到人多闹意见。在这种情况下，有八个青年回上海一年多了，不想回农村。石城县小桥公社丛岗大队五名下乡青年，原是一个比较团结，几年来坚持集体户，吃团结灶，现分成二个生产队。径里生产队三名青年是在一个队，现分为三个生产队，原来的集体灶变成一人一灶。

三、自给水平低。

从三千五百八十六名下乡青年统计，七三年收入在八十元以下（即口粮、食油也不能自给）占百分之七十五点六，即大部分不能自给，究其原因：

（1）少数社队，不能同工同酬，尤其是女青年底分较低，下乡四五年，有的底分还是五分。如石城县横江公社秋溪大队十三生产队下乡青年钱××劳动表现较好，底分一直是五分半，贫下中农意见可评为七分，队长就是不同意。这个问题比率不大，一般只占百分之一，有的县占百分之四点四，如宁都。

（2）分值较低。分值在五角以下的占百分之三十五点九，全南县十二个公社统计达百分之七十一点二，有的分值只有一角五分。由于分值低，一年的辛勤劳动，粮油还不能自给。如插队在全南县大庄公社古家营大队的上海下乡青年周××、周××兄弟二人，七三年共做了七千工分，由于分值只有一角九分，二人全年平均收入只有六十六元五角。

（3）出工劳动少是主要原因之一。如一年劳动在五百分以下的占百分之五十八，除去全年在沪的还有百分之四十五。出工劳动少的原因很多，有的是在沪时间长，在乡时间少；有的是身体不好，劳动难安排；有的是小包工后无活干，瑞金县拔英公社一个队长对知青说："你今年没有活干，休息休息好了。"崇义县聂都公社中间大队生产一队下乡青年蔡××，生产队一月只安排三天劳动，小蔡说："我在农村要出工，不多劳动要超支。"有的说："上海人有钞票，超支不要紧。"有的分配不能兑现，影响积极性。如石城县泽地公社十四个生产队有九个队分配不兑现。定南县鹅公公社梁××一年劳动三千零三十工分，分值二角五分六厘，收入八十元，除三百斤口粮外，还有四十多元也不能兑现。有的下乡青年说："多做少做一个样，反正拿不到一块钱。"瑞金县有的下乡青年还说："拼命干不合算，搞垮了身体无人管，拿回了口粮，回家转。"

同样的条件下，出工的多少，直接影响到生活的自给程度。如信丰县古陂公社二个下乡青年，小朱和小王的变化，充分说明了这个问题。他们说："过去是农闲往外跑，农忙睡大觉，出门打老表，无钱问家要。""不安心农村吃足苦头，现在安心农村尝到甜头。"七三年劳动三千分，分值五角，口粮到家还分到一百多元。

（三）几点建议

毛主席教导我们："思想上政治上的路线正确与否是决定一切的。"做好知识青年上山下乡工作，根本在路线，领导是关键。以批林批孔为纲，乘当前工作的大好形势，进一步贯彻落实中共中央〔73〕30号文件精神和认真学株洲的典型经验，完全可能把知识青年上山下乡这个大有希望的事业做得更好。

一、深入批林批孔，抓好扎根教育。

从我们同知识青年的接触中，扎根思想比较牢固，决心在农村干一辈子革命的，各县都有一批典型，但比例不大，占百分之十左右；多数人还处于"既来农村，就要安心"，扎根农村一辈子的思想尚待确立，约占百分之六十左右；少数人在农村，心想工矿，很少参加劳动，个别还在干坏事，根本不劳动的占百分之十左右；还有百分之二十左右是一年以上长期在城市不下乡的（这个数字从七四年批林批孔运动的推动下与前几年比较，已有不少下降）。

做好知识青年上山下乡的巩固工作，抓好扎根教育是根本的一环，要引起各方面的重视，不是"拔根"，而是扎根。

（1）在各地党组织和贫下中农之中，要继续批判清除刘少奇"干不干，二年半"的流毒，和"上海阿拉是屋檐下的躲雨客——呆不长，总要跑"的错误思想，抓好扎根教育。信丰大塘公社新华大队支书说："下乡几年了，农活学会了，可以走了。"甚至说："建好房子不会走了。"正如定南县委副书记曹凤德同志所说："过去对知青工作不但不关心，还要开后门，不是扎根而是'拔根'。现在感到，关心还是不关心，支持还是不支持，扎根还是'拔根'，是对毛主席革命路线的态度问题。"

（2）家庭对子女的扎根教育关系很大。有的家长对子女说："一天劳动捞不到一包香烟钱，还是蹲在家里合算。"以致下乡青年长期在沪。有的家长写红色家信，鼓励青年扎根农村干革命，就安心。如瑞金县谢坊公社向阳大队李公坑生产队下乡青年付正□同志的父亲写信给他说："知识青年到农村是党和国家的需要，青年人在农村同样有光明的前途。""我们家有工也有农，为了一个共同的革命目标，在家里享受同样的待遇。"促使小付即使在条件艰苦的生产队，下决心说："脚踩矮寨崃心里很激动，不把（李公坑）面貌改，坚决不下崃。"谢绝了大队支部书记原拟把小付调一个条件较好生产队的建议。

（3）学习慰问工作要以路线为纲，狠抓扎根教育。与知识青年一起批林批孔，宣传毛主席上山下乡的伟大指示，正确对待理想和前途，推动知识青年在农业艰苦创业，建设社会主义新农村。

当前，对长期在沪的青年，还要继续做好工作，返回农村，参加农村的社会主义建设。

扎根教育要不断地做，扎根思想也是逐步提高和确立的，知识青年安心扎根农村，就会在广阔天地里大有作为。正如朱克家同志所说："知识青年到农村，只要身在心在，就会有干不完的事情。"

二、大力加强对下乡青年的培养教育，进一步发挥下乡知识青年的作用。

在十五个县八十七个公社四千三百零一个下乡知青中，担任各项工作的有六百九十五人，占百分之十六点二，这些同志活跃在农村这个广阔天地里，发挥着积极作用，一般地说，他们都比较安心，回沪的次数少，时间短。但是，这个问题还没有普遍被重视，发展也不平衡。有的县、公社领导重视，抓得好，知识青年工作的形势也好，如广昌择前和贯桥二个公社培养使用达百分之五十，积极发挥作用，自给程度高，较安心农村。有的县如大余、上犹、石城等部分公社安排使用仅百分之十左右，有的已提拔为大队脱产干部，却又以年纪轻、水平低等理由，安排到公社代销店当合同工营业员。

入党问题重视不够，一般反映是：比例很小（党员占现有青年数的百分之零点五），时间很长（建党对象几年不发展），社会关系上有点问题就搁置，如原会昌县西江公社大禾坑先进青年班曹×同志，支部大会已通过二年，还未解决入党问题。

大批知识青年响应毛主席的伟大号召，下乡已四五年了，他们经历了九、十次路线斗争的锻炼和农村三大革命斗争的实践，政治上要求进步，也有可能在接受再教育的同时，发挥更大的作用。但是由于部分单位重视不够，有的知青反映："生活艰苦不算苦，政治上无人关心最痛苦。""先进，先进，再先进，就是入党入团入不进。"要爱护下乡青年政治上迫切要求上进的积极性，要培养教育，使之健康成长。

在培养使用问题上还要解决"唯成份论"和档案管理的混乱问题，以利于对知识青年的培养使用。

三、落实 30 号文件精神，学习株洲经验，为知青扎根农村创造条件。

赣南地区，地处山区，知青插队处于山、散、僻的情况下，不解决适当的集中问题，影响到知青的安心扎根和知青上山下乡工作的巩固发展。

1. 对下乡知青集中安置工作上的几点措施建议：

（1）按 30 号文件"插队，要适当集中，建立青年点"的精神，将插队分散、一人一队的下乡青年调到领导力量较强、条件较好的生产队，建立青年点或广大青年点。如会昌县西江公社大禾坑青年班一直是一个先进班，原七人现仅有三人，完全可以充实进去。在适当集中的同时，选点、建房、定居。

（2）把分散在各队的下乡青年，调整安排到现有的公社农、林、茶场和农科所。如上犹县蓝田公社林场，经研究拟吸收六名下乡青年。

（3）以下乡青年为主，由带队干部和部分贫下中农参加，在公社、大队领导下建立集体所有制的青年队。从现有的情况分析，最好是从原有基础的青年点发展成为青年队，如安远鹤子公社龙岗大队，从原有七个青年的先进班扩大为青年队，思想基础好，他们艰苦创业，准备一年建队有成效。

崇义铅厂公社贯彻 30 号文件以后，将原分散在五个大队十七个生产队的五十三个下乡青年，集中为三个青年队、二个青年点；上堡公社原分散在十一个大队三十九个生产队的一百零一个下乡青年，集中为四个大队十二个生产队，组成十二个青年点，房子也大部分造好。知识青年高兴地说："过去我们一人出工懒洋洋，回到家里忙得不像样，现在同过去大不一样，学习有心相，集体出工斗志昂，回到队里喜洋洋。"

（4）在土地比较多的地方，单独建立以下乡青年为主，由带队干部和部分贫下中农参加的集体所有制农场。以自力更生为主，国家支援为辅，以农为主，林、牧、副、渔全面发展。这种形式建立时要慎重，作好准备，试办、办好，然后推广。

（5）利用赣南山区的自然资源，通过必要的支援，创办一些手工业工厂，为有关工厂生产半制品，既是发展生产，又可以安置一部分不能下田参加农业劳动的病弱青年。

2. 解放思想积极做好下乡青年的集中工作。

对老知识青年的集中问题，思想阻力不少。有的领导认为，老青年下乡四五年，生产教会了，口粮解决了，房子已在造，关键在于劳动好，不必要再集中了；有的怕领导力量不强办不好，下乡青年集中起来团结搞不好，集中以后往上海跑；也有的怕抽山划地，又要投资。因此，行动不积极，有的还吹冷风。

部分知识青年中有怕集中以后学习、劳动紧张，纪律严格不自由；有的怕集中以后难上调。

要认真组织学习株洲的经验，真正认识到有普遍意义；要总结推广一批好的典型，解放领导思想，树立信心，组织青年自力更生，艰苦创业，克服一个"等"字（上调），树立一个"创"字，扎根农业艰苦创业干革命。

3. 学习株洲经验，厂社挂钩，城乡挂钩，集体安置知识青年。

（1）能否施行定期的无息贷款（有限额），从经济上支持青年队和青年农场创造建队条件。

（2）上海有关区、局与江西各地区对口，城乡挂钩建立支农点。派出干部既是作为"五·七"干校培养锻炼干部，又参与青年队（场）的领导，加强对知识青年的工作。定期轮换。

（3）因地制宜，利用自然资源，社办手工业的小工厂，与上海有关工厂对口挂钩生产半制品。上海方面进行设备和技术支援，江西方面要同意三类物资的出省。如信丰县虎山公社为上海市手工业局竹木器公司生产凳子的凳脚和布伞骨子等。会昌县洞头、永隆公社山区可为上海市机电一局上海电缆厂生产电缆木盘的半制品等等。

4. 加强党的领导，依靠发动群众抓革命、促生产，努力发展农业生产。要以农为主，林、牧、副、渔全面发展。要通过深入批林批孔，克服农村（尤其是山区）的"重副轻农"的思想，要抓农村中两条道路的斗争，坚持走社会主义道路的正确方向。对部分社员和干部中那种"吃粮靠集体，花钱靠自己"，"斧头一响，胜过县长"的错误思想要加强教育。对农村中的资本主义倾向、热衷于搞个人副业单干的风气要杀住。只有自力更生，艰苦创业，发展集体生产，才能不断提高社员和下乡青年的生活自给水平，扭转相当一部分知识青年中"下乡五六年，还要靠爹娘"的局面。

正如人民日报《大有希望的事业》短评指出：知识青年上山下乡，是一场伟大的社会主义革命，是巩固无产阶级专政，加速社会主义新农村的建设，培养无产阶级革命事业接班人的重要措施，符合广大人民的根本利益。只要我们深入批判孔孟、刘少奇、林彪鼓吹的"劳心者治人，劳力者治于人"、"下乡镀金"、"变相劳改"的反动谬论，坚持做好思想政治教育，坚持做好动员和安置工作，不断总结经验，这个伟大的事业一定会越来越兴旺。

上海赴江西学习慰问团赣州分团

一九七四年七月廿一日

寻乌县

关于上海慰问团访问我县青年情况会议记录

经访问过的青年只有 403 名，已移走 4 名，尚有 399 名，安插在　个大队和　个生产队。在访问中，受到各级党委的支持和热情接待……

提几条意见：

1. 感到这次出席积代会来看，说明狠抓根本，突出无产阶级政治，表现差的就是不好好学习毛主席著作，有的强调没有时间，说天天抬三头，有的片面理解单纯劳动好，但大多数有改，不过要进一步在大小队抓紧办学习班，有的思想不交锋，有的生产队主任注意生产劳动多，加强政治领导少些。需要通过抓根本，来提高三大觉悟，同时可以发挥其作用，可以投入到三大斗争去。对生产队的四类分子，同学还不知道，主要是同学不主动，要求各级革委会多讲三史。

2. 思想倾向性问题：总的大部分是安心，但有少数对最新指示不理解，有的说："接受贫下中农再教育，不是一辈子。"有的说："定下来是三年还是五年，还是一辈子。"有的同学还怕艰苦，对目前的怕苦怕累看得多，对农村远景看得少。有的说："得不偿失，每天劳动总工分3分，一天工分还不能治病或吃饭。"有的说："我吃了150块钱。"有的说："吃完150，有吃就吃，无吃就走。"有的想走，准备到江苏投亲找友，到郊区一带或无锡一带。苍田大队陈××，请假回去，与浙江省平县一个社员结婚，而要求调到浙江去，并有公社证明。

个别对插队落户的不满，写"今不如昔，日不胜年"。叫乔××，在公社办学班时写的。

其它一个问题，普遍认为今年国庆不能回去，春节回去，春耕紧张不能回去，今年不能回去，明年能否回去？今国庆有倡议书，春节亦会有，年年都会搞倡议书，到底什么时候能回去。

3. 插队编组问题：其中一个或二个人插到生产队的，占40%—50%，主要是出工紧张，生活上照顾不来，既要照顾劳动，因此有矛盾，同时过于分散，不便于领导。是否可适当集中劳动，或适当集中，分散劳动。

同学反映有的四类分子多，如三标富寨大队兴□□小队四类分子占60%，还有光明队，亦是如此，黄陂队亦是这样，考虑是否不利于同学改造思想，怕出问题。

有的身体不好，有病，是否可作调整。如三标垦殖场基田大队的（×××、×××）原准备回去，现在不回去了，要求调整。他们年纪小，身体较差，如本大队不能调整，可否调出到公社分配。

4. 对今后口粮问题以及经济问题，他们很担心。据我们调查，问题较复杂，情况不一样，如能劳动到220天，调到7分一天，工分值7角，每月为12元左右，150元用完后怎么办？在吃粮问题，按38斤米，需600多斤，有些队口粮只有300多斤，有的队做到工分，头□□分时发了，我们还是暂不发，待 150 元用完后再发，但要公布。种菜还种不好，有的不足，有的还没有，如城郊公社□□大队第三生产队，开始不要，后来要没有了，三标三角山亦是，有的变草地，干地亦少了点。

5. 生活安置费使用问题：每月发 10—11 元，有的不固定，有时发 15 元、12 元、10 元。

关于工具 20 元，有的少于 15 元，有的用不到年底。留东公社未发工具费，目前同学反映，工具缺少，多数是贫下中农借的。留东公社只添置水柄，还有床板、椅桌等亦是借的，有的还回去了。三标□□□，在场里开学习班，回去借的都拿回去了。在生活费未用完时添置个别生产队□□□□，如富寨、三标大队，拿来买回供粮。工具费一般需要 30—40 元。

6. 关于医药费问题：有合作医疗较好解决，重病怎么办，烂脚有复发，肝炎病亦也发生了，女同学有妇女病等。三标垦殖场富寨大队张××，有脑炎后遗症，乱拉粪拉尿。三标垦殖场基田大队吴××、沈××，身体有病。可考虑一些。

王德和提：上海市慰问团来到这里后，看出他们对毛主席对知识青年到农村去学习□□，每到一个地方，突出政治，如到岑峰对"九大"的精神给上海知识青年办了学习班。工作细致，如到云□公社，问题较多，在大力搞了几天。在上山东，为了解决问题，走山路，晚上走山路，十点多钟回来。每到大队小队，贫下中农反映，上海市慰问团工作比农民苦，是工作队，能及时发现许多问题，对同学做过细工作，同学感到温暖，岑峰同学对上海慰问团走时哭起来。许多活思想经过同学做的工作，发现很多问题，去□本来准备倒流。到这里照顾不够。走后望多来信帮助。

一九六九年九月十六日

召开县领导小组会议

时间：六九年十二月十三日下午二时

地点：县"五·七"办公室

到会人数：赖森彬、温正金、杨和珍、严炳坤、周光明会议内容：研究明天召开"五·七"大军班长以上的会议解决什么问题：

1. 如何贯彻省革委会文件关于干部参加劳动问题。《人民日报》发表了评论员文章，都是强调干部参加劳动的问题，关系到落实毛主席的最高指示。

2. 如何发挥班长的作用问题？

3. 当前知识青年配口粮，注意思想问题，以及春节回家问题？

安远县

学习慰问团赴安远县小组七四年学习工作初步意见

……

三、工作设想。

……

用 6 个月时间（三月下旬至九月）。安远县实有知识青年 537 人，分布 15 个公社，我们先访问鹤子、孔田两个公社，然后有计划逐个公社进行普遍访问，力争班班户户到、人人见，每个公社知识青年的学习和思想情况、劳动分配情况、生活和健康情况、接受再教育等情况了解清楚填好表格。了解情况有综合，到了一个公社，事先有请示，事后有汇报。访问过程中，要重视抓典型例子，大力宣传毛主席关于知识青年上山下乡的伟大指示和中央有关文件精神，宣传知识青年"广阔天地大有作为"的先进典型。学习当地干部和贫下中农支持新生事物，搞好再教育工作的好思想好经验。总结知识青年认真学习马列、毛主席著作，刻苦改造世界观，扎根农村干革命的经验。配合当地各级组织，作好知识青年的教育巩固工作，认真落实中央有关文件精神，一起研究解决有关上海知识青年的有关问题。

四、自身革命化。

……

3. 坚持三要三不要原则，加强革命团结，要互相关心，互相爱护，互相帮助，提倡斗争哲学和反潮流精神，一月过一次党的组织生活，经常开展批评与自我批评。注意同当地干部革命团结。

4. 发扬"一不怕苦，二不怕死"的革命精神，积极做好知识青年的扎根农村干革命的宣传教育工作。工作上要高标准，生活上要低标准，抵制资产阶级思想腐蚀，要同旧的传统观念作彻底决裂，反对特殊化，牢记毛主席

"二个务必"的教导，处处时时都要以共产党员标准，严格要求自己，坚持同贫下中农和知识青年五同（同吃、同住、同学习、同劳动、同战斗），做到四勤（勤动脑、勤动腿、勤动口、勤动手），树立四个观点（阶级斗争观点、实践第一观点、群众观点、一分为二观点）。

5. 加强组织性纪律性，严格执行三大纪律八项注意，不仅会唱《三大纪律八项注意》歌，而且要做到遵守当地一切法令和制度，我们共产党是遵守法令纪律的模范。加强集体领导，重大问题都要通过集体讨论，加强请示汇报制度，没有把握的问题，不随便表态。

当否望领导指正。

上海学习慰问团江西总团赣州分团安远县小组
一九七四年三月十八日

安远小组工作汇报

总团、分团、安远县委：

分团四月份召开各县学习慰问团组长会议之后，我们小组工作情况汇报如下：

……

其次，我们按照分团工作的要求和小组工作的计划又完成天心、栋坑、长沙3个公社普访任务，连同以前普访了4个公社，加起来总共7个公社，完成普访任务47%（全县15个公社有上海知青）。

三个公社实有知识青年104人，其中在沪29人，在农村75人，分布15个大队47个生产队。我们跑了46个生产队，见到知识青年75人。

三个公社党委对知识青年工作比较关心，如长沙公社党委讨论多次，准备把现有32个知识青年集中一个点，双芫公社党委在七三年十月已把处于深山沟的（山高1300公尺）交通很不便、分值又比较低的0.30左右的樟脑大队和竹湖大队11名知识青年调到交通方便、分值比较高的0.70以上公社的农场和南坑大队。特别天心公社党委对知识青年工作更为重视，书记亲自挂帅抓，今年三月二十七至三十日县召开部分知识青年批林批孔会议，该公社认真贯

455

彻，公社党委主要领导，不仅听了知识青年意见，而且付之行动。公社党委决定，主管知识青年工作的书记和乡办负责人及以4名知识青年代表组成六人小组，按中央30号文件精神要求，对全公社知识青年工作进行一次全面检查（准备最近开始检查）。该公社党委平时对知识青年管理教育工作抓得紧，工作很有起色，做后进知识青年转化工作取得较好成绩，有好几名后进青年有明显转变。如深溪大队知识青年朱××原搞打砸抢，有名"十兄弟"之一，现在他担任生产队记分员、保管员工作，积极负责，特别得到贫下中农好评，他积极参加田间劳动，被贫下中农所称赞，几年来他的所得工分七一年为3100分，七二年为3200分，七三年为1500分，因为回沪探亲，实际只做5个月，七四年已做1100分，他不仅做到自给，而且有余（七二年余100元）

几年来天心公社47名知识青年，在公社党委和贫下中农亲切关怀下，认真学习马列和毛主席著作，积极参加生产劳动，努力改造世界观，在农村三大革命运动中，得到了很大的锻炼。他们安心在农村干一辈子革命，自六九年插队落户以来，只回沪一次有6人，大部分同志回沪二次，而回沪探亲去的知识青年多数都能按时回农村，所以该公社知识青年在农村比例较高，总是在三分之二以上。由于他们积极参加劳动，全公社分值并不高，但自给程度比较高，一般都能做到基本自给和自给，部分还做到自给有余。

天心公社七二年度47名知识青年收入情况：

100—150 元上	80—100 元	60—80 元	60 元以下（因回沪病假等原因）
19 人	9 人	11 人	8 人

七三年度实际参加劳动 33 人收入情况：

100—150 元上	80—100 元	60—80 元	60 元以下
15 人	11 人	6 人	1 人

天心公社水头大队，共有11名知识青年，各方面表现更为突出，他们在贫下中农教育下，认真看书学习，积极参加劳动，其中有8人入了团，多数参加大队、生产队工作，贫下中农把他们当成宝，每到割稻季节，都分到各生产队担任保管员工作。七三年他们都没有回上海探亲，其中有4人六九年插队以来只回

沪过一次。几年来大队分值并不高（0.40—0.50 元）但能做到生活基本自给。

水头大队七三年度 11 名知识青年自给情况：

100—150 元上	75—100 元	60 元以下
7 人	3 人	1 人

在毛主席革命路线指引下，三个公社党委及各级组织对知识青年安置、管理、教育做了大量的工作，尤其天心公社党委对知识青年教育工作抓得紧，在促后进知识青年转化工作以及教育广大知识青年坚持乡村伟大胜利等工作方面有好多经验，目前公社党委正在总结这方面经验。

事情总是一分为二。三个公社党委对知识青年工作取得一定成绩，但也存在一些问题，如各队党组织对知识青年加强政治思想领导，不够有力，长期来知识青年学习抓得不紧或无人抓，对知识青年培养使用很不大胆，虽然在知识青年中发展了一批团员，但到目前为止，三个公社党委还没有发展过一名党员。知识青年分布实在太分散，一人一队，一人一户，一人一灶，落后状况没有改变。知识青年住房问题也很大，相当一部分知识青年住的房子阴暗潮湿，条件很差，个别知识青年，如双芜公社井头大队，杜××的住房，叫做开眼见材（床铺上面放着四口棺材，早上一醒就见到棺材），长沙公社长沙大队知识青年陈××床铺边就放着一口棺材。

另外汇报一下李××的情况。李因搞打砸抢和强奸女知识青年，是"十兄弟"之一，于七三年一月被捕。

李是在六九年三月来安远县崃坑公社□排生产队插队落户，因组织"十兄弟"专门搞打砸抢，又强奸女知识青年×××，民愤极大，严重破坏了上山下乡运动。

七三年一月安远县公安局依法逮捕了犯罪分子李××，广大贫下中农和知识青年皆拍手叫好。但今年四月份县公安局既没有与有关部门通气，就把李××释放回□排生产队。公社、大队、生产队、贫下中农、知识青年意见纷纷，县公安局既没有介绍李在拘留期间服罪情况，也没有叫李向贫下中农和知识青年作坦白认罪错误的检查，就这样一放了之。李××释放仅二个月，继续搞犯罪活动，如偷天心卫生院的电线，又在四月五日下午酗酒后冲进崃屺公社广播室（女广播员房间），当时广播员阻止无效（广播员是原来被害者），后被公社文书撵走，走时对广播员进行威胁说："下次当心点。"

李还造谣污蔑说"坐班房吃要比现在农村吃得好，就是不自由"等等，总之李还在逍遥法外。公社、大队、生产队、广大贫下中农和知识青年一致认为，李××所犯的严重罪行，破坏知识青年上山下乡运动。县公安局对李××逮捕不判刑，就是重罪轻判，加上释放之后，继续搞犯罪活动，强烈要求有关领导部门，对犯罪分子李××重新审查，严厉惩办。我们学习慰问团支持这个正义要求。

关于我们工作方法和自身革命化问题，按照分团普访工作应先跑先进单位和问题突出偏僻边远的公社的要求，来确定我们普访工作，在普访中我们注意抓点工作，重视总结点滴经验。这次普访中，发现天心公社作后进知识青年转化工作和自给程度比较高，我们作了重点调查。普访中我们还了解案情结合起来，普访一个公社对原掌握案情，基本做到案情清楚。普访中我们还解决突出问题结合起来，如住房漏雨、二个知识青年拼一只床等问题，会同公社、大队得到解决。

关于自身革命化问题，在普访中重点坚持自学和"五同"，我们小组强调每天挤时间自学，基本上做到天天挤时间自学，普访哪里，学到哪里。如小组徐××同志（女）因水土不服烂了脚，和五十开外倪××同志有一天跑60里路，不仅坚持学习，第二天继续爬山越岭访亲人。我们小组学《哥达纲领批判》读二遍和毛主席《关于正确处理人民内部矛盾的问题》有关章节，批判"克己复礼"。关于自身革命，我们做得还很不够，继续努力，为把学习慰问工作做得更好。

以上汇报有不当之处，望领导指正。

上海学习慰问团安远小组

七四年五月十四日

定南县

关于定南县上海知识青年生活自给的情况调查

在定南县插队的上海知识青年，原来有969名，这几年来，有了一些变化：上工厂、去国营企业、升大学的共154名，调到县办国营水库的68名，再除去外迁、病退、死亡的30名，目前在农村的700多名。

在农村的青年生活自给怎么样？这是各级领导关心的问题。根据地区有关领导的指示，我们于五月份去定南县作了一些调查了解。

生活自给的基本情况：

对于自给的标准，各县情况不一，我们在天花公社和二十多名上海青年、部分下放干部以及公社"五·七"连队开了座谈会，共同研究。青年根据两三年来在一般条件下生活支出情况，提了几个数字：

口粮：一年 620 斤谷，即每月 36 斤半算 59.00 元

油：一年 4 斤计算　0.87 斤 3.50 元

盐：一月 1 斤 2.50 元

生产队分配的农副产品： 10 元

其它：（酱油等物，以及过年过节要多花一点） 5 元

合计 80 元

穿的方面：

布：15.5 尺布匹加上做工 15 元

鞋子：跑鞋 1 双 4 元

拖鞋 1 双 3.50 元

袜子：二年 1 双，以尼龙袜 3 元 1 双计，一年 1.50 元

合计 24 元

用的方面：

火油：一年 12 斤 4.80 元

牙刷牙膏： 2 元

肥皂： 2.40 元

理发： 1.80 元

合计 11 元

学习方面：

订阅报纸、购买图书等，每月平均 0.60，一年为 7.20 元

医疗方面：

合作医疗费 1 元

挂号费、伤风咳嗽、小病小痛 1.50 元

合计 2.50 元

几个项目加起来是 124.70 元，算它 125 元。其它还有一些杂七杂八日常费用，如邮票、草纸、赶圩零用等等，都还没有计算在内。

这有两笔帐：

1. 解决吃的问题，生产队和国家规定分配的东西，要 80 元；

2. 解决吃、穿、用等方面的问题，要 125 元。

……

要达到 80 元左右的收入，工分值不能过低，青年要积极参加劳动，评分要合理。如果是 0.50 一工，青年劳动至少在 1600 分；要做到 1600 分，以底分 8 分计算（实际上青年还达不到 8 分），全年出工则要在 200 天（整天）以上。至于要达到更高的标准——125 元，仍以分值 0.50 一工为例，则全年劳动至少在 2500 分，出工要在 300 天以上。

参考这样标准，我们了解了 8 个公社 622 名上海青年七一年劳动收入情况，全年收入在 80 元以上的只有 188 人，约占 30%，其中有 44 人收入在 125 元以上，约占 7%。达到这样一个百分比，对过去一些"手不能提"、"肩不能挑"的青年来说，也是一个不小的成绩，这是和定南县各级领导的关心和贫下中农再教育分不开的。

生活不能自给的原因：

1. 青年出勤率不高。622 名青年中，七一年劳动在 1600 分以上（约计劳动 200 天以上）的为 189 名，占 30%；有近 70% 的青年，他们全年劳动达不到 1600 分。劳动少的原因也是多方面的。我们在一个较差的公社调查了 77 名青年的情况，初步分析有：

①生病。77 名青年中，有 13 名（占 17%）患肾炎、肝炎、肺病等，不能坚持参加繁重的农业劳动。

②一些后进青年，东游西荡，不很好参加劳动。这个公社后进青年的面比较大，在 20 名（占 26%），有轻重不等流飞习气青年中，七一年劳动在 1600 分以上的只有 2 名。

③有些青年怕苦、怕累，不积极参加劳动锻炼，人数约有 13 名（占 17%）。他们当中也有一些嫌生产队分值低、评分低，劳动不起劲的。不过，这部分青年七一年比七〇年有较大的提高。七〇年全年每人平均劳动 320 分，七一年全年每人平均劳动达 620 分。

④回家时间长。77 名青年，有 2 名下乡以来一直没有回过上海，去年回上海的有 56 名。在上海的时间：

2 个月至 3 个月的 3 名；

3 个月至 4 个月的 6 名；

4 个月至 5 个月的 6 名；

5 个月至 6 个月的 4 名；

6 个月至 7 个月的 13 名；

7 个月至 8 个月的 9 名；

8 个月至 9 个月的 3 名；

9 个月至 10 个月的 3 名；

10 个月至 11 个月的 3 名。

上面加起来是 50 名，还有 6 名是去上海医治肺病、肝炎、肾炎、胆结石、哮喘的，5 个月至 6 个月 1 名；7 个月至 8 个月 1 名；8 个月至 9 个月 1 名；一年以上 3 名。

综上情况，去年回上海超过 4 个月以上的计 47 名，占 60%。

……

2. 部分生产队生产水平不高、工分值较低。8 个公社 175 个生产队，分值在 0.20—0.29 的 2 个；

0.30—0.39 的 30 个；

0.40—0.49 的 53 个；

0.50—0.59 的 59 个；

0.60—0.69 的 21 个；

0.70—0.79 的 7 个；

0.80 以上的 3 个。

0.50 以下的生产队为 85 个，占 175 个生产队的 48.5%，在分值 0.50 以下生产队里，有上海青年约 300 名。

3. 少数生产队没有完全贯彻同工同酬原则，也是原因之一。甚至在个别生产队里，还有以"上海青年家里有钱，不愁吃，不愁穿"为理由，而压低青年工分的。

定南县各级领导采取了哪些措施？

……

1. 全县调了 60 名上海青年参加社办企业，从事农业、养猪、果园、修配等。社办企业的收入比生产队高，有两个公社拿工资，其余计工分，青年反映：社办企业政治学习抓得紧，生活集体化，收入有保障。

2. 调 43 名上海青年做赤脚教师，每人每月发给生活费 10 元，另外记 900 工分，一般情况，他们的收入比大队书记的收入高一些。

3. 有些社队对有疾病的青年作了合理安排，如龙塘公社有一个跛脚青年，大队不安排他作田间活，派他碾米，既发挥了作用，又帮助他逐步解决生活自给。

4. 为了给青年扎根农村干革命创造必要的条件，对一部分因所在生产队生产水平一个时期内上不去，生活自给困难较大的青年，定南县"五·七"大军办公室已有些考虑，准备作必要的调整，根据需要和可能，逐步地将他们调到领导力量较强、工分比较高的生产队去。

我们有几点想法：

……

1. 使知识青年逐步做到生活自给，是巩固上山下乡成果的重要方面之一。现在有的同志对这问题还没有引起足够的重视。我们建议在宣传落实26号文件过程中，要提高基层干部的认识，同时采取一些适当的措施，帮助青年逐步实现生活自给。

2. 有些社队再教育组织、再教育工作不够落实，青年缺乏管理教育，是形成生活不能自给的原因之一……

3. 抓典型，树样板，对在这方面取得好经验的社、队、青年班和个人，加以总结、宣传和推广。

4. 有些社队需采取一些积极的措施，使青年逐步学会犁田、耙田等技术性较高的农活。同时，对少量未能贯彻"同工同酬"原则的生产队，从加强教育、提高认识着手，予以解决，从而做到同工同酬。

5. 对少数有疾病不能坚持参加农业生产，而又不属病退范围的青年，根据他们体力状况，作妥善安排，如从事手工业、土特产生产等。

6. 根据党的政策，鼓励和帮助青年利用剩余时间和假日，发展家庭副业，以增加社会产品，增加收入。

7. 在调查过程中，我们深深感到作为动员城市来说，在巩固工作中存在很多问题；在动员青年按时返回农村，发动家长做好教育工作，按照政策及时处理病退问题等方面都做得不够。

对于生活自给情况，特别是生活自给解决得好的典型经验，我们今后还准备作进一步调查，供领导参考。

以上报告，是否妥当，请指示。

上海市革命委员会赴江西学习慰问团赣州分团

一九七二年七月

二　知青业余函授教育

宜春地区

关于选送"医防"函授辅导教师培训班学员的通知

（宜地卫字〔76〕21号、宜地知青办字

〔76〕2号、一医宜基函字〔76〕1号）

宜春、万载、上高、高安四县上山下乡办公室、卫生局：

为了进一步落实毛主席的"六·二六"指示和"七·二一"指示，巩固和发展教育革命、卫生革命和知识青年上山下乡等文化革命伟大成果，以实际行动回击右倾翻案风，热情支持赤脚医生和合作医疗的新生事物，发展函授教育，上海第一医学院宜春基地计划于最近期间举办一期"医学常见病防治"（简称医防）函授辅导教师培训班，在宜春地区招收学员十六名。经研究决定，在你们四县每县招收四名，现将学员选送办法通知如下：

一、性质、任务和做法：此培训班属"社来社去"性质，是为今后对上山下乡知识青年开展"医防"函授教育承担面授和辅导等任务，目前尚处试办阶段，不采取广泛动员、个人报名的办法，请各县"乡办"和卫生局分别指定专人共同办理。在安排上，可与补充赤脚医生队伍的计划结合起来，在做法上可与上一医宜春基地、上海慰问团（小组）有关社、队协商选送并办理有关手续。

二、选送条件：本人自愿，政治思想、劳动等各方面表现好，决心扎根农村，身体健康，劳动锻炼四年以上，三十岁以下，并有条件担任医防函授辅导工作的上山下乡知识青年。在名额分配上，应优先照顾青年队、点。上海下乡青年约占百分之八十左右。

三、培训时间和地点：培训期限为一年，选送学员请按入学通知要求于四月十五日到上海第一医学院宜春基地（宜春地区医院西侧）报到。

四、学习期间，不迁户口，只转临时粮油关系，有工资者（如农场或社办企业等）由原单位发工资；拿工分者由上一医宜春基地按大学生标准给予生活补贴（超过部分，不另补）。一般疾病由学校医治。入学报到与结业后返回原社、队的路费由上一医宜春基地报销。不放寒暑假，也无探亲假。凡党、团员均转临时组织关系，其它人事档案材料不转。结业后回到原社队或单位，力求做到学以致用，努力为开展函授教育，普及大寨县作贡献。

五、入学前，应经县医院作体格检查，入学后发现有病不能坚持学习者送回原单位。怀孕及带小孩者不宜选送。

以上各点、各县应严格掌握，认真选送，并将有关精神向选送对象及其单位讲述清楚，这是做好入学思想教育的重要一环。

附件：1. "医防"函授辅导教师培训班学员登记表。

2. 体检检查表。

3. 上海一医"医防"函授辅导教师培训班科目介绍。

江西省宜春地区卫生局（章）

江西省宜春地区革命委员会知识青年上山下乡办公室（章）

上海第一医学院革命委员会宜春基地办公室（章）

一九七六年三月二十三日

报送：省革委会上山下乡办公室、卫生局，上海第一医学院革委会，地革委文办

抄送：地区文教局、上海慰问团（小组）、上海医疗队

附表　上海第一医学院宜春基地"医防"函授教师培训班宜春地区学员名单

县别	姓　名	性别	年龄	政治面貌	原所在单位	入学前职业
宜春	张××	女	25		洪塘公社伊塘大队	务农
宜春	蒋××	男	26		彬江公社石岭布青年队	务农
宜春	周××	女	25	团员	屋江公社布上青年队	妇女队长
宜春	李××	女	27	团员	楠木公社石坡上青年队	务农
高安	秦××	女	23	团员	太阳公社英岭大队	务农
高安	潘××	女	24	团员	相城公社林场	务农
高安	陈××	女	26		村前公社山下大队	赤脚医生
高安	朱××	男	20	团员	上游水库知青农场	务农
上高	周××	男	25	团员	田心公社槐头小学	民办教师

续表

县别	姓　名	性别	年龄	政治面貌	原所在单位	入学前职业
上高	罗××	男	19	团员	泗溪公社叶山大队	务农
上高	莫××	女	26	团员	上甘山公社长山大队	民办教师
上高	严××	女	28	团员	汗堂公社棠陂大队	民办教师
万载	周××	女	26	团员	赤兴公社浙桥青年队	会计
万载	陆××	女	25	团员	高城公社赤枫大队	民办教师
万载	张××	男	24	团员	大桥公社前进大队茶场	副场长
万载	王××	男	22	团员	株潭公社杨沅大队青年队	会计

关于"医防"函授教师培训班学员结业后返回原社队的通知

（宜地卫字〔77〕23 号、宜地文教

〔77〕19 号、宜地知青办〔77〕3 号）

宜春、高安、上高、万载、四县卫生局、文教局、知青办：

　　上海第一医学院宜春教学基地于一九七六年试办了一期社来社去的"医防"函授辅导教师培训班，我区从你们四县选送了十六名知识青年参加学习（名单附后）。这些学员，经过一年来的学习，提高了路线斗争觉悟，掌握了一定的医学专业知识，具备了一般常见病的防治技能，将于四月中旬结业返回原社队，现将有关事项通知如下：

　　一、这批学员的去向，应根据社来社去和学以致用的原则，与原选送社队联系商定，妥善安排。无论他们入学前是当赤脚医生、民办教师还是务农，均应安排他们做赤脚医生或当中学民办教师（讲授卫生课程）。

　　二、这批学员结业后，由上海第一医学院宜春基地发给路费，到县卫生局报到。由县卫生局、文教局、县革委会知识青年上山下乡办公室共同研究，落实安排。

　　三、这批学员返回各县后，生活有些困难，由地区卫生局补助每人生活费三十元。

　　四、这批学员返回当地后的工分报酬，应按其个人的红专条件和男女同工同酬的原则予以合理解决。其口粮、住房、自留地等生活问题也应妥善解决。

　　以上通知，希你们认真研究执行。

江西省宜春地区文教局（章）

　　　　　　江西省宜春地区革命委员会知识青年上山下乡办公室（章）

　　　　　　　　　　　　　　　　　　　一九七七年四月六日

报送：省卫生局、教育局、知青办，地革委文办

抄送：上一医宜春基地、上海慰问团（小组）

关于参加"医防"函授教育知青生活补助的意见

县知青办：

　　你县有　　名下乡青年参加上海一医"医防"函授学习，已介绍回县。他们在学习期间，由学校发给每人生活费十七元，有的比在队里劳动派入减少，他们回去后又要买口粮，生活有些困难，地区卫生局已给每人补助生活费卅元，我们考虑比较少，请你们根据各人历年在生产队参加分配派入的具体情况，再适当补助一点，在知青生活困难补助费中开支。

　　专此

敬礼！

　　　　　　　　　　　　　　　　江西省宜春地区革命委员会（章）

　　　　　　　　　　　　　　　　　　　七七年四月十八

武宁县

关于开展知识青年函授教育工作的几点意见

县委：

　　地委〔1975〕20号文件《关于批转〈全区农村知识青年函授教育工作会议纪要〉的通知》中决定，在我县部分公社开展知青函授试点……为搞好这一试点工作，提出以下几点意见：

　　一、提高认识，端正态度

　　……

　　二、加强领导，分人主管

　　各级党组织要切实加强对知青函授教育工作的领导，把它列入党委议

事日程，作为一项重要任务来抓。共青团、妇联和宣传、党校、农业、工业、水利、卫生、财政、广播等对口部门，要积极支持。在党委统一领导下，公社、大队都要成立工农业余教育领导小组（人数自定）。公社要有一名副书记或副主任分管，由知青办和文教干部主管。大队要有一名副职分管，团支部书记主抓这项工作，使知识青年函授教育工作扎扎实实地开展起来。

三、目前工作部署

根据省、地有关部门和县委意见，今年先在黄段、涅溪、船滩三个公社开展知青函授教育工作试点。因此，对这三个公社的具体工作部署要求是：

1. 各公社、大队在"双抢"前要相应成立工农业余教育领导小组，召开各种会议，广泛宣传群众，同时组织力量搞好招生工作，按一比三十的要求配备好兼职教师，并将兼职教师和学员填表造册一式三份，报招生学校和县文教局。

2. "双抢"后，以公社为单位，召开有关部门领导和兼职教师会议，研究安排好下半年知青函授教育工作。

3. 九月初正式开学，以公社为单位举行开学典礼。

四、经费开支问题

各地要贯彻勤俭办学的方针，多快好省地发展函授教育。兼职教师参加培训、集体备课和进行面授辅导的旅差费、住宿费等，由派出单位解决；不带工资兼职教师的旅差费、误工补贴和知识青年参加面授的误工补工，由所在社、队解决。

武宁县知识青年函授教育工作领导小组

一九七六年七月一日

上饶地区

关于选送农村知青函授学员参加
"函授辅导教师培训班"学习的通知

（饶革发〔1976〕024 号）

各县（市、镇）革委会、地属垦殖场：

农村知识青年函授教育在我区开办以来，深受广大群众和知识青年的热烈欢迎。在各级党委领导下，在上海市有关部门和高等院校大力的支持下，全区知青函授教育已经取得丰硕的成果。为帮助各地自办函授教育，上海各高等学校根据朝阳农学院"社来社去"的办学经验，今年将为各开办知青函授教育的地区试办"函授辅导教师培训班"。学习结束后，仍回当地，为开展函授教育，普及大寨县作出贡献。现将我区选送学员的有关事项通知如下：

（一）选送对象和条件：

选送对象是参加函授学习的上山下乡的知识青年。应是本人自愿、志愿扎根农村、身体健康、下乡锻炼劳动四年以上、年龄在三十岁以下，参加函授学习确有成效（或对学习的专业有一定实践经验）的上山下乡知青，并有条件担任该科目辅导教师者。

为有利于鼓励上海知青在当地扎根，选送对象主要为上海下乡青年（约占80％）。

（二）选送办法：

因培训班属试办性质，名额有限，故采取由上海学习慰问团与当地有关单位、上海举办学校协商选送，不作广泛动员。

（三）学习期限：

根据各科要求，学习期限一般为一年左右。学习地点：植保、气象在上海，医防在宜春，马列下半年招生。

（四）学习期间的生活待遇：

有工资收入者由原单位发给工资，不另行补贴。拿工分的，举办学校按大学生标准给以生活补贴；另由当地选送的县教育行政部门，按小学民办教师补助标准按月给予补贴。一般的疾病，由学校医治。入学报到与结业后返回原地的路费由举办学校报销。不放寒暑假，无探亲假。

（五）结业后发挥作用的问题：

学员为做到学以致用，发挥作用，结业后仍回选送县，由所在县教育行政部门安排，担任一定的函授教育辅导任务。

（六）体检：

入学前要经县以上人民医院体格检查。入学后发现有病不能坚持学习者回原单位。怀孕及带小孩者不宜入学。

（七）其它：

人事档案不转，党团员转临时组织关系。户口不迁，转油粮关系或自带粮票（到上海学习的带全国粮票）。

希各地接此通知后，认真研究贯彻，要求在三月份以前搞好这次选送工作。要以实际行动热情支持和扶植知青函授教育这一社会主义新生事物，回击右倾翻案风，巩固和发展无产阶级文化大革命的胜利成果。

附件：各科招生名额分配表

江西省上饶地区革命委员会（章）

一九七六年三月十九日

抄报：省革委

抄送：省文办教育组、省知青办、上海慰问总团、地区教育组、地区知青办、上海学习慰问团上饶分团

江西省上饶地区革命委员会办公室印发　　　　　　　　共印一五〇份

各科招生名额分配表

县别 \ 科目名额	马列	植保	医防	气象	备注
波　阳	2	2	2		
乐　平	1	2	1	1	
余　干	1	2	1		
余　江	1	2	1		
万　年	1	2	1	1	
贵　溪	2	2	1	1	
弋　阳	2	1	1	1	
德　兴	1		1	1	
婺　源	2	2	1		气象、医防、植保科目4月份开学。马列科目于9月份招生
铅　山	1	1	1		
玉　山	1		1	1	
上　饶	1		1		
广　丰	1				
横　峰	1			1	
英潭镇	1				
乐丰农场	1			1	
武夷山			1	1	
五府山			1	1	
合　计	20	16	15	10	

鹰潭镇

会议纪要

一九七五年三月十七日

地点：乡办

出席：乡办体同志，教育组胡家驹、童家汪玉粹、白露程树欣、夏翠孙玉庭

内容：研究函授教育的问题

预设立科目：

政治　100 人	童家　40	白露　40	夏翠　20
写作　50 人	童家　20	白露　20	夏翠　10
农会　100 人	童家　40	白露　40	夏翠　20
美术　30 人	童家　10	白露　10	夏翠　10
经济			
机电　50 人	童家　20	白露　20	夏翠　10

余江县

关于第三期知青函授教育开学的通知

各公社（场）教革会、知青办、函授辅导站：

……我县第三期知青函授教育定于十月上旬开学。现将有关事项通知如下：

一、凡开办了第三期知青函授教育的公社（场），一律在十月十五日前开学。具体时间由各单位自行安排。

二、各公社（场）必须举行开学典礼，全体函授学员和兼职教师参加会议，并可邀请各方面的代表参加，有条件的地方可以召开全体知识青年的会议，请主管知青和教育工作的党委同志在会上讲话。

三、要订好学习制度，编好学习小组。

四、未进行函授教育总结的单位，请抓紧时间认真总结，对在第二期函

授学习中优秀学员和兼职教师，要给予表扬，对于他们的事迹，要写成书面材料，寄到县函办。

五、将开学情况告诉县函办。

江西省余江县教育局（章）

江西省余江县革命委员会知识青年上山下乡办公室（章）

余江县知青业余函授教育办公室（章）

一九七六年十月五日

井冈山地区

关于为上山下乡知识青年试办业余
函授教育工作的请示报告

（井发〔1974〕48号）

地委、地革委：

　　广大革命知识青年积极响应伟大领袖毛主席的号召，上山下乡，走与工农相结合的道路，正在农村三大革命斗争中茁壮成长。遵照毛主席关于"新中国要为青年们着想，要关怀青年一代的成长"的教导，为帮助上山下乡知识青年结合三大革命运动实践，学习革命理论和科学文化技术知识，我区在上海市有关高等院校配合下，从明春开始，在上山下乡知识青年中试办业余函授教育。为了搞好这项工作，提出如下意见：

　　一、为上山下乡知识青年举办业余函授教育，是批林批孔运动中出现的社会主义新生事物。它是巩固和发展无产阶级文化大革命的胜利成果，进一步做好知识青年上山下乡工作的需要，是广大上山下乡知识青年的迫切要求；同时，也是落实毛主席的"五·七"指示，贯彻多种形式办学的一项有力措施。它对于巩固无产阶级专政，培养和造就千百万无产阶级革命事业的接班人，深入开展农业学大寨运动，建设社会主义新农村，逐步缩小三大差别，都有着重要的现实意义和深远意义。因此，建议我区各级党组织、革委会切实加强对这项工作的领导，坚决贯彻执行毛主席的无产阶级教育革命路线，坚持群众办学，坚持理论联系实际，坚持勤俭节约，注意抓好典型，及时总结经验，认真把这项工作做好。

二、为了加强对业余函授教育的领导，建议在地委的一元化领导下，由政治部、生产指挥部、团地委、地妇联、宣传组、文教局、知青办有关对口部门的负责同志组成地委工农业余教育领导小组，领导小组下设办公室（在地革委内），从文教局、知青办、团地委、农业局、师范学校函授组、上海市学习慰问分团各抽调一人集中办公，负责日常工作。各县（山）要相应地建立领导小组和办事机构。各对口部门除一名负责同志参加领导小组工作外，还要指定专人具体抓这项工作。有招生任务的公社（场）党委也应有一名负责同志分工兼管业余函授教育，并指定专人具体负责日常工作，以保证业余函授教育这项新的工作顺利开展，坚持下去，取得成效。

三、业余函授教育的内容，要根据农村三大革命斗争的需要，做到理论密切联系实际。从我区当前农村三大革命斗争的需要和上海有关高等院校的可能情况出发，明年在十四个县、市、山（地属垦殖场由所在县负责）分试办和自办两种形式，开设十二个科目，招收六千名学员。各科函授期限一般为一年左右（具体招生计划附后）。建议各对口部门把业余函授教育的计划列入本部门的培训计划。试办期间，主要采用上海有关高等院校选编的教材和辅导资料。各地可根据形势和当前农村的需要编些乡土教材与补充资料，以做到学用结合。要求参加学习的知识青年通过业余函授教育，在比较短的时间内掌握所学科目的一些基本知识和解决实际问题的能力。

四、招生对象主要是相当于初中文化程度的上山下乡知识青年，适当兼顾回乡知识青年。招生办法，实行自愿报名，青年班（队、场）协商和群众推荐，报公社（场）党委批准，由县工农业余教育领导小组发给入学通知书，学员按科目就近（一般以公社、场或邻近几个大队为单位）编成学习小组。他们在学习期间和结业以后的待遇同其它上山下乡知识青年仍然一样。招生中的宣传和组织工作，由各县（山）负责，要求各地在今冬明春做好招生的组织、宣传和计划落实工作。明年三月下旬招生，四月上旬开学。

五、业余函授教育要坚持业余自学为主，面授为辅，能者为师，互教互学的教学方法。根据科目的特点，以县（山）为教学点，由上海市有关高等学校与当地兼职教师结合，分科举办短期训练班，各对口单位要具体负责做好短训班的组织工作，解决教学和实习基地。各级领导要创造条件，保证学员每周有二三个晚上的业余自学时间，每月有二天小组集体学习的时间。在具体掌握上，可实行农忙少学，农闲多学的办法。

六、为了加强业余函授教育的经常辅导，各县对口部门和公社（场）要认真选派具有较高的政治觉悟和实践经验的工人、贫下中农、干部、教师、医务人员和其它技术人员等担任兼职教师。各公社按开设科目分别聘请一二名兼职教师，负责做好学员经常的思想教育与面授、辅导工作。各县的对口部门将聘请的兼职教师，组成辅导站。兼职教师的名单，经县委工农业余教育领导小组批准后，报地委工农业余教育领导小组发给聘请书。兼职教师所在单位要积极支持他们的工作，保证一定时间让他们从事备课与辅导活动。

七、在试办期间不向学员收费，教材和辅导材料由上海市各有关高等院校供应。函授的邮资费、上海派出教师巡回面授的旅差费等，由上海开支。县（社）举办短训班（不包括公社集中面授和讨论），学员的交通、伙食、住宿等费用由对口部门负责解决。学员发扬艰苦奋斗勤俭节约的精神，提倡自带行李，短途步行，尽量减轻国家和集体的负担。学员参加短训班和公社集中面授期间实行误工记工，由生产队记分，大队分摊解决。兼职教师参加短训班的费用向本单位报销。邮政部门要采取有效措施，以保证函授教材和资料及时投递到学员手中。

以上报告如无不当，请批转各地、各部门贯彻执行。

井冈山地区革委会知青办

井冈山地区文教局

一九七四年十二月十三日

井冈山地区 1975 年下乡和回乡知识青年业余函授教育招生分配方案

1974 年 12 月

	科目	开设学校	对口领导部门	招生总数	新天	峡江	永丰	吉水	井冈山	安福	吉安县	泰和	万安	永新	宁冈	遂川	吉安市	莲花
1	政治教育	上海化工学院700、上海纺织工学院400	党校、宣传组	1100 (*270)	(化工)160	(化工)160	(化工)160	(化工)140	(上纺)30	(化工)*50	(上纺)90	(上纺)90	(上纺)*50	(上纺)*40	(上纺)*20	(上纺)*40	(上纺)*40	(化工)*30
2	历史	复旦大学	宣传组、党校文教局	500 (*60)						130	100	80	130			*30	*30	
3	写作	复旦大学	宣传组	700 (*70)	160	160	160	130	20					*30	*20			*20
4	育种	复旦大学	农业局	500 (*80)	90	90		90	20	80		50		*30	*20	*30		
5	农用微生物	上海化工学院	农业局、商业局、科技组	200			50	50			100							
6	化肥	上海化工学院300、上海纺织工学院300、上海铁道学院200	农业局、商业局	800 (*50)	(化工)100	(铁道)100	(化工)100	(化工)100		(铁道)80	(上纺)90	(上纺)90	(上纺)90				(上纺)*30	(铁道)*20

续表

序号	科目	开设学校	对口领导部门	招生总数	新天	峡江	永丰	吉水	井冈山	安福	吉安县	泰和	万安	永新	宁冈	遂川	吉安市	莲花
7	农村电工	上海纺织工学院	水电局	500(*160)	100	80	80	80								*50	*50	
8	柴油机拖拉机维修	同上	重工业局 农业局	550(*300)	100	100			50		*70	*130	*30	*40	*30			
9	农村会计	同上	人民银行	300		80	80				70	70	70					
10	气象	上海师范大学	气象台(站)	200(*20)	50				20		80		30					*20
11	农村常见病防治	上海第一医学院	卫生局	500(*30)		100	100	100	*10	100						*20		
12	革命文艺(短训班)	上海音乐学院	文教局(宣传组)	200	15	30(☆)	15	15	20(☆)	25(☆)	10	10	10	10	10	10	10	10
	科目数				8	9	8	8	7(6a*1)	6(5a*1)	8(7a*1)	8(6a*1)	7(5a*2)	5(1a*4)	5(1a*4)	6(1a*5)	5(1a*4)	5(1a*4)
	共计招生数			6050(*1040)	775	900	745	705	170(*10)	465(*50)	610(*70)	580(*190)	410(*80)	150(*140)	100(*90)	180(*170)	100(*150)	100(*90)

註：1. 表内有*符号者为各县自办学数，由上海学校提供教材，由各县自己组织教学活动。2. 为了便于集中学习与加强领导，请各县在分配名额时，以相对集中为宜。3. 革命文艺中有(☆)者为举办短训班的所在地。

为上山下乡知识青年试办业余
函授教育招生工作宣传提纲

在继续深入批林批孔的大好形势下，遵照毛主席关于"新中国要为青年们着想，要关怀青年一代的成长"的教导，坚决贯彻党的十大精神，热情支持社会主义新生事物，进一步做好上山下乡知识青年的工作，在地委统一领导下，上海市有关高等学校和地、县有关部门一起，明春，在我区为上山下乡知识青年试办业余函授教育。经地委工农业余教育领导小组决定：一九七五年三月开始招生，四月初正式开学。这是无产阶级革命的需要，是知识青年上山下乡工作和教育革命的新发展，是上海市委、市革委坚决执行毛主席革命路线的生动体现，也是我区广大知识青年政治文化生活中的一件大喜事，它反映了广大知识青年的迫切愿望。

（一）试办业余函授教育是无产阶级革命的需要，是批林批孔运动中出现的一个社会主义新生事物。几年来，广大知识青年在毛主席关于"知识青年到农村去"的伟大号召下，满怀革命豪情，奔赴农村干革命。他们在各级党组织、革委会的领导下，在贫下中农再教育下，战天斗地，艰苦奋斗，茁壮成长，已成为农村三大革命斗争中的一支积极力量。在"农业学大寨"和实现农业现代化的伟大斗争中，他们迫切要求学习马列主义、毛泽东思想，掌握更多的无产阶级革命理论和社会主义文化科学技术知识，决心为社会主义革命和建设作出更大的贡献。因此，搞好业余函授教育工作，对于坚持知识青年上山下乡的正确方向，把这场伟大的社会主义革命进行到底，巩固和发展无产阶级文化大革命的伟大胜利和成果，培养和造就千百万无产阶级革命事业接班人，加速农村社会主义革命和建设的步伐，逐步缩小三大差别，都具有重大的意义。认真开展这项工作，就是以实际行动批林批孔。林彪和孔老二为推行"克己复礼"的反动政治纲领，搞复辟，搞倒退，拼命反对知识分子与工农群众相结合。他们宣扬"读书做官论"、"天才论"，恶毒攻击知识分子务农是"小人"，诬蔑知识青年上山下乡等于"变相劳改"。今天，我们举办业余函授教育，帮助下乡知识青年在斗争实践中，学政治、学文化、学科学技术知识，促进他们扎根农村干革命，在三大革命运动的实践中发挥更大作用，这正是对林彪、孔老二的有力批判。我区各级党组织、革委会和广大革命群众，必须从路线斗争的高度，满腔热情地支持这一新生事物，坚定不移地执行毛主席的革命路线，以批林批孔为动力，切实有效地把这项工作做好。

（二）试办业余函授教育是业余教育的一种新形式。学员不脱离生产和工作岗位，利用业余时间，按教学计划进行学习，以自学为主，遇到疑难问题可写信向教师请教。同时，根据学习科目的特点和需要，适当进行面授和辅导。通过函授学习，要求学员在较短的时间内，提高阶级斗争、路线斗争、继续革命的觉悟，掌握所学科目的基本知识，提高分析问题和解决实际问题的能力。

（三）结合农村实际，开设必要的科目。根据我区的特点，从有利于建设社会主义新农村出发，充分考虑师资、实习基地等客观条件，明年试办的科目共分三类十二科，各科目的学习期限初定为一年左右。三类是：一、政治、语文；二、农业生产知识；三、农村医疗卫生。十二科是：1. 政治教育；2. 历史；3. 写作；4. 革命文艺；（以上属第一类）5. 农村会计；6. 气象；7. 育种；8. 肥料；9. 农用微生物；10. 农村电工；11. 柴油机、拖拉机维修；（以上属第二类）12. 农村常见病防治。待试办取得经验后，根据实际需要和可能，再增设科目。

（四）关于招收学员名额的分配。在下乡知识青年中举办业余函授教育，是一项刚刚试办的新的工作，有一个取得经验，由点到面，逐步铺开的过程，所以招生名额有限，只能一部分下乡知识青年参加。我区刚刚试办，明年暂招收六千名学员。为了便于教学，坚持到底，取得成效和经验，我区招生名额分配在峡江、新干、永丰、吉水、万安、泰和、井冈山、安福、吉安九个下乡知识青年比较多、比较集中的县。其它县、市实行自办（由上海高校提供教材，各县自己组织教学活动）。各科目招生的名额也是相对集中地进行分配，并非每个县每个公社每个科目都招生。

（五）坚持"自愿报名，班队协商，领导批准"的招生办法。招收的学员是具有相当初中文化程度的上山下乡知识青年，并适当兼顾回乡知识青年。下乡早、年龄大的青年、女青年应当予以优先招收。要求学习的下乡知识青年，自愿向所在地的生产队（或大队）报名，经青年班队协商，报公社（或农、垦殖场）党委批准。为了能使更多的上山下乡知识青年参加学习，一个人只报学一个科目。

（六）遵照毛主席关于"要自学，靠自己学"的教导，凡参加函授学习的知识青年，按科目就近编成学习小组，根据学校的教学计划和所发教材、辅导材料，认真进行自学，定期讨论，能者为师，互教互学，适当辅以面授。

（七）就近选派"兼职教师"。教学人员除上海有关高等院校派出教师巡回到点面授外，并由各地就近选派有实践经验的工人、贫下中农、干部、教师和医务、技术人员等担任兼职教师，参加教学和辅导。兼职教师由公社、县提名，报地委工农业余教育领导小组聘请，在县成立辅导站，在公社成立辅导组。

（八）坚持"节约闹革命"的原则。在试办期间，不向下乡知识青年收费，要发扬抗大、共大艰苦奋斗、自力更生办教育的革命精神，搞好函授教育。教材和辅导材料由学校印发，赴点面授所用交通、住宿、伙食、误工补贴等费用的开支，地区另行下达文件，按文件规定执行。

（九）加强党的领导，是搞好业余函授教育的关键。毛主席教导我们："省、地、县委三级第一书记要管教育，不管教育的现象是不能容许的。"为上山下乡知识青年试办业余函授教育是一个新生事物，也是教育革命的深入和发展，是党的教育的一个组成部分，它涉及广大革命群众，涉及各个有关部门，涉及中心工作与试办业余函授教育工作的安排。因此，要搞好这项工作，根本在路线，关键在领导。只要在各级党委一元化的领导下，坚持毛主席的革命路线，切实加强对这项工作的领导，把这项工作列入党委工作的议事日程，以党的基本路线为纲，以批林批孔为动力，就能推动这项工作的开展。要深入进行思想和政治路线方面的教育，坚持知识青年上山下乡的正确方向。要发动群众，依靠群众，群策群力。各行各业都要热情关心，大力支持这项工作。各有关部门、有关人员都要经常注意抓好典型，及时总结交流经验，大胆实践，发扬先进，焕发精神，努力工作，一定要使这项工作坚持下去，做出成绩来。

试办业余函授教育的工作即将开始了。参加学习的知识青年们！让我们牢固地树立为革命而学的思想，坚守岗位，刻苦学习，克服困难，发扬理论联系实际的革命学风，在斗争实践中学，在革命理论指导下干，为建设社会主义新农村作出更大的贡献！

中共井冈山地委工农业余教育领导小组办公室

一九七四年十二月

关于为召开全区知青函授教育
交流会议做好材料准备的通知

各县（市、山）工农业余教育办公室：

我办原打算于七月中旬召开一次知青业余函授教育经验交流会，现根据各地开展情况，经研究决定推迟至八月中旬召开（具体时间和地点另行通知）。为了认真总结经验，把会议开好，我们必须做好以下几项工作：

1. 在前段时间举办短训班的基础上，各地要认真抓好面上的工作，组织好兼职教师的面授辅导和学员的业余自学，使知青函授教育坚持经常，扎扎实实地开展下去，取得成效。

2. 要深入实际，调查研究，抓好典型，总结经验。各地可参考地区五月底工作会议上发的总结提纲，认真总结二至三篇经验材料，于八月五日前报地区。

3. 对知青函授教育开展以来的工作要进行一次小结，对下半年如何开展工作提出一些意见，上述两方面的材料与会时带来。

短训班统计表请于七月中旬填好报来地区办公室。

井冈山地区工农业余教育办公室/（章）

一九七五年六月二十六日

井冈山地区 1975 年函授教育开设科目简介

科目名称	培养要求	简要内容	学习时间	开设学校	招生人数	招生对象
农用微生物	了解农用微生物的应用与土法生产的基本知识,操作方法,更好地扎根农村,开展科学种田作出贡献。	一、农用微生物的操作方法。二、几种典型产品菌肥(920、根瘤菌、系链杆菌)应用及土法生产。三、饲料发酵。四、根据地方实际适当介绍食用菌的知识。	8个月	上海化工学院	200	担任或准备培养成为农技员的知青。
化　肥	了解肥料的性质,特点及有关的土壤、化学基本知识。通过实践,掌握常用肥料的科学施用方法,开展科学种田的试验。	一、肥料的一般介绍。二、化肥与腐酸。三、有机(农家)肥。四、绿肥。五、土壤、化学知识以及土农药的介绍。	9个月	上海化工学院 上海纺织工学院 上海铁道学院	800	担任或准备培养成为农技员的知青。
柴油机拖拉机维修	初步熟悉柴油机、拖拉机的结构,工作原理,合理使用与维修。	东风12手扶拖拉机、丰收27拖拉机 2105、1105的结构,工作原理、合理使用与维修。	1年	上海纺织工学院	500	担任或准备培养成为基层农机员的知青。
农村电工	能从事农村一般照明电路,简易动力线路及普通农用电动机的安装、使用与维修。	电工基本知识,电路、简易动力线路。异步电动机的安装、使用与维修。农村有线广播知识。农村小电站常识。用电常识。	1年	上海纺织工学院	800	担任或准备培养成为基层电工的知青。
农村会计	提高政治理论水平,巩固扎根农村思想,进一步理解党在农村的各项有关方针政策,掌握生产队会计的具体业务,提高为贫下中农掌好财政的本领。	一、政治经济学基础知识的社会主义部分有关章节。二、生产队会计业务基本知识。	8个月	上海纺织工学院	300	担任或准备培养成为生产队会计的知青。
农村常见病防治	掌握一定的医疗卫生知识和防治农村常见病的实践技能。	农村卫生、农村常见病防治、新医疗法、中草药知识等。	1年	上海第一医学院	500	热爱医疗卫生工作和目前担任赤脚医生的知青。

续表

科目名称	培养要求	简要内容	学习时间	开设学校	招生人数	招生对象
政治教育	领会马列主义、毛泽东思想的一些基本观点,积极投入批林批孔运动,提高识别真假马克思主义者的能力,在改造客观世界的同时改造主观世界。	一、《共产党宣言》。二、《国家与革命》。三、《社会主义从空想到科学的发展》。	1年	上海化工学院、上海纺织工学院	1100	担任基层干部、政治辅导员,生产队政治教员与宣传员的知青。
历 史	学习马克思主义关于历史唯物主义的基本观点,具有一定的历史知识,成为宣传马克思主义、毛泽东思想,批判资产阶级,巩固农村社会主义阵地的革命战士。	学习《马克思研究历史》《古代史话》,选读一著作。	1年	复旦大学	500	主要是农村基层理论队伍和政治夜校辅导员的知青。
写 作	树立为革命而写作的目的,提高写作能力,初步掌握宣传马列主义、毛泽东思想的几种文体,更好地为贫下中农服务,成为农村无产阶级的专政的舆论战士。	批判刘少奇、反革命修正主义路线及在写作上介绍几种常用文体(大批判、小评论、小故事、工作总结、农村广播稿)。分口口常见的几个问题。	1年	复旦大学	700	从事宣传报导、文书或爱好写作的知青。
革命文艺(短训班)	通过学习,在原有基础上提高一步,积极宣传革命样板戏,占领农村文艺阵地,在农村的革命文艺活动中起骨干作用。	一、声乐(唱歌);二、民乐(二胡、原胡、中胡、革胡琵琶、弦、扬琴等);三、管乐(小提琴、钢琴、低音提琴、长笛、黑管、双簧管、小号、圆号、长号等);四、作曲(创作歌曲、歌词,指挥合唱曲)。	2至3周	上海音乐学院	200	知青基层业余文艺骨干(学器乐者,需自备乐器学曲者要将以前创作品带来)
气 象	学会看天本领,听懂气象广播,并有进行单站补充天气预报的能力,以便更好地战天斗地,夺取农业生产的新胜利。	主要介绍进行气象预测和单站补充天气预报的基本方法口口。	1年	上海师范大学	200	从事科学种田、气象哨、看天小组的成员及热爱气象工作的知青。
育 种	掌握水稻良种繁育及育种方面的技术,为粮食产量跨《纲要》作出贡献。	一、水稻的形态、生育。二、水稻的良种繁育。三、育种方法(系统口口、杂交、诱变育种)。四、引种及田间试验。	9个月	复旦大学	500	担任或准备培养成为种子员的知青。

481

全区上山下乡知识青年业余函授教育工作会议纪要

……我们于六月二十四日至二十七日在吉安市召开了全区上山下乡知识青年业余函授教育工作会议。参加会议的有各县、市、山工农业余教育办公室，省、地属垦殖场，地、县属共大分校负责知青业余教育工作的同志，有专程到会指导的上海市教育局、上海市赴江西学习慰问总团、上海纺织工学院，省知青办负责这方面工作的同志，共47人。

……

会议着重研究讨论了第二期知青业余函授教育工作的任务。大家认为，第二期的工作有了一个新的开端和发展，招收学员8300余名（其中共大分校3500名），比第一期招收的6200余名有所增加，各地自办科目增多了，共大分校要开始试办，任务是艰巨的。为完成这些任务会议认为：

一、……

二、必须在做好第一期学员结业工作的基础上认真开展第二期招生、开学等工作。

（1）第一期学员结业工作。要以公社为单位举行结业式，结业重在思想教育和总结；在时间上除"医防学科"延长到十月份外，其它的最迟在八月底完成。已结业的学员要注意学以致用，发挥他们在农村三大革命斗争中的作用。要继续关心教育他们与上海市有关学校取得联系，通过函授再学习得到提高。

（2）第二期的招生工作。招生计划要和对口部门、公社反复酝酿，制订落实，做到适当集中，合理布局，以利于学用结合和组织自学教学和辅导活动；招生对象以上山下乡知识青年为主（照顾年龄较大、青年队场和已婚的青年），适当招收回乡知青和有丰富实践经验的贫下中农。共大分校可以农村青年为主，适当招收基层干部和有丰富经验的贫下中农；招生办法是"自愿报名，群众推荐，公社批准，县发通知（垦殖场由分场批准，总场发通知）"；招生时间从现在开始到八月底结束，八月底根据高校、中专招生情况，再做调整充实，八月二十日以前报学员名单和统计表到地区。在招生工作中，要以阶级斗争为纲，大造革命舆论，做好宣传工作，反复宣传知青函授教育的意义和目的、培养目标，进行扎根教育。

（3）聘请兼职教师工作。要按照地委〔74〕48号文件的要求进行聘请，原则上一期聘请一次，好的继续聘任，不能胜任的进行调整，新开办的从新聘请。取得对口部门同意，也可聘请少数不脱产的贫下中农和知青学员骨干。一般以县为单位，兼职教师与学员的比例不得高于1∶7，要根据对口部门和公社党委的意见，由他们提名，县里批准。七月底将兼职教师名单和统计表报地区发给聘请书；对口部门对兼职教师在业务上要给以指导，自办县（科）要有县、社两级兼职教师，逐步形成一个兼职教师网。

（4）制订教学计划，做好开学准备工作。地区和上海高校联系，准备在七月份下达各科在各地开展教学活动的计划表和教师备课会的安排表，各地要同对口部门协商，具体落实短训班（今年下半年一般是每科办一次班）和教学辅导活动的时间、地点及形式，于七月下旬报地区。开学时间九月上旬，以县为单位，一般用广播的形式。学员集中到所在公社收听举行第二期开学仪式；开学前要做好自学组织、自学时间、学习基地、教材、兼职教师五落实的准备工作，以便开学后能按教学计划开展自学活动。

（5）关于共大分校试办知青函授教育的问题。共大分校试办知青函授教育是深入贯彻毛主席的"七三〇"指示，开展教育革命的需要，是坚持开门办学，更好地为农业学大寨运动服务的需要，是积极扶植社会主义新生事物的一个重要方面。我们一定要以阶级斗争为纲，从限制资产阶级法权、巩固无产阶级专政的高度，努力做好校内外的政治思想工作，把它看作是"我要办的分内事"来支持，来办好。共大分校试办知青函授的招生指标是列入省、地教育事业计划下达的，要力争超额完成任务。各分校可根据任务自订招生计划（包括开设科目、招生数和地点、教学活动安排等），报县工农业余教育办公室，并在其统一组织计划下开展工作。（井冈山共大分校可就近和井冈山、太和县联系安排）所需教材可通过向新华书店采购、向上海有关学校要样本和自编的办法解决。

三、必须加强领导，切实抓好知青函授工作。知青函授教育必须在党的一元化领导下开展工作，各地要按照地革委〔75〕81号文件提出的要求调整加强领导小组和落实办公室的工作人员。县办公室要有一位负责同志具体抓，并从文教局、知青办、慰问小组各抽调一名同志集中办公，开展函授教育的公社也必须要有领导同志分管，要有人负责管理。办公经费一般在行政经费中开支，教育、知青事业经费中也可开支一部分，办班经费由对口部门负责，每月集中两天的学习活动仍由队里记工分。

井冈山地区革命委员会办公室印发

一九七六年七月二十二日

遂川县

一九七五年下乡回乡
知识青年业余函授教育招生方案

一、政治

招收学员：40 人

教材提供：上海纺织工学院

对口单位：党校、宣传组

名额分配：巾石公社 10 人（上海知青 5 人，本县下乡知青 5 人）

珠田公社 10 人（上海知青 5 人，本县下乡知青 5 人）

左安公社 10 人（上海知青 7 人，本县下乡知青 3 人）

汤湖公社 10 人（均上海知青）

二、历史

招收学员：30 人

教材提供：复旦大学

对口单位：文教局、党校

名额分配：新江公社 20 人（吉安市知青 10 人，本县下乡知青 10 人）

五斗江公社 10 人（吉安市知青 7 人，本县下乡知青 3 人）

三、农村电工

招收学员：50 人

教材提供：上海纺织工学院

对口单位：水电局

名额分配：大汾公社 8 人（上海知青 6 人，回乡知青 2 人）

石花公社 6 人（上海知青 4 人，回乡知青 2 人）

草林公社 12 人（上海知青 8 人，下乡知青 2 人，回乡知青 2 人）

西溪公社 12 人（本县下乡知青 8 人，回乡知青 1 人，五指峰药场 3 人）

利元公社 12 人（上海知青 8 人，下乡知青 2 人，回乡知青 2 人）

四、育种

招收学员：30 人

教材提供：复旦大学

对口单位：农业局

名额分配：南江公社 3 人（上海知青 1 人，回乡知青 2 人）

　　　　　黄坑公社 8 人（上海知青 5 人，回乡知青 3 人）

　　　　　杨芬公社 4 人（上海知青 2 人，回乡知青 2 人）

　　　　　衙前公社 8 人（本县下乡 4 人，回乡知青 4 人）

　　　　　桥头公社 4 人（本县下乡知青 2 人，回乡知青 2 人）

　　　　　横岭公社 3 人（上海知青 2 人，本县下乡知青 1 人）

五、农村常见病防治

招收学员：20 人

教材提供：上海第一医学院

对口单位：卫生局

名额分配：高坪公社 6 人（上海知青 4 人，本县下乡知青 2 人）

　　　　　汤湖公社 4 人（上海知青 2 人，回乡知青 2 人）

　　　　　七岭公社 6 人（下乡知青 4 人，回乡知青 2 人）

　　　　　代家埔公社 4 人（上海知青 2 人，回乡知青 4 人）

六、革命文艺

招收学员：10 人

教材提供：上海音乐学院

对口单位：文教局

名额分配：瑶厦、珠田、巾石、碧州、于田、田心、横岭、盆珠、西溪、草林等公社各招收下乡或回乡知青 1 人。

一九七五年元月二十二日

赣州地区

联系"函授辅导教师培训班"
学员结业后返回农村有关事项

赣州地区革委会：

　　我市复旦大学、第一医学院、纺织工学院、师范大学于一九七六年试办了社来社去的"函授辅导教师培训班"，你地区选送了30名知识青年参加学习。一年来这些学员学习比较努力，思想觉悟有了提高，掌握了一些专业知识和技能。第一批将有18名学员于今年四月、五月结业返回原地区，其余学员于七月、十月陆续结业。现将有关专业的学员名单和预计结业时间函告你们，请关心他们返回农村后的生活安排，并建议根据他们所学专业，尽可能学以致用，在农业学大寨运动中充分发挥作用。有关学员的学习情况及返回时报到、接待等具体事宜，将由各高校在结业前直接向你们汇报、联系。

　　附：学员名单、结业时间

　　（复旦政治学员名单待结业时另寄）

上海市革命委员会知识青年上山下乡办公室

上海市教育局革命委员会

一九七七年三月二日

　　抄送：有关地区知青办、教育局、函授办公室，有关对口部门、农场管理局，赣州地区知青办

函授辅导教师培训班赣州地区学员名单

主办学校　__复旦大学__　　科目　__育种__　　结业时间　__77 年 4 月 10 日__

姓　名	性别	政治面貌	原所在单位（县、社、队）	备　注
王××	男	团	广昌城郊公社	
孙××	男	团	全南中寨公社油茶场	
陈××	男	团	定南月子公社综合场	
梁××	男	党	信丰龙舌公社龙舌大队	

函授辅导教师培训班赣州地区学员名单

主办学校　__复旦大学__　　科目　__植保__　　结业时间　__77 年 4 月 10 日__

姓　名	性别	政治面貌	原所在单位（县、社、队）	备　注
王××	女	团	瑞金瑞林公社农科所	
谢××	男	党	于都曲阳公社农科所	
沈××	男	团	会昌西江公社	
俞××	男	团	安远天心公社	

函授辅导教师培训班赣州地区学员名单

主办学校　__上海第一医学院__　　科目　__医防__　　结业时间　__77 年 4 月 10 日__

姓　名	性别	政治面貌	原所在单位（县、社、队）	备　注
刘××	男	团	崇义茶滩公社大密大队	
章××	男	团	宁都对坊公社	
程　×	女	团	全南竹山公社官山林场	
蔡××	男	团	石城大猷公社	
张××	男		寻乌桂竹帽"五·七"合作医疗所	

函授辅导教师培训班赣州地区学员名单

主办学校　__上海师范大学__　　科目　__气象__　　结业时间　__77 年 5 月底__

姓　名	性别	政治面貌	原所在单位（县、社、队）	备　注
罗××	男	党	宁都固村公社	
朱××	男	团	瑞金泽覃公社希平大队	
蒋××	女	团	石城丰山公社	
崔××	男		信丰崇仙公社	
陆××	男		寻乌汀江公社	

函授辅导教师培训班赣州地区学员名单

主办学校 上海纺织工学院　　科目 农机零件加工　　结业时间 77 年 7 月 25 日

姓名	性别	政治面貌	原所在单位（县、社、队）	备注
吴××	男	团	会昌西江公社知青农林综合场	
洪××	男		定南龙塘公社长付知青队	
任××	男	团	安远孔田公社"五·七"林场	
蒋××	女	团	大余跃进水库综合场	
王××	男	团	兴国永丰马良知青场	
孙××	男	团	广昌翠雷山综合加工场	

关于参加上海"函授辅导教师培训班"学员
结业后返回农村有关事项的通知

（〔77〕赣教字 5 号、赣地知字〔77〕8 号）

石城县文教局、知青办：

　　一九七六年上海部分高等学校试办了社来社去的"函授辅导教师培训班"，你县选送了蔡国英、蒋帼珍等二名知识青年参加学习。一年来他们学习比较努力，思想觉悟有了提高，初步掌握了所学专业知识和技能，这些学员于今年四月、十月陆续结业返回原地。现将有关事项告知你们，学员结业后，学员直接回你县报到，请热情接待。回农村后，根据学员所学专业，重视发挥他们在知青函授教育中的辅导教师作用；并建议各地注意他们所学知识，在可能的条件下，在社办企事业中给予适当安排，使其能更好地为农业学大寨运动服务。对他们的上半年的口粮和生活费用要给予适当解决。

　　　　　　　江西省赣州地区革命委员会文教办公室教育组（章）
　　　　　　江西省赣州地区革命委员会知识青年上山下乡办公室（章）
　　　　　　　　　　　　　　　　　　　一九七七年四月一日

　　抄送：上海复旦大学、第一医学院、纺织工学院、师范大学，县农业、农机、卫生局，气象台，县委宣传部

广昌县

知识青年函授教育招生名额分配表

知识青年函授教育招生名额分配表

招生学校	赣南师专			上海复旦大学		合计
科　　目	测　量（短训）	水稻栽培技　术	农机及维　修	写　作	农业会计	
对口单位	水电局	农业局	农业局	宣传部文教局	财金局	
柯　树	3			10	10	23
头　陂	8	60		10		78
新　安	6			5		11
赤　水	12			10		22
贯　桥	6			10	5	21
驿　前	8			10		18
杨　溪	6			5	5	16
塘　坊	14		20	5	10	49
尖　峰	12			10	5	27
水　南	5			5	10	20
长　桥	5			5		10
千　善	5			5	10	20
甘　竹	11	55		10		75
城　郊	10			10		20
古　竹	4		30	10	5	49
教育学校	35	35		15		85
合　计	150	150	50	130	60	540

1976年3月1日

广昌县知青办

教育局

知识青年函授教育兼职教师聘请名额分配表

知识青年函授教育兼职教师聘请名额分配表

单　　位	赣南师专			复旦大学		合　计
	测　量	水稻栽培	农机及修理	写　作	农业会计	
农　业　局		1	1			2
水　电　局	1					1
财　政　局					1	1
广　播　站				1		1
教育学校	1					1
柯　　树	1			1	1	3
头　　陂	1	1		1		3
新　　安	1			1		2
赤　　水	1			1		2
贯　　桥	1			1	1	3
驿　　前	1			1		2
杨　　溪	1			1	1	3
塘　　坊	1		1	1	1	4
尖　　峰	1			1	1	3
水　　南	1			1	1	3
长　　桥	1			1		2
千　　善	1			1	1	3
甘　　竹	1	1		1		3
城　　郊	1			1		2
古　　竹	1		1	1	1	4
合　　计	17	3	3	16	9	48

1976 年 3 月 1 日

广昌县知青办

教育局

安远县

关于成立安远县上山下乡知识
青年函授教育领导小组的通知

各公社（场、镇）党委，县直各机关、学校、企事业单位党总支（支部）：

　　为扶植发展新生事物，巩固知识青年上山下乡成果，培养有社会主义觉悟有文化的劳动者，市委决定在我县进行上山下乡知识青年函授教育试点工作。为加强这一工作的领导，县委决定成立"安远县上山下乡知识青年函授教育领导小组"。领导小组由陈章义、张锡群、廖圣寿、熊寿良、黄桂茂、吴□□、曾酰蘋、毛振之、黄耀庭、卢希德、于萍同志组成。由陈章义同志任组长，张锡群、廖圣寿任副组长。下设办公室，由黄桂茂同志任办公室主任，毛振之同志任副主任，并由乡办，教育学农，上海、赣州学习慰问小组各抽调一名工作人员。办公室设在县教育学校。

　　特此通知。

中国共产党安远县委员会（章）

一九七六年三月二十日

关于切实抓好上山下乡知识青年函授教育的通知
（安党发〔76〕024号）

各公社（场、镇）党委、县直各单位党总支（支部）：

　　……从今年春季开始，开展上山下乡知识青年函授教育。现将有关问题通知如下：

　　一、今年春季，上海化工学院、共大安远分校在我县开展函授教育，分别开设"马列主义基础"、"肥料及农用微生物"、"农机及维修"等三个科目，招收函授学员310名（分配名额见附表，共大开设的科目、名额待后下达），各学科学制均为一年。学习期间和结业以后的待遇同其它知识青年一样。

　　二、招生对象主要是以上山下乡知识青年为主，适当兼顾回乡知识青

491

年。招生办法采取志愿报名，群众推荐，公社审批，报县备案，并由县函授教育领导小组发给录取通知书。学员按科目就近（一般以公社、场、知青点或邻近几个大队为单位）编成学习小组。为了便于组织教学、辅导和学员组织自学小组，有利于自学，各专业名额要适当地相对集中，既要考虑有利于培养教育知识青年，又要考虑普及大寨县，实现农业机械化所需的各种人材，把学校的招生计划同各部门培养人材的计划统一起来。凡有招生任务的公社，在接到本通知后立即开展招生的组织宣传和计划落实工作，保证在四月初完成招生任务，并将审批名册上报县上山下乡知识青年函授教育办公室（设在文教局）。五月份正式开学。

三、……坚持业余自学、讨论、实践为主，面授为辅，能者为师，互教互学的方法。教学、辅导、自学、实践等内容应纳入农业学大寨的轨道，为三大革命运动服务，做到学以致用。各对口部门（县委宣传部、科委、农业局、农机局）和有关公社，要做好短训班的组织领导和思想教育工作，解决好教学实习基地。各级领导要创造条件，给学员以每周有二至三个晚上的业余自学时间，每月有两天小组集体学习时间。具体安排上，可实行农忙少学、农闲多学的办法。

四、函授教学的教师以兼职为主专职为辅，兼职与专职相结合。专职教师由上海化工学院、共大安远分校分别派出，兼职教师由各对口部门和各公社选派具有较高的政治觉悟和有实践经验的工人、贫下中农、教师和技术人员担任。各公社应按开设科目分别聘请一二名兼职教师，负责做好学员经常性的思想政治教育和面授辅导工作。各地的兼职教师应在四月底以前挑选落实好后，随同学员录取名册上报县上山下乡知识青年函授教育办公室备案。各有关单位要积极支持他们工作，保证有一定时间让他们从事备课和辅导活动。

五、办函授教育要和办其它事业一样，坚持自力更生、艰苦奋斗，勤俭办一切事业的原则。在巡回辅导、学员集中面授和短期训练时，力求就地取材，因陋就简。学员集训学习时要尽量做到自带被席，做到少花钱，多办事，办好事。学员面授的交通费、伙食费，兼职教师的费用由对口部门负责解决，学员集中面授的误工由所在的知青队（场）或大队给予补贴工分解决。

六、要加强对知识青年函授教育的领导。各级党组织和有关部门都要把知识青年的培养教育工作，当作一项重要工作来抓，列入议事日程。县乡办、文教局，上海、赣州学习慰问团等部门要指定专人管函授教育工作，各公社要有一名副书记或副主任抓这项工作，公社乡办、文化教育工作站、农机站、农科所要指定人员兼管函授教育工作，成立上山下乡知识青年函授教育辅导站。各公社有关单位，要积极做好函授教育工作人员、兼职教师、知识青年等的思想工作，为他们的工作、学习提供方便，帮助他们解决实际问题，鼓励他们积极学习和努力工作。要经常督促检查，及时总结经验，使知识青年的函授教育更好地为三大革命运动服务，为农业学大寨，普及大寨县作出更大的贡献，以函授教育的丰硕成果回击右倾翻案妖风。

以上几点，望认真贯彻执行。

特此通知。

中国共产党安远县委

一九七六年三月二十三日

抄送：地区工农业余教育领导小组、地区乡办、县工会、团县委、县妇联

生物系植保函授进修班教育计划（草案）

一、培养目标

进修班以阶级斗争为纲，坚持党的基本路线，批判资产阶级，批判修正主义，积极参加反击右倾翻案风的斗争，不断提高捍卫毛主席革命路线的自觉性。学习朝农"社来社去"、"几上几下"的精神，培养学员成为德智体全面发展的有社会主义觉悟的有文化的劳动者。能分析和解决农业生产中的一定实际问题，着重学习掌握农作物（以水稻为主）病虫害发生规律及识别、测报与防治方法。学习后能担任植保工作和函授教育的工作。

二、学制

一年制（社来社去）

三、课程设置

1. 政治理论课；

2. 水稻主要病虫害发生规律、测报与防治；

3. 粮、棉、油等作物病虫防治专题讲座；

4. 水稻、棉花等作物的栽培技术专题讲座；

5. 土壤、肥料、育种方面的专题知识。

四、教学安排

学习朝阳农学院紧密结合生产实践开展教学的经验，坚持开门办学的精神，在教学中我们采用上、下结合的教学方法，提高与普及结合的方法组织教学活动。

1. 一九七六年四月—八月中旬以上海县复旦大学生物系北桥公社测报站为教学基点，联系农业生产实际，进行教学。内容包括政治理论课、水稻一般病虫害防治及栽培技术专题讲座。

2. 八月下旬—十一月开展生产实践调查研究并参加对函授学员的辅导教学。

内容：结合当地、当时生产实际，以掌握稻飞虱、四代三化螟测报与防治为重点，同时学习水稻后期的其它病虫害并参加对函授学员的辅导工作。

方法：在当地植保部门领导下，边实践、边学习、边辅导。

这一阶段结束前，每人要由当地领导和贫下中农作出鉴定，并要进行学习实践小结。

3. 十一月下旬——九七七年一月，在总结前阶段实践的基础上，学习有关知识，除上政治理论课外，包括下述专题：

（1）病虫害鉴定、发生规律及测报原理；

（2）病虫害防治原理；

（3）其它粮、棉、油作物病虫防治专题；

（4）土壤、肥料、育种等方面的专题知识。

4. 二月上旬：总结交流，中旬结业。

五、组织领导

函授进修班和农场师训班混合编制，成立党、团支部，在系总支领导下加强政治思想工作，把转变学生的思想工作放在首位。班内设立班委会，以加强学员"上、管、改"的工作。

三 物资、资金援助

省级

江西省知识青年上山下乡安置工作办公室关于上海市支援我省的工农11型手扶拖拉机的分配通知

（赣知青办〔74〕第022号）

各地（市）知青办：

为了作好上山下乡知识青年的工作，上海市革委会今年又支援我省工农11型手扶拖拉机九百台，丰收35型拖拉机八十台。经研究手扶拖拉机按各地安置上海知青的人数分配，丰收35型拖拉机由各地摸清情况，将需要单位报省，由省统一平衡后分配。现分给你地区手扶拖拉机　　　台和该机拖斗　　　台，请直接与你地区农机公司（站）办理提货手续。这批拖拉机是供给安置上海市知识青年的地区的专用指标，应分配给安置上海知青比较集中的社、队。

江西省知识青年上山下乡安置工作办公室（章）

一九七四年七月八日

抄报：省革委

抄送：省计委、省农业局、省农机公司、各地（市）农机公司（站）、上海市革委知青办、上海学习慰问总团

拖拉机分配表

单　位	工农 11 型（台）	拖斗（台）	备　　注
赣　州	119	20	
井冈山	138	23	
上　饶	183	31	
宜　春	172	28	
九　江	126	21	
抚　州	121	20	
南　昌	10		
景德镇	6		
萍　乡	5		
待　拨	20	17	
合　计	900	160	

1974 年 7 月 8 日

江西省革命委员会知识青年上山下乡办公室关于上海市支援我省的丰收 35 型拖拉机的分配通知

（赣知青办〔74〕51 号）

各地、市知青办、省农建师：

现将上海市革委会今年支援我省丰收 35 型拖拉机分给你地区　台，请直接与你地区农机公司（站）办理有关手续。这些拖拉机应分配给上海知识青年较多、规模较大的青年场、队和安置上海青年比较集中的社队。

江西省知识青年上山下乡安置工作办公室（章）

一九七四年十月十二日

抄送：省计委、省农业局、省财政局、省银行、省农机公司、各地（市）农机公司

丰收 35 型拖拉机分配表

地　区	拟分配数（台）
宜　春	10
抚　州	6
上　饶	10
赣　州	3
九　江	4
井冈山	5
农建师	5
景德镇市	2
萍乡市	1
南昌市	1
待分配	33
合　计	80

江西省革命委员会知识青年上山下乡办公室
关于要求解决知青队（场）农机问题的函

（赣知青办〔1975〕5 号）

省农业局：

　　在毛主席革命路线指引下，历年来，我省先后有五十万名城镇知识青年上山下乡。目前，尚有三十五万人（其中上海知识青年八万余人）坚持战斗在农村三大革命运动第一线。近几年来，上海市为了配合我省做好上海下乡青年的工作，供应了上海青年所在的社、队和知识青年队（场）一大批农业机械，仅去年就有工农 11 型手扶拖拉机九百六十台和丰收 35 型拖拉机八十二台，今年供应的数字将不少于去年。现在的问题是，在乡知识青年中，本省青年比上海青年多得多，但省里从来没有拨出过专项指标。对此，广大下乡青年和贫下中农早有反映，认为省里对知识青年不够关心，有的地方愿意接受上海青年而不愿接受本省青年。特别是近年办了一大批单独核算的下乡青年队（场），矛盾更加突出。为了解决这一问题，去年六月三日省委常委办公会议作了研究。刘俊秀同志和你局的有关同志参加了会议，确定拿出一批农机支援下乡青年队（场），后因种种原因没有实现。现在青年队（场）较那时又有了增加，需要农机的情况更为迫切。为此，特函请你局今年拨出丰收 27 型拖拉机一百五十台、东风 12 型手扶拖拉机三百台、机动插秧机和割刈机各二十台，作为支援下乡知识青年的专项指标，以解决部分本省下乡青年所在青年队（场）和社队的需要。

专此，请予研究解决。

江西省革命委员会知识青年上山下乡办公室（章）

一九七五年三月六日

抄送：陈、杨书记，刘俊秀同志，省计委，省农办

上海市支援江西省无息贷款的函

（沪革知青办〔75〕第45号、

〔75〕沪财革176号）

江西省革委会知青办：
人民银行江西省分行

为了加强城乡配合，做好下乡知识青年的巩固工作，经上海市革委会同意，今年提供壹佰柒拾伍万元的无息贷款，委托你行发放给在你省插队的上海知识青年所在地区，用于购买上海价拨的部分农机等物资。这笔无息贷款的分配，按照我们协商的原则，拨给赣州地区叁拾玖万元，井冈山地区肆拾捌万元，尚有捌拾捌万元，请你省根据实际情况拨给其它有上海青年插队的地区。

对这笔贷款的管理使用，按共同商量的意见办理：

一、贷款发放给上海下乡青年比较集中、表现较好、经济比较困难的生产队、青年队，以及社队为了安排病弱青年办的生产组、小作坊。贷款主要用于购买农业机械，少量用于购置生产组、小作坊所需的简易设备。

二、贷款由使用单位提出需要的金额和理由，向所在公社（区）银行营业所申请。营业所提出意见后转报县支行。由县知青办、支行、学习慰问团小组共同研究审批后转所在公社（区）营业所发放。

三、贷款手续：按人民银行、信用社对农村社队发放的生产设备贷款办法掌握，由当地银行设置专项科目，专款专用，转帐结算，不付现金。

四、贷款发放后，由县知青办、支行、学习慰问团小组定期检查贷款使用情况，发现问题，及时研究解决。并由当地银行按月将发放数、收回数及金额数报省分行，省分行汇总后抄送上海市分行。

五、贷款由当地银行负责在五年内分期分批收回，如有的生产队、青年队确实困难，到期难以归还，可以酌情延期。

上海市革委会知识青年上山下乡办公室（章）

中国人民银行上海市分行（章）

一九七五年六月十六日

抄送：上海学习慰问团

上海市乡办委托发放无息贷款月报表

填报单位：　　　　　　　197　　年　　月　　　　　　　单位：千元

项　　目	上海市拨入托放资金	实 际 贷 出				本年累计放出（按用途分）数	
		年初余额	本年累计放出数	本年累计收回数	期末余额	农业机械	小作坊
	1	2	3	4	5 = 2 + 3 − 4	6	7
总　　计							
地区							
地区							
地区							
地区							
地区							

说明：

负责人：　　　　　　复核：　　　　　　制表：　　　　　　年　月　日

关于从财力、物力上给上山下乡知识青年以必要支援的请示报告

（赣知青办〔1976〕2号）

省委：

在毛主席革命路线的指引下，我省十年来上山下乡的知识青年已达六十一万多人。其中除已参军、升学、进工厂等离开农村外，还有四十万零三千九百人坚持战斗在农村，他们是农业学大寨的一支朝气蓬勃的生力军。

　　毛主席十分重视和关怀青年一代的成长，毛主席亲自圈阅的中央一九七三年30号文件，就要求"把知识青年集中的地方和单位办成现代化的社会主义农业先进单位，办成亦农、亦工、亦学、亦兵的大学校"。并且指出："办集体所有制的青年队和集体所有制的农场"，"以自力更生为主，国家给以必要的支援"。省委在一九七三年的131号文件中贯彻了中央30号文件的精神，明确规定："办集体所有制青年队、场，所需支援的机械设备和资金，由省知识青年上山下乡办公室提出计划，报省计委安排供应。"省委一九七五年49号文件，又进一步指出，要"从地方各级机动财力中，从国家支援人民公社机械化补助款和水利投资中，从支农的物资中，每年安排一定的指标，从财力、物力上给予适当扶植。"但是由于我们工作努力不够，至今基本没有落实。上海市措施有力，落实很快，他们自一九七三年起，为在我省下乡知识青年提供：工农11型手扶拖拉机二千三百六十台，丰收35型拖拉机二百六十台；办小作坊等所需的汽车、柴油机、车床等设备和物资价值三百八十多万元；长期无息贷款一百七十五万元，对比之下我们工作差距很大。为了帮助下乡青年解决前进道路上的困难，在今年三月全省计划会议上，我们再次提出计划请省计委安排落实。而省计委的几位负责同志都说，要我们迅速报告省委，计委照省委的指示办。现特提出如下意见：

　　一、从明年起每年从全省机动财力中安排十分之一的资金，用来扶助上山下乡知识青年扎根农村，搞好农业学大寨。请今年安排五百万元。

　　二、从明年起每年拨出一定数量的农机作为支援上山下乡知识青年的专项指标。请今年拨出东风12型手扶拖拉机五百台，丰收27型拖拉机三百台。

　　三、为了帮助青年队、场发展工、副业生产，逐步办起一批以知青为基本力量的社、队企业，从明年起每年供应适当数量的有关机械设备和原材料。请今年安排供应小腐肥设备三十套，小水电设备一百套，榨油机一百台，制砖机一百台，小型造纸设备二十套，竹木加工设备一百套，农机维修设备五十套，碾米机一百台，柴油机七十台，汽车十辆。

　　以上报告，是否妥当，请指示。

省知青办

一九七六年三月二十四日

　　抄报：白栋材、黄知真、王萱春同志

关于扶助知青经费的问题的函

省委：

省知青办《关于从财力、物力上给上山下乡知识青年以必要支援的请示报告》已于三月二十四日上报省委，在《报告》中，恳请省委今年从省机动财力中安排五百万元用来扶助上山下乡知识青年扎根农村，搞好农业学大寨。目前，尚待示复。最近，我们收到省财政局六月十九日给省委的呈函抄件。他们的意见，拟在今年从省级机动财力中安排一百万元作为扶助知青点的经费。我们认为，供需悬殊颇大。为此，再报省委，请省委尽可能多地拨出经费，支援这一社会主义新生事物成长壮大。盼示复。

省知青办

一九七六年六月三十日

抄报：白栋材、黄知真、王萱春同志
抄送：省财政局

上海市支援江西省无息贷款的函
（沪革知青办函〔76〕第 110 号）

江西省革委会知青办：
人民银行江西省分行

为了加强城乡配合做好下乡知识青年的安置巩固工作，支持亦农亦工知青场队的发展，为下乡青年扎根农村投入农业学大寨运动创造条件，经上海市革委会同意，今年再提供无息贷款一百七十五万元，委托你们发放。

此致

敬礼！

上海市革委会知识青年上山下乡办公室

一九七六年十月十三日

501

抄送：赴江西省学习慰问总团

关于从农机、设备上给上山下乡知识
青年以必要支援的请示报告
（赣知青办〔1977〕8 号）

江西省革命委员会：

……

伟大领袖和导师毛主席十分重视和关怀青年一代的成长，毛主席亲自圈阅的中央一九七三年 30 号文件，就要求"把知识青年集中的地方和单位办成现代化的社会主义农业先进单位，办成亦农、亦工、亦学、亦兵的大学校"。并指出："办集体所有制的青年队和集体所有制的农场……以自力更生为主，国家给以必要的支援。"省委在一九七三年的 131 号文件中贯彻了中央 30 号文件的精神，明确规定："办集体所有制青年队、场……所需支援的机械设备和资金，由省知识青年上山下乡办公室提出计划，报省计委安排供应。"……遵照华主席"要继续搞好知识青年上山下乡工作"的指示，为了帮助下乡知识青年解决前进道路上的困难，扶助知青队、场发展生产，特请在今年安排一定数量的农机、设备，作为支援重点知青队、场的专项指标。具体意见：东风 12 型手扶拖拉机五百台，丰收 27 型拖拉机一百台，榨油机一百台，小型制砖机一百台，农机维修设备（三床）五十套，缝纫机一百台，小腐肥设备三十套，小型造纸设备二十套，抽水机设备五十套，小水电设备五十套，30—50 瓩柴油发电机组五十套，碾米机一百台，粉碎机一百台，汽车十五辆，劳动车三百辆。

……

省知青办

一九七七年三月廿一日

关于解决知青队、场拖拉机指标的报告

（赣知青〔1978〕3号）

省革委会农林办公室：

近几年来，全省各地办起了近五千个知识青年队、场，共有知青十万多人，耕种土地三十多万亩，经营山林一百八十多万亩，办了一批小作坊、小工厂，是我省安置知青的一种主要形式。

华主席、党中央和省委一贯非常重视知青队、场的建设，早在一九七三年，华主席亲自主持制定的，经毛主席批发的中发〔1973〕30号文件就指出，要把"知识青年集中的地方和单位办成现代化的社会主义农业先进单位，办成亦农、亦工、亦学、亦兵的大学校"。省委在一九七七年元月召开的全省知青代表会上提出：要尽快把知青队、场办成大寨式的先进单位。中央和省委还指示：办集体所有制的青年队、场，在自力更生、艰苦奋斗的基础上，国家应给以必要的支援。但是，目前知青队、场的机械化水平还很低，近五千个队、场中，只有四分之一的有拖拉机，其余的还是靠牛拉人挑，这与当前高速度发展农业的形势很不适应，距离中央和省委的要求还很大。

过去，我省知青队、场所需的农机设备，主要是上海提供，前几年，每年大约供给手拖七百台左右，丰收35型拖拉机六十台左右。从今年起，上海已停止供应。这样，今后知青队、场所需的农机设备，必须完全依靠省里解决。

在党中央和省委的重视和领导下，我省各个部门对办好知青队、场是积极支持的。早在一九七四年，省农业局就曾计划免费提供一批农机设备，但是由于"四人帮"及其亲信涂、潘、于、李干扰破坏，这一计划未能实现。粉碎"四人帮"后，我省农机生产发展很快，前不久，省农业局分配知青队、点手拖二十台、丰收27型十五台，这是粉碎"四人帮"的胜利。由于数量太少，远远不能满足知青队、场的需要。为了逐步解决这一问题，支持知识青年扎根农村干革命，特请在一九七八年度分配全省知青队、场丰收27型拖拉机指标一百五十台，东风12型手扶拖拉机指标五百台，并请今后每年继续分配一定的农机设备指标。

以上报告请予审核，如蒙获准，请批转有关部门安排指标，负责供应。

专此。

江西省革命委员会知识青年上山下乡办公室（章）

一九七八年四月三日

关于上海支援我省拖拉机的分配通知

（赣知青〔1978〕12 号、赣农机司〔1978〕38 号）

各地、市、山知青办、农机公司：

　　现将最近上海支援我省的一批拖拉机分配给你们（详见附表）。各地可根据需要情况，直接分配给重点知青队（场）。

　　这批拖拉机由农机公司经营，用户可直接向当地农机公司办理提货等有关手续，大、小拖拉机的配套附件（不包括小拖斗）均已按合同分运各地区农机公司。

江西省革命委员会知识青年上山下乡办公室（章）

江西省农业机械公司（章）

一九七八年六月十三日

拖拉机分配单

单　　位	上海-50 型拖拉机	大拖斗	工农 11 型手拖	小拖斗
赣州地区	4	4	5	5
井冈山地区	4	3	5	5
宜春地区	4	3	5	5
九江地区	4	3	5	5
抚州地区	4	3	5	5
上饶地区	5	4	5	5
南昌市	2	1	2	2
萍乡市	1	1	1	1
景德镇市	2	1	2	2
庐山管理局			2	2
合　　计	30	23	37	37

关于分配拖拉机指标的通知

（赣知青〔1978〕14号）

各地、市、庐山知青办：

现将省农业局今年第二次分配的拖拉机指标和上海市支援的农机指标分配给你们（详见附表），请分配给地多、人少、急需拖拉机的知青队（场）。

省产拖拉机由省农机公司经营，用户可通过当地农机公司汇款至省农机公司，然后来省办理提取手续。上海支援的农机，可直接来我办办理提取手续，货款直汇我办，帐号：南昌市四交办6088103，上海50型拖拉机每台价19728.47元，工农11型手拖每台3572.52元，机动喷雾器每台价936.16元，机动插秧机每台1639.43元。

江西省革命委员会知识青年上山下乡办公室（章）

一九七八年七月三日

抄送：省农机公司，各地、市、山农机公司

关于分配安置上海下乡插队
知青就业的扶持生产资金的通知

（赣知青〔1981〕7号）

各地、市知青办：

最近，上海市知青办为扶助我省安排上海下乡插队知青就业，拨给了我办一笔补助费。经研究决定，将此款作为扶持生产资金，分配给有关地、市掌握使用，妥善解决上海插队知青，特别是已婚知青的就业问题。内部掌握，不向下传达。现根据各地的情况，分配你地、市扶持生产资金二十万元。并对有关事项通知如下：

一、上述扶持生产资金主要用于借给安置上海插队已婚知青就业（转

505

城镇户口、商品粮，有固定工资收入）的集体单位，扶持它们发展生产；其次，用于自愿申请在农村扎根安家或自谋职业的上海插队已婚知青的一次性补助。

二、这次分配的资金是一次性的专项拨款，不要平均分配，由地、市知青办根据各县上海知青安置情况和结存经费情况，可以调剂使用。按照"借款合同"直接掌握拨付，不准挪作它用。由省下拨的上述经费和今后按"借款合同"收回的款项，作为预算外资金存款处理，不要与历年结存的知青安置费、扶持生产资金、业务费混淆。年终结余转下年使用。各地、市知青办按"借款合同"收回的款项，继续作为周转金使用。

三、各地、市知青办要认真调查摸底，提出切实可行的资金使用计划和安排知青就业的统筹规划，经有关领导同意后，通知有关县（市）知青办具体落实，一个一个地解决好上海插队知青的就业问题。我们要求在年底以前，把应安排的上海知青安排完。各地、市知青办应将资金使用情况向省知青办汇报。

四、发放扶持生产资金之前，县（市）知青办应与安置上海知青就业的单位签订"借款合同"（格式由各地、市自订），双方各持一份，报地、市知青办两份，地、市知青办转报省知青办一份备查。

自愿在农村扎根安家或自谋职业的知青个人申请书，县（市）知青办应报地、市知青办一式两份，审定后，退回一份存查。同时，下拨补助费给县（市）知青办，凭知青本人领条发放补助费。

五、对于按政策应由上海市收回的未婚的病、残知青和刑满释放的原下乡插队未婚知青以及长期倒流、下落不明的未婚插队知青，应一个一个地详细摸底，弄清情况，以地、市为单位，主动与上海有关单位联系，妥善解决。其中，属于未婚的病、残知青材料，请各地、市在九月底以前，汇总报省知青办一式两份，以便集中研究处理。

以上通知，希研究执行。

江西省人民政府知识青年上山下乡办公室（章）
一九八一年七月二日

抄送：上海市知青办，省财政厅，省农业银行，各地、市农业银行

安排上海插队知青扶持生产资金分配情况

1981 年 9 月 10 日

县（市）别	全区共有上海知青人数	已安排·安排总人数	已安排·□劳局安排人数	已安排·社办企业安排人数	已安排·知青场队安排人数	未安排·总人数	未安排·未安排人数	未安排·已转户粮未作安排人数	倒流回城·总人数	倒流回城·其中:休假人数	倒流回城·其中:劳改、判刑人数	5月底止知青经费结存金额	第一方案平均拨款（金额）	第二方案不同性质□□□□□	最后核实拨给金额	备考
总计	174	85	76	5	4	43	43	24	33	9	13		200100	202900	200000	
赣州市	2	2			2							248000	2300	3000	2300	
赣县	6	3	3			3	3					240000	6900	7500	6900	
南康	2	2	2									63000	2300	1000	2300	
信丰	8					4	4	2	3	2	1	60000	9200	13600	9200	
大余	4	2	2			2	2					150000	4600	5000	4600	
上犹	6	3	3			3	3		3			95000	4900	7500	15100	
崇义	11	8	8						3	2		91000	12650	8200	3000	
安远	15	12	11	1								75000	17250	11200	17000	
龙南	1					1	1		1			53000	1150	1400	1200	
定南	21	10	10						7	3	3	100000	10000　24150	21000	10000	
全南	27	18	18						3		6	139000	15000　31050	21600	15000	
宁都	21	3	1	2		15	15	14	3			147000	34000　24150	38700	34000	
于都	9					6	6		3		3	56000	20080　10350	16200	20000	
兴国	0											130000	0	0	0	
瑞金	6	5	5			1	1	1				83000	6900	4500	6900	
会昌	3					1	1	1	2			20000	3450	4800	8500	
寻乌	7	1		1		1	1	1	5	2		26000	8050	10500	8000	
石城	14	13	13			1	1					80000	16100	8500	10000	
广昌	11	3		1	2	5	5	5	3	2		218000	22000　12650	18700	22000	

宜春地区

关于下拨上海插队知青就业补助费的通知

（赣劳人培〔85〕41 号）

宜春地区劳动人事局：

　　劳动人事部劳人培〔1984〕26 号通知下达后，各地在解决下乡插队知青遗留问题方面做了不少工作，特别是对上海插队知青安置得比较快，比较落实。为了帮助解决上海插队知青就业工作中的一些实际问题，现拨给你地（市）上海插队知青就业补助费×万捌仟×元，并由你地、市根据实际情况下拨到有上海插队知青的县、市。此项拨款，要坚持专款专用，不准挪作它用。要鼓励插队知青走自力更生、勤劳致富之路，克服单纯依赖国家的思想，努力为祖国四化建设作出新贡献。

江西省劳动人事厅（章）

一九八五年六月十八日

上高县

关于上海市支援我县物资和无息贷款的分配通知

（〔75〕上知青字第 03 号、上农发〔1975〕23 号、

〔75〕上财预字第 31 号、〔75〕上银字第 55 号、

上农机字〔75〕19 号）

各公社革委会知青办：

　　为了进一步做好上海下乡知识青年的安置巩固工作，扶助上海下乡知识青年场（队）发展生产，增加收入，提高青年自给水平，最近，地区下达了上海市支援我县一批物资和委托贷放的二万二千元无息贷款。经与上海市慰问团上高小组共同研究，这批物资和贷款重点考虑新并点的上海知识青年场（队）。无息贷款主要用于购买生产设备，如农业机械（不包括上海支援的缝纫机）。无息贷款必须在五年之内分期分批归还，如确有困难到期无力

偿还的，可以酌情延期。贷款单位凭公社知青办介绍信到公社营业所办理贷款手续，贷款实行转帐结算，不付现金。

分配的物资尚未全部到货，现先将已到的部分物资和无息贷款分配如下，其余物资到货后由县知青办负责通知，不另行文。

附：上海市支援我县无息贷款和部分物资分配表

江西省上高县革命委员会知识青年上山下乡办公室（章）

江西省上高县农业局（章）

江西省上高县财政局（章）

中国人民银行上高县支行（章）

江西省上高县农业机械局（章）

一九七五年十月六日

报送：宜春地区知青办、农业局、财政局、人民银行、农机公司

抄送：各公社营业所、上海慰问团上高小组

上海市支援我县部分物资和无息贷款分配表

单　　位	丰收35型拖拉机	工农11型手扶拖拉机	拖斗	495型柴油机	碾米机	机动喷雾器	手摇喷雾器	无息贷款	备　　注
江口官桥青年队	1							3000	
江口田溪青年队		1							
江口青年队		1							
□堂钊田青年队		1							
磻村青年队		1	1						拖斗未到货
南港农机厂								8000	
南港茶场		1					1		
蒙山浒江青年队		1	1					3000	拖斗未到货
界埠青年农场		1		1	1			5000	
泗溪宣传队		1	1						拖斗未到货
水口稍溪青年队		1	1						
水口连山青年队		1						3000	
徐市观山青年队						1			
徐市养猪场		1							
镇渡林场		1	1						
田心新生青年队		1	1						
合计	1	13	6	1	1	1	1	22000	

分宜县

关于上海赠送一批"板蓝根"的通知

分宜县革委会"五·七"大军领导小组办公室：

近来发现有些上海市下乡插队知识青年患有急性肝炎，所在县、社、队正在积极防治。为了配合做好肝炎治疗工作，中共上海市委、市革委会已寄来一些肝炎治疗药"板蓝根"中药针剂，现转发你县2400支，赠送给患病插队知识青年进行治疗。此药由县"五·七"办直接掌握，公社"五·七"办认真造具患者花名册上报，根据医师诊断的病情轻重据情分别赠给。在分赠中一定要赠送到患者进行治疗，其它任何人不得取用或扣留，并及早赠送到规定的对象。

此致

敬礼！

宜春地区革委会"五·七"大军领导小组办公室

江西省宜春地区革命委员会办公室内务组（章）

一九七二年三月十五日

附送肝炎防治宣传资料60份

湖口县

请求解决知青队场办小作坊贷款的报告

地区知青办：

……今年我县除自力更生，国家适当贷款办了一些小作坊外，目前上海重点支持我县舜德公社，办一个采矿和元钉厂，机械设备有的已配套成功，有的加工十二月底前可以全部就绪。现因经费困难，贷款尚无着落，经与县支行联系商量，他们说不了解此情况，九江支行没有安排钱。为了很快求得对这一问题的落实解决，特此报告，请予研究批复。

湖口县革委会知青办公室

七六年十月三十日

余江县

关于上海赠送一批药物的通知

余江县知青办：

上海市为了配合安置地区做好下乡青年患病的防治工作，赠送我区一批治疗肝炎、皮炎、肾炎、妇女病等常用药，充分体现了上海市委、市革委对下乡青年的亲切关怀。各地应及时将赠送的药品，送给患病下乡青年进行治疗，在赠送过程中，要注意以下几点：

一、要适当照顾上海知识青年较集中的青年队（场）、班，为他们建立医药箱。药品要集中保管，统一使用，避免浪费。

二、药品使用请按医嘱服用，特别是青霉素针剂要严格掌握，用药前一定要做试验，以保证患病者安全。

三、要将药品如数用于知青身上，不得层层留机动。

附件：赠送你县上海下乡青年药品表

江西省上饶地区革命委员会知识青年上山下乡办公室（章）

一九七五年八月十三日

赠送余江县上海下乡青年药品表

药 品 名 称	计量单位	数 量
板蓝根针剂	支	2100
垂盆草冲剂	包	250
止痒湿疹粉	袋	452
合霉素乳膏	支	450
长效磺胺	支（10 粒）	450
扑尔敏	支（20 粒）	480
青霉素针剂	支	600
双氢克尿塞	片	460
维生素 B_1	片	460
呋喃咀啶	片	600
复方黄体酮针剂	支	70

续表

药 品 名 称	计量单位	数 量
黄体酮针剂	支	70
乙蔗酚片	支（20 粒）	25
维生素 B_6	片	80
调经活血片	片	232
益母草冲剂	包	50
胃痛宁	包	30
乙氨嘧啶	片	30
氯氨奎宁	片	
伯氨奎宁	瓶（100 粒）	

关于分配上海下乡插队知青就业扶持生产资金的通知

（饶知青〔1982〕05 号）

余江县知青办：

为了妥善解决上海下乡插队知青就业，扶持安置上海已婚知青的集体单位发展生产，现根据你县上海下乡知青安置情况和经费情况，分给你县上海下乡知青生产扶助款壹万伍仟元。现就有关事项通知如下：

一、这笔扶助款主要用于借给安置上海插队已婚知青就业的集体单位（知青联合公司、场），扶持他们发展生产；其次用于自愿申请在农村安家或自谋职业的上海插队已婚知青的一次性补助。

二、这次分配的资金是一次性专项拨款，拨款前，县知青办应与安置上海知青就业的集体单位（知青联合公司、场）签订"借款合同"（格式附后），双方各持一份，报我办二份，补助给自愿在农村安家或自谋职业的知青。要凭知青个人申请书，由县知青办报我办一式两份，审查后退回一份存查。县知青办凭知青个人领条发给补助费。

三、为确保专款专用，必须严格履行借款手续，按合同办理。县知青办接此通知后，应立即将分配的经费具体落实到单位（包括一次性补助知青个人的落实），一定要解决好上海知青就业问题，然后持"借款合同"书来我办经审定后，方予拨款。合同到期，县知青办和借款单位应即偿还。

特此通知。

江西省上饶地区行政公署知识青年上山下乡办公室（章）

一九八二年六月二十九日

抄送：县知青联合公司、农行

婺源县

关于上海市分行、乡办委托发放
无息贷款手续办理的通知

（婺银农字〔75〕07号）

各营业所：

　　最近，上海市支援我县上海下放青年场（队）一批农机物资和上海市分行、乡办委托我县代放的无息贷款，曾以婺乡办字〔75〕11号、婺银农〔75〕03号、婺农字〔75〕03号、婺财政字〔75〕18号、婺农司字〔75〕9号联合通知分配各地。现就有关贷款手续办理补充如下：

　　一、发放无息贷款必须先由借款单位提出申请，经营业所审查提出意见后，上报县支行会同知青办进行审批后，由营业所发放。

　　二、无息贷款发放时，可用农贷借据代替，会计用"代理财政放款"科目核算（即122科目），下设"代理上海放款"帐户反映。

　　三、营业所按月应将此项无息贷款的收回、放出、结存数于次月五号前上报支行农金股，以便汇总上报中支（附：上海市分行、乡办委托发放无息贷款月报表）。

　　四、知识青年场（队）在购买这批物资时，经调查之后，核实物资价款，用无息贷款解决，不足部分应以自筹为主。如目前自筹确有困难，需要贷款的，可由知青队向营业所申请有息贷款，由营业所自行审批发放，不必报支行，如所内下半年指标不够，可以打报告追加指标。

　　以上通知，希贯彻执行。

中国人民银行婺源县支行（章）

一九七五年十月三十一日

抄送：县乡办

关于请批草药"山腊梅含糖颗粒冲剂"生产的报告

（〔75〕婺乡办字第13号、

〔75〕婺卫办字第16号）

上饶地区卫生局：

　　草药"山腊梅"防治感冒、流感的研究已进行了4年，防止感冒、流感2237人，按临床数据统计，治感冒、流感的有效率达85%以上，上海中山医院验证81例疗效92.3%。从剂型改制方面，今年在上海第一医学院医防函授医生的支持帮助下，研制成"山腊梅含糖颗粒冲剂"，深受医生、患者欢迎，我们计划明年在秋口公社王村青年队设厂生产试销，由上海一医医防医生指导生产。现将冲剂标本随文附送，请予药检和批准生产。

江西省婺源县革命委员会知识青年上山下乡办公室（章）

江西省婺源县卫生局（章）

一九七五年十二月二十九日

　　抄报：地区卫办、地区知青办、地区药检所

关于要求批准王村青年队生产"山腊梅冲剂"和
"注射用水"的报告

（婺革发〔76〕124号）

上饶地区卫生局：

　　……

　　王村青年队中草药制药厂，从一九七四年以来，上海第一医学院先后派出了四批革命师生，来王村对知识青年进行中草药制药的基本知识的教育，培养了一批制药的技术力量。今年来在上海慰问团和县卫生局的帮助下，购置了一批制药的必需设备，在县、社知青办和有关单位的帮助下，青年队自力更生建设了简易的厂房，这为成批生产山腊梅冲剂和注射用水创造了良好的条件。

　　……

　　注射用水的生产是根据国家制药厂的工艺流程进行的，据上海第一医学院的老师来王村检查指导工作时介绍，质量很好。

王村青年队利用我县资源，办小制药厂，方向对头，而且具备了生产条件，我们同意他们进行生产。但为了确保药品质量，今派人送上"山腊梅冲剂"和"注射用水"，请予检验，如符合国家规定的标准，请予批准生产，并交县医药公司经销使用。

婺源县革命委员会/（章）

一九七六年十一月八日

上海支援物资和无息贷款分配意见

上饶地区知青办分给我县物资有大手扶拖拉机 1 台（带斗），手扶拖拉机 8 台，小拖斗 4 个，195 型柴油机 2 台，机动喷雾器 2 个。无息贷款 17500 万。

我们研究分给：

大拖拉机（带斗）分给许村公社周□青年队。

手扶拖拉机分给：

车田公社坑口青年队 1 台（带斗）；

思口公社金竹茶场 1 台（带斗）；

镇头公社青年茶场 1 台（带斗）；

高砂公社□□青年队小拖斗 2 个；

高砂公社营盘山农场 1 台；

清华公社双河青年队 1 台；

中洲林场小港青年队 1 台；

太白公社薛村青年队 1 台；

中云公社下港青年队 1 台。

柴油机分给：（可装□手扶拖拉机）

车田公社下呈青年茶场 1 台；

港电 1 台（水利局用）。

机动喷雾器分给：

秋口公社农科站 1 台；

太白公社薛村青年队 1 台。

贷款分给：

秋口公社五村青年队 3000 元（办制药厂用）；

许村公社周□青年队 5000 元（办小化工厂用）；

思口公社金竹茶场 1500 元（买手扶拖拉机用）；

清华公社双河青年队 1000 元（买手扶拖拉机）；

中云公社下港青年队 1000 元（买手扶拖拉机）；

太白公社薛村青年队 1500 元（买手扶拖拉机）；

中洲林场小港农科站 1000 元（买手扶拖拉机）；

镇头公社青年茶场 1500 元（买手扶拖拉机）；

车田公社坑口青年茶场 1000 元（买手扶拖拉机）；

车田公社下呈青年茶场 1000 元（买柴油机）。

请长福书记审查决定。

知青办／（章）

七六年十月二十八日

抚州地区

关于上海市赠送我区插队青年一批药品的分配通知

（〔75〕抚革知青办 12 号）

各县革委会知青办：

最近，上海市革委会赠送我区插队青年一批治疗肝炎、皮炎、肾炎、妇女病等常见病药品，这是上海市委、市革委会、上海市工人阶级对我区上山下乡知识青年的关怀，请你们赠送给患病的上山下乡知识青年进行治疗，药物分配数量详见附表。

考虑到药物数量有限，除少数外用药粉、药膏等可分配到青年队场和班排外，其余的最好由县社乡办掌握使用。但要注意，有些药物要遵照医嘱给药，特别是青霉素针剂等要由医院掌握，用药前一定要做试验，以保证患者的安全。

特此通知。

知青办

一九七五年八月二十七日

报送：地委知青领导小组成员、上海慰问团抚州分团、各县慰问小组

上海市赠送我区一批药品分配表

县别\项目	板蓝根针剂(支)	垂盆草冲剂(包)	止痒湿疹粉(袋)	合霉素乳膏(支)	长效磺胺(支)(10粒)	扑尔敏(支)(20粒)	青霉素针剂(支)	双氢克尿塞(片)	维生素B₁(片)	呋喃咀啶(片)	复方黄体酮针剂(支)	黄体酮针剂(支)	乙底酚片(20粒)	维生素B₆(片)	调经活血片(片)	益母草冲剂(包)	胃痛宁(包)	氯氨奎宁(片)
总　计	13000	1500	3400	3400	3400	3400	4200	300	3300	4200	480	480	160	600	1600	320	800	700
临川县	1200	100	300	300	300	300	350	300	300	300	40	40	10		100	30	100	100
南城县	1200	100	300	300	300	300	350	300	300	300	50	50	10		100	30	100	100
黎川县	1500	200	400	400	400	400	500	400	400	500	50	50	20		200	30	100	100
南丰县	900	100	250	250	250	260	300	200	200	300	40	40	20	100	100	30	100	
崇仁县	1600	200	400	400	400	400	500	400	400	500	50	50	20	100	200	30	100	100
乐安县	1040	120	320	320	320	320	400	320	320	400	50	50	20	100	160	30	100	100
宜黄县	1200	150	350	350	350	340	400	300	300	400	40	40	20	100	200	30	100	100
金溪县	1500	200	400	400	400	400	500	400	400	500	50	50	10		200	30	100	100
资溪县	500	100	100	100	100	100	150	100	100	200	30	30	10		100	20		
进贤县	1100	100	250	250	250	260	350	300	300	400	40	40	10	100	100	30		
东乡县	1000	100	200	200	250	240	300	200	200	300	40	40	10	100	100	30		

崇仁县

关于转报郭圩公社要求解决
集并办场物资和资金的请示报告

抚州地区革委会知青办、上海慰问团抚州分团：

在毛主席亲自发动和领导的"反击右倾翻案风"的斗争取得伟大的胜利的大好形势下，我县郭圩公社加快了筹建北塘知青农场的步伐。现已派出了公社党委委员聂××等三名国家干部和七名贫下中农带队，拟集并上海知识青年六十名，划定了山林、土地、水库等。公社党委本着"自力更生，艰苦奋斗"的原则，已组成专业队支援知青农场三千多个劳动日，栽了温州蜜橘五千株，并自筹资金，解决了柴油机一部、锯板机四部，以及耕牛、农具等物资。

为了把北塘知青农场办成亦农、亦工、亦学、亦兵的大学校，目前该场急需购进八十克注塑机一台以及钢模等，需资金一万元；兴建仓库、机房需资金一万元；架高压电线两公里需资金二万元；同时，为了有利于垦复荒山，实现耕作、运输机械化，需购买大型拖拉机一台（需资金一万七千元），合计需要资金五万七千元。

鉴于郭圩公社北塘知青农场是白手起家、自力更生办起来的，需要公社解决五万余元资金确有困难，经我办和慰问团驻崇仁小组研究，决定由县知青办自筹支援该场资金三万元，并报请地乡办、慰问团抚州分团分给该场大型拖拉机一台，支援资金二万七千元。

以上报告当否，请批示。

崇仁县革委会知青办／（章）

上海慰问团驻崇仁小组

一九七六年五月十日

附：郭圩公社请示报告两份

南丰县

关于分配上海支援我县知青无息贷款的通知

（丰乡〔76〕6号）

莱溪、洽湾、三溪、古城、沙岗公社革委会：

在举国上下热烈欢呼华国锋同志为我们党的领袖，愤怒声讨"四人帮"反党集团滔天罪行的大好形势下，为了进一步做好知识青年上山下乡工作，上海市革委会今年又分配我县支援知识青年队无息贷款19000元，经与县慰问小组研究，现分配如下：

莱溪公社直源青年队	13000 元（用于购葡萄糖厂设备8000元，大拖一台5000元）
洽湾公社青年制药厂	3000 元，用于购制药机械。
三溪公社茶山下青年队	1000 元
沙岗公社造纸厂	2000 元

上述无息贷款，仍委托县人民银行办理贷款手续。

江西省南丰县知识青年上山下乡安置工作办公室（章）

一九七六年十一月九日

抄送：县政治部、抓促部、县支行、农业局、财政局

宜黄县

关于上海一九七六年支援我县无息贷款分配的通知

各有关公社知青办：

接地区知青办通知，分配我县上海支援知青的队、场无息贷款二万七千元。根据上海精神，此项贷款分配给生产条件差，收入较少，初给程度低的上海下乡青年比较集中的青年队、场，用于发展生产和购买小作坊急需的设备，做到专款它用，不准挪作它用。贷款期限五年，由公社知青办负责到期偿还贷款。经研究，分配如下：

□岗公社知青综合服务站	1500 元
黄陂公社知青胶合板厂	15000 元
白竹公社知青茶林场	4000 元
神岗公社知青农机修配厂	5000 元
桃陂公社知青服务站	800 元
南□公社知青缝纫组	700 元

接通知后，让借款单位来县办好贷款手续，以便发放。

宜黄县知识青年上山下乡安置办公室

一九七六年十二月二十四日

抄报：地区知青办、上海学习慰问团抚州分团

抄送：县财政局、县人民银行、上海学习慰问团驻县小组

乐安县

一九七五年上海托放无息贷款使用情况

1975 年上海托放无息贷款使用情况

乐安县贷款 2.5 万元，已投放 2.5 万元，尚余/万元　　　　　　　1976 年 6 月

贷款单位	贷款金额（元）	用　　途	上海知青人数	备　　注
增田公社	3000	10 匹马力柴油机及设备	40	
坪溪公社	4000	轧板机的食品设备等	45	
谷岗公社	4000	筹备购设备	40	
□□公社	6500	东风□元林二厂购机器设备	95	
金竹公社	1000	购买车床用	50	
湖坪公社	500	桐山知青队购牛款	30	
南林公社	4000	筹备瓷厂	35	瓷厂未办，此款仍在公社
湖溪公社	2000	竹□知青队购柴油机等款	32	

注："用途"，主要指用于办小作坊或购买农机。如有使用不当的，可在备注说明。

井冈山地区

关于分配上海市革委知青办赠送给
上海下乡知识青年药品的通知

（井地知青办〔1975〕015 号）

各县、井冈山革委知青办：

上海市革委知青办根据学习慰问团反映的情况，为了配合安置地区做好下乡知青患病的防治工作，关怀他们的身体健康，最近已赠送我区一批治疗肝炎、皮炎、肾炎、妇女病等常见病用药。药品分配见附表。为使这批药品管好、用好，特作如下通知：

一、药品赠送给患病的在乡上海知青；

二、用药要遵医嘱，确保患者安全；

三、不得挪作其它患者使用；

四、药品领报必须登记造册，患者签章，由公社汇总报县备案。

井冈山地区革命委员会知识青年上山下乡办公室（章）

一九七五年九月二十五日

抄送：上海慰问分团、小组

关于增拨上海知青就业经费的通知

（〔1981〕吉地知青字第 09 号）

各县、市知青办：

为了尽快地把上海知青安排好，力争在年底前安排完，现将省知青办拨来我区的为安排上海知青的就业经费汇拨给你们，并将有关事项通知如下：

一、这次拨给各地的上海知青就业经费，是根据各地五月份报来未安排的上海知青人数（包括已转商品粮、现在农村插队、户口在人不在和判刑在押的等），每人按一千元计算，分配给各地，由地区知青办从银行直接汇拨给各地，包干使用。

赠送给上海下乡知青药品分配表

县市别	板蓝根针剂（支）	垂盆草冲剂（包）	湿疹止痒粉（袋）	合霉素乳膏（支）	长效磺胺（支）（10粒）	扑尔敏（支）（20粒）	青霉素针剂（支）	双氢氯噻嗪（片）	维生素B1（片）	硝基呋喃妥因（片）	复方黄体酮针剂（支）	黄体酮针剂（支）	乙烯雌酚片（支）（20粒）	维生素B6（片）	调经活血片（片）	益母草冲剂（包）	胃痛宁（包）	磷酸氯喹片（片）	备注
吉安县	1000	150	360	300	300	300	400	300	300	400	30	30	10		100	25	50	100	
吉水县	1000	200	360	350	350	350	450	300	400	400	40	40	10		100	25	50	100	
峡江县	2000	250	360	450	450	450	500	500	500	500	80	80	20	100	200	35	100	100	
新干县	2000	250	360	400	400	400	450	450	500	500	70	70	20	100	200	35	100	100	
永丰县	1500	200	360	400	400	400	450	350	400	400	60	60	20	100	200	25	50	100	
太和县	1000	100	230	200	200	200	250	250	200	300	20	20	10		100	15	50		
遂川县	500	50	150	150	150	150	200	150	100	200	10	10	10		100	15	50	100	
万安县	1500	200	360	350	350	350	400	300	400	400	40	40	10		100	25	50	100	
安福县	1500	150	360	300	300	300	350	300	300	400	40	40	10		100	25	50	100	
永新县	500	50	150	100	100	100	150	150	100	200.	10	10	10		100	15	50	100	
宁冈县	500	50	50	50	50	50	100	100	100	100	10	10	10		100	10	50		
井冈山	500	50	50	50	50	50	100	100	100	100	10	10	10	100	100	10	50	100	

二、此款主要用于扶持从五月份以后，吸收安排上海知青就业的单位、企事业和知青队、场、厂、店、联合公司的生产、生活补助款，坚持安排一个，就补助一个的原则。

三、对于扎根农村、自谋职业、自愿组织起来就业的上海知青，已经按照地区行署〔81〕吉行发字78号文件规定的标准，给了就业补助费的，但目前生产、生活确实还有困难的，也可以根据实际情况，酌情给以适当补助。

四、这次汇拨给各地的经费，是上海为了安排上海知青就业拨给的专用经费，属于预算外拨款，各地一定要专户存储，专款专用，不准挪作它用。在使用这项经费时，各地要从严掌握，直到把上海知青安排完毕为止。

以上通知，望各地认真研究贯彻执行。

江西省吉安地区行政公署知识青年上山下乡办公室（章）
一九八一年十月二十二日

万安县

关于分配上海支援无息贷款的通知

万安县支行：

上海市支援我县无息贷款，根据"确有物质，物质适用，群众欢迎，讲究实效"的原则，经我室与上海赴赣慰问小组研究，现分配给□□公社知青办肆佰柒拾元正（阳坑知青林场购买潜水泵配套胶皮管一根）。□□□意见如何，请予协助为感。

　　此致

敬礼

县知青办
七六年七月十二日

上海支援机械设备情况

支援弹前上海知青"五·七"综合场机械设备情况

项 目 名 称	单 位	数 量	估值(万元)
金工车间			
大刨	台	1	0.9 万元
15 车床	台	1	0.55 万元
20 车床	台	1	0.75 万元
18 车床	台	1	0.7 万元
门刨	台	1	4.0 万元
轮机	台	1	0.05 万元
□瓶	只	2	0.05 万元
发生器及附件	只	1	0.05 万元
光床	部	1	2.50 万元
焊机	只	1	0.26 万元
量具、工具、夹具费	套	□配套	0.41 万元
合计			10.22 万元
翻砂车间			
机械设备	套	全	3.5 万元
电机电器设备	套	全	2.5 万元
工具、夹具、量具及模具等	套	□配套	1.5 万元
合计			7.5 万元
钢刷加工车间			
机械电机电器设备	套	全套	3 万元
工具、量具、夹具、刀具等设备	套	□配套	0.58 万元
合计			3.58 万元
金工、翻砂、钢刷加工车间□□费计:207 万元			
总　　　计			24 万元

支援潞田公社知青农机修造厂机械设备情况

项 目 名 称	单 位	数 量	估值（万元）
95 柴油机及附件	台	2	3.2 万元
951 号泵总成	台	2	（400 元）0.04 万元
□旺发电机及附件	台	2	2.4 万元
615 车床	台	1	0.6 万元
头□床	台	1	0.9 万元
618 车床	台	1	0.7 万元
620 车床	台	1	0.75 万元
6201 车床	台	1	0.8 万元
砂轮机	部	1	0.1 万元
万能铣	部	1	3.0 万元
万能□	部	1	2.5 万元
□门□	部	1	4 万元
钻	部	1	0.15 万元
钻	部	1	0.05 万元
□肩钻	部	1	0.26 万元
合　计			19.45 万元
电焊机	只	1	0.26 万元
具、量具、夹具、刀具等设备	套	全	0.29 万元
合　计			0.55 万元
总　计			20 万元

赣州地区

关于分配上海市委赠送的药品的通知

各县知青办：

　　上海市委关怀赠送我区上海知识青年一批治疗肝炎、肾炎、皮炎、妇女病等常见病用药，现基本上按各县上海知识青年数分发（见附表）。望各县一定要将药品给上海知识青年使用。药品的使用需按医嘱，特别是青霉素针剂，用药前一定要做试验，以保证患者的安全。

特此通知。

赣州地区革委会知青办

一九七五年十月二十八日

关于发放安置上海下乡插队
知青就业的扶持生产资金的通知

（〔81〕赣地知字第 8 号）

各县（市）知青办：

最近，省知青办下拨了一笔补助费，为扶助我区安置上海下乡插队知青就业，此款作为扶持生产资金，妥善解决上海插队知青，特别是已婚知青的就业问题。现将有关事项通知如下：

一、这次扶持生产资金主要用于自愿申请在农村扎根安家或自谋职业的上海插队已婚知青的一次性补助，用于借给安置上海插队已婚知青就业（转城镇户口、商品粮）的集体社队企业单位。

二、这次的资金对上海知青个人是一次性的专项拨款，不能平均分配。对按"借款合同"的借款单位，款项由县（市）知青办直接掌握拨付，不准挪作它用。县（市）知青办今后代地区收回的此款，可继续借给县（市）作为周转金使用。

三、县（市）知青办要立即认真调查摸底，提出发放补助费的个人和单位，尽快上报我办。对自愿在农村扎根安家或自谋职业的上海知青个人申请书，应报我办一式两份，审定后，退回一份存查。同时，下拨补助费给县（市），凭知青本人领条发放补助费。对安置上海知青就业的单位签订"借款合同"一式五份，双方各持一份，报地知青办三份，审定后，退回一份存查，转报省知青办一份备查。

四、对于按政策应由上海市收回的未婚的病残知青和刑满释放的原下乡插队未婚知青以及长期倒流、下落不明的未婚插队知青，应一个一个地详细摸底，弄清情况，上报地区，以便与上海有关单位联系，妥善解决。

其中，属未婚的病、残知青材料，请县（市）知青办一式三份，八月底上报地区知青办。

以上通知，希研究落实。

附：1. "上海扶持生产资金借款合同"式样表

　　2. "上海插队知青补助费申请书"式样表

江西省赣州地区行政公署知识青年上山下乡办公室（章）

一九八一年八月五日

抄报：省知青办

关于发放上海插队知青就业的扶持
生产资金的通知的补充通知

（〔81〕赣知财第9号）

各县（市）知青办：

省知青办关于分配安置上海下乡插队知青就业的扶持生产资金的通知下达后，地区于八月五日发了〔81〕赣地知字第8号通知。为了更好地和更切实际地搞好扶持生产资金的发放，决定将此款拨给县（市）自行掌握。根据情况，现拨给你县（市）扶持生产资金　　元，并将有关事项通知如下：

1. 一次性补助款（用于扎根农村和自谋职业今后不再作就业安排的上海插队知青）由各县（市）知青办按每个上海知青三百元左右核定发给，核定后的申请书报地区一份备查。

2. 对安置上海插队知青工作的社办企业或集体单位的扶持生产资金，由各县（市）知青办根据需要与可能核定借给，集中用于安置上海知青就业，不能平均分配。所签的借款合同应报地区二份。扶持生产资金及今后到期收回的此项扶持生产资金，作为预算外资金存款处理，不要与历年结存的知青安置费、扶持生产资金、业务费混淆。在扶持生产资金科目下，增设"上海知青就业扶持生产资金"子目，单独核算。

3. 必须强调此款不属救济性拨款，是安排上海插队知青就业的专款，要求通过扶持，对尚未就业的上海插队知青，在年底前安排完。各县（市）对上海知青的安排要狠抓落实，专款专用，取得效果。

江西省赣州地区行政公署知识青年上山下乡办公室（章）

一九八一年九月十日

涉及物资、资金的文件类辑①

关于拨付病残知青救济金的通知（一式）②

劳动人事局、劳动服务公司：

......

一、该金是为解决因病残丧失劳动能力的上海知青基本生活问题的专项拨款，不得挪作它用。接受拨款的劳动服务公司，列作待业保险事业的"暂存款"，开立"上海病残知青救济基金"专户。

二、该金由收款县劳动服务公司在银行办理单位定期存款或存本取息存款，本金不动，利息作为救济金分别付给上述病残知青。

三、自本救济金下拨的第二个月起，接收拨款的县劳动服务公司每月发给上述病残知青每人30—40元的生活救济和医疗补助金，直至恢复劳动能力或另有生活来源为止。

以下为相关人员信息：

姓　名	所在县	病　因	拨款金额	下文时间
郭××	上高县	精神分裂症	10000 元	87 年 5 月 11 日
符××	南丰县	痨病	10000 元	87 年 5 月 11 日
袁××	南丰县	痨病	10000 元	87 年 5 月 11 日
熊××	丰城县	肺病	10000 元	87 年 5 月 11 日
王××	龙南县	肺叶切除	10000 元	87 年 5 月 11 日
杨××	丰城县	左下肢功能障碍	10000 元	87 年 9 月 24 日

---

① 本题物资、资金所收文档因存在雷同现象，故分四个类型予以呈现，同类型内容以原文件生成时间的先后顺序排列。——编者注

② 根据赣劳人培〔87〕第 25 号《关于拨付上海病残知青救济金的通知》、赣劳人培〔87〕第 51 号《关于拨付上海病残知青救济金的通知》而编成。——编者注

关于上海一九七六年支援我省（区）
无息贷款的分配通知（八表）

各地区（县）知青办：

　　……现将有关事项通知如下：

　　一、各地区（县）知青办接到贷款后，应主动提出分配方案，征求学习慰问小组的意见，迅速把指标认真落实到基层办理贷款手续。

　　二、无息贷款应分给生产条件较差、收入较少、自给程度较低的上海下乡青年比较集中的青年队、场和单位。

　　三、无息贷款应用于发展生产。使用范围主要用于购买农机物资、小作坊等生产急需的设施，必须专款专用，不准挪作它用。

　　四、今年无息贷款的期限仍为五年，办理偿还贷款的责任，归各级知青办承担。

表 1　1976 年上海支援江西省无息贷款分配表[①]

地　区	金额（万元）
赣州地区	25
宜春地区	32
井冈山地区	33
上饶地区	30
抚州地区	26
九江地区	19
省　级	10
合　计	175

1976 年 12 月 23 日

---

　　①　以下八表分别根据赣知青〔1976〕28 号《关于上海一九七六年支援我省无息贷款的分配通知》、赣地知字〔76〕41 号《关于上海一九七六年支援我区无息贷款的分配通知》、饶乡办〔1976〕14 号《关于上海一九七六年支援的无息贷款的分配通知》、宜地知青办〔1976〕15 号《关于上海1976 支援我区无息贷款的分配通知》、井地知青办〔1976〕07 号《关于上海一九七六年支援我区无息贷款的分配通知》、抚知青〔76〕第 18 号《关于上海一九七六年支援我区无息贷款的分配通知》、〔77〕知青办字 01 号《新余县革委会知青办关于上海一九七六年支援我县无息贷款的分配通知》、婺知青字〔77〕003 号《关于上海一九七六年支援的无息贷款的发放通知》编成。——编者注

表2 1976年上海支援赣州地区无息贷款分配表

县 名	金额（万元）	县 名	金额（万元）
赣 县	0.7	大 余	1.2
于 都	0.8	全 南	1.3
上 犹	0.8	崇 义	1.6
石 城	2.1	广 昌	2.5
瑞 金	1.3	会 昌	2.2
寻 乌	1.2	信 丰	1.8
安 远	2	宁 都	2.5
定 南	3	合 计	25

1976 年 12 月 20 日

表3 1976年上海支援上饶地区无息贷款分配表

县 名	贷款数（元）
婺 源	17000
波 阳	44000
德 兴	24000
戈 阳	30000
乐 平	35000
万 年	40000
余 干	22000
贵 溪	16000
余 江	44000
铅 山	8000
横 峰	8000
上饶县	6000
玉 山	6000
合 计	300000

1976 年 12 月 18 日

表 4　1976 年上海支援宜春地区无息贷款分配表

县　别	金额（元）
宜　春	16000
分　宜	36000
新　余	17000
清　江	9000
丰　城	15000
万　载	11000
上　高	24000
宜　丰	33000
同　鼓	22000
高　安	31000
奉　新	74000
靖　安	18000
安　义	14000
合　计	320000

1976 年 12 月 17 日

表 5　1976 年上海支援井冈山地区无息贷款分配表

县　别	金额（元）
吉安县	44000
吉水县	27000
峡江县	53000
新干县	78000
永丰县	35000
遂川县	5000
万安县	33000
太和县	13000
安福县	30000
永新县	7000
宁冈县	5000
合　计	330000

1976 年 12 月 17 日

表6 1976年上海支援抚州地区无息贷款分配表①

县　别	金额（千元）
临　川	2.2
南　城	2.5
黎　川	2.9
南　丰	1.9
崇　仁	3.2
乐　安	3.1
宜　黄	2.7
金　溪	3.0
资　溪	1.3
进　贤	2.0
东　乡	1.2
合　计	26.0

表7 1976年上海支援新余县无息贷款分配表

单位：元

公　社	队　场	分配金额
东　边	龚塘生产队	500
南　港	造　纸　厂	3000
鹄　山	采　石　厂	3000
水　北	砖　瓦　厂	2000
观　巢	瓷　　　厂	2000
姚　圩	刘家大队（上海集体）青年队	3500
马　洪	腐　肥　厂	3000
合　计		17000

说明：75年结余无息贷款指标3888元，分配给东边公社，由银行办理直接拨款。

1977年1月5日

---

① 原文件无生成时间信息。——编者注

表8　1976年上海支援婺源县无息贷款分配表

队　　别	贷款数	备　　注
秋口王村青年队	3000	办制药厂用
许村周溪青年队	5000	办小化工厂用
思口金竹茶场	1500	买手扶拖拉机
清华双河青年队	1000	买手扶拖拉机
中云下港青年队	1000	买手扶拖拉机
太白薛村青年队	1500	买手扶拖拉机
中洲小港农科站	1000	买手扶拖拉机
镇头青年茶场	1000	买手扶拖拉机
车田坑口青年茶场	1000	买手扶拖拉机
车田下呈青年茶场	1000	买柴油机

1977年2月24日

关于上海支援我省（区、县）物资和
无息贷款的分配通知（八表）

……

……最近上海市又拟支援我省……现将有关事项通知如下：

一、……

二、这次提供的农机物资和无息贷款，应分配给生产条件较差、收入较少、自给程度较低的上海下乡青年比较集中的地方。首先是单独核算的青年队（场）；其次是社、队办的由生产队或生产大队联合经营生产单位，如青年队、场、站、组等；再次是集体插队青年所在的生产队。供给的款、物，必须严格掌握，专项专用，不准挪作它用。

三、无息贷款主要用于购买生产设备，如农机、物资，少数用于生产组、小作坊需要购置简易设备方面。

无息贷款由使用单位向所在公社银行营业所提出申请，营业所提出意见后，转报县支行，由县支行会同县知青办进行审批后，转所在公社营业所发放。其它贷款仍按银行农贷办法审批手续规定办理。要坚持"确有物资、物资适用、群众欢迎、讲究实效"的原则。贷款实行转帐结算，不付现金。

贷款发放后，由县知青办、支行会同学习慰问小组定期检查使用情况，发现问题，及时研究解决。为了掌握贷款指标使用情况，各地应在"代理财政放款"科目（项目）中，下设"代理上海放款"帐户反映，并由当地银行按月将该项贷款的收入、付出、结存数逐级报省分行，以便汇总抄送上海市分行。

无息贷款由当地银行负责在五年内分期分批收回，不计利息。如确有困难到无力偿还的，可以酌情延期。

四、实行基本核算单位的青年队（场），应贯彻自力更生和勤俭办队的方针。购买农机和生产设备应根据需要与可能，逐步添置。所需资金，除使用无息贷款外，不足部分，主要应自筹解决。对确有困难的单位，可在分配各县"支援农村人民公社投资"款项中，予以适当补助；再若不足，可向当地银行申请贷款。

缝纫机只能给独立核算的知识青年队（场）和社队办的生产队或生产大队联合经营的生产单位，如青年队、场、所、站、组等。购置费由各单位自筹解决。

玻璃、元钉应给需要建房的知识青年队（场）和青年点上，购置费在国家发给青年的"建房补助费"中解决。

五、分配的农机、物资，一律由农机公司办理提货手续，要求各地做到安全运输，妥善保管，防止机件被人调换、损坏和丢失，尽快地交给使用单位。各地农机管理部门应相应的培训一批拖拉机驾驶人员。

表 1　上海预计支援江西省物资和无息贷款分配表[1]

		合计	赣州地区	井冈山地区	宜春地区	上饶地区	抚州地区	九江地区
丰收 35 型拖拉机	台	30	5	7	5	5	4	4
大拖斗	个	15	3	3	3	2	2	2
工农 11 型手扶拖拉机	台	770	136	173	133	132	111	85

----

① 以下八表分别根据赣知青办〔1975〕13 号《关于上海支援我省物资和无息贷款的分配通知》、赣地知字〔75〕022 号《关于上海支援我区物资和无息贷款的分配通知》、宜地知青办〔75〕4 号《关于上海支援我区物资和无息贷款的分配通知》、井地知青办〔75〕013 号《关于上海支援我区物资和无息贷款的分配通知》、抚知青办〔75〕18 号《关于上海支援我区物资和无息贷款的分配通知》、〔75〕安乡办字 008 号《关于上海支援我区物资和无息贷款的分配通知》、〔76〕饶乡字 09 号《关于分配上海支援的农机物资和无息贷款的通知》、余乡〔76〕20 号《关于分配上海支援上山下乡知识青年农机无息贷款的通知》编成。——编者注

续表

		合计	赣州地区	井冈山地区	宜春地区	上饶地区	抚州地区	九江地区
小拖斗	个	385	68	86	67	65	55	44
195 型柴油机	台	220	48	62	32	31	26	21
495 型柴油机	台	40	9	11	6	5	5	4
机动喷雾器	个	50	11	14	7	7	6	5
手摇喷雾器	个	100	22	28	15	14	12	9
潜水泵	个	500	110	140	73	70	60	47
混流水泵	个	250	55	70	36	35	30	47
25 瓩以下旧电动机	个	300	66	84	44	42	36	24
脱粒机主要配件	套	420	92	118	61	59	50	28
饲料粉碎机	台	55	12	15	8	8	7	40
碾米机	台	75	16	21	11	10	9	85
变压器	台	50	11	14	7	7	6	5
劳动车	辆	500	110	140	73	70	60	47
缝纫机	架	600	106	134	104	95	86	75
元钉	吨	20	4	3	4	3	3	3
铅丝	吨	20	4	3	4	3	3	3
玻璃	箱	200	40	30	40	30	30	30
小工场、土作坊设备	套	35						
无息贷款	万元	175	39	4	26	25	21	16

1975 年 7 月 24 日

表 2　上海支援赣州地区物资和无息贷款分配表①

县（市）别	丰收35型拖拉机	大拖斗	工农11型手扶拖拉机	小拖斗	195型柴油机	495型柴油机	机动喷雾器	手摇喷雾器	潜水泵	混流水泵	25匹以下旧电动机	脱粒机主要配件	饲料粉碎机	碾米机	变压器	劳动车	缝纫机	元钉	铅丝	玻璃	无息贷款
	台	个	台	个	台	台	个	个	个	个	个	套	台	台	台	辆	架	吨	吨	箱	万元
总　计	5	3	66	63	48	9	11	22	110	55	66	92	12	16	11	110	106	4	4	40	39
赣州市																					
赣县			4	3	4	1		1	5	3	5			1	1	6	4			2	1.3
南康																					
信丰			3	2	4	1	1	2	9	4	5			1	1	8	9			3	2.8
大余			4	3	2	1	1	1	6	3	4			1		6	6			2	2.1
上犹	1		4	2	4			1	4	3	4		1	1		8	5			2	1.5
崇义	1	1	5	3	4	1	1	1	7	3	5			1	1	6	7			3	2.2
安远			4	3	3	1	1	2	10	5	4		1	1		6	5			2	2.2
定南			9	4	4		2	2	10	6	6		2	2	2	12	13			4	5.8
全南			4	3	3	1	1	2	7	3	5		1	1		8	6			2	2.5
宁都			5	3	3		1	1	11	5	4		1	1	1	6	10			3	3.5
于都	1		3	2	3		1	1	4	2	3					5	4			2	1.2
兴国																					
瑞金	1		4	3	2			1	6	3	4		1	1	1	6	6			2	2.2
会昌	1	1	5	3	4	1		2	9	5	5		1	1	2	10	9			4	4.5
寻乌		1	5	4	3			1	6	3	4		1	1	1	10	6			3	2.2
石城			3	2	3	1	1	2	7	3	4		1	1	1	6	7			3	2.3
广昌			4	2	2		1	2	9	4	4		1	1		7	9			3	2.7
待分配物资												92						4	4		

① 该表复印时缺少相关信息，无法完整录入。——编者注

1975 年 7 月 24 日

表3　上海预计支援宜春地区物资和无息贷款分配表

县(市)别	丰收35型拖拉机 台	大拖斗 个	工农11型手扶拖拉机 台	小拖斗 个	195型柴油机 台	495型柴油机 台	机动喷雾器 个	手摇喷雾器 个	潜水泵 个	混流水泵 个	25匹以下旧电动机① 个	脱粒机主要配件 套	饲料粉碎机 台	碾米机 台	变压器 台	劳动车 辆	缝纫机 架	元钉 吨	铅丝 吨	玻璃 箱	无息贷款 万元
总计	5	3	133	67	32	6	7	15	73	36		61	8	11	7	73	104	4	4	40	26
丰城			8	4	2			1	4	3		4	1	1	1	4	6	0.2	0.2	3	1.1
高安			12	6	3	1	1	1	6	3		5		1		6	9	0.4	0.4	4	2
清江	1	1	6	3	2			1	4	2		4	1	1		4	5	0.15	0.15	2	0.7
新余			9	6	2	1		2	5	2		4		1	1	5	6	0.2	0.2	3	1.2
宜春			8	4	2	1	1	2	4	2		4	1	1		4	6	0.2	0.2	2	1.1
奉新	1		23	12	5	1	1	2	12	6		9	1			11	17	0.7	0.7	6	4.9
万载	1	1	7	3	1	1			3	2		3		1	1	3	5	0.15	0.15	1	1.8
上高	1		13	6	2	1	1	1	6	2		4	1	1		6	10	0.3	0.3	3	2.2
宜丰	1		10	5	3	1	1	1	7	3		5	1	1		7	14	0.45	0.45	4	2.9
分宜			17	3	4		1		8	5		8		1	1	8	5	0.5	0.5	5	4.4
安义			6	3	2			1	4	2		4				4	6	0.15	0.15	2	1
靖安			7	3	2		1		5	2		3	1	1	1	5	6	0.25	0.25	2	1.3
铜鼓	1	1	7	4	2				5	2		4		1	1	5		0.35	0.35	1	1.4
地乡办																1					

1975 年 8 月 14 日

① 该栏字迹不清。——编者注

表 4 上海预计支援井冈山地区物资和无息贷款分配表

县（市）别	丰收35型拖拉机 台	大拖斗 个	工农11型手扶拖拉机 台	小拖斗 个	195型柴油机 台	495型柴油机 台	机动喷雾器 个	手摇喷雾器 个	混流水泵 个	潜水泵 个	脱粒机 套	粉碎机 台	碾米机 台	25匹以下旧电动机 个	劳动车 辆	变压器 台	缝纫机 架	元钉 市斤	玻璃 箱	铅丝 公斤	无息贷款 万元
总计	7	3	173	86	62	11	14	28	70	140	118	15	21	84	140	14	134	3000	30	3000	48
新干	1	1	24	12	10	2	3	8	11	22	22	4	4	15	23	3	18	400	5	300	9.5
峡江			24	12	10	2	3	6	11	22	18	2	4	14	23	3	20		5	400	9.5
永丰			20	10	8	1	2	3	7	15	16	2	2	10	17	2	17	500	3	300	6
吉水	1		12	6	4	1	1	1	6	12	10	1	2	5	13	1	14	400	3	200	4
吉安	1		12	6	4		1	1	6	12	10	1	2	5	12	1	11	300	2	200	3
安福	2	1	20	10	8	2	1	2	6	13	13	2	2	10	13	2	13	400	2	300	5
泰和			8	4	1			1	3	6	3			2	6		7	100	2	100	1
万安			20	10	8	1	2	3	9	18	16	2	3	13	18	2	13	500	3	300	6
遂川			8	4	1			1	3	6	3		1	2	4		4	100	2	100	1
永新	1		7	3	1			1	3	6	4		1	4	4		4	100	1	150	1
宁冈			8	4	1				3	6	3	1		2	4		3	100	1	100	1
井冈山																	2		1	100	1
机动	1	1	10	5	6	2			2	2				2	3		8				

1975 年 8 月 15 日

表 5　上海预计支援抚州地区物资和无息贷款分配表

县(市)别	丰收35型拖拉机 台	大拖斗 个	工农11型手扶拖拉机 台	小拖斗 个	195型柴油机 台	495型柴油机 台	机动喷雾器 个	手摇喷雾器 个	潜水泵 个	混流水泵 个	25瓩以下旧电动机 个	脱粒机主要配件 套	饲料粉碎机 台	碾米机 台	变压器 台	劳动车 辆	缝纫机 架	元钉 市斤	铅丝 市斤	玻璃 箱	无息贷款 万元
总计	4	2	109	55	26	5	6	12	60	30	36	50	7	9	6	60	86	6000	6000	30	21
临川县			9	3	3	1	1	2	7	4	3	6	1	1	1	7	7	500	500	2	2
南城			10	6	3	1	1	1	5	3	3	5	1	1	1	6	8	600	600	3	1.5
黎川			13	7	2	1		1	4	2	4	5		1	1	6	10	600	600	4	2
南丰			8	4	2		1	1	6	2	2	4	1	1		5	6	400	400	2	1.5
崇仁			14	7	3	1		1	7	4	4	5		1		7	11	800	800	4	2.5
乐安			12	4	3	1		1	4	3	5	6	1	1		6	10	700	700	3	2.5
宜黄	1		10	6	2		1	1	5	2	5	5	1	1	1	6	9	600	600	3	3
金溪	1	1	13	7	3			1	7	4	3	5	1	1	1	7	10	700	700	4	2.5
资溪			4	3	1			1	3	1	3	2			1	2	3	300	300	1	1
进贤	1	1	9	5	2		1	1	7	3	2	4	1			4	6	400	400	2	1.5
东乡	1		6	3	2		1	1	5	2	2	3		1		4	6	400	400	2	1
抚州市			1																		
说明	工农 11 型手扶拖拉机 109 台已于 7 月 26 日下达到县																			1975 年 9 月 28 日	

表6　上海支援安远县物资和无息贷款的分配表

单　位	工农11型手扶拖拉机	小拖斗	495型柴油机	碾米机	缝纫机	饲料粉碎机	无息贷款	说　明
合计	10	6	1	1	5	1	22000	
龙布上海知青队	1	1						
天心肖屋背知青队	1	1					1000	用于添置生产设备
重石渡江知青队	1	1						
版石八角亭知青队	1							
棕坑牛牯地知青队	1							
双芫上海知青队			1	1			6000	用于添置小作坊设备
版石路径知青队	1							
版石上海知青缝纫组					5			
车头知青队							3000	用于兴建砖瓦厂和添置设备
风山猪咀石知青队	1							
新田黄柏知青队	1	1						
塘村三联知青队	1							
镇岗五七茶场知青队	1	1						
合子龙岗知青队				1			12000	用于购买汽车和添置小作坊设备
孔田五·七林场						1		

1975年10月25日

表7　上海支援上饶地区农机物资分配（意见）表

单　位	丰收35拖拉机	大拖斗	11型拖拉机	小拖斗	柴油机	喷雾器	贷款（万）	注
婺　源	1	1	8	4	2	2	1.7	
波　阳	2	1	18	10	4	3	4.4	
德　兴	1		12	6	3	3	2.4	
弋　阳	2	1	9	5	3	2	3	
乐　平	1		15	8	3	2	3.5	

续表

单 位	丰收35拖拉机	大拖斗	11型拖拉机	小拖斗	柴油机	喷雾器	贷款（万）	注
万 年	2	1	16	8	4	3	4	
余 干	1	1	12	6	3	2	2.2	
贵 溪	1		8	4	2	2	1.6	
余 江	2	1	16	8	4	2	4.4	
铅 山	1	1	4	2	2	2	0.8	
横 峰	1	1	3	2	2	1	0.8	
上饶县			3	2	1	1	0.6	
玉 山			3	2	1	1	0.6	
广 丰			2	1	1			
鹰 潭			2	1				
乐 丰			2	1				
饶 丰			1					
刘 家			1					
五府山				1				
乡 办				1				
合 计	15	8	135	72	35	26	30	

1976 年 9 月 30 日

表 8　上海支援余江县农机无息贷款指标分配表

社、场	无息贷款指标（元）	去年分配结存指标（元）	备 注
红 色	1000		
云 峰	3000		
石 港	1000	1000	
潢 溪	2000	200	
春 □	1500		
平 定	1500	400	
坞 桥	1000		
中 童	1000	1000	
洪 湖	2000		
杨 溪	1500	100	
马 荃	3000		
邓 埠	1500		
黄 庄	3000		
县水产场	2000		
合 计	25000	2700	

1976 年 12 月 8 日

上海支援农机物资的分配通知
（二案例、四十九组信息）

案例 1

各地（市）知识青年上山下乡办公室：

上海市革委会为配合我们做好下乡知识青年工作，支援我省知识青年插队地区……

拖拉机的分配，重点照顾生产队条件较差，特别是下乡青年生活自给有困难的地方和先进下乡青年所在社队，以鼓励先进，有利于做好巩固工作。

……

江西省知识青年上山下乡安置工作办公室

一九七三年三月十七日

案例 2

……

上海市革委会为了做好知识青年上山下乡工作，今年又支援我区……经研究分给你县……请直接与你县农机公司（站）办理提货手续。现将有关事项通知如下：

一、这批物资是供给安置上海知识青年的社队专用指标，应分配给安置上海知识青年比较集中的社队。

二、在分配时，首先要分给已办的上海知识青年队（场），然后分给先进的上海知青所在的生产队。

三、这批拖拉机是上海支援的，生产队要选派上海知青去学习和驾驶，发挥他们的积极作用。

江西省知识青年上山下乡安置工作办公室

一九七四年七月十三日

具体接收单位和物资信息：

1. 婺源县分得手扶拖拉机 8 台，每台 2700 元。

（江西省上饶地区革命委员会"五·七"大军办公室致婺源县"五·七"办公室文件，1973 年 2 月 27 日）

2. 抚州地区上海支援工农 11 型拖拉机分配表

单　位	台　数	提货地点
临　川	7	抚州北站
南　城	7	抚州北站
黎　川	10	抚州北站
崇　仁	10	抚州北站
乐　安	11	抚州北站
宜　黄	7	抚州北站
金　溪	9	抚州北站
资　溪	3	抚州北站
进　贤	7	抚州北站
东　乡	6	抚州北站
南　丰	6	抚州北站
合　计	83	

（〔73〕抚乡办发 01 号《关于分配上海支援我区八十三台手扶拖拉机的通知》，1973 年 3 月 20 日）

3. 宁都县肖田公社肖田大队黄泥乡生产队、东乡公社王林池大队、港田公社李林大队长洛生产队、大沽公社上淮生产队、固村公社李子乡生产队、固厚公社蜀田大队、田埠公社武里大队、□□公社朱元大队、洛口公社南岑大队各分得 1 台手扶拖拉机。

（江西省革命委员会"五·七"大军领导小组文件，1973 年 3 月 22 日）

4. 崇仁县大堂公社王铁大队、凤港公社梧章大队有上海知青班的生产队各 1 台工农 11 型手扶拖拉机，石庄、沙堤、桃源、白陂、礼陂、许坊、郭圩、河上各 1 台工农 11 型手扶拖拉机。要求各有关公社速分配给有上海知识青年的生产队。

（崇政发〔73〕字 049 号《关于分配上海支援我县十台手扶拖拉机的通

知》，1973 年 3 月 27 日）

5. 上海工农 11 型拖拉机拖斗分配表

单　位	台　数	拖斗台数	运达地址
宜　春	83	20	宜春站
上　饶	83	20	上饶站
九　江	68	16	九江站
抚　州	83	20	抚州站
井冈山	83	20	樟树站
赣　州	78	20	广东韶关站
萍　乡	4	1	宜春站
景德镇	4	1	南昌站
省、乡办(机动)	14	5	南昌站
合　计	500	123	

（赣乡办发〔73〕字 4 号《关于上海支援我省 123 台手扶拖拉机拖斗的分配通知》，1973 年 6 月 22 日）

6. 上海支援赣州地区 20 台手扶拖拉机、拖斗的分配表

县　别	数　量	说　明
信　丰	1	分给湾里生产队钟伟民班
大　余	1	
上　犹	1	
崇　义	2	其中:分给上联大队朱××同志 1 台
安　远	1	分给赖庄生产队
定　南	1	
全　南	1	分给大屋生产队
宁　都	3	其中:分给朱源大队汪××班 1 台
瑞　金	1	分给□××班
会　昌	3	其中:分给曹××1 台
寻　乌	1	分给郑××班
石　城	2	
广　昌	2	其中:分给□××同志 1 台
合　计	20	

（江西省赣州地区知识青年上山下乡工作办公室《关于上海支援我区 20
台手扶拖拉机拖斗的分配通知》，1973 年 8 月 1 日）

7. 上海支援赣州地区丰收 35 型、工农 11 型拖拉机分配表

县　别	台　数	说　明
宁　都	2	其中 11 型 2 台
信　丰	3	其中 11 型 2 台
会　昌	2	其中 11 型 2 台
广　昌	3	其中 11 型 2 台
石　城	3	其中 11 型 2 台
定　南	1	35 型 1 台,给□□水库
崇　义	1	35 型 1 台,给上联队
安　远	1	35 型 1 台,给孔田农场
合　计	16	

（赣乡办发〔1973〕11 号《关于上海支援我省丰收 35 和手扶拖拉机的
分配通知》，1973 年 11 月 12 日）

8. 九江地区上海支援手扶及 35 丰收拖拉机分配表

地　点	手扶拖拉机		35 型拖拉机	
	台　数	拟分配	台　数	拟分配
修　水	2		1	太阳升红星大队
武　宁	1			
永　修	1		1	江山耕源大队
德　安			1	
九江县	2	岷山垦殖场 1 台		
瑞　昌	1		1	黄桥连山大队
湖　口	1	五里农科所		
星　子	1			
彭　泽			1	黄岭公社农科所
都　昌			1	三义港东风五七干校
庐　山	1	向阳垦殖场		
合　计	10		6	

（浔乡字 05 号《关于上海支援我区丰收 35 和手扶拖拉机的分配通知》，
1973 年 11 月 16 日）

9. 井冈山地区上海支援拖拉机分配表

单　位	手扶拖拉机	丰收 35 拖拉机	运达地点
吉安县	2		樟树站
吉水县	2	1	樟树站
峡江县	4	1	樟树站
新干县	3	1	樟树站
永丰县	2	1	樟树站
泰和县	1		樟树站
遂川县	1		樟树站
万安县	1	1	樟树站
安福县	3	1	樟树站
永新县	1		樟树站
合　计	20	5	樟树站

（井地乡办〔1973〕10 号《革委会上山下乡办公室关于上海支援我区丰收 35 型和手扶拖拉机的分配通知》，1973 年 11 月 24 日）

10. 宜春地区上海支援拖拉机分配表

县　别	丰收 35 型	工农 11 型	说　明
丰　城	1		建议：给袁渡公社青年林场
清　江		1	
新　余		1	
分　宜		1	此部请直接给地区农机研究站，这是与分宜县卷山大队青年林场抵换一部 27 型拖拉机的指标权
宜　春	1		建议：给渥江公社农科站
万　载		1	
上　高	1	1	
高　安	1		建议：给莲花大队青年农场
奉　新	1	1	
靖　安		1	
安　义		1	
铜　鼓		1	
宜　丰		1	

（宜地乡办字〔73〕9 号《关于上海支援我区丰收 35 型和工农 11 型拖拉机分配的通知》，1973 年 12 月 29 日）

11. 井冈山地区上海支援拖拉机分配表

单 位	工农 11 型	丰收 35 型	备 注
吉安县	1	1	
吉水县	1		
永丰县	1	1	
新干县	1	1	
泰和县	1		
遂川县	1		
万安县	1		
安福县	1	1	
合 计	8	4	

（井地乡办〔1974〕2 号《关于上海支援我区丰收 35 型和工农 11 型拖拉机分配的通知》，1974 年 1 月 7 日）

12. 九江地区上海支援丰收 35 型拖拉机主要照顾规模较大的集体所有制知识青年队（场），拟分配武宁、九江两县，工农 11 型手扶拖拉机除重点分配给青年队（场）外，可适当照顾下乡青年先进社队，拟分配永修、德安、湖口、星子、都昌等各 1 台。

（浔乡办《关于分配上海支援我省丰收 35 型和工农 11 型拖拉机的通知》，1974 年 1 月 19 日）

13. 上饶地区上海支援拖拉机分配表

单 位	丰收 35 型拖拉机	工农 11 型拖拉机	备 注
玉 山		1	
铅 山		1	
横 峰		1	
弋 阳	1	1	
贵 溪	1		
余 江	1	1	
余 干	1	1	
波 阳	1	1	
万 年	1	1	丰收 35 型给畲家岗青年队
乐 平			
德 兴		1	
婺 源		1	给中云好音岭青年场
五府山		1	
武夷山		1	
合 计	6	12	

（饶乡办发〔1974〕008 号《关于上海支援我省丰收 35 型和工农 11 型拖拉机分配的通知》，1974 年 3 月 16 日）

14. 上海一九七四年支援江西工农 11 型手扶拖拉机 900 台，丰收 35 型拖拉机 80 台，分配给赣州地区工农 11 型手扶拖拉机 119 台，丰收 35 型拖拉机 20 台，分配给上饶地区工农 11 型手扶拖拉机 183 台，丰收 35 型拖拉机 31 台。

（赣知青办〔74〕022 号《关于上海支援我省的工农 11 型手扶拖拉机的分配通知》，1974 年 7 月 8 日）

15. 赣州地区上海支援工农 11 型拖拉机分配表

县　别	上海青年数	拖拉机	双铧犁	拖　斗
宁　都	1046	6	3	2
广　昌	826	5	2	2
石　城	679	5	3	2
瑞　金	586	3	2	1
会　昌	798	5	2	2
于　都	295	2	1	1
寻　乌	571	4	2	1
安　远	872	6	3	2
定　南	701	6	3	3
全　南	593	4	2	2
信　丰	818	5	3	2
大　余	569	4	2	1
崇　义	611	4	2	2
上　犹	380	3	1	1
赣　县	317	2	1	1
兴　国		2	1	
南　康		2	1	
龙　南		2	1	

（赣地乡字〔74〕14 号《关于上海市支援我区的工农 11 型手扶拖拉机和拖斗分配的联合通知》，1974 年 7 月 12 日）

16. 一九七四年支援井冈山地区工农 11 型手扶拖拉机 138 台和该机拖斗 23 台，分配给万安县手扶拖拉机 15 台和该机拖斗 3 台。

（井地乡办〔1974〕7 号《关于上海支援我区的工农 11 型手扶拖拉机的分配通知》，1974 年 7 月 13 日）

17. 宜春地区上海支援工农 11 型手拖及拖斗分配表

县　别	工农 11 型手拖数	拖斗数	说　明
宜春	10	2	西村公社淇田知青队 1 部（连拖斗）
分宜	23	4	洋江公社上塘林场 1 部
新余	10	2	
清江	8	1	
丰城	10	2	老□公社樟港青年队 1 部
上高	15	2	
万载	7	1	泉塘胜利茶场 1 部
高安	15	2	
宜丰	15	2	
靖安	10	2	
奉新	30	4	
铜鼓	10	2	
安义	9	2	
合　计	172	28	

（宜地乡办字 7 号《关于上海工农 11 型手扶拖拉机及拖斗分配通知》，1974 年 7 月 13 日）

18. 泰和县上海支援手扶拖拉机分配表

公　社	手扶拖拉机台数	拖　斗
禾沛	1	
苏汲	1	
马市	2	1
楼龙	1	
冠朝	1	
灌汲	2	
合　计	8	1

（〔74〕泰革乡办字 17 号《关于上海市支援我县的工农 11 型手扶拖拉机的分配通知》，1974 年 7 月 23 日）

19. 南丰县上海支援工农 11 型手扶拖拉机 7 台，分配给三溪公社茶山下青年队、莱溪公社沟山青年队、市山公社罗溪青年队、中和公社、付坊公社、白何公社、洽村公社各 1 台。

（丰知青办〔74〕2 号《关于分配上海支援我县工农 11 型手扶拖拉机的通知》，1974 年 8 月 1 日）

20. 九江地区共分得手扶拖拉机 126 台，拖斗 21 个，分配给湖口县手扶拖拉机 6 台和该机拖斗 1 个。

（浔知青办〔74〕字 11 号《青年上山下乡办公室关于上海支援的手扶拖拉机分配的通知》，1974 年 8 月 12 日）

21. 上饶地区上海支援工农 11 型手扶拖拉机分配表

单　位	拖拉机数	拖　斗
波阳县	18	3
乐平县	16	3
余干县	15	2
万年县	15	2
余江县	17	3
贵溪县	15	2
弋阳县	10	2
德兴县	16	2
婺源县	14	2
铅山县	8	1
上饶县	4	1
玉山县	5	1
上饶市	1	
鹰潭镇	3	1
广丰镇	2	1
横峰县	5	1
五府山垦殖场	4	1
刘家站垦殖场	2	
饶丰垦殖场	2	
武夷山垦殖场	4	1

（饶乡办〔1974〕18 号《关于分配工农 11 型手扶拖拉机的通知》，1974 年 8 月 17 日）

22. 婺源县上海支援工农 11 型手扶拖拉机分配表

公社、场	青年队(班)	工农 11 型拖拉机	拖　斗
秋　口	王村青年队	1	1
	黄源青年班	1	
清　华	双河青年队	1	1
思　口	长滩青年队	1	
车　田	下呈青年队	1	
西　坑	善坑青年班	1	
珍珠山	莲子滩青年队	1	
太　白	新村青年班	1	
中　云	好音岭青年队	1	
许　村	周溪青年队	1	
斌　春	张门店青年班	1	
镇　头	游山青年班	1	
中　洲	曹村青年队	1	
武　口	茶场青年队	1	

（〔74〕婺乡办字 005 号《关于分配工农 11 型手扶拖拉机的通知》，1974 年 8 月 23 日）

23. 余干县上海支援工农 11 型手扶拖拉机分配表

单　位	台　数
石　口	1
三　湖	2
汶　河	1
江　埠	1
社　庚	1
枫　港	1
玉　都	1
坂　上	1
冲　湖	1
大　溪	1
梅　港	1
董家店	1
瑞　洪	1
右　埠	1

（余干县乡办《关于分配工农 11 型手扶拖拉机的通知》，1974 年 8 月 30 日）

24. 上海支援丰收 35 型拖拉机分配表

单 位	台 数
上饶地区	10
余江县	1
婺源县	1
新干县	1
峡江县	1
永丰县	1
吉水县	1
万安县	1

（赣知青办〔74〕51 号、饶乡办〔1974〕23 号、井地知青办〔74〕11 号等文件，1974 年 10 月 12 日至 11 月 7 日）

25. 上海支援丰收 35 型拖拉机 4 台，分配给彭泽县（拟给乐观公社）、修水县、湖口县（拟给流芳公社）、九江县（拟给港口公社）等各 1 台。

（〔74〕浔乡办字第 13 号《关于上海市支援我省的丰收 35 型拖拉机的分配通知》，1974 年 10 月 23 日）

26. 鹰潭的白露、高家、爱华公社各分配 1 台工农 11 型手扶拖拉机，另分配给白露公社拖斗 1 个。

（鹰乡办〔75〕01 号《关于分配手扶拖拉机的通知》，1975 年 2 月 26 日）

27. 上海支援赣州地区 70 台工农 11 型手扶拖拉机（包括配备的悬挂装置、防滑轮、防滑齿、配重铁）和 25 台拖斗、35 部双铧犁。

（赣地知字〔75〕18 号《关于分配上海工农 11 型手扶拖拉机和拖斗的通知》，1975 年 7 月 11 日）

28. 上海支援农机物资分配表

	丰收35型拖拉机	大拖斗	工农11型手扶拖拉机	小拖斗	195型柴油机	机动喷雾器	无息贷款（万元）	备注
宜春地区	10	5	90	15	21	60	32	
上饶地区	10	5	90	50	20	60	30	原分配数
安远县			5	4			2	
宜春地区	5	3	55	38	15	10		
上饶地区	5	3	45	33	15	10		后期增补数
安远县			3	2				

（赣知青〔76〕15 号、赣地知字〔76〕30 号、赣知青〔1976〕26 号、赣地知字〔76〕44 号文件。原分配数，文件时间 1976 年 9 月 2、30 日；增补数文件 1976 年 10 月 31 日、12 月 23 日）

29. 上海支援南丰县缝纫机 6 台，拟分配莱溪公社杨梅青年队、勾山青年队、古城公社中州桥青年队、东坪公社青年队、三溪公社茶山下青年队、"五·七"综合厂各 1 台。

（〔75〕丰乡字 004 号《关于分配上海支援知青缝纫机的通知》，1975 年 9 月 17 日）

30. 宜春地区分给铜鼓县工农 11 型手扶拖拉机 4 台。

（宜地知青办〔1976〕9 号《关于分配上海支援我区农机物资的通知》，1976 年 6 月 29 日）

31. 分配给井冈山地区丰收 35 型拖拉机 9 台、大拖斗 4 个，工农 11 型手扶拖拉机 85 台、小拖斗 37 个，195 型柴油机 43 台，机动喷雾器 17 个，无息贷款 33 万元。

（赣知青〔1976〕15 号《关于分配上海支援我省农机物资的通知》，1976 年 9 月 2 日）

32. 宜春地区农机和贷款分配表

	无息贷款（元）	丰收 35 型拖拉机（台）	大拖斗（个）	工农 11 型手扶拖拉机（台）	小拖斗（个）
宜　春	16000	1		5	3
分　宜	36000	1	1	11	6
新　余	17000	1		5	3
清　江	9000			3	2
丰　城	15000	1		5	3
万　载	11000			3	2
上　高	24000	1		7	4
宜　丰	33000	1	1	10	5
铜　鼓	22000			7	4
高　安	31000	1	1	9	5
奉　新	74000	1	1	16	9
靖　安	18000	1		5	3
安　义	14000	1	1	4	2
合　计	320000	10	5	90	51

（宜地知青办〔1976〕5 号《关于分配上海支援我区农机物资的通知》，1976 年 9 月 14 日）

33. 抚州地区分配给金溪县丰收 35 型拖拉机 1 台、大拖斗 1 台，工农 11 型拖拉机 7 台、小拖斗 9 个，195 型柴油机 4 台，机动喷雾器 3 个，无息贷款 3 万元。

（抚知青〔1967〕11 号《关于分配上海支援我区农机物资和无息贷款的通知》，1976 年 9 月 18 日）

34. 上海支援宜春地区农机物资分配表

单　位	工农 11 型手扶拖拉机
宜　春	3
分　宜	3
新　余	3
清　江	3
丰　城	2
万　载	2
上　高	5
宜　丰	3
铜　鼓	2
高　安	4
奉　新	5
靖　安	3
安　义	2
合　计	40

（宜地知青办〔1967〕9 号《关于分配上海支援我区农机物资的通知》，1976 年 10 月 29 日）

35. 江西省再分给井冈山地区丰收 35 型拖拉机 5 台、大拖斗 3 个，工农 11 型手扶拖拉机 55 台、小拖斗 38 个，195 型柴油机 10 台，机动喷雾器 10 个。

（赣知青〔1976〕28 号《关于分配上海支援我省农机物资的通知》，1976 年 10 月 31 日）

36. 南丰县分配给莱溪公社直源青年队丰收 35 型拖拉机 1 台，中和公社杨林青年点工农 11 型手拖 1 台、拖斗 1 个，洽湾公社知青制药厂工农 11 型手拖 1 台、拖斗 1 个，洽村公社车木件厂工农 11 型手拖 1 台、拖斗 1 个，三溪公社五七综合厂工农 11 型手拖 1 台，林业局工农 11 型手拖 1 台。

（丰乡〔76〕5 号《关于分配上海支援我县农机物资的通知》，1976 年 11 月 9 日）

37. 再分配给抚州地区工农 11 型手扶拖拉机 4 台、小拖斗 3 个，195 型柴油机 1 台。

（抚知青〔76〕15 号《关于分配上海支援我区农机物资的通知》，1976 年 11 月 18 日）

38. 九江县分得工农 11 型手扶拖拉机 1 台，小拖斗 1 个。

（浔乡〔1976〕8 号《关于分配上海支援我地区农机物资的通知》，1976 年 11 月 20 日）

39. 上海支援宜春地区农机物资分配表

	丰收 35 型拖拉机	大拖斗	工农 11 型手扶拖拉机	小拖斗
高　安	1	1		
上　高	1	1		
清　江			1	1
新　余			1	1
万　载			1	1
地区农机公司			1	1
合　计	2	2	4	4

（宜地知青办《关于分配上海支援我区农机物资的通知》，1976 年 12 月 16 日）

40. 分配新余县缝纫机 6 部，机动喷雾器 6 部，195 型柴油机 9 台，补鞋机 3 台，插秧机、收割机、拷边机各 1 台。其中沙土青年队插秧机、收割机、缝纫机各 1 台，罗坊□前青年队机动喷雾器 1 台，河下公社 195 型柴油机和机动喷雾器各 3 台。其余请分配给上海人比较集中，又办得比较好的青年队（场）。

（《江西省宜春地区革命委员会知识青年上山下乡办公室通知》，1977 年 3 月 25 日）

41. 上饶地区下拨各县缝纫机 44 部，拷边机 11 部，补鞋机 11 部，收割机 10 台。

（饶青办〔1977〕02 号《关于上海支援知青队（场）物资分配及收回贷款的通知》，1977 年 3 月 28 日）

42. 上海支援赣州地区农机物资分配表

	手扶拖拉机拖斗	工农11型手拖的双铧犁	人力车26*21/2外胎	人力26*21/2内胎	650钢圈	650轴辊	650轴档	650车条及帽	缝纫机
安　远	2	3	20	20	20	10	20	800	2
石　城	3	2	10	10	10	5	10	400	2
地区农机公司	43	33	220	220	220	110	220	8800	20

（赣地知字〔77〕7号《关于分配上海支援我区农机物资的通知》，1977年4月3日）

43. 井冈山地区上海支援缝纫机、包缝机、补鞋机分配表

县　别	缝纫机	包缝机	补鞋机	货　款
吉安县	8	1	1	2214.15
吉水县	4	1	2	2257.51
峡江县	6	2		1674.70
永丰县	4	1	1	1621.51
遂川县		1	2	1664.87
万安县	4	1	1	1621.51
泰和县	2			296.32
安福县	8	4	1	4028.76
永新县	4	1	1	1621.61
新干县	6		2	2150.96
说　明	缝纫机单价148.16元，包缝机单价392.87元，补鞋机单价636.00元			

（井地知青办〔1977〕03号《分配缝纫机、包缝机、补鞋机的通知》，1977年4月18日）

44. 上海支援赣州地区农机物资分配表

县　　别	开沟机	补鞋机	拷边机	木车床	小电动机
				2	1
	1				
		1	1	5	2
		1	1	2	1
				4	2
		1	1	5	3
	1			2	1
〔缺〕		1		5	2
				7	3
	1	1		3	2
				2	1
	1	1		1	1
	1	1		2	1
			1	4	2
				4	2
			1	2	1
合　　计	5	7	5	50	25

（赣地知字〔77〕17 号《关于分配农机等物资的通知》，1977 年 9 月 17 日）

45. 上海支援宜春地区农机物资分配表

县　　别	工农 11 型手扶拖拉机
奉　新	3
分　宜	2
靖　安	2
高　安	2
上　高	2
宜　丰	2
铜　鼓	2
宜　春	1
新　余	1
清　江	1
丰　城	1
万　载	1
安　义	1
合　计	21

（宜地知青办〔77〕7号《关于上海市支援上山下乡知青队、场手拖的分配通知》，1977年10月15日）

46. 宜春地区分配给新余县收割机6台，机动喷雾器7台。8台插秧机由地区农机公司自行处理。

（宜地知青办字〔77〕9号《关于上海支援上山下乡知青队、场农机具的分配通知》，1977年10月28日）

47. 宜春地区上海农机物资分配表

县　别	大拖机	大拖斗	工农11型拖机	小拖斗
宜　春			3	4
分　宜			1	2
新　余			2	3
清　江			2	3
丰　城				1
万　载				1
上　高			1	2
宜　丰				1
铜　鼓	1			1
高　安				1
奉　新	1	1	1	2
靖　安	1			1
安　义				1
合　计	3	1	10	23

（宜地知青办〔1977〕《关于分配上海支援我区农机物资的通知》，1977年11月9日）

48. 农机物资分配单

单　位	上海50型拖拉机	大拖斗	工农11型手拖	小拖斗
赣州地区	4	4	5	5
井冈山地区	4	3	5	5
宜春地区	4	3	5	5
九江地区	4	3	5	5
抚州地区	4	3	5	5
上饶地区	5	4	5	5
南昌市	2	1	2	2
萍乡市	1	1	1	1
景德镇市	2	1	2	2
庐山管理局			2	2
合　计	30	23	37	37

（赣知青〔1978〕12号《关于上海支援我省拖拉机的分配通知》，1978年6月13日）

49. 上饶地区分配给波阳县上海50型拖拉机1台，大拖斗1台……各地根据需要分配给重点知青队（场）。

（饶知青〔1978〕006号《关于上海产拖拉机的分配通知》，1978年7月15日）

上海市知识青年历史文化研究会 | 江西省档案馆 | 江西省社会科学院 | 编

上海知青在江西 档案史料选编

（下　册）

金大陆　金光耀　主　编
方丽萍　汤水清　副主编

社会科学文献出版社
SOCIAL SCIENCES ACADEMIC PRESS (CHINA)

目　　录

第四编　抽调、回城与善后

第五编　综合

附录 上海青年垦荒队

第四编
抽调、回城与善后

一　抽调

中央和省级

关于优先安排中专技校知青招工的便函

（〔72〕劳配字 159 号）

各地、市革委计委（生产指挥部）劳动（计划）组，南昌、景德镇市劳动局：

现将上海市劳动局寄来的半工半读中专技校知识青年去你区插队落户的名册转给你们。根据国家计委〔72〕计劳字 48 号通知精神，在招工时，除安排当年的家居城镇的复员退伍军人外，在同等条件下，应先安排本省和上海市下放插队二年以上知识青年中的中专和技工学校毕业生。请你们研究办理。

附：名册一份（上饶地区名册已交计划组，景德镇、萍乡市无名册）

江西省革命委员会计划委员会劳动组（章）
一九七二年八月十五日

抄送：上海市劳动局

关于国营农业企、事业单位中知识青年和职工
子女弟妹等人转正定级问题的综合答复

（〔75〕赣劳薪字 017 号）

各地、市、县劳动局（组），省农垦、农业、商业局，省革委办公室总务组，省共产主义劳动大学总校，省劳改局：

近来有些地区和单位询问有关农业企、事业单位中知识青年和职工子女

3

弟妹转正定级的一些问题，经研究答复如下：

一、由国家统一安排到国营农业企、事业单位中的知识青年和经批准作自然增长吸收的本场职工子女弟妹等人转正定级问题，在中央和省没有新规定以前，仍按省革委会农业企业调整工资领导小组办公室〔74〕赣农工调字第 015 号、025 号等文件中有关规定办理。

二、这些人员转正定级以前在几个工种之间调动工作的，转正定级工资分别按下列办法处理：

（1）转正（即不满二年）以前在非学徒制工种之间多次调动的，转正时可按工作时间最长的一个工种工资标准发给；满四年后定级一律按本人现任工作岗位工资标准执行。其中在工副业单位从事普工和熟练工作的定级水平，考虑到农业企业内部职工工资的适当平衡，减少矛盾，可根据工资标准水平和本人的政治思想、工作表现，有的可定为二级正，有的也可以定为二级副。

（2）对因工作需要由非学徒制工种调到学徒制工种的，从调入之月起按照新任工种的学徒年限执行，学徒期间按原工资发给，学徒期满后转正定级。学徒制工种之间调动的，如工种对口，原学徒年限可以连续计算，工种不对口的，学徒年限原则上按现任工种执行，表现好的可适当缩短，但最少不得少于现任工种学徒年限的一半。

三、这些人员转正定级由主管部门审查，报同级劳动部门批准。

本答复从下达之月起执行，以前规定与本答复有出入之处，以本答复为准。

江西省劳动局

一九七五年八月十二日

抄送：省军区后勤部

关于宜春地区招收知青进省测绘局的条件函

（〔75〕赣劳配字 268 号）

宜春地区计委：

我局（75）赣劳配字第 239 号下达江西省测绘局在你地区招收经过

上山下乡锻炼两年以上劳动知识青年二百名。现据反映你地区下达至高安、奉新、安义、宜春等县招收任务时，却安排招收部分留城知青，而未按我局239号通知办理。为此，特再次通知：江西省测绘局在你地区招收的人员，必须全部招收经上山下乡劳动锻炼两年以上的知识青年，而不得安排招收各县留城知青。请立即通知纠正，否则南昌市将不予落户和支付工资。

特此通知。

江西省劳动局（章）

一九七五年十月廿九日

抄送：省计委、省测绘局，高安、奉新、安义、宜春县劳动局，南昌市公安局、人民银行

批转省劳动局《关于一九七六年全民所有制单位招工中几个问题的请示报告》

（赣革发〔1976〕52号）

各地、市、县革委会，省革委会各办、委，省直各局：

省革命委员会同意省劳动局《关于一九七六年全民所有制单位招工中几个问题的请示报告》，现转发给你们，望认真研究贯彻执行。

各地、各部门在招工工作中，要坚持以阶级斗争为纲，坚持党的基本路线，坚持"三要三不要"的基本原则，深揭狠批"四人帮"反党集团推行反革命的修正主义路线的极右实质，批判他们肆意扩大资产阶级法权，破坏党的优良传统的反革命罪行，肃清其流毒，自觉限制资产阶级法权，接受群众监督，按照规定的政策，把这项工作搞好，推动我省的革命和生产，巩固和发展大好形势。

江西省革命委员会

一九七六年十一月十七日

5

关于一九七六年全民所有制单位
招工中几个问题的请示报告

省革命委员会：

国家计委今年安排我省全民所有制单位部分增人指标，按省计委下达的劳动计划，除去安排当年的大中专毕业生、复员退伍军人以外，尚有一万六千三百名指标需要安排社会招工，其中矿山井下、野外勘探、森林采伐、盐业生产行业八千七百人，其它行业七千六百人……除矿山井下、野外勘探、森林采伐、盐业生产行业的招工指标，按中共中央〔1973〕30号、省委〔1973〕131号文件的规定招收本单位符合招工条件的职工子女外，现将其它全民所有制单位招工中几个问题的意见报告如下：

一、招工来源。南昌、景德镇、萍乡市和地区所在市（镇）范围内，招收按照政策留城的知识青年和在农村劳动锻炼满二年以上的上山下乡知识青年。县（镇）范围内，主要招收在农村劳动锻炼满二年以上的上山下乡知识青年。

二、招工对象……

招收在农村劳动锻炼满二年以上的上山下乡知识青年时，对于一户已经有两名子女参加工作的，其上山下乡子女不招收。

三、招工条件。被招收的新工人应该是政治历史清楚，现实表现好，经县以上医院检查证明身体健康，能适应招工单位生产、工作需要的。招收留城的应限于未婚青年。招收上山下乡知识青年，其年龄一般可放宽到二十五周岁左右。

在下达招工指标时，要按不同行业，分别确定招收的男女比例。

四、招工指标和审批介绍手续。中央、省属单位的招工指标，由省劳动局下达；地、市、县的招工指标，由地、市、县劳动部门下达，并抄送省劳动局备案。各单位招收新工人，必须在招工所在地的市、县革委会领导下进行，并由招工所在地的市、县劳动部门办理审批介绍手续。

……被招收的新工人，在半年内发现有不符合条件的，可以退回。严禁"走后门"等不正之风。对于弄虚作假，徇私舞弊，违反政策的行为，必须坚决纠正，情节严重的，应予严肃处理。

以上意见，如属可行，请批转各地执行。

江西省劳动局

一九七六年十一月十日

中共中央和省、地委有关知识青年政策和制止
纠正"走后门"的各项规定摘录（一九七六年）

......

三、制止和纠正"走后门"的有关规定

当前值得认真注意的一个问题是，各地招生工作中程度不同地存在着"走后门"现象，有些地区和单位情况比较严重。据反映，有少数干部，利用职权，违反规定，采取私留名额，内定名单，指名选送，授意录取，甚至用请客送礼、弄虚作假等不正当手段，将自己、亲属和老上级的子女送进高等学校......这种"走后门"不正之风，严重干扰毛主席的教育革命路线，破坏教育革命成果......各级领导机关要采取有效措施，予以制止和纠正。今后，如再有干部滥用职权，违反招生规定"走后门"者，除对有关干部进行严肃处理外，也要把学生退回。

（摘自中发〔1972〕19号文件）

禁止当兵"走后门"。应征青年应在本人户口所在地报名，经本单位群众评议，领导审查，当地县、市革命委员会征兵办公室批准。征兵工作结束后，地方和部队都不得擅自征集和接收青年入伍，一经查出，退回原地不补。

（摘自中发〔1972〕40号文件）

坚决控制职工人数和吃商品粮人口。今年新增职工超过国家计划的地区和部门，必须立即停止招工，自行招收的部分，必须及早减下来。"走后门"进来的，必须退回去。

（摘自中发〔1972〕44号文件）

坚决刹住"走后门"的不正之风。毛主席批准的中共中央〔1972〕19号、40号、44号文件中有关制止和纠正"走后门"的各项规定，必须告诉广大群众都知道，发动群众，监督执行。领导干部"走后门"的要主动检查，坚决纠正。今后要严格制度，违反的，不但要把他们的子女退回去，并且要给予纪律处分。"走后门"责任在家长，对于青年本身要做细致的思想工作，鼓励他们上山下乡，不得歧视。

（摘自中发〔1973〕30号文件）

"走后门"是腐朽庸俗的资产阶级作风，应坚决加以克服，必须把毛主席批准的中发〔1972〕19号、40号、44号文件中有关制止和纠正"走后门"的各项规定，告诉广大人民群众，发动群众，监督执行，揭发批判，坚决纠正。

（摘自赣发〔1973〕131号文件）

按照国家计划在下乡青年中招工招生时，应由省计划和劳动、教育部门会同省知青办共同研究制订具体分配意见，统一下达，严格按照赣发〔1973〕131号文件规定办理，坚决刹住"走后门"等不正之风。

（摘自赣发〔1974〕24号文件）

凡属上山下乡动员对象，任何单位不得以任何借口从中招工、招生、安排工作，违者要追究责任，分别情况严肃处理。对过去特别是一九七二年以后"走后门"进入国营企业事业等单位和集体所有制单位工作的，必须根据中发〔1973〕30号文件关于坚决刹住"走后门"的不正之风的精神进行清退动员下乡。

（摘自赣发〔1975〕49号文件）

招工对象，首先应招收按中发〔1973〕30号和赣发〔1973〕131号、〔1975〕49号文件规定留城的知识青年（因病残留城不得列为招收对象），其次，在本县留城的知识青年不能满足增人计划需要时，也可以从当地户口在城市（镇）吃商品粮，而又不列于动员上山下乡对象的城镇社会必须安排的劳动力中招收。

（摘自余计〔75〕05号文件）

各单位在招补新工人时，都要做好政治审查和体格检查，保证质量。被招收的新工人应当是政治历史清楚，现实表现较好，身体健康适合生产需要，年龄在十七至二十二周岁的未婚青年，上山下乡知识青年一般放宽到二十五岁左右。对于在学校学生、下放未走、倒流回城和已在县以上集体所有制单位当固定职工均不得吸收。被招收的人员，在半年内发现有不符合条件的，应当退回。弄虚作假、徇私舞弊的，必须坚决纠正。

（摘自〔1976〕赣劳动局第 136 号文件）

对于在补充职工、自然减员工作中任意扩大退休范围，降低补员条件，甚至有的弄虚作假，徇私舞弊，干扰知识青年上山下乡等不正之风，要坚决纠正。严防阶级敌人捣乱和破坏。

（摘自赣发〔1976〕1 号文件）

关于防止知青回城复习功课的代电

据宜春地区知青办反映，近来有的动员单位或家长擅自将知青接回去复习功课准备考试，直接影响当前农村抓革命促生产。上述问题经与省教育组商量，一致认为，这样做是不符合教育部负责人关于"广大青年要抓紧业余时间，努力学习，积极报考，让国家挑选"的谈话精神的。为此，请你们采取有效措施，防止类似事情发生，已经回城的知青，应说服他们归队，坚持抓革命促生产，就地业余复习功课。

省知青办

一九七七年十月二十四日

电发各地、市、井冈山、庐山知青办

报：省委、省革委

抄：省教育组

关于大集体招工个别单位要求
招收下放知青的请示报告

（〔78〕洪劳调字第 039 号）

江西省劳动局：

　　我市搬运、运输单位和建筑、修缮单位，经省局〔77〕赣劳计字第 396 号和〔78〕189 号文件批准招收大集体新工人。因这几个单位工种性质劳动强度大，因此有的留城青年难以胜任，特别是搬运公司搞搬运工的，在城里招工有困难。我局意见要求搬运公运输单位招收下放知识青年 40％，建筑修缮单位招收 30％，其它全部招收按政策留城知识青年。以上报告当否，请省局批复。

南昌市劳动局/（章）

一九七八年三月十六日

关于一九七八年高等学校招生工作的意见

　　……全国原计划招生廿一万五千人，各地和各高等院校……扩大招生二万三千人，主办各类大专班，招收四万人，总共达到二十七万八千人……

　　但是……一九七七年招生工作还存在一些问题，主要是：有的地方贯彻择优录取的原则还不够彻底；在政审中，有的单位还存在宁"左"勿右的倾向；不正之风的干扰，在某些地方还比较严重。同时，由于缺乏经验，新的招生制度和办法还不够完善，在具体工作中也有一些不足之处。

　　……在国务院〔1977〕112 号文件的基础上，对一九七八年的招生工作，提出以下改进和补充意见：

　　一、继续深入批判"四人帮"，肃清流毒，解放思想。

　　……

　　二、招生对象。

　　1. 高等学校主要招收二十岁左右的青年，一般不超过二十五周岁（一九五三年一月一日后生）。二十六周岁至三十周岁（1948 年 1 月 1 日后生）

的高中毕业生和具有高中毕业文化水平的优秀青年以及一九六六、六七届高中毕业生仍可报考。

为了快出人才，各高等学校要积极举办专修班，主要招收年龄超过二十六周岁的考生。学制一般定为两年，有的专业根据需要也可定为三年。

2. 共产主义劳动大学、七二一工人大学、五七大学脱产和半脱产学制在二年以上的在校学生，不能报考。

3. 中等专业学校和技工学校的在校学生、应届毕业生不能报考，参加工作满两年以上的可以报考对口院校或专业。

4. 在校高中学生、个别学习成绩特别优秀，确实能够跳级升大学的，经本人申请，学校审查，县（区）招生委员会批准，可以报考。

5. 应该上山下乡而不去的知识青年（包括户口已转农村而本人未去的）不能报考。

因病留城和病退满一年以上的知识青年，经县以上医院检查，确已痊愈的，才能报考。

6. 一九七八年已被高等学校录取而拒不服从分配的，下一年不准报考。

7. 为了稳定教师队伍，以利于提高中小学的教学质量，中小学公办教师一般限报师范院校。

三、全国统一命题，省、市、自治区组织考试、评卷。

实行全国统一命题，省、市、自治区组织考试、评卷。

分文、理两类考试。文科（含哲学、外语专业）考：政治、语文、数学、历史、地理、外语；理工科（含医、农专业）考：政治、语文、数学、物理、化学、外语。

外语考试的语种为英、俄、法、德、日、西班牙、阿拉伯，考试成绩，今年暂不记入总分，作为录取参考。没有学过上述语种的可以免试。报考外语院校或专业的，还须进行口试；外语笔试成绩记入总分，数学为参考分。

全国统一考试定于七月廿日至廿三日举行。

考生较多的省、市、自治区，在全国统考前是否进行初试，可以根据实际情况自行决定。

新生于九月下旬入学。

民族自治区、州、县和少数民族聚居地方的少数民族考生可用本民族文字答卷。但报考用汉语授课的院校，应具有一定的汉语听写能力。

四、公布考试成绩。

为了发扬民主，杜绝"走后门"、徇私舞弊等不正之风，在公布参加体检名单的同时，公布全体考生的各科考试成绩。公布的方法，由县（区）招生委员会通知考生所在单位分别转告本人。对没有考好的学生，不应歧视讽刺，要切实做好思想工作，鼓励和帮助他们继续努力。

考生对本人的评卷如有怀疑，可向当地招生委员会提出申请，由招生办公室负责查阅试卷。

录取名单由考生所在单位张榜公布。

五、政审主要看本人的政治表现。

要全面地正确地贯彻执行党的"有成份论，不唯成份论，重在政治表现"的政策。负责政审的基层党组织依靠群众，认真负责地对考生的政治表现作出全面的切合实际的鉴定，并与考生本人见面。（见附件：高等学校录取新生的政治审查意见）

各省、市、自治区可根据实际情况，在全国统考之前或之后，进行政审工作。

六、作好录取工作。

各省、市、自治区根据考生的考试成绩，按多于录取数的百分之五十，划最低录取分数线，确定参加体验的名单。

要德智体全面考核，从高分到低分，参照考生所填志愿顺序，分段择优录取。

农林院校要注意录取农业科技积极分子，以及五·七学校和农业中学的毕业生、经过农业劳动锻炼的上山下乡和回乡知识青年。医药院校要注意录取优秀的赤脚医生。煤炭、石油、地质院校要注意录取该系统所属单位的职工和该系统矿区的中学毕业生。对于上述报考对口院校或专业的考生，最低录取分数线及录取分数段，可适当放宽。

同报考专业相关科目的考试成绩特别优秀的考生和边疆地区的少数民族考生，最低录取分数线及录取分数段，可适当放宽。

外语院校或专业要注意录取外语学校的毕业生，师范院校要注意录取优秀的民办教师。

师范文科、农业院校及基础课师资班要注意录取一九六六、六七届的高中毕业生。

面向本省、市、自治区的院校，对教育基础比较薄弱地区的考区和农村的考生，可以低于最低分数线，适当予以照顾。

七、切实保证全国重点院校的新生质量。

考生报考志愿，分别按重点院校和其它院校两栏填写。每栏至少可填写五个学校，每个学校可填写两个系科。

全国重点院校、部分军事院校、北京语言学院、北京广播学院第一批录取，其它院校第二批录取，要注意师范院校录采新生的质量。

八、打破常规选人才。

在各省、市、自治区举办的高中应届毕业生和在校学生的学科学习竞赛中，成绩特别优秀的青年，结合其它学科在原校的学习情况，经政审、体检合格，可不参加统一的高考，由省、市、自治区招生委员会参照他们的志愿，分配入有关院校。

单位或个人如发现学习勤奋、成绩卓著、有特殊才能的优秀人才，可向当地招生委员会（或教育部门）推荐，由有关高等学校单独考核，经省、市、自治区招生委员会（或教育部门）批准，随时录取。有特殊专长、技术革新或发明创造的优秀人才，可不受年龄、婚否限制。

九、继续试招走读生。

凡家在被录取院校所在地的新生，具备走读条件的实行走读。交通、商业等部门和学校要为走读生提供方便。

十、加强思想教育和升学指导。

要切实作好对考生的"一颗红心，两种准备"和服从分配的教育，全国重点高等院校要宣传介绍本校的专业情况，各地要指导考生填写升学志愿。

十一、艺术、体育院校的招生。

艺术、体育院校或专业提前单独招生。具体办法，分别由文化部、国家体委会同教育部制订。

十二、解放军干部战士报考地方院校的办法。

解放军考生，由各省、市、自治区军区归口，同当地招生委员会联系，参加统一考试，与地方考生同一标准、择优录取。政审、体检由部队负责，具体办法按总政治部的规定执行。

十三、坚决杜绝徇私舞弊和"走后门"等不正之风。

徇私舞弊和"走后门"等不正之风，是"四人帮"流毒的一种表现，是对选拔优秀人才的一种严重干扰，必须坚决杜绝。对群众揭发的这类问题，要及时调查清楚。对徇私舞弊和"走后门"的人要批评教育，情节恶劣的必予处分，直至开除党籍，依法惩处。

教育部

一九七八年五月八日

（以正式文件为准）

转发国务院知青领导小组、教育部《关于积极组织今年报考高等学校的知识青年复习文化课的通知》

（赣知青〔1978〕08 号、赣教〔1978〕57 号）

各地、市、县、山知青办、教育组（局）：

现将国务院知青领导小组、教育部〔78〕国青组第 1 号，〔78〕教学字第 384 号文《关于积极组织今年报考高等学校的知识青年复习文化课的通知》转发你们，希认真研究，贯彻执行。

华主席为首的党中央作出的高等学校招生制度的重大改革，实行德智体全面考核，择优录取的原则，对于实现社会主义的现代化，早出人才，多出人才，关系极大。这一重大决策，充分体现了新时期的总任务的需要，得到了广大人民群众和知识青年的热烈拥护。广大知识青年响应英明领袖华主席关于极大地提高整个中华民族的科学文化水平的伟大号召，满腔热情地复习文化课，这是一件大好事。许多地方的党委和有关部门，本着劳动、学习两不误的原则，十分注意安排知识青年的生产和复习。在农忙时，每周给他们安排几个晚上和一天左右的时间复习，农忙结束后，又安排了更多一些时间，还准备临考前给他们比较充裕的时间，搞好考前复习。对长期擅离生产和工作岗位回城的下乡知识青年教育他们回到农村，边劳动边复习，做到生产、复习两不误。这种热情支持和帮助知识青年复习文化课的做法都是很好的，值得提倡。

但是，也有的地方和单位对知识青年的复习不予重视和关心，个别地方甚至有歧视和压制的现象，这是错误的，应该批评教育，坚决纠正，情节严重的，应严肃处理。

一九七八年的高等学校招生工作即将开始，为了把今年的高考工作进行得更好，各地有关部门和单位应按照上述通知的要求，对准备报名参加高考的下乡和回乡知识青年的复习时间，进一步作出妥善安排。各地知青、教育部门，要在当地党委领导下，尽可能帮助他们创造复习条件，因地制宜地采取多种形式，组织和指导他们搞好复习。知识青年所在生产队、农场附近的中学，要指派教师帮助他们作好辅导工作，解答在复习中提出的疑难问题。

要教育知识青年，坚持"一颗红心，两种准备"，听从祖国挑选。考取了的，入学校要勤奋学习，努力完成党交给的学习任务。没有考取的，要坚持农村干革命，继续结合生产实践，学习文化科学知识，为实现农业现代化作出贡献。

省革委知青办（章）

省革委文办教育组（章）

一九七八年五月二十日

抄报：省革委会

抄送：各地、市、山农林局，新华社南昌分社，江西日报，江西人民广播电台，省农业局、农垦局

江西省农林垦殖局

（〔78〕赣林垦人字第 24 号）

省属各垦殖场知青办：

现将国务院知青领导小组和教育部《关于积极组织今年报考高等学校的知识青年复习文化课的通知》转发给你们，请你们根据通知精神，结合本场实际情况，认真研究落实。

江西省农林垦殖局知识青年上山下乡办公室（章）

一九七八年五月十七日

关于积极组织今年报考高等学校的
知识青年复习文化课的通知

（教育部〔78〕国青组字第 1 号

〔78〕教学字第 384 号）

各省、市、自治区知青领导小组、教育局：

去年以来，不少下乡和回乡知识青年在党的十一大路线的鼓舞下，踊跃报名，参加高考。许多地方各级党组织本着积极发现人材，精心选拔人才的精神，满腔热情地支持知识青年复习应考，并为考生提供了便利条件，一大批知识青年被录取上了大学。但是，也有不少下乡知识青年反映，他们在农业第一线坚持劳动，没有复习时间，又没有人辅导，甚至有的遭到歧视和压制，为他们报考高等学校带来了不少困难。今年高等学校招生时间即将来临，为了给报名参加高考的知识青年提供便利条件和复习功课的时间，使他们尽可能地做到生产、复习两不误，特作如下通知：

一、知识青年所在的生产队、农场，应热情鼓励符合条件的知识青年报考高等学校，并积极组织他们复习功课，任何人不得歧视、压制；如有歧视、压制者，要批评教育，情节严重的，应严肃处理。

二、凡是准备报考的知识青年，其所在的农场、大队，从接到通知之日起到高考为止，应本着劳动、复习两不误的原则，每天应给他们安排一定时间，组织他们复习功课，任何单位不得借口农忙而不给考生安排复习时间。长期擅自脱离生产和工作岗位回城的下乡知识青年，要教育他们回到农村，边劳动、边复习，免得影响生产。

三、各地知青、教育部门，要在当地党委领导下，对报名参加高考的知识青年的复习问题，应该作出切实安排。要因地制宜，采取多种形式，作好辅导工作，并协助他们解决复习当中遇到的疑难问题和实际困难。

对于没有报名参加高考的知识青年，各地也应安排一定时间，采取有效措施组织他们学习政治和科学文化，使他们能更好地为四个现代化作出贡献。

国务院知青领导小组 （章）

教育部（章）

一九七八年五月六日

报送：国务院

抄送：各省、市、自治区农林局，新华社，人民日报，光明日报，中央人民广播电台

关于要求扩大招收下放知青比例的请示报告

市劳动局：

经市计委和你局批准，我区房管所修缮站，湾里、梅岭、太平红星、罗亭饮食服务合作商店，湾里、梅岭、太平、红星、罗亭信用合作社以及梅岭饲料加工厂等 12 个单位招收新工人 112 人。因我区上述招工单位分布在边远山区，交通不便，工作面向农村，流动性大，任务繁重，条件艰苦，留城青年不愿去，至今招人不到，下放知青想去，又因你局规定只能招收 15% 的知青而去不了。招工单位纷纷要求我们向你们报告，多招点下放知青，经我们研究，并请示领导，要求作为特殊情况，请允许我们招收 40% 的下放知青。特此报告，请批示。

南昌市湾里管理区革命委员会计划委员会劳动工资组（章）

一九七八年七月八日

省劳动局：

湾里地区大集体单位分散，又为农业服务，经研究拟同意按□30% 招收插队青年，是否可以请批示。

南昌市劳动局劳动力调配处（章）

七八年七月十一日

新建县也曾汇报过这方面的问题，是否待报告来后一并批复。

青

七月二十二日

17

请王科与胡水□联系下，如果新建县他们不同意，就先拟文呈报。

龚

七月二十五日

请示局长室。

□

七月二十六日

关于安排上海下放知青×××工作的函

（〔78〕赣劳配字第 188 号）

丰城县计委：

你县邓圩公社××大队上海下放知青陈××同志，父母在今年三月三日因煤气漏气中毒死亡，致使她在生活上带来困难，要求给予安排适当工作。为此，上海市劳动局来函商量就地安排。为协助上海市有关部门做好死亡人员的家属安置工作，请你县在全民所有制单位适当安排陈××同志的工作，并相应增加你县劳动指标一名。

江西省劳动局（章）

一九七八年十月二十三日

抄送：上海市劳动局，丰城县公安局、粮食局、人民银行

关于下乡知识青年招工后工资待遇问题的通知

（〔79〕赣劳薪字第 11 号）

各地、市、山、县劳动局（组），省直各局：

关于下乡知识青年因生产建设需要被招工后，其工资待遇如何合理解决问题，根据中共中央中发〔1978〕74 号通知转发的《国务院关于知识青年

上山下乡若干问题的试行规定》中有关规定，现对招工后的工资待遇问题，通知如下：

一、下乡知识青年招工后分配到实行学徒制工作岗位的，在考核定级前，下乡满二年以上的，享受所在单位学徒第二年的生活补贴待遇；下乡满三年以上的，享受所在单位学徒最后一年的生活待遇；下乡满五年以上的，享受所在单位的一级工工资待遇。工龄仍从报到工作之日起计算。

分配工作满一年后，享受学徒第二年待遇的，改按学徒第三年的待遇执行；享受学徒第三年待遇的，改按一级工的待遇执行；享受一级工待遇的，可定为二级工；表现差的，也可以延期定级。

二、对下乡知识青年招工后分配到企事业单位和国家机关作普工、熟练工的，其试用期、熟练期及在试用期和熟练期满后的工资待遇，仍然按照我省现行的有关规定执行。

以前招收的下乡知识青年，工资待遇低于上述标准的，可以改按上述标准执行。新增加的工资，均从批准增加工资（或批准重新定级）之月起执行，差额部分不予补发。

江西省劳动局（章）

一九七九年二月十三日

抄报：省革命委员会

抄送：省委、省革委各厅、部、办、委，中央驻省各单位，福州军区后勤部，省军区后勤部，省总工会，团省委，省妇联，南昌铁路局，江西日报

关于调整学徒生活补贴和下乡知识青年招工后工资待遇若干具体问题的综合答复

（〔79〕赣劳薪字第 023 号）

各地、市、山、县劳动局（组），省直各局：

我局〔79〕赣劳薪字第 08、011 号通知下达以来，最近各地区、部门和单位提出了一些具体问题，经研究，综合答复如下：

一、学徒生活补贴，我局〔79〕赣劳薪字第 08 号文件规定，是在省规定的最高标准基础上分别增加 2 元和 3 元。现据了解，大部分地区原已

对县镇的学徒生活补贴标准作过调整，补贴标准高低不一，如再按同一幅度增加，就会出现新的不合理现象。为了减少矛盾，有利于促进安定团结，现将调整后的学徒（练习生，下同）生活补贴标准（服装费在外）统一为：

1. 省属以上矿山、地质勘探、森林采运、水利工地第一年每月25元，第二年每月27元，第三年每月29元。重体力劳动工种每月再加1元。

2. 南昌、萍乡、景德镇、赣州、上饶、九江、抚州、吉安等市和庐山、井冈山以及中央、省、地属企业第一年每月22元，第二年每月24元，第三年每月26元。重体力劳动工种每月再加1元。

3. 各县镇和国营农业企、事业单位场办的工副业单位，不分轻、重劳动工种，第一年每月21元，第二年每月23元，第三年每月25元。

商业系统的学徒（练习生）的生活补贴标准可分别按上述2.3.项标准统一起来。

各企业经过调整后的学徒生活补贴标准高于上述标准的要坚决改过来，低于上述标准的可从文到之月起改按上述标准发给，但不补发。

二、下乡知识青年招工后分配到实行学徒制（包括商业系统的练习生）工种的，不论二年、三年学徒制，均按我局〔79〕赣劳薪字第011号文件规定办理，其工资待遇详见下表：

下乡时间	工作时间	工资待遇
满二年以上不满三年	一年以内的	第二年的学徒生活补贴
	满一年以上不满二年的	第三年的学徒生活补贴
	满二年以上不满三年的	一级工工资
	满三年以上的	二级工工资
满三年以上不满五年	一年以内的	第三年的学徒生活补贴
	满一年以上不满二年的	一级工工资
	满二年以上的	二级工工资
满五年以上	一年以内的	一级工工资
	满一年以上的	二级工工资

三、下乡知识青年招工后分配做汽车司机的，其工资待遇列表如下：

下乡时间	工作时间	工资待遇
满二年以上 不满三年	六个月以内的	第二年的学徒生活补贴
	满六个月以上不满一年半的	实习司机工资27元
	满一年半以上不满二年半的	汽车修理工一级工资
	满二年半以上的	企业司机六级工资
满三年以上 不满五年	六个月以内的	第三年的学徒生活补贴
	满六个月以上不满一年半的	汽车修理工一级工资
	满一年半以上的	企业司机六级工资
满五年以上	一年以内的	汽车修理工一级工资
	满一年以上的	企业司机六级工资

注：国家机关和事业单位相似修理工一级为国家机关工作人员工资标准表（六）八级，相似企业司机六级为国家机关工作人员工资标准表（六）七级。

四、下乡知识青年经批准病退、困退回城后招工、补员参加了工作，其工资待遇，可根据他们下乡插队时间，参照我局〔79〕赣劳薪字第011号文件及本文有关规定办理。

五、农业企业、事业单位中的下放知识青年和自然增长的职工子女，分配到农牧工和学徒制工种以外的其它工作岗位的，工资待遇为：第一年每月21元，工作满一年每月23元，满二年以上按农业企、事业单位现行有关定级水平定级（如会计、出纳定行政二十六级，小学教员定小教九级，医务人员定卫技六等20级）。

六、下乡知识青年，经组织批准，由国营农场、垦殖场转到农村插队劳动，后被招工、补员参加了工作的，其原在国营农场、垦殖场劳动的时间可算为下乡时间（但不再计算工龄）。

七、下乡插队或到知识青年点的知识青年，经组织批准转到国营农场、垦殖场劳动，其工资待遇为：分配到工副业单位学徒制工种和汽车司机的，按本文第二、三条办理。分配到农牧和其它岗位工作的，下乡满二年以上不满三年、工作在一年以内的，每月23元，工作满一年以上定农牧二级（其它岗位为定级水平）；下乡满三年以上的，从到场之月起给予定级。

八、下放到农场、垦殖场的知识青年，经批准病退、困退回城后安排工作的，工资待遇按我局〔77〕赣劳薪字第29号文件规定办理。

九、县以上集体所有制单位的学徒生活补贴标准和下乡知识青年招工后分配到学徒制工种的工资待遇，可以参照〔79〕赣劳薪字第08、011号通知及本文有关答复办理。

江西省劳动局（章）

一九七九年三月二十六日

抄报：省革命委员会

抄送：省委、省革委各厅、部、办、委，中央驻省各单位，福州军区后勤部，省军区后勤部，省总工会，团省委，省妇联，南昌铁路局，江西日报

宜春县

同意知青进厂当学徒的函

县"五·七"办公室：

分宜煤矿电机厂已正式通知我社同意下列六名上海知识青年进厂学徒：

宋×× 吴×× （大宇大队）

钱 × （新桃大队）

曹×× （马南方大队）

陈×× （女）（沙江大队）

高×× （女）（长乐大队）

特此报告。致

敬礼！

寨下公社"五·七"办公室

宜春县塞下人民公社革命委员会办公室（章，代）

一九七二年一月七日

铜鼓县

铜鼓县商业处招收职工呈报表

铜鼓县商业处招收职工呈报表
70 年 12 月 11 日

姓名	现　名	张××	性别	男	出生年月日	1952.12	身体状况	一般
	曾用名	/	家庭出身	工人	本人成份	学生	婚否	/
籍贯	上海市浦东大道×××号			现在职业	农民		民族	汉
文化程度	初中	何时、何地、何人介绍入团	/	何时、何地、何人介绍入党	/		工种工资级别	
家庭主要成员姓名、政治历史及其现实表现	父亲:张××,上海××仪器厂,车床工,群众 母亲:王××,群众,家务							
主要亲友姓名、政治面貌及其现实表现	伯伯:张××,群众,上海××镇综合厂工人 姨父:顾××,党员,上海××圆珠笔厂工人							
土改前后家庭经济	解放前:父亲主要靠临时工勉强生活 解放后:工人当家作主,进入工厂,过着幸福生活							
本人在文化大革命中□□□□在的政治表现	突出无产阶级政治好,积极参加生产队学习,能向阶级敌人作斗争,劳动积极,接受贫下中农再教育能联系群众,一贯表现好。							
生产队革委会意见	该同志□□□□□□□,经生产队党小组、□常委会研究同意。 负责人 70.12.12							
大队革委会意见	□□□□,经革委会研究□□同意,□□□□□□□□当学徒,特此介绍事实。 70.12.13							
公社党委□□意见								

清江县

知识青年上山下乡简报第一期
省知青办

关于下乡知青高考复习和劳动问题

国务院副总理、国务院知青领导小组组长王任重同志,在三月六日团中央召开的青农工作座谈会上的讲话中，谈到了下乡知识青年参加高考复习和劳动问题。

王副总理说：

关于青年的学习问题。有些知青为了考大学，不参加劳动，专门复课，这不对。既然插队，在农村就要一面劳动一面学习。这不仅在劳动方面受到锻炼，而且对学习也有好处。教育同生产劳动相结合嘛。

大学招生问题你们可以和青年们讨论一下。一点劳动不参加，光在那里复习功课是不行的。要给他们规定个基本劳动日，每个月至少劳动多少天，每年至少要劳动多少天，将来政治考查，招收学生的时候，除了文化考核之外，还要有个政治考查。在农村，劳动表现是政治表现的一个主要内容。现在招工有这个条件。春节以前招工时不讲这个条件。有些才下乡的人，刚从学校出来，一考，他考得好，下乡久的老知识青年，没大好好学习，考得不好，结果下乡越久，时间越长，越招不上来，才下乡的倒招上来了。这个办法要改嘛，招工不能单凭文化条件，而要看劳动表现。

王副总理讲话中指出的有些下乡知青为了考大学，不参加劳动，专门复课的情况，在我省也是存在的。有些下乡知青，长期回城复课，或脱产复课，严重地影响了知青场（队）的生产，甚至造成知青场（队）的解体，这是不对的。

下乡知青在农村要做到一面劳动一面学习，事实证明是完全可能的。我省有不少知青场（队）在各级党组织领导下，因地制宜采取有效措施，组织下乡知青就地复课，业余复课，做到了劳动、学习两不误。

信丰县西牛知青农林场妥善安排知青的学习和劳动，实行学习、劳动统一领导，统一安排，在不影响生产的前提下，适当增加知青复课时间；坚持在场复习，业余复习；根据知青文化水平高低，将他们分成大、中专两个学习班，聘请教师定期集中进行辅导或解答问题，还办了图书阅览室，为知青提供学习参考资料。由于他们着重抓了这几件事，既提高了知青学习文化科学知识的自觉性，又稳定了知青思想情绪，保证了农场的正常生产。近两年来，该场考入大专、中专学校的共有十人，占报考人数的百分之二十四，这十位知青离场时，每人一年劳动时间均在二百五十天以上，没有一个超支欠款的。

南昌县莲塘镇岗前知青队等地办的业余学校，在公社党委的支持下，把公社中学教师请到知青队来上课，坚持白天劳动，晚上学习。

　　九〇九地质大队党委，为满足知青园艺场知青参加高考复课的要求，从职工子弟学校派出三名数、理、化教师，利用知青星期六、日两天学习日到场集中辅导。江西第四机床厂派到南昌县径口公社大沙知青队的两名文、理科教师，则长期驻队，根据农事闲忙与知青学习情况，对知青进行针对性教学，加强个别辅导，解答疑难问题，批改作业。他们学习抓得紧，生产也不耽误，今春以来已积肥造肥一千二百多担，还承担了全大队杂优水稻制种任务，目前秧苗长势很好。

　　南昌县麻丘、蒋巷等公社组织附近下乡知青，到公社中学补习班听课。

　　各地还为下乡知青的学习提供了有利条件。今年以来，省、地（市）知青办已给下乡知青代购、赠送数理化自学丛书、高考复习资料等共十余万册，深受下乡知青欢迎。

九江地区

复九江地区知青办《关于每年按知青安置数的百分之十的农工指标使用问题的请示报告》

（赣计〔1977〕综字498号、赣知青〔1977〕第21号）

九江地区知青办：

　　你办一九七七年十一月三日《关于每年按知青安置数的百分之十的农工指标使用问题的请示报告》悉。经研究认为，省委过去批准每年按计划下乡知青人数的百分之十安置到国营农、林、牧、渔场的指标，只能安置新下乡的知识青年，不同意将剩余指标用来调整安置已经下乡的老知识青年进国营农、林、牧、渔场。此复。

江西省革命委员会计划委员会（章）
江西省革命委员会知识青年上山下乡办公室（章）
一九七七年十二月七日

抄送：九江地区革委会计委，各地、市知青办

上饶县

关于分配一九七二年以前下乡的确有困难不易解决的插队知识青年专项大集体招工指标的通知

（〔79〕饶县劳字第024号）

各公社（场）革委、县直有关单位：

为了贯彻落实中共中央中发〔1978〕74号文件和全省知青工作会议精神，根据省、地委指示，从城乡两个方面广开门路，争取在两年内基本安排好一九七二年以前下乡的确有困难而不易解决的插队知识青年，最近地区劳动局从大集体增人指标中，划出一部分指标，专门用于招收一九七二年以前下乡的确有困难而不易解决的插队知识青年，分配我县壹百名指标。现落实到招收单位的指标只有捌拾伍名（指标数分配见附表），尚有壹拾伍名指标待落实到招收单位后再分配到各地，现将招工中应注意的几个问题通知如下：

一、招工对象和范围：这次分配的专项指标一定要专门用于一九七二年以前下乡的，的确有困难而又不易解决的知识青年，要首先招收困难多的知识青年，要注意招收女知识青年，要根据知识青年年龄较大已经结婚的特点，尽量做到就地就近安排。

由于这次招工指标少，而符合招工条件和范围的人数又比较多，为了有利于安定团结，有利于晚婚和计划生育，各地在招工中要优先考虑那些家庭多子女无人工作或者有三人以上现仍在农村插队的知青，生活确有困难，年龄较大尚未结婚的；结婚以后只生一胎，现已作了绝育手术的，应列为这次招工中优先考虑对象。

二、招工手续：招工对象由招工单位按照这次分配的指标和指定的地点进行招收，所招收人员要经过知青评议，征求知青队（场）意见，符合条件的由公社（场）管知青干部提出意见报公社（场）党委讨论后，上报县知青领导小组审查批准后由劳动局办理招工手续。

三、在招工过程中，要加强政治思想工作，特别是要教育这次没有招收的下乡知青，使他们全面理解安排问题，认识到招工只是安排的途径之一，不论在城市还是在农村，都是安排，都是就业，都是为四个现代化作出自己的贡献，要切实防止刮"回城风"。对为了达到回城安排而离婚、退职的人员一律不予招收。这次招工中一定要按照上述范围和对象，不得开后门，不得弄虚作假，违者要查明情况，视情节轻重，给予必要的处理。

各地接此通知后，要在党委的直接领导下加紧进行工作，要求在本月底以前，认真负责地把这一工作搞好。

特此通知。

江西省上饶县劳动局（章）

一九七九年十二月三日

抄报：地区劳动局、地区知青办、县委

抄送：县计委、公安局、粮食局、银行、知青办

附：专项指标分配表

招工单位	人数	招工地点
县供销社	30	郑坊2、华坛山1、朝阳3、董团3、苏桥2、罗桥2、沙溪2、秦峰4、三都2、大地3、汪村2、黄市(包括县农科所1名)4
县建公司	20	尊桥2、董团3、沙溪9、上泸6
县交通局	20	湖村1、清水3、苏桥1、秦峰3、人都3、茶场1、灵溪2、上泸2、黄沙1、枫岭头3
县信用社	10	茶亭2、皂头2、铁山1、应家1、四十八1、田墩1、清水2
县二轻局	5	上泸1(园木)、沙溪4
合　　计	85	

鹰潭镇

关于×××落户及安排工作的情况调查和处理意见的报告

遵照伟大领袖毛主席"我们的责任是向人民负责……"的教导，根据群众的强烈反映，为了弄清问题，纠正不正之风，经镇常委决定，组织调查组，对陈×××落户及安排工作问题，进行调查，将调查结果已于本月七日，

向镇委知识青年上山下乡领导小组作了汇报，并进行了研究，同意调查组提出的处理意见，现转发给有关单位，建议有关单位进行研究处理。现将调查和处理意见报告如下：

一、陈××落户及安排工作的情况

陈××，女，现年23岁，湖北省武昌人，初中毕业后，由上海分配来江西省奉新县仰山公社××大队插队落户的知识青年，为了得到亲友的照顾，和便于回沪探亲，经彭××同志与白露公社联系，要求转入该社插队落户，一九七二年十月三十一日陈从奉新县仰山公社迁来我镇白露公社。迁移证来后，放在身边二个多月之久，未办理落户手续，故意拖延时间，待机招工。于一九七三年元月九日陈××经镇革委抓促部〔72〕劳配字第192号招工介绍信，到商业局当普工，介绍信内注明三个月转正，由王××同志陪同陈××到商业局报到的。盛××同志接过介绍信看了一下落款日期是一九七二年的，便问王为什么要写一九七二年十二月二十六日？王说："因为是一九七二年的指标，所以写去年的日期。"经商业局研究，陈被分配到饮食服务公司东风餐厅当服务员，每月工资24元。

据盛××同志介绍：一九七二年十月下旬计划组何××同志曾多次到商业局，协商抽调二名厨师到一八四医院，因条件问题未商妥，十二月下旬王××和盛讲："一八四不要人了，这里有二名指标，你们要不要？如果不要，我们给化工厂了。"盛回局向领导汇报此事，商业局的意见："不要厨师，同意要人。"至于派什么人去商业局当时未说清楚。到一九七三年四月中旬，盛到劳动局向王问过陈××转正的问题，王××说："到了时间，你们给她转正。"并填过二份"职工转正定级审批表"。由于商业局党总支不同意陈转正未上报，王还到商业局催盛为陈办理转正手续，陈于七月份曾问盛："我转正的事怎么办？上面讲了三个月转正，下面还不是按上级的指示办事。"盛说："这个问题组织上会考虑的，你不用考虑，回去安心工作。"

据白露公社介绍情况：陈××被招工，是没有通过贫下中农和公社推荐的，连一天劳动也未参加，公社有些干部直到现在未见过此人。彭××同志为陈落户之事，曾去公社说："陈××不来了，她已安排工作了。"陈于一九七三年元月十六日左右，持奉新县仰山公社的迁移证到白露公社找刘××同志，要换迁移证，到鹰潭镇落户。刘说："未在我社落户，不能换迁移证。"陈说："我已安排工作了。"刘听到此事后，便在原迁移证的反面签写："该人已安排工作，转城镇派出所，请你处按规定落户。"盖有白露公社保卫组的公章，和饮食服务公司的证明，陈就这样到派出所办理了落户手续。

关于二名招工指标的来历，经我们向一八四医院领导同志及有关部门的同志了解，在一九七二年十月份，一八四医院曾向镇计划组要二名厨师，因镇里无招工指标，军分区王副政委向上饶地区计划组联系，经地区计划组同意，在下达鹰潭的 27 名教师转正指标中拨 2 名给一八四医院。挑选好久，因条件不符合，年关即到，计划组又催一八四医院迅速办理（限期十二月二十号，否则指标作废），因此，在这种情况下，一八四医院主动提出放弃这二名指标，由计划组将这 2 名指标另行分配给商业局。

二、商业局党总支和群众的意见

商业局党总支对陈××同志的转正定级问题，曾作过讨论研究，是不同意她转正的。其理由是：1. 商业局现有临时工 70 名（六年以上的有 13 名，三至五年的有 57 名），都未办理转正手续，如陈×× 三个月转正，不仅不符合政策，也会影响其它同志情绪，同时也不利于工作开展；2. 陈是上海下放奉新县的知识青年，转移劳动地区，来我镇白露公社既未落户，又未参加过劳动，却安排了工作，是不合理的；3. 陈在东风餐厅工作表现不太好，态度生硬，工作中怕脏怕累，每次打扫卫生很少参加。

三、处理意见

为了贯彻落实毛主席的无产阶级政策，根据中共中央〔72〕19、40、44 号文件和〔73〕21、30 号文件中有关制止和纠正"走后门"的各项规定，和"坚决刹住'走后门'的不正之风"，根据群众的强烈反映，对利用工作之便"走后门"的问题，必须作出认真处理，以利当前知识青年上山下乡工作的顺利开展，进一步捍卫和巩固知识青年上山下乡的伟大成果，我们的意见：

1. 建议劳动局将招工指标收回，退给教育组。

2. 对利用职权擅自安排陈××工作一事，宣布无效，并立即将×退回××公社插队落户，参加农业生产，其主要责任不在×本人，希有关部门耐心细致地做好思想动员工作。

3. 建议对利用职权"走后门"的同志，在党的会议上作检讨，以教育

29

本人和广大党员、干部，杜绝类似问题再次发生，以确保毛主席的各项无产阶级政策得到正确贯彻执行。

特此报告。

镇革委会政治部组织组（章）

知青办联合调查组（章）

镇革命委员会落实集体所有制经济政策领导小组办公室（章）

一九七三年十月二十三日

主送：劳动局

抄报：中共鹰潭镇委员会

抄送：本委各部、室，商业局

余江县

关于分配招收插队落户知识青年劳动指标的通知

（〔71〕余革办字 05 号）

各公社（场）革委会"五·七"大军办公室：

为适应新扩建单位抓革命促生产的需要，按照中共上饶地委饶党发〔71〕13 号文件有关输送知识青年问题的精神和上饶地区革委办公室饶办发〔71〕15 号文件《关于分配招收插队落户知识青年劳动指标的通知》，这次分配我县招收插队落户知识青年劳动指标二十九名（分配指标见附表），现通知如下：

一、被招收人员条件：

1. 努力学习毛泽东思想，本人政治历史清楚，表现较好，身体健康（需经公社级以上医院检查证明）。

2. 经过劳动锻炼两年以上家居城镇的上山下乡知识青年，未满两年者一律不准招收。

3. 男女比例：纺织业、商业业务人员，展览馆讲解员，女性可占百分之五十一—六十左右；一般企业女性可占百分之三十左右；矿山、钢铁、铁路

（养路）、地质、水电和建筑施工女性占百分之十五；港口装卸工女性占百分之十左右。

凡符合上述条件的插队落户的知识青年中，属于死亡职工家庭有困难的子女、独生子女、多子女上山下乡、身边无成年子女，可以优先考虑。

有的单位要求招收本单位的职工子女，可适当安排一部分，其具体名额请招工单位持革委会的证明与插队所在地的县、社"五·七"大军办公室商定，但要坚持条件，不得硬性点名招收，更不能全部招收本单位的职工子女。

二、审批手续：必须由贫下中农、"五·七"战士推荐，并填写"招收插队知识青年审查表"，逐级上报，大队革委会审查，公社革委会批准，然后由县"五·七"大军办公室审定，并填发《输送插队知识青年介绍信》。各招工单位所在地的保卫部门、粮食部门凭县以上"五·七"大军办公室的批件或输送插队知识青年的"落户证明"，办理户口登记、粮食供应等手续。

三、必须从坚持走"五·七"道路，巩固插队落户成果出发，对广大知识青年进行一次思想和政治路线方面的教育，提高执行毛主席革命路线的自觉性，使知识青年真正认识到当工人、当农民都是革命的需要，要认真总结这方面的经验。

四、各公社接通知后，迅速将招收插队落户知识青年劳动指标根据上述精神，认真挑选，切实审查，并填好"招收知识青年审查表"一式二份，签好审批意见，于本月二十八日上报县"五·七"大军办公室。

附：招收插队知识青年劳动指标分配表

江西省余江县革命委员会办公室（章）

一九七一年十一月十九日

抄报：上饶地区革委会计划组、地区革委会"五·七"大军办公室

抄送：各招工单位、本会保卫部、抓革命促生产指挥部、县"五·七"大军办公室、县财金局、县粮食局

招收插队知识青年劳动指标分配表

单 位	乐平工业管理区	宁赣铁路	省物资仓库	备 考
马荃公社	3			
杨溪公社	4			
红色公社			3	
邓埠公社			3	
洪湖公社		3		
□溪公社		4		
中童公社			3	
平定公社	3			
黄庄公社		3		
合 计	10	10	9	

关于纠正"走后门"现象的通知

县直各机关、部门、学校、厂矿企事业单位：

在毛主席革命路线的指引下，千百万知识青年踊跃上山下乡，形势大好，特别是传达贯彻毛主席亲自圈阅的中发〔1973〕30号文件以后，制止和纠正了"走后门"的不正之风，知识青年上山下乡的形势越来越好。但是……我县少数单位和部门存有"走后门"的不正之风，存有不顾党的政策，招收和安排上山下乡动员对象工作，这种现象的存在，干扰了知识青年上山下乡。为了严肃党的政策，制止和纠正"走后门"的不正之风，现根据中发〔1973〕30号文件规定精神，将毛主席批准的中共中央〔1972〕19号、40号、44号，〔1973〕30号和省委批发的〔1973〕131号、〔1974〕24号、〔1975〕49号、〔1976〕16号，地委批发的〔1976〕46号等文件有关知识青年工作的政策和制止、纠正"走后门"的各项规定，摘录印发给你们，望告诉广大群众都知道，发动群众监督执行。

余江县革命委员会知识青年上山下乡办公室／（章）

一九七六年十月六日

抄送：县委县革委常委，县人武部，县革委各部、办、委，工青妇

波阳县

关于部分上海知识青年推荐到远征
机械厂去的几个具体问题的通知

公社（场）革委会：

关于推荐到远征机械厂去的上海知识青年，经过检查身体，已正式确定了推荐人员，为使他们按时到厂办理报到手续，现就几个具体问题通知如下：

（一）被推荐人员工分一律要结算清楚，并按照多劳多得的原则，长钱的要给钱，短钱的要根据具体情况处理：如属身体不好、劳动少、工分低，可从安置费和公益金内帮助解决；如属个人借用或其它原因造成短钱的，应由其本人负责归还。

（二）被推荐人员的生产工具、雨具和生活用具（指用安置费购买的），一律归生产队集体保管，留给新来的"五·七"战士使用，任何个人不能处理，损坏了社员的东西，一定要赔。

（三）经县研究决定，凡被推荐人员，一律在八月二十五日前往上海远征机械厂报到（详见通知书），既不能提前去，也不要延迟报到时间。车船由各公社（场）自己负责安排，并就地组织革命群众欢送，要求派人护送他们到上火车和轮船为止，防止途中发生事故。

江西省波阳县革命委员会"五·七"大军领导小组办公室（章）

一九七〇年七月二十六日

关于在插队知识青年中招工工作情况汇报

……今年九月份以来，由县"五·七"办公室具体分配名额并协助做好插队知识青年的招工工作，先后招工三批，输送知识青年进厂118名……

一、具体做法和反映

我们接到地区下达在插队知识青年中招工任务以后，即根据知识青年分布情况，将招工指标，具体分到公社（场），经请示县委同意后，即行文到有关公社，具体做法大致是：

（1）提高认识，把指标落实到大队。县文件下达以后，公社党委和公社"五·七"办公室根据知识青年分布和接受再教育的情况，把招工指标具体落实到大队，然后召开有招工任务的大队主管"五·七"大军工作的总支委员和知识青年班长会议，继续学习"五·七指示"，总结接受再教育的重要性和必要性，在提高认识的基础上，学习招工文件和招工条件，做到心中有数。

（2）知识青年评选，贫下中农推荐。以大队或班为单位，召开全体知识青年和贫下中农代表会，学习"五·七指示"和招工文件，在统一认识的基础上，先由知识青年班推选，再由贫下中农逐个进行评议，指出成绩，提出缺点，确定推荐名单。

（3）逐级审查，把好政治关。名单确定以后，即填表报大队审查，公社批准，县"五·七"办公室审定。各级审查把好政治关的条件主要是：（一）经过劳动锻炼两年以上；（二）贯彻阶级路线，以劳动人民出身的为主，但又不唯成份论，重在政治表现；（三）虚心接受贫下中农再教育，安心农村干革命。

（4）总结提高，互相鼓励。县批准以后，由公社党委出面，"五·七"办公室主持召开欢送大会，党委讲形势，走的谈接受再教育的体会，留的表决心，联系思想批判"下乡镀金论"、"读书做官论"，互相表态，互相鼓励，在党委统一领导下，由"五·七"办公室具体协助做好插队知识青年的招工工作。这样做的好处是：

①有利于巩固插队落户的伟大成果。过去有不少知识青年认为，不要表现好，只要关系好就可以进厂，有些人不安心农村，到处打听消息，访亲问友，拉关系，"走后门"。通过知识青年评选，贫下中农推荐，对他们震动很大……又如游城公社，去年有二十多名知识青年转到别公社去了，认为在这里进厂无指望，通过这次招工以后，对知识青年有很大促进。想换地点的不换了，过去表现不好的也表现好了。××大队倪××去年外流南昌做临工，现在也老老实实接受贫下中农再教育。特别是这样招工，杜绝了"开后门"，知识青年再不到处打听、要求了，学习、劳动都紧张起来。东风公社离县城较近，过去有的知识青年三天两头回城，现在坚守岗位，今年收割晚稻的两三个月都未回城。这样做，知识青年口服心服，他们说："进厂是执行毛主席革命路线，我们留下的也是执行毛主席革命路线，都是响应毛主席号召，都是党的需要。"去者愉快，留者也安心。

②有利于进一步加强对"五·七"大军的领导。过去在知识青年中招

工，"五·七"办公室不沾边，来了有名册，走了不知道。有些知识青年也认为"五·七"办公室只要在生活上给我们照顾一点就行，其它管不了，大队、生产队只要关系好就行。通过这样招工，促进了各地对知识青年的考核工作，加强了对知识青年工作的领导，知识青年也更自觉地接受再教育。

③有利于充分发挥贫下中农再教育小组的作用。贫下中农一致认为：这是毛主席对他们的信任，是党交给他们的光荣任务，我们真正在为国家培养人才，再教育工作越做越有劲。谢滩公社东堡大队老贫农江根金说："我们再教育小组，要像解放军那样，一批一批为国家培养接班人，这是毛主席对贫下中农的信任，我要把再教育重担挑到底。"鸦鹊湖垦殖场高家圩贫下中农反映："毛主席政策真好，刚来时这些青年五谷不分，现在锻炼得和我们一样，知艰识苦，把这样的人输送进厂，我们放心。"东风公社红卫大队二十生产队再教育小组长史月明说："党对我们越信任，我们感到肩上的担子更重，今后一定要把再教育工作做好。"

④有利于保质保量完成招工任务。通过评选、推荐、审查，把真正虚心接受再教育的知识青年输送到祖国建设岗位上去，同时通过县、社"五·七"办公室分配指标，克服了过去本地走得多，外地走得少；干部子女走得多，其它人走得少的现象。如雅鹊湖垦殖场知识青年田××天天找招工的同志要求进厂，他身体好，政治条件也行，招工的同志表示没意见，但场部和分场都不同意，认为他接受再教育还不够，对他本人和其它青年都是一个很好的教育。由于各级党组织、广大贫下中农和知识青年都重视招工工作，保证了招工工作顺利进行和圆满完成任务。

二、几点体会

经过三批两个多月的招工实践，我们深深感到，要抓好这项工作，必须做到"四个一定"：

（1）一定要加强党的领导。这是做好一切工作的根本保证。油墩街公社由于党委书记张降才同志亲自挂帅，南钢一次分到他公社17名招工任务，完成得既快且好。鸦鹊湖垦殖场党委自始至终抓这项工作，他们分配任务9名，但只去了7名，他们根据招工条件和接受再教育的表现，一不卸包袱，二不凑名额。党委书记计爱兴说："虽然这次未完成招工任务，但对巩固插队落户成果有利，对知识青年再教育工作有利，对今后招工工作有利，对保证招工质量有利。"

（2）一定要按政策办事。"政策和策略是党的生命"，一定要杜绝拉关系，"走后门"。团林公社女知识青年刘××，南钢招工，他们公社没有分到名额，但由于她和招工的同志拉拉扯扯，凭私人关系招工同志给她想方设法，通过公社个别人同意盖了公章，转去了户口，进了南钢被分配当化验员。知识青年对此反应很大。我们发现这一情况后，立即与南钢党委取得联系，把事情经过告诉他们，要求送回女知识青年刘××，结果得到了南钢党委的大力支持，把"开后门"带去的女知识青年立即送回来了……

（3）一定要贯彻阶级路线。在招工工作中，我们既要保证绝大多数工人、贫下中农子女进厂，又要注意输送出身不好，但一贯表现很好的人进厂。如油墩街公社××大队知识青年万××，出身于剥削阶级家庭，但他一贯表现很好，贫下中农一致推荐，大队、公社都同意，我们与招工同志协商也没意见，输送他进厂，对出身不好的震动很大。他们说："过去进不了厂总怨自己出身不好，现在看来是自己的世界观没有改造好。"

（4）一定要开展革命大批判。招工的过程是对知识青年进行再教育的过程，也是进一步落实"五·七指示"的过程，一定要加强思想教育，针对思想狠批"下乡镀金论"、"读书做官论"、"劳动惩罚论"……游城公社红卫大队知识青年易寒松已确定马上要进厂了，通过革命大批判以后，他表示要坚决站好最后一班岗，班里的知识青年都上了水库工地，临走前他一人把菜地整好、种上，已种的全部施了肥。他说："人进了厂，'五·七'道路要永远走。"

三、几点意见与要求

（1）在我县知识青年招工过程中，招工单位需要女的较少，而目前我县知识青年中女的还比较多……我们要求适当增加女工比例。

（2）在招工过程中，有些知识青年各方面条件都好，只是因为身体有点小毛病，如近视、耳朵有点聋，但按照工种这种人又可以干，招工的同志为了好中挑好就不同意。我们要求对于不同工种，对身体不同要求最好有个明确规定，更便于进行工作。

我们的工作做得很不够，仅反映一些情况，供参考。

波阳县革委会"五·七"办公室

一九七一年十二月三日

婺源县

关于分配招收插队知识青年劳动指标的通知

（婺革办字〔71〕001 号）

太白、珍珠山、车田、西坑公社革委会，赋春工业区革委会：

按照上饶地区革委会办公室饶办〔1971〕12 号《关于分配招收插队知识青年劳动指标的通知》中称"本会抓革命促生产指挥部一九七一年十月八日饶生〔1971〕131 号文件，从中央部属和省属企业在我区招工的劳动指标中，划出百分之二十五给'五·七'大军办公室，安排招收插队落户的知识青年"的精神，为此，现据地区革委会办公室分配上饶铁路分局在我县招收 10 名，六〇八队十二队招收 5 名的劳动指标，经研究决定，分配上饶铁路分局在太白公社玉坦、曹门两大队招收 6 名（其中：女的 2 名），赋春工业区镇头大队招收 2 名，珍珠山公社 2 名（其中：女的 1 名），分配六〇八队十二队在车田公社招收 3 名（其中：女的 1 名），西坑公社招收 2 名。并将有关事项通知如下：

一、为了进一步巩固和发展插队落户的伟大成果，必须坚决反对招工"开后门"，拉私人关系进厂矿的坏作风，坚持由下而上的审批手续。坚持到"五·七"大军的班、排中挑选，由贫下中农、"五·七"战士推荐，大队革委会审查，公社革委会批准，然后由县"五·七"大军办公室审定并填发正式工人介绍信。

二、必须按照省革委会规定"经过劳动锻炼两年以上家居城镇的上山下乡知识青年"的条件招收，劳动锻炼未满两年者不能招收，非插队落户的知识青年不能占用该项劳动指标。

三、招收条件：必须是努力学习毛泽东思想，政历清楚，表现较好，热爱集体，身体健康（须有公社级以上医院证明），有初小以上文化程度者可予招收。

四、有些招工单位要求照顾招收本单位职工插队的子女，应与其插队所在地的公社商定，可以适当安排一部分，但要坚持条件，不得硬性点名调人，更不能全部招收本单位的职工子女。

五、各地要高举毛泽东思想伟大红旗，突出无产阶级政治，认真地、过细地做好政治思想工作，保质保量地在十月底完成任务。

婺源县革命委员会办公室（章）

一九七一年十月二十一日

抄送：上饶地区革委会"五·七"大军办公室、各公社革委会"五·七"大军办公室、县革委计划组存档

德兴县

批准部门与职工子女所在地劳动部门联系函

（〔75〕　字　　号）

德兴县上山下乡办公室、劳动局（计划、劳动组）：

根据中共中央〔1973〕30号文件及江西省劳动局〔75〕赣劳配字156号通知规定，　　　　　　　　经我局（组）批准，在你吸收该单位职工子女　　　　等　　名（名单附后），请协助办理有关手续，并直接介绍去　　　　报到。

经省劳动局批准上海市梅山工程指挥部铁矿下放我县黄柏公社××大队知青魏××同志招到该矿工作，现特通知本人到计划组报到。

江西省德兴县革命委员会抓革命促生产指挥部计划组劳动调配专用章（章）

七五年十月二十二日

附名单：

职工姓名	子女姓名	性别	出生年月	关系	现在住址	备　注
魏××	魏××	男	51.6	父子	黄柏公社××大队	

井冈山地区

井冈山地区下放、下乡人员（知识青年）情况年报表

井冈山地区下放、下乡人员（知识青年）情况年报表

1971 年 12 月 31 日

县（市）别	调用人员										借用人数					现有人数							现有班数	入党	入团	备注
	参军	升学	进工厂	企事业单位	脱产干部	医务人员	教师	外迁	其它	小计	省	地	县	社	小计	大队结合	生产队结合	医务人员	教师	在队劳动	其它	小计				
总　计	239	105	2536	1084	28	2	81	1886	200	6161	9	186	157		352	185	655	125	702	22397	82	24146	3463	61	1542	
吉安市		4	26	3				1		34									2	51		53			2	
吉安县	30	10	321	21	2		2	120		506			1		1	9	60	17	67	2378		2531	375	4	115	
吉水县	21	4	124	26	3	2	5	93	14	292			9	12	21	22	32	5	41	2001	2	2103	404		158	
峡江县	16	9	455	187	2		4	249	4	926						51	95	41	151	4536		4874	466	14	259	
新干县	29	20	105	1	1		5	93	1	255			6	6	12	4	53	13	111	2446		2627	442	16	279	
永丰县	13	5	183	27	5		2	489	2	726						36	143	4	114	2842		3139	392	11	124	
泰和县	23	5	443	103	5		5	104		688		18	17		35	1	3		36	1360	1	1401	211	4	81	
遂川县	12	5	303	34				11		365		5	78		83	18	29	25	50	611		733	121	1	78	
万安县	27	6	105	76	4		5	287		510	3		20	8	31	20	52	4	34	2320	5	2435	358	1	86	
安福县	21	14	152	97	1		11	248	1	545	6		18	9	33	2	25	10	54	2560	21	2672	479	3	195	
永新县	23	2	189	136	2		22	115	66	555			65	7	72	7	45	5	27	603	7	694	96	3	37	
莲花县			32							32																
宁冈县	5	5	57	133	2		12	34		248			9		9	6	33	1	2	382	2	426	16	1	57	
井冈山	19	16	41	240	1		8	42	112	479			45	10	55	9	85		13	307	44	458	103	3	71	

转发《关于当前"五·七"大军工作中
几个问题的请示报告》的通知

（井发〔1972〕3号）

各县（市）、井冈山革命委员会：

为了进一步落实毛主席的"五·七指示"，做好"五·七"大军的巩固提高工作，以巩固和发展上山下乡的伟大成果，同意地区革委会"五·七"大军办公室《关于当前"五·七"大军工作中几个问题的请示报告》，现转发给你们，望认真研究，贯彻执行。

井冈山地区革命委员会／（章）

一九七二年一月十九日

抄报：省革委会

抄送：地区革委各部、室

关于当前"五·七"大军工作中
几个问题的请示报告

地委、地革委：

……

三、关于选送下乡知识青年进厂矿问题。根据省革委会〔1971〕75号文件精神，从一九七二年起，厂矿的招工，主要是招收在农村经过两年以上劳动锻炼的下乡知识青年和回乡青年。我们建议，计划部门在招工时，与"五·七"大军办公室取得联系，使他们了解招工情况，做好思想工作；"五·七"大军办公室要与计划部门密切配合，共同做好推荐审查工作。公社"五·七"大军办公室要在党委领导下，积极协助党委做好推荐审查工作。对于可以教育好的子女，要全面执行毛主席关于要注意成份，但不唯成份论，重在政治表现的无产阶级政策。对待这些青年，我们要热情帮助，多做教育工作，不要歧视他们。他们当中有的现实表现好，经过贫下中农推荐，也应当允许进厂矿。

……

井冈山地区革委会"五·七"大军办公室

一九七一年十二月二十八日

转发省革委知青办关于防止知青回城复习功课的电报

各县、市革委知青办及地直各局知青办：

一、现将省革委知青办十月廿四日电报全文转发给你们，请认真贯彻执行。电文说："据宜春地区知青办反映，近来有的动员单位或家长擅自将知青接回去复习功课准备考试，直接影响当前农村抓革命促生产。上述问题经与省教育组商量，一致认为这样做是不符合教育部负责人关于'广大青年要抓紧业余时间，努力学习，积极报考，让国家挑选'的谈话精神的，为此，请你们采取有效措施，防止类似事情发生，已经回城的知青应该说服他们归队，坚持抓革命促生产，就地业余复习功课"。

二、关于□□上山下乡知青代表会议精神的传达贯彻和落实情况，请你们收集综合于本月底用书面向我办汇报。

井冈山地区革委会知青办

一九七七年十月二十五日

新干县

上海知青潘××的家长关于其子
入学事宜的函

老沈同志，你好！

我们是桃溪公社上海知识青年潘××的家长，××以往回家，经常谈及县委和"五·七"办公室负责同志对他的关心和爱护，所以早就从××处认识你了。最近我们又从××来信中，得知他在县"五·七"七周年纪念会上，就他们上海知识青年"扎根在农村"作了发言，这就更使我们感到组织对××的关心真是无微不至，心里十分地感激！××响应党中央的号召，到农村去接受贫下中农再教育，取得一点成绩，这都是与党的领导和你们的帮助、指导分不开的，特此向你们致以衷心的感谢！

据悉今年党中央为了进一步培养经过劳动锻炼的知识青年，将招考一批进大学继续学习，以便今后能够更好地为人民服务。我们想，就××现在的学识来说，的确还很不够用，但他有一定的基础，如果能够得到深造，将更为有利，而且××已经到了大学招生的最后年龄界限了，也应该争取今年这个机会到大学去读点书。我们认为××过去上山下乡，是响应党中央的号召；现在投考大学，同样的也是响应党中央的号召。但是我们不知道××在农村的表现，是否符合推荐的条件，因为批准投考与否，关键在于贫下中农和县及公社的推荐。现在我们很冒昧地给你写这封信，希望你本着对××一贯的关心和爱护，向有关方面反映和推荐××投考大学。

最后，让我们再次感谢你们对××的关心和爱护。

此致

敬礼

潘××的家长潘××、何××

七三年五月廿日

上海闸北区致新干县
关于下乡青年上学名单的函

按照国家培养建设人材的需要，各地正在招收一部分下乡青年上大学或中专技校读书。为了掌握下乡青年的升学和变动情况，要求你室在招生结束后按下列式样抄一份名单寄我室。请予大力支持！

致以

敬礼

上海市闸北区革命委员会下乡上山办公室

一九七三年八月六日

附名单式样

新干县 73 年知青上大学情况

姓名	性别	社、队名称	上海住址（区）	录取学校

1973 年知识青年入大学名单

洋　湖：√赵　×（上海交通大学）

　　　　√黄××（上海外语学院）

　　　　√余××（上海师范学院）

　　　　√顾××（上海师范学院）

　　　　√李××（南京电讯工程学院）

　　　　√王　×（上海第二医学院）

鸡　丰：√朱　×（上海纺织工学院）

　　　　√薛××（上海师范学院）

　　　　√黄××（上海中医学院）

　　　　√张××（浙江大学）

　　　　○李××（吉林大学）

　　　　√任××（上海师范学院）

力　江：√陶××（上海复旦大学）

　　　　√王××（上海同济大学）

　　　　○吴××（江西医学院）

　　　　√许××（上海师范学院）

七　琴：√虞　×（上海第二医学院）

　　　　√李××（上海化工学院）

　　　　√莫××（江西冶金学院）

　　　　√邹××（江西共大总校）

潭　垱：✓陈××（上海师范学院）

　　　　✓郭××（江西共大总校）

桃　溪：✓周××（上海科技大学）

　　　　✓潘××（上海师范学院）

　　　　✓邱××（江西师院）

大洋洲：✓胡××（上海师范学院）

　　　　○李××（江西医学院）

胜　利：✓陈××（江西师范学院）

　　　　✓林××（上海科技大学）

城　上：✓张××（上海师院）

界　埠：✓王××（上海科技大学）

　　　　○饶××（大连海运学院）

　　　　○周××（江西共大总校）

荷　浦：○周××（上海交大）

　　　　○张××（江西共大总校）

三　湖：○黄××（江西冶金学院）

　　　　○蒋××（江西师院）

　　　　○黄××（江西大学）

共大分校：○□××（江西共大总校）

浙　江：✓孟××（南京航务工程学校）

　　　　陈××（南京铁路运输学校）

注：打✓的是知识青年

　　打○的是当地青年

新干县 73 年知青上大学情况

姓名	性别	社、队名称	住址（区）	录取学校
赵　×	女	洋湖公社××大队	方浜中路××××	上海交通大学
黄××	女	洋湖公社××大队	闸北中山北路××××	上海外语学院
李××	男	洋湖公社××大队	江西省宜黄县城公社	南京电讯工程学院
王　×	女	洋湖公社××大队	虹桥路交通新屯××××	上海第二医学院
余××	男	洋湖公社××大队	闸北中华新路×××	上海师范学院

续表

姓名	性别	社、队名称	上海住址（区）	录取学校
顾××	女	洋湖公社××大队	闸北□□路××××	上海师范学院
朱 ×	男	鸡丰公社××大队	徐汇建国西路××××	上海纺织工学院
薛××	女	鸡丰公社××大队	徐汇新乐路××××	上海师范学院
黄××	男	鸡丰公社××大队	徐汇肇嘉浜路××××	上海中医学院
张××	男	鸡丰公社××大队	普陀光复西路××××	浙江大学
张××	男	鸡丰公社××大队	普陀曹阳□村××××	上海师范学院
陶××	男	力江公社××大队	南市小东门内聚××××	上海复旦大学
吴××	女	力江公社××大队	新干城镇	江西医学院
王××	男	力江公社××大队	闸北西宝兴路××××	上海同济大学
许××	男	力江公社××大队	闸北国庆路×××	上海师范学院
虞 ×	女	七琴公社××大队	闸北沪太路××××	上海第二医学院
李××	男	七琴公社××大队	闸北共和新路广中新村××××	上海化工学院
邹××	女	七琴公社××大队	南昌市会堂巷××××	江西共大总校
莫××	女	七琴公社××大队	闸北新疆路德兴里××××	江西冶金学院
陈××	男	潭垙公社××大队	南市东站前路张家东宅××××	上海师范学院
周××	男	桃溪公社××大队	静安延安中路××××	上海科技大学
潘××	男	桃溪公社××大队	卢湾常德路××××	上海师范学院
邱××	男	桃溪公社××大队	虹口西江弯路××××	江西师院
胡××	女	大洋洲公社××大队	卢湾马埔路××××	上海师范学院
陈××	女	胜利公社××大队	南昌	江西师范学院
林××	男	胜利公社××大队	闸北区××××	上海科技大学
孟××	男	□□公社××大队	闸北××××	南京航务工程学校
张××	女	城乡公社××大队	闸北区××××	上海师院
王××	男	界埠公社××大队	闸北区××××	上海科技大学
陈××	男	□□公社××大队		南京铁路运输学校

1973.9.30

永丰县

上海知青有关情况汇报函

地区知青办：

现将我县上海知青的有关情况汇报如下：

一、我县原有上海知青 2558 人。几年来，离开农村 732 人，其中：升学 125 人，参军 24 人，进厂矿 229 人，提干 3 人，外迁 198 人，病退（包括特殊照顾回沪）145 人，死亡 8 人。

二、上海知青参加各级领导班子的计 83 人，其中：地 2，县 2，公社 3，队 76。担任各种职务的 224 人，其中：民教 104，赤医 9，会计、保管 54，拖拉机手 8，其它（包括辅导员）49。

三、上海知青入党的 29 人，入团的 457 人。担任生产队队长 2 人，民兵连长 1 人，团支书 3 人，妇女主任 1 人。

四、七四年上海知青中发生了一起诱奸案，已处理。各方不尚满意。

五、长期（一年以上）在沪知青 600 余人，其中：因病在沪的 200 余人。

六、在沪治病知青中，重病者 2 人，慢性病者 30 人左右。重病者石××（家址：××路×××弄×号），县乡办各补助其 50 元。重病者王××（家址：××路××弄××号），县里亦补助过 50 元（公社乡办补助情况未统计）。

七、安置情况。口粮：600 斤以上的 1350 人左右，600 斤以下的 500 余人；口油：均有 6 斤或 6 斤以上（不足 6 斤的由国家供应至 6 斤）。住房：住新房的 700 余人，正在建房的 400 余人，其余绝大多数是借住民房。工分：5—6 分的 450 余人，8—10 分的 130 余人，其余的在 6—8 分之间（未详细统计）。

生活自给：全年收入 80 元以下的 750 余人，80—100 元的 170 余人，100—130 元的 180 余人，130 元以上的 190 余人。（长期在沪的未统计在内）。

八、上海知青中已建队 8 个，共 123 人。

九、上海知青中已结婚的 49 人，双方都是知青的 22 人，知青与当地青年结婚的 27 人。

十、贯彻 21 号、30 号文件后，干群对知青工作有所重视，解决了很多具体问题，如调整工分、为知青建房等。知青中有部分人渴望补助和上调，患病青年要求病退的甚多。

七五年二月一日

泰和县

招收知青入学情况登记表

于七三年十二月十九日已报。

按照国家培养建设人材的需要，各地正在招收一部分下乡青年上大学或中专技校读书，为了掌握下乡青年的升学和变动情况，要求你室在招生结束后按下列式样抄一份名单寄我室。请予大力支持！

　　致以
敬礼

上海市闸北区革命委员会下乡上山办公室（章）
一九七三年八月六日

附名单式样

泰和县 73 年知青上大学情况

姓　名	性　别	社、队名称	上海住址	录取学校

遂川县

关于应征入伍的上海插队知青
年终分配兑换问题的通知

（遂办〔73〕字第001号）

各有关公社革委会：

我县上海插队青年为响应伟大领袖毛主席"召之即来"的号召，为保卫祖国，保卫伟大的社会主义革命和建设，七二年冬共有二十一名光荣地被批准参加了中国人民解放军，这是我县广大贫下中农对他们进行再教育的丰硕成果，也是我县人民的光荣和幸福。

几年来，我县广大干群、贫下中农在毛主席亲自批示"照办"的中央26号文件精神的鼓舞下，不断地关心插队青年政治生活上的成长、生产技术上的提高、物质生活上的改善，致使他们更加热爱农村，亲近贫下中农，从而确立了扎根农村干革命，彻底改造世界观的雄心壮志。

年终分配是一项具体政策，尤其是应征入伍的知识青年要优先保证兑现，他们的分配，必须坚持按劳取酬的社会主义分配原则，给予兑现。为统一做法，特作如下通知：

一、凡属得钱的入伍下乡青年，在年终分配结束时，应一次兑现，将应得现金寄来我室乡办，由乡办统一寄往有关部队转于本人。

二、凡属超支的入伍下乡青年，其超支部分应在当地烈军属优抚劳动日中予以摊销，不要增加生产队的负担。

三、时间要求：原则上在古历年底前办理完手续，个别地区年终分配不能在年底结束的，则要求在分配完毕时尽快予以办理。

以上通知请转至公社上山下乡办公室贯彻执行，并将执行中的情况和问题向我室乡办反映。

特此通知。

江西省遂川县革命委员会办公室（章）

一九七三年一月六日

抄报：地区革委会上山下乡办公室

遂川县革命委员会办公室印发　　　　一九七三年一月六日

共印三〇份

赣州地区

关于赣州地区园艺场等四个单位一九七三年下乡的
四十名知识青年转为国营农业工人报告的批复

（〔75〕赣地劳配字第 23 号、

赣地知字〔75〕7 号）

赣州地区农业局：

你局报来《关于赣州地区园艺场等四个单位一九七三年下乡的四十名知识青年转为国营农业工人的报告》，根据地委〔1974〕39 号文件的规定，经研究同意你局报来名单，按省委文件规定的百分之十，转为农业工人。其工资待遇，按下乡第二年标准办理。望照此批复办理。

江西省赣州地区劳动局（章）

江西省赣州地区知识青年上山下乡工作办公室（章）

一九七五年二月五日

抄报：省知青办、省劳动局

关于地质九〇九队招收新工人的通知

（〔76〕赣地劳配字第 43 号、

赣地知字〔76〕第 17 号）

瑞金、南康、大余、宁都县劳动局、知青办：

根据省劳动局〔76〕赣劳配字第 119 号通知精神，同意地质九〇九队从社会招收新工人 338 名，除招收该队现有符合条件的职工子女外，从经过劳动锻炼两年以上的上山下乡知识青年中招收 102 名。现将有关事项通知如下：

一、地质九〇九队招收本单位现有符合条件的职工子女，有关县劳动部门必须严格审查，不得弄虚作假，多余指标一律由瑞金县劳动局上报地区劳动局统一安排；从经过劳动锻炼两年以上的上山下乡知识青年中招收 102名，安排在南康县招收 30 名，宁都县招收 30 名，大余县招收 30 名，瑞金县招收 12 人，这批新工人招收后，应即赴安徽参加会战，请向新工人讲清楚。

二、新招工人，年龄必须年满十七周岁至二十二周岁（上山下乡知识青年可放宽到二十五周岁左右），具有初中以上文化程度、身体健康的未婚青年，其中女性不要超过 15%，不得招收中途退学和在校学生。招收的新工人，如不能适应野外勘探生产第一线工作或半年内发现不符合条件的，可以退回。

三、招收新工人的手续。凡招收野外勘探队职工子女的，由野外勘探队推荐，有关县、市劳动部门审查批准和办理介绍手续；招收上山下乡知识青年，应由社队贫下中农推荐，有关县知青办审查同意，经县劳动部门批准和办理介绍手续。

四、请各有关县、市粮食、公安、人民银行协助办理有关手续，并监督贯彻执行。

为适应会战工作需要，以上招工任务，各地应抓紧进行。请有关部门加强对招工工作的领导，坚持无产阶级政治挂帅，充分走群众路线，贯彻执行党的政策，严禁"走后门"等不正之风，并于七月底前完成招工任务。

江西省赣州地区劳动局（章）

江西省赣州地区革命委员会知识青年上山下乡办公室（章）

一九七六年七月四日

抄报：省地质局、地区计委

抄送：地区粮食局、公安局、人民银行，瑞金、南康、大余、宁都县粮食局、公安局，瑞金县人民银行

关于地质九〇九队招收新工人的通知

（〔76〕赣地劳配字第62号、

〔76〕赣地知字第024号）

瑞金、广昌、石城、安远、会昌、宁都县、赣州市劳动局、知青办，地质九〇九队：

省劳动局〔76〕赣劳配字第119号通知下达地质九〇九队从社会招收新工人338名指标，除实招该队职工子女157名和地区劳动局、地区知青办〔76〕赣地劳配字第43号、赣地知字〔76〕第17号联合通知实招101名外，尚余80名指标同意从经过劳动锻炼两年以上的上山下乡知识青年中招收。现将有关事项通知如下：

一、从经过劳动锻炼两年以上的上山下乡知识青年中招收80名，安排在瑞金县招收30名，广昌县招收18名，石城县招收10名，安远县招收10名，会昌县招收10名，赣州市招收1名（"六·二九"死难家属刘××同志），宁都县招收1名（"六·二九"死难家属叶××同志）。这批新工人招收后，应即赴安徽参加会战，请向新工人讲清楚。

……

为适应会战工作需要，以上招工任务，各有关县、市应加强对招工工作的领导，坚持无产阶级政治挂帅，充分走群众路线，贯彻执行党的政策，严禁"走后门"等不正之风，并于十一月底前完成招工任务。

江西省赣州地区劳动局（章）

江西省赣州地区革命委员会知识青年上山下乡办公室（章）

一九七六年十一月一日

抄报：地区计委、江西省劳动局、省地质局

抄送：地区粮食局、公安局、人民银行，瑞金、广昌、石城、安远、会昌、宁都县、赣州市粮食局、公安局，瑞金县人民银行

关于下乡知青招工后改变工资待遇时
如何计算下乡年限的意见

（〔79〕赣地知字第 1 号、

〔79〕赣地劳薪字第 10 号）

各县（市）知青办、劳动局，行署各局：

关于下乡知识青年因生产建设需要被招工后，其待遇如何合理解决的问题，江西省劳动局一九七九年二月十三日以〔79〕赣劳薪字第 11 号文件提出了贯彻中共中央中发〔1978〕74 号通知的意见。各地在具体执行江西省劳动局这个文件时，普遍感到文中提到的下乡年限如何计算的问题不好掌握。现为了统一做法，经研究特提出如下意见：

……

四、下放农、牧、营林系统的知识青年，后经省批准调入非农林水系统或退休补员到非农林水单位工作的青年，其在农牧营林单位工作期间可计算为下乡年限。

……

江西省赣州地区革命委员会知识青年上山下乡办公室（章）

江西省赣州地区劳动局（章）

一九七九年三月十四日

抄送：地委各部、委，行署各办、委，地区总工会，地妇联，团地委，行署信访组

关于下发"下放知识青年招工后分配任学徒工种
改变生活费（工资）待遇表"的通知

各县（市）劳动局：

为了使大家更加明确地执行江西省劳动局〔79〕赣劳薪字第 011 号文件，现根据省劳动局的规定，我们制订了一个"下放知识青年招工后分配

任学徒工种改变生活费（工资）待遇表"，供大家在办理改变生活费（工资）待遇时执行。

江西省赣州地区劳动局工资基金管理专用章（章）

一九七九年三月二十二日

附表如下：

下放知识青年招工后分配任学徒工种改变生活费（工资）待遇表

	工作年限	生活待遇
插队两年以上不满三年	不满一年	第二年生活费
	满一年不满二年	第三年生活费
	满二年不满三年	转正，一级
	满三年及以上	定为二级工
插队满三年不满五年	不满一年	第三年生活费
	满一年不满二年	转正，一级
	满二年及以上	定为二级工
插队已满五年	不满一年	一级工
	满二年及以上	定为二级工

宁都县

上海知青×××外调材料索取函

县乡办：

上海下乡青年王×，经贫下中农推荐报考上大学，其档案材料不够清楚，请代为向上海进行函索外调。

王×，男，生于五三年一月三十日

家住……

六九届上海五四中学初中毕业

父：王××，上海××公司办事员

调查提纲

1. 王××是否因患神经病而自动要求退党？

2. 王××是否因患神经病讲错话被公安局拘留九个月？

3. 王××在六六年五月一日撕掉主席画像结论如何？

宁都县田毕公社知识青年上山下乡工作办公室／（章）

七四年八月十七日

已与组织组联系办理。

七四年八月十九日

上海知青邱××外调材料索取函

县乡办：

上海下乡青年邱××经贫下中农推荐报考大学，其档案材料不清，过去是群众组织搞的，请代为向上海进行函索外调。

邱××，男，生于五二年五月十二日

家住……

六七届××中学初中毕业

父：邱××，上海××钢铁厂技术供应科工作

母：吴××，上海××中学教师

调查提纲

1. 邱××的成份问题，政历问题。
2. 吴××的政历问题。

宁都县田毕公社知识青年上山下乡工作办公室／（章）

七四年八月十七日

安远县

知青招工条件

在知青中推荐招工的条件：

这次推荐招工的重点是七二年以前下放表现较好的知青，适当地照顾七

三年以后下放（满二年以上的）多子女下放、无就业子女以及家庭有特殊困难的。

表现较好必须是：

一、努力学习，思想进步，服从领导，遵守纪律；

二、热爱集体，劳动积极；

三、生活朴素，作风正派；

四、积极响应党的号召，实行晚婚和计划生育；

五、发扬团结友爱精神好。

属下列情况的不予推荐：

虽时间较长，表现不好的不推荐；家庭牵累大的不推荐；身体不好的不推荐；下放不满二年以上不推荐。

包括待业青年在内一户推荐安排一人，超出不推荐。

推荐招工的办法是：

提高认识，掌握条件，指标到社，采取系统与块块相结合，认真评定，严格审查，由县批准。绝对不能把非上山下乡知青当上山下乡对象来推荐。

江西省安远县革命委员会知识青年上山下乡办公室

定南县

关于上海知青鲁×参军事宜的往来函件

定南县"五·七"大军办公室负责同志：

您们好！我是插队落户在你县天花公社××大队××生产队鲁×的家长。我儿插队落户已有三年了，可是与您们通信联系，还是第一次。我认为，把子女交给党，做家长的总是一万个放心，事实也是这样。我儿插队落户三年来，在您们各级党组织的亲切关怀和帮助下，我儿进步很快。从去年他回沪探亲时的表现，我更确切地感到，他的变化确实很大。为了知识青年在农村健康成长，您们呕心沥血，付出了很大的精力。您们为落实毛主席的指示和党中央的战略部署，作出了成绩，为培养和造就无产阶级革命事业的接班人，作出了很大的贡献。我代表家长们向您们——当地的党组织，"五·七"办公室的各级领导，表示衷心的感谢，并致崇高的革命敬礼！您们是我们学习的好榜样，我们一定在"抓革命，促生产"方面做出成绩，为人类多作贡献。

我儿最近写信来说，他准备去当兵，我们得知后很高兴，我亦已去信表示支持和赞成。应征入伍，这是保卫祖国，亦是每个青年的天职。解放军是个大熔炉，是个大学校，在那里可以得到更大的改造和成长。我儿早就有当解放军战士的理想，我们也很希望他能到大熔炉里去锻炼一下。这是一个很好的机会。今天，我主要地就是向您们表示一下我们家长的意见，并得到您们的大力支持。另外，麻烦您们向贵县负责征兵工作的同志，转达我们的心愿——请您们收下鲁×这个新兵吧！

对于我儿的体格，我所担心的是，由于他爱好文学，经常埋头看书，并喜欢躺在床上看，这样，便把他的那双眼睛看坏了，虽然不需戴上眼镜，但也略微有点近视，他来信也曾讲过这个忧虑。他说，"我现在开始坚持每天早上做眼睛操，以求眼睛的好转。"我们认为，如果他的近视程度，一般的来说，也许不会影响工作的，就请您们和征兵的负责同志商量一下，让他去当兵。我们做家长的，坚决支持他去当兵，况且他本人也有这个志愿。我认为我儿体格的其它方面都是正常的。麻烦您们向负责征兵的同志，转达我们的意见。十分感谢。

如果有可能的话，请您们抽出一点宝贵的时间，来信告诉我们他的体检情况（因为他来信说还没有参加体检），和他在农村的表现如何。耽误您们的工作，殊实抱歉万分。

　　此致
革命敬礼

鲁××
鲁×的家长
×××
七二年十一月九日

×××两位革命家长同志：
×××

十一月九日来信已收悉，感谢您们对我们的鼓励，我们表示今后一定尽自己的努力把知识青年上山下乡工作做好，认真落实好毛主席的革命路线，使毛主席放心，使家长满意。不过还得请革命家长经常不断地对我们的工作提出宝贵意见，我们一定虚心接受。我们过去的工作没有做好，各方面都存在着问题，作为我们县办公室来说深入基层少，小鲁那个班是××公社比较好的一个班，劳动、学习、生活都较为好，我县里的同志去过向他（她）们学习，那是在去年八月间，贫下中农对他们也很了解，也很赞佩，特别是小鲁，早已是大队的团总支书记了，处处以身作则，带动其它同学，一道前进。上个月全县团干、妇干培训班，小鲁也是其中一个，在县里参加学习，我们县办公室还专门召开了在县学习的插队知识青年座谈会，征求他们对我们工作中的意见，小鲁在会上畅谈了二年多来插队落户、接受贫下中农再教育的经验和体会，总□□来进步很大，我们和贫下中农都看在眼里，喜在心里。培训班学习回去后，十一月二日小鲁还专门用书面向县知识青年上山下乡办公室写了约二千五百字的材料，这也可以说是收获、经验，对我们来说又是一个学习的机会，小鲁在毛主席指引的光辉"五·七"大道上，在走与工农相结合的征途上迈开了可喜的一大步，相信家长是会很高兴的。过去由于我们很懒，没有主动写信转告家长，深感抱歉。

关于提到小鲁报名应征的问题，我们一定及时转告县征集办公室和县人武部领导同志，请家长放心。我们县委、县革委、武装部党委领导对全县广大插队知识青年是很关心的，经常指示、督促检查我们办公室的工作，县委书记、人武部政委徐殿臣同志走到哪个大队、生产队都过问、了解这方面的情况、问题，这对我们做具体工作的来说也是鞭策、教育。请两位家长放心吧，我们理解家长的心情，我们一定会及时转告领导。希家长今后对我们的工作提出更多的宝贵意见，共同落实毛主席"上山下乡"无产阶级革命路线，发展大好形势，巩固上山下乡的成果。

此复。

请代向林、薛、孙、方、柳等同学的家长问好。

致

革命敬礼

　　　　　　　　　　　　定南县知识青年上山下乡办公室

江西省定南县革命委员会"五·七"大军领导小组办公室（章，代）

　　　　　　　　　　　　　一九七二年十一月十六日

上海知青俞××要求进大学读书的相关函件

何军长：你好！

我是兴隆的俞××，今天来信，我向领导有这样一个要求就开门见山地说吧！

由大队及公社领导批准，我于今年五月十九号请假回沪探亲，但刚到上海，就听到说七月份有一批大学下农村招收知识青年进大学读书。当时，我听到这个消息，心里很激动，这是党和毛主席他老人家对我们青年最大的关怀，最大的爱护，党和毛主席对于我们青年寄予无限的希望，我情不自禁地高呼："毛主席万岁！""毛主席万万岁！"我们青年真如毛主席他老人家说的，"像早晨八、九点钟的太阳，希望寄托在你们身上"。我是一个工人阶级的女儿，我决心永远紧跟毛主席，不辜负党和毛主席对我们青年的期望。

这次各大学在农村招收知青进大学读书，我很想在此机会上大学读书，但目前，我本人不在农村，因此心里非常焦急，今天来信，我向领导要求能让我上大学读书，领导是否考虑保留一名招生名额，具体学科不论。待接到你的回信后，我就立即返回来，盼在百忙中给予及时回信教导为感！

此致！

致革命的敬礼！

俞××

一九七三年六月十四号

何芳滔同志：你好！

我是俞××的父亲。我女儿××是六八届初中毕业生，于六九年三月分配到定南县九曲公社××大队××小队插队落户。在这四年中，她受到各级领导的教育和关怀，在贫下中农热情的教育和帮助下，经过农业生产劳动锻炼实践，学会了一些农业生产知识。在毛主席的无产阶级革命路线指引下，通过批修整风学习，受到了一次极其深刻的路线斗争教育，从而使她在三个觉悟方面有所提高，这是与各级领导和广大贫下中农对她的教育和帮助是分不开的。我们家长对各级领导和广大贫下中农表示，致以革命的敬礼！

　　××她于今年五月十九日请假离定南返沪探望父母，至今将近一个月。近在沪听说，最近各大学在农村招收知识青年进大学读书。××听到这个消息迫切希望能进大学读书，我们家长也希望她能进大学读书。但目前她本人在上海而不是在农村，对这个希望是可望而不可即，所以她心里非常焦急。为此，特写此信询问这次招生的条件、要求，手续有哪些规定，招收哪些学科，何时开始报名，何时截止？像××这样已经插队落户四年的知青及其在农村之表现，是否合乎招生对象之列？若属于招生对象之列，而她本人现不在农村，是否可以保留一名招生名额，待接到你的回信后，××立即返回农村办理报名手续。我们这样单纯的想法，是否可行，盼在百忙中给予回信指教为感。

　　此致
敬礼

俞××

一九七三年六月十五日

上海知青洪××的家长关于推荐其女入学事宜的函

老古、老何、老廖等同志：您们好！

　　光阴真快。上次老古、老廖在上海慰问期间，在百忙当中，来我家访问，我们表示十分感谢，深深感到您们干部，为作好再教育作了不少工作，在培养无产阶级革命事业中，作出了贡献，我们做家长的应该向您们表示敬意，应当好好向您们学习。我的独养女儿××在您们亲切教育下懂得很多农业知识，并锻炼好青年思想，这些收获与您们分不开，所以再一次向您们致敬，并感谢在各方面的帮助。

　　我在五月三十一号寄出一信，作为洪××投考大专，或中专报名单。因她妈妈最近又身体不好，所以过了几天，现在六月十一号晚××已回定南，现在大约已到。我们卢湾区××街道乡办负责同志，对我们讲：你家庭困难情况，已向你们在沪时介绍过。现在洪××回来，请你们县乡办大力推荐，去投考大专，或上海去招生的中专技校。因时间紧，只好走南昌专，路上没有同学，只好一人走，我们父母放心不下，但洪××意志坚决一定要去，我们感觉洪××每天早上温课，晚上也温，在家很少出去，读马列著作与毛主席的书及《红旗》。去年洪××回沪探亲，她妈妈身体虚弱，一壶开水烫伤两手及胸部，伤势严重，还好××在家料理一切生活，自己一点不能动手，经过一个多月治疗，又发生风湿关节炎，不能走路，卧床一个多月，所以洪××不能回来。而我多年高血压经常高180，低110—120，现已转入心肌阻塞现象。以上情况，我已向你们详细汇报过，家庭情况确实有困难，听说最近投考大学，中专名额比去年多，希望你们能照顾我家实际困难，能推荐上去，对独女能否照顾，我们两老感激不尽。我们只生一个孩子，洪××，从小在学校功课还好，是小班长，毕业时正好六八届一片红，但我从小出来学生意，吃尽资本家的苦，现在毛主席领导下，到现在年龄大满头白发，还能工作，我们老工人对伟大领袖毛主席发出号召，一定照办，所以送××到定南，当时区委也很重视，现在已经三年多了，主要两老身体经常有病，女儿能照料一点再好。想到洪××之事，晚上经常失眠，血压增高，所以提出以上想法，希望你们能大力协助，只要能让她去考，我们感激万分。我文化水平差，读书少，在文字方面有错的地方，望你们原谅，祝你们身体健康。

　　此致
革命敬礼

洪××家长洪××

六月十六日

上海知青吕××的感谢信

老古、何、廖同志：您们好！

　　首先祝您们身体健康！其次祝您们工作顺利！

　　目前我已一路平安地回到了上海，我们全家大小人和亲戚邻居，都为我这次回上海读大学感到高兴，我们全家应该感谢党和毛主席的领导，感谢各级领导同志对我的关怀和培养，感谢贫下中农对我的再教育，所有一切都是离不开毛泽东思想的哺育，离不开您们的关怀培养，离不开贫下中农的再教育。四五年的实践证明，知识分子必须走与工农相结合的道路。农村是一个广阔的天地，在那里是可以大有作为的。贫下中农是我们最好的老师，在他们身上可以学到许多书本上学不到的东西。虽说到农村四五年，但是对我来说，在各方面做得还很差，对党对人民的贡献还很少，现在我感到非常惭愧，特别是各级领导同志对我的关怀和培养教育，更不能忘怀，应该牢记在心上。今后到了学校里，我决心更好地学习马列主义、毛泽东思想，把贫下中农的好思想、好作风带到学校里去，永远保持艰苦朴素的作风，也更希望老古、老何、老廖同志您们多来信帮助我，并且多给我提提意见，我一定接受，并表示感谢！

我知道您们的工作一定很忙，但是千万不要忘了给我写信啊！我虽说回上海读书，但是还不能离开您们的教育和帮助，我希望的是我们之间今后要多通信，只有这样，我才能更快地得到进步。

老古、何、廖同志，我们这次能光荣地上大学，都是靠毛主席他老人家的英明领导，和各级领导同志的关怀培养，贫下中农的再教育的结果，也就是毛主席无产阶级革命路线的伟大胜利。

我这次回到家里他们都很高兴，但是我对他们说了，这不是我考到的，而是党、毛主席和贫下中农送我去读大学的，应该感谢党和毛主席，感谢各级领导同志的关怀培养，感谢贫下中农。

噢！老何同志去开会有没有回来，好久没有见过他了，这次离别定南也没有见到，真遗憾！

好，其它没有什么，我们报到的日期是本月十七日，关于学校的情况等以后来信再谈吧，就此搁笔！

祝您们工作顺利！

知识青年吕××

一九七三年九月十三日

由于文化水平有限，写得不好，请原谅！盼来信！

上海知青王××的感谢信

老古、老何、老廖：你们好！

我已于十日晚平安抵沪，并已到校报到。这次全国高等院校招生，贫下中农和领导都一致推荐我投考医科大学，我有着强烈的要求读书学习的愿望，终于实现了。

尤其这二年来在农村搞卫生工作，在实践中使我深切认识到要真正做好"救死护伤"的革命医务工作，不光要有全心全意地为贫下中农治病服务的美好心愿，还要有高度的路线斗争觉悟和过硬的医疗技术本领。我十分希望自己能有提高思想认识和学业技术的学习、深造的机会，使自己成为一个又红又专的革命卫生战士，今后为农村的社会主义革命建设、山区的医疗卫生事业作出较大贡献！

四年来的农村锻炼，使我看到山村贫下中农在"为革命种好田"的思想指导下，发扬着"一不怕苦，二不怕死"的精神，起早摸黑地奋战在田头。贫下中农的那种为革命争作贡献和吃大苦耐大劳的品质精神，深深地教育感动了我，我凭着自己懂得的一点医学常识，拿了自己□用的药，去给他们看病，贫下中农告诉我，在山村里就有被这类普通的常见病折磨得够苦的，还有（因）此被夺走生命的！这引起了我极大忿恨……广大贫下中农的健康得不到保障……但由于自己医学知识薄弱，技术能力差，我常常为自己不能很好地独当一面，不能真正为贫下中农治好病，而感到内心苦闷。

今天贫下中农领导干部送我进入上海第一医学院，这是阶级的委托，我时时刻刻不会忘记这四年多来山区的贫下中农及"县办公室领导同志老古、老何、老廖"给予我的深刻的教育和深情的培养。在大学里向组织表示，一定认真学习马列主义、毛泽东思想，努力学习理论和刻苦钻研医疗技术知识，对技术精益求精，努力攻克科学堡垒，为革命读好书，成为毛主席所期望要求的又红又专的革命卫生战士。

　　致
革命敬礼

王××

七三年九月二十三日

二 病、困退

省级

关于上海知青回沪条件的函

（沪革乡办〔73〕第 87 号）

江西省革委会知识青年上山下乡安置工作办公室：

......

在知识青年下乡上山运动中，我市有部分家长的子女全部下乡了，有的家庭发生了一些困难，要求照顾一个下乡子女回上海。我们考虑从有利于下乡青年的教育巩固出发，拟根据其家庭有无特殊困难的情况，区别对待。家庭目前没有特殊困难的，要服从革命的需要，让子女坚持在农村干革命。如果子女全部下乡去外地，父母患严重疾病，久治不愈，生活不能自理，家庭经济又很困难；或者父母双亡，弟妹幼小，而上海又无直系亲属照顾，非要下乡青年回来不可的，经过里弄群众讨论，组织批准，照顾回沪，做到既坚持知识青年下乡上山的正确方向，又使部分下乡青年家庭的实际问题得到适当解决。

少数家庭有特殊困难的下乡青年，今后经批准照顾回上海的，我们将事先通过组织之间联系，由我室统一发公函（样张附后）去你省有关县（团）征求意见。如同意，可协助办理转回上海的手续。对没有批准照顾回沪的下乡青年，建议互相配合做好本人及其家长的思想工作。

上述精神和办法，请转告你省有上海知识青年的地、县（团）的有关部门，内部掌握。请予以协助支持。

此致

革命敬礼！

上海市革委会下乡上山办公室

一九七三年七月十三日

丰城县

丰城县知青病退情况登记表

丰城县上海知青病退名单公社下放人员登记表①

填报单位：　　　　　　　　　　　　　　　　19　年　月　日

原下放单位或县社（镇）	姓名（或户主）	性别	年龄	家庭出身	本人成份	是否党团员	职业	工费	全家人数	安置大队	已领多少安置费	何时下乡支农	备考

注：1."职业"是指干部，职工，教员，医务人员，高、初中毕业生，知识青年，社会闲散劳动力，居民，家属……等。

2. 填表时应将带工资干部、青年和学生、居民（外省外县、丰城镇小集镇分开填）分开来填写。

3. 凡是成户落户的，只填户主，随带家属填在"全家人数"栏内（包括户主在内）；集体插队的学生，应按人登记。

4. 随从父母落户的学生、知识青年都统计在全家人数内。

————————

① "上海知青病退名单"为手书。"（或户主）"字样被划去。"家庭出身"、"本人成份"、"是否党团员"以及"职业"等栏填写内容为家庭住址。"安置大队"字样被划去，从该栏起填写病名。——编者注

丰城县知青病退情况登记表

丰城县知青病退情况登记表

1973 年 6 月 1 日 　　　　　　第　页　共　页

姓名①	性别	插队地点	家庭住址	所患疾病	备注
	男	洛市公社		先天性眼病治疗无效	病历
	男	雀坑公社		右手两次折断	病历
	男	秀市公社		严重肺结核	病历
	男	石江公社		腰子开刀	
	男	秀市公社		高度近视 1400 度	
	女	泉港公社		神经病	
	男	荷明公社		肺结核	
	女	湖塘公社		肺结核	
	男	石溪公社		高血压,心脏病	
	男	石江公社		左手折断	
	女	淘沙公社		跌伤脑炎,开刀	
	男	董承公社		神经病	
	男	秀市公社		心脏病	
	女	秀市公社		胃溃疡	
	男	秀市公社		肾炎住了一年多院	
	女	秀市公社		妇女病	
	女	老圩公社		妇女病(闭经)	
	女	老圩公社		妇女病	

清江县

关于上海知青陈××的病退函

（长革乡办退字 00255 号）

清江县上山下乡办公室：

我区知识青年陈××于一九七○年四月去江西省清江县义成公社××大队××生产队。现因患高度近视病，不能坚持农村劳动。经双方组织协商，

---

① 原件姓名字迹不清，未录。——编者注

我们同意退回上海，并报经上海市革会下乡上山办公室审批同意，作病退处理。为此，请你们大力协助办妥以下几项工作：

（一）将该青年的户口、油粮关系办好转移手续寄交家长；

（二）将该青年的学生档案材料寄交我办；

（三）将该青年的行李寄往上海市长宁路××弄××号。

特此函复。

此致

革命敬礼！

上海市长宁区革命委员会下乡上山办公室

一九七三年十二月十二日

上海知青病退、外转等名单汇总表

上海知青病退、外转等名单汇总

序号	日期	姓名	所在公社	动态	去向	序号	日期	姓名	所在公社	动态	去向

婺源县

关于方××、方××档案材料的往来函件

思口公社革委会：

关于方××、方××两人要求随母去日本的问题，已经地区保卫部发来申请表，根据填表要求，要有单位的鉴定材料（下放后的表现）和审查意见（是同意出国）。为此，请公社革委会写出书面鉴定和审查意见，连同他两人下放来的档案材料寄来我组为盼。

　　致

礼！

婺源县革命委员会保卫部□□保卫组（章）

七二年七月十一日

对下乡知识青年方××、方××的鉴定意见

方××于一九六九年三月响应毛主席的号召，从上海来到我社插队落户。在接受贫下中农再教育的三年中，表现是：

通过参加集体劳动，学会了一定的农活，一般能遵守组织纪律，也不大外出游玩，未发生过打架现象。但改造世界观的自觉性不强，怕苦、怕累，参加集体劳动差，尤其是参加艰苦的劳动更怕，以致生活不能自给，造成超支。

方××是方××的弟弟，同于一九六九年三月响应毛主席号召，从上海来我社插队落户。在接受贫下中农再教育的三年中，表现是：

通过贫下中农的再教育，劳动观点有所加强，参加集体劳动比方××要好，在教育抓得紧的情况下，在参加生产队的劳动中能以贫下中农为榜样，发扬不怕苦、不怕累的精神，干脏活、挑重担。但有冷热病，时好、时差，差时不能遵守组织纪律，擅离生产队，到外面游玩。另外，下乡初期与下乡上海青年发生过打架两次，一次被别人打出血。一九七一年三月初从上海探亲回婺源，到赋春公社又与下乡上海青年发生打架一次。经教育后，有所改进，未发生过打架。

对于方××、方××兄弟俩要求随母去日本问题，我们意见，请上级按照国家有关规定处理。

附档案材料贰袋

婺源县思口公社革命委员会/（章）

一九七二年七月□

关于要求给予上海下乡知识青年金××病退的函

（〔73〕婺五办字 001 号）

上海市杨浦区下乡上山办公室：

你区江浦路×××弄××号下乡知识青年金××同志于一九七〇年十一月来我县清华公社××大队农科站插队落户。来农村后，仅发现患有轻微肝炎。但性情孤僻，经常与同班青年和带班干部闹不团结，一九七一年七月金就有明显精神失常状态，八月回沪探亲，不久，在上海患病治疗，经上海神经病医院诊断系"神经分裂症"，一年多来一直在沪治疗未回。由于金××同志身患此病，无法在农村从事农业劳动。为此，我们同意××公社意见，要求区乡办研究，给予作病退处理，并请将研究结果函复我们。

江西省婺源县革命委员会"五·七"大军办公室（章）

一九七三年二月十三日

随附：清华公社报告壹份

关于要求给予上海下乡知识
青年李××病退的往来函件

婺源"五·七"办函

（〔73〕婺五办字 003 号）

上海市黄浦区下乡上山办公室：

你区广东路××里××号上海下乡知识青年李××同志于一九七〇年十一月来我县清华公社××大队××生产队插队落户。来农村后多次发病，多次进行治疗，至今未见效果。为此，我们同意清华公社意见，要求区乡办研究，给予作病退处理，并请将研究结果函复我们。

江西省婺源县革命委员会五·七大军办公室（章）

一九七三年二月十三日

　　随附：××公社报告和本人病历

黄浦区乡办函

（黄革乡〔退〕字第广－5号）

婺源县革委会"五·七"办公室：

　　你办〔73〕婺五办字3号函收悉。提出你县清华公社××大队知青李××病退的问题，经我们调查和二次去指定医院检查，第一次是七二年六月十七日，检查为心搏为76次/分，律齐；第二次是七三年六月廿日，心电图检查为心房率81次/分，节律：齐，正常。我们认为，李××同志是没有心脏病，也没有心动过速的疾病，故不宜病退，特此回复。

　　望共同做好动员工作，落实与巩固下乡上山的正确方向而努力。

　　致

礼

黄浦区乡办/（章）

一九七三年六月二十五日

德兴县

关于同意上海知青朱××因病回沪的函件

因病退回通知书

（沪杨知青病字 No.0000347）

德兴县革会知青办：

　　我区知识青年朱××于一九　　　年　　　月到你处××公社干革命，因患腰椎4—5增生肥大，根据贵处的意见和有关政策精神，经我们研究，同意退回上海。为此，请贵处协助该青年办理回沪手续。

此致
敬礼！

上海市杨浦区革委会知识青年上山下乡办公室／（章）

一九七八年五月二十七日

注：一、随函附去公安部门准迁证明一张。

二、户口、粮油关系及档案材料请注明编号后寄交我室。

三、如该青年已在沪治疗，请你处有关部门协助将其行李托运给本人。

四、该青年如在当地已婚、升学、调工请停办，并将原件退回我室。

下乡知识青年批准回城通知（介绍）函

（德乡〔78〕第75号）

新营公社上山下乡办公室：

我县你公社上海下乡知识青年朱××同志，因患病经组织批准，同意迁回城镇，现介绍前来。请　　　　　为荷！

江西省德兴县革委会知识青年上山下乡办公室

一九七八年六月二日

金溪县

同意照顾回沪联系函（三式）

公社革委会：

今接上海市　　　区革委会下乡上山办公室来函第　　号，你社大队　　生产队上海下乡知识青年　　　　因　　　经组织批准，同意照顾回沪。请你们接函后，可通知本人，并协助办理迁移回沪手续（档案材料请寄：上海市　　区革委会下乡上山办公室）。

　　此致

敬礼

金溪县革委会知识青年上山下乡办公室/（章）

年　　月　　日

革委会：

　　今接　　　革委会下乡上山办公室来函　　号，你社　　大队　　生产队下乡青年　　同志，因　　　病，经组织批准，同意照顾回　　　。请你们接函后，可通知本人，并协助办理迁移。

江西省金溪县革命委员会知识青年上山下乡安置办公室印

一九七　年　　月　　日

同意退沪通知信

编号

＿＿＿＿＿＿＿＿＿＿＿＿＿＿：

　　原我区＿＿＿＿中学＿＿＿＿届＿＿＿＿中毕业生＿＿＿＿＿＿于一九＿＿年＿＿＿＿＿月响应伟大领袖毛主席"知识青年到农村去"的伟大号召去＿＿＿＿＿＿干革命。因＿＿＿＿＿＿＿＿你办提出要求退沪。经上海市知青办审批，同意你办意见，请正式办理退沪手续。希于即日起将该青年的户口、油粮关系及档案材料寄我办，并请协助将青年行李直接邮寄下列地址：＿＿＿＿＿＿＿＿。

┌─────────────────┐
│ 如已婚、升学、调工等 │
│ 请停办并退还原件   │
└─────────────────┘

　　此致

无产阶级革命敬礼！

上海市卢湾区革委会知识青年上山下乡办公室/（章）

一九七　年　　月　　日

71

南丰县

同意回沪介绍信（一式）

存　根

丰（　）乡介字　　号

我县　　公社　　大队　　下乡知青因　　经　　乡办　年
月　日批准，回　　。

年　月　日

同意上海知青钱××因病回沪的相关材料

南丰县下乡病残青年情况登记表

姓　名	钱××	性别	男	出生年月	52.2.16	下放时间	1969.3.24
插队地址	太和公社××大队××小队			家庭地址		上海市凯旋路×××弄××号	
患何病及病残情况	十二指肠息肉、十二指肠溃疡、胃部经常疼痛、出血,反复发作						
病残发生时间	下乡前	年　月		下乡后治疗情况及效果			
	下乡后	年　月					
劳动情况		总工分		分　值		目前安排情况	
		底　分		目前总收入			
本人表现						目前在队或在外	
处理意见	大队意见	附有大队意见 1976.6.19		公社意见	附有公社意见		
	县以上医院证明	附有医院证明和照片		县革委意见	根据病情同意病退,请上海审批。1976.6.19 江西省南丰县知识青年上山下乡安置工作办公室(章)		
备　注							

因病退回通知书

（沪长知青病字第 0169 号）

江西省南丰县知青办：

　　原我区知识青年钱××于一九六九年三月到你处南丰县太和公社××大队干革命，因患十二指肠球部溃疡，根据贵处的意见和有关政策精神，并报经上海市革委会知青办批准，同意退回上海。为此，请贵处协助该青年办理回沪手续。

　　此致
敬礼！

上海市长宁区革委会知识青年上山下乡办公室

一九七七年四月十八日

注：一、户口、粮油关系及档案材料请注明编号后寄交我室。

　　二、如该青年已在沪治疗，请你处有关部门协助将其行李托运给本人。

　　三、该青年如已婚、升学、调工请停办，并将原件退回我室。

同意上海知青刘××因病回沪的相关材料

南丰县下乡知青申请要求回城审批表

年　　月　　日

姓　　名	刘××	性别	女	年龄	29	籍贯	江苏盐城	婚否	/	文化程度	初中
家庭出身	工人			家庭住址		上海市安化路×××弄×号					
插队时间	1970 年 8 月 17 日			安置地点		付坊公社××大队××生产队					

家庭主要成员详细情况	关系	姓　名	年龄	工　作　单　位	职别	健康状况
	祖母	徐××	81	/	/	高血压
	父亲	刘××	56	×××场	驾驶员	高血压
	母亲	郭××	57	上海×××厂（已退休）	/	/
	哥哥	刘××	32	上海×××××厂	电　工	/

续表

病史诊断情况	坐骨神经痛、脑震荡后遗症、过敏性皮炎、血压高
回城原因	由于身患多种疾病,繁重的农村生活、劳动不能适应
生产队意见	情况属实。同意病退。 ××大队××生产队 78.8.5
大队或街道意见	该同志确实有坐骨神经病,不适应农村生活。同意病退。 ××大队/(章) 南丰县付坊人民公社××大队管理委员会/(章) 78.8.6.
公社或城关镇意见	情况属实,同意病退。 南丰县付坊公社知识青年上山下乡安置办公室/(章) 78.8.6.
县革委意见	同意病退回沪。 江西省南丰县知识青年上山下乡安置工作办公室(章) 78.8.8.

说　明：1. 此表应用于病退、独子女、多子女身边无人照顾，要求回城的人员；

　　　　2. 病史要有县以上医院证明；

　　　　3. 填写时需实事求是。

因病退回通知书

（沪长知青病字第 04546 号）

江西南丰县知青办：

　　我区知识青年刘××于一九　　　年　　　月到你处付坊公社××大队干革命，因患高血压，根据贵处的意见和有关政策精神，经我们研究，同意退回上海。为此，请贵处协助该青年办理回沪手续。

　　　　此致

敬礼！

上海市长宁区革委会知识青年上山下乡办公室

一九七八年□月廿七日

注：一、随函附去公安部门准迁证明一张。

二、户口、粮油关系及档案材料请注明编号后寄交我室。

三、如该青年已在沪治疗，请你处有关部门协助将其行李托运给本人。

四、该青年如在当地已婚、升学、调工请停办，并将原件退回我室。

永丰县

关于 24 名知识青年回沪的意见①

上海市虹口区革委会：

　　贵区遵照伟大领袖毛主席"知识青年到农村去，接受贫下中农的再教育，很有必要"的伟大教导，于去年二月□有 1030 名知识青年分配到我县插队落户。通过一年来的接受贫下中农的再教育，绝大多数青年发挥了一月革命风暴的革命精神，思想觉悟有很大提高，生产劳动得到可喜的收获，成为农村一支抓革命促生产的主力军。贫下中农称赞他们是长在城市、红在农村的好青年，且涌现了许多四好单位和五好个人。但也有极少数青年由于在上海就患有较严重的慢性病，有的已成残废，通过一年来的实践证明，确无法参加劳动，这样长期下去，势必影响他们吃口问题，本人及家长均多次要求退回上海。根据他们的实际情况，和医师检查的意见及当地贫下中农的反映，在农村长期拖下去的确是有困难的，如夏××等长期不能参加集体生产劳动，完全要依靠□□□解决生活问题，这样对青年本人接受再教育不能安心，增加精神上的负担，也是个实际问题。

　　为了解决这 24 名青年的实际困难，从思想上经济上得到更妥善的安置，我们意见将这些青年退回贵区根据实情处理，当否，请研究并速函复为感。

　　附：江西省永丰县六九年插队知识青年回沪名单

永丰县

七○年二月二十二日

同意批□意见。

□□□

七○年二月二十二日

---

① 实际名单为 30 人。——编者注

姓名	性别	年龄	原在学校	家庭住址	有何疾病	备 注
夏××	男	19	××中学		肠梗阻,原在上海开过刀,69 年 7 月又第二次手术后还未解决问题,长期不能劳动	
缪××	男	21	××中学		支气管哮喘,完全不能自理生活	已迁回沪
裴××	男	19	××中学		胆道畸形,病情严重	
许××	女	18	××中学		严重腰折骨炎,无法劳动	
匡 ×	女	20	××中学		严重全身关节炎、十二指肠溃疡,□□,不能行路	
王××	女	19	××中学		严重胃炎和肠胃炎	
唐××	女	18	××中学		精神分裂症、胃炎,开过三刀	
茹 ×	男	?	××附中		结核性□炎,有严重后遗症	已迁回沪
梁××	男	?	××中学		小时候被三轮车压坏,行路都不便	已迁回沪
张××	男	17	××学校		小儿麻痹脚残,开过 6 刀,无法劳动	
李××	女	21	××中学		严重风湿性心脏病,根本不能参加劳动	
杨××		19	××中学		左下肢肌萎缩,行路困难	
姚××	女	17	××中学		肝部开 3 刀,无法劳动	
张××	女	17	××中学		右脚关节开刀后不能久立	
董××	女	19	××中学		右手残废,无法劳动	
顾××	女	19	××中学		精神分裂症	
杜××	男	21	××中学		精神分裂症	
徐××	女	19	××中学		呆子,不能自理生活	
姜 ×	女	19	××中学		全身关节炎、肠胃炎,无法劳动	
秦××	男	23	××中学		严重肝炎	
邱××	男	19	××中学		严重肝炎	
支××	男	19	××中学		严重肝炎	
李 ×	女	18	××中学		严重肺结核	
干××	女	19	××中学		已割去一粒腰子,另一粒也已患了结核	已迁回沪
方××	女	18	××中学		严重贫血病	
谢 ×	女	18	××中学		严重肾炎、关节炎,长期不能劳动	
唐××	男	18	××中学		严重肝炎	
阙××	女	18	××中学		严重肝结核	
□××	男	17	××中学		严重肝炎	
张××	男	19	××中学		精神分裂症	

关于 17 名病残学生回沪的意见

上海市虹口区革委会：

　　在伟大领袖毛主席"知识青年到农村去，接受贫下中农的再教育，很有必要"的最新指示指引下，我县从去年以来，先后接收安置了贵区下乡上山知识青年2530名。一年多来，在农村这个广阔的天地里，在三大革命的战场上，接受贫下中农的再教育，改造世界观，取得了显著的成就。绝大多数青年，在同工农相结合的道路上，迈出了极其可贵的第一步。

　　但也有极少数青年，由于在上海就患有较严重的慢性疾病，有的已成残废。对他（她）们的劳动分工，队革委会安排过干些轻活，如插秧阶段送秧，"双抢"阶段晒谷，畜牧场养猪等，也无法承担和坚持。通过一年来的实践证明，确无法参加劳动，有的甚至还要安排贫下中农或青年长期护理。贫下中农也很体贴这些患有较严重疾病的学生，认为确实有实际困难，但又无法解决。他们的家长经常来信不放心，本人也不安心，并多次要求退回上海。

　　针对他们的实际情况和医师检查的证明，我们意见，将这些青年送回贵区安置。当否，请研究并速复为感。

江西省永丰县革命委员会办公室内务组（章）

一九七〇年九月二十八日

　　抄报：上海市革委下乡上山办公室
　　附：病残学生名单表

　　除回沪的病历表外，在县的病残者的病历表应再进行检查，医生开具证明同病历表，收集连报告一并报去。

　　杜

　　七〇年九月二十九日

病残学生名单表

1970 年 9 月 26 日

插队落户地点	姓名	性别	何时来的	哪个学校的	家庭住址	病残情况
江口公社××大队	姜×	女	69.3			风湿性关节炎、心脏病、治疗无效，不宜参加劳动
前田公社××大队	孙××	女	70.4			遗传性皮肤病，每年都复发，无法治好。生产队安排轻活如晒谷、弄饭也无法承担，她自己不能劳动，还要派人护理她
沙溪公社××大队	夏××	男	69.3			自下放以来，一直是治病，因胃出血，开过三次刀，身体非常瘦弱，现在休养，医师检查，不宜参加劳动
沙溪公社××大队	周××	女	69.3			患严重肝炎和气喘病，自69年3月来，二次回沪治病，超过在农村时间，不能参加劳动
沙溪公社××大队	尹××	女	69.3			患皮肤病，烂得很严重，长期不能参加劳动
沙溪公社××大队	张××	男	69.3			患严重神经病、从去年5月以来，先后送县、省治疗，后转上海治疗，目前还在沪，仍未治好
前田公社××大队	殷××	女	70.4			高血压、经常150以上，无法参加劳动
鹿岗公社××大队	李××	女	69.3			先天性心脏病、风湿性心脏病，自去年来后，一直不能参加劳动
鹿岗公社××大队	周××	男	69.3			精神分裂症复发，3月份送回沪治疗，未愈
鹿岗公社××大队	许××	男	69.3			精神分裂症复发，7月份送吉安精神病院治疗，未愈
鹿岗公社××大队	咸×	女	69.3			患肾炎，于69年7月回沪，至今还在上海，未愈
鹿岗公社××大队	杨××	男	69.3			拐脚，无法参加体力劳动
鹿岗公社××大队	季××	男	69.3			在校患肺结核、关节炎，至今长期不能劳动，在县长期住院
江口公社××大队	邱××	男	69.3			患严重肝炎，三次回沪治疗，至今在沪，无法参加劳动
古县公社××大队	张××	男	70.4			精神病复发，9月份回沪
鹿岗公社××大队	李××	女	69.3			自去年11月回沪治病至今，病情未告，不知何病
鹿岗公社××大队	胡××	男	69.3			精神病复发，11月回沪至今，未愈

关于上海知青傅××等病退回沪的函件

永丰县革会"五·七"大军办公室：

我区今年去古野公社××大队××小队知识青年傅××原有精神病，不宜在农村劳动和独立生活，我们听取赴江西小分队和家长的意见，同意将其户口、粮油关系、档案材料退回上海。前次我办肖同志去永丰和刘超千同志谈过此事，内务组长老杜同志也知道。我们已向市革会报告，在审批中，王品同志来沪商量过，要我区出一公函给县，以便正式办理手续。因他家在十月份要内迁，特来信请在十月上旬将其油粮、户口、档案材料一并寄来我办，以便办理转迁手续。

傅本人已于廿二日回上海，大队开了探亲证明，县粮管部门开了临时粮油供应转移证，（上海最近是可以考虑供应）但必须在三个月以上，因此可能供应，特转上，以便在粮油关系上记明仍在九月三十供应止，从十月一日开始供应。另傅××尚有一些行李东西保存在队长邓××家中，现附上，如有条件寄到上海更好。如最近弄到上海有困难，他家长也准备去一个人去取，他家希望能在十月十日之前到县，如他的东西能从生产队搞到县城，取起来也较方便。请大力协助为感。

　　顺致
敬礼

上海市虹口区革命委员会下乡上山办公室/（章）
九月三十日

永丰县革会内务组：

今收到傅××的户口油粮已收到。档案材料亦请县能寄来。

我区上报市革会的永丰知青病残要退的批准二名：①傅××；②张××（精神病）。请县将其油粮、户口、材料、行李东西一并能速寄来沪，以便办理手续。杨××我们已向市上报，待批下来再联系。

　　顺致
革命的敬礼

上海市虹口区革命委员会下乡上山办公室／（章）

七〇年十月十六日

老杜信也已收到，附念问好。

永丰县革会下乡上山安置办公室：

兹由我区知识青年张××插队于你县沙溪公社××大队，因患精神分裂症，现经我办研究，已报市乡办批准同意张××退回上海。请你们将其油粮、户口和档案材料寄给我办，并将其行李、物品寄给他家（张××，上海武昌路×××弄××号）。请见信后即速协助办理。

顺祝

革命敬礼！

上海市虹口区革委会下乡上山办公室／（章）

一九七〇年十月三十一日

永丰县革委会下放青年安置办公室：

兹由我区知识青年张××插队于你藤田公社××大队和杨××插队于你县鹿岗公社××大队以及邱××插队于你县江口公社××大队的三名青年因病退沪，手续已办妥。请你们将他们的油粮、户口、档案材料寄给我办，并将他们的行李、物品请分别寄给他家。请协助办理。

此致

革命敬礼！

上海市虹口区革命委员会下乡上山办公室／（章）

一九七〇年十一月六日

江西省永丰县革会"五·七"办公室：

前二天寄上一信给王品同志，关于我区三名病残知青已经上海市革会批准同意退回上海户口予以报进，请县能速办理手续。他们三人是杨××、张××、邱××。

今特转上藤田公社知青钱××家长一封来信，提到有关粮票和生活费请县与公社联系能协助解决，给予照顾。有关复信请直接寄家长亦可，或我办代转。其它病残我们在了解中。

　　顺致

革命的敬礼

上海市虹口区革命委员会下乡上山办公室/（章）

七〇年十一月十八日

永丰县革会内务组：

　　今收张××、裴××二人档案材料，张××的油粮户口尚未寄来。裴××前天公社已将户口寄到他家中，但油粮关系没有转来。请县革会再催促一下，以便办理手续。特此复函。

　　顺致

敬礼

上海市虹口区革命委员会下乡上山办公室/（章）

七〇年十一月二十日

关于解决病退回沪上海知青相关费用的函（一式）

　　　　县（场）　　　　　　公社（分场）　　　　　等　　　　　　名知识青年因病要退回上海事，现市革会下乡上山办公室已批准，请即将其档案材料、户口、粮油关系（请按人分别开具迁移证、转移证）等寄给我们，以便办理手续。其行李请托运至他们上海家庭。同时对以前有关医药费、粮票、车费、工分工资等如尚未解决，请按政策抓紧给予解决。谢谢你们的支持。

　　此致

敬礼！

上海市虹口区下乡上山办公室/（章）

一九七　年　月　日

虹口区上山下乡知识青年病退登记表（二式）

省＿＿＿县＿＿＿

197　年虹口区上山下乡知识青年病退登记表

序号	月	日	姓名	性别	原学校	届别	所属街道	分配日期	分配单位	病退原因	转交			日期		处理意见	收件日期			备注
											日期	签收	归还	上报	市审批		档案	粮油	户口	

万安县

因病退回通知书

（沪闸知青病字第 77—522 号）

　　原我区知识青年张××于一九七〇年四月到你处××公社干革命，因患病，根据贵处的意见，和有关政策精神，并报经上海市革委会知青办批准，同意退回上海。为此，请贵处协助青年办理回沪手续。

　　此致
敬礼！

上海市闸北区革委会知识青年上山下乡办公室

一九七七年七月十八日

　·户口、粮油关系及档案材料请注明编号后寄交我室。

　·如该青年已在沪治疗，请你处有关部门协助将其行李托运给本人。

　·该青年如已婚、升学、调工请停办，并将原件退回我室。

宁都县

关于上海知青丁××病退处理的往来函件

上山下乡办公室负责同志：

　　我女儿丁××，原是上海市静安区××中学××届初中生。一九七〇年四月四日响应毛主席的伟大号召，到江西宁都县长胜公社××大队×××生产队插队落户，三年多的时间内，得到了贫下中农的教育和帮助，在思想认识上确有提高。可是在一九七一年十二月十三日这一天，丁××在仓库挑谷子的时候，她不小心，从仓库门口的跳桥跌下来，当时就痛得晕过去，经贫下中农及时送长胜医院急救，在医院里住了一天一夜，就转到和□□□××生产队×××等上海知识青年的集体户住了□星期（因为当时丁××的集体户里的女同学都回上海，所以□□×××生产队去需要她们照顾），等她能

83

够起身可以□□后才回到自己的生产队。到七二年一月十四日回上海，由□□没有去公社打证明，上海医院里不给医治，因此□□写信到"五·七"大军办公室要了一张证明后，才在七二年□□□日去静安区中心医院拍 X 光片检查，二月二十四日看检查□□，才知道是第十二胸椎骨跌成压缩性骨折，经医生诊断，距离跌伤时间太长，已不能用石膏来固定骨头使它复原，只□件铁制的胸支架（一般叫铁马夹）穿上后来固定，不使胸椎□下去。这样穿了胸支架一年后，七二年十二月十八日又到静安区门诊部伤科去复查，伤势非但没有好转，反而在跌伤部位的背上已形成高突痛肿现象。据医生说丁××不能从事重体力劳动，不能挑担，也不能爬山，还不能□向弯腰，重一点的家务工作也不能做，伤的部位经常酸痛，尤其在潮湿的天气，酸痛得更加严重。由于丁××的条件，今特去函请求领导同志研究，是否把丁××病退回上海来。

最近江西赣州专区慰问团来上海时，我们也将丁××治疗情况和医疗证明向慰问团反映了，并要求把丁××□的身体不能参加重体力劳动的实际情况，请向县和区的上山下乡办公室负责同志汇报，将丁××的户口退回上海。

如何处理，请研究后函复为盼。

　　此致
敬礼

　　　　　　　　　　　　　　　　　丁××家长×××
　　　　　　　　　　　　　　　一九七三年四月二十二日

请欧同志回来后可复信。
七三年四月二十七日

我在沪时，看过这个青年和她的病历卡片。来信所反映的情况属实，建议作为"病退"上报。

　　欧恒
　　五月七日

84

关于下放青年丁××同志病退处理的报告

□□乡办：

　　我社××大队×××生产队上海知识青年丁××同志于一九七一年十二月十三日，因挑谷不小心，从楼房仓库的跳桥跌下来，经医院检查（据其家长来信，及欧恒同志的证明）十二胸椎骨跌成压缩性骨折，至今还处于治疗之中。根据丁××同志的病情继续留农村参加重体力劳动确实有一定的困难，按照党的政策，经我们研究同意作病退处理。

　　特报请上级审批。

　　　　　　宁都县××人民公社革命委员会"五·七"大军领导小组（章）
　　　　　　　　　　　　　　　　　　　一九七三年六月十二日

　　①其家长的说明信。
　　②欧恒同志的说明。
　　③老、弱、病、残安置审批表。

宁都县下放青年、居民老弱病残安置审批表

长胜公社　　　　　　　　　　　　　　　　　　　　1973 年　　月　　日

姓名	丁××	性别	女	年龄	20	家庭出身	职员	本人成份	学生
下放前单位、住址、职务			上海××中学			现下放在	××大队×××生产队		

随同下放成员情况	姓名	性别	年龄	劳动底分	有何专长	全家经济收支情况	
老弱病残情况简述	第十二胸椎骨压缩性骨折。						

续表

供养亲属姓名工作单位					
公社意见	根据该同志身体残疾情况，同意作病退处理。 宁都县长胜人民公社革命委员会（章） 73.6.12	接受单位意见		县主管单位审批意见	

说明：此表由公社填报，一式两份，并附上个人申请。

赣宁乡退字第 06 号

上海市静安区乡办：

　　你区××中学六九届初中毕业生丁××（女），七〇年四月下乡插队口我县长胜公社××大队。一九七一年十二月十三日，因挑谷时不慎，从仓库楼房的跳桥上摔下来，造成第十二胸椎骨压缩性骨折，经治疗一年多，无法复原，跌伤部位出现痈肿现象和酸痛感觉，参加农业劳动确有困难。

　　根据其家长的一再要求和长胜公社报告，经我们讨论，同意作病退处理，请你们研究函复。

　　此致

敬礼

江西宁都乡办
一九七三年六月二十七日

宁都县革委会"五·七"办：

　　您们好！您办一九七三年七月六日来信联系要病退丁××一事，经复查不符合我市病退政策，望请谅解。

此致

革命敬礼

上海市静安区革命委员会下乡上山办公室/（章）

一九七三年八月二十八日

已通知长胜公社乡办做好思想工作。

九月十三日

关于十五名上海知青病退情况函

宁都县革委会下乡上山办公室：

你室来函、欧恒同志在沪提出章××等十五名青年需复查身体和病退一事，现将进展情况与你们联系如下：

一、章××、宋××二人，市乡办已批准病退，办手续即可。

二、姚××、毛××、黄××、徐××等四人，和陈××一人已上报市乡办审批，待正式批准后再办手续，暂不告诉家长和青年。

三、陈××、林××、谭×、郑×、方××等五人，正在反复检查、研究之中。

四、张××，人不在上海，无法检查。

五、刘×，无明显中毒后遗症；沈××，一般胃下垂。这两人，目前不符合病退条件，暂不能退回。对不能病退的青年，共同做好工作。特此函告。

此致

革命敬礼

上海市静安区革命委员会下乡上山办公室/（章）

一九七三年五月九日

抄送：赣州地区革会乡办

关于上海知青刘××病退的往来函件

关于上海下乡青年刘××病退报告

上海下乡青年刘××，女，一九五二年八月出生，籍贯浙江绍兴，现住上海市××路×××弄××号，是一九六八年××中学毕业生。

……

刘××于一九六九年三月下放我社××大队××生产队插队落户。下乡前刘××患病，下乡后不到半年就回沪治疗到现在，病情没有好转，仍不能回农村抓革命保生产。

刘××从小患肝炎病，本处同学反映在校读书时就是老病号。下放后在生产队不能参劳动，生产队贫下中农反映说："这样患病的青年，下到农村能起什么作用，在农村不能治好病，又不能参加集体生产劳动；在城市长期治病不能解决粮油关系。"

根据刘××同志的病情严重，留农村确有困难，公社同意迁回原籍落户，特上报请批示。

特此报告。

宁都县洛口人民公社革命委员会（章）

一九七三年九月九日

附：申请书、病情证明书、大队证明信件、病历等

下乡知识青年病退联系信

（〔73〕赣宁乡退字第 014 号）

上海静安区乡办：

你区插队在我县洛口公社××大队××生产队下乡知识青年刘××（女），据说其从小就患有肝炎、心跳过速等慢性疾病。在校读书时，也是"老病号"。下乡后病无好转，加之家庭经济困难很大，于一九六九年秋返沪，至今未回，一直在上海治疗。今年四月，我室赴沪学习汇报团同志曾去

看望，病情确实，身体虚弱，无法适应农村劳动。

根据本人要求和社队报告，根据中央和上海市的有关规定精神，我们同意其作病退处理。现将基层意见及有关材料一并寄去，请你们研究函复。

此致

敬礼

江西省宁都县知识青年上山下乡工作办公室/（章）

一九七三年十一月二十一日

母×××，在里弄洗衣组做工。

关于上海知青邬××病退的往来函件

宁都县知识青年上山下乡办公室：

下放在我社××大队××生产队的上海知识青年邬××同志，在七〇年下放来时就身体病弱，并患有口腔病，因此，不能坚持参加集体生产劳动，参加劳动就要发病，连轻微的劳动都担当不了，一发病就要贫下中农和同志们照料。特别是她的牙龈时常要出血，吃较硬的东西或冷的东西，牙神经就要酸痛。这样她在农村参加集体生产劳动，确实困难，担当不了。她因病于去年元月请假回上海治疗，迄今未愈。经本公社去信动员她回队，但因病未好，不能回来，并寄来病卡壹张，申请要求病退。

据本社调查，该人确实体弱、有病，患有关节炎，不能下水，经常牙痛，发病，不能参加农业生产集体劳动。经讨论研究同意邬××同志申请病退回上海，是否可以？请宁都县乡办批示。

宁都县固厚公社"五·七"大军建设办公室/（章）

一九七三年十月二日

附：邬××病卡壹张

宁都县革委下乡办：

　　您们好！您办七三年十一月十二日来信反映邬××患牙龈出血要求病退一事，这种病是不符合病退，望谅解。并请协助宣传上海不是什么病都可以退，上海病退政策是患有严重疾病，久治不愈，影响生活自理和劳动，也请您们从严掌握。

　　此致
革命敬礼

上海市静安区革命委员会下乡上山办公室/（章）

一九七三年十一月九日

已通知固厚公社。

七三年十一月十三日

报　告

宁都县知青办：

　　一九七〇年四月来我社××大队×××生产队插队落户干革命的上海下乡知识青年邬××（女）同志，因患口腔病，牙龈经常出血，身上有皮肤病，身体弱，不会参加农业集体生产劳动，一劳动就要发病，曾多次申请要求病退。经我社调查情况属实，同意邬××同志病退回上海安置，并向县写了病退报告，但未得到批准。现邬××同志再次申请要求病退，特再写报告前来，请批准邬××同志病退回上海，并请与上海地区联系病退为荷！

　　邬××同志的病历卡已寄给县知青办吴元丁同志看。

　　此致
敬礼！

宁都县固厚公社知识青年上山下乡工作办公室/（章）

一九七五年四月二十六日

　　邬××实在病弱，无法参加劳动，小队同意病退。

五月三日　（本小队无公章）

该同志自下放我队以来，确实病多，无法参加集体生产，我队同意病退。

宁都县固厚人民公社××大队管理委员会（章）
七五年五月三日

下乡知识青年病退联系函

（〔75〕宁知青病退函第018号）

上海静安区知青办：

你区知青邬××（女），一九七〇年四月下乡插队在我县固厚公社××大队×××生产队。

该同志早在下乡前的六九年，就开始患有牙龈出血病，并伴有低热、头昏等症。下乡后，病情趋于严重，牙龈经常出血，长期低热，身体瘦弱，无法参加农村生产劳动，社队曾多次报告，建议作病退处理。

最近，我县对其作了病退检查，参考其病史，诊断为：①长期低热，严重贫血（红细胞276万，血红蛋白7.3克）；②牙周炎（牙槽萎缩）、牙龋。经研究，同意其病退回沪。

现将有关材料及病卡一并附去，请你们研究函复。

此致

敬礼

江西省宁都县知识青年上山下乡工作办公室/（章）
一九七五年六月十七日

关于上海知青詹××病退的往来函件

宁都县上山下乡办公室负责同志：

我是你县东北坝公社××大队下放青年詹××家长。本人在上海街道里弄生产组工作，没有固定收入。丈夫患癌病，于前几年已去世。我儿子詹××在当时上海毕业分配时，因身体有病由毕业学校退到街道里弄（因他自幼患有严重气喘病，体质很差），后因形势发展，他报名上山下乡，到你县东北坝公社××大队落户。下乡以来，在各级领导教育培养下，他有了些进步。但是回顾他的劳动能力及身体情况，他几乎每天要服好几种药片才能勉强入睡，白天没精神、乏力，有时勉强出工，但久日下来，身体素质更亏了，气喘病更厉害了。再这样下去，我本人越来越担心他的病会发展到何种地步。我儿子詹××在以往家信中经常叙述自己在那儿有气喘病，从事农业劳动十分困难。他患有严重气喘病、体质差，这些都可由医生诊断病况，他自己也有许多病历卡。从最近他来家信知道，公社、大队已同意他到县医院检查，他也于本月二日到你县人民医院检查，病情是确实的。我认为：气喘病在目前医学上是没法根除的，根治难易，何况他自幼哮喘至今二十余年。像我儿子一贯患有严重气喘病的人，加上体质甚差，不适宜长期务农。他本人也早已向你县乡办部门提出申请：退回上海落户。我本人是里弄工，每月收入低微，而且是做一天拿一天钱，没有劳保，现在已是五十多岁了，再做二年就要退出里弄生产组而作长期休养，生活没什么保障，家境是困难的。现在詹××发病所需药物要靠我从上海带去，生活也要依靠我帮助，今后生活是很困难的。所以望你县乡办根据中央30号文件精神，对原来有病青年不适宜务农的作病退原处处理。所以现在我向你县乡办提出申请要求：将我儿子退回上海为荷。

　　致以

革命敬礼！

詹××的母亲：陈××

十一月二十三日

县乡办领导同志：

　　你们好，上次我来信一定已收到了吧，不知为何久久没得回信。我又一次地打扰了你们，你们可能会感到讨厌和厌烦吧，请你们给予谅解。

　　对于我病退之事，我上次已来县医院复检过，情况也如实地反映给你们了，不知你们和县医院共同研究结果如何？我的哮喘病并不是一年几年所患的，自从我小时候起就已有这种病，在上海我家□曾给我看了许多医生，服了中西药草药也不计其数，但越来趋于严重□十余年的哮喘史，特别在下乡从事务农后，更加复发不停，痛苦万分。

哮喘病是在祖国医学上没办法根治的，特别是在农村，缺医少药现象还是有的，在这种条件下，我在务农中感到自己越来越不行，一劳动就气喘不止，晚上虚汗出多，每天都感到精神没有力气。以上情况望你们领导认真加以考虑，以速作决定。

自从我在县医院复检是患有此病，我母亲和我哥哥到上海市乡办机关问了，那里干部说：你詹××经复检后有病，可以持此当地县医院和乡办病情诊断书后到上海进一步检查，以便研究处理是否作病退。

因上述几项事，我希望你们将县里检查情况作决定给我，当然这点不能作为已病退手续完毕的决定，只是实事求是地反映病情。上次□问了我公社乡办干部李贤才同志，他说，你病退之事县里正在和上海联系。现在已有一月之余，不知进展如何？

对于我冒昧地大胆地要求你们速把决定寄来，望你们再次谅解！最后祝你们

工作进步

东北坝公社××大队
上海知识青年詹××草上
七三年十一月二十九日

关于我队下放青年詹××同志病退的报告

詹××同志是七○年下放在我大队×××小队的上海知识青年，因他本人自幼患有严重疾病（支气管哮喘），体质是很差的，来到农村后，对参加农田劳动确实有困难，旧病经常复发，几年来，经常不断地来大队□公社卫生所治病，一参加劳动，就气喘不止，生活上不能自给，给他在生活上和工作上都带来很大负担和痛苦。上述情况，他本人已多次向我们反映，去年，我们曾考虑他不能干重活，特安排他在大队综合厂干活，但他的病势未转轻，每天都要服大量的药物才能维持正常生活，并还出现头晕、四肢乏力现象，更不用说参加农田劳动及安心农村，接受贫下中农再教育。对于这样实在不适务农的病残青年，望上级乡办是否能给他办理病退手续。

此致

宁都县东北坝人民公社××大队管理委员会/（章）

七四年三月三日

情况属实。经研究，同意办理病退手续。

呈县乡办核示。

宁都县东北坝公社知识青年上山下乡工作办公室（章）

七四年三月五日

同意作病退联系。

六月三日

下乡知识青年病退联系函

（〔74〕宁知青办病退字第008号）

静安区知青办：

你区知青詹××，家住×××路×××弄××号，七〇年下乡插队在我县东北坝公社××大队。

其自幼就患有支气管哮喘病，下乡以来，病情趋于严重，根据贫下中农反映，其挑担走路，气喘不停，大汗淋漓，完全不能适应农村劳动，社队要求作病退处理。经我县人民医院检查，其满肺哮喘音，属慢性不易治愈之症。

根据中央〔73〕30号文件精神和上海市有关规定，结合其病情，我们同意其病退回沪。现将疾病证明和有关材料一并寄去，请你们研究函复。

此致

敬礼

江西宁都县知青办

七四年六月二十日

关于上海知青罗××病退的往来函件

关于上海知识青年罗××的病退报告

宁都县上山下乡办公室：

罗××，男，24岁，家庭出身摊贩，系上海市××中学六八届初中毕业生，于一九六九年三月响应伟大领袖毛主席的伟大号召，"知识青年到农村去，接受贫下中农的教育，很有必要"，来到我社××大队××生产队插队落户。

罗××的病情是严重的心脏病，身体确实太差，瘦小如柴，体重只有76斤。该人在上海读书时，就犯有心脏病，据他家长来信反映是"堕胎不成而生下的，先天不足"，心跳每分钟160次以上，是患有严重心脏病的。据我办调查，罗的身体确实瘦弱，病情严重，上山下乡五年来，常常身体吃不消农活劳动，有时晕倒在田里，浑身出冷汗，面色发白，干重活更不消讲，吃不消。在农村一年中要花半年以上时间治病、养病。生活上依靠同伴上山打柴、种菜、碾米，他本人无法独立生活，几年来欠下生产队□友口粮款150余元。据了解他家生活甚是困难，不幸他家四姐近又被车撞死，他家父母年老多病（已退休），无人照护，经济上更加困难。罗从□年以来，我办一直是作病退对象，多次申请要求解决，大队、生产队也迫切要求，本人及其家长多次申请，经我办领导小组研究同意作病退处理。请县乡办转请上海市有关方面急速协商解决。

此致

宁都县肖田公社知识青年上山下乡工作办公室（章）
一九七四年四月二号

大队、生产队意见，及其家长三月二十三号来信，请注意附上
抄送：知识青年家长罗××一份

再次作病退联系。
七四年六月三日

下乡知识青年病退联系函

（〔74〕宁知青办病退字第 013 号）

××区知青办：

你区知青罗××，一九六九年三月下乡插队在我县肖田公社××大队，家住南京西路×××弄××号××室，其父罗××在静安区××××工场工作。

罗××是一个严重心脏病患者，每分钟心跳 160 次以上，身体十分虚弱，体重只有七十多斤。经过几年的实践，其完全不能适应农业劳动，社队和贫下中农多次建议将其病退回沪。

特别是其家庭父母年老，亦已退休，三个姐姐均已出嫁，哥哥在新疆农建师，另一姐姐因车祸死亡，身边无人照顾，生活有困难。

综合上述情况，根据中央〔73〕30 文件和上海市有关规定，我们同意其作病退处理。现将疾病证明、基层意见和知青家长、单位来信一并寄去，请研究函复。

此致

敬礼

江西宁都县知青办

七四年六月二十日

关于上海知青崔××困退的往来函件

宁都县知青办：

你县六月十九日函悉，关于你县××公社上海知青崔××，因当时我们未掌握她已结婚等情况，误将其作特困照顾。目前根据崔已结婚等情况，不宜作特困调沪，故希你县速将沪革乡办第 10317 号函退回给我们。

此致

敬礼

上海市黄浦区革命委员会知识青年上山下乡办公室（章）

一九七四年六月二十九日

已于七月二日将函退回××区知青办。

县乡办：

你室五月廿九日来函，通知崔××因家庭特殊困难迁回上海一事，我们认为有如下几点，应与上海联系，征得上海的意见后再行办理：

①崔××于一九七二年与我社赣州下乡知识青年郭××结婚，婚后生有小孩一个。此次迁退，其小孩、爱人应怎样处理？能否同时迁往上海？

②小崔一人迁往上海后，其小孩如留农村，农村按月寄粮票有困难，小孩不随母亲，农村也不好处理。

③如果小崔不作迁退，留农村目前是无法安排其它工作，这点也是困难。

以上三点，请县去信与上海联系后，再作处理。

此致

敬礼！

一九七四年七月十二日

关于上海知青徐××病退的往来函件

静安区知青办：

你办七月三日静革会74—97来函收悉，谈及我县于一九七四年二月六日去函与你区联系过徐××的病退，经查核我办未曾为徐办过病退联系□请将我县七四年二月六日函件退回我办，以便查对清楚。

此致

敬礼

县乡办

一九七四年七月十七日

已发留存。

静革知青办

74—898

宁都县革委会知青办：

您们好！您办七四年七月二十二日来信反映，您办未曾为徐××办过病退一事，要求将七四年二月六日函退回给您们，以便查对清楚。徐的情况是这样的：徐的母亲×××同志于七四年二月十九日来信反映，徐××于一九七〇年插队您县固村公社，后调至该社××小学任民办教师，在任职期被该校校长温××奸污，并迫使她做人工流产，现徐神经略有失常，两眼成病，要求作病退处理。来信以后经请区中心医院复检，右眼0.02，左眼0.2，诊断结论：双眼屈光不正，右眼高度近视。在此情况对她病退问题可以作考虑，因此来函征求您们意见，如同意的话，请来文，以便我们正式上报审批；如不同意的话也请复函，以便我们做好徐的思想工作。

此致

革命敬礼

上海市静安区革命委员会知识青年上山下乡办公室／（章）

七四年八月十三日

待陶主任回来研究是否作病退联系问题。

□

宁都县革委会知青办：

关于固村公社上海女青年徐××的病退问题，经过情况再联系如下：

徐××被×××奸污后，你县领导很重视，对×作了严肃处理。徐于去年返回上海后，其家长和本人曾向我们提出因高度近视眼要求病退。经街道里弄了解核实，徐确系高度近视眼，又经我们派人陪同她去区中心医院检查，也证实是高度近视，眼底也有严重病变（附医院病卡证明）。

根据省、市协议，知青病退需两地协商一致，因此，我们再次将徐××病情告知贵县。你们是否同意她病退回沪请函复为盼。

致以

敬礼！

上海市静安区革命委员会知识青年上山下乡办公室／（章）

一九七四年十月二十六日

此函由徐家长单位同志带来。

关于上海知青姚××病退的往来函件

关于下放青年姚××作病退处理的报告

县乡办：

姚××系上海市静安区××届初中毕业生，七〇年响应毛主席"知识青年到农村去"的伟大号召，下放到我公社××大队××生产队，户口、粮油关系，下到了生产队，但姚××本人却一直没有到生产队。据调查，就于七〇年即将宣布来农村落户的前几天，姚××因挑水从二楼直摔到楼下，当时昏迷不省人事。抢救后经四年治疗，目前是严重的脑震荡后遗症，经常剧烈头痛、作呕，并发关节炎（"抗O"最高达2500度以上）、高血压、心动过速等症。前两年生产队曾几次给予寄汇全国粮票，但四年来别说参加劳动，就连人影都未见，更不了解其情况的究竟。为此贫下中农不愿再予解决口粮，而姚××在上海又没有粮食供应，思想顾虑甚重，影响治病疗效。公社曾两次去上海家访，姚××病情确属，仍需继续治疗，更是无法重下农田，也不宜农村体力劳动。为使今后上山下乡工作的顺利开展，我们必须进一步落实党的政策，既做到有利于青年本人的疾病治疗，又不至于让贫下中农加重负担，现据知识青年有关病退之规定，我们同意其本人要求，作病退处理，其户口、粮油关系退回上海随其父母生活。

特报请上级审查批示。

宁都县长胜公社知识青年上山下乡工作办公室（章）

长胜公社××大队

七四年八月三日

下乡知识青年病退联系函

（〔74〕宁知青办病退字第023号）

上海市静安区知青办：

你区知青姚××，家住江宁路××号。

该同志原系计划下乡我县长胜公社××大队的知识青年，户口粮油关系已于七〇年与其它青年一起迁来了，但其人却四年来从未下队。据了解，就在下乡出发前的那天，其因挑水不慎，从二楼摔至楼底，当时昏迷不省人事，摔成脑震荡，事后一直在沪长期治疗。目前是脑震荡后遗症，头痛、恶心、心跳过速，还伴有高血压、关节炎等病。

据此情况和社队报告，经我办研究和征取县医院意见，同意作病退联系。现将病卡寄上，请你们调查、复检，研究函复。

此致

敬礼

江西省宁都县知青办

七四年九月十日

关于上海知青江××病退的往来函件

病退报告

江××　，男　，家庭住址：上海市武定路××号。

病情：据本人反映从小就患有慢性哮喘病。一九七二年发病回沪治疗，一九七三年一月十二日经静安区×××路地段医院 X 光□见患：①肺气肿；②右上浸润型结核。发病时靠效□□强行压制，在冬季病情更加严重，夏季稍好，参加集劳动很感吃力，劳动一天需休息二天。

江××同志七〇年四月份下乡以来，表现一般，由于患病原因参加集生产劳动少，一九七二年只有 31.2 分劳动工分，按□分析劳动日不到六天，一九七二年回沪治疗至七四年七月才返回生产队，仅这一趟回上海就达一年零九个月之久。下乡四年实际在队时间不超过一半。贫下中农反映说："不是下乡劳动搞建设而是来农村光吃粮。"

由于江××同志患病严重，时间也较长，影响参加三大革命运动和集体生产劳动，从而造成生活不能自给，据小江申请大队党支部讨论同意江××病退回上海。

公社根据江××的疾病情况同意大队党支部意见因病回上海落户。

特此报告。

附：病卡、申请

宁都县洛口人民公社革命委员会（章）

一九七四年八月十二日

已通知□□叫本人来县检查。

七四年十二月二十日

肺气肿、肺结核。经征取县医院集体讨论意见，可以病退。

七五年三月二十二日

下乡知识青年病退联系函

（〔75〕宁知青病退函 011 号）

上海静安区革委会知青办：

你区知青江××（男），一九七〇年下乡插队在我县洛口公社××大队。家住武定路××号。

该知青反映，其从小就患有慢性支气管炎及哮喘疾病，下乡后经常胸痛、咳嗽、气急。七二年返沪后治疗近达二年之久，经×××路地段医院检查诊断为肺气肿、右上肺浸润型结核。

从其下乡几年的实践看，无法适应农村生产劳动。根据社队报告，结合上海病卡，经征取我县医院意见和我办研究，同意其病退回沪。现将有关材料及病卡一并附上，请你们研究函复。

此致

敬礼

江西宁都县革委会知青办/（章）

七五年四月十四日

告知函

张××同学：

八月十五日来信收悉。关于你要求病退的问题，应由你自己写出申请，生产队、大队签署意见，送公社乡办研究，如公社同意病退则报县乡办，我们再通知你来县体检。

此复。

宁都县革命委员会"五·七"大军领导小组群众来信专用章（章）

一九七四年□月□日

关于病退陈××回上海的报告

陈××，男，现年 22 岁，家住上海市静安区××路×××号，其父陈××，工人。一九六九年三月于上海××中学初中毕业后来我社×××大队×××生产队插队落户。

该同志来农村后，表现很好，但因患先天性高度近视，左眼 1600 度，右眼 1400 度，散光各 100 度，视力 0.06，□属无法医治。该同志为了坚持乡村，尽管作了极大的努力，全年劳动出勤近 200 天，由于高度近视，时常在田间、山区劳动跌伤或碰伤手脚，曾先后几次从悬崖陡壁上跌下，有时傍晚收工还得请人牵着，因而影响了经济收入，造成生活不能自给和自理。公社为了使他得到妥善安置工作，曾多次推荐他升学、进工厂，均因体检不合格，招收单位拒不接受而未解决。现经小陈本人申请病退，□经县医院检查确诊：确系高度近视（检查证明留在县医院）。为此，我们建议县乡办根据中共中央〔1973〕30 号文件规定，与上海市联系病退。

特此呈报。

宁都县石上人民公社革命委员会（章）

七四年十一月五日

关于上海知青曹××病退的往来函件

□□□上山下乡办公室负责同志：

我的孩子曹××于七○年响应伟大领袖毛主席上山下乡的号召，插队江西省宁都县湛田公社××大队，几年来在党组织、贫下中农，以及

"五·七"大军的关怀和教育下，无论从政治思想方面，还是生活方面，都有了很大的提高。因此，我们作为孩子的家长，特向你们表示衷心的感谢。

我孩子在小时就患有胃病，时常发，到了农村以后，由于人小缺乏政治经验和社会生活经验，在劳动、生活中都没有很适当地安排好，因此逐渐发展成胃出血了，在农村时曾多次出血。由于我们过去也没重视，对他也没及时加以治疗，直到去年下半年，在沪时，多次发病，胃痛时在床上打滚，吃不下东西，有时便血，脸色苍白，因此我们经过与医院预约登记才在十一月□日拍了 X 光片子三张，当时诊断结果，是十二指肠球部溃疡，病情已属严重，可以动手术了，但考虑他年纪轻，体质又弱，也没动手术，医生嘱咐这是"富贵□病"，需要长时期休养和治疗，不能进行重体力劳动。在这样情况下，我们不得已与街道乡办、区乡办联系，街道乡办、区乡办经过了解了病情，看了 X 光摄片诊断，也收去了病卡材料，并两次经街道乡办、区乡办由专门的医院检查，认为我孩子病情严重，的确不能适应农村劳动，同意照顾我孩子病退回沪，报进户口。但是由于我孩子插队江西，因此还得征得江西宁都县当地领导的同意，故街道乡办、区乡办也已在十一月十四日出函至宁都你处，把有关情况反映给你们了。目前由于我孩子在沪治疗养病，而口粮又是根据户口的，因此在吃粮问题上发生很大困难，使我们家长很不安心。因此特来信，希贵单位领导从我孩子的病情实际困难出发，给予照顾病退回上海，望领导能在百忙之中□□出函与上海街道乡办和区乡办联系，同意照顾病退，让我们□□早日地办好户口报入手续，为此从内心衷心地感激领导关心，急盼为感。

　　此致
敬礼

街道乡办、区乡办十一月十四日出函，把我孩子病的情况反映给江西宁都的。与此同时，十二月九日左右我街道、区乡办也曾出另外几位上山下乡有病青年的函文，□□安庆、黑龙江，而当地都在今年一二月份陆续回文给上海市街道、区乡办□予以病退照顾回上海。何况这几个人中有的胃溃疡病情比我孩子轻得多，因此这更引起我们的焦急以及和我孩子的烦恼，使病情更加加重。因而我们热切地希望领导以关怀为念，能尽早帮我们办理，迅速通知上海区乡办，使我们能早日办好户口申报手续，同时使我们安心□□我孩子更好地安心治疗养病，恢复健康。

湛田公社××大队知识青年曹××家长×××

一九七四年

宁都县上山下乡办公室负责同志：

我是插队在宁都县湛田公社××大队××生产队的知识青年，由于我在小学、中学时就患有胃痛，七○年上山下乡插队新田后，自己没有很好地照料，工作上、生活上都没有很好地注意，再加上自己年纪又轻，缺乏社会生活经验，因此在饮食起居方面根本不注意，饱一餐，饥一餐，出工忙了，冷水泡饭也吃，又由于不注意休息，调节体力，因此使胃病越加发展了。因此经常胃痛，有几次发作起来，头上直冒黄豆似的汗珠，抱住肚子在床上直打滚，几天滴水不进。这时候，同队的赣州知识青年以及队里的贫农老大娘、队领导也十分关心，他们烧些稀饭喂我，以后病情一直在恶化。有时候我大便后感到头晕，手冰凉，身上无力，起初我不知道是什么原因，总认为吃力了。后来在一次发病后我问了队里的赤脚医生，他说是大便隐血，是胃出血，要我设法医治，而大队又无检验设备，他要我上县医院去检查。后来我去宁都县人民医院作了检查，发现是大便出血是＋＋和＋＋＋，但是对此我还是没有重视，再加上年纪轻、好动，根本不放在心上。我几次探亲回沪，在上海医院也看了几次，医生也再三要我注意，防止恶化。后来一次在队里我大便时，人蹲下去后，头晕、胸闷，大便好了，连站也站不起来，这时我才体会到胃出血是十分厉害的，大便好后，过了好长一段时间体力才恢复。前年我到上海，一方面和我在××的姐姐见面（有六七年未见面了），一方面来看病，看了几次，由于当时医院X片子十分紧张，好不容易到去年才拍到了片子，当时是在上海市第四门诊部拍片的，时间是七四年十月十八日，片号：2722，共三张，5×7两张，8×10一张，摄片诊断结果是十二指肠球部溃疡。医生说我这病日子已久，已多次出血（从溃疡痕迹上可以看出），并说：可以开刀了，因此考虑年纪轻，还是多注意的好。医生要我多休息，饮食适当，长期地治疗。目前我正在治疗中。由于在沪时也出过几次血，脸色总是苍黄发白，无力，由于自己在上海耽搁的时间也比较长了，想尽快赶回江西，但是身体又不行，因此我们就把这些情况向地区、街道上山下乡办公室反映了。街道乡办和区乡办根据反映，又反复地查看了病情材料，还两次陪同上医院复检，检查认为我十二指肠球部溃疡严重，上山下乡也的确有困难，不适应，故区、街道经过征求群众意见，在七四年十一月十四日把我的病情用公函反映到宁都县，我提出要求病退回沪，区也表示同意，就等江西当地的回文了。因此，我也特向你们反映一下以上自己的病情，恳切地提出申请，希能根据我的病情和实际情况给予病退照顾。望能速回文给上海市××区乡办或××街道乡办，使我能早日办好手续，使我能安心治疗为感。

附我申请报告一份。

此致

敬礼

插队知识青年曹××

一九七五年三月二十二日

××知青办：曹××因患十二指肠球部溃疡合并出血，要求病退。

经上海复检，可以病退，区知青办已来病退建议函（已转给你社），请你社写好病退报告。

七五年四月十四日

徐坤同志说：王强华已写好该人的病退报告。

七五年五月五日

申请报告

宁都县上山下乡办公室负责同志：

我因在小学、中学时患有胃病，以后插队农村后，由于自己在生活上、工作上都没有注意，致使胃病不断复发和恶化，并且多次胃出血，头晕，无力，不能参加较重的体力劳动，曾经在县医院也治疗过胃出血＋＋、＋＋＋，在沪期间也多次治疗，也总不见有所好转。医生说：此病也无法痊愈，全靠休息和调养。七四年我因胃出血上医院治疗，拍了 X 片子三张，5×7 两张，8×10 一张，片号是 2722，摄片诊断是十二指肠球部溃疡，可以动手术了。由于我多次出血，体质又弱，并且需要长期的治疗和休息，以免进一步恶化，产生严重后果，因此我特向领导提出申请，鉴于我的病情不能适应农村劳动，希能准予我病退回沪，望能与上海我区乡办、××街道乡办联系，让我尽早办好手续，安心治疗。由于所拍的片子很大，又不便于邮寄，另外有关病卡材料都已给街道乡办、区乡办复查时收去，因此我也无法寄给你们。有关我病情材料以及意见，区乡办在七四年十一月十四日也已发函给你们了，你们可以联系。因此望领导能予以切实的照顾，不胜感谢。

此致
敬礼

宁都县湛田公社××大队

插队知识青年曹××

一九七四年三月二十二日

报　　告

乡知青办：

十六日转来上海市静安区知青办《关于协商曹××病退问题的函》悉。我们同意上海方面的意见，给曹××病退处理。

曹××，男，现年廿二岁，住上海市××路×××弄××号，父亲曹××，家庭成份工人。

曹××同志于七〇年四月份从上海下乡到我社以来，因十二指肠溃疡出血，身体日受损伤，长期处于休养，很少参加劳动，近年来因病势加重，且又是慢性病，坚持在农村从事农业劳动确有实际困难，经向公社、生产队贫下中农调查，以上情况属实，公社研究同意作病退处理。

特此报告。

湛田公社知青办／（章）

一九七五年四月十九日

下乡知识青年病退联系函

（〔75〕宁知青病退函015号）

上海市静安区知青办：

你区知青曹××（男），一九七〇年四月下乡在我县湛田公社××大队。其家住××路×××弄××号。

该知青下乡以来，因患十二指肠溃疡病，经常出血，病情较重，身体较差，无法坚持农业生产劳动。其本人及家长要求病退。

你办七五年四月四日关于协商曹××病退问题的函中称：经你市医院七四年十一月十二日对曹××病情的复查，诊断结论为十二指肠溃疡合并出血病，建议作病退处理。

根据你办的建议，经我们研究和征取社队组织以及贫下中农意见，该知青病退属实，同意曹××病退回沪。

特此联系。

江西省宁都县革委知青办／（章）

七五年五月三日

关于上海下放青年黄××要求病退回城的报告

宁都县革委会知青办：

上海下放知识青年黄××，男，现年 28 岁，家庭出身资产，本人成份学生，高中毕业生，于一九六九年三月从上海市下放我社小源大队小源二队插队务农。该人由于对下放缺乏正确的认识，到农村后，曾一度不安心农村，倒流城市，特别是参与□□扒窃等犯罪活动，被政府拘捕过。教育释放后，表现有□□悔改，不倒流，也不外出参与扒窃，同时，能够同贫下中农□□参加集体生产劳动。

但是，根据其幼小时已患有眼病，经较长时期治疗仍未根除，现在已成为高度近视，按照这种病情，不适应参加农业生产劳动。现根据其本人要求和生产队、大队意见，经研究同意黄××同志病退的要求。现谨此上报，请上级核示。

特具此报告。

（病历和申请附后）

东山坝公社知青办／（章）

一九七五年六月三十日

107

关于要求检查病退情况的调查报告

□□领导小组：

　　□□查我社一九七〇年四月份上海市下乡知识青年韩××，女，壹名，原在校就发生过关节炎病，当时□□动员下乡时，本人提出过有这种病，可是老师说到□□，贫下中农和组织上是会考虑的，并会根据具体情况来安排的。但在下乡的第一年和第二年中，坚持经常参加劳动，表现曾比较好，曾经七三至七四年被黄陂公社推荐上学，可是这二年都未考取学校。从□□以来对于关节炎病越来越严重，发起来就全身无力、脚软，走路很不方便；再加上还在十五岁□□又发生有一种妇科病，身体瘦弱，长期不能参加集体劳动，几年来欠口粮款壹佰贰拾余元，特别是经常治病，还要花钱。我们意见请县知青办介绍检查诊断，是否可作病退回家里，请研究□□定。特此报告。

　　此

敬礼

宁都县黄陂公社知识青年上山下乡工作办公室（章）

一九七五年九月六日

病退联系函（三式）

　　县革委会：

　　你县于一九七　　年　　月　　日来函提出　　公社　　大队　　生产队下乡上山知识青年　　同志，因患　　病，需退一事，经研究并报请上海市革命委员会下乡上山办公室批准，同意病退回沪。请将　　的"户口迁移证"和"市镇居民粮食供应转移证明"以及全部档案材料速寄到"上海市静安区革命委员会下乡上山办公室"，以便办理手续。所有行李，请直接寄到　　家里（家住上海市　　路　　弄　　号）。

　　此致

革命敬礼

上海市静安区革命委员会下乡上山办公室

一九七　　年　　月　　日

静革知青办　　号

县革委会知识青年上山下乡办公室：

你县　　年　月　　日来信联系　　　　公社插队青年　　　　病退一事，经我区医院复检诊断结论　　　　　　　。现根据此类疾病情况尚不符病退。希请你办做好该青年思想工作。

顺致

革命敬礼！

静安区革命委员会知识青年上山下乡办公室

年　　月　　日

县（场）革委会知青办

师　　　　团军　务　股：

我区知识青年　　　　同志，男（女），于　　　　年　月　　日赴你处　　　　插队落户干革命。

据该青年和家长于　　月　　日向我区有关街道知青办提出因患　　　病，要求病退。

该青年所在街道里弄知青办来文证明，该青年病情属实，并于

年　　月　　　　日经我市医院对　　　　的病情作了复查，诊断结论：患　　　病。根据街道、里弄的调查意见，该青年再坚持在农村从事农业劳动确实有实际困难，建议作病退处理。

根据五省市协议精神，有关知识青年病退问题，均需双方协商同意，现将　　　病情和街道、里弄意见向你们汇报，如同意　　　　病退，请复函为盼，我区再正式上报市知青办审批。

此致

革命敬礼！

上海市静安区革委会知识青年上山下乡办公室

一九七　年　　月　　日

困退联系函

沪革乡办特函第　　　号

省　　县知识青年上山下乡办公室：

你县　　公社　　大队　　生产队上海下乡知识青年　　　　　，家庭有特殊困难，经群众讨论、组织批准，拟照顾回沪。你县如同意，可通知本人，并协助其办理迁移回沪手续（档案材料请寄：上海市静安区革委会下乡上山办公室）。请予以支持。

此致

敬礼！

上海市革命委员会下乡上山办公室

年　　月　　日

如已参军、升学、上调工矿、结婚等请注明情况，将原件退回。

宁都县一九七七年第四季度病退检查名单

宁都县 1977 年第四季度病退检查名单

12. 10

序号	公社	知青姓名	住址	性别	所患疾病	备注	诊断结论	讨论结果

定南县

赴沪就医联系函

定南县革命委员会：

　　兹有我厂老工人吕××同志，在这次知识青年上山下乡运动中，坚决响应伟大领袖毛主席的号召，积极支持其子薛××于你县月子公社××大队××生产队插队落户。其子在沪时曾生过肺结核病，但今又悉其子自落户至今确实患病严重，高烧连续不断，体质显著衰弱，并经你县检查下身生一东西必须开刀，最近又因带病坚持劳动而昏倒在田。其父母多次来信你县，要求回沪治疗及安排轻体力工作，但又无回音。由于上述情况，使之其母万分焦急而得病，工作受到很大影响，为此我组织建议迅速将其子赴上海治疗，尽快使其母恢复健康，安心工作，否则后果影响将会更加严重。

　　并待其子疾病治愈后仍回你处落户，请贵县革委会从速给予关心解决。

　　特此证明。

上海××××厂革命委员会

六九年五月十五日

按照毛泽东思想办事。此函调查研究不够，很多地方不切合实际。

阅。

浩然

六九年五月二十九日

关于上海知青赵××等回沪治疗或退回的往来函件

定南县革委会知识青年安置办公室：

　　你县寄来上海知识青年赵××的来信和你县的信均已收到。经我们和建庆中学联系，情况如下。

　　赵××同学原来嘴唇裂开，讲话有轮齿，但脑子并没有毛病，可以劳动。

开始时候，该同学对到农村插队落户态度不积极，也不愿和姊姊一起去安庆插队落户，因姊弟二人关系不好。后来赵××的另一个同学到江西插队落户，赵××也就和这位同学一起到你县插队落户。根据这些情况学校不同意回沪。

另外来信所述的工宣队邓国方、陈胜利、陈建华等同志均知道赵××情况，该校和我区均无这三人，也不知道这三人情况。

因此，请你县继续做好赵××的政治思想工作，要他听毛主席的话，接受贫下中农再教育。

致革命敬礼

上海市卢湾区革命委员会下乡上山办公室（章）

一九六九年五月二十日

陈胜利陈建华是亲眼在南丰大队看见了赵××同志，并和他讲话，也说赵××在此插队，确有问题，并说回去海，去反映此情况?!

阅。

浩然

一九六九年六月二十九日

请求准以将病残（癫狂）的上海青年高××
迁回上海、由其父母供养的报告

县革委会：

上海知识青年高××（女）于三月中旬迁入我社××大队落户，个性呆滞，于四月份上旬发展到癫狂（原来也有 症），现不知饥饿，不晓吃饭，常说胡话，白天、晚上不睡觉，而且经常躺在地上、田里、水中，观其病情，日益发展，根据其病情的发展的推理，接近死亡期不远。我们认为避免其不应有的死亡，照顾其政治影响，请求准以将该癫狂病患者退回上海，交由其父母供养为宜。如万一不能办理迁移手续，如何安排，请速批示。

东方红公社革委会/（章）

一九六九年五月二十三日

抄送：县安置办公室

①应在请示专区内务组后送回上海安排。

②薛返沪探亲路费应由自己负担，在沪治疗的药费也应由自□。可否，请常委研究。

□□□

五月三十日

关于高××、赵××等残病者
治病或送回上海治疗的报告

定南县革委会：

据我们了解高××、赵××确属□病残者，在下放之前是有残病的，特别是赵××，我们曾向上海市工宣队及上海市革委上山下乡办公室反映过此情况，当时工宣队知道确有重病，我们提出带回上海去，但不答应带回，说以后再处理。最近上海工宣队来了安远，还未到我县来。据上述情况我们的意见是：

1. 遵照毛主席"一切革命队伍的人都要互相关心，互相爱护，互相帮助"的教导，将高××同志进行政治关心，派人进行慰问和转急救治疗，立即转到县医院或唐江精神病院进行急治（经费由县民政费中解决）。

2. 电告上海市上山下乡办公室及其家里，联系好后，转回上海治疗或退回上海另行治疗安排。

3. 赵××脑子开刀多次，腿嘴不正常，没有劳动能力，不宜下放，故退回去上海，另行安排。方法：①是由上海市工宣队护带回来；②派人护送回去。

4. 薛××也有较重的病，参加劳动困难，加之最近母亲有病，他急要求回上海去探望，顺便回上海治病。处理方法：①回上海去看望母亲顺便治病；②在县治疗无效后，再转到上海去治疗。经费在县或专区内治疗应由县支付，回上海治疗就由上海市或他自己家自付。

以上报告当否，请批示。

定南县安办室／（章）

一九六九年五月二十五日

长途电话记录

请示专区革委会内务组彭组长：关于上海知识青年高××、赵××、薛××等回上海的经费问题。

彭组长：1. 打个电话到安县去，找上海来的工宣队负责人商量一下。

2. 关于送上海青年的经费问题，只好在安置费中预付出去，待后解决。

3. 我们同意你们的意见，将他的户口、粮油关系迁回原籍去。

一九六九年五月三十一日

阅。情况再次向常委汇报反映，请常委研究决定。

定南县革命委员会负责同志：

今有六八届知识青年高××插队于你县东方红人民公社××大队××小队。该青年自六九年三月份去赣后至今已有一年多，原在上海时精神上稍有些不正常，当时我们误认为思想问题，在动身去江西插队时未遵照主席的教导，"要过细地做工作"，自去你县一年多来共下田劳动四天，起先是水土不服，烂脚，后来精神上就发病。经组织上关心曾送赣州专区唐江精神病疗养院住院治疗三个月。这次回上海来探亲，该青年经过一个多月观察，精神状况还并没有完全恢复正常。我们担心该青年今后回赣会再发病，这样对当地生产队既增加了负担，也带来了不少麻烦，同时由于路途遥远，家长也无法给予照顾，长期下去对更好地锻炼培养该青年也很不利。为此我们去上海市下乡上山办公室走访，据了解像这类情况，如果当地组织能够以公函直接和上海市下乡上山办公室联系交涉，上海市可以考虑另作安排。为此，从长远并有利于各方面出发，我们特来函请求你县组织将该知识青年高××，自赴江西插队以后的情况及发病经过，以公函向上海市下乡上山办公室联系交涉，请他们另作安排，有利于对该青年的进一步教导和锻炼。恳请县领导根据实际情况给予大力支持，照顾我们解决这一具体问题。请函复。

此致

阶级的革命敬礼

高××

七〇年三月九日 ①

拟将其它几个类似的"猪婆疯"症的情况收集起来，一并与上海联系。

三月十九日

关于上海知青孙××回沪治病的往来函件

定南县革委会"五·七"大军领导小组办公室：

本人是上海下放江西定南知识青年孙××，现于伟东公社××大队××生产队接受当地的贫下中农再教育。

由于本人长期患有复发性的癫痫之病，身体上的缺陷，已于一九六九年十月十五日去县人民防治院的诊所；因无此诊疗之设备，故特证明本人需回上海精神病院即作脑电图的复查医疗。因此现向县革委会"五·七"大军领导小组办公室请假四十天整。希批准为荷！

此致

最后

共祝伟大领袖毛主席万寿无疆！

共祝林副统帅身体健康！

上海赴江西定南伟东公社××大队××生产队

插队入户知识青年孙××

一九六九年十月

---

① 此系高××家长的信。——编者注

请假条

伟东公社革委会：

本人是上海插队入户下放青年。由于长期地生有癫痫病，近日来因药已服完，一年一次的检查期亦来到，望准假给我回上海治病。

此致

敬礼

共祝伟大领袖毛主席万寿无疆！

赴江西插队入户青年孙××

一九六九年十月

关于上海知识青年孙××严重"猪癫病"
要求迁回上海的报告

赣州专区革委会内务组：

兹有上海青年孙××，从六九年三月下放我县卫东公社××大队插队落户以来，一直多病。根据他在下放前就患有"猪癫病"，下放我县多次复发，劳动根本无法参加，从下放至今仅参加过半天的轻微劳动，群众知道他有此病，怕他在劳动时或河边、灶里煮饭时发病，出现意外，群众为了爱护青年出发，没有叫他参加劳动。

根据生产队社员干部反映及大队公社意见，该同志确实不宜参加劳动。同时根据上海××区上山下乡办公室的来函，要我们县和专区的意见，现我县根据社队意见，现要求将他送回上海休养和治疗。

现请示上级批示。

定南县"五·七"大军领导小组办公室／（章）

一九七〇年三月十一日

关于上海知青刘××回沪治病的往来函件

亲爱的负责同志：

我是上山下乡青年刘××的母亲，关于刘××患病问题，我是深深地体会到，只有在党和敬爱的伟大领袖毛主席的英明领导下，在县革委会的直接关怀下，刘××得以回沪治病。在沪治疗期间，从去年十月三十一日住××区中心医院治疗，到一月二十二日出院，病情已大有好转，真是再世重生，但现还在住家治疗中。刘××病情好转，我们全家只有衷心祝愿伟大领袖毛主席万寿无疆！万寿无疆！

刘××在住院期间，共用医药费用计370.51元，对此庞大的医药费用，我们全家日夜焦急。刘××在七岁时就死了父亲，幸在党和毛主席的领导下，我在里弄内替人家做做家务，才将他们兄妹三人抚养长大，这还是倚靠政府接济，才有今天。我现在长宁区房屋修建服务处做临时工，做一天拿一天工资，一个月一天不停共拿36元。刘××的上山下乡的费用，是倚靠政府和组织上的补助，现刘××的医药费用（附上医药帐单），我实无法负担，我又是临时工，刘××现是上山下乡的青年，修建服务处组织上对此也不能帮助解决。我现恳求县革委会领导负责同志和公社负责同志对刘××的医药费用帮助全部解决，我是万分感激。我只有将刘××的病治好后让刘××再回江西，在三大革命中贡献出全部生命，报答党和毛主席的海深恩情。

敬致领导负责同志

革命敬礼

收到信后，请速回信。

上山下乡青年刘××的母亲崔××敬上

一九七一年二月四日

崔××家长：

你先后的来信，我们均已收到。关于刘××同学回来养病，而病情又复发住院，在你的精心照顾和医院医师的用心治疗，使其病情好转，我们感到非常高兴与祝贺，并表示向你及刘××同学致以亲切问候。

来信中提出要求与长宁区乡办联系，能否迁回上海。这个意见，经研究我们表示同意，并于本月十二日去函给区乡办。是否符合条件，要等区乡办答复后再答复你。

关于医疗费问题，根据中共中央中发〔70〕26号文件指示，下放青年的疾病医疗，应与当地社员一样看待，为此，我们无法解决这笔医疗经费。特将此帐单寄回给你，请查收。

致

礼

一九七一年二月十二日

县革委"五·七"大军办公室负责同志：

你们好！感谢你们对我的关心。你们的来信已经收到了，我们已去过长宁区上山下乡办公室啦，拿××的事情抄去了。关于病情你们已经了解。对于户口之事，请你们尽快转来。

另外，我儿子的粮票及生活费寄来，这样经常叫你们寄，是非常麻烦你们了，但是不寄来，我儿子也无法生活、医疗，如户口已转来就请尽快写信给我们。关于他的行李在他所在生产队小队长家里，请麻烦你们托运回沪。现在人还在看门诊，看一次就要4.5元，医院嘛住不起。请县里尽快把户口转来，粮票及生活费快寄来。非常感谢你们。托毛主席的福了。收信后速回信。

祝

工作愉快

崔××

二月二十二日

办公室负责同志：

您们好！今来工作怎样，工作心情愉快吗？关于阿拉刘××的事，已经麻烦您们好多次，谢谢您们啦。

刘××回上海住区中心医院，三月六出院，不到一日，病情又复发，区中心医院无法治疗，在院住了几天转上海市胸科医院，市里说这种病是"老大难"，要动大手术，现在条件还未成熟，需要住院休养。这样造成了家庭经济、粮食成问题，故去信麻烦您们把粮票、生活费早寄来，如不寄的话，就请把户口早日迁来。如粮、经济不寄，户口不迁的话，我无法给他钱看病了，就让他回农村去，交给您们吧。请收到信后，麻烦您们迅速把粮票、生活费早日寄来，以免造成病人没粮钱无法养病安心。

祝

身体健康

崔××上

三月十四日

迅速来信。

迅速把粮钱电汇上。

粮票钱寄到家里来。

刘××家长：

你的来信，我们收到。关于刘××的迁移问题，根据上级指示，必须取得区乡办的同意，方可办理。为此，我室已于一九七一年二月七日已将情况向长宁区办乡联系，至今一月有余，均未答复，使我们也感到为难。为了解决这一实际问题，望你能给区乡办联系，给我们一个答复，以便办理手续。

致

礼

江西省定南县革命委员会"五·七"大军领导小组办公室（章）

一九七一年三月二十六日

关于上海知青陈××病退等事宜的往来函件

定南县革委会负责同志：

我给您们县里的数封来信及报告，也给了公社的数封来信及报告，而且上海乡办也给您们公社来了信，但为什么到现在还没有来信？我认为您们对我的负责差点了吧！上海乡办对您们的不来信，也有一定的看法，您们这样不来信，上海乡办就根本没有办法来解决我的问题。我一切的病情想必您们也一定是很了解吧，而且我的一切病卡也都用挂号信寄给您们看过，乡办说叫我本人再写信给您们，所以我现在不得不在这时再写信给您们对我的问题作出明确的答复。

我即将住院手术治疗，但必须要为我解决费用及重大的粮食问题，您们一定要给我解决，或者要有一定的证明，乡办才能借粮给我，但只仅仅为我解决一个吃饭问题，费用问题还是要请求您们解决的。您们既然同意我到上海来看病，并且也出给我县里的证明，同意我看病时间不限制，但事后不给粮食，又不给费用，又不及时地退回上海，叫我怎么办呢？而且上海乡办给您们的信，又没有回信，乡办也认为对我的处境不负责。我的病床又要轮到了，希望能加快解决我的问题，或者就及时地退回，我上海有另行分配的单位负责。您们不来信，上海乡办也就没有办法来解决我的问题，您们说对吗？作为一个组织来讲，应该能理解一个病人的心情，病情的折磨使我的思想受到了一定的刺激，退回上海也是合乎纠正由于客观存在自己主观愿望不能克服的身体残疾问题出现的情况。

现在关于费用、粮食，或退回上海，这一切都需要请组织上帮我解决。我本是因残疾分配的上海青年，望收信后组织能加快解决问题，不然的话住院，费用及粮食怎么办呢？望领导能郑重、严肃、认真立即作出正确的答复，希望收信后速来回信。

快！快快！！快快快！！！

（即将就要手术治疗，希望加快解决）

此致

报告××、××。

回沪治病人陈××

七一年七月十三日寄

老陈您好！

来信无别，首先祝您身体健康，工作顺利，想必现在"双抢"开始一定是很忙吧！

老陈：关于我的问题，公社及县里一定是很了解吧，但是为什么他们到现在也没有回一封信，这是怎么一回事呢？如果由于工作的紧张，不管怎样，总而言之信总要来封吧，至少我还是你们公社的一员吧。而且现在目前病加严重，医生决定要我手术医疗，可是我现在一无费用二无口粮，医院也没有办法解决这二件重大的问题，因为我的一切关系都在江西，乡办也没有办法解决，而且认为公社对我不负责。我到上海看病，乡办说应该你们公社要与乡办有联系，现在我已变了江西不管我，上海也不问我。这样下去，我的病就眼看让它拖下去吗？一个有病人的心情是难以理解的。我很不希望我就这样一天天地住下去，对我对国家也带来了很大的损失，我希望他们能尽快地解决。

最后祝你工作顺利，身体健康！

您的"五·七"战士陈××

七一年七月二十三日

真混蛋。

七一年七月二十九日

韩××阅

上海市卢湾区下乡上山办公室：

我县新城公社七〇年五月由上海下放知识青年陈××（女）壹名，原系××区××中学六八届毕业生，因在分配前左腿一次在中百二店时不慎被一大捆很重的手套从高处跌下来打伤了膝盖骨，七〇年五月份来到我县插队落户，经前一段时间劳动，证明不能从事体力劳动，特别是农田操作劳动。因此我们的意见退回上海，理由是：

1. 原在上海时残疾的。

2. 来到定南经过相当时间实践证明，不能从事体力劳动，特别是农村水稻田的劳动。

3. 有上海和定南等医疗单位的证明（附后）。

4. 本人和家长都有强烈要求（附后）。

附医疗证明，照片，家长、本人申请，新城公社报告等数件。请研究并请速答复。

敬礼

定南县"五·七"大军办公室/（章）

一九七一年十一月三十日

抄送：赣州地区"五·七"大军办公室、新城公社"五·七"办公室

县"五·七"大军负责同志：你好！

首先请你原谅，在你百忙之中打扰您，其次向你致以无产阶级的革命敬礼。

顾军长：上次我们已写信给你不知你是否收阅，谅必你一定收阅了吧！最近我们接到我女儿陈××的信说你们十分关心她的病情，关心她的生活，关心她的前途，关心她的成长，再一次接受我们家长的衷心感谢，再一次地致以战斗的革命敬礼。

目前，你们已将我女儿的问题提交上海乡办进行处理，准备退回上海，这一点我们表示十分满意。这是你们活学活用毛主席著作，这是你们坚决执行毛主席的无产阶级政策的具体表现，我们家长发自内心地感谢党，感谢毛主席，感谢你们毛主席革命路线坚决执行者——"五·七"战士。让我们千遍万遍高呼毛主席万岁！万岁！万万岁！

目前虽然你们已打报告给上海乡办，看来上海病残的知青也不是一个，可能这样在时间上要长一点，故所我们家长要求是否你们可以像安徽一样，先将病人退回上海，先办好在江西的一切手续，将病人直接送到上海，与上海乡办联系，这样解决就比较快。目前，其它省就是这样，如安徽就是这样，故所要求他们能在江西先办好陈××的一切手续，将她一切东西托运回沪，并且派人将病人陈××直接送到上海，这样你们的力量也完全尽到了。这是我们家长的唯一要求与希望。

顾军长：如果不这样做，陈××长期在农村丧失劳动力，生活、看病都带来困难，特别给你们会增添许多麻烦，再说他的母亲为了女儿陈××也患了精神病，这一点我也不想多讲了，是可以想像的。好吧！不多写了，不想打扰你，请接受我们的恳求吧！

敬礼

家长陈××

于七一年十二月二十七日

关于上海知青刘××病退等事宜的往来函件

尊敬的古加井同志：

　　我是月子公社××大队××生产队知识青年刘××的家长，我惊悉我儿患了结核性脑炎，幸亏毛主席和党的领导，把我儿子从死亡的边缘抢救过来，我的儿子今天会能活着，是毛主席，是共产党给他的第二次生命。我和全家人衷心感谢毛主席和党，从内心深处高呼：敬祝毛主席万寿无疆！

　　亲爱的同志：我的儿子患了此种毛病后，病魔给他从精神上、记忆上带来了很大的影响，也失去了他一定劳力，现在他病后的后遗症使他不能参加劳动，比如洗一件衣服，人就会感到无力，头脑发晕发胀，现在他这个人遵照医生所说一样，"他现在住在医院里要住到何时是没有日子的。"所以使我担愁：今后他怎么办？原来我已经有一个女儿也因得脑炎后，后遗症也很严重，人变得笨呆，也好像是一个残废人一样，无用可派！今天又增添第二个"残废"的儿子，家中其它几个子女也是有慢性肾炎，使我家中生活经济一直不能翻身。我已经将近七十岁的人了，家中全靠我收入，经济条件很困难，再加上××儿又这样生这种毛病，更加重了我的负担，何况他今后在一定程度上丧失了劳力，使我更加加重我的负担。现在他还住在医院里，身体还没有全部痊愈，还仅仅刚刚脱离危险期，还需进一步医疗和疗理。根据我的条件和××儿的病情，我要求领导同志提出要求：批准我儿离队返家回沪治疗毛病和疗理身体，等今后他身体全部痊愈，恢复健康后，再根据今后他的病情再由国家重新分配工作。

　　亟请领导同志确实根据我家的情况和××儿的病情，同意我的请求，批准他离队返家回沪。

　　呈

革命敬礼！

刘××家长刘××敬上

七一年十月九日

卢湾区下乡上山办公室：

　　你们十月九日电报我们已收到，十月十日已给你们回电。刘××的病情比初来时好多了，由一级护理转为三级护理了，在住院期间月子公社"五·七"大军办公室和县"五·七"大军办公室的同志都去看望过他，生产队借给了他25元，我们办公室又补助了他25元，住院治疗费又记在我们帐上。九月二日进医院到十月五日，这50多元钱说没有了，用光了，也不知他用到那里去了，目前他主要是不安心治疗，想回家，我对他进行教育，要他安下心来治好病，回家问题放以后考虑，他还是不太通。不过我们是尽到我们的责任是了，也请你们转告家长放心，小刘在此不会有什么大的问题。

刘××同志：

你好！十月九日的来信我们收到了。关于小刘的病情问题是这样的：于九月二日患病送到县医院医治，县医院几个大夫在一起会诊治疗，到前些日子病基本好了，由一级护理转为三级护理，但是还需要服药和打针，目前还不能出院。小刘在住院期间，公社"五·七"大军办公室和县"五·七"大军办公室的同志几次去看望他，要他安心治疗、休息，病愈后再回队去。小刘在生产队来时，借了生产队25元，来到县里我们又补助了二次，一次20元，一次5元，可是不到一个月，这些钱基本花光了，也不知他用到何处去了，我们发现后，对他进行了耐心教育。目前他主要是不够安心，想回家，这个问题，也请家长给予帮助。回家探亲是可以的，但要等病稍好后再走，现在的问题还是安下心来治病。

另外，家长提出要求将刘"批准离队返家"，这个问题，目前我们办不到的，你还说到"回沪分配工作"，我们的意见，让小刘病好后回沪探亲是可以的，作为离队返沪我们还要请上级和上海卢湾区乡办批准方可。

不过请家长放心，我们对知识青年是会尽到我们的责任，能够帮助解决的问题，我们一定会尽力办到，不能办到的我们只有说清楚。

此致

敬礼

定南县革委"五·七"大军办公室

一九七一年十月十三日

县"五·七"大军办公室负责同志：

我儿刘××已在本月十日到达上海。由于路上是他一人回来，没有人照顾，过分疲劳，所以到了上海毛病又发作，现在在上海，人非常不好，人没有一点精神，饭吃不下，经常要头胀，整天睡在床上，我们看到他这情形心里非常着急，看来他的毛病还没有好转，还需要继续医疗，否则毛病会更加严重。但是上海医院里看病要有证明，所以要求县"五·七"大军办公室出张证明，能在上海医院里继续医疗，并希望能迅速办到，越快越好。

　　此致
敬礼！

刘××家长刘××敬上

一九七一年十一月十八日

已复信。
七一年十一月二十八日

月子人民公社革委会：
　　我厂职工刘××之子刘××，知识青年，在你社××大队××生产队插队落户。现据刘××反映："刘××因病不能坚持务农而经县乡办批准退回上海，尚欠生产队一笔款子，急需归还，要求组织给予补助部分。"刘家庭经济确有困难，我们为更好贯彻中央 21 号文件精神，共同做好这项工作，为此要求你处核查欠款总金额，并请告诉我们你处帮助解决多少。上述请即复，以便从速解决。

　　此致
革命敬礼

上海×××××厂

上海×××××厂革命委员会后勤组（章）

一九七三年八月十六日

县乡办负责同志：
　　上海下乡青年刘××同学现予批准了病退，迁移户口、粮油关系等已办好手续。
　　该同学在生产队确实超支，金额是 101.02 元。其家长为了及时办理各种手续，此款已寄到生产队。但家庭经济情况，我们不详，只能看此信件的反映。因此，现将上海××××厂后勤组的函件转向上级解决此事。

此

致

定南县月子人民公社革命委员会（章）

一九七三年八月二十一日

关于上海知青转插的复函

王××家长：

十一月五日来信收悉，贵子女在定南插队落户一贯表现很好，安心农村接受贫下中农的再教育，现王×在月子公社××大队医疗站，王×在月子公社综合厂，他（她）姐弟俩对工作认真负责，努力学习，虚心接受再教育。

你提出的一些困难问题，当然我们是相信的，但要如何来解决，你本人也未提出具体办法。如果你想子女迁到你身边安徽的话（指农村），也需你本人向组织写出报告，与有关县、公社、大队取得联系，有三级证明寄到江西定南来，我们再考虑，否则是很困难的。特此函复。

敬礼

一九七二年十一月十八日

关于上海知青李××转插的往来函件

申请书

定南县龙头公社领导同志：您们好！

我妹——李××，系上海××中学六七届初中毕业生，一九六九年三月响应党的号召赴江西您处接受贫下中农再教育，数年内深受教育、锻炼且积极支持、相互关心、帮助，在党的培养和教育下，使我妹在思想上有很大的提高，我们深表感激！

由于我家兄妹数人均响应祖国召唤，远离家乡，在祖国各地参加社会主义建设，现父母年老多病（父有腰骨损伤，母为癌症已开刀），因此实无能力顾我妹，而现我兄妹数人分布极广，四川、湖北、北京、江西、上海，实难互相照顾，且在各方面造成很大的困难。

我本人也身患疾病，且有幼年小孩二名，妹一人在外也实需照料。领导能照顾此特殊情况，同意我妹迁至湖北农村插队落户，这样我兄妹能互相照顾、帮助，使本人能更精力充沛地为国家作更大的贡献！望请领导同志考虑，大力协助，照顾此情况，不胜感激之至！

此致
革命敬礼！

国营××××××厂技术员

李××敬上

一九七二年十一月

江西省定南县××公社负责同志：

我的女儿李××在一九六九年三月份，响应了伟大领袖毛主席"知识青年到农村去，接受贫下中农的再教育，很有必要"伟大号召，到你社插队落户。几年来，我们高兴地看到，她在贫下中农的教育和帮助下，正在茁壮成长。对你社贫下中农给女儿的教育和帮助，我们表示衷心的感谢。

由于我和我的爱人年龄较大，子女又多，实无力多方照顾。为了能让李××接受贫下中农的再教育，又能使她和兄嫂们互相照顾和帮助，因此我们提出申请，希望领导上能照顾我的实际情况，让李××迁到湖北省农村去插队落户。

最后让我们再一次对你社贫下中农几年来给我女儿的教育和帮助，表示我们衷心的感谢。

致以
革命的敬礼！

家长李××上

湖北省汉川县革委安置精简办公室：

　　兹有我县上海插队知识青年李××（女）同学，要求迁往贵县江集公社××大队××生产队插队落户，现在只办理了生产队、大队、公社的证明，没有县一级的证明。今来信联系，如你们同意的话，请来信答复，以便办理转迁手续。

　　此致

敬礼

　　　　江西省定南县革命委员会"五·七"大军领导小组办公室（章）
　　　　　　　　　　　　　　　　一九七二年十二月二十三日

原接收证附后。

上海知青庄××要求病退的函

尊敬的领导负责同志：

　　您们好！

　　我是下放在龙塘公社××大队×××生产队的，姓名庄××，现探亲在上海，假期已满。但有以下情况，看来返回原地也很困难，写信来和领导同志商量。

　　我眼睛近视，经验光，视力已发展到一千五百度，右眼带勿带眼镜已不起作用，将接近失明，面对面人也看不清的。另，眼患皮肤性侧睫，从而引起流泪，冬天加重，迎风流泪，眼睛简直无法张开，手帕拿在手，只有揩。侧睫已开过两次刀，不见效，医生讲，如再开刀，也无用，仍要复原，说明眼睛已转为不治之症，因此自己现精神上是受到很大打击，非常痛苦，可惜自己还年轻，就将成为残疾。

　　领导同志：以上病情，主要由于我人性格比较忠厚、老实，总之，不大欢喜讲话，因而，当初分配时，由于家中兄弟姊妹多，青年人总得自力更生，对自己所患的严重疾病没郑重考虑后果，也没和老师讲清病情（这病是从小存在），就响应主席号召，奔赴农村了。下放后，由于这病症所给我生活上以至劳动中等各方面带来的一切痛苦，真是讲不出的苦，只是自己感到难受，精神上的痛苦，再生就这性格，所以，也从未把病情向所在本队，以及你们各级领导讲，造成你们领导现一点不晓得，责任也在于我自己。由于眼睛不便，生活上，劳动中，任你做一桩事，都是只凭自己主观瞎抹抹地做，当时眼镜也从上海配去，是一千二百度的镜片，由于做活不便当也没带，如插秧啦等，弯下来，眼镜会掉下来，天热一出汗，眼镜片上一片蒸气，看不清，冬天，我也勿好去出工，一出去，风一吹，眼睛如哭一样眼泪就流下来，有时实在没办法了，就写信叫家里寄点滴眼药来。总之，困难也就可想而知了，在信中，我也无法具体讲清。

这次探亲到家，眼睛经检查，发展到越来越严重，转危险了，前一段时，一直是在求医，诊治流泪，打针就上个月打下来，无效果，医生劝我勿打了。现我在没办法下，和街道联系，转大医院诊治，挽救我眼睛。街道同志对我讲，你这眼睛情况要和你们当地领导联系，你这眼睛的确严重，看来是不适应农村。我也是一个书迷，现家中把一切书类都不许我看，我自己也下了决心克服，只好坚持不看了。领导同志，我这情况怎么办呢？

这次中央 30 号文件下来，主席是何等关怀我们青年啊！现我不得不写信给你们领导同志，希望能郑重考虑，我也可把病情证明，寄与你们看。

此致
革命的敬礼

下放青年庄××
七三年九月一日

关于上海知青徐××病残照顾的相关申请报告

申请报告

我是一个残缺知识青年，名叫徐××，原住上海市卢湾区××路×××弄××号，今年 26 岁，是打浦中学六八届初中毕业生（初三〈10〉班），于一九六九年三月十九日插队落户在江西定南车步公社××大队××生产队。

在伟大领袖毛主席号召下，知识青年到农村接受贫下中农再教育的意义非常重大，我积极响应号召，由于我属残缺左眼失明，在一片红的形势下，我不加考虑地报了名。在毕分时，我们的身体也经过医生检查过，不幸我患有心胆杂音和血压高的毛病，当时医生没有对我讲，老师也没对我讲，我被批准到江西后，户口已迁出。我们的老师在一次做班级动员工作时，就拿我作例子，说我身有多病，并左眼失明也积极报名到江西去，插队落户等。当我知道后，我的心情是非常地沉痛，但我又再三考虑，户口已迁出，如果向校方提出要求会影响毕分工作，因此我还是带病勉强到了江西，自己也想在江西锻炼一下，能将自己的种种毛病排除掉，作出一点贡献，以报答党与毛主席对我的培养之恩。

在江西插队落户，实际劳动将有四年之久。不幸出乎我的愿望，我的所在地是一个山区，由于我左眼失明，给我行动上带了很多困难，再加上心胆杂音、血压高的人，只要一动，就上气不接下气，在学习上、劳动上、生活上都带来了很多艰难困苦。由于左眼失明，时常跌跤，甚至多次晕倒，曾记在六九年四月份，从山腰上摔下来，当时多亏同学与主任在旁边，把我抱起来，经贫下中农的土办法和耐心地照料，才清醒过来，并还去县医院看病治疗，才有所好转。由于我是一个女同学，加上左眼失明，身有多病，因此劳动所得就有限，生活上造成了重重困难，而家中经济亦不宽裕，也是非常困难，所以就不能帮助我解决全部困难。在七〇年七月份，我不幸又患上了肝炎病，真是病上加病，体质更差，不能劳动。在七一年九月份我们大队干部见情形动员我回沪治病疗养，暂借路费肆拾元人民币。到沪经医生治疗，病情有所好转，我就很快地又回到了江西，参加劳动。由于我患过肝炎，在劳动时，就不能吃力，至今常有疼痛现象，肝区仍然肿大，实难设想。

在七二年，我们队实行了多劳多得、按劳取酬的新方针，分配工作方法，以"摸彩"形式来取自己劳动地点（不能平地或山地），摸到那里就那里种、收等。这样对我身有残缺而多病的女青年带来了更大的困难，终日提心吊胆，困难重重，由于劳动力不佳，身有多病，并左眼残缺，出勤少，目前超支上百元。

我的困境何时结局，我也无法猜测，因此今不得不将以上实际情况，呈述给各级领导同志，请求各级领导同志帮助我解决，按照中央30号文件办，有关我身有多病并左眼失明，能否有适应的安排与照顾，请祈作出安排并望关心我目前生活上的困难，实为感谢！

申请人：插队落户青年徐××

七三年九月五日

备注：我共有六位兄妹，我大哥徐××，在上海自来水公司管线所工程队工作，大姐、二姐，原是社会青年，现在均在上海集体单位工作，四妹、徐××，七○年插队在黑龙江，五妹在七一年十月份下放在崇明农场。

县乡办公室负责同志：

现将上海青年徐××的家长郭××同志的来信转给你办，并请同上海市上乡协商解决。

此

致

李坚

七三年九月二十五日

申请迁调报告

我有个女儿名叫徐××，原是卢湾区××中学六八届初中毕业生（初三〈10〉班）学生，于一九六九年三月十九日响应伟大领袖毛主席"知识青年到农村去"的光辉动员令鼓舞之下，插队在江西省定南县车步公社××大队××生产队。

我儿徐××原是个残缺、少年多病的知识青年，今年26岁，幼小就左眼失明残缺不全，并且因前过度肥胖症病，现体重尚达150多斤，只要略微活动，就心跳剧烈，气喘难受，经常头晕，正是个体弱多病的孩子。当孩子初毕时，她积极响应伟大领袖毛主席发出的"知识青年到农村去，接受贫下中农的再教育"的伟大号召，报名到农村去干一辈子农业，建设新农村的决心，启发我们家长更进一步对伟大领袖毛主席的热爱，主席的号召意义十分重大，孩子的决心、她所要走的道路全是发出了她的光和热，青年人的理想，全已服从了社会主义建设的需要。作为母亲从客观愿望来说，担心孩子是残缺体弱多病，希望能留在上海，适当地分配一个工作，这是一个实事求是的愿望，但因孩子的决心已超过了家长的愿望，那就只能支持孩子去农村锻炼，接受再教育是非常必要的。

孩子报名后，经体格检查后，由于医生将我孩子的病情隐瞒，不是实事求是的态度，检查结果确患有高血压，心脏病杂音，医生只让校方知道，但校方为了捞取动员工作的资本，在会上讲了我一切身历的情况，对于学校提出这样的一个指示，我们为了顾全大局，在不影响毕业生分配的情况下，我们也只能支持孩子去农村，是内心对毛主席的光辉的指示的贯彻！

在江西插队落户将是四年之久，我女儿的身体情况却出乎我的意料之外，体质更差。女儿在山区务农，由于左眼失明，给她的行动工作都带来了极大的困难，崎岖的山路经常使她跌跤。刚去不久，六九年四月二十八日，徐××从山腰上摔下来，当时就昏迷不醒，处于十分危险，经当地贫下中农的抢救与照顾，才清醒过来，并转县医院治疗。此后，经常腰痛、头痛等，我只能寄点药品给她，像这样类似的情况已经无数次了。眼睛不便，这是不能克服的，眼睛是注视一切事物的，每天出工爬山，终日提心吊胆，因而重重困难难以克服，同时还由于血压高、心脏之病的影响，心跳气喘严重地影响我女儿地间劳动，少许增加劳动力强度，就会处于病倒甚至于昏迷不醒状态。当地农民人人皆知。一九七〇年七月，我女儿又不幸患上了肝炎，正是病上加病，体质更差，一时失去了劳动力，于七一年九月，大队干部动员我儿回沪治疗并借路费40元。在沪治疗由于经济不理想，我女儿又只好回江西劳动，身带多病却肝区疼痛，现肝脏仍肿大，病情尚未痊愈，实在令人很不安心啊！

根据我家庭情况来说，本想就不宽裕，我也靠大儿生活，两个大女儿已出嫁，都有两个孩子，现在上海集体单位工作，原是社青，四女儿于七〇年务农插队在黑龙江，五女儿在七一年务农在崇明。这次徐××因病来沪已有九个月了，全靠她大哥生活，在这样的情况之下，怎能有条件治病。因我女儿当时是从上海安排到江西，江西是个接收地，上海是个外迁地。由于当时校方对我女儿残缺多病没负责，从客观情况来说，当时的情况是革命加建设，不去不分配，坐吃老米饭，实事求是地说，我们在这种形势下，无法将多病残缺女儿徐××留在上海。按最近的中央30号文件的学习之后，更使我们体现出党和毛主席对人民群众及知识青年爱护，对病残同志的照顾。为此借党中央和毛主席落实政策之东风，请求各级党领导机关在不违反政策的情况之下，是否给予我女儿徐××同志在照顾生活及工作的原则上对她的问题，商量商量，研究研究，体现党的各项无产阶级的政策的英明，体现毛主席对青年一代与知识青年病残同志的关心与照顾，让我们更□□□主席英明伟大。我们深信县社党政领导在实行无产阶级革命人道主义的原则上对我女儿的问题作出妥善的安排，更深信县社党政机关对我们所提出这样一个合理的要求，相信合情合理处理一切问题是党的宗旨。

　　致

徐××家长×××（章）

关于上海知青吴××病退的往来函件

同志：

　　您好！

　　我是龙塘公社××大队的知青吴××，在一九六九年三月十九日响应伟大领袖毛主席的号召，"知识青年到农村去接受贫下中农再教育，很有必要"，我满怀革命的豪情，到江西定南插队。由于我在城市长大，缺乏劳动锻炼，加上平时劳动不注意，挑公粮，插秧等活，在七〇年时候得了肾炎及关节炎病，在队里劳动时，毛病时常发作，十一月下旬又一次肾炎病发作较严重，去县医院，医生说的确较严重，医生说，需要较长一段时间治疗。我将情况向组织反映，组织上批准我回沪治疗，我到现在一直在治疗，至今还未恢复健康，每治疗一次总得三四元钱，多的时候拾多元钱，看了很多次，用去了很多钱，这造成家里经济更困难。我在上海经常参加政治学习，通过文件学习，我更加热爱党，热爱毛主席革命路线是千真万确。近来，经医生诊断，我患的确是慢性肾炎，暂时不能劳动，还需要治疗，所以粮食、经济在家里成了一个问题，无法解决，希望组织帮助我解决。我在此表示衷心感谢。

　　卢湾区上山下乡办公室对我们知青真是无微不至地关怀，另发下学习材料，从思想上、从各方面帮助我们进步。

　　盼等复信，好让我早点把病治疗好，尽量争取早日回队抓革命，促生产。

　　此致！

革命的敬礼！

知青吴××

家长吴××

一九七三年十一月二日

定南县革命委员会：

　　原我区××中学六八届初中毕业生吴××（属××街道）于一九六九年三月响应伟大领袖毛主席"知识青年到农村去"的伟大号召，去你龙塘公社××大队××生产队干活。据反映组织批准她回沪治疗，现来信要求解决她在沪的医疗费及粮食问题。甚为焦急。特来函并转发家属给你县的信，希阅后适当处理，并请给予函复，以便我们共同做好家属工作。

　　此致

无产阶级革命敬礼！

上海市卢湾区革命委员会下乡上山办公室（章）

一九七三年十一月七日

关于上海知青严××病退的信件

县乡办领导同志：

　　今来信非别，主要想向领导谈我儿病退一事。首先我们感谢你们对我儿病退一事上你们多方面的关心，我们知道你们在今年八月份时，对我儿的病退作出了决定，同意作病退，并转给上海区乡办。当时区乡办来信叫我们去，我们将最近的病史卡和拍的片子一起拿给区乡办领导看，区乡办一看，以后就说："你们县乡办转报上头是说外伤骨折，现在看来你的脚（指我儿）不是骨折，是平脚和多生了一根副舟骨，我们不好处理。"我们说：

"我儿的病情总是事实，这一点你们也承认，而且他的脚不是到农村以后得病的，而是小时候扭伤变成畸形的。在当初学校时老师就知道他有病，一走长路就疼痛，不给他参加体育活动。在毕业到农村时，学校还特地开一张证明，要求工作上予以照顾，一到农村后，经过一个阶段的劳动，脚就变成更坏，后来队里照顾做轻工作。当地医院治疗证明，往上海治疗，现在上海各医院诊断，拍片都说有病。"区乡办说："你脚有病这一点是存在的，现在的问题是不是骨折。"我们说："至于骨折这是我县乡办报上来的，当然我们县乡办领导也来过上海，看到我儿的脚变形很大，认为是骨折引起，所以上报骨折。"最后区乡办说，那等一段时间再说。我们当然认为是要同我县领导联系，结果到最近我们再去时，他们还是以上的说法。这使我们很气，我们说："我们县乡办将我儿作病退处理，说明我儿的病是存在的，而你们只讲不是骨折，是平脚，符合病退的政策吗？"我们要求区乡办对我儿的病复查，他们也不肯。所以对于以上的情况，我们不得不向县乡办领导作一下汇报，并麻烦你们同上海区乡办再取得联系，作出决定，实太麻烦领导，太感谢了。

另外，还要同领导商量一下，就是我儿回沪已一年多了，粮食问题上发生困难，上次写信报告给你们，未见回音。现在看来病退一事还需一段时间再能解决，这样拖下去，叫我们怎么办？所以我们还是事实向领导谈，希望领导在粮食问题上是否能给予一点帮助，寄一点粮票来。

以上是我们向领导汇报的一些情况。关于严××在上海，我们一定叫他好好学习，思想上决不能落后形势，决不辜负党对他的培养和贫下中农教育，这一点请领导放心。最后望领导能及时解决以上的问题。

致
革命的敬礼！

家长严××

七三年十二月二十日

三 大返城

铜鼓县

病退联系函（三式）

第　　　号

公社革委会知青办：

接上海市　　区革委会知青办（　　）字第　　号通知，你社知识青年　　同志，因患　　　病，同意退回上海，望通知本人，办好迁移、粮油手续，将其档案材料寄上海市　　区革委会知青办。迁移证上写上　　路弄　　号。

特此通知。

铜鼓县革委会知青办
一九七　年　月　日

第　　　号

公社（场）革委会知青办：

接　　　知青办来函，你处插队知青　　因患　　病，提出病退，经　　查阅病史，向有关部门调查，经讨论，目前不宜病退，望做好政治思想工作，使之安心农村干革命。

此致

敬礼！

铜鼓县革委会知青办
一九七　年　月　日

公社知青办：

按上海　　革乡（　　）字第　　号，你社知识青年　　同志，因患病，同意退回上海。

为了妥善做好病退工作，希望该青年的"户口迁移证"、"粮食供应证"和档案材料，一并寄上海市　　区知青办。请在该青年户、粮转移证的迁移地址栏内，填写上海市　　路　　弄　　号。个人与集体的经济往来要结清。

此致

敬礼

一九七　　年　　月　　日

宜丰县

关于当前知青工作中几个有关政策问题的请示报告

（宜革乡〔1979〕02 号）

县委：

到目前为止，我县在乡知青还有一千八百余人，其中七二年以前下乡的达四百余人（新昌镇下放的二百余人，公社集镇下放的五十余人，萍乡市下放的四十余人，南昌市下放的七十余人，上海下放已与本地人结婚的六十余人）。遵照中发〔78〕74 号文件精神，本着"对一九七二年前下乡的，优先安排，两年内基本解决"的原则，根据我县知青工作的实际情况，我们就当前知青工作中几个有关政策问题报告如下：

一、批转知青问题

中央 74 号文件下达后，要求转知青的多了。从实际出发，按照党的政策，本着不增加国家负担，不增加工作量，能够妥善安置七二年前的下乡知青的原则，我们认为：

1. 可转对象。对一九六八年以后高、初中毕业生经组织动员下放而未列入知青队伍的可以承认批转知青；对按省委〔73〕87 号文件精神，经原县"落办"审查批准收回城镇人员的留农村子女未转知青的，可以予以批转。

2. 不予批转对象

（1）今后按政策收回城镇的人员子女。地委书记王树衡同志在地委工作会议上宣布，从七九年起，不再动员知识青年上山下乡，因此也就不存在再转为知青的问题了。如果按政策收回现还在农村的原下放居民，那么其子女就应该同时收回。

（2）父母城镇户口，子女从小就迁往农村，不属组织动员下放的，下去时也未满十七周岁，不属知青下放。

（3）临时工、合同工、社会闲散劳动力，不是属知青下放。

二、安置知青问题

根据 74 号文件精神，七二年以前的知青争取两年内解决。从我们县的实际情况，我们设想了三个安置方案：

第一道方案：

1. 七二年以前下乡的知青大部分是新昌镇动员下放的，动员这些知青的家长凡符合退休条件的予以退休，以顶替解决一部分。

2. 新昌镇办大集体招工解决一部分。

3. 各小集镇小集体单位先后安排了一些知青，但未解决粮食问题。现可以考虑工作照顾，解决商品粮。

4. 有些企事业与外地人签订了一些合同，根据情况，可以辞退一些合同工，填补一些知青。

5. 知青安置在哪里，其子女按政策规定，哪里应予以安置，解决粮油户口问题。

第二道方案：

七二年以前的知青大部分已婚，有小孩，从减轻国家负担考虑，我们意见，如果知青双方都在农村，则由公社逐步安排他们从事有固定工资收入的工作，解决商品粮。除此外由新昌镇办大集体予以解决。萍乡、南昌、上海等地下放知青不能回原动员城镇的，由现安置地逐步予以考虑安排有固定工资收入的工作。

第三道方案：

1. 七二年前已婚知青，一方有工作，另一方通过病退、特照等形式解决。

2. 与农村青年结婚的下乡知青，由公社安置在社办企业，有固定收入。

3. 七二年前未婚知青通过招工解决。

以上三道方案，我们倾向于按第一道方案办。

对于今后招工，我们提出二点意见：

1. 今后凡招工，我们认为应优先解决下乡与留城青年，对历届应下未下的要在解决留城和同时期下乡知青工作的前提下予以考虑。历届应下未下的应作社会闲散劳动力处理。

2. 对病退回城和病残留城的也应按社会闲散劳动力处理，安排在同期下乡知青和留城青年之后。

三、安置在国营农业企业的知青，不存在再安排的问题了，也不存在转点、病退、特照的问题了。

四、已婚知青，有一方是农村青年，根据情况，可以安置双方到国营农场。

五、对七二年以后下乡的独子女、多子女无子女参加工作的，一家有三个以上子女下乡现仍在乡的，知青本身有严重病残不适合农业劳动的，本着实事求是的原则，特殊情况特殊处理，从严掌握，但在政策上不开这个口。

以上报告妥否，请批示。

江西省宜丰县革命委员会知识青年上山下乡办公室（章）

一九七九年四月十日

抄送：县计委、周杰书记、漆副书记、林副主任、胡部长，存

丰城县

关于退沪知青条件的函

丰城县知青办：

来函已收到，所提问题按我市有关政策精神简复如下：

1. 已婚知青原则上不办理病退。我市决定，由其父母单位（或兄姐）自今年七月份起，作定期补助，每人每月拾元。如夫妻双方同是上海知青，即使均患有严重疾病，目前亦不宜办理，此事，今后再个别协商。

其它与当地社员或知青或工人等结婚的一概不办。

2. 已升学、招工的不能再按下乡知青处理。如退学退职回队，我们亦不办理。

3. 家长退休子女招收事，待中央文件下达后，上海准备实行，具体办法尚未公布。

对多子女到外地农村的家庭，我市参照四川有的做法，凡一户有二个子女在外有插队的或一户有三个子女在外省务农的（包括农场）可以照顾调回一个，回沪后安排里弄生产事业组。

以上简复，请掌握参考。

此致

革命敬礼

另关于一般知青病退工作希按轻重缓急逐步掌握处理。

虹口区知青办／（章）

一九七八年六月二十七日

上饶地区

批转地区知青办《关于当前上海
下乡知识青年病退情况的汇报》

（饶革发〔1978〕059 号）

各县（市、镇）革委会、地属场：

现将地区知青办《关于当前上海下乡知识青年病退情况的汇报》批转给你们。希各地重视这一问题，按照党的政策，认真做好知识青年工作。

江西省上饶地区革命委员会（章）

一九七八年六月二十三日

抄报：省革委、省知青办

抄送：各县（市、镇）知青办、场知青办

江西省上饶地区革委会办公室印发

一九七八年六月二十六日

共印八〇份

关于当前上海下乡知识青年病退情况的汇报

地革委：

据反映，最近上海下乡知青中，闹病退的情况比较突出，有的地方成群结队离开生产岗位，到县医院闹"病"检，有的逼着公社知青办干部开"病退"证明，有的强要县知青办开病退联系函。据波阳、弋阳、余干、乐平、贵溪、铅山等县不完全统计，由公社报县知青办"病退"的已达1682人，占上述县现有上海知青的21.3%，其中已与上海发函联系的有1026人。

在进行病检和办理病退手续的过程中，发生了以下几种不正常现象：一是冒名顶替，有的把别人的病历拿来为自己办理病退手续，有的把别人的化验单和拍的片子拿来作为办理病退手续的依据。二是吃药提高血压，加速心脏跳动，如有的知青吃麻黄素、可滴松等药品。弋阳县朱坑公社有个上海知青患中耳炎，为达到病退目的，在上海家里把一种药塞到耳朵里，结果加重病情，抢救无效，致死。三是模仿医生笔迹，自己伪造病情，骗盖医院公章等等，仅波阳县，今年来就病退了408人，不仅影响了知青队（场）的生产和建设，而且也影响到本地下乡知青的思想稳定。据波阳反映，有的知青队上海知青波动面达80%，有的基本上走光了。

针对这一情况，各县都采取了相应措施。弋阳县召开了各公社主管知青工作负责人的电话会，要求认真做好下乡知识青年的政治思想工作，加强领导，严格审查。余干县也为此专门召开了会议，提出了做好下乡知青病退工作的意见。

搞好下乡知青的病退工作，是正确贯彻执行党的政策的具体体现，执行得好坏，直接影响到知识青年上山下乡的巩固和发展。要做好这一工作，我们认为：（一）各级知青办要正确贯彻执行毛主席、华主席和党中央关于知识青年上山下乡的一系列重要指示，按照中发〔73〕30号和省委〔73〕131号文件规定，认真调查研究，坚持党的原则。对那些确实有病，又不能从事农业生产劳动的下乡知识青年，符合病退条件的，就给予病退，不符合病退条件的，就坚持不予病退。决不能以感情代替政策，更不能有放包袱的思想。（二）对那些患有这样那样疾病，但又不符合病退条件的青年，要认真做好政治思想工作，因地制宜，妥善安排他们从事力所能及的劳动，在生产、生活上予以热情照顾。（三）对少数冒名顶替、搞歪门邪道的，要给予严肃的批评教育，鼓励他们为实现四个现代化作出应有的贡献。（四）要组织广大下乡青年学习政治，学习文化科学知识，不断提高政治和文化科学水平，充分发挥他们的积极作用。

以上意见如无不当，请批转各地。

地区知青办

一九七八年六月十日

波阳县

关于安排仍在农村插队上海知青的函

波阳县知青办：

按照中共中央〔78〕74号文件精神和对于插队知青由动员地区和安置地区共同安排的原则，我市对于现仍在农村插队的上海知青作出以下措施：

一、对现仍在农村插队的未婚知青，全部调回上海；

二、对现仍在农村已结婚插队知青，如双方均系上海知青，可全家迁回上海；

三、对现仍在农村已结婚插队知青，如夫妻一方在上海工作，也可调回上海；

四、对已在农村与当地知青、社员、工人、干部结婚者，请当地能就近就地安排适当工作；

五、对已与跨省市的知青、社员、工人、干部结婚者，尽可能帮助他们迁居一起。

上述一至三条可由本人或家长向上海所属的街道、里弄申请，经批准后，发函与您处联系，请予办理迁移手续。不再办理病退手续。对于前已寄来的病退材料我们也将按上述精神处理。也请告知知青本人，不再办病退手续，而可去有关里弄提出申请。

对四至五条，我市有关领导部门正在与省有关领导部门商量，以后再共同配合办理。

对于已经招工、升学、定干、定职、定级的，我们不能办理上述手续。

如有发现，我们也予退回。

以上请予大力支持！

此致

敬礼

上海市闸北区革命委员会知识青年上山下乡办公室（章）

一九七九年二月

婺源县

有关下乡知青病退、照顾回沪的问题解答

……

现就有关一些具体问题解答如下：

一、哪些人可以申请病退？

1. 一九六八年以来由上海去外省插队的知青，确患较重的慢性疾病，久治不愈，影响参加农业劳动，有治疗病史及明确诊断的，可按手续向当地组织申请。

2. 一九六八年以来由上海去外省农场的知青，凡下乡前患有严重的慢性疾病，现旧病复发、久治不愈，不能参加正常农业劳动，具有充分病史材料的，可按手续向当地组织申请。下乡后患病的，主要由所在单位安排力所能及的劳动，原则上不能退回上海。

二、申请病退有哪些手续？

知青病情符合上述情况，又有一贯治疗病史、诊断明确的，可持县级医院确诊证明向当地组织申请，经生产队、大队、公社、县知青办审核后，由县知青办发函与上海有关组织联系协商；农场由上一级组织审核后发函与上海协商。

三、如何知道病退材料到了上海？

区知青办在收到外地寄来病退材料后，约在半个月左右的时间内发书面通知给家长。家长可凭通知向所属街道领取《申请病退登记表》。

四、上海审批需要多长时间？

经各级组织的调查研究、讨论审批、办完手续，约需半年时间。需要体

检复查的由街道通知，凡未接到体检复查通知或复查完毕的，不要在沪等候。在手续办完后，无论"同意病退"还是"不宜病退"都将发给书面通知。

五、哪些人不办理病退？

凡已招工、升学的知青一律不能办病退；如招工、升学后又退职、退学的也一律不能办理。

已结婚的青年配偶不在沪的，原则上不办病退；为办病退而离婚的，一律不能办理。

凡农场已作适当安排的知青，一般也不办理病退。

六、哪些地方已停止办理病退？

新疆建设兵团和大兴安岭林场已停止办理病退。

七、在办理病退过程中要否查询？

在办理病退过程中（约六个月内）请不要到区或街道走访，因在未作出结论前，接待人员无法明确答复。

八、哪些对象可以照顾调沪？

一个家庭目前仍有三个子女在外省务农或二个子女在外省插队的，可向街道知青组申请调回一名一九六八年以来经组织动员上山下乡，至今尚未结婚的上海知青，经有关部门审查确实符合调沪范围的，才可批准调回。

九、在市郊插队、农场及自幼生在农村或未满十六足岁下乡的，可否计算为外农或外地插队？

1. 在本市郊县插队的一律不作外地插队计算。

2. 在市郊农场的一律不作外农计算。

3. 自幼生在外地农村或由外省市下放农村的不作外农计算，未满十六足岁由上海下乡的也不作外农计算。

十、哪些知青不属照顾调沪范围？

1. 凡六八年前下乡的和在黑龙江林场的不属调回范围。

2. 已在当地或外地结婚、对方不属回沪对象的不可调回；在照顾调沪办法公布后离婚的也不能调回。

3. 已上调至各行各业工作或升学的不可调回；在照顾调沪办法公布后，凡上述人员自动退职、退学的也不属调回范围。

十一、还有什么对象可以照顾调沪？

父母双亡或无业的在外省插队的上海知青也可照顾调回，有关口径与

"三外农"、"二外插"相同，执行相间，大约在明年开始。

十二、哪些对象可实行定期补助？

一九六八年以来，从上海去外省插队青年中已婚的，父母双亡或无业的，从一九七八年七月起，由父母或兄姐工作单位或民政部门（街道）负责补助。其它确有困难的下乡知青家庭，仍由原单位或民政部门（街道）给予临时补助。

杨浦区革委会知青办群众来访接待室
一九七八年六月二十二日

关于回沪知青条件的函

黄革知〔78〕第8号

县知青办、农场劳资科：

几年来关于处理下乡知识青年因病退回沪工作，承蒙你县、场大力协助和支持，为此表示感谢。

但最近几个月来，我们先后收到各地的来信询问，又收到大批病退材料，传说上海病退要停止了，又说放宽了等，因此大批青年要求县、社（场）批准病退回沪等现象不断剧增。为了加强相互通气，切实做好病退工作，现将上海情况沟通如下：

前一个时期病退工作，我们曾考虑到因多子女上山下乡的家庭困难较大，因此在病退方面，我们兼顾家庭这一因素，在病退掌握上，特别是插队落户是适当放宽了一些，主要是兼顾多子女下乡这一因素，所以对过去积压的和曾经未同意的一部分病退材料，在重新调查了解的基础上批准一批病退。

最近根据市委决定，为了统筹解决《关于多子女到外省（区）务农照顾调回一个的意见》，对多子女下乡，目前一户仍有三个子女在外省（区）务农和二个子女在外省（区）插队的，可照顾调回一个回沪（已上调的不作计算）。对父母双亡或父母无业的插队知青，今后逐步调回。调回的知青逐步安排到街道小集体生产事业单位。

在具体掌握上，对照顾回城的对象，一般应是未婚下乡青年，但对其中夫妇双方都符合回城条件的，或一方符合回城条件而另一方在沪工作的，可给予照顾回城，其子女可随迁；配偶在其它省（区）工作的不予考虑。自照顾回城的办法下达日起，今后再从农场转插队的，既不能作调回对象，也不作插队青年计算。在外地已经上调、升学而自动要求退职退学的上海青年，一律不作照顾回城的对象。

办理照顾回城手续，凡符合照顾回城的下乡青年，由其家长提出申请，经街道审查、区革委会批准，然后同各县（场）发函联系。

另外，对一九六八年以来从上海动员到外省（区）农村插队的知识青年中，对已经结婚的，父母双亡或无业的，只要坚持农村劳动，生活有困难的，从今年七月份起实行定期补助，每人每月补助十元，他们的子女每人每月补助五元，但不超过二人。夫妇双方都在农村插队务农的，可补助两个子女，一方是职工的，补助一个子女，但对无故离开农村的，暂不补助。

除定期补助对象外，对其它上山下乡知识青年，家庭经济有困难的，今年仍按过去聊补办法给予补助，到明年再逐步实行定期补助。

除上述措施外，对病退工作仍继续进行，不停办。但在病退掌握上，因多子女上山下乡兼顾因素已采取上述措施进行，所以病退条件仍要以病为主，对农场因是全民所有制单位，有固定的工资福利，病退仍按过去的规定从严掌握。对于插队青年，经医生诊断确实患有较严重慢性疾病，影响参加农业生产劳动的，仍由当地县（场）提出病退，上海复查属实，可予办理。

对于已上调、升学而为了达到病退回沪再去务农的，不予承认。结婚青年原则上也不搞病退。

以上意见仅供你们掌握参考，请不要翻印，并请贵县（场）大力协助做好青年思想工作。特此感谢。

此致

革命敬礼！

上海市黄浦区知识青年上山下乡办公室／（章）

一九七八年七月三日

关于上海知青程××调回上海的往来函件

报　　告

杨浦区乡办及有关单位：

　　我社上海知识青年程××，于一九六九年来我社插队落户，一直表现较好。但是该青年长期体弱多病，不能参加农业劳动，为了给她的照顾，先安排在公社水电站，仍感体力不支，后来只好让她到许村供销社做力所能及的临时工，打条领工资，仍吃农业粮，做一日算一日，做一年算一年。到一九七二年与公社干部、党委委员、革委副主任汪××同志结婚，婚后已生有二个孩子。但不幸汪××同志于今年五月十三日为电站护坝防洪抢险翻船落水因公殉职。

　　汪××因公牺牲，对程××带来极大的刺激，精神失常，病体加重，不但不能劳动，就是对孩子的照顾、自己生活的料理亦有困难。汪××家中仅有七十多岁的双亲，不能依靠，现在真正成为寡妇孤儿，不但处境困苦，而且仍在婺源特别是在许村这个环境中，见景生情，触物思亲（悲痛爱人的死亡），犹如度日如年。此情此景，殊堪怜悯。在她周围的许多社员群众都表同情，纷纷要求公社想办法报告上海有关部门让她带小孩回沪，以得到父母兄妹的照顾和安慰。

　　根据群众的要求，公社党委进行了研究，认为程××的处境实属困难，恳请上海有关部门根据实际情况，从实际出发，把程××作为统调对象，调回上海，不胜感激。

江西省婺源县许村公社革委会/（章）

一九七九年六月二十日

婺源县革会知青办：

　　接你办六月廿九日来函，说明程××仍在你县许村公社插队，要求我区将程统调回沪等情。经查，程在婺源，你办提供的在乡知青和已婚知青的名单均无此人，同时有人反映她已在你县安排了工作。特再次来函请予实事求是地核实，她是否在当地安排过工作，如已安排，是何时安排的，进何单位，她的户口关系现在何处，是否变迁过，吃粮是商品粮还是农村粮，请了解后及时函复我办。

　　此外，如你办确有特殊情况，反映其具体困难亦请详细说明情况，便于研究。

　　致

礼！

上海市杨浦区革会知青办／（章）

一九七九年八月十三日

　　此件已函复上海，我们意见仍维持原统调回沪。

　　金协群

　　七九年八月十六日

杨浦区革委会知青办：

　　你办八月十三日来函询问程××情况，现将我县许村公社革委会关于程××情况的专题报告再抄写一份给你办。许村公社革委会专题报告经我办核实，情况属实。你办所要询问的问题，专题报告都作了详细答复。程××目前在我县单独生活确有实际困难，我们意见请你办研究统调回沪。

婺源县革委知青办

一九七九年八月十六日

附许村公社革委会报告①

杨浦区革委会知青办：

　　知识青年程××，于一九六九年由上海市杨浦区下放我县许村公社插队落户，由于程体弱多病，不宜参加农业劳动，不久照顾安排她在社队办的小水电站做事。一九七二年与外地下放的知识青年公社不脱产干部汪××同志结婚（汪于一九七八年初被提拔公社革委副主任），婚后已生有二个孩子。根据她的表现和身体状况，公社曾研究建议县里给她上调安排工作，但当时本人考虑到招工安排，一是大集体，二工种不理想，三工资待遇不如社队企业好（工分值比上调学徒工高），等以后再说。由于婚后有孩子和家务，程

---

　　①　即6月20日报告。——编者注

在远离公社的水电站劳动感到难以坚持，后来只好让她到××供销社做些力所能及的临时工，做一天算一天，打条领工资，身体不好就在家休息，做点家务。吃粮食每月拿钱到生产队去买（即农业粮）。

不幸的是，其爱人汪××同志，于一九七九年五月十三日，在一次保护电站的防洪抢险中，不慎落水殉职。爱人的牺牲，给程××带来极大的刺激，痛不欲生，一度精神失常，对孩子不能照顾，自己的生活难以条理。苦其爱人家中仅有年过七十的双亲无法投奔和依靠，真是孤儿寡妇，度日如年，处境艰难。对此情景，当地干部群众深为同情。

根据以上情况，经我们研究，认为程××下乡十余年一直安心农村，表现较好，又未上调招工，只因爱人不幸牺牲留下她们孤儿寡妇，处境实为困难。为了使她们母子能得到亲人的温暖和照顾，请杨浦区知青办，从实际情况出发，帮助将程××（及两个小孩）收回上海，作妥善安置。

此致

婺源县革委会知青办
一九七九年十二月十九日

新干县

关于上海知识青年当前病退的情况汇报

县委并报地委知青领导小组：

在毛主席无产阶级革命路线指引下，在新时期总任务精神的鼓舞下，在各级党组织的领导和关怀下，我县广大知识青年在三大革命运动中发挥了积极作用，取得了很大成绩。

但是，由于"四人帮"的干扰破坏，加上我们的工作领导不够，一些地方下乡青年中存在的种种实际问题，没有得到解决。因此，当前要求病退回城的上海知青越来越多。据七七年年底统计，上海知青病退回沪的约125名，今年一至四月份病退回沪数字更大，达到了197名。与去年同期比，增长了125%。而且这仅仅是批准病退的，目前尚未上报和正在办理病退的知青还有很大一部分。据12个有上海知青公社的不完全统计，要求病退的有450人左右，几乎成了"病退风"。出现了几种不正常现象：

一、一些原先扎根思想比较牢的知青，现在积极要求病退。比如，鸡丰综合场谭××，六八年下乡时就是先天近视，两只眼睛只有零点几，原先是××知青班班长，思想红，劲头大，七四年到综合场，一贯表现较好，决心扎根农村干革命。今年以来，由于"四人帮"刮起的回城风的流毒和影响尚未肃清，加上其父母多次来信，思想产生动摇，现在积极要求病退了。

二、许多担任农村实职的知青，自动辞职不干，要求病退。据不完全统计，去冬今春以来，全县240名要求病退的知青中，有12名赤脚医生，79名赤脚老师，4名广播员，5名驾驶员，15名会计保管员，2名农业技术员，都自动辞职不干，要求病退。比如，胜利公社××大队女知青周××，身体还好，只是有点关节炎，大队为了照顾她，安排当广播员，搞了两年多，反映尚好，现在坚决不干了，要求病退。洋湖公社女知青、共产党员冯××，曾先后出席过地、县知青积极分子代表会，是洋湖公社知青中的尖子。为了发挥知青骨干作用，公社安排她搞农业技术员，两年多来，在农业生产上摸索了一些经验，最近其父专程来干找有关部门要求给其办病退手续。龙江公社塘边小学女知青、共产党员顾×，担任代编老师已几年了，现在也公开提出要病退。有的甚至连国家职工也还留在城市，如××剧团曹××，六八年下放××大队，七二年调剧团，七四年转为国家职工，今年三月，根据她的身体情况，调到新华书店，仍不安心，最近几次要求回生产队，其目的就是想回队后好病退回沪。

三、一部分已婚知青思想产生动摇，也要求病退。这些青年中，有的知青和知青结了婚，有的知青和当地群众结了婚；有的结婚几年，小孩已有一两个了；有的婚后，一方调离农村，一方身体确实很坏，有的双方身体都不好；有的婚后生活难以自理。因此，迫切要求回沪。比如，七琴公社××大队上海知青杨××，身体本来就不好，去年和同班上海知青结婚后，生一小孩，身体更加恶化，夫妻感情不好，长期分伙吃饭，小孩送给了别人。最近公社已经批准离婚，女方迫切要求病退。

四、有的知青为了回城，无病装病，小病大养，能干活不干，成天找乡办，跑医院，逼着医师开疾病证明，要父母写信托熟人说情，找领导求情，千方百计病退回城。

产生上述问题原因主要是：

（1）"四人帮"的流毒和影响尚未彻底肃清，城乡差别还有一定距离。

（2）随着年龄的增长，80%左右的上海知青已近30岁了，有的30多岁，他们感到招生、升学、参军无指望了。

（3）有些知青，特别是少数已婚知青，身体确实很差，难以适应农村体力劳动，生活长期不能自理。

（4）有些家长子女务农多，农大于工，家庭生活困难。

（5）有些地方顶替补员也有一定影响，认为病退是唯一门路。

（6）一些上海知青和家长反映，有些地方招工招生政策不够落实，不是任人唯贤，而是任人唯亲，当地青年、领导干部子女，走得快，上得多，上海知青轮不到。

（7）上海有关单位，降低了病退条件。比如：①病退批准权限，由市乡办下放到区乡办；②有的病退青年不再复检了；③除病情外，家庭困难和农大于工等情况都可作为病退条件；④有些单位来信暗示，已婚知青也可参考病退。这些为病退知青大大开了方便之门。

由于病退等原因，给当前知识青年工作带来极大不利。

1. 不利于坚持知识青年上山下乡的正确方向，如有的原先打算扎根农村干革命，现在放弃了农村广阔天地这个伟大理想；有的原准备结婚成家，现在改变了计划，千方百计回城。

2. 不利于知青场队巩固和发展。目前，知青场队，大部分规模小，底子薄，搞病退的知青多了，不仅影响广大知青的积极性，而且人手少了，生产搞不过来，对知青场队的巩固和发展极为不利。胜利公社××青年队，原是一个红旗单位，由于正副队长思想不坚定，先后带动了四个青年搞病退，致使该队知青思想混乱，全队7个上海青年，5个长期在沪，工作无人抓，生产无人搞，使农业学大寨受到了不应有的损失。

3. 不利于新时期总任务的贯彻落实。

以上情况，同当前形势的发展很不适应，必须迅速加以改变。我们初步意见：

（1）要坚决贯彻执行毛主席有关知识青年上山下乡的教导和华主席、党中央的重要指示，深入揭批"四人帮"破坏上山下乡的罪行，彻底肃清其流毒和影响，坚持知识青年上山下乡的正确方向。

（2）要进一步加强党对知识青年工作的领导，根据新时期总任务的精神，向知识青年提出新的要求，不断对他们进行前途和理想教育，动员和组织青年积极投入农业学大寨运动，充分发挥他们的智慧和才干，调动一切积极因素，为实现四个现代化而努力。

（3）要按照〔73〕中央30号文件精神，对知识青年工作进行一次认真的检查，对下乡青年中存在的种种实际问题，目前能解决的，要给予及时解决。对于病退问题，这是当前上山下乡工作中一个比较突出的问题，搞得好坏，关系到青年场队的巩固和发展，关系到知识青年上山下乡这条道路如何继续走下去的大事。因此，各级党组织必须引起重视，认真研究，抓好这一工作。我们认为，中央知青工作会议以前，对病退青年，仍应坚持以病为主的原则，除极少数患有严重疾病和明显病残，确实不能坚持农业劳动，非退不可的以外，一般都动员其当地就医，坚守岗位，为四个现代化作贡献。

以上汇报当否，请指示。

中共新干县委知识青年上山下乡领导小组

一九七八年五月二十九日

关于做好知青病退工作的几点意见

（虹革知青办〔78〕字第52号）

新干县知青办：

几年来，对部分确实患有严重慢性疾病的下乡青年予以病退，这是贯彻统筹解决方针的一项措施，今后我们仍将继续办理这项工作。

但是，今年以来，各地提出青年病退人数大量增加，七月以后，更趋集中，且寄来的病退材料不少缺乏应有的病史及化验、拍片等资料。其次，我们发现有的青年已在农村安家结婚、升学及上调工矿、企事业单位，已不属病退范围的人也在搞病退，个别人甚至采取退学、退职、离婚等不正常的做法，增加了矛盾。为做好这方面的工作，我们提出以下几点意见：

1. 已升学、上调的青年（包括个别自动要求退学、退职的）不能再作为下乡知青办理病退。

2. 对已婚知青，原则上不办理病退，有困难的请协助就地安排。（个别确有特殊情况的如一方在沪工作另一方患有严重疾病符合病退的下乡青年目前亦暂不办理）

3. 对国营农、林场的青年（新疆、大兴安岭除外）下乡前确有严重慢性病，不宜上山下乡，去农、林场后久治不愈，可以办理病退。对下乡后患病，应由所在单位安排他们力所能及的劳动，原则上不能办理病退。对工伤致残的青年应按国家劳保条例规定由所在单位负责到底，原则上不办理病退。

4. 对于插队落户的青年如确有严重慢性疾病，久治不愈，难以参加农业劳动，当地又无法适当安排的，可办理病退。

5. 各地对符合政策提出的病退联系函，请区别轻重缓急，逐步发出，病退联系函应一人一函，并应有各级审核意见，医疗机构的病情鉴定及相应的病史、化验报告等。

6. 各地发出病退联系函后，请教育青年安心在农村参加适当劳动，不要盲目来沪。根据目前区知青办和医院办理病退、检查病情的进度，自九月份起提出的病退材料，除病重、家有特殊困难外，一般都要到明年才能办理复查手续，故请协助教育青年，今年不要来沪。他们过早回沪，势必在沪等待时间更长，增加了口粮、经济等方面的负担。

以上情况和意见，请研究。如同意，请即转知有关社队共同掌握并请协助做好青年思想工作。

此致
革命敬礼！

上海市虹口区知青办/（章）

一九七八年八月二十二日

峡江县

关于做好知青病退工作的函

（沪杨知〔78〕97号）

峡江县知青办：

本月二十一日发出一电，想已收悉。恐电文不够详细，特再函告。

几年来，在处理知青病退工作中，得到你县大力支持，非常感谢。

最近知青要求病退的数量激增，有的县知青办来函来电询问如何掌握为好。为了认真贯彻华主席在十一大和五届人大有关知青工作的指示，在坚持上山下乡正确方向的前提下，切实解决知青中存在的一些问题，为了共同做好这项工作，现将我们目前办理病退的一些情况，通一个气，总的原则仍按过去省市商定的精神办理。具体我们是这样掌握的：

1. 插队知青确患较严重的慢性疾病，难以坚持正常农业劳动，且有足够病史依据，诊断明确，经县知青办审核后，将材料和病史依据寄我办协商处理。

2. 对已招工、升学的知青，请不要办理病退。为病退而退工、退学的，也请不要办理病退。

3. 对已婚知识青年，原则上不办理病退。凡为病退而离婚的也一律不予办理。

以上是我们目前办理病退工作中掌握的一些原则，请贵办大力协助，共同做好知青病退工作。如有不妥之处，请提出意见。

此致

敬礼！

杨浦区知青办／（章）

一九七八年六月二十四日

赣州地区

知识青年上山下乡情况反映第一期

赣州行署知青办

我区贯彻全国知青工作会议精神的情况

……

三、为更好地贯彻落实全国知青工作会议精神，我区各县、市、机关、厂矿遵照国务院通知，普遍开展了对上山下乡知识青年的春节慰问活动。

各单位领导同志亲自任慰问团团长，各有关部门密切配合组成慰问团，通过联欢会、报告会、座谈会、茶话会、慰问信、家访等形式，广泛对知青慰问，听取知青、知青家长的意见，如赣州市在慰问团统一领导下，还设三个慰问组，重点深入郊区几个公社的知青队、场进行慰问。在慰问时，对生活确有困难和已婚知青，市、县知青办酌情补助，广昌县已拨八千五百元，于都县已拨六千元给知青安排生活解决困难……

四、存在和待解决的问题

1. 各县知青领导小组不健全，开展活动有困难。

2. 县知青办干部不足，公社知青办无专职干部或大部分是兼职干部。

如定南县知青办原七人，现主任调离，剩下三人，全县十三个公社，只有四个公社有知青专职干部，其它都是兼职的；信丰县知青办原七人，现五人，二十一个公社，有五个是兼职干部，七个长期蹲点；龙南县公社一级只有一个公社有专职干部，其它都是兼职干部。

3. 过去建队规模小，人少。现在由于知青变动，有的队、场无知青，有的剩下百分之五十左右的知青，因而耕地面积过多，负担过重，经营管理有困难。上犹县有一个知青队，原四十多人现只有二十多人，采取由公社党委、大队党支部出面与所在生产队商量，知青的田借给生产队种，这个办法是否可以普遍采用。

4. 上海知青集并而办起的知青队、场，现在落实政策，知青回上海了，现有的房屋、土地、农机、机械设备、无息贷款等如何管和处理，没有很好解决。

……

6. 对一方已在城市有工作，一方在农村插队的已婚青年，如何安排是好。对一九七二年前下乡的，优先安排，两年内基本解决。安排好还缺乏路子。对一九七三年后的知青，如何组织学习，使生产学习两不误，还缺少经验。

7. 上海按照政策不断扩大回城对象，特别是因病回城条件较宽我们是否要作相适应的变动。

一九七九年一月二十四日

会昌县

对插队知青调回工作中有关问题的函

（长革知青办〔79〕第 230 号）

会昌县知青办：

根据中央〔78〕74 号文件的精神，为了统筹解决好插队知识青年的实际困难，我区当前对一部分仍在农村继续插队的未婚知青（包括夫妇都是上海知青），就地务农确有困难的，可以照顾调回上海。调回手续由上海知青家长提出申请，街道审核，上报区知青办审批同意后，发函于你县照顾调回。

对已与当地职工、干部、知青、社员等结婚的，为了避免产生新的矛盾，不予办理病困退和调回。请贵县根据中央〔78〕74 号文件中关于有困难的已婚插队青年，要分别情况，尽量就地就近安排有固定收入的工作的精神办理。

对已提拔为脱产干部和成为全民、集体所有制单位职工的，已上大、中专（院、校）和毕业后分配在当地的，按照〔79〕国青字第1号通知规定，已不属于下乡知识青年范围，不予办理调回手续。他们如有特殊困难需要调动的，应当按照人事、劳动部门关于干部、职工调动的有关规定办理。

但是我区最近在办理调回中发现，有一部分人已经在当地通过招工、招生进了厂矿、企业、学校的，自动退职、退学，将户粮关系转入当地生产队，重新作为下乡知青，要求调回上海。对此，查明后一律不予办理调回，因而特去函与你处联系，请予协助共同"把关"，制止这种做法，认真贯彻执行中央的有关文件规定。对不能调回的知青，请贵县协助我们做好他们的思想工作，使他们能够安下心来，为早日实现四个现代化作出贡献。

上海市长宁区革委会知青办/（章）

一九七九年四月六日

安远县

关于退沪知青条件的函

安远县知青办：

根据中共中央〔78〕第74号文件精神，我市对目前仍在外地农村插队的未婚知青和虽已结婚但双方均属上海下放知青或配偶在上海工作的，将逐步调回本市。但是，对下乡知青已经招工、升学或提干定级的，不能按下乡知青照顾调回上海；对已上调、升学、提干后再退职、退学回农村的，也不能重新列入知青统筹解决范围，如发现上述对象隐瞒情况而调回的，应退回原地；已婚知青配偶属当地社员知青、职工的，亦不能调回，请就地就近安排工作。

为了做好按政策调回工作，特请你们提供我区仍在你县务农并属调回的知青名单和上海家庭地址，并函复我办。今后在调回过程中亦请能按上述精神协助配合为感！

此致

上海市徐汇区知青办/（章）

一九七九年三月二日

定南县

病退联系函（三式）

〔　　〕定乡办字第　　号

知青办：

你　　　　知识青年　　　　等　　名，因病，要求病退，经研究决定作病退处理。

一九七　年　月　日

（江西省定南县革命委员会知识青年上山下乡办公室印）

_____：

今接你处____月____日来文，提出我市下乡知识青年_____，因病要求退回上海。现该青年家住我市_____路_____弄_____号，现将来文转给_____区知青办办理，希与他处联系。

此致

敬礼！

上海市卢湾区革委会知青办

一九七　年　月　日

介绍信存根

〔7〕定知青字第　　号

革委会知青办：

兹有　　　公社插队知识青年　　　，因　　　，经与动员城镇协商同意退回。

一九七　年　月　日

（江西省定南县革命委员会知识青年上山下乡办公室印）

四　善后问题

省级

关于填报七二年以前下乡知青名单的通知

（〔急件〕　　〔79〕赣水电知青字第 007 号）

省水电设计院、省水文总站、省水电学校、省水电学校大专部、省水利科研所、省赣抚平原管理局、江西向塘水泵厂：

根据中发〔78〕74 号文关于"插队知青中，确有实际困难不易解决的，要在城乡全民和集体所有制企业，逐步安排他们从事有固定工资收入的工作……对一九七二年前下乡的优先安排，两年内基本解决"的精神，南昌市革委知青办发出通知，九月底前做好一九七二年以前下乡知青的填报工作。现将市革委知青办填表要求通知如下：

一、七二年以前下乡知青在国营农场和在公社（或）公社以上作了安置的、有固定工资收入的不填报。

二、下列七二年以前下乡知青均可填报在城市安排。

七二年以前下乡知青原户口在南昌市由南昌市下放现父母亲在本市的；父母亲虽双亡但南昌市有直系亲属的；父母亲不在南昌市，但从小在南昌市寄养，寄养人还在南昌市的；外地下放知青和我市职工结婚了的；南昌市知识青年与南昌市知识青年结了婚双方都在农村的；南昌市下放知青与上海下乡知青结婚的，或与同等城市下乡知青结了婚的；

三、可填报但在当地或农村安排的：

1. 和国营农场职工或知青结了婚的；

2. 和当地的职工、社员、知青结了婚的；

3. 父母亲现已调离南昌市的，由当地安排，或父母亲还在农村的由当地安排；

4. 随父母亲下放的，父母有一方还在农村的由当地安排。

四、七二年以前下乡知青名单在九月三十日前报局知青办，以便汇总上报。

附件：七二年以前下乡知青名单

一九七九年九月二十四日

关于实行新财政体制后知青
经费管理使用问题的通知

（〔80〕国青字第 1 号、

〔80〕财农字 12 号）

各省、市、自治区知青领导小组、知青办、财政局：

从一九八〇年起，国家实行新的财政体制。为了切实解决好下乡知识青年的问题，促进安定团结的大好形势，现对知青经费划归地方财政支出后，管理使用方面的几个问题通知如下：

一、知青经费划归地方财政支出后，其开支范围和标准，仍按中央〔1978〕74 号文件的规定执行。管理使用办法，继续按照国务院知青办、财政部《关于知青经费管理使用的暂行规定》，结合本地区实际情况贯彻执行。

知青经费对地方财政实行包干指标的基数，在保证城镇知识青年下乡需要的安置费、扶持生产资金和业务费后，如有多余，可以用于解决城镇待业青年的就业问题，但在地方财政预算、决算中要分别反映。

二、一九七九年底以前，中央财政按规定标准拨给地方的知青下乡安置费、扶持生产资金、业务费的结余（包括财政部门的结存）和知青闲置财产变价处理收入等，按照中央〔1978〕74 号文件的规定，继续留作知青专款，用于解决已下乡知青的生产、生活上的困难和其它遗留问题，不得挪作它用。

三、各省、自治区知青部门汇编的年度知青经费预算、决算（包括一九七九年决算），送同级财政部门审批，抄送国务院知青办和财政部。

一九七九年各省、自治区城镇知识青年下乡所需的安置费和已婚知青建房补助费、探亲路费等，决算后，中央财政拨款如有多余，统归地方财政；

如有不足，由地方财政补拨。

四、建议各省、自治区将知青经费列为省级的专项拨款，由省、自治区知青部门和财政部门，根据本地区知青下乡情况，掌握拨付。

未实行新财政体制的北京、上海、天津三市，知青经费的管理使用，仍按原规定执行。

国务院知识青年上山下乡领导小组／（章）

中华人民共和国财政部／（章）

一九八〇年二月二十日

抄送：国务院办公室、国家劳动总局、中国农业银行

关于进一步安排好有困难插队
老知青的请示报告

省委：

中央〔1978〕74 号和省委〔1979〕66 号文件贯彻以来，各地对安排一九七二年前插队有困难的老知青，做了大量工作，取得了很大成绩。全省通过招工、顶替和就近就地安排的插队老知青二万零七百人，上海市收回安排的二万二千八百七十四人，回省内城镇安排的六千四百零八人。这对巩固我省安定团结的政治局面，调动广大群众一心一意搞四化的积极性，有着重要的意义。但是，全省安排进度很不平衡，总的来说，安排的进度还比较慢，我省实际安排的人数只占应安人数五万七千一百六十三人（不包括回沪安排的二万二千八百七十四人）的百分之三十六。尤其对有困难的已婚插队老知青的安排更慢，只安排了六千九百七十人，仅占应安已婚插队老知青的百分之二十七，现在乡有困难的三万零六十五名插队老知青中，已婚知青就占了一万九千零七十七人。前段安排工作中存在的主要问题是：统筹兼顾、全面安排的方针贯彻不够，有的有条件的单位七三年后下乡知青也全部或大部分作了安排，有的条件差的单位则七二年前老知青也得不到安排；就近就地在农村安排的，户、粮关系没有解决，影响了知青的安排；城乡有关单位配合不够，在安排上

互相推诿。为了解决这一问题，落实中央和省委关于在两年内基本安排好有困难插队老知青的要求，调动一切积极因素为四化建设服务，现根据各地的经验，结合我省的实际，就安排好有困难的插队老知青和已婚插队知青的问题提出如下意见：

一、对有困难的已婚插队知青，应从有利于四化建设、促进家庭和睦、有固定收入的要求出发，根据不同情况，分别由城乡有关方面负责，实事求是地逐个加以安排。插队知青与省内城镇职工等人员结婚的，由对方所在城镇负责安排。插队知青与农场社员结婚的，由所在县、社负责安排。插队知青与国营农、林、牧、渔场职工结婚的，可迁到对方所在农场落户，符合条件的应转为农场职工。插队知青与插队知青结婚的，一般应由所在县、社负责安排，如所在县、社安排确有困难而动员城镇又有条件安排的，也可由动员城镇负责安排，双方不属同一城镇的，一般应是大城市的到中等城市，中等城市的到小城市，小城市的到城镇，同等城镇的协商解决。

二、解决有困难的插队老知青和已婚插队知青就近就地在农村安排的户、粮关系问题。有困难的插队老知青和已婚插队知青安排在社办企事业和文教、卫生、财贸等基层单位工作的，以及在独立核算的集体所有制知青场队作骨干的，连同他们的子女，可就地转为城镇户口，吃商品粮。在农村结婚安家的知青，夫妻分居的，要根据他们的要求，允许将户口迁到一处，所生子女要准予落户，并按社员同样的标准供给口粮和其它物资。

三、切实加强对安排有困难插队老知青和已婚插队知青工作的领导。各地要按照中央〔1978〕74号和省委〔1979〕66号文件的有关指示精神，对前段安排有困难插队老知青和已婚插队知青的工作进行一次全面的检查，肯定成绩，解决存在问题，在党委和政府的领导下，充分调动各部门各单位的积极性，统筹兼顾，全面安排，从城乡两个方面广开就业门路，力争在今年内把有困难的插队老知青和已婚插队知青安排好。

以上报告，如无不当，请批转各地贯彻执行。

江西省人民政府知青办党组

一九八〇年四月二十三日

转发省知青办党组《关于当前知青工作几个问题的请示报告》

（赣发〔1980〕147 号）

各地、市、县委，井冈山党委，省军区党委，省委各部门，省直各单位党委、党组：

省委同意省知青办党组《关于当前知青工作几个问题的请示报告》，现印发给你们，请遵照执行。

对今后城市动员上山下乡的知识青年实行保留城镇户口和继续吃商品粮的办法，这是对知青政策的一项重要的调整。各级党委和有关部门必须认真做好思想工作，特别是做好目前尚未得到安排的老知青的思想教育工作，认真解决他们的实际问题，以利于调动一切积极因素，巩固和发展安定团结的局面。

南昌市委提出将知青经费包给他们，知青的安排由他们包下来统筹解决。省委认为，这个办法可以试行。

中共江西省委

一九八〇年七月三日

（此件发至县、团级）

关于当前知青工作几个问题的请示报告

省委：

......

二、关于一九七二年前下乡插队老知青的安置问题

去年以来，特别是省委赣发〔1979〕66 号文件下达后，各级党委和有关部门从城乡两个方面广开门路，安排了三万多名一九七二年前下乡插队的老知青。但这一工作发展还不平衡，有的地区安排比较慢。由于城乡有关单位配合不够，在安排上互相推诿，就近就地在农村安排的老知青的户、粮关系没有得到很好解决。

目前全省在乡插队知青中还有老知青二万三千多人，对他们应本着"国

家关心、负责到底"的精神，继续在城乡进行安排。凡是安排到社办企业和工交、财贸、文教、卫生、农林水企事业基层单位，从事有固定工资收入的城镇下乡老知青，连同他们的子女在内，应就地转为城镇户口，吃商品粮。

对已婚插队老知青的安排，各有关方面要主动协商，互相配合，根据不同情况逐个落实。插队知青与省内城镇职工结婚的，由职工所在城镇负责安排；插队知青与农村社员结婚的，由所在县、社负责安排；插队知青与国营农、林、牧、渔场职工结婚的，由国营农、林、牧、渔场负责安排；插队知青与插队知青结婚的，原则应就地就近安排，如所在县、社安排确有困难，也可由动员城镇负责安排，双方不属同一城镇的，一般应是大城市的到中等城市，中等城市的到小城市，小城市的到城镇，同等城镇的协商解决。

在优先安排一九七二年前老知青的前提下，对一九七三年以后下乡的有困难的插队知青，也要分期分批予以妥善安排。

三、关于知青场队的整顿问题

近两年来，由于大批知青离乡，知青场队大量减少。根据省委赣发〔1979〕66 号文件精神，各地对知青场队作了一些调查，逐步由小到大，由单一经营到多种经营，由单个经营到联合经营，创办了一批知青农、工、商联合公司，有的已经成为知青就业的基地。但也有些地区和单位对知青场队放松了领导，知青离乡后没有对这些场队及时调整，造成人走队空，生产无法进行。

为了把知青场队真正办成安置知识青年就业的基地，必须对知青场队加强领导，切实把它办好。

……

2. 建立一个坚强的比较稳定的领导班子和培养一批办场的知青骨干。对那些热爱农村、有一定技术专长的下乡老知青，可就地转为城镇户口，吃商品粮，长期稳定在知青场队。

……

要抓好知青经费和财产的清理工作，将收回的财物和变价处理收回的资金用于知青场队建设和解决知青的困难。

四、各级党委要继续加强对知青工作的领导

知青工作是涉及千家万户的大事。当前这项工作任务还很重，工作难度也很大，各级党委要继续加强领导，加强政治思想工作，务必抓紧抓好。县以下虽不列入上山下乡范围，但目前还有许多工作要做，如知青场队的调整和生产建设，老知青的安排，知青经费、财产的清理等，因此知青办事机构不宜变动，不能撤并。知青干部要保持相对稳定，在清理财物期间，财会干部一律不要调动，以保证工作的顺利进行。

以上请示，如无不当，请批转各地贯彻执行。

省人民政府知青办党组

一九八〇年六月十五日

抄报：中央办公厅、国务院知青领导小组

中共江西省委办公厅   一九八〇年七月八日发出

共印四九一〇份

一九八〇年知青工作总结
和一九八一年知青工作的安排意见

……

一、一九八〇年知青工作的基本情况

（一）城乡广开门路，统筹安排了大批插队知青就业

一九七九年底，全省在乡插队知青 83266 人（其中七二年前的 30065 人），到八〇年底，包括升学、参军、补员顶替、病困退回城的在内，共计安排了 61544 人（其中七二年前 24052 人），年底在乡插队知青（包括新近恢复知青关系、外省转点进来的）尚有 24062 人（其中七二年前的 6013 人）。据统计：七二年前下乡插队知青已基本安排完毕的有 32 个县、市，井冈山和玉山、莲花、宁冈、崇义、分宜等县连同七三年以后下乡插队知青都已全部安排完。萍乡市在七九年底有插队知青 3055 人，到去年底止已安排 2923 人，现在乡插队的仅有 132 人。南昌县原来下乡插队知青较多，去年八月份还有老知青 1256 人未作安排，省委 147 号文件下达后两个月内就安排了 1080 人……

在安排下乡插队知青就业，我省主要采取了以下措施：

1. 从实际情况出发，调整政策。

根据中央〔1978〕74 号文件关于一九七二年以前下乡有困难的插队知

青要优先给以安排的精神，省委在七九年下达的 66 号文件，提出了要城乡两方面广开门路，安排知青就业，对安排到社办企业的，可以转吃统销粮，计算工龄。一九八〇年省委 147 号文件进一步规定：凡是安排到社办企业和工交、财贸、文教、卫生等企事业基层单位，从事有固定工资收入的城镇下乡老知青，连同他们的子女在内，应就地转为城镇户口，吃商品粮；在优先安排一九七二年前老知青的前提下，对一九七三年以后下乡的，也要分期分批予以安排。全省劳动就业会议后，根据新的就业方针，又采取了一些相应的措施，不仅全民企业招工时，对下乡老知青给以适当照顾，而且有条件在举办集体所有制单位时，不需下达招工指标。此外，各地区还根据自己的情况，在安排就业、回城等方面也都给下乡插队知青以适当照顾……

2. 统筹规划、城乡结合。

……据统计，过去一年来，插队知青除升学、参军、提干等以外，安排到全民和集体单位工作的有 34505 人，在知青场队和联合公司就业的有4801 人，在社办企业就业的有 7383 人。此外，还动员了一部分已婚知青到国营和县办农林场就业，允许携带家属子女进场落户；在收入较高的生产队插队知青（主要是同社员结婚的），本人自愿扎根农村，经批准后就地安了家。

3. 抓难点，重视对已婚知青、病残知青和转点知青的安排。去年以来，各级党委和有关部门本着"国家关心，负责到底"的精神，重视了对这部分知青的安排，并且采取了相应的措施。分宜县有 39 名已婚知青安排到了国营农林场，不仅他们的子女带到了国营农林场落户，而且还允许在农村当社员的配偶也到那里当职工。九江地区把 219 名计划生育员全部安排给下乡在农村的已婚女知青担任，优先照顾七二年前的知青特别是上海知青。各地还对乐意在农村长期扎根的知青在经济上给予适当补助，以解决他们生活上的困难。省委〔1980〕147 号文件除了对就地就近安排插队知青可以转为城镇户粮关系外，还对已婚插队知青的安排作了明确分工的规定，即插队知青与省内城镇职工结婚的，由职工所在城镇负责安排；插队知青与农村社员结婚的，由所在县、社负责安排；插队知青与国营农、林、牧、渔场职工结婚的，由国营农、林、牧、渔场负责安排；插队知青与插队知青结婚的，原则上应就地就近安排，如所在县、社安排确有困难，也可由动员城镇负责安排，双方不属同一城镇的，一般应是大城市的到中等城市，中等城市的到小城市，小城市的到城镇，同等城市的协商解决。这样做能避免一些单位互相推诿，一部分已婚知青已得到了妥善安排。所有这些，对安排已婚知青，解决已婚知青的困难都是很有成效的。

……

（三）有计划、有步骤地调整知青场队

由于插队知青逐步安排就业，在场队的知青人数日益减少，也随着国民经济的调整出现的新情况，各地从实际出发，对原有知青场队有计划、有步骤地进行了调整，以适应变化了的情况。一年来着重抓了三件事：一是对一部分知青场队进行了撤、并、转，人数很少而没有发展前途的，坚决撤掉；规模太小，不利于发展生产和安排生活的，则进行合并；条件较好、知青收入比较稳定的，有的转入联合公司，有的转为单位的农副业基地。经过调整，到年底全省独立核算的知青场队减少到534个，大部分质量有所提高，并试办了农工商联合公司36个。二是因地制宜抓生产，发展经济。全省知青场队和联合公司共有耕地6卡多亩，固定资产2880多万元，流动资金450多万元。一批知青场队经整顿，在国家大力扶持下，很快转入了正常生产。知青场队过去多是单一经营，现在注意了农、工、副结合，有了比较稳定的生产项目，也有试销对路的产品，其中有的还列入了外贸出口计划。去年全省知青场队和联合公司共生产粮食1920多万斤，棉花210担，油脂12万多斤，肉类100多万斤，总产值达到2700多万元，比七九年增加了近30%，总收入1300多万元。据统计，在场队知青的年收入平均为354元。三是抓了就业基地的建设。集中人力、物力、财力，办好重点知青场队和联合公司。目前，已经有了一批知青队和联合公司成了插队知青就业的基地，有的正在朝这个方向努力。

（四）立足于发展生产和知青就业，管好用好知青经费

知青经费的管理和使用，主要是三个方面的工作：一是用好当年的知青经费。去年是实行新财政体制的第一年，省财政先后下拨了知青业务经费和安置经费，共计971万元，保证了各级知青办业务工作的进行和下乡知青的安置。二是管好历年结余经费和扶持生产资金。一九七九年，中央和省财政下拨的1000万元的生产扶持资金，本着投资少、收效快、安排知青多、不搞非生产性项目的原则，已经支出722万元，重点扶持了257个知青场队和联合公司，还有278万元正待落实。各地历年的结余经费，本着专款专用的原则，帮助一批下乡老知青解决了生产和生活上的困难。三是认真清理知青经费和财产。去年，成都会议后，我们会同省财政厅也召开了专门会议进行

贯彻，省人民政府下达了〔1980〕183 号文件。为了落实"双清"工作，全省组织了"双清"小组 258 个，共计 1764 人。宜春地委不仅下达了文件，进行了试点，而且开了现场会，交流了经验。到年底止，全省已经有29 个县（市）、685 个社（镇）结束了"双清"工作，正在清理的有 34 个县（市）609 个社（镇）。经过清理的地方，查清了帐目，健全了制度，减少了损失，纠正了侵占挪用知青经费的不正之风，打击了贪污盗窃知青经费和财物的犯罪行为。处理闲散房屋、三具作价 267.7 万元，已收回 48 万元，查出贪污盗窃知青财物 113 起，计金额 4.5 万元，查出挪用知青经费 445起，共计金额 64.9 万元，已收回贪污、挪用经费 20.3 万元，教育挽救了犯错误的干部。

（五）在知青中深入开展政治思想工作

一九八〇年，各级知青部门以党的三中全会制定的路线、方针、政策为指针，采取各种不同形式，运用各种宣传工具，在知青中开展了经常性的政治思想工作，宣传典型，表彰先进，交流经验，特别是强调抓好坚持四项基本原则的教育，遵纪守法、顾全大局、安定团结的教育……在地、市、县知青部门的支持下和广大知青的积极投稿，编印了《广阔天地》3 期，发行 7万册，宣传了三中全会、四中全会、五中全会的精神，介绍了办好知青场队和联合公司的经验，宣扬了知青的先进思想和先进事迹；各级知青部门印发的工作简报，及时地交流经验；各地还评选出不少先进单位和劳动模范，出席了各级的劳模大会；编写了先进知青的典型材料，大部分被国务院知青办出版的《上山下乡知青青年先进人物集》采用了；我们还协助上海电视台拍摄了高康良、徐一申、刘根伟等知识青年的电视片。各地知青部门还注意了开展经常性的政治思想工作，及时召开座谈会，深入知青场队同知青谈心，在春节前后普遍开展了慰问活动。去年，我们还召开了全省宣传工作会议，传达了中央和省委宣传工作会议精神和全省青少年教育工作会议精神，交流了经验，研究了如何做好知青的政治思想教育工作。为提高下乡知青文化科学知识，帮助联合公司和一部分知青场队建立了图书室，景德镇市、九江、吉安、上饶地区还正在试办电视大学。

（六）做好来信来访工作

一年来，信访工作主要抓了以下三个方面的工作：一是认真处理来信来访，做到热情接待，处理及时，把宣传党的方针政策放在首位。凡是合理的要求，就帮助解决，对不合理的要求，耐心进行说服。重大和疑难问题在核实情况后及时向领导反映，向上级报告。一年来知青和知青家长来信来访比去年显著减少。据统计，其中给省知青办的来信 1539 件，比去年减少 28.2%，来访 720 人次，比去年减少三分之一。二是调查、处理知青案件。据统计，去年共发生较大的知青案件 11 起。对这些案件，各级知青部门的同志都做了深入调查、反复核实，依靠各有关部门进行处理。与此同时，还对过去的 15 起（七六年 3 起，七七年 5 起，七八年 3 起，七九年 4 起）积案进行了清理、复查。在 15 起积案中，属于国务院催办的 5 起，已按要求作了复查上报。另外 10 起，除一起尚需调查外，都作了处理。三是复查和纠正知青冤假错案。各地对此甚为重视，有的开会作了部署，有的下发了文件，有的派了调查组，积极配合政法部门进行复查。到年底，多数地区已基本结束了这一工作。赣州地区 117 起知青案件中，经过复查，属冤假错案 20 起，占 17%，峡江县复查了 23 起知青案件，维持原判的 19 起，占复查的 80%，无罪释放 2 起，轻罪重判的 2 起，正在复查的还有 1 起。在纠正这类案件时，不管本人在否，有无申诉，都本着实事求是的精神，全错全纠，部分错部分纠。德安县对纠正的 3 起错案，做到了政治上恢复名誉，工作上合理安排，生活有困难的给予补助，各方面反映很好。

一年来，总的说知青战线的形势是好的，但也要看到还存在一些问题。

（一）当前的主要问题仍然是插队知青安排就业的问题。从各地情况来看，发展不平衡，有的县一年安排了一千多人，有的县只安排了几十人。据调查，插队未安排的七二年前老知青在 100 人以上的县还有 16 个，其中最多的县还有三百多人。就全省来说，目前在乡插队知青还有二万多人需要安排好，任务还较艰巨。中央和省委不仅要求在去年内把七二年前下乡插队知青基本安排完毕，还要求在今年内把七三年后下乡插队知青也安排完毕。这部分尚未安排的知青思想很不稳定，来信上访仍然不少。一些地方安排进度慢的主要原因是有的重视不够，抓得不紧，措施不力；有的认识不够统一，上级的有关文件不能完全落实，互相推诿。

（二）安置工作还不够落实。有的地区只是把知青的户粮关系转了而没有安排他们有固定收入的工作，或者原来安排当了民办教师或赤脚医生等工作，转了城镇户口以后，原来的工作也随之被解除了，这一部分知青生活无着落，引起上访和吵闹。

（三）……

（四）知青的思想尚不够稳定，突出的问题是，要求安排工作的呼声强烈。即使有的场队和联合公司就业条件较好，收入较高，有的知青还是不安心，对场队建设和到场队就业缺乏正确的认识和思想准备。

二、关于一九八一年知青工作的安排意见

……

（二）力争在今年内把下乡插队知青安排好……首先把七二年前插队知青，特别是已婚知青、病残知青和转点知青安排好。要像过去那样，对上海和其它省、市来我省的插队知青在同等条件下，优先安排，争取在短期内安排得更好。对于同厂矿企事业单位职工结婚的知青，有关厂矿要关怀职工的切身利益，体贴知青的困难，应在企业里给以安排，不要把他们推给当地不管。对于同等城市已婚知青的安排问题，动员城市双方既要主动协商承担困难，也要承认女方到男方的历史习惯，不要再互相推诿。

关于一九七三年以后下乡插队知青的安排问题，要按照省委〔1980〕147号文件提出的办法和要求，在安排工作，解决子女的户口、粮食时，应同一九七二年前下乡插队知青一样对待，争取在今年内妥善解决。

（三）把更多的知青场队和联合公司办成就业基地。这既是为了巩固已经在那里就业的知青，也是为了继续吸收一部分待业知青到那里去就业。各地要采取果断措施，作出全面规划，加快对知青场队调整的步伐，一个一个地落实，该转的转，该合的合，该撤的撤。要充分利用现有的财力、物力，重点办好就业基地，配备好领导班子，安排好经营项目，把生产搞上去，增加收入，提高福利待遇，搞好物资文化生活，为知青创造更好的就业条件。为了办好知青场队，我们打算在四月份召开一次知青场队、联合公司经营管理座谈会，总结交流经验，推广先进典型，研究经营管理，把知青场队的建设推向一个新的水平。

关于知青场队和联合公司某些高税率的产品，在原来实行"三不政策"作某些调整时，我们应当从改善经营管理、降低生产成本、提高产品质量入手，搞好多种经营，实行薄利多销，增加企业收入，改善知青生活，在去年增产增收的基础上，继续为国家多作贡献。

……

（四）进一步管好用好知青经费

在国家尚有困难的情况下，我们还有一笔知青经费是很不容易的。我们一定要珍惜这笔经费，把它管好用好，切实用于发展生产，解决知青的就业和生活问题，不能挪作它用。知青场队的生产项目需要扶持时，一定要经过调查，讲究经济效果，本着少花钱、见效快的原则，不能造成浪费。从去年起，我们已采取把安置知青的经费作为周转金，并通过银行发放扶持生产资金的办法，今年要很好总结这方面的经验。

关于今年的安置经费，全省安排了 801 万元，我们将根据各地的意见报请省政府批准下达。

"双清"工作尚未搞完的要继续抓紧，能收回来的钱要做好工作，特别是贪污和挪用的，一定要严格要求，如数收回。对收回的这笔钱，省里不要求上交，主要还是用于当地解决插队知青的问题。近来发现，有的地方还在继续挪用知青经费和木材等，必须坚决予以制止。

对去年以来下拨的扶持生产资金，在使用上是否合理，经济效果如何，各地要进行一次检查，总结经验，发现问题，及时纠正。一定要按合同办事，按期偿还，偿还的钱，可以继续用于扶持知青场队，不能挪作它用。

（五）各级知青部门的同志要坚守岗位，努力工作，进一步把知青工作做好……同时，我们也向各级党委建议，鉴于今年的知青工作任务还很艰巨、很繁重，应当保持知青机构、干部的相对稳定，以便妥善把插队知青的问题解决好，急于把干部调走，没有一支骨干队伍，对工作是很不利的。

省知青办

一九八一年三月十一日

关于插队知青与城镇职工结婚的安排问题请示报告

（赣知青〔1981〕5 号）

省委：

省委〔1980〕147 号文件规定："插队知青与省内城镇职工结婚的，由职工所在城镇负责安排。"文件下达以来，各地本着"国家关心，负责到底"的精神，分工负责，互相配合，对与城镇职工等人员结婚的插队知青的安排，做了大量工作，收到了显著效果。但是由于文件的表达和对文件的理解问题，在执行中有的地方出现互相推诿现象，致使部分已婚知青安排很不落实。

省委文件规定的"插队知青与省内城镇职工结婚的，由职工所在城镇负责安排"，我们认为"职工所在城镇"，应包括职工所在单位，也应包括设在农村的厂矿企业单位。而职工所在单位应本着关心职工生活，有利四化建设，积极主动地给以安排，少数单位在安排上，确有困难时应商请有关部门或报请当地政府统筹安排。

以上报告，如无不当，请批转各地执行。

江西省人民政府知青办党组／（章）

一九八一年六月二十三日

关于严格按照规定分配使用知青经费的通知

（〔82〕赣劳社字第 015 号）

各地、市、县财政、劳动局、知青办：

据了解，有的地、市和一些县对一九八一年和历年结余的知青经费，在分配和使用上存在不少问题，影响了下放知青及城镇待业青年安置工作开展。为了贯彻落实省委关于"知青安置的重点已由农村插队转为城市就业，知青经费的使用方向亦要有相应变更"的指示，节约合理使用经费，做好城镇待业青年安置工作，现将有关问题通知如下：

一、一九八一年的知青经费尚未下达的，要求在六月底前下达到市、县，抓紧落实到使用单位。

二、一九八一年的知青经费应用于安置城镇青年就业（包括补助劳动服务公司）；历年结余的知青经费，集中用于解决仍在农村插队知青的生产、生活、就业安排等问题和对有困难的知青场、厂、农工商联合企业给予必要扶持，在解决插队知青问题后，可用于安排城镇待业青年就业。上述经费必须专款专用，防止平均分配，更不准挪作它用，如有违犯了的，要采取措施纠正过来。

三、各地、市、县劳动局、知青办，有的已经合署办公，有的准备或即将合署办公，严禁乘合并之机突击花钱或挪作它用。要继续认真做好知青经费和物资的管理，抓紧房屋、物资变价款等的回收工作。

四、凡是使用知青经费建筑的厂房、知青农工商服务大楼、知青门市部等，一律应用于安排下放知青或城镇待业青年，不准改作办公室、招待所等，有的可交当地劳动服务公司管理。

五、各地对已发放的知青场、队扶持生产资金，要进行一次清理。扶持生产资金是周转性质的，要有借有还，借款合同到期的，要按期收回，到期还款有困难的，要办理延期手续，少数单位确因特殊困难无法偿还，需要免收的，要查明情况，报省劳动局、省财政厅批准。对已收回的扶持生产资金，一律归各地作为财政预算外资金管理，继续由主管部门安排使用。

六、地、市劳动部门、知青办、财政部门和农业银行要组织专人对知青经费进行一次检查，健全制度，加强管理，对贪污、挪用知青经费的，要严肃处理。检查结果，务于七月十五日前报省财政厅、省劳动局。

江西省财政厅（章）

江西省劳动局（章）

一九八二年五月二十九日

抄报：省委、省人民政府

抄送：各行署，各市、县人民政府（革委会），省农业银行，各地、市、县农业银行

关于安排上海知青陆××、
陈××工作的往来文件

关于上海下放知青工作安置问题的报告
（〔86〕江×劳字第 02 号）

江西省劳动人事厅：

陆××同志，现年 34 岁，于一九七〇年三月响应知识青年上山下乡的号召，由上海市下放来到江西省德安县金湖公社插队落户。在一九七七年与我厂职工吴××同志结婚（爱人也是上海下放知青），生一女儿。由于长期没有安排固定工作，生活确有困难，为了养家糊口，三天打鱼二天晒网地奔波在临时性的工作上，最后连临时性工作也没有了，于一九八四年九月申请进厂做了家属工，但也是做一天有一天工资，没有做就没有收入，靠爱人低工资养活三口人，的确是很困难的。

172

陈××同志，现年 37 岁，于一九六八年十一月响应号召由上海下放到江西省德安县宝塔公社插队落户，先后在小队、大队、公社办的小学里当代课教师，于一九七四年与我厂职工王××同志结婚，生有二子。原想立志做一名人民教师，无奈教育系统的指标均需一九六六年以前代课的才能转正，希望又成了泡影，至今仍在农村小学当代课教师，每月领取无固定和很少的代课金，没有课代就没有收入，一家四口人生活确感困难。

为此，上述二位同志多次写信到县劳动局、省劳动局上访，要求解决工作问题，信均被转回到我厂，要求厂里给予妥善安置。

可是，我厂多年来未招工，无法给予安置。本厂职工子女待业的也越来越多，每年的自然减员指标寥寥无几，连本厂职工子女都无法安排，她们的问题就更无法说了，又因是省直企业，地处的德安县劳动局又不妥善安置。如要解决她们的问题，要另办大集体单位，可是厂房、设备、资金等等问题，我厂不敢想象，无能为力。因此陆××、陈××二位同志的工作问题，我厂根本没有办法解决。

为此，要求上级机关，根据党的政策，妥善给予照顾安排工作，以解决她们的后顾之忧，更好地为党为国家多作贡献。当否，请批复！

特此呈报。

江西轮胎厂（章）

一九八六年三月二十四日

附：本人报告 2 份

抄报：江西省化学工业公司

关于同意安排上海
下放老知青陆××、陈××的批复

（赣劳人培〔86〕28 号）

省化学工业公司：

你司四月十五日来函收悉。经研究，同意江西轮胎厂招收上海下放老知青陆××、陈××同志为合同制工人。具体手续由该厂与德安县劳动人事局联系办理。

江西省劳动人事厅（章）

一九八六年六月十一日

抄送：德安县劳动人事局、江西轮胎厂

关于拨给上海插队知青就业补助费的通知

（赣劳人培〔86〕第 44 号）

新建、清江、武宁、广昌县劳动人事局：

根据省厅八三年在乐平召开的清安会议精神，为解决各地在安置上海知青就业的实际困难，现拨给有关县安置上海知青补助费共 5000 元（详见附表），要坚持专款专用，不准挪作它用，并希望有关、地、市县劳动人事局继续积极认真解决好下乡插队知青的遗留问题。

附分配表

江西省劳动人事厅（章）

一九八六年十一月十九日

新建县	2 人	2000 元
广昌县	1 人	1000 元
武宁县	1 人	1000 元
清江县	1 人	1000 元

关于招收上海下放老知青曾××等
三人为合同制工人的批复

（赣劳人培〔88〕第 54 号）

萍乡市劳动人事局：

你局关于要求安排上海下放知青曾××、张××、王××的请示报告收悉。经研究同意你们意见，由萍钢、卢湾区分别招收为全民合同制工人，具体招用手续由你局办理。

江西省劳动人事厅（章）

一九八八年六月廿日

抄送：××市劳动服务公司、公安局、粮食局、工商银行、××钢铁厂、××区劳动人事局

关于请求转报为妥善安置我县上海老知青遗留问题扶持技改企业所需资金的报告

（峡劳人字〔89〕第 51 号）

省劳动厅：

据调查统计，我县现还有 112 名上海老知青未安排工作。对此，在省厅、上海市劳动部门的关心下，我县极为重视，县领导亲自过问，亲自抓，并于今年五月份亲赴上海汇报此项工作，得到了上海市劳动局、虹口区劳动局和有关部门领导的大力支持。为了妥善处理上海老知青遗留问题，按照"国家关心，负责到底"的精神，我局于六月二十二日以峡劳人字第〔89〕26 号《关于请求妥善安置我县上海老知青遗留问题，解决联办扶持技改企业所需资金的报告》呈报上海市劳动局，请求上海市在解决安置上海老知青问题上在资金上给予扶持。

为此特呈报省劳动厅，恳请省劳动厅为我们转报上海市劳动局，以便在妥善安置上海老知青问题上尽快取得他们的大力支持。

以上报告，当否，请批复。

附：峡江县劳动人事局关于请求妥善安置我县上海老知青遗留问题，解决联办扶持技改企业所需资金的报告

峡江县劳动人事局/（章）

一九八九年八月廿八日

抄报：省劳动就业服务管理局

关于请求为妥善安置我县上海老知青遗留问题，解决联办扶持技改企业所需资金的报告

（峡劳人字第〔89〕26 号）

上海市劳动局：

　　根据省、地统一安置部署，六八、六九两年我县共接收上海下放知青5000 多人。这批下放知青除按有关规定陆续迁回上海以外，对于留县的上海知青，我县历来在安置就业比较困难的情况下，采取一系列照顾政策，放宽年龄，放宽招工条件，挤出招工指标照顾等，已给绝大多数都作了妥善安置，并在各级党、政、团和部门的教育培养下，很多人成为工作生产上的骨干，还有的入了党，走上了领导岗位，受到各级组织和群众的好评。但还有一部分上海知青因文化水平、身体素质和婚配等原因未能安置，据今统计，尚有 112 人没有安排工作，随着年龄增大，又无固定收入，仅靠微薄的（爱人一方责任田）农业收入和上海定量补助，处于温饱不能解决的境地。如何拓宽就业门路，安置这批上海老知青，以稳定在江西，解决他们的工作生活的后顾之忧，是一项亟待解决的重要任务。

　　按照"国家关心，负责到底"的精神，去年三月份，上海市劳动局信访处王处长、虹口区劳动局霍局长等领导来我县视察安置上海知青的情况，对我县安置工作给予了充分肯定，也充分体现了上海市党组织、政府和主管部门对上海知青，特别是老知青遗留问题的处理工作十分重视、关心，给我们的工作予以大力支持、鞭策。这给妥善安置上海老知青工作指明了方向。为了做好此项工作，我们提出如下报告：

　　一、扶持部分企业技术改造资金，稳定已安排在县办国营厂矿的上海知青。据统计，已在我县各企业的上海知青 171 人，主要分布在县造纸厂、方便食品厂、水泥厂、电机厂、酿酒厂等及部分二轻系统、乡镇企业中，由于当前资金"双紧"，地方财政困难，产品销售不畅，经济效益不高，致使部分企业不太景气，造成这批在职的上海知青工资收入随之不够稳定，思想波动较大。为此特请求上海市劳动局能给予资金、贷款，扶持部分企业进行技术项目改造，将扩大生产能力，提高产品质量，经济效益可大幅度地增加，搞活企业，稳定情绪。例如：

　　1. 县方便食品厂技改项目：蔬菜系列食品方便米粉，投资 1.5 万元，

年增利 1 万元；自动包装机，投资 4.5 万元，年增利 1 万元。

2. 县电机厂技改项目：汽车电热杯，投资 4 万元，年增利 1.5 万元。

3. 县酿酒厂技改项目：扩建黄酒瓶装生产线 30 万元（省饮料食品协会投资 20 万元，本厂 50 万元，共 100 万元），可产 2300 吨，年纯利 19 万元，并可一次性安置上海老知青 26 人。技改前人平均年收入 1100 元，技改后人平收入 1400—1500 元。

综上所述，以上各项技术改造总投资共需 40 万元。这样既可扶持我老区地方工业，给予休养生息增加后劲的良好的外部条件，又能使已安排在职的上海知青解除后顾之忧，稳定思想情绪，继续安心江西建设将起着一定的作用。

二、拓宽就业门路，妥善处理上海老知青遗留问题。

为了妥善处理上海老知青遗留问题，县委、县政府极其重视，县领导亲自过问，亲自抓，并于五月份亲自赴上海汇报此项工作，得到了上海市劳动局、虹口区劳动局和有关部门领导的关心和支持。回县后与县经委、商业、供销、粮食主管部门及企业领导协商，对于妥善安置上海老知青的工作给予同情和支持，表示在治理整顿形势下，在深化劳动制度中，克服困难，尽力照顾，为他们和上海分忧，共同解决安置问题。根据统一合理和就地就近安置的原则，现对 112 名尚未安排的上海老知青，分配如下：

（一）统一安排（国营 59 人）。

1. 经委系统：造纸厂 8 人，水泥厂 10 人，方便食品厂 5 人，农机厂 1 人，羊毛衫厂 5 人。

2. 商业系统：丝绸厂 4 人，酿酒厂 26 人。

（二）就地就近安排：国营单位 12 人（乡企 13 人转县以上大集体）。

1. 供销系统：乡镇基层供销社 6 人。

2. 粮食系统：水边加工厂 3 人，安山加工厂 3 人。

3. 乡镇企业：造纸厂 3 人，马埠造纸厂 3 人，仁和石英粉厂 1 人，水边碳酸钙 2 人，水东滑石粉厂 4 人。

（三）由小集体转县以上大集体（小集体、临时工转大集体 22 人）。

劳动服务公司所属企业 5 人，二轻系统手工业 17 人。

（四）病残知青 6 人（随后报省厅和县民政部门）。

根据上述情况，对 112 人上海老知青安置问题，由于在上级领导、各方面的重视关心同情和配合下，基本上将得到妥善的安排。按照文化、体质等条件，被统一分配在国营单位 71 人；就地就近安排在乡镇企业及小集体、临时工 35 人，但这部分同志一律转为县以上大集体职工，享受大集体职工同等待遇。凡安排在国营企业、县以上大集体或乡镇企业职工，不论性质如何，劳动合同均为长期合同工。如遇特殊情况，仍由县劳动人事局负责统一调配安置。

由于我县是井冈山革命根据地的贫困老区县之一，历来的农业生产，尤其是粮食生产为主，地处偏远山区，交通不便，工业基础薄弱，经济不发达，财政十分困难。鉴于此上情况，去年十二月份，省劳动人事厅已将此事报告了上海市劳动局。因此，恳请上海市劳动局下拨我县安置 112 名上海老知青遗留问题及扶持部分企业技改项目资金所需无息贷款 40 万元。

此上报告当否，请批复。

峡江县劳动人事局
一九八九年六月二十二日

附：上海老知青 112 名安置名单

关于转送峡江县妥善安置上海
下放老知青所需生产扶持资金的函

（赣劳服〔1989〕24 号）

上海市劳动局：

现将峡江县劳动人事局《关于请求为妥善安置我县上海老知青遗留问题，解决联办扶持技改企业所需资金的报告》随函送上。我们认为《报告》中提出解决上海下放老知青遗留问题的办法可行，请在资金上予以大力支持。

江西省劳动厅
一九八九年九月二十日

主题词：劳动就业　扶持生产资金　峡江县

江西省劳动厅办公室　　　　　　　一九八九年九月二十一日印发

共印一一份

关于同意招收上海下放老知青王×等十三人为合同制工人的批复

（赣劳服〔1989〕28号）

峡江县劳动人事局：

你局九月十四日关于要求安排上海下放老知青徐××等十三人工作的函收悉。经研究，同意你县水泥厂招收黄××、王××二同志，农机厂招收孔××同志，丝绸厂招收林××、陈××、金×、徐××四同志，食品厂招收刘××、傅××、黄××、马××四同志，造纸厂招收周××、王×二同志为全民劳动合同制工人，具体招收录用手续由你局直接办理。

江西省劳动厅（章）

一九八九年十月五日

主题词：劳动就业　招收录用　上海下放老知青

抄送：吉安地区劳动局、劳动服务公司、峡江县劳动服务公司、水泥厂、农机厂、丝绸厂、食品厂、造纸厂

江西省劳动厅办公室　　　　　　　　一九八九年十月五日印发

共印二〇份

转发《关于上海老知青被招收后有关工资定级问题的复函》的通知

（〔1990〕赣医药劳人字第40号）

各直属单位、地市医药公司：

现将省企业工改办赣企工改〔1990〕第2号文《关于上海老知青被招收后有关工资定级问题的复函》转发给你们，请照此抓紧办理。已转干的下放老知青也可照此精神办，一律从批准之月起执行；其工资可算为这次（八九年九月末）工资安排的基数。

江西省医药总公司（章）

一九九〇年□月十七日

关于上海老知青被招收后有关工资定级问题的复函

（赣企工改〔1990〕第 2 号）

峡江县劳动人事局：

你局峡劳人字〔89〕第 76 号《关于上海老知青被招收后有关工资定级问题的请示》的函收悉，经研究答复如下：

对一九六九年以前上山下乡的知识青年，一九七九年以后回城安排工作的，考虑他（她）们安排工作较晚，年龄偏大，生活负担较重，同意给予适当照顾，其定级可在企业工人工资标准五级副内确定。文革期间下放的知识青年安排工作后，现行工资低于这个水平的，也可以进行调整。

江西省企业工改办公室/（章）

一九九〇年一月十日

抄送：各地、市劳动（劳动人事）局，省直有关单位

关于下拨上海下放病残知青生活补助费的通知

（赣劳就〔1990〕64 号）

吉水县劳动人事局：

你县劳动就业服务管理局《关于要求解决上海病残知青生活救济金的报告》收悉。经研究，同意拨给上海病残知青生活补助费二万元，存入县劳动就业服务管理局待业保险金帐户，从其利息中按月支付张××、马××生活补助费各四十至五十元。

以上款项是解决上海病残知青专用款，不得挪作它用。

江西省劳动厅

一九九〇年八月十一日

主题词：劳动就业　下拨知青生活补助费

抄送：吉安地区劳动局、劳动就业服务管理局，吉水县劳动就业服务管理局

江西省劳动厅办公室　　　　　　一九九〇年八月十五日印发

　　　　　　　　　　　　　　　　　　共印一五份

关于解决生产扶持贷款以安置上海下放知青就业的函

（赣劳就〔1990〕65 号）

上海市劳动局：

　　一九六八年以来，我省新干县共接收上海下放知青 4000 余人。这部分上海下放知青，自一九七九年以来大多数已回上海，留下的 200 多人也绝大部分已安排了工作，目前尚有 30 人无固定工作，甚至有的仍在农村，生活确实很困难。本着"国家关心，负责到底"的精神，我们认为县劳动人事局提出新办塑料编织袋厂安置上海知青就业的方案可行。现将新干县劳动人事局《请求给予安置上海知青补助贷款的报告》以及办厂可行性方案附后。请扶持无息贷款 25 万元。

　　　　　　　　　　　　　　　　江西省劳动厅／（章）

　　　　　　　　　　　　　　　　一九九〇年八月十一日

　　主题词：劳动就业　就业经费

　　抄送：吉安地区劳动局、劳动就业服务管理局，新干县劳动人事局、劳动就业服务管理局

江西省劳动厅办公室　　　　　　一九九〇年八月十五日印发

　　　　　　　　　　　　　　　　　　共印一六份

关于要求解决处理上海知青
遗留问题工作经费的请示

省劳动厅：

　　目前，我区还有历年遗留下来的上海知青三百余名分布在全区十四个县

市的各个角落，这些人中，还有相当一批仍然在农村安居。上海市委、市政府和我省劳动部门对于至今仍坚持在当年插队落户的乡村圩镇的上海知青极为关怀，从工作、生活等多方面给予关照。为了积极配合上级做好上海知青遗留问题处理等工作，地区就业局需要经常深入每一位上海知青的家中访贫问苦，帮助县市和知青解决一些实际困难。然而，我区财政十分困难，没有专项经费开支，使这项工作难以开展。

为了把这项工作做好，请省厅给予解决专项经费陆万元，以解决地区就业局的燃眉之急。

特此报告。

吉安地区劳动局

一九九○年八月二十八日

请就业局研处。

龚

九月一日　就业科

关于同意拨给解决上海知青遗留问题工作经费的批复

（赣劳就〔1990〕77号）

吉安地区劳动局：

你局关于《要求解决处理上海知青遗留问题工作经费的请示报告》收悉。经研究，为了妥善解决上海下放知青遗留问题，同意拨款五万元给你区就业服务管理局。此款系专项经费，不得挪作它用。

江西省劳动厅

一九九○年九月二十五日

主题词：劳动就业　就业经费　解决知青遗留问题

抄送：吉安地区劳动就业服务管理局

江西省劳动厅办公室　　　　　　　一九九○年十月五日印发

共印一五份

关于上海下放老知青招收为劳动合同制
工人后其退休养老金收缴问题的复函

（赣社险局〔1990〕24号）

峡江县社会保险事业管理局：

你局9月18日《关于对上海老知青被招收合同制工人后是否补缴养老保险金的请示》悉。经研究，简复如下。

上海下放老知青招收为劳动合同制工人后，其退休养老保险金的收缴，应从他们招收为劳动合同制工人之月起，按省政府赣府发〔1986〕76号文件关于"企业缴纳数额为合同制工人工资总额的百分之十八，在缴纳所得税前提取，列营业外支出，合同制工人缴纳数额为月标准工资的百分之三，由企业按月在工资中扣除"的规定执行。在招收为劳动合同制工人之前，其养老保险金不再补缴。

此复。

江西省社会保险事业管理局（章）

一九九〇年十月十二日

　　抄报：省劳动厅

　　抄送：各地、市、县（区）社会保险事业管理局（处、所），峡江县劳动人事局

关于上海知青扶持经费使用情况和继续要求扶持知青贷款的函

（赣劳就函〔1995〕28号）

上海市劳动局：

　　"文革"期间，大批上海知识青年响应上山下乡号召在我省农村插队落户。党的十一届三中全会后，大多数上海知青按政策回沪，尚有近3万人在江西，继续为江西的经济建设贡献力量。目前，在江西的上海知青，绝大部分安居乐业，但由于种种原因仍有一些农婚知青家庭生活非常困难。自八七年以来，你局运用知青扶持资金对在我省上海知青遗留问题较多的县市进行了扶持，帮助上了

一批项目，使一些生活困难的上海知青或子女得到了安置，缓解了一部分农婚知青家庭的生活困难，为稳定社会和促进双方经济发展起了积极作用。为了进一步做好这项工作，提高这些资金的使用效益，前阶段，我厅组织专门人员对被扶持的项目的经营管理、经济效益和知青安置情况进行检查，并对上海知青遗留问题反映比较多的赣州地区、抚州地区的7个县市进行了调查了解，对所需资金扶持的新项目作了实地考察。现将有关情况汇报如下：

一、资金投放情况

上海市投放知青扶持经费帮助安置仍在江西农村的上海知青或其子女就业始于八七年，当时上海市劳动局直接选点考察，分别扶持了永修县和峡江县共55万元。九〇年以后，上海市劳动局与我省共同合作，对上海知青遗留问题较多的吉安地区、宜春地区、上饶地区的一些县市进行了扶持，截止九四年，共投放资金463万元（包括直接投放的55万元），扶持了36个市县（见附表）。

2. 资金的使用管理情况

在资金的使用管理上，被扶持县市在资金到位后均做到了专款专用，积极发挥扶持经费的作用。目前扶持项目大部分运转正常，但由于整个经济形势不景气，经济效益不大明显，加之资金投放后除少量为流动资金外，大部分都成为固定资产，不但影响了一些县市到期资金的归还，而且要求延期归还，也有个别企业因受自然灾害影响，无力偿还债务。

一些县市的扶持项目上马后起到了明显的效果，如高安市劳动大厦门面经改造后提高了知名度，今年客房部住客率达75%，营业额由去年的平均每月10万元增至14万元，利润由平均每月2万元增至3.3万元；遂川县新川金属制品有限公司投入扶持资金10万元，九四年投产当年产值85万元，税后利润7.6万元；樟树市磷肥厂编织袋厂投产后产品过硬，销路稳定，效益逐年提高，预计2—3年便可收回投资。

3. 上海知青安置情况

各被扶持县在当地政府的支持下，积极利用上海知青经费，解决一些家庭生活非常困难、待业人员多的知青家庭的实际问题，安置了一批上海知青及其子女就业。据统计，几年以来通过办扶持项目集中安置和多渠道安置到其它全民企事业单位就业的上海知青或知青子女约有450人。如××县×××厂上马后安置了知青子女14人进厂就业，另13名知青在其它国有企业事业单位工作。该县的上海知青马××，有6个小孩，生活特别困难，温饱难以解决，得到上海的资金扶持后，优先安排了她的一个孩子到国营单位就业，同时组织上介绍她的两个孩子到上海从事劳务，家庭收入明显增加，现在安居乐业；万安县服装绣品厂是联合国儿童基金会援助项目，通过投入知青经费 15 万元，调整安置了 37 名上海知青就业，对 12 名知青本人年龄偏大的分别解决了一名子女就业；吉水县就业训练大楼上马后，该县在农村的 17 名上海知青均已得到妥善安置；会昌果品加工厂借入 15 万元后先后安置了 11 名上海知青及其子女就业；永修县知青榨油厂得到扶持后，扩大了生产能力，将分散在全县的十几名上海知青集中到榨油厂工作，并兴建了职工宿舍，生活安定。

二、关于继续做好上海遗留知青安置就业工作的意见

江西是个农业省份和革命老区，工业基础薄弱，经济落后于周边省份。特别是今年遭到百年未遇的特大洪水，全省近半数的城镇进水，直接经济损失达 150 多个亿，增加了江西人民和在赣的上海知青的生活困难。如现在崇义县过埠镇的高××，爱人为小学教师，今年遭遇水灾，房屋倒塌，现暂住亲戚家，有 3 个子女，生活非常困难。安远县长沙乡距县城 70 多里，翻山越岭，没有公路，知青杨××六九年下放与当地农民结婚，现为县人大代表和妇代会代表，住房租借队里的公房，3 个孩子，老大高中毕业，读书的钱尚未还清，服侍 80 多岁的婆婆，21 年未回过上海，生活艰苦。广昌县贺××，七〇年下放，丈夫前年遇车祸卧床不起，家庭无经济收入，靠借高利贷生活，因此夫妻感情不睦，有子女 3 人。乐安县吴××与当地身体残缺的农民结婚，生有 3 个子女，丈夫身体病弱无经济收入，一家人靠小孩在外打工和吴××本人为人做保姆维持生计；等等。上海农婚知青由于本人或爱人身体状况不好，无所依靠，难以维持生计，有的变卖家产举家迁往上海，有的因收入拮据导致夫妻不睦，家庭不和。据上述县进行的摸底调查，目前仍在农村未安置工作的上海知青各县均有十多人，尤其是乐安县"文革"期间曾经组织动员过上海知青与当地农民结合，目前仍在农村的上海知青有 24 人。

为了继续做好上海遗留知青的就业安置工作，解决农婚知青的生活困难和就业问题，我们对各地反映出来的主要问题进行了梳理，对乐平市、安远县、崇义县、寻乌县、广昌县、乐安县等县市提出的安置上海知青或其子女就业的方案进行了考察论证，认为以下 6 个县市提出的扶持项目可行，能够安置一部分生活确实困难的上海农婚知青或其子女就业。具体项目如下：

1. 乐平市知青商业街。乐平市现有近 30 多名上海知青，仍未得到安置，这些上海农婚知青生活非常困难。为了解决他们的生活和工作问题，该市就业局拟在闹市区兴建知青商业街，计店面 17 套，建筑面积 1088 平方米，预计总投资

46 万元，可安置上海知青 30 多人，现已筹集 10 万元，要求解决资金 35 万元。

2. 安远县劳动宾馆。计划投资 180 万，已筹集 130 万（其中自筹 35 万、财政 45 万元，建行贷款 50 万元），请求给予扶持 30 万元。该县仍有 63 名上海知青，其中 5 人仍在农村山区，生活极为困难，就是农垦企业知青也由于企业经济效益差，生活得不到保障。

经可行性论证，劳动宾馆可创年利润 19 万元以上，安置上海知青或其子女就业 25 人，具有较好的经济效益和社会效益。

3. 崇义县知青服务大楼，建于八四年，地处县城繁华地段，客流量大。该县就业局拟对现有大楼进行维修装修，提高服务档次，创造经济效益，请求扶持 20 万元。该县现有 36 名上海知青，4 名仍在农村务农。项目上马后可安置上海知青子女 12 人。

4. 寻乌县纸箱厂。寻乌县果品加工发展迅速，纸箱包装需求量大，目前该县无一纸箱厂，所需尽从山外邻县运来。该县计划项目需 41 万元资金，现已自筹 16 万元，银行贷款 5 万元，请求扶持 20 万元。预计可创年产值 160 万元，利润 15.48 万元。

该县现有知青 39 人，仍在农村种养和生活的 10 人，项目上马后，可安置 20 余名上海知青及其子女就业。

5. 广昌县针织服装厂，生产农村低档服装，销路较好，作为该县就业训练基地。计划投资 20 万元，现已自筹 5 万元，请求扶持 15 万元。

该县仍有上海知青 50 多名，其中仍有 10 名在农村，项目上马后可安置上海知青及其子女 15 人就业。

6. 乐安县人造板厂增加地板条生产线。计划投资 64 万元，现已自筹 20 万元，请求扶持 44 万元。地板条生产线投产后，年产量可达 3 万平方米，年销售收入 126 万元，年利润 35.91 万元。

该县现有上海知青 200 多名，仍在农村的有 34 名，生育子女 80 余人。项目上马后，计划安置知青或其子女 40 人就业。

上述 6 个项目均由各县市就业局进行了可行性调查，我厅就业局也进行了实地考察，觉得所选项目可靠，安置方案可行，考虑到上述项目缺口资金达 164 万，我们意见请贵局在九五年度给予我省安置上海知青经费 100 万元的无息贷款支持，尚差 64 万元，由我局筹措，使以上项目资金及时到位，使上述县市的上海知青遗留问题得以及时解决。

特此报告，请予函复。

附：1. 上海市知青扶持经费借款情况表
　　2. 六个市县请示上海知青经费扶持的报告和可行性分析

江西省劳动厅（章）

一九九五年十月十六日

上海市知青扶持经费借款情况表

借款单位	借款金额（万元）	扶持时间及项目
吉安县就业局	23	91 年扶持糖厂 20 万元,92 年扶持 3 万元
玉山县就业局	10	91 年扶持知青联合公司 3 万元,93 年扶持 7 万元
新干县就业局	20	92 年扶持编织袋厂 20 万元
泰和县就业局	20	91 年扶持布厂 20 万元
万安县就业局	20	91 年扶持服务大楼 5 万元,92 年扶持服装厂 15 万元
修水县就业局	10	92 年扶持木制品厂 10 万元
峡江县就业局	5	92 年扶持服装厂 5 万元
井冈山市就业局	17	92 年扶持培训中心 17 万元
瑞金市就业局	10	92 年扶持供销公司 10 万元
永丰县就业局	15	92 年扶持药用包装材料厂 15 万元
弋阳县就业局	15	92 年扶持知青饭店 15 万元
吉水县就业局	10	93 年扶持 10 万元
庐山就业局	15	93 年扶持 15 万元
余江县就业局	10	93 年扶持 10 万元
于都县就业局	15	93 年扶持 15 万元
横峰县就业局	13	93 年扶持 8 万元,94 年扶持 5 万元
永新县就业局	5	93 年扶持 5 万元
余干县就业局	5	93 年扶持 5 万元
靖安县就业局	5	93 年扶持 5 万元
樟树市就业局	10	93 年扶持 10 万元
铜鼓县就业局	10	93 年扶持 10 万元
会昌县就业局	15	93 年扶持 15 万元
遂川县就业局	10	93 年扶持 10 万元
宜春地区就业局	5	93 年扶持 5 万元,
奉新县就业局	8	93 年扶持 5 万元,94 年扶持 3 万元
高安市就业局	5	93 年扶持 5 万元,
南丰县就业局	10	93 年扶持 5 万元,94 年扶持 5 万元
丰城市就业局	5	93 年扶持 5 万元
上高县就业局	10	94 年扶持 10 万元
万载县就业局	10	94 年扶持 10 万元
宜丰县就业局	10	94 年扶持 10 万元
金溪县就业局	12	94 年扶持 12 万元
宜春市就业局	10	94 年扶持 10 万元
波阳县就业局	15	94 年扶持 15 万元
永修县就业局	20	87 年扶持 20 万元(已还 7 万)
峡江县就业局	35	89 年扶持 35 万元(已还 5 万)
省预留	20	92 年预留 10 万元,93 年留 10 万元
合　　计	463	

南昌市

关于预拨知青安置经费的通知

（洪财预〔80〕字第 67 号、洪知青〔80〕字第 8 号）

南昌县知青办、财政局：

为解决下放知青生产、生活资金的需要，预拨你县一九八〇年知青安置经费十万元，请列入你县一九八〇年财政预算。此项经费待决算你县七九年知青经费时扣除。

特此通知。

一九八〇年十月十七日

宜春地区

关于填报上海插队知青登记表的通知

各县知青办：

关于填报上海插队知青登记表的问题，各地填报不一。现根据知青办通知，规定填报如下几种人：

一、凡是与农村社员结婚（包括现已转商品粮）的，现在不论在国营或集体单位或尚未安排的；

二、因病残仍在乡未安排就业的；

三、已判刑在押或下落不明的。

以上几种上海知青一律要填写上海插队知青登记表，一式二份。地区现将表寄来，如不够用，请自行打印，并要求于本月十五日填好报来。如已登了上述表的，情况又没有出入，可不要重填报了。

宜春地区行署知青办/（章）

一九八一年四月六日

已上报：

稽××	在乡	爱人农村
张××	回城	爱人农村
杨××	回城	工人
代××	社企	爱人农村
徐××	社企	爱人农村
周××	社企	回家教师
薛××	大集体	爱人农村
徐××	大集体	家人农村
□××	回城	回家教师
崔××	在上海判刑 15 年	
杨××	判刑 22 年	
褚××	下落不明	
徐××	香港探亲	

关于作好春节期间拟到沪
上访知青工作的通知

各县、市委，县、市人民政府：

接到省委办公厅、省政府办公厅赣办字〔1989〕8 号通知，北京市决定：凡由北京知青部门统一组织、动员到外省、自治区插队或插场的原上山下乡知识青年，目前还在外省、自治区工作的和知识青年本人虽已回京，但子女尚在外地的，除一名子女可回京落户外，其余子女还可以在京就读（文件附后）。上海市也准备参照办理，但尚未见到上海的正式文件。据悉，这一问题已在我省上海下放知青中引起了很大波动。目前，我区上海下放知识青年也在酝酿春节期间到上海上访。请你们接此通知后，对正在酝酿到上海上访的人员，要及时做好他们的思想政治工作，向他们讲明，只要符合上海市颁布的文件规定，组织上会及时通知本人，办理子女返沪就读手续，凡不符合规定的，即使集体上访，也绝不可能"大闹大解决"。希望他们按正当程序反映自己的意见和要求，安心在岗位上生产和工作，以实际行动维护安定团结的政治局面，以免使国家和本人造成不必要的损失。

请各县、市注意掌握因这一问题可能引起的连锁反应，如发现情况望做好工作并及时报告。

请附赣〔1989〕8号文件。

中共宜春地委办公室

宜春地区行署办公室

一九八九年一月二十六日

赣〔89〕8号文件已另存。

万载县

关于春节期间慰问知识青年
和开展知青经费检查的通知

（万革发〔1980〕25号）

各公社（场、镇）革委、县直各有关单位：

根据国务院和省人民政府知青领导小组的通知，要在春节期间对上山下乡知识青年进行一次慰问活动。慰问的重点应该面向那些坚持生产岗位，就地过春节的知青（包括已婚知青），通过走访、座谈、听取他们的意见。对回城过春节的知青，要安排好他们节日副食品供应，适当组织一些文娱活动，并教育、鼓励他们节后及时返回农村，参加生产。

对慰问知青必要的费用，在不搞铺张浪费的前提下，可按实际慰问对象，每人在十元以内，在公社结存知青经费内开支。

县直各主管单位，无论在乡人数多少，也必须参照上述精神，对本单位上山下乡知青，采取适当方式进行慰问。

为了体现党对知识青年的关怀，对于自愿在农村扎根，但住房又有困难的，按照国务院知青工作四十条规定，可以在三百元以内给予补助，补助手续由本人申请，生产队、大队签明意见，公社将名单报县知青办审批，一次拨给，切实落实。

根据省地知青财务工作会议精神，要对一九七三年来知青经费使用和财产情况进行检查。经费使用上，着重检查安置费用、生产扶助金、周转金和上海知青无息贷款等项。时间要求，三月份县搞一个公社试点，试点以后全面铺开，上半年结束。各公社自文到之日起，先行自查，把历年公社收支的知青经费帐目列清楚，做好准备。全县组织检查的日期，以后另行通知。

万载县革命委员会

一九八〇年元月二十四日

抄送：地、县知青办，江工，一机，县财政局

万载县革命委员会办公室印发　　　　　一九八〇年一月二十五日

共印五〇份

宜丰县

关于请求拨给扶助知青生产资金的报告

（宜政乡〔1981〕02号、宜财预〔1981〕36号）

宜春地区知青办、财政局：

在省地劳动就业工作会议后，为了广开就业门路，县委、县人民政府决定利用五机部移交给我县原933厂的厂房，发挥我县瓷土、煤炭资源的优势，兴办了县陶瓷厂。并趁这次大集体招工，将现仍在乡插队的90多名知识青年及部分城镇待业青年招入瓷厂生产和工作，同时还将七九年底小集体安置的22名上海下乡知青全部重新招工到该厂。

为了使瓷厂尽快投产，已订购真空练泥机、压滤机、旋坯机、压坯机等设备一套，计20余万元。据此，要求地区将七九年知青经费决算款169139元，尽快地拨给我们，另外，要求在八〇年扶助生产资金中再解决我县10万元，两项合计269139元。

特此报告，请速批示。

宜丰县人民政府知识青年上山下乡办公室（章）

宜丰县财政局（章）

一九八一年四月二十九日

上高县

关于分配安排上海下乡插队知青
就业的扶持生产资金的通知

（宜地知青字〔1982〕6号）

上高县知青办：

省知青办赣知青〔1981〕7号文件通知拨给我区一笔安排上海下乡插队知青就业的扶持生产资金。除已拨上海下乡插队病残知青医药费外，现分配你县壹万叁仟元，请妥善解决上海下乡插队知青的就业问题。对有关事项通知如下：

一、上述扶持生产资金，主要用于借给安置上海插队已婚知青就业的集体单位，扶持它们发展生产，其次用于自愿申请在农村扎根安家或自谋职业的上海知青的一次性补助。

二、这次分配的资金是一次性的专项拨款，不得挪作它用。在发放扶助生产资金之前要签订"借款合同"，双方各持一份，报我办两份。今后按合同收回的款项，作为预算外资金存款处理，继续作为周转金使用，不要与历年结存的知青经费、扶持生产资金、业务费混淆，年终结余转下年使用。

江西省宜春地区行政公署知识青年上山下乡办公室（章）

一九八二年三月廿四日

新余县

关于七二年以前老知青子女转吃商品粮的请示报告

（新劳字第〔82〕50号、新知青字第〔82〕03号）

省劳动局、知青办：

根据省政府赣政发〔80〕163号文第12条，"一九七二年以前下乡插队的知识青年在农村社、队企业安置就业的，经市、县知青办审查，同级公安、粮食部门批准，可以就地转为城镇户口和吃商品粮（已婚的应包括他们的子女在内）"。遵照这一文件指示精神，我县对七二年以前老知青，现在还安排在社队企业的其子女均已办理了城镇户口，转吃商品粮。

在社办企业的知青子女户口解决了，但还有省政府赣发〔80〕163号文件下达后，七二年以前老知青有被分配到全民单位和县办大集体及七二年以后的知青也有强烈要求享受这一政策待遇，解决其子女户口。我们认为：他们确实存在实际困难。我们意见：凡是在163号文件下达后，被分配到全民、县办大集体及七三年以后的知青子女户口，应与安排在社办企业的一样，享受这一政策待遇，其子女应转城镇户口和吃商品粮。

以上意见是否妥当，请批示。

新余县劳动局／（章）

新余县知青办／（章）

一九八二年一月二十一日

分宜县

关于分配安排上海下乡插队知青
就业的扶持生产资金的通知

（宜地知青字〔1982〕6号）

分宜县知青办：

省知青办赣知青〔1981〕7号文件通知拨给我区一笔安排上海下乡插队知青就业的扶持生产资金。除已拨上海下乡插队病残知青医药费外，现分配你县壹万元，请妥善解决上海下乡插队知青的就业问题。对有关事项通知如下：

一、上述扶持生产资金，主要用于借给安置上海插队已婚知青就业的集体单位，扶持它们发展生产，其次用于自愿申请在农村扎根安家或自谋职业的上海知青的一次性补助。

二、这次分配的资金是一次性的专项拨款，不得挪作它用。在发放扶助生产资金之前要签订"借款合同"，双方各持一份，报我办两份。今后按合同收回的款项，作为预算外资金存款处理，继续作为周转金使用，不要与历年结存的知青经费、扶持生产资金、业务费混淆，年终结余转下年使用。

江西省宜春地区行政公署知识青年上山下乡办公室（章）

一九八二年三月廿四日

上饶地区

关于做好"双清"工作座谈会准备工作的通知

（饶知青〔80〕16号、〔80〕饶财农字第29号）

各县、市知青办、财政局：

为了贯彻省知青办、省财政厅联合召开的知青经费工作座谈会精神，初步拟于八月召开全区"双清"工作座谈会（具体时间和出席人员另行通知）。为了把这次会开得更好，要求各地在会议之前做一些调查研究，针对性地提出一些办法。根据各地前段"双清"工作情况，请作下面一些调查和分析：

1. 你县在贯彻地区四月份分片传达国务院成都会议精神的情况如何，在"双清"工作中有哪些好的做法和经验，以书面总结报地区。

2. 你县七三年以来国家拨给的安置经费多少？其中：用于修建房屋和购置各种农家具等金额达多少？目前可清理物资约折金额多少？预计能清理多少回来？目前可清理收回多少钱和物？

3. 在清理工作中你们遇到哪些问题，是怎样解决的？

4. "双清"工作全面开展后，你们打算如何进行，如组织领导、清理力量的组织、财产处理的办法等问题。

5. 在前段清理工作，是否发现贪污、挪用等情况（举例说明）。

此外，关于动员和安置方面请各地也作一些准备。

一、请上饶、鹰潭市对应动员下乡知青，要抓紧做好思想政治工作，要及时掌握知青家长的思想动向，切实规划好安置基地，在动员过程中还存在哪些实际问题，你们如何解决？

二、对七二年前下乡知青安排问题，你们有什么打算，采取哪些办法在今年内把他们安排好？

三、你们对现有知青场队如何进行调整，哪些要并，哪些要撤，那些继续办下去的，要一个队一个队定下来。

以上准备工作，请你们组织力量，调查研究，写出书面情况，于八月五号前分别报地区知青办、地区财政局。

江西省上饶地区财政局（章）

一九八〇年七月八日

关于做好老知青安排工作的紧急报告

地委、行署：

关于统筹安排下乡知青问题自中央〔78〕74号文件下达以来，在一年半的时间里……全区城乡安排知青就业达一万七千余人，其中七二年前下乡知青九千人……但是，按照中央和省委的要求，我们工作还有差距。目前在乡知青还有一万一千余人，其中七三年后下乡知青五千五百人，七二年前下乡知青二千五百人，在国营农林场三千余人。除了在国营场的知青外，全区还有八千名下乡知青，要在城乡两个方面，广开就业门路，把他们安排好……

当前下乡知青就业问题，突出反映在七二年前下乡老知青就业问题上。全区目前在乡的二千五百名老知青，他（她）们年纪较大，多数已婚、生育，生活困难很多，加上一批一批知青回城和在农村各条战线就业，促使他们思想不安，拖儿带女到处上访，要求就业，有的因就业无门、生活困难而悲观失望，自杀离世……余江县沙溪公社××大队六九年上海下乡女知青王×，同大队会计张××结婚，已生三个小孩（病故一个），因自己没有工作，家庭生活较困难，悲观失望，于本月三日上午上吊自缢……

目前二千五百名老知青在农村分布的情况是：在农村插队的有二千一百人，其中已婚知青约一千二百人，他们当中知青与知青结婚的二百人，同社员结婚的九百人，同职工结婚的二百人；在知青农工商联合公司就业的一百人，在公社企事业单位工作的三百人。根据他们的实际情况，按照中央〔80〕64号文件和省委〔80〕147号文件精神，对这些老知青的就业问题，提出如下安排意见：

一、建议地委行署从劳动部门招工指标（包括全民和大集体）中划拨一千名作为招收老知青的专项指标。这一千名指标主要解决插队知青中的未婚知青和知青与知青结婚，以及同城镇职工结婚（包括同本地外县、本省外地职工结婚的）的知青的就业问题。

二、社办企事业单位（包括在公社的文教、卫生、财贸等基层单位）安排一千人（包括已在社办企事业单位的三百人，实际安排七百人）。主要安排同当地社员结婚的知青，使他（她）们有个固定的收入，有利于他（她）们搞好家庭团结，安心农村。

三、在知青自愿的基础上，根据他们不同特长，各地可以在城镇试办知青合作社和合作小组，通过这个办法，争取安排二百人左右。知青合作社和合作小组都是在城镇公社或街道直接领导下的自负盈亏集体企业。它们创办中资金有困难，可从结余安置经费中借给一部分，分期分批，逐年归还。

四、计划就地安家二百人。对一部分同当地社员结婚的，目前所在生产队的生产和生活都较好，而自己又不愿离开生产队，志愿长期落户在农村的，应就地安置好，今后不再作安排，对他们的住房和生活上存在的实际困难，按照规定在安置费中给予一次性补助。

五、目前已在知青农工商联合企业的一百名老知青，不作重新安排，对他们存在的实际困难，要一个一个帮助解决，使其安心在知青农工商联合企业就业。

为了完成老知青的安排任务，建议地委、行署督促各级党委和政府，加强对这项工作的领导，狠抓落实，在年内完成任务。

……

上饶行署知青办

一九八〇年九月六日

抄报：地委常委，行署专员、副专员

抄送：地区劳动局

关于分配上海下乡插队知青就业扶持生产资金的通知

江西省上饶行署知识青年上山下乡办公室

事由:关于分配上海下乡插队知青就业扶持生产资金的通知	
签发：	核　　稿：
□□□□,请示五□和□□□看过、审查。 已经同意。张长海同志阅后发文。王珍。6.24	主办单位 和拟稿人:乡办
	附　　　件:"借款合同"式样(资金分配表)
总　　号(饶知青):(82)05 号	机密程度：
主送:县知青办	
抄送:县知青联合公司、农行	
本件　　页	1982 年 6 月 21 日印发
打字：	校对：　　　　(共印　　份)

为了妥善解决上海下乡插队知青就业，扶持安置上海已婚知青的集体单位发展生产，现根据你县上海下乡知青安置情况和经费情况，分给你县上海下乡知青生产扶助款　　　　元。现就有关事项通知如下：

一、这笔扶助款主要用于借给安置上海插队已婚知青就业的集体单位（知青联合公司、场），扶持他们发展生产；其次，用于自愿申请在农村安家或自谋职业的上海插队已婚知青的一次性补助。

二、这次分配的资金是一次性专项拨款。拨款前，县知青办应与安置上海知青就业的集体单位（知青联合公司、场）签订"借款合同"（格式附后），双方各持一份，报我办二份。补助给自愿在农村安家或自谋职业的知青，要凭知青个人申请书，由县知青办报我办一式两份，审查后，退回一份存查，县知青办凭知青个人领条发给补助费。

三、为确保专款专用，必须严格履行借款手续，按合同办理。县知青办接此通知后，应立即将分配的经费具体落实到单位（包括一次性补助知青个人的落实），一定要解决好上海知青就业问题。然后持"借款合同"书来我办经审定后，方予拨款。合同到期，县知青办和借款单位应即偿还。

特此通知。

上海知青就业生产扶助款借款合同

82 年　　月　　日签订

签订合同单位	县 县知识青年上山下乡办公室					
借款金额和主要用途	借人民币（大写）					元整
	1.					元整
	2.					元整
	3.					元整
偿还期限	1.198　　年　　月底偿还					元整
	2.198　　年　　月底偿还					元整
	偿还金额合计					元整
拨上海知青个人申请补助费						元整
上述共拨借款、补助费金额						元整
借款单位签章	单　　　　位	负责人	县知青办签章		知青办	负责人

上海插队知青就业扶助款分配表

单 位	上海知青人数	扶持资金数	注
上饶县知青办	8	／	有经费结余两个公社点已拨款5000
玉山县知青办	7	5000	
铅山县知青办	9	5000	
横峰县知青办	7	2000	原拨3850元
弋阳县知青办	15＋8	1万	无结余资金
贵溪县知青办	15	1万	知青联合公司困难
余江县知青办	54	1.5万	
余干县知青办	14	7000	
乐平县知青办	60	5000	原知青办经费有结余，知青办撤并
波阳县知青办	56	2万	知青联合公司有困难
万年县知青办	26	1万	
德兴县知青办	37	／	原知青办结余经费13万系知青办撤销
婺源县知青办	21	3万	（无知青就业地基）
合计		11.3万	

玉山县

批转县知青办、财政局《关于抓好知青
经费和财产清理工作的请示报告》

（玉政发〔1980〕23号）

各公社、场革委会，七一水库管理局，县农科所，县知青办，财政局：

县人民政府同意县知青办、财政局《关于抓好知青经费和财产清理工作的请示报告》，现批转给你们，请遵照执行。

清理知青经费和财产，是一项面广、量大、政策性强的工作。县已成立"双清"（清经费、清财产）领导小组，有"双清"任务的社、场，也要有领导和专人负责，配合县"双清"工作队做好工作，认真把"双清"工作搞好。

玉山县革命委员会

一九八〇年九月二日

关于抓好知青经费和财产清理工作的请示报告

县人民政府：

我县从一九六八年以来，共接收安置上海、南昌、上饶市及本县下乡知青3820人，除历年参军、招工、招生和去年大批安置外，现有在乡知青608人，据查对，国家先后拨给我县安置经费为1279698元，木材指标为620个立方米。十多年来，由于各级党组织和政府部门的重视，全县创建知青场、队51个；修理和兴建各种类型的知青住房112栋，计25000多平方米；购置农具、家具、炊具1000多件；购置机械、耕牛等生产设备63件（套、头），为下乡知青安心农村锻炼成长，创造了有利条件，促进了生产发展。

随着知青政策的调整，一般县城不下放知青。特别是去年以来，按政策规定大批知青安排就业后，知青场、队"人走房空"，出现了财产丢失现象。加之，过去在管理上存在一些问题，经费和财产被贪污、挪用、侵占、借用也有所发生。为此，遵照中央、国务院、省委、省政府的有关规定和全区知青工作会议精神，必须对知青经费和财产进行一次全面清理。现将有关事项请示报告如下：

一、统一认识，加强领导

……

为了加强领导，县成立"双清"领导小组……并从知青办、财政局、粮食局、人民银行、农业银行等有关单位抽调人员，组成"双清"工作队开展工作。公社、场也应成立"双清"小组，并有一名领导同志任组长，抽调有关人员做具体工作。这次清理工作的经费，从县知青办业务费中开支。

二、清理范围、做法和要求

清理范围：这是一次全面性的清理，凡是安置过知青的公社、大队、生产队和知青场、知青队都要清理。

清理做法：先组织"双清"工作队和有关人员学习文件，领会精神，后自上而下、先易后难地进行清理。在具体做法上，先清经费，后清财产，再处理闲房、物资。

清理要求：对于县下拨的1141150元资金（县知青办直接支付汽车、拖拉机款42000元）和上海等地的扶助资金，都要弄清其来龙去脉，要清经费来源数、下拨经费数、收支结余数，查帐、款、物、据是否相符，开支是否合理。具体要求是：

1. 凡社队现有结余知青经费，全部上缴县知青办。所有收回经费（不包括业务费），列为专款，今后所需知青经费，待清理后统一研究解决。

2. 对于贪污盗窃知青经费和财产的，要追查原因，严肃处理。对于挪用、占用知青经费和财产的，要采取措施，坚决追回。

3. 对于有关债权债务问题，原则是谁放谁收、谁欠谁还。知青场、队集体债务，要调查清楚，根据不同情况，妥善处理。

4. 对于用知青经费建造的房屋，添置的机械、排灌设备，以及农具、家具、炊具等，要全面造册登记。

5. 对于闲置的房屋、物资处理，要与有关单位协商，属于厂社挂钩的知青场、队，必须征得动员单位的同意，方能处理。闲置房屋、物资，知青场、队现需使用的，可办好手续，由县知青办拨给他们使用和维修。在农村已婚的知青，可根据情况调剂一些空房归他们使用和维修。其余的应作价处理，按国家、社队、动员单位的投资比例分款。国家投资部分，百分之五十由县知青办收回，其余归社队所得。闲置物资作价收入，属国家的全部由县知青办收回。对偏僻的房屋，无人接受，可拆掉变卖材料，变卖时，作价要合理，处理要得当，所得款原则上一次收清。

三、搞好三个结合

一是把"双清"工作同安排知青结合起来。要把现有在乡知青搞清楚，本着"国家关心，负责到底"的精神，有计划地把分散插队的知青，集中到重点知青场、队或联合公司知青场来，使他们安心锻炼成长。

二是把"双清"工作同整顿知青场、队结合起来。现有知青场、队11个，办得好的有4个，有的知青场、队仅有一二个或几个知青，已处在停办状态，必须加以整顿，该撤的撤，该并的并。对于基础较好的知青场、队，确能成为知青就业基地、独立核算的，要巩固、充实、提高，在人力、物力、财力上继续给予必要的支持和扶助。

三是把"双清"工作同建立与健全各项财经管理制度结合起来。根据国务院知青办、财政部的《关于知青经费管理使用的暂行规定》，合理使用各项知青经费，巩固清理成果，发挥财经更大效益。

知青经费和财产的清理工作，我们计划在九月上旬开始，到十一月底结束，作出总结上报。

以上报告如无不当，请批转各地执行。

玉山县知青办

玉山县财政局

一九八〇年八月二十八日

鹰潭市

关于前段清理知青经费、
财产的情况及其处理意见的报告

市人民政府：

遵照中共中央中发〔1978〕74 号、省人民政府赣政发〔1980〕83 号文件以及八〇年三月份国务院知青办、财政部在成都召开的全国知青经费座谈会的精神和市人民政府鹰政发〔80〕第 15 号文件的有关规定，由知青办、财政局、农业银行三个单位组成了"双清"办公室，抽调了干部和知青骨干共 13 人，组成清财小组，于八〇年十月七日至十二月三十日，历时三个月，分别对童家、夏埠、白露 3 个公社 24 个大队 200 多个生产队的知青经费帐目、财产进行了一次清理。现将清理情况及处理意见报告如下：

清财工作开始时，场、队干部出现各种不同的思想反映，也碰到了一些具体问题。大多数人认为，从七三年以后一直未清帐，现在清理很有必要，但涉及处理闲置财产，要生产队出钱，就有些思想不通，有的说："国家为知青花了钱，花了就算了，何必收回去，真是太小气，送给生产队算了"……

自六八年以来，上级下拨我市知青经费 90 万元，除去用于其它正常开支外，下拨童家公社以及各队 196726 元，夏埠公社 36632 元，白露公社 127367 元。结算到目前为止，童家公社结余知青经费 2336.30 元，夏埠公社结存知青经费 6812.15 元，白露公社结存知青经费 6932.51 元，上述三个公社共结存知青经费 16080.96 元，其它知青场、队的经费也都略有结余。

……因此，在知青经费和财产管理上还存在着一些问题，具体有如下几个方面：

1. 手续不完备，帐目不清楚。公社下拨给知青场队的经费，手续不够健全，大多数是白字条，有的大队、生产队收支帐目不清，甚至把帐本烧掉或给小孩撕毁，如童家公社要 7056 元，白露公社 6760 元，由于帐目不清，会计迭换，致使无法查对。

2. 借用和挪用知青经费财产。童家公社借用知青经费 1100 元修电灌站、买奖品；梅源水闸、农机厂借木材几年不结帐。夏埠公社结存资金 6812.15 元，白露公社结存资金 6932.51 元，全部挪用搞了其它项目，致使帐上有数，帐下无款。知青办分配各公社的木材 137 立方米，由于管理手续不健全，有部分无法核对清楚。

3. 所购置的农家具损坏丢失现象严重。大队知青农场家具有的被知青带走，有的被偷，有的被损坏，下拨的拖拉机、柴油机由于保管不善，年久失修，绝大部分损坏，使国家财产造成不应有的损失。

4. 分散插队的知青住房大部分闲置未用，由于无人管理，有的近于倒塌，有的被拆变卖，如童家公社大塘大队徐家生产队知青住房被拆；夏埠公社流洪大队祝家生产队知青住房被拆了一大半；上桂大队、双凤大队知青农场住房，知青长期未去，门窗被拆，房屋长满了蘑菇；刘家大队知青农场存放的桌子、凳子等被盗。

鉴于上述"双清"中出现的问题，按照"双清"的有关政策，经我们三家研究，对结余的资金和现存的财产处理，提出以下几点意见

……

5. 现无知青居住和以后又无知青下放去的知青房屋，根据质量的优劣情况，按市知青办拨给建房费的 30%—40% 折价处理，其价款市知青办收回 50%，其余的 50%，公社、大队、生产队三级分成，公社得 10%，大队得 15%，生产队得 25%。有挂钩单位共同投资的房屋，则按投资的比例分成。对于已得建房费而未建房，或建房后而又拆卖的场队，也照此办理。房屋折价后，产权属购房的大队或生产队。

……

市知青办／（章）

市财政局／（章）

市农业银行／（章）

一九八一年一月二十日

抄报：上饶行署知青办、地区财政局、地区农业银行

余江县

关于上海知青周××同志病退回沪有关事项的协议

上海知青周××同志于一九六九年三月来我县红色公社插队落户，在贫下中农的再教育下，增长了才干，但不幸的是于一九七八年八月二十日患病毒性脑炎，经县医院（锦江医院）抢救未好转，于八月二十六日转中国人民解放军一八四医院抢救治疗，但病情仍未好转。后于七八年九月三十日转上海新华医院治疗，于一九七九年上半年出院。该同志自发病至上海新华医院治疗出院时止，国家花去医疗等费贰仟柒佰余元，全部已由余江县知青办支付了。

为了对周××同志的病情负责，上海市杨浦区知青办、杨浦区龙江街道、上海棉纺第三机配件厂、周××同志的家长及余江县知青办、余江公社知青办等代表，经过协商达成如下协议：

一、对周××同志从七八年发病至八二年七月十五日的粮食指标已全部付清，除以前领取部分外，这次补发粮票柒佰叁拾伍斤。

二、周××同志的布票，七八年至八二年的人口定量布票已全部付清，除以前领取部分外，这次补发三年的定量布票（4.44丈）。

三、经费问题，经过反复商讨，周××同志病退回沪作为一次性的补助金额贰仟壹佰元，包括医疗费、生活补助等费用在内。今后一切费用应由周××同志家长负担（其中葛××同志此次来赣的往返旅费也包括在内）。

四、布票、粮票，由家长葛××同志自带回沪，经费贰仟壹佰元待办理户口、粮油关系转迁手续时，由余江县知青办汇给上海市杨浦区知青办。

五、以上协议从签订之日起生效。

上海市杨浦区知青办代表：×××

杨浦区龙江街道代表：叶　×

上海棉纺第三机配件厂代表：傅××

周××同志家长代表：葛××

余江县知青办代表：彭××

余江县红色公社知青办代表：周××

一九八二年五月十四日

乐安县

从实际出发，落实知青政策

上海知识青年杨××（女），一九六九年三月初来到江西乐安县插队落户，一九七三年与本地公路段职工于××喜结良缘。一九八〇年四月落实知青政策，按规定已与本地青年结婚的杨××不能返回上海，由当地政府安排适当工作。小杨由县交通局安排在潭港乡石料场当一名集体职工。不到一年时间，由于石料场资源枯竭，经营不善而被迫解散，从此小杨失去了工作，只能待在家里吃闲饭。

天有不测风云，一九八五年四月小杨的丈夫患胃癌，医治无效，丢下小杨及两个年幼的孩子匆匆地离开了人世。

小杨失去了丈夫和经济来源，她绝望了，萌发了轻生的念头，但看着两个尚不懂事的孩子，又怎么忍心……她开始上访了。为了孩子，她向各级组织呼喊："救救我们孤儿寡母，给一条生活出路吧！"

县委收到小杨的上访信件后，考虑到县公路段是受地区公路分局领导的，立即责成县信访办与县公路段联系，妥善解决小杨的实际困难。首先按规定由公路段发给小杨抚恤金790元；二个年幼的孩子每人每月固定补助14元，共28元。这样，燃眉之急基本解决了，但如何从根本上解决问题，仍摆在我们面前。我们认真学习了中央、省、地有关落实知青政策的文件，认为：应该给小杨重新安排工作，使其生活有保障，安心江西落户。我们及时将小杨的情况向省委信访处、地区公路分局、县委、县政府等有关上级单位反映，争取上级领导的重视和支持。一九八五年十二月底，省计委、省交通厅、省公路总局、省劳动人事厅联合下文，给乐安县公路段安排了一名补员指标。但县劳动人事局认为给杨××补员，不符合有关政策，不同意办理手续。县委办公室主任胡荣微同志听了我们的反映后，及时向县委主要领导汇报。根据县委领导意见，按特殊情况对待，亲自打电话与县劳动人事局局长联系，讲明：让杨××补员是属于落实知青政策。至此，上海知识青年杨××的问题才得到彻底落实。

小杨已于一九八六年一月正式上班。她激动地对我们说："党的政策真好，我一定不辜负组织的关怀，为四化建设尽心尽力!"

乐安县信访办公室

一九八六年五月

婺源县

关于我县下乡知青安排意见

……自一九六八年以来，我县先后接收安置上海、上饶、本县以及其它省、市下乡知青三千一百三十八人……近几年来随着四个现代化的逐步实现，随着社会劳动力结构的逐步改变，大量的知识青年已招工、升学、参军、顶职、转迁下放地点、病退、统调二千六百四十一人。目前在乡知青有七百八十七人，其中一九七二年前下乡的四百〇九人，一九七二年后下乡的三百七十八人，同当地社员结婚的一十九人，在珍珠山、障山场、武口、中洲、高沙渔场、县农科所、县茶科所等国营农垦单位的一百三十六人。

一、关于下乡知青的安置问题

根据中发〔1978〕74号文件"插队知识青年中确有实际困难不易解决的，要在城乡全民和集体所有制企事业逐步安排他们从事有固定工资收入的工作。有困难的已婚插队知青，要分别情况，尽量就近就地安排到社、队企业，本地的农、林、牧、副、渔场，或工交财贸、文教企事业中去。对一九七二年以前下乡的，优先安排，两年内基本解决"和省知青工作会议精神，结合我县具体情况，从有利于巩固知识青年上山下乡的伟大成果，有利于鼓励知识青年扎根农村，有利于解决确有困难的知识青年工作、生活、劳动的问题，有利于促进安定团结，对知识青年统筹安置的原则是：凡一九七二年以前下乡的知青在今年内统筹安排完毕，对一九七二年以后下乡的知青确有实际困难不易解决的，也给予统筹安排。对目前已下放在国营农垦单位的知青，他们已经是国家的正式职工，是工人阶级的一部分，是办场的一支骨干力量，不再另行安排。对于与集体挂钩部分的知青，要求县委给予农垦职工指标，请劳动部门办理手续。对于与当地社员、工人、干部结婚的知青原则上就近就地安置，与县城居民、工人、干部结婚的知青应给予照顾回城安置。

安置去向：经与有关部门商量，县二轻局系统可安置三百人（其中县以上大集体一百人），工交系统一百一十人，粮食系统一百五十人，农业系统二十人，商业、供销系统三百三十人（其中县以上大集体二百五十人），教育校办工厂五十人，财政系统二十人，国营农垦一百人，茶厂茶叶基地四十人，还有社办企事业和民办教师、赤脚医生、计划生育员四十八人。

安排在社队企业工作的知青，可转为商品粮或自筹粮解决。凡招工安置的对象都必须经过知青民主评议，征求社、队意见，由县劳动知青部门共同研究商定，由县劳动部门办理手续，坚决反对开后门不正之风。

……

三、关于整顿、提高知青场、队的问题

全县原有知青场队二十五个，有水田一千〇五十五亩，茶叶三千六百二十六亩，油茶三千八百一十亩，杉树五百五十亩。由于"回城风"的影响，目前仍有知青场队十四个。通过整顿将一九七二年后下放的知青适当集中，努力办好太白林场、高沙考水知青队、西坑新屋知青茶场、高沙知青基建队。其余知青场队撤销后，其财产、物资、机械设备、土地等，由各公社（场）知青专职干部逐件登记造册，对于原有生产队水田、土地和知青新垦种的茶叶、油茶树移交给大队或公社农科站或社办企事业耕种，原拨给下乡知青使用的财产、物资任何单位和个人不得侵占和挪用，贪污、挪用的必须追回。

婺源县知青领导小组

一九七九年九月十六日

发至：县委常委

充分利用山区资源，广开知青就业门路
——国营珍珠山垦殖场统筹安排知青的情况调查

一九六六年以来，先后有上海市、上饶市、婺源县城和其它省市地县的二百九十多名知识青年来到珍珠山垦殖场插队落户，参加山区社会主义建设，后因各种原因（招工、参军、读书、顶职补员、困退、病退）陆续

的迁出了一部分。现在仍有九十二名知识青年安排在场办工厂里，知识青年们有会计员、出纳员、保管员、化验员、营业员、拖拉机驾驶员、炊事员、食堂管理员、电工、农机工、化工、车木工、酿酒工、中小学教师，还有七名知识青年分别在总场和分场担任领导和其它工作。九十二名知识青年每个人都有稳定的工作和固定的收入，成为全民所有制的农垦职工，平均每个知识青年全年工资收入可达五百多元（包括年季奖金、粮补、副补），并享受各工种劳动福利、公费医疗和产、病假工资，达到了一般城市同等企事业职工的工资收入标准和生活水平，大部分知识青年有积蓄和存款。

珍珠山垦殖场办有酒厂、化工厂、车木厂、茶厂、农机厂、活性炭厂、砖瓦厂、基建队、汽车队等场办工厂，还有九个分场和二个大队（集体与全民挂钩）的农业单位。全场有工业职工六百六十九人，农业职工二千六百三十五人，全年工农业总产值五百四十多万元（其中工业产值二百七十多万元），是婺源县县办的一个综合性的国营垦殖场。

……遵照中共中央〔78〕74号文件精神，根据每个知识青年本人的专长和实际情况，全部安排了他们在场就业。

知识青年安排在工厂就业后，经过工作和实践，如今有些知识青年成为场办工厂工人中的技术骨干……

对于那些体质较差和患有疾病的知识青年，场党委都是认真过细地根据他们的具体情况，照顾安排他们干些力所能及的能够胜任的工作。上海女知识青年张××、张××来场后水土不服，长期患皮肤病，场党委知道这一情况后，分别照顾她们担任出纳员和话务员，使她们感到工作称心满意。

同场外青年结婚的知识青年，场党委根据他们的具体情况，帮助他们解决夫妻分居两地的实际困难，便利照顾他们的家庭生活，主动帮助他们发函与对方单位协商，调出或调入以利于照顾夫妻生活。调入来场的知识青年配偶，符合条件的便报呈劳动部门吸收为职工、临时工、合同工。对新婚知识青年，经济上有困难的场里便酌情给予他们新婚补助，帮助他们建立一个幸福美满的小家庭。

……

总场工会、文化站还设立了图书、棋类、球类、乐器等活动项目，经常组织开展各项业余文娱比赛，举办业余专业知识讲座来丰富知识青年的精神文化生活。

　　……

婺源县革委会知青办

婺源县珍珠山场知青办

一九八〇年八月二十六日

抚州地区

批转《全区知青工作会议纪要》

（抚行发〔1981〕89 号）

各县（市）人民政府，行署各委、办，地直各局（处）、行、社：

　　行署同意《全区知青工作会议纪要》，现将《纪要》转发给你们，望认真研究贯彻执行。

抚州地区行政公署／（章）

一九八一年八月二十六日

全区知青工作会议纪要

（一九八一年八月二十日）

　　八月十八日至十九日，召开了全区知青工作会议，参加会议的有各县（市）知青办负责人。各县对前一段的安置情况进行了汇报，交流了经验，肯定了成绩，也指出了安置工作中的一些问题。针对存在的问题，进行了研究，提出了解决安置工作中的一些办法和措施。

（一）

　　……仅一九八〇年就安置八千六百一十五名知青就业，今年上半年又安置一千五百九十名知青就业。全区十二个县、市有南城、乐安、资溪、东乡、进贤五县知青的安置工作完毕，特别是乐安、资溪、东乡、南城四县在乡知青已全部安置大集体单位就业……

（二）

……国务院知青领导小组已提出了新的要求，争取在今年内把在乡知青安排好。根据这一新的要求，全区知青安置工作仍然很繁重，特别是临川、金溪、宜黄三县安置任务还比较大，抚州市、南丰、黎川、崇仁三县一市安置工作也要抓紧，决不可放松。据七月底统计，全区在乡分散插队知青还有六百三十二名，其中上海下放知青有一百四十二名。他们年龄都比较大，孩子多，文化低，就业条件差。同时，有些转点插队和病残知青都未得到妥善安置。还有些转为商品粮知青，由于未得到及时安排就业，农村又实行生产责任制，使他们在生产和生活上带来了困难……

（三）

……会议要求各地必须做好以下几项工作。

一、要本着"国家关心，负责到底"的精神，切实加强知青安置工作的领导，尽快地把在乡知青安置好……在安排中特别要注意抓好老知青、上海知青、已婚知青和转点插队知青的安排。安置完毕的县，要善始善终，进一步检查落实，防止遗漏，处理好遗留问题，负责到底。

二、尚未安排完毕的县、市，要在党委统一领导下，认真落实中共中央中发〔1980〕64号文件，实行劳动部门介绍就业、自愿组织起来就业和自谋职业相结合的方针，通盘考虑，统筹安排。凡是国营、大集体招工，对知青要优先予以照顾录取……还要鼓励知青自谋职业和在农村就业。

三、对于已安排就业的知青，根据省委〔1980〕147号文件精神，从省委下达147号文件后安排就业在乡知青，凡是七二年前或七三年后下放知青，他们的子女均可转为城镇户口和商品粮。

……

抄报：省人民政府

抄送：地委办公室，抚州军分区，地区中级法院、检察分院，地区知青办，群众团体，新闻单位。

江西省抚州地区行政公署办公室　　　一九八一年八月二十八日印发

南丰县

关于填报下乡知青安置审批表的通知

各公社知青办：

现将下乡知青安置审批表寄给你们，请查收。有关填报登记表的对象和范围说明如下：

一、根据省委〔80〕147号文件精神，对于一九七二年以前下乡知青要作统筹安排。凡原已安置在社办企事业单位或这次安置到社办企事业单位的下乡知青，可就地就近转为商品粮和户口关系（其子女在内）。

二、对于目前仍在农村插队的，而这次县、社又未作安排的一九七二年以前下乡知青，各公社要在企事业单位妥善安置。凡与农村社员结婚的，连同他们子女在内，就地就近转为商品粮和户口；凡与国家职工、城镇居民结婚的一九七二年以前下乡知青，可投靠配偶者所在地转为商品粮和城镇户口（其子女在内）。

三、在填报审批表时，要认真负责，要实事求是，不能弄虚作假，如发生问题，要追查责任。望各公社指定专人负责此项工作，要认真审查，把好关。

四、各公社将此表请于一九八〇年十月二十日以前报送到县乡办审批。该表一式填报四份。

五、县办大集体招工的，不填这表，按劳动局招工手续办理。

特此通知。

江西省南丰县知识青年上山下乡安置工作办公室（章）

一九八〇年十月八日

下乡知青安置审批表

南丰县下乡知青申请要求回城审批表[①]

80 年 10 月 11 日

姓　　名	夏××	性别	女	年龄	28	籍贯	浙江宁波	婚否	结婚	文化程度	初中

家庭出身		工人		家庭住址				上海市××路×××弄××号			
插队时间				安置地点			洽村公社综合厂大队			生产队	

家庭主要成员详细情况	关　系	姓　　　名	年龄	工　作　单　位	职　别	健　康　状　况
	丈夫	曾××	25	××大队锯板厂		一般
	女儿	曾××	3	在家		一般

病史诊断情况	身体一般健康			
□里是否已办留城		姓名		留城原因		留城证号码	

回城原因	全民招工(章)
生产队意见	该同志下放现有 11 年,情况确实。上级给他安排工作,我们队全体社员同意。 1980 年 10 月 12 日
大队意见	同意安排。 ××大队/(章) 1980 年 10 月 12 日
公社知青办意见	同意夏××、曾××恢复商品粮。 南丰县洽村公社知识青年上山下乡安置办公室(章) 1980 年 10 月 13 日
街道意见	197　年　　月　　日
主管单位意见	同意夏××转为公社商品粮和户口,其子女 1 人。 1980 年 9 月 19 日
县革委意见	根据省委〔80〕147 号文件精神,经研究同意夏××同志随同子女壹人就地转商品粮。 江西省南丰县知识青年上山下乡安置工作办公室(章) 1980 年 11 月 12 日

说明：1. 此表应用于病退、独子女、多子女身边无人照顾要求回城的人员;

　　　2. 病史要有县以上医院证明;

　　　3. 填写时应实事求是,如有弄虚作假,追查责任。

---

①　填表者将"申请要求回城"划掉,改为"安置"。——编者注

峡江县

关于请求下拨安置的上海老知青招工指标的报告

江西省劳动就业服务管理局：

　　根据原省知青办统一分配，六八、六九两年我县共接收上海下放知青五千多人。除因有关政策迁回上海以外，我县对留县的上海知青，历年来在安置就业比较困难的情况下，一贯采取照顾政策，放宽年龄，放宽招工条件，挤出招工指标照顾等，已给大部分都作了妥善安置。其中，安排在全民所有制单位一百二十八人，大集体十九人，劳动服务公司所属企业六人。这批上海知青在各级党组织、政府和部门的教育培养下，很多人已成为工作、生产上的骨干，还有的入了党，走上领导岗位，受到当地组织和群众的好评。

　　但由于我县地处边远山区，交通不便，财政拮据，工业薄弱，发展缓慢，就业困难，现在农村尚未安置的上海知青就有二十六人，绝大多数与当地农民结了婚，子女多的六七个，第二代又在待业，还有读书的。仅靠爱人单方的责任田，农业收入微薄，本人又无工作安排，又无技术专长，只能做家务，带带小孩，仅靠上海方面每月定期补助一点，家庭经济负担确实很重，基本生活低于当地农民水平，温饱问题急待解决。

　　鉴于上述情况，为了妥善解决上海知青遗留问题，按照省厅、省公司的有关精神，经请示县领导同意，与经委、商业主管部门及其企业领导的协商，对安置上海老知青工作表示同情和大力支持，同意暂时接收王×、周××、孔××、林××等十三位上海老知青进厂（请见接收进厂证明五份），安排适当工作，以保障他们的切身利益。为此，特请求省劳动厅、省劳动服务公司下拨安置上海老知青全民所有制合同制工人指标十三名（其它知青待落实单位呈报），利于巩固安定团结，利于社会的方方面面，利于他们继续安心于江西建设，并作出应有的贡献。

　　以上报告当否，请批示。

　　附：五份厂家接收上海知青进厂证明

　　十三份上海知青上山下乡证明

　　　　　　　　　　　　　　　峡江县劳动服务公司
　　　　　　　　　　　　　　　八九年八月二十五日

　　情况属实，请省厅、省局给予大力支持，以解决上海老知青的后顾之忧
为感。

　　　　　　　　　　　　　　　峡江县劳动人事局（章）
　　　　　　　　　　　　　　　八九年九月十四日

　　抄报：省劳动厅、计划劳力处

要求解决上海老知青招工指标名单

　　徐××　　刘××　　孔××　　黄××　　　马××　　　黄××
　　周××　　陈××　　傅××　　王××　　　王　×　　　林××
　　金　×

　　　　　　　　　　　　　　　峡江县劳动服务公司
　　　　　　　　　　　　　　　一九八九年九月二十日

赣州地区

安排上海插队知识青年扶持生产资金分配情况表

安排上海插队知青扶持生产资金分配情况

1981 年 9 月 10 日

县（市）别	全区共有上海知青人数	其中：已安排工作的上海知青				其中：未安排工作的上海知青			其中：倒流回城			5月底止知青经费结存金额	第一方案 平均拨款	第二方案 不同性质□□□ □□	最后核实拨给金额	备 考
		安排总人数	劳动局安排人数	社办企业安排人数	知青场队安排人数	总人数	未安排人数	已转户粮未作安排人数	总人数	其中：休眠人数	劳改、判刑人数					
总计	174	85	76	5	4	43	43	24	33	9	13	248000	200100	202900	200000	1. 经研究领导同意最后核实拨款方案。2. 石城知青办来信不要上海扶持资金，经请示是还是拨给10000。3. 基本按第一方案为标准，少拨进行了调整。4. 经领导研究，决定崇义又减少5000加给知青办。经办人吴继仁 1981.9.13.
赣州市	2	2			2							240000	2300	3000	2300	
赣县	6	3	3			3	3					240000	6900	7500	6900	
南康	2	2	2									63000	2300	1000	2300	
信丰	8					7	7				1	60000	9200	13600	9200	
大余	4	2	2			2	2					150000	4600	5000	4600	
上犹	6	3	3						3			95000	4900	7500	15100	
崇义	11	8	8						3			91000	12650	8200	3000	
安远	15	12	11	1		2	2		1	2		75000	17250	11200	17000	
龙南	1					1	1					53000	1150	1400	1200	
定南	21	10	10			4	4		7			100000	10000 24150	21000	10000	
全南	27	18	18						3		6	139000	15000 31050	21600	15000	
宁都	21	1	1			10	10		7	3	3	147000	34000 24150	38700	34000	
于都	9	2		2		4	4		3			56000	20080 10350	16200	20000	
兴国	0											130000	0	0	0	
瑞金	6	5	5			1	1					83000	6900	4500	6900	
会昌	3					3	3					20000	3450	4800	8500	
寻乌	7	1		1		4	4		2	2		26000	8050	10500	8000	
石城	14	13	13						1			80000	16100	8500	10000	
广昌	11	3		1	2	2	2		3	2	3	218000	22000 12650	18700	22000	

知青工作情况第二期

地区知青办

把党内外的思想统一到党中央确定的方针政策上来

……

会昌县对知青经费财产进行了全面清理。

会昌县委知青领导小组，根据省、地知青部门对知青人数、经费、财产进行全面清理的意见，决定以县知青办为主，会同有关部门组成知青安置经费清理小组，抽调懂财会的驻队干部和知青，从七八年一月至七九年五月对中央〔1973〕30 号文件以后的各种经费进行了全面清理。县知青办从七三年至七九年五月止，先后下拨到公社知青经费 745167.24 元，公社向县核报 657597.96 元，相抵余额尚有 87569.28 元。经过清理，发现 11 个公社 28 个大、小队贪污挪用安置经费 23325.80 元（其中二人贪污 259.52 元），22 个单位用安置费作其它费用的，计 27937.32 元。出现这些问题，主要是：县知青办财务制度不健全，会计忙于事务性的工作多，下基层检查督促少，重拨、错拨经费 3192 元（已收回 791 元）；有的公社领导同志滥用职权，三个公社肆意挪用安置经费 7001 元；有的公社知青办干部采取重报、冒领农家具费和挪用建房费 843.62 元，拉关系擅自给大队购手拖 2006.25 元；有的单位以办知青事业为名，领款不进帐，计 1195 元；有的公社银行营业所对知青经费未坚持专款专用，将知青帐户并到公社帐户，四个公社办砖瓦、造纸等厂，计 13391.43 元。综合所述，说明我们知青财务制度不健全，缺乏专人管理所致，但只要领导下决心，组织力量进行全面清理，问题是可以查清的，对贪污挪用的经费正在采取措施追回，并建立了一些必要的制度。

报：省知青办、地委知青领导小组
发：各县（市）知青办

知青工作情况第八期

地区知青办

坚持政策 保证质量
按时完成"两清"工作任务

遵照上级知青、财政部门有关清理知青经费、财产的文件精神，根据我区下乡知青变化的情况，行署知青办对"两清"工作，在元月上旬县（市）知青办主任、会计会议上进行了布置……几个月来共清理一百二十个公社（会昌县基本清完），占百分之四十六。变价处理房屋七百五十五间，折收房款金额九万五千九百五十多元；折收物资款金额九千五百五十多元。经过"两清"的单位，查出贪污盗窃十二起，计金额五千二百八十七元，其中已收回款三千八百三十元。挪用经费七十五起，计金额三万三千四百六十多元，其中已收回一部分款。

……

知青工作情况第十期

地区知青办

石城县安排招工老知青

在县委的领导下，在对老知青的安排中，特别是招工安排中，做到与有关部门通力协作。知青办与劳动局在招工中定出具体专项指标，每次招工指标都在总数的百分之四十以上是知青。知青办与教育局在招工中都具体帮助知青进行文化复习，不少教师上门定期辅导知青文化课，使老知青在招工考试中文化考核达到标准。对上海、南昌、赣州的下乡知青做到一视同仁。石城县知青办，现已安排了下乡知青二百六十五人，其中招工安排老知青一百六十三人，占在乡老知青的百分之六十六。他们安排到大集体的是一百七十人（老知青是一百一十八人），占招工总数的百分之五十三点七。他们安排到社办企业、民办教师、赤脚医生的已转吃统销粮的三十二人（老知青九人）。他们已安排转公办教师的十四人（全是老知青），占转正总人数的百分之七十一。他们安排到国营的三十六人（老知青二十二人），占招工总数的百分之八十。在石城县的上海知青十三人，已全部作了安排；赣州市下乡老知青只有二个未招工安排……

　　报：省知青办、地委知青领导小组
　　送：各县（市）知青办

知青工作情况第十五期
地区知青办

坚持验收标准　充实清理力量
十月份完成"两清"工作任务

　　清理知青经费和财产的工作。我区从今年元月份以来……到七月止，已清公社二百四十个，占应清公社数的百分之八十九点二；已清知青场队二百二十三个，占应清数的百分之五十点三。据信丰、崇义、于都、石城、广昌等五县统计，已清社队变价处理的空闲房屋款二十一万一千零四十四元，为安置经费投资的百分之三十至四十……

知青工作情况第十八期
地区知青办

城乡广开就业门路　安排知青路子广

　　……一年多来……知青工作形势发展很快，妥善地安排一万九千二百多人就业，使他们走上从事有固定收入的工作；重点扶持一批知青场队、联合公司，已初步成为安排知青就业的基地。目前，仍在农村的八千一百三十四人，其中一九七二年前老知青三千九百七十二人。在老知青中，已转城镇户、粮关系的二千二百九十二人。

......

三、国营企事业招工。对于插队知青，在实行招工考核、择优录用时，根据插队知青的实际情况，酌情放宽条件，给以适当照顾。今年赣州市的招工考试，录取分数线别为：七二年前下乡知青男为五十三分，女为九十点五分，七三年后下乡知青男为四十九点五分，女为一百一十五点五分；城市待业青年男为一百四十一分，女为一百九十三分。这种照顾下乡知青，规定较低分数线的做法，是符合政策的。石城县在近两年的招工中，不仅做到外地知青与本县知青一视同仁，而且优先安排上海、南昌、赣州等地知青。

......

报：省知青办、地委常委、地委知青领导小组成员

发：县、市知青办、劳动局

知青工作情况第二十二期

地区知青办

上犹县"两清"工作初步总结

......今年三月中旬开始了"两清"工作，截至十一月底止，历时九个月，整个工作已基本结束。现就"两清"工作的情况作如下汇报：

......历年拨给社队和知青场队的安置经费，通过清理、结算，做到了上下对口，钱、物、帐、据相符。到目前止，应收回结存的知青经费 8754.52 元，已收回 2780.76 元，占 81.7%，对单位和个人侵占挪用的经费已分别下了通知，限期做出计划，如数归还……九月份便把结存的知青经费如数上缴县知青办，共计 2640 余元。

......据统计，全县共建知青房屋 115 栋 794 间，共计 14518 平方米，投资为 230869 元……在变价应收回的 57717 元中，现已收回 8479 元，占 14.7%。五指峰公社做到了清理、登记造册、折价处理和收回变价款四结合，全社 11 栋知青房屋变价应收回 6600 元，现已收回 5690 元，占 86.2%。

用安置经费为下乡知青购置的农、家、炊等三具，以知青点为单位，也全面进行了造册登记，并根据新旧程度合理折价和分成处理……据统

计，全县 3467 件，变价应收款 41600 元，已收回 19651 元，占 47.2%。其中：机械设备 59 台，变价应收款 28337 元，现已收回 16200 元，调回县 1 台，占 57.2%。

根据全国知青经费座谈会议精神，我们立足于把知青经费重点放在扶助知青场队发展生产事业上。今年以来，我县用结存知青经费和这次清理收回经费 5500 元，扶助营前茶果场，收到了显著效果……

有的大队、生产队干部存在某些抵触情绪。××公社××大队××队，原六名上海下放知青共超支 1100 余元，说要拿房屋折价款抵帐，给收款带来一定的阻力。

……

有的干部违犯财经纪律，把下拨的知青经费任意挪作它用，有的甚至借给集体和个人。蓝田公社挪用 2290 元借给集体和个人，至今都未归还；中稍公社新立、中稍二个大队各挪用 1000 元做学校和办公室；安和公社黄坑大队挪用 700 元购水轮机和收音机各一台；有的利用职务之便，长期挪用知青经费不归还，原县知青办会计钟××挪用 587 元，古××挪用 476 元。

有的公社和知青场队财务混乱，没有严格履行财务审批手续，往来借支比较严重，据统计借出的知青经费 51922.40 元（其中集体欠款 46385.68元）。紫阳公社圳石下知青队，七三年办队以来，先后派出的 14 名带队国家干部，除 6 名外，都欠粮欠钱，欠粮指标最多 245 斤，欠钱最多 112 元。

有的国家干部利用带队之便，损公肥私，慷国家和集体之慨。中稍元鱼青年队原带队干部胡××，在经济上马马虎虎，捞钱、捞物、捞粮，计折价150 余元（其中现金欠款 70.51 元），至今尚未归还。

……

知青工作情况第十二期

地区知青办

领导重视安排知青就业的工作

——县（市）贯彻省、地知青办主任会议的情况

……宁都县委书记赖裕瑝同志，对该县还有少数上海知青未能得到安

排，准备在这次招工中，不用考试直接招收……

报：省知青办、地委知青领导小组

发：各县（市）知青办

知青工作情况第十四期

地区知青办

安排知青就业工作中的几个问题

……今年以来……全区一至五月份已安排了一千一百六十一名在乡插队知青就业，还剩下插队知青（包括已转城镇户、粮关系尚待安排的）三千〇四十人。全部插队知青安排完了的有南康、崇义二县。二十人以下的有信丰、定南、全南。目前安排进度较快，一至五月份安排二百人以上的有赣州市、宁都、赣县。

……

但是，从全区的情况来看，安排工作的进度还是太慢。地委副书记张振刚同志根据上级文件精神，今年三月十九日在县（市）知青办主任会议上讲话中提出："对他们的就业问题，按照新的劳动就业方针，今年内一定要安排好，老知青在上半年安排好，尽快结束过去插队遗留下来的问题。"现在时间已经过去五个月，安排任务只完成百分之二十七点六，而且，各县进度很不平衡。目前我区知青安排工作，存在如下几个问题：

一、安排进度很慢。有的县一至五月份，甚至未安排一个知青就业，安排工作处于停顿状态。其主要原因是知青部门积极主动争取，党委的重视不够，有关单位配合差，以致知青安排工作处于被动局面。

二、有的县知青办负责统计工作的干部，责任心不强，工作不踏实，统计报表误差很大。如有个县在八〇年年报中统计尚未安排的插队知青是三十二人，可是该县最近的汇报还有三百八十六名插队知青未作安排，一下子多冒出了三百五十四人。据说，是"年报表"第七栏［即"其它"栏（不含知青在农村之间转点的）］搞混了。经我们查对，该县第七栏只报了二人，全部加进去，也只不过三十四人未安排。对此，县知青办负责人还强词夺理，说我不管你年报表不年报表，反正我们还有四五百人。

三、有的县对安排知青工作推诿责任。省委〔1980〕147号文件明确规定："插队知青与农村社员结婚的，由所在县、社负责安排"。但有的县对于这类情况的知青，不是按文件要求，认真地做好工作，帮助他们解决困难，而是随意签署意见，叫人家回动员城市，一推了事。

……

以上所述，有些问题是可以解决而没有解决。如上海下乡女知青范××与当地青年结了婚，商业部门同意吸收，但县某单位以种种理由不予安排，知青办虽帮助联系过，但未采取措施给予解决……有的工作该办而未及时办理。如知青子女，按照省委〔1980〕147号文件规定，可转城镇户、粮关系的至今未办。这些都是我们工作上的问题，由于没有及时得到解决，不少人上访，哭啼吵闹，影响安定团结。

为了改变安排知青工作的迟缓状态，切实抓好安排知青工作的进度，我们认为，要继续贯彻执行中央〔1978〕74号、省委〔1980〕147号、国务院知青办〔81〕2号文件和地委有关文件精神，进一步推广南康的经验，按照今年三月县（市）知青办主任会议和五月广昌会议讨论的任务，抓紧时间，在城乡两个方面将在乡插队知青安排好。

报：地委、行署、省知青办

发：县（市）知青办

宁都县

关于结存知青经费开支的批复

（〔81〕赣知财字第4号）

宁都县知青办：

你办宁知青〔1981〕2号报告收悉。你们要求追加知青农工商联合公司基建经费等项目，需要资金使用。经研究，同意在你县（市）结存知青经费中开支柒万。

江西省赣州地区行政公署知识青年上山下乡办公室（章）

一九八一年二月十三日

抄送：宁都县财政局、农业银行

关于结存知青经费开支的批复

（〔82〕赣知财字第 2 号）

宁都县知青办：

你办八二年（四十四）送来报告收悉。你们要求追加大楼工程预算及水电辅助设施等项目，需要资金使用，经研究，同意在你县（市）结存知青经费中开支柒万柒仟元。

　　注：1. 工程预算 57000 元

　　　　2. 水电及辅助设施 20000 元

江西省赣州地区行政公署知识青年上山下乡办公室（章）

一九八二年四月二十五日

抄送：县（市）财政局、农业银行

广昌县

关于结存知青经费开支的批复

（〔81〕赣知财字第 3 号）

广昌县知青办：

你办〔80〕广知青字第 16 号报告收悉。你们改建砖瓦厂等项目需要资金使用，经研究，同意在你县（市）结存知青经费中开支壹拾万贰仟元。

江西省赣州地区行政公署知识青年上山下乡办公室（章）

一九八一年二月十日

抄送：广昌县财政局、农业银行

于都县

关于填报"上海插队知青登记表"的要求

各县（市）知青办：

根据中央精神，省知青办制有上海插队知青登记表，要各县（市）认真填写并加盖公章，按规定日期直接报省、地各一份。填表有关规定，说明如下：

（1）是登记尚未安排的上海知青。如光粮户在县，知青本人已长期离开（如判刑、倒流等）请代填知道部分，并在备注栏内加以必要说明。

（2）已安排工作，但对象是农村社员的，也要填此表。安排在□、草、农、林、牧场上海知青，不填此表。

（3）家庭成员情况，是指其爱人及子女。

（4）如表不够，请向省知青办要或复制。

江西省赣州地区行政公署知识青年上山下乡办公室（章）

一九八一年二月二十六日

已于三月五日报省、地知青办，县留存一份。

八一年三月五日

上海插队知青登记表

姓名	罗××		性别	女	出身年月	51.2		籍贯	浙江余姚
家庭出身	工人	是否党团员	团	结婚时间	77.3	身体状况	健康	文化程度	初中
动员单位	上海市静安区××街道			下乡时间	1970 年 5 月 7 日				
落户地点	江西于都县禾丰公社××大队								
现在单位	农村	作何工作	务农	月收入（元）		户粮性质		商品粮	

续表

个人主要简历	年月日至年月日				在何地方何单位	工作或职务
	59 年 9 月至 65 年 7 月				上海市愚园路小学	求学
	65 年 9 月至 68 年 3 月				上海市康定补习班	求学
	68 年 3 月至 69 年 7 月				上海市青锋中学	求学

家庭成员情况	姓　　名	性别	年龄	称呼	现在单位或住址	职业	户粮性质
	曾××	男	26	丈夫	新余良岭铁矿	工人	商品粮
	曾××	男	4	儿子	禾丰公社		商品粮

备注	

说明：上海插队知青每人填写 4 份，于 3 月 10 日前报省、地、（市）知青办各一份。

江西省于都县革委会知识青年上山下乡办公室（章）

关于当前知青工作中几个问题的请示报告

县人民政府：

......

一、城乡要继续广开门路，切实安置好下乡知青就业。

最近我们根据县政府领导同志的指示精神，组织 5 个调查组对全县各公社（镇）待业知青调查登记，根据待业知青一人一案的调查登记，全县待业知青，到十月底止，还有 179 人，其中：上海的有 6 人，赣州市有 22 人，本县的有 151 人……其措施是：

1. 已婚待业知青与城镇职工结婚的有 25 人，这由职工所在单位负责安排就业。

2. 已婚待业知青与农村社员结婚的有 92 人，就地就近由所在社、队负责安排到社、队企业单位就业。

3. 未婚待业知青的有 30 人，由父母亲所在单位负责安排就业（可以兴办集体经济的附属企事业，或组织他们自办合作小组）。

4. 未婚待业知青，其父母亲无工作单位的，由所在的城镇街道、居委会把他们组织起来，举办城镇街道企事业，如：发展城镇建材业、城镇建筑业及日用修理行业等。

5. 确实困难的待业知青可由县劳动服务公司介绍安排一部分，及知青农工商联合公司再适当招收一部分。

6. 鼓励有一技之长的待业知青，自谋职业，发挥他们一技之长，为社会生产和人民生活服务。工商管理部门准予发证。

7. 待业知青中担任民办教师和赤脚医生的 9 人，由文教、卫生系统转为代课教师、卫生员和护士学徒，或组织民办幼儿园、托儿所等。

8. 省、地驻县厂矿企业待业知青由省、地厂矿负责安排就业。

首先要优先安排一九七二年以前在乡老知青就业，对一九七三年以后下乡知青也予以妥善安排。

以上这些落实了，都算得到了安置就业。

二、进一步广开门路，更扎扎实实地办好知青农工商联合公司……

1. 要有一个坚强的领导班子核心，要有思想好、作风好、事业心强、不谋私利的人参加领导班子。根据目前公司的领导班子存在着软弱涣散、缺少骨干的状况，为了加强领导班子的建设，彻底改变目前领导班子内存在着的软弱涣散的状况，振奋精神干四化，迫切请求县里尽快给知青农工商联合公司配备一名懂财贸业务的公司副经理和一名懂商业的会计。

2. 为了进一步扩大县知青农工商联合公司的生产规模和经营项目，为此要有一个良好的生产基地，计划再兴办副食品加工厂、砖厂、养殖业等。基地最好规定在城郊附近，这样有利于生产和生活。请县里尽快给予研究决定，以便早日动手筹建，投入生产（机器设备已购置）。

3. 为了进一步巩固好知青农工商联合公司，必须将知青农工商联合公司的产、供、销计划列入县地方国民经济计划中去。县商业、供销、粮食等部门要给予积极扶持。

4. 为了不断增加经济吸引力，接纳更多待业知青就业，为此知青农工商联合公司的税收应本着兼顾国家、集体、个人三者利益，和国家的税收减免规定，我们的意见是：商品零售业规定交纳税收，其它行业给予免税，以利于资金积累，用于扩大再生产。

三、关于已招工、升学知青其所生子女转城镇户口和转吃商品粮的问题。

我们遵照省委〔1980〕147号、省政府〔1980〕163号文件规定："一九七二年以前插队知青，在农村社队企业安置就业的，经县、市知青办审查，同级公社、粮食部门批准，可以就地转为城镇户口和吃商品粮。"（已婚的应包括他们的子女），为此我县凡是下乡知青都已转城镇户口和吃商品粮，这一工作已基本结束。目前存在的问题是在〔1978〕74号文件下达以前招工、升学已婚知青有165户，小孩300人，在〔1978〕74号文件下达以后招工、升学的已婚知青有70户，小孩135人，上面这部分原下乡已婚知青已要求将其所生子女转为城镇户口和吃商品粮……

我们的意见是：

1. 凡原是下乡插队已婚知青在招工、升学前所生子女，均可转为城镇户口和吃商品粮。

2. 凡是在招工、升学后所生子女及招工、升学结婚的所生子女按公安、粮食部门有关规定处理。

以上报告，请批示。

于都县人民政府知青办/（章）

一九八一年十一月十日

待业知青安置情况

待业知青安置情况：

  安置到国营单位的：150人

  大集体的：510人

  小集体的：290人

  社办企业：61人

自谋职业：50 人

尚未安置待业知青情况：

全县待业知青尚有：140 人

其中：上海的有 2 人

赣州市有 22 人

本县的有 116 人

一九八一年

关于请示报告的批复

（于政办函字〔1981〕82 号）

县乡办：

你单位报来《关于下放知青及其子女转吃商品粮的请示报告》已收悉。经一九八一年十二月十日（第十七次县长办公会议）讨论决定，现批复如下：

根据省委〔1981〕147 号和省政府〔1981〕163 号文件精神以及当前农村生产责任制建立后，对下放知青所带来的一些实际问题。同意将一九七八年以前下放到农村插队落户的知识青年（不论是男、女方知青）及其子女可以就地转为城镇户口和吃商品粮（对原已转吃商品粮后的男、女下放知青，而又与农村男、女结婚的，其子女不属于此次落实范围）。凡一九七九年元月一日后小三子下地的，按有关规定办理，要严格把好关。此项工作由副县长李仁山同志主持，并由县乡办组织人员负责调查落实，造出名册，健全有关手续，会同公安、粮食部门审查批准。

此复

于都县人民政府办公室（章）

一九八一年十二月十六日

抄送：县委办公室、人大常委办公室、公安局、粮食局

关于请示报告的批复

（于政办函字〔1981〕83 号）

县乡办：

你单位报来《关于当前知青工作中几个问题的请示报告》已收悉。经一九八一年十二月十日（第十七次县长办公会议）讨论决定，现批复如下：

根据我县现有城镇待业青年和下放知青的情况，要安置好这些人员的就业问题，确有不少困难。为继续做好这些人员的安置工作，解决好他们的生活出路，除继续贯彻省政府〔1981〕163 号文件外，还可以采取以下办法：（1）提倡自谋职业、自找门路；（2）也可以采取自愿组合的办法，开办各种加工、服务、修理等业；（3）与当地公社（镇）联系，从当地社队企业和农工商联合公司中给予适当安置解决一部分；（4）县联合公司尽可能多扩建一些农副业、养殖业、种植业等生产基地来解决就业问题，劳动服务公司也要给予支持。

此复

于都县人民政府办公室（章）

一九八一年十二月十六日

抄送：县劳动局

寻乌县

关于恢复国营×××综合垦殖场上海
三批下乡知青待遇的往来函件

赣州行署知青办：

转来我县国营×××综合垦殖场知青办《关于要求恢复上海和赣州市五八、六六、六八年先后三批九十五名下乡知青关系的报告》。

这三批知青，本应列入下乡知青名册，统一管理，但因原"五·七"大军组织误认为他们享受了农工待遇，没有必要再列入知青名册，故至今未定。传达贯彻中共中央一九七八年 74 号文件以后，他（她）们迫切要求恢复知青待遇。我们认为，他（她）们的要求是合理的，是符合党的政策的，应予恢复知青关系。

请研究批复。

寻乌县革委知青办／（章）

一九七九年六月四日

附：×××垦殖场知青办报告一份

补充意见：九十五名知青中，上海知青李××下乡时年龄已近三十岁，我们认为不宜补登，其余九十四人应补订知青名册。

寻乌县知青办华芹荣

一九八〇年元月十一日

此件存地区知青办。

舒芳昕

八〇年一月十一日

国营×××综合垦殖场革命委员会
知识青年上山下乡办公室报告
（桂乡办〔80〕字第 1 号）

县乡办并转赣州地区乡办：

根据中共中央中发〔78〕74 号文件精神，六六、六八两批来场青年和五八年由上海市知识青年参加江西社会主义建设来场的一批青年要求享受知青待遇问题，已于一九七九年五月十八日上报，但至今仍尚未答复。现根据青年的多次要求，再次报告如下：

一、经调查六六、六八届两批来场青年是响应毛主席知识青年上山下乡的伟大号召，经赣州地区安置办公室安置来场，拨给下放费叁万元。当时他们的生活待遇每人每月发给壹拾陆元，到一九七一年提高到贰拾叁元，个别劳动思想较差的提高到贰拾元，一九七四年按工种进行转正定级。目前留在场的大部分已安家，只有朱××、丘××、梁××、吴××、傅××（以上赣州知青）、杜××、朱××（上海知青）等七位同志在农村找了爱人，没有在一起，生活受到影响，要求来场落户，参加四化建设。

二、一九五八年上海来场青年，系我省上海市知识青年参加国家社会主义建设招收工作组招收来场的，当时生活费每人每月拾陆元。（〔59〕江西省农林垦殖厅林垦人字第 3683 号关于评定一九五八年向上海、扬州等地吸收的社会青年的工资待遇的通知精神，指出"是社会青年"）据此，根据中共中央中发〔78〕74 号文件精神，以上三批来场青年能否享受知识青年待遇，请审查批示。

谨此呈报。

桂林乡办

一九八〇年元月五日

抄送：会昌县知青办

我室已于一九七九年六月四日呈报行署知青办，95 人中除李××（上海知青）下乡时已超龄外，其余 94 人符合知青条件。我们的意见应补登。

寻乌县知青办华芹荣

一九八〇年元月十二日

寻乌县革委会知识青年上山下乡办公室：

你们一九七九年六月四日报来国营×××垦殖场李××等九十四人要求享受上山下乡知识青年待遇的函件收悉。经研究，同意列为安排在国营农林场的上山下乡知识青年。

此复。

赣州地区行署知青办／（章）

一九八〇年一月十日

抄送：国营×××垦殖场

在乡插队知青登记表

赣州行署劳动局：

我县在乡插队知青人数截至八三年八月二十二日止还有 69 人尚未安排工作。其中病残知青有 1 人，未转商品粮知青 4 人，已转商品粮留农村自谋职业 64 人（未发补助费）。现附表如后，请核对。

一九八三年八月二十二日

在乡插队知青登记表

姓　　名		性别		年龄		婚否	
何时从何地下放		现住址					
本人是否已转城镇户粮		子女是否已转城镇户粮					
身体状况		本人志向					
家庭成员:姓名、职业、与本人关系							
安排去向							
备　　注							

信丰县

关于知青子女就地转城镇户口、吃商品粮工作几个问题的请示

赣州地区行政公署知青办：

我们根据上级有关指示精神，办理在乡知识青年连同他们的子女，就地转为城镇户口、吃商品粮工作中，遇到下列几个问题，如：

1. 知识青年离婚后，判给吃农村粮的配偶抚养的子女，知识青年要求收回自己抚养，其配偶也同意交回知青抚养；

2. 双方是农村青年结婚所生子女，因配偶死后，再与知青结婚，其农村青年结婚所生子女，又随知青共吃的子女；

3. 知青连同他们所生子女，办了就地转为城镇户口、商品粮后，一个月、几个月甚至一年再出生的子女；

上述三种情况，知识青年要求办理转城镇户口、商品粮，我们不好处理，特此请示上级批示。

此致

敬礼

信丰县知青办／（章）

一九八一年二月二十八日

关于有关知青子女转城镇户、粮关系问题的复函

（〔81〕赣地知字第 3 号）

信丰县知青办：

你办一九八一年二月二十八日报告收悉。

根据省委〔1980〕147 号和省人民政府〔1980〕163 号文件精神，经研究，答复如下：

一、知识青年与农村社员结了婚，因感情破裂，经法院判决离婚的，其子女户口、粮食问题，按抚养关系办理。农村社员因离婚或配偶死亡后与知识青年结了婚，其原农村配偶子女户口、粮食问题，按公安、粮食部门有关规定处理。

二、知识青年在省委〔1980〕147 号文件下达以前已招工、升学的，其子女户口、粮食问题，按有关招工、招生的规定处理。

此复。

江西省赣州地区行政公署知识青年上山下乡办公室（章）

一九八一年三月廿日

抄报：省知青办、地委办公室、行署办公室

抄送：县、市知青办、公安局、粮食局，地委、行署信访科

第五编
综合

一　省级文件

杨尚奎同志在全省知识青年
上山下乡工作会议上的传达报告
（记录整理，仅供参考）

同志们：

省委决定召开这次全省知识青年上山下乡工作会议，主要任务是：认真学习中央 21 号、30 号文件，以及周总理和中央政治局几位同志的重要讲话，传达全国知识青年上山下乡工作会议精神，结合我省实际，严格地、全面地检查工作，总结正反两方面的经验，研究贯彻执行中央 30 号文件的各项实施办法。

现在我把中央召开的全国知识青年上山下乡工作会议情况和主要精神向同志们传达如下：

（一）

全国知识青年上山下乡工作会议，从六月二十二日开始，到八月七日结束，共开了四十七天。

参加会议的有：二十八个省、市、自治区（除西藏）、十一个大军区、五个生产建设兵团、中央机关十九个部门等六十四个单位的负责同志，共一百三十多人。

中央这次会议开的时间比较长，因为全国性的知识青年上山下乡工作会议还是第一次。问题甚多，而且复杂，要"统筹解决"得好，多花些时间是必要的。

华国锋同志在会议结束时说：这次会议开得好，同志们要说的话说了，要写的写了，毛主席提出统筹解决的问题，基本上都解决了。大家表示很满意。

所谓要解决的问题基本都解决了，就是说，会议从思想、路线、政策、规划、领导，到具体做法，产生了一个很好的文件，这就是经过八月三日中央政治局最后一次讨论通过，八月四日毛主席批准的中央 30 号文件和两个附件。八月六日晚上，中央政治局同志亲切接见了到会全体代表，总理、叶剑英、江青、姚文元几位同志作了重要讲话。

毛主席亲自批准的中央 30 号文件、两个附件和总理等中央负责同志在百忙中接见到会同志并讲了话，给我们到会同志以极大的鼓舞，也是极大的鞭策。

这次会议，开得及时，开得好，提高了认识，统一了思想，主要问题基本上得到了解决，这对知识青年上山下乡工作，将是一个很大的推动。会议以后，大批的先进人物、先进集体，将源源涌现；破坏知识青年上山下乡工作的犯罪分子，一定要受到严办；党内某些不正之风，一定会得到坚决纠正；当前在前进中存在的这样那样的困难，一定会得到克服；上山下乡工作，将会出现一个新的局面，形势会越来越好。

毛主席批准的 30 号文件、总理等中央政治局同志的讲话和中央这次会议精神，我们要认真学习，很好讨论，提高认识；全省军民要以此来统一思想、统一行动，不折不扣地坚决贯彻执行。要满腔热情地以实际行动做好这项工作，不辜负伟大领袖毛主席和党中央对我们的期望。

中央这次会议为什么开得好，产生了一个一致拥护的好文件，我认为主要是：

一、伟大领袖毛主席亲切关怀，中央非常重视。总理虽然工作十分繁忙，但十分关心，从始至终亲自抓，抓得非常紧、非常认真，一直抓到底，中间还作了两次重要批示；先念、登奎、德生等同志多次听取汇报并作指示；德生同志专门找参加会议的军区、兵团同志开了两次座谈会。政治局曾两次讨论会议报告，并逐段逐句逐字讨论修改。八月四日把文件送给主席，主席当天就批了。所有这些，到会同志很受感动，很受教育，很受鼓舞。

二、会议指导思想很明确。以批林整风为纲，以主席复信和有关指示以及中央 21 号文件为武器，认真学习，深刻领会，着重从思想、路线方面解决问题，按照 21 号文件要求，严格地、认真地全面检查上山下乡工作中的问题，大胆地揭露问题，总结正反两方面的经验。坚持无产阶级政治挂帅，用主席革命路线研究统筹解决问题的办法，避免了只抓业务、不抓思想、不抓路线的算帐会。

三、会议准备比较充分，会前会中都加强了领导。会议开法也比较好，从了解情况、调查研究入手。会前，中央派出了八个组到八个省区调查，主席复信以后又加派了四个组到四个省去调查，掌握了比较充足的第一手材料；六月十三日至二十一日又先开了五个省、市（北京、上海、河北、福建、黑龙江）座谈会，为大会作好准备。会前，总理还指示华国锋同志找有关部门负责同志组成了九人的领导小组，负责会议筹备工作的领导。会议开始，又增加六个大组召集人和总政、全国妇联、团中央负责同志参加会议领导小组。华国锋同志挂帅，沙风、林乎加等负责同志具体抓，自始至终加强了会议的领导。

会议分三个阶段进行：第一阶段汇报（五六天时间）。第二阶段，学习毛主席复信和有关指示，学习中央 21 号文件，对上山下乡工作做严格检查，总结正反两方面的经验（十天左右时间）。第三阶段讨论会议起草的国务院向中央的报告文件，讨论了二十多天，中间用了两天时间学习讨论总理的重要批示。最后利用等批文件时间交流了经验，请邢燕子、侯隽、徐敏光同志作了先进典型的报告。

四、会议充分发扬民主，放手发动群众，广泛听取意见，揭发矛盾，解决矛盾。会议文件，上上下下，反反复复，充分讨论酝酿，讨论了二十多次。以后总理还指示请邢燕子、侯隽同志来座谈，征求她们的意见，请她们看看文件这样规定行不行？根据她们意见又作了修改。

中央给我们作出了榜样，我们要很好学习，开好这次会。

总理和其它中央负责同志指出：这次会议的缺点是女同志少一点，没有请先进单位、先进集体、先进青年的代表参加会议。

这次会议总的精神是：毛主席一贯倡导的知识青年到农村去接受贫下中农再教育的光辉道路，不管在前进中有多少困难，有多少阻力，有多少干扰破坏，我们必须以批林整风为纲，加强领导，坚决排除一切障碍，克服一切困难，把毛主席所指引的光辉道路坚决走下去，走到底，并且要有决心和信心把这项工作做得更好，使广大下乡知识青年安心，家长放心。调动广大知识青年的社会主义积极因素，使他们在农村发挥力量，开花结果，为改变农村面貌，缩小三大差别，建设社会主义，为实现共产主义事业作出最大限度的贡献。

（二）

会议解决了许多问题，主要是提高认识、统筹解决、加强领导三个问题。

以批林整风为纲，提高了认识，统一了思想，表彰先进典型，坚决打击破坏上山下乡工作的犯罪分子，捍卫毛主席的革命路线。

知识青年上山下乡，在文化大革命以前就开始了，但大批动员，是文化大革命以后，特别是一九六八年以后，广大知识青年响应毛主席的号召，形成了高潮。

五年多来，这条战线总的形势怎样？开始也存在一些不同的看法：一种是只看到问题甚多，看不到成绩；一种是只看到成绩，不承认问题甚多，认为只存在一些问题，对问题的普遍性、严重性认识不足。这两种看法都是片面性的。

会议一致认为：在毛主席革命路线指引下，上山下乡工作，成绩很大，形势大好，主流是好的，但是问题甚多，有些问题性质是严重的。

毛主席号召知识青年上山下乡，这场伟大社会主义革命，取得了很大胜利，也是无产阶级文化大革命的伟大胜利。它起着移风易俗、改造社会的伟大作用，在国内外都产生了深远的影响。

广大知识青年热烈响应毛主席号召，坚决走与工农相结合的道路，全国已有八百多万城镇知识青年上山下乡，生气勃勃地活跃在农村和边疆各条战线上。这股革命洪流，猛烈地冲击着旧社会遗留下来的轻视农业劳动，看不起农民的旧思想、旧习惯，规模之大，影响之深，是历史上没有过的。广大下乡青年，在毛主席亲切关怀和各级党委领导下，在贫下中农亲切帮助下，在三大革命运动中得到了很好的锻炼，作出了积极的贡献，涌现出大批先进集体和邢燕子、侯隽、徐敏光式的先进人物。文件上表扬了七个典型。很多青年经过教育、锻炼，思想感情起了很大变化，由不安心到热爱农村，扎根农村，立志建设农村。如：抚顺市到黑山县插队的女知识青年吴××，贫下中农和公社几次推荐她进工厂、上大学，她都谢绝了，立志要做一个最先投入新生活的人，开创在农村干一辈子革命的新风尚。一九六三年到黑龙江兵团的哈尔滨市女知识青年冯××，六五年父亲病逝以后，家中弟妹年幼，组织上决定让她回城顶替父亲工作，母亲也希望她回去，而她对母亲说："咱家的困难是眼前的事，走毛主席指引的路是女儿一辈子的大事。要把一生交给党安排。"决心在农业战线上，为实现共产主义远大理想奋斗终生。像这样的事例是很多很多的。广大下乡青年经过锻炼，思想上政治上不断成长，已有五万九千多人入党，八十三万多人入团，二十四万多人被选进各级领导班子，更多的人成为各种各样又红又专的人材。

广大干部和群众，热烈响应毛主席号召，积极支持子女上山下乡，带头送子女务农。××省军区有八十一名师以上干部带头送子女下乡；还有的领导干部主动到学校为孩子报名下乡。在领导的带动下，广大干部和群众踊跃送子女下乡务农。

广大贫下中农和基层干部像对待亲人一样，从政治上、生活上、生产上热情地关怀和帮助下乡青年健康成长。

但是，在前进道路上却受到种种阻力、干扰和破坏。这种阻力和干扰破坏主要是来自刘少奇、林彪反革命修正主义路线和一小撮阶级敌人；也来自我们内部一些人的旧思想、旧习惯势力。

当前比较突出的是：

有许多同志乃至一些青年和家长，对这场伟大的社会主义革命、毛主席的革命路线、毛主席的伟大战略部署，理解不深，认识不足，思想跟不上形势，比较普遍地存在着"一阵子"的临时思想，缺乏长期打算，没有长期扎根农村干革命的思想准备。不少领导干部存在着"头年紧，二年松，三年不过问"，把长期的战略任务当作临时任务，临时措施，临时机构，临时应付。动员城市的工作普遍地存在着"动员了，送走了，任务完成了"，下去以后就不太管了，没有负责到底的精神；接收安置地区也存在"迟早总是要走的，马马虎虎"，因此工作抓得很不得力，很不认真，安置工作不落实，培养教育无人过问，政治上无人关心，口粮不够吃、同工不同酬、分配不兑现、生病不给医、没有房子住等等生活实际困难，长期得不到解决，有的一年口粮只能吃半年，有的挨户挨队摊派口粮，有的生活长期靠家里补贴，有的长期借住社员房屋，或者长期住在大队办公室、饲养室、仓库、祠堂庙宇，有的用猪牛栏改作住房，甚至有的两个男女青年轮住一间房（晚上男的到野地看羊，女的睡觉，白天女的出工，男的睡觉）有的长期"打游击"，他们说："下乡两年多，搬了五次窝，只剩一口锅，叫我咋生活。"据统计，全国生活不能自给的和没有盖房的比例还不小，严重的地方如贵州、山西、江西占到百分之五十、六十甚至七十。还有的地方把粪尿缸给青年当水缸装水喝……这些问题有的领导是知道的，不去解决，有的不当一回事，主要是对毛主席革命路线缺乏无产阶级感情，对知识青年、革命后代缺乏无产阶级感情。

还有些同志尤其是有些领导同志，千方百计拉后腿"走后门"把子女弄回城里安排工作，影响很坏。

更为重要的是，刘少奇、林彪一小撮阶级敌人和蜕化变质分子，疯狂破坏毛主席革命路线，实行法西斯专政，残酷地摧残迫害下乡知识青年。仅据二十四个省（区）不完全统计，六九年以来就发生摧残迫害下乡青年案件××××多起。

一种是政治上迫害，随意捆绑吊打，甚至活活打死。××兵团"一打三反"中搞扩大化，有一些有缺点毛病，或被认为"调皮"的青年，任意揪斗、吊打。一个师就"斗了一个团，关了一个营，死伤一个连"（指人数）。××兵团二十六团八连把知识青年当作"二劳改"，干部拿着脚镣手铐对青年训话，任意打骂、处罚、关禁闭。四川涪陵县双河公社地主儿子××、×××等四人进行阶级报复，挑拨煽动部分干部群众，把八个知识青年活活打死。××省有个大队的支部书记和队长吊打知识青年后，还在群众会上散布："绳子底下出好人"的反动论调。××兵团四师十八团三十一个单位有二十三个单位任意吊打知识青年，刑法达二十九种之多，被吊打的青年九十九人，有的男女青年吊打时脱得一身光，惨无人道。

一种是利用职权或引诱手段强奸女青年。这类案件占全部案件总数的百分之七八十。有的女青年被逼疯，有的逼得自杀，有的被逼跑。××兵团二团六营有个连长叫×××，强奸、调戏、猥亵女青年二十一名，搞得人心惶惶，一些女青年吓得晚上听到老鼠声也惊叫"×××来了"，有的神经失常。有的洗澡时，听到×××的声音，吓得连肥皂泡不擦干，穿起衣服就往屋里跑。黑龙江兵团×师××团原团长×××强奸六名，调戏猥亵七十二名；原团参谋长×××强奸七名，调戏猥亵二十七名，逼得不少的女青年想自杀。

这种种捆绑、吊打、奸污等摧残迫害下乡青年的罪恶活动，使不少青年受到严重摧残，许多青年不能安心，家长不能放心，严重地干扰和破坏了毛主席的革命路线，阻碍和破坏了上山下乡工作，影响了广大青年扎根农村干革命。这种法西斯式的残害下乡青年、残暴地奸污女青年的行为，绝不是什么人民内部的矛盾，是地主资产阶级专无产阶级的政。这些人当中有的本来就是阶级敌人，有的是我们队伍中的蜕化变质分子，有的是屡教不改分子，有些是混进我们的队伍中篡夺了某些单位一部分权力，有组织有计划地进行破坏。这是两个阶级、两条路线、两条道路的激烈斗争，是资产阶级向无产阶级争夺青年一代的具体表现。斗争的实质是它们妄图搞修正主义，复辟资本主义。

　　在这样一场严重、激烈的两个阶级、两条路线、两条道路斗争中，我们有些领导同志政治上麻木不仁，思想上放松了阶级斗争的弦，对这些问题不作阶级分析，把一小撮阶级敌人的疯狂破坏看作是认识问题，熟视无睹，心慈手软，不愤恨，不斗争，不打击，实际上是长了敌人的气焰，灭了无产阶级的威风。像黑龙江兵团×师××团原团长×××、原参谋长×××，是内部问题吗？不是。他们是国民党，是蜕化变质分子，是阶级敌人。所以中央决定处决他们，通报全国，大快人心。像那些用几十种刑法摧残迫害青年，把一些青年打成残废，有的活活打死，这能说是内部问题吗？完全是法西斯专政，是阶级报复。有的强奸、逼婚，杀人灭口，逼死人命，还是内部问题吗？性质已经变了嘛！我们应当进行阶级分析，对这些疯狂残暴地迫害和进行破坏的犯罪分子，决不能心慈手软，不管是谁，不管他职位高低，都要坚决按照党纪国法严加惩处，坚决打击，决不能姑息养奸。

　　对那些犯罪活动，广大干部、知识青年和贫下中农是有抵制有斗争的。但由于我们少数领导干部存在严重官僚主义作风，不调查研究，偏听偏信，使犯罪分子逍遥法外，受害者反遭游斗、迫害。如××省××县××大队××下乡女青年×××，被生产队长、民兵排长等人奸污后，反诬赖×××是"流氓"，生产队写报告要把她判刑，县、社要送她劳动教养。我省有的县也有类似情况，有个女青年被奸污后，反诬她是"流氓"、"破鞋"，加上腐蚀干部的罪名，有关部门竟批准将受害者开除工作。

　　有的干部搞宗派主义，感情用事，怂恿包庇。××省××县××三队，对下放女青年×××，被生产队政治队长×××在坏人帮助下强奸后，×五次写信向县和公社控告，办案人千方百计逼迫×承认是通奸，只给齐留党察看处分。×看到犯罪分子逍遥法外，自己的控告得不到支持和处理，感到无路可走，写了遗书后服毒自杀（已被抢救脱险），直到今年省里派了七十多人的工作组去检查后才把罪犯于今年七月五日处决。受害者虽然得救了，罪犯虽已处决了，但像这样的事件，对我们领导同志来说，教训是深刻的。

　　还有的同志中林贼"小节无害论"的毒，对案件采取官僚主义态度。××××军分区副司令、州党委常委×××，支左期间利用职权奸污猥亵女青年五名、女工三名，军分区党委上报将×停职反省，×××军区×副司令员指示：个别谈话，检查交代，吸取教训，不再犯就行了。致使×气焰嚣张，拒不交代，反诬军分区党委别有用心，扬言"要与军分区党委干到底"。

有些单位长期扣压控告、揭发信件，不作处理。

更为错误的是，有的地方对犯罪活动拼命捂盖子，采取：一、不准直接同检查团谈话；二、同上级来人谈话时要写好稿子，经领导审查；三、偷拆来往信件；四、上级来了人，把被迫害青年分散外出等等恶劣手段不准反映真实情况。

正如中央30号文件指出的那样："一小撮阶级敌人和蜕化变质分子，极力破坏上山下乡工作，他们甚至篡夺了个别单位的部分领导权，实行法西斯专政，残害下乡知识青年，而我们有些领导同志对摧残迫害下乡知识青年的犯罪分子打击不力，有的甚至纵容包庇。"

我们如果对摧残迫害知识青年、破坏上山下乡工作的阶级敌人和犯罪分子不坚决打击，就不能保护青年，就不能执行和捍卫毛主席革命路线，毛主席指引的知识青年上山下乡这条光辉道路就会遭到阶级敌人破坏。

伟大领袖毛主席历来最关心人民群众，总是与人民群众心连心，同呼吸，共命运。毛主席对李庆霖同志的信热烈支持，指示要抓紧认真统筹解决。周总理和其它中央领导同志，看了新华社云南分社记者反映××兵团摧残迫害青年的情况以后，十分愤怒，果断批示："此等法西斯行为，非立即处理不可"，立即指派工作组坐专机去处理，充分体现了无产阶级革命领袖和中央领导同志热爱人民、关心人民的深厚无产阶级感情。毛主席和党中央领导同志给我们做出了典范，我们应以此为榜样，满怀对人民、对年青一代、对毛主席革命路线的深厚感情，以高度的政治责任感，严肃、认真地处理摧残迫害青年的问题。在这场激烈的两个阶级、两条路线斗争中，我们要立场坚定、态度鲜明，坚决打击敌人，保护下乡青年不受残害，像爱护自己亲人一样爱护青年一代健康成长。只有这样，才能贯彻执行和捍卫毛主席的革命路线，使毛主席这条革命路线，越来越宽，永远走下去；才能调动知识青年积极因素，为社会主义革命和社会主义建设作出更大贡献。

毛主席号召知识青年上山下乡，有着十分现实和深远的伟大战略意义，这是上层建筑、意识形态方面一场伟大革命，对于反修防修、防止资本主义复辟、巩固无产阶级专政、建设社会主义，是非常重要和非常必要的。在这场伟大的社会主义革命中，能否培养锻炼千百万知识青年成为具有社会主义觉悟、又有文化科学实践知识、又红又专的接班人，对青年本身，尤其对我们领导干部，都是一场严峻的考验。

广大知识青年下乡，给农业增添了一支有生力量。农业是整个国民经济的基础。农村状况如何，对国民经济发展和政权巩固关系极大。目前我国农业基础还比较薄弱，因此，当前抓好农业更显得重要。把农业尽快地搞上去，对促进整个国民经济更大更快地发展，对加速工业现代化、农业现代化，文化科学现代化，对加强国防力量，对落实备战、备荒、为人民的战略方针都具有伟大的现实和深远的意义。

叶帅讲：我们是共产党员，共产党员的奋斗目标就是要为实现共产主义而奋斗。我们这一辈子就是干这个事的。广大知识青年下去也是干这个工作的，为实现农业四化，改变农村面貌，发挥自己的才能和智慧。许多青年下去以后，以大寨为榜样，发扬艰苦奋斗精神，拜贫下中农为师，积极组织调查研究，进行科学试验，在农、林、牧、副、渔各方面，作了大量工作，取得了可喜的成果。我们各级领导，必须积极支持和善于领导，认真地及时地总结经验，使之不断提高，不断发展。

事实正如毛主席指示的："知识青年到农村去，接受贫下中农的再教育，很有必要。""农村是一个广阔的天地，在那里是可以大有作为的。"

毛主席在一九五七年就明确指出："要使全体青年们懂得，我们的国家现在还是一个很穷的国家，并且不可能在短时间内根本改变这种状态，全靠青年和全体人民在几十年时间内，团结奋斗，用自己的双手创造出一个富强的国家。"因此，要教育广大青年和广大干部群众懂得，改变农村面貌、实现农业四化、建设社会主义新农村、缩小三大差别，在科研等方面大有作为。改造好世界观，需要作长期的艰苦的努力，不是短时期内能办得到的，不能有"一阵子"的临时思想，要有长期的精神准备，要作长期打算，立志在农村干一辈子。毛主席指引的这条光辉道路，要永远走下去。

……

省知青工作会议秘书组印

全省知识青年上山下乡工作会议纪要

省委八月二十四日至九月四日，在南昌市召开了全省知识青年上山下乡工作会议。出席会议三百八十八人。会议结束时，省委书记佘积德、陈昌奉同志讲了话。

会议以批林整风为纲，以毛主席有关知识青年上山下乡的教导和给李庆霖同志的重要复信为指针，认真学习了中发〔1973〕21 号、30 号文件，听取了全国知识青年上山下乡工作会议精神和周总理等中央负责同志重要讲话的传达，充分进行了讨论，肯定了成绩，检查了工作，总结了经验，并且结合我省实际，研究了贯彻执行中央 30 号文件的具体实施办法。通过学习讨论，到会同志受到了一次深刻的思想和政治路线方面的教育，进一步明确了知识青年上山下乡工作的伟大意义，增强了做好这项工作的信心和决心。

会议期间，传来了振奋人心的具有伟大历史意义的党的第十次全国代表大会胜利闭幕的消息。到会同志满怀激情认真学习了十大新闻公报、十届一中全会公报、周总理所作的政治报告、王洪文同志所作修改党章的报告和新党章。大家衷心拥护大会选出的以毛主席为首的新的中央委员会，和大会一致通过的各项文件，一致表示热烈响应大会的号召，决心按照十大的精神，进一步做好知识青年上山下乡工作。

（一）

到会同志一致认为，在毛主席无产阶级革命路线的指引下，我省知识青年上山下乡工作，成绩是主要的，总的形势是好的。

无产阶级文化大革命以来，在毛主席关于"知识青年到农村去"的伟大号召鼓舞下，我省有三十六万多名知识青年满怀革命豪情上山下乡。在各级党委的领导和贫下中农的热情关怀下，广大知识青年意气风发，茁壮成长，作出了积极的贡献，涌现出大批先进集体和先进人物：有从上海市到我省峡江县山田坑集体插队落户的十二名青年，他们同七户贫下中农一起，四年来修建了旁山公路，开挖了环山渠，改造了低产田，亩产由一百八十斤提高到五百多斤，还办起了水电站、小学和医疗站。还有萍乡市新泉公社十八湾、宜春县石岭布、铅山县福惠公社青年队，在贫下中农的协助下，由干部带队，艰苦创业，自力更生建房、造田、修水库，亩产跨了《纲要》，第一年自给，第二年向国家卖余粮。新干县阳团山区四名知识青年，利用业余时间办起了气象站，贫下中农称赞说："黄毛丫头能管天"。在万年县太源公社中心大队插队的知识青年黄××，修水县太阳升公社××大队插队的张××，调查所在大队的山山水水，作规划，带头干，成为治山、治水、治田的能手。在寻乌县桂竹帽公社××大队插队的郑××、在婺源县秋口公社扎根的徐××，坚持读马列的书，读毛主席的书，哪里需要就到哪里安家，贫下中农把他们誉为"革命的良种"。经过实际斗争的锻炼和考验，一千八百多人入了党，三万□千四百多人入了团，一万一千八百多人被选进各级领导班子，还有更多的人担任了赤脚医生、赤脚教师、农业技术员、农机手等各种职务，成为又红又专的人材。事实充分证明："农村是一个广阔的天地，在那里是可以大有作为的。"广大知识青年上山下乡的革命行动，是一股滚滚的革命洪流，荡涤着几千年剥削阶级轻视农业、看不起农民的旧思想，开创了一代新风，起了移风易俗，改造社会的巨大作用，意义极为深远。知识青年上山下乡所取得的丰硕成果，是以毛主席为首的党中央英明领导的结果，是毛主席革命路线的伟大胜利。

（二）

会议深刻地认识到，知识青年上山下乡，是一场伟大的社会主义革命。在这场革命中，充满着两个阶级、两条路线、两种思想的激烈斗争。

毛主席号召知识青年到农村去，是为了培养和造就千百万无产阶级革命事业接班人，加快建设社会主义新农村，是反修防修的一项重大战略部署。刘少奇、林彪及其在江西的代理人程世清，为了达到颠覆无产阶级专政、复辟资本主义的罪恶目的，疯狂破坏毛主席的无产阶级革命路线，破坏知识青年上山下乡，散布"读书做官"、"下乡镀金"、"变相劳改"等等反动谬论，刮起"走后门"等歪风邪气，蛊惑人心，腐蚀青年，妄图把青年变成他们复辟资本主义的工具。

到会同志以李庆霖同志为榜样，以对党对人民高度负责的精神和实事求是的态度，充分揭露了矛盾，集中地表现在以下五个方面：一是有些领导干部，把这项重大战略部署，当作临时措施，抓得很不认真，很不得力；二是对下乡知识青年的培养、教育和吃、住、用、医疗以及他们的正当恋爱和婚姻等问题关心不够，对安置经费滥支挪用，按劳取酬、男女同工同酬、分配兑现等政策还不够落实；三是对残害、奸污下乡女知识青年的案件，有些处理不及时、不认真、不严肃，有的甚至纵容包庇；四是有些领导干部忘记了党的事业，利用职权"走后门"，把子女留在城市或者调离农村，严重脱离群众；五是有些地方没有根据知识青年的特点，组织和安排他们的劳动和其它活动，充分发挥他们的积极作用。这些问题的存在，如不及时坚决纠正，必然会产生严重后果。

会议指出，必须充分认识这场斗争的严重性和尖锐性。要按照十大精神，以批林整风为纲，以毛主席的有关教导为武器，彻底批判刘少奇和林彪的反革命修正主义路线，肃清其流毒，进一步提高执行毛主席革命路线的自党性，坚决纠正不正之风，使知识青年上山下乡运动沿着毛主席革命路线更加健康地向前发展。

（三）

会议遵照中发〔1973〕30号文件精神，结合我省实际情况，议定了几条措施。

一、要切实加强党对上山下乡工作的领导。做好知识青年上山下乡工作，根本在路线，关键是领导。思想上政治上的路线正确与否是决定一切的。各级党委必须认真学习毛主席、党中央关于上山下乡工作的指示和十大文件，深刻理解这场社会主义革命的重大意义，狠抓基本路线教育，层层做好深入细致的思想工作。省、地、市、县委和有下乡青年的公社党委都要建立知识青年上山下乡领导小组和办公室，直属党委领导，由一名副书记主管。要配备和充实得力的干部。编制人数，省二十五人，地（市）七至十人，县（市）五至九人，有下乡青年的公社设专职干部一人。地、市、县的编制人数由省编委根据各地任务大小，分别确定下达。带队负责干部应兼任县、社一定职务，并参加公社、大队"三结合"的领导小组。要组织党、政、军、民、学各方面的力量，以满怀热情、负责到底的精神认真抓好这项工作。

二、对下乡青年所存在的问题，要进一步检查，一个一个地抓紧解决。对按劳取酬、男女同工同酬、分配兑现等政策一定要落实。要求在今冬明春基本上解决住房问题。不能参加农业劳动的病残，按实施办法规定处理。女知识青年例假期间应安排不下水的力所能及的劳动。对过去的安置经费要认真清理，挪用的要坚决退还，贪污的一定要追回，并作严肃处理。今后要建立和健全财政制度，提倡自力更生，厉行节约，把安置费管好用好。

三、大力加强对上山下乡知识青年的培养教育。对下乡知识青年，既要把他们当作"再教育"对象，虚心接受贫下中农的再教育，又要看作是三大革命运动中"一部分最积极最有生气的力量"。要积极组织他们攻读马列的书、毛主席的书，学习哲学、文学、历史和自然科学。学习时间每天要有二个小时左右，根据农事忙闲，做好安排。要开展文体活动。出版部门要逐步满足他们自学的丛书。新闻、文化系统要配合知识青年上山下乡，加强对青年的教育工作。大专院校、科研单位，特别是农业院校要开办函授教育，指导他们进行科研活动。各级共青团、妇联要把教育下乡知识青年，作为自己的重要任务。要吸收他们参加各种群众性政治活动。要充分发挥青年人敢想敢说敢干的革命精神和他们的特长，使他们在农村的各条战线上，人尽其材，各得其所。要积极培养和吸收具备条件的青年入团、入党、参加各级领导班子，特别要注意女青年的培养使用。要表扬先进，树立榜样。对有缺点错误的青年，要耐心帮助教育，绝不能采取简单粗暴态度。要认真落实"可以教育好的子女"的政策。

四、坚决刹住"走后门"的不正之风。"走后门"是腐朽庸俗的资产阶级作风，应坚决加以克服。必须把毛主席批准的中发〔1972〕19 号、40 号、44 号文件中有关制止和纠正"走后门"的各项规定，告诉广大干部群众，发动群众监督执行，揭发批判，坚决纠正。领导干部"走后门"的，要结合批林整风，主动检查纠正，手段恶劣的，要严肃处理。今后要严格制度，违犯的，不但要把他们的子女退回去，并且要给予纪律处分。"走后门"的责任在家长，对于退回去的青年，要做细致的思想工作，鼓励他们上山下乡，不得歧视。

五、对破坏知识青年上山下乡的犯罪活动要进行坚决斗争。会议强调，对于以法西斯手段残酷迫害知识青年和强奸女知识青年的犯罪分子，要按其罪行依法惩办，狠狠打击，切实保护青年一代的健康成长。犯罪分子为掩盖罪行对受害人进行威胁、对检举人进行报复的，要从严惩处。对于罪大恶极，不杀不足以平民愤的，经执法机关举行公判，坚决杀掉。在办案中，要严格区分和正确处理两类不同性质的矛盾，要警惕阶级敌人扰乱我们的阵线。要注意政策，重证据，重调查研究，严禁逼、供、信。坦白认罪好的，可以从宽处理。要保护受害人的名誉和安全，并做好善后工作。要保护青年之间的正当恋爱和婚姻，严禁逼婚。要进行法制宣传和共产主义道德的教育。

六、今后城镇知识青年上山下乡不搞分散插队。根据中央规定的四种形式和各地的经验，为便于组织青年学习，加强教育管理，便于开展科学实验活动，组织生产，主要采取集体插队建立青年点，办集体所有制青年队、场，到农建师和国营农、林、牧、渔场等形式。青年点，一般十人左右。对过去分散插队，一人一队"一人一灶"的下乡知识青年，可根据因人因地制宜的原则，区分不同的情况，进行适当的调整。有条件的公社、大队，要积极试办知识青年、贫下中农和带队干部三结合的青年队，实行单独核算。也可以把人少山多，只有几户人家的小生产队扩建为青年队。同时，对安置下乡知识青年，要有长远打算，统一布局，要和发展农业生产，开发山区，垦荒，建立粮食基地、外贸商品生产基地结合起来，通盘考虑，作出规划。

七、今年的城镇知识青年，在十月底开始下乡，时间紧，任务重，各级党委要加强领导，抓紧做好对毛主席的重要复信和中发〔1973〕21号、30号文件的宣传、学习、贯彻和动员工作，做到家喻户晓，人人明白。对按规定应动员下乡的对象要实行机关、街道、学校紧密配合，分工负责，层层做好深入细致的思想工作。有安置任务的社队，不仅要在社员群众中做好宣传教育工作，热烈欢迎知识青年到农村去，而且要认真做好吃、住、生活和生产用具等各项准备工作。商业、物资部门要主动配合，保证供应。各级领导干部要以身作则，做"教子务农"、"送子务农"的带头人，做执行毛主席革命路线和政策的模范，并动员说服本单位的干部和职工，愉快地把自己应下乡的子女送到农村去。

知识青年上山下乡是我国社会主义革命和社会主义建设中的一件大事，各级党委要抓住批林整风这个纲，以毛主席关于知识青年上山下乡的教导为指针，坚决执行和贯彻中央30号文件，扎扎实实地做好工作，认真落实各项具体政策，调动广大知识青年的社会主义积极性，放手发动群众，坚决排除障碍，克服困难，把这项重要工作进一步做好。

附件一：关于知识青年上山下乡若干问题的试行规定

附件二：一九七三年到一九八〇年知识青年上山下乡初步规划

一九七三年九月四日

附件一　　关于知识青年上山下乡若干问题的试行规定

城镇中学毕业生的分配

一、城镇中学毕业生，除国家计划特种专业需要的外，都动员下乡。

历届应下未下的中学毕业生、中途退学的学生，应动员下乡。

年龄不满十七周岁的，暂缓下乡。

二、病残不能参加农业劳动的，独生子女，孤儿，多子女身边只有一个子女的，父母双亡或年老多病、弟妹年幼生活不能自理依靠他人照顾的，中国籍的外国人子女，不动员下乡。

矿山井下、野外勘探、森林采伐等行业补充减员或按国家计划增加工人时，可由退休的职工子女顶替，或者从本单位职工的子女中招收。

经费问题

三、以前下乡插队的青年，凡是生活不能自给和住房没有解决的，要认真抓紧解决。生活不能自给的，按每人补助一百元计算，由县掌握，经知识青年和贫下中农评议，根据实际情况予以补助。没有建房的，按每人补助二百元计算，由地、市根据不同情况，将指标分配到县，由社、队和知识青年班（队）一起，核实情况，编制预算，报县批准，补助所需的基本材料费。

以前下乡插队青年每人补助医药费十元、学习材料费十元和用于插队青年的特殊开支十五元。医药费、学习费由县掌握使用，特殊费由省掌握使用。上述经费，从过去拨付的安置经费结余内支付，不足部分，再由国家财政部门审核增拨。

农建师和国营农、林、牧、渔场，应当用国家拨付的安置经费解决青年的住房问题。

四、一九七三年起，经费开支范围、标准如下：

城镇知识青年回农村老家落户的，到农村插队和建立集体所有制队、场的，每人补助四百八十元。其中：

（1）建房补助费二百二十元，主要用于木材、砖瓦等基本材料开支，平均每人建八至十平方米坚固适用的房屋，各地、市可根据本地区各县间建筑造价的差异，下拨到县，由县根据具体情况落实到每个需要建房的下乡青年点。

（2）生活补助费一百六十元，下乡头一年补助八十元左右，第二年、第三年酌情补助，两三年内做到生活自给。

（3）农、家具和其它费用补助一百元，其中：农具、雨具费二十元左右，家具、炊具费三十五元左右，学习材料费十元，医疗费十元，旅运费十元左右，由省掌握用于插队青年的特殊开支十五元。

到农建师和国营农、林、牧、渔场的每人补助四百元，扣除十元旅运费，实为三百九十元。其经费开支，由本单位自行规定。

五、跨地、市、县下乡青年的车船费，由动员城镇在规定的旅运费内据实报销。

六、下乡青年调离农村的，原来国家给他们所建的房屋，应留给新下乡的青年使用，并折顶有关经费；所购置的农、家具，也应留给新下乡的青年使用；尚未用完的经费，应抵作新下乡青年的经费。

七、各地要加强安置经费的管理，县以上乡办要配备专职财会人员，建立和健全财务制度，公社以下要在银行单独开户，由银行监督拨付，专款专用，严禁贪污、挪用和浪费。对过去拨付的经费，财政部门要会同有关单位认真进行清理，贪污了的，要彻底退赔，严肃处理；挪用了的，要坚决追回。

今后，公社以上各级召开的下乡青年会议，所需费用，应从各级行政经费项下开支，不得挤占安置经费。农建师和国营农场由单位开支。

口粮问题

八、下乡青年的口粮、食油，头一年按每人每月大米四十斤、食油五两的标准，由国家统销供应。

从下乡第二年起，改吃农业粮后，既要体现按劳分配的原则，又要给以必要的照顾。正常出勤的，应不低于当地单身整劳力的实际吃粮、吃油水平；个别不足的，参照当地实际用粮水平，给予适当补助。

九、下乡青年经公社以上机关批准，到外地探亲和治病等，可持批准的证明，向当地粮食部门兑换所需的本省或全国通用粮票。当地粮食部门应保证兑换。

卫生医疗问题

十、要注意办好社队的合作医疗。各级卫生部门要有计划地为每个青年点培训赤脚医生和卫生员。要加强对下乡青年比较集中的县、社卫生部门的领导，提高他们的医疗水平。

十一、要关心下乡青年的身体健康，经常对他们进行卫生教育，帮助他们安排好生活。在安排劳动的时候，要注意劳逸结合，要特别照顾女知识青年的特点，如例假期间等，不要安排重活和下水。对患有慢性疾病的青年，社队要注意安排他们力所能及的劳动。

十二、有地方病的地区，有关部门要采取有效措施，积极防治。

十三、重病、重伤的下乡青年，经县（团、场）领导机关批准，持当地医院的转诊证明，可以到城市就医，患有急性病的应随送随收。

其它问题

十四、要分给插队青年和社员同等数量、质量的自留地，并教他们种好、管好。

十五、对下乡知识青年，要妥善安排他们的劳动，充分发挥他们的积极作用。要实行和当地社员同工同酬，男女同工同酬，做到分配兑现。集体分配给下乡青年的粮、油及其它农副产品，要和社员一样，按质、按量、按时地发给他们，不得以劣充优，短斤少两，或故意刁难。

十六、下乡知识青年建房和农、家具所需的基本材料纳入国家和地方销售计划，由省计划、商业部门分配到各地、市。各地、市根据各县的产材情况分配到县，由县落实到各建房的下乡青年点。分配给下乡青年建房的材料，要保证供应，不得挪用。

十七、今后按照国家计划在下乡知识青年中招工、招生、征兵时，应在党组织领导下，根据下乡青年分布的情况，下达指标，经知识青年评议，征求带队干部、贫下中农和基层党组织的意见，县知识青年上山下乡办公室审查，县革委会（或团、场）有关单位领导批准，任何单位或个人，不得擅自到基层抽调下乡青年，也不得在城镇招收应下乡未下乡的青年。

十八、下乡插队青年因病残不能参加农业劳动的，各地要因地制宜，就地安排，积极组织他们从事力所能及的劳动，生产一些为城□市场所需要的产品。有关部门要在原材料供应、产品销售等方面，主动给以支持和帮助。经过调查，在农村确实无法独立生活，城镇有亲属照顾的，经安置县和动员城镇乡办协商同意后，可迁回动员城市，公安部门应予落户，粮食部门要供应粮油。

到农建师和国营农场的，下乡前就有严重病残，现在又失去劳动能力的，可参照上述原则办理。

十九、已下乡的独生子女、孤儿、多子女身边无子女的，在按照国家计划招工时，应予照顾。

已下乡的青年，父母严重病残无人照顾，或父母已丧、弟妹年幼生活不能自理的，经动员城镇与安置地区协商同意后，可迁回动员城镇。

二十、在执行上述规定中，遇到的一些具体问题，由乡办与有关部门协商后作出适当的补充规定或说明。

一九七三年九月

批转省革委会知识青年上山下乡办公室
《关于全省知识青年上山下乡工作会议的报告》
（赣发〔1975〕49号）

各地、市、县委，省革委各部、室、委党委，省直各局党委：

省委同意省革委会知识青年上山下乡办公室《关于全省知识青年上山

下乡工作会议的报告》。现转发给你们，望认真研究，贯彻执行。

知识青年上山下乡，对于缩小三大差别，限制资产阶级法权，造就千百万无产阶级革命事业接班人，反修防修，建设社会主义，巩固无产阶级专政，都有重大的意义。各级党委要认真学好无产阶级专政理论，深入批判刘少奇和林彪及其死党程世清破坏知识青年上山下乡工作的反革命罪行，切实加强对知识青年上山下乡工作的领导。各地、市、县都要建立和健全知识青年上山下乡领导小组，健全和加强办事机构。要认真落实党的各项政策，深入调查研究，总结推广先进经验，严厉打击阶级敌人的破坏活动。城乡各级党委和各有关部门要从各方面积极支持这一新生事物，把知识青年上山下乡工作做得更好。

中共江西省委

一九七五年八月十日

关于全省知识青年上山下乡工作会议的报告

省委：

全省知识青年上山下乡工作会议，于七月十四日开始，至二十一日结束。这次会议在省委的直接领导下，以毛主席关于理论问题的重要指示为纲，认真学习了毛主席、党中央关于知识青年上山下乡的一系列指示，分析了形势，总结交流了经验，检查了当前知识青年上山下乡工作中存在的问题，研究和部署了今后的工作任务。会议期间，陈昌奉、杨尚奎同志到会讲了话。

会议认为，我省知识青年上山下乡工作，经过贯彻中发〔1973〕21号、30号文件，深入开展批林批孔运动和无产阶级专政理论的学习，形势大好。毛主席关于"知识青年到农村去"的伟大号召更加深入人心，各级党组织对这项工作的领导加强了，落实毛主席关于"统筹解决"的指示取得了很大成绩，积累了许多经验，涌现了一批先进典型和模范人物，广大下乡知识青年在贫下中农的再教育下茁壮成长，在农村三大革命运动中发挥了显著作用。但是，由于刘少奇和林彪及其死党程世清反革命修正主义路线的干扰，阶级敌人的破坏，反动没落阶级的意识形态孔孟之道的毒害，在知识青年上山下乡工作中，两个阶级、两条路线、两种思想的斗争是非常激烈的，工作中还存在不少问题。主要是：有些地方知识青年的安置过于分散；全省还有一部分下乡青年生活不能自给；部分下乡知识青年还不太安心在农村；"走后门"不正之风还没有完全刹住；一些地区迫害下乡知识青年的案件有所回升；有些部门对知识青年上山下乡这一社会主义新生事物的支持还不够等。

会议就进一步做好知识青年上山下乡工作，提出如下意见：

一、积极做好政治动员工作，完成今年城镇知识青年上山下乡的任务。今年全省上山下乡的城镇知识青年有七万三千名，其中跨地、市安置的一万三千五百名，各地自行安置的五万九千五百名。

跨地、市安置的人数中，南昌市一万二千名，安置到宜春地区三千五百名，抚州地区三千五百名，上饶地区一千六百名，九江地区八百名，井冈山地区二千二百名，省属国营农、林、牧、渔场四百名；萍乡市一千五百名，安置到井冈山地区一千三百名，省属国营农、林、牧、渔场二百名。去年分配给省农业局、原省农建师和各地区的安置任务，没有完成的，仍按原计划完成。

今年各地、市、县安置到国营农、林、牧、渔场的人数，仍控制在下乡知识青年总数的百分之十以内。

今年下乡知识青年的安置，要积极和稳步地推广株洲经验，实行厂社挂钩，同时也要认真总结本地区的好经验，因地制宜地推广由大队创办，生产队联合经营的农、林、牧、渔场。挂钩地点的选定，要考虑到今后的长远规划，从现在起到一九八〇年，每年要动员、安置多少人，动员单位和安置社队都要做到心中有数。实行厂社挂钩后，安置社队要遵照毛主席关于"各地农村的同志应当欢迎他们去"的教导，满腔热情地主动挑起对知识青年进行"再教育"的重担；动员单位要在当地党委的统一领导下，根据需要和可能的原则，在人力、物力、财力上给以积极支持。城乡要密切配合，做到知识青年到哪里，工作就做到哪里。

今年的动员、安置工作，各地要切实加强领导，组织得力班子，集中领导，集中精力，集中时间，把它抓紧做好。要利用各种形式大造上山下乡光荣的革命舆论，使毛主席的伟大号召家喻户晓，深入人心。领导干部、共产党员要以身作则，带头送子女务农，做上山下乡的促进派。从八月份开始动员，九、十月份形成高潮，十一月底完成任务。

二、要加强对下乡知识青年的教育、培养和使用。组织他们学好无产阶级专政理论和文化科学知识，建立和健全学习制度，办好业余函授教育。积极培养和吸收符合条件的下乡青年入党、入团、参加各级领导班子，特别要注意培养和选拔女青年，使他们在农村三大革命运动中作出更大贡献。

要妥善解决下乡知识青年中存在的实际问题，巩固和发展上山下乡的成果。几年来的实践证明：因地制宜采取多种形式、适当集中的办法比较好。但对于虽然比较分散，而又已经巩固下来的，不宜随便变动；问题较多，在条件许可、本人要求的原则下可以适当集中。总之，经过调查，走群众路线，不断总结实践经验，扎扎实实做好安置工作，这是落实毛主席关于"统筹解决"指示的有效措施。不管采取哪种形式，都要加强党的领导，要派优秀的贫下中农当老师，组成有干部、贫下中农和知识青年代表参加的"三结合"领导班子。知识青年队（场）要贯彻执行"以粮为纲，全面发展"、"艰苦奋斗"、"自力更生"的方针，各行各业要大力支持，国家要给予必要的支援。我们建议：从地方各级机动财力中，从国家支援人民公社机械化补助款和水利投资中，从支农的物资中，每年安排一定的指标，从财力和物力上给予适当扶植；特别对那些目前自给有困难的青年队（场）和知识青年集中的生产队，应给予重点帮助。计划、财贸等有关部门要帮助青年队（场）发展多种经营，疏通产、供、销渠道。

对集体插队的下乡青年班，人数要适当。要加强领导，做到政治上有人抓，生产上有人教，生活上有人管，充分发挥下乡知识青年在农村三大革命运动中的积极作用。

农村各级党组织要认真落实同工同酬，特别是男女同工同酬政策，下乡青年，尤其是女青年底分偏低的应予调整，分配不兑现的要兑现。对于下乡青年的婚姻问题，应当予以关心，要向他们进行晚婚和计划生育的教育，对婚后有实际困难的，要帮助解决。

要严厉打击阶级敌人的破坏活动。对于那些以许愿回城和关心青年进步为诱饵，肆意勒索青年财物和奸污迫害下乡青年的坏分子和违法乱纪分子，要严肃处理，特别要狠狠打击那些首犯、要犯、教唆犯。要向广大青年进行反腐蚀斗争的教育。

三、严格执行党的政策，坚决抵制和纠正"走后门"等不正之风。凡符合上山下乡条件的城镇（包括厂矿、车站、码头、公社、集镇）吃商品粮的应届高中毕业生，未升学的应届初中毕业生和中途退学的中学生，都应动员上山下乡。凡属上山下乡动员对象，任何单位不得以任何借口从中招工、招生、安排工作，违者要追究责任，分别情况严肃处理。对过去特别是一九七二年以后"走后门"进入国营企事业等单位和集体所有制单位工作的，必须根据中发〔1973〕30号文件关于坚决刹住"走后门"的不正之风的精神进行清退，动员下乡。

多子女而又无子女参加工作的，可以留一个在身边，但只能留一次。因病残留城的，不顶留城对象，可根据他们的身体情况作一般的社会安置。

四、认真学好无产阶级专政理论，切实加强党的领导。毛主席关于理论问题的重要指示，是我们各项工作的总纲。学好无产阶级专政理论，关系到反修防修、继续革命的大问题。只有学好无产阶级专政理论，才能更深刻地理解知识青年上山下乡的伟大意义，自觉地把知识青年上山下乡当作限制资产阶级法权、缩小三大差别、培养和造就千百万无产阶级革命事业接班人、反修防修、巩固无产阶级专政的伟大事业来抓。学习中，要紧密联系知识青年上山下乡工作的实际，深入开展革命大批判，彻底肃清刘少奇、林彪及其死党程世清反革命修正主义路线以及腐朽没落阶级的意识形态孔孟之道的影响，不断巩固和发展知识青年上山下乡工作的成果。

各级党委要通过学习，自觉地把知识青年上山下乡工作摆到重要的议事日程上来。各地、市、县、社党委都要建立和健全知识青年上山下乡领导小组，健全和加强办事机构。工厂、企业、机关、学校都要加强党对上山下乡工作的领导，特别是有些同社队挂钩的单位更要有人负责做好这项工作。要加强调查研究，总结和推广先进经验。面上的工作，一年要抓几次，发现问题，及时解决。要加强带队干部的工作。今后除新下乡知识青年，需要对口选派干部带队外，原下乡知识青年，有关城镇也要派干部去帮助社队进行管理和教育。各条战线、各个部门要在党的统一领导下，积极支持知识青年上山下乡工作。

以上报告，如无不当，请批转各地贯彻执行。

江西省革命委员会知识青年上山下乡办公室

一九七五年八月四日

抄送：省军区党委、省总工会、省团委、省妇联、各新闻单位

江西省革命委员会办公室　　　　　一九七五年八月二十五日印发

共印三七五〇份

转发《全省知青工作会议纪要》

各地、市、县委，井冈山、庐山管理局党委，省委各部门，省革委会各办、委党委，省直各局党委或党的核心小组：

省委同意《全省知青工作会议纪要》，现转发你们，望认真研究，参照执行。

各地、市、县委要把知识青年问题的调查研究工作提到议事日程上来，切实抓好。一定要加强领导，组织力量，并有一名负责同志挂帅，认真对国务院召开的各省、市、自治区知青办负责人座谈会提出的需要调查研究的若干问题，进行深入的调查研究。各县对知青工作要来一次普查，凡是当地能解决的问题，要下决心及时解决，不能久拖不决，并将普查结果报省委。

中共江西省委

一九七八年三月十一日

全省知青工作会议纪要

（赣发〔1978〕11 号）

在英明领袖华主席、党中央的亲切关怀下，国务院召开了各省、市、自治区知青办负责人座谈会（以下简称"座谈会"）。为了贯彻"座谈会"的精神，做好迎接全国知青工作会召开的准备工作，落实华主席抓纲治国战略决策和对知青工作的重要指示，实现伟大领袖和导师毛主席关于解决好知识青年问题的遗愿，省委于一九七八年二月二十七日至三月五日在南昌召开了全省知青工作会议。

出席会议的有部分地、市委主管知青工作的负责同志，各地、市、山知青办负责同志，省军区知青领导小组、南昌铁路局知青办和省直有关部门的同志共六十人。

省委常委、省革委副主任信俊杰同志主持了这次会议，并为会议作了总结。省委书记白栋材同志看望了与会同志，并作了讲话。

会议期间，重温了毛主席关于知识青年上山下乡的一系列教导，学习了华主席、党中央的有关重要指示，传达了国务院召开的"座谈会"精神，部署了开展知青问题调查和当前工作。与会同志通过学习讨论，对进一步做好知识青年上山下乡工作，提高了认识，坚定了方向，明确了任务，增强了信心。

（一）

会议认为：知识青年上山下乡，是毛主席指引的正确方向。敬爱的周总理和英明领袖华主席对知识青年上山下乡极为关怀，华主席在党的十一大政治报告中对知识青年工作作了重要的指示。继续做好知识青年上山下乡工作，是建设社会主义现代化强国的需要，是培养千百万无产阶级革命事业接班人的需要。

十多年来，我省各级党组织贯彻执行毛主席的革命路线和政策，坚持知识青年上山下乡的正确方向，做了大量工作，取得了很大成绩。全省有六十多万城镇知识青年上山下乡。经过三大革命运动的锻炼，有一大批上山下乡知识青年输送到了各条战线。目前，战斗在农村的还有三十五万多人，他们是建设社会主义现代化农业的生力军。粉碎"四人帮"后，随着揭批"四人帮"伟大斗争的深入开展，毛主席的革命路线和政策得到了比较顺利的贯彻执行，被"四人帮"长期搞乱了的路线是非基本上得到了纠正，"四人帮"的流毒和影响正在逐步肃清，广大干部和知识青年的精神面貌焕然一新，知识青年上山下乡工作的形势越来越好。

在大好形势下，也要看到我们在知识青年上山下乡工作中仍存在种种问题。这与当前形势的发展是很不适应的，必须迅速解决。

（二）

会议遵照华主席关于"知识青年是早上八、九点钟的太阳，又有文化，我们应当把他们培养成建设社会主义现代化强国的生力军。毛主席关于'知识青年到农村去，接受贫下中农的再教育，很有必要'的指示，必须坚持贯彻执行。对于具体工作中存在的种种问题，则应当按照统筹解决的方针，切实解决好"的重要指示，就"座谈会"提出的需要调查研究的若干问题，对如何搞好我省知青问题的调查进行了具体研究。

会议认为，调查研究的内容，应是"座谈会"提出的需要调查研究的十一个问题（附后）。其中深入揭批"四人帮"的问题，是做好知青工作的纲，要贯穿于整个调查研究的始终。

调查研究的重点是：深入揭批"四人帮"；安置下乡青年的布局；推广株洲厂社挂钩、集体安置下乡青年的经验；青年队（场）的建设；加强党对知青工作的领导等五个问题。

调查的方法是：在党委直接领导下，组织有关部门（组织部、宣传部、法院、计委、国防工办、财政、教育、农业、农垦、商业、公安、卫生、劳动、物资、民政、煤炭、外贸、冶金、地质、社队企业管理等局、银行、科技组、工会、共青团、妇联）抽调力量，分别对有关问题进行调查。在组织力量时，要注意抽调熟悉业务，或者能够胜任这项工作的同志参加。

由于时间紧，任务重，要求高，因此，在调查中，主要采取开座谈会的形式。

这次调查，主要由省、地两级进行。对于上述五个重点问题，省、地、市、山都要调查；其它问题，各地、市分一至二个进行调查。县一级要对中央〔1973〕30号文件的贯彻执行情况进行一次检查，总结经验，对存在的种种问题，凡是当前能够解决的，应该积极解决。

调查要注意抓好两头，把经验总结出来，对存在的主要问题，弄清情况，提出解决的意见。要分专题写出报告，并选一批典型经验材料，于三月下旬报省委。

（三）

会议认为，知青工作是全党的一件大事，涉及各个部门，关系到千家万户。华主席、党中央非常关心知青工作，把它提到了重要议事日程，我们各级党委要紧跟华主席、党中央的部署，加强对这项工作的领导，各个有关部门要热情支持。要按照有关规定配齐配好各级知青办的工作人员，进一步健全和加强办事机构。

当前，要继续深入揭批"四人帮"，打好第三个战役。要深入揭批他们用资产阶级腐朽思想毒害青年的罪行，坚持用毛泽东思想培育无产阶级革命事业接班人；揭批他们诬蔑工农、反对工农的罪行，坚持知识青年走与工农相结合的道路；揭批他们反对知识青年学大寨、反对又红又专的罪行，坚持把知识青年培养成建设社会主义现代化强国的生力军；揭批他们大搞形而上学，把知识青年上山下乡同按党的政策招工、招生、征兵对立起来的罪行，坚持党的统筹兼顾、全面安排的方针。通过揭批，把被"四人帮"搞乱了的路线是非纠正过来，肃清其流毒和影响。

还要搞好宣传教育工作，经常组织青年学习马列和毛主席著作，学习文化科学技术；鼓励下乡青年扎根农村干革命，在农业学大寨运动中，勇挑重担，多作贡献；大力表彰先进集体和模范人物。要狠狠打击迫害下乡青年的各种犯罪活动，保护青年健康成长；认真检查和严肃处理贪污盗窃、挪用克扣安置经费和物资的违法乱纪行为。

要把做好知青工作列为大寨县验收标准的一项具体内容。对办得不够好的青年队（场），要抓紧进行整顿。要继续做好知识青年上山下乡的动员安置工作，计划没有完成的，要采取有效措施，做好工作，努力完成。

到会同志深深感到，华主席为首的党中央一举粉碎了"四人帮"，抓纲治国取得初见成效的伟大胜利，为做好知青工作扫除了障碍，创造了有利条件，我们没有理由不把这项工作做好。一致表示，要在华主席为首的党中央抓纲治国的战略决策的指引下，在省委的领导下，高举毛主席的伟大旗帜，遵循党的十一大路线，认真学习贯彻全国五届人大会议精神，努力做好工作，以实际行动，迎接即将召开的全国知青工作会议，迎接毛主席关于"知识青年到农村去"的伟大指示发表十周年，使知青工作在新的形势下有一个新的发展。

关于赛湖农场知青动向汇报

三月六日，省、地知青办派人到赛湖农场，对该场知青动向进行了解，首先听取了场党委主要负责同志的情况反映，同正在该场调查的地、县公安局同志交谈，接触了知青骨干，一致反映有不安定的动向。现将了解到的情况汇报如下：

这个场现有在册知青人数一千九百人，其中上海青年四百人，南昌一千二百多人，本地二百多人。今年以来知青离场人数较多，主要是上海的，据劳资科初步统计，从一月至三月初，上海知青办理顶替、病退的就达七百多人，离场回城手续还在陆续办理。这三部分知识青年，上海在农场的不多，有的讲七八个，有的讲最多不超过二十个，其余都在上海等回城手续；本地二百名知识青年比较安定；南昌一千多青年正在酝酿着十五号领到工资回城。

由于上海大批收回，二月份南昌市知青游行上访，加上芙蓉农场铁路知青影响，近两个多月以来，赛湖也不安定了。起头是铁路知青（三十多人）向场党委提出两条要求：（一）要组织出面与南昌市联系回城；（二）不肯出面我们就派代表上访。场里不同意并做了工作，没有继续闹下去。不久，场党委决定在二分场搞机械化试点，并确定留就业人员，知青调到一、三分场，这个决定一传达，二分场知青在三月二、三号两天在场部大楼及两侧贴出"人民民主万岁"，"我们要人权"，"世界是我们的，二十一世纪属于我们的"，"我们是赛湖主人，为四化供才华"等等大幅标语，其它各分场没有响应。

目前在赛湖农场知青中主要议论酝酿这样几个问题：

（一）提出上海知青能回去，我们为什么不能回去？

（二）质问科、局长以上领导干部子女有几个在农村的？

（三）国家给铁路系统八百名招工指标，省劳动局扣四百名，影响我们上调，要到省里告状。

（四）在南昌知识青年中有一百二十名恒湖共大毕业的，在农建师时期，两种待遇，三十名按干部待遇，余下按农工定级，对此很有意见。这部分知青要求重新分配。

此外，在知青中，普遍议论就是要闹，不闹不会解决问题。他们说云南知青问题一闹解决了；上海知青回城也是闹的；二分场搞机械化不要知青，一闹党委改变了决定，并讲：我们胜利了。

赛湖农场知青动向，目前来看，尚未发展成有组织有领导的公开活动，但是，要回城、闹分配要求很强烈，其特点不是大闹、围攻、上访领导，而是软抗、隐蔽、封锁动向，造成领导耳目不太灵，了解不到来龙去脉。特别值得注意的是，该场现有一千五百多名刑满就业人员（有帽九百，无帽六百），自中央公布摘帽后，这些人反常，不服管教现象越来越多，有的扬言：老子被改造二三十年，该有出头之日。也有女知青同就业人员结婚的，有的男知青认就业人员做干爸爸。这样，情况是比较复杂的。

目前场党委很着急，春耕大忙已到，出勤人数少，担心影响生产。对以上这些不安定的动向，场党委表示尽力把工作做好，但就这些问题来说，提出都不是农场所能解决的。

地区知青办李才、朱庆贤

省知青办朱□庭

一九七九年三月七日

国务院关于准许退职回城青年回原单位复工的通知

（国发〔1979〕121号）

各省、市、自治区革命委员会、国务院各部委、各直属机构：

最近，一些盲目退职回城的知识青年，提出回原单位复工的要求，应该准许。现就有关问题通知如下：

一、国营农场的知识青年，下乡插队后已安排在工矿企业和其它事业单位工作的知识青年，以及文化大革命前的支边青年，采取退职的方式返回城市的做法是不妥当的，应该制止。已退职回城的，应返回原单位，并退还所发的退职金。确有特殊困难需要调动的，国营农场的知识青年，按照中央〔1978〕74 号文件的规定办理；下乡插队后已安排在工矿企业和其它事业单位工作的知识青年，以及文化大革命前的支边青年，可按照人事、劳动部门关于干部、工人调动的有关规定办理，事先要征得调入地区有关部门的同意。

二、已办理退职的上述人员，原单位要欢迎他们复工，不得歧视，并报销返回的路费。原所在地区，要允许落户。本人回原单位后，退职期间的工资不补发，但生活确实困难的，可酌情给予补助。

各地在贯彻执行本通知时，不要简单从事，必须注意加强思想教育，切实做好青年和家长的思想工作。

中华人民共和国国务院
一九七九年四月三十日

国务院办公室　　　　　　　　　　一九七九年四月三十日印发
江西省革命委员会办公室　　　　　一九七九年五月十五日翻印
发至县级厂矿　　　　　　　　　　共印三八二〇份

中共中央、国务院关于处理当前部分人员
要求复职复工回城就业等问题的通知
（中发〔1979〕43 号）

各省、市、自治区党委和革命委员会，各大军区、省军区、野战军党委，中央和国家机关各部委党委、党组，军委各总部、各军兵种党委，各人民团体党组：

……特别是劳动就业问题，是一个很突出的矛盾，需要审慎地妥善地处理。当前，有不少人要求复职复工、回城就业，这些问题是长期积

累下来的，情况错综复杂，数量很大，牵涉面很广，政策性很强，必须慎重对待。前一段，有的部门、有的地方，对某些问题的处理不够谨慎，有些话讲得不够妥当，有些人借机闹事，影响安定团结，影响生产秩序、工作秩序和社会秩序。这些情况，应该引起我们的注意。处理这些问题，要从有利于国民经济的调整，有利于安定团结出发，分别不同情况，采取适当措施。对于那些应该解决而又能够解决的问题，要继续抓紧解决。对于那些应该解决，但由于目前国家经济困难而无法解决的问题，要向群众耐心说明情况，做好说服解释工作。对于那些不合理的要求，要坚持原则，讲清道理，不予解决。落实党的政策，解决文化大革命以前遗留下来的问题，要着重从政治上解决问题，经济问题原则上不作清退。对于文化大革命期间发生的冤假错案中，凡涉及城乡集体所有制人员的经济问题，则要从实际出发，区别不同情况，妥善给予处理。现将有关规定通知如下。

……

二、关于上山下乡的知识青年要求回城安排的问题……我国有广大山区、草原和边疆需要建设，有大量荒地需要开垦，要继续鼓励知识青年上山下乡，树立务农光荣、建设边疆光荣的社会主义新风尚。各级党委要加强对知青工作的领导，坚决贯彻执行中央〔1978〕74号文件，加强政治思想工作，搞好统筹安排。按规定属于上山下乡的知识青年，应继续动员上山下乡。要教育已下乡的知识青年安心农业生产，并切实帮助他们解决在劳动、学习和生活中的实际问题。要坚决刹住"回城风"，对于自行返城长期不归的，要动员他们尽快回去；已经是国营农林牧渔场或其它企事业单位职工的，要求重新安排工作，是不对的，要教育他们安心工作；不符合政策规定，未经安置地区和动员地区联系同意，单方面办理手续，从国营农林牧渔场或其它企事业单位回城的，要动员他们返回原单位，原单位要欢迎他们回去，不得歧视，并报销返回的路费。

……

十、……

另外，今年要在知识青年多的大城市和插队知识青年集中的地区，扩大招兵名额。

……

十二、本通知发到县团级，有关党政领导机关和工作部门，应有计划、有步骤地采取适当方法，分别向有关干部和群众宣传同他们有关的规定。各地在执行这个通知的时候，可结合本地区的情况，分别不同问题，拟定具体办法，一一妥善处理，把问题解决在基层，矛盾不要上交。要把工作做得周到一些，有什么问题，解决什么问题，绝不可简单地匆忙地一下就把这个通知全部捅到社会上去，以免引起不必要的波动和新的问题。

为了妥善处理过去遗留的问题，把各方面的积极性充分调动起来，各级党委和政府必须进一步加强政治思想工作，要把党的政策、国家的困难和有关情况，反复向群众讲清楚。要注意讲究领导艺术和工作方法。处理问题，既要坚持原则和政策，不能随便开口子，又要耐心细致，切忌简单生硬。……

中共中央、国务院
一九七九年六月四日

（此件发至县、团级）

关于进一步做好知识青年上山下乡
工作的意见（试行稿）
（赣发〔1979〕66号）

在党中央、毛泽东同志的号召下，自一九六二年以来，我省有组织、有计划地动员了大批城镇知识青年上山下乡。十多年来，广大知识青年在农村三大革命运动中，经受了锻炼，增长了才干，提高了觉悟，作出了贡献，涌现了许多模范人物和先进集体。大批优秀下乡知识青年参加了共产党、共青团，不少人被选进了各级领导班子。一大批知识青年在农村安家落户，立志为实现农业现代化贡献力量。根据国家的需要走上其它的劳动和工作岗位的广大知识青年，普遍受到各方面的欢迎和赞扬。各级党组织、农村基层干部和广大社员群众、知青工作人员，为动员、安置、管理、教育知青做了大量的工作，积累了很多经验。实践证明，知识青年上山下乡这条路是完全正确的，广大知识青年到农村去是可以大有作为的，我省知青工作的主流是好的，成绩是很大的。

在肯定成绩的同时，我们也要看到知青工作中存在的问题。主要是：大批知识青年上山下乡后，各方面管理工作没有跟上，许多知青的生产和生活有很大困难；城乡广开门路不够，相当一部分有困难的老知青和已婚知青得不到妥善安排；对知青上山下乡的认识还很不统一，有的人甚至发生怀疑和动摇。产生这些问题，从根本上说，是林彪、"四人帮"及其在江西的死党、骨干分子的干扰、破坏造成的，但也同我们工作中存在的某些缺点和错误有很大的关系。

粉碎"四人帮"以后，党中央及时召开了全国知青工作会议，发出了中发〔1978〕74 号文件。特别是华国锋同志以及党和国家其它领导人最近又亲切地接见了知识青年的先进代表，作了重要讲话，充分肯定了上山下乡是正确的，勉励知识青年坚持上山下乡的方针。这是完全符合我省的实际情况的，为我们继续做好知识青年上山下乡工作指明了前进的方向。

为了认真贯彻执行华国锋同志以及党和国家其它领导人的讲话精神，全面地贯彻落实中发〔1978〕74 号文件，进一步做好知青工作，我省城镇知识青年要坚持"四个面向"，坚持上山下乡的正确道路。要继续动员和鼓励一部分城镇知识青年到农村去，树立务农光荣的新风尚，鼓励他们为建设社会主义新农村，实现四个现代化作出新的贡献。

一、城镇中学毕业生的分配问题

城镇中学毕业生（包括初中毕业没有升学的学生）的分配，按照"四个面向"的原则，实行进学校、上山下乡、支援边疆、城市安排。

南昌、景德镇、萍乡和九江、赣州、上饶、吉安、抚州、鹰潭九个城市，今后若干年内还要继续动员知识青年上山下乡。凡独生子女，归侨学生，中国籍的外国人子女，台湾、港澳同胞子女，病残不能参加农业劳动的，父母双亡的，不动员上山下乡。多子女的家庭，可以选留一个子女。有安置条件的城市，可根据实际情况，适当放宽留城面。

矿山、林区、分布在农村的企事业单位、小集镇和县城非农业户口的中学毕业生，由本地区、本系统或本单位统筹安排。主要靠举办集体所有制的农（林、牧、副、渔）、工、商企事业进行安置，也可以根据国家计划招工、办中专和技工学校。

凡是按政策规定应下乡而未下乡的知识青年，要做好政治思想工作，动员和鼓励他们到农村去。城镇各单位不能安排他们的工作。

二、今后下乡知识青年的安置问题

安置下乡知识青年，要同发展工农业生产结合起来，同建立城市农副产品基地结合起来，同建立农村小城镇结合起来，同培养四化建设人才结合起来。

今后下乡的知识青年，一般的要集中进行安置。主要安置到独立核算的知青场队和知青农工商联合企业，有条件的地方要办大型的集体所有制知青农场，也可以安置到机关、学校、部队、企事业单位的农、林、牧、副、渔业基地和全民所有制的农、林、牧、渔场。各地区、各系统办的五·七干校，可以改为安置知识青年的生产基地。不论安置到哪里，都要在动员下乡之前，作好充分准备，做到领导落实、投资落实、生产项目落实、生活安排落实，为新下乡知识青年提供较好的生产和生活条件，使他们能够在发展生产的基础上，尽快地做到生活自给有余。

安置知识青年到国营农场的指标，由各级知青部门和农场主管部门，根据需要和可能的原则共同商定，报同级政府批准。

三、整顿、提高知青场队的问题

全省有集体所有制知青场队三千多个，是安置下乡知识青年的重要场所，要从体制上进行适当调整，从生产上给以必要的扶持，认真加以整顿、提高，努力把它办好。

动员城镇和安置地区，对现有知青场队，要进行调查摸底，分析研究。根据实际情况，有的可以转为动员系统和单位的农副业基地；有的可以由厂、社合办或由县、社、大队办；条件具备的，可以有计划、有重点地兴办知青农工商联合企业。对那些规模小、条件差、办得不好的知青场队，特别要加强领导，积极想办法把它办好。确实过于分散，条件不具备，不宜办下去的知青场队，也要有领导地、有计划地分别并到办得好的知青场队或机关、部队、企事业单位的农副业基地和联合企业中去。对于分散插队的知青，要分别不同情况，积极妥善地予以安置。

对那些合并、停办、撤销的知青场队以及知青点，所有财产、物资，包括原来拨给下乡知青使用的土地、山林，均由知青部门按照实际情况调拨处理，任何单位和个人不得侵占、挪用。侵占、挪用的，必须退回；贪污盗窃的，必须退赔。

知青场队和知青农、工、商联合企业以及安置知青的农、林、牧、副、渔业基地，要坚持自力更生，艰苦奋斗，勤俭办场队、办企业。他们必需的生产基建资金，分别从主办单位或地方的支农基金中解决，银行可给予贷款，国家也要从知青经费中拨出一部分给予扶持。所需的农机、化肥、汽车、设备和材料，有关部门要根据实际情况，大力支持，列入计划，戴帽下达。它们的产、供、销要逐步纳入计划。为了扶持他们发展生产，从今年起到一九八五年，实行不交税、不上交利润，不负担农副产品的统购、派购任务的"三不政策"。

四、有困难的插队知识青年的安排问题

要支持和鼓励在农村的知识青年艰苦奋斗，发奋图强，扎根农村，建设农村，为实现农业的现代化积极作出贡献。

对于确有困难不易解决的插队知识青年，要在城乡全民和大集体、小集体企事业中，逐步安排他们的工作。一九七二年以前下乡的有困难不易解决的插队知青，要优先安排，争取在两年内基本解决。

城乡要广开门路，统筹安排。尽量就近就地安排到社办企业，有增人指标的工交、财贸、文教、卫生企事业单位，全民所有制的农、林、牧、渔场，机关、学校、部队、企事业单位的农副业基地，知青农工商联合企业以及办得好的独立核算的知青场队。本人或家庭确有困难，需要回城安排的，也可以在城市全民和大集体、小集体企事业中安排。城镇都要大力清理计划外使用的农村劳动力，为安排有困难的知青空出位置。

安排到社队企业工作的知识青年，以及从事林、牧、副、渔生产和搞经济作物等的知青场队，口粮达不到自给的，应分别情况，实事求是地在国家统销粮中给予补助，妥善解决。

各地招收一九七二年以前有困难的插队知青的全民和集体所有制的指标，由知青、计划、劳动等部门商定后专项下达。招工对象要经过知青评议，征求社队意见，符合条件的，由动员城市和安置地区的劳动、知青部门共同研究商定。招收有困难的知识青年，要适当放宽招工年龄，适当扩大招收女青年的比例。决不允许用招收有困难的插队知青的指标招收其它人。决不允许"开后门"。违者要查明事实，区别情况，严肃处理。

为了争取在两年内把一九七二年前有困难的插队知青安排好，各地首先要对一九七二年以前下乡的老知青，逐一进行调查摸底，弄清情况，心中有数，以便妥善安排。

五、国营农场的知识青年问题

安置在国营农场的知识青年是国家的正式职工，是社会主义的农业工人，是办场的一支骨干力量。知识青年安置在国营农场，这是社会主义革命和社会主义建设的需要。已经在国营农场就业的知识青年，不再另行安置。要教育他们安心工作，努力把农场办好。对于他们的困难，要在发展生产的基础上逐步解决。农场各级领导要注意改进领导作风和工作方法，加强对知青的政治思想工作，关心他们的疾苦，改善他们的劳动、学习和生活条件，落实党的各项政策，充分调动知青的积极性，鼓励他们为建设现代化农业生产基地作出贡献。国家拨给的下乡知青安置经费，要包干使用，有效地解决他们的实际问题。要切实解决在农场的下乡知识青年的婚姻和安家问题。同场外青年结婚的，允许对方到农场落户，符合条件的可以吸收为职工。

六、加强党对知青工作的领导问题

知青工作是关系到社会主义革命和建设事业的一件大事，它涉及千家万户，政策性强，牵涉面广，任务重，影响大。各级党委一定要高度重视，加强领导。要深入开展关于真理标准问题的讨论，端正思想路线，进一步解放思想，努力做好工作。要以上山下乡的伟大实践来检验我们的方针、政策，以统一认识，分清是非，长期坚持知青上山下乡的正确方向，把工作越做越好。

要加强对知青的培养教育工作。组织他们认真学习马列主义、毛泽东思想，自觉地坚持四项基本原则。教育他们正确地行使民主权利，模范地遵纪守法。教育他们发扬艰苦奋斗的精神，鼓励他们到农村去，安心农村，扎根农村，为农业的现代化贡献全部力量。要大力宣传和表扬他们中的先进人物，吸收符合党员、团员条件的知青入党、入团。要把他们当中的优秀分子提拔到领导岗位上来。要依法坚决打击迫害上山下乡知识青年的犯罪分子，切实保护知识青年健康成长。

各地要根据中央〔1978〕74号文件的要求，从当地实际情况出发，搞出一个统筹兼顾而积极稳妥的全面规划，并把这个规划纳入整个国民经济计划中去。要按照"四个面向"的原则，作出今后城镇中学毕业生的分配和安置的规划。要认真制订整顿、提高知青场队的方案，逐步把知青场队办好。要帮助知青场队全面发展农、林、牧、副、渔各业，努力办成科学种田的示范基地，并积极地、因地制宜地发展工副业生产，使知青场队首先富裕起来。

各级党委要把宣传、教育、知青、劳动、计划、农垦、粮食、文化、公安、法院，以及工、青、妇等各方面的力量组织起来，认真研究，通力协作，共同做好知青工作。各有关部门要本着"国家关心，负责到底"的精神，根据中发〔1978〕74 号文件对本部门提出的任务和要求，制订贯彻执行的具体方案和措施，并经常检查和落实，为支持上山下乡这一大有作为的伟大事业勇于挑起重担，负起责任，做上山下乡的促进派。

为了加强对知青工作的领导，省、地、县、社党委都要有一名书记主管知青工作。各级党委、政府要把知青工作摆上重要的议事日程，一年议几次、抓几次，切实抓紧抓好。各级知青干部要不断学习，不断实践，不断提高自己的思想水平、政治水平、政策水平和工作水平，振奋精神，鼓足干劲，努力工作。各级知青工作部门要发挥积极性、主动性、创造性，当好党委的参谋和助手，深入基层，调查研究，培养典型，总结和推广先进经验，扎扎实实地把知青工作进一步做好。

中共江西省委

一九七九年九月二十日

二 各地文件

金溪县各公社"五·七"大军负责人上海护送干部联席会议记录

七〇年四月二十二日各公社管"五·七"大军工作副主任、上海护送干部会议

主持人：郑华同志

列席：商业、粮食两局负责同志

郑华：会议的开法：先大家讲一讲，把情况凑一凑。上海来的同志和我们去的接待人员在沪、路上做了许多艰苦细致的工作，特别是到了这里后，大家一直跟着同学到队，大家深深感到做好上海知识青年的工作，使他们在农村安下心来，好好接受贫下中农的再教育是一个很艰巨繁重、复杂的工作。

学生来时，响应伟大领袖毛主席的伟大号召到农村来是有决心的，但接触了实际以后，也出现了不少问题。现在看来大量的思想问题，我认为只要各级领导重视，认真做好工作，问题是不难解决的，问题就怕领导不重视。

原来计划会议打算在插完秧再开。因为今年气温低，农事推迟，而季节又不等人，金溪田多人少，要在短期内突击插完秧，但考虑到大家的要求与上海护送同志要回去向家里汇报，所以提前开个短会。

我认为只要我们高举毛泽东思想伟大红旗，突出无产阶级政治，真正认识到带好学生是毛主席交给我们的光荣任务，那就一定能把工作做好。从十五号学生到县起，就是我县的社员，各级领导要把领导好他们、做好他们的工作当成自己的本分，不能推。工作要做早，争取主动，不能拖。有同志认为上海青年不好弄，不如南昌学生好弄。当然，上海城市大，他们见识多，

社会经济较丰富，要求也会高一些。来后，接触实际，出现这样那样的问题，并不奇怪。只要我们高举毛泽东思想伟大红旗，突出无产阶级政治，狠抓阶级斗争，大抓活思想，表扬好人好事，宣传先进典型，工作就能做好。阶级斗争一定要抓，会有阶级敌人破坏，有的是外部的，也有上海青年内部的，要将一些问题提到纲上去认识，去对待。

好人好事、新人新事要大力表扬，要抓得紧，及时表扬。现在据了解已经有大量好人好事出现，陆坊大队有的青年已经去栽禾，羊田的青年砍柴，有的队女的不愿去，一个队男的主动提出，我们换去……我们要看上海青年的主流、积极一面，不能尽看、尽抓阴暗面，一谈就是学生打架，拿刀子，不听话等等，这样看就会迷失方向。应该认识到没有毛主席的英明领导，没有无产阶级文化大革命的伟大胜利，上海青年是不会到我们这里来的。他们来是毛主席的伟大战略部署，是备战、备荒、反修、防修的需要，有十分重要的政治与经济的意义，要充分认识。金溪人少田多、山多，要人来开发。学生十七八岁，刚离开学校、娘爷，肯定会有些情绪，我们要认真做好工作，对他们进行阶级与阶级斗争教育。

上海市革委会对这个工作很重视，不仅在沪做了大量工作，而且派人前来，协助做好巩固工作，这是对党、对人民负责的精神。我们要学习上海市革委会的这种精神，认真将工作做好，绝对不能忽视。

通过这次会议，我们希望能使各级领导在思想、行动上高度重视这一工作，将这一工作列入各级革委会的议事日程，有问题要做到及时发现、及时解决，做到群众、学生两满意。公社均有"五·七"大军领导小组，这个小组还要加强，各公社一定要有一个副主任管这项工作，要有一个专职干部抓这项工作，了解情况，解决问题，及时反映，这是加强领导的组织保证。大队也要建立领导小组，也要经常研究部署，这一点要很好向宜黄县学习，宜黄是"五·七"大军工作的红旗，也是五·七大军的红旗。要充分发挥"五·七"大军的作用，什么工作搞不开，就派"五·七"大军去冲。高桥就是"五·七"大军当□□，气象一新。生产队也要有一个领导班子，要有专人管，狠抓三落实。派贫下中农做政治班长，这种人要政治可靠，有一定工作能力，苦大仇深，要长期管，与学生同吃、同住、同学习、同商量、同劳动。

三落实方面：政治要有人抓，要活学活用毛主席著作，突出无产阶级政治，狠抓阶级斗争。生产队原有的学习制度，他们与社员一起学，另外在学生中要进行如何在农村安家落户、如何吃苦的教育，要组织他们学习英雄人物的事迹。要大力宣传郑富金的英雄事迹。要组织苦大仇深的贫下中农给他们讲村史、家史、个人血泪史，要组织他们吃忆苦饭。要进行战备教育。一定要突出政治，要树立典型，典型可以分为：及时表扬的一人一事；尖子，这个要注重家庭出身、历史、社会关系，培养县、区、省标兵。要教育学生先不要考虑个人的事而要考虑如何安下来，做一个好社员。不要到处乱跑，要进行社会风尚教育，不要流里流气。在学生中还要抓团结教育，过去从不同的学校来，现在汇集到一个生产队，要好好团结，这一点要经常注意，经常抓，还要注意来的学生是不是有派性，有的话要解决。政治上要充分发挥他们的作用，使学生感到贫下中农关心、重视他们，全社干部下去，要去看学生，向他们进行教育。

生活上，要管起来，要说清楚：回是回不去了，要在这里安家落户，现在有的学生就在问，将来能不能进工厂、参军，我说一是要会要人，但不会都去，二是重在表现。

生活上第一条是要自力更生，安置费能吃多久？家里寄钱也不是长计，会产生影响——怎么一年多连个饭都赚不到呢？还要家里寄钱？

现在学生种好菜，要有老农帮助。粮食从下月开始重新定量，这半个月已领粮票，一个人再补二斤，由粮食局补，五月份开始每人每月四十五斤，七月十五日以后由生产队按社员标准备粮，不足部分由粮食补，油按商品定量标准给，不足公社、大队想办法补点，肥皂、火柴等与社员、老"五·七"大军同，生活费一般一个月十元钱，这样可以吃十七个月至明年七月十五日，其余钱还要添置东西、医疗费用，以后工分有了钱，生活费还可减少一些，钱要集体管，不能发到私人。

劳动要有人教，他们初来，是我们的亲人，是我们的子女，要安排老农教他们，老农觉悟高、耐心，先安排点养猪、放牛、担秧，要先易后难，不能一下子就把他们拖到深脚田里去"较一较"，"□□他们就老实了。"要安排，量力而行，但劳动上工分不能卡，政治上、经济上要付点代价，不能一律大小，一天才三分，在工分上卡实际上就是对伟大领袖毛主席指示不理解。那里的学生不安心，要跑，即首先是公社、大队工作没有做好。工分女的不低于五分，男的不低于六分。

目前，个别学生不听哇，有的东窜西跑，有的持有凶器，要明确：凡有凶器的要交出。有的学生与当地干群口角，以教育为主，不能一搞就批判、斗争、管制，要这样做的要将政治情况搞清，公社慎重处理，不能一搞就用不合乎政策的办法处理。

领导小组、贫下中农班长要固定下来，不能有其名无其实。

下边有什么情况、经验、问题，要及时向上反映。

上海同志前来帮助我们做巩固工作，各公社开大队干部会，全社学习均应请他们参加，这些同志主要住在公社，哪里有问题，去哪里解决，与公社做"五·七"大军工作的同志一起去，生活上要关心他们，帮助他们解决生活上的一些问题，诸如肥皂、火柴、电池等要尽力解决，他们是来帮我们做工作。

各级领导要重视起来，使上海青年在五月份安下心来，投入生产。

刘重阳：各公社将情况汇报一下，经验、问题谈一下。

商业局：保证将安置上海青年的有关商业工作及时安排好、做好。在未参加会前未听郑主任讲以前还不够重视，不少工作未很好考虑。上海青年来是紧跟毛主席的伟大战略部署，我们一定要做好工作，回去后先与各基层单位联系，并打算开个会，研究怎么调配物资，请大家多向我们提提意见。

琉璃：油，新老"五·七"战士都没有吃，能否调一点来，计划物资可定个量。卫生低。

粮食局：关于粮油供应问题，保证在局属所、站坚决贯彻执行，有什么问题，请提出来。

问：粮食定量有否规定？

答：原来是由大队评定，由粮食局供应。

陆坊：定量要定一下，否则各队评的不一样，不可能统一，会引起意见。

郑：按四十五斤一人供应。

何沅：吃、住比较落实，通过这个会对进一步做好这一工作，认识有很大提高。以前，公社大队干部均有一定活思想：①不好领导，大城市来的，社会经验多，问题不少，麻烦事多，不好领导；②安置队怨吃亏，归根还是对安置工作的意义认识不足，学生未来前也办过学习班，认为毛主席的指示要坚决照办，回去一定将工作做好，虽然前段也做了些工作，但是落实方面还有不少停留在口头上，会议上。

首先要组织落实，公社有个架子，也配了余口福专抓，大队、生产队也要建立起组织来。

政治思想上要抓典型。几天来发现了不少好人好事，大多数很好，高桥大队流源生产队来社三天就全去参加劳动，杨蒋大队杨家生产队的二男三女，贫下中农要他们休息一下，他们主动去劳动，并到□禾田挖禾□，对桥大队苏家生产队十个人，自己砍柴、做饭，过两天以后就参加劳动，全社准备表扬一批，另外要组织贫下中农对他们进行阶级教育，组织他们吃忆苦饭。

生活上也要抓，经检查五六个队，大部分安排较好，但孔□的何家府房还未解决，生产队干部不管，这似乎不是他们的事，床、小工具问题不大，要抓好菜，春季是种菜的季节，没有菜生活就不好安排。

带队干部配了，但不落实，没有下放干部的要固定一个贫下中农。

劳动上也要适当安排，能养猪、养牛的分工养猪牛，种棉花也可以，坚持要下水田的也让他们去，逐步吸收他们参加社队工作，回去以后要向党委革委常委汇报。

经验还有待创造。

几个具体问题：

1. 少数，个别人从这几天表现看不大好，一个太坪的一个□□的，吵要调动，几个人围着主任说你这个大头，同不同意我们兄弟俩在一起（实际上不是兄弟），硬逼着要签字同意，我们没有同意，到了街上就拿人家的蛋。（郑华同志：不能重用，态度要明朗）

2. 有个生产队提出来，负担重（做事不多，工分要五六分，办学习班要记工）。

3. 抚州的还有没有来的。

（郑华同志：负担问题先不谈）

浒湾：听了郑主任报告，启发教育很大。安置工作在县革委正确领导下，公社是重视的，未来前半个月就派专人进行了检查、落实，召开过几个会强调这一工作的重要性，各队也做了大量工作。

同学来到后，贫下中农很热情，把他们当成自己的亲人。政治上、生活上很热情，打爆竹接，山下有一个贫下中农徐香莲主动将自己的房子空出来给同学住，自己住秆间（又破又漏），开始同学认为房子还不好，但了解到贫下中农的关心后，很快就搬进去了。公社和上海护送同志跑遍了全公社十七个生产队，据了解十六个生产队做得好，只有一个生产队房子安排较差，经我们提出打算将学校交出来，把原来学生住的地方给他们，同学们很安心，情绪愉快，我们去了很热情，要求我们多去，他们思想上有准备，觉得来时准备的困难实际上没有那么大。贫下中农送螺丝给他们吃，有困难帮助他们解决，百分之九十以上的人是很安心的。说明上海做了许多工作，不少同学第二天就参加劳动。黄坊大队羊宽生产队几个女同学第二天就要去劳动，自己烧饭，黄坊的车坊有个同学叫孙□□，第二天就自己动手做饭。离城第三天就下田插秧，贫下中农要给轻活干，他们不干，说干轻活农活学不会。双家大队西阳、季家二男二女□□□生产队走七八里路担五十至八十斤肥料，肩膀挑痛了也坚持干，说这是第一课。徐杨的刘天根和贫下中农一道砍柴，跑十多里路，李文荣同学两个人睡一个床，我们提出来，他说生活问题我们不考虑，就是好好劳动。绝大多数是自己烧饭。黄家的贫下中农要同学看山、看猪，他们不干，要到浒湾镇去担肥，不会干就学，现在不会不要紧，将来不会就不行了，有的同学不要贫下中农挑担，自己从大队挑到生产队。

差的也有个别的。

江××要到羊宽，还与女同学吵，硬讲人家骗了他的钱，并用一根铜棍打过去（已缴下来），后来要他做检查，并经大家帮助，他保证不出去，不打人。这次是批评教育，以后打人就不行，他怕会不会当四类分子待，我们说不会。（郑：要讲会不会是你自己决定的）

个别不够团结的，我们做工作。

回去的打算：准备按郑主任指示去办，认真抓好政治思想工作，组织他们活学活用毛主席著作，办好学习班，抓活的思想，树典型。

（郑华同志：有表现好的，要及时总结材料，进行推广，好的送县里。）在生活上也要关心他们，有什么问题及时解决，劳动上适当安排，带队的也固定下来，公社干部到了那个大队就要主动抓好这个工作，准备调高庆元同志（"五·七"战士）专抓这一工作。

问题：

1. 木材较紧，脚盆、澡盆、尿桶，不好解决。

2. 房子、厨房有的地方没有解决，要求增拨毛竹。

3. 半个月的粮票有的说没有带，也没有交，先由生产队代垫，三十元已基本用完（曾：马上□拨五十元去），粮食关系还未来（刘：今天交给我们），菜也帮他们种。

上海护送干部补充：来了几天受教育很深，学生一到，马上召开大队书记、主任会布置任务，公社杨主任很忙，仍放下其它工作，跟我们一起去专抓这一工作，老付同志都累病了，贫下中农对他们很热情，问寒问暖，送东送西，同学感到很高兴，比父母想得还周到。中州大队红星队妇女主任孩子发高烧放下不管，帮学生铺床挂帐，弄得浑身是汗。有的贫下中农（红旗的陈□□）把自己的灶搬走，另打新灶，方便知识青年。有的老队长说我的儿子去参军了，你们来就是我的子女。

但由于我们工作做得不好，有的同学在艰苦奋斗、加强团结方面还有待进一步解决。

向江西革命干部学习、致敬！

□城：全社专门确定了一个同志抓，还留下两个接送上海青年的"五·七"大军，继续做好巩固工作。

一百六十一人分别放在十个大队卅个生产队，学生已全部到了生产队，先锋付家杨坊张家十六号就开始出勤。十七—十九号陆续均开始参加劳动。在郑家生产队的一个姓万的同学（十六岁）十六号到营□师渡□竹床，来回七十多里，扛竹床回来，脚都打起了泡。杨坊张永原来打算分点轻活给他们做，他们不愿，不怕蚂蟥，"你们咬得，我们也咬得"，坚持下水田，蚂蟥咬上脚也不怕。社坊已种上菜，自己做饭，自己拔小笋，从现在情况看。杨坊最好，二十号前已全部参加劳动，买蓑衣只派一个人去，其余参加劳动。

问题：

1. 客路大队河坪生产队两个女的很安心，第二天就参加劳动，以后天天出勤，但三个男的则不安心，坐到公社要求调动到郑家去（男同学与女同学共一厅堂，以上男同学在天井撒尿，干部提了一下，他们就不高兴，说怕以后干部、社员对他们不好），□□在公社。

2. 左坊大队杨沅的四个同学还未下去，生产队长思想有问题，就向学生讲我这个队山高路难走，田深、蚂蟥多等等，吓得学生不敢去。我们带他们去另一队看了房子，本人没意见，但又不去。

3. 先锋大队有一同学，有亲戚在左坊，要求去盘岭，大队已接六人，不大同意，此同学还在左坊，未去先锋付家。

4. 有一同学是慢性肝炎，原来计划没有他，经自己要求才来，来后六天没有吃饭，他哥哥已来此，意思是要求回去，看如何解决。

5. 有的人到公社来，吃了就走，不记名，不交钱，个别的菜还没有熟，就自己打菜吃。

有几个问题请解决：

1. 安置费问题，三十元已基本用完，还要添置一些家具，能否搞点木头。

2. 起伙后没有油，是否请商业部门□□个数量，规定手续供应。

3. 学生生病药费报销问题（曾在安置费内报）。

4. 计划物资请及时解决。

上海护送同志老魏补充：金溪同志在"应当欢迎他们去"几个字上是下了很大的功夫的。

问题：

1. 左坊原来分了四个队，后要五人以上，故并成三个，杨沉的没有去。原来分配到左坊的有十六人，这些同学一般情况都比较好，有几个同学未去杨沉，据大队饶主任讲是生产队主任不大欢迎，本来十六号去了，同学也想很快安定下来，休息一下，但房子未弄好，窗子上灰很厚，地很潮湿。生产队长一来就问，你们要住多长时间，要走我们可以帮你们送走，还问这个东西、那个东西带来没有？弄得学生心神不定。房子又很小，女的二人共一个铺，男的三人共一个铺，他们去后坐了一个晚上，第二天早上就生气搬走了，坡高路陡，车子翻了，同学也摔伤了。看来是实际问题，连锅灶也没有准备，生产队讲要安排可以拿一千元来。杨沉有一个大房子，说要育秧不肯空出来。我们同公社郑义才同志、大队干部去解决问题，也未解决。学生认为你们以为我们挑挑拣拣，去了也搞不好。大队饶主任决心大，说不解决我撤他的职，我自己去住几天，带着你们。他的意思是不能迁就生产队的这种情绪。但同学仍无信心，最后决定换至范坊，房子还可以，但也只有一个床，至今同学还未打开行李，情绪挺抵触。

上海护送同志补充：

□城有些问题，我检查了一下自己有责任。

一是下车就把我下在一个大队，未直接到公社与公社联系，自己单枪匹马，有些问题未及时解决。

一是我想缺乏阶级斗争观点，是个立场问题，但对青年的积极一面估计不够也是个立场问题，我自己对同学的积极因素估计不够，有个框框，觉得他们不好办，这也影响正确处理问题。

回去后有信心将工作做好。

前进（江木祥）：前进共到二百名，同学未到以前曾做了一些工作，同学共分在九个大队，共分廿八个生产队，最近跑了十几个队，看了一下，大部分是落实的，没有打开行李的现在没有了。同学情绪大部分很好。同学到达当天，公社就打电话问遍九个大队看同学能不能住下，行李能不能提到，第二天就下去检查，没有去的队，公社也打电话问了。百分之九十以上的同学，信心很高，严群大队去的同学原计划分一个队，后来队上要将他们分作两队，同学不同意，公社主任及时去解决，同意不分队，同学情绪很高，当天就出工。原山大队很多人要求出工，有的同学就买来了小鸡。男女同学也很团结，有一个队女同学要求同男同学调房子，五个人住一个房，男同学马上让出来。坪上大队将省里来的同学调到新队，将好房子让给新战友。

个别地方存在问题主要是床铺问题，大部分要求一个人一铺，大队生产队答应等栽禾后解决。

私人房间要求开窗户，私人不同意。

安置费也不多了，锄头、农具等也还未置齐，粮食问题少数队提了一下，带队的同志还有个别两个地方没有落实。

原山有几个人要去琉璃，两人要去南城，主要是房子不大好。

再有个别生产队（下山）的同学合不大来，提出不要两个同学，说他们学吸烟有流氓习气，要求与此二人分开住。

没有油吃。

回去以后，还要进一步检查，将郑主任讲的传达下去。

护送同志补充：社队领导亲自抓这一工作，基本安下去了，但发展也不平衡，个别生产队准备工作做得不够，原来打算来了以后再说。

同学中思想情况有这种那种反映是自然的，但也有阶级斗争，安田有小孩将石头从窗户里丢进学生住房，打破面盆、痰盂；有的没有将本队阶级状况向同学及时介绍，弄得把个六类分子叫老婆婆；有的同学也听到一些风言风语，影响情绪。对此，我们要在同学中做工作，同时各级组织也不能忽视这个问题。同学们要求订报纸，要求开广播喇叭，有的同学要求开展大批判。组织上要求确实各级都有人管，像严群徐军文一个人管三个生产队，做饭在一起做，谈心经常谈，没有床他去枫山联系板子，这样就好。生活上各级组织也做了不少工作，送鱼、送肉、杀猪，房子尽同学挑选，但也有同学反映一天蒸一桶饭，没吃完到晚上就没有了，这算谁的。用安置费买了甑，同学吃焖饭，不要甑，以后怎么办？安置费究竟多少，也应向同学交个底。

护送同志：这次来见江西同志将做好安置工作看成忠于毛主席的表现，对我教育很深。安田、赖家、上乐槽、玉山四个队工作做得较好，玉山小队的同学已经去插秧了，生活安排好了，只考虑如何劳动。

问题：

1. 要及时向同学介绍队上政治情况。

2. 同学有的欢喜到处乱跑，自己安排好了就跑到别的地方说三道四的，鼓动别的同学调队。我们抓了一个出身不好的学生，当场批评了他，不许他们到处乱窜。有的男同学流里流气，到处乱跑，女同学吃饭男的就不去吃，女的也不愿到男同学一堆吃饭，这几个男同学到别处见男女同学一道吃饭也说怪话。"男女混在一起，真是塌我们的台。"菜地希望尽早落实，农具也还没有解决，农具也还没有买，有的他们感到不合适，安置费怎么用，生活费如何掌握，要统一一下。

双圹：我们也做了一些工作，当然与浒湾、石门还有距离。

床还不能做到一人一铺，翁圹三、四队是临时做准备工作的。

经验表明哪里准备工作做得充分，哪里同学思想就安定，情绪就安定；哪里政治工作做得好，哪里同学也安定得快。

问题：

1. 思想准备不够充分，尤其是基层干部，强调生产忙，房子漏也未很好解决，一些工作未及时开展。生产队专讲这个房子有鬼，吓唬同学，被顶了回去。

2. 房子也还不够理想。

回去后要按照郑主任的布置很好贯彻抓好政治、组织、生活、劳动几方面的工作。

来的同学大部分很好，比较平稳，好人好事很多。

陆坊：听了郑主任讲话，启发很大。

未来之前，广泛宣传了毛主席关于知识青年下农村的伟大指示，举办了几次学习班，同时根据分□经验，狠抓了接待工作三落实，每个生产队确定一个副队长抓政治、生活，确定一个下放干部抓，还安排一个煮饭烧菜较好的贫下中农妇女帮同学做饭，生产上确定一个老班长。基本上做到政治、生活、生产三落实，要求砍柴、劳动、种菜均由抓劳动的老班长带，带队干部抓政治、划算生活，廿三个队有学生，有十五个带队干部，另八人是兼的，政治队长则抓全面。

上海青年一百三十人分布在四个大队廿三个生产队，最多的六十人一个大队。

住房问题未来前基本上落实，房子比较集中，有的比较分散，经上海青年提出也作了调整，五里圳原七个人分两个自然村住，他们要求在一个村一栋房子里住，做了调整，床铺挤的、房子破烂的均重新安排。有的将六类分子赶出去，腾出房间给同学，有的贫下中农自己住差房子，将好房子空出来给同学住。

生活上灶上灶下的东西均已买好，饭甑均买了，他们不要，以后可以卖给贫下中农，菜、油目前解决了，每个大队都杀了猪，每个学生平均四斤以上。

政治工作方面：十八、十九号陆续开始办五至七天学习班。学习班的目的有三：1. 如何树立长期在农村安家落户的问题。2. 组织纪律性。3. 内外团结。

百分之九十五以上的同学是好的，来后心情很愉快，有困难绝大多数不计较，认为能睡下去就可以。盼望参加生产，但也有些活思想：

有的同学认为插队落户比较自由，比在农场、军垦农场好。

有的认为两三年以后可以到工厂去。

有的认为城市不会征兵，到农村可以参军。

有的来后有点悔（动摇），想到别处投亲靠友。

有的同学担任班排长，来后认为人生地不熟，工作不好做，怕吃拳头，不愿当干部。

有的原在上海表现较差，有点流里流气，现在表现更差，有那么四五个人在火车上就打架，到此后到处跑，不服从分配，办学习班也坐不下来，带着三个人跑。在少数人影响下，也有其它一些同学要求调队，有的是原来关系不好，有的是当地条件差，有的是跑来跑去见别处更好就要求调到好的地方去。何沅公社、珊城公社都有人往陆坊跑，陆坊也有往何沅跑的，有的来了后正碰上我们办学习班，就冒充本公社人，在那里吃饭。

要求：

1. 要求每个房子开光窗。我们答复：公今房今年可开，其它的要明年。

2. 要求有公共厕所。这个问题我们要求各队解决，目前绝大部分还未解决。

3. 要求订报。报费如何开支？

4. 要求订学习毛主席著作制度。

5. 安置费多少？

6. 参加劳动能不能维持自己的生活，比较担心。

7. 个别贫下中农的自由主义，说上海学生来是临时的，以后还要回去的。

8. 个别贫下中农见上海同学又高又大，就问人家小孩带来没有，还问找到对象没有，不相信他们只十六七岁，奇怪他们还没有对象。这样谈问会影响同学情绪。

9. 同学在上海不准抽烟，但我们这里的群众见人如果不递烟就不礼貌，结果同学也有接着抽的，如不许抽我们可做工作，但也有同学自己买烟该怎么处理，卖还是不卖呢？

琉璃：郑华同志的报告对我们启发很大，回去以后要向常委汇报，通过一定会议加以贯彻。

上海同学要来，已讲了很久，我们也进行过多次布置、检查、开会、宣传。

同时调整了"五·七"大军领导小组，配备了连排干部，生活方面也做了一些准备，同学来了以后，贫下中农干部是很热情，等车等到半夜都不离开。同学来到后都办了学习班，有的没有下到生产队就先集中在大队办两至三天学习班，原南昌办学介绍下来一年多的情况，大队也将本大队的情况作了介绍，我们还召开了茶话会、炒瓜子、花生，欢迎他们，大部分同学思想上是比较愉快的，有些问题也在陆续解决。

问题是房子光线不好，少数缺房队房子窄一些，以后设法调整。办了学习班后，大家都写了决心书，向贫下中农学习，向老"五·七"战士学习。有的打听五保户，然后就帮他们挑水，有的同学自己动手修整房子，有的下来第三天就要求参加生产劳动（黄沅、新北），有的要求参加宣传队，同学们抓阶级斗争也很注意，询问本队阶级状况。

根据郑华同志的要求，我们的工作做得不够要求的，以后都要重新研究，很好解决，班排不落实的要落实，房子还不理想的要调整，政治工作要抓紧，安置经费也要抓紧安排。

上海护送同志：

① 公社领导很重视，生产队一个个看，房子一间间看。

② 蒲圩大队的干部当天晚上打着马灯一个个队去看同学，第二天又帮

他们担□□，听说上海同学喜欢吃竹笋，干部就上山帮他们挖笋。乐沅是四好集体，同学们也有决心将自己的班建设成四好班。

③ 波沅坳圹队见同学住的房子窄，给他们空房子，同学还不肯去，一个贫下中农老婆婆像妈妈一样陪着同学讲谈，他们反映离家远，离贫下中农近了。十四个生产队七八个好，一二个中等，两三个较差，一两个不好。

坪圹东□生产队经过动员，贫下中农将准备给女儿结婚的房子让同学住。

波沅一户哑巴将最好的房子给同学，同学原来哭得话都不肯讲，吵着要回去，但见贫下中农如此忠于毛主席，问题解决了。

问题：

1. 医药费如何办？

2. 档案材料快点转下去。

3. 我们的临时关系也未转。

4. 有的同学是上海学校工作未做好，把合不来的分到一起，有的同学是有意分开的，目前要不要处理这个问题。

石门：实到一四一人，直接到生产队，同学未来以前均和兄弟公社一样做了一些工作，吃、住等均做了安排，组织专人，公社干部下去均进行检查，不落实的及时采取措施。菜、米、肉均准备好，供销社还分给各队一些油。床有的锯板，有的借，有的拿地富的，有的买，有的生产队打新床，一个人一张，一个房间一至二人住。

同学来后，各大队生产队均写标语，打锣敲鼓，跑几里至几十里接来的同学，绝大部分通过学习，表现很好，很活跃，很开心，我们以生产队为单位，在再教育小组领导下，对他们进行欢迎、座谈、教育。

知识青年第二天（后车、汤家、石门）就访问贫下中农、五保户，要求出工，后车一个青年只用半天时间就学会了犁田，彭家的男男女女都去栽禾。我们跑了几个队，问了有什么困难，都讲没有困难，比原来想象的要好得多。□□的没有，只发现珊城客路大队有五个人走清江、彭家、朱家、江坊直到公社，要吃要住，我们安排他们去学校住，他们不去，就挤在我房子里，向地方说是"你们金溪出的女英雄那里"，只一个人说姓范，饭不肯吃，说没有菜。第二天要我们拿拖拉机送，我们就把他们送到左坊，一个在下彭、一个在靖□，就是要求在一起，哭，饭也不吃，我们就同意他们一起到了涂岭，但一去又不愿上山，经做工作，昨天才上去。

还有一个活思想：拣分值高的地方走。

问题：

卫生纸。

下彭写了倡议书，各大队都写了决心书，好人好事通过广播及时表扬。

护送同志：去了四个大队，总的感到社队落实工作非常细致，提不出什么问题，只能向江西干部、贫下中农学习，四个大队均基本上做到三落实。

我们感受最深的是：一是组织落实，层层有人抓，同学普遍反映贫下中农对我们太好太好了，"五·七"大军老战士带新战士也起了很大作用。汤家的老□就像带小孩一样带着学生。二是思想工作做得好，有问题不过夜。三是落实工作细致，一些吵着要调队的现在都不要调了。侯生慧打赤脚，两只脚都被锄头弄伤，不叫苦。涂岭同学不愿上山，在山上哭一夜，老莫、大队干部陪他们一夜。曾坊检查房子时，本来房子很好，但因旁边住一个癞子，一个大脖子，怕上海同学看不惯，就下决心调换了。

目前同学中的问题一是团结问题，一是阶级斗争问题。外部有人破坏，内部也有一些人有流氓阿飞习气，一真一假江××，只他们两个人还是还有与他们来往的一伙人，应该注意仔细了解。思想领域中无政府主义思潮也比较严重。米家大队许家生产队，同学房子锁着，但一进去就发现东西、箱子均被翻动了，糖等也被移动，还在床上留下一个不大不小的脚印，房外墙上贴着什么中外名菜谱，这值得注意。

还有一些队干群认识上有些问题，对同学也有影响，也应提到阶级斗争的高度来认识。

三不落实的还有，应该解决。杨沅的问题，队上不欢迎，调到涂坊，两间房五个人，有男有女，才一张高低不平的床，这怎么行。□路郑家，学生去了没有房子，临时牵出牛来，让学生住进去，牛屎还一大堆。

我们来是向各级干部学习，接受贫下中农再教育，并在各级革委会领导下协助做好安置巩固工作，目的是与大家一致的。

会后抽空我们与公社同志再碰碰头，介绍我们了解的情况。

刘重阳：郑主任有事，商量了几点意见，要我讲一讲。

一天的会，时间虽然短，但达到了交流经验、取长补短、互相促进、争取更大胜利的目的。

会议的经验归纳到一点就是突出无产阶级政治。

凡是领导班子、各级干群将这一工作当作落实毛主席的最新指示的实际行动，突出无产阶级政治，用三忠于态度对待这一工作，成绩就大，工作就能做好，反之就有问题。

这一条回去还要狠抓。知识青年来农村是毛主席开的介绍信，我们接受不接受，做不做好这个工作是对毛主席的态度问题，不能看眼前花了点工，增加了点麻烦，就把他们当成包袱，而要看远一点，他们是很大的一支力量，还要看得更远，他们来是反修防修、促进世界革命的重大措施，要为世界革命而做好这个工作。

不突出政治，不加强领导，不发动群众，工作就做不好，群众认识了这个问题后就能主动想办法，很快解决问题。

一、上海青年的家长最关心的问题是希望自己的子女能在贫下中农教育下健康地成长：因此㊀早婚早恋爱在上海是不行的，要提倡晚婚，不能按我们农村的习惯，一见面就问人家有对象没有，要教育他们不要过早恋爱、结婚。

㊁赌博、吃烟上海是作为有流氓习气来算的，贫下中农不要在烟酒方面关心，他们要抽烟可以理直气壮地讲是你们家长交待不让你们抽的，你们要抽要你们家长写信来，工作要做。

㊂上海工人阶级很坚强，但也有不少资产阶级，影响和腐蚀青少年，打群架，一伙欺侮另一些人，家长担心，大家要注意防止。

㊃贫下中农有些什么习惯也要向同学交底，但有些是旧习惯、旧风俗，就要破，不能硬要同学遵守，要破。

二、调队问题几个月内一律不考虑，原因一时摸不准，以后再说，以便巩固，当然个别的公社确有把握，不会乱，可以个别处理，但总的来说不能调。

三、要做政治工作，办学习班，要准备有几次反复，要将问题想深一点，复杂一点、困难一点，将工作做深做细、做实、做在前面。

当前要做的一个是要□□政治空气，将政治空气搞得浓浓的。另一个是办学习班，学习毛主席的最新指示，为什么接受再教育，怎样接受再教育，抱什么态度，采取什么具体措施，要学习毛主席关于青年运动的有关指示，加深理解，还要请苦大仇深的贫下中农讲家史、村史，普遍组织吃忆苦饭，还要进行有关上山下乡问题上两条道路、两条路线、两个阶级、两种思想的斗争的教育，使大家明辨是非，一些谣言要及时揭露，碰见一些不正确的言论，领导上要及时表示鲜明态度，当然也要向同学讲明这是少数人的问题，不能对广大贫下中农产生错误看法，本队阶级敌人要让同学认识，以划清界限，注意监督他们（开次训话会，同学去参加就认识了），没有改造好的阶级坏人要组织同学进行批斗。

报纸由生产队订，订了的学生看后给贫下中农念，安置费有限，不便开支，生产队只订《江西日报》，自己要订别的报，自费。喇叭问题，如果有线，有喇叭都给接上，如器材有困难逐步解决。办学习班大小队的负责"五·七"工作的干部一定要参加，没有配的要配起来。

三、学习班办完后要经常抓活思想进行正面教育

董主任的意见是：1. 修正以教育为主，表扬好人好事，对个别有错误言论的要批评，不批评就不能提高认识。（有人讲自己是被骗来的，强迫来的，董主任当即指出，这是错误的，毛主席的有关指示全世界都知道，怎么是骗你呢）2. 要发挥老战士的作用，以老带新，新老结合，互相帮助，共同进步。3. 要根据当地的实际情况，解决一些实际问题，一时确有困难的逐步解决。

四、组织领导的落实问题

只要领导重视好解决，原领导班子不健全的，要调整，有的领导成员调作它用，要充实新的，连、排、班干部要配好，要明确任务，学生里面的临时召集人（班、排长）经了解审查，好的就宣布，不好的要调换。贫下中农要给这些学生干部撑腰，支持他们做好工作。

五、生产、生活落实问题

小农具先准备好，锄头、扁担、土箕等要人手一套。

农活安排要根据当地情况和学生情况先易后难，逐步锻炼。现在就吃大苦，坚决要求挑重担，下水田的要大力表扬，出工时要贫下中农带、教。

生活上要按当地贫下中农的数量快拨、拨足菜地，帮助他们种好菜，搭配好品种，小青年好吃零食，给他们种点甘蔗、花生等。肥料问题，各地要解决一下，前进是说由队上给。有条件的地方给他们买点母鸡、小鸡养一养，买小猪养。先种一些早熟的，打柴要带。要告诉他们哪些树不能砍，哪些山封了，不要出问题。

六、看病问题

有合作医疗的地方与贫下中农一样，没有合作医疗的在安置费里解决。

七、安置费使用问题

一定要用于安置学生，发现挪用，要犯错误。

一定要节约，由生产队掌握，可买可不买的要说服同学不要买。零用钱目前不另开支，可以从十元生活费中有节余的分伙食尾子。修房子购一点材料可从安置费中开支，人工由生产队记工分，经济民主，同学要参加管理，要定期公布帐目。床板不能三四个人一铺，最好一人一铺。买蓑衣要与同学商量，有不少有塑料雨衣、水桶、尿桶要买，米箩要买，澡盆要买。

八、要建立制度

1. 外出要向老班长请假，到外县要经公社批准。

2. 学习制度：天天读一定要坚持，一周要有一次斗私批修会，平时跟贫下中农一起学。

3. 劳动制度：不能无故旷工，从现在起就要抓紧，尽早实现自力更生。

4. 生活制度：作息时间要规定，不能散漫。

做饭、分工等自己讨论确定。

九、几个具体问题

① 再拨五十元。

② 有慢性病的一时治不好（一个肝炎，一个腰子病，一个癫痫），又没有人照顾，我们的意见是要他们回去。

③ 粮食定量吃商品粮四十五斤。

④ 油的问题定量一部分，商业局解决一部分，生产队解决一部分，给点地让他们种点油料作物也可。

总之，关键是做好政治思想工作，不能将主要精力集中于具体问题上。带队干部起码半年内不能调动。

郑华同志：从我听的汇报看，绝大多数公社安置工作做得很好，使青年很快安下来，投入生产，好的例子很多，说明各级领导对这一工作很重视。但一个说有的公社对这一工作不够重视，学生至今还有未安排好的，安排了的还有给牛栏的，特别是珊城，工作做得不够好，提到纲上就是没有紧跟，是领导班子的问题，这不是一般问题，这样做是不对的。到客路的先给人家安在牛栏里，生产队干部几天不见，这里有阶级斗争。客路大队是全省闻名的，是全省学习的女英雄郑赛金的家乡，上海青年来了却不管，干部不见面，这就是和我们唱对台戏，公社对这个问题要敏感一点，出了英雄的地方反而破坏下放，那不是给英雄抹黑。左坊要人家同学拿一千元来盖房子。客路是那个生产队搞的，要撤职，还要批斗，公社要坚决，错了我负责！左坊那个队长也要批评、斗争，要做检讨。一个星期，其它公社都安排好了，唯有珊城出一些问题，珊城公社革委会好好研究一下这个问题，重不重视这个问题是对毛主席的指示的态度问题，是两条路线斗争问题，当然我们相信公社不会这样布置而是要公社面对这些问题要果断、敏感。

其它公社个别大队也有类似问题，也要狠抓一下，公社干部下去要主动过问，帮他们解决问题，负责这项工作的要在中心工作前提下，做好这一工作。目前工作正在火头上，如果现在不抓紧及时安定下来，弄疲了问题就更难办，现在要趁热打铁，将工作做好，这就要求各级革委会负责同志都要重视这一工作，要发现做好这一工作的积极分子，还要找对上海青年来有抵触的批评、斗争，甚至撤职。一个人吹一阵冷风，只要一两句话，一百句也难挽回，双圹就有一个人说一个队有电灯，你们去的队没有电灯，就这样学生一天一夜不许□□下车。

何沅提出一个生产队负担不起，从这句话就看出，你们也有些想法，这个问题，在这里可以提，但到下面去了，不能这样提。

有些问题可以具体问题具体对待，像油的问题牵涉到几年来下放的人和移民一万多人，要全面考虑，加以解决，要注意政策。木材问题也是没有指标，想着从外面购进一些脚盆，弄些搪瓷盆。逐步解决要从政治着手，突出无产阶级政治，否则就问题解决问题，光抓具体问题，问题越解决越多，要像移民那样，自力更生，艰苦奋斗，苦战几年，改变面貌。

首先教学生安定下来，不能串来串去，以后再解决一些问题。

学生到来，到了公社就是你们公社的人，不要大事小事光找县里问，大胆去处理，这不是往下推，而是要将自己的威信树立起来。

要教育学生，不能爬汽车，要维护治安，弄不好压死了怎么办？坐了车要给钱，这不是串连那个时候，江西形势大好，不允许这种现象发生。

有个别流里流气的也要教育，向他们讲清楚，要改，要帮助他们改好，不要怕字当头。

我们要向宜黄学习，对党、对人民、对学生负责，把工作努力做好，还要把南昌、抚山、本县下放的学生的工作要继续做好，现在许多老战士向新战士做工作，很好，说明我们过去的工作有成绩。

还要注意有些下放的或分配来的干部、教师、学生，他们之中有的人也有不正确的思想言论，要防止这些人去影响、拉拢上海青年，讲一些坏话。

（曾新达读省革委政治部关于做好上海知识青年政治思想工作的通知）

石门：档案、团组织关系。

刘：明天分给各公社。

郑：档案下去后要注意保密，不要随便让人看，有关人员看了也不要乱说，不要分到大队去。

上海下乡知识青年工作座谈会纪要

四月十五日至四月十八日在县城召开了全县上海下乡知识青年工作座谈会，到会人数计一百三十五人，上海慰问团及县委负责同志均到会作了报告，给会议以很大鼓舞。会议分析了形势，交流了经验，就今后进一步做好下乡知识青年工作做了研究。会议认为：全县下乡知识青年安置工作，在毛主席的无产阶级革命路线指引下，在各级党委和革委会的领导以及广大贫下中农的再教育下，取得了很大的成绩，广大贫下中农坚持用毛泽东思想教育人、改造人，再教育工作愈做愈好，广大下乡知识青年认真读马列的书，学习毛主席著作，努力改造世界观，在农村三大革命运动中，作出了新贡献。但是，目前有些单位，对"五·七"大军工作的长期性缺乏认识，思想上存在松劲情绪，特别是对上山下乡这场"伟大的社会主义革命"意义认识不足，对破坏上山下乡一小撮阶级敌人打击不力，对下乡知识青年的政治思想工作抓得不紧，有些政策不够落实，某些知识青年不安心农村。为了进一步落实毛主席关于"知识青年到农村去"的伟大指示和中发〔1970〕26号文件精神，巩固上山下乡成果，把下乡知识青年工作做得更好，会议认为：

一、掀起一个群众性的学习、总结、检查、落实毛主席的"五·七指示"和毛主席关于"知识青年到农村去"的伟大教导的新高潮，各级领导、贫下中农、知识青年都要结合党的基本路线重新学习毛主席的"五·七指示"和毛主席关于"知识青年到农村去"的伟大教导，学习毛主席亲自批示"照办"的中发〔1970〕26号文件，加深理解，提高认识，从"四个存在"的长期性，认识知识青年走与工农相结合道路的持久性；从阶级斗争的复杂性，认清上山下乡两条路线斗争的长期性；从资产阶级与无产阶级争夺青年一代的严重性，认清不断进行再教育的重要性，要继续深入开展革命大批判，批判刘少奇一类政治骗子散布的"读书做官论"、"下乡镀金论"、"劳动惩罚论"、"额外负担论"等反革命修正主义流毒，肯定成绩，总结经验，找出差距，制订措施，进一步做好下乡知识青年工作，巩固上山下乡胜利成果。

二、进一步加强对下乡知识青年工作的领导。各级领导要十分重视下乡知识青年的工作，要把它摆在党委的议事日程上，作为一项长期的政治工作来抓。各级分管"五·七"大军工作的负责干部，要切实履行职责，要健全县、社两级"五·七"大军办公室，县配三至五人，公社配一至二人，具体抓好下乡知识青年政治思想教育和安置工作。在生活大队担任实职的下放干部要带好下乡知识青年。要充分发挥再教育小组的作用。要坚持集体插队落户的组织形式，坚持集体办伙。要进行班、排调整，每个班最少不得少于五人。县计划在六月份召开"五·七"大军政工会议，着重研究解决如何加强"五·七"大军领导的问题，各公社在会前要调查研究，总结经验，为六月份的政工会议做好充分准备。

三、深入进行思想和政治路线方面的教育，搞好知识青年班、排的思想、组织建设。必须建立和健全学习制度，县、社、队要定期举办学习班，要组织下乡知识青年认真读马列的书，学习毛主席著作，增强党的观念，主动接受再教育，自觉改造世界观，不断提高阶级斗争、路线斗争和继续革命的觉悟。在下乡知识青年中要抓前途教育，树立扎根农村干革命的思想；要抓阶级和阶级斗争教育，促进世界观的改造；抓传统教育，发扬"艰苦奋斗，勤俭创业"的革命精神，坚持用毛泽东思想做好再教育工作。要把下乡知识青年当作是三大革命运动中"一部分最积极最有生气的力量"，充分发挥他们的积极作用。要在下乡知识青年中积极发展党、团员。坚决执行毛主席亲自制订的"三大纪律、八项注意"，加强组织纪律性，提高执行政策的自觉性，过细地做好思想政治工作，注意工作方法，防止简单粗暴。

四、对于破坏上山下乡的一小撮阶级敌人，要坚决打击，凡是强奸、诱奸下乡女青年和对女青年进行逼婚、诱婚的，吊打上山下乡知识青年的，都要遵照中发〔1970〕26号文件精神，进行严肃处理。对贪污挪用安置经费的，要根据情节轻重予以处理。

五、坚决执行毛主席的无产阶级革命路线和政策，认真地解决好下乡知识青年的生产、生活方面的实际问题。要合理地安排他们的劳动，对体弱、有病的知识青年要给以适当照顾和安置。要做到同工同酬，分配兑现。下乡知识青年的口粮不应低于当地单身劳动力的吃粮标准。要关心下乡知识青年的疾病治疗，下乡知识青年患急病和重病，要及时治疗，不得延误。对

"可教育好的子女"，要贯彻执行"要注意成份，但不唯成份，重在政治表现"的无产阶级政策。

从现在起到六月政工会议这一段时间内，各公社要按照中发〔1970〕26号文件精神，对下乡知识青年工作进一步检查总结，发现问题，采取有力措施，及时处理。为纪念"五·七"指示发表六周年，各公社可以社或大队为单位开展纪念活动，举办二至三天学习班，对下乡知识青年进行思想和政治路线方面的教育。

以上几点，如无不当，请批转各地执行。

乐安县革委会政治部"五·七"办公室
一九七二年四月廿二日

南丰县"五·七"大军领导小组会议纪要

五月十七日至十八日召开了全县"五·七"大军领导小组会议，会上学习了中央中发〔1972〕12号文件，汇报分析了前段工作情况，研究布置了下段工作任务，县人武部副部长刘金仓同志到会讲了话。会议认为，我县今年四个多月的"五·七"大军工作，在毛主席的无产阶级革命路线的指引下，在各级党组织和革委会的领导以及广大贫下中农的再教育下，取得了很大成绩。各地进一步加强了对"五·七"大军工作的领导，健全了各公社"五·七"大军办公室，配备了两名在职在编干部，具体抓全社的"五·七"大军工作。各地遵照毛主席指示，对"五·七"大军进行了思想和政治路线方面的教育，组织广大"五·七"战士认真读马列的书，认真读毛主席的著作，举办了下放干部和下放知识青年学习班，传达和学习了中共中央中发〔1972〕4号和12号文件，深入开展革命大批判，提高了阶级斗争、路线斗争和继续革命的觉悟，坚定了走"五·七"道路的信心和决心。各社、队都按照地、县革委会通知精神，开展了庆祝毛主席光辉"五·七指示"发表六周年的活动，总结交流了贯彻落实毛主席"五·七指示"的经验体会，大力表扬了好人好事。县革委会政治部通报表扬了全县十个先进"五·七"大军排和二十七个先进知识青年班。东坪公社召开了公社一百多名下乡知识青年参加的庆祝大会，并汇编了本社《知识青年先进事迹》材料，向全县下乡知识青年发出了《倡议书》，对大家鼓舞很大，进一步推动了全社"五·七"大军工作。广大"五·七"战士在庆祝活动中以自己亲身的经历，狠批了刘少奇一类骗子破坏和诬蔑干部下放劳动、知识青年下乡的反动谬论。各地遵照毛主席亲自批示照办的中共中央中发〔1970〕26号文件精神，着重抓了下乡知识青年的教育管理工作。全县"五·七"大军在抓革命促生产中发挥了生力军作用，广大"五·七"战士积极投入了春耕生产和早稻插秧战斗，为农村社会主义建设贡献了自己一份力量。现在全县下乡知识青年中，已有十五人光荣地加入了中国共产党，二百七十三人加入了共青团，一百二十二人被选拔参加了社、队领导班子，并有三人提拔到县革委会当干部，还有三百人经当地贫下中农推荐担任教师、医生、会计、记工员和饲养员等职务。下放干部中有七人光荣地加入了中国共产党，有一大批走上了新的工作岗位，有的并担任了领导工作。但工作中也存在一些问题：少数公社配备做"五·七"大军工作的干部没有做本职工作；了解掌握情况少，工作较被动，有的则不安心做本职工作；有些下乡知识青年不安心在农村干革命，缺乏扎根农村思想；有些下放干部思想不安定，盼望、等待上调，听信小道消息；有些地区对下乡知识青年的思想教育工作抓得不紧、不细，并班、并灶、办好集体伙食、实现钱菜油肉"四自给"工作抓得不力、不实。这些问题，应该引起各地注意，认真研究解决。

会议对当前的"五·七"大军工作进行了讨论研究，认为要以路线为纲，重点抓好下乡知识青年的教育管理。具体抓好如下几项工作：

一、组织"五·七"战士认真看书学习，抓紧思想和政治路线方面的教育，深入开展革命大批判。各公社（场、校）要举办下乡知识青年和下放干部学习班，学习马列的书和毛主席著作，学习中共中央中发〔1972〕12号文件和4号文件。开展革命大批判……批判"劳动惩罚论"、"下乡镀金论"批判重工轻农的错误思想，提高他们的三大觉悟，树立扎根农村干革命的思想。

二、进一步加强对下乡知识青年政治思想工作的领导，各公社分管"五·七"大军工作的负责同志和专职干部要切实履行职责。对下乡知识青年既要积极地进行再教育，又要大胆地安排使用，做到政治上关心他们，生活上照顾他们，为他们打好扎根农村的基础，利用各种途径，在公社范围内安排做各种力所能及的工作，以调动他们为建设社会主义新农村的积极性。要在下乡知识青年中积极培养发展党、团员，关心他们进步，鼓励他们前进。

三、抓好下乡知识青年的生活管理，认真贯彻落实毛主席亲自批示照办的中共中央中发〔1970〕26 号文件精神，要落实党对"可以教育好的子女"的政策。要对下乡知识青年进行三个正确对待（出身、理想、生活）的教育，继续做好后进知识青年的教育转化工作。抓好知识青年的并班、并灶，办好集体伙食，尽快实现"四自给"。妥善解决下乡知识青年同工同酬、口粮、住房、菜地等实际问题，发展班里多种经营，搞好班里养猪、养家禽、种好蔬菜，逐步增加收入，提高自给水平。

四、各公社应组织力量对"五·七"大军工作，特别是下乡知识青年的教育管理工作，进行一次全面检查，总结经验，发现问题及时解决。

五、做好下乡城镇居民的政治思想教育和安置工作，发挥他们的一技之长，使他们更好地为农村社会主义建设服务。

会议根据上级指示精神，对县、社"五·七"大军办公室的工作任务和工作制度进行了讨论研究，确定了如下几条：

一、工作任务：在县、社党委和革委会的领导下，具体抓好下放干部、下放知识青年、下乡居民的政治思想教育和安置工作。

二、几项工作制度：

1. 县"五·七"大军领导小组每季开一次会议；每半年召开一次经验交流会。

2. 各公社每月开一次"五·七"大军领导小组会；每季开一次各大队分管"五·七"大军工作负责人会议；一年召开二次经验交流会；一年开展二次面上的工作检查；每月集中下放干部学习一次，每季或半年集中下乡知识青年学习一次。

3. 县、社都应选择好自己的典型。老典型要有新发展，还要不断发现和培养新典型，以点带面，推动全面工作。

4. 各公社"五·七"大军办公室每季应向县"五·七"大军办公室写一次综合报告，半年写一小结，年终写一总结，重要工作的开展情况和典型材料应及时报送。

会议还讨论了知识青年班的政治学习和生活管理制度，认为必须建立和健全起来。

一、学习制度：

1. 每月除参加生产队学习外，班里学习时间不少于三次。

2. 大队"五·七"大军排每月集中知识青年学习一次。

二、生活管理制度：

1. 每月召开三次班务会，开展批评和自我批评，研究如何办好集体伙食。

2. 无事不外出，外出需请假，出工和贫下中农一样。

3. 搞好班里分配，做到计划用粮，每月公布帐目，做到月清、年结。

4. 发展班里集体副业，增加收入，养好猪，养好家禽，种好蔬菜，尽快实现钱、菜、油、肉"四自给"，提高自给水平。

5. 搞好集体和个人卫生，对病号给予关心和照顾。

江西省南丰县革命委员会"五·七"大军领导小组办公室（章）

全县知识青年上山下乡工作会议纪要

县委于五月下旬召开了全县知识青年上山下乡工作会议。出席会议的有公社、场党委负责同志，乡办专职干部，大队、生产队再教育小组组长和知识青年班班长，以及有关单位的代表，共三百二十多人。

这次会议，以批林整风为纲，以中央〔1970〕26号文件为准则，紧紧抓住了党的基本路线教育。会议期间，全体同志听取了全区知识青年上山下乡工作会议精神的传达，认真学习了马、恩、列、斯和毛主席的有关指示，重温了中央26号文件，还现场参观了王村知识青年班。会上，秋口公社党委、王村大队再教育小组、王村知识青年班、太白林场党委、临河生产队再教育小组和中云公社林场知识青年班等六个单位，以及赋春公社下乡知识青年吴××同志作了典型发言。到会同志普遍反映："这次会议抓住了路线，突出了重点；武装了思想，研究了措施；认清了形势，鼓起了信心。"是一次贯彻执行毛主席关于知识青年上山下乡指示的经验交流会，也是对全县上山下乡工作的一次大检查、大总结、大促进。

会议对今后工作作了认真研究，提出了以下具体意见：

一、继续深入批林整风，进行党的基本路线教育。批林整风是全党全军全国人民的头等大事，是一项长期的战略任务，是一切工作的总纲，是阶级斗争的大局，只有抓好批林整风，才能做好知识青年上山下乡工作。批林整风，首先是批林，其次才是整风，要牢牢掌握斗争的大方向，抓住刘少奇、林彪反革命修正主义路线的实质，联系实际，深入开展革命大批判，把刘少奇、林彪及其死党程世清鼓吹的"读书做官"、"下乡镀金"、"变相劳改"、"危险阶层"等反动谬论批深批透，肃清其余毒。在批林整风中，要组织下乡知识青年刻苦攻读马列和毛主席著作，不断提高下乡知识青年的马列主义、毛泽东思想理论水平。把看书学习与批林整风结合起来，准确地划清正确路线和错误路线的界限。每个知识青年班的学习时间，每一周不得少于二个晚上，半个月要开一次民主生活会，一个月开一次革命大批判会。要以党的基本路线为纲，对广大下乡知识青年进行阶级教育，自力更生、艰苦奋斗的革命传统教育，革命理想和前途的教育，共产主义道德的教育，以农业为基础、工业为主导的发展国民经济总方针的教育，使他们确立为共产主义奋斗终生的思想，坚定不移地走与工农相结合的道路，努力为建设社会主义新农村作出新的贡献。

二、继续学习、宣传、贯彻、落实中央〔70〕26号文件，进一步巩固和发展上山下乡伟大成果。伟大领袖毛主席亲自批示"照办"的中央〔70〕26号文件，是毛主席、党中央对下乡知识青年的最大关怀，是进一步坚持知识青年走与工农相结合这条马克思主义路线的纲领性文件。但是，过去由于林彪、程世清一伙的干扰和破坏，致使中央文件得不到全面的贯彻落实。为此，根据地委的部署，在夏收夏种以前，要集中一段时间，在党委的统一领导下，组织一定的力量，抓好学习、宣传、贯彻、落实中央26号文件的工作，要按照中央26号文件中的九条规定，进行一次大宣传、大检查、大总结、大落实，切实解决当前存在的各种问题。具体做法大体可分三步进行：第一步，宣传文件，提高认识，人人明白；第二步，对照文件，全面检查，逐条落实；第三步，再学文件，总结经验，巩固提高。时间，要求在"双抢"前完成。但不能走过场，要注意效果。凡是重大的问题，应由党委讨论研究，作出决定。整个工作结束后，各公社（场）要向县委写出书面报告。

三、切实解决政策、组织、生活三方面的实际问题。

政策落实。（1）认真落实同工同酬、按劳分配的政策。据调查，目前全县有百分之三十左右的知识青年生活达不到自给，突出的是女青年。产生这个问题的原因是多方面的，一个原因是，有少数下乡知识青年旷工、误工较多，出勤率不高；另一个原因是，同工不同酬，政策不够落实，有个别地方对下乡知识青年的底分比去年还下降。因此，在落实中央 26 号文件中，对下乡青年的工分进行一次检查评定，纠正无故压低下乡青年底分的错误做法，一般不能低于去年底分。同时，要根据青年特点，合理安排农活，坚持同工同酬，按劳分配。努力帮助下乡青年掌握农活技术，不断提高他们的底分，尽快地都能实现生活自给或自给有余。下乡知识青年本身，也应争取完成同当地男女社员一样的基本劳动日，提高出勤率。

（2）抓紧解决下乡知识青年的住房问题。少数地方由于抓得不够紧，政策不够落实，下乡知识青年的住房问题至今没有解决，个别地方甚至借口落实政策，赶知识青年出屋。这些问题，各地要注意解决。凡是知识青年现在的住房，没有经过公社批准，都不得随便更动。确实需要建房的，要依靠群众，自力更生，就地取材，发扬干打垒的精神，采取民办公助的办法加以解决。国家拨给的安置费、建房费用，要专款专用，任何部门都不得挪用。

（3）正确对待"可以教育好"的子女。全面贯彻执行毛主席关于要注意成份，但不唯成份论，重在政治表现的政策。对"可以教育好"的子女，要按照中央有关政策，多做团结教育争取工作，使他们从思想上与他们的反动父母划清界限，不能歧视他们。对他们中接受再教育表现好的，贫下中农欢迎的，也要给予表扬和鼓励，有的够条件可以吸收入团。

组织落实。整顿、调整、充实再教育组织和知识青年班，坚持知识青年集体插队的原则。每班应该保持五人以上，做到集中居住，集中生活，纠正过去那种跨队建班、一班多队、一班多灶、分散插队的做法。要一个队一个队、一个班一个班地解决问题。通过整顿，对那些确实不够条件担任再教育组长和知识青年班长的，应该适当调整、充实。在调整过程中，要把知识青年班放在领导骨干较强、自然条件较好、经济收入较高的生产队。有条件的社、队可以试办少数的创业队，但规模不能太大，一定要有干部和贫下中农带，要坚持艰苦奋斗、艰苦创业的精神。经过调整、定点之后，不能随便变动，需要变动的，要经公社批准。

生活落实。每个知识青年班要积极主动地搞好生活管理，养好猪，种好菜，要求每个知识青年班，在六月底，实现五人一头猪，一人一只鸡。各级再教育小组，特别是组长要帮助他们养好猪、种好菜。菜地问题，要与当地社员同样分自留地，原来给的数量不足，质量差的，要根据当地土地情况，补足或适当调整。

四、认真做好今年应届中学毕业生下乡的动员安置工作。坚持知识青年上山下乡的正确方向，就是坚持知识青年同工农群众相结合这条马克思列宁主义路线，在农村三大革命斗争的实践中，培养和造就无产阶级革命事业的接班人，是保证我们党永不变色的千年大计、万年大计，我们要积极做好安置准备工作。

（1）做好宣传工作，大造知识青年上山下乡干革命的舆论。城镇要在机关、学校、企业、工矿、街道广泛宣传知识青年上山下乡这场伟大的社会主义革命的深远意义，宣传当前知识青年上山下乡的大好形势，宣传以农为乐、以农为荣，在农村三大革命斗争中涌现出来的下乡知识青年的先进典型，宣传教子务农、送子务农的先进典型，在社会上要造成一种以农为荣、送子务农的新风尚。

（2）要深入细致地做好动员对象的调查摸底工作。凡是应届高中毕业生、部分初中毕业生（初中毕业生除升学和年纪较小的以外）、历届中学毕业生和社会青年，都应列入今年动员下乡插队的对象。城镇公社要做好历届毕业生和社会青年调查摸底工作。

（3）各公社、队都要做好接收安置今年应届中学毕业生的准备工作，选好建立青年班的落户点。选点时，应接受过去的教训，要从长远打算，要有利于下乡知识青年接受贫下中农的再教育，有利于巩固知识青年在农村扎根，有利于他们生活自给，有利于发展生产。

今年下乡动员工作，在党委统一领导下，采取机关包干部，厂矿包工人，学校包学生，街道包居民，凡是够条件下乡的知识青年，都应动员下去。

五、充分发挥下乡知识青年在阶级斗争、生产斗争和科学实验三大革命运动中的积极作用。下乡知识青年是社会主义新农村的一支生力军。经过无产阶级文化大革命的锻炼，特别是随着批林整风运动的深入，广大青年认真看书学习，批判刘少奇、林彪的反动路线，三大觉悟有了很大的提高，他们自觉走与工农相结合的道路，在农村广阔天地里茁壮成长。各地要遵照毛主席关于"注意研究如何特别发挥青年人的力量"的教导，正确地看待他们，积极精心地培育他们，大胆放手地使用他们，在教育中使用，在使用中教育，充分发挥他们在阶级斗争中的战斗作用，生产斗争中的突击作用，科学实验中的先锋作用。要求公社、队积极支持每个知识青年班，办一所政治夜校，搞一亩实验田，有条件的青年班要组织一支文艺宣传队。要吸收他们中的优秀分子参加基层领导班子，适当分配他们担负社队的各项工作任务。要关心下乡知识青年政治上的进步，注意在他们中发展党、团员。共青团和妇女组织要加强对下乡青年的教育和帮助。

六、"千万不要忘记阶级斗争"，坚决打击阶级敌人的破坏活动。知识青年上山下乡是一场伟大的社会主义革命，一小撮阶级敌人总是千方百计地进行破坏，城乡资本主义势力和封建残余势力也拼命地同我们争夺青年一代，我们必须牢记毛主席关于社会主义社会中阶级和阶级斗争的科学论述，坚持党的基本路线，狠抓阶级斗争。对破坏知识青年上山下乡的案件，各地要坚决按照中央〔70〕26号文件精神，进行严肃认真及时的处理。要积极开展反对资产阶级思想腐蚀的斗争，加强法纪教育，要提倡晚婚，支持革命青年向"四旧"作斗争。

七、加强党的领导。要做好知识青年上山下乡工作，关键在于领导，领导又在于认识。各级领导要认真学习毛主席有关知识青年上山下乡的指示，不断加深理解，提高认识，提高自觉性，真正摆上"重要位置"，做到"十分重视"、"亲自动手"。要像秋口公社、太白林场党委那样，领导干部亲自动手，坚持一年抓几次，真正做到"政治上有人抓，生产上有人教，生活上有人管"。

要建立和健全组织机构。公社原"五·七大军领导小组"都应改为"知识青年上山下乡领导小组"，由公社党委副书记或副主任、党委委员担任组长。领导小组下设知识青年上山下乡办公室（简称乡办），配备一至二名专职干部，列入国家正式编制，干部配备后要做到相对稳定。乡办的专职干部，不要长期包队固定，要经常深入知识青年班，了解情况，当好党委的参谋作用，取得党委的重视。

要把知识青年上山下乡工作摆到重要位置，列入党委议事日程，经常讨论，及时研究。党委召开各种代表性的会议，要有下乡知识青年代表参加，在布置工作时，要有知识青年工作的位置，检查、总结工作时，要有知识青年工作的内容。

要抓点带面，以面促点。各级领导要亲自动手，抓好典型，乡办要有联系点，各公社都要有自己的典型。

大队、生产队要建立和健全由干部、贫下中农、下乡青年"三结合"的再教育小组，由大队、生产队副书记、副队长担任组长。在再教育小组中应有一名妇女成员，便于更好地开展对女青年的再教育工作。各生产队再教育小组要选派一名老贫农带知识青年班，管理知识青年班学习、劳动、生活等工作。他的误工应同生产队干部一样的待遇，采取误工记分，试行"包带、包教、包管"的办法，为精心培育无产阶级革命事业接班人作出新贡献。县委号召各级党组织，应作出优异成绩，迎接毛主席"一二·二一"指示发表五周年，把知识青年上山下乡这场伟大的社会主义革命进行到底。

中国共产党婺源县委员会（章）

一九七三年六月三日

发至：各公社（场）党委，社（场）上山下乡办公室，县人武部，县革委各部、室

抄报：上饶地委，省、地上山下乡办公室存档

婺源县革命委员会办公室印发　　　　　　　一九七三年六月四日

关于知识青年工作的情况综合

我县一九六八年以来上山下乡知识青年共有一千一百二十八人，其中：上海知识青年三百九十二人（系七〇年五月下乡的），以后因国家需要进工厂的二百零四人，升学的十八人，参军的四十七人，当脱产干部的二人，投亲靠友外迁和病退的六十七人，合计三百三十八人。现有下乡知识青年七百九十人，其中：上海知识青年三百一十五人，分布在全县二十五个公社（镇）一百四十八个大队三百零八个生产队。

在毛主席革命路线指引下，在各级党组织的重视和广大贫下中农的再教育下，我县知识青年上山下乡工作，取得了很大的成绩，广大下乡知识青年在农村三大革命斗争中，认真看书学习，虚心接受再教育，刻苦改造世界观，进步较快，成了建设社会主义新农村的一支生力军。他们中有二名入了党，九十七名入了团，有二人被选为团县委委员，出席地、省团代会的代表，有八名担任了大队干部，六十一人担任了生产队干部（包括会计、出纳、保管、民兵、监察等），有四十四人担任了大、小队的农技员，有十七人被调到社办企业单位工作，有三十八人担任民办老师，十三人担任赤脚医师。他们工作认真负责，全心全意为贫下中农服务，勇敢地挑起了革命和生产的重担，一代有社会主义觉悟的有文化的劳动者正在茁壮成长。

许多先进集体和模范人物如雨后春笋不断涌现出来，他们朝气蓬勃，敢想敢干，在阶级斗争、生产斗争和科学实验中，发扬了一不怕苦、二不怕死的彻底革命精神，成了农村各条战线上一部分最积极最有生气的力量。例如：

罗坳公社杨梅生产队上海知识青年班，认真看书学习，坚持写读书心得笔记，不断深入开展革命大批判，思想路线觉悟不断提高。他们积极参加集体劳动，带头参加科学实验，推广小苗育秧，大搞"五四〇六"、"九二〇"等土农药、土化肥，起了骨干作用。他们还和贫下中农一道组织文艺宣传队，自编文艺节目，经常在田头、屋场开展文艺宣传，鼓舞了干劲，推动了生产，活跃了农村文化生活，获得了群众的好评，是全县的知识青年先进班之一，班长王××被选为县、地、省团代会代表。

西郊公社新地大队南坑生产队县城下放的知识青年班，十一名青年几年来同贫下中农一道认真学习毛主席著作，积极响应毛主席关于"农业学大寨"的伟大号召，树雄心立壮志，决心重新安排南坑河山。他们战天斗地，自力更生，大搞水利建设，寒冬腊月的战斗中，他们豪迈地说："北风呼啸好乘凉，大地为我披银装，建库大军心似火，誓叫南坑换新装！"他们同贫下中农一起苦战三个冬春建起了三个水库，当年建设当年受益，基本改变了干旱面貌，七〇年跃进水库建成后，晚稻一季就多增产一万多斤粮食。艰苦的斗争使他们磨炼了革命意志，更加坚定了在农村干一辈子革命的信心和决心，公社和贫下中农推荐他们班的温××等二名去进工厂，他们却要留在农村，他们说："毛主席号召我们到农村，贫下中农欢迎我们在农村，我们离不开农村，我们安心乐意地决心在农村干一辈子革命。"该班被评为全县先进班之一，班长被选为大队团支部委员，县、地、省团代会代表。

盘古山工农大队上高屋生产队插队的上海知识青年柏××，下乡三年多来，认真看书学习，安心在农村，虚心接受再教育。她认识到劳动是自己磨炼意志、改造思想的重要课题，积极参加劳动，发扬了"二不怕"的精神，去年一年劳动了二百六十八天。由于党的培养，自己刻苦锻炼，进步很快，光荣地加入了中国共产党，被选为团县委委员、县劳动模范。

祁禄山公社油菜田生产队下乡青年周××，三年如一日，安心农村干革命，生活艰苦朴素，同贫下中农亲密团结，帮助队里工作积极热情，劳动不怕苦不怕累更是一把好手，去年除调县农科所学习三个月外，还出勤二百五十多天，他已经入了团，评为县劳动模范。贫下中农说："小周确实是毛主席的好青年。"

高陂公社小汾生产队上海知识青年宦××，几年来表现很好，去年调大队碾米厂后，工作认真负责，他把许久停电的机子设法修好，使山区电灯重亮；碾米机零件磨损需要调换，他为了不误贫下中农碾米影响生产，连夜跑三十里路去宽田圩买回零件修好机子，使之能正常运转。贫下中农来碾米随到随碾，十分方便，有的老人家挑不动，他主动帮助挑送到家里去。他除了完成厂里的任务外，还挤空隙下田劳动。党支部书记说："我们这个碾米厂贪污、挪用、亏损、机子设备经常坏、停工、停电，问题不少，三次换人没有解决问题。这回小宦去了一直搞得很好，这下我们放心了。"当地贫下中农无不赞称："小宦是全心全意为贫下中农服务的好青年。"

祁禄山公社畚岭大队上海知识青年张××，入团以后，被选为大队团支部书记，工作中吃苦耐劳，不怕困难，分到哪个队就在哪个队坚持参加集体劳动，从劳动中了解情况，宣传毛泽东思想和党的方针政策，做好工作。

盘古山镇人和大队新屋下生产队下乡青年张××领导一个班，七个人团结得很好。全班青年由于团结好，都能心情舒畅，生气勃勃地虚心接受再教育，他们学习工作劳动生活挺紧张，政治空气很浓厚，全班进步很快。张××被选为大队妇女主任，在宣传毛泽东思想发动妇女积极参加三大革命运动起了积极作用，发挥了妇女半边天的作用。

葛坳公社上脑大队花坪生产队的上海知识青年孙××，不仅积极参加集体生产劳动，而且利用空隙时间学习中草药医疗技术，在贫下中农帮助下自采自制草药粉剂、水剂几十种，办起了小医疗站，认真负责地为贫下中农治病，有多年未治好的疑难病症，也有小孩的急症，在他精心诊察和治疗下，得到了痊愈。几年来，他为三个大队几十个生产队几百名贫下中农治好了病，获得了贫下中农的赞扬，成了当地有名的"赤脚医生"。

黄龙公社黄龙大队老村生产队上海知识青年瞿××，自插队以来一直安心在生产队劳动，他认真学习，积极劳动，一年三百六十天没有几天空闲，几年来也只回过一次上海，按时回队，天天参加劳动，不怕苦，不怕脏，被评为县劳动模范。这次公社几次动员要推荐他上大学，他坚决不去，对领导的关怀表示感谢。他说："不上大学，立志务农，农村就是大学校，决心当一辈子社会主义的新农民。"这是多么坚定豪迈的回答！是毛主席教育的好青年！

铁山垅河径大队隘上生产队下乡青年朱××，六八年下放以来积极参加劳动，虚心向贫下中农学习，成长进步快。他以雷锋为榜样，学习雷锋的革命精神，不图名不图利，处处为人民做好事，看见小孩挑不起柴火，帮助挑；看见老人家挑重担子，抢过来帮助挑到家门口；看见素不相识的人推着的小车陷入了小沟，帮助拉起来；他添置了几件木工用具，自己家修修小家具，也帮助贫下中农义务修理家具和小农具。今年五月二十九日，一个社员的小孩掉入水塘里被淹，先后两个社员跳去救也被水淹。他听到救人声立即跑去，到塘边顾不得什么水猴子还是魔鬼，马上跳入水塘，抢救生命，他不顾自己安危，快速地把人拉上来，毕竟发现得迟了，人没救活，但他这种舍己救人的思想品德是值得我们学习的。在平凡的劳动和生活中，体现了他不平凡的思想风格，获得了贫下中农的好评。

但是，从我们工作上来看，也还存在不少问题，主要是：

1. 有的党组织、革委会，近年来对这一工作的领导有所放松，没有如中央〔1970〕26 号文件指示的那样"十分重视"，把它摆到"重要位置上来"，知识青年较多的社、队也无专人负责此项工作，或专职不专用，知识青年较少的社、队，则认为其少而忽视。有的只满足于少数人做关怀和教育青年的工作，忽视了教育和发动广大贫下中农人人做再教育工作。因而，有些地区对毛主席关于"各地农村的同志应当欢迎他们去"的伟大指示和中央〔1970〕26 号文件精神领会不深，存在某些片面性甚至错误认识。有的把知识青年当成"包袱"。有的认为知识青年是临时的客人，干几年就会走的。有的认为他们在农村几年了，劳动、生活样样会了，不要管都行了。有的认为知识青年调皮，说他们能说会道有文化，我们管不了。因此，不少地方都放松了对他们的思想政治工作，管理、教育抓得不紧，在一部分下乡知识青年思想中"下乡镀金论"的流毒未彻底肃清，扎根农村干革命的思想不牢，甚至错误认为在农村前途渺茫，而东流西荡或倒流城市。目前还有三分之二的上海知识青年回沪过春节至今未返回，这是一个值得我们重视的问题。为什么他们不回来，我们的工作如何？问题在哪里？

2. 党的政策不够落实，如同工同酬政策、分配政策、对"可以教育好子女"的政策等，有的地方贯彻得好，有的地方就贯彻得不够。政治上关怀，吸收入党入团和大胆使用也做得不够，有的刚培养起来，又给换掉。如盘古山人和大队下乡知识青年张××，被选任大队妇女主任，工作泼辣，在妇女中有较高威信，因她患急性肝炎请假回沪治病几个月期间，就被改选了。社会上的某些人中，也有一种排外苗头，认为"知识青年下乡没有什么本事的"、"上海阿拉不好"等，对知识青年缺乏正确的看法。有的招工、招生"走后门"，也造成了不良影响。如城关镇的上山下乡工作，由于某些干部把自己的子女未等毕业就安插进了工厂，给两年来的上山下乡工作造成了被动的局面。

3. 对阶级敌人破坏上山下乡的活动，未能及时发现和给予有力的打击。有的对破坏上山下乡的违法乱纪行为，没有进行及时调查处理。如罗坳公社××大队×××生产队社员×××，多次企图奸污女知识青年曾××，一直没有认真调查严肃处理。

4. 对下乡知识青年生活上的一些实际困难问题，关心不够，解决不够好，如吃、住、用、医等问题。有的安置在条件太差的后进队，零用钱解决不了，年终分配不能兑现，未及时给予调整解决。有的住房急需解决，没有适当帮助解决，甚至有的把县下拨给知识青年建房的补助专款，被干部私人和大队、生产队集体挪用了，如曲洋公社黄屋大队将一千二百元建房费给大队挪用作大队干部工分分配掉了；西郊公社薪地大队将知识青年建房费一千多元挪用去购买县人民银行出卖的农场房屋、耕牛了。有的以建知识青年住房为名，实际是给大队盖办公室，如高陂公社高陂大队把建房费用于建大队办公室，说给一半房子知识青年住，但离知识青年落户的生产队二三里路远，实际根本不便使用；黄龙公社径塘大队等也有类似情况。有的生产队不愿接受建房任务，认为做了房子始终会有知识青年插在队里，难背"包袱"；有的迟迟不建或建了一米高又停下来，抱着无所谓态度。有的社、队不补口粮差额，请假不给粮食或确因特殊情况超假也不补发口粮等等。存在的这些问题，反映了县、社、队对这项工作抓得不够。今后我们各级党组织都必须引起重视，要以中央〔1973〕21号文件为指针，采取积极有效措施，切实加以解决。

以上情况，仅供领导参考。

于都县革委农业学大寨办公室、上山下乡办公室

一九七三年七月八日

关于当前下乡知识青年工作若干问题的决定

下乡知识青年的工作必须以中共中央中发（1973）21号文件为指针，加强党的领导，突出路线教育，狠批刘少奇，林彪"下乡镀金论"、"变相劳改论"，坚持知识青年走与工农相结合的道路，树立扎根农村一辈子的思

想。在加强政治思想领导和组织领导的基础上，对知识青年生产、生活等方面的问题，要热情关怀，具体解决。现特作如下决定：

第一，关于领导问题。

1. 各大队党总支每月要讨论、研究一次知识青年工作，并提出解决问题的办法和意见，注意培养知识青年骨干，做好发展党、团员工作。

2. 各大队要从政治、生产、生活上全面关心知识青年的成长，要有一名大队副书记或副主任分管下乡知识青年工作，大队选报名单，经公社党委审批任命下达。分管知青工作的大队干部要经常上门看望知识青年，帮助他们解决存在的实际困难问题。

3. 公社每月初举办各大队管知识青年工作的干部和知识青年排长学习班一次，主要是学习、汇报情况、交流经验、研究解决存在的问题。

4. 公社上山下乡办公室每月向公社党委书面汇报一次，重大问题随时汇报，并每一季度向青年家长反映其子女的思想、学习、劳动、生活等情况一次，以便互相配合，作好再教育工作，对个别青年的特殊情况，随时通信。

5. 公社每季度举办知识青年学习班一次，大队每月举办知识青年学习班三次，每次一天。学习要讲究实效，知识青年每天晚上除参加生产队活动外，要刻苦自学。

6. 公社驻队干部要经常到青年班点看望，并坚持参加大队知识青年学习日，掌握情况，发现问题，及时解决。

第二，生产劳动和分配问题。

1. 知识青年要坚守岗位，积极出勤，每月出勤劳动，男青年不少于二十五天，女青年不少于二十二天。

2. 教育知识青年自力更生，勤俭过日子，尽可能不要家庭寄零用钱，在一般情况下，生产队应给知识青年每人每月预支三元零用钱，最终分配时统一扣除。

3. 劳动底分，男的底分最低不少于七分，女的底分最低不少于六分。要求男知识青年在贫下中农的教育帮助下，通过积极出勤和熟悉劳动技术，到今年年底有三分之一的人工分底分达到九至十分。

4. 年终分配，要保证知识青年分配兑现，不能兑现的生产队，也需要同群众商量，优先兑现知识青年的分配所得。

第三，生活问题。

1. 蔬菜地每人五厘以上要检查兑现，不足的要给足，并要尽量给近地、好地，猪牛吃不到，水源方便，专人指导，种好蔬菜，实现蔬菜全部自给。

2. 吃饭问题。尽可能安排下乡知识青年在社队企业中集体劳动，凡在生产队劳动的，应由大队组织起来集中起伙吃饭，分散固定到生产队劳动。一时不能这样做的单身户，平时或农忙时，可适当安排在贫下中农家里搭膳（米糠归社员，每月补给社员二元油盐钱），如果不能搭膳就必须保证青年有柴火烧，有菜吃，并按社员同样用油标准发油，但缺油队每人每月不少于五两油。凡有柴山的地方，可优先划出一定范围，允许知识青年上山砍柴。

3. 住房问题。凡已拨了建房款的大队，要专款专用，以大队为单位选择适当的地方，在"双抢"后到十月份前建好房子。凡借住社员私人房子的，由所在生产队同房主协商订立合同，在未解决住房以前，房主不得随意要青年搬家。住房要保证不倒不漏，力求光线充足，清洁卫生。

4. 生产工具、生活用具问题。要添置齐全，妥善保管，做到有床、有尿桶、有脚盆，有水缸。生产工具每人要有一把锄头、一把耙子、一把镰刀。

5. 粮食问题。每人口粮不低于当地单身劳动力的用粮标准，凡经领导批准或经医生证明，请病、事假的，按定量寄给粮票。尽可能动员上海知识青年两年以上回家探亲一次。

6. 疾病治疗问题。知识青年要普遍参加大队合作医疗，和社员同样享受合作医疗待遇，凡能在社、县医院治疗的病，就不出县，不回上海，其医疗费原则上集体解决一半，特殊情况可上报。

7. 知识青年要搞好一种三养，提倡养猪养鸡，养鸡防疫打针，可以免费。队上杀猪分肉，有钱付钱，无钱记帐，年终分配结算扣除。

中共锦江公社委员会
一九七三年七月十八日

传达贯彻中央 21 号文件和毛主席复信，开展知识青年下乡工作大检查情况汇报

中共清江县委：

中共中央中发〔1973〕21 号文件和毛主席给李庆霖同志的重要复信下达以后，县委常委专门抽出了一天时间组织学习、领会文件和复信的精神，

对全县各级党组织如何学习、传达、贯彻、落实文件和复信进行了认真研究，发出了《关于认真贯彻中共中央中发〔73〕21号文件，组织知识青年上山下乡工作大检查的通知》，在各公社（镇、场）党委书记参加的电话会上又作了统一布置。县委在樟树镇召开了县、镇机关干部八百多人参加的大会，县委副书记王福祥同志向机关干部宣讲了中央文件和毛主席的复信。根据常委的讨论决定，县委常委每个同志下乡，都要把宣讲文件、检查督促的任务带下去。县委书记袁安发同志，每到一个社、队，都亲自找社、队党组织负责同志了解文件的传达贯彻情况，并先后在义成、张家山公社亲自宣讲21号文件和毛主席的复信，亲自主持召开干部、贫下中农、下乡知识青年座谈会，为全县各级党组织的同志坚决执行毛主席革命路线作出了榜样。为了更好地落实毛主席关于"知识青年到农村去"的指示，进一步做好知识青年下乡工作，最近，经县委常委讨论，县上山下乡办公室在现有两名干部的基础上，再增调三名，健全办事机构，加强经常性的检查督促。

在县委的统一领导下，各公社都先后召开了党委会或党委扩大会，学习文件和复信，研究贯彻措施，认真抓好落实。洋湖公社党委先后两次组织检查组，到有下乡知识青年的生产队宣讲21号文件，检查知识青年下乡工作。观上公社党委书记，亲自主持召开下乡知识青年大会，向青年宣讲21号文件，亲自下队检查中央文件的传达贯彻和知识青年工作情况。昌付公社党委边抓文件的传达贯彻，边注意解决实际问题，如发现昌付六队瞿××等两名上海青年住房不落实，立即与生产队商量，腾出了公房给青年住。

从六月三十日起，到七月十三日止，全县组织了一次知识青年下乡工作检查。这次检查是县、社、大队三级结合进行的，除县委派下去的检查组十二人，还有公社党委书记、副书记三人，公社党委委员及革常委委员七人，公社干部十一人，大队党总支书记、副书记一百零五人。参加检查的人数共一百三十八人，走访了一百一十五个大队，二百五十四个生产队，与九百七十四名下乡青年直接见了面，见面的青年占下乡青年总数的百分之五十四点七。

检查过程中，我们把反复宣讲中央文件和检查贯彻落实情况紧密结合起来，走到哪里，中央文件和毛主席复信传达到哪里，了解情况解决问题到哪里。这样，使21号文件精神传到了所有在队下乡知识青年和生产队以上大部分干部，一部分社、队传达到了社员群众。

基层干部听了21号文件和毛主席复信的传达，感到肩负责任重大，决心把再教育重担挑到底。义成公社下罗生产队队委晏运文说："毛主席国内、国外的事那么多，还亲自处理李庆霖的来信，这就充分证明毛主席关怀青年，我们更应当做好下乡青年工作。"

广大下乡知识青年听了传达，更加激发了热爱伟大领袖毛主席的无产阶级感情，进一步坚定了走与工农相结合道路的决心。张家山公社张家山六队六八年的下乡青年章××说："过去听到有人说'好青年都上调，剩下的是渣滓'，我的思想也受了冲击。学了毛主席的复信，使我受到了深刻的教育。上山下乡是毛主席指引的正确方向，我们一定要扎根农村干一辈子革命，用实际行动报答毛主席、党中央对我们的关怀。"黄岗甘竹大队上海青年毛××说："毛主席的信是对我们青年的关怀。我们要一颗红心，两种准备，祖国需要我们到别处，我们就服从祖国需要，走上新的岗位；祖国需要我们留在农村，我们就一辈子扎根农村干革命。"

总的形势是好的，但是还有薄弱环节。首先是，个别单位的党委负责同志对毛主席复信的深远意义认识不足，对加强知识青年下乡工作领导的必要性理解不深。有个公社党委的负责同志说："这也中心，那也中心，冒出多个中心。"对传达贯彻中央文件采取应付态度，没有认真研究，严格检查，抓紧落实。也有个别单位至今仍然把知识青年下乡工作看作是部门工作，没有真正把这项工作列入党委议事日程，仅作为一般工作对待，基层干部、贫下中农也还有一部分人感到今后"压力"更大，"负担"更重。下乡知识青年中有的对落实毛主席指示取怀疑观望态度。有的说："检查组，检查完了人就走了，问题解决不了，还不是老一套"；"现在是一阵风，这阵风过去了，就怕又有人问。"有的青年问检查组："落实中央文件，已经走了后门的怎样处理"？

现就检查中了解的关于当前知识青年下乡工作中的情况和问题综合整理如下：

一、领导方面

公社（场）一级：党委重视，办事机构比较落实，管理教育工作抓得比较经常的有双金、合山、树槐、观上、张家山、昌付。

双金、合山一贯坚持了下乡青年的学习制度，组织青年认真看书学习，经常开展革命大批判，政治空气活跃。双金还坚持定期对下乡青年进行政治考察，建立政治考察档案，使培养、使用工作做到"胸中有数"。

树槐、观上公社大部分大队都坚持了每月两次青年学习日制度。

大队一级：领导重视、管理教育工作抓得比较紧的有经楼横岗大队、三桥塘祖大队、观上陈家大队、树槐塘下大队、乌溪大队、洞塘大队、大桥松湖大队、义成淖港大队。

经楼横岗大队党总支书记熊××亲自抓下乡青年工作，经常上门看望青年，及时帮助下乡青年解决学习、劳动、生活中的实际困难。有二名南昌青年，体弱不能自给，熊××同志做耐心细致的思想工作，将本地二名安排在大队代销店担任营业员的青年动员回队，让这两名南昌青年搞代销工作。该大队二名女青年、二名男青年结了婚，对他们的户口粮油问题都一一妥善解决。

三桥塘祖大队有两个上海青年班，在大队党总支的关怀下，坚持定期学习，每周召开一次民主生活会，党总支派人参加。青年精神面貌好，与贫下中农关系密切，生活安排好，七〇年以来一直坚持集体做饭。

观上陈家大队、义成淖港大队党总支第一把手亲自抓下乡青年工作，对青年政治上的成长关心、劳动和生活安排妥当。陈家大队经常对青年进行阶级教育、路线教育，坚持每月两次的学习制度，注意在青年中发展党、团员，充分发挥知识青年作用。全大队二十三名青年，已有一人入党，八人入团。工作安排上，充分发挥专长，有二人担任大队、生产队干部，二人担任大队代销员，四人担任教师。淖港大队安置工作做得细，为了解决一部分体弱的青年的劳动对象问题，有的留在生产队，有的集中到大队林业队，现有十五名青年，安排养鸡的三人，大队食堂管理员一人，拖拉机手一人，碾米机手一人，代销员一人，教师一人，去年人人做到了基本生活自给。

树槐塘下大队早在一九六八年，依靠群众，发动群众，自力更生，不要国家一文钱，建起了五扇房间的住房，迎接下乡知识青年，这个大队，下乡青年的住房问题安排得很好。

在各级党组织的关怀下，在贫下中农的耐心教育下，广大下乡知识青年在广阔天地里茁壮成长，日益显示出他们在农村三大革命运动中的生力军作用。

义成淖港大队上海女青年蒋××是饲养员，养了三头母猪，"双抢"期间，除了养猪，还主动挤时间参加"双抢"。

义成罗港二队七二年下乡的知识青年陈××担任生产队饲养员，去年两人养了五十多头猪，有时母猪产崽，他不顾疲劳，日夜服侍。

树槐淦上大队下乡青年王××（女），是政治夜校辅导员，劳动积极，工作认真，当地女社员开工她不缺工，女社员不开工她也照常出工，几年来，劳动出勤都在二百八十天以上，并且坚持天天上政治夜校。

昌付孟塘十一队上海女青年施××，积极参加集体劳动，热爱贫下中农。去年，贫农女社员邹××因病住医院，家里无人去照顾，施××把她当作自己的亲人，跟到医院服侍了三个月，未取任何报酬，照顾病号耽误了三个月，全年出勤还达一百八十多天。

昌付团结大队上海青年许××，今年六月，安阳塘水库涵管漏水，为了排除险情夺丰收，不顾生命危险，主动承担潜水堵漏任务，跳入水中抢险，因水的压力过大，流速过猛，被激流冲进直径五十公分、长达八十六米的平管，历时六分钟，才冲出水口，因公负伤。

张家山郭坊大队吴家渡生产队下乡青年胡××（共青团员），六八年下乡以来，积极参加集体劳动，发扬了我党艰苦奋斗、自力更生的光荣革命传统，不仅做到了生活年年自给，而且自力更生建起了一栋四十八个平方米的住房，决心一辈子扎根农村干革命。

但是有些社队的领导同志，由于对知识青年上山下乡这场伟大的社会主义革命运动认识不足，因而抓得不力，大队、生产队有，公社也有。主要表现是：

思想上，看成是临时任务，权宜之计，甚至把青年当成"包袱"。黄岗公社山里大队，前几年下乡青年工作搞得比较好，这次检查组请他们介绍经验，大队党总支副书记傅××说："莫去哇，现在搞成了一个包袱！走又走不了"！黄岗管头河口生产队五名下乡青年，一个党员干部对他们说："你五个人一年吃我几千斤粮，咯几千斤粮我拿去养猪都要养咯多"！

组织上不落实。山前公社党委说是副书记罗××分管，但平时很少过问，汇报时谈不出情况，公社没有上山下乡办公室，没有指定一名干部具体负责这项工作。大桥公社也是党委无人分管，乡办没有人搞，大队、生产队再教育组织机构一般都不够健全，分工不够明确。

政治上培养教育工作放松。去年以来，知识青年的政治学习普遍形成无人过问。黄岗山里十五队，知识青年参加开会或学习，一律不记工分，因此，青年也不愿参加学习和会议。去年下半年，大部分公社没有举办过知识青年学习班，有的社、队，长期不抓青年的思想工作。洲上滩下大队青年雷××，七二年下乡以来，一直在临江做小工，罗××长期住在临江镇，生产队只管付口粮，不管教育。

生产上无人教。黄岗甘竹三队两名上海青年，下乡以来，劳动底分一直提不高，主要不会犁耙，有时他们自己提出要学犁耙，生产队不同意，说会搞坏犁，只让他们做硬活、笨活。他们说："我们是扁担队。"

不爱护青年的积极性。经楼小洋方家生产队王××等四名上海青年，这几年，年年种试验田，有显著成绩，生产队不让他们单打单晒，因此，他们今年再也不愿搞试验了。

二、插队形式

河东片四个公社一个垦殖场，共五百五十名下乡知识青年，分布在一百九十七个生产队，平均每个队不到三人。其中一人一队的九十人，占百分之十六；二人一队的九十四人，占百分之十六；三人一队的八十一人，占百分之十四；四人一队的四十四人，占百分之八十；五至十人一队的一百一十一人，占百分之二十；十人以上一队的一百三十一人，占百分之二十六（主要是合山垦殖场）。

张家山、经楼、三桥三个公社，三百八十四名知识青年，五人以上的只有四个生产队，绝大部分是一至三人一队的。

洲上公社三十九名知识青年，分布在十七个大队三十九个生产队，都是一人一队。

有的知识青年，去年调整社、队规模后尚未落实到队。昌付洛湖大队原朱家生产队只有许××一名知识青年（南昌下放），分为两个队以后，两个队都不接收，现在只好到在两个队轮流开工。

知识青年过分分散，是一个突出的问题。

三、下乡青年的生活安排

1. 生活自给问题。洋湖、大桥、观上、树槐、洲上、临江、山前七个公社七百三十八名下乡青年的调查，基本生活自给标准每人一百至一百二十计算，能自给的一百四十四人，占百分之十九点五，自给有余的三百六十一人，占百分之四十三点一，不能自给的二百三十三人，占百分之三十一点七。这些调查的对象都是本县城镇下乡，大部分是在经济条件较好的队落户的。树槐公社乌溪大队十个青年，平均收入二百七十七点六四元，平均进钱一百二十七点七元，收入最多的曾××三百四十五点八九元，收入最少的也有一百九十八元。

不能自给的情况有：

女青年出工机会少。张家山郭坊孙××所在的队，今年一至六月，当地妇女最高出勤只有七十四天，孙本人只四十八天。

探亲时间长。张家山公社谭××大队上海青年谭××，七二年实做工分只有一百七十四分，总收入十五元，去年十月离队回沪探亲，现尚未回队。

在队劳动时间少。经楼公社××上海下乡青年金×（女），每天早晨睡到十点钟起床，一天只吃两顿饭。

经常外出不开工。三桥雌溪陈××，今年六月底回队以来，只开了一天工，前段跑新余一带，最近又在公社内到处跑。临江寒山万××，山前白路林××，义成乌塘吴××、徐××，义成狮山胡××，奴港肖××，都是长期在外搞扒窃活动的。

因病、因生产队分值低不能自给的人数也较多。

2. 住房。洋湖、大桥、观上、树槐、合山、黄岗、昌付、义成八个社场，八百三十四名青年住房调查的情况：住公房的三百一十人，占百分之三十七点一；住社员私人房屋的四百九十人，占百分之五十八点九；没有固定住房的有三十四人，占百分之四。其中，大桥公社一百一十七名知识青年，有二十四人住在樟树镇，占该社下乡青年数的百分之十二，有的青年早晨带午饭到生产队上工，傍晚又赶回樟树住。

经楼窑里杨家三名上海青年，安排住在一个社员私人原来关猪的矮屋里，现在房主提出要收回。

昌付袁江十一、十二队二名上海青年，住在一家社员楼上。

临江寒山九队南昌女青年刘××，单人住在一栋破漏潮湿、生了白蚁的房子里。

山前红星四队男女青年宿舍只砌了一道平肩膀高的土砖墙隔开，有的青年多次要求加高，没有得到解决。

经楼大南陈家生产队女青年叶××，原来住的房子分队后做了仓库，生产队安排住在一个男单身汉的小厨房内。

黄岗黄铜三队青年班的住房快要倒塌，公社拨给一百五十元钱修理，大队交给生产队，生产队交给青年自己处理，青年自己不会安排，只好拖着不修。

树槐孙家官桥队，有个空房，本来修理一下就可以给青年住，生产队干部说："他们反正过两年就要走！"

洋湖鳌州四队兄妹住一间房子，一年还要付房租十八元。

3. 吃粮、吃油、吃菜、烧柴。

吃粮一般不低于当地同等劳力，最低的六百五以上，最高的九百六十斤，个别队有压低、克扣。山前白路四队季××等两名上海青年，七二年口粮只发给了十个半月，生产队干部说："他们够吃了。"黄岗白湖十二队，四名上海青年一次分水谷一千五百斤，打九五折计算，而同时，当地社员都是分干谷，青年不同意这样做，才每百斤又加了十五斤。三桥南保付家队，四名上海青年今年五月回队，因去年欠款，队里一直不发口粮，只得到天天跑到其它队去吃同学的。

吃油问题主要是平原地区旱地少，当地标准低，但社员养猪可用猪油补助，知识青年只能吃到队里分到的油，如昌付马青大队一年只分八两食油。

吃菜问题比较普遍。上海青年今年大部分因回队晚，肥料缺，蔬菜接不上，只得吃咸菜或买菜吃。有的社队林场因管理不好，也出现缺菜现象，山前红卫大队林场十三名知识青年，场里不抓，又不给青年自留地，每天三餐要缺两餐菜。

部分地方离山远，烧柴缺。山前西塘林场青年用煤油炉煮饭。义成广德四队都是上海女青年，因砍柴要走十多里，而且不会砍，买煤买不到，经常为烧柴急得发哭。黄岗、昌付沿河部分大队和河东大部分地区都是这样。大桥公社调查，知识青年每月要向家里拿四五元钱买柴。

4. 疾病医疗。经楼、张家山、三桥、三百八十四名青年中，有七名青年因病残完全无法自给的，参加劳动困难，医药费也无着落。山前、临江、洲上四百一十八人，参加合作医疗的只有二百八十人，占百分之六十七，其余青年的都靠自费医疗。洲上不出社可全报，出社可报一半。山前本社可报二十元。参加合作医疗的，遇重病出队治疗也无法解决。

四、政策落实

1. 同工同酬。有歧视排斥知识青年现象。经楼大南长江生产队六名知识青年，今年有四人比去年降低了底分。昌付孟塘十一队五名男青年、二名女青年，今年个个都降低了劳动底分，而当地社员除老年外，没有一个降低的。三桥杨家彭家队女青年杨××，是出席县的劳动模范，体力也很强，底分只评了五点八分，还是女青年中最高的；当地妇女最高底分七分，一般的也是六分半。黄岗公社黄铜大队女青年毛×等两人都是任教一年多的民办教师，在生产队的底分是五点二分、五点五分，学校教学底分也只有六分，星期日还不记工分，同一个学校的男教师，不论工作如何，一律评为十分满分。

2. 分配。有的队知识青年的分配不能按政策兑现。大桥湖坪知识青年龚×任民办教师，七一年年终分配时，生产队会计皮××给他扣掉一百六十五分，计人民币十六元，理由是星期天不该得工分。山前红卫大队林场六名知识青年，年终分配应进二百一十四元，因大队调了该场实物没有付款，这笔进款拿不到手。临江寒山尹家二名青年，年终分配时是进款户，有的出钱户未征得本人同意就替他们检了帐，计七十多元，该青年早已招工走了，这笔钱至今未还。

3. 安置经费管理、使用。山前公社林场七二年青年安置费每人只用了八十元，其余七十元未向青年公布，青年要求算帐。总场负责人说："算我个卵，要算帐你统统给我搬出去住，你都是住我的房子。"从此，知识青年就不敢提算帐了。山前红卫大队林场，七一年公社按每个青年六十元分给大队补助青年，大队只下发了四十元，其余二十元成了场里流动资金。山前塘下大队，七二年公社下拨三百元青年生活困难补助费，至今还没有给到青年。观上曹溪黄金坑生产队六八年青年下乡安置费余六百多元，青年走了，安置费没算帐，青年班的农家具也被干部拿走了。占用知识青年农家具、变卖安置费购买的家具事例不少。

4. 参军、招生"走后门"。去年征兵时，铁路干校一位姓余的干部的儿子下放在黄岗荷陂大队，县里点名要，生产队、大队不签字，县里打电话到公社，公社只得照办，大队、生产队不签字还是让他参军去了，干群意见很大。今年大学招生，大桥松湖大队原准备推荐黄××（公社团委委员），后来县委一位常委布置公社副书记梅××，指定要推荐卢××，梅××又交代该大队一个总支委员办，结果挤掉了原来经过集体研究准备推荐的对象，群众反映很大。

五、婚姻、生育问题

女知识青年结婚后本人户口和生育后小孩户口不好解决。黄岗黄铜大队女青年曾××，今年与樟树一个工人结了婚，生产队通知：七月十五日以后要把户口迁走，生产队不再发口粮。大桥公社大桥大队女青年付××，婚后生小孩在樟树，生产队扣发了布票。临江仰山危××，婚后生了两个小孩，生产队只同意给一个口粮，还有一个无着落。大桥七个结了婚的，有二人生了小孩没上户口。

有的乱谈恋爱，搞不正当两性关系。黄岗××大队上海青年包××、李××两人，与××大队上海女青年赵××搞"三角"恋爱，经常来来往往，有时三人睡在一床。

年龄大的为个人前途、出路耽心。黄岗××大队上海青年郑××（女），今年二十六岁，最近大学招考大队没有推荐，光着头冒雨跑二十多里路赶到公社，问"为什么不推荐"，饭也不愿吃，衣服湿透了也不换。

六、违法乱纪，迫害下乡知识青年

大桥公社板桥农场场长吴××，扣发下乡知识青年黄××口粮，被黄顶了几句，吴竟动拳头打伤黄××。

临江寒山五队队长杨××，敲诈下乡知识青年，看到知识青年邹××有个好打火机烟盒，他要借去；看到邹有支手电筒，他也要借去；以后邹又买了一支塑料电筒，他又要借。借去的东西都不还，后来邹只得问他要钱，这才勉强给了人民币一元，并从此对邹不满，邹与当地一社员打架找他处理，他却根本不过问。

经楼大南长江生产队党支部书记胡××，对下乡知识青年漠不关心，压低青年底分，压低青年口粮标准。该队六名下乡青年，去年有四名青年的底分压低了，另两名也没提高，去年该队下乡女青年口粮比当地低二十至三十斤。知识青年向他反映没柴烧，他对青年说："你去偷嘛！"生产队规模调整后，青年胡××分在别一个队，新队分给了他的稻草。胡××发现胡××烧稻草，不问青红皂白，硬说人家偷了老队的，强迫胡××承认是偷来的。胡××不承认，这个支部书记竟将这个青年做饭的锅都打烂了。此外，去年趁生产队规模调整和青年回家探亲之机，将国家安置费添置给下乡青年用的铁锅、水桶、脚盆等都当生产队财产分掉，大队制止也不理睬，青年的零星用具，则任社员私人拿去，青年用的床板，生产队也拖去做水泥板用。

经楼大南原××生产队主任吴××（已婚），七一年奸污南昌下乡女青年，致使女方怀孕堕胎。但是，只给了×撤职，留党察看一年处分，现在又担任了队长。

大桥公社××大队加工厂开票员、女知识青年刘××，一九七一年被该厂工人熊××（已婚）奸污，李未作处理，法院已派人前往调查。

双金园艺场□□分场队长李××（已婚），利用工作方便，与下乡女青年张××谈"恋爱"，借守梨子的机会约张晚上到梨园去，谈到十二点钟，该厂正在进行调查。

双金付家山分场工人任××（五十岁，伪保队副），开始以关心青年生活、疾病为幌，逐步采取腐蚀，引诱以至任意抚摸、侮辱等流氓手段，奸污下乡女青年张××，企图造成"通奸"假象，逃脱罪责。该场已决定开除公职，并上报法院要求作出刑事处理。

根据各地座谈提出了一些意见、要求和建议：

一、希望县要加强对基层经常性的检查督促。张家山、经楼、三桥片有的基层干部和知识青年说："这次中央文件不来，你们也不会来。"公社的同志说："县里不抓紧，公社也自然会放松。"

二、公社集镇的社会青年要统一列入国家安置计划动员下乡。黄岗公社反映，去年有五名应届毕业生没安置，如不解决，今后会出问题。

三、合山垦殖场林业队的青年提出，上山搞林业，衣服磨损大，对他们的布票供应，要求增加指标。

根据中央关于"对知识青年上山下乡的工作，严格检查，加强领导，总结经验"的指示精神和县委的决定，我们对下步工作作了如下安排：

一、继续组织第二次检查。这次检查的内容：（1）继续检查、督促21号文件的贯彻落实，包括清理安置经费的管理使用，做到边检查、边解决问题；（2）作好今年安置对象的调查，落实安置任务和安置地点。时间：从七月二十日开始，暂定十五天结束。

二、深入调查研究，进一步摸清青年住房和生活安排情况，及时地、合理地安排和使用修建房屋、生活困难补助经费。

三、坚持集体插队形式，对目前过分分散的现象，要逐步集中起来。

四、健全组织机构。县乡办增加三人，各公社要指定一人负责抓知识青年上山下乡工作。

五、今年毕业生下乡安置工作，目前主要是继续作好思想动员工作，下乡对象的年龄按十七周岁摸底，但思想动员工作要普遍进行，达到人人都受教育。城镇社会青年摸底工作也要抓紧进行。

清江县知识青年上山下乡安置工作办公室

一九七三年七月二十六日

关于全县知识青年上山下乡工作情况的调查报告

省、地上山下乡办公室：

遵照毛主席的复信和中共中央〔1973〕21号文件关于对知识青年上山下乡工作，各级党委要严格检查的指示精神，根据省、地委的统一部署，最近，我们对全县知识青年上山下乡工作进行了一次全面大检查，现将情况报告如下。

（一）

中共中央〔1973〕21 号文件下达后，县委和各级党组织认真组织了学习、传达，狠抓了贯彻落实。与此同时，县委和公社党委都派出了调查组，深入知识青年班，调查研究，总结经验，揭露矛盾，改进工作。县委、县革委、县人武部有 7 名主要负责同志先后深入到 7 个公社 59 个知识青年班，宣讲中央文件，检查工作。从七月十六日至七月底，县委派出了 5 个调查组和 1 个专案组，共 22 人，重点到南港、东边、姚圩、水北、泗溪、观巢、欧里等 7 个公社，各公社组织了 51 个调查组，185 人，由公社党委第一、二把手亲自带队，对全县 242 个知识青年班普遍进行了检查。每到一个班，首先宣讲毛主席的信和中央 21 号文件，召开各种调查会、座谈会，参加劳动，做过细的工作。一致反映：这次调查，以毛主席的复信和中央 21 号文件为指针，指导思想明确，各级领导重视，内容系统全面，工作深入细致，边检查边解决问题，收到了较好的效果。

（二）

在毛主席关于"知识青年到农村去"的伟大号召鼓舞下，几年来，全县（包括接受上海、南昌的）有 2977 名知识青年上山下乡，走上了与工农相结合的康庄大道。广大知识青年在毛主席革命路线指引下，在农村这个广阔的天地里，虚心接受贫下中农的再教育，刻苦改造世界观，积极投入三大革命运动，取得了可喜的成绩。有 15 名知识青年加入了中国共产党，有 361 名加入了共青团，有 60 名参加了省、地、县、社、队党、团组织和革委会领导班子，有 165 名分别担任了赤脚医生、民办教师、会计、保管等工作，他们在与工农相结合的大道上迈出了可喜的一步。

几年来，广大知识青年看书学习的自觉性进一步增强，认真读马列的书和毛主席著作的风气越来越浓，他们发扬理论联系实际的革命学风，刻苦攻读，有的放矢，进一步提高了"三个觉悟"和抵制资产阶级思想腐蚀的能力。罗坊公社田埠知识青年班的同学，联系本班及个人的思想实际，坚持不懈地看书学习，正确地认识和对待革命理想和个人前途的关系。有的同学把升大学的机会让给别班同学，他们说："农村也是大学。"有的放弃了进工厂的打算，他们说："农村需要我，我更需要农村。"南港公社梧岗大队屋场生产队上海知识青年顾××，几年来，通读毛选四卷和马列六本书，坚持写心得笔记，坚持学以致用。她刻苦学习农活，积极参加集体生产劳动，去年全年劳动 328 天。她与贫下中农建立了深厚的阶级感情，经常用自己从上海带来的药品为社员治病，精心护理，耐心照料。她两次扑向火场，为抢救国家和集体的财产顽强战斗。她三次主动放弃招工、升学的机会，决心在农村干一辈子革命。一九七二年五月，她光荣地加入了中国共产党。几年来，她先后参加了地、县、社先代会和省、地、县团代会，今年又被选为共青团地、县委委员，现担任公社团委副书记、大队团总支书记。全县各地都有一批这样的先进集体和先进个人，他们把看书学习与批修整风结合起来，与三大革命斗争的实践结合起来，做到学习内容有计划，学习时间有保证，坚持检查评比，使学习步步深入。通过看书学习，广大知识青年进一步增强了识别真假马克思主义的能力，提高了阶级斗争、路线斗争和继续革命的觉悟，涌现了一大批先进集体和先进个人。自六九年以来，全县有 1087 人次光荣出席了各级先代会。

通过看书学习和批修整风，广大知识青年在与工农相结合的道路上，步子越走越坚定。水西公社庞江大队上海知识青年丰×，以农村为乐，以劳动为荣，坚守岗位，四年不回上海。良山公社八百桥大队知识青年彭××，在农村五年如一日，积极劳动，努力工作，刻苦改造世界观。当这个班的 10 个同学有 9 个走上新的岗位，剩下他一个人的时候，他坚决听毛主席的话，扎根农村志不移。马洪公社上江大队上海知识青年吴××，主动放弃回杭州当工人和报考大学的机会，决心在农村干一辈子革命。她说："我现在想到的是贫下中农的需要，建设社会主义新农村的需要，立志要做一个社会主义时代的新农民。"许多知识青年认识到：升学、进厂或参加其它工作，是社会主义革命和建设的需要。但是，农村更需要我们青年人去建设。正因为农村条件艰苦，生产潜力大，才需我们去改造它、建设它。一个有志气有抱负的革命青年，就应该和贫下中农一道，挑起建设社会主义新农村的重担。许多青年表示：要在农村滚一身泥巴，炼一颗红心，干一辈子革命。全县现有 26 名知识青年（其中女青年 18 名）与贫下中农子女结了婚，她（他）们决心红在农村，专在农村，在农村锻炼成长，在农村安家立业。

在三大革命斗争中，广大知识青年发挥了积极作用。在批修整风运动中，他们带头开展革命大批判，积极办好政治夜校，宣传马列主义、毛泽东思想，宣传党的路线和方针政策，坚持社会主义方向。在阶级斗争中，他们立场坚定，旗帜鲜明，有力地打击了阶级敌人的破坏活动，巩固了农村的社会主义阵地。在农业学大寨运动中，战天斗地，获得了思想、劳动双丰收。

良山公社八百桥大队里元班的九名知识青年，立下愚公移山志，誓叫山沟换新貌。他们与贫下中农一道，苦战一年，面貌大变。七二年，这个队粮食总产比七一年增长 20%，社员收入增长 13%。贫下中农高兴地说，知识青年进山村，里元面貌大不同，齐心协力办农业，粮食增产思想红。水西公社简家大队黄岚知识青年班，是新余铁路中学七一届毕业生。他们以雷锋同志为榜样，立场坚定，爱憎分明，为贫下中农做好事，都不愿留下姓名。对阶级敌人的破坏活动，狠狠打击。队里有个富农分子煽动社员弃农经副，他们挺身而出，揭穿了阶级敌人的阴谋，刹住了单干副业歪风，促进了集体生产的发展。农村知识青年在文化教育、卫生和科学实验等各条战线上，大显身手，发挥了积极作用。仁和公社棣村大队知识青年张××，用针灸为贫下中农治病 200 多人次，为了减少病人肉体上的痛苦，他常常是先在自己身上扎针实验。为了方便群众，他平时留心观察，主动上门送药打针，白天黑夜随叫随到。下村公社杭桥大队知识青年董××，担任大队广播员工作，对本身业务认真负责，抽空争做"分外"的事，被群众誉为"红五员"。泗溪公社后溪班的知识青年，利用休息时间为贫下中农修补胶鞋，修理电筒，代写书信，帮助军属、五保户挑水、劈柴、缝补洗浆，深受贫下中农的好评。几年来，由于社会主义革命和社会主义建设的需要，全县还输送了 968 名优秀的知识青年参军、进厂、升学，他们正在新的岗位上，为党为人民作出新的贡献。

通过几年的劳动锻炼，广大知识青年在毛主席革命路线的指引下，在各级党委的正确领导和贫下中农的耐心教育下，世界观发生了深刻的变化，促进了思想革命化。大家在总结几年来的收获时，深深感到，现在与初下来时相比，思想感情、思想境界、劳动态度和对农村的看法，有了一个转变。过去受修正主义教育路线的影响，四体不勤，五谷不分，现在肩上能挑百斤重担，双手能干多种农活。过去认为读了书去种田，是大材小用，没有出息，现在真正体会到这是必经之路，在农村大有作为。过去轻视劳动，现在迫切感到需要劳动，需要农村。许多知识青年以苦为荣，以农为乐，干地里活，想天下事，为革命多作贡献。泗溪公社珠坑大队彭家洲知识青年班的同学，到农村后经历了"从摆渡到扎根，从消极应付到自觉磨炼，从谈不拢到鱼水情"的深刻变化，对劳动、对农村、对贫下中农的认识，在感情上有了根本的转变。罗坊公社大路生产队知识青年谭××，在上海就患有较严重的肺结核病，下不下农村，当时思想斗争很激烈。她学习了彭加木的事迹后，愉快地来到了农村。她决心治病先治思想病，刻苦攻过劳动关。七二年，她做了310多个劳动日，达到了自给有余。通过劳动锻炼，她的病逐渐消失，体重显著增加，精力更加充沛，思想也更加健康了。东边公社樟村大队知识青年郑××，个小体弱，她狠斗私心杂念，战胜了重重困难。她说："党的需要就是我的志愿，实现共产主义就是我的最终理想，扎根农村献青春就是我最大的前途，全心全意为人民服务就是我最大的幸福"。

广大知识青年发扬自力更生、艰苦奋斗的革命精神，逐步增强了生产、生活自给能力。知识青年初到农村，由于多方面的原因，自给程度比较低。超支、欠款现象比较普遍。几年来，他们发奋图强，克服依赖思想，走自力更生的道路。许多知识青年说："我们也有两只手，不能增加国家和贫下中农的负担，要为社会主义建设创造更多的财富"。现在多数班"一种三养"搞得比较好，知识青年积极参加集体生产劳动，自给程度大大提高。据全县有知识青年的20个公社统计，每人平均年收入在100元以上的536人，80—100元的389人，80元以下的906人，有1071人实现了自给或自给有余。九龙山垦殖场44名知识青年，每人平均年收入104.9元，除一名女青年长期离队欠款外，其余全部达到自给。泗溪公社后溪班的知识青年，做到了粮、油、菜、肉自给有余。南港公社崖场生产队知识青年班，在坚持参加集体生产劳动的同时，积极搞好"一种三养"，这个班的蔬菜年年自给，去年养了三头大肥猪，卖给国家两头，自宰一头。今年又养了两头，每头重一百五十斤以上。还养了20只鸡，生活安排得有条有理。

在知识青年上山下乡运动中，不少领导同志遵照毛主席关于"要说服城里干部和其它人，把自己初中、高中、大学毕业的子女，送到乡下去"的教导，以身作则，模范带头，主动把自己的子女送到乡下去。前县委书记张×、县委副书记胡××、县革委常委孙××等同志，带头把自己的子女送往农村，并勉励他们在农村甘当一辈子贫下中农的小学生。

几年来，各级党组织和革委会遵照毛主席关于"各地农村的同志应当欢迎他们去"的教导，在知识青年的安置、教育、使用方面，做了大量的工作。许多社、队重视组织知识青年看书学习，深入批修，落实政策，帮助解决一些实际问题。广大贫下中农怀着深厚的无产阶级感情，勇挑再教育重担，把对知识青年的培养教育，看作是毛主席对贫下中农的信任。对知识青年在政治上正确引导，生产上耐心帮助，生活上细心关怀。良山公社党委把做好知识青年工作列入党委议事日程，坚持以路线为纲，狠抓思想政治工作，切实加强领导，落实党的政策，充分发挥知识青年的积极作用，取得了显著成绩。南港公社党委书记胡××经常深入学生班住地，调查研究，帮助解决一些实际问题，深受知识青年好评。泗溪公社珠坑大队再教育小组长周××同志，经常到知识青年班促膝谈心，问寒问暖，过细工作。有名青年患病去上海治疗，他主动借出 30 元钱给他作旅费。从去年五月到现在，他先后收到学生家长来信 101 封，他抽空回了 80 多封信，向家长介绍子女在乡下的情况，协同家长一起做好对知识青年再教育工作。前段时间，知识青年缺菜吃，他积极主动想办法帮助解决。一方面帮助他们种，另一方面发动群众送，他把自己家里的鸡蛋也送给了知识青年。观巢公社易家生产队、罗坊公社田埠生产队、鹄山公社库里生产队等再教育小组，对知识青年做到了政治上有人抓，生产上有人教，生活上有人管。他们说："知识青年上山下乡，和我们一道建设社会主义新农村，我们从心底里感到高兴，毛主席把这些青年交给我们，上海的家长把自己的子女交给我们，我们一定要做好工作，让毛主席他老人家放心，让学生的家长放心。"

（三）

毛主席在复信中指出："全国此类事甚多"，这就指明了问题的普遍性。从这次检查反映的情况来看，我县知识青年上山下乡工作，还存在不少问题。主要是：

一、对知识青年上山下乡工作认识不足，重视不够，抓得不力。

有的同志对知识青年上山下乡的伟大深远意义缺乏足够的认识，没有把这项工作当成培养无产阶级革命事业接班人的大事来抓，而看成是临时措施，权宜之计，过渡阶段。有的同志错误地认为，文化大革命以后，学校还未走上正轨，学生升学有困难，呆在城市没事干，只好到农村来周转一下，过个几年，他们还得回城市，回学校去。

有的对知识青年缺乏无产阶级感情，不是全面地、正确地看待他们积极的、主流的一面，而是过多地看到他们不足的一面。不是正面地引导和教育知识青年，而是一般地对待，甚至歧视他们。不是把他们当财富，而是当成"包袱"。南港公社荆南大队邓家生产队队长曹××说："学生不安心，生活要人帮，劳动要人教，真是包袱越背越重。"

有些地方忽视了青年的特点，不注意发挥知识青年的作用，把青年单纯当作劳动力使用。有些知识青年反映：到农村后，报纸看不到，社会活动参加不了，整天埋头劳动，整天围着三头转（田头、灶头、床头），将来会变成政治上的盲人。有些社队对知识青年政治上的进步关心不够，全县 2977 名知识青年，只有 15 名入了党，占 0.5%。有些地方怕增加工分，减少收入，不愿组织知识青年参加一些必要的社会活动。

有的社队领导不力，机构不健全，有的公社没有指定专人兼管知识青年工作。水北公社党委自去年下半年至现在，没有研究过一次知识青年工作。乡办人员调换频繁，专职不专用。沙土公社先后调换乡办人员 5 人，去年虽然固定一人搞这项工作，但长期在水利上，知识青年工作基本上无人过问。大队、生产队再教育小组，在社队规模调整后，有的有名无实，有的组织涣散，不起作用。据全县有知识青年的 139 个大队统计，组织健全、工作较好的 41 个，占 29.5%；组织不健全、工作一般的 34 个，占 17.2%；组织涣散、无人过问的 74 个，占 53.3%。898 个有知识青年的生产队再教育小组，组织健全、工作较好的 84 个，占 28.5%；组织不够健全、工作一般的 52 个，占 17.1%；组织涣散、无人管理的 162 个，占 54.4%。

二、政策不够落实，知识青年吃、住、用、医等实际问题没有得到很好的解决。

同工同酬问题：（1）底分偏低，多年不调整。水北公社泉塘大队 17 名知识青年，最高的 6.7 分，最低的 5 分，平均不到 5.5 分。北岗公社肖家学生班 6 个青年底分平均 5.2 分，马洪公社山层岭生产队，三年都未给学生调整劳动底分，都在 6 分以下。（2）降低底分。南港公社荆南大队黄溪班郑×同学，七〇年底分为 5.6 分，七一年 6 分，七二年 5.8 分，七三年降到 5.6 分。姚圩公社栗上生产队在去年年终分配时，普遍降低妇女（包括女知识青年）底分 1 分。（3）限制出工。有些田少人多的生产队，在农闲时不安排知识青年出工。水西公社简家大队何堵班、施家大队仓下班，去年放假达二三个月，限制学生出工。南港公社东洛大队东洛生产队社员说，学生不要让他们做很多工分，只要做到口粮工分就行了，穿的用的反正家里有钱寄来。（4）少记工分。

住房问题：据统计，有 127 个班 831 人住集体公房 304.5 间，占 45.4%，有 89 个班 813 人借用社员住房 229 间，占 44.4%，还有 26 个班 187 人调用地、富房屋 50 间，占 10.2%。住房问题上的主要问题是：（1）已住下的 592.5 间房子中，由于社队规模调整需要腾出作仓库、公房的 85.5 间，由于贫下中农子女结婚需要收回的 156 间，由于落实政策，地富迁回原籍需要住房的 54 间，因此，知识青年住房在现有基础上就要减少 295.5 间。

（2）目前急需要维修的 128 间，约需维修费 8000 余元。（3）目前尚有一部分知识青年没有房子住，只好长期住在城里或亲属家里。沙土公社白竹塘班 7 名知识青年均没房子住，他们只好住在新钢家里，在家吃早饭后去生产队劳动，中午吃带去的馒头、干粮，晚上回家吃饭、睡觉。东边公社官路生产队知识青年住房拥挤，有的只好借居社员家里。（4）住房安置不合理。东边公社农科所，用知识青年的建房费建房 6 间，但 10 个知识青年只住了其中的两间，其余 4 间都被占用。北岗公社李泉学生班，男女同学各住半间房，厨房与一家地主共用。（5）强行搬家。南港公社朝阳大队曹家学生班，原住一家富农的房子，去年落实政策，富农要迁回，学生又找不到房子住。后来，学生回家过春节，生产队干部将锁撬开，把学生东西搬走，让富农住进去。上海学生回来后，经查点丢失不少物件。

口粮问题：总的来说，全县用粮情况都比较好，多数社队知识青年实际吃粮水平达到或超过了当地单身劳力的水平。据全县 20 个公社统计，平均口粮标准在 800 斤以上的有 4 个公社，700—800 斤的有 9 个公社，600—700 斤的有 7 个公社。但也存在一些问题：（1）口粮水平不一，高的达到 980 多斤，低的只有 480 斤。（2）目前全县缺粮人数 21 人，共缺 5638 斤。（3）高价买卖口粮。东边公社永子洲生产队，6 个学生用每百斤 17 元高价卖给社员 400 余斤，又有 2 人用每百斤 14 元的高价向生产队买回稻谷 200 斤。（4）盲目迁出户口，没有口粮。观巢公社知识青年韩××，与江钢工人结婚后，把户口迁离农村，江钢迁不进，生产队不肯收，口粮问题不得解决。有些女青年结婚生小孩后，长期离开农村，小孩成了黑户，口粮一直没有供给。（5）有些知识青年未经请假或超假住在上海，生产队不发口粮，回农村后队里要求拿现钱买口粮。南港公社新生大队花溪、下港生产队有几个知识青年，因无钱买口粮，只好将自己的衣服、鞋子卖掉，再买口粮。（6）还有少数地方另眼看待知识青年，将差谷分给学生，每百斤出米只有四五十斤。

食油问题：据 20 个公社统计，全年 7 斤油以上的 5 个公社，6—7 斤的 5 个公社，6 斤以下的 10 个公社。但是吃油标准悬殊较大，高的每人每年达 20 斤，低的仅 0.8 斤。姚圩公社 14 个班，每年每人 3 斤油的有 2 个班，2.5 斤的 1 个班，1 斤的 4 个班，0.5 斤的 2 个班，没有油的 5 个班，只好买高价黑市油吃。

蔬菜问题：各地普遍缺菜吃。其原因：一是种菜没经验；二是离队时间长，无人管理；三是肥料不足；四是有的地方未给足菜地。水北公社昌下大队有三个学生的菜地埋了三个老婆子的坟。姚圩公社姚家大队江家学生班的菜地被社员借去种花生。由于普遍缺菜，给知识青年生活上带来很大困难，有的长年吃上海带来的干菜，有的用盐开水淘饭，有的只好到社员家搭伙。

自给情况：据统计，一九七二年实际在乡知识青年 1831 人，年收入在 100 元以上的 536 人，30—100 元的 389 人，80 元以下的 900 人，其中欠款人数 760 人，占 41.5%，欠款总金额 1640.79 元。产生欠款的原因：一是实际出勤少，从去年八月份后，回上海学生达 700 余人；二是分值低，南港公社松岗大队屋场生产队七二年分值 0.54 元，有个同学劳动 200 多天，年终还欠款 6 元；三是底分偏低，同工同酬政策没有很好落实，有的甚至限制知识青年出勤；四是一些实际问题解决不好，影响了劳动积极性。

生产工具、生活用具问题：据了解，原有的一些工具和用具，有的损坏，有的丢失，现在普遍感到缺乏。特别是雨具，普遍没有，对知识青年出勤有很大影响。

经费问题：多数地方是专款专用，帐目清楚，但也有少数地方有挪用现象。罗坊公社动用了 9000 余元（已退回）。南港公社动用知识青年建房费 26500 余元，用于买拖拉机、建农科所等。

疾病问题：据了解，知识青年中胃病、肝病、肾炎、关节炎等慢性病患者日渐增多，全县有 220 人长期患病，63 人患有严重病，基本上不能从事体力劳动。到目前为止，已办清退手续的 31 人，已打报告要求清退的 48 人。

布局问题：随着招工、招生、学生转迁和社队规模调整，知识青年在布局问题上出现了一些新的问题，一人一班、一人一队、一班多队的现象比较普遍，全县有知识青年的 398 个生产队，平均每个队只有知识青年 5 人左右，3 人以下的学生班有 36 个，3 人以下的生产队 24 个。知识青年过于分散，不利于管理教育，不利于生产、生活，不利于发挥知识青年的作用。水北公社泉塘大队有 9 名上海知识青年尚未落实到队，去年社队规模调整后，原三队亦为谢家、桂家两个队，两个队都不肯接受他们，今年五、六月份学生回队后，口粮问题一直得不到解决，反映到公社乡办后，也说解决不了。

三、对知识青年中两个阶级、两条道路、两条路线的斗争认识不足，对一些案件调查处理不及时，打击不力。

据调查，全县发生迫害知识青年的案件 18 起，其中殴打 3 起，强奸 1 起，诈骗诱奸 1 起，诱奸 13 起。已处理 11 起，其中判刑 4 起，其它处分 7 起。未作处理有的是情况尚未弄清，有的是材料还未整理，有的是等待上级批复。

除了上述案件之外，还有几个突出问题值得我们重视：

一是知识青年中失盗现象比较普遍。据姚圩、南港、东边、观巢等公社反映，几乎所有知识青年班都程度不同地发生此类现象。丢失物件有：人民币、粮票、衣裤、鞋子、旅行袋、肥皂、香烟、报纸、信件等，特别是生产工具、生活用具丢失严重。东边公社西坑生产队知识青年李××，一九七一年他父亲从上海寄来人民币 10 元，至今一直下落不明。经邮局查对是廖××签字盖章收汇款的，但这个生产队根本没有廖××这个人，别的生产队有个几岁小孩叫廖××，既不识字，又无私章。此案现在也不了了之。

二是地富分子或子女趁机翻案。姚圩公社新生大队新生生产队办政治夜校的房屋是一个外迁富农子女的，这个生产队的知识青年为了办好政治夜校，在房子里张贴了学习制度，开辟了大批判专栏。后来这个富农子女听说要落实政策，迁回原籍，他就跑到这个房间把政治夜校的学习制度、大批判专栏统统撕毁了。事后，生产队只责成本人写个检讨就了事。

三是有些地方排斥、歧视知识青年。东边公社山田生产队，社员每人分自留地 1.7 分，学生每人只有 0.5 分，"双抢"队里杀猪，社员、四类分子每家每户分猪杂，知识青年没有分。中午出工前，学生在房间休息，有些社员的小孩常去吵闹。学生说："你们走吧，我们要休息。"他们反驳说："房子不是你们的，你的房子在上海，你给我滚。"这个公社中凌生产队，有个学生身体有病，挑不起禾担上禾堆，干部威逼说："你不挑，你以后别想上调。上去了，告状也要告你下来。"水北公社泉塘大队最近发给知识青年 130 斤谷子，是留作猪饲料用的，100 斤谷只能碾米 40 多斤。原三队一直扣压学生口粮指标 9000 余斤（其中有 2000 斤在年终分配时已扣款），队干部说学生欠队里钱 900 余元，不给粮食，经这次查实，实际欠款只有 50 余元。

四是少数单位私自收留知识青年长期在厂矿搞副业，致使青年倒流城市。新钢供销科科长的子女李××二兄妹，下放在观巢公社，长期在厂里搞副业，根本不到农村去，生产队也通过这个关系经常派社员来新钢搞副业。泗溪公社卫东大队的知识青年，也经常利用家属、亲属在厂矿工作的方便，长期离开农村，在厂矿拉板车，赚现钱，既不交钱队里还记工分，又要生产队给口粮。

四、利用职权，招工、招生、参军"走后门"。

据良山公社反映，六九年以来，属于"走后门"进厂、升学、参军的有6人，他们都未经贫下中农推荐，有的是通过上级组织点名，有的是上级领导吹风、写纸条，有的是通过私人关系，其目的都是使自己的子女早日离开农村。水北公社金星大队刘家生产队原学生班长顾×贪污、挪用学生安置经费130余元，其中有50余元是给干部买东西，这笔款至今尚有100余元未还清，生产队干部还推荐他去报考大学。南港公社××大队××生产队知识青年任×，春节回上海因未给生产队长买到合尺寸的鞋子，今年大学招生时，生产队长就不同意。据赴上海家访的同志回来反映，上海学生回来后，思想负担和经济负担很重，为了能够买到社员、干部所托买的东西，经常是深夜二三点钟起来排队，有时还得动员全家都到商店去排队。买到了东西，回来就好交帐。

五、由于林贼及其在江西的代理人程世清反革命修正主义路线的干扰和破坏，使一些知识青年不安心农村，在对待前途和理想问题上，存在着不正确的认识，抱着"一年干，二年看，三年再打算"的态度。有的说："升大学名额有限，进工厂指标很少，回老家十分困难，扎根农村很不理想。"一些年龄较大的、身体不好的青年，感到前途渺茫，悲观失望。有的学生说："我生在上海，死也要死在上海，扎根农村一辈子是不可能的。"有的说："在农村搞三五年，咬紧牙关过得去，时间再长就要另作打算。这种反映代表了一部分知识青年的思想。"

上述问题，是我们通过这次检查发现在知识青年中的一些带普遍性的问题，也是我们工作中的薄弱环节。这些问题，通过贯彻毛主席的信和中央21号文件，有的已经解决，有的正着手解决，有的还要进一步查清情况，认真研究，逐步解决。今后，我们一定要坚决贯彻毛主席的信和中央21号文件精神，对知识青年上山下乡作严格检查，加强领导，总结经验，做好工作，使我县知识青年上山下乡运动始终沿着毛主席的革命路线前进。

上述报告当否，请批示。

新余县上山下乡办公室

一九七三年八月四日

全区知识青年上山下乡工作会议纪要

（井发〔1974〕27 号）

在批林批孔运动不断深入发展的大好形势下，八月十九日至三十一日，地委召开了全区知识青年上山下乡工作会议。各县、市、井冈山、地直有关单位和上海市慰问分团的负责同志共四十六人出席了会议。会议学习了毛主席有关知识青年上山下乡的指示和中央、省委有关文件；揭发批判了刘少奇、林彪利用孔孟之道作为其反动思想武器，破坏知识青年上山下乡的反革命罪行；参观学习了湖南省株洲市厂社挂钩、集体安置知识青年的经验；在学习、参观的基础上，对知识青年上山下乡的伟大意义、我区知识青年上山下乡工作的形势，以及如何进一步加强党的领导，做好知识青年的动员安置、教育巩固、统筹解决有关问题等各项工作进行了充分的讨论，交流了经验。会议期间田庆华同志到会作了指示，张国立同志作了会议总结。通过学习、参观和讨论，到会同志进一步提高了执行毛主席革命路线的自觉性，进一步树立了做好上山下乡知识青年工作的决心和信心。与会同志深信，通过这次会议，我区知识青年上山下乡工作必将出现一个新的面貌，提高到一个新的水平。

一、我区知识青年上山下乡工作的形势

会议一致认为，在毛主席革命路线指引下，我区知识青年上山下乡工作总的形势是好的。虽然有林彪在江西的代理人程世清执行林彪反革命修正主义路线的干扰破坏，有省委某些主要领导人否定、推翻文化大革命的伟大胜利和成果，但毛主席的革命路线深入人心，占主导地位，广大干部、广大贫下中农、广大上山下乡知识青年是坚决执行毛主席革命路线的，因而我们工作中的成绩是基本的，形势是好的。特别是贯彻中央〔1973〕21 号、30 号文件和开展批林批孔运动以来，形势越来越好。形势好，主要表现在：各级党组织对知识青年上山下乡的伟大意义认识上有了很大提高；进一步加强了党的领导；政策进一步落实；对下乡知识青年的培养教育工作有了加强；狠狠打击了破坏知识青年上山下乡的阶级敌人和犯罪分子；统筹解决了一些问题；下乡知识青年中出现了很多先进集体和个人，越来越多的知识青年树立了扎根农村的思想，一代有社会主义觉悟有文化的新型农民正在茁壮成长。

在充分肯定成绩的同时，会议还检查了我们工作中的问题。根据会议反映的情况，我们工作中的主要问题是：对知识青年上山下乡的伟大意义有些同志还认识不足，不像株洲市那样各级党组织高度重视；不少党组织对知识青年上山下乡工作的思想领导和组织领导与中央 30 号文件的要求还有比较大的差距；对知识青年的培养教育和使用，充分发挥他们的作用，有些地方重视不够；对两个阶级争夺青年一代斗争的严重性有些同志认识不足，措施不力；有的地方政策还不够落实；应当统筹解决的问题有些地方解决的还不够好，等等。

二、要进一步提高对知识青年上山下乡伟大意义的认识

中央 30 号文件指出："毛主席号召知识青年到农村去，是为了培养和造就千百万无产阶级革命事业接班人，为了加快建设社会主义新农村，这是反修防修的一项重大战略部署。"与会同志反复学习、深刻领会了这段话的重要意义。一致认为，知识青年上山下乡，是一场伟大的社会主义革命。这场革命对于巩固无产阶级专政，防止资本主义复辟，建设社会主义，有很重要的意义。

会议要求，以批林批孔为纲，组织领导班子和广大干部、群众学习毛主席有关知识青年上山下乡的指示，学习中央和省委的有关文件，不断提高思想认识。要像株洲市那样从领导到群众开展三个问题的大讨论，即：知识青年上山下乡是大事，还是小事？知识青年上山下乡是长期战略任务，还是临时措施？知识青年是财富，还是包袱？通过大讨论，真正从思想认识上和实际工作上解决这些问题。

会议强调指出，解决思想认识问题，关键是解决各级领导的思想认识问题。领导的思想认识问题解决了，还要解决下面的思想认识问题。领导的思想认识问题解决了，下面的思想认识问题就好解决。会议要求各级领导干部要带头送子女务农。榜样的力量是无穷的。要坚决刹住"走后门"的不正之风。

三、各级党组织要高度重视，切实加强党对知识青年上山下乡工作的领导

中央 30 号文件规定："县以上党委，都要建立知识青年上山下乡领导小组和得力的办事机构，并由一名书记主管。"会议要求各地必须坚决执行这一规定，健全和加强知识青年上山下乡领导小组。要把知识青年上山下乡工作列入党委的重要议事日程，当作一件大事来抓。县、社知青办干部没有配齐的，应当很快配齐（公社知青办干部一至二人），并且要保质保量。有的知青办干部由于种种原因，不适合做这项工作的，应当加以调整。比较大

的厂矿、机关、企事业单位，也要建立知识青年上山下乡领导小组和得力的办事机构，根据动员和安置任务的大小，配备相应数量的专职干部。

会议根据中央 21 号、30 号文件精神，要求各级党委要以批林批孔为纲，以毛主席关于知识青年上山下乡的教导为指针，层层做好思想政治工作，以极大的热情和对人民高度负责的精神，满腔热情地积极做好这项工作。知识青年上山下乡，关系到广大工人、贫下中农、干部，关系到千家万户，差不多关系到城镇的每个家庭，这项工作的意义又这样重大，因此，我们没有任何理由不把这项工作做好。

会议指出，在工作方法上要注意调查研究，不断总结经验，表扬先进，以推动全面。地委决定十月份召开全区上山下乡知识青年代表会议，这个会议的一项重要内容就是总结交流经验，表扬先进。各地应积极做好会议的准备，并通过会议的准备工作，推动整个知识青年上山下乡工作。

四、关于教育巩固工作问题

会议认为，现在全区在农村的下乡知识青年有两万多人，今后每年都要下去一大批。做好下乡知识青年的教育巩固工作，意义非常重大，关系非常重大。要认识我们的任务是光荣的、长期的、艰巨的。

会议要求，要深入、普及、持久地开展批林批孔，批判孔老二、刘少奇、林彪鼓吹的"读书做官"、"下乡镀金"、"变相劳改"等反动谬论，肃清其流毒，使下乡知识青年牢固地树立扎根农村、坚持乡村的伟大胜利的思想，通过批林批孔，在下乡知识青年中建立理论队伍。

会议强调指出，要大力加强下乡知识青年的培养教育，充分发挥他们在农村三大革命斗争中的作用。根据青年特点，组织下乡知识青年学政治、学文化、学技术。要关心下乡知识青年政治上的成长，积极培养和吸收具备条件的知识青年入党、入团，参加各级领导班子，特别要注意对女青年的培养使用。

会议指出，要正确对待下乡知识青年的缺点错误，认真做好极少数后进知识青年的转化工作。要加强对下乡知识青年三大纪律八项注意的教育和法纪教育。下乡知识青年有了缺点错误，要耐心说服教育，绝对不能采取简单粗暴态度。对下乡知识青年工作问题较多的社队，县委要组织力量，深入下去，协助社队做好工作，不要等问题成了堆，才去解决。

对下乡知识青年的档案要抓紧进行清理，错了的、有出入的要切实改正。对于"可以教育好的子女"，要重在政治表现，不要歧视他们。

下乡知识青年在吃住医方面的实际问题，应当抓紧解决。

在下乡知识青年中要提倡晚婚。但是有些下乡知识青年年纪较大，本人要求结婚的，应当支持。结婚时住房、家具、用具有困难的，应适当予以补助。下乡知识青年正当恋爱、结婚，应当予以保护，同时要教育家长积极予以支持。

会议要求对破坏知识青年上山下乡的阶级敌人和犯罪分子，要依法及时予以打击和处理。对于混进知识青年中的极个别犯罪分子，屡教不改，不处理不足以平民愤的，也必须依法处理。

五、学习、推广株洲市的经验，做好今年知识青年上山下乡动员安置工作

会议认为，株洲市厂社挂钩，集体安置知识青年到社队农、林、茶场的经验值得学习、推广。他们的经验受到各方面的欢迎，具有普遍的意义，是大有前途、大有希望的事业。会议要求各地大造舆论，大造声势，层层举办学习班，举行报告会，开各种类型座谈会，掀起学习毛主席有关指示和中央有关文件的高潮，认真学习株洲市经验，造成上山下乡光荣的热烈气氛。当然，在学习、推广株洲市的经验中要注意因地制宜，不要搞一刀切。

会议指出，今年动员下乡的对象，坚决按照中发〔1973〕30 号和赣发〔1973〕131 号文件规定执行。符合上山下乡条件的城镇、铁路、厂矿（包括三线厂）等中学（包括城来社去共大分校和未纳入国家计划的厂办技校）吃商品粮的应届高中毕业生、未升学的应届初中毕业生、历届应下未下的中学毕业生和中途退学的学生，都应动员下乡。

会议还指出，省地属厂矿、单位上山下乡对象，由所在县市动员安置，所在县市应认真抓好这项工作。

会议强调指出，凡属下乡对象，不得改向，任何单位和部门都不准从中招工招生或安排临时工作，违犯者要追究责任，严肃处理。

会议明确了今年下乡知识青年的安置形式有这样几种：

厂社挂钩、集体安置、户口到队、劳动到场。我们应当积极推广这种形式：

安置到社队办的农、林、茶场；

安置到国营农、林、垦殖场（比例不得超过 10%）；

有条件的地方，也可以办集体所有制的青年队、场；

到生产队插队落户（人数不得少于八人）；

有条件的也可回老家落户。

会议认为，根据株洲市的经验，安置下乡知识青年，要有全面规划，

要有长远打算，要和农业学大寨结合起来。农村是个广阔的天地，农村需要知识青年，知识青年到农村去是可以大有作为的。我区自然条件好，只要路线对头，各级党组织真正重视，把安置知识青年工作和农业学大寨结合起来，向生产的广度深度进军，一定可以作出新的成绩，出现新的面貌。

会议强调，学习株洲市的经验，要认真选好带队干部。一定要按照四个条件选拔优秀的干部（一般应是党员）带队。社队也要选拔优秀的大队、生产队干部和贫下中农去农、林、茶场，以利于对知识青年的再教育。

会议要求今年知识青年下去的时间，在做好准备工作的前提下，争取早一点下去。

六、其它几个问题

会议认为，过去下去的知识青年，太分散的要适当集中。有条件的（没有条件要逐步创造条件）可采取株洲市的办法，户口到队，劳动到场，集中到社队办的农、林、茶场，也可以办集体所有制的青年队、场。

会议指出，按照省委今年24号文件的规定，各部门各行各业要在各方面大力支持青年队、场。不执行省委指示的分散主义，是不对的。

会议要求各地对安置经费要继续组织力量进行清理。被贪污的经费要追回，严重的要依法处理。被挪用的要分期、限期归还。今后不准再挪用安置经费。

会议最后要求各地要迅速传达贯彻好这次会议精神，趁深入开展批林批孔的大好形势，不断地把我区知识青年上山下乡工作推向前进，争取更大的胜利。

中共井冈山地委
一九七四年九月十日

一九七六年知青工作基本情况和
一九七七年知青工作的计划（草稿）

遵照以英明领袖华主席为首的党中央提出的"抓纲治国"的战略决策，根据第二次全国农业学大寨会议和江西省上山下乡知识青年代表会议的精神，对全区一九七六年知青工作基本情况和一九七七年知青工作计划提出如下意见：

（一）

在毛主席无产阶级革命路线指引下，在各级党委的直接领导下，一九七六年全区知青工作，坚持以阶级斗争为纲，排除"四人帮"的干扰和破坏，取得了很大的成绩，形势大好。毛主席关于知识青年上山下乡的一系列重要指示越来越深入人心；上山下乡无尚光荣，学习大寨铁心务农，正在成为社会新风尚；全党动手，城乡配合，各行各业支持知识青年上山下乡的革命热情更加高涨；广大知识青年生气勃勃，意气风发战斗在广阔天地，为农业学大寨发挥的作用越来越明显。

一九七六年是极不平凡的一年，我们失去了伟大的领袖和导师毛泽东主席，失去了毛主席的亲密战友敬爱的周恩来总理和朱德委员长，在全国各族人民心中引起了极大的悲痛，在沉痛悼念的时候，广大知识青年都下定决心，一定要继承毛主席的遗志，努力把自己锻炼成为无产阶级革命事业接班人，将毛主席开创的无产阶级革命事业进行到底。

一九七六年是我国自然灾害严重，"四害"横行，我们的党和国家面临严重困难的一年。就在这严重斗争的时刻，伟大领袖毛主席亲自选定的接班人、英明领袖华国锋同志为首的党中央，采取果断措施，一举粉碎了王、张、江、姚"四人帮"反党集团篡党夺权的阴谋，取得了伟大的胜利。广大知识青年，通过大歌大颂英明领袖华主席的丰功伟绩，热情欢呼两个伟大的胜利，愤怒声讨"四人帮"的滔天罪行，无不精神振奋，心情舒畅，斗志昂扬，大家说："毛主席指引的知识青年上山下乡正确方向，有华主席掌舵，我们充满必胜的信心，永不迷航。"

伟大领袖毛主席亲自发动和领导的无产阶级文化大革命，"对于巩固无产阶级专政，防止资本主义复辟，建设社会主义，是完全必要的，非常及时的。"一年来，各级党组织认真组织广大知识青年，重新学习毛主席关于无产阶级文化大革命的重要指示和知识青年上山下乡的有关指示，进一步加深了对文化大革命伟大深远意义的理解，树立了敢于反潮流的革命精神，勇于同旧的传统观念实行最彻底的决裂，自觉地同贫下中农划等号，扎根农村铁下心，广阔天地献青春。全区涌现了大学毕业当农民的赵××等六名同志，部队复员退伍不回城市下乡当农民的谭×等二名同志，以及钟××、段××等一大批扎根农村、大有作为的先进知识青年。

为了更好地贯彻全国第一次农业学大寨会议精神，发动全区上山下乡知识青年积极投入农业学大寨群众运动，在全区上山下乡知识青年代表大会的基础上，年初经地委同意，组织了全区知青工作大检查，全面检查了知青工作的落实情况，知青场、队学大寨的规划和措施，帮助解决了知识青年扎根农村的一些实际问题，有力地调动了广大知识青年学大寨做贡献的积极性，发展了大好形势。

伟大领袖毛主席十分关怀青年一代的成长，对青年一代总是寄予殷切的期望，在健康情况不佳的时候，二月十二日还批示："知识青年问题，似宜专题研究，先做准备，然后开一次会，给以解决。"毛主席的批示迅速在全区传达贯彻后，各级党组织都一致表示：要以对伟大领袖毛主席的深厚无产阶级感情，进一步提高对知识青年上山下乡伟大现实意义和深远历史意义的认识，满腔热情地、认真负责地做好知青工作，用实际行动做社会主义新生事物的促进派，立即行动，组织了调查组，由主管知青工作的领导同志亲自带队，深入到知青场、队，国营农、林、牧场和分散插队知青中，对知青工作进行了调查研究，掌握了第一手资料，为领导知青工作，推动知青工作的落实，起了良好的作用。

为了迎接全省知青代表会和筹备全区知青场、队学大寨经验交流会议的召开，通过总结评比，发现了先进典型，总结了经验，宣扬了他们的先进事迹，组织了比学赶帮的革命竞赛活动，大大地活跃了知青工作。

在兄弟省市和有关部门的大力协助下，去年还在全区普遍地开展了知青函授教育，对马列主义、毛泽东思想，农机、农技、化学肥料、医疗卫生知识等专业，对知识青年进行了培训和辅导，既增长了知识青年的业务知识，又进一步发挥了知识青年在建设新农村中的作用，有力地促进了知识青年扎根农村大有作为。与此同时，安远、瑞金等县委党校，还组织知识青年学习革命理论，专门培训了知青理论骨干。此外，文艺、卫生、农技、气象等有关部门，还为知识青年培训了大批专业人员，据不完全统计，全区知识青年受到培训的达一万八千多人次，有力地促进了知识青年红在农村专在农村。

集中安置知识青年的知青场、队，是近年来学习兄弟省市先进经验的成果，是知青工作中的新生事物，抓好知青场、队、班的建设，已经摆到各级党组织的议事日程，成绩越来越显著。全区六百一十五个知青场、队，各公社、大队和挂钩单位都给予了很大的关怀和大力支持，在狠抓知青扎根思想建设的同时，普遍抓住以农为主，以粮为纲，同时因地制宜地开展了种、养、加工等多种经营，兴办了各种类型的小作坊，实行全面发展。去年，在遇到严重自然灾害的情况下，广大知识青年自力更生创大业，艰苦奋斗学大寨，大干出大变，粮食产量大幅度上升，据统计，六百一十五个知青场、队中，粮食生产跨《纲要》以上的有一百五十五个，其中超千斤的五十个，人平贡献千斤粮的有七个，为农业学大寨、粮食上《纲要》，作出了积极的贡献。广大知识青年在场、队里，增强了学习马列和毛主席著作的积极性，培养了艰苦奋斗、自力更生的革命精神，学到了各种农业生产知识，锻炼了热爱集体，遵守纪律的观念，成长进步很快。据统计，去年仅在知青场、队中，就发展了党员二百三十多名，团员二千五百多名，一代有社会主义觉悟的有文化的新型农民，正在茁壮成长。

城镇动员工作。去年在地委的重视下，部署动员和安置工作的会议开得早，准备工作抓得早，思想发动比较充分，各级领导干部主动带头送子女下乡，学校有关部门紧密配合，除少数几个县、市外，绝大多数都较好地完成了任务。

一年来，上海慰问团的同志和许多单位的工人同志给予我们很大的帮助和支援。各级知青办干部和广大带队干部，在各级党委的直接领导下，兢兢业业，艰苦努力，深入实际，教育和带领广大知识青年，做了大量的工作，发挥了党委的参谋和助手作用，较好地完成了各项任务。

但是，我们的工作也还有许多差距，存在许多问题，主要表现是：对一些拔根的错误行为斗争不够有力。有些地方狠抓阶级斗争有所放松，案件发生率又有回升。在知识青年扎根过程中出现的一些新问题，调查研究不够，解决不够及时，特别是对分散插队和已婚知识青年的一些实际问题，重视和关心不够。在动员和安置工作中一些长期没有解决的问题，没有采取有效措施加以解决。抓典型总结推广先进经验的工作，还停留在一般号召上，缺乏做艰苦细致的组织工作。

（二）

英明领袖华主席指出："一九七七年将是我们粉碎'四人帮'，走向大治的一年，是我们团结战斗，乘胜前进的一年。"遵照华主席的指示，全区知青工作要更高地举起毛主席的伟大旗帜，紧跟华主席为首的党中央的战略部署，坚决执行华主席抓纲治国的战略决策，实现华主席提出的四项伟大战斗任务。要认真落实江渭清书记在全省上山下乡知识青年代表大会结束时的报告和黄知真书记在全省上山下乡知识青年代表大会上所作报告中提出的各项任务。坚持以阶级斗争为纲，坚持党的基本路线，坚持知识青年与工农相结合的正确方向，深揭狠批"四人帮"，深入开展农业学大寨、普及大寨县的群众运动，积极巩固和发展知识青年上山下乡的伟大胜利成果。要研究切实可行的措施，狠抓各项工作的落实。贯彻落实的情况，各县应定期检查几次，经验要总结推广，问题要研究措施加以解决。

为了有利于工作起见，提出如下几项具体任务：

一、要把深揭狠批"四人帮"的斗争，作为全年知青工作的中心任务来抓。要以毛主席光辉著作《论十大关系》和华主席在第二次全国农业学大寨会议上的重要讲话为强大思想武器，在各级党委的一元化领导下，积极组织广大知识青年，同贫下中农一道，大打一场深揭狠批"四人帮"的人民战争。彻底揭发批判"四人帮"妄图篡夺党和国家最高领导权的罪恶阴谋；彻底揭发批判"四人帮"的反革命面目和罪恶历史；彻底揭发批判"四人帮"反革命修正主义路线的极右实质及其在各方面的表现；彻底揭发批判"四人帮"在哲学、政治经济学、科学社会主义等方面践踏马列主义基本原理，篡改马列主义、毛泽东思想的反革命谬论。在揭发批判的斗争中，要紧密联系农村的实际，揭批"四人帮"大搞"三反一砍"、"三搞一篡"，破坏农业学大寨、普及大寨县的滔天罪行。要深揭狠批"四人帮"肆意歪曲和篡改毛主席为我国青年运动制定的马克思列宁主义路线，竭力诋毁知识青年上山下乡伟大意义，否定知识青年上山下乡正确方向，妄图扼杀这一社会主义新生事物，破坏毛主席反修防修伟大战略部署的反革命罪行。要深揭狠批"四人帮"妄图改变"再教育"的方向，砍掉"大有作为"的革命内容，大搞"三脱离"，树假典型、黑样板，扩大资产阶级法权，腐蚀革命青年的反革命罪行。要引导知识青年口诛笔伐，人人参战，办大批判专栏，开大批判会，掀起革命大批判的新高潮。今后知青工作的一切重大活动，都要安排大批判的内容和时间，从政治上、思想上、组织上把他们批深批透，批倒批臭，彻底肃清其流毒和影响，使广大知识青年提高觉悟，增强识别能力，牢固树立扎根农村干革命的思想，为学大寨建设社会主义新农村，做出更大的贡献。

二、要把知识青年学习马列、毛主席著作当作一项重要任务来抓，把学习马列和毛主席著作的群众运动推向新高潮。"我们的斗争需要马克思主义。"要引导广大知识青年，在激烈的阶级斗争中，在紧张的劳动中，

"认真看书学习，弄通马克思主义。"努力实现到今年九月再通读一遍《毛泽东选集》一至四卷的学习计划。当前，要特别认真组织广大知识青年学好毛主席的光辉著作《论十大关系》和华主席在第二次全国农业学大寨会议上的重要讲话。这两篇重要文献，是进行社会主义革命和社会主义建设，指引我们各项工作胜利前进的纲领性文献，是深揭狠批"四人帮"的强大思想武器，是农业学大寨、普及大寨县的根本指导思想。广大知识青年一定要学习好，宣传好，贯彻执行好。深刻理解毛主席提出的调动一切积极因素，建设强大社会主义国家的基本方针；深刻理解华主席提出的抓纲治国的战略决策。努力学习好即将出版的《毛泽东选集》第五卷，是我们继承毛主席遗志，把无产阶级革命事业进行到底的实际行动。五卷发行后，要为知识青年买到书，保证人手一册，并订出学习计划，认真学习。要教育青年在斗争中学，斗争中用，发扬理论联系实际的革命学风，提倡写学习心得笔记。在今年下半年的适当时候，各县、市应组织一次知识青年学习马列、毛主席著作理论经验交流会，推动理论学习运动的蓬勃发展。

要广泛深入地开展"向雷锋同志学习"的活动，学习雷锋同志"憎爱分明的阶级立场，言行一致的革命精神，公而忘私的共产主义风格，奋不顾身的无产阶级斗志。"发扬雷锋的"钉子"精神，刻苦学习马列和毛主席著作，号召广大知识青年人人争当雷锋式的好青年。

三、要进一步做好在乡知识青年的巩固工作，统筹解决好知识青年中的实际问题，把知青场、队的建设提高到一个新水平。农业学大寨、普及大寨县运动，是全党的战斗任务，是七亿农民深入社会主义革命，加速社会主义建设的伟大进军。这场伟大的革命群众运动，是广大知识青年改造思想、增长才干的最好课堂，要把知识青年场、队、班的领导班子整顿好、建设好，把每一个知识青年的积极性都调动起来，迅速投身到这一伟大的斗争中去，在党的一元化领导下，同贫下中农一起，深揭狠批"四人帮"，积极参加农村党的基本路线教育和整党整风，积极参加大搞农田基本建设的战斗，大搞农业机械化，大搞科学实验。坚持大批修正主义，大批资本主义，大干社会主义，开展社会主义劳动竞赛，使广大知青经受锻炼，增长才干，铁心务农学大寨，青春献给新农村，尽快地把所在的单位建成大寨式的先进单位。全区所有知青场、队、班，都要在地区知青场、队学大寨经验交流会前后，对办队以来的情况、经验和问题，进行一次认真的总结检查。要修订规划，要研究措施，争取在较短的时间内，迅速改变面貌。所有知青场、队，都要以当地党组织领导为主，贯彻以农为主，以粮为纲，多种经营，全面发展的方针，坚持社会主义的办队方向。在现有基础上，今年地区要求各县、市知青场、队，粮食生产上《纲要》的要达到百分之五十以上。上了《纲要》的要继续努力，积极做贡献。所有知青场、队，今年都要因地制宜地把多种经营开展起来，积极创造条件把小作坊办起来，做到粮食增产，分值增加，人平收入一百五十元以上。各地要做出规划，争取在一二年内，把知青场、队都建成大寨式的先进单位，实现粮、油、猪跨《纲要》，农、林、牧、副、鱼全面发展，加速实现农业机械化，为普及大寨县作出新贡献。

对分散插队和已婚知识青年中存在的实际问题，要给予足够的关心，进行深入的调查研究，妥善帮助解决。要关心知识青年政治上的进步，积极培养和吸收符合条件的知识青年入党、入团。要按照毛主席关于革命事业接班人的五条标准，吸收他们中的优秀分子参加各级领导班子。要教育知识青年提倡晚婚，实行计划生育。要狠抓阶级斗争，打击破坏知识青年上山下乡的刑事犯罪。要保护知识青年的正当婚姻恋爱，对于这方面的错误言行和犯罪行为，要进行严肃处理，保证知识青年安心农村，扎根农村。今年要狠抓一下知识青年的组织整顿、思想整顿和组织纪律的整顿，纠正错误倾向，打击歪风邪气。今后对待在知识青年中进行拔根的各种错误言行，要提高到两种思想、两条路线斗争的高度，坚持斗争，认真对待。各级党委和各级领导同志，要旗帜鲜明，以身作则，给予支持。各级知青办的同志，要站在党的立场上，出于公心，坚持原则，敢于斗争。

四、要继续做好城镇的动员工作和农村的接收安置工作。动员、安置工作要早做准备。尤其是动员任务大的单位和城镇，要集中力量做好调查摸底工作，改变以往学校毕业动员后，迟迟下不去的状况。及早落实安置地点和各项安置准备工作，是做好动员工作的重要保证。这一工作，各动员单位要抓紧做好，争取在八月份以前落实，各县、社知青办也要共同做好。要具体地深入下去，摸清情况，针对问题，认真解决。要号召广大革命干部和革命家长，满腔热情地支持这一新生事物，把自己的子女送到农村去。共产党员和各级领导干部，要带头送子女下乡，教子女务农，自觉限制资产阶级法权，抵制和纠正"走后门"等不正之风。今后城镇动员单位，要开展各种形式的宣传活动，召开家长代表会、座谈会，组织家长参观，邀请下乡知青汇报，抓好先进典型宣传等。各级党组织和主管知青的机构，要坚决执行党的方针政策，对应下未下的动员对象，各部门、各单位都不能私招乱雇。要坚持一手抓动员，一手抓清退，要抓住今年开展整党整风的大好时机，积极开展工作。

五、要进一步加强对知青工作的领导。加强领导，今后主要是扎扎实实抓好各项工作的落实。目前各级知青领导小组都已充实健全，要注意发挥领导小组的作用，定期召开会议，大力开展活动，让领导小组成员都主动积极关心这项工作，出主意想办法，研究问题，解决问题。随着农业学大寨、普及大寨县群众运动的深入开展，各级知青办干部轮流参加农村党的基本路线教育工作组的人数也相对增多。各级党委要全面安排，统筹兼顾，做到加强这一工作，不要削弱这项工作。目前有些公社知青工作无人专管或分管的现象，要设法尽快改变，要给公社一级知青办干部必要的处理日常事务的时间。要加强对知青骨干力量的培养，各级党校要把知青骨干的培训列入计划，各知青场队的负责人，要列入基层干部培训计划。各种有关的会议，都要吸收知识青年骨干参加，让他们学到知识，了解情况，分担任务，增长才干。要抓好带队干部的管理教育，调动他们的积极性，发挥他们的作用，在带队期间，要以当地党组织领导为主，派出单位和所在县、社党委要从政治思想、工作方法、生产待遇等方面，对带队干部给予足够关心。要支持他们大胆工作，成绩显著的要给表扬，违犯纪律的也要严肃批评，提高他们的荣誉感和责任感。

（三）

一九七七年知青工作会议活动安排。今年地区准备召开三个会：三月份开好全区知青场、队学大寨经验交流会；六月初开好全区知青工作会；十月份开好全区知青代表大会。搞好一次大检查：八月份全面检查一次知青工作。办好二次知青骨干培训学习班：一次通讯报道骨干培训学习班（地区办）；一次理论骨干培训学习班（县办）。开好三次小型座谈会：一次革命家长座谈会（县、市办）；一次带队干部座谈会（地区办）；一次厂矿动员单位工作座谈会（地区办）。望各县、市积极做好各项准备工作，共同努力，把这些会议活动开展好。

中共赣州地委知识青年上山下乡领导小组

一九七七年三月

关于当前知青工作情况和今后工作意见的报告

地委、行署：

党中央、省委于一九七八年底和一九七九年九月先后召开了全国和全省知青工作会议，下达中发〔1978〕74号和赣发〔1979〕66号文件。地委为贯彻落实党中央、华主席对知青工作的指示和省委文件精神，先后发了赣地发〔1979〕15号、290号文件。我们遵照中央和省委、地委文件精神，在地委、行署和上级业务部门的正确领导下，为适应知青工作"调整政策，改进做法"的要求，根据下乡知青不断变化的情况，一年多来，着重抓了知青场队的整顿和城乡广开门路、统筹安排知识青年的工作。

（一）

一年多来，在城乡广开了门路，统筹解决了一部分下乡知青的问题。在下乡知青中，有的在农村扎根、结婚成家，有的成为农村各方面的骨干，他们为建设社会主义新农村作出了贡献。全区出席全省各条战线授奖大会的先进知青场队二个、先进知青代表一名；出席县（市）劳模大会九十五人；评为新长征突击手五十人；三八红旗手四十人。对于在农村确有实际困难不易解决的知青，采取各种措施，给予妥善安排。去年调离农村一万零六十二人，占在乡知青数百分之三十六点九，其中七二年前下乡知青五千零二十四人，占调离知青数百分之四十九点九三。在调离农村人数中，招工七千一百六十二人，其中七二年前三千零一十三人，占百分之四十二点零七；提为国家干部九人；招生二百七十九人，其中七二年前二十三人；参军二百六十九人。

病退、困退回城和外迁二千三百二十五人，其中七二年前一千九百六十一人，占百分之八十四点三四；死亡十八人，其中非正常死亡六人。

安排在农村工作，有固定收入一千六百三十二人，占在乡人数百分之五点九九。其中社办企业五百四十四人，担任三结合干部四十人，民办教师七百一十九人，赤脚医生二百二十八人，计划生育员三十一人，广播员七十人。

各县在招工中，招收下乡知识青年比例，按地委〔1979〕275号文件规定，只有七个县达到规定要求，占百分之六十有赣县；占百分之四十有崇义、定南、寻乌、会昌、于都、石城；占百分之三十有南康、上犹、信丰、安远、全南、瑞金、宁都、兴国；占百分之二十有大余、龙南、广昌；百分之十以下是赣州市。

经过广开门路，积极安排后，现有在乡知青一万七千一百八十七人，其中：七二年前下乡七千二百六十一人，占百分之四十二点二五。国营农林场三千零七十六人，占在乡数百分之十七点九；知青场队四千二百一十八人，占百分之二十四点五四；分散插队九千三百四十九人，占百分之五十四占四。

知青场队经过整顿和调整后，由一九七八年底五百一十四个到一九七九年底还有二百八十六个，占原有场队数百分之五十五点六四。这些场队，经过调整后，能够坚持下来，实践证明它是有生命力的，出现信丰县西牛知青农林场、广昌县知青综合场等一批增产增收的先进知青场队。据不完全统计，去年粮食亩产跨《纲要》场队七十七个，占调整后场队的百分之二十六点九二；超千斤的四十四个，占百分之十五点三八，人平收入一百五十元以上场队一百六十个，占百分之五五点九四，其中：一百五十元至二百元八十五个，二百零一元至三百元五十五个，三百零一元以上二十个。个人收入，据赣州市、赣县、大余三个县（市）调查，在场队和插队知青三千五百四十一人，人平收入一百五十元以上二千二百六十七人，占百分之六十四点零二，其中：一百五十一元至二百元一千一百三十五人，二百零一元至三百元六百八十三人，三百元以上四百四十九人。

办得好的知青场队都是当地党组织把它当作一项社会主义事业来办，一是加强了党的领导。信丰县西牛公社知青农林场，就是由于县委和公社党委为加强该场领导，成立党支部、管委会和共青团、妇女、民兵等组织，从七三年起，派长岗大队支部书记邓延富同志带领四个老农驻场，传授农业技术。县知青办从七六年起，派干部到该场蹲点，总结办场第一手经验，现在县委已决定转为县办的知青综合场。二是有一个强有力的领导班子，调进一定数量的老知青和已婚知青，吸收一定数量的农民进场，作为稳定的技术骨干队伍。大余县南安镇小艾农场，全场二十二户，其中下乡知青十二户，占百分之五十四点六；一百零二人，其中知青十六人和家属、小孩五十一人，占百分之六十五点七。十多年来，他们同社员一起，以种养为主，生产粮食，经营茶叶、木梓油和养牛、养猪，生产逐年发展，收入年年增加，去年分值一元四角八分，人平收入二百五十八元，分配全部兑现。十二户知青中，有手表十四只、自行车十八辆，半导体收音机十五部，缝纫机五架，生活越过越好。三是有一个好的农业基地，以农为主，多种经营，充分利用当地资源，开办一些产供销有保证的项目，提高知青收入水平，增强知青场队的经济吸引力。广昌县知青综合场，办场三年来，共生产粮食二十六万斤，亩产达到九百七十三斤，除完成公购粮任务外，有储备粮四万斤；固定资产十五万多元；人平口粮八百斤；人平收入五百零四元，最低的也有三百三十五元。知青刘振江全年收入九百九十一元。他父亲退了休，叫他去顶替，他不去。他们算一盘帐，综合场收入一元顶得县里一元三角，不如在综合场好，表示决心把场办好。该场已转为县知青农工商联合公司的生产基地。

（二）

贯彻中央74号文件以来，坚持了知识青年上山下乡的正确方向，各级党委做了许多工作。但是，由于林彪、"四人帮"在知青战线上的流毒影响，加上我们工作中的缺点错误，还存在着不少问题。

一、中央74号文件指出：对那些确有实际困难不易解决的插队知青，要在城乡全民和集体所有制企事业，逐步安排他们从事有固定工资收入的工作，七二年前下乡的要优先安排，两年内基本解决。现在，一年零三个月已经过去了，还有七千二百六十一人，占在乡知青的百分之四十二点二四，还没有妥善安排好。可是对这些知青的安排，由于各级领导重视和各方面的配合不够，认为他们年龄大，已婚的多，有子女拖累，不愿接受安排。另外，多数单位是内招，不愿意招收外单位的，特别是居民中的下乡知青，无家可归，招工没有份。因此，七二年前下乡知青中需要安排的全区还有近四千人未能得到解决。

二、有一部分插队知青在住房、口粮、劳动报酬和已婚知青的小孩落户等问题未能得到妥善解决，影响这些同志在农村扎根。据赣州市沙河、沙石、湖边三个公社调查，知青没有住房三人，小孩没有落户和口粮六人。其它县也有类似情况。去年生产队划分作业组，谁都不要下乡知青，有的参加劳动也不记工分。××县××公社××大队××生产队下乡知青曾××、曾××六八年由××钨矿下放回老家，在××生产队做了房子，两兄弟是强劳动力，生产队作业组长曾××（摘帽富农成份）去年六月上旬在队委会上提出，曾××两兄弟到××队，没有接收证和落户证，并通过决议，他家十年吃生产队六万多斤粮，要退回粮食；要迁离××队，六月十五日停止曾××全家劳动，七月十五日停止发口粮，收回自留地。曾××两兄弟为解决口粮，八月十三日曾××在晒谷场挑一担谷去公社，要求解决口粮。八月十四日，曾××和生产队长曾××用扁担将曾××胸、腰部打成重伤。事后，公社表示要曾××负责医药费八十元至一百元。

三、有的公社对知青场队没有把它当作社会主义事业来办，而是采取在知青场队调走物资，摊销费用等做法，使知青场队办不下去。崇义县铅厂公社曾是安置知青的先进单位，获得省委、省革委的奖状。公社于一九七四年底将分散插队三十八名知青集并办综合场，在上海慰问小组的帮助下，生产胶木接插件，七五年五月至七八年每年产值三万五千元至六万八千元，由于收入多，知青实行公费医疗和报销探亲车旅费，人平收入四百五十元至五百三十元。但七七年上半年，用综合场钱到上海购买旧的 18 型车床等七台设备无偿给公社农机厂，又以合做厂房为名，为农机厂盖一栋土木结构的车间。七八年七月下旬以××大队党支部副书记刘××为首纠集一百多人抢摘综合场西瓜六千多斤，踩掉六千多斤，共计一万三千多斤，并打伤上海知青王××，至今未作处理。

会昌县麻州公社知青综合场，去年总产值五万零二百八十一元，其中盈利一万八千三百四十三元，年终分配知青报酬二千四百三十五元七角三分，占盈利百分十三点二八。公社党委对知青工作不是按中央 74 号文件规定把知青场队办成独立核算的单位，而将公社林场、农科所并到知青综合场，成为一个核算单位。合并后，将综合场五千七百一十二元九角钱给林场、农科所发工资等用。该场一辆四吨交通牌汽车，七八年已在上海进行检修，去年运输收入四千六百九十七元六角四分，而支出八千一百二十三元九角九分，亏损三千四百二十六元三角五分。亏损原因，买零件二千八百三十八元，汽油、机油二千七百六十一元，但以吨公里计算，可行程一万五千公里，收入一万二千多元，去年实际收入只占百分之三十九点一。用汽车为少数人谋取不少利益，司机是社办企业人员，经常接送公社领导和为农机厂少数工人做房子送砖瓦、木料。司机从七九年四月至十二月，用去医药费三百一十七元六角，每月平均三十五元二角九分。公社还将五个砖瓦窑棚的砖瓦和木材拆去建农科所的房子。由于公社党委采取安插人员、拆除窑棚、平调资金、限制分配和不搞积累等错误做法，造成知青思想混乱，综合场难以维持下去，更谈不上发展。

四、有的县（市）在知青中招工，办理病退、困退，承认知青关系等方面的决定和规定，违犯中央、省委政策的精神。中央 43 号文件是去年六月上旬下达的，宁都县委去年八月中旬在常委会上决定，承认下乡知青一百八十四名。信丰县在去年招工中决定，对知青与知青结婚的，双方吃农业粮的，一个也不招收。县劳动局规定，安排插队知青当农工，只能是垦殖场管辖范围内的大队的知青。寻乌县委决定将插队已婚知青一百三十名，分别安排到桂竹帽垦殖场、县园艺场当农工，允许家属四十七人和小孩一百一十五人随同进场，但县公安局不同意家属、小孩在垦殖场落户。县知青办将中央、省委、地委文件和县委〔80〕9 号文件给该局副教导员彭××同志看，彭副教导员提出：1. 文件中讲的安排知识青年，没有讲安排家属；2. 中央文件讲的农场，没有讲林场、园艺场；3. 地委、县委文件规定与中央文件有矛盾，我们执行中央的。知青部门对以上决定和规定，多次向领导同志汇报和与劳动、公安部门负责同志商谈，回答是，常委会议决定的，要知青部门办理；中央和上级党委须有文件，但上级业务部门没有文件，强调条条，不给纠正和办理。

五、赣州市动员工作，七九年度动员对象一千多人，到今年三月底已下乡一百二十人，占百分之十。虽然还会有一些人下乡，但多数不肯下。下不去的情况是多方面的：1. 有的动员单位与安置社队关系不好，厂社挂钩时许了社队的愿，也有的社队以安置知青为名，滥要东西，未实现就互相扯皮，安置单位规定，场队知青只准出，不能进。去了不给落户、供粮。2. 居民中知青下不去，地委〔1974〕39 号文件规定单位带居民，除少数单位带了外，多数单位未按文件办，历年来应下未下的大部分是这些人。3. 现行政策改变，七八年起，应届中学毕业生不需要下乡劳动锻炼二年，毕业后直接参军、升学、顶编。4. 下乡知青收入水平低，相当一部分人要家里拿钱穿衣、吃饭；特别是七二年前下乡老知青没有安排好，在社会上造成了很不好的影响，不少群众怕子女下去上不来，耽误子女的前途。5. 单位领导上对动员工作抓得不紧，知青干部怕得罪人。

以上所述，知青工作中的政策不够落实，许多实际问题得不到解决。因此，知青工作部门不少同志存在着畏难情绪，认为党委没有早几年那样重视，遗留下来的问题积累较多，解决问题遇到阻力较大。总之，问题不少，需要妥善地研究解决。

（三）

今后知青工作，遵照中央〔1978〕74 号文件制定的路线、方针、政策和做法，本着"国家关心，负责到底"的精神，积极稳妥地做好知青工作，需要解决以下六个问题：

一、对知青工作的认识问题。要继续深入学习中央 74 号文件，学习华主席以及党和国家其它领导人去年八月接见上山下乡知识青年先进代表时的重要讲话。华主席说："知识青年上山下乡是对的。同志们响应党的号召，这些年在农村作出了成绩，是应该给以表扬和鼓励的。"胡耀邦同志说："今后城市知识青年就业，要从三个方面安排：第一，在大中城市广开门路，主要是搞轻工业和服务性行业；第二，发展小城镇；第三，继续上山下乡。"通过学习，把党内外的思想统一到党中央确定的方针政策上来。

如何做好知青工作，是个涉及千家万户的大事，为广大群众和整个社会所关心的问题。为此，需要统一思想认识，去年各县（市）在城镇广开门路，积极开辟新的领域，新的行业，大力发展集体所有制企业，安排一部分待业青年和下乡知青。据此，能否就不再搞上山下乡，把城市知识青年全部留在城里安排呢？从我区的实际情况看，显然是做不到的。因为：1. 安排人员就业是按照国民经济计划进行的。目前城市的职工，随着企业的调整、管理的改善，职工还会有增多。2. 城市服务行业需要补充不少人，但是经过最近两三年大量安排待业青年，也会出现饱和状态。3. 每年有六千六百多人城镇中学毕业生等待安排和一万七千多下乡知青中有一部分人回到城市安排。鉴于上述情况，我们认为，中央 74 号文件强调对城市知识青年，要在城乡两个方面广开安置和就业的门路，是符合我国和我区目前情况的。省委 66 号文件规定一部分城市动员知识青年上山下乡是正确的。我们应当坚决地按此精神办事。

三、知青场队的建设问题。坚持以农为主、农工并举、多种经营办场方针。发展农业是知青场队的目的，如果离开农业去搞工商业，是办不好的。但是，我们几年来办场队的经验证明，在以农为主的同时，必须实行农工并举，多种经营，因为农业的收入较低，积累较慢，单一搞农业，既难以保证知青生活自给，更不能扩大再生产。正确的做法是：以农为主，农工并举，多种经营，就地取材，以短养长，长短结合，农工商都得到发展。

知青场队要在现有基础上，整顿、巩固、改进、提高，朝着农工商联合企业的方向发展，努力创造条件，逐步建成知青就业的基地。广昌、会昌、于都、宁都四县先后办起知青农工商联合公司。兴国、信丰、南康、龙南四县举办知青综合场。其它县（市）应根据自己条件，在城市郊区积极创办。举办农工商联合企业的基本条件：1. 要列入党委议事日程，有一名负责同志抓这项工作；2. 要有一个建设城镇与安置知识青年的长远规划；3. 要配备公社一级的领导干部、专职会计；4. 要以知青为主，知青占百分之六十以上；5. 要有一个好的农业基地，加工产品要有原料和销路；6. 要讲经济效果，投资少，见效快；7. 知青办要有安排人员、资金股份和财产调配的自主权。

三、赣州市动员安置工作问题。赣州市属于动员知青上山下乡城市，在八五年前中学毕业生，每年平均有二千八百人，其中符合上山下乡条件一千人。原有在乡知青将近四千人，其中在外县三千多人（七二年前约一千人）。在知青工作"调整政策，改进做法"的形势下，在外县办的知青场队和知青，会逐渐迁点和转点到市郊，有的已转迁到市郊。今后动员下乡的知青多数也在市郊安置。在外县的下乡知青，应按本文第三部分（四）即"知识青年安排问题"规定办理。对父母年老多病，身边虽然有子女，但子女年龄较大，分居无法照顾其父母的，应收回市里落户。

赣州市任务较重，目前是个大头，今后也是重点，请市委加强知青工作的领导，充实市知青办领导力量，按编制配齐干部。对动员安置工作、知青场队建设、举办农工商联合企业、知识青年就业等问题作一个规划，通盘考虑，下达执行。

四、知识青年安排问题。对七二年前下乡知青的安排，地委〔1979〕290 号文件已作了部署，必须继续执行。现在乡的还有七千二百六十一人，其中要安排的将近四千人。在工作中，要注意在城乡全民和集体所有制企事业单位优先安排有固定工资收入的工作，到今年年底基本解决。对扎根农村，安家落户的知青，要给予支持和鼓励，他们在住房和其它方面的实际困难，按国务院知青工作四十条规定，给予适当扶助。对因病残不能参加农业劳动需要病退的和家庭有特殊困难需要人照料的，可以办理病退和困退回城。安排到社办企业和街道小集体的知青，包括民办教师、赤脚医生、计划生育员、广播员、代销员等，转为城镇户口，吃商品粮，小孩随女方落户。工种粮与全民企事业单位职工一视同仁，其它享有的待遇（如招工、升学、参军、工龄计算等），按照中央〔1979〕51 号文件精神办理。安排到国营农林企事业单位的知青，其户口、粮食按在农林企事业单位的职工同等对待，已婚知青的家属，小孩应允许随同进场。在安排中，要求做到：1. 未婚知青由动员城镇（单位）收回安排；2. 已婚知青双方属于同一动员城镇的，由该城镇（单位）收回安排；3. 已婚知青属两个动员城镇的，收回安排的城镇就低不就高；4. 已婚知青属两个同等动员城镇的，由男方动员城镇（单位）收回安排；5. 知青与农村社员结婚的，根据就近和自愿的原则安排；6. 知青与城镇、厂矿吃商品粮人员结婚的，由配偶单位收回安排；7. 以上凡需收回安排的知青，须经县（市）知青领导小组审批，由知青办办理收回手续，由劳动局等部门进行安排；8. 知青与国营农林企事业单位职工结婚的，由该农林企事业单位安排。

五、知青经费和财产清理问题。由于知青场队的变化，对那些合并、停办、撤销的知青场队以及知青点，所有财产、物资、房屋，包括原来拨给下乡知青使用的土地、山林，在县（市）知青领导小组领导下，由知青办会同财政部门进行一次全面清理，重点是对一九七三年九月以来的安置经费、财产，对地方支农资金、救灾补助款、单位支援财物、上海无息贷款，也要列入清理项目。七九年九月以前有关知青经费未处理或未搞清楚的，也要一并清理。

清理出来经费和结存经费，未经县（市）知青办、财政局核准，任何单位和个人不准动用。房屋的处理，对合并、停办、撤销、迁点的知青场、队、班房屋，首先用于安排无房屋的插队知青住。凡需处理的房屋，房价按国家、社队投资、投工和房屋新旧程度折价计算，折价款按"五、二、三"的比例分成，即县收百分之五十，公社收百分之二十，大队或生产队收百分之三十。财产处理，用安置经费购置的农、家、炊等三具是国家财产，合并、停办、撤销的知青场队和知青升学、参军、提干、招工的"三具"，按数量和质量折价处理，公社一级办的场队，按"六、四"的比例分成，即县收百分之六十，公社收百分之四十；大队或生产队办的场队按"四、三、三"的比例分成，即县收百分之四十，公社收百分之三十，大队或生产队收百分之三十。坚持先县、后社、再队的原则，分收价款。动员单位投资或支援资金、机械设备较多的，进行分成时要适当兼顾。清理收回经费和结余经费，主要用于发展知青生产事业上，不许挪作它用，也不许借用。

六、加强党对知青工作的领导。知青工作涉及城市中学毕业生的统筹安排、城市支援农村的具体实施、城市建设的整体规划等等方面，这样的任务，只有依靠党委才能统得起来。各县（市）委和有动员任务的单位党组织、有下乡知青的公社党委要有一名书记主管知青工作，切实抓好。

要制定发展知青场队，举办农工商联合企业的规划，这个规划要同整个城市发展郊区小城镇、城市支援农村、工业支援农业、加强农村建设、缩小城乡差别的规划结合起来，通盘考虑。

要大力宣传报导先进知青场队和先进知青的事迹，希望报纸、广播加强这方面的报导。

知青办担负着统筹解决知青问题的重大任务。县和驻县厂矿今后虽然不动员知识青年上山下乡，但对在乡知青的学习、生活、生产、安排等方面，有许多工作要做，要落实。最近，不少县把知青办干部调走了，不配备，长期缺编。全区编制一百三十一人，现有九十九人，缺编百分之二十四点四。赣州市编制十五人，现有八人，缺编百分之四十七，而且只有一个副主任。龙南、全南、于都、兴国、石城等县都缺编百分之四十。其它县，除瑞金满编外，都缺编。人员缺编，领导单线，这势必给党委落实统筹解决的方针带来困难。因此，县（市）知青办干部应按编制配齐，充实领导力量，相对稳定，要教育知青办干部勤勤恳恳，任劳任怨，扎扎实实地做好知青工作。

以上报告，如无不当，请批转有关单位研究执行。

赣州地区行署知识青年上山下乡办公室

一九八〇年四月一日

关于目前我市知青工作的简要情况汇报

随着中央对知青政策的调整，我市知青工作在做法上已经有所改变，工作的重点是把知青上山下乡纳入劳动就业的轨道，积极而又稳妥地解决好下乡知青的就业问题。现就目前工作情况作如下简要汇报：

一、下乡知青安排情况

1. 数据反映

我市从一九六八年起，至一九七七年止，共下乡知青3643人。

据一九七八年底统计，我市实有在乡知青794人（不含国营农林场），其中七二年以前下乡的319人。与原有知青人数相比，减少2849人，这2849名知青均由历年招工、招生、征兵、顶职、补员及转点离开农村。

据一九七九年底统计，我市实有在乡知青还剩448人（包括当年转点进我市农村和恢复知青关系25人），其中七二年以前下乡的64人。与七八年同期相比，减少371人，这371人中17人被招生，15人被征兵，308人被招工，病困退回城 30 人，转点出去 1 人。

据一九八〇年底统计，我市实有在乡知青只剩 98 人（包括当年恢复知青关系、留农子女转知青，转点到我市农村以及动员下乡 52 人），其中七二年以前下乡的 38 人。与七九年同期相比，减少 402 人，这 402 人中 15 人被招生，1 人被征兵，375 人被招工，单位收回安排在小集体的 11 人。

截至今年元月底，我市实有在乡知青 66 人，其中七二年以前下乡知青还有 6 人（这 6 人已有安排：铁路已体检填表 2 人，计划生育员即上报待批 3 人，不愿到大集体，要求困退、自谋职业 1 人）。与去年底相比，减少 32 人，这 32 人均在我市属单位大集体、铁路大集体、磷肥厂大集体中作了安排。

待以上 6 名七二年以前下乡知青安排后，我市七二年前下乡知青已全部安排完毕。

目前，本市郊区只剩下七三年以后下乡的知青 60 人，以及我市动员下乡在余江、贵溪两县的，并符合我市收回安排条件的 99 人，共计在乡知青 159 人（男 75 人，女 87 人）。

2. 我们的做法

在安排在乡知青就业的问题上，特别是解决七二年以前下乡知青的就业问题，我们始终依靠党，取得党和有关部门的支持，坚持市委制定的"单位包干，系统调剂，全市平衡"的安排原则，一方面做好接收单位的政治鼓动工作，另一方面对知青本人加强思想教育工作和已与社员结婚的知青家庭的调解工作，做到边动员，边协商，边落实，边安排，使这些老知青都得以妥善安排。她（他）们激动地说："我们这些一无靠山，二无门路的老知青，想不到下乡十多年后的今天，还能安排工作，这都是党的政策的英明，我们到单位后一定加劲干，用实际行动来感谢党和政府的亲切关怀。"

同时，我们还根据省人民政府赣政发〔80〕163 号文件精神，在知青本人自愿的前提下，又动员了一些单位举办小集体，也适当地安排了一部分知青就业。

另外，在去年的全民招工中，我们主动与劳动部门协商，在政策许可的限度内，给下乡知青在某些工种上放宽年龄，放宽婚否的限制；在文化考核上对七二年前下乡知青照顾 40 分，七三年后下乡的照顾 25 分，从而使 40 名在乡知青根据志愿愉快地走上了工作岗位。

3. 我们的体会

在安排工作中，我们感到进展之所以能比较顺利，首先是市委和市人民政府的重视。市委和市府对知青就业作为重大事项，列入议事日程，多次进行研究，召集有关单位召开专门会议，调查摸底，挖掘安排潜力，决定了的事情，都能得到落实。其次是劳动部门和接收单位的积极支持。他们解放思想，放宽政策，发展生产，广开门路，从各方面照顾知青，多录用知青，使我们的安排计划都能预期实现。

但是，在安排工作中，我们也有为难之处：其一，有部分单位人员超编，人浮于事，经济收入少，不愿接收知青；其二，女知青比男知青要难以安排，特别是七二年前下乡的女知青的安排更为困难，大多数单位在接收她们时都有顾虑，认为她们年龄大，文化低，又有孩子，怕背包袱；其三，也有个别知青在工种问题上挑肥拣瘦，拈轻怕重。这些问题都成为我们工作上的负担和难度。

二、现有 159 名在乡知青的安排意见

我市，包括由我市下乡余江、贵溪两县的 159 名在乡知青，都属七三年以后下乡，对于他们的安排问题，我办根据今年元月份，地区知青办在上饶召开的部分县市知青办主任会议上提出的"各县、市要力争在今年五月一日前把现有在乡知青全部安排完"的要求，已从安排的原则、安排的去向、安排的对象及安排的时间等方面用书面向市人民政府写了意见报告。

安排的原则仍然是市委提出的十二个字：单位包干，系统调剂，全市平衡。具体地说，知青家长所在工作单位，且具有安置能力的，应负责把其单位的在乡知青收回安排，这里说的知青家长所在工作单位，主要是指知青的父亲所在工作的单位，如无父亲，由母亲工作单位负责安排。如父母均无，则由知青的爱人或其兄、姐工作单位负责安排；如其单位安排确有困难，应由其系统负责调剂解决；如系统内安排仍有困难，则由市劳动局统一分配安排。

安排的去向。我市 159 名在乡知青全部收回城市，由市劳动局划给专项招工指标，安排到大集体企事业单位就业，从事有固定工资收入的工作。考虑到全市安排任务重，工作难度大，也可以安排一部到小集体单位工作，这部分人，今后可以参加全民招工、大集体招工和升学考试，同样实行择优录取的原则。

关于安置下乡知青的经费问题，我办意见是：凡是今年二月十五日后招收下乡知青的单位，按其招收名额，每人拨给 300 元，作为扶助生产资金使用，知青的户粮关系连其子女一同迁回，转为城镇户口，改吃商品粮。

安排的对象：

1. 属七三年以后由城市动员下乡的在乡知青；

2. 由本市动员下乡在市郊和余江、贵溪两县农村的在乡知青；

3. 外县，包括外地、外省动员下乡在外县、外地和外省的在乡知青，其爱人在我市工作，可持当地知青办证明，填写登记表，予以安排；

4. 对于病、残的在乡知青，由民政部门安排力所能及的工作，扶助生产资金也同其它知青一样拨给；

5. 由我市动员下乡的知青，与外地职工、社员结婚的，根据省委赣发〔80〕147 号文件精神，应由外地安排；

6. 凡下放在国营农林场安置的知青，根据中共中央中发〔78〕74 号文件精神，不予收回安排。

今后，原则上不再办理知青转点手续，如有特殊情况者，须联系好接受安排的单位，经我办审批后，方可办理转点手续。七二年以前的下乡知青，要求转入我市农村的，我办一律不予接受。

安排的时间。考虑到我市安置工作的实际情况，时间须稍为延长，争取在今年第三季度前，将在乡知青全部收回安排。

三、当前在乡知青的思想动向

当前，我市下乡知青真正坚持在乡的只有五分之一，大多数是名在乡，人在城，心在等，等招工、等升学、等国家征兵、等补员、等政府收回安排。他们当中，家庭经济条件差的，在城里找临工做，家庭经济宽裕的，在家复习功课，准备参加升学和招工考试；有的长期不回乡，到时拿钱到队里买口粮。

下乡知青随着年龄的增长，也都不同程度地考虑着个人的婚姻问题，有的到了年龄不敢恋爱，有的恋爱不敢结婚，都怕婚后受到招工、升学、征兵等条件的限制。

在就业问题上，男知青的思想也比女知青较为复杂，男知青要求能安排到全民单位，不愿到集体单位，主要是到集体单位怕找不到对象，女知青则要求略低。

另外，我市知青一般就业条件较高，要进工种好、钱多的单位，不愿干重体力、活脏的工作。

但是，总的来说，由于中央对有关就业政策的调整，使知青感到有安排就业的希望。从全市来看，知青的思想基本上还是稳定的，近年来，没有发现悲观厌世、自杀犯罪的情况。

四、我市是否动员下乡的问题

关于我市是否动员知青下乡的问题，原拟本市七八至八〇届城镇高、初中毕业生2500人，除已留城、升学、征兵、顶职等2000人外，其余500人全市动员下乡。但根据国务院知青领导小组〔80〕国青字第2号通知和全省知青工作会议精神，要按照"下乡就是安排，就是就业"的要求，从我市农村目前的实际情况来看，条件还不成熟，原因有以下几点：

1. 我市农村4个人民公社，实有耕田面积只有46804亩，而人口就有47368人，其中劳动力有19324人，人平耕地面积只有0.987亩，每个劳动力也只摊到2.42亩。因此，社队每年只有把剩余的劳力安排到有限的社队企业中去和派进城里搞副业。如继续下放知青，一方面势必占用农村耕田，增加社员负担，减少集体积累；另一方面知青本人得不到固定的工资收入。社队干部和社员群众是不欢迎的，知青家长和知青本人的动员工作也是难做的。

2. 我市现有的20个知青场队，大多是以农民为主，规模都较小，生产潜力不大，生产不稳定，经济收入低，知青生活没有保障，不可能解决新到场队知青的就业问题。

3. 我市没有以知青为主的独立的农业生产基地，也没有举办知青农工商联合企业，同时，省知青办也通知城市不宜再建农工商联合企业。所以就难以安排知青到有就业门路的地方，实质上，我市历年来知青下乡是属插队性质。

4. 我市虽有几个国营的农林牧场，但规模小，发展慢，生产门路不广，收入都是难以自给，有些单位还靠国家补助，也就无法安排知青就业。

鉴于以上原因，我市农村既不能安排知青就业，也不能和城市实行统筹来解决知青就业问题，我办的意见是：我市不宜动员城镇知青下乡。但要在城市安排就业，也存在很多实际困难。

我市究竟是动员知青下乡还是不动员下乡？下怎么办？不下又怎么办？对于这个问题，市委几经研究，现尚未确定。

鹰潭市知青办

一九八一年二月二十一日

附录
上海青年垦荒队

本编材料起讫时间为 1955 年至 1959 年，江西省档案馆无此部分档案，由上海市档案馆提供。——编者注

市委关于加强本市户口管理逐步
紧缩人口的指示（草稿）

上海是我国工业城市之一，五年来在中央领导和全国各地大力帮助下，克服了各种困难，恢复和发展了生产，对国家社会主义建设发挥了一定的作用，在今后的国家建设中，还将不断地发挥应有的作用。但由于上海是在半封建半殖民地的基础上畸形发展起来的，形成了工商业过分集中、人口臃肿等不合理状况。这种状况，现在仍然没有完全改变，这对国家的社会主义建设和国防安全都有很大的不利。因此，我们必须积极贯彻加强与逐步紧缩上海的方针，使上海改造成为既符合于国家社会主义建设的需要，又能够担负起捍卫国防前哨的坚强城市。

根据最近统计，今年四月底上海市常住和临时人口已增至六百九十九万余人（不包括部队），比一九五〇年一月普查时的五〇二万人，共增加了一九七万人，其中除自然生长约九十余万人外，由外地迁入的达一百余万人。在全市人口的构成中，基本人口，即在工业、建筑业和有全国意义的高等学校、铁路、海运、空运、港口等工作人员约为一一八万余人，仅占总人口的百分之一六·九九；服务人口，即在商业、市政企业、文教卫生部门等的工作人员约为一一九万余人，占总人口的百分之一七·一四；农业生产人口为二〇万余人，占百分之二·九四；其它非在业人员如儿童、学生、老人、一般无劳动力的人口和失业人口、临时人口约为四四〇万余人，竟占总人口的百分之六二·九三。这显然是很不合理的。

……

一、有组织地大力疏散人口

……

第三，根据可能的条件，有计划地移送本市原来从事农业生产的或可转业的劳动力至外省进行垦荒。最近期间有关部门，应即指派专人向江西、安徽、江苏等地区了解荒地情况、移民条件等，拟定移民垦荒计划。

……

市委认为逐步紧缩本市人口的工作是十分复杂和艰巨的，但是只要上海全党在中央的领导和各地的支持下，积极努力工作，我们是能够完成这一任务的。各党委、区委在接到本指示后，应认真研究本部门、本区的具体情况，提出切实可行的计划，报市委批准执行。

中共上海市委员会

一九五五年七月一日

关于组织失业人员赴外地垦荒进行摸底工作的通知

主送：各区人民委员会（区府）人口办公室、各区人民委员会（区府）

抄送：市人民委员会人口办公室

事由：关于组织失业人员赴外地垦荒进行摸底工作的通知

　　本局根据市人民委员会指示，决定在劳动就业登记的失业人员中组织一批具有条件的人员，赴外地垦荒，从事农业生产。这一工作，不仅是贯彻上海市紧缩改造方针的具体措施之一，而且是帮助失业人员解决就业问题、为国家增产粮食的一项重要措施。

　　现市人民委员会确定首批垦荒地点为江西省的上饶、九江、抚州、吉安四个专区所辖地区，移民九万户。计划今年十月间先去几千人进行典型试验，吸取经验，其余在明年春耕前分批前往。在九万户中准备动员失业人员二万至三万人，今年十月也先动员一部分。这是一项新的工作，任务相当艰巨，首先必须做好失业人员情况的调查研究工作，以保证动员工作顺利进行，并在到达目的地后使其安心从事农业生产。兹先就动员条件和对垦荒对象的访问摸底工作，提出如下意见，供各区参考。

　　（一）动员对象和条件

　　凡劳动就业登记的失业人员及其家属，在上海没有职业或没有固定职业，有一定劳动能力能从事农业生产，但原籍缺乏生产条件，无法回乡生产者，均可作为动员垦荒的对象。其中过去曾从事过农业生产，有一定农业生产经验者，应予特别注意。具体条件如下：

　　一、年龄十八岁至四十五岁；

　　二、身体健康，具有农业生产劳动力；

　　三、政治历史清楚；

1. 无复杂社会关系，或虽有复杂社会关系但与本人无密切关系。

2. 本人历史上虽参加过反动党团、会道门、军警宪等反动组织，但系一般分子，已交代清楚，经公安部门审查同意。

3. 已有悔改表现的一般刑事犯刑满释放分子。

（二）访问摸底工作

此次对垦荒对象的摸底工作，应与输送壮工去西北的摸底工作一并进行。估计在明年可能输送壮工二至三万人到西北。此次访问摸底工作，共计准备五万人，输送壮工与移送垦荒各约二万五千人，各区分配名额已在上次劳动科长会议上布置。为及时掌握失业人员情况，要求各区在十二月底以前，争取对劳动就业登记的失业人员进行一次较为全面的访问摸底工作，以弄清可以组织垦荒、符合壮工条件以及可以动员回乡生产的人数及其情况，为动员输送工作做好组织准备，并在此基础上，全面分析失业人员情况，提出对整个失业人员处理安置的意见。进行摸底工作时，先以一个办事处地区为重点，创造经验，然后分批推开。

各区在访问摸底前，可先根据现有材料（蓝卡、登记表等），进行内部排队，根据垦荒和壮工的不同要求，与里弄动员农民回乡生产工作队所掌握材料逐个进行核对，做到心中有数，随后重点访问，缺啥补啥（附失业人员情况调查记录表）。

在访问工作中，可根据市委《关于逐步紧缩上海人口的宣传提纲》和本局《动员失业人员回乡生产的补充宣传提纲（草案）》进行适当宣传，并听取关于垦荒方面的思想情况，为今后动员工作做好准备。对于个别符合壮工条件或应动员回乡生产但志愿要求参加垦荒者，可摘录其情况，待在全面动员时，视具体情况加以考虑。

访问摸底工作应在区人口办公室统一领导下，依靠派出所、办事处和里弄居委会分期分批地进行。

附注：（一）动员壮工条件：

一、男性，年龄十八至卅岁；

二、身体健康，没有疾病，劳动力在一百廿斤以上；

三、具有初小文化水平；

四、政治历史清楚（具体条件和动员垦荒相同，另根据招工单位要求临时确定之）；

五、没有家庭负担，或负担较轻。

（二）失业人员情况调查记录表，由各区照此翻印使用。

附件如文

上海市劳动局

一九五五年八月廿九日

关于动员本市社会青年参加开垦荒地的工作计划（草案）

一、动员任务与要求

根据市委指示：为了积极贯彻上海建设改造的方针，支持国家社会主义建设，本市要输送大批劳动力参加江西、安徽等地的工农业生产建设事业，青年团应在这方面起积极作用。我们初步确定自一九五五年至一九五八年的三年内，准备动员本市十万名社会青年参加开垦荒地的工作；在今冬明春准备动员一万七千名社会青年（包括四千名初中、高小毕业生）赴江西、安徽开垦荒地；在今年第四季度准备先动员二千—四千名社会青年赴江西垦荒作为重点试验。

动员青年开垦荒地，不仅是完成党委交给我们的光荣任务，而且对青年有着巨大的教育意义。通过这项工作，是对全市广大青年进行一次生动、具体的共产主义教育和爱国主义教育，鼓舞和发扬上海青年艰苦奋斗、克服困难的精神，并奠定将来大规模地动员青年参加开垦荒地和边疆建设的思想基础。

动员青年开垦荒地是一个大规模的群众运动，应该采取自下而上的群众志愿的方法来进行，动员青年完全自愿地去开垦荒地，并发动广大青年从各方面加以支持和鼓舞，形成"垦荒是光荣的爱国主义行动"的社会舆论。同时由于青年积极热情，对社会影响较大，因此要求在全市动员移民江西垦荒工作前，青年能先走一步，树立榜样，为今后社会动员创造有利的条件。

动员青年开垦荒地是一项艰巨而复杂的工作，我们还缺乏经验，工作中还存在不少困难，因此必须在党的领导下，在社会各方面的帮助下，积极努力地去进行。目前应先选择重点，认真地摸索和创造经验，为今后大规模地动员准备条件。

二、年内的动员对象和条件

动员对象是本市社会青年（包括初中、高小毕业生）。动员条件是：政治历史清楚，年龄在十八岁至二十八岁，身体健康能胜任一般体力劳动，家庭负担较轻而自愿参加者。在动员对象中应配备一定数量的骨干，其条件是：政治历史清楚，思想进步，工作积极，刻苦耐劳，在群众中有一定威信；其中绝大部应是青年团员，其比例约作动员对象的百分之二十左右。此外还应配备一定数量的有农业知识的青年（可发动一部分市郊农村青年去志愿垦荒队）及少量的青年建筑工人和医务工作者。

凡属于盲目流入城市有条件回乡生产的青年一般不宜动员。

三、具体步骤

整个工作大体可分三步：

（一）树立旗帜，形成广泛的社会舆论（九月十一日—十月初）

1. 准备在九月十一日全市青年社会主义建设积极分子大会上由出席市的积极分子社会青年陈家楼、洪加群等五人提出学习北京青年志愿垦荒的榜样，发起组成一支一百人的上海青年志愿垦荒队。会上各界青年可支持他们建设社会主义的爱国主义行动，以扩大政治影响。

2. 组成一支一百人的上海青年志愿垦荒队，以社会青年为主体，配备一定数量的熟悉农业生产的郊区青年和部分青年建筑工人。其中团员应占二分之一，女青年占三分之一，初中、高小毕业生占五分之一。社会青年以普陀、闸北区为骨干，其它各区有一—二人。

3. 在全市青年社会主义积极分子大会后，团市委和民青联召开团市委会和民青联执委会，慎重地研究动员青年垦荒的问题。会议除接受陈家楼等发起组织一支上海青年志愿垦荒队的建议外，并通过决议，采取具体措施，支持他们的要求和帮助他们解决经费的困难。会后由团市委、民青联负责同志接见他们，表示态度并对目前本市青年要求垦荒的问题提出意见。

4. 在团市委、民青联的号召下，组织广大青年开展各种支援青年志愿垦荒的活动。准备以文艺界青年为主发起组织支援青年志愿垦荒文艺演出会；以体育界青年为主发起组织各种体育比赛，这些演出和比赛均收一定的费用，作为支援青年志愿垦荒队的经费。同时发动工厂工人在自愿的原则下利用义务劳动时间利用废铁料为他们制造必要的农具；发动学校学生在自愿的原则下捐献书刊和文娱用具。通过上述活动，形成"青年志愿开垦荒地是光荣的爱国主义行动"的社会舆论，并在活动过程中相互教育和鼓舞。

5. 组织全市欢送会。会上请党市委负责同志指示，团市委书记讲话，代表党委和团委对上海青年志愿垦荒的爱国主义行动表示支持，指出青年志愿垦荒对祖国社会主义建设和改造的意义与作用，并说明由于这一工作尚缺乏经验，目前还不能大规模动员青年垦荒的道理；对上海青年志愿垦荒队提出希望和要求，鼓励他们不怕一切困难，英勇劳动，把荒地变为良田，为祖国社会主义建设贡献出自己的力量。并表示党和政府要继续想办法，尽可能逐步地满足青年志愿垦荒的要求和愿望（如江西垦荒问题当时已有具体决定，表示可动员二千—四千名青年，组织二十个至四十个青年志愿垦荒队前往参加）。会上青年志愿垦荒代表和各界青年相互保证，表示要在不同的岗位上共同为社会主义建设贡献力量。

（二）深入宣传教育，动员和组织二十—四十个青年志愿垦荒队（十月初—十月底）。

1. 各区普遍召开社会青年活动分子大会或代表会议，广泛地传达市欢送大会上党委和团委负责同志的报告精神，着重宣传祖国社会主义工业化和农业社会主义改造的重要意义，说明上海在社会主义建设中加强和改造上海的方针；发扬青年英勇斗争的革命精神，学习苏联青年志愿垦荒的光辉榜样，教育青年艰苦奋斗、克服困难、自觉地服从国家计划；说明青年志愿垦荒的任务是光荣的，但工作是十分艰苦的，必须充分做好忍受各种困难的思想准备。提出："青年们，永不寻找轻松的生活，到祖国需要的地方去！把荒地变为良田，站在开垦荒地的最前列！"等口号。在宣传方法上可举办青年讲座、开展各种辅助活动，如放映有关电影（《共青城》、《第一个春天》、《火星集体农庄》），阅读有关书刊，歌唱有关歌曲及参观访问农村等，通过上述活动，深入反复地进行思想教育，打下艰苦奋斗的思想基础。

2. 运用报刊、电台、照片等各种形式广泛宣传第一支上海青年志愿垦荒队到达江西后的活动情况，并争取他们派遣代表回沪进行宣传。

3. 在深入进行思想教育的基础上，各区负责组织好一支或两支一百人左右的青年志愿垦荒队，进行报名和做好政治审查工作。

（三）组织欢送，形成高潮，做好巩固工作（十月底—十一月中旬）

1. 召开欢送大会，欢送第二批青年志愿垦荒队（二千人—四千人）前赴江西。在会上各界青年和志愿垦荒青年相互鼓舞，互提保证，以巩固志愿垦荒者的热情，推动各界青年经常的生产、学习和工作，形成建设社会主义的政治热潮。

2. 广泛展开社会宣传，继续运用报刊、电台、电影等工具，形成垦荒光荣的社会舆论。为了今后更大规模地动员青年志愿垦荒，希望报刊能经常报导青年志愿垦荒队在江西工作和活动的情况；希望能有记者和作家到垦荒地区访问，经常写作反映当地青年垦荒生活的文章；希望电影制片厂能拍摄新闻片。

3. 发动全市青年响应团中央号召开展赠送农村青年一本书运动。请团中央能同意我们，将原计划中规定上海赠书给安徽、山东的计划略加修改，将书籍集中送给江西，以便和江西青年建立友谊和联系。

四、组织领导

在市委和市人民委员会统一领导下，由青年团具体负责，各有关方面积极支持和协助。要求区人民委员会办事处协助进行组织报名工作；区公安局协助进行政治审查；区妇联协助进行思想动员和家属工作。市委宣传部、市文化局、农业局、科普等协助进行思想教育和农业生产基础知识教育。

全市青年志愿垦荒队全部组织后，由市委人口调查研究委员会统一领导，负责遣往江西。到达江西后，希望能将他们集中在一起建立成一二个上海青年集体农庄，若条件不允许可将其中一部分青年建立成一个上海青年村，将其余的青年组成若干青年生产队，分别插入江西的原有生产合作社从事劳动，为今后动员大批青年志愿垦荒树立榜样与做好骨干准备。

经费问题采取群众尽力自谋与政府补助的原则，具体数字亦请市委人口调查研究委员会考虑解决。

目前我们除组织五人小组在宋副市长领导下往江西了解情况外，正积极筹组第一支（百人）青年志愿垦荒队，各区也准备根据动员范围和条件进行排队摸底，确定今年的对象。

以上意见当否，请示。

青年团上海市委员会／（章）

一九五五年八月三十一日

357

关于由上海组织移民往江西垦荒的调查报告

上海志愿垦荒工作组四一人和江西省人民委员会暨省青年团委抽调的干部一五人，共五六人，组成了五个工作小组。遵照省委的指示，并在王副省长和宋副市长的直接领导下，分赴九江、吉安、上饶、南昌、抚州五个专区，进行调查了解工作：初步摸可垦荒地的底，并着重了解今冬明春能来多少人、如何进行安置及确定试点等问题。五个小组分别于九月八日、九日下去，二十二日左右回来，在近半个月的时间内，到了十三个县二二个区四一个乡。在各级党政负责同志的重视和指导下，经全体工作者的一致努力和各地广大人民的热烈帮助，通过各级党政负责同志介绍情况，通过大小座谈会和个别访问，并进行了一些地区的实地察看，我们在调查了解工作上取得了一定的收获。兹将所了解的初步情况及对志愿垦荒工作上的初步意见分述于后：

甲、一般情况

一、各专区、县拟拨让出荒、熟土地及拟安置志愿垦荒人口（主要是今冬明春的）情况：

专区	县名	可垦荒地	农民可让出的熟田	拟安置人口数	今冬明春拟安置人口数	备注
九	德安	3万亩	3万亩	3万人口	2000—3000劳动力	全县曾有9万多人，现有5万多人，农业人口4.6万人。耕地17万亩，每人平均3.7亩，每个劳动力平均负担17.9亩。
江	永修	5万亩	4万至6万亩	2万至3万人口	1500—2000劳动力	1. 全县曾有20万多人，现有130915人。耕地504834亩，每人平均4亩，每个劳动力平均负担21亩。 2. 每一垦荒者拟搭熟田2亩。

续表

专区	县名	可垦荒地	农民可让出的熟田	拟安置人口数	今冬明春拟安置人口数	备 注
九 江	武宁	7万亩	2万至4万亩	1万至2万人口	1000劳动力	1. 全县现有153749人,耕地454338亩,每人平均约3亩,每个劳动力平均负担15.6亩。 2. 每一垦荒者,拟给荒熟田各半（每人约有2亩）。 3. 据说抗战前该县耕地统计为70万亩。
	小计	15万亩	9万至13万亩	6万至8万人口	4500—6500劳动力	荒地中有8.4万亩荒田。
吉 安	峡江	14996亩	4963亩		1500劳动力	1. 全县现有56031人,农业人口51795人。耕地361133亩,每人平均6.44亩。 2. 荒、熟地系两个区7个乡的材料,荒地中有生荒5867亩。 3. 荒地中生荒除外,两个区只拟安置704人,其余近800人拟安置在其它区里,现正调查了解中。
	安福	20928亩	11831亩		1500劳动力	1. 全县现有158545人,农业人口133198人。耕地64734亩,每人平均4.6亩。 2. 荒、熟田是8个区54个乡200个村的材料。荒地中有生荒13941亩。
	小计	35924亩	16974亩		3000劳动力	荒地中有生荒19808亩。

续表

专区	县名	可垦荒地	农民可让出的熟田	拟安置人口数	今冬明春拟安置人口数	备　　注
南 昌	奉新	54795 亩	9922 亩		1600 劳动力	1. 全县曾有 18 万多人，现有 126355 人，农业人口 110203 人。耕地 504068 亩，每人平均 4.6 亩，每个劳动力平均负担 17 亩。 2. 让熟田系三、四两个区的情况。 3. 另和安义县接壤有荒地 8000 亩。
	新建	6000 亩	1500—2000 亩	4000 人口	3000 劳动力	1. 全县现有 259458 人，农业人口 245852 人。耕地 974109 亩，每人平均 3.9 亩。 2. 荒、熟田系九区两个乡的材料。
	丰城	2 万亩	5603 亩	4000 人口	100—200 劳动力	1. 全县现有 532541 人，农业人口 490268 人。耕地 171 万亩，土改时每人平均分 3.2 亩。 2. 让熟田系两个区 7 个乡的情况。 3. 有水灾，不完全保收。 4. 药湖大片荒田未统计在内。 5. 县委表示，如药湖水利能修，安置多一些也可以，否则有困难。
	小计	71795 亩	17025—18525 亩		2000—2100 劳动力	

续表

专区	县名	可垦荒地	农民可让出的熟田	拟安置人口数	今冬明春拟安置人口数	备　注
上 饶	浮梁	5000 亩	7.5 万—9.5 万亩	4 万人口	3000 劳动力	1. 全县现有 102925 人，农业人口 96082 人。耕地 350285 亩，土改时每人平均分 3 亩，按耕地计算，每人平均应为 3.6 亩。 2. 县委打算每户 8—10 亩田，除荒地 5000 亩外，全靠让熟田。 3. 另有生荒数千亩，能垦与否未确知，故暂未列入。
	贵溪	4020 亩		2 万人口	尚未研究	1. 全县现有 246948 人，耕地 727621 亩，每人平均 3.3 亩。 2. 县委认为安置 5000 户有困难。
	弋阳	10 万亩		2 万人口	尚未研究	1. 全县曾有 20 万多人，现有 12.1 万多人。耕地 535929 亩，土改时每人平均 4.4 亩。 2. 荒地多系土地革命后荒的。
	小计	109020 亩	7.5 万至 9.5 万亩		3000 劳动力	
抚 州	乐安	40407 亩	3485 亩	1 万人口	700 劳动力	1. 全县现有 128350 人，农业人口 114514 人，耕地 488674 亩，每人平均 4.26 亩。 2. 熟田系 4 区 10 个乡的材料。 3. 该县耕地过去曾统计为 60 万亩。

续表

专区	县名	可垦荒地	农民可让出的熟田	拟安置人口数	今冬明春拟安置人口数	备　　注
抚 州	金溪	1.2 万亩	736 亩		300 劳动力	1. 全县现有 100046 人，农业人口 85591 人，耕地 450146 亩，每人平均 5.2 亩，每个劳动力平均负担 25 亩左右。 2. 让熟田系两个区 4 个乡的材料。
	小计	524017 亩	4221 亩		1000 劳动力	
总计		419146 亩	203200—264720 亩		13500—15600劳动力	

注：（一）荒地均系碰头估计数字，一般是偏低；
　　（二）熟田一般是主观打算数字，但按个别农民自愿送田的情况，除浮梁、德安打算的数字稍高外，一般是与实际可能情况出入不大的；
　　（三）除丰城和贵溪外，各县一般的情况是地多人少，劳动力不足，耕作粗放，广种薄收，就在丰城和贵溪，由于人口分布不平衡，地多人少的地方，也还是不少的。
　　（四）荒地，零星分散占主要部分；百亩以上以至三五百亩的占一定的部分；千亩尤其5000 亩以上的大片荒地不多；
　　（五）此材料仅根据了解各县情况整理而成。

二、土壤农作物情况

　　各地党政所打算的一般并为农民所能自愿让出的熟田，从德安县八里乡试点农民已自愿让熟田的情况来看，所让出一般是瘦田或远田。其土质基本上都是红壤经过长期不同程度的灰化过程和耕作、灌溉所形成的水稻土，百分之九十以上均种水稻。按其气候来说，虽一年可以二熟或两年五熟，但由于地多人少，劳动力不足，百分之七十左右，一年只种一季。稻谷每亩产量全省平均在二六〇斤左右（按农民所自愿让出之田，产量当比此平均数为低）。复种除双季稻外，多为油菜、荞麦及红花草等。油菜每亩产量平均约二九斤，荞麦每亩产量平均约四六斤。

　　可垦的荒地，根据初步了解，除安福县有一五〇〇〇亩左右系原始生荒外，都为土地革命时期、抗日战争时期反动派国民党和日本帝国主义屠杀摧残因而人口锐减所撂荒的熟荒。安福县之原始生荒，表土一二公分，亚表土为暗红色，有机质含量很高，土质较肥。在熟荒中，熟荒田所占比重很大，若按九江专区德安等三个县计算在百分之五十以上。其土质熟荒田和熟田一样同为水稻土；熟荒地则基本上是红壤经过长期不同程度的灰化过程和耕作所形成的灰化红壤（南昌莲塘式的红壤土没有）。有机质含量一般还不少，因而土质一般均不坏。熟荒田如小型农田水利能解决，有水源均可和熟田一样种水稻；熟荒地种旱作物，主要为芝麻，薯类。初开荒地在一二年内肥力很好，产量比熟地并不低多少（按一般熟地旱作物，芝麻每亩产量平均三三斤，红薯每亩产量平均七三二斤等）。

所有熟田、荒地潜力均是很大的，经过逐步精耕细作及施肥，经过小型农田水利的兴修，可以提高单位面积产量，可以扩大复种面积，可以变若干旱地为水田，增产更多的粮食。此外，并有山地丘陵可供利用，发展油茶、油桐、果树、养蜂等副业生产。

注：各种主要农作物平均产量均以一九五四年产量计算的。

三、气候、水利情况

江西的气候，一般是夏季炎热，冬季温和。气温最高为摄氏四〇·七度，最低为零下七·六度，全省平均在摄氏一七度至二〇度之间。自北向西逐渐增高，赣北较低约为摄氏一七度；赣南较高，约为二〇度。最低温在一二月间，最高温在七八月间。雨量全年平均在一五〇〇公厘至二〇〇〇公厘之间。以四五月为最多（俗称黄梅天），易发春水，七八月雨较少，易生旱灾。无霜期很长，每年约在二四〇天至二八〇天之间。十一月（霜降左右）下霜，三月初断霜。降雪一般都在一二月之间。江西气候适宜农作物生长，一般可种植两季或三季（二年五熟）。

目前所拟移垦地区，绝大部分为丘陵地带，多为陇田、坂地，除个别地区山洪暴发时有为害，冲刷表土或成水灾外，一般不怕涝，不怕淹，只怕旱。农田大都依靠山塘、坡坝、堰、圳、平塘等自流灌溉，只在干旱时才用水车车水浇田。此外，也间有利用水井车水浇田的，但极少。然而这些灌溉塘堰等，不少因年久失修，有的渗漏，有的淤塞，抗旱力普遍感到不足，急需加以整修，以提高抗旱力，减轻旱灾的为害。

四、各种灾害情况

除灌溉、塘、堰等因年久失修、渗漏淤塞，普遍感到抗旱力不足和山洪暴发时个别地区表土遭受冲刷或成水灾（如奉新、贵溪等县个别地区）外，尚有虫害和兽害。在虫害方面，以螟虫、浮尘子、稻飞虫、纵卷叶虫等较为普遍，但危害尚不十分严重。在兽害方面，有野猪、豪猪、野兔、野羊、麂等，以野猪、豪猪为害最严重，为害主要农作物为薯类、花生等。当地农民都不敢种或少种这些庄稼，种也种在宅边便于看管的地方。此外尚有虎、狼、山猫等，牛、猪、鸡时有受害的。

五、卫生情况

环境卫生和各地农村情况大体相似。住房窗口小（怕走财）、光线暗，并有人畜同居的；灶无烟囱；粪坑毗连住房没有盖子；卧室内用尿桶（无盖）；鸡尿、牛粪随地可见等。总之是清洁卫生条件差，且缺乏个人卫生习惯。蚊子极多，但蚊帐不足，多用蓬草薰烟驱蚊。这当然是影响至各个人的健康和疾病的流行。但这是长时期的反动统治所造成的农民经济贫困和文化落后的必然现象。现在已有所改进，并将随着生产的发展而继续逐步提高。但垦荒者初来，一切均从头做起，在可能条件下，应尽量注意环境卫生条件。

主要传染病和地方病流行情况。流行最普遍的病例也最多的是疟疾，丘陵地带及山区较多，平原要少些，一般发生在春季插秧和秋季割禾时，影响成年人劳动，影响儿童、青年生长发育。在德安县八里乡小学进行了廿六个小学生的检查，脾肿大的有七人，占百分之二七。儿童体格一般均矮小瘦弱。外地新来人，感染尤为严重，患者多病倒。血吸虫病流行虽没有疟疾那样普遍，只分布在二九个县市（鄱阳湖周围地区最多）一三二个区的若干乡内，但为害甚大。在我们了解的县中，德安（二个乡）奉新（三区部分地区）、永修（部分地区）、新建、丰城（环药湖地区）等县均有。丝虫病（粗腿）以山区为主，流行亦相当普遍，多少不等，一般各县都有，据了解，武宁患者达一〇〇〇人，德安患者有七三五人。在开始垦荒时，有血吸虫病地区，一般以不去为宜。对疟疾、丝虫病等应做可能之预防。

六、群众反映

根据各地了解的情况，农民对于志愿垦荒一般是表示欢迎的，并普遍表示愿让出部分熟田来。在地多人少、劳动力不足、广种薄收的情况下，让出部分熟田，是符合实际情况和农民利益的。因为农民已体会到和认识到：（一）多种并不多收，适当让出部分田地，在较原来为少的田地上进行精耕细作，多施肥料，在收益上是不会有损失的；（二）缩小耕地面积，减轻了公粮的负担，提高单位面积产量，增加了余粮；（三）由于人口增加，劳动力增多，正如农民所说的"人多好办事"，可以更有力地兴修公共的小型的农田水利，可以有力来组织看庄稼与野兽做斗争而减少兽害，并也符合志愿垦荒者利益和国家的利益。志愿垦荒者有熟田为依靠，可以迅速自给，因而可以减少国家对垦荒的负担并可从熟田、荒地上为国家增产粮食。

但农民还是有顾虑的：

（一）有些农民，主要是有劳动力的中农，怕来人多，拿出土地多，自己的田不够种而影响到今后的生活；

（二）怕垦荒者劳动力不强，收入少，增加他们的负担；

（三）怕借东西，怕语言不通，生活习惯不同，搞不好团结；

（四）怕上海来的人有文化，能说会道，不好领导（主要是乡村干部）；

（五）顾虑为垦荒者搭房子没有工钱，拿出盖房的稻草不给价；

（六）怕上海来的人吃不了苦，要跑回去，有的讲："上海是电灯、电话，这里是山上、山下。"

乙、今冬明春预计志愿垦荒人数、安排打算和安置方法

一、根据在五个专区初步了解的情况和不完整的材料来看，今冬明春来是可以安置一万多人的。在九江、吉安、南昌、抚州四个专区里，于开荒中均有熟田可为依靠，一般又是荒熟相连，荒地与熟田的比例有的是荒二熟一，有的是荒熟各半，在拟开的荒地中绝大部分是曾经种植过的熟荒，其中有不少是熟荒田，在拟开的极少数的生荒中，也是开了以后就可以种植的。在上饶专区的浮梁县基本上是种熟田。再加上其它各方面的（如一般不怕山洪无内涝、水患和群众欢迎等）有利因素，一般的是：荒地是容易开；生产有保证；有熟田可依靠；投资少而又可以较早地达到生产自给。

至于抗旱力不足、有兽害以及卫生等不利情况，则是可以逐步克服并战胜的。第一批第一期志愿垦荒，总的情况是比较良好的。

但为着有把握地打响第一炮，将第一批第一期的志愿垦荒者安置好，做到不出毛病或极少出毛病，为今后垦荒奠定良好的基础；并考虑到主观条件上，在志愿垦荒者中的领导骨干和生产骨干量少质差，在很大一部分的志愿垦荒对象中底没摸好，思想还没酝酿成熟，以及各县区农业生产合作社比重尚小（每乡平均在二个左右）等情况，今冬明春来志愿垦荒的人数，拟为六千人（劳动力）左右，为着便于领导掌握，并拟集中在少数的县里。其安排是：

（一）九江专区安置二〇〇〇人，在德安县里（青年团为主）；

（二）上饶专区安置一〇〇〇人，在浮梁县里（劳动局为主）；

（三）南昌专区安置一五〇〇人，在奉新县里（交通局为主）；

（四）吉安专区安置一〇〇〇人，在安福县里（以港务局为主）；

（五）抚州专区安置五〇〇人，在乐安县（以商业二局为主）。

垦荒人数安排一经确定后，应立即责成各专区、县进行具体摸底，（上海干部分派各县，由县负责领导进行工作）提出具体安排打算，确定安排形式和安排人数及要求，以便上海及江西两方面据此以进行工作，争取能将第一批第一期的垦荒者于阳历年前安置下来，能进行冬耕。为做好安置工作，并确定在各专区先行试点。

（一）九江专区试点确定在德安县八里乡，由青年团负责，试建社会主义性质的高级农业生产合作社，并有一部分分散安插；

（二）上饶专区试点确定在浮梁县鸣山乡，南昌专区试点确定在奉新县会埠乡，吉安专区试点确定在安福县，抚州专区确定在乐安县，由劳动局、交通局、港务局、商业二局负责试建初级农业生产合作社和分散安插的办法。

试点每县为一〇〇人共五〇〇人，于十月份内分期来；其余之五五〇〇人于十一月、十二月内分期来：十一月来二一〇〇人（德安八〇〇人，奉新五〇〇人，安福三〇〇人，浮梁三〇〇人，乐安二〇〇人），十二月来三四〇〇人（乐安二〇〇人，奉新九〇〇人，德安一一〇〇人，浮梁六〇〇人，安福六〇〇人）。

对志愿垦荒者在耕种土地上，拟每人为三—五亩，平均每户在十四亩左右（原各专区、县之打算，浮梁每户八—十亩，奉新每户十六亩，乐安每户十五亩，吉安专区每户二十亩，德安、永修每户十六—二十亩，青年每人八—十亩），土质差的或荒地多的可稍多些。

各地农民确由于地多人少，劳动力担负不了，出于自愿让出部分土地是可以的，但应掌握一定的限度，保证不侵害当地农民的利益。每人平均只有三亩田的，一律不让。

二、在安置上根据省委指示，联合经营和插进去的方针并结合各方面的具体条件，特提出如下几种形式来：

（一）建立社会主义性质的或半社会主义性质的农业生产合作社。凡是土地基本上连成一片，可以统一经营，一般在五〇〇亩（即三十一—五十户左右的）以上的，而志愿垦荒队中有一定的领导骨干和生产骨干，当地又可抽派一定的领导骨干的，都可以建立农业生产合作社。如为青年，无土地私有观念和要求，无家属负担，可建立高级生产合作社，采取按劳分红的原则；如为一般志愿垦荒者，私有观念重而又有家属负担的，可建立初级农业生产合作社，采取以劳动为主，兼顾土地的分红原则，以便适当照顾家庭负担较重者。在建立初级社中，耕牛及大农具，应以集体所有为宜。但若大家觉悟较高，一致要求建立高级农业生产合作社的，可予以考虑。

为着解决办社的领导骨干缺乏，江西各地能抽出办社的骨干，搭起架子来，由上海派出适当副职，组织垦荒者建社，乃是较好的方法。

（二）插进当地的合作社去。在移民中普遍缺乏领导骨干、生产骨干的情况下，采取插进去的办法虽是比搞小型农场和建社要更复杂些，但从目前移民的具体条件来讲也是可行的，是较易安置的一种办法。合作社的存在本身就是解决领导和生产问题的条件。采取插进去的办法必须具备下列条件：（1）当地农业生产合作社是地多人少，劳动力不足，有多余的熟田或毗连合作社有荒地可以开垦可以统一经营的；（2）社的本身是比较巩固，领导一般是坚强的；（3）要自愿。插进去的户数不宜过多，一般应不超过原合作社的总户数百分五○。

新插进去的社员，除有一定的荒地外，在可能条件下并可通过合作社能获得部分熟田。荒地在前三年中可按土地实际产量按社已定之比例（但荒地花人工多，可考虑有适当折扣）分红。移民入社时，应按实际所需和旧例缴纳一部分种子、肥料、草料（折价）等作为社的生产底垫，但不补缴公积金、公益金。移民入社时一般应按实际需要带有主要的生产资料（如牛、犁）或折价。在不影响老社员的利益原则下，对无农业生产知识的移民应在可能范围内（如在分工上）给予适当的照顾。

（三）建立小型农场。在安福等县，有数千亩至近万亩的大片荒地，可以考虑研究建立小型农场。投资大，更加以缺乏领导经验，可能在头二年内，不能自给，但从长远的利益以及培养领导骨干和生产骨干都是有利的。

（四）由于移民缺乏农业生产知识和技术，缺乏领导骨干，单干既不是办法，插入互助组或单独组织互助组均有困难。插入互助组，组内的换工与分散耕作和插进社的分工与统一经营就大大不同了。单独组织互助组也要有领导，也要有生产骨干，合作社在一切方面均优越于互助组，与其组织互助组，就不如建立小型的合作社，纵使领导弱一些，也是建社好。因之单干、插进互助组或单独组织互助组，一般地说以不采取为宜。

关于志愿垦荒者条件的一般要求：

（1）要有劳动力；

（2）一般是生活贫困的劳动人民或其子女；

（3）政治纯洁或历史清楚；

（4）要有健康身体（来前要经过体格检查）；

（5）要完成自愿，能做到三通（本人通、全家通、亲邻通）；

（6）要有决心不做逃兵。

关于家属问题。家属随移民一起来是有其有利的一面的，不但是便于巩固，而且可以进行副业生产，如炊事、缝补、养猪等工作，但在另一方面，家属一起来，又将增加安家方面（房屋……）的诸多困难和加重负担。因之家属同来与否应也有其一定的条件，凡是家属无婴幼拖累，可以在生产生活上能起一定作用的都可以来。如房屋……等条件具备即一起来，否则稍后一些时候来。其余家属来的时间一般可在一年左右。今年来的六〇〇〇人家属可带四分之一至三分之一。

丙、关于移民垦荒中的生产资料和生活资料的一般确定

一、生产资料问题

为着适应开垦荒田和提高熟田的单位面积产量的要求，照顾到移民一般无农业生产技术和劳动力不强，并在当地耕作一般粗放的情况下，在生产资料的要求上应高于当地水平，以便有效地进行开垦、种熟，更重要的是保证能有较好的收获，早些达到生产自给。

（一）耕牛、农具。耕牛，一般以中等为标准（一般只能偏高，不能偏低，小了开不了荒），水牛每头负担二十五—三十亩，黄牛每头负担二十一—二十五亩。农具，只要条件允许，均应尽一切努力推广新式农具和改良农具，移民无农业耕地保守观念，推广新式农具和改良农具最为有利。

以耕牛为主，一般农具配备如下：

名　称	备　　　　注	单　价	平均每亩价格	
			1	2
牛	黄牛、水牛平均负担25亩和30亩计	100元	4元	3.33元
一牛一犁	犁以江西一号水田犁为主，约占60%左右，其余则为7寸步犁和本地开荒犁	10.9元	0.43元	0.36元
二牛一耙	站耙或称力耙、方耙	13.5元	0.27元	0.23元
三牛一辊	主要为种双季晚稻用的扎辊	18元	0.24元	0.2元
四牛一秒	铁尖	10元	0.1元	0.083元

续表

牛身的附件一套(包括牛轭、牛后档、牛绳)	每副 2.6 元	每亩 0.088、0.073 元
四齿锄(每劳动力一把)	每把 2.7 元	
开荒用锄(每劳动力一把)	每把 2 元	
铲锹(每劳动力一把)	每把 3 元	
镰刀(每户二把)	每把 1 元	共计 2 元
耥耙(每户一把)	每把 2 元	
禾桶连打禾折(每十二户一个)	每个 10 元	每户 0.833 元
风车(扬谷用,每十五户一架)	每架 40 元	每户 2.66 元
晒席(每户二领)	每领 5.73 元	共计 11.5 元
围折(每户一领)	每领 7 元	
谷箩(每户二付)	每付 2.5 元	共计 5 元
畚箕(每户二只)	每只 1 元	共计 2 元
扁担(每户二根)	每根 0.35 元	共计 0.7 元
粪桶粪勺(每户一担)	每担 2.5 元	
砍柴刀(每户一把)	每把 1.5 元	

水车（视当地具体情况确定）需要数量和款数（包括牛车、脚水车、手车、风车等）每亩五元

其它斧头、锯子、刨子等共计五元。

每户生产资料约需一二七·四五元或一一六·六五元。

（二）种子。主要农作物方面：早、中稻每亩八斤，晚稻六斤，红薯四〇斤，马铃薯二〇斤，芝麻、油菜半斤，苦荞麦六斤，小麦一〇斤，蚕豆一四斤，豌豆一〇斤，本地均能供应。

绿肥方面：除红花草种子须到浙江购买外，余如肥田萝卜（每亩半斤）等，本地亦均能供应。

蔬菜方面：本地品种远较上海为少，最好由上海带来。

种子费用以德安试点预算为准，每亩计需一元，每户计需一四元。

（三）肥料。由于移民初来，一切无基础，在积肥方面，除铲些草皮割些野草（如胡枝子）作肥料外，厩肥则很少。为着争取第一年就能有较好的收成，必须供应部分商品肥料。商品肥料主要为：菜枯饼、化学氮肥（最好为石灰氮，其次硝酸铵，硫酸铵）、石灰、石膏等。

肥料费用，以德安试点预算为准，每亩需二·六元，每户需三二·四元。

关于农田水利问题。各垦荒者安置地区必须新建和修理之水利工程和小

369

型农田水利（是主要部分）所需经费，由各当地之水利建设投资和水利贷款中予以解决。

二、生活资料问题

（一）房屋建筑。以简朴、经济、实用为原则，并尽量修理各当地的多余破旧房屋，其结构为木架、草盖顶、竹篱笆泥糊的墙；檐高三公尺；每间长五公尺，宽四公尺，三间为一幢（即宽十二公尺）。每幢一户（包括牛栏、猪圈在内），单身劳动力每幢可住十五人。

房屋、猪圈、牛栏、锅灶、厕所、水井等建设，力求合于卫生条件，以保障健康。

造价每幢包括灶在内为一三〇元。各种材料及伐运材料（主要的）人工费用七〇元，房屋建造人工费用六〇元（根据德安县八里乡试点建造所实际需用数）。离山区较远伐运材料（主要是木材）费用较大，可稍高于此数。

（二）生活用具。以每户计算：锅二口四元。锅盖二只一元。水缸二只（一大一小）十元。床板四张十四元。木桌一张四元。小凳子四个一·六元。水桶一副二·三元。扁担一条〇·三五元。米桶一只二·五元。米筛一把一·四元。盘箕一把一·六元。洗衣盆一只二元。洗菜米箩二只一元。菜刀一把〇·五元。共计四六·一五元，加上砻、油灯，及其它总共约需五〇元。

单身汉以德安八里乡试点概算为标准，每人计需一一·五元。

（三）生活费。

单身汉每月计需：米四十斤四元。盐一斤〇·一五元。油半斤〇·二六元。菜一·五元。灯油〇·一五元。共计六·〇六元。拟以六元一个月计算。

按户（每户以四人计）每月计需：米一二〇斤（稍高些）一二元。盐四斤〇·六元。油二斤一·〇四元。菜六元。灯油〇·三元。共计二〇·〇四元。以二〇元一个月计算。

生活费补助，按德安八里乡试点生产计划，预计需九个月，单身汉每人需补助五九·四元，有家属的每户平均补助一八〇元。

三、交通费

估计每人平均约需一六元。

注：（一）上海到奉新约需一七元（上海—南昌火车一二·六八元，南昌—奉新汽车二·八九元）。

（二）上海到九江专区德安、永修约需九元（上海—九江轮船　　元，九江—德安、永修火车约　　　元）。

（三）上海到安福约需二四元（上海—南昌火车一二·六八元；南昌—吉安七·三〇元，吉安—安福汽车一·八元）。

（四）上海到浮梁约需一五元（上海—弋阳火车九·九八元，弋阳—浮梁汽车三元。系中途站，需组织车子）。

（五）上海到乐安约需二〇元（上海—东乡火车一一·五四元，东乡—临川汽车一·四二元，临川—乐安四·二一）。

在交通费中外加两天伙食。

丁、经　费　概　算

在经费开支上，必须实行严格的节约制度，在生产资料上特别是在生活资料上，根据实际情形，凡是可以不开支的，就不开支；凡是可以少开支的，就少开支。不能容许任何微小的浪费，以便积聚一切可能的资金，用来保证国家建设的需要。

根据各项开支的一般规定，每户所需经费估算如下：

一、每户平均以耕种一四亩土地，每头耕牛平均负担二五亩计算，应为：

（一）生产资料　　　一七三·八五元

（二）房屋建筑　　　一三〇·〇〇元

（三）生活用具　　　五〇·〇〇元

（四）生活补贴　　　一八〇·〇〇元

（五）交通费用　　　一六·〇〇元

共　　计　　　　五四九·八五元

二、每户平均以耕种一四亩土地，每头耕牛平均负担三〇亩计算，应为：

（一）生产资料　　　一六三·〇五元

（二）房屋建筑　　　一三〇·〇〇元

（三）生活用具　　　五〇·〇〇元

（四）生活补贴　　　一八〇·〇〇元

（五）交通费用　　　一八·〇〇元

共　　计　　　　五三九·〇五元

房屋建筑费的计算，是照顾到垦荒者初来和不误生产，按照全部请工来计算的。若家属只先来一部分（几分之一）或全部于一年后来，那么半数以上的房屋，主要可用自己的劳动力（只在搭盖上要请少数熟手），就将有很大的节约，每幢可能要节省三分之一至二分之一的钱。

家属的补贴，是按照家属同来计算的。按实际情况估计，家属若同来，单第一年补贴九个月的还不行，第二年还得补贴几个月的，若家属于第二年来，补贴六个月就差不多了。无家属负担的青年人，只补贴九个月就可以。

在生产资料上，是按照一般需要以户计算的。插进合作社去，可能要稍少于此数；单独组织合作社就要更少些；若为青年组织的，因他们每人平均耕地较少（预为八—十亩），就还要再少些，按德安县八里乡试点概算来看，每个青年平均有一八〇元就够了（德安现在的预算，每人平均只种六亩田）。

（如搞小型农场，概算需根据实际需要，另做估算）

在经济开支中，生产资料中可考虑有部分贷款，以防止和克服单纯依赖思想，培养靠自己的两只手来安家立业的意志。但为不影响其垦荒的积极性，贷款一般以不超过五〇元为宜（按德安预算贷款每人平均为五六·七九元，包括小农具一二·五四元，种子五·七七元，肥料一五·二七元，家畜九·七〇元）。

今冬明春来六〇〇〇人，家属（除青年），来四分之一至三分之一，拟为四〇〇〇人，共一〇〇〇〇人（内青年拟来二〇〇〇人）。所需经费估算约为一六六〇〇〇〇元。〔计青年二〇〇〇人，三六〇〇〇〇元；一般垦荒对象四·〇〇〇人，九六〇·〇〇〇元（每人平均以二四〇元计算，因每人平均种地为一四亩，故比青年数字为大）；家属四·〇〇〇人，三四〇·〇〇〇元（每人平均八五元，生活补贴四五元，房子四〇元）〕

今冬来六·〇〇〇人之经费，全由上海负责解决并向中央报领。

大农具及耕牛由各县造计划，由省农业厅为主会同省合作社负责统购供应。房屋建筑、生活用具、油粮供应及小农具均由各县负责解决。

以上概算，按人计算低于北京移东北和甘肃的标准，即青年每人五〇〇元，一般的每人一七〇至二〇〇元的标准。按地计算则高于每亩地一〇元的标准，主要因种水田生产工具需用多，肥料等需要量亦大。概算拟待试点工作推进后，从实际中再加以修正。

戊、关于移民之动员、组织、接送、安置等具体准备工作

一、首先确定今冬明春移民的初步计划，主要是确定来多少人，具体安置在哪些县里，由江西省委和上海市委共同决定后，即由江西省委指示各地委、县委，限期由地委、县委制出具体安置计划，主要内容是：

（1）安置在哪些区乡里，采用哪些安置形式，每种形式有多少，每一具体形式可安置多少人，全县共能安置多少人。

（2）若新建社或小型农场，地方能调配多少领导骨干。

（3）新建社搞小型农场以及插进到各地合作社去，按具体人数（如为青年团按一计一，如为一般移民按四户有一户带家属计算），需新建和修理多少房屋，需备置多少生产资料和生活资料，并据此制订一般的经费概算，上报省委。

二、根据各地委、县委上报之具体安置计划，经省委和市委共同同意后，即分别进行准备工作，动员组织、运送由上海负责，但在运送中，进入江西境内，尚需再转送者，江西各转送地地方政府应参加共同负责，并以江西为主，事先准备好。接和安置工作由江西负责。上海派来之干部，可分到各县，除必要参加试点之干部外，由各县专职或兼职机构（负责垦荒工作的）统一领导，进行工作。

在组织上若为小型农场和单独搞合作社，应配全领导骨干（除去当地所能调配之领导骨干）和生产骨干。生产骨干要求不低于垦荒人数百分之二十。若为插进当地合作社去，也应配备一定之领导骨干，以便参加当地社加强对上海垦荒者的联系和领导。

三、在组织前必须对垦荒对象进行教育和审查工作。

在教育工作上，应采用多种形式联系社会主义建设的前途和个人前途，反复说明劳动光荣、垦荒生产的重要意义，打通思想，做到完全自觉自愿。接受山东的经验，做到三通，"即本人通，全家通，亲邻通"。

要对垦荒地区的情况，有利的和不利的条件，进行正确说明，要对垦荒地区的人民生活习惯……

一九五五年七月

对动员自愿垦荒工作的初步意见

兹提出本年第四季度动员自愿垦荒人员的意见，供讨论参考：

一、动员对象

主要有以下几个方面：

（1）社会青年；（2）未登记的失业人员；（3）失学学生（高小、初中毕业生）；（4）流动摊贩；（5）过剩三轮车工人；（6）已登记的失业人员；（7）码头编余工人；（8）固定摊贩及服务性行业；（9）过剩船民。

二、动员条件

（1）要有劳动力；（2）生活贫困的劳动人民或其子弟；（3）历史清楚，不是富农、地主和反革命分子；（4）身体健康；（5）完全自愿，做到三通（本人通、全家通、亲邻通）；（6）要有决心不做逃兵。

三、做法

一般分如下几个步骤：

（1）调查摸底；（2）根据摸底材料初步审查；（3）个别访问，宣传动员，集中听报告（主要说明政策）；（4）根据访问、动员的材料进行二审；（5）检查体格，训练学习，进行家属工作；（6）三审；（7）编队、调配；（8）组织出发。

四、分工

在市人民委员会人口办公室统一领导下，采取条块结合或包干分工的方法进行：

1. 动员对象的分工：

（1）青年团市委和各区主要负责社会青年、未登记的失业人员、失学学生（初中、高小毕业生）流动摊贩。

（2）交通局包干过剩三轮车工人；劳动局包干已登记的失业人员；港务局包干码头编余工人；水上区包干过剩船民。

2. 工作分工：

（1）各条和块地区主要负责：①调查摸底；②访问；③宣传动员；④初步审查（请公安局有关同志参加）；⑤家属工作；⑥组织训练；⑦编队；⑧复审；⑨欢送。

（2）市人民委员会人口办公室主要负责：①最后审查；②干部配备；③各部门之间的开荒人员的调配。

区_____

编号_____

姓名_____

类别_____

志愿垦荒人员情况调查表

1955 年　　　月　　　日

姓名		性别		年龄		文化程度		家庭出身		本人成份	
来沪日期		民族		宗教信仰		是否党团员		目前职业		是否失业登记或有否摊贩执照	
有何特长			在沪曾担任何种社会工作				有否农业知识				

地址	上海	区　　　　　路(街)　　　　弄　　　　号
	原籍	省　　市(县)　　区　　乡(镇)　　村

本人在各项运动中的一贯表现	
劳动力及身体健康情况	

家庭情况	人口	称谓	姓名	年龄	目前工作	现在何处	有无收入？多少？	是否能暂住上海	备注
	经济情况	上海生活来源收支情况							
		原籍土地、房屋情况，有否依靠？							

本人及家属对垦荒的看法和态度决心如何？	

375

	自年月	年月止	在何地区？做何事？任何职？	怎样脱离	备　注
本人历史经历	年　月	年　月			
	年　月	年　月			
	年　月	年　月			
	年　月	年　月			
	年　月	年　月			
	年　月	年　月			
	年　月	年　月			

本人政治历史情况	何年何月在何地区？参加何反动组织或活动？具体表现及目前情况？

家庭及主要社会关系的政治情况？与本人的影响？	姓名？称谓？主要的具体的政治情况？对本人的影响及本人的态度？

公安派出所对政治审查的意见	

办事处对参加开荒的审查意见	

区人口办公室的审查意见	
最后审查批准意见	
备考	

填表说明

　　1. 封面"类别"项,系填写对象所属包干单位名称,如固定摊贩应填商业二局,已登记失业人员应填劳动局。

　　2. 封底"最后审查批准意见"项,系由包干单位签署。

　　3. 本表填写时应具体、详细、明确,不要草率。

志愿垦荒任务分配表

1955 年 11 月 7 日

	动 员 任 务			
	青年团系统	商二局系统	劳动局系统	合　计
卢湾区	90			90
静安区	70			70
蓬莱区	140	43	100	283
嵩山区	140	30	100	270
黄浦区	40			40
新成区	90			90
老闸区	40	50		90
虹口区	60		100	160
邑庙区	90		100	190
常熟区	50			50
长宁区	65	30		95
江宁区	65	15		80
提篮区	90	30	100	220
榆林区	90	25		115
普陀区	130	48	100	278
徐汇区	40		100	140
北四川区	60			60
北站区	90	32	100	222
闸北区	150	71	100	321
杨浦区	70			70
市郊区	240			240
东昌区		26	100	126
水上区	200			200
总计	2100	400	1000	3500

说明：1. 青年团系统动员 2100 名，系社会青年、失学初中高小毕业生、各庚类登记失业人员、一般居民。

2. 商二局系统动员 400 名，系服务性行业人员及固定摊贩流动摊贩。

3. 劳动局系统动员 1000 名，系已登记的失业人员。

关于组织志愿垦荒工作会议的汇报

市委：

　　我们于十一月廿一日到廿三日召开了关于组织志愿垦荒工作的会议，参加会议的有劳动局、交通局、商业二局、青年团市委四个有关单位的负责同志和各该单位派往江西去的工作组组长等十四人。会议由宋副市长亲自主持，经过各单位工作组汇报情况和大家的座谈、讨论，最后由宋副市长作了总结。会议肯定了前一阶段工作的成绩，指出到十一月中旬为止，先后已组织了六一五人（连家属）出发到达江西，安置了下来，并取得了组织志愿垦荒工作的初步经验，基本上完成了第一批试点的任务。原定今年内共组织六千劳动力前去，现根据实际情况，拟改为三千至五千，因此年内还要组织二千四百至四千四百人。会议经过反复讨论，进一步统一了大家对垦荒工作的认识，并初步小结了前一阶段工作的经验教训。兹将讨论情况汇报如后：

　　（一）会议进一步统一了对垦荒工作的认识。大家一致认为在今天把工人从上海这样一个近代化的大城市送往农村去垦荒，把他们变成农民，对于这些工人来说，是从先进的环境转到落后的环境，无论在劳动条件、生活习惯各方面都要有一个很大的转变。因此这项工作是一项很艰巨的工作，必须采取非常慎重的态度，不能丝毫草率。特别是对于垦荒人员的审查，必须严守市委所提出的六个条件，因为上海过去是一个政治情况十分复杂的地方，必须警惕反革命分子或阶级异己分子混入垦荒队伍，进行破坏活动。前一阶段由于对这一点认识不足，工作曾有某些草率、粗糙的地方，造成工作一定的损失。如劳动局准备工作不充分，对垦荒人员审查不严，思想教育不深不透，以致发生个别坏分子煽动部分落后分子怠工、请愿的事，其它各单位本来也多少有些感到市委提出的六个条件太严、要求太高的思想，会议上都进行了批判，最后统一了认识。

　　讨论中反映出各单位工作同志对这次组织劳动力到江西去垦荒的作用认识也不够全面。组织志愿垦荒对紧缩上海人口固然有重大的意义，但同时对扩大耕地面积，为国家增产粮食和工业原料以及支援江西农业的社会主义改造也是有重大作用的。但不少同志片面地认为组织垦荒仅仅是为了紧缩上海人口，江西能安置我们的劳动力，已是照顾我们，因此，在与各县研究如何贯彻互利的原则时，往往只注意不要损害当地农民的利益，而忽略了保证垦荒群众的利益，看到江西某些县区在贯彻省的指示上有些问题也不敢提出意见。如某些县里对待江西农民和垦荒群众有不同的待遇时，我们缺乏坚持原则的勇气。这种思想结果势必影响到垦荒队员在江西的巩固。通过会议，也基本上端正了认识。

（二）会议结合实际工作体会，认真讨论了市委所指示的垦荒应以插社为主要方式的方针，一致认为这个方针是正确的。

讨论中反映出各单位在体会这一方针上是有一个过程的，开始时多偏于单独办社，认为单独办社工作单纯、好搞，又适合于上海垦荒群众的要求，而对江西荒地的实际情况是否适合以单独办社为主了解不够，对上海是否有足够的主观力量到江西去大批办社亦估计不足。经过讨论才纠正了这种看法，一致认为市委指示的方针是正确的。因为江西的荒地以小块分散的为多，适宜于插社，大片荒地虽有，但较少。其次，江西目前所需要的除扩大耕地面积外，更迫切的是要把现有耕地"广种薄收"的使用情况改变为深耕细作，以发挥增产潜力。再次，垦荒群众绝大多数是没有农业生产知识的，上海郊区合作化正迅速发展，不可能抽出很多办社骨干来支援垦荒队，江西本身亦没有力量为我们配备办社干部。这三种情况都说明垦荒应当以插入当地合作社为主要方式。

同时，大家认为在具体贯彻市委这一方针中还要因地制宜。目前江西合作化运动发展还是不平衡的。有的县，如浮梁已建的合作社较多，插社是没有困难的。有的县，如德安、永修等，已建的合作社仅占百分一〇，有些乡还没有合作社，在这种情况下，如果上海和江西可抽出一定的办社骨干，当地又有大片荒地可开，仍可以单独办一些社。总的说，根据江西情况，今年内可以多办一些社；明年，当地合作化运动发展得更普遍后，就可以大量插社了。

在讨论到插社问题时，工作组同志反映了江西省各县领导上对待垦荒群众和对待当地农民有不"一视同仁"的思想。如浮梁县长就在鸣山乡合作社全体社员会议上公开讲："上海垦荒群众插入社后，保证不会减低你们的收入，而且到明年收入还会增加；而垦荒群众明年只能过贫农的生活。"插社中土地分红上也存在着问题，当地农民让给垦荒人员的熟田不多，因此，单是在土地分红上，垦荒群众就要比当地农民少收入百分五〇左右。加以垦荒群众一般没有农业生产经验，劳力分红的收入也必然较少。这种情况将不但影响情绪，同时必然影响生活，是必须进一步与江西省委具体研究的问题，否则要使垦荒群众在江西生根，巩固下来，是有困难的。

（三）会议初步小结了前一阶段工作中的几点经验教训。

（1）要严格遵守市委所提出的垦荒人员的六个条件，结合具体情况，详细审查，首先垦荒人员必须是有劳动力，经得起劳动锻炼的人，否则一切都谈不到。其次必须是家庭贫困，全家每月收入在十五元以下的人（以三口计），否则不易巩固。有些人家乡有田地，有些人自己无业，而家属有较好的收入，都不宜去。有些人是失业的技术工人，是国家工业建设所需要的，也不宜去。再次，凡思想不通或家属思想不通的人都不能去，因此必须深入了解思想情况。最后最重要的是政治条件。凡本人是地主、富农、反革命分子的都不能去。对地主、富农子弟须看具体情况，如其本人是一般地、富家庭还是恶霸分子；本人的认识如何。家属是反革命分子或刑事犯的也不可去。劳动局第一批审查不严，被一个已逮捕判刑的中统特务的弟弟混入队伍，到江西后煽动落后分子滋事的正是这个人，就是一个严重的教训。

（2）要预先调查垦荒地点的土地情况、农业生产情况、合作化运动开展情况、生活水平等，及早拟定计划，确定采取什么方式安置，开垦多少土地等，甚至连生活上的许多具体问题，如粮食配给量、副食费标准、零用钱等都要妥善计划。计划一旦确定，就不要轻易改变，青年团事先对这些准备工作作得较充足，所以垦荒人员去后，问题较少。劳动局的情况正相反，如办高级社还是低级社、每天菜金多少、每天每人吃粮食多少都没有计划，临时又屡次变动，坏分子就乘机煽动滋事。

（3）垦荒队到达目的地后就应当尽早投入生产，才能巩固情绪。青年团的垦荒队情绪较高就是为此，劳动局的垦荒队在这个问题上也正相反，因而发生问题。

（4）要经常不断地作好政治思想工作。垦荒人员的思想是很复杂的，必须自始至终、经常不断地注意他们的思想情况的变化。要能预见将要发生的问题，或在问题刚露头的时候就及早抓住，研究解决。如果问题已经发生，就更应当积极抓紧教育。劳动局这一次对这几点都没有作到，也是一个较重要的教训。根据前一阶段的初步体会，大致应注意进行三个问题的教育：第一是垦荒的重要意义和光明前途；第二是树立艰苦奋斗的思想，克服任何投机取巧的打算；第三是树立团结友爱互助的精神，不但要搞好垦荒同志之间的团结，而且要搞好垦荒人员和江西群众间的团结。此外作好欢迎、欢送工作，对垦荒队员来说也是一个很大的鼓舞和教育。

四、会议对今后工作也作了研究。大家一致认为，根据前一阶段工作经验，组织上海的劳动力到江西去垦荒是可能的，而且也有条件将这一工作作好。因此，我们要加强信心，争取完成今年送往三千到五千人去江西的任务。但同时还要注意防止任务观点，降低条件或强迫命令。今年的组织动员工作应特别着重于质量，创造插社的经验，为明年大批移民工作打下基础。

对于这一阶段工作我们另有较具体的小结报告，以上仅据会议情况简单汇报。

此致

敬礼

上海市人民委员会人口办公室

一九五五年十一月廿八日

关于德安县安置上海垦荒群众试点工作的情况汇报

德安县已安置了上海垦荒群众一百三十五人（包括家属）。第一批九十人于十月十七日到达，全部是青年，建立了一个高级形式的农业生产合作社。第二批四十五人于十一月七日到达，分插入当地两个农业生产合作社。现将三个点的工作情况汇报于下：

一、工作的进展情况。第一批在未到达前，已购置、建造了房屋，准备了耕牛、农具。到达后，根据县委指示，建社工作以生产为中心，逐步建立和健全经营、管理的组织和制度，逐步安排生活。目前党、团、行政组织已建立，到达垦荒地的第一天，就成立了建社筹备委员会，由县委指定了筹备委员，以后又根据生产需要建立了三个生产队及副业组、基本建设组和总务生活管理组。在生产上根据边生产、边计划的原则来领导生产，目前常年计划和年底前的短期安排已初步订好，计划至明年耕种五百二十五亩田地，加上复种，播种面积达八百五十八亩，以生产粮食为主，积极种植棉麻、油料等经济作物，发展饲养猪、鸡、鱼、羊和种油茶、桃树等副业。预计明年为国家生产粮食二千七百六十二担（折稻计一千四百七十七担），棉麻三十三担、油料一百二十二担、肉类一百五十三担。全年收入约二万六千元，劳动分红以百分之七十五计，约一万九千元，平均每人（百人计）一百九十元。

冬种虽受旱灾影响，但已种油菜四十亩，小麦、蚕豆八亩，最近即将种下油菜三十亩、小麦十六亩，此外已养了五头小猪、三头大猪。记工评分已开始，目前打算采用死分活评的形式，以生产技术、劳动力强弱和劳动态度为标准来评底分，最高十分，最低五分，并根据垦荒同志的劳动锻炼，逐月复评，提高底分。生活已初步安排就绪，漏雨、透风房屋已修理，浴室、厕所已完工，图书馆已建立，娱乐活动已开始组织，缺棉衣、棉皮的已救济，并打算利用垦荒群众所带现款和社内流动现金筹建一小银行（社内的信用部门），通过有限制的贷款方式帮助少数同志解决缺生活日用必需品的困难，所贷款项从明年预分中扣还。

第二批到达前，只借好暂住房屋及做好开社准备，到达后打算先作必要的生活安排，再参加生产。准备在十天半月内建好房屋，并在这期间组织社章学习，办好入社手续，研究参加生产、学习技术和记工评分的办法，明确垦荒同志内部经济和生活的相互关系，加强团结。目前正在集中力量以修建房屋，木料已砍运到大半，地基已平好，正在搭屋架，并种了一亩蔬菜。

二、垦荒群众劳动、生活和思想动态。

垦荒同志从上海到江西参加农业生产，无论生产、劳动、生活都是一个艰苦的大转变，大多数同志劳动都很艰苦，目前的生活水平都有一定程度的下降，特别是学生和家庭妇女硬是咬着牙在锻炼，在困难面前同志们都有着不同程度的思想斗争。但目前一般同志的表现都很好，能够坚决地接受困难的考验，同困难作斗争，而且已经战胜了安置初期的若干困难。在劳动中，许多同志的手、脚满布着被野草、树枝割破的伤痕和被农具磨破的水泡、血泡，人人手上都起了老茧，皮肤也变得粗糙了。很多同志挑担都被压得喘不过气，压得腰酸、臂疼、肩头红肿，睡觉翻不过身，现在一般从没挑过担的同志能挑五六十斤走十几里了。过去根本不会农业生产技术的同志现在已学会了割草、砍树、锄地、挖沟、车水、积肥等农活，学会了使用草刀、柴刀、锄头、钉耙等农具。在生活上开始样样过不惯，但现在对爬山走路，自己洗、补衣裳，吃汤菜半碗的小菜和没有戏看、电影看的农村生活已逐渐习惯了。总之，通过很短时期的锻炼，已明显地看到他们的劳动力有显著提高，生活开始习惯，思想初步稳定下来。

根据我们初步的了解，推动他们挺起胸膛向困难进军，战胜困难的动力，有以下几个方面：第一，对参加垦荒的意义——把荒田变成良田，为祖国增产粮食，有明确的认识。特别是这些青年同志，他们在社会主义改造的实际情况下，接受了党的教育，已把参加农业生产，作为自己为社会主义贡献力量的理想。因此，当他们碰到困难，挑担上山几次滑下来的时候，肩头红肿在犹豫着接受不接受分担任务的时候，想到自己为什么来垦荒，就鼓起了勇气冲上山去，有信心战胜了各种困难。第二，感谢党和政府的关怀，对困难有较充分的思想准备。对党和政府化了很多钱买了耕牛、农具，修建了房屋，购买了必要的家具，生活上生病有医生护士照顾，吃大米饭，有蔬菜、有黄豆（上海买不到），因此普遍反映没有上海讲的、想的那么困难，对党和政府的关怀很感动。第三，欢迎接待工作做得好。从上海到德安沿途党、政首长的勉励，群众的热情欢迎以及上海的同志、亲友来信的鼓励。第四，劳动和生活实践的锻炼，不断增强着他们克服困难的信心和决心，同志们对他们体力逐渐增强，学会了若干农业生产的技术，对他们不断地克服困难，很愉快，很高兴，更有信心来克服前途中的困难。

在到德安后的思想情绪的变化也是比较复杂的，其中理想与现实的矛盾最突出的，是担心丘陵地带小块田地能不能用拖拉机。其次由于客观上生产和生活资料都是政府投资或贷款解决，加上教育不够，因此，有些领导干部和群众，还存在着依赖政府包下来的思想，对公共财物爱惜不够，农具、用具常有损坏，用钱大手大脚，不精打细算。第三，对婚姻恋爱担心，有爱人的经常牵挂，怕"不能来"，怕"变心"；没有爱人的男同志看到社内外都是男多女少，"准备当几年和尚"。第四，许多没有离开过家庭的同志，开始恋家情绪较浓厚，有空就写信，有的同志晚上睡觉说梦话也在喊妈，开始生活不习惯，上街买饼干、栗子，吃面的人多，个别写信要家里寄牛肉罐头来。郊区同志比较突出的是使不惯当地的农具，瞧不起当地的耕作技术。学生顾虑学校学的东西用不上。家庭妇女怕人瞧不起，有些同志，拼命坚决劳动，累坏了身体，生了病很伤心："刚劳动就病了"。第二批来的少数同志，由于在上海交待、教育不够，对插社，对和水上或老年店民在一起，还有些意见。这些问题，由于领导上预见和教育不够，有些问题至今还没有解决。特别是还有少数同志怕困难，怕吃苦，个别产生动摇情绪，发牢骚讲怪话，甚至思想上打算开小差，第一批比较突出的有居××、柳××、袁××三人，居××（群众、失学青年）在上海做里弄干部每月有十元补贴，爱人在上海，从怕吃苦、想爱人，个人名誉地位不能满足，自吹在上海当里弄干部指挥三千人，看不起担任领导骨干的郊区同志，说："他们话都讲不来"，发展到想回上海。柳××（失工、团员），经常发牢骚讲怪话，"我不是自愿来的", "我这个团员是团搞错了", "在上海一天拿三块钱也没有这样苦"。袁××（群众、摊贩）在上海每月有十几元的收入，装病说只有在上海才治得好，医生检查没有什么病，吃饭说："没有大饼油条吃不下。"

目前一般同志普遍要求学习农业生产技术，搞好生产，改善生活，特别是市区同志要求很迫切，要求加强政治、文化学习；要求加强文娱活动，活跃业余生活；要求解决婚姻恋爱问题。这些要求正是领导工作的主要缺点，有计划地培养同志的劳动技术不够，党、团组织的业务没有建立，对政治、文化学习和娱乐活动，片面强调物质条件和工作忙，管不了，没有很好领导，对青年切身的恋爱问题关心不够。

当地干部和群众对上海垦荒同志的顾虑较多。干部怕上海去的同志文化高、见闻多、能说会道难领导。一般农民怕吃亏，顾虑他们劳动力不强，生产搞不好影响生活，顾虑他们缺乏生产和生活资料，挪借东西。此外，还担心他们生活过不惯，不能吃苦，难巩固。这些顾虑通过实际接触，已解除不少，目前当地干部和群众对垦荒同志一般是满意的，亲眼看见他们能劳动，能吃苦，有耕牛、农具、家具，文化高，很活跃，能帮助学文化，活跃业余生活。但他们许多人不会农业生产技术，以及是否调皮不好领导，还有顾虑。

根据目前情况来看，参加垦荒的同志一般热情很高，劲头很大，有决心在江西成家立业，坚持农业生产。动员、安置工作在市委和江西省委的领导下，使我们工作比较顺利，没有出大的偏差。在实际工作中，我们有以下的初步体会：

一、上海的动员、组织工作是决定环节之一。市委所提出的动员对象的条件是基本正确的，实际情况证实，除了保证没有政治问题这个基本条件外，凡是觉悟愈高，参加垦荒的决心愈强，或生活愈贫困，劳动力愈强，并有家属，表现就愈好，他们在江西成家立业的决心就愈坚强。这次到德安的一百三十五人，基本上执行了市委所提出的人员挑选原则，因此，一般同志表现很好，思想情绪比较稳定。上海动员过程中所进行的思想教育工作是成功的，特别是垦荒意义和向困难进军的教育，党和政府的关怀，所在单位和亲友的鼓励，经常鼓舞着他们积极劳动和向困难进军的热情。

但从实际工作中，我们感到上海的动员组织工作，有若干问题还须要注意掌握。首先动员青年参加垦荒，对恋爱问题须要适当处理。有爱人的要求双方都符合垦荒条件，而且最好一起参加，单身男、女青年的人数要相应。

其次，在参加垦荒的劳动力的要求上，需有百分之二十左右具备一定农业生产技术的同志，要有一定数量参加农业劳动为主、过去做过建筑工人和理发员，家属最好能担负烧饭、放牛、养猪等较轻的劳动。第三，健康条件的要求上，须掌握没有影响艰苦劳动锻炼的疾病。第四，经济情况的审查，须注意家庭和本人的实际生活情况。

动员工作除进行垦荒意义教育外，对参加垦荒的生产、生活的情况和困难，今后的发展前途，经费的来源等需要讲清楚，使他们有充分的了解和必要的思想准备，树立决心垦荒、艰苦劳动、自力更生、克服困难的思想，如有家属参加，也须适当教育。

在物质条件上，如有可能，最好适当支持一些书籍和小扑克等类的文化用品。郊区农民可带自用农具，建筑、理发工人应带必要的工具。生活日用的轻便用具应带去，户口、油、粮供应的证件和布票要带去，过冬的衣被要在上海解决。

二、安置准备工作主要有两件事：第一是积极地宣传解释，并通过实际的事实来解除当地干部和群众对上海垦荒同志的顾虑。除根据中央和省委的指示，宣传上海垦荒群众对江西发展农业生产的意义，向当地党委、干部、群众实事求是地介绍参加垦荒的同志的基本情况，这是协助当地党委加强垦荒同志的领导和减少顾虑的重要措施之一，但解除顾虑最有力的还是参加垦荒的同志在生产、生活上的实际表现。德安县委利用各种训练班，组织干部去实地参观访问，是一个扩大影响、打消顾虑的好办法，我们在工作中主动收集、整理情况，向各方面介绍某些情况，起了一定作用。但真正消除顾虑的物质基础，是贯彻互利原则，自办生产合作社，与当地群众的日常联系，但也须注意和当地农民的团结互利。八里乡新建社，由于领导骨干注意不够，在水利、砍树等有些问题上曾和当地农民产生矛盾。特别是插社，正确处理互利问题，是解除老社员顾虑和是否欢迎插社的关键。

第二是生产和生活的准备。首先必须比较确切地了解土地的数量、质量（水利、土质、阳光等）、产量，并根据土地情况和骨干情况决定安置的人数、形式，计划和订购耕牛、农具等生产资料。其次，对生活需作适当安排。德安县在生活安排上的主要矛盾是缺乏劳动力，一般只能事先解决暂时借住的房屋和做好开伙准备，盖房、打柴等主要依靠参加垦荒的同志自己动手来搞，因此，今年到江西垦荒的同志，能早去更有利。

第三，为了使准备工作顺利进行和更好地领导垦荒群众参加生产、安排生活，骨干和建筑工人，应尽可能先去，以便参加计划，熟悉情况。

三、巩固工作最主要是积极地领导生产和继续深入思想教育。首先搞好生产，为国家增产粮食是垦荒工作的根本目的，是参加垦荒的同志理想的实践，是他们最大的要求和最大的利益，同时，也只有通过生产、劳动，才能够真正锻炼克服困难，在江西安家立业的决心和意志。其次，必须密切结合生产和生活的实际情况和实际思想来加强教育。教育的内容首先是抓紧前途教育，解决理想和现实的矛盾，这是推动他们积极生产的重要动力。八里乡新建社关于丘陵地能不能机械化、学生在学校学的有没有用的问题，在指出了可以用小型拖拉机，文化高更有利于学技术，只要努力学习可以成为专家后，对推动他们热情劳动起了很大作用，但对放牛、养猪、烧饭具体的前途教育不够……

本市一、二、三批志愿垦荒队在江西安置情况报告

本市青年团市委和水上区所组织的第一、二批青年志愿垦荒队一三五人已于十月十七日和十一月七日先后到达江西，劳动局所组织的第一批失业工人志愿垦荒队五十五人也已于十月十六到达江西，三批人员都已安置了下来，开始进行生产或进行生产的准备工作。由于各单位组织工作、教育工作深入的程度不同，垦荒队员安置下来后的情况也不同。目前以两批青年垦荒队的情况为较好，失业工人垦荒队的情况较差，而且曾发生落后分子聚众滋事的严重问题。安置这三批人员的情况和初步的经验教训大致如后：

（一）一般情况

第一批青年垦荒队九十人（拟补足一百人）全部是青年团市委所组织的，现安置在德安县八里乡，单独办一个高级合作社。团市委事先已为他们建造了房屋，买了耕牛、农具，准备得较充分，因此到达后即可投入生产。到乡的第一天就在县委领导下，指定人选，成立了建社筹委会，决定当前工作以生产为中心，结合生产逐步开展建社工作。现在已经建立了三个生产队和副业、基本建设、总务生活管理三个组，初步安排了年内的生产，拟定了明年的生产计划，规定了记工评分的办法。年内的生产，冬种虽受旱灾影响，但已种下油菜四十亩，小麦、蚕豆八亩，拟继续种油菜卅亩，小麦十六亩。已养大猪三头、小猪五头。同时正进行积肥工作。明年的生产计划，拟耕种田地五二五亩，播种面积（包括复种）八五八亩，以种粮食为主，兼

种棉、麻、油料作物，同时发展养猪、鸡、鱼、羊，种油茶、桃树等副业。预计明年一年内可为国家生产粮食二七六二担（如将其中山芋也折成稻，总数应是一四七七担），棉、麻卅三担、油料一二二担、肉类一五三担。全年收入二六〇〇〇元，劳动分红以百分之七十五计，约一九〇〇〇元，平均每人一九〇元（以百人计）。记工采取死分活评办法。目前底分最高十分，最低五分，以后拟按各人劳动锻炼的情况每月复评一次。生活方面，除已有房屋外，又修建了浴室、厕所，建立了图书馆，并已开始组织文娱活动，缺棉衣、棉被的人已给救济；现在正准备利用社内部分流动资金并吸收队员个人的现款建立社内的信贷部门，帮助缺零用钱、生活日用品的队员解决困难。

第二批青年垦荒队四十五人，是由青年团市委和水上区人口办公室共同组织的，现安置在德安县大板乡，准备插入当地的两个合作社。由于事先对生活安排方面来不及作充分的准备，仅暂借了一些房屋，因此到达后首先安排生活，目前正建造住屋，同时学习社章，办入社手续，学习记工评分办法；同时也种了一亩蔬菜。

劳动局所组织的第一批失业工人垦荒队分成两部分，安置在浮梁县的两个乡。一是罗家乡大山嘴村，安置廿五人，拟补足一百人，并吸收部分当地农民办一个合作社；一是鸣山乡大洲上村，安置卅人，拟插入当地的大洲上村合作社。两地事先准备都不足。罗家乡方面土地范围未定，耕牛、农具未买，办高级社还是低级社也未定，目前垦荒人员正在造房屋。鸣山乡方面农具也未买，仅为垦荒人员评好了底分，部分人下田帮助当地收割稻子，其它工作因插入了这一批人，社的旧秩序被打乱，新秩序未建立，还处在混乱状态中。

（二）垦荒人员到江西后劳动、生活和思想动态

（甲）两批青年垦荒队员到达江西后，大多数都能艰苦劳动。他们的生活大都比在上海时下降了，目前的劳动也比在上海时重得多，但绝大部分都能接受考验，克服困难，人人手上都起了水泡、血泡，手脚上满是荆棘的伤痕，人人都经过一个腰酸、背痛，肩头红肿，睡觉翻不过身的阶段。现在他们大都已习惯了挑担子走山路；学会了一些初步的技术，如割草、砍树、锄地、挖沟、车水、积肥等；对每餐只有半碗小菜、没有星期日、没有电影看的生活也习惯了。他们在遇到困难时，如挑担上山几次滑下来时，肩头红肿受不了扁担的重压时，思想上也曾有过尖锐的斗争。但很多人反映，只要一想到

到这里来是为了为国家增产粮食，自己已经把参加农业生产作为对社会主义建设贡献一份力量的理想时，勇气就来了。许多人还反映，一想到党和政府的关心，为他们花钱买了耕牛农具，造了房子，供给他们生活，吃饭还有大米、蔬菜、黄豆，还有医生、护士照顾，想到上海和江西群众、首长的欢送、欢迎、勉励，想到这一切时，往往就能鼓起勇气，挑起担子，一口气爬上山去。许多困难就是这样克服了的。特别是经过一个月的锻炼，发现自己体力增强了，技术也多少学到了一些，克服困难的信心就更增加了。在劳动锻炼中往往女青年表现得更为坚决、勇敢，唯恐被人轻视，有些人甚至累得病了也不肯休息。现在基本的情况是绝大多数人热情都很高，劲头都很大，有决心在江西安家立业，并且普遍要求学农业技术，还要求学政治，学文化。

但同时他们思想、情绪上的波动、变化也是很多很复杂的。较突出的思想问题大致有以下几种：第一是看到当地地势都是丘陵地、小块田地，担心将来用不上拖拉机。第二是凡事有依赖政府投资的"包下来"思想；对公共财物，如农具等不爱惜；用钱大手大脚，不精打细算。第三是有些人初到时恋家情绪重，有空就写信，连说梦话也叫妈，少数人初到时生活不习惯，上街买饼干、栗子、面条吃，个别的还想写信到家里寄牛肉罐头。第四是对婚姻恋爱问题担心。有爱人在上海的怕日久变心；没有爱人的看到社内、社外都是女少男多，担心找不到对象，准备当几年和尚。第五是有些从上海郊区调去的青年使不惯当地的农具，瞧不起当地耕作技术。第六是第二批去的青年对自己没有机会办高级社而是插入当地合作社，同去的人中又有一些水上区的中老年人，因而有些不满。此外也有个别人怕吃苦，发牢骚，讲怪话，思想上动摇，想开小差。这些思想问题有的已经解决，有的还待今后进一步进行教育。

（乙）失业工人垦荒队初到时情绪也较好，特别是安置在罗家乡，原定办高级社的廿五人，大都能积极地参加造房子和修公路（连接他们所在的大山嘴村和景歧公路的）的工作，但很快就发生了严重的问题。首先是安置在鸣山乡的卅人发现他们的工作条件和罗家乡的廿五人不同，甚至生活待遇也不同；罗家乡廿五人单独办高级社，他们插社；罗家乡的人称为"志愿垦荒队"，他们被称为"移民"；罗家乡的人每天伙食两干一稀，菜金一角，他们是两稀一干，菜金五分，表示不满。加以他们工作效率不高，八个人一天割不完三亩稻，劳动纪律又松懈，工作时上山采野果吃，一到十二点就回家吃饭，当地农民看不惯，批评他们是"人多不洗碗，鸭多不生蛋"，他们不虚心接受反而更加不满意。这种不满情绪领导上没有及时解决，在到乡后一星期左右就爆发了。他们一方面开会向领导质问，一方面有廿四人联名写信请愿，坚决要求并到罗家乡去。经领导上两次作报告，批判不正确思想，打击了邪气，扶助了正气，一方面给缺零用钱的人借了钱，又让每人预借了半斤肉吃，才缓和下去。但罗家乡的垦荒人员看到鸣山乡借钱、吃肉，同时领导上宣布要把菜金减到七分，粮食限定每天半斤，就也引起思想波动，在到乡半个月左右也爆发了，有六个人装病请假或借口饭吃不饱拒绝上工，也经过领导上作报告批判后才扭转。这两次事件发生的原因除了工作上的缺点外，都有少数品质不好、社会关系复杂、有政治问题嫌疑的分子从中挑拨、鼓动。如鸣山乡方面有一人是一个已判刑的中统特务的弟弟，就是这次事件的积极鼓动者。此外鸣山乡方面还曾有四人不肯填写入社申请书，其中三人是木匠，理由是上海方面动员时只说来做木工，没有说开荒，他们不愿改行。现二人已解决，二人仍坚持不入社。

（三）初步的体会

一、必须认真作好垦荒人员的审查工作，防止任何草率从事的态度。市委所提出的垦荒人员的几个条件已证明是正确的，必须严格遵守。首先垦荒人员必须历史清楚。除本人不是地主、富农、反革命外，对社会关系也要深入了解，凡家属是反动阶级或反革命分子的要特别警惕，至少在年内试点期间一般不要吸收。劳动局审查草率，被几个社会关系复杂、本人历史不清的分子混进来，终于闹出乱子，是一个严重的教训。

其次必须是家庭贫困的人，凡属这种人都最坚决。如青年垦荒队中有几个原作流动摊贩的青年说，垦荒队的生活虽苦，但比他们在上海时还好些，因此表现十分坚决，毫不动摇，几个女青年也因为在上海寄人篱下，生活困难，退无后路，因此坚决苦干。个别曾经动摇的人，如某里弄干部，就是因为在上海虽然失学、失业，但当干部每月还有十元补贴，因此一度想开小差。失业工人垦荒队方面有些人家乡有田，有些人家属在上海有很好的收入，也都是他们动摇的原因。

此外，"三通"的条件也是非常重要的。失业工人垦荒队中有些人本来不想垦荒，只是"出风头"才报名的，而且他们一般都没有充分的时间作好家属工作，有的临上火车，家属才知道。至于其中三个木匠是根本不打算去垦荒的人。身体健康、有劳动力也是一个重要条件，至少要能经得起劳动锻炼，青年垦荒队员中有少数人经过较重的劳动就发现了小肠疝气、胃病、妇科病等。这种情况今后最好预先防止。

二、在垦荒队伍中要注意配备和培养骨干。青年垦荒队中骨干是很多的，许多人曾担任合作社长（郊区青年）、里弄干部等，但培养工作作得较差，使用也不得当，因而不能充分发挥作用。党、团支部在临出发时才建立，因而支委和群众不熟悉。还有些可作骨干的人没有提拔担任工作，有一曾当社长的人被分配去造房子，曾当会计的被分配去养猪等，都是因事先情况了解不足造成的，现正准备纠正。此外在队伍配备上还要注意，凡有家属或爱人，而家属、爱人又符合垦荒条件的应尽可能带去。这样可以使他们安心，而且家属还可以担任家务，参加副业生产，使整劳动力全部投入农业，不致浪费。队伍中还要配备一些多少懂得农业生产的人以及懂得副业、木工、建筑甚至理发等手艺的人，以解决生产、生活上各种问题。在青年多的队伍里，要注意男女青年人数大体相近，以便解决恋爱婚姻问题。此外这次为垦荒队配备的医务人员，不但解决疾病问题，还起了鼓舞情绪的作用，也是很重要的。

三、必须事先为安置工作作好充分的准备，包括勘测耕地的面积和土质、确定安置的方式和人数、尽可能准备好居住条件、及早订好生产计划、买好生产工具等。团市委这方面作得较好，因此容易巩固。劳动局作得很不够，以致垦荒队到了乡里，耕地地点、面积还没有定，安置的方式也屡次改变，农具、耕牛都没有，使得垦荒人员思想波动，情绪疲沓。

四、必须自始至终、经常不断地作好思想教育工作。在出发之前应当着重垦荒的重大意义和艰苦奋斗、前途光明的教育。团市委在这方面作得较深入，而且特别强调艰苦一点，要求人人思想上准备接受最艰苦的考验，因此大部分队员到江西后都说，现在的生活比我们想象的还好得多，不算苦，情绪始终很高。劳动局曾把前途讲得太好，没有强调艰苦，因而队员才发生思想问题。到达江西后还要结合生产随时进行教育，这时的教育除上述的内容外，还要强调团结友爱、遵守纪律、服从组织分配工作、虚心向当地农民学习等方面。党、团支部在思想教育工作上必须抓紧，否则是必然要发生问题的。

五、到达垦荒地点后，应尽可能及早投入生产，而且必须是有组织、有领导的生产，只有这样才能巩固垦荒人员的情绪。生产必须有计划，最好还能有较长期的全面规划，使人人都看到美好的远景，提高信心。

六、要搞好文化、政治、技术、合作社业务等各项学习，搞好文娱活动，以提高对前途的信心，调剂精神，鼓舞情绪。

七、要安排好生活，生活水平不应超过当地农民的水平。经费的掌握也应以此为准。（目前投资数一般在每人一百五十元左右）

一九五五年十一月

本市垦荒群众在江西安置的情况（草稿）

本市动员到江西去垦荒的群众从十月中旬起陆续出发，到十二月廿日为止，先后已有一一二二户二〇五四人到达江西，分别安置在德安、浮梁、乐安、奉新、安福、峡江六个县。安置的情况和初步工作体会如后：

（一）安置情况

到江西最早的是青年团市委所组织的第一批青年垦荒队九十九人和劳动局所组织的第一批失业工人垦荒队五十五人，都在十月中旬到达。青年垦荒队安置在德安县八里乡，准备自行办一个高级社。到乡后就在县委领导下成立了建社筹委会，分了生产队，安排了年内的生产，并初步拟定了明年的生产计划。预计明年每人平均可收入二百元，还准备号召大家增产，争取达到三〇六元。失业工人垦荒队分成两部分，安置在浮梁县的两个乡，一部分单独办一个社，一部分插入当地的社。其余各批都在十月份以后到达，青年团和劳动局两单位所组织的仍分别安置在德安和浮梁，商业局所组织的安置在乐安，交通局所组织的安置在奉新、安福、峡江三县，都同时采取单独办社和插社两种安置形式，以便试验哪一种形式更为适宜。

垦荒群众到达江西后多数已开始生产，有的还须作一些准备工作，如造房子等。一般情绪都很高，表示要在江西安家立业。特别是看到当地党、政机关和群众的热烈欢迎和帮助，看到政府不但为他们准备了房屋、农具，甚至还准备了锅灶家具，都非常感激，表示一定要用积极生产来报答。如青年垦荒队，过去多半没有经过重体力劳动，现在绝大多数都能不避困难，艰苦锻炼，渐渐都学会了一些初步的生产技术，最近团中央胡耀邦同志去访问，更给他们很大的鼓舞。其它各批垦荒群众情况也多相同。

但存在的思想问题也是很复杂的。仅从先后两批青年垦荒队中了解，就有以下几种思想：第一是看到当地多是丘陵地、小块田地，担心将来用不上拖拉机。听到上海郊区设立了拖拉机站的消息后，波动很大。第二是从上海郊区调去的青年使不惯当地农具，看不起当地的耕作技术。第三是因以上二点，有些人担心生产不多，收入少。第四是垦荒队骨干中有凡事依赖政府投资的思想，用钱大手大脚。第五是看到当地男多女少，担心婚姻问题不易解决；有对象在上海的也怕日久变心。第六是有些插入当地合作社的人因自己没有机会参加办高级社有些不满。第七是有少数人不习惯农村生活，怕艰苦，怕劳动，有的甚至想开小差。

这些思想在各批垦荒群众中多少都存在，有些经过教育已经解决，有的还在发展。发展得最严重的是两个情况。其一是德安县八里乡垦荒青年×××的逃跑。×××原是本市郊区某合作社副社长，是作为骨干动员去的，自己一心想当脱产干部。到江西后，听传说明年每人只能收入一百多元，远不如自己在上海收入多，因而动摇逃跑。其二是浮梁县垦荒群众的怠工请愿。原因是一部分插社的群众看到待遇不及单独社的群众，引起了不满，个别作风恶劣的分子又从中挑拨煽动，以至于滋事，经领导上教育后才及时制止。这两件事虽是个别现象，但是是有一定的思想根源的。据了解，曾经一度表示动摇，要回上海的，除马××外，在德安、奉新、乐安三处先后还有十几个人。现已由此接受教训，加强政治思想工作，不断巩固和提高群众的积极性，并防止再发生类似的事件。

（二）初步工作体会

经过这几批垦荒群众的安置工作，对于组织垦荒已有了一些初步体会。

首先是关于垦荒人员的审查问题。经验证明审查必须认真；市委提出的六个条件已经证明是正确的，必须严格遵守。政治条件方面，除本人外，对家属和社会关系也要深入了解。这次在浮梁煽动怠工的人，据了解不但本人一向表现不好，并且有一个哥哥是镇反对象，说明这是和审查不严有关的。经济条件方面，也已证明凡家境贫困的都较坚决，而动摇的大多是家境较好的人。在思想认识方面，"三通"——本人通、家属通、亲友通——的条件也是完全必要的。这次有些人动摇，主要就是由于本人思想并没有通，只是为了"出风头"才报名的；有的是因为没有作好家属工作，直到上火车才通知家属，以致家属拖后腿。此外身体健康也很重要，至少要能经得起劳动锻炼，才能巩固。

关于垦荒群众带家属的问题。经验也已证明，凡家属同去的，一般都较容易巩固下来，家属或恋爱对象没有同去的往往多所牵挂，易于动摇。在未婚青年较多的垦荒队还要注意男女青年适当搭配，以便解决婚姻问题，否则也不易巩固。

关于垦荒群众的安置形式问题，一般是以"插社"（即插入当地的合作社）为较适当。因为这样可以减少配备骨干的困难，投资也可以节省。

加强垦荒群众的政治思想工作是非常重要的，而且要结合中心工作，经常不断地进行。前一阶段各单位往往较重视出发前的思想教育，到达后的教育工作作得较少，今后必须纠正，垦荒队中的党团组织必须担负起这方面的责任。

此外在出发前，对有关生产和生活的准备工作应尽可能及早作好，使垦荒群众能尽早投入生产；最好还能提出较长时期内的生产规划，使大家都看到前途，有具体的奋斗目标。有的单位事前准备不足，垦荒群众长久不能参加生产，生活也不安定，以致情绪疲沓，思想波动，是值得接受的教训。

以上仅仅是前一时期工作大致的情况和初步的体会。目前计划，到明年一月中旬，还须组织约二千户到江西去，人口办公室和各有关单位正准备积极搞好这二千户的工作，以便积累更多的经验，为明年大批移民打下基础。

上海市人民委员会人口办公室

一九五五年十二月二十日

本市一九五六年劳动就业、调配和人口工作纲要（草稿）

（一）中共中央政治局在《一九五六年到一九六七年全国农业发展纲要（草案）》第三十九条中提出：全国要在五年到七年内解决城市失业问题。根据目前全国工业、农业和各项建设事业对劳动力的需要和本市劳动力的具体情况，本市是有条件提早实现这一条纲要的。一九五六年本市应坚决贯彻积极解决本市失业问题的方针。这一方针是首先着重并基本上解决有条件就业的失业、失学、无业和半失业人员的就业问题，同时结合各部门的社会主义改造逐步解决各部门多余人员的统一调配问题，为提早（如在三年至五年之内）解决本市的失业问题打下有利基础。

（二）上海长期以来是重要的工业城市，有相当数量的、有一定技术或文化的职工和干部。这些人员可以调配或经培训后调配到全国各工业基地和城市去参加工业和其它事业工作。除此之外，大部分无业、失业人员必须到农村去参加农、林、副、牧、渔各业的建设以及农村的科学、文化、教育、卫生等事业。为此，一九五六年，本市工会、青年团、妇联等群众团体和有关行政部门必须对无业、失业人员继续进行教育，提高他们的认识，使他们自觉地服从国家的统一分配，走向全国各工业城市和广大农村去就业。

……

（五）本市失业、无业、半失业人员中，有很大一部分的人在原籍无生产生活条件，不能回乡生产，本人又无技术和文化，一时还不能调配到工业文教等部门工作，但本人有劳动力可以参加农业生产。一九五六年要动员和组织这些人的大部分特别是其中生活贫困的有一定觉悟的劳动人民，到江西省开垦荒地和参加农业生产。

……

（十五）本市人口盲目发展是不健康的现象，这对于发挥上海在国家社会主义建设中的作用是不利的。为此，必须大力劝阻农业人口盲目流入本市，并采取以上各项积极措施，减少消费人口，使本市的基本人口逐渐增加。一九五六年，要进一步改变本市人口的臃肿情况。把全市人口减少至五百六十万人左右。同时，在今年内，要对全市人口进行全面的调查，以利本市市政规划的工作。

上海市社会剩余劳动力情况和处理规划（草案）

（一）

为了全面掌握本市社会剩余劳动力情况，据以制订处理规划，由市人口办公室统一领导，对本市失业、半失业、无业人员的基本情况进行了调查了解，并在调查的基础上划分处理类别，整个调查工作可在四月中旬结束。兹根据典型调查材料，初步加以规划。

据黄浦、邑庙、蓬莱、普陀、闸北、虹口、提篮桥、杨浦等九个区各一个办事处的调查材料，在 166138 居民中，共有失业、半失业、无业人员 17081 人，占调查人口总数的 10.28%。按照上述调查材料以本市人口 600 万推算，共有失业、半失业、无业人员 616800 人（三轮车、榻车工人不在内）。本市社会剩余劳动力的基本情况按调查材料分析：女性多于男性，在调查的失业、半失业、无业人员中，女性占 56.52%，男性占 43.48%；无业人员比重很大，占总数的 39%，大部分家庭妇女，还有一批社会青年；

技术员工已经很少，有一定文化程度的人数尚多，但其中家庭妇女和中年以上的人不少；在失业、无业人员中大部分家属在业，生活可以依靠，或有自谋临时生路，少部分依靠政府救济为生。

（二）

根据处理分类，618800人按如下五方面来安排：

……

2. 具有从事农业生产条件，采取回乡生产、移民垦荒等办法动员从事农业生产的179242人，由市人口办公室统一规划，劳动、商业、团委等有关部门分别处理。

……

上海市一九五六年解决就业问题支援
内地建设的工作纲要（草稿）

中共中央政治局在《一九五六年到一九六七年全国农业发展纲要（草案）》第三十九条中提出全国要"分别在五年或者七年内，解决城市中的失业问题"。据最近调查，本市现有失业、无业、半失业人员五十五万多人，除生活有依靠、可以暂缓就业的以外，需要安排就业的约三十七万人，其中百分之九十都有就业条件，只有少数是需要收容、救济的人。现在全国各地社会主义建设迅速开展，向本市要求输送建设力量的很多，需要的数量很大，需要的人员类别也很多，为本市失业人员提供了广大的出路，也为本市提出了支援建设的一项重要任务。根据这些情况，本市是有可能提早实现第三十九条纲要，例如在三年到五年内基本上消灭失业现象的。一九五六年应当着重解决有就业条件的人的就业问题，使他们基本上都得到就业机会，为消灭失业现象打下有利基础；同时结合各部门的社会主义改造逐步解决过剩人员的统一调配和无就业条件又无依靠的人的收容、教养、救济问题。

根据这个方针，提出一九五六年内本市解决就业问题、支援内地建设的工作纲要如下：

（一）本市失业、无业、半失业人员就业的方向是：一部分人将输送到全国各工业建设基地或城市去支援工业建设；大部分人将到农村去支援农、林、牧、渔各业的建设以及农村的科学、文化、教育、卫生等事业；少数人留在本市就业。本市有关各部门和有关的群众团体都应按照这个方向来进行工作，并向失业、无业、半失业人员进行教育，使他们认识这个方向，服从国家的调配。

……

（八）由于全国各地的农业生产合作化运动和农村生产运动的蓬勃开展，农村需要增加大批的劳动力。本市失业、无业、半失业人员中有相当一部分不适合参加工业建设的，都可以到农村去参加农业建设。其中有一部分是在家乡有田地，有生产、生活条件的农民，今年内基本上都可以动员他们回乡；有一部分家乡没有生产、生活条件的，可以动员他们到江西省去参加垦荒，今年内基本上也可以输送完毕。

……

（十二）除以上各类失业、无业、半失业人员外，本市还有相当数量的社会游民……有的可以集中安置，即集体输送到江西、皖南等地参加农业生产。

……

已往江西垦荒人数统计及垦区名额分配表

已往江西垦荒人数统计表（1955 年 10 月至 1956 年 1 月底止）

组织单位	组织对象	安置地区	安置户人数		安置人员情况				备注
			户数	总人数	其中劳动力情况		其中骨干情况		
					全劳动力（人数）	半劳动力（人数）	党员	团员	
总　计			4721	12961	7498	799	28	340	
劳动局	登记失业人员	上饶专区浮梁县	1564	4141	2468	211	2	39	
团市委	社会青年、船民	九江专区德安县	1091	1763	1256	132	22	211	
商二局	流动摊贩	抚州专区乐安县	504	816	615	53	4	30	
交通局	过剩三轮车工人	南昌专区奉新县	552	1955	1016	110		38	
交通局	过剩三轮车工人	吉安专区安福县	602	2571	1299	158		12	
交通局	过剩三轮车工人	吉安专区峡江县	408	1715	844	135		10	

关于省视察团对安置上海市自愿垦荒群众
工作视察中发现几个问题的通报

我省一九五五年接收与安置上海市自愿垦荒群众的试点工作，在省委、省人民委员会的正确领导下，于一月中旬胜利结束。为了进一步作好对垦荒群众的安置和巩固工作，从政治上鼓舞和教育垦荒群众，使他们积极地从事农业生产，巩固地树立在我省安家立业的思想，省委、省人民委员会组织了江西省视察团，会同上海市访问团于二月下旬，分别视察了浮梁、乐安、奉新、德安、安福、峡江等六个县垦荒群众的安置和进行生产的情况。这里根据视察团的工作报告综合几个问题通报如下：

视察的结果表明：我省一九五五年安置垦荒群众的工作是正常的，取得了很大的成绩。主要表现在：

已来的垦荒群众百分之九十五以上都树立了在江西安家立业的思想。他们普遍地反映："党和政府比亲生父母还好，当地农民比亲兄弟还亲。我们只有一个决心：搞好生产，永远作江西人。"峡江县大里乡香城农业社的二十四户垦荒群众的门上都写着："毛主席对我们的关怀像亲生父母一样，只有用双手克服困难决心搞好农业生产"的春联；奉新、浮梁等县有的垦荒群众和当地农民订了婚，准备秋后结婚。乐安县港里社垦荒群众利用生活补助费结余买了一头小猪喂，并买了九个鸡养，现已生了七十多只蛋。这些深刻地表明了他们的思想情绪。

其次，垦荒群众的劳动积极性非常高涨，他们一到乡、社后，就积极地和当地农民一起投入了生产，在生产中，战胜了重重困难，取得了显著的成绩。如德安县共青社九十六个劳动力四个多月来，已冬种二百一十八亩，开荒二百六十亩，翻板田二百一十八亩，造油茶林一百五十亩，积肥四万四千担，修塘十口。峡江县四百零八户垦荒群众光开荒即达一千二百亩。浮梁县三区四山社一九五四年冬只积肥五千担，去年冬安置垦荒群众后一个多月的时间，就积了一万五千担肥料。这些成绩的取得给当地农民一个良好的影响，如浮梁县当地农民普遍反映："垦荒群众觉悟高，思想好，积极主动，听指挥，有能耐，推动了生产。"有的说："这真是毛主席的恩典。"

通过实际劳动的锻炼，垦荒群众的劳动能力得到迅速提高。许多过去从没担过担子的，现在能挑上百十斤走十几廿里路；不少过去没看见过牛和犁的，现在学会了耕田，奉新、乐安有的垦荒群众已经学会了使用双轮双铧犁。

特别是垦荒群众中的许多妇女劳动热情异常高涨，积极地参加了生产劳动，有力地带动了当地妇女参加了生产。如峡江县新村在修水库中，垦荒群众陈正英带领全村妇女晚上打着火把干，结了冰就打破冰下水库区洗石头、捡石头，在整个工程中，他们共做了二千五百七十七个工，占总工数的百分之五十七，在提前七天完成水军工程中起了很大作用。

第三，垦荒群众和当地农民的团结也是很好的。梁浮四山社垦荒群众来时下雨，行李未随人到，当地群众把自己的被子让给他们睡，使垦荒群众感动得流泪；唐城社两个当地农民带一个新农民学耕田，一个在前，一个在后，垦荒群众在中间，很快就学会了。峡江县新陂乡在春节时，当地群众和垦荒群众互相拜年请客，亲如兄弟。乐安港里社垦荒群众借副社长罗高春的锄头用坏了，罗高春说没有关系，垦群却偷偷地拿去修理，罗发觉后马上又拿了回来，说："这怎么能像一家人呢？"这些充分说明了垦荒群众与当地农民的关系是正常的，团结得很好的。

上述成绩的获得，主要是由于党和政府的正确领导，安置前作好了较充分的思想与物质准备工作，从而保证了垦荒群众一来就能安下家来和从事生产，保证了垦荒群众与当地群众的亲密团结。同时，和上海市委和市人民委员会在动员审查中正确地坚持了六个条件和深入的政治思想动员工作也是分不开的。

但是，从目前的安置和生产情况来看，还存在着一些亟待解决的问题。

（一）生产方面

（1）相当一部分地区对生产领导只是停留在一般号召上，存在着放任自流、放弃领导的现象。这集中地反映在许多农业社的生产计划的制定上。有的社至今尚未制定生产计划，如德安县的十一个自建社中就有三个社的生产计划至今未定；有的社虽然制定了生产计划，提出了指标和大体措施，但缺乏群众基础和客观的实际可能。如浮梁三区一个社计划搞一千五百亩千斤亩，但检查实际情况只能达到九百亩左右；有的社的计划却很保守，如浮梁有不少社只是根据县委提出的指标千篇一律地增产百分之三十。由于没有生产计划或虽有计划但缺乏群众基础和不够实际，对群众的思想和生产情绪有很大的影响。这些社的群众由于既不了解全社一年的实际收入，也不晓得一个工作日到底能得到多少报酬，更不知道自己秋后能收入多少，生活能否维持？心中无底，而引起思想不安。

（2）许多地方的劳动组织尚不健全，因而群众的劳动积极性未能充分地发挥出来，存在着较严重的窝工和浪费工的现象。如德安县菱塘社垦群来了两个多月，生产队（组）还未编好，社干们临时抽兵点将，有时这个人叫做这一工作，一会儿那个人又叫做那样工作去，有时无事可做就在家里玩，垦群很不满意，说："我们是来参加生产的，不是来玩的。"又如浮梁县港口高级农业社安置的一百多户垦荒群众，他们来了五十六天，最多的才做了十一个工，并且主要还是修公路，他们的出勤率很低。垦群反映："无事可做，只好晒太阳。"

（3）还有不少垦荒群众还没有学会主要的农业生产技术，特别是单独建的社，由于当地农民少，生产感到很大的困难。目前春耕已到，而他们尚有很多人不会播种、插秧甚至犁田、耖田等技术，心里很恐慌，担心搞不好生产，影响今后的收入和生活，准备请当地农民协助插秧，农民又怕耽误自己的生产。同时，在一部分插社的地区，由于领导上对当地农民和垦荒群众互教互学注意不够，当地农民怕教技术耽误工被扣工分，不敢教垦群的技术现象仍然存在。

（4）各地对帮助垦荒群众组织家庭副业普遍未引起重视。多数地区垦群来了几个月不但没有种上菜，而且连菜地尚不知在哪里；对于饲养家禽家畜的问题也未着手进行。因此，垦群中的一些不能从事主要农业劳动的人没有事做，日常生活上必须用的零用钱也无法解决。

（5）不少地区对垦荒群众的生产资料供应不足、不好，直接地影响了生产的进行。如各县均反映小农具（如锄、耙、刀等）不够用，一户只有一套。而实际每户有两个人以上的劳动力，由于工具的不足，他们只好做的做，看的看。甚至如浮梁×村反映：五户垦荒群众没有一张锄头。同时，有些地区对耕牛买得不够、不好。如安福县尚少二十头牛；乐安四区竹山乡买的八头牛就有四头不能耕田。此外有些地区对耕牛的保护也不够好，峡江县新买的耕牛已死了四头。

（二）生活方面

（1）粮食供应问题：有些地方未能按各户具体情况定量供应，采取平均定量标准，因此，有的户吃不完，有的却不够吃；同时由于小孩的标准较低，加之有些地方由于来不及加工而供应糙米，也影响了部分人口多的户粮食不够吃。如浮梁港口社垦群徐××一家八口，每月只有二百零七斤米，二月份就缺三天粮；吕××由于米不够吃而将供应的糙米糠弄来做饼吃，影响很不好。而另一户垦群陆××由于体力不强，二月份还多十几斤米。有些地方却放得过度，造成了浪费粮食的现象。如乐安一区梢尾村不分大人小孩每人每月平均供应四十九斤米，他们集体吃饭，每天都要糟踏够一个人吃的粮食。

（2）房屋问题：各县都有一小部分垦荒群众至今没有分到住屋。如德安、浮梁发现有的垦群由于没有房子，几个男单身和一个女单身住在一起，也有的几个女单身和一个男单身住在一起，当地群众有反映，垦群也有反映。同时，有的虽有住屋但又小、又漏雨，有的墙还要倒，使垦群不好安身。

（3）生活补助费标准不合理。原定的主要劳动力七元，家属六元，用的结果，单身汉不够用，人口多的却有很多剩余。据浮梁有一户七口，每月补助费四十三元，每月要多十余元。省试点总结工作会上曾确定从三月份起改为八、七、六、五、四元的补助标准，但多数县未贯彻。奉新县规定为七、六、四、三元的标准，垦群反映不够用。

（4）小家具和用具供应不足。如有的至今没有坐凳，缺少铺板，甚至没有水缸或有缸无盖，造成许多不便。浮梁一区有户垦群家里的水缸由于没有盖子，小孩掉进缸里差点淹死了。

（三）领导问题

（1）多数地区对政治思想领导尚嫌薄弱，在某些地区甚至未引起领导上的应有重视。表现在有些地区对垦荒群众的一些不正确的思想和行为，未能及时地进行教育，相反有的竟听之任之，甚至采取了迁就的态度，这是至今一小部分垦群尚未很好安定下来和相当一部分人尚存在着依靠思想的主要原因。如有的不积极参加生产，说："将来生活有困难，有政府救济，否则，就回上海去。"有的垦群桶箍坏了，也要求派木工替他修。厕所、灶头等本是自身能够解决的，也要求政府解决。峡江县新陂乡春节时垦群赌麻将，当地干部也不敢批评他们。有时垦群提出一些不合实际的要求，当地干部明知不能达到，也满口答应向上反映，结果还是解决不了，引起双方有意见。

其次有些地区对垦群中的骨干培养和使用还未重视起来。如浮梁一区南田乡安置的几十户垦群没有提拔一个干部。有的地区虽然在垦荒中提拔了一批基层干部，但对如何具体帮助他们熟悉情况、提高领导能力注意得不够，以致他们没有办法胜任领导工作，反映："戴上个空帽子。"

第三，在团结问题上各地一般反映好，但个别地方尚存在问题，主要是有些乡、社的领导骨干对这一问题重视不够。如有些地方不愿教垦群的技术，瞧不起垦群中体力差的；有的当地干部不能虚心听取垦群的意见，甚至抱成见。如奉新有的垦群向当地干部提意见，当地干部说他有历史问题，把垦群吓得哭。此外，垦荒群众之间也存在着不够团结的现象，如峡江有的垦群分宁波派、绍兴派；有的一个村庄分东头、西头，不够融洽。

第四，经常地有计划地向垦群进行政策、时事的宣传教育，对于垦群的文化和政治要求注意不够。普遍的反映："没有报纸看，来了几个月，不晓得外面发生了什么事。"不少地方的垦荒群众至今还不知道《全国农业发展纲要（草案）》的大致内容。

（2）在组织领导上亦存在许多问题，如有些地区党、团组织关系至今尚未接上。已来垦群一般觉悟较高，政治要求较迫切，当地组织注意在垦群中开展党团工作不够，有些地区接上了关系，但未及时编入组织，开展经常的活动。

（3）有的县对垦荒群众的宗教信仰和少数民族的照顾注意得不够。如峡江安置的四户回民分在二处，在春节慰问中还给他们送去了猪肉，造成垦群认为故意侮辱他们的误会。奉新县安置的十二个天主教徒，由于对群众教育不够，他们做祈祷时，别人就笑他们，弄得不好看。

以上通报的问题，望已安置垦群的五个指导委员会迅速采取措施予以解决，以利搞好生产。

江西省接收与安置上海市志愿垦荒群众指导委员会

一九五六年三月十二日

江西省一九五六年关于安置上海市志愿垦荒群众任务的计划（草案）

一、为了开发农业生产潜力，发展生产，解决我省部分地区劳力缺乏和上海市劳动就业的问题，遵照上级党委指示，拟在第一个五年计划期间，接受与安置上海市垦荒群众 9 万个劳动力，连同家属约共 30 万人，1955 年着重在 5 个专区的 6 个县进行试点，共安置了 4714 户，劳动力 6861 人，连同随来家属共计 12998 人。由于农业社会主义改造事业的胜利进展，今冬明春全省即可实现全社会主义的农业合作化，为安置垦荒群众的工作创造了良好条件。因之，各地委今年安置工作计划均大大扩大，争取五年计划四年完成。5 个专区今年共计划安置 83953 户劳动力，连同其家属约共 30 万左右。连五五年试点共计 90814 劳力，312998 人。

二、根据农村合作化发展情况，安置形式主要采取插入当地农业生产合作社的形式。因此，垦荒群众一般的应安置在地多人少、合作化条件较好的地区为宜。垦荒群众的居住问题，应尽先利用现有公房、闲房，破坏者加以修补，必须建房者，贯彻节约适用的原则，在经费可能解决的条件下，能打土墙的尽量打土墙，能用瓦顶的最好用瓦顶。一般四口之家约在 25 平方左右。耕牛、农具的添置，根据各地需要情况，向社交纳生产资料公有化股份基金和生产投资股份基金，由社负责购置。私有的小农具，按劳动力购置分配。生活用具按人口配置，必须用的要解决。

垦荒群众在不能自给的一定期内，必要的生活补助和必须住舍，请予投资解决，生产资料，亦请长期低利贷款解决，除较大的水利工程由国家投资兴修外，必要的生产生活资料计共每人需 173 元（路费 20 元在外——附说明表），试点安置的 6800 个劳动力已由上海市负责解决，今年 83953 个劳动力的安置经费拟报请中央核发。为了垦荒群众早日投入生产，同时解决任务大，来人多，在准备工作与交通工具问题上的一定困难，拟分作四期：春耕生产前来一批，由于时间紧迫，准备匆促，劳动力可先来，家属不宜多来，随后再来。春耕夏收前（早稻耘过后）安置一批，夏收后秋收前来一批，秋收后至五七年一月份再安置一批，全年共有五六个月可以安置，少数地区如任务大，农忙时也可以小批零星安置（附表）。

由于任务大，牵扯面广，必须加强领导，拟请省委、省人委批准成立专门机构，由省委、省人委直接领导，或由农业厅、民政厅领导，否则要保持现有组织机构，除委员会人员切实指导外，还必须加强办公室的专职人员。今后工作范围应是：办公室负责上下联系，督促检查，会集情况，民政厅负责转运，农业厅负责安置和组织生产。

以上当否，请批示。

1956 年江西省接收与安置上海市志愿垦荒群众任务计划表

附表一

专区别	春季 （3、4月）	夏季 （5、6、7）	秋季 （8、9、10）	冬季 （11、12、 57年1月）	合　计	备　考
全省总计	20203	5400	37200	21150	33950	
南昌专区	6503		8600	6350	21453	
丰城县	1800		2400	1800	6000	
高安县	1800		2400	1800	6000	
奉新县	653		800	500	1953	
宜丰县	1350		1800	1350	4500	
上高县	900		1200	900	3000	
上饶专区		3000	3000	6000	12000	
弋阳县		900	1200	1400	3500	
浮梁县		1200	600	3200	5000	
贵溪县		900	1200	1400	3500	
吉安专区	5800	700	5700	6800	19000	
永丰县	800	700			1500	
泰和县	500		1000		1500	
新淦县			700	1800	2500	
安福县				2000	2000	
吉永县	1000		2000		3000	
吉安县	1000		2000		3000	
万安县	2000				2000	
峡江县	500			3000	3500	
九江专区	6900		13100	2000	22000	
德安县	1500		4500		6000	
九江县	200		800		1000	
永修县	4000		6000		10000	
武宁县	1200		1800	2000	5000	
抚州专区	1000	1700	6800		9500	
临川县			100		100	
金溪县	500	700			1200	
资溪县			1400		1400	
崇仁县		600			600	
南丰县			1500		1500	
黎川县	500	400			900	

续表

专区别	春季 （3、4月）	夏季 （5、6、7）	秋季 （8、9、10）	冬季 （11、12、 57 年 1 月）	合　计	备　考
乐安县			1600		1600	
宜黄县			1500		1500	
南城县			700		700	

说明：1. 春季包括 3、4 月（因 2 月已过），夏季包括 4、5、6、7 月，秋季包括 8、9、10 月，
　　　　冬季包括 11、12 月及 57 年 1 月。

　　　2. 春季应少来家属。

　　　3. 春季坐火车直达的 1 县计 1800，坐轮船的 4 县计 6900，坐汽车的 12 县计 11503。夏季
　　　　坐火车直达的 2 县 1800，坐汽车的 5 县 3600。秋季坐火车直达的 3 县 4800，坐
　　　　轮船的 4 县计 13100，坐汽车的 15 县 19300。冬季坐火车直达的 3 县 4600，坐汽
　　　　船的 1 县 2000，坐汽车的 8 县 14550。以全年计算坐火车直达的 3 县 13000，坐轮
　　　　船的 4 县计 22000，坐汽车的 22 县计 48953。

关于本市一九五六年度移民江西垦荒经费预算报告

（〔56〕沪会字第 70 号）

一、关于本市多余劳动力到江西省垦荒从事农业生产事，业经报告中央农业部批准。兹将本市一九五六年志愿垦荒经费预算报告送上请审核批准。

二、经与江西省反复协商，初步确定本市在一九五六年度组织志愿垦荒群众 300000 人（约 85700 户）去江西省从事农业生产。

本市拟组织的去江西省的志愿垦荒群众，都是本市失业、无业或半失业的人员。他们的生活都很困难，他们中有不小一部分人是依靠经常或临时救济来勉强维持生活的。根据一九五五年本市移去江西省的 4717 户近 13000人的经验证明：为着使他们到移垦地区后，能顺利地插入当地农业生产合作社和及时投入农业生产，除国家必须帮助其解决必要的生产资料外，还必须解决其住屋、家具、旅费和一定时期的生活补助（一般地估计要 9 个月，也就是说在第一年的收获后，一般可以维持生活）。根据"厉行节约，保证生产，照顾生活"的原则和在一九五五年度江西和本市实际开支的情况下，平均每人需要 155 元。江西掌握使用的为 130 元，其中属于贷款（生活资料、生产投资）部分为 38.80 元，本市掌握使用的为 25 元。

今年去江西省 300000 人，平均按 155 元计算，共需经费 46500000 元。江西掌握使用的为 39000000 元，其中属于贷款部分为 11424000 元；本市掌握使用的为 7500000 元。全部经费除贷款部分 11424000 元建议中央责成人民银行给以长期低利贷款，3 年最好 5 年以后分期收回外，其余 35076000 元属于国家补助部分，希请早日批准，并即分别拨付，以利工作之进行。今后并由本市及江西分别做决算报告。

附件：上海市一九五六年度志愿垦荒经费预算表

上海市人民委员会

1956 年 3 月　　日

1956 年度志愿垦荒经费预算表

单位：　　元

项　　目	每户所需金额	每人所需金额	30 万人所需金额	备　　注
总　　计		155.00	46500000.00	每户以 3.5 人计算，拟去 85700 户，共为 300000 人
一、江西使用部分	455.01	130.00	39000000.00	
1. 生产资料	107.72	30.78	9234000.00	详见附表 1
2. 生产投资	25.53	7.30	2190000.00	详见附表 2
3. 房屋修建	90.00	25.71	7713000.00	新建 60%，修 40%。建每户 130 元，修每户 30 元
4. 生活资料	42.76	12.21	3663000.00	详见附表 3
5. 生活补助	173.25	49.50	14850000.00	每人每月平均补助 5.5 元，补助 9 个月
6. 医药	15.75	4.50	1350000.00	每人每月平均补助 0.5 元，补助 9 个月
二、上海使用部分		25.00	7500000.00	
1. 交通费		20.00	6000000.00	去江西车船费行李运费和伙食
2. 集训费		1.50	450000.00	每人每天 0.5 元，训 3 天
3. 寒衣补助		1.00	300000.00	

续表

项目	每户所需金额	每人所需金额	30万人所需金额	备注
4. 市内交通费		1.00	300000.00	
5. 体格检查		0.20	60000.00	
6. 其它		1.30	390000.00	包括里弄干部补助和江西联络等费用

说明：1. 生产资料、生产投资部分每人38.08元，30万人共计为11424000.00元，属于国家贷款部分，包括在江西部分内。

2. 房屋修建、生活资料、生活补助……及上海使用部分每人116.92元，30万人共计35076000.00元，属于国家补助部分。

附表1 生产资料预算表（每户以3.5人计算）

品名	单位	每户需要数	单位价格	每户所需金额	备注
耕牛	头	1/2	90.00	45.00	
犁	张	1/2	7.00	3.50	
耙	张	1/4	14.24	3.56	
耖	张	1/4	5.00	1.25	
牛锁链	付	1/2	3.70	1.85	
风车	架	1/15	40.00	2.66	
水车	架	1/10	50.00	5.00	
晒簟	床	1	6.00	6.00	
谷箩	付	1	2.50	2.50	
禾斛	个	1/4	10.00	2.50	
大锄	张	1	3.00	3.00	
麻锄	张	1	2.40	2.40	
四齿耙	张	1	2.40	2.40	
耘田耙	张	1	1.20	1.20	
柴刀	把	1	2.00	2.00	
镰刀	把	2	0.50	1.00	
粪桶粪勺	担	1	3.60	3.60	
粪箕	担	1	1.70	1.70	
畚箕	只	1	1.10	1.10	
斗笠	顶	2	0.25	0.50	
斧头	张	1/2	2.80	1.40	
草耙	张	1	1.80	1.80	
锯子	架	1/5	5.00	1.00	

续表

品名	单位	每户需要数	单位价格	每户所需金额	备注
灰筛	个	1	1.60	1.60	
小灰桶	个	1	1.20	1.20	
圆皮	个	1	8.00	8.00	
总计				107.72	

说明：按户（3.5人）计算每户为107.72元，按人计算每人平均为30.78元。

附表2　生产投资预算表（每户以3.5人计算）

品名	单位	每户需要数	单位价格	每户所需金额	备注
稻种	斤	90	0.07	6.25	每户以12亩田计
大小麦	斤	6	0.091	0.546	每户种1亩
红薯	斤	30	0.031	0.93	同上
荞麦	斤	20	0.628	1.256	每户种2亩半
蚕豌豆	斤	11	0.13	1.43	每户种1亩
玉米	斤	10	0.0699	0.699	同上
黄粟	斤	0.375	0.0696	0.0261	每户种5分
绿饭豆	斤	5	0.155	0.775	每户种1亩
油菜	斤	1	0.1255	0.1255	每户种2亩
肥料				3.00	每户3元
副业投资				10.50	
总计				25.53	

说明：按户（3.5人）计算每户为25.53元，按人计算每人平均为7.30元。

附表3　生活资料预算表（每户以3.5人计算）

品名	单位	每户需要数	单位价格	每户所需金额	备注
饭桌	张	1	5.50	5.50	
长凳	条	4	0.48	1.92	
锅	口	1	2.70	2.70	
水缸	口	1	2.00	2.00	
水桶	担	1	3.20	3.20	
铺板	付	2	3.50	7.00	

续表

品名	单位	每户需要数	单位价格	每户所需金额	备注
铺凳	条	4	0.24	0.96	
饭盆	个	1	1.26	1.26	
饭甄	个	1	1.26	1.26	
锅盖	个	1	0.90	0.90	
米桶	个	1	2.70	2.70	
菜刀	张	1	1.30	1.30	
米筛	个	1	1.40	1.40	
盘箕	个	1	1.60	1.60	
洗衣盆	个	1	1.20	1.20	
洗菜箩	只	2	0.50	1.00	
油灯	只	2	0.50	1.00	
水缸盖	个	1	1.00	1.00	
锅铲	个	1	0.96	0.96	
火盆	个	1	1.00	1.00	
火铲	个	1	0.80	0.80	
火叉	个	1	0.80	0.80	
碗	个	8	0.10	0.80	
瓷壶	把	1	0.50	0.50	
总计				42.76	

说明：按户（3.5 人）计算每户为 42.76 元，按人计算每人平均为 12.21 元。

上海市运输公司动员组织输送垦荒群众小结

一、概况

根据本市运输业统一规划，对市内民间运具实行紧缩改造的方针，遵照市人口办公室的统一布置，我公司于第一季度进行了第一批垦荒群众的动员组织和输送工作，一共组织了 279 户包括家属在内计有 1296 人去江西垦荒。

在 279 户中属于我公司组织调配的码头工人 7 户，榻拖车工人 133 户，新登记组织的流散车工人 139 户，原来的经济情况为码头工人的收入每月 70 元左右，榻拖车工人的收入每月 50—60 元，流散车工的收入每月 30—40 元。上述垦荒群众的文化程度初中及初中以上 7 名，高小 33 名，初小 124

名，文盲 115 名。

在 1296 人中，男性 691 人，女性 605 人，其中六岁以下的 312 人，七岁至十五岁的 305 人，十六岁至廿五岁 133 人，廿六岁至四十五岁 411 人，四十五岁以上 135 人。

安置方面，195 户 950 人安插在武宁县城郊区所属凤口、月田、茶棋等 3 个乡 17 个社内，84 户 346 人安插在九江县马回岭，这所属马回岭、黄老门、六组等 3 个乡 11 个社内，安置后绝大部分群众体会到党和政府对他们的关怀、照顾，安心住下投入生产，如安插在武宁凤口乡的工人王吉云看到分配的房屋家具后对工作同志说："我过去在上海时也没有这样齐、这样新的东西，政府对我照顾得真周到。"又如码头工人华如海和他父亲到了安插地点后就在房屋旁边土地上热情兴奋地播种菜籽投入生产，榻车工人吴明友到达安插地点后第二天就与弟弟吴明浩上山砍柴，砍到足够一个月的柴火，非常开心。又如安置在武宁城郊区月田乡第二选区生产合作社的周忠义写到上海的信上说："政府给我预备的家具比我结婚时候的设备还好，真说不尽党和毛主席的恩情。"他还在信上介绍农村已播种生产，而且是多劳多得按劳取酬，并号召留在上海的同志迅速报名参加农业建设。流散车工张醒民最近寄来一封信介绍当地生产情况，并告诉组织上他已当上乡干部。又如安插在九江县黄老门乡的 30 户垦群，因当地准备工作上没有做好，如生产工具及家用具还未安置妥然，搁放在马回岭，因而使 30 户垦群非常着急。他们说："如果我们安家后迟一天投入生产就会使政府多一天对我们的负担。"在这种情况下，他们自愿地要求自己组织劳动力，于第二天每户抽出一个劳动力到马回岭把全部生产工具等都搬运到乡，愉快地投入生产。

少数垦荒群众到达目的地后，也有不安心和不满意的现象，如洪××户的家属看到安插的山区小块土地，认为以后也不能用拖拉机，没有前途，子子孙孙只好永远用锄头、铁耙。又如安置在偏僻山区的李××、胡××、司××、王×等 4 户，沿路看到山路水道孤单情况后家属就哭起来，等到达目的地 4 户又分散居住，更加感到难过，4 户 21 人中除了 4 个户主及 3 个青年以外 14 人都痛哭了，次日该 4 户全部都搬到乡公所去要求调到别处去，经再三说服教育无效，结果与区长研究后，分配于另一地方才得解决。

二、工作进行过程中的情况与经验教训

整个工作是按排队、摸底、审查、组织训练、输送及安置等几个步骤进行的，由于这一项工作是第一次搞，对工作的不熟悉，以及客观上存在着任务不能及时肯定与出发日期的急促，因而在整个工作过程中多次地出现了紊乱和被动现象，各阶段的情况如后：

1. 准备阶段（包括排队、摸底、动员、组织训练等工作）

排队、摸底工作是在一月份开始的，在布置初期由于所属各工作组缺乏方式方法，以致在很长时期内使工作停留在侧面了解，不能展开，不敢正面接触工人的缩手缩脚状态，最后由领导上决定用选择重点，由点到面与结合换发调配工作证，达到摸清情况的办法后才扭转了上述情况，摸出可以排入垦荒对象的人数，初步做到心中有数。

二月十七日，随着动员多余从业人员回乡参加农业生产工作的开始，对所属工人也展开动员宣传工作，以《全国农业发展纲要》四十条规划，与本市运输业社会主义改造方向为宣传内容，动员宣传工作进行的方式是采取大会报告、小组讨论、自动报名、领导批准等几个方式，在领导的方法上是采取由上而下逐级贯彻、层层推动、由点到面、重点先走、交叉进行的方法进行的，到三月六日止，在公司所属 9 个办事处 57 个场 35000 余工人中表示态度报名志愿参加垦荒工作的达 2840 人（流散车工方面的动员宣传工作是在三月六日以后进行的，进行方式大体与上述情况同）。

三月九日派出工作人员赴江西九江、德安、武宁等三县联系安插工作。

在审查工作上，有组织工人方面是由基层、区工会、公安派出所、公司办事处逐级审查，流散车工方面是由公安派出所、地区办事处、区人委会配合审查的，由于条块分工相互联系不够的原因，曾经有个别派出所及地区办事处不予配合的现象（通过向市人口办公室报告及时得到扭转）。对审查质量方面一般说来是有草率的现象，如报请公司办公室审查的垦荒对象中关于模棱两可的意见，家属还未搞通的，材料不全的以及有关单位印章不全的垦荒群众调查情况表也送上来审查，结果由于任务紧迫时间局促公司办公室审查工作移到训练班，用边训练边审查的办法进行的，因而使少数不符合条件、不应进训练班的垦荒对象也进了训练班，使训练班工作上增加了紊乱和被动。

三月下旬筹备举办垦荒人员训练班，二十九日正式开学，报到的志愿垦荒群众计 334 人，编为 25 个学习小组，学习时间计 3 天，以《全国农业发展纲要》介绍江西当地情况、交代旅途应注意事项等为主，如训练教育内容，达到进一步做好政治和思想巩固工作，对垦荒群众先后开过二次大会，会后均进行小组讨论，然后进行编队，公布名单，规定日期出发。在训练教育过程中，大部分垦荒群众通过这次训练，对去江西支援农业建设更加有了信心，纷纷写保证书要求早日动身，仅少数垦荒群众有要求政府帮助赎当头，与到江西看苗头的现象，这些情况结果是在审查时解决的。训练班本身由于班的领导上重视不够，事前缺乏周密的考虑研究，以及训练工作的经验不足，因而曾多次地出现紊乱状态，工作无计划（原来工作计划修改后工作干部均不了解），干部分工负责包干后，没有总的领导和掌握，未做好准备工作，匆忙中就向群众见面使工作被动。另外由于各工作组审查工作上的草率也促使训练班干部忙于核对补充材料等事务工作，而影响了训练班的本身工作。

在公布名单、宣布动身日期工作上，由于事前未对留沪缓走的垦群进行及时的思想稳定与解释工作，以致在公布后发生了啼哭责难非走不可的现象，幸得上级协助增加客船票输送才解决了问题（根据事后分析，个别垦荒群众在受训前先行处理房屋家具造成非走不可的局面，也是促成上述情况的一个因素）。

2. 组织输送阶段

全部垦荒群众是分二批动身（四月四日走242户，五日走37户）。第一批动身时组织工作做得比较差，登轮前未能详细核对家属人数，行李处理办法事前也未曾说明，以致大小件全混在一起，标签识别大部分没有，等宣布大件行李集中后弄得很混乱。对搬运行李的劳动力与照顾老弱妇婴的安全互动人员事前未考虑到，结果虽然临时动员了一批人在混乱状态中完成了行李下轮任务，但根据当时情况分析，这些人参加搬运行李工作是不安心的，时刻担心自己的家属和行李没人照顾。至第二批动身时由于人数较少，隔天情况也较熟悉，比第一天情况好得多。

上船后沿途情况一般较好，全部护送干部都参加了访问、教育和检查工作，教育垦群注意船上安全，晚上检查垦群的睡眠，帮助盖好被头防止受冻，照顾老弱疾病的饮食，日间还组织看连环图书，说故事以消除途中寂寞，船上并开辟临时诊疗室，治疗晕船及一般小毛病，对二个患心脏病和流感现象的家属，医务人员在船只靠南京埠时即上岸购买药品，防止了危险现象的产生。这一系列活动，使垦荒群众很受感动，纷纷表示要以实际行动来感谢党和政府的关怀。

在抵埠前并组织了谈心会，启发垦荒群众提意见、谈感想，通过这一活动，在群众中又进一步地提高了认识，增加了对党的感激心情，另外还对组织劳动力搬运行李及怎样上岸等事项，事前做了安排，这一切都为抵九江上岸时情况带来了有利条件。如到达九江那天刚巧下雨，需要分批到小饭店进食，空等时间很大，有一部分群众就在说不满言语，结果未经干部解决，旁边的垦群就指出：这一点困难不能克服怎对得起党和组织？何况干部还在为我们忙着呢！

3. 安置阶段

垦荒群众于四月七日到达九江，九江马回岭区黄老门等方面第二天就安置完毕，武宁方面四月八日到德安，4 天内分批运至武宁，然后在 6 天内完成全部安置工作。

在安置过程中首先遇到的安插地点有变更（原先确定的凤口乡结果因房屋不足临时分一部分到茶棋、月田两乡），因而又使垦荒群众产生不少意见，如分到茶棋、月田两乡的垦群看到当地条件较差，个别人就说："反正到了江西，有什么办法？"

其次在房屋家具的准备上做得不够充分，该修的民房未予修理，尚且是里外通风，有的窗户也没有，锅子缺盖，缺缸，铺板每家分配一副，没考虑人口多少，结果还是县内抽调一批木工进行修理与进行补发调整后才取得解决（在九江安置时曾因铺板不够有睡在地上现象）。对粮食方面九江准备不够，因此有供应脱节现象，在分配房屋方面也没有根据人口多寡而分配，以致发生了人多无法容纳的现象。

4. 经费使用情况

这次垦荒经费共计支出数为 12465.33 元，其中动员费 1645.50 元，车船费 8243.81 元，途中伙食费 2546.83 元，其它费用 29.59 元。

在到达九江准备搭火车到德安，与由德安搭汽车到武宁时，由于事前与当地运输单位取得联系，采用了先走人、后走行李的办法，减少了垦群逗留九江、德安时的伙食费支出（九江一天，德安二天），以逗留一半人数计算，估计约节约了伙食支出费用 300 元以上。

5. 经验和教训

（1）必须全面考虑问题，对各阶段工作都应作出通盘计划，对所属工作组应多交代方法，不能有做了再说、听任发展、时刻变更计划与大家心中无数的现象，只有这样才能使工作跳出忙乱和被动的圈子。

（2）要做好充分的准备工作，如上船前的集合办法，搬运行李的劳动力组织，照顾年老妇婴人员的准备，上岸前的行动计划等等，从这次输送过程中登轮前后的转变情况分析，上船前之所以紊乱，登轮后之所以纳上正常，是与上述准备工作做得好坏与否有着密切的关系。

（3）对垦荒群众的审查工作一定要在受训前作出一个决定，不能边训练边审查，让少数不符合条件的对象也参加了训练，而使下一步工作处被动地位。根据我公司情况，如果公司办公室一级不予审查，应该明确由各所属工作组负责包干，不然就会影响训练班的工作。

（4）对垦荒群众的任何宣布，事先必须按照不同对象做好说服教育工作，借以防止引起过大的波动和影响。训练班公布名单所引起群众责难表示非去不可的情况，就是没有做好说服教育工作，匆忙草率地对包括有去留的对象而公布了去的名单，结果未被公布的群众坚决要去训练班又不能答应可以去，有的垦群还表示如果不去我要跳黄浦，使事情弄得很尴尬。如果这次没有四月五日的第二次输送，要解决这个问题恐怕很困难。对一些不适宜预先公开的情况，也不应随便对垦荒群众说。如这次训练班先将船期告诉了大家，使垦群在训练学习阶段思想上产生了波动，结果宣布船期变更又引起他们的思想紊乱。又如就将安插情况事前告诉了垦群（讲示安置在哪个乡，安插的是高级社或低级社），结果在当地情况变更以后又使群众产生不满，为自己工作制造了困难。

（5）登轮前应掌握垦荒群众的身体及其它情况，不要让不适宜动身的人上船，以免发生意外事故。如四月四日搭新民轮的垦荒群众中，曾有二个孕妇（一个已流产过3次）、一个仅过产期15天左右的产妇和一个腿部化脓不能步行的家属全上了船，结果流产过的产妇有流产现象，最后是由医师临时在南京上岸购买了安胎针注射，才免于流产，腿部化脓的家属是用队伍抵达九江时，把他留在九江医院住院治疗的办法解决了这一问题。

（6）必须用实际行动来关切垦荒才能促使垦荒群众深一步体验党和组织对他们的关怀，采用这种做法可以在政治影响上收到很大的效果。如这次在上船时进行的安全教育、关心疾苦与晚上拉盖身体露出外边群众的被头等事例，很多垦荒群众在安插后，写信到上海，感谢党和组织上对他们深切的关怀。

三、今后工作意见

1. 希望对运输工具的安排与日期的规定，尽可能不变动，以免影响原来的准备工作和引起紊乱，因为运输工具的变更，会影响装载的人数，日期的变动会影响垦荒群众私事处理后的生活问题。

2. 在输送第一批垦荒群众抵达九江后，我们发觉九江专区和县的方面有情况不了解的脱节现象，专区也没有派出联络员。为了解决队伍到达前对准备工作的检查与队伍到达时的联系接洽，上海方面应该考虑这个问题。

3. 江西各县对垦荒经费有不统一的现象，县与县之间存在不同的做法，因而在准备工作的条件和质量上也反映出有所不同，如九江县准备的房屋比武宁县好一些，在伙食标准上，两个县也有不同。

4. 根据上级原来计划，我公司输送的垦荒群众是准备安插在江西省九江、德安、武宁等三个县，因此在分派工作人员前往联系时，也以上述三个县份为标准，但在实际安插时德安县没有任务，这样在德安方面无形中是浪费了人力。

5. 在上次训练过程中，由于船只限制，曾有一部分垦荒群众未能同时去江西，而其中有 10 户左右，已经将自己私事做了处理只差分配出发而已，目前是依靠临时调配以解决生活上的困难，希望迅速解决。

关于今后输送问题，根据我公司情况，目前尚有 300 户左右能去江西参加垦荒，这些对象大都是人口众多，依靠个人收入，家属劳动力无处发挥的对象。我们希望能在本年度五月底六月初，分配上述名额，俾便收上述人员动员去江西，以解决今后安排上的困难。

四、对以前报送的垦荒群众名册方面的补充说明

按训练班编队后统计，准备安置在九江专区武宁县的计 198 户 964 人，准备安置在九江专区九江县的计 88 户 366 人，合计为 286 户 1330 人。（以前上报的统计数与此相同）

后来在出发报到时由于个别户数人口的增减，因而实去的户数与人数均有了变动。武宁县方面，实去的计 195 户 950 人。原统计在册的杨××（全家 4 人）、胡××（全家 6 人）、吴××（全家 4 人）等户未报到，以及刘××户因为死亡缺 1 人，王×户临时增加 1 人，共计有 3 个整户未去，全部减少人数为 14 人。九江县方面，实去的计 84 户 346 人。原统计在册的张××（全家 4 人）、朱××（全家 4 人）、刘××（全家 5 人）、段××（全家 6 人）等 4 户未报到，以及丁××户与李××户临时各减少 1 人，蒋××户临时增加 1 人，共计有 4 个整户未去，全部减少人数为 20 人。如果领导上需要按上述情况重行统计的话，希另予通知。

上海市运输公司一九五六年
上半年度计划动员垦荒人数（户）（草稿）

垦荒组拟

一、上半年度计划动员总数为三五〇〇人（户）。

二、上半年度各月份动员人数（户）及已组织、流散未组织两方面分配情况（如下表）：

单位：人（户）

项　　　目	2月份动员人数	3月份动员人数	4月份动员人数	5月份动员人数	6月份动员人数	合计动员人数
已组织方面	80	380	420	510	510	1900
流散未组织方面	120	520	580	690	690	2600
合　　计	200	900	1000	1200	1200	4500

三、各办事处、各中队动员人数（户）及各月份分配情况（如下表甲、乙）。

表甲　已组织方面

单位：人（户）

办事处名称	2月份动员数	3月份动员数	4月份动员数	5月份动员数	6月份动员数	合计动员数
黄浦办事处	3	16	17	20	21	77
蓬莱办事处	18	90	98	120	120	446
芦湾办事处	6	26	29	35	35	131
长宁办事处	5	23	27	34	34	123
江宁办事处	14	60	65	79	78	296
北站办事处	11	52	57	70	70	260
提篮办事处	10	51	55	67	67	250
杨浦办事处	2	7	9	11	11	40
□□办事处	11	55	63	74	74	277
合　　计	80	380	420	510	510	1900

表乙　流散未组方面

单位：人（户）

中队名称	2月份动员数	3月份动员数	4月份动员数	5月份动员数	6月份动员数	合计动员数
第一中队	2	7	9	9	9	36
第二中队	3	14	15	18	18	68
第三中队	3	11	12	15	16	57
第四中队	6	27	31	35	34	133
第五中队	18	78	86	104	104	390
第六中队	5	21	24	28	29	107
第七中队	1	3	3	5	4	16
第八中队	13	58	63	77	77	288
第九中队	4	16	17	20	21	78
第十中队	13	58	65	76	76	288
十一中队	10	44	50	58	58	220
十二中队	5	20	22	27	26	100
十三中队	8	35	39	46	46	174
十四中队	10	43	49	56	57	215
直属一分队	12	54	60	72	72	270
直属二分队	7	31	35	44	43	160
合　　计	120	520	580	690	690	2600

说明：1. 表甲已组织方面所列分配数字，系根据各办事处本年度初步摸出对象的百分比分摊。

2. 表乙流散未组织方面所列分配数字，因未进行登记摸底，故根据各中队辖区内现有流散工人百分比分摊。

3. 左列各表所列数字，系计划动员数。在具体分摊布置时，为防止将来因淘汰而产生人数不足的现象，需要适当的匡计人数。

关于上海市志愿垦荒青年在江西德安
的情况及今后工作的意见
（沪团委统〔56〕字第137号）

上海志愿垦荒青年，从去年十月起到今年二月底为止，陆续动员到江西德安去的共1097户连同家属共1716人，青年900人。其中初中文化程度255人，高小文化程度305人；党员21人，团员225人；基层干部（党团支委、居委会主任、乡干部、农业生产合作社社长）187人。

垦荒青年分别安插在德安 5 个区 24 个乡。安置情况：插社 70 个，劳动力 788 人；办社 11 个，劳动力 458 人。

垦荒青年受到德安县党、政和广大群众的热烈欢迎，在他们到达前，当地政府和农民已准备好房屋、家具、柴米油盐、耕牛农具，做到有住有用，有吃有生产工具；并拨出熟田 4339 亩、荒田 4628 亩，使垦荒青年一到就能够较迅速地安顿家务，积极地投入生产。几个月来这些垦荒青年情况基本上是好的：

一、大部分青年不怕艰苦，积极劳动，生活愉快，树立起安家立业的思想。他们刚到不久即投入生产，如共青社到今年二月为止，已垦荒 250 多亩，兴修小型水塘 10 多个，种植油菜 50 亩，绿肥 120 亩，大小麦 30 亩，种植油茶树 120 亩，并翻好板田近 300 亩。此外积火肥 5000 担，堆肥 6000 担，挑塘泥 2 万多担。其它各社都积极响应县委的号召，争取每亩上肥 200 担，修好水利，保证增加生产。

经过几个月的劳动锻炼，垦荒青年在体力上已能适应农业生产的需要。目前男青年普遍能挑 100 斤左右；女青年普遍能挑七八十斤，一般已超过了当地农村妇女的水平。这些成绩是咬着牙根艰苦锻炼出来的，许多青年都经历过两肩红肿、腰酸背痛、睡觉翻不过身来的磨练。现在肩长肉，腰有劲，腿有力，扁担压上去不痛，走路也不再"扭秧歌"了；双手也变得又黑又粗，长着老茧。对这些体力劳动的标志，同志们很高兴，称之为"光荣茧、光荣泡"。虽然生活艰苦，房屋简陋，但大家过得很愉快，很有秩序。如杨桥四选区 20 多个青年，从起床、早操、劳动、吃饭、休息都做到叫子一次，按时休息。晚上、下雨下雪或节日休息时，大家看书写信，下棋唱歌，同志之间互相照顾。经过劳动锻炼，青年们身体都较前结实，体重有了增加，如杨桥四选区的 25 个青年，平均每人增加 10 斤，最少的增加 3 斤，最多的增加 20 斤。目前据调查有 90% 左右的青年情绪已稳定，一般都在作安家立业的打算，他们都准备动员自己的家属、爱人、亲友能早日去江西。

二、垦荒青年不仅是一支劳动大军，而且是农业合作化和农村文化娱乐活动的一支突击力量。在当地农业合作化运动中，由于垦荒青年土地私有观念薄弱，组织高级社的积极性很高，因此成为党领导农业合作化的依靠力量之一。如在当地农民还没有建立高级社时，县委就在垦荒青年中建立了 11 个小型的高级社，并且依靠其中若干社带动了当地低级社转为高级社。如八里乡就以共青社为核心与当地的 7 个社共同转为一个 400 多户的大型高级社。

垦荒青年在文化方面的作用更为显著，如分散安插的 70 个社，就有 60 多个社由他们担任会计，解决了这些社长期缺乏会计的困难。在乡民校中许多青年担任了教师，在生产合作社的俱乐部中，他们成为开展活动的骨干。今年春节垦荒青年都排练了节目与农民联欢，又教农民唱歌跳舞，农民都很满意。

三、垦荒青年与当地农民在互助互利的基础上，建立起亲密的友谊。如虹桥乡党支书兼副乡长为了使垦荒青年盖的房子靠近村庄，把自己的桃树砍掉作屋基，并亲自带领青年烧炭搞副业。在春节时许多农民都请他们吃年饭，并赠送糖糕。垦荒青年也不辜负当地党、政府、广大群众的关怀和帮助，不仅积极劳动，还主动帮助当地农民。如大坂乡第二社徐小丁，经常在劳动完工回家时，替当地农民砍在山上的柴担回来，并帮助附近缺劳动力的农民担水劈柴。因此有老表王忠贵收他做干儿子，还有一个当地姑娘爱上了他。

目前工作中还存在不少问题：

一、垦荒青年有若干合理要求，没有得到应有的鼓励和支持，也有若干不合理要求没有得到有力的解释和教育。

首先有不少青年要求学习农业技术，但由于缺乏领导，不能得到满足，因而影响到垦荒青年的生产积极性。

其次是对垦荒青年的政治和文化学习的要求还不够关心。目前垦荒青年中的党团组织生活不够健全，政治领导薄弱，比较普遍的反映："党团员和群众一样，不知如何发挥作用。"对新涌现的积极分子，缺乏联系和培养，如杨桥四选区许××，写了入团报告给乡团支部，一个多月没有下落。还有不少青年要求多听一些政治时事报告，经常能上党团课。但这些都未得到适当的满足，这样就必然影响到党团员和青年的政治积极性。在文化学习与文娱活动方面，也没有很好领导和注意青年的特点。许多青年反映："白天干活，晚上开会，不仅没有文娱时间，连休息时间也没有了。"另外在垦荒青年中男女比例悬殊太大，许多男青年怕当和尚，处理婚姻恋爱问题存在急躁情绪。

再次，有部分青年看不到农业生产和个人的前途，存在着苦闷。认为在江西"出前门，见前山；出后门，见后山。要机械化除非拖拉机长翅膀，还不如去西北大建设"。特别是听到上海在社会主义改造高潮后，有大批的社会青年都劳动就业了，因而使一些有一定专长技术和初中文化程度的知识青年，波动更大，有的闹情绪，不安心生产，有的写信给团市委要求调换工作。

二、部分垦荒青年生产收入低，秋后维持生活有困难。原因是：（一）个别社产量低，如古塘社，一个体力、劳动最好的计算，秋后收入不到80元。（二）部分人的体力差，尤其是女青年，劳动中不断生病，也有的到江西后即生病，至今还住在医院里。（三）某些社贯彻互利政策不够，不同工同酬。如挑塘坭时当地农民与垦荒青年挑的数量一样，是死分死记；插秧时垦荒青年跟不上他们，就死分活记，这都使青年不满。

三、在垦荒青年内部及与当地农民之间还存在某些不团结现象。有些垦荒青年看不起农民，认为他们是"土包子"，自己是上海人，文化高，见识广，因此不争取乡党政的领导。而当地有些社干部对上海垦荒青年的特点又认识不足，对他们某些缺点，不是耐心地说服教育，而是简单生硬地训斥。如桂山乡乡长对一个有思想苦闷的青年说"……如果你还不听从我这一级政府的领导，就把你绑起来。"结果引起严重的反感。另外垦荒青年内部，也有原来市区与郊区青年不团结的现象，市区青年认为自己有文化，能说会道，郊区青年认为自己有技术，懂生产，因而互相看不起。

在安置工作中，还留下一些问题，如现有房屋还不够住，部分房屋漏风、漏雨。有的社还缺乏必要的生产工具，如高塘24个青年，只有两把柴刀，他们反映是"忙的忙，闲的闲，英雄无用武之地"。

同时，经费有的用之不当，如县里盲目地从外埠买了400多头耕牛来，垦荒青年根本用不了，只好强行分派给当地群众去寄养。

根据上述情况，为了把垦荒青年安定巩固下来，发展生产，安家立业，我们认为必须在当地党委与政府的统一领导下，根据全面规划加强领导的方针，切实做好巩固工作。我们和德安县委初步研究，准备采取下列措施：

（一）将分散安插的青年（如有些插社的收入太低，过于分散等），准备有条件地做适当的调整，以便于加强政治与生产的领导。对同工同酬问题，除进一步推行四订包工外，还准备采用定额包工，尽可能减少不合理现象。

（二）在六月份由县委召开垦荒青年积极分子大会，进行教育，表扬先进人物，发动生产竞赛。并准备在县农工部举办的合作小报上，增加副刊，专门介绍垦荒青年生产中的成绩和经验，表扬优秀事迹。

（三）对初中文化程度及有专门技术的青年知识分子，县里准备做适当安排，争取做到人尽其才，大部分提拔为干部，特殊人才个别调动，并在抽调时由领导提名，群众讨论，达到鼓励群众生产和工作热情的目的。

（四）我们准备将上海青年义务劳动所得的双轮双铧犁送往江西，支援当地生产，提高群众积极性。此外为做好巩固工作，还要做好上海的家属工作。

以上情况及意见如有不妥，请市委、团中央指示。

中国新民主主义青年团上海市委员会/（章）

一九五六年五月三十日

关于部分上海志愿垦荒青年跑回上海的
情况和今后措施的报告

（沪团委办〔56〕字第183号）

六月份，21个志愿垦荒青年从江西德安县分两批跑回上海，其中男14人，女7人；按文化程度来看，初中毕业生6人，高小毕业生6人；并有4个青年团员。逃跑的原因除了他们本身思想不坚定以外，上海升学就业情况的变化，对他们刺激很大。垦荒青年中，知识青年数字又大，以致许多人想回上海升学和谋职业，同时在他们生产、生活和学习中的实际问题和困难的确也是很多的。他们的主要困难是：

一、收入少，秋收后无法维持生活。"八一"社每个劳动日只得6—7角，估计每人全年收入不到80元。一般插社青年至今只得250多分，折合人民币20元左右，特别是单身汉，没有家底，还要忙于做饭、砍柴、挑水等家务事，更影响工分收入。秋收后，政府停止发给补贴，许多人势必发生饿肚现象。女青年聂××说："做了6个多月，只得12个劳动日，无法养活自己。"有的社同工不同酬，也影响青年的收入和情绪。

二、劳动繁重，体力不支。如樟树乡杨桥社社员要到十多里以外的山上去挑石灰石作肥料。这次跑回来的女团员胡××说："一担50斤，与当地男子挑得一样；虽然开小差是不对，但做过这种劳动也可以说是对得起组织了。"女青年乐××说："我们因生理关系，烈日之下下水田，当地妇女也

421

不及我们劳动重，所以头昏眼花。"

三、医药条件差，插社青年的房屋、蚊帐、床铺等许多问题均未很好解决。这次跑回来的女青年胡××，肚子剧痛，走了50里路到县里诊治，只拿到一瓶药水，跑到路上全喝了，还是痛，次日就开了小差。到九江后，一起跑出来的青年把她送进医院，检查出来是急性阑尾炎，再过24小时不开刀就有生命危险。他们很多人染上疾病，看到当地农民没钱请医生而死亡（如一个当地妇女发生难产请不到医生而死），因而担心死在那边没人知道。××区××乡女青年胡××等4人，被安置与男青年睡在一室，乡里至今不予解决，而区长则批评他们"破坏了江西的风俗习惯"。江西现在蚊子很猖獗，但无蚊帐，睡的是竹竿编的床，没有席或板，揭去所垫稻草与棉胎就不能睡觉，至今还睡在稻草棉胎上。

四、政治、文化生活的要求得不到关心，当地群众还存在某些不恰当的看法。团的生活不健全，文化学习没有条件。尤其是某些当地干部和群众流露出："你们没法生活，到这里来吃饭。""秋收后政府停止发给补贴了，女青年还是快些嫁个人吧"。把青年志愿垦荒队与上海去的反革命家属及移民等人同样看待。

由于这些困难长期未能解决，以致影响生活、损害健康，挫折了青年的社会主义积极性。现在跑回上海的青年，已在群众中散布了一些不良影响，许多在沪家属纷纷去信江西，叫自己子女回来。同时德安县志愿垦荒青年中，波动的面也正在扩大，如不及时采取措施，将会产生严重的后果。

垦荒青年回沪后，我们已采取了下列措施：

（一）由民青联出面接待了他们，并开了座谈会，倾听了他们所反映的困难和问题，适当地批判了某些错误思想。以后又通过里弄干部和进步的家属、亲友关系，对他们进行了个别的说服动员工作，现2人已回江西，2人准备回去。

（二）派干部随同市人民委员会工作组前往江西，协同德安县委进一步了解情况，解决当前一些可以解决的实际问题。

（三）动员街道团组织协助里弄干部展开宣传工作，澄清家属和居民中对垦荒政策和江西情况的误解和疑虑。

（四）动员街道团组织、社会青年、家属中的进步关系给在江西的垦荒青年写信，讲清楚上海劳动就业好转的真实情况，鼓励他们安心农业生产，为社会主义建设事业出力。

此外，我们认为为了切实解决垦荒青年的许多实际困难，防止大批跑回上海情况的发生，还需解决下列几个问题：

（一）加强政治思想教育工作，搞好生产，保证收入，是稳定和巩固垦荒青年情绪的一个根本性的问题。所以江西方面要切实加强对垦荒青年的生产领导和思想领导工作，关心他们的物质文化生活，对当前一些迫待解决的实际问题（如房子漏、无蚊帐、药品少等）立即予以解决。对插社中过于分散的青年，根据当地的具体条件，使他们并入青年自办的大社中去。

（二）对垦荒青年中的初中毕业生和一些有初级技术的技工，应分别情况，适当安插调换到其它岗位上去，以做到"人尽其材"。初中、高小毕业生中，要求报考学校的，应允许去报考。

（三）对秋收后收入确实不能维持生活者，政府仍应予以一定的补助和救济。

（四）开垦荒地的岗位是最艰苦的岗位之一，愈是艰苦的地方，就愈需要得到更多的帮助和支持。我们今后仍根据群众自愿的原则，发动上海青年不断给垦荒青年以物质上的帮助（以前曾向去江西垦荒青年赠送过书籍、文娱用品和双轮双铧犁等）。

以上报告，当否，请求。

中国新民主主义青年团上海市委员会／（章）

一九五六年七月十六日

关于进一步做好上海移民巩固工作座谈会议纪要

自五五年十月至今年四月先后自上海组织了两起共 9024 户 33096 人的失业无业人员来江西参加农业生产。其中单身青年 3000 人，由于动员和安置工作中存在某些缺点和上海市就学就业的发展，许多移民情绪不安，生产消极，纷纷要求返回上海，不断发生请愿、骚动和集体逃跑等事件，截至目前止已有 2600 多人跑回上海。

目前多数垦群的情绪仍然动荡不安，集体要求回上海和成批逃跑的现象仍在不断地发生，估计秋收后这种情况还会发展。为了争取多数垦群巩固下来，必须加强领导，做好工作，切实解决下述问题：

一、进一步加强对垦荒群众的政治思想领导，适当地批判各种错误思想，使之明确前途，坚定信心，自觉地积极搞好农副业生产，保证增加生产，增加收入，不断改进提高物质文化福利生活，这是争取移民多数巩固下来的基本条件。为了搞好生产，各安置地区应当针对垦群在生产上的特殊情况，进一步加强对垦群经常具体的领导，特别应该加强区、乡、社对垦群的生产的具体领导，认真做好生产技术的传授工作，帮助他们解决生产中的具体困难，切实贯彻同工同酬的原则，以保证他们切实搞好农、副业生产。

二、进一步做好移民生产、生活的安置，过去由于经费不足，使有的移民生产、生活上的困难未得到及时解决，因此，影响了移民的巩固。目前根据各县经费实际使用情况和经费下拨条件，是可以解决移民生产生活困难的，各地应在节约原则下保证合理开支，严格财政制度，杜绝浪费贪污，以保证进一步做好移民的安置工作。

关于经费的收支情况：上海市拨款 550 万元，其中试点拨款 200 万元，今年拨款 250 万元，最近拨款 100 万元。省拨款 110 万元。共计 660 万元。试点来人 12998 人，如每人平均以 175 元计算，共计 2274650 元。今年来人 20098 人，每人平均以 130 元计算，共计 2612740 元。试点来人至七月底，今年来人至十月底止，共需用款 4887390 元，总的平均每人计达 147.6 元。

今春准备面广，有 23 个县进行了准备工作，用于准备工作上的经费 953776.5 元，其中未来人县用款 583916.5 元，部分来人县用款 369860 元。以上共用款 5841166.5 元，尚存款 758833.5 元。已准备未来的房屋、生产、生活资料，能变卖的预计可收回 20 万元，加上存款共计 958833.5 元。

三、关于解决移民生活、医疗等具体困难问题。目前移民生产差，收入少，今后生活确有困难，绝大多数不能自给。为了稳定移民的思想情绪，进一步把移民巩固下来，生活补助必须延长，如以延长补助 6 个月计，以 3 万人计算，每人每月平均 4 元，共需 72 万元。试点来人生活补助发至七月止，八至九月份补助按原标准发放，超出 4 元的标准 2.5 元，共计需款 64990 元。延长补助的原则应从安定移民思想，使之体会到生活确有保障，以鼓励其劳动积极性出发。因此规定降低补助标准，延长补助时间（试点来人至明年一月份，今年来人至明三月份止），各地必须控制在4元的平均指标上，在发放时应由合作社具体掌握，按月发给，防止挥霍乱用的现象，对巩固的移民可多发一些，作为副业生产投资，如延长补助后生活仍有困难的，应由救济费内解决。

医药补助与生活补助同样延长6个月，每人每月以5角计算共需99288元，在使用上应由卫生部门统一掌握，节约开支，如有剩余，应作为补助停止后对移民的医疗费用，不得挪用移用。

衣、被补助，原则上保证移民不冷，能从事生产。一般的补助面应在总人数的30%左右，具体补助方案由各县自定。各县根据补助人数应掌握在每人平均不得超12.5元，以此计算共需经费124110元。以上所需经费总计1008388元，尚需解决49554元。

此外，尚约有30%以上的移民在生活补助停止后需要救济，可由江西造具预算上报中央解决。

四、关于不同人员处理问题。去年上海市委决定参加垦荒的群众六个条件"即有劳动力、贫苦、自愿、身体健康、政治清楚、要有决心"是正确的，在安置工作中证明凡是不合上述条件的很难巩固，也是目前移民情绪动荡的一个根本原因。根据中央内务部关于移民巩固工作的指示（内务部选编移民工作座谈会文件之三，移民工作座谈会综合发言第六条五、六两项），必须在争取多数巩固下来的原则下，对不同人员的情况必须有步骤地分别予以合理处理，以利争取巩固大多数。

1. 有劳动力原来生活贫苦现无就业条件，愿意从事农业生产的应全部巩固下来。

2. 有文化、有技术不适合于参加农业生产，而现又有就业条件，本人又不愿从事农业生产的，不必强求其从事农业生产。可以升学就业的应当给予适当安排，凡有高小以上文化程度的青年和工人、店员等建议劳动、工业、农业、林业、水利、商业和交通运输部门分别安插就业；有升学条件的应当允许其升学。

3. 对稍有文化的和稍懂技术不完全符合就业条件的，能够就业的安插就业和培养训练，确实不够就业条件的，也不够培训条件的应尽量动员从事农业生产，如果经过教育仍不愿从事农业生产坚决要求回去的，可以允许其回去。

4. 对以下几种确实无法巩固的移民，应在移民多数稳定的情况下，分别情况进行个别处理：

（1）丧失劳动力或无劳动力，根本不适合农业生产的，可以允许其回上海，如果本人愿意在江西应适当安插使其生活有所依靠。

（2）属于夫妻分离和不正常的父、母、子、女分离的，但如愿意接家属来江西安家立业的，可以允许接家属前来，如坚决要求回去的，应当允许其回去。

（3）家庭生活较好，生活有依靠，而且自己确有就业出路的或者是属于还乡生产的，如坚决不愿在江西从事农业生产，坚决要求回去的，可以允许其回去。

（4）对坏分子的处理。个别煽惑移民组织骚乱、殴打干部进行破坏的分子，属于政治上有问题的应逮捕法办，对虽无政治问题，但是组织骚乱、殴打干部和积极分子的首要分子应当根据情况分别责令其坦白悔过，情节严重者应依法处理。对于原属流氓、游民、盗匪等坏分子，如屡经教育尚不进行生产，甚至抗拒破坏生产者，应尽量分散安插强制生产，或送游民农场劳动教养。

（5）对于上述人员的处理，必须掌握为了巩固多数、有利巩固多数的原则，必须在做好工作尽量争取巩固而又确实不能巩固的情况下才予以处理。这就是说处理上述人员必须是积极的巩固，而不是消极的卸包袱。因此，处理这些人员必须在多数垦群已经基本稳定的情况下（一般应在冬季后），有领导地有控制地有步骤地，分别不利于巩固多数的程度轻、重、缓、急，逐步地进行个别处理。对于必须处理的人员（指回上海的），必须由社、乡提出名单，多数垦群同意后报县审查，经省垦指委批准，经上海方面审查情况相符后再允许其回上海。

江西省接收与安置上海市志愿垦荒群众指导委员会/（章）

一九五六年八月二十三日

关于继续组织动员垦荒工作的意见（草案）

根据市人民委员会指示从一九五五年九月开始，着手进行动员失业人员到江西垦荒的试点工作。截至一九五六年一月中旬，共计输送 1560 户 4129

人前往江西省上饶专区浮梁县参加垦荒。这批垦荒群众除了开办一个国营农场外，其余全部插入当地原有农业生产合作社。

在当地党、政府的领导下和农民的热情帮助下，垦荒群众的生活都得到了妥善的安置，并且已很快地投入了生产。极大多数的垦荒群众都深为感激党和政府的关怀，表示决心在江西安家立业搞好生产。通过试点也积累了不少经验，扩大了社会影响，为今后继续动员打下了良好的基础。以上情况，说明动员垦荒的试点工作成绩很大，影响很好，更说明动员失业人员到外地垦荒是既有利于国家建设，也符合群众的切身利益，深为群众拥护，是完全可行的。

但是，试点阶段工作上存在的缺点也不少，在政策、条件的掌握上，曾经产生摇摆。对群众的宣传教育还不够实事求是，有些地方与当地情况不符合。对垦荒群众家属的教育重视不够。在条件审查上，开始的时候，过分严紧，到后来则有松劲情绪。在行李的输送上较为混乱，经费使用上也不够节约。这些缺点均有待改进。

为了做好今后大批动员垦荒任务，兹将有关动员工作的具体问题，根据试点结果进行总结。这仅仅是作为指导今后工作的初步意见，随着工作的不断开展，当须逐步修正充实，以求完整。

（一）动员前的准备工作

做好动员前的准备工作，是保证动员工作顺利开展的基础。准备工作包括建立机构、拟订计划、训练干部、准备材料等几个方面，总的要求是为了有计划、有步骤并明确政策方针、统一思想认识的情况下开展动员工作，并预先做到对动员对象心中有数，以便有对象地进行动员。兹就几个方面的准备工作分别叙述如下：

1. 建立机构，拟订计划

各区劳动科应在各该区人口办公室领导下，与公安、妇联等有关部门密切结合，以劳动科长为主，配备力量成立临时工作组，负责领导整个动员垦荒的工作。工作组的分工如下：

（1）宣传动员——负责动员报名，进行宣传教育，组织出发等工作。

（2）组织材料——负责条件审查，材料保管，掌握骨干力量配备和编队等工作。

（3）总务——负责多项事务工作。

在机构确定后，各区着手拟订动员工作计划。在订计划时，可采取

"全面准备，分批动员，分批输送"的办法，进行安排。即是将全年动员任务布置给各个办事处，各办事处全面进行材料准备和干部准备。然后根据各个季度或月份的数字，先后在几个办事处内逐个进行动员，再根据市的输送计划和江西当地准备情况，分期陆续出发。这样既可避免"零打碎拷"、"仓促应战"的忙乱现象，更可以有较充分时间进行动员，有利于达到保质保量。

2. 训练干部

训练干部的要求是：（1）认识垦荒的意义；（2）明确动员垦荒的政策界线；（3）了解工作步骤和方法。

训练干部必须掌握干部思想，针对实际思想来组织干部学习。根据试点阶段情况，干部对动员垦荒一般存在二种思想：丢包袱和畏难情绪。部分干部认为垦荒是劳动就业中条件最低的一项措施，因此往往自觉或不自觉地放松条件，草率从事。这是"丢包袱"思想的一种表现。另有部分干部则认为组织失业人员远距离垦荒，从事农业生产，变工人为农民，变上海人为江西人，困难重重，难以说服动员失业人员，因此产生畏难情绪。这些思想，都在不同程度上影响了动员工作的顺利开展，必须在训练干部阶段，从垦荒的重要意义上予以阐明，使干部懂得动员垦荒的巨大的经济、政治意义，以此树立正确的思想认识，积极和提前完成动员任务。

根据不同的干部对象，分别先后次序进行不同程度的训练。训练干部的范围，包括劳动科内和办事处的干部，也包括里弄义务干部。首先是训练劳动科内的干部，可根据市局方案、宣传提纲、本区动员工作计划草案，组织干部学习。其次是把本区工作计划向各办事处干部进行布置，组织讨论，作为学习。再次是召开里弄义务干部会议，说明动员垦荒的意义、政策条件和做法，并要求他们积极协助搞好这一工作。里弄义务干部出席会议的范围是以居委会主任为主，其它委员也可参加。

3. 准备材料

在做好组织准备、思想准备的基础上，材料准备则成为整个准备工作中的中心一环。首先将基本上符合垦荒条件的失业人员材料集中起来，内部选定动员对象，做到有对象地动员，以保证动员工作的稳妥进行。

材料的准备，以原有失业人员材料为主，适当进行核对了解。各区原有失业人员的分类材料可作为选定动员对象的根据。原有"十大类"分类中除在"符合垦荒条件者"类进行选择外，还可以从"有配偶子女或其它亲属可以长期依靠者"、"符合壮工条件者",以及"其它"等类人员中选择动员对象。在原材料"排队"的基础上,可通过里弄干部,以个别访问或召开座谈会等方式,了解被选定为垦荒对象的失业人员的目前生活、身体(劳动力)和思想情况。在材料排队与了解情况相结合之下,来初步选定动员对象。

选定动员对象,必须遵照领导规定的六项条件。在初步排队时可着重掌握三个根据:

第一,劳动力条件。必须掌握垦荒群众本人或全家参加垦荒后,有足够的劳动力来参加生产,以维持本人或全家的生活。根据江西当地情况,一个比较好的劳动力,每年收入约为250元,即一个劳动力约可维持四口(包括本人)的生活。为此,必须切实分析研究本人或全家参加垦荒后,是否有足够的劳动力来从事生产,以维持生活。衡量劳动力可从两方面来看:一方面看过去有否从事体力劳动力;另一方面可以考察是否有能够锻炼的劳动力,一般男性40岁以下,女性35岁以下,以及18岁以上的青年,虽未从事体力劳动或目前劳动力较差,只要身体健康,经过一定时期锻炼是可以成农业生产中的主要劳动力的。如果劳动力缺乏,一般不宜动员参加垦荒,否则将会影响其维持生活。

第二,生活情况。动员对象的选定一般应以在沪生活困难者为原则。根据试点阶段情况,凡在沪生活困难者,一般到达江西农村后,也易于巩固生根。在沪生活的尺度,系指一般救济户,以及四口或四口以下的家庭在沪每月收入不超过30元左右者。这个尺度的主要根据是,垦荒人员初到江西时,政府对四口之家每月补助生活费约25元,按江西的生活水平,以及房租、水电等支出不够开支,这个补助数字超过了上海的每月30元左右收入。如果在沪收入较多,生活很好,动员去后一般的很难巩固;如果在沪收入较多,而收入不经常,或收入无前途,本人又坚决要求垦荒者,一般仍可以作为动员对象。又如个别失业人员,主要是其中的青年,虽然家庭经济生活条件较好,但本人觉悟较高,坚决志愿垦荒,一般也可以列为动员对象。

选定动员时的第三个根据,是政治历史条件,只要是政治历史清楚的失业人员,其它条件又相符,一般均可以作为动员对象。政治历史清楚的界线,系指非反革命现行犯及犯罪分子或非公安部门侦查控制对象,不能动员外,其它都可动员。

4. 确定和训练骨干

为了做好动员工作，除了认真进行对各级干部的训练外，必须大力贯彻动员过程中先骨干后一般的做法。即是在动员前的准备阶段，先行选定垦荒人员的骨干，加以训练，以便在全面开展动员工作时，能有骨干力量支持并推动各项工作的进行。

必须在动员前的准备期间，经过详细审查，选定一批骨干分子。骨干分子参加垦荒的条件是与一般群众相同的，只是在准备期间选定的骨干分子，必须是基本上已符合动员条件，不仅符合上述材料排队时的三个主要根据，而且本人自愿和家属同意，意志坚决，有决心从事农业生产者等，条件也已具备。除了参加垦荒的基本条件外，作为骨干分子，还必须具备以下四个条件：（1）政治可靠，思想进步，作风正派；（2）能以身作则，刻苦耐劳；（3）能联系群众，关心群众；（4）具有初小以上的文化程度。

动员前的准备工作阶段，还必须认真做好对骨干分子的训练。一般可在各级干部训练就绪，骨干分子业已审慎选定的基础上，开始骨干训练。训练的要求是使他们正确认识垦荒的重要意义，树立正确的动机和态度，明确作为骨干的职责，保证积极负责做好自己的工作。训练的内容，首先是学习关于垦荒的意义、性质和参加垦荒的条件，这个内容亦即是今后一般垦荒人员出发前必须懂得的道理，骨干分子先走一步学习。其次是学习作一个骨干分子的具体责任和应有的态度，这是对骨干分子独特的要求。必须使骨干分子认识，在上海整个动员过程、在出发途中以及在到达当地的安置工作中，都应该发挥自己的作用，并应具体地向他们交代各个阶段的不同要求。如动员过程中，应吸收群众思想反映，帮助群众认清垦荒的意义，启发打消顾虑，临出发前应帮助督促大家做好行李等准备工作。在出发途中除自己模范地遵守旅途纪律外，应特别关心群众，保障安全，协助带队干部做到安全输送。到达目的地后，应带头发扬服从组织分配，帮助群众安家，并协助当地干部领导生产。

对骨干的选定和训练，必须十分审慎严格。这是因为垦荒群众中的骨干，不仅在动员和输送过程中将发挥其积极作用，而且他们往往是今后当地农业生产合作社的骨干。骨干分子的好坏对稳定巩固和积极投入生产是有很大的作用，因此必须审慎选择，加强教育。

（二）动员教育阶段的工作

动员过程中，必须向垦荒群众深入进行思想教育。一方面是为了使他们正确认识垦荒的意义，端正垦荒动机，了解有关垦荒的具体问题，掌握参加垦荒的条件，明确对垦荒应抱的态度，在提高认识的基础上，积极、自觉地报名，热情愉快地出发；另一方面，动员过程中的思想教育，也将为垦荒群众到达目的地后的稳定情绪、巩固生根以及积极生产，打下良好的思想基础。

整个动员教育阶段，都必须贯彻耐心启发的精神，鼓励群众积极参加垦荒。试点阶段中，在教育工作中存在着一定程度的自流偏向，往往不仅是过分强调当地的困难，而且也较少启发群众提高认识去迎接困难，认为如果群众听了困难，表示畏缩，就是经不起"考验"，就不符合垦荒条件。显然，这样的做法是不妥当的。必须在正确讲述当地生产、生活上困难的同时，鼓励群众克服这些困难的信心和决心，并在提高觉悟的基础上号召他们积极参加农业生产。

宣传教育中，也必须掌握实事求是、机动灵活的原则，必须尽可能地确切具体地介绍江西情况，使垦荒群众全面地了解。但是，由于江西地域广大，同一省内各地条件有所不同，所以在进行宣传时不宜把各种情况讲得十分肯定，应该讲得灵活一些。

宣传教育应采取一般宣传与个别教育相结合、组织动员与社会力量相结合的方法。一般宣传与个别教育相结合，就是大会报告、小组讨论与个别谈话、家庭访问等结合起来进行。组织动员与社会力量相结合，即是除了在劳动科临时动员工作组领导下进行的教育外，还必须依靠妇联、居委会等有关部门的配合。宣传教育的方式亦应力求多样式，可充分发挥里弄黑板报和其它图片展览等的宣传作用。

整个动员教育阶段，是包括从动员报名到公布批准名单等一系列工作。下面就是这个阶段的各项具体工作：

1. 动员报名。

动员报名是在内部各项准备工作做好后，把动员工作推向群众的第一个工作，要求群众在认识垦荒的意义和性质的基础上，自愿报名。

动员报名是以办事处为单位召开大会，吸收准备阶段内部排定的动员对象及其家属参加，并邀请里弄居委会义务干部和部分失业人员一起出席。会上作动员报告，按居委会为单会，组织小组讨论，由居委会义务干部或经过训练的垦荒群众骨干分子掌握讨论。

动员报告的内容是使群众全面认识垦荒的有关问题，号召大家自愿报名，中心内容包括以下三个部分：

（1）认识垦荒意义，端正垦荒动机——主要说明开垦荒地是一项直接参加社会主义建设的事业，也是解决个人就业和生活问题的好办法，是有重大的意义的。一般失业人员往往单纯从解决个人生活问题的狭隘角度来对待垦荒，因此存在畏首畏尾的犹豫情绪。有些失业人员对垦荒有消极看法，认为"上海没出路，只好开荒去"。也有一些失业人员，还存在轻视农业生产的心理，认为总是在城市里有出息。少数失业人员认为垦荒总是倒霉事情，甚至个别的把它比作"劳动改造"。这些不同程度的模糊看法都必须从阐述垦荒的政治、经济意义上来一一加以纠正，从而鼓励他们参加垦荒的热情，树立正确的动机。

（2）认识垦荒性质，树立正确态度——主要是全面介绍江西情况，认识垦荒是农业发展的百年大计以及农业发展的美好前途，同时认识到可能遇到的困难，鼓励他们树立"克服困难，劳动成家"的决心，积极参加垦荒。有些失业人员，主要是其中的青年，认为江西的垦荒就是"生产机械化，生活集体化"。有不少失业人员受到已在江西的垦荒群众来信鼓励，存在片面的"乐观"情绪，认为"到江西样样都很好，政府强调困难，无非是吓吓我们而已"。也有部分失业人员产生单纯依赖政府的想法，认为"政府动员我们到江西，总不会看我们饿肚皮"。为此，必须分析纠正这些不正确的和不全面的认识，帮助他们认识垦荒的性质及其前途，树立正确的态度，和克服困难的决心。

（3）明确垦荒条件，建立坚强意志——主要是逐一讲解动员垦荒条件，并讲明规定六个条件，是为了对国家的生产事业负责，也是关心到被动员者的就业前途和生活，使广大群众掌握条件，衡量自己，明确那些人可以去垦荒，从而建立起坚强的意志，积极参加垦荒。

小组讨论的要求，主要是环绕垦荒意义，端正动机这一点上。无论在大会或小组会上，都只是号召大家报名，但不必当场就报名。可以要求群众回家后，开个家庭会议，或与亲戚朋友商量一下，经过自己的郑重考虑，再来报名。（群众回家思考的过程，就必须注意进行个别教育）

报名日期，一般可定于动员会后的次日。报名地点可由办事处规定。

2. 办理报名手续进行体格检查，初审批准名单。

报名手续力求简化，可由群众在指定地点向专职干部签名登记。报名后与内部排队材料进行核对，并通知符合条件的群众去检查体格。

体格检查的标准，主要是没有足以严重影响从事农业劳动的疾病，其具体标准，另行拟订，检查方法主要是目测。

体格检查合格后，即着重确定初审批准名单，是因为经过出发前的变化，可能会有个别不合格或本人动摇的现象。在确定初审批准名单的时候，应该编好小组。编组的原则，应根据到达江西后插社的要求，适当照顾原来熟悉的编在一起，一般以十户为一组。编组时，在性别年龄、劳动力强弱、单身与带家属、文化程度高低以及骨干力量等方面应按适当比例配备。

3. 进一步教育提高。

经过报名后，应进一步对群众进行教育，以巩固自愿报名后的热情，并针对群众尚存在的思想问题，进一步提高他们的认识，以达到满怀信心，自觉自愿出发垦荒，同时对个别犹豫动摇者，做必要的深入动员或淘汰。

为达到进一步教育提高的要求，主要是通过一次小结报告和组织小组讨论。小结报告的中心内容包括四点：①进一步认识垦荒的意义和前途；②进一步认识上海工人到江西农村参加垦荒，在生产上、生活习惯上可能产生的困难，树立克服困难的决心；③进一步树立"克服困难，劳动起家"的观念，克服依赖思想；④认识必须服从当地政府的领导，搞好与当地农民的团结。为了避免在内容上可能与动员报告的重复，小结报告必须密切联系群众在报名后的思想反映和还存在的思想问题，内容安排上可分三个部分，即听了动员报告后的收获和提高，目前还存在的问题以及对大家的进一步要求和希望。

4. 正式批准，填写志愿书。

通过一系列的教育工作，结合材料审查，即进入正式批准的阶段。首先由办事处根据原有材料，结合群众在动员报名后的思想表现，进一步以六个条件做再次的审查，作出批准与否的决定。然后提交劳动科审批。

随着批准名单的公布，由群众自觉自愿地填写垦荒志愿书。公布名单可采取开大会或揭榜的方式。

5. 对垦荒人员家属的工作。

对垦荒人员的家属进行教育工作，是十分重要的，这是因为家属将随同失业人员一起去垦荒，亦将遇到同样的困难，特别是有关生活上的一些困难，如果在动员阶段不重视家属工作，势必使家属缺少教育机会，思想准备不足，必将引起情绪上的不安，甚至影响全家思想波动；反之，家属工作做得好，家属受到教育提高，能主动克服困难，安排家务，并积极参加生产，则必定更有利于垦荒人员的情绪稳定，积极生产。

必须在整个动员过程中都注意到家属工作，各种报告和会议均应动员家属一起参加，还要进行家庭访问和个别教育。

在进行家属工作中，必须大力依靠妇联组织，可请妇联加强或其它对垦荒人员的家属教育工作。

（三）出发前的准备工作

出发前的准备是一项细致复杂的组织工作和许多具体琐碎的事务工作，必须以认真负责、仔细耐心的态度来进行。组织大批群众远距离地移民垦荒，必然有很多家务事情和行李什物等需要处理，而且一般群众离开居住的上海到人地生疏的地方去，在情绪上必然是比较脆弱的，所以充分做好出发前的准备工作是保证顺利出发的前提。

出发前的准备工作，包括如下几项主要内容：

1. 重新编队，集中材料。

重新编队是原来小组的基础上，根据最后批准的名单，进行调整。应着重根据当地插社人数要求，把同一社的编在一队，但一般人数以十户左右为妥，人数过多在输送途中照顾不方便。

重新编队后的小队长一般仍可由原来小组长担任。各小队长可根据需要，设副小队长或其它文娱干事、生活干事等，连同小队长形成小队核心，领导整个小队的工作。在出发前应对小队骨干进一步明确旅途的职责和注意事项，并可动员骨干协助其它垦荒群众做好出发准备。

出发垦荒人员的材料，亦应在出发前加以整理和集中。带往江西的材料一般包括失业人员登记表一份，志愿垦荒人员情况调查表（连同政治情况审查表）一份，体格检查表一份，垦荒人员志愿书一份。其它有必要的材料如部分青年的入团报告等，亦应一并带去。这些材料经整理后，统一放在一个材料袋内，分乡、分社包扎，由带队干部集中带去。

在材料集中后，应编制各种表册。一张是志愿垦荒人员名册，按户、按社造册，一式四份（江西带去二份，市、区各留一份）。一张是统计表，按本区本批出发总人数及有关情况进行统计，一式三份（江西带去一份，市、区各留一份）。

2. 向垦荒人员布置出发工作。

为了保证有秩序地组织出发，并使垦荒人员的个人准备工作符合出发的要求，必须在临时出发前，详细地布置他们做好出发前的准备工作，并且不仅口头布置，还应该派干部及垦荒人员的骨干分子深入进行核查督促。

一般应向垦荒人员说明如下几点：

①办好户口迁移和粮食转移等手续。户口迁出可由劳动科印好统一的证明单填好垦荒人员插社所在地的地区名称，交垦荒人员自行向有关公安派出所办理户口迁移手续。粮食转移，除由垦荒人员掉好七日的全国通用粮票以备途中食用外，均办理粮食转移证明手续。户口及粮食证明、粮票等办理好后统一交办事处掌握，交带队干部统一保管。

②按照规定办法准备行李——随带行李除台子、床铺、衣橱等笨重或面积过大的物件外，一般小型的实用的东西，应尽量带去，便于到达当地应用，也可以节省经费支出。行李的携带可分托运和随身携带二种。凡面积较大，超过10公斤以上的行李可以托运，因铁路局托运行李费用规定，每件行李以10公斤为起算点，不足10公斤者，亦以10公斤计算。一般轻便的和日常应用的物件可以作为随身带的行李，每人携带的重量按铁路局规定不得超过10公斤。吃饭用的碗筷，必须随身带去，因沿途吃饭时，要用自己的碗筷。随身带棉被一条，以备车上过夜时盖用。

每件行李上，特别是托运行李上，必须用白布制成标签，一式二条，写明物主的姓名以及上海所属区，插入江西所属县、区、乡社，以免搞乱散失。

行李包扎时，必须特别注意牢固。

③垦荒人员中的党、团员由自己转移组织关系交办事处，由带队同志统一保管。

3. 召开欢送大会。

召开垦荒人员的欢送大会，是为了从政治上鼓励群众情绪，达到热情愉快地出发，并且进一步扩大社会影响，为以后的动员工作打下良好的思想基础。

欢送大会首先区首长作指示，区妇联代表讲话，垦荒人员代表及家属代表发言。

欢送大会一般以出发前一天召开较为适宜。出席大会的除全体垦荒人员及其家属外，可吸收里弄义务干部及其它失业人员一起参加。

4. 进行旅途纪律教育。

为了保证旅途安全和秩序，必须在出发前进行旅途纪律教育。旅途纪律教育应强调服从带队干部和小队长的领导，发扬互助友爱的精神。（旅途纪律内容另附）

进行旅途教育的时间，可在公布正式批准名单的大会上或当天另选时间，亦可排在出发当天，提早时间报到，进行旅途纪律教育后再行向火车站集中上车出发。

（四）组织输送工作

组织输送是整个动员工作中的最后一个步骤。输送大批带有老幼妇女的垦荒群众运往江西，这是一项繁重的任务，丝毫不容轻率和麻痹，整个组织输送工作必须做到"保证生活，保证秩序，保证安全，保证情绪饱满"。

组织输送包括出发当天组织上火车和沿途输送两个方面：

1. 组织上火车。

组织上火车是一项十分细致的组织工作，必须有组织地来进行，应由专人分工负责组织垦荒人员和行李上车。

负责行李的干部，须在出发当天的早上，将行李在本区指定地点集中起来，点清件数，查明规格（指是否符合携带范围，是否有标签，是否包扎牢固），记好清单，然后立即送达火车站，办好托运手续。

负责组织出发人员上车的干部，应在当天及早到火车站设立临时指挥站。临时指挥站应明确分工，设组织员若干人负责带领出发队伍进入月台，领车员若干人负责排定各小队乘坐车厢的座位，并每二人包干一节车厢，照料出发垦荒人员上车，另有招待员若干人负责接待前来欢送的垦荒人员的亲属朋友，并向他们进行宣传教育。

必须有步骤地组织上火车。如果火车在下午六时半开车，则垦荒人员应在当天下午五时半以前到达火车站。首先整队清点人数。然后由组织员带领各小队进入月台至指定乘坐的车厢，再由领车员引导依次上车，并说服垦荒人员尽量不再下车和走动，以免影响秩序。在出发垦荒人员座位安排停当后，再由招待员带领欢送队伍进入月台，并向他们说明欢送者一律不得上火车，以保持秩序。离火车开车前十分钟，临时指挥站的所有干部应说服欢送人员离开车厢边，站在月台的白线以外，以免火车开动时发生危险，在火车徐徐离站时，应以热烈情绪鼓掌或挥手致欢送之意。

2. 沿途输送。

在旅途中做到使群众兴高采烈、饱满情绪是有很大的政治作用的。必须以负责到底的精神，把垦荒人员安全地、情绪饱满地送达目的地，途中要乘火车，也要搭汽车，就应该根据不同的交通工具条件，做好输送工作。

①必须注意车上的安全工作。如在火车上应特别注意在车行时间，不让任何人停留在二个车厢的衔接处。在汽车上不让垦荒人员特别是小孩的头、

手伸出车外。

②应鼓舞垦荒人员在途中的情绪。如在火车上可开展打扑克、说笑话、讲故事等有意义的文娱活动。在汽车上可适当地领导大家唱歌。带队干部应随时吸收群众的思想情绪。

③应关心垦荒人员的旅途生活。在火车上带队干部应经常深入各车厢，乘汽车时也可以轮流乘坐各车辆，以听取群众的意见。特别是对老弱、幼小者更应多多关心，老弱的座位应宽畅，在晚间应照顾他们比较舒适地睡觉，给儿童们可准备一些糖果饼干，更须关照父母在途中要随时把小孩带在身边，以免走失。

④在途中用膳应做到有准备，不混乱，凡在车行下一站要供应膳食时，应在未到站前，组织好单身的年轻力壮的垦荒人员分工负责一样工作，以使到站后有秩序地吃饭。

⑤必须继续贯彻思想教育，除在出发前准备一些有意义的连环画供途中阅读外，可在火车车厢内组织一次分小队的漫谈会，谈谈上海欢送时的感想，漫谈后可由带队干部归纳提高。途中如发现有遵守旅途纪律或发扬阶级友爱等方面的优良事迹时，应抓紧时间进行教育。

⑥到达江西后向当地领导汇报带队情况。首先应将材料点交，其次将垦荒人员一般情况详细地叙述介绍，并向江西组织上了解上次输送的人员的安置情况和思想情况，带到上海汇报。

一九五六年一月

上海市服务局处理沐浴业倒流职工
暂行措施请核示的报告
（〔56〕沪服劳调字第 6082 号）

上海市人民委员会：

（一）据我局所属福利事业公司报告：一九五五年为贯彻本市紧缩人口的方针，并结合服务性行业困难与人员过剩情况，全市服务性行业（主要是沐浴业）曾动员一千人左右回乡参加农业生产（其中有少数是缺乏劳动力的），由于今年苏北地区受灾，农产歉收，还乡后生活发生困难，加以本市企业情况好转的影响，目前又值农闲季节，部分人员络续返沪。据黄浦、邑庙、卢湾、蓬莱四区初步统计，在去年动员回乡的 638 人中，已有 260 人返沪，其中大部分来自扬州、江都、丹阳、句容等地，有的还带有当地乡人民委员会证明文件，但户口大部分未迁出。到沪后，多数回到原企业居住，除少数通过私人关系介绍做临时工和小贩外，大部分目前没有工作。他们一面联名向中央，市人委，市监察院、商业工会反映要求复工，一面零星地、分批地或成群结队地同市人委人民接待室，各区基层工会，市商业工会、福利事业公司和我局要求安排工作，并向原企业威胁强制复工。他们借口的理由是："工会动员还乡时，讲明是克服行业困难，营业好转了可以回来。现在营业是解放后最好的一年，企业中又缺人，为啥不让做？""我们积极响应政府号召，解决了企业困难，现在政府把我们一脚踢开不管了，'老饼条'倒享福了。"有的质问工会干部说："你们是'黄色工会'还是'红色工会'，如果'黄色工会'我们就走了。"有的还扬言："如不解决工作，等吃光卖光，躺在市人民委员会门口，宁死也不离开上海。"等等。

（二）我局接福利事业公司反映后，考虑到目前虽是沐浴业营业旺季，个别企业需要人员，但可在业内调配，毋须另外添人。同时沐浴业进入淡季后，现有人员尚有多余，如同意部分倒流职工安排工作，不仅已来上海的要求全部解决，在乡观望的，亦必接踵而来，并且给其它倒流人员和尚未来沪人员以有利借口，为全市人口工作带来不良影响。十一月份我局曾口头通知福利事业公司对倒流人员暂时采取"热情招待，耐心劝说，动员回去"，并由工会出面对倒流职工中生活确有困难和无住处的予以适当解决，以稳定情绪，便于继续动员还乡。随之而来的是有些做临时工的现在不做了，要求工会给予生活补助，有些人原来想回乡的，现在不回了，在乡下的还在继续来沪，他们并结成扬州、丹阳两帮，每帮约廿余人巡回到福利事业公司等处要工作，要饭吃，本月二十日闹到晚上七时才散去，情况发展是比较严重的，需要进一步采取措施。我局意见对这些倒流职工的户口和安置问题，在市人委尚未采取全面措施以前拟暂行采取由福利事业公司、商业工会以及各区有关部门抽调人员建立工作组，进行下列工作：

一、指派人员到扬州、江都、丹阳、句容等主要地区联系当地政府协助采取有效措施，对未来沪的职工严格控制户口转移和发给其它证明文件等，以堵塞来源；对已来沪的弄清其家庭经济、劳动力等方面情况，再动员倒流职工家属或农业生产合作社写信催促他们回乡。

二、深入倒流职工居住地区，加强进行政治思想工作，以及对生活困难的倒流职工，仍然主动关怀照顾，进行困难救济，以进一步稳定情绪，防止在年关春节期间发生事故，并争取动员有回乡条件的倒流职工回乡参加农业生产。

三、根据上述措施贯彻情况，并待市人委对全市倒流人口全面措施作出决定后，如同意给予户籍的又愿去外地的，根据外地需要进行输送；不符外调条件，但回乡后生活确有困难，而个别企业亦有需要，可以考虑吸收；如不符合给予户籍条件，其生活有困难的，由工会出面予以补助救济，俟明春农忙时仍动员其回乡生产。

（三）以上措施是否可行请速核示。

上海市服务局（章）

一九五六年十二月二十五日

抄送：上海市人口办公室

移民垦荒工作总结（草稿）

一

一九五五年第三季度，根据市委、市人委的指示，同江西省委和省人委商定：将本市难于安排就业而适宜转入农业生产的人员，有组织地移去江西垦荒。在一九五五年冬季和一九五六年春季，先在 5 个专区的 6 个县里进行试点，初步取得经验后，即较大规模地展开移民工作。

根据当时本市的人口和经济情况，确定以失业工人（一般工人，无什么技术）、无业社会青年和过剩的交通运输工人、摊贩（主要是无业的流动摊贩）、手工业者等为动员对象。在交通运输工人中，有三轮车工、水上船民、流散的拖榻车工等。

对于参加垦荒人员的条件，做了具体的规定：1. 具有劳动力；2. 生活贫困的劳动人民及其子女；3. 历史清楚，不是富农、地主、反革命分子；4. 身体健康；5. 要完全自愿，做到三通（本人通、全家通、亲邻通）；6. 要有决心克服一切困难，坚持到底，不做逃兵。

在江西地多人少、荒地一般是零星分散、本市移民缺乏生产骨干和农业技术的情况下，双方商定，安置移民的方式以"插社"为主要的或唯一的方式。

对移民的经费补助商定以下 7 项：1. 生产资料费（包括耕牛、农具、种子、肥料、副业资金等）；2. 房屋修建费（包括牛栏、猪圈、粪坑等）；3. 生活资料费；4. 生活补助费；5. 医药补助费；6. 衣被补助费；7. 交通费（包括车船费、途中伙食、医药等）。其中生产资料费为贷款，其余均为国家补助。在整个经费中，除交通费由本市掌握使用外，余均由江西掌握使用。江西使用经费的原则是："厉行节约，保证生产，照顾生活。"

移民工作，由市人口办公室统一领导，由有关单位，如劳动局、交通局、商业二局、青年团等掌握具体工作的进行。各单位和有动员任务的区均有专职干部进行工作。

工作的步骤和方法：首先由各负责单位为主对动员的对象和条件，进行摸底排队，做到心中有数。其次是展开宣传教育工作，说明支援农业生产的重要意义和农业生产的前途，介绍江西的农业经济和生活情况等，鼓勉他们积极地参加农业的社会主义建设。宣传教育一般是以大会报告为主与召开各种座谈会、个别访问、黑板报、图片展览（不普遍）等相结合的方法。第三是报名、批准和集中训练。在经过宣传教育，动员对象的思想有了相当酝酿后，就发动报名和填写志愿书；在审查批准后，再集中训练一下，更好地从思想上为今后的巩固工作奠定下有利的基础。最后是组织输送。在组织输送中，先要协助他们处理好财产，除三轮车工、流散的拖榻车工的各种车辆和水上船民的船只（主要是划子）由各负责单位作价收买外，其余如房屋、笨重家具等根本上由本人负责处理；而后要做好移民材料、户口粮食移转、编队和旅途中的饭食、茶水、医药等准备工作。在输送上是分期分批的，在输送前并与江西联系好。

为着做好移民垦荒工作，上海还派出了相当数量的干部，分别到江西省、专区（个别的）和安置移民的县里，担当联络工作，以密切双方的联系。

在江西方面，在移民未去之前做好插社或单独建社的全面计划，准备好房屋、家具、农具等，同时还对当地农民进行团结移民的思想教育和欢迎工作，以便移民到来时，即可安下家来迅速投入生产。

此外，还和江苏的宝山县洽商好，移一部分人到该县长兴区（长兴岛上）"圩田"垦荒。

二

移民从一九五五年十月开始分批出发，至一九五六年四月底止，共去江西 9049 户连家属 33081 人，计：一九五五年度试点（从十月至一九五六年一月底止）去 4717 户连家属 12919 人；一九五六年度（从二月至四月底止）去 4332 户连家属 20162 人。在 33081 人中，有男女全劳动力 15079 人，党员 28 人，团员 358 人；并有不少初中以至高中文化程度的知识分子和里弄干部、基层工会干部等。在党、团员、知识分子和基层干部中，目前已有约 1000 余人被江西省各县、社选拔为社干、会计、农水技术员和乡干、机关干部等，还有一些技术工人，已调整到工业生产中去。

移民家属，除绝少数外（800 户左右），都是与移民同去的。

这批移民到江西后，安置在上饶、九江、南昌、吉安、抚州 5 个专区的 18 个县里。除一九五五年度有 987 户单独建立 17 个农业社（现绝大部分与当地社合并）、208 户参加国营农场、226 户参加国营茶场外，余均分散插入当地的农业社里。

这些移民，在国家的大力支持和当地农民的热情帮助下，在生产、生活上均基本上得到了安排。初去时，他们普遍反映：党和政府比亲生父母还好，当地农民比亲生兄弟还亲。我们只有一个决心："搞好生产，永做江西人"等。他们到江西后，一般都较稳定和积极地投入了劳动生产，热情地学习农业技术，在生产上对当地农民起了鼓舞和推动的作用。

但自一九五六年五月以后，特别是在六、七、八三个月中，由于我们和江西都缺乏经验和工作上存在着一些缺点，由于进入了紧张的农业劳动中有不少移民经不起锻炼，由于收入少，病情严重，移民感到生活、生命没有保障，特别是由于当时本市失业、无业人员较为广泛就业就学，造成上海容易就业的人为空气，移民就普遍地发生了动摇。在安福、德安、浮梁等县曾先后发生了移民集体骚扰和集体跑回的事件。在本市与江西共同商讨下，根据当时的紧张情况，江西在八月底召开了垦荒工作会议。九月初采取了有效措施：进一步加强对移民的生产领导和思想领导、延长生活和医药补助费 6 个月、解决安置中的遗留问题，并分别情况对部分有一定文化和技术的人员（主要是青年）等另行安排工作，同时本市对于跑回来的移民进行动员说服工作，并对他们的就业加以适当的控制。经过这一连串的措施，迅速地将集体骚扰和集体跑回的风潮平息了，并一般地稳定了下来。

但自十二月左右开始，在移民中又较为普遍地产生了不稳情绪。这主要

441

是由于"决分"所引起的。目前他们的"决分"虽还没有完全分好，但帐一般都是算好了，当他们确知他们的劳动收入是如此的少，就不能不引起他们对今后生活（补助费即将停发）的顾虑。根据德安县对 102 户 519 个移民的调查，他们约在 9 个月的劳动中，每人平均收入仅为 19.9 元。又奉新县对 28 户 82 个移民的调查，他们约在一年的劳动中，每人平均收入仅为 33.85 元。而这两地的年成一般又都是不错的。此外，过去跑回来的人重又回去的不多，有的已有一定的工作和收入，这也影响了移民的情绪。移民情绪不稳的情况以德安、乐安两县较为严重，这与该两县的单身青年多和无法对他们另行安排工作的情况是分不开的。最近江西已召开了垦荒工作会议，进一步布置和加强了工作，特别是中央又及时地拨款解决实际问题，这一次的不稳情绪是会迅速地趋于稳定的。

江西省吉水（还是受灾区）、资溪等县由于领导上抓紧了政治思想领导、生产领导（包括家庭副业）和重视搞好移民与当地农民的团结，移民的情绪基本是稳定的。同时，本市今年又停止增加新职工，移民逃回也不能解决就业问题。根据这些情况，如果本市和江西对移民的工作，再加强领导，估计争取大部分移民在江西巩固下来是可能的。截至一九五六年十二月底，跑回来的有 5633 人（不包括已动员回去的 726 人），占移民总数的17%。

移到江苏宝山县、长兴区的移民共 610 户连家属在内 1711 人。其中有258 个单身老年工人（70 岁以上的 11 人，60 岁以上的 99 人），只能从事轻微劳动，有的甚至不能劳动。他们与劳动局的工程相结合，进行"圩田"垦荒，单独建立了新农农业高级社，计筑了两个圩，有可耕田约 3300 亩。一九五六年春在当地农民的支援下，抢耕抢种了 1745 亩（内种稻 1414 亩），由于是荒田和种的少，去年每人平均收入仅有 18.7 元，生活远还不够维持。但因为是单独建社，政治思想领导抓得较紧，对他们今年的生活也已做了安排，他们的情绪基本上还是稳定的。特别是单身老年工人（他们基本上是半劳动半抚养），截至一九五六年底，他们与本市虽只一水之隔，跑回本市的只有 2 个人，估计争取绝大部分巩固下来是可能的。

通过移民垦荒工作，解决了本市部分失业、无业人员的劳动就业问题，解决了江西部分地区、宝山县部分地区劳动力不足的困难，为国家开垦了荒地，增产了粮食，并还取得了城市向农村移民工作的初步经验，这对今后城市的移民工作是有一定的作用的。虽然目前移民的情绪还不稳定，最终巩固下来还是个工作过程，但成绩还是主要的。

这些成绩的获得，是和党、政府的正确领导、干部的一致努力、国家在经济上的大力支持、当地农民的热情帮助和社会主义革命高涨的客观形势分不开的。

由于我们在初期缺乏经验，后来又滋生了自满情绪，工作不深入，对克服某些单位存在的"丢包袱"思想重视不足，加以未及时争取解决经费问题，我们在工作上就产生着不少缺点和错误，主要表现在：

（一）审查工作不严，批准了少数不符合条件的人去垦荒。不符合条件的有以下几种人：1. 劳动力不足的。如反革命家属杨××，一个人带了7个孩子，最大的只15岁。2. 只能从事轻微劳动甚至不能劳动的病残。如陈××，患有严重肺病，出发前三天还吐血，在旅途中又连续吐血，几至发生危险。3. 没有充分考虑到回族的生活习惯，也批准了个别的回族到江西去，使他们在生活上发生了困难。4. 政治问题还有未审查清楚的，甚至把个别重点的反革命分子也送去；此外还批准送去一些经济条件较为富裕的、属于回乡对象的和有恋爱对象在本市的人，其中以第一类人为最多。根据江西统计，一、二两类人约占总数7%。

（二）将少数适宜于从事国家社会主义工业建设的有初中以上文化程度的知识青年和技术工人动员去农村垦荒。这不但对于国家建设是不利的，而且这种人动员去垦荒也是不易巩固的，特别是在单身的男青年多、女青年少的情况下，就更加难于巩固。

（三）在动员工作中，还存在有变相的被迫命令的现象。有个别单位在动员对象还没自愿时，就以送填"志愿申请书"的方法，逼其就范。有个别单位在动员时以"五条路"为号召，并讲"迟去不如早去，早去不如就走，越快越好。"所谓"五条路"就是回乡、垦荒、外调、退职、退休。

（四）在宣传教育上，总的讲是先紧后松，好的方面讲得多，艰苦的方面讲得不够，把江西讲得太理想了。个别同志并有不负责任乱讲的现象，如说："到江西后可以分配适当工作"，"劳动力小的可以做畜牧工作"，"可以分配做教育工作"等。此外，对家属的教育工作始终是薄弱的一环。

（五）在经费问题上，主要的缺点是对移民经费估计偏低，特别是在大量移民前没有能够将经费问题求得解决，给移民工作尤其是对江西的安置巩固工作带来了困难。其次是对经费的掌握不严，没有建立严格的制度，在经费开支上还存在着某些浪费情况。

（六）在财产处理上，由于时间匆促，重视不够，没有更好地帮助他们，使他们在变卖中受到了旧货商压价的损失。在各负责单位收买车、船的作价中，也不是完全合理的。

此外，在输送中也有许多缺点，如：有的单位没有把临产的孕妇留下，以至发生个别产妇在车、船上生产；有的在输送前和安置移民的县联系不够，以致移民到达后，安置发生困难。

三

从过去移民垦荒工作的实践中，我们有以下几点体会：

（一）"移民垦荒"，是两个地区间的共同工作，是动员移民地区的动员、教育、审查、输送工作和安置移民地区的准备、接待、安置、生产、巩固工作相互结合的统一整体。双方的工作是互为影响互为推动的，一方工作的成绩为另一方工作创造了有利条件，一方工作的缺陷，必将给另一方工作造成困难，这些困难又必然地要影响自己的工作的。移民工作，特别是大城市移往农村，是十分复杂和艰巨的。要把移民最终巩固下来，这需要一定的时间和工作，一般说要在三年左右。因之，要做好这一工作，必须有专设机构和专职干部（特别在安置移民地区）。移出地区和安置地区必须共同负责，密切联系，在工作上互为支持。同时，还必须对干部进行政策教育，树立对移民工作的正确态度。在动员移民地区，应注意防止和纠正"丢包袱"思想；在安置移民地区，应注意防止和纠正"帮工"思想。

（二）动员移民垦荒，应根据本市的全面情况，做全面规划。确定动员对象和移民数量时，既要考虑到本市的人口情况、经济发展的近期计划和远景、工商业的改造规划和对劳动力及后备劳动力的需要情况，同时还必须考虑到对国家的社会主义工业建设的支援和移民到农村后的生产和巩固问题。一般说，凡是为国家在大规模建设中所需要的有文化有技术的人员，或虽无文化技术但有强的劳动力的青壮年和不能从事生产的老弱病残，都不应作为动员的对象，即使动员去垦荒，也不易巩固下来。因之，在目前情况下，或在相当长的时期内，城市动员移民的对象，应是不为工业所需要而适宜于从事农业生产但又无回乡生产条件的失业、无业人员，最主要的是其中的一般劳动力。这些人，不动员去农村从事农业生产，在城市就业是有困难的。

根据城市的特点和有利于巩固工作，家属以同去为宜。

对于动员不当的对象，安置移民的地区应根据中央指示的精神结合具体情况进行处理。为着不影响巩固工作，对于原属救济对象的人（如劳动力不足、病残等），除坚决要求回来而又可以回来（在本市有依靠的）的外，原则上仍以巩固在安置地区为宜；对于有文化有技术的人，要求安置地区能尽力另行介绍职业；对于一般男单身青年劳动力有条件时也以在当地转到工矿企业中去为宜。

（三）在对动员对象的审查上，首先要明确动员对象的条件，除要完全自愿做到本人通、全家通和弄清楚历史情况外，应着重强调有"劳动力"和"生活贫困"，既有劳动力而又生活贫困的，是易于动员和易于达到真正自愿的对象，也是易于在安置地区巩固下来的对象；其次是要明确每个条件的界限和要求；最后是根据条件和要求进行严格的审查，市的专设机构必须进行最后的审查或抽查。

（四）要进行充分的宣传教育，做到完全自觉自愿。进行的步骤是先在调查摸底的基础上，对已初步确定的移民对象，通过个别访问和小型座谈会，进一步加以确定，并使他们在思想上进行初步酝酿，然后再在集中训练中继续提高。在宣传教育的内容上，除说明垦荒和支援农村建设的意义、介绍安置移民地区一般情况及规划情况外，要着重进行勤劳俭朴、艰苦奋斗和团结的教育。通过教育，使他们认识到农业社会主义建设的美好远景，认识到从事农业社会主义建设的光荣感、责任感，认识到从事农业生产和个人前途的一致性，提高他们的社会主义觉悟，激发他们的爱国思想，树立对待垦荒的正确态度，坚定他们不怕苦、不宜要依赖公家支持和战胜一切困难的决心，做到人人思想通，自动报名，在任何宣传中，都要实事求是，力避夸张。

（五）安置移民的方式，主要有两种：一是插社，一是单独建社。在地多人少缺乏劳动力但无大片荒地的条件下，宜于插社，但要求能插领导较强的社。插社的户数以少于原来户数或不超过原来总户数的二分之一为宜，并须取得全社的同意。插社又以尽量插高级社为宜，因为没有土地报酬等问题，也更符合城市移民的意愿。在有大片荒地和适于垦种的条件下，宜于单独建社。但单独建社，必须选配有领导骨干和生产骨干或吸收当地社干和农民参加领导。插社在实际上是原有社的扩大，在原有的基础上进行扩大生产，提高生产，简单省事，困难较少，但要突出地注意"互利"和"团结"问题。单独建社，因是来自一处，语言、生活习惯基本一致，便于团结，便于领导，但应突出地注意"抓生产"、"学技术"。

青年单身以单独建社为宜，在男女比例上应有适当的搭配。在条件许可下，一般移民也适于单独建社。

（六）城市劳动人民转入乡村从事农业生产，是生产、生活上的大转变，也是城市劳动人民和乡村农民的会师。城市移民能习惯于乡村的生产、生活，并和农民兄弟真正打成一片，融洽无间，最终地巩固下来，是一个艰苦的、复杂的过程。必须加强政治思想领导和生产领导，搞好团结和生产，这是巩固移民的两项基本工作。思想工作做好了，可以稳定他们，激发他们的生产积极性；生产搞好了，生活有保障，才能使他们最后巩固下来。虽然搞好生产是巩固的根本关键，但在工作的进行上团结工作是应该和生产工作并重的。

在政治思想教育上，除继续进行有关垦荒意义、农业前途、劳动光荣、团结等教育外，还必须结合实际的生产、生活的情况和不同时期的思想特点，进行教育。必须经常树立和发扬正气，防止邪气的产生，保持移民在思想上的稳定。在邪气上升、思想混乱时，必须正面批判错误的思想，并采取一定措施，消除邪气。对于那些屡教不改进行破坏活动的为首分子，应根据情节予以必要的、适当的处分。

对当地农民也要进行相应的教育。

在加强生产领导上，应抓住下列几个环节：1. 要制定社的扩大生产的计划和劳动规划，有长打算也有短安排，做到不浪费、不窝工，将所有的劳动力有组织地合理运用起来。2. 要抓紧技术传授工作，实行责任制，采取"包教包学"的办法。对于因"教"而影响工分的人，采取适当办法予以补助。3. 要贯彻"互利"，做到分工合理，同工同酬。4. 要抓紧副业生产，首先将家庭副业搞起来，以增加他们的收入。

要真正做到把移民领导起来，搞好生产，还必须教育乡、社干部改变他们害怕城市移民"能说会道"、"政治文化高"难于领导因而畏惧领导的看法和态度，并给他们以具体帮助，不仅使他们敢于领导移民，而且懂得如何去领导。在领导上要掌握和依靠移民中的积极分子，培养他们并适当地从他们中提拔干部。在领导上要十分重视城市劳动人民在经常的集体生活中所经受的锻炼情况，遇事应该多讲明道理，多和他们商量，多倾听和尊重他们的意见。在他们懂得了道理之后，他们是会积极行动起来的。总起来说，在领导上要多发扬民主，力避简单化。

（七）为着使移民能达到安家立业的要求，必须在经济上予以大力的支持。在经费的开支上，中央所指示的"既解决实际问题又坚持节约"的方针是正确的。紧了不解决实际问题，不能巩固移民；松了容易造成浪费，并助长移民的依赖思想。在经费的开支上，根据安置地区的情况，应规定一般的项目和标准及严格的管理和制度。根据上海移民去江西的生产、生活情况，移民一般要在第三个年头才能达到完全自给。具体地说：第一个年头要全部的给予全年生活、医药补助；第二个年头要绝大部分的、给予一定时间的补助；第三个年头还会有一些人需要救济的。具体地说：给每个移民的生活、医药补助要在一年半左右的时间。加上其它的开支（生产资料、房屋修建等），用于每个移民的经费（根据去江西移民已经开支的和还要开支的情况来估算），每人约在270元左右（如掌握得紧，是应该低于此数的）。其中贷款不宜太多，多了对他们的情绪影响很大，生产还不知怎样，就已经背上了"债"。同时，太多了，他们偿还也是有困难的。中央指示的三成"贷款"，我们认为是最高的了。

此外，在移民财产的处理上，应予以帮助。凡可以由国营或公私合营旧货商店变卖的，均应协商经由他们收购，以使他们免遭不应有的损失。凡必须由负责单位收买的，也应给予合理的价格。对于极少数尚留在本市的家属，除对生活有困难的给予救济外，应迅速地动员他们并将他们送去江西，以利于巩固工作。

上海市人民委员会

一九五七年一月

关于本市工厂企业不得录用由全国各地私自跑回的垦荒人员和已安置就业的其它人员的通知

为逐步解决本市失业、无业人员的就业问题，去年以来，有关部门曾采取了动员失业、无业人员去西北参加基本建设、去江西志愿垦荒和回乡从事农业生产等多项措施。其中去江西垦荒的人员，在政府和当地农民的帮助下，已经开始安家立业。

但近来有部分垦荒人员，由于害怕比较艰苦的农业劳动，或受了坏分子的挑拨，竟至轻率地抛弃了即将成熟的庄稼，私自跑回上海。同时，本市某些工厂企业未经劳动部门同意，即雇用这些人员，使这些人员感到在上海就业容易，并纷纷去信外地报告就业情况，甚至动员已经在各地工作的人回上海就业。其结果，就影响了其余在江西志愿垦荒群众和回乡生产的农民，也不安心农业生产，成批地跑回上海。至今跑回上海的垦荒人员已达二千余人，并有吵闹滋事情况。大批在西北的壮工和动员回乡生产的农民也有陆续回来。

过去动员失业、无业人员去外地参加工农业生产和各地建设事业，支援国家社会主义建设是正确的和必要的措施。在进行这项工作时，有关部门曾经做了很大的努力，特别是对志愿去江西垦荒的人员，政府在财力、物力方面给了不少的帮助。垦荒人员及其家属，每口平均由国家补助一百元以上，当地政府又给予很好安置。目前这种私自跑回上海现象的发生和发展，不仅影响了在江西垦荒、在西北做壮工和回乡生产的人员的生产情绪，而且使当地的生产受了损失。因此，必须积极动员已经跑回上海的人员，回到原地原工作岗位去继续参加生产，以利国家的社会主义建设。

为此，除已督促有关部门积极采取各项措施，加强宣传教育，动员这批人员返回江西和其它地区外，特规定本市工厂、企业在招用职工（包括临时工）时，不得录用上述人员或其它在本市无长期户口和来历不明的人员。至于工厂、企业需要增添的劳动力，可向劳动部门申请招用，劳动部门应当尽力协助解决。工厂、企业如已录用上述人员，也应该通过适当的手续予以辞退；但不得强迫命令。

希转知所属遵照执行。

上海市人民委员会（章）

一九五六年八月十四日

关于处理江西倒流垦民的报告

（〔59〕沪民组发字第 35 号、〔59〕沪公办

发字第 198 号、〔59〕沪劳党组第 24 号）

市委并报市委劳动工资委员会、市委政法工作部：

一九五五年冬和一九五六年春，本市先后组织动员去江西参加农业生产

的三万三千余人，一九五六年倒流回来几批，以后又陆续跑回了一些，估计除有部分人直接从江西跑回原籍外，跑回本市的前后约有一万五千人左右。对于倒流回来的这些人员，当时遵照市委"先安定，后教育动员回去"的指示精神进行了处理。一九五七年和一九五八年又结合干部、知识青年上山下乡和动员城市剩余劳动力支援外地建设的工作，对他们进行了教育动员，几年来先后动员了九千多人回江西、原籍和其它各地参加生产。（其中去甘肃和安徽的有一千多人）。目前全市尚有倒流垦民一千多户五千多人。其中老人、小孩占多数，一般的家庭拖累都比较大。这些人员大多数是一九五八年以前倒流回来的，少数（约百分之二十左右）是一九五九年以后倒流回来的，其中有的已倒流过二次。他们在倒流回来后，多数人已在本市找到生活出路，有不少人并且已找到了比较固定的工作。据对蓬莱区董家渡办事处八十一户三百六十三个倒流垦民的典型调查，做临时工、流动匠、摊贩和拉无照车辆等生活较好的有五十六户二百八十二人，占倒流垦民总人数的百分之七十八；收旧货、摸螺蛳、拾荒等生活可以过得去的有十三户四十一人，占百分之十一；依靠亲属供养的三户六人，占百分之二；依靠政府救济的九户三十四人，占百分之九。

由于目前本市自谋生活的门路较多，生活问题容易解决，因而他们的情绪比较安定，一般的不再到政府吵闹要求工作，但绝大多数人也没有再回江西的打算。目前在倒流垦民中存在着比较大的问题是：他们大多数人的户口问题还没有解决，由于没有常住户口，不仅在寻找工作方面有困难，而且在取得粮食、食油、棉布、肥皂和卷烟等计划供应物品以及子女入学等方面也受到限制，因此他们普遍要求政府尽速给予报进常住户口。

关于倒流垦民的户口问题，过去为了有利于江西垦民的巩固和动员工作的进行以及照顾到各方面的影响，对他们在本市申报常住户口作适当的控制，这是完全必要的、正确的。但从目前情况来看，形势已起了新的变化，通过去年工农业生产大跃进和人民公社化运动，垦民的生活得到了进一步发展和提高，垦民倒流的现象已逐渐减少；同时现在本市的倒流垦民，大多数离开江西已有二三年，江西垦区的安置条件和生产情况，倒流垦民的生活、思想等方面都已起了相应的变化，因此在目前的情况下，有必要对倒流垦民的处理作进一步的考虑和安排，并妥善地解决他们的户口问题。为此特提出如下意见：

一、鉴于上述情况，对于往年倒流来沪尚未取得常住户口的垦民，原则上都应当给以解决。但由于情况比较复杂，同时为了防止可能产生新的倒流问题，因此在具体处理时，既要掌握合情合理实事求是的精神又要分别情况，区别加以对待。

1. 对于自愿要求回乡生产，或者已在本市郊区农村和外地找到工作，尚未取得常住户口的，应鼓励他们回乡生产和在郊区农村、外地安家立业，并给以办理迁移户口。

2. 对于全家跑回，目前本人及其家属有劳动力可以回江西参加生产，或者在原籍有家有生产、生活条件可以回乡生产的对象，应说服他们回江西或原籍参加生产，如经过一再说服动员仍然不愿回去的，可先给以报进户口，今后再由有关部门根据建设需要和他们的条件，组织外移或安置在郊区参加生产，或作其它适当安排。

3. 对于来沪时间较长、家庭老幼人口多、劳动力不足和老弱病残人员，不能回江西、原籍和外移的，应从现在开始分批给以报进户口，并积极鼓励他们自谋生活。个别生活确实困难的和无法自理生活的孤老由民政部门分别情况予以救济或收容教养。

4. 对于新从江西跑回来的（一般指一九五九年跑回的）和来沪时间虽较长，但直系亲属（如配偶、子女等）在江西，生产、生活已有基础的，除了个别特殊情况须另行研究处理外，一般的应坚决说服动员回去，不予报进户口。今后再有倒流，随来随动员。

5. 对于倒流垦民中的地、富、反、坏分子有现行破坏活动的，应由公安部门进行审查处理。

二、关于倒流垦民户口问题的处理，宜采取分期分批、个别就地解决的方法。一般的应先解决自愿回乡和去郊区、外地参加生产的对象户口；其次解决因家庭老幼人口多、老弱病残不能回江西和原籍的对象户口；最后解决应回江西或原籍而坚决不愿回去的对象户口。解决户口的办法：由各区、县的民政、公安、劳动、交通运输、公用事业等部门共同负责排队、审查，对于持有户口迁移证的，凭证入户或办理迁移；没有户口迁移证的，由垦民现居住地区公安派出所给以报进户口或办理迁移，同时通知江西原安置地区公安派出所注销其原户口。

三、在倒流垦民的户口问题没有解决以前，对于垦民的粮食、油、肥皂以及其它计划供应物品，应仍给以适当照顾，由粮食、商业部门参照本市居民的供应标准，给予供应。

四、处理倒流垦民的问题是一项细致复杂的工作，必须充分做好政治思想教育工作，反复地向群众讲清道理，防止简单草率、不分对象、不分先后的做法。

五、为了妥善地处理倒流垦民的问题，各区、县民政、公安、劳动部门应密切配合，协同原组织移民垦荒的单位（团市委、交通运输局、公用事业管理局等）进一步深入调查，摸清情况，并作出具体处理计划，报请区、县委批准后贯彻执行。

以上报告，如市委同意，请批转各区、县和有关部门贯彻执行。当否，请批示。

上海市民政局党组
上海市公安局党组
上海市劳动局党组
一九五九年九月二十日

关于从江西回沪的垦荒青年的情况报告

（沪团办〔59〕字第092号）

今年七八月间，原在江西省德安县的上海青年志愿垦荒队队员卅一人（其中有党员四人、团员十八人）陆续回沪。他们再三说明：他们是经过当地领导同意回上海来的，要求上海分配工作和申报户口，并表示坚决不愿再回德安去。

这批青年是一九五六年十月经市委批准由团市委动员去江西参加农业建设的第一批上海青年志愿垦荒队，其中配备了一批农村和地区比较优秀的青年，在江西德安县建立了共青社（共青社的名字是胡耀邦同志去江西德安时为他们题的名）。一九五七年底，共青社并入国营德安共青综合垦殖场。

他们回来后，曾在团市委座谈了三次，他们共同反映了这次回沪的原因。现综合于后：

一、他们认为几年来生活没有改善。他们说："去江西已经四年了，至今每月平均工资还只有十六元左右。生病不发工资（根据农场规定，病假五天不发工资，五—十五天发百分之五十，十五天以上不发工资）。几年来只能自己凑自己，家里父母都老了，无法照顾。"还说："我们是看到底了，生活是不会有改变的。"

二、他们对农场的领导和某些干部有意见。他们说："场里的干部对我们总存有看法，有些干部讲：'垦荒队这些人反正是要走的。'这也影响了当地同志对我们的看法。如我们买了两只小猪养，老表问：'你们垦荒队不是要走的吗，买猪做什么？'"他们还反映："家里父母生病，请假回家是非常困难的。有一次一同志因父亲生病，家里来了十、廿封信，场长不同意，还说：'你又不是医生，回去有什么用。'我们贴了大字报，有些场干部还讲：'上海人都是坏得很。'"

五八年六月十五日垦荒青年×××自杀了。×原已调至农场劳动大学学习，因人数不足未办成，领导上决定调他们去农场试验组，×不愿意去，仍旧在学校里（当时校内仅有一管理人员，系右派分子）。十四日，×开始因误食白果过多中毒，半夜躺在秧田里，无人照顾，接着，×又服了"六六六"粉自杀，送医院急救不治身亡。死后，场里没人去看过，仅同意买棺材费用由场里报销，只有上海去的垦荒青年去收尸。

三、他们认为后回来的不如早回来的好。他们说："五六、五七年跑回上海的人都安排了工作，工资也不少。当时我们还说服教育他们坚持下去。今天自己还是回来了，见到他们头也抬不起来，还被群众、家庭看不起，我们真是傻瓜！"

四、他们认为场里政治思想教育工作薄弱，文化生活太枯燥。他们说："只有我们有了思想问题去找领导，领导很少对群众进行思想教育。如我们提出了要求回上海的申请，领导只答复'同意'或'不同意'，很少说服教育，思想就越来越苦闷。""领导只要我们搞生产，开展文娱活动就有意见。如我们提前完成了任务，回来想打打篮球，早上做广播操，领导就说：'上海人花样多，别人在生产，你们又在玩。'"

五、"婚姻问题尚未解决，也是共同的苦闷"。他们说："不少人年龄已有廿七八岁了，婚姻问题还没法解决。有的恋爱谈成了，只等生活改善以后再结婚，结果被别人拆了'台脚'。"如"×××和××从五六年起恋爱，五八年×调至南昌市农业科学院，明知她有爱人，但有一个科长还是追求她，结果结婚了。像这样情况也不少。"

为此，我们曾去信请团江西省委协助了解，最近接得团江西省委转来德安共青垦殖场行政部门的复信说："场的领导对垦荒青年是给予很多照顾的，如为了照顾他们经济权益，让青年队去种蔬菜，还选送了一批表现较好又有文化基础的同志参加了国家机关工作，并发展了党员，有的还担任了一定的领导职务。与当地农民生活水平相比，他们现有生活水平是不低的。但由于垦荒青年对农业劳动的前途和艰苦性缺乏认识，提出过高要求，希望无条件给予照顾，我场是无法办到的。根据他们的要求，我们只能准其回籍，由上海当地政府安排，并将继续批准他们回籍。"

从以上这些情况看来，垦荒青年是存在一些思想问题的，但江西德安共青垦殖场在处理问题方面可能也有某些具体困难和问题。垦荒青年的反映和江西来信中所述情况还有不一致的地方，尚待进一步调查。现先向市委作一情况汇报。

共青团上海市委办公室
一九五九年九月二十二日

后 记

十年前，上海市知识青年历史文化研究会（时为"筹"）联合上海社会科学院历史研究所和复旦大学历史学系，主办了一次国际性的知青问题学术研讨会。主要的策划人和主办人是沈国明、阮显忠、张刚、金大陆、金光耀等。会后，考虑到知青研究的持续发展，有必要展示和总结既有成果，以站在一个"再出发"的位置上，寻求下一步探究的方向，便筹谋出版了三卷本的《中国知识青年上山下乡研究文集》（上海社会科学院出版社，2009）和七卷本的《中国新方志知识青年上山下乡史料辑录》（上海人民出版社、上海书店出版社，2014）。

正是在组织各方力量参与编辑的过程中，我们清晰地意识到，此两部为已刊发资料的汇集。那么，浩如烟海的原始资料在哪里呢？依据常年的工作经历和经验，我们知道，在全国各知青"输出地"和"接收地"的档案馆——这些资料少量有编目和电子化扫描，多数在封闭的箱柜中沉睡，甚或正处于毁损和消散之中。同时，心中烦闷的问题和答案总是搅拌在一起：为什么中国知青研究持续纠缠在意识形态的摩擦中？为什么大而化之的评说往往成为会场的主调？为什么后学们面对探究父辈生命史的大门望而却步？这即是追问中国知青研究的进路究竟在何方。确切的状态和事实正是繁复的资料，没有相关机构在组织整理和编撰。如果说没有眼光没有器局是主观的失散，没有人力没有财力是客观的缺损，两路缺一而不可，那么，主导者的决心、智慧和能力，以及适宜的时况和机缘，大概更是必备的要件。否则，对中国知青运动这个既关乎历史，又关联当下，甚或关系未来，且与共和国史"同频共振"的历史事件的研究，将无法完成历史学的转轨。正是秉持着这样的心念，我们产生了对以上海知青"输出地/接收地"（上海与黑龙江、吉林、内蒙古、安徽、江西、贵州、云南）为中心的档案史料进行开发的学术追求。

　　2011年，金大陆赴河北大学，出席中华人民共和国国史学会主办的"新中国社会变迁与当代社会史研究"研讨会，恰巧与江西省社会科学院历史研究所的汤水清同行，便提及可否联络江西省档案馆共同完成这一开拓性的课题，并初步商谈了合作方案。会后，上海市知识青年历史文化研究会和江西省社会科学院均反馈积极共进的意向，江西省档案馆也表示原则上同意。就此，上海方面数次由副会长张刚带队赴南昌商谈合作原则和工作细则。

　　2013年3月，江西省档案馆由副馆长方维华和利用处处长方丽萍带队、江西省社会科学院由院长汪玉奇和历史研究所所长汤水清带队来到上海，假上海市社会科学界联合会，与上海知青历史文化研究会阮显忠会长，共同签署了三方合作编辑出版《上海知青在江西档案史料选编》的协议书。

　　《选编》工作分三个部署进行。首先由江西省档案馆向曾接收上海知青的市县档案馆，通过拍照、复印等征集上海知青的档案。上海知青历史文化研究会则成立由金大陆、金光耀、吴昌健领衔的编辑团队，进行了较为充分的编前准备工作。接着，来自江西的档案复制件运抵上海复旦大学，经清点、编目，且与编辑团队各成员签订"保密协议"后进行了移交。在整个编辑过程中，汤水清、方丽萍多次来到上海，与上海的工作团队及许仲毅、曹勇庆专职编辑进行学术上的探讨。此项工作共进行了四年。2015年，以此为前期研究课题之一，金光耀成功申请了"知识青年上山下乡史料的搜集、整理和研究"国家社科基金重大项目，并将此课题纳入其中。再经合作三方领导及党史学界专家的审阅和评定，邀请上海市社会科学界联合会主席王战教授作序后，《选编》正式交社会科学文献出版社出版。

　　本《选编》共列五章和一个附录。第一章由金大陆率毕晓敏完成；第二、三章由汤水清率陈宁完成；第四章由林升宝完成；第五章由金光耀率朱文静完成；附录由金大陆完成。吴昌健负责整个编辑团队的管理工作。

　　中国知识青年上山下乡运动已过去五十年了。此为中国知青研究的第一部省级档案史料选编。筚路蓝缕，以启山林，继而，在下一个十年里，上海知青历史文化研究会将率整个研究团队，与接收上海知青的各省档案馆精诚合作，以坚韧而沉稳、严肃而勤谨的态度，刻苦持重，默默前行，为中国知青研究能够立足于史学园地，为更多的后学提供开垦这块园地的工具，奉献出我们的智慧和努力。

在下一个十年里，再见。

《上海知青在江西档案史料选编》课题组
2018 年 11 月 10 日

图书在版编目（CIP）数据

上海知青在江西档案史料选编：全三册／金大陆，

金光耀主编． －－北京：社会科学文献出版社，2019.9

ISBN 978 – 7 – 5201 – 3374 – 6

Ⅰ．①上… Ⅱ．①金… ②金… Ⅲ．①上山下乡知识

青年 – 史料 – 江西 Ⅳ．①D652

中国版本图书馆 CIP 数据核字（2018）第 200039 号

上海知青在江西档案史料选编（全三册）

主 编／金大陆 金光耀
副 主 编／方丽萍 汤水清

出 版 人／谢寿光
责任编辑／赵 晨

出 版／社会科学文献出版社·历史学分社（010）59367256
　　　　地址：北京市北三环中路甲 29 号院华龙大厦 邮编：100029
　　　　网址：www.ssap.com.cn
发 行／市场营销中心（010）59367081 59367083
印 装／三河市东方印刷有限公司

规 格／开 本：787mm×1092mm 1/16
　　　　印 张：98.5 字 数：1691 千字
版 次／2019 年 9 月第 1 版 2019 年 9 月第 1 次印刷
书 号／ISBN 978 – 7 – 5201 – 3374 – 6
定 价／980.00 元（全三册）